AUSGEWÄHLTE AUFSÄTZE
VON PETER CLASSEN

# VORTRÄGE
# UND FORSCHUNGEN

Herausgegeben vom Konstanzer
Arbeitskreis für mittelalterliche Geschichte

Band XXVIII

JAN THORBECKE VERLAG SIGMARINGEN

1983

# AUSGEWÄHLTE AUFSÄTZE
# VON PETER CLASSEN

Unter Mitwirkung

von

Carl Joachim Classen und Johannes Fried

herausgegeben von

Josef Fleckenstein

JAN THORBECKE VERLAG SIGMARINGEN

1983

CIP-Kurztitelaufnahme der Deutschen Bibliothek

*Classen, Peter:*
Ausgewählte Aufsätze / von Peter Classen. Unter
Mitw. von Carl Joachim Classen u. Johannes Fried
hrsg. von Josef Fleckenstein. –
Sigmaringen: Thorbecke, 1983.
  (Vorträge und Forschungen / Konstanzer Arbeits-
  kreis für mittelalterliche Geschichte; Bd. 28)
  ISBN 3-7995-6628-7

NE: Classen, Peter: [Sammlung]; Konstanzer Arbeitskreis für mittelalterliche Geschichte: Vorträge und
Forschungen

Gesamtherstellung: Universitäts-Druckerei Konstanz GmbH

Printed in Germany · ISBN 3-7995-6628-7

# Inhalt

Inhaltsverzeichnis . . . . . . . . . . . . . . . . . . . . . . . . . . . . . . . . . . . . . . . . . . . . . 5

Vorwort von Josef Fleckenstein . . . . . . . . . . . . . . . . . . . . . . . . . . . . . . . . . . 7

Gedächtnisrede auf Peter Classen von Eugen Ewig . . . . . . . . . . . . . . . . . . . . . . . 11

## I    DER ÜBERGANG VON DER SPÄTANTIKE ZUM MITTELALTER

Der erste Römerzug in der Weltgeschichte. Zur Geschichte des Kaisertums im Westen und der Kaiserkrönung in Rom zwischen Theodosius d. Gr. und Karl d. Gr. (1974) . . . . . . . . . . . . . . . . . . . . . . . . . . . . . . . . . . . . . . . . 23

Causa Imperii. Probleme Roms in Spätantike und Mittelalter (1952) . . . . . . . . 45

Spätrömische Grundlagen mittelalterlicher Kanzleien (1974) . . . . . . . . . . . . . 67

## II    BYZANZ UND DER WESTEN

Italien zwischen Byzanz und dem Frankenreich (1981) . . . . . . . . . . . . . . . . . . 85

Das Konzil von Konstantinopel 1166 und die Lateiner (1955) . . . . . . . . . . . . . 117

Mailands Treueid für Manuel Komnenos (1960) . . . . . . . . . . . . . . . . . . . . . . 147

La politica di Manuele Comneno tra Federico Barbarossa e le città italiane (1970) . . . . . . . . . . . . . . . . . . . . . . . . . . . . . . . . . . . . . . . . . . . . . . . . . . 155

Die Komnenen und die Kaiserkrone des Westens (1977) . . . . . . . . . . . . . . . . 171

## III    KARL DER GROSSE UND DIE KAROLINGER

Romanum gubernans imperium. Zur Vorgeschichte der Kaisertitulatur Karls des Großen (1951–1952; [2]1972) . . . . . . . . . . . . . . . . . . . . . . . . . . . . . . . . 187

Karl der Große und die Thronfolge im Frankenreich (1972) . . . . . . . . . . . . . . 205

Bayern und die politischen Mächte im Zeitalter Karls des Großen und Tassi-
los III. (1978). . . . . . . . . . . . . . . . . . . . . . . . . . . . . . . . . . . . . . . . . . . . . . .   231

Die Verträge von Verdun und von Coulaines 843 als politische Grundlagen des
westfränkischen Reiches (1963). . . . . . . . . . . . . . . . . . . . . . . . . . . . . . . . .   249


IV   DAS HOHE MITTELALTER

Zur Geschichte der Frühscholastik in Österreich und Bayern (1959). . . . . . . . .   279

Eschatologische Ideen und Armutsbewegungen im 11. und 12. Jahrhundert
(1969). . . . . . . . . . . . . . . . . . . . . . . . . . . . . . . . . . . . . . . . . . . . . . . . . . . . . .   307

Die geistesgeschichtliche Lage im 12. Jahrhundert. Anstöße und Möglichkeiten
(1981). . . . . . . . . . . . . . . . . . . . . . . . . . . . . . . . . . . . . . . . . . . . . . . . . . . . . .   327

Res gestae, Universal History, Apocalypse. Visions of Past and Future (1982). .   347


V   GERHOCH VON REICHERSBERG

Aus der Werkstatt Gerhochs von Reichersberg. Studien zur Entstehung und
Überlieferung von Briefen, Briefsammlungen und Widmungen (1967). . . . . . . .   379

Gerhoch von Reichersberg und die Regularkanoniker in Bayern und Öster-
reich (1962). . . . . . . . . . . . . . . . . . . . . . . . . . . . . . . . . . . . . . . . . . . . . . . . . .   431

Der Häresie-Begriff bei Gerhoch von Reichersberg und in seinem Umkreis
(1976). . . . . . . . . . . . . . . . . . . . . . . . . . . . . . . . . . . . . . . . . . . . . . . . . . . . . .   461


VI   KÖNIGSPFALZEN UND HERRSCHAFTSZEICHEN

Bemerkungen zur Pfalzenforschung am Mittelrhein (1963). . . . . . . . . . . . . . . .   475

Corona Imperii. Die Krone als Inbegriff des römisch-deutschen Reiches im
12. Jahrhundert (1964). . . . . . . . . . . . . . . . . . . . . . . . . . . . . . . . . . . . . . . . . .   503


Bibliographie . . . . . . . . . . . . . . . . . . . . . . . . . . . . . . . . . . . . . . . . . . . . . . . . . .   515

Register . . . . . . . . . . . . . . . . . . . . . . . . . . . . . . . . . . . . . . . . . . . . . . . . . . . . . .   526

# Vorwort

Am 23. Dezember 1980 ist Peter Classen im Alter von sechsundfünfzig Jahren unerwartet früh von uns gegangen. Auf der Höhe seines Schaffens, war er, engagiert wie eh und je, voller Pläne, die er in gewohnter Tatkraft in mehreren Vorarbeiten bereits so weit gefördert hatte, daß sie konkrete Gestalt anzunehmen begannen, als ihn die tückische Krankheit überfiel, um ihm schon nach wenigen Tagen die Feder für immer aus der Hand zu nehmen. Obwohl seine letzten Arbeiten nun unvollendet bleiben und sein Lebenswerk damit insgesamt einen fragmentarischen Charakter erhält, hinterläßt er in der langen Reihe seiner sachlich strengen, zupackenden und stets förderlichen Untersuchungen ein Werk, das ihn schon seit Jahren als einen der besten Kenner der Geschichte des frühen und hohen Mittelalters ausweist.

Peter Classen war Historiker und Gelehrter von reinstem Geblüt: ein Historiker, dem der Umgang mit den Quellen zum Lebensbedürfnis geworden war, und ein Gelehrter, dem die Überlieferung der lateinischen wie der griechischen Kulturwelt wie wenigen zur Verfügung stand. Seine Gelehrsamkeit war so sehr ein Teil seiner selbst, daß sie zusammen mit dem Bewußtsein seiner hanseatischen Herkunft sein Selbstbewußtsein bestimmte. Engagiert und distanziert zugleich, war er immer »bei der Sache« – im Gespräch wie in seinen Arbeiten von unbestechlicher Sachlichkeit und Lauterkeit.

Unter diesen Prämissen nimmt es nicht wunder, daß der Schüler von Hans Ulrich Instinsky in Hamburg, von Wilhelm Berges, Hermann Heimpel und Percy Ernst Schramm in Göttingen in seinem Fach, das er mit der klassischen Philologie kombiniert hatte, schnell und geradlinig vorankam. So folgte auf das 1950 mit der Promotion in Göttingen abgeschlossene Studium die Assistentenzeit am Friedrich-Meinecke-Institut in Berlin, an dessen Aufbau er sich mit freudiger Zuversicht und Energie beteiligte; darauf 1957 die Tätigkeit als Oberassistent in Mainz, wo er sich 1958 habilitierte. Vier Jahre später ging er als Ordinarius nach Gießen, nach weiteren vier Jahren (1966), nachdem er einen gleichzeitigen Ruf an seine Heimatuniversität Hamburg abgelehnt hatte, nach Heidelberg, wo er bald heimisch wurde und als akademischer Lehrer wie als Forscher eine intensive Tätigkeit entfaltete. Aus tiefster Überzeugung den hohen Maßstäben der alten Universität verpflichtet, trat er in Heidelberg bewußt in die Spur seiner bedeutenden Vorgänger, um sie fortzusetzen. Es hat ihn deshalb tief geschmerzt, als bald deutlich wurde, daß der

unaufhaltsame Übergang der Universität zur Massenuniversität deren Leistungsfähigkeit
spürbar schwächte. Und da es seiner Natur widersprach, politischen Tagesmoden Konzes-
sionen zu machen, suchte er wenigstens in seinem Seminar den hohen Standard wissenschaftlicher Ausbildung aufrecht zu halten, auf dem der Ruhm der alten Universität beruht
hatte. So war es sein ausgeprägtes Pflichtbewußtsein, das ihn als Lehrer gleichsam »bei der
Stange« hielt. Doch war es bezeichnenderweise vor allem die Forschung, die ihm die Kraft
dazu gab. In ihr hat er in zunehmendem Maße die Befriedigung gesucht und gefunden, die
ihm für die Durchführung seiner Arbeit unentbehrlich war – wie jedem, der seine Aufgabe
mit dem vollen Einsatz seiner Person zu erfüllen sucht.

Dabei war und blieb ihm wesentlich, sich im Einklang mit denen zu wissen, die sich,
wie er selbst, ganz in den Dienst der Wissenschaft stellten. So hielt er mit Nachdruck an
der Idee der Gelehrtenrepublik fest, und er fühlte sich den Gremien und Institutionen am
engsten verbunden, in denen ihm die Gelehrtenrepublik noch lebendig schien: der
Akademie der Wissenschaften in Heidelberg, den Monumenta Germaniae Historica, deren
Zentraldirektion er als Vertreter der Heidelberger Akademie angehörte, und dem Konstanzer Arbeitskreis für mittelalterliche Geschichte, zu dem er schon als Assistent Zugang
gefunden hatte. Für die Akademie, die Monumenta und den Arbeitskreis war ihm keine
Mühe zu viel, so daß sie ihrerseits Grund hatten, seine Mitwirkung aufs höchste zu
schätzen. Im Konstanzer Arbeitskreis, der sich in seinem Kern als Freundeskreis versteht,
gehörte er seit dem Abschied Theodor Mayers aus Konstanz im Sommer 1968 zusammen
mit Helmut Beumann und dem Unterzeichneten dem dreiköpfigen Vorstand an; 1970/71
hat er als Vorsitzender die Geschäfte geführt. Vor allem aber hat er sich mit der ihm
eigenen Intensität an den wissenschaftlichen Unternehmungen des Arbeitskreises beteiligt
und mehrere seiner Tagungen vorbereitet und betreut, so noch zuletzt die Tagung über
»Schule und Universität im Mittelalter«, deren Durchführung im Frühjahr 1981 er nicht
mehr erleben sollte. Mehrere Bände der »Vorträge und Forschungen« wurden – in der
Regel jeweils mit einem eigenen Beitrag – von ihm herausgegeben. Sie stellen einen
gewichtigen Teil seiner eigenen Forschungsleistung dar, der ihn bleibend mit dem Konstanzer Arbeitskreis verbindet.

Entscheidend war für ihn immer, daß die Forschung zu ihrem Recht kam. Um sie
drehte sich seit seinem wissenschaftlichen Beginn sein Sinnen und Trachten. Ihrer Erweiterung, Vertiefung, Bereicherung galt sein unermüdliches Bemühen, das dementsprechend
reiche Früchte getragen hat. Sie liegen neben seinen Büchern, insbesondere der bereits
ungewöhnlich ausgereiften Dissertation über »Kaiserreskript und Königsurkunde« und
der bedeutenden, die geistige Welt des 12. Jahrhunderts umspannenden Habilitationsschrift über den eigenwilligen Reformer Gerhoch von Reichersberg, die beide den Rang
von Standardwerken erlangt haben, in einer Vielzahl von z. T. umfangreichen Aufsätzen
und Abhandlungen vor. Eugen Ewig, Classens Mentor in Mainz und schon bald sein
Kollege und Freund, hat diese Arbeiten in seiner Gedenkrede, die er am 21. Mai 1982
anläßlich der von Universität und Akademie in Heidelberg gemeinsam veranstalteten

Gedenkfeier für Peter Classen hielt, im einzelnen gewürdigt und ihre allmähliche Entfaltung wie ihren Ertrag für die Forschung analysiert. Seine Würdigung wird im vorliegenden Band mit der freundlichen Erlaubnis des Verfassers den Aufsätzen Peter Classens vorangestellt, weshalb es sich erübrigt, sie hier in ihrer Genesis zu rekapitulieren.

Es sei jedoch hervorgehoben, daß den Aufsätzen insgesamt innerhalb der wissenschaftlichen Hinterlassenschaft Peter Classens, die sich uns jetzt als sein Gesamtwerk darstellt, nicht nur nach ihrer beträchtlichen Zahl, sondern auch nach ihrem Gehalt keine geringere Bedeutung zukommt als seinen großen Publikationen. In ihnen spiegelt sich am deutlichsten wider, wie er arbeitete, wie weit er ausgriff und was ihm am Herzen lag. So ist charakteristisch, daß er ein Thema, das ihn einmal angezogen hatte, nicht mehr aus dem Sinn verlor. Es ging ihm nach und arbeitete gleichsam in ihm fort, und früher oder später griff er es wieder auf, um es unter neuen Gesichtspunkten oder in erweitertem Rahmen weiterzuführen. Auf diese Weise schälen sich bestimmte Grundelemente heraus, um die sich seine Arbeiten gruppieren. Sie stehen mit seinen großen Publikationen in Zusammenhang, greifen aber weit über sie hinaus, und gerade in den letzten Jahren hatte er sich in mehreren Studien zur Frühgeschichte der Universität verstärkt einem Lieblingsthema zugewandt, für das er eine zusammenfassende Darstellung plante. Er hat diesen Plan nun leider nicht mehr ausführen können.

Es war daher ein naheliegender und guter Gedanke seines Schülers und Freundes Johannes Fried, diese letzten Studien Peter Classens druckfertig zu machen und sie mit seinen früheren Aufsätzen, die das Generalthema Schule und Universität umkreisen, zusammenfassend zu publizieren. Sie werden unter dem Titel »Studium und Gesellschaft im Mittelalter« in der Schriftenreihe der Monumenta Germaniae Historica erscheinen.

Die Aufsätze zur Universitätsgeschichte bilden einen Schwerpunkt im Gesamt der Arbeiten Classens, einen Schwerpunkt, dem er selber großen Wert beimaß, neben dem es aber eine Reihe weiterer Schwerpunkte gibt, die für seine Bemühungen nicht weniger charakteristisch und für die Forschung nicht weniger bedeutsam sind. So stellte sich unter seinen Freunden der Wunsch ein, aus der Vielzahl seiner übrigen, über viele Orte verstreuten Aufsätze eine Auswahl zu treffen, die alle anderen Schwerpunkte berücksichtigt und damit einen repräsentativen Querschnitt durch seine Arbeiten bietet. Der Konstanzer Arbeitskreis hat sich diesen Gedanken zu eigen gemacht und beschlossen, dem Andenken Peter Classens zu Ehren dessen Aufsätze in seine »Vorträge und Forschungen« aufzunehmen, in denen Classen selbst vor wenigen Jahren Josef Deér mit der Ausgabe seiner ausgewählten Aufsätze den gleichen Freundschaftsdienst geleistet hatte.

Die Auswahl und Gliederung der Aufsätze des vorliegenden Bandes ist das Ergebnis gemeinsamer Überlegungen des Unterzeichneten mit dem Bruder des Verstorbenen, Carl Joachim Classen, und seinem vertrauten Schüler und Kollegen Johannes Fried. Die Auswahl ist uns nicht leicht gefallen, weil wir aus Raumgründen auf manchen uns wichtig erscheinenden Aufsatz verzichten mußten, so vor allem auf den umfangreichen Beitrag zum Aachener Karls-Werk »Karl der Große, das Papsttum und Byzanz«, der aber auch als

Separatdruck erschienen ist und insofern auch als selbständige Publikation gelten kann. Nicht abgedruckt werden ferner die in den »Vorträgen und Forschungen« erschienenen Aufsätze. Im ganzen hoffen wir, daß es uns gelungen ist, eine Auswahl vorzulegen, mit der Peter Classen selbst einverstanden gewesen wäre.

Unsere Auswahl wird durch das Schriftenverzeichnis Peter Classens ergänzt, das, ebenso wie das Register, von seinem Bruder Carl Joachim Classen beigesteuert wurde.

Die Aufsätze selbst, deren ursprüngliche Druckorte sich im Schriftenverzeichnis finden, sind unverändert abgedruckt. Soweit sich in den Handexemplaren des Verstorbenen Korrekturen und Nachträge zu den zitierten Quellen fanden, sind sie von uns berücksichtigt worden und durch eckige Klammern kenntlich gemacht.

Es ist dem Unterzeichneten ein Bedürfnis, seinen Mitherausgebern Carl Joachim Classen und Johannes Fried für ihre große Mühe zu danken. Carl Joachim Classen hat überhaupt das meiste zum Gelingen des Bandes beigetragen.

Gemeinsam danken wir Frau Mechthild Classen, daß sie uns die Handexemplare ihres Gatten zur Verfügung gestellt und uns in seinem Sinne unermüdlich beraten hat.

Dank gebührt ferner der Druckerei und dem Verlag, die den Band mit gewohnter Sorgfalt betreut haben.

Schließlich und vor allem will der Band selbst Ausdruck des Dankes sein: des Dankes an Peter Classen, dem sich der Konstanzer Arbeitskreis bleibend verbunden weiß.

*Josef Fleckenstein*

# Gedächtnisrede auf Peter Classen

VON EUGEN EWIG

Ein knappes Vierteljahrhundert ist vergangen, seit ich in Mainz eine Oberassistenz zu besetzen hatte und Reinhard Elze mich auf seinen Freund Peter Classen hinwies, mit dem er von seiner Göttinger Studienzeit her verbunden war. Ich kannte Classens Erstveröffentlichung, den Aufsatz *Romanum gubernans imperium*, und hatte auch das Maschinenmanuskript seiner Dissertation über die Entstehung der germanischen Königsurkunde mit großem Interesse studiert. So griff ich die Anregung gern auf, bestärkt durch die spontane Zustimmung meines Kollegen H. U. Instinsky von der Alten Geschichte, der Classen schon in seinem ersten Semester an der Universität Hamburg begegnet war und dem jungen Studenten entscheidende Anregungen gegeben hatte.

Peter Classen war damals 33 Jahre alt. 1924 in Hamburg geboren, gehörte er einer Generation an, die im Reich des Unmenschen heranwuchs und zum Opfer des Regimes wurde, das ohne ihr Zutun etabliert worden war. So wenig wie seine Coaetanen blieb er vom Kriegsdienst verschont. Über sein Wesen aber hat die Barbarei keine Gewalt gewonnen. Daß die Katastrophe von Reich und Nation nicht wie für so viele auch zur persönlichen Katastrophe wurde, verdankte er insbesondere seinem Elternhaus, das in ihm nach seinen eigenen Worten den »Sinn für geistige Werte und Überlieferungen, für protestantische Religiosität und nicht zuletzt für das Recht« geweckt hatte. So konnte er ohne inneren Bruch das Dritte Reich überstehen und im WS 1945/46 das Studium der Geschichte und der klassischen Philologie aufnehmen, das ihm schon beim Abitur im Sommer 1942 vorgeschwebt hatte. Allfällige Zweifel am Sinn des Geschichtsstudiums, die sich regten, nachdem das ganze Ausmaß des Unheils offenbar geworden war, räumte Instinsky wohl ohne allzu große Mühe aus.

Im Sommer 1948 ging Peter Classen von Hamburg nach Göttingen, wo er 1950 sein Studium abschloß und dann seinem Lehrer Wilhelm Berges als Assistent an die Freie Universität Berlin folgte. Die Göttinger Jahre bildeten eine wichtige Etappe im Leben des jungen Historikers, der sich nicht nur Berges, sondern auch P. E. Schramm und Hermann Heimpel als Lehrern verpflichtet fühlte. Die Göttinger Studenten der Geschichte fanden sich in einem Arbeits- und Freundeskreis zusammen, der in den ersten Nachkriegsjahren, vor der Zeit der Massenuniversität, zwar keine Einzelerscheinung war, in Göttingen aber doch wohl ein besonders intensives Leben entfaltete und dauernde Bindungen schuf. Noch stärker manifestierte sich die Solidarität der Lehrenden und Lernenden in der heroischen Phase der Berliner Nachkriegsgeschichte beim Aufbau des Friedrich-Meinecke-Instituts der Freien Universität, wo Classen auch einem Forscher und Lehrer besonderen Ranges, Walter Schlesinger, begegnete. Im Blick auf diese Zeit hat er später von »einer heute märchenhaft erscheinenden Harmonie zwischen Professoren, Assistenten und Studenten« gesprochen. Friedrich Meinecke, den Patriarchen der Zunft, lernte er noch persönlich kennen. Er verband sich seiner Familie durch die Heirat mit Meineckes Enkelin Mechthild Rabl und hat später den Briefwechsel des Meisters herausgegeben.

Der 26jährige Student hatte indessen schon seine eigene Forschungsrichtung gefunden. Versucht man, den Weg vom Adepten zum Meister des Faches nachzuzeichnen, so gerät man in Verlegenheit. Denn schon die Anfangsarbeiten waren reife Leistungen. In seinem ersten Aufsatz führte Classen den Passus *Romanum gubernans imperium* im Kaisertitel Karls des Großen auf eine »im amtlichen Sprachgebrauch Italiens übliche Formel« aus der Zeit Iustinians zurück und beendete damit ein für allemal den Streit über den römischen Bezug des neu begründeten Kaisertums. Der Aufsatz war eine Nebenfrucht der Dissertation, die 1950 abgeschlossen wurde, ursprünglich den Titel »Studien zur Entstehung der germanischen Königsurkunden auf römischer Grundlage« trug und 1955/56 im Archiv für Diplomatik erschien unter dem Titel »Kaiserreskript und Königsurkunde. Diplomatische Studien zum römisch-germanischen Kontinuitätsproblem«. Dem Obertitel entsprach die Publikation in zwei ungefähr gleichgewichtigen Teilen. Die Dissertation wurde unter der Leitung von W. Berges begonnen und nach dessen Übersiedlung nach Berlin unter dem Patronat von P. E. Schramm vollendet. Das ungewöhnliche Thema entsprach nicht den Forschungsgebieten der beiden Gelehrten: Classen hat es sich selbst gestellt. Einzelaspekte hatte in Göttingen nur der 1946 verstorbene Altmeister Karl Brandi behandelt. Interesse an der Kontinuitätsfrage mag in den Hamburger Anfangssemestern H. Aubin geweckt haben. Wichtiger sind aber offenbar Anregungen des Althistorikers Instinsky gewesen: nur sie hat Classen in seiner Antrittsrede vor der Heidelberger Akademie ausdrücklich erwähnt.

In dieser Rede führt Classen aus, er habe in der Dissertation, »den Wandel der Herrscherurkunden im Kulturbruch zwischen spätrömischer Bürokratie und schriftarmer Zeit des Frühmittelalters verfolgt und dabei den Blick auf römisches Recht, auf germanisches Königtum, aber auch auf Byzanz gelenkt«. Dieser Brückenschlag hätte jeden anderen Debutanten überfordert. Zu vergleichen war ein inhaltlich weithin divergentes Quellenmaterial. Die überlieferten Kaiser- und Staatsurkunden der Spätantike bestehen ja überwiegend aus Gesetzen und Rechtsentscheidungen, die Königsurkunden des Frühmittelalters dagegen aus Schenkungen und Rechtsverleihungen. Die Diplomatik war und ist eine spezifisch mediävistische Hilfsdisziplin – die spätrömischen Urkunden wurden vorwiegend unter rechtshistorischen Aspekten erforscht. Der Promovend mußte sich mit den römischen Rechtsquellen, namentlich mit dem Codex Theodosianus befassen, wenn er seiner Aufgabe gerecht werden wollte. Er hat im ersten Teil der Dissertation die Grundzüge der spätrömischen »Kaiser- und Obrigkeitsurkunden« herausgearbeitet mit dem

»Schwerpunkt auf den Urkundenarten und Textformen«, die sich mit den mittelalterlichen Königsurkunden vergleichen lassen, und in diesem Rahmen die von Ulrich Wilcken geforderte Diplomatik der römischen Kaiserurkunden erstellt. Von der gewonnenen Basis aus konnte er die formale Kontinuität zwischen der Kaiser- und Beamtenurkunde der Spätantike und der germanischen Königsurkunde nachweisen und die bestehenden Vorstellungen von der germanischen Königsurkunde klären und erweitern. Classen hat aber nicht nur die Form, sondern auch die Funktion der Herrscherurkunden untersucht und unter dieser Perspektive einen entscheidenden Kulturwandel festgestellt, der wesentlich auf den Untergang der Schriftlichkeit in der Verwaltung zurückzuführen ist. Für die Spätantike gilt der Satz: »Die Rechtssicherheit beruhte auf der kontinuierlichen Staatsverwaltung und Aktenführung, nicht auf dem einzelnen Schriftstück der Kanzlei.« Der Wandel ist nicht schon im 6. Jahrhundert, sondern um 600 eingetreten, am deutlichsten spürbar bei den Franken. »Der Befehl des Königs galt unabhängig von einem Verfahren vor Beamten; die einst auf den Akten beruhende Rechtssicherheit mußte jetzt die einzelne Urkunde bieten. Aus der Verwaltungsverfügung wurde das allgemein gültige Königsgebot, das dem Begünstigten ausgehändigt wurde und in seiner Hand als ein unanfechtbares Zeugnis für seine Gerechtsame diente.« Die gleiche Ursache – Untergang der Schriftlichkeit in der Verwaltung – zeitigte auch im oströmischen und kirchlichen Gebrauch ähnliche Wirkungen und führte zur Entstehung des byzantinischen Kaiserprivilegs (χρυσόβουλλος λόγος) und des Papstprivilegs. Diese Parallelen weckten Bedenken, den Wandel als spezifisch germanisch zu interpretieren.

Unter den Forschungen der letzten Jahrzehnte zur Spätantike und zum Frühmittelalter kommt der Dissertation eine grundlegende Bedeutung zu. Daß sie auch in der Byzantinistik ein entsprechendes Echo fand, zeigt die Neuausgabe als Buch von 1977 in den von J. Karayannopoulos/Saloniki herausgegebenen BYZANTINA KEIMENA KAI ΜΕΛΕΤΑΙ. Classen hat einige Aussagen nuanciert und ergänzt. Er brachte seine Skepsis gegenüber »dem rechts- und verfassungsgeschichtlich so schwer faßbaren Begriff des Germanischen« zum Ausdruck und ersetzte dementsprechend im Untertitel »römischgermanische Kontinuität« durch »Kontinuität zwischen Altertum und Mittelalter«. Der Text brauchte dagegen kaum verändert zu werden: ein deutliches Zeichen für die Qualität der Arbeit.

Als ich 1957 die Anregung Reinhard Elzes aufgriff, Peter Classen nach Mainz zu holen, ging es mir um den Sachkenner auf dem Gebiet der frühmittelalterlichen Diplomatik, auf dem ich mich selbst noch sehr unsicher fühlte. Was ich bieten konnte, schien mir verlockend: eine Stelle auf Lebenszeit, frei von den üblichen Dienstpflichten des Assistenten. Denn die Mainzer Oberassistenz war de facto eine Diätendozentur, mit der lediglich Lehrverpflichtungen verbunden waren. Aber Classen griff nicht sofort zu. Es fiel ihm offensichtlich schwer, das Meinecke-Institut und seinen Mentor Wilhelm Berges zu verlassen, zumal er seine Habilitationsschrift bereits im Rohbau fertiggestellt hatte. Hinzu kam aber wohl auch ein stark empfundener Wechsel des geschichtlich-kulturellen

Ambiente. »Zum ersten Mal«, sagte er rückblickend vor der Heidelberger Akademie, »kam ich als Norddeutscher auf den Boden römischer Provinzialkultur und in ein Zentrum des frühmittelalterlichen Deutschland.« Der 33jährige wirkte in der Tat sehr norddeutsch, als er bei seinem ersten Besuch die künftige Wirkungsstätte vorsichtig erkundete: erfüllt von berechtigtem Stolz auf seine Zugehörigkeit zum Meinecke-Institut, ein wenig spröde im Gespräch, aber stets klar und sehr direkt in seinen Äußerungen; vielleicht auch ein wenig mißtrauisch gegenüber der leichteren und undurchsichtigeren rheinischen Lebensart. Norddeutsch nicht zuletzt in der geistigen Prägung: des Französischen und Italienischen zwar kundig, aber im Englischen wahrhaft zu Hause, noch ohne den inneren Zugang zur Romania, die ihn als klassischen Philologen und Historiker des Mittelalters gleichwohl anzog. Allerdings fehlten persönliche Beziehungen zum Westen nicht ganz: Frau Classen hatte einige Semester in Mainz studiert, ihre Eltern lebten in Saarbrücken.

Was immer den Ausschlag gegeben haben mag: Peter Classen hat schließlich die Entscheidung für Mainz getroffen und sich hier schnell eingelebt. Meine Erwartungen wurden nicht enttäuscht. Nicht nur im Gespräch, sondern auch in gemeinsamen Übungen habe ich viel von ihm gelernt und wesentliche Anregungen für eigene Untersuchungen frühmittelalterlicher Urkunden von ihm erhalten. Classen nahm auch an historisch-archäologischen Gemeinschaftsseminaren mit Kurt Böhner teil, dem zu eben dieser Zeit berufenen Direktor des Römisch-Germanischen Zentralmuseums – Seminarien, die mit kleinen Exkursionen in die Umgebung, insbesondere nach Ingelheim, verbunden waren und mit einem fröhlichen Umtrunk endeten. Den Höhepunkt solcher interdisziplinärer Veranstaltungen bildete ein Inschriftenseminar im WS 1962/63, an dem sich auch H. U. Instinsky beteiligte. In der fruchtbaren, stets quellenbezogenen Diskussion brachte Classen besonders die in der antiken Epigraphik vernachlässigte Paläographie zur Geltung. Unsere Zusammenarbeit blieb unterdessen nicht auf Mainz beschränkt. Auch beim Aufbau der Pariser historischen Forschungsstelle, des heutigen Deutschen Historischen Instituts in Paris, stand mir Classen zur Seite, indem er für das Forschungsprogramm »Merowingerregesten«, das G. Tellenbach angeregt hatte, den noch heute gültigen Arbeitsplan ausarbeitete.

Dabei hatte sich der Schwerpunkt der Forschungen Classens durch die große Arbeit über Gerhoch von Reichersberg, die er 1958 der Mainzer Philosophischen Fakultät als Habilitationsschrift vorlegte, schon in den Berliner Jahren auf das 12. Jahrhundert verlagert. Nach einem souverän geführten Colloquium erhielt Classen 1958 die Venia legendi. Das seinem Lehrer Berges gewidmete Werk erschien 1960 im Druck. Knapp zwei Jahre später erhielt der Verfasser den Ruf nach Gießen. Hier vollendete er zwei Beiträge zur Pfalzenforschung, die Heimpel auf Anregung von Schlesinger und Berges in das Programm des Göttinger Max-Planck-Instituts für Geschichte aufgenommen hatte. Sie waren den Pfalzen am Mittelrhein gewidmet. Classen führte den für die Erkenntnis der politischen Schwerpunkte und des frühmittelalterlichen Regierungsstils so wichtigen Begriff der »Winterpfalz« in die Forschung ein. Ausführlich behandelte er Worms und Ingelheim. Die

Ingelheimer Publikation trägt das Motto: *Ille terrarum mihi praeter omnes/angulus ridet.* Classen hatte es vielleicht im Sinn, als er die Beweggründe erörterte, die Karl d. Gr. bestimmt haben könnten, in Ingelheim eine besonders repräsentative Pfalz zu errichten: »Seine (Ingelheims) Lage auf der Terrasse des rheinhessischen Hügellandes zum Strome hin empfinden wir heute als unvergleichlich schön. Es klingt wie ein Anachronismus, mag aber doch auch von den Karolingern empfunden worden sein, daß dieser Ort zur herrscherlichen Repräsentation geeigneter war als mancher andere. Man überschaute von hier den ganzen Rheingau; wenn der Herrscher hier thronte, residierte er gleichsam in der Mitte seines Landes, und man konnte dies deutlicher in der Landschaft empfinden als an Orten wie Worms oder Mainz.« In diesen Sätzen spricht nicht nur ein Kenner, sondern auch ein Liebhaber der mittelrheinischen Landschaft, zu dem Peter Classen in seinen Mainzer Jahren geworden ist.

Das umfangreiche Buch über Gerhoch von Reichersberg hat Peter Classen als aus dem Werk erarbeitete Biographie angelegt und der wenige Jahre vorher erschienenen literar-historischen Monographie des Franziskaners van dem Eynde gegenübergestellt: »Eine Biographie... hat andere Aufgaben und ein anderes Ziel als die literargeschichtliche Untersuchung. Sie soll den Mann Gerhoch in seiner Zeit und Umwelt darstellen, seine Kämpfe um die Klerikerreform und seine Aufbauarbeit in Reichersberg schildern, die scheinbaren und wirklichen Widersprüche seiner Lehren aus den Kampfsituationen seines Lebens erklären und den Grundgedanken seiner Schriften nachspüren.« So entsteht vor dem Leser das Leben des süddeutschen Reformers und Theologen aus der Generation Bernhards von Clairvaux, der als Augsburger Domherr seine *conversio* zur *vita apostolica* erlebt und diese in der Form der *vita communis* mit strikter persönlicher Armut zur Norm nicht nur für sich selbst, sondern für den Klerus schlechthin erhebt; der mit der Radikalität seiner Forderung in Konflikt mit der Umwelt und in die Nähe der Häresie gerät, kurz vor dem Scheitern in Regensburg aber in den rettenden Hafen der Salzburger Kirche einläuft und als Propst des Salzburger Eigenstifts Reichersberg in der Passauer Diözese sein Wirkungsfeld findet. Dann ein Panorama der Welt, in die Gerhoch nun eintritt: Salzburg unter dem Erzbischof Konrad von Abensberg, damals an der Spitze der Reform; das Stift Reichersberg, seine innere Struktur und seine Beziehungen zum Salzburger Eigenkirchen-herren, zum Passauer Diözesanbischof, zum Adel des Landes, zum benachbarten Bamber-ger Grundherrn. Beziehungen, deren Ausgestaltung dem Propst Gerhoch oblag, die ihm aber auch zum Schicksal wurden, da sie am Abend seines Lebens durch die Verquickung lokaler Auseinandersetzungen mit dem Schisma von 1159 zu seiner zeitweiligen Exilierung führten.

In diese minutiös aus den Quellen – Handschriften und Urkunden – erarbeitete Lebensgeschichte hat Classen das Schrifttum Gerhochs eingeordnet, das reich ist an zeitgeschichtlichen Bezügen und deshalb das Interesse nicht nur der Theologen und Philosophen, sondern auch der Historiker geweckt hat. Entscheidend für die geistige Entwicklung des Mannes war einerseits die *conversio* zur *vita apostolica* (c. 1120, 1124), die ihn von Augsburg nach Regensburg führte, andererseits die Begegnung mit den Schriften Ruperts von Deutz (1128–1132) durch die Vermittlung Bischof Kunos von Regensburg, des vormaligen Abts von Siegburg.

Im Zentrum der Ekklesiologie, die Gerhoch schon in Regensburg in seiner Erstlingsschrift De aedificio Dei entwickelte, steht »die allgemeine Klerikerreform durch die Vita communis et apostolica«. Sie behielt diese zentrale Stellung, wie Classen zeigt, bis ans Ende des Lebens des streitbaren Reichersberger Propstes. In engstem Zusammenhang mit diesem Reformideal formulierte Gerhoch die radikale These, daß gültige Sakramente, insbesondere die Eucharistie, nicht außerhalb der Kirche vollzogen werden könnten, d. h. nicht von Schismatikern, Häretikern und Simonisten im weitesten Sinne. In den gleichen Zusammenhang rückt Classen auch die der Auffassung Kyrills von Alexandria nahe kommende Christologie Gerhochs.

Die lebensfremde Sakramentenlehre Gerhochs mußte selbst in Reformkreisen auf Ablehnung stoßen und führte zu Verstimmungen in der Beziehung zu Bernhard von Clairvaux. Das Verhältnis zu den Reformpäpsten blieb dagegen ungetrübt. Die Christologie entwickelte Gerhoch in Auseinandersetzung mit der Frühscholastik, den Schülern Abaelards und Gilberts von Poitiers. Durch eingehendes Handschriftenstudium hat Classen eine überraschend frühe Verbreitung scholastischen Schrifttums in den Bibliotheken der bayrisch-österreichischen Kirchen nachgewiesen. So erklärt sich die Härte des Zusammenstoßes, die durch den Gegensatz der Perspektiven und Methoden noch verschärft wurde.

Gerhoch entwickelte seine Ideen in der Nachfolge Ruperts von Deutz in der Sprache und mit den Methoden der symbolischen Theologie, die »vom Geschehen der Erlösung und seinem Fortwirken in der Kirche« ausging und exegetisch auf der Grundlage der Schrift, der Patres und der Liturgie argumentierte. Classen hat nicht nur ihren Eigenwert gegenüber der auf »logische und metaphysische Begriffsbildung« ausgerichteten scholastischen Methode betont, sondern auch ihre Modernität im 12. Jahrhundert verfochten. Gerhoch hat wie Honorius Augustodunensis und Anselm von Havelberg auch »nach dem heilsgeschichtlichen Ort der gegenwärtigen Zeit und der gegenwärtigen Kirche« gefragt und wie seine genannten Zeitgenossen über Rupert hinaus eine »aktuelle Exegese« entwikkelt, in der er vor allem in der Ausdehnung der Typologie »vom Alten Testament über das Neue Testament hinaus auf die Kirchengeschichte« zu Periodisierungen der Kirchengeschichte kam und so Wege beschritt, die zu Joachim von Fiore führten oder führen konnten. Seinen scholastischen Gegnern war er in der Dialektik unterlegen. Aber er verfügte über eine breitere patristische Grundlage, bezog dabei durchaus eigene Positionen, zeigte Interesse für die griechische Theologie, besonders für den gerade in Ungarn übersetzten Johannes Damascenus, und »erwies sich... als der überlegene Philologe und Historiker«.

In der deutschen Verfassungsgeschichte ist besonders die Regalienlehre diskutiert worden, die Gerhoch als scharfsinniger Kritiker des Wormser Konkordats, unter dem

Eindruck der drohenden Feudalisierung der Kirche in seinem Erstlingswerk begründet hat. Classen betont in Übereinstimmung mit Meuthen, daß Gerhoch nicht ein »Staatsdenker« war, sondern als Kirchenmann argumentierte und seine Regalienlehre unter dem Aspekt der Freiheit der Kirche von weltlichen Geschäften formulierte. Schritt für Schritt verfolgt er, wie Gerhoch seine Stellung zur Verwaltung der Regalien durch die Kirche abwandelte, den Bischöfen das Verfügungsrecht über sie (1142) und die aktive Lehnsfähigkeit (1156), dem König die Regalieninvestitur und den Treueid der Bischöfe zugestand (1156), freilich unter »scharfer Ablehnung des Lehnsrechts«. Parallel dazu kam Gerhoch nach Classen zur Anerkennung des Königtums als *ordinata potestas* (1142), dann auch des Eigenrechts von König und Reich (1156) und selbst des *honor imperii* (1166).

Gerhoch ist Friedrich Barbarossa mehrfach persönlich begegnet und hat von ihm nur mit Achtung gesprochen. Daß er den Begriff des *honor imperii* übernahm, ist ein deutliches Zeichen für den Eindruck, den die staufische Reichsidee auf den Reichersberger Propst machte, der doch von gregorianischen Grundpositionen ausgegangen war. Classen korrigiert hier und in seinen Ausführungen über die Beziehungen Gerhochs zu Eberhard von Bamberg und der kaiserlichen Kapelle Verzerrungen des Barbarossabilds durch F. Heer und einseitige politische Perspektiven in der Beurteilung der Helfer des Kaisers. Die zwiespältige Position Gerhochs, der sich im Schisma von 1159 erst nach langem Zögern zu Alexander III. bekannte, kennzeichnet das Dilemma des Mannes der bernhardinischen Generation gegenüber dem seit der Jahrhundertmitte eingetretenen Wandel. Diesen Wandel – die Ablösung der »Reformpäpste« durch die politischer denkenden »Juristenpäpste« – hat er deutlich empfunden. Seine Kritik konzentrierte sich somit stärker auf den innerkirchlichen Bereich. Hatte er nach dem Abschluß des Wormser Konkordats die Gegenwart in Zeichen der *pietas* gesehen, so sah er seine Zeit nun im Zeichen der *avaritia*, die als Signum des Antichrists die an der *paupertas* ausgerichtete Reform bedrohte. Classen zeigte aber, daß sein Held sich auch bei wachsender Resignation einen lebendigen Geist bewahrte: der unter leidvollen Erfahrungen zwar manche früher bezogene Position revidierte, aber seinen Grundüberzeugungen treu blieb und im Kampf um sie auch im Alter nicht erlahmte.

Die Schriften Gerhochs, sagt Classen abschließend, enthalten einen »Spiegel aller Probleme, die die deutsche Kirche (im 12. Jahrhundert) bewegten«. Die Beschäftigung mit Gerhochs Person und Werk ermöglichte Peter Classen den Einstieg in das geistig, kulturell und politisch so reiche 12. Jahrhundert, dessen weite und offene Horizonte ihn faszinierten und weiterhin im Bann hielten. Sie führte ihn an viele Themen heran. Manche von ihnen hat er schon während der Arbeit an seiner Habilitationsschrift aufgegriffen: so das frühe Eindringen der Scholastik in Bayern und Österreich (Abaelard, Hugo von St. Victor, Gilbert, Petrus Lombardus), das er durch Bibliotheks- und Handschriftstudium nachwies; dann die geistigen und politischen Beziehungen zwischen Lateinern und Griechen (Erstübersetzungen des Johannes Damascenus, christologische Diskussionen auf dem 1166 durch Kaiser Manuel einberufenen Konzil von Konstantinopel). Sein Interesse galt der

Brückenstellung Pisas (Leo Tuscus, Hugo Etherianus, Burgundio), aber auch Österreichs (Babenberger, Petrus von Wien) und den politischen Zielen Kaiser Manuels im Gegenspiel zu Barbarossa (seinen Versuchen, über Mailand und die italienischen Seestädte in der Lombardei Einfluß zu gewinnen und bei Alexander III. seine Anerkennung als »Kaiser« der Römer durchzusetzen). Ein anderes großes Thema – die Entstehung und Frühgeschichte der Universitäten – schlug er zuerst in seiner Gießener Antrittsvorlesung von 1961 an. 1964 erschien außer den beiden bereits erwähnten Abhandlungen zur Pfalzenforschung der für die staufische Reichs- und Staatsauffassung wichtige Beitrag Corona imperii in der Festschrift für P. E. Schramm.

Zwischen diesen und zeitlich anschließenden Arbeiten über das 12. Jahrhundert steht wie ein erratischer Block eine Abhandlung aus dem frühmittelalterlichen Bereich: »Karl der Große, das Papsttum und Byzanz« (1965). Das Thema wurde an Classen herangetragen von einem Gremium, das unter der Leitung von H. Beumann über die Gestaltung des ersten Bandes des großen Werks zum Aachener Karlsjubiläum beriet. Daß der Antrag bei Classen zwiespältige Gefühle weckte, weil er ihn aus seiner Beschäftigung mit dem 12. Jahrhundert herausriß, hat er mir in einem freundschaftlichen Brief, in dem er mich mitverantwortlich machte, freimütig zu verstehen gegeben. Indessen hätte kein anderer das Thema mit gleicher Kompetenz behandeln können. Schon in der Erstfassung bewundert man die Umsicht, mit der die zahlreichen einschlägigen Forschungen aus umfassender Kenntnis der Quellen zur Geschichte des Frankenreichs, Italiens und des Imperiums diskutiert werden, die Sicherheit des Urteils und die weit ausholende Synthese. Die überarbeitete und erweiterte Sonderfassung des Beitrags von 1968 bietet eine bisher nicht überholte Grundlage für alle weitere Forschung auf diesem Gebiet und ist wohl nicht nur in Bonn zur Bibel für alle Studenten geworden, die sich im akademischen Unterricht und für das Staatsexamen mit dem Kaisertum Karls des Großen und der ersten Ausformung des karolingischen Imperiums befassen.

Nach vierjähriger Tätigkeit in Gießen, die ihn auch mit der von Schlesinger und Beumann ins Leben gerufenen hessischen Zweigstelle des Konstanzer Arbeitskreises für mittelalterliche Geschichte in engere Berührung brachte, erhielt Peter Classen 1965 einen Ruf nach Hamburg und bald darauf einen weiteren nach Heidelberg, den er 1966 annahm. In beiden Fällen handelte es sich um die Nachfolge angesehener Gelehrter: Otto Brunners und Fritz Ernsts. In seiner Antrittsrede vor der Heidelberger Akademie nannte er einen Grund für die Heidelberger Entscheidung: »Alte unzerstörte Bibliotheken bieten dem Historiker hier bessere Arbeitsmöglichkeit.« Ich möchte annehmen, daß – bewußt oder unbewußt – auch andere Faktoren eine Rolle spielten: die Nähe zum geliebten bayrisch-österreichischen Arbeitsfeld und die Orientierung nach Italien im Gefolge der Arbeiten zum 12. Jahrhundert, die wohl schon mit dem Vortrag über Mailand und Kaiser Manuel auf dem Münchener Byzantinistenkongreß von 1958 und dem Referat über Gerhoch und die Regularkanoniker in Bayern und Österreich auf dem Mendola-Colloquium 1959 einsetzte.

In seiner Heidelberger Antrittsvorlesung nahm Peter Classen eine Thematik wieder auf, die er schon in seiner Gießener Antrittsvorlesung angesprochen hatte und später wieder, besonders im Zürcher Hochschulforum kurz vor seinem Tod, erneut beleuchtete: die Vor- und Frühgeschichte der abendländischen Universität. In der Gießener Vorlesung über die »Hohen Schulen und die Gesellschaft« ging es ihm darum, Herbert Grundmanns pointierte Aussage, daß »die Universität ohne bewußtes Vorbild aus Wissensdrang entstanden« sei, zu korrigieren oder – besser – zu ergänzen durch die Darlegung der sozialen Bedingungen, aus denen die Universitäten als neue Formen der Gemeinschaftsbildung entstanden. Neben die in der christlichen Ethik der Patres »suspekte«, im frühen 12. Jahrhundert erwachte »curiositas«, die »Wißbegierde«, stellte er das Motiv des Strebens nach *laus et pecunia*, Ruhm und Reichtum, und nach sozialem Aufstieg in der Kirche, an den Höfen und in den Städten einer Gesellschaft, die aus dem bis dahin »fast ausschließlich« agrarisch bestimmten Rahmen ihrer Existenz heraustrat, durch die große Auseinandersetzung zwischen Sacerdotium und Regnum zu rationalerer Geistigkeit erwachte, zugleich expandierte und dabei sowohl der griechisch-byzantinischen wie der arabischen Welt begegnete. »Mobilität der Lehrenden und Lernenden; die Begegnung zwischen Ost und West; die Höfe und die Städte, die der gelehrten Männer bedürfen; die Frage nach Autorität und Methode; die Erfahrung des Lebens als Impuls; das Selbstbewußtsein des Gelehrten und die besondere geistige Freiheit dieser Zeit«, in der »die unbedingte Königsherrschaft über die Kirche gebrochen«, aber die künftige »Vormacht der Kirche und des Papsttums« noch nicht durchgesetzt war, bedingten nach Classen den Aufstieg der Wissenschaften und die Entstehung der Universitäten, deren Verfestigung und Vermehrung im frühen 13. Jahrhundert er in der Heidelberger Antrittsvorlesung erörterte.

In Heidelberg erlebte Classen in diesen Jahren den Ausbruch der Krise der deutschen Universität, die ihn persönlich schwer traf. Er war ein vorzüglicher, aber anspruchsvoller akademischer Lehrer – die Qualität der von ihm angeregten und betreuten Dissertationen legt davon Zeugnis ab. In der Mainzer Zeit waren seine Vorlesungen und Übungen gut besucht, obwohl er als Privatdozent noch keine Staatsexamina abhalten konnte. In Heidelberg ging der Besuch seit 1968 rapid zurück. Es drängt sich die Analogie der Veränderungen auf, die er selbst wenige Jahre zuvor bei der Schilderung des Niederganges der Schule von Chartres beschrieben hat: »Chartres sträubte sich gegen den Ansturm der Masse und das Streben nach rascher Ausbildung. ›Als die Meinung mehr galt als die Wahrheit‹, so berichtet Johannes von Salisbury, ›als die Menschen lieber Philosophen scheinen als sein wollten und die Professoren der Artes versprachen, ihren Hörern die gesamte Philosophie in weniger als zwei oder drei Jahren einzutrichtern, da gaben sie (die Meister von Chartres)..., besiegt vom Ansturm der ungebildeten Masse, ihre Lehrtätigkeit auf‹. ... In einem Dialog spricht später ein Schüler Gilberts von Chartres davon, daß man bei Gilbert in Chartres zu vieren, in Paris aber zu 300 in der bischöflichen Halle hörte.«

Diese Sätze sind nicht in Voraussicht der Krise geschrieben, die ihn persönlich betreffen sollte; sie bilden vielmehr den Übergang zur Schilderung des unerhörten Aufstiegs von Paris seit der 2. Hälfte des 12. Jahrhunderts. Gewinn und Verlust dieser Entwicklung werden mit der gebotenen Objektivität des Historikers dargelegt. Classen hat geschichtliche Vorgänge nicht aktualisiert. Aber Zeitbezüge ergaben sich bei manchen, von ihm beobachteten Phänomenen von selbst: sie aus der geziemenden Distanz herauszustellen und dadurch zum Nachdenken anzuregen, ist gutes Recht des Historikers. Dazu möchte ich noch einen Satz zitieren: »Zunächst einmal erfordert klares Denken genauen Umgang mit der Sprache. Das wußten schon die karolingischen Theologen...« Bezogen ist dieser Satz auf die Entstehung der scholastischen Terminologie.

Classen hat nicht wie die Lehrer von Chartres resigniert und konnte vor seinem Tod noch erleben, daß sich sein Hörsaal wieder füllte. Die Genugtuung, die ihm in der Lehre zeitweise versagt blieb, fand er in reichem Maß auf dem Feld der Forschung und in der Anerkennung durch die gelehrten Gremien des In- und Auslandes. 1967 wurde er Mitglied der Zentraldirektion der Monumenta Germaniae und der Historischen Kommission für Baden-Württemberg, 1968 stellvertretender Vorsitzender des Konstanzer Arbeitskreises, 1970 ordentliches Mitglied der Heidelberger Akademie der Wissenschaften, deren philosophisch-historische Klasse er in den Jahren 1974–1978 als Sekretar betreute. Reisestipendien der Deutschen Forschungsgemeinschaft ermöglichten ihm in den Wintern 1968/69 und 1972/73 Forschungsaufenthalte in Italien. Auf italienischen Kongressen – in Todi, Turin, Spoleto – war er ein angesehener Gast und Referent. Gastaufenthalte in Cambridge (1972) und Princeton (1977/78), Vorträge auf dem Internationalen Diplomatikerkongreß in Budapest (1973), dem Byzantinistenkongreß in Athen (1977), auf dem Colloquium über die »Renaissance« des 12. Jahrhunderts in Harvard (1977) und dem Kanonistenkongreß in Berkeley (1980) vervollständigen das Bild.

Die zahlreichen Veröffentlichungen Peter Classens aus dem Jahrzehnt 1969/79 stehen in deutlicher Beziehung zu seiner Tätigkeit in den verschiedenen Gremien unserer Wissenschaft, zu seinen Forschungsaufenthalten im Ausland und seinen Vorträgen auf internationalen Kongressen. In Budapest und Athen war die Thematik seiner Dissertation gefragt, an die er mit zwei Abhandlungen über die spätrömischen Grundlagen des frühmittelalterlichen Kanzlei- und Urkundenwesens anknüpfte. Zwei von vier Aufsätzen zur Geschichte der Zeit Karls des Großen wurden durch Tagungen in Kremsmünster und Spoleto angeregt, eine herausragende Abhandlung über das Wormser Konkordat durch ein Reichenauer Colloquium des Konstanzer Arbeitskreises. Im Auftrag des Konstanzer Arbeitskreises hat Classen einen Band ausgewählter Aufsätze des bedeutenden ungarischen Historikers J. Deér und eine Publikation über die Reichenauer Gründungsurkunden herausgegeben, darüber hinaus zwei Tagungen mit der von ihm vorgeschlagenen und für ihn sehr charakteristischen Thematik »Recht und Schrift im Mittelalter« und »Schulen und Studium im sozialen Wandel des hohen und späten Mittelalters« vorbereitet. Nur die erstgenannte konnte er noch selbst leiten und publizieren.

Classens besonderes Interesse galt nach wie vor dem 12. Jahrhundert, mit nunmehr deutlichem Schwerpunkt auf Italien. Das Spektrum ist weit gespannt: von eschatologischen Ideen und Armutsbewegungen über die Politik der Kommunen bis zur Renaissance der Wissenschaften, namentlich der Rechtswissenschaften. Hier reizte ihn ein neues Feld: die Entstehung des Akademikerstandes. Er ging dieser Aufgabe auf seine Weise nach, prosopographisch und biographisch. Die Studie »Burgundio von Pisa. Richter – Gesandter – Übersetzer«, die er in den Sitzungsberichten der Heidelberger Akademie veröffentlichte, ist auf den durch die DFG ermöglichten Reisen nach Italien 1968/69 und 1972/73 entstanden. Ihr sollten weitere Arbeiten folgen, die durch den plötzlichen Tod nicht zum Abschluß kamen.

Die Arbeit in der Heidelberger Akademie, in der er u. a. die von seinem Freund Vladimir Milojčić patronierte zweisprachige Edition zur Geschichte der Alemannen mitbetreute –, eine Aufgabe, die ihn auch mit K. Böhner wieder zusammenführte –, lag ihm sehr am Herzen. Als ich ihn 1977 fragte, ob er gegebenenfalls an meiner Nachfolge in Bonn interessiert sei, winkte er mit dem Hinweis auf seine Tätigkeit in der Akademie ab.

Herr Jakobs hat in seinem Nachruf auf Züge hingewiesen, die Peter Classen mit seinem »Freund« Gerhoch von Reichersberg verbanden. Ich möchte dazu eine briefliche Äußerung zitieren. Nach der Fertigstellung seiner Abhandlung über »Karl den Großen, das Papsttum und Byzanz« schrieb er mir: »Nun ist's abgeschlossen, unter Druck geschrieben, mehr schlecht als recht, und gewiß habe ich es niemandem recht gemacht; denn – wie sollte es anders sein – mit niemandem stimmt man dabei *ganz* überein, ob es Ohnsorge, Dölger, Deér, Schramm, Beumann, Ganshof, Folz oder wer immer ist.« Man wird unwillkürlich an eine abschließende Äußerung über Gerhoch erinnert: »... in seiner Eigenwilligkeit und Hartnäckigkeit konnte er sich mit niemand ganz identifizieren. ... Es gibt kaum einen der führenden Geister seiner Zeit, mit dem er sich nicht auseinandersetzte – Gelehrte, Päpste, Kaiser und Könige, Kirchenreformer und Häretiker – aber niemandem spendete er vorbehaltlos Beifall, nicht einmal den nach ihrem Tod so hoch verehrten Päpsten Innozenz und Eugen.« Eine innere Verwandtschaft zwischen Peter Classen und dem streitbaren Propst von Reichersberg ist unverkennbar. Aber ich bezweifle, ob Classen – hätte er im 12. Jahrhundert gelebt – die radikale Sakramentenlehre Gerhochs vertreten hätte. Denn unbelehrbar war er nicht. Was ihn mit seinem »Freund« Gerhoch verband, waren die antik-mittelalterlichen Tugenden *fortitudo, constantia, fides*. Als »Dank für ein Jahrzehnt unwandelbarer Treue« hat er das Gerhochbuch seinem Lehrer Berges gewidmet. Mut und Beständigkeit, Treue zu seinen Überzeugungen, zur Universität als Stätte freier Forschung und Lehre, zu seiner Familie, seinen Lehrern, Schülern und Freunden kennzeichnet den Gelehrten und den Menschen Peter Classen.

# Der erste Römerzug in der Weltgeschichte

*Zur Geschichte des Kaisertums im Westen und der Kaiserkrönung in Rom zwischen Theodosius d. Gr. und Karl d. Gr.*

## I.

Wenige Jahre, nachdem der Exarchensohn aus Karthago, Herakleios, das Kaisertum in Konstantinopel errungen hatte, gab es erstmals seit den Gotenkriegen Justinians Aufstände im byzantinisch beherrschten Italien; der Exarch von Ravenna wurde erschlagen. Herakleios schickte den Patricius Eleutherius, der Ravenna unterwarf, nach Rom zog, die Rebellen in Neapel unterdrückte. Weniger glücklich nahm er dann den Langobardenkrieg auf: mit hohem Tribut mußte er Waffenstillstand erkaufen. Dann aber versuchte er selbst, das Kaisertum zu usurpieren. Lassen wir die Hauptquelle sprechen:

*Eleutherius cum erga se Longobardorum gentem pacatam videret, imperium conatur* (so Mommsen, *imperii conatus* cod.) *suscipere. Sed cum iam purpuram induisset atque coronam sibi dari poposceret, venerabilis viri Iohannis interventu adhortatur, ut ad Romam pergeret, atque ibi ubi imperii solium maneret, coronam sumeret. Quod consilium ratum iudicans obaudivit. Sed temerae usurpationis audacia non diu potitus est. Nam cum a Ravenna profectus pergeret Romam, apud castrum Luciolis paucis iam suo itinere comitantibus a militibus interficitur.*[1]

Soweit der sog. Continuator Havniensis. Einige wichtige Ergänzungen gibt der Liber Pontificalis: der Patricius war Eunuch, der Aufstand fand während der Sedisvakanz nach dem Tode des Deusdedit, d. h. zwischen November 618 und Dezember 619 statt, als Ägypten den Persern anheimgefallen war und Herakleios' Herrschaft zusammenzubrechen schien, und die Soldaten, die dem Usurpator ein Ende machten, gehörten der Miliz von Ravenna an, die hier erstmals politisch handelnd auftritt.[2]

---

1) MGH Auct. ant. 9 S. 339, dazu unten bei Anm. 65 ff. und Anm. 83. – Im folgenden sind abgekürzt zitiert: FHG = Fragmenta Historicorum Graecorum, hg. von C. MÜLLER 4 (1885) und 5,1 (1883); exc. de ins. = Excerpta historica iussu Constantini Porphyrogeniti confecta, 3: Excerpta de insidiis, hg. von C. DE BOOR (1905). Die byzantinischen Quellen sind, soweit keine neueren Editionen vorliegen, nach dem Bonner Corpus zitiert.

2) Liber Pontificalis, hg. von L. DUCHESNE (1886) S. 321 (Vita Bonifatii V.); ob man in diesem Text die Worte *adsumpsit regnum* mit »nahm die Krone« (dazu unten Anm. 72) oder einfach »nahm die Herrschaft« übersetzen soll, bleibt gleich. Nach dem Liber Pontificalis berichtet Paulus Diaconus, Hist. Langob. IV, 34.

»Dies ist der erste Römerzug in der Weltgeschichte.« So hat einer der besten Kenner des
früheren Mittelalters, Ludo Moritz Hartmann, das Ereignis bezeichnet,[3] und wer die
Quelle erstmals liest, mag stutzen und sich fragen, ob sie wirklich vor Karl dem Großen
geschrieben wurde. Daran kann es nun aber keinen Zweifel geben: der Bericht steht den
Ereignissen zeitlich und räumlich sehr nahe, ist um oder wenig nach 625 von einem Römer
im Langobardenreich verfaßt worden.[4] Zwei Dinge erregen vor allem die Aufmerksamkeit: Rom erscheint als Stätte des *solium imperii* und gültiger Ort für die Erhebung eines
Kaisers, und einer der wesentlichen, dem Usurpator notwendig erscheinenden Erhebungs-
akte soll die Krönung sein: die Kaiserkrönung in Rom. Den rechten Zusammenhang
werden wir aber nur gewinnen, wenn wir nach den Ansätzen zu einem Kaisertum im
Westen überhaupt fragen und die gesamte Zeit zwischen Romulus Augustulus und Karl
dem Großen ins Auge fassen.


## II.


Die Stadt Rom hatte unter den Soldatenkaisern des 3. Jahrhunderts ihre Eigenschaft als
Herrin des Reiches und Residenz der Kaiser verloren. Dennoch blieb sie nicht nur in den
Ideen gebildeter Aristokraten Mitte des Reiches, sondern wurde auch in der politischen
Wirklichkeit des 4. und 5. Jahrhunderts immer wieder Ort kaiserlichen Zeremoniells, und
das hieß sichtbarer Selbstdarstellung des Römischen Reiches. Diocletian hatte 303 Vicennalien und Triumph in Rom gefeiert; Konstantin war nach dem Sieg an der Milvischen
Brücke als Triumphator in Rom eingezogen, obwohl der Besiegte ein innerer Feind gewesen war. Den kapitolinischen Göttern versagte der Sieger die schuldige Ehre, aber
vom Senat ließ er sich zum ältesten Augustus erklären.[5] In Rom feierte er 315 die
Decennalien und dort wiederholte er 326 die Vicennalien. Diese haben ihm anscheinend
den Anlaß gegeben, das Diadem offiziell zum Bestandteil des Herrscherornats zu
machen.[6] Constantius II. bestaunte 357 das alte Rom 30 Tage lang, wie Ammianus
Marcellinus ausführlich und nicht ohne Ironie schilderte (XVI 10); aber seinen Wunsch,
sich für längere Zeit in der *sedes omnium augustissima* (XVI 10,20) niederzulassen,

---

3) L. M. HARTMANN, Unters. zur Gesch. der byzantin. Verwaltung in Italien (1889) S. 14, vgl.
S. 114f., vgl. DERS., Gesch. Italiens im MA 2,1 (1900), S. 202ff., E. CASPAR, Gesch. des Papsttums 2
(1933) S. 523, CH. DIEHL, Études sur l'administration byzantine dans l'exarchat de Ravenne (1888)
S. 341.
4) TH. MOMMSEN in: Auct. ant. 9 S. 267, WATTENBACH–LEVISON, Deutschlands Geschichtsquellen
im MA. Vorzeit und Karolinger 1 (1952) S. 86.
5) J. STRAUB, Konstantins Verzicht auf den Gang zum Kapitol (Historia 4, 1955, S. 297–313).
6) So z.B. O. SEECK, Gesch. des Untergangs der antiken Welt 1 (⁴1922) S. 482, J. VOGT, Constantin
d. Gr. und sein Jh. (²1960) S. 325.

hinderte der Alamannenkrieg.[7] Zudem hatte der Kaiser durch die Entfernung der Victoria-Statue aus der Curia die Senatoren schwer verstimmt.

Erst ein Menschenalter später kam wieder ein Kaiser zu einem feierlichen Besuch nach Rom, und dieser verdient in unserem Zusammenhang besondere Beachtung. Nach dem Sieg bei Poetovio (388 August) über den gallischen Usurpator Maximus, der Kaiser Gratian hatte ermorden lassen, hielt Theodosius d. Gr. [Zusatz im Handexemplar: der Kaiser des Ostens, dessen wichtigster Sitz Konstantinopel war] sich einige Monate in Mailand auf und zog dann gemeinsam mit Valentinian, seinem jugendlichen – aber rangälteren – Kaiserkollegen, nach Rom, wo er drei Monate lang blieb (389 Juni bis August). Die Kaiser feierten den Triumph über den Usurpator, und es fiel allgemein auf, daß Theodosius dazu seinen zweiten Sohn, den fünfjährigen Honorius, hatte kommen lassen: während der damals politisch unbedeutende Valentinian II. nur von wenigen Quellen erwähnt wird,[8] vermerken die Chronisten durchweg die Teilnahme des Knaben Honorius am feierlichen Introitus in Rom.[9] Einige späte Berichte gehen weiter: das in den 630er Jahren aus älteren Quellen kompilierte Chronicon Paschale behauptet, Theodosius habe damals seinen Sohn in Rom »zum Kaiser gekrönt«,[10] und Theophanes weiß ein Tagesdatum zu nennen, an dem der Vater den Sohn in Rom »als Kaiser eingesetzt«[11] habe. Wenn diese Angaben richtig sind, so hat am 9. Juni 389 die erste Kaisersetzung und Kaiserkrönung in Rom stattgefunden. Doch hier ist Vorsicht geboten. Socrates und Johannes von Antiochien wissen in ihren sonst vergleichsweise ausführlichen Berichten nichts davon, und der Panegyrist Pacatus, der in Rom auftrat, erwähnt zwar den in Konstantinopel zurückgelassenen Arcadius, nicht aber Honorius.[12] Die älteste Quelle, die sagt, Theodosius habe Honorius in Rom zum Kaiser »ernannt«, ist Zosimos[13] (späteres 5. Jahrhundert). Dieser verlegt den Vorgang aber in das Jahr 394 nach der Schlacht am Frigidus, kurz vor dem Tod des Theodosius. Indessen war Honorius im Januar 393, vor

---

7) Zu Chronologie und Itinerar vgl. O. SEECK, Reg. der Kaiser und Päpste für die Jahre 311 bis 476 n. Chr. (1919) S. 203 f.; auf dies Werk wird im folgenden nicht mehr verwiesen. Zur Frage, ob Constantius II. in Rom einen Triumph feierte, vgl. W. ENSSLIN, War Theodosius I. zweimal in Rom? (Hermes 81, 1953) S. 504 f.

8) Socrates, Hist. Eccl. V, 14, 3–10 und 18,14 (hg. von R. HUSSEY 2, 1853, S. 603 und 618), mit der Erwähnung von Triumphalspielen, Johannes von Antiochien fragm. 186 (FHG 4 S. 608) = exc. de ins. cap. 78 S. 117.

9) Neben den in der vorigen Anm. genannten die kleineren Chronisten Auct. ant. 9 S. 245 und 298 sowie 11 S. 15 und 62.

10) Auct. ant. 9 S. 245 = ed. Bonn. S. 564: ἔστεψεν αὐτὸν ἐκεῖ εἰς βασιλέα.

11) Theophanes a.m. 5881 (hg. von C. DE BOOR, 1888) S. 70: ἐκάθισεν αὐτὸν βασιλέα πρὸ ε' ἰδῶν Ἰουνίου. Nach den älteren Quellen erfolgte der Introitus in Rom erst an den Iden, Auct. ant. 9 S. 245 und 298.

12) Cap. 11 (Panegyrici latini, hg. von G. BAEHRENS, 1911), S. 99.

13) Zosimus IV, 59,1 (hg. von L. MENDELSSOHN, 1887), S. 215: ἐπιδημήσας τῇ Ῥώμῃ τὸν υἱὸν Ὀνώριον ἀναδείκνυσι βασιλέα.

dem Aufbruch des Vaters zum Feldzug gegen Eugenius, in Konstantinopel zum Augustus erhoben worden,[14] und der sterbende Vater ließ ihn dann Ende 394 nach Mailand, nicht nach Rom kommen. Dort ist Theodosius nur einmal gewesen.[15] Verläßlichster Zeuge ist aber Claudian, der im Jahre 404 in Rom den Antritt des 6. Konsulats des Honorius besang und dabei auch auf den ersten Besuch des Knaben dort im Jahre 389 anspielte: Theodosius ließ ihn an kaiserlichen Ehren teilhaben, obwohl er noch nicht das Diadem trug.[16] Das ist unzweideutig, und der Panegyrist von 404 kann nicht die früheren Ehren seines Helden gemindert haben.

Hat also 389 keinerlei kaiserliches Auftreten des Knaben stattgefunden? Der Schluß ginge zu weit. Bei Introitus und Triumph, in feierlicher Senatssitzung und bei anderen öffentlichen Staatsakten muß Theodosius das Kind in einer Weise herausgestellt haben, die dann als Designation zur Nachfolge verstanden worden ist. Zumindest erwägen sollte man die Frage, ob der Purpur des Caesaren schon damals dem jungen Honorius zuteil wurde, und jedenfalls ist es wichtig, daß offenbar bewußt Rom als Schauplatz solcher Handlung gewählt wurde.

Honorius ist dann erst wieder nach der ersten Abwehr der Goten Alarichs von Ravenna nach Rom gekommen, um, mit dem Diadem geschmückt, Triumph und Feier des 6. Konsulats zu begehen (404).[17] Claudian stellte den Kaiser damals in die Tradition der Kaiser, die Rom aufgesucht hatten, um dort zu triumphieren: Konstantin d. Gr., Constantius II. und Theodosius I. Für sie alle war das alte Haupt des Reiches nicht Residenz, sondern allein Stätte des Triumphes gewesen.[17a] Als dann fünf Jahre später der Westgotenkönig Rom belagerte und den Senat zwang, den Stadtpräfekten Attalus zum Gegenkaiser auszurufen, da wurde dieser, wie Zosimos und danach Prokop bezeugen, auf den

14) Auct. ant. 9 S. 298.
15) Dazu abschließend ENSSLIN, Theodosius I. in Rom (wie Anm. 7) S. 500–507, zustimmend J.-R. PALANQUE bei E. STEIN, Hist. di Bas-Empire 1 (²1959) S. 539, SEECK, Untergang (wie Anm. 6) 5 (2. Aufl. o.J.) S. 227 meint, Honorius sei schon damals zum Herrscher über Rom bestimmt worden; nach Socrates V, 18,14 wurde Valentinian II. als Kaiser in Rom zurückgelassen; tatsächlich ging dieser noch in demselben Jahre nach Gallien.
16) Claudian, de VI cons. Honorii (Auct. ant. 10) S. 238 Vers 65 ff.: *Teque rudem vitae, quamvis diademate necdum / cingebare comas, socium sumebat honorum, / purpureo fotum gremio, parvumque triumphis / imbuit et magnis docuit praeludere fatis... / (72) Tecum praelarga vocavit / ditandas ad dona tribus; fulgentia tecum / collecti trabeatus adit delubra senatus / Romano puerum gaudens offerre favori, / ut novus imperio iam tunc assuesceret heres.*
17) Claudian de VI cons. Honorii bes. Vers. 523 ff., 560 S. 254 ff., vgl. J. BURY, Hist. of the Later Roman Empire from the Death of Theodosius I to the Death of Justinian 1 (1923) S. 163. Hier seien auch die Verse genannt, mit denen Claudian Stilicho rühmt, der mit gerechter Hand zugleich Ornat und Würde des Theodosius unter die beiden Söhne teilt (de cons. Stil. II, 92 f., Auct. ant. 10 S. 206): *et vario lapidum distinctas coronas / dividis ex aequo: ne non augusta supellex / ornatusque pares geminis haeredibus essent.*
17a) Claudian, de VI cons. Honorii Vers 393 ff. S. 249, dazu ENSSLIN, Theodosius I. in Rom (wie Anm. 7) S. 504 f.

Kaiserthron erhoben und mit Purpurmantel und Diadem angetan, anscheinend von den Senatoren.[18] Man kann sich nicht vorstellen, daß ausgerechnet in dieser Situation ein bisher nicht geübter Brauch eingeführt wurde; zumindest andernorts war er bekannt – aber beim Senat in Rom nicht? Man ist versucht, hier eine Stütze für die Nachrichten von einer Diademierung des Honorius 389 zu sehen.[19]

Honorius hatte 402 im Gotenkrieg Ravenna zur Residenz gemacht, und die feste Stadt in den Sümpfen mit dem schwer zugänglichen Hafen behauptete ihre Rolle als sicherer Platz für Kaiser und Zentralbehörden. Aber immer wieder wurde Rom der Ort der Kaiser-Erhebung. Die Usurpatoren, die nach dem Tod des Honorius im Westen auftraten, konnten erst überwunden werden, als der Kaiser des Ostens, Theodosius II., seinen siebenjährigen Vetter Valentinian III. mit der Mutter Galla Placidia als Caesar für den Westen nach Ravenna entsandt hatte. Es erwies sich als notwendig, dem Knaben Augustus-Rang zu verleihen, und Theodosius wollte eigens von Konstantinopel nach Rom reisen, um seinen Vetter mit eigener Hand zu krönen. Eine Erkrankung in Thessalonike zwang ihn zur Umkehr nach Konstantinopel; durch den Patricius Helion schickte der ältere Kaiser dem jüngeren nun die Kaiserkrone (στέφανος βασιλικός), zu deren Empfang dieser sich nach Rom begab, um dann nach Ravenna zurückzukehren (425 Okt.).[20]

Valentinian III. hat seit 440 oft, seit 445 überwiegend in Rom residiert. Nachdem er dort auf dem Marsfeld 455 ermordet worden war, hat das Reich noch in der Agonie des westlichen Kaisertums immer wieder erlebt, daß Kaiser in Rom erhoben wurden oder doch dort unter dem Diadem die Konsulatsfeier begingen. 455 rief man in Rom Petronius Maximus zum Kaiser aus; von den Formen hören wir nichts. Der Gallier-Kaiser Avitus trat 456 seinen Konsulat in Rom an, und sein Dichter Sidonius sprach von Lorbeer und Diadem;[21] Anthemius, von Leo I. aus dem Osten als Caesar entsandt, nahm erst am

---

18) Zosimus VI, 7,1 S. 287: (Die Senatoren) εἰς τὸν βασίλειον ἀναβιβάζουσι θρόνον, ἁλουργίδα καὶ στέφανον περιθέντες. Prokop, bell. III, 2,28: περιθέμενος αὐτῷ τό τε διάδημα καὶ τὴν ἁλουργίδα καὶ εἴ τι ἄλλο ἐς βασιλικὸν ἀξίωμα ἥκει. Subjekt des Satzes ist hier Alarich, aber gewiß als der politisch Handelnde, nicht der im Zeremoniell wirklich tätige (vgl. Rikimer in der unten Anm. 24 genannten Stelle).

19) 421 erhob Honorius seinen Schwager Constantius III. nach der Geburt Valentinians III. zum Augustus. Die Quellen sprechen durchweg von dem *consors regni* oder ähnlich, Auct. ant. 9 S. 469, 630, 656, Auct. ant. 11 S. 20, entsprechend griechisch Olympiodor fragm. 34 (FHG 4 S. 65), Socrates VII, 24,2. Dagegen sagt Sozomenos IX, 16,2 (hg. von J. BIDEZ – G. C. HANSEN, 1960) S. 406: ὃν ὁ βασιλεὺς γεραίρων τὴν ἀδελφὴν στεφάνῳ καὶ ἁλουργίδι καὶ τῇ κοινωνίᾳ τοῦ κράτους ἐτίμησεν. Einen Ort geben die Quellen nicht an, darum ist Ravenna wahrscheinlich.

20) Socrates VII, 24,5 (2 S. 787): πέμψας οὖν τὸν βασιλικὸν στέφανον διὰ τοῦ πατρικίου Ἡλίωνος; danach Theophanes a. m. 5916 S. 85; sachlich übereinstimmend, doch ohne Hervorhebung der Krone Olympiodor fragm. 46 (FHG 4 S. 68): Ἡλίων... τὴν βασιλικὴν ἐσθῆτα ἑπταετήριον ὄντα ἐνδύει Βαλεντινιανόν. Vgl. auch Auct. ant. 11 S. 21, anders ebd. S. 76; dazu SEECK, Untergang (wie Anm. 6) 6 (1920) S. 96 f., BURY (wie Anm. 17) 1 S. 224, STEIN, Bas-Empire (wie Anm. 15) 1 S. 284.

21) Auct. ant. 8 S. 203 ff.

dritten Meilenstein vor Rom Augustus-Titel und Imperium an (467)[22] und feierte im folgenden Jahr den Konsulatsantritt in Rom, auch er von Sidonius bedichtet.[23] 472 und 473 sah Rom die Kaiser-Erhebungen des Olybrius und des Nepos, und von Olybrius wird berichtet, der Heermeister Rikimer habe ihn mit Zustimmung des Senats zum Kaiser gekrönt.[24]

Mit Romulus Augustulus endete kein »Weströmisches Reich«. Das bedarf keiner Diskussion mehr. Wenn aber Historiker schon des frühen 6. Jahrhunderts, insbesondere Chronisten, deren Geschichte ihr Skelett durch die Herrscherlisten erhielt, mit dem Augustulus enden ließen, was mit Augustus begonnen,[25] oder Romulus den Stadtgründer dem Kaiserlein Romulus gegenüberstellten,[26] so hatten sie in einem Punkte doch recht: eine Tradition des Kaisertums in Rom hatte es gegeben, und gerade im 5. Jahrhundert hatte sie neues Leben empfangen. Ob nicht diejenigen, die dem Usurpator Eleutherius Rom als das *solium imperii*, den rechten Ort der Kaiserkrönung vorhielten, doch noch etwas von dieser Tradition wußten? Ein nicht unwesentlicher Teil der Quellen, die wir für Krönungen in Rom angeführt haben, entstammt gerade dem frühen 7. Jahrhundert.

## III.

Wir sahen Kaiser des 4. und 5. Jahrhunderts beim Triumph, beim Antritt des Konsulats, aber auch bei der Ergreifung der Kaiserherrschaft feierlich im alten Rom auftreten. Es wäre

---

22) Auct. ant. 11 S. 158.

23) Auct. ant. 8 S. 14 f., 173 ff.

24) Malalas schließt seinen etwas abenteuerlichen Bericht über die Entsendung des Olybrius nach Rom, der nach Kaiser Leos Willen dort von Rikimer ermordet werden sollte, statt dessen aber zum Kaiser erhoben wurde, mit den Worten: καὶ ἔστεψεν ὁ Ῥεκίμερ βασιλέα Ὀλύβριον μετὰ γνώμης τῆς συγκλήτου καὶ ἐβασίλευσεν ὀλίγον χρόνον, exc. de ins., Malalas cap. 32 S. 162 = Malalas (Bonn) S. 375. Vgl. BURY (wie Anm. 17) 1 S. 339 f., STEIN, Bas-Empire (wie Anm. 15) 1 S. 394 f., 603.

25) Marcellinus comes (um 530, in Konstantinopel), Auct. ant. 11 S. 91: *Hesperium Romanae gentis imperium quod septingentesimo nono urbis conditae anno primus Augustorum Octavianus Augustus tenere coepit, cum hoc Augustulo periit anno decessorum regni imperatorum quingentesimo vicesimo secundo, Gothorum dehinc regibus Romam tenentibus.* Danach wörtlich Jordanes, Get. 243, Rom 345 (Auct. ant. 5,1 S. 44 und 120), dem Paulus Diaconus, Hist. Rom. XV,10 (Auct. ant. 2 S. 210) folgt. Die beiläufige Bemerkung der Vita Severini cap. 20 steht nicht so isoliert, wie F. LOTTER in: DA 24 (1968) S. 314 ff. meint.

26) Euagrius, Hist. Eccl. II, 16 (hg. von J. BIDEZ – L. PARMENTIER, 1898, S. 66 f.): Ῥωμύλλος ὁ ἐπίκλην Αὐγουστοῦλος ὃς ἔσχατος τῆς Ῥώμης αὐτοκράτωρ κατέστη, μετὰ τρεῖς καὶ τριακοσίους καὶ χιλίους ἐνιαυτοὺς τῆς Ῥωμύλου βασιλείας. Μεθ᾽ ὃν Ὀδόακρος τὰ Ῥωμαίων μεταχειρίζεται πράγματα, τῆς μὲν βασιλέως προσηγορίας ἑαυτὸν ἀφελών, ῥῆγα δὲ προσειπών. Für Euagrius, der offenbar kein Latein kann, steht der letzte dem ersten βασιλεύς gegenüber, beide mit Namen Romulus – und es folgt nur ein ῥῆξ. Sachlich ebenso mit schärferer Akzentuierung Theophanes a. m. 5965 S. 119: καὶ σημειωτέον ὡς ἀπὸ Ῥωμύλου ἡ τῆς ἑσπέρας ἀκμάσασα βασιλεία πάλιν ἐπὶ Ῥώμυλον μετὰ τοσούτους ἐπαύσατο χρόνους, Ὀδοάκρου λοιπὸν Γότθου μὲν τὸ γένος...

notwendig, die genannten Schriftquellen mit den Bildzeugnissen zu konfrontieren und zu analysieren, um Insignien und Zeremoniell nach Herkunft und Bedeutung zu scheiden: wie und wo trat der Kaiser als Konsul, als Triumphator, als Kaiser schlechthin auf und wo kann man diese Elemente überhaupt noch sondern? Der Goldkranz des Triumphators ist unbestritten eine der historischen Wurzeln der »Kaiserkrone« – und er verbindet diese in besonderer Weise mit Rom.[27] Wir können diese Fragen hier nicht weiter verfolgen, sondern begnügen uns damit, dem zweiten in der eingangs genannten Stelle enthaltenen Begriff nachzugehen, dem »Krönen«. Die Geschichte des Diadems, der Krone und der Krönungshandlungen ist wiederholt, doch noch nicht abschließend untersucht worden.[28]. Hier soll es uns allein um die politische Funktion der Krönung und um den Begriff des »Krönens« gehen, auf alle anderen Probleme müssen wir verzichten.

Konstantin hatte das Diadem zum offiziellen Herrschaftszeichen gemacht, und aus dem weiteren Verlauf des 4. Jahrhunderts haben wir eine ganze Reihe Berichte über Krönungs-handlungen. In Konstantinopel fand vielleicht 450, wahrscheinlich aber erst 457 erstmals eine Krönung statt, bei der der Patriarch dem Kaiser die Krone aufsetzte.[29] Seit dem späteren 5. Jahrhundert nennen die Quellen öfter die Krönung schlechthin als den Akt der Kaisererhebung; aber auch jetzt ist diese Krönung keine geistliche Handlung, für die Legitimität eines jüngeren Kaisers ist die Beteiligung des älteren entscheidend, und

27) Hier kann nur auf die fundamentale Literatur verwiesen werden: Die Arbeiten von A. ALFÖLDI sind jetzt neu gedruckt in seinem Band: Die monarch. Repräsentation im röm. Kaiserreiche (1970), vgl. dort bes. S. 156 ff. über das Triumphalkostüm mit dem Goldkranz und Konstantins Diadem; in das MA weiterführend J. DEÉR, Der Ursprung der Kaiserkrone (Schweizer Beitr. zur Allg. Gesch. 8, 1950, S. 51–87) bes. S. 59 ff.: der Kaiserhelm als Insigne des Triumphes; von P. E. SCHRAMM, Herrschaftszeichen und Staatssymbolik 1–3 (1954–1956) sind vor allem die Schnitte 1 S. 51 ff. (Die geistl. und die weltl. Mitra), S. 128 ff. (Gotische »Kronen«?), 2 S. 377 ff. (Die Kronen des frühen MA), S. 418 ff. (Ma. Frauenkronen, von J. DEÉR) hier zu nennen.
28) Ausgangspunkt bleibt W. SICKEL, Das byzantin. Krönungsrecht bis zum 10. Jh. (Byzant. Zs. 7, 1898, S. 511–557), aus der weiteren reichen Literatur nenne ich nur O. TREITINGER, Die oström. Kaiser- und Reichsidee nach ihrer Gestaltung im höfischen Zeremoniell (1938, Neudruck 1956); über die Einzelfrage hinaus wichtig ist die Anm. 29 genannte Abhandlung von W. ENSSLIN; leider noch ungedruckt die Gießener Habilitationsschrift von H. D. KAHL, Herrscherkrone und Weihekrone. Stud. zur Entstehungsgesch. ma. Symbolhandlungen mit Kronen (1964). Viel Material, nicht immer ganz übersichtlich, zuletzt bei K.-U. JÄSCHKE, Frühma. Festkrönungen? Überlegungen zu Termino-logie und Methode (HZ 213, 1970, S. 556–588) bes. S. 572 ff.
29) W. ENSSLIN, Zur Frage nach der ersten Kaiserkrönung durch den Patriarchen und zur Bedeutung dieses Aktes im Wahlzeremoniell (1947, hiernach zit.; verkürzt auch: Byzant. Zs. 42, 1942, S. 101–115, 369–372) tritt mit guten Gründen dafür ein, daß erst 457 der Patriarch die Krönung vollzog, zustimmend PALANQUE bei STEIN, Bas-Empire (wie Anm. 15) 1 S. 573, G. OSTROGORSKY, Gesch. des byzantin. Staates (³1962) S. 51. Bei der ausführlichen Schilderung der Ereignisse von 457 verquickt Constantinus Porphyrog., de cerim. I, 91 S. 410–417 (Bonn) den zeitgenössischen Bericht mit einem allgemeineren, nicht exakt datierbaren Krönungsformular, dazu TREITINGER S. 9 f., z. T. mißverstanden von JÄSCHKE S. 574 ff., 579 mit Anm. 140. Die Krönung durch den Patriarchen ist bezeugt von Theophanes a. m. 5950 S. 110, und dessen Quellen, wie schon TREITINGER betonte.

manches Mal konnte ein Usurpator oder Anwärter zweifelhafter Legitimität wenigstens ein weibliches Mitglied der Dynastie für die Krönung gewinnen. Zenon, der Isaurier, ließ sich 474 nach dem Tode seines Schwiegervaters Leon I. durch seinen eigenen Sohn, den sechsjährigen Leon II., zum Augustus erheben. Der – im Jahr zuvor von seinem Großvater Leon I. gekrönte[29a] – Kaiserknabe krönte den Vater im Hippodrom, wie Theophanes nach älterer Quelle berichtet: »krönen« steht dabei als Abbreviatur für den gesamten Vorgang der Kaisererhebung.[30] Wenige Jahre später unterstützte Verina, Leons I. Witwe, den Usurpator Leontios, und sie verlieh ihm den Anschein der Legitimität, indem sie ihn »zum Kaiser krönte«, wie sie in einem von Malalas überlieferten (oder erfundenen?) Aufruf an das Volk bekanntgab.[31] Die von uns zusammengestellten Nachrichten über angebliche oder wirkliche Krönungen in Rom gehören in den gleichen Zusammenhang; auch bei ihnen heißt oft »krönen« soviel wie »zum Augustus erheben«, und bei keiner einzigen ist die Rede von einer Beteiligung Geistlicher an dem Akt. Beim Nika-Aufstand gegen Justinian 532[32] und selbst bei einer lokalen Erhebung der Samaritaner 530[33] sagen die Quellen einfach στέφειν βασιλέα, um eine Usurpation zu bezeichnen. Seitdem ist dies der geläufigste Ausdruck für »Kaiser erheben«, sei es nun legitim oder nicht.

Man hat oft gemeint, die Krönung sei in Byzanz »staatsrechtlich« für die Kaiser-Erhebung nicht wesentlich, juristisch komme es allein auf die Wahl an, die sich in der

---

29a) Von Const. Porph., de cerim. I, 94 S. 431 f. angeführt als Beispiel dafür, »wie ein Kaiser von einem Kaiser gemacht wird«, danach TREITINGER S. 10.

30) Theophanes a. m. 5966 S. 120: ἔστεψε Ζήνωνα τὸν ἴδιον πατέρα ἐν τῷ καθίσματι τοῦ ἱπποδρομίου, vgl. Candidus Isauricus fragm. 1 (FHG 4 S. 136), Theodorus Lector I,28 (MIGNE, PG 86 Sp. 180), dazu BURY (wie Anm. 17) 1 S. 389, STEIN, Bas-Empire 1 S. 362 und bes. ENSSLIN, Kaiserkrönung S. 8 und 18 mit Kritik an Leon Grammatikos, dem TREITINGER S. 10 folgt (wobei er die anderen Quellen übersieht und die Krönung in die Zeit nach dem Tod Leons II. verlegt), danach JÄSCHKE S. 576. Eine neue Krönung durch den Patriarchen nach Leons II. Tod ist nicht anzunehmen.

31) Exc. de insidiis, Malalas cap. 35 S. 166: ἀναγκαῖον ἐλογισάμεθα βασιλέα ὑμῖν στέψαι... ἐστέψαμεν Λεόντιον τὸν εὐσεβέστατον, danach Theophanes a. m. 5974 S. 129, der βασιλέα Ῥωμαίων hinzufügt; vgl. auch den voraufgehenden Bericht des Malalas S. 165: (Illos) ἔπεισεν αὐτὴν στέψαι βασιλέα εἰς τὸν ἅγιον Πέτρον ἔξω τῆς πόλεως (Tarsos), der Wortlaut leicht abweichend bei Malalas S. 388 (Bonn). Zur Sache BURY 1 S. 397 f., STEIN, Bas-Empire (wie Anm. 15) 2, hg. von J.-R. PALANQUE (1949) S. 28 f.

32) Theophanes a. m. 6024 S. 181: ἔστεψαν οἱ τῶν δήμων εἰς βασιλέα Ὑπάτιον, vgl. ebd. S. 185: ἀνεγόρευσαν βασιλέα. Der Bericht des Theophanes über den Nika-Aufstand mit der berühmten Diskussion der Demen im Zirkus beruht auf verlorener zeitgenössischer Quelle. Ob wirklich in dem Tumult eine Art Krönung stattfand oder »krönen« einfach für »Kaiser ausrufen« steht, bleibe dahingestellt.

33) Johannes von Antiochien fragm. 217a (FGH 5 S. 35) = exc. de ins. cap. 104 S. 147: ἔστεψαν βασιλέα, vgl. Theophanes a. m. 6021 S. 178. Das Chronicon paschale S. 619 (Bonn) über denselben Vorgang: Σαμαρειτῶν στασιασάντων καὶ ποιησάντων ἑαυτοῖς βασιλέα καὶ καίσαρα. Reiches weiteres Material über στέφειν βασιλέα oder στέφειν εἰς βασιλέα = »Kaiser machen« in der Anm. 29 genannten Arbeit von ENSSLIN, vgl. auch P. CLASSEN, Karl der Große, das Papsttum und Byzanz (1968) S. 59 f.

Akklamation von Senat und Heer vollzieht.[34] Es ist doch die Frage, ob man damit den politischen Realitäten ganz gerecht wird. Um die politische Funktion der Krönung im 7. Jahrhundert zu erhellen, seien wenigstens noch einige Ereignisse aus der Zeit des Herakleios und seiner nächsten Nachfolger genannt.

Als Herakleios von Karthago nach Konstantinopel segelte, um Phokas zu stürzen, nahm der Metropolit Stephan von Kyzikos eine Krone (στέμμα) von einem Marienbild, um den Prätendenten noch vor dem Endkampf zu krönen;[35] nach dem Sieg wurde der neue Kaiser vom Patriarchen Sergios gekrönt; die Quellen nennen teils die Stephanskirche des Palastes, teils die Sophienkirche als Krönungsstätte.[36] Diese Vorgänge wie die der folgenden Generation zeigen deutlich, wie sehr die Krönung zum unentbehrlichen Zeichen des Kaisers geworden war. Den erstgeborenen Sohn mit dem Doppel-Namen Herakleios-Konstantinos (Konstantin III.) ließ der Vater 613 alsbald nach der Taufe zum Augustus ernennen und mit einem Diadem krönen.[37] Dessen Halbbruder Herakleios II. (Heraklonas), Sohn aus der angefochtenen Ehe des Kaisers mit seiner Nichte Martina, bekam um 630 die Caesar-Würde;[38] als er einige Jahre darauf zum Augustus erhoben und mit der Kaiserkrone bekrönt wurde, erhielt sein jüngerer Bruder David das von ihm bisher getragene Kamelaukion zusammen mit der Würde des Caesars.[39] Bei den Kämpfen innerhalb der Dynastie nach dem Tode des großen Herakleios wurden Krone und Krönung die entscheidenden Zeichen. Nach des Vaters Willen sollten Konstantin III. und Heraklonas gemeinsam mit Martina regieren. Konstantin III. verdrängte Stiefmutter und Halbbruder – und er nahm die Krone des Herakleios, die man diesem in das Grab gegeben hatte, heraus, um sie selbst zu tragen.[40] Wenige Monate später starb er, angeblich durch

34) Vgl. etwa TREITINGER (wie Anm. 28) S. 18 f., 29, schärfer ENSSLIN Kaiserkrönung (wie Anm. 28) S. 20 im Anschluß an E. EICHMANN, Die Kaiserkrönung im Abendland 1 (1942) 17 f. Diese communis opinio der Forschung dürfte in der alternativen Fragestellung – Akklamation oder Krönung als konstitutiver Einsetzungsakt – auf die Kontroversen um das Kaisertum des Westens, insbesondere Karls d. Gr. zurückgehen.
35) Johannes von Antiochien fragm. 218 f. (FHG 5 S. 37 f.) = exc. de ins. cap. 110 S. 149 f., danach Theophanes a. m. 6102 S. 299.
36) In der Sophienkirche nach Chron. pasch. S. 701 (Bonn), in der Stephanskirche des Palastes nach Theophanes a. m. 6102 S. 299, danach Leon Grammaticus, ohne Ortsangabe Nicephorus patr., Brev. (hg. von C. DE BOOR, 1880) S. 5. Vgl. TREITINGER S. 13.
37) Theophanes a. m. 6104 S. 300, Nicephorus S. 9. Diese Krönung fand am 25. Dezember statt, ein Datum, das dann öfter bei byzantinischen Krönungen begegnet und der Beachtung wert ist! Schon im vorhergehenden Oktober war die ältere Schwester Epiphaneia gekrönt worden. Im 8. Jh. gibt es auch Krönungen von Mitkaisern zu Ostern und Pfingsten.
38) Nicephorus S. 23.
39) Nicephorus S. 26, dazu Const. Porphyrogen. de caer. II, 27 S. 627 (Bonn). Bemerkenswert ist, wie hier das Kamelaukion als Caesar-Zeichen vom βασιλικὸς στέφανος als Augustus-Zeichen unterschieden wird.
40) Nicephorus S. 27 und 29. Zu den politischen Auseinandersetzungen vgl. J. B. BURY, A Hist. of the Later Roman Empire from Arcadius to Irene 2 (1889) S. 281 ff., OSTROGORSKY (wie Anm. 29) S. 93 ff.

Gift. Martina und Heraklonas waren am Ziel und weihten die Krone des Herakleios der Kirche – wohl der Hagia Sophia.[41] Die von Valentinos geführte Rebellion des Heeres und ein Aufstand in der Hauptstadt fordern nun, Herakleios, den Sohn Konstantins III., zum Kaiser zu krönen, und auf dem Ambo der (Sophien-)Kirche will Heraklonas seinen jungen Neffen durch den Patriarchen Pyrrhos krönen lassen. Der Ochlos verlangt mehr: Heraklonas selbst, der anerkannte Kaiser, muß die Krönung mit eigener Hand vollziehen. Sonst ist es gleich, ob der Hauptkaiser, der einen jüngeren Kaiser krönt, dies mit eigener Hand oder »durch den Patriarchen« tut;[41a] jetzt aber soll Heraklonas unmißverständlich und unwiderruflich in eigener Person handeln – und er muß die von ihm selbst der Kirche geweihte Krone des Herakleios dafür hervorholen.[42] Der neu Gekrönte wird vom Volk neu benannt: Konstantin, es ist der von uns Konstans II. genannte Kaiser. Im folgenden Jahr erhielt noch David, der Bruder des Heraklonas, seit langem Caesar, Krönung und Augustus-Titel samt dem Kaisernamen Tiberios.[43]

Zuletzt sei eine berühmte, von Theophanes überlieferte Anekdote genannt. Nach der Ermordung Konstans' II. in Syrakus war Konstantin IV. Hauptkaiser in Konstantinopel, neben ihm standen die beiden jüngeren Brüder als Mitkaiser. Nach Theophanes schon zu Beginn der Regierung, tatsächlich aber erst anläßlich des von Konstantin IV. viel später unternommenen Versuches, die Mitkaiser zu verdrängen, sollen die Soldaten des Thema Anatolikon sich mit dem Ruf erhoben haben: εἰς τριάδα πιστεύομεν, τοὺς τρεῖς στέψωμεν.[44] Wie immer es mit dem theologischen Bezug hier steht: Theophanes setzt voraus, daß die Mitkaiser zwar den Titel des βασιλεύς führen, an der Herrschaft aber eben deshalb keinen Teil haben, weil sie ungekrönt sind. Krönung und Kaisertitel beginnen auseinanderzutreten. Konstantin konnte seine ungekrönten Brüder verdrängen.[45] Kaiser im vollen Sinne war nur der Gekrönte.

---

41) Nicephorus S. 29.

41a) Vgl. SICKEL (wie Anm. 28) S. 520 f., ENSSLIN, Kaiserkrönung (wie Anm. 29) S. 20 f., für das 7. und 8. Jh. auch CLASSEN (wie Anm. 33) S. 59 f.

42) Nicephorus S. 30. BURY 2 S. 285 mit Anm. 1 möchte die Krönung durch Heraklonas auf die Unbeliebtheit des Pyrrhos zurückführen. Mir scheint die Autorität des Hauptkaisers und die Tatsache, daß dieser sich selbst festlegt, entscheidend. TREITINGER (wie Anm. 28) S. 13 nennt dies die erste »eigentliche« Krönung in der Hagia Sophia. Warum?

43) Nicephorus S. 31.

44) Theophanes a. m. 6161 S. 352; zweimal (6160 und 6161) heißt es, daß Konstans mit den Brüdern βασιλεύει (ἐβασίλευσε); aber αὐτὸς μόνος ἦν ἐστεμμένος. Theophanes setzt diesen Konflikt viel zu früh an, vgl. OSTROGORSKY (wie Anm. 29) S. 107.

45) Theophanes a. m. 6173 S. 360.

## IV.

Eine Liste aller Versuche, zwischen 476 und 800 im Westen ein Kaisertum zu erneuern oder das Kaisertum des Gesamt-Reiches von Westen her zu erringen, ist überraschend lang: ich zähle insgesamt 17 in diesem Zusammenhang zu nennende Ereignisse, die freilich im einzelnen sehr verschiedener Art sind.

Um 490 soll König Odowakar seinen Sohn Thela zum Caesar erhoben haben.

540 im Frühjahr boten die Goten in Ravenna dem Belisar an, Kaiser des Westens zu werden, und einige Wochen später wiederholte der Gotenkönig Hildibad dies Angebot, auf das Belisar nicht einging.

Um 597 machte der Kaiser Maurikios ein Testament, das verschiedene Reichsteile für die vier Söhne des Kaisers vorsah: der zweite Sohn sollte Rom und die Inseln des Westens erhalten.

610 erhob sich der Sohn des Exarchen von Karthago, Herakleios, gegen Kaiser Phokas, segelte mit einer Flotte gegen Konstantinopel und stürzte Phokas.

619 soll Herakleios unter dem Eindruck der persischen Eroberung Ägyptens und des Hungers und der Pest in Konstantinopel die Absicht gehabt haben, sich nach Afrika zurückzuziehen; nachdem schon der Schatz dorthin gesandt war, soll der Patriarch Sergios den Plan verhindert haben.

619 erhob sich der Exarch von Ravenna, Eleutherius, zum Kaiser, wurde aber von seinen Truppen auf dem Weg nach Rom, wo er sich krönen lassen wollte, erschlagen.

641 wurde der Exarch von Ravenna und Patricius Isaak von einem untergebenen Offizier denunziert, er erstrebe eine Krönung zum Gegenkaiser.

Um 646 usurpierte Gregor, der Exarch von Karthago, den Kaisertitel; er fiel 647 beim Kampf gegen die Sarazenen.

649 erhob sich der Exarch von Ravenna, Olympios, in Rom. Er starb 651 bei einem Zug nach Sizilien, wo er die Sarazenen abwehren wollte.

662 kam Kaiser Konstans II. nach Italien, besuchte kurz Rom und nahm dann Residenz in Syrakus, wo er 668 ermordet wurde.

668 wurde in Syrakus der Armenier Mizizios von den Mördern des Kaisers Konstans zum Kaiser ausgerufen, aber von einer Expedition Konstantins IV., des in Konstantinopel regierenden Sohnes Konstans' II., beseitigt.

718, während Konstantinopel von den Arabern belagert wurde, krönte der Stratege Sergios von Sizilien einen gewissen Basileios zum Kaiser, der sich nun Tiberios nannte; eine Expedition Leons III. unterwarf ihn.

726 scheiterte der Plan der aufständischen Italiener, einen Kaiser zu wählen und nach Konstantinopel zu führen, am Widerspruch Papst Gregors II.

727 [Zusatz im Handexemplar: oder 726?, vgl. S. 34] erhob sich in Hellas und den Kykladen ein Kaiser Kosmas, der beim Versuch, mit einer Flotte Konstantinopel zu erobern, geschlagen wurde.

Um 728 trat im römischen Tuskien ein Usurpator Tiberius Petasius auf, den der Exarch Eutychius unterwarf.

787 erhob sich der Patricius von Sizilien, Elpidius, zum Kaiser; von einer Flotte Eirenes vertrieben, ließ er sich in Afrika zum Kaiser krönen.

800 krönte in Rom der Papst Leo III. Karl, den König der Franken und Langobarden und »Patricius der Römer«, zum Kaiser; er wurde 812 von Michael I. als Kaiser anerkannt.

Versucht man diese Reihe zu gruppieren, so heben sich zunächst die legitimen, stets einer Bewegung von Ost nach West entsprechenden Ansätze heraus: das Testament des Maurikios, der angebliche Rückzugsplan des Herakleios und der tatsächliche Rückzug des Konstans. Alle diese Ereignisse zeigen, daß das oströmisch gewordene Reich den Westen nicht aufgegeben hatte und nicht aufgeben wollte. Maurikios' Plan hat sein Vorbild in den dynastischen Teilungen Konstantins d. Gr. und Theodosius' I.; auffallend ist freilich die Nachricht über die versiegelte Urkunde, die die Nachfolgeordnung enthalten haben soll:[46] in solcher Form testamentarisch hat kein Kaiser vor oder nach Maurikios über das Reich verfügen können. Der Fluchtplan des Herakleios[47] klingt nicht sehr glaubwürdig, wenn man die Geschichte dieses Kaisers insgesamt betrachtet: allenfalls eine Basis für einen Gegenangriff kann er gesucht haben. Ganz anders war die Situation Konstans' II.: er stand in Konflikt mit Patriarch und Bevölkerung der Hauptstadt, und Syrakus konnte geeignet erscheinen, die maritime Reichsverteidigung zu lenken. Sicher unrichtig ist es, wenn Theophanes sagt, der Kaiser habe die Residenz nach Rom verlegen wollen.[48] Der kurze Besuch dort, den der Liber Pontificalis schildert, wurde benutzt, Bronze von Kirchendächern und Statuen nach Konstantinopel zu schaffen.[49] Dort blieb das Reichszentrum, die kaiserliche Familie konnte dem Kaiser nicht nach Sizilien folgen, weil die hauptstädtischen Instanzen sie hinderten.

Eine zweite Gruppe bilden die von vornherein auf die Herrschaft im Gesamtreich zielenden, vom Westen ausgehenden Aufstände: voran derjenige des Herakleios, der einzige erfolgreiche. Er ging von Karthago aus, aber sein Träger war armenischer Abkunft, so wie alle Exarchen in Ravenna und Karthago aus dem Osten kamen. Bei sehr vielen Aufständen solcher Exarchen muß offen bleiben, ob sie letzten Endes nach der Herrschaft in Konstantinopel trachteten: zum Angriff auf die Hauptstadt gelangten nur die Griechen, die 726 unter Führung ihres Turmarchen »einen gewissen Kosmas bei sich hatten, um ihn krönen zu lassen«.[50]

---

46) Theophylactus Simocatta, Hist. 10,7 (hg. von C. DE BOOR, 1888, S. 305 f.). In gewisser Weise vergleichbar ist die von Nicephorus S. 27 berichtete testamentarische Verfügung des Herakleios, die vielleicht urkundliche Form hatte, da Martina sie »vorzeigte«: τάς τε διαθήκας ὑπεδείκνυ.

47) Nicephorus S. 12.

48) Theophanes a. m. 6153 S. 348, vgl. a. m. 6160 S. 351.

49) Liber Pont. 1 S. 343, vgl. CASPAR (wie Anm. 3) 2 S. 582 f.

50) Theophanes a. m. 6218 S. 405: Κοσμᾶν τινα συνεπόμενον ἔχοντες εἰς τὸ στεφθῆναι; bei dem sachlich und z. T. wörtlich übereinstimmenden, auf gleicher Quelle beruhenden Bericht des Nicephorus S. 57 f. heißt es: Κοσμᾶν τοὔνομα ἐφ᾽ ἑαυτοῖς βασιλεύουσι: »sie machen ihn sich zum Kaiser«.

Die übrigen Versuche, im Westen ein Kaisertum zu begründen, betrachten wir in zeitlicher Folge. Odowakar hatte mehr als zwei Jahrzehnte der Bürgerkriege im Westen, vor allem in Italien, dadurch beendet, daß er das Regierungssystem vereinfachte. Seit der Ermordung Valentinians III. und dem Erlöschen seiner Dynastie hatten die Kaiser des Westens – teils in Rom, Ravenna oder Gallien erhoben, teils aus dem Osten entsandt – mit den römischen und den barbarischen Heermeistern gekämpft, einander abgesetzt, vertrieben, ermordet. Indem Odowakar auf die Erhebung eines Kaisers im Westen verzichtete und, gestützt auf die barbarischen Truppen, die ihn zum König ausgerufen hatten, sich nicht nur die letzten römischen Offiziere unterstellen, sondern auch die Gewalt über die zivilen Zentralbehörden gewinnen konnte, ohne aber einen neuen Kaiser des Westens zu erheben, faßte er zusammen, was bisher getrennt war.[51]

Kaiser Zenon erkannte schließlich Odowakars Herrschaft faktisch an und verlieh ihm die Patricius-Würde. Als er jedoch 489 den Amaler Theoderich und die Ostgoten gegen Odowakar schickte, dürfte es ihm nicht so sehr um den Sturz des Systems der letzten zwölf Jahre gegangen sein, als um die Ablenkung der Goten aus dem Balkanraum und die wechselseitige Schwächung der Barbaren. Wenn der Anonymus Valesianus recht berichtet, hat Zenon Theoderich die Herrschaft über Italien an Kaisers Statt versprochen, bis er selbst eintreffe: *loco eius* (sc. *imperatoris*) *dum adveniret, tantum praeregnaret.*[52] Hier ist immerhin die Möglichkeit ins Auge gefaßt, daß der Kaiser des Ostens Italien aufsucht, um selbst die endgültige Entscheidung über die Regierung dort zu treffen.

Während seines schweren Abwehrkampfes gegen Theoderich soll Odowakar nach verbreiteter Ansicht den Standpunkt der Legitimität verlassen und seinen Sohn Thela zum Caesar erhoben haben; nachdem der Kaiser seinen Gegner stützte, war seinem System der Boden ohnehin entzogen. Wenn diese Ansicht zutrifft, ist dies der erste Versuch, nach der Unterbrechung von 476 das westliche Kaisertum zu erneuern. Man hat ihn auf 490 datiert[53] und das Handeln Odowakars mit dem des Heermeisters Orestes verglichen, der seinen Sohn Romulus zum Augustus hatte ausrufen lassen.[54] Indes paßt diese Parallele nicht recht, denn der Caesar ist kein Augustus, sondern ein nachgeordneter oder zur Nachfolge designierter Herrscher: Caesares sind stets und nur von den Augusti erhoben worden. Wollte Odowakar selbst die Rechte des Augustus für sich beanspruchen? Dafür fehlt jedes Indiz. Welche Legitimation, welche politische Funktion hatte aber ein ohne Augustus vom Patricius und König erhobener Caesar? Darauf ist keine Antwort zu finden. Vor allem aber ist die Quellenbasis überaus schwach. Wir wissen von der Existenz des

---

51) Über Odowakar vgl. Th. Mommsen, Ges. Schriften 6 (1910) S. 383, 477 ff., J. Sundwall, Abh. zur Gesch. des ausgehenden Römertums (1919) S. 178–189, L. M. Hartmann, Gesch. Italiens im MA (vgl. Anm. 3) 1 (²1923) S. 50–76, W. Ensslin, Zu den Grundlagen von Odowakars Herrschaft (Serta Hofilleriana, 1940) S. 381–388, Stein, Bas-Empire 2 (wie Anm. 31) S. 50–76.

52) Anon. Vales. 49, dazu Mommsen, Ges. Schriften 6 S. 386 Anm. 1.

53) So Sundwall S. 187.

54) So Ensslin, Odowakars Herrschaft (wie Anm. 51) S. 388.

Odowakar-Sohnes überhaupt nur aus zwei Quellen: der Anonymus Valesianus (cap. 55) erzählt, bei dem Vertrag mit Theoderich habe Odowakar seinen Sohn Thela als Geisel gestellt. Johannes von Antiochien, der zur Zeit des Kaisers Herakleios, zum Teil aufgrund guter älterer Quellen, schreibt, schildert die Ausrottung der gesamten Familie Odowakars durch den Amaler: »Odowakars in ein Heiligtum geflohenen Bruder erschoß Theoderich mit einem Pfeil, auch seine Frau Sunigilda und seinen Sohn Okla, den Odowakar zum Caesar ernannt hatte, hielt er fest; diesen schickte er nach Gallien, brachte ihn aber um, als er von dort zurückkehrte, jene ließ er in Haft Hungers sterben.«[55] Das ist alles, was wir über den »Caesar Thela« wissen.[56]

Mommsen hat vermutet, daß Oklan für Thelan verschrieben ist:[57] das hat viel für sich. Die Identität Thela = Okla ist kaum anzuzweifeln; doch stehen die Quellenstellen für den Namen eins zu eins, und man muß an den Doppelnamen Totila-Baduela erinnern. Will aber Johannes mit den Worten ὃν Ὀδόακρος καίσαρα ἀπέδειξεν wirklich eine Caesar-Usurpation bezeichnen, oder meint καίσαρα nicht einfach den Thronfolger dessen, der ὁ τῆς ἑσπερίας Ῥώμης τύραννος[58] ist? Es gibt, wie mir scheint, wesentliche Indizien für die zweite Vermutung,[59] und man wird jedenfalls gut tun, keine weitgehenden Hypothesen auf den Satz vom »Caesar Okla« zu bauen.

Die viel erörterte Stellung Theoderichs und seiner Nachfolger braucht uns hier nicht zu beschäftigen; denn sie haben weder den Kaisernamen noch Diadem oder Krone beansprucht. Hingegen ist es fraglich, worauf die Verhandlungen der Goten mit Belisar 540 zielten. Zweimal boten sie dem Heerführer die Herrschaft an: zuerst vor der Kapitulation Ravennas, und noch einmal ein paar Wochen später, nachdem Belisar Ravenna besetzt und Witigis gefangengenommen hatte, während in Ticinum Hildibad zum Gotenkönig erhoben worden war. Prokops Bericht ist nicht eindeutig; das erste Angebot zielt darauf, Belisar zum βασιλεὺς τῆς ἑσπερίας (bella VI 29,18) oder zum βασιλεὺς Ἰταλιωτῶν καὶ Γότθων (VI 29,26) zu machen, und später will Hildibad die eigene Würde als βασιλεὺς Γότθων (VI 30,17) aufgeben, seinen Purpurmantel Belisar zu Füßen legen und diesem als βασιλεὺς Γότθων τε καὶ Ἰταλιωτῶν die Proskynese erweisen (VI 30,26).

Sollte Belisar Kaiser oder König werden? Prokops Sprachgebrauch gibt keine Antwort; denn er nennt nicht nur den Kaiser βασιλεύς, sondern ebenso auch, wenngleich nicht

55) Johannes von Antiochien, fragm. 214e (FHG 5 S. 29) = exc. de ins. cap. 99 S. 140.
56) Das muß entgegen mißverständlichen Darstellungen betont werden, etwa W. ENSSLIN, Thela (PAULY-WISSOWA, Real-Encycl. der class. Altertumswiss. 2.R. 5,2, 1934.) Sp. 1615.
57) Hermes 6 (1872) S. 337 Anm. 2, danach alle folgenden: ὄκλαν statt θήλαν.
58) So Johannes von Antiochien über Odowakar, fragm. 214 (FHG 4 S. 26) = exc. de ins. cap. 98 S. 136.
59) Wenn die Samaritaner 530 einen βασιλεύς und einen καῖσαρ erheben (oben Anm. 33), dann sind das eben auch nur lokale Herrscher. Einiges weitere Material über καῖσαρ im staatsrechtlich untechnischen Sinne dürfte sich finden lassen. Daß Thela nur der Nachfolger Odowakars in gleicher Rechtsstellung sein sollte, meint auch L. SCHMIDT, Die Ostgermanen (1934) S. 335, dessen Vermutung, Zenon habe das anerkannt, aber zu weit geht.

regelmäßig, die Könige der Goten, Vandalen und anderer Barbaren.[60] Nur wo er
Theoderichs Verzicht auf den Imperator-Titel genau beschreibt, wendet er das Fremdwort
ῥῆξ an (V 1,26). Die Beschränkung des Wortes βασιλεύς auf den Kaiser trat erst seit
Herakleios ein und wurde auch dann von Historikern, die ältere Quellen ausschrieben,
nicht regelmäßig beachtet.

Belisar hatte Justinian gelobt, zu dessen Lebzeiten nicht nach der βασιλεία zu streben
(VI 30,28, vgl. VI 29,20), in seinen Augen war die angebotene Herrschaft eine τυραννίς.
Immerhin besaß er Name und Vollmacht eines στρατηγὸς αὐτοκράτωρ, das heißt
lateinisch *imperator*.[61] Wenn ihm die Herrschaft über Goten und Italiker angeboten
wurde, so war das wohl der Sache nach eine Herrschaft in Umfang und Art, wie sie die
Gotenkönige geübt hatten, aber das damit verbundene ὄνομα βασιλείας (VI 30,28) muß
das *nomen imperatoris* gewesen sein, ein Römer – und das war Belisar, unabhängig von der
Frage seiner Abstammung[62] – konnte nicht *rex* werden. Βασιλεὺς ἑσπερίας ist der
*imperator occidentis*, wie ihn lateinische Quellen oft nennen;[63] die Bezeichnung βασιλεὺς
Ἰταλιωτῶν καὶ Γότθων beschreibt den tatsächlichen Umfang solcher Gewalt, ohne das
Rechtsverhältnis zu benennen.[64] Da Belisar nicht auf das Anerbieten einging, unterblieb
die Probe auf den Versuch, das Kaisertum im Westen in gotisch-italischer Tradition zu
erneuern.

Mit dem Aufstand des Exarchen Eleutherios, von dem unsere Betrachtung ausging,
setzt eine Reihe von Insurrektionen der höchsten Beamten ein, die aus dem Osten nach
dem Westen geschickt sind. Herakleios hatte 610 das Beispiel zum Umsturz in Konstantinopel gegeben. Die Frage ist aber, ob die späteren Exarchenaufstände dasselbe Ziel
verfolgten oder sich mit einem Kaisertum im Westen begnügen wollten.

Gehen wir von der politischen Situation 619 aus: Eleutherios, Eunuch wie manche

60) So z. B. bella III, 8,8, III, 9,1 und öfter über die Vandalenkönige, sehr oft für die Gotenkönige,
etwa V, 2,1, V, 4,8, V, 6,15, VI, 30,12, VI, 30,17, VII, 1,4, VII, 2,4 usw.
61) Procop, bell. V, 5,4, VII, 21,25, vgl. über Germanus und Narses VII, 38,24 und VII, 21,6, dazu
BURY 2 (wie Anm. 17) S. 127 Anm. 2 und S. 170.
62) Zu der für unser Problem gleichgültigen Frage, ob Belisar »germanischer« Abstammung war, vgl.
B. RUBIN, Das Zeitalter Justinians 1 (1960) S. 381 Anm. 92.
63) Dieser Begriff und ähnliche begegnen so häufig, daß es sich erübrigt, Beispiele anzuführen. Eine
Untersuchung der politisch-geographischen Terminologie im spätromischen Reich ist mir nicht
bekannt.
64) Daß Belisar Kaiser werden sollte, nahm schon L. SCHMIDT in: HV 29 (1935) S. 433 f. Anm. 20 an,
ähnlich STEIN, Bas-Empire 2 (wie Anm. 31) S. 367, der wohl kaum zu Recht eine gleichzeitige
Ausrufung zum Gotenkönig erwägt. HARTMANN, Gesch. Italiens (wie Anm. 3) 1 (²1923) S. 289 Anm.
27 meint, Belisar habe nur βασιλεὺς Ἰταλιωτῶν καὶ Γότθων, nicht aber βασιλεὺς τῆς ἑσπερίας
werden sollen – doch vorsichtig übersetzt er βασιλεύς mit »Beherrscher« und umgeht unsere Frage.
Von der Kaiserwürde spricht auch B. RUBIN in: PAULY-WISSOWA, Real-Encycl. der class. Altertumswiss. 2.R. 45. Halbbd. (1957) Sp. 464 f. O. VEH in der zweisprachigen Prokop-Ausgabe (1966)
übersetzt zwar VI,29 »Kaiser des Westens, Kaiser der Italiker und Goten, Kaiserwürde«, aber VI,30
»König der Goten und Italiker«.

seiner Vorgänger in den höchsten Staatsämtern, nimmt in Ravenna den Purpurmantel. Das ist gewiß ein öffentlicher Akt, bei dem Truppenteile akklamieren, vielleicht im Zirkus der Stadt.[65] Eine Krönung wird verlangt, und wenn die Antwort vom *vir venerabilis* Johannes kommt, so liegt die Vermutung nahe, daß er es ist, der krönen soll: der Erzbischof – oder noch Elect – Johannes IV. von Ravenna.[66] Wenn nun der Erzbischof auf Rom als den rechten Ort verweist, so entzieht er sich einer heiklen Situation:[67] ohne dem Usurpator offen entgegenzutreten, vermeidet er eine aktive Teilnahme, die für ihn bei Mißlingen böse Folgen haben kann. Aber auch wenn es sich um einen taktischen Rat handelt: daß er gegeben wird und daß der Usurpator versucht, ihn zu befolgen [Zusatz im Handexemplar: Einen Papst zur Krönung hätte er erst einsetzen müssen – Sedisvakanz, s. o. S. 23], setzt einen politisch und rechtlich vernünftigen Gedanken voraus. Dabei wird die Krönung als notwendig unterstellt – das ist, wie wir gesehen haben, nicht verwunderlich. Und Rom als der rechte Krönungsort und Kaisersitz konnte durchaus noch in Erinnerung sein. Daß nun Eleutherios darauf einging, daß er den Weg nach Rom nahm, deutet doch wohl auf seine Absicht, nicht den Spuren des Herakleios zu folgen und den ärgste Not leidenden Osten anzugreifen, sondern das zu tun, was Belisar nicht gewagt hatte: das westliche Kaisertum zu erneuern, vielleicht mit dem Ziel, den Langobarden-Krieg nachhaltiger aufnehmen und ganz Italien wieder vereinen zu können.[68]

Der Chartular Mauricius, der 638 nach dem Tod des Papstes Honorius I. in Rom Unruhen erregt und die Miliz zur Plünderung der Kirchenschätze angestiftet hatte, fand zwar Rückendeckung beim Exarchen Isaak.[69] Aber da der Exarch die Beute nach Konstantinopel schickte, erweckte Mauricius nach dem Tode des Kaisers Herakleios einen neuen Aufstand: dieses Mal wandte er sich gegen den Exarchen, seine vorgesetzte Instanz, unter dem Vorwand, *quia (Isacius) sibi regnum imponere voluisset.*[70] Das heißt nun aber nicht, »daß er ein selbständiges Königreich begründen wolle«,[71] sondern *regnum* meint

---

65) Im Zirkus von Ravenna wurde 641 das Haupt des hingerichteten Mauricius ausgestellt, Liber Pont. 1 S. 312.

66) So vorsichtig HARTMANN, Byzantin. Verwaltung (wie Anm. 3) S. 115, DERS., Gesch. Italiens 2,1 S. 203, bestimmt E. STEIN in: Klio 16 (1919) S. 58 f. (= DERS., Opera minora selecta, 1968, S. 19 f.), CASPAR (wie Anm. 3) 2 S. 523.

67) Diese ansprechende Vermutung trug in meinem Seminar cand. phil. MANFRED KROPP vor. STEIN (wie Anm. 66) vermutet, Eleutherius habe in Rom nach längerer Vakanz »Ordnung schaffen« wollen und nicht nur den »sentimentalen oder lediglich im Interesse seines Prestiges gelegenen Wunsch« gehabt, sich in Rom krönen zu lassen. Sicher ging es um reale Begründung der Macht auch über Rom. F. SCHNEIDER, Rom und Romgedanke im MA (1926) S. 46 spricht von einer »nationalen Bewegung«; dafür fehlt jedes Indiz.

68) Das Ziel, *cuncta Italia* oder *tota Italia* zu beherrschen, verfolgen seit den Gotenkriegen Exarchen und Langobarden immer wieder. Das über diesen Begriff gesammelte Material kann hier nicht ausgebreitet werden.

69) Liber Pont. 1 S. 328 f., HARTMANN, Gesch. Italiens (wie Anm. 3) 2,1 S. 213, CASPAR 2 S. 527 f.

70) Liber Pont. 1 S. 331.

71) So HARTMANN, Gesch. Italiens 2,1 S. 214, ähnlich CASPAR 2 S. 529.

hier, mit dem Verbum *imponere* verbunden, ohne Zweifel eine Krone: »daß er sich krönen wolle«, zum Kaiser nämlich, denn eine andere Krönung war nicht denkbar. *regnum* in der Bedeutung Krone ist, worauf P. E. Schramm aufmerksam gemacht hat, gerade im Liber Pontificalis zuerst für das 6. Jahrhundert belegt, daneben im Anonymus Valesianus.[72] Wie immer es mit den Behauptungen des Mauricius, der alsbald trotz Asylschutzes von dem angeblichen Usurpator verhaftet und hingerichtet wurde, stand: jedenfalls sah er die »Krönung« als Zeichen der Usurpation an, synonym dem älteren Begriff »den Purpur ergreifen«. Die Episode war belanglos, sie kann aber als wenig jüngere Parallele zum Krönungsbegehren des Eleutherius dienen.

Im Jahr 653 wurden in Rom Papst Martin I. und der griechische Abt Maximos, die beiden Streiter gegen Kaiser Konstans' II. monotheletische Lehre, verhaftet und nach Konstantinopel gebracht: sie standen unter der Beschuldigung des Hochverrats, sie hätten usurpierende Exarchen unterstützt. Die Berichte über den Prozeß des Maximos, der anscheinend im Juni 655 stattfand,[73] geben uns die wichtigsten Nachrichten über den Aufstand des Gregor von Karthago. »Vor neun Jahren«, so behauptete ein Belastungszeuge, »sagte mir der aus Rom (nach Afrika) gekommene fromme Abt Thomas: ›Papst Theodorus hat mich zum Patricius Gregor geschickt, ich solle ihm sagen, er möge sich vor niemandem fürchten. Denn Gottes Knecht, Abt Maximos, sah im Traum Engelsvölker im Osten und im Westen stehen. Und die im Osten schrien: *Constantine Auguste, tu vincas*; aber die im Westen riefen: *Gregorie Auguste, tu vincas*. Und der Ruf derer im Westen war stärker als der Ruf derer im Osten.‹«[74] Der beschuldigte Abt äußerte sich nicht zu dem Traum selbst, meinte nur, ein dem Willen nicht unterworfener Traum sei nicht strafbar, und fragte, warum der Denunziant damals geschwiegen, seine Anklage nicht zu Lebzeiten des Gregorius und des Papstes Theodor sowie in Gegenwart des Abtes Thomas vorgebracht habe. Unter diesen Umständen wird man den inhaltlich unbestrittenen Bericht für die Ideen, die um 646 zwischen Karthago und Rom umliefen, verwerten dürfen.

---

72) SCHRAMM (wie Anm. 27) 1 S. 55 f. mit Verweis auf Liber Pont. 1 S. 271: von Chlodwig gestiftete Weihekrone; vgl. ebd. 1 S. 391: von Justinian II. beim Empfang des Papstes Constantin getragene Krone. Anonymus Valesianus 74 erzählt die Anekdote, nach der Kaiser Anastasius I. aus seinen drei Söhnen den Thronfolger finden wollte, indem er heimlich an ein Bett ein *regnum* stellte; MOMMSEN in: Auct. ant. 9 S. 324 schlug vor, zweimal *regnum* in *signum* zu ändern, O. HIRSCHFELD (ebd.) *regium*, J. MOREAU in seiner Neuedition (1961) übernimmt MOMMSENS, wie man sieht entbehrliche, Konjektur. Bei Isidor von Sevilla, Hist. Gothorum 52 (Auct. ant. 11) S. 288 heißt es *Reccaredus est regno coronatus* (im Jahre 586), dazu vgl. D. CLAUDE, Adel, Kirche und Königtum im Westgotenreich (1971) S. 64 f.
73) Zum Datum des Prozesses CASPAR (wie Anm. 3) 2 S. 575, 779 f., zur Quelle auch H. G. BECK, Kirche und theolog. Literatur im byzantin. Reich (1959) S. 442, zur lateinischen Fassung des Anastasius Bibliothecarius M. MANITIUS, Gesch. der lat. Literatur des MA 1 (1911) S. 681, 686, 690.
74) MIGNE, PL 129 Sp. 605.

Die Traum-Engel akklamieren in Ost und West dem legitimen Kaiser und dem Usurpator mit denjenigen Worten, die das Zeremonienbuch Konstantins VII. als die Akklamation des Heeres für einen neuen Kaiser zitiert: *tu vincas*. Im griechischen Text unserer Quelle sind die Akklamationsworte lateinisch eingesetzt, weil man auch in Konstantinopel noch im 7. Jahrhundert lateinisch akklamierte.[75] Wenn nun aber auch im Osten für Kaiser Konstans (sein amtlicher Name war Konstantin) Engel riefen, und sei es auch mit schwächerer Stimme, so kann derjenige, der sein politisches Programm durch diesen Traum ausdrückte, wohl kaum daran gedacht haben, daß Konstans dem Rivalen aus dem Westen unterliegen und wie Phokas unter dem Angriff des Herakleios zugrunde gehen sollte. Die doppelten Engelchöre deuten eher den Gedanken des doppelten Kaisertums in Ost und West an; der Westen setzt sich dabei mit stärkerer Stimme gegen den Osten durch.

Wie weit die Gedanken des Usurpators in Afrika wirklich dem entsprachen, was nach der Zeugenaussage der Grieche in Rom geträumt und der Papst nach Karthago hatte melden lassen, konnte Gregor nicht mehr beweisen: er fiel im Kampf gegen die aus Ägypten vorrückenden Sarazenen noch 647.[76]

Auf Papst Martin lastete die weitere Anklage, den aufständischen Exarchen von Ravenna, Olympios, unterstützt zu haben. Dieser war 649 nach Rom entsandt worden, um die monotheletische Lehre notfalls mit Gewalt durchzusetzen; er hatte indessen mit Papst Martin gemeinsame Sache gemacht, sich etwa zwei bis drei Jahre im byzantinischen Italien unabhängig gehalten und war auf einem Feldzug gegen die Sizilien angreifenden Sarazenen gestorben. Die dürftigen Nachrichten aus dem Liber Pontificalis und aus dem Prozeß Papst Martins lassen nicht deutlich werden, ob Olympios den Kaisertitel geführt oder eine Krone getragen hat; der Papst galt jedenfalls als Hochverräter, weil er den Exarchen unterstützte.[77]

Nach Olympios hat kein Exarch in Ravenna und kein Papst in Rom mehr an ein westliches Kaisertum gedacht – bis auf Karl den Franken und Leo III. Die Episode Konstans' II. in Syrakus wie die sizilischen Aufstände von 668, 718 und 787 berührten Rom und Ravenna kaum. Die durch den Steuerdruck Kaiser Leons III. ausgelöste »italienische Revolution« konnte Papst Gregor II., auch als er mit den Langobarden gegen den ketzerisch gewordenen Kaiser verbündet war, nicht zur Unterstützung des angeblich von »ganz Italien« gefaßten, abenteuerlichen Planes bewegen, nicht nur einen Gegenkaiser

---

75) τοῦ βίγκας, vgl. Theophanes a. m. 6024 S. 182: τούβικας, weiteres bei TREITINGER (wie Anm. 28) S. 162 f.

76) Hierzu wie zu dem ganzen Aufstand CH. DIEHL, L'Afrique byzantine (1896) S. 554–562.

77) Über Olympios vgl. Liber Pont. 1 S. 357 f. und die Prozeßberichte MIGNE, PL 129 Sp. 591 ff., dazu HARTMANN, Gesch. Italiens (wie Anm. 3) 2,1 S. 227 ff., DERS. Byzantin. Verwaltung (wie Anm. 3) S. 16, 116 ff., CASPAR (wie Anm. 3) 2 S. 564 ff., kritisch dazu E. STEIN in: The Catholic Hist. Rev. 21 (1935) S. 150 ff. (= DERS., Opera minora selecta, 1968, S. 522 ff.).

aufzustellen, sondern ihn gar nach Konstantinopel zu führen[78] – die Voraussetzungen sahen allzu anders aus als für die im Jahr darauf vergebens die Hauptstadt angreifenden Griechen. Den tuskischen Prätendenten, der wenig später auftrat, half der Papst selbst stürzen.[79] Von Krone und Krönung ist bei diesen Umsturzplänen in den spärlichen Quellen keine Rede. Dagegen heißt es 718 von dem Protospathar und Strategen Siziliens, er habe »einen von seinen Leuten als eigenen Kaiser gekrönt«,[80] einen Mann, der Basileios hieß, aus Konstantinopel stammte und nun Tiberios genannt wurde. Gekrönt wurde auch der letzte Usurpator in Sizilien, Elpidius, der sich 781 erhob, als schon der Franke Karl Italien beherrschte und sich *Patricius Romanorum* nannte. Kaiserin Eirene verhandelte mit Karl über ein Ehebündnis; aber gegen den sizilischen Strategen, der als Parteigänger der von Eirene verdrängten Brüder Leons IV. galt, ging sie mit militärischer Gewalt vor. Er floh nach Afrika, bei den Sarazenen erst wurde er gekrönt und mit Purpurschuhen bekleidet[81] – die Karikatur eines Usurpators und Exilkaisers.


## VI.


Wie stehen die Ereignisse vom Weihnachtstag 800 zu der langen Reihe früherer Versuche, das Kaisertum im Westen zu erneuern oder das Reich vom Westen her zu gewinnen? Dazu können nur noch wenige Worte gesagt werden. Weder die Kaisererhebung mittels der Krönung noch deren Vollzug in Rom war eine völlig neue und unerhörte Sache; aber die Krönung in der Kirche durch den Papst ließ sich nur mit Vorbildern in Konstantinopel, nicht in Rom vergleichen. Fast alle Prätendenten des 6. und 7. Jahrhunderts waren Träger der Patricius-Würde, besonders die aufständischen Exarchen von Ravenna, und *Patricius Romanorum* nannte sich Karl, seit er 774 das Langobardenreich erobert und die Vorherrschaft in Rom und Ravenna gewonnen hatte. Aber wenn Karl 800 den Weg nach Rom über die Exarchenstadt nahm, so war es wohl ein äußerer Zufall, der ihn die Straße des Usurpators Eleutherius wählen ließ, und Karls Patricius-Titel war keine byzantinische

---

78) Liber Pont. 1 S. 404 f. (nach dem ersten Bilderverbot): *Cognita vero imperatoris nequitia, omnis Italia consilium iniit ut sibi eligerent imperatorem et ducerent Constantinopolim; sed conpescuit tale consilium pontifex, sperans conversionem principis*, vgl. HARTMANN, Gesch. Italiens 2,2 S. 95, der mit Recht bemerkt, daß nicht ernsthaft an einen Zug gegen Konstantinopel gedacht werden konnte, wie ihn etwa um diese Zeit Kosmas unternahm (oben Anm. 50), CASPAR 2 S. 659 f.
79) Liber Pont. 1 S. 408 (Fassung B), HARTMANN, Gesch. Italiens 2,2 S. 99, CASPAR, 2 S. 663.
80) Theophanes a. m. 6210 S. 398: Σέργιος... ἔστεψε ἐκεῖσε ἴδιον βασιλέα, fast wörtlich gleich Nicephorus S. 54.
81) Theophanes a. m. 6274 S. 455 f., vgl. CLASSEN (wie Anm. 33) S. 22 f.

Hofwürde, sondern Ausdruck eines unabhängigen Anspruchs.[82] Der Frankenkönig war kein unbotmäßiger Funktionär des Kaisers in Konstantinopel, sondern der Schöpfer und Beherrscher des größten und mächtigsten politischen Gebildes, das es seit dem Untergang des Kaisertums im Westen gegeben hatte, von Byzanz aus gesehen freilich ein Barbarenkönig, dessen faktische Macht in Rom und Ravenna man allenfalls notgedrungen tolerierte. Nur im Zeremoniell, vor allem in Rom, nahm er den Ort der früheren Patricii ein, die Basis seiner politischen und rechtlichen Stellung war grundverschieden. Als Karl 800 nach Rom kam, waren 150 Jahre verflossen, seit dort zum letzten Mal ein Patricius und Exarch die Herrschaft usurpiert hatte; aber gerade von diesem, Olympios, wissen wir nicht, ob er den Kaisernamen geführt und eine Krone empfangen hat. Was wußten Karl und die Franken, was Leo und die Römer, was die Gelehrten der Zeit von den früheren Prätendenten und Kaisern in Rom, von den Usurpationen und Krönungen, von denen hier die Rede war? Das Constitutum Constantini setzte anscheinend voraus, daß die Residenz der Kaiser solange – und nur solange, bis Konstantin sie in seine neue Stadt verlegte, in Rom bestanden hatte; die Annales Laureshamenses sprachen von Rom und den übrigen *sedes* in Italien, Gallien und Germanien, wo die Caesaren stets residiert hatten und die Karl nun beherrschte.[83] Die Frage nach den historischen und politischen Traditionen, die auf Karl und auf den Papst wirkten, wird weiterer Erörterung bedürfen.

Blicken wir auf die hier besprochenen Ereignisse zurück, so hat jener »erste Römerzug der Weltgeschichte«, bei dem Eleutherius im Jahre 619 zugrunde ging, gewiß nicht anregend und beispielhaft für die Zukunft gewirkt – das hat wohl auch L. M. Hartmann nicht sagen wollen. Er steht aber auch nicht so einzigartig da, wie man bisher annahm, sondern hatte seine Vorbilder im 5. Jahrhundert. Wenn Eleutherius aber, wie es scheint und wie es einem Usurpator, den kein Hauptkaiser krönen konnte, nun allein möglich

82) Vgl. J. Deér, Zum Patricius-Romanorum-Titel Karls d. Gr. (Archivum Hist. Pont. 3, 1965, S. 31–86), anders hinsichtlich des Ursprungs der Patricius-Würde im Jahre 754 Classen S. 16 und 74, dagegen wieder Deér in: Archivum Hist. Pont. 8 (1970) S. 17–25, der mich freilich nicht überzeugt hat. In dem Punkt, auf den es hier allein ankommt, besteht Übereinstimmung, nämlich daß Karls Rezeption des Titels 774 völlig unabhängig von Byzanz ist, vgl. Deér (1965) S. 63 f.: »Dieser Patriziat hatte jedenfalls alles Byzantinische, das ihm als Folge der kaiserlichen Verleihung von 754 noch anhaftete, für beide Parteien, sowohl für den Papst wie auch für den Frankenkönig – abgesehen freilich vom Zeremoniell – abgestreift.« Die gegenteiligen Meinungen von W. Ohnsorge hat Deér schlüssig widerlegt.

83) SS 1 S. 38 a. 801, dazu zuletzt Classen S. 43, 77 mit weiterer Literatur. Das Constitutum Constantini, hg. von H. Fuhrmann (= MGH Fontes iuris Germ. ant. 10, 1968; mit Wortindex) verwendet *sedes* nur für die *sedes b. Petri* und die übrigen Patriarchensitze, *solium* gar nicht, der § 18 mit dem berühmten Translations-Satz kommt ohne Vokabel für die Residenz aus. Zu dem Begriff *solium*, den die Anm. 1 genannte Stelle für Rom gebraucht, vgl. Rod. Schmidt, Zur Gesch. des fränk. Königsthrons (Frühma. Stud. 2, 1968, S. 45–66) bes. S. 52, 56. Die erzählenden Quellen verwenden solche Begriffe (bes. auch *sceptra*, durchweg Plural) so oft metaphorisch, daß es selten möglich ist, Angaben über konkrete Insignien, Throne etc. zu gewinnen.

war, die Krönung durch geistliche Hand begehrte, und wenn er zu diesem Zweck nach Rom aufbrach, so nimmt er wirklich eine eigenartige Mitte ein zwischen den letzten Kaisern Westroms aus der valentinianischen Dynastie und dem ersten Kaiser fränkischen Stammes, eine Mitte nicht nur in chronologischer Hinsicht.

KORREKTURZUSATZ: Bei Abschluß des Manuskriptes im April 1972 lag noch nicht vor H. D. KAHL, Die Konstantinskrone in der Hagia Sophia zu Konstantinopel (Antike und Universalgesch., Festschrift H. E. Stier, 1972, S. 302–322) mit wichtigen Beiträgen zur Geschichte des Insigne, die die oben Anm. 27 gen. Literatur ergänzen und z. T. korrigieren. Vgl. auch das Protokoll Nr. 53 des Konstanzer Arbeitskreises, Sitzung in Marburg, 6. 11. 71, mit dem Resumé eines Vortrags von KAHL; nur halte ich für undenkbar, daß man dem Herakleios die Krone »versehentlich« auf dem Haupte ließ, als man ihn nach der Aufbahrung beisetzte, vgl. oben Anm. 40. Zur Frage der Krönung bei Franken und Langobarden jetzt R. SCHNEIDER, Königswahl und Königserhebung im Frühma. (1972). Zu SCHNEIDER S. 209 Anm. 113a (im Anschluß an JÄSCHKE) verweise ich auf Einhard, Vita Karoli 23: *In festivitatibus veste auro texta ... diademate quoque ex auro et gemmis ornatus in c e d e b a t.* [Zusatz im Handexemplar: cf. Ann. Fuld. 876: *diademate ... imposito ... procedere solebat*].

# Causa Imperii

## Probleme Roms in Spätantike und Mittelalter

> *Ecce enim cum ad sue cause naturam trium-*
> *phus necessario reducatur, quod extollere de-*
> *cus imperiale non possimus, quin interim Ur-*
> *bis honorem quam causam imperii fuisse*
> *cognoscimus extollamus.*[1]

Ein merkwürdiger Widerspruch der abendländischen Geschichte scheint darin zu liegen, daß gerade das »Reich«, das hier als »Reich ohne Hauptstadt« bezeichnet werden konnte,[2] das einzige ist, welches in der ganzen Zeit seines Bestehens seinen Namen von einer Stadt herleitete: *imperium Romanum* – Römisches Reich. In dem Wort schon spiegelt sich das Ergebnis einer langen Entwicklung. Der Stadtstaat hatte ein Weltreich geschaffen, und die Auseinandersetzung mit diesem Reich und seinen Nachfolgern bildete fortan das eigentliche Thema der Stadtgeschichte.

*Imperium* heißt Befehl, Befehlsgewalt. Im staatsrechtlichen Sinn bezeichnete man mit diesem Wort insbesondere die Gewalt der hohen städtischen Beamten in Rom.[3] Nach der Unterwerfung weiter Gebiete und großer Provinzen konstruierte man ein *imperium populi Romani*, eine Befehlsgewalt des römischen Volkes über die Untertanengemeinden.[4] Zum

---

Nur für einige im Zusammenhang der vorliegenden Skizze wesentliche Punkte sind Quellen und (vor allem neuere) Spezialliteratur genannt. Fortlaufende Hinweise auf die großen Werke der Stadt-, Reichs- und Papstgeschichte können aus Raummangel nicht gegeben werden; auch manche wichtige Monographie bleibt ungenannt. Unvergänglich durch seine Gestaltungskraft bleibt das Werk von Ferdinand Gregorovius; den neuesten Forschungsstand und zugleich ausführliche Bibliographien bieten die Bände der großen Storia di Roma des Istituto di Studi Romani.

1) Kaiser Friedrich II. an die Römer, 1238 Jan. BF 2311, J. L. A. HUILLARD-BRÉHOLLES, Historia diplomatica Frid. secundi V 1, Paris 1857, 162 f.; dazu K. BURDACH, Cola di Rienzo und die geistige Wandlung seiner Zeit (Vom Mittelalter zur Reformation II 1), Berlin 1913–1928, 349, 354 und E. KANTOROWICZ, Kaiser Friedrich der Zweite, Berlin 1927, 408 f. – Vgl. AUGUSTIN, civ. Dei V 1 Rubrik: *Causam Romani imperii omniumque rerum nec fortuitam esse nec in stellarum positione consistere.*

2) W. BERGES, Das Reich ohne Hauptstadt, in: Das Hauptstadtproblem in der Geschichte, Festgabe.. Friedrich Meinecke, Tübingen 1952, 1–29.

3) ERNST MEYER, Römischer Staat und Staatsgedanke, Zürich 1948, 109 ff.; H. WAGENVOORT, Imperium, Amsterdam 1941, vor allem S. 60–72.

4) Auct. Her. IV 9, 13; Cic. Rosc. 50, 131; Lentulus in Cic. ep. XII 13; Caes. bell. Gall. I 18,9. 45,3. IV 21,5 u. ö.; Mon. Ancyr. Rubrik: *orbem terrarum imperio populi Romani subiecit.*

ersten Male in der Geschichte war es einem Staat gelungen, eine dauerhafte Herrschaft über fast den gesamten Bereich der Mittelmeerwelt zu errichten; die verschiedenen Kulturen begannen sich einander anzugleichen. Der *orbis terrarum* wurde zum *orbis Romanus*;[5] neben diesem juristisch nicht eindeutig umrissenen Begriff drang langsam der Ausdruck *imperium Romanum* als Bezeichnung des »Reiches« vor, freilich später und seltener gebraucht, als annehmen möchte, wer heute gewohnt ist, vom »Römischen Reich« zu reden. Aus der Befehlsgewalt war der Befehlsbereich geworden; nicht nur die Herrschaft Roms in ihren verschiedenen Rechtsformen, sondern auch das riesige Gebiet, auf das sie sich erstreckte, meinte man jetzt, wenn vom *imperium* – vom »Reich« – gesprochen wurde.[6] Das *imperium* gewann einen Eigenwert neben der *urbs Roma*, und der Begriff *imperium Romanum* faßte zwei Pole zusammen, zwischen denen die Spannung wuchs. Einen eigentümlichen Gehalt bekam das Wort *imperium* dadurch, daß die alte Bedeutung Oberbefehl, Befehlsgewalt, höchste Herrschaft ständig erhalten blieb. So konnte sein Sinn vom fast rein Geographischen über das Staatsrechtliche und Militärische bis ins Geistige schillern. Im weder staats- oder kirchenrechtlich noch geographisch faßbaren *imperium christianum* des Mittelalters, wie im Anspruch der Kirche auf das *imperium spirituale* lebten die verschiedenen Möglichkeiten dieses Wortes fort; und selbst heute hat das deutsche Wort »Reich« manches von der Vieldeutigkeit des lateinischen *imperium*.

Noch bevor das von Rom geschaffene Reich als *imperium Romanum* begrifflich gefaßt war, entwickelte sich ein Zwiespalt zwischen Stadt und Reich, und mehr als anderthalb Jahrtausende sollten vergehen, bis er endgültig gelöst wurde. Deutlich zeigte er sich schon in den großen Bürgerkriegen des ersten Jahrhunderts v. Chr. Es war nicht mehr möglich, das Weltreich durch ehrenamtliche städtische Jahresbeamte zu regieren, und ehrgeizige Männer der römischen Nobilität kämpften, auf Heere und Provinzen gestützt, um die Macht. Sulla gewann die Herrschaft noch mit der Erstürmung Roms; Cäsar mußte Pompeius und den mit ihm aus der Stadt geflohenen Senat im Osten schlagen. Es mag dahingestellt sein, ob er wirklich plante, das Zentrum des Reiches in den hochzivilisierten Orient zu verlegen; die Tatsache, daß man ihm diese Absicht zutraute, und der Versuch des Antonius zeigen die ganze Schwere des aufgebrochenen Problems. Der Sieg des Cäsar Octavianus bei Actium gab die Grundlage für eine neue Herrschaft Roms in neuer Form. Nicht mehr die städtischen Magistrate, sondern der auf Heer und persönliche Anhängerschaft gestützte Princeps lenkte von Rom aus die Geschicke des Reiches. Aber stetig wuchs in der Folgezeit das Gewicht der Provinzen aufs neue. Immer weitere Kreise von Provinzialen erlangten das römische Bürgerrecht, bis Caracalla 212 fast alle Bewohner des

---

5) Vgl. J. VOGT, Orbis Romanus, in seiner Sammlung: Vom Reichsgedanken der Römer, Leipzig 1942, 170–207. Die dort zusammengestellten Belege sind großenteils auch für den Imperium-Begriff wichtig.

6) Auct. Her. IV 33,44; Liv. XLII 52,16; Vell. Pat. II 131,1; Tac. hist. I 16, ann. I 61. Dazu A. ROSENBERG in RE. IX (1906) 1210 f. s. v. *imperium*.

Reiches zu fiktiven Bürgern der Stadt machte; Rom wurde von der Herrin des Reiches zu seinem vornehmsten Glied.

Es ist im Rahmen dieser Skizze nicht möglich, das Verhältnis zwischen Reich und Stadt durch die Jahrtausende zu verfolgen. Nur zwei Episoden, eine aus der Spätzeit des alten und eine aus einem spannungsgeladenen Höhepunkt des erneuerten Römischen Reiches, sollen uns Gelegenheit geben, die Stellung der Mutter des Imperiums zu betrachten, die immerfort das Haupt des Reiches und damit zugleich der zivilisierten Welt zu sein beanspruchte.[7)]

Im Jahre 392 starb zu Vienne der junge Kaiser Valentinian II. Damit war die von seinem Vater begründete illyrische Dynastie erloschen, und der im Osten herrschende Kaiser Theodosius, ein Offizier spanischer Herkunft und orthodoxer Christ, der den unfähigen Valentinian II. nach Gallien abgeschoben hatte, besaß die Macht im ganzen Reich. Aber der Franke Arbogast, der als römischer Heermeister in Gallien beim Tode des jungen Kaisers eine zweideutige Rolle gespielt hatte, bekleidete den gallischen Rhetor Eugenius mit dem Purpur. Die heidnische Senatspartei in Rom, an deren Spitze seit Jahren der Historiker Nikomachus Flavianus und der Rhetor Aurelius Symmachus standen, sah ihre Stunde gekommen und bat den neuen Kaiser um Wiederherstellung der staatlichen Stipendien für die alten Kulte in Rom. Doch vergebens; Eugenius bemühte sich um die Anerkennung als Mitkaiser durch Theodosius und suchte die Verbindung mit dem einflußreichen Bischof Ambrosius von Mailand. Aber Theodosius, der seine Söhne Arkadius und Honorius bereits zu Kaisern erhoben hatte, war nicht geneigt, eine neue Herrschaft neben der seiner eigenen Familie aufkommen zu lassen, und Ambrosius hatte zwar in Fragen des Glaubens und der sittlichen Pflichten des christlichen Herrschers dem rechtmäßigen Kaiser offen widersprochen, sah jedoch keine Veranlassung, eine Usurpation gegen ihn zu unterstützen. Jetzt erst, nachdem die Kirche sich versagt hatte, schloß Eugenius den Bund mit Rom und dem Heidentum. Er zahlte die Kultbeiträge und ernannte Nikomachus zum Konsul für 394; wie einst Julian, ließ er sich auf seinen Münzen mit dem Philosophenbart darstellen. Heidentum und Rom auf der einen Seite, Christentum und der Begründer einer neuen Dynastie auf der anderen Seite standen sich gegenüber. Der eigentliche Führer der usurpatorischen Partei war der Franke Arbogast; ihm dienten Eugenius wie die Senatoren nur als Mittel zum Zweck. Für Theodosius kämpften große germanische Truppenkontingente unter Führung des arianischen Westgoten Alarich. Am Frigidus, an der Grenze zwischen venetischer Ebene und krainischem Bergland, fiel die Entscheidung (5./6. September 394). Die Rebellen erlagen, Arbogast, Eugenius und Nikomachus verloren das Leben. Der siegreiche Kaiser zog nach Rom und verzieh den Senatoren, die sich unterwarfen und öffentlich zum Christentum übertraten. Den Triumph

---

7) Die ältesten Stellen für die Bezeichnung Roms als *caput orbis, caput rerum, caput mundi, caput imperii* sind zusammengestellt im Thesaurus Linguae Latinae III 426,29 ff. s. v. *caput*.

feierte er aber nicht in der abtrünnigen Stadt, sondern in Mailand. Der letzte Versuch des Senats, sich mit Gewalt dem Kaisertum entgegenzustellen und dadurch entscheidenden Einfluß auf die Reichspolitik zu gewinnen, war zusammengebrochen.

Etwa zwei Wochen nach dem Siegesfest starb Theodosius (17. Januar 395). Die staatsrechtliche Folge war nur, daß es statt drei Kaisern zwei gab, die Söhne des Verstorbenen, denen er den gesicherten Besitz des Reiches hinterließ. Und doch trat ein entscheidender Wandel ein. Beide Kaiser, der eine siebzehn, der andere zehn Jahre alt, waren keine Soldaten. Schon Theodosius hatte weniger als seine Vorgänger die Provinzen bereist und sich gern lange in Konstantinopel aufgehalten. Seine unmilitärischen Söhne machten Konstantinopel und Mailand zu Dauerresidenzen. Ihre Politik war von Ratgebern abhängig. Die beiden Reichsteile, die schon seit über hundert Jahren meist getrennt regiert worden waren, entfremdeten sich jetzt mehr als je; denn sie erkannten sich zwar grundsätzlich gegenseitig an, führten aber dauernd eine feindliche Politik gegeneinander. So schwand der Wille zur inneren Einheit, der sich bisher trotz noch so oft getrennter Reichsverwaltung erhalten hatte.

Das erste Jahrzehnt des neuen Jahrhunderts brachte Germanenstürme von noch nie erlebter Wucht über das Westreich. Spanien und Gallien gingen großenteils verloren, an der Spitze der Westgoten drang Alarich in die Po-Ebene ein, und ein Germanenhaufen unter Radagais stieß bis Tuskien vor. Honorius verlegte nach der Belagerung Mailands durch Alarich (402) seine Residenz nach Ravenna. Die Wahl dieses Ortes scheint den Blick eines erfahrenen Offiziers, vielleicht Stilichos, zu verraten: die bisher kaum je von einem Kaiser besuchte Stadt lag verkehrsmäßig günstig, war aber in ihrer sumpfigen Umgebung uneinnehmbar und wurde jetzt zur stärksten Festung Italiens. Rom schien vergessen.

Dennoch zeigen sich gerade in diesen Jahren deutliche Merkmale einer neuen Annäherung zwischen dem Kaiser und der alten Hauptstadt. 399 wurde die Viktoriastatue in Rom unter gesetzlichen Schutz gestellt. Honorius trat seinen sechsten Konsulat 404 mit einer Prozession in Rom an und gab der Stadt damit ein Schauspiel, das sie seit über hundert Jahren nicht mehr erlebt hatte. Er ließ auf Stilichos Rat den Mauerring Aurelians erneuern, wofür ihm der Senat auf monumentalen Inschriften dankte.[8] Es war offenbar für den Senat leichter, den Zivilisten Honorius als die alten heerführenden Kaiser für seine Romidee zu gewinnen. Aber auch Stilicho, der germanische *Magister militum* und allmächtige Schwager des Kaisers, war der Verehrung des alten Rom zugänglich; das zeigt seine Initiative beim Mauerbau wie vor allem der großartige Rompreis seines dichtenden Schützlings Claudian in dem Panegyrikus auf seinen zweiten Konsulat.

Schien erst das innere Verhältnis zwischen dem unselbständigen Kaiser und Rom wiederhergestellt, so durften die Senatoren hoffen, auf anderem Wege als fünfzehn Jahre zuvor auch auf politischem Gebiet wieder Einfluß zu gewinnen. Als Stilicho 408 den zweiten Einfall Alarichs durch Geldzahlungen von Italien abzuwenden und gegen den

---

8) CIL. VI 1188–1190.

Usurpator Konstantin nach Gallien zu lenken versuchte, beriet man die Lage des Staates im Senat. Schon einmal hatte der auf Legitimität bedachte Stilicho sich an den Senat gewandt, als er 397 die Verurteilung des vom Ostkaiser geförderten Aufrührers Gildo erreichen wollte. Jetzt wurde das Geld der reichen Aristokraten gebraucht, und damit traf man sie an der empfindlichsten Stelle. Der Senator Lampadius, ein Anhänger des alten Symmachus-Kreises, wagte es, dem Heermeister offen zu widersprechen und ihn zu beleidigen. Wenige Wochen später meuterten die römischen Truppen, und in Verbindung mit einer Palastintrige wurde Stilicho gestürzt. Man darf ein Zusammenwirken des Senats mit der germanenfeindlichen Partei am Hof und im Heer vermuten. Gemeinsam zogen sie den Kaiser auf ihre Seite, um Stilicho zu stürzen, der ihnen als Barbar und strenger Christ verhaßt war. Dem Heermeister nützte nicht seine Romverehrung,[9] nicht sein Versuch, den Kaiser zum Bleiben in Rom zu bewegen. Die jetzt auch am Geldbeutel gepackten Senatoren und die auf neue Posten spekulierenden Hofleute setzten sich durch. Honorius glaubte, sich des beherrschenden Mannes entledigen zu sollen, und ließ ihn hinrichten.

Die Folgen waren freilich niederschmetternd gerade für Rom. Die Sieger waren uneinig, zum Heidentum tendierende Senatoren und orthodoxe Hofleute wechselten in der Regierung, Honorius faßte keine klaren Entschlüsse; niemand war zur Verteidigung des Landes fähig, nachdem die meisten der germanischen Truppenteile zum Feind übergegangen waren. Dreimal griff Alarich Rom an, ohnmächtig mußte der in Ravenna verschanzte Kaiser zusehen, wie aus der über seinen Wankelmut erbitterten Senatspartei ein Gegenkaiser von Alarichs Gnaden aufgestellt und wieder fallen gelassen wurde.[10] Schließlich zog der Westgotenkönig als Eroberer in Rom ein. Die Erhebung der römischen Nationalpartei gegen die Germanen, das Schwanken des Kaisers zwischen Reichspolitik und Senatspolitik hatten zum Fall der Stadt geführt. Fortan sollte sie noch mehrmals das Schicksal der Eroberung erleiden.

Sehen wir den dramatischen Verlauf dieser Jahre im Zusammenhang der Entwicklung, so zeigt sich, daß die großen Entscheidungen über das Geschick Roms nicht zwangsläufig verliefen und doch auch nicht isoliert verstanden werden können. Die alten römischen Familien, die das Reich aufgebaut hatten, waren längst zugrunde gegangen. Aber es gab eine neue Senatorenschicht in Rom, die ihre aristokratisch-republikanischen Traditionen hochhielt. Weder Symmachus noch Nikomachus oder einer ihrer Freunde konnte sich mit Recht alter Herkunft rühmen; aber Rom zog immer neue Männer in seinen Bann, und trotz niedriger, vielleicht barbarischer Abstammung fühlten sie sich schnell ganz als Römer und neigten zu kühnen Behauptungen über ihre altadligen Ahnen. Der Senatorenstand war durch die Verleihung senatorischen Ranges an eine große Zahl hoher Staatsbeamter in allen

---

9) Vgl. auch O. SEECK, Geschichte des Untergangs der antiken Welt V, Berlin 1913, 289 f. über römische Volksjustiz unter Stilicho.

10) Lampadius, der einstige Gegner Stilichos, wurde *Praefectus praetorio* der von Alarich abhängigen Regierung.

Provinzen erweitert; doch nur die in Italien begüterten und in Rom residierenden Herren trugen die Tradition der politischen Romidee. Seit Kaiser Gallienus sie bei seiner Heeresreform von jedem militärischen Dienst ausgeschlossen hatte, widmeten sie sich mit besonderem Eifer der Pflege klassischer Literatur[11] und alter Kulte – sie fühlten sich als die Hüter des wahren Römertums im Gegensatz zu den Kaisern und zum Heer. Das vierte Jahrhundert erlebte eine späte Blüte römischer Dichtung und Geschichtsschreibung, und der Eindruck, den die Stadt machte, ist gerade darum hoch einzuschätzen, weil der größte Preis Roms aus dem Munde im Orient oder in Gallien Geborener kam: wir denken an Ammianus Marcellinus, Claudius Claudianus und Rutilius Namatianus.[12]

Eine allgemein anerkannte Bedeutung für das gesamte Reich hatte Rom noch als Zentrum des Staatskultes, lange nachdem seine politisch ausschlaggebende Rolle ausgespielt war. Der spätantike Synkretismus machte die Vereinigung der verschiedenen Religionen aller Reichsvölker mit der Verehrung der kapitolinischen Götter möglich. Nach Rom brachte der zum Kaiser gewordene syrische Sonnenpriester Eleagabal seinen Kultstein, im neu ummauerten Rom fand der Sonnendienst Aurelians seinen Mittelpunkt, in Rom beging der Afrikaner Severus die Säkularfeier und der Araber Philippus das Jahrtausendfest, in Rom wurden Triumphe und Jubiläen der Kaiser gefeiert, die ihren Höhepunkt im Opfer für die Staatsgötter hatten. Deren Verehrung sahen die Senatoren als eine ihrer wichtigsten Aufgaben an. Ihr neuplatonisches Heidentum bildete das geistige Fundament eines eifrigen Kultes der alten Gottheiten, die das Reich geschaffen hatten und erhielten. Zugleich wahrten sie damit die letzte noch verbliebene Position als Reichszentrum.

Ganz anders als die Romidee der Senatoren sah der Reichsgedanke der großen Kaiser von Aurelian bis Konstantin aus. Sie bauten das Römische Reich nach den entsetzlichen Wirren des dritten Jahrhunderts neu auf. Ihre Heimat waren die Provinzen, ihr Lebensbereich das Heer, ihr Ziel die Wiederherstellung des Reiches, nicht die Errichtung einer Herrschaft der Stadt. Wie alle Gemeinden und Provinzen gerieten auch Italien und Rom jetzt in das Netz einer bürokratischen Verwaltung, die jeden Eigenwillen lähmte und doch das Reich zusammenhielt. Selbst Diokletian, der in seiner Religions- und Sittengesetzgebung so bewußt römisch dachte, blieb der Idee einer Stadtherrschaft, dem aristokratischen Selbstbewußtsein der Senatoren und ihrer literarisch fundierten Bildung innerlich fremd. Die Reform des Reiches wurde ohne Rom durchgeführt, und die Hauptstadtfrage blieb ungelöst. Nikomedien und Sirmium, Mailand und Trier waren die bevorzugten Aufenthaltsorte der Kaiser; meist aber marschierten die Herrscher als Heerführer an der Spitze ihrer Truppen in die gefährdeten Provinzen und führten die zentralen Behörden mit sich. Konstantin vollzog eine Wendung gegen Rom. Die nach ihm selbst benannte Stadt wurde zwar keine Kaiserresidenz, aber sie sollte ein »neues Rom« sein und wurde mit allen

---

11) F. ALTHEIM, Literatur und Gesellschaft im ausgehenden Altertum II, Halle 1950, 244 ff.
12) Vgl. die glänzende Schilderung von F. KLINGNER, Vom Geistesleben im Rom des ausgehenden Altertums, in seiner Sammlung: Römische Geisteswelt, Leipzig 1943, 338–394.

Privilegien des alten ausgestattet. Die Stellung des alten Rom wurde noch tiefer als bisher erschüttert, aber das neue Rom war so wenig wie das alte ein fester Reichsmittelpunkt, solange die Kaiser Soldaten blieben und das Reich im Heer seinen Schwerpunkt hatte.

Die Gründung Konstantinopels hängt unstreitig zusammen mit Konstantins Übertritt zum Christentum. Damit war die letzte Bedeutung Roms in Frage gestellt; denn noch hatte die christliche Kirche nicht ihr Zentrum in der alten Reichsmetropole gefunden. Früher waren andere Religionen durch die Kaiser nach Rom gelangt, viel verdankte das Christentum seiner Verbindung mit dem Reich seit Konstantin; aber die allmähliche Zentralisierung der abendländischen Kirche unter den römischen Bischöfen vollzog sich ohne wesentliche Mitwirkung des Staates. Für die heidnischen Senatoren brach jetzt ein entscheidender Kampf um die letzte Position Roms an. Konstantin war nach seinem Sieg am Ponte Molle im Triumph in Rom eingezogen; aber das hergebrachte Opfer auf dem Kapitol scheint er unterlassen zu haben.[13] Nur zweimal noch, zu seinen Dezennalien und Vizennalien, kam er nach Rom; doch die traditionellen Feiern, die noch manche seiner Nachfolger in Rom begingen, hatten unter christlichen Kaisern einen wesentlichen Teil ihres alten Sinnes eingebüßt. Noch im fünften Jahrhundert warf man Konstantin vor, durch die Unterlassung der im Jahre 313 fälligen Säkularfeier habe er den Niedergang des Reiches verschuldet.[14]

Durch das ganze vierte Jahrhundert setzte sich der Konflikt zwischen den christlichen Kaisern und der heidnischen Senatsaristokratie fort.[15] Die Sonderstellung der Senatoren im Strafrecht und die kaiserliche Sittengesetzgebung, die wirtschaftliche Begünstigung der städtischen Plebs seitens der Kaiser und die fiskalischen Lasten des Senats waren die Hauptgegenstände der Auseinandersetzung; doch der religiöse Streit überschattete sie alle. Zu dessen Symbol wurden Altar und Statue der Viktoria im Senatssaal. Konstantius II. entfernte sie zuerst; nach wechselvollem Geschick konnte die Statue als Kunstwerk von Honorius wiederhergestellt werden: sie war ungefährlich geworden, das Christentum hatte gesiegt. Die Wortführer des Senats in diesem Konflikt waren Symmachus und Nikomachus Flavianus, dieselben Männer, die an der Seite des Eugenius die alte Stellung Roms und des Heidentums im Krieg mit dem legitimen Kaiser zu erneuern hofften. Nach der Niederlage am Frigidus schien Roms Schicksal endgültig besiegelt. Nicht an einen fremden Staat, sondern an das von ihm selbst geschaffene und nun christlich gewordene Reich hatte es seine Macht verloren.

Der eben gestreifte Gegensatz zwischen Aristokratie und Plebs verlangt einen Blick auf

13) J. Straub, Vom Herrscherideal in der Spätantike, Stuttgart 1939, 98 u. 194; J. Vogt, Zs. f. Kircheng. 61, 1942, 174; anders A. Alföldi, The Conversion of Constantine and Pagan Rome, Oxford 1948, 62; vgl. zuletzt J. Straub, Gnomon 24, 1952, 118.
14) Zosim. II 7,2.
15) Vgl. A. Alföldi, Conversion, und ders., A Conflict of Ideas in the Later Roman Empire, Oxford 1952.

die wirtschaftliche Lage Roms, über die die Quellen leider wenig aussagen.[16] Die Stadt hatte wohl immer noch mehr als eine halbe Million Einwohner,[17] unter denen die Senatoren nur eine ganz dünne Oberschicht bildeten. Deren Reichtum und Einfluß gründete sich auf den Besitz über ganz Italien verstreuter riesiger Latifundien.[18] Obwohl sie über unermeßliche Vermögen verfügten, beschränkte sich ihre Leistung für die Stadt auf die mit viel Aufwand betriebene Ausrüstung der traditionellen Spiele, die sie als Inhaber der städtischen Ehrenämter gaben. Eine irgendwie nennenswerte Industrie, die die Bevölkerung Roms ernährt hätte, war nicht vorhanden. Das zahlreiche Proletariat lebte seit Jahrhunderten von den staatlichen Verteilungen der wichtigsten Lebensmittel. Dadurch gewannen kaiserliche Vertrauensleute, insbesondere der *Praefectus annonae*, beherrschende Macht in der Stadt, auch wenn die Stadtpräfektur, wie meist, von Angehörigen der senatorischen Familien bekleidet wurde. Die kaiserliche Gesetzgebung organisierte die Handwerker, vor allem des Nahrungsmittelgewerbes, in Zwangszünften. So wurde die Plebs als Gegengewicht zum Senat vom Kaiser gefördert; bei Hungersnöten entlud sich eher der Haß gegen die Aristokratie als eine Unzufriedenheit gegen den Staat, so zum Beispiel im Winter 397/398 zur Zeit des Krieges gegen Gildo, als Symmachus und seine Freunde vor der Plebs aus Rom fliehen mußten.

Die Voraussetzung für die Annäherung des Honorius an Rom war seine unmilitärische Art. Seit 395 gab es wieder feste Residenzen ziviler Herrscher. Konstantinopel blieb jetzt im Osten für über tausend Jahre Kaiserstadt. Im Westen wurde Mailand schon 402 von Ravenna abgelöst; aber Rom erholte sich überraschend schnell und konnte bald noch einmal in den Wettbewerb eintreten. Öfter und länger als irgendein Kaiser seit der Reichsreform weilte Honorius dort. Selbst die Eroberungen von 410 und 455 warfen Rom nur vorübergehend nieder. Die Kaiser konnten nach Ravenna ausweichen, die auf dem Lande begüterten Senatoren wurden durch Roms Fall nicht entscheidend getroffen. Unter Galla Placidia war die Stellung Ravennas als Residenz unbestritten; aber seit dem Wandalenfrieden von 442 nahm Valentinian III. seinen Sitz in Rom. Nach seiner Ermordung (455) wechselten sich Rom und Ravenna als Residenzen ab. Das verarmte, auf Italien und Teile Galliens beschränkte Kaisertum wurde in dieser Zeit wie nie zuvor von den reichen Senatoren abhängig;[19] die beherrschende Rolle im Reich aber war den Heermeistern zugefallen, dem Römer Aëtius und seinen germanischen Nachfolgern Rikimer und Gundobad, bis Odowakar den letzten Kaiser des Westens absetzte und in dem festen

---

16) Hauptquelle sind die Symmachusbriefe. Zum Folgenden vgl. ferner ALFÖLDI, Conflict 56 f., 60 ff. und W. HARTKE, Römische Kinderkaiser, Berlin 1951, 277–286.

17) A. v. GERKAN, Die Einwohnerzahl Roms in der Kaiserzeit (Röm. Mitt. 55, 1940, 149–195) errechnet, vor allem auf Grund archäologischer Quellen, 700 000 Einwohner. Auf die Schwankungen im Laufe der Jahrhunderte geht er nicht ein. Die ältere Literatur, die durchweg höhere Zahlen angibt, ist dort zitiert.

18) Vgl. J. SUNDWALL, Weström. Studien, Berlin 1915, 153–161.

19) Vgl. E. STEIN, Geschichte des spätrömischen Reiches I, Wien 1928, 504 ff., 555 f.

Ravenna sein Hauptquartier als König aufschlug. Nie hatte der römische Adel seine Versuche aufgegeben, das historische Recht Roms als Ursprung des Imperiums und damit als Haupt des abendländischen Erdkreises in eine politische Wirklichkeit zu verwandeln. Jetzt zwang Odowakar die Senatoren zu dem bitteren Weg nach Konstantinopel, wo sie Kaiser Zenon erklären mußten, sie brauchten keinen besonderen Kaiser in Italien mehr, weil der germanische Heerführer sie beschütze.[20]

Unter den Ostgotenkönigen und den byzantinischen Exarchen behielt Ravenna seine Stellung als stärkste Festung und Sitz der Regierung für Italien. Die Unregelmäßigkeit und später die völlige Einstellung der Lebensmittelverteilungen, vor allem die furchtbaren Gotenkriege, in denen Rom durch langwierige Belagerungen zermürbt und fünfmal erobert wurde, führten zur Entvölkerung der Stadt. Die einstige Mutter des Imperiums wurde zur Provinzstadt des Reiches der »Römer« von Byzanz.

Nach alledem mag es scheinen, als habe das Leben Roms allein aus der Vergangenheit heraus nur sich selbst gerichtet. Doch bleibt eine dauernde Leistung. Nicht nur, daß große Schätze der antiken Literatur allein durch das Studium in dieser Zeit auf uns gekommen sind. Auch der Eingang römischen Wesens in das abendländische Christentum wäre ohne diese bewußte Traditionspflege nicht möglich gewesen. Deutlich zeigen des Prudentius' Verse auf Rom die Vereinigung, die sich vollzog. Aber auch bei Ambrosius und Augustin, den großen Gegenspielern der heidnischen Reaktion, finden wir römische Züge, die ohne die Neubelebung des alten Roms nicht denkbar wären. In Cassiodor und Boëthius vereinten sich römisches Aristokratentum und christliches Denken. Ihnen folgend hat das ganze christliche Mittelalter römisches Wesen übernommen.

In den gleichen Jahren, von denen wir ausgingen, kündete sich, für die Zeitgenossen noch kaum bemerkbar, eine neue Macht an. Sie sollte allmählich ein anderes Rom schaffen und dem Begriff »Rom« in aller Welt und für alle Zeiten einen neuen Inhalt geben, zugleich aber mit vielem anderen Erbgut des alten Imperiums die Spannung zur Stadt Rom übernehmen. In der christlichen Kirche des Abendlandes war damals Bischof Ambrosius von Mailand (374–397) die hervorragendste Gestalt. Zum ersten Male war ein Glied des hohen Beamtenadels in den Dienst der Kirche getreten und vom Provinzstatthalter zum Bischof der von den Kaisern bevorzugten Stadt geworden; er zeigte in bisher unbekannter Weise den Herrschern die Konsequenzen ihres christlichen Glaubens für das politische Handeln. Weniger wichtig für den Augenblick, doch um so nachhaltiger in ihrer Fortwirkung waren die Dekretalen des Papstes Siricius (384–399): ein Bischof von Rom schrieb, wie keiner vor ihm, an seine Amtsbrüder Briefe im Stil kaiserlicher Erlasse und beanspruchte mit der »Sorge um alle Gemeinden« (nach 2. Kor. 11, 28) ein verbindliches Gesetzgebungsrecht über die abendländischen Kirchen. Er schlug damit den von Damasus (366–384) in Auseinandersetzung mit Gegenpapst und Staat vorbereiteten Weg ein, und

---

20) Malchus frg. 10, FHG IV 119; dazu J. SUNDWALL, Abhlg. zur Geschichte d. ausgeh. Römertums, Helsingfors 1919, 181 ff.

Innozenz I. (402–417) schritt eben in der schwersten Zeit Roms auf der Bahn der Vorgänger kräftig fort. Seine Briefe bilden den wichtigsten Inhalt der ältesten Dekretalensammlungen und dienten jahrhundertelang als Quelle für die Formulierungen päpstlicher Ansprüche.[21]

Rom hatte zuerst seine politische Macht an das eigene Imperium verloren und war nur Zentrum des Reichskultes geblieben. Auch diese Stellung wurde ihm genommen, als die traditionsbewußten Senatoren sich nicht auf den neuen Glauben einstellten. Eine neue Schicht ohne wesentliche Beziehung zu Stadtadel und Kaisertum, der römische Klerus, begründete jetzt die kirchliche Herrschaft Roms. In enger Verbindung mit ihr sollte vierhundert Jahre später auch das Reich im Westen erneuert werden.

Die Wirren der Völkerwanderung, die Kriege zwischen Germanen, Byzantinern und Arabern, brachten die Stadtkultur der Mittelmeerländer an den Rand des Abgrundes. Zwar erhielten sich die Städte Italiens besser als die anderen Teile des Abendlandes, und die germanischen Eroberer gewöhnten sich hier eher als irgendwo sonst an das Leben in großen geschlossenen Siedlungen. Aber jahrhundertelang gab es nichts, was dem antiken Städtewesen zu vergleichen wäre. Große Ruinen des Altertums bargen eine geringe Bevölkerung, und nirgends war der Gegensatz zwischen den noch im Verfall großartigen Zeugen der Vergangenheit und dem gegenwärtigen Leben schärfer als in Rom.

Seit dem zehnten Jahrhundert begann sich in ganz Europa ein allmählicher Aufschwung zu regen. Normannen und Ungarn fügten sich langsam in die seßhafte Lebensweise, die kirchliche Reformbewegung erzog die verwilderte Geistlichkeit und den zuchtlosen Adel, die Rodung und Aufsiedlung Mitteleuropas machte rasche Fortschritte, und seit dem zwölften Jahrhundert drängte der Bevölkerungsüberschuß in die unentwickelten Gebiete des Ostens. Wo die Möglichkeit zur Erschließung neuer Räume fehlte, führte das engere Zusammenleben der Menschen zur Ausbildung höherer sozialer Formen. In Nordfrankreich, am Rhein und in Flandern, in Spanien und im Languedoc entstanden, teils mehr, teils weniger an die Reste des Altertums anknüpfend, neue Städte und ein neues Bürgertum, das in unaufhaltsamer Entwicklung aufwärtsstrebte.

Am kräftigsten und zukunftsreichsten war die städtische Bewegung in Italien, wo die Kontinuität der Siedlungen am lebendigsten geblieben war. Im scharfen Kampf mit dem Stadtherrn oder in allmählicher Ausweitung ihrer Rechte gewannen bürgerliche Verbände die Regierung ihrer Städte, verdrängten die beherrschende Macht feudaler Bischöfe und zwangen den in den Städten sitzenden Landadel zur Einordnung in das comunale Leben oder zur Beschränkung auf rein ländliche Gebiete. Immer weitere Schichten des Volkes stiegen in der städtischen Wirtschaft, in Handel und Industrie auf und suchten Beteiligung an der politischen Macht.

In Kaisertum und Papsttum hatte das alte Imperium zwei verschiedene Erben der

---

21) Vgl. E. CASPAR, Gesch. d. Papsttums I, Tübingen 1930, 261 ff., 296 ff.

universalen Gewalt im Abendland. Beide waren vielfältig mit dem Wandlungsprozeß verflochten, ohne seine eigentlichen Träger zu sein. Rom blieb der ideelle Ausgangspunkt der einen und der tatsächliche Sitz der anderen Macht. Nicht die Bedeutung der oft besprochenen Romidee, sondern die eigenartige Stellung der Stadt selbst soll uns, wieder in Anknüpfung an eine einzelne Episode, die Revolution gegen Papst Gregor IX., hier beschäftigen.

Im Sommer 1233 war ein längerer Konflikt zwischen Rom und dem Papst beigelegt worden. Gregor hatte den Römern die von ihnen beanspruchten Rechte über Viterbo teilweise zugestanden.[22] Doch schon im Mai des nächsten Jahres brach eine Revolution in der Stadt aus, die alle Erhebungen der letzten Jahrzehnte an Kraft und Geschlossenheit des Willens der Römer übertraf. Der Anlaß ist offenbar nicht, wie Roger von Wendover meint,[23] der Anspruch der Römer gewesen, von keinem Papst exkommuniziert oder mit dem Interdikt belegt werden zu dürfen. Dieser Punkt paßt vielmehr in einen Zusammenhang mit den papstfeindlichen Schritten einer späteren Phase des Konfliktes. Wie bei allen Differenzen zwischen der Stadt und der Kurie ging es auch jetzt zunächst um die Herrschaft im römischen Dukat. Der Senator des Jahres, Luca Savelli, sandte Beamte in die Städte des römischen Tuskien, der Campagna, Sabina und Marittima. In Velletri und Viterbo, Corneto und Anagni, in Sutri, Toscanella und an anderen Orten forderten sie den Treueid für die Stadt Rom, Steuerzahlungen und Anerkennung der Gerichtshoheit des Kapitols. Gregor IX. verließ Rom; er begab sich nach Rieti und später nach Perugia. Alle ihm zur Verfügung stehenden Mittel setzte er ein, um die Rebellen niederzuringen, und seine umfassenden Maßnahmen zeigen, wie ernst er den Kampf nahm.[24] Am 1. Juli 1234 befahl er der französischen Geistlichkeit, alle Zahlungen an römische Kirchen und Bankhäuser zu suspendieren. Zwei Tage darauf wurden die Lombarden angehalten, den Durchzug kaiserlicher Truppen aus Deutschland zu gestatten, die bei der militärischen Bekämpfung der Römer helfen sollten. Um dieselbe Zeit verfielen Luca Savelli und andere führende Römer der Exkommunikation. Wenig später erhielten die Tuskier Befehl, sich dem Kardinal Rainer Capocci aus Viterbo, der zusammen mit dem Pfalzgrafen Wilhelm von Tuskien die Verteidigung des Patrimoniums leitete, zu unterstellen. Inzwischen waren die Römer nicht untätig geblieben. Grenzsteine mit »neuartigen Inschriften« – wohl dem uralten Symbol S. P. Q. R. – bezeichneten das von ihnen beanspruchte Gebiet. In Montalto (nordöstlich von Corneto) errichteten sie einen Turm und legten eine starke Besatzung hinein. Der Klerus Roms und die Angehörigen des päpstlichen Hofes wurden der städtischen Gerichtsbarkeit und Besteuerung unterworfen, Kardinal Rainer geächtet. Volkshaufen in der Stadt plünderten den Lateran und die Kardinalspaläste, während ein

---

22) Zum Folgenden ist – mit Vorbehalt – zu vergleichen: W. Gross, Die Revolutionen in der Stadt Rom 1219–1254 (Eberings Hist. Studien 252), Berlin 1934, bes. S. 28–34.
23) MGH. SS. XXVIII 69 f.
24) Les registres de Grégoire IX, ed. L. Auvray, nr. 1991, 2001, 2021, 2037, 2146, 2147, 2224–2256, 2259–2280, 2304, 2305, 2341, 2342, 2344–2373, 2454–2464.

Volksbeschluß den Papst aus Rom verbannte, bis er der Stadt alle Kriegsschäden ersetzt habe. Vorläufig verlieh der Senator den betroffenen Römern die Einkünfte der suburbikarischen Bistümer. Vielleicht fällt ein Teil der zuletzt genannten Ereignisse schon in die Zeit nach der Schlacht bei Viterbo. Dort hatten im Oktober päpstliche Truppen, vereint mit kaiserlichen, die Römer zurückgeschlagen. Friedrich II. selbst hatte sich zwar bei Beginn des Aufstandes nach Rieti begeben, um dem Papst seine Hilfe anzutragen, war aber schon vor der Schlacht in sein sizilianisches Reich zurückgekehrt.

Die Niederlage bei Viterbo machte den Widerstand Roms noch erbitterter. Gregor forderte jetzt alle geistlichen und weltlichen Fürsten und viele Herren des Reiches, im Dezember auch die französischen Bischöfe und die christlichen Fürsten der Pyrenäenhalbinsel, zur Stellung von Hilfstruppen auf. Das halbe Abendland sollte gegen eine Stadt kämpfen; nur an den französischen Adel, den traditionellen Träger der Kreuzzugsbewegung, ging gleichzeitig ein Appell zur Befreiung des Heiligen Landes.

Es kann nicht wundernehmen, daß Rom diesem Kampf nicht gewachsen war. Allein Siena scheint eine den Aufständischen freundliche Haltung eingenommen zu haben. Ebensowenig wie der Ausbruch der Revolution ist der Verlauf ihrer Niederlage bekannt. Nur die Akten über die Friedensverhandlungen und -bedingungen sind erhalten.[25] Im April und Mai 1235 mußten sich die Römer, jetzt unter dem Senator Angelo Malabranca, allen päpstlichen Forderungen fügen: Räumung Montaltos, Lösung aller Bewohner des Dukats vom Treueid für Rom, Beseitigung der Grenzsteine, Herausgabe des konfiszierten Kirchengutes, Ersatz aller durch die Plünderung entstandenen Schäden, Erneuerung der kirchlichen Gerichtsbarkeit über Geistliche und Pilger sowie der Steuerfreiheit des Klerus. Die Stadt wurde zu ewigem Frieden mit allen Bewohnern des Patrimoniums verpflichtet. Der Senator und alle Beamten mußten den Vertrag beschwören; fortan sollten ihre Nachfolger beim Amtsantritt den Eid wiederholen. Im Mai wurde die Unterwerfung ratifiziert, aber erst im August hob der Papst seine Sanktionen auf. Die Exkommunizierten erhielten Gelegenheit zur Buße, die Geiseln und die im Patrimonium beschlagnahmten Besitzungen der Römer wurden freigegeben, und endlich konnten auch die Zahlungen fremder Schuldner, die über ein Jahr von der Kurie beschlagnahmt worden waren, wieder nach Rom gelangen.

Um die Geschichte des mittelalterlichen Rom besser zu verstehen, muß man versuchen, sich ein Bild dieser ungewöhnlichen Stadt zu machen. Denn nicht erst seit der Renaissance werden die Menschen von ihr gepackt, schon aus dem Mittelalter sind die staunenden und bewundernden Berichte zahlloser Romfahrer überliefert, und nicht umsonst verbreiteten sich seit dem zwölften Jahrhundert die Beschreibungen der »Wunder Roms« in immer neuen Fassungen und vielen Sprachen über die Länder Europas, deren Pilger in die Ewige

---

25) Gedruckt teils in MGH. Epp. saec. XIII vol. I nr. 636, teils in registres de Grégoire IX nr. 3018–3044; die Akten des Senats auch im Codice diplomatico del Senato romano dal 1144 al 1347, vol. I. ed. F. BERTOLINI (Fonti per la storia d'Italia 87), Rom 1948, nr. 78–86.

Stadt zogen.[26] Vor allem aber war das Stadtbild nicht nur der Schauplatz des Geschehens, sondern auch ein ständig wirksamer Impuls auf das politische Denken und Handeln der Römer, wenn dies auch für den Historiker selten so deutlich greifbar wird, wie in der Senatsurkunde von 1162, die der Äbtissin des Cyriacus-Klosters den Besitz der Traianssäule bestätigt, »*salvo honore publico urbis, ... ut est ad honorem ipsius ecclesiae et totius populi Romani, integra et incorrupta permaneat, dum mundus durat, sic eius stante figura*«,[27] oder in der Auffindung der lex de imperio Vespasians auf einer Bronzetafel durch Cola di Rienzo.[28]

Die etwa 19 km lange Mauer Aurelians umschloß einen Raum von fast 14 qkm; Leo IV. hatte durch die Befestigung des vatikanischen Borgo gegen die Sarazenengefahr diesen Bezirk noch erweitert. Aber der Ring der über 300 Mauertürme schützte nicht nur die dichtbesiedelte Tiberniederung, sondern auch die fast menschenleeren Regionen Monti, Campitelli und Ripa im Osten und Süden der Stadt, wo Rinder und Ziegen zwischen den Trümmern des Altertums weideten. Nur etwa 30000 Bewohner, d. h. kaum 5% der antiken Anzahl, hatte Rom zur Zeit des großen Schismas, wenn man den vorsichtigen Schätzungen Belochs folgen darf;[29] man wird für das 13. Jahrhundert keinesfalls höher zu gehen haben. Wie in anderen Städten Italiens wurden die niedrigen Häuser des Volkes überragt von festen Türmen der Adelsfamilien, die die Regionen beherrschten und sich untereinander befehdeten. Päpste und Volksregierungen ließen vergeblich die Befestigungen zerstören – allein 1257 soll Brancaleone 140 Türme niedergelegt haben[30] –, die Ruinen des Altertums boten reichliches Material für schnellen Aufbau, und Kalköfen verwandelten den alten Marmor in frischen Mörtel.[31] Größer als irgendwo sonst war in Rom die Zahl der Kirchen und der Heiligtümer, die sie bargen. 414 Gotteshäuser, dazu 46 Klöster, zählte man zur Zeit Johanns XXII., ein nicht geringer Teil von ihnen war damals freilich verfallen.[32] Was aber das eigentümliche Bild Roms ausmachte, war die allgemeine Ausnutzung antiker Bauwerke und Ruinen für Türme und Kirchen. Kein altes Mauerwerk, das noch einigermaßen stabil war, blieb ungenutzt. In oftmals bizarr anmutenden Umbauten diente es der Gegenwart. Der Severusbogen z. B. trug auf der einen Seite den festen Turm eines Klosters, die andere gehörte einer vornehmen Familie.[33]

---

26) Die wichtigsten Zeugnisse vom 1.–12. Jh. jetzt im Codice topografico della città di Roma, Vol. I–III., ed R. VALENTINI – G. ZUCCHETTI (Fonti per la storia d'Italia 81, 88, 90), Rom 1940–1946.
27) Cod. dipl. nr. 18.
28) P. PIUR, Cola di Rienzo, Wien 1931, 34–41.
29) K. J. BELOCH, Bevölkerungsgeschichte Italiens II, Berlin 1939, 1–5.
30) Matth. Par. MGH. SS. XXVIII 382 f.
31) Schon 458 erließ Kaiser Maiorian ein Gesetz gegen die Zerstörung alter Kunstdenkmäler zu Bauzwecken: Nov. Maior. 4.
32) BELOCH 3 f.
33) Reg. Innoc. III lib. II 102, MPL. 214, 651. Stiche der Renaissancezeit, die ein Bild des mittelalterlichen Rom vermitteln, sind wiedergegeben bei L. PASTOR, Die Stadt Rom zu Ende der Renaissance, Freiburg i. Br. 1916.

Im Norden der Stadt auf Marsfeld und Quirinal saßen die Colonna, ihre Hauptburg war das Augustusmausoleum. Palatin, Forum und eine Seite des Colosseums hatten die Frangipani zu einem Festungssystem verbunden, das sich um den Titusbogen gruppierte. Auf der anderen Hälfte des flavischen Riesentheaters stand ein Turm der Annibaldi. Die Savelli waren die Herren des Südens mit dem Zentrum auf dem Aventin. Von dort hatte Otto III. das Römische Reich regieren wollen, länger war der Hügel im Besitz der Crescentier gewesen. Ob die Savelli von dieser Familie abstammen, ist unklar; da man sich viel ältere Ahnen beizulegen pflegte und die Colonna sich auf die Julier, die Frangipani auf die Anicier zurückführten, nahm Lucas Familie einen König Aventinus als Stammvater in Anspruch.[34]

Der dichteste Kranz von Türmen umzog die eng bevölkerten Viertel am Tiber vom Ponte di San Angelo bis zum Ponte Santa Maria, wo sich die Einflußzonen der verschiedenen Familien berührten. Dort steht noch heute am Hang des Quirinals die oft und heiß umstrittene Torre delle Milizie und dicht am Fluß das Marcellus-Theater, ein Pierleonikastell, in das im 14. Jahrhundert die Savelli einzogen. Die comunale Bewegung aber hatte ihr Zentrum im Kapitol. Auf diesem zur mittelalterlichen Burg ausgebauten Hügel, dem Schwerpunkt aller Traditionen, berieten die städtischen Behörden, und mit Glockenläuten und Trompetengeschmetter versammelten sie das Volk, um ihm ihre Beschlüsse zur Billigung zu unterbreiten. Auf dem Kapitolsplatz stimmten die Römer dem Friedensschluß von 1235 zu, dort beschworen die Beamten den Vertrag. An den kapitolinischen Junotempel verlegte die Legende Marias Erscheinung vor Augustus, das Symbol der Vereinigung von Römertum und Christentum; jetzt war der Tempel als S. Maria in Araceli die Hauptkirche des Comune. Sie birgt die Gebeine des Luca Savelli († 1266) in einem antiken Sarkophag mit mittelalterlicher Architektur im Cosmatenstil.[35]

Man wird kaum ermessen können, welchen Einfluß das tägliche Leben inmitten dieser Welt von tausendjährigen Bauten und Ruinen, die von römischer und christlicher Tradition und Legende umwoben waren, auf die Gemüter der Römer ausübte.

Schwerer als in anderen Städten Italiens lassen die Quellen in Rom die sozialen Kräfte erkennen, die die großen Bewegungen der Geschichte tragen. Bei dem Aufstand von 1234 haben anscheinend der Senator und die comunalen Beamten, *vestararii, iustitiarii, scriniarii* und *assectatores*, die führende Rolle gespielt. Sie waren die von der Exkommunikation Betroffenen, sie oder ihre Nachfolger mußten jeder einzeln den Frieden beschwören. Der Senat und die comunale Verwaltung war durch die Erhebung gegen die Kurie von 1143/44 entstanden. Viel später als die Städte der Lombardei und der Toskana war Rom zur Selbstverwaltung gelangt, hatte die päpstliche Regierung beiseite geschoben und den Stadtherrn zeitweise verdrängt. Kaufleute, Ackerbürger, Seefahrer und einige Handwerker

---

34) P. Brezzi, Storia di Roma X, Bologna 1947, 464 ff., 470.
35) Abbildung bei L. Salvatorelli, L'Italia comunale, Mailand o. J. (1940), 526.

scheinen die treibende Kraft gewesen zu sein, unterstützt wurden sie durch die häretische Bewegung Arnolds von Brescia und seiner Anhänger. Seit dieser Zeit regierte ein neuer Senat aus Bürgern die Stadt;[36) fortan blieb der Senatortitel als Verkörperung der antiken Tradition allen Herren Roms, ob es ein Bürgerausschuß ähnlich den lombardischen Konsuln war oder ein adliger Herr, der Papst oder gar ein König. 1188, fünf Jahre nach der endgültigen Behauptung der lombardischen Comunen in Konstanz, hatte Clemens III. das Bestätigungsrecht für die Senatoren gewonnen; schon unter Coelestin III. traten 1193/94 erstmalig einzelne adlige Senatoren, in jährlichem Wechsel, an die Stelle des 56köpfigen Bürgersenats.[37) Die wilden Adelsfehden, die Rom nun erschütterten, versuchte man zuerst 1201, regelmäßig seit 1237/38, durch die Ernennung von zwei Senatoren, je einem aus den beiden sich ständig umbildenden Familienparteien, zu verhindern.

War der Senat in die Hände des Adels geraten, so hatten doch die Bürger nicht allen Einfluß verloren. Sie wählten, wenigstens der Form nach, die Senatoren und stellten die anscheinend jährlich mit ihnen wechselnden Beamten. Die Kreise des Bürgertums, auf denen die Wirtschaft der Stadt beruhte und aus denen das Beamtentum hervorging, scheinen sich 1234 vor allem aufgelehnt zu haben. Sie verlangten nach Einordnung der zahlreichen Geistlichkeit in das städtische Gerichts- und Steuersystem, wie andere Comunen sie längst erreicht hatten. Die in Rom stärker als irgendwo sonst ausgeprägte Sonderstellung der Geistlichen mußte dem auf Selbständigkeit gerichteten Bürgersinn ein Ärgernis sein. Die Römer strebten zugleich nach der Unterwerfung Latiums unter ihre Botmäßigkeit; wie Mailand und Verona, Genua und Siena wollte Rom sein Territorium haben. Mehr als an anderen Orten war dieser Wunsch in Rom von Tradition belastet. Seit dem Untergang der byzantinischen Herrschaft in Italien hatten die Römer unter Führung ihres Adels die Nachbarstädte im alten Dukat bekriegt. Der Anlaß zur comunalen Revolution von 1143/44 war der Schutz gewesen, den Innozenz II. dem kleinen Tivoli gegen Rom gewährte. In blinder Wut hatten die Römer 1188 dem Papste die wichtigsten ihrer Errungenschaften geopfert, damit er ihnen Tuskulum preisgab. Nun ging es vor allem um Viterbo. Alle diese Städte erkannten aber lieber die päpstliche Oberherrschaft an als die Tyrannei des Kapitols.

Wenn die Römer schon in den lokalen Kämpfen aus traditionsgebundener Leidenschaft ihre eigensten Interessen übersahen, so mußte die Aufnahme universaler Ideen geradezu verhängnisvoll wirken. Papsttum und Kaisertum, die großen Universalmächte, waren nach ihrer Herkunft und ihrem Wesen an die Tradition gebunden. Jede comunale Bewegung aber stand im Zeichen konkreter Aufgaben der Gegenwart: selbständige Verwaltung der städtischen Angelegenheiten mit dem Ziel wirtschaftlicher und politischer Macht war ihre

---

36) Das umstrittene und verwickelte Problem der Kontinuität des alten Senats kann hier nicht erörtert werden. Brezzi (S. 529 ff.) schränkt die übertriebenen und einseitigen Behauptungen A. Solmis (Il Senato Romano nell'alto Medio Evo, Rom 1944) von der ununterbrochenen Dauer des alten Senats bis 1143 ein. Weitere Lit. bei Brezzi, S. 535 und 553 f.

37) Zuletzt regierte 1203/04 ein Bürgersenat.

Losung. Anders in Rom: kaum hatte sich der Senat konstituiert, da erhob er gegen Konrad III. Anspruch auf die Kaiserwahl und -krönung. Als Friedrich I. nach Italien zog, wurden diese Stimmen erneut laut, und so ist es bei jeder Volksbewegung in Rom geblieben, bis die phantastischen Ideen Colas di Rienzo die letzte Überspitzung der Ansprüche zur Zeit des tiefsten Niedergangs der wirklichen Stellung brachten. Die Kraft des Bürgertums wurde immer wieder auf universalistische Ziele abgelenkt, und ohne Gewinn für die Stadt machte man sich Kaiser und Päpste gleichzeitig zu Gegnern.

Hier scheint die Revolution von 1234 eine Ausnahme zu machen; denn nur die Grenzsteine mit der uralten Inschriftenformel und der Anspruch auf eine Sonderstellung im Kirchenrecht lassen den Römerstolz erkennen. Vier Jahre später sandte Kaiser Friedrich II. in guter Kenntnis der römischen Psyche den bei Cortenuova erbeuteten Fahnenwagen der Mailänder im Triumph nach Rom und nannte die Stadt in einem Manifest »*causa imperii*«: »Ursprung des Reiches« – eine treffendere Formel für das, was die Römer sein wollten, hat niemand gefunden.[38] Dennoch hatte der Kaiser nur bei einer Partei Erfolg. Zu schwer lastete sein Druck auf allem, was nach bürgerlicher Selbständigkeit strebte, zu gut erkannten die Römer den Gegensatz zwischen den selbstherrlichen Plänen des Kaisers und ihren eigenen Zielen. Vor allem aber konnten die streitenden Adelsfaktionen durch solche Ideen nicht auf die Dauer versöhnt werden.

Traditionsbewußtsein und Feindschaft gegen die Nachbarcomunen führten Adel und Bürgertum bis zu einem gewissen Grade zusammen. Die Wesensverschiedenheit beider Kräfte lag auf wirtschaftlichem und sozialem Gebiet. Wirtschaftliche Kraft hatte die Bürgerschaft der Lombardei und Toskana hoch aufsteigen lassen; wir müssen versuchen, aus den spärlichen Quellen ein Bild der wichtigsten wirtschaftlichen Bedingungen Roms zu gewinnen.

Trotz seiner zentralen Lage im fortbestehenden antiken Straßennetz war der Handel Roms geringfügig. Der Seehandel beschränkte sich im wesentlichen auf die Ostküste Italiens. Verträge zwischen dem Senat und den Städten Pisa und Genua sollten im 12. Jahrhundert seine Sicherheit gewährleisten.[39] Ihre Bestimmungen zeigen das Übergewicht der nördlichen Seestädte. Bei dem Abschluß wirkten teilweise die Konsuln der Kaufmanns- und der Seefahrerzunft mit. Neben den pisanischen und genuesischen Schiffen sind auch römische nachweisbar; doch Roms Schiffahrt konnte bei der Versandung des Tiber und dem Verfall der Häfen von Ostia und Porto keine wesentliche Bedeutung erringen. Hauptsächlich von Corneto aus exportierten römische Händler Getreide aus der Marittima nach Ligurien.[40] Die jahrhundertelang auf überseeische Nahrungsmittel ange-

---

38) Vgl. oben S. 45 mit Anm. 1. Es ist offenbar nicht allein an den Ausgangspunkt der Herrschaft Friedrichs II., sondern zugleich an den des Imperiums überhaupt gedacht.

39) Cod. dipl. nr. 11 (1151), 23 (1165), 24/25 (1166), 29 (1174), vgl. 137 (1252).

40) A. Schaube, Handelsgesch. d. roman. Völker d. Mittelmeergebiets, München/Berlin 1906, 620 f.

wiesene Stadt hatte jetzt auf eigenem Gebiet Kornüberschuß.[41] Bezeichnenderweise scheint dieser von der Kurie unabhängige Wirtschaftszweig in der Blüte des freien Comune zwischen 1144 und 1188 seinen Höhepunkt erlebt zu haben. Nur gelegentlich ist Tuchhandel nachweisbar; charakteristisch für Roms besondere Stellung ist aber die in keiner anderen Stadt Italiens wiederkehrende Bedeutung der landwirtschaftlichen Berufe. Nächst den Kaufleuten nahmen die *bobacterii*, Ackerbürger, die, wie ihr Name sagt, Viehzucht und -handel betrieben, seit dem 13. Jahrhundert die erste Stelle unter den Zünften ein.[42] Bis in die Stadt hinein hatten sie ihre Weideplätze und dienten der Verpflegung von Bürgern und Pilgern.[43]

Wichtiger für den gewinnreichen Fernverkehr war der römische Geldhandel. Die Beziehungen ganz Europas zum Heiligen Stuhl erforderten einen umfangreichen Münzwechsel, und als die Päpste in steigendem Maße zur Geldwirtschaft übergingen, erwuchs hieraus ein ausgedehntes Bankwesen. Wer seine Verhandlungen mit der Kurie durch Zahlungen unterstützen wollte, nahm Anleihen bei den römischen Bankhäusern auf. Auch die Päpste selbst ließen ihre Unternehmungen oft von ihnen finanzieren und stellten auf den Champagnemessen zahlbare Wechsel aus. Viele deutsche Prälaten, auch Engländer, vor allem aber die Franzosen, waren an diesem Geschäft beteiligt. Ein beschränkter Warenhandel folgte den Wegen des Bankiers. Die ersten Jahrzehnte des 13. Jahrhunderts brachten die höchste Blüte der römischen Bankverbindungen mit Frankreich und Deutschland. Mit der Blockade Gregors IX. von 1234/35 setzte der Umschwung ein. Fortan zogen die Florentiner das Geschäft an sich, und es geriet ganz in ihre Hand, als die Kurie 1245 nach Lyon ging.[44]

Breitere Volksschichten hatten an dem lebhaften Pilgerverkehr Gewinn. Große Herren und arme Leute, Weltliche und Geistliche zogen nach Rom, um an den Apostelgräbern zu beten und wichtige Staatsgeschäfte oder kleinere Verhandlungen mit den kurialen Behörden zu betreiben. Landwirtschaft und Nahrungsmittelhandel, Handwerk aller Art und Verkehrsgewerbe, Fremdenführer und Bettler müssen dadurch Verdienstmöglichkeit gewonnen haben. Die Quellen geben uns kaum Einblick in den Bereich dieses täglichen Kleinbetriebes, denn in großem Stil bestand nicht einmal ein Transportwesen. Unermeßlich wurde die Pilgerzahl in den Jubeljahren seit 1300, und aus der wirtschaftlichen Bedeutung versteht man das Ringen der Stadt um die Jubelerlasse zu 1350, 1390 und 1400.

41) Als seit dem 14. Jh. die Campagna immer mehr verödete, wurde der Nahrungsmittelexport verboten: Statuti della città di Roma del sec. XIV (ed. C. Re, Rom 1880) lib. II art. 123–29.

42) Einzelheiten, vor allem für die spätere Zeit, bei E. Rodocanachi, Les corporations ouvrières à Rome I, Paris 1894, 3 ff.

43) Nur am Rande sei auf die wiederholt auftauchende Ausfuhr antiker Kunstwerke hingewiesen. Der Senat verbot sie zuweilen, nutzte sie dann aber wieder als Zollquelle aus. Vgl. P. Fedele im Arch. della Soc. Rom. di stor. Patr. 32, 1909, 465–470 und A. de Boüard ebda. 34, 1911, 239–245.

44) Schaube 366. Die Bemerkungen von Gross (Anm. 22) 37 f. über die Bankiers beim Frieden von 1235 sind ungenau.

Denn bei der Unsicherheit der Straßen und der Entfernung der Päpste von Rom hatte die Pilgerzahl in Normaljahren sehr abgenommen. Manche der Pilger blieben in Rom, als Handwerker, geistliche oder weltliche Beamte der Kurie. So entstanden Fremdenkolonien aus allen europäischen Nationen. Ihr Ursprung geht teilweise ins hohe Mittelalter zurück; größere Bedeutung erlangten sie aber erst nach der endgültigen Rückkehr der Päpste 1420.

An der Spitze der Stadt stand seit dem Ausgang des 12. Jahrhunderts wieder der Adel. Honorius III. hatte seine Familie mit Kirchengut belehnt und dadurch ein neues Geschlecht in den Stadtadel eingeführt. Unter seinem Pontifikat hatte sein Neffe Luca Savelli mit den Conti, der Familie Innozenz' III., gekämpft. Jetzt stellte Luca sich dem Nachfolger seines Oheims, wieder einem Conti, entgegen. Es ist das typische Bild: keine römische Familie war grundsätzlich für oder gegen den Papst; »Guelfen« und »Ghibellinen« waren Familienparteien, deren Politik sich trotz gewisser traditioneller Bindungen an die großen Mächte in erster Linie nach den Gegebenheiten des Augenblicks richtete. Seit Jahrhunderten rangen die römischen Familien um die Stadtherrschaft; diese konnte aber nur durch den Papst, d. h. durch ein Mitglied oder einen Anhänger des Hauses auf dem Apostolischen Stuhl gehalten werden. Daher wurden auch das Papsttum und die Schlüsselstellungen in der päpstlichen Stadtverwaltung zu Kampfobjekten; seit dem 12. Jahrhundert suchte jede Familie möglichst viele ihrer Anhänger in das höchste und für die Papstwahl entscheidende Gremium der Kirche, das Kardinalskolleg, zu bringen. Da nun das Haupt der abendländischen Kirche betroffen war, wurden die Parteien zugleich in die Auseinandersetzungen aller kirchlichen Bewegungen und der großen Politik verstrickt. Das gilt für die Kämpfe zwischen den Familien Alberichs und Theophylakts im 10. Jahrhundert, zwischen Crescentiern und Tuskulanern im 11. Jahrhundert, zwischen den im Gefolge des Reformpapsttums aufgestiegenen Pierleoni und Frangipani im 12. Jahrhundert in gleicher Weise. Hatte ein Papst die Tiara mit Hilfe außerrömischer Kräfte erlangt, so suchte er die Herrschaft in Rom und im Patrimonium durch lehnrechtliche Bindung neuer Geschlechter an die Kurie zu sichern; wenn möglich, zog er die eigene Familie heran. Im 13. Jahrhundert waren die Päpste aus den römischen Häusern Conti, Savelli und Orsini in die Adelsfehden verwickelt, bis diese im Kampf Benedetto Gaetanis – Bonifaz' VIII. – mit den Colonna zugleich Höhepunkt und Zusammenbruch erlebten. Die zuletzt mit den Colonna verbündeten Franzosen, deren Macht an der Kurie seit dem Sturz der Staufer ständig gewachsen war und die schon mehrere Päpste gestellt hatten, entführten das Papsttum aus Rom. So bestimmten wechselnde Bündnisse der Adelsparteien und Kardinalfaktionen mit den großen Mächten, dem Papst und dem Kaiser, den Königen von Frankreich und Sizilien, die Geschichte der Stadt. Der ständige Wandel der Konstellationen gibt ihr ein verwirrendes Bild.

Der bürgerlichen Bewegung widersprach das Prinzip der Adelsfamilien. Das hinderte freilich Luca Savelli und seine adligen Freunde nicht, mit dem Bürgertum zusammen gegen Gregor IX. zu kämpfen; ja, wie so oft in der Geschichte, sind auch im mittelalterlichen Rom mehrmals ehrgeizige Adlige an die Spitze ausgesprochen demokratischer Bewegungen getreten, wie Giordano Pierleoni (1144), Angelo Capocci (1267/68) und Sciarra Colonna (1327/28).

Die Macht aller Adelshäuser gründete sich auf das flache Land, auf ihren Besitz in der Campagna, Sabina, Marittima und in Tuskien. Palestrina war der Mittelpunkt der Colonnagüter, die Savelli besaßen zahlreiche Ortschaften in den Albanerbergen und erwarben im 13. Jahrhundert andere an den Straßen nach Viterbo und Perugia.[45] Anders als in den Comunen Norditaliens blieben in Rom die großen Geschlechter dem eigentlich städtischen Wesen und besonders der Stadtwirtschaft fremd.

Wiederholte Versuche des Volkes, die Macht der Adelsfamilien zu brechen, scheiterten immer wieder rasch, unter dem Podestà-Senator Brancaleone (1252–1255 und 1257) ebenso wie unter dem Volkskapitan Jacobo di Arlotti (1312/13) und unter dem Tribun Cola di Rienzo (1347). Zu eng waren die Interessen der Geschlechter mit denen der Kurie verbunden; jede Erhebung gegen den Adel wurde auch von den Päpsten bekämpft.

Das mittelalterliche Kaisertum, der Rechtsnachfolger des alten Imperiums und größten Gegenspielers Roms, gewann immer wieder nur für kurze Zeit in kraftvollem Ansturm die ausschlaggebende Bedeutung unter den um die Stadt ringenden Kräften. Die Stadtpräfektur, einst kaiserliches Amt, löste sich vom Reich und wurde von Innozenz III. zum päpstlichen Lehen gemacht. Einmal, zur Krönung durch den Papst, kamen alle Kaiser selbst nach Rom. Wiederholten sie ihre Romfahrten, so geschah es aber meist, um den Papst unter Druck zu setzen, nicht um die unmittelbare Herrschaft über die Stadt selbst auszuüben. Diese überließen sie den Päpsten und suchten lieber die Lombardei und die Toskana zu unterwerfen. Die Römer aber dachten anders. Ihr Ruf nach dem Kaisertum, ihr Anspruch auf das Mitwirkungsrecht bei Kaiserwahl und -krönung wurde immer wieder laut. Der Staufer Manfred erkannte das Recht der Römer auf Vergebung der Krone an, als ihm kein anderer Weg mehr blieb; doch erst in der Zeit des Niedergangs der Stadt und des Kaisertums konnten die Römer für ein paar Monate die Verwirklichung ihrer Träume erleben. Die vier Syndizi und der Stadtpräfekt, an ihrer Spitze Sciarra Colonna, krönten den vom römischen Volk gewählten Kaiser Ludwig IV. (17. Januar 1328), der gemeinsam mit einem wenige Wochen später unter Zustimmung des Volkes gewählten Papst in Rom herrschen sollte.

Als Luca Savelli die Römer gegen Gregor IX. führte, standen die beiden universalen Gewalten vor ihrem entscheidenden Endkampf. Friedrich II. bot sich dem Papst freiwillig zur Niederwerfung der Römer an; war er doch grundsätzlich den italienischen Comunen feind und hoffte noch, mit Gregor IX. in Frieden auskommen zu können. Sehr aktiv war er freilich nicht in seinem Vorgehen gegen Rom; die sizilianischen Angelegenheiten waren ihm wichtiger, und bald zog ihn die Unbotmäßigkeit des eigenen Sohnes nach Deutschland. Nur vorübergehend konnten, unterstützt durch die kaiserliche Rompropaganda, seine Freunde in den folgenden Kampfjahren die Oberhand in der Stadt gewinnen; gerade

---

45) Über die Besitzgeschichte aller Ortschaften des Dukats vgl. G. SILVESTRELLI, Città, castelli e terre della regione romana, 2 Bände, 2. Aufl., Rom 1940.

der selbstherrlichste aller Senatoren aus römischem Adel, Matteo Rosso Orsini, stellte sich dem Kaiser entgegen.

Friedrich war zugleich Herr des süditalienischen Reiches, das den Römern, meist im Bunde mit der Kurie, oft zu schaffen gemacht hat. Die normannische Eroberung von 1084 hatte unersetzliche Werte zerstört und blieb unvergessen. Der Volkssenat des 12. Jahrhunderts geriet immer dann in heftigen Gegensatz zu den Päpsten, wenn diese sich enger mit dem sizilianischen Königreich verbanden. Gefährlicher wurde die Lage in der zweiten Hälfte des 13. Jahrhunderts; nachdem die franzosenfreundliche Partei im Kampf mit Manfred Karl von Anjou zum Senator erhoben hatte, begann eine Zeit, in der Rom mehrmals zur Provinzstadt des neapolitanischen Reiches zu werden drohte. Noch in den Eroberungen durch König Ladislaus (1408 und 1413) lebte diese Gefahr wieder auf.

Es bleibt noch die Macht zu nennen, die als der andere Nachfolger des Imperiums die Stadtherrschaft errungen hatte und an der sich allen Wechselfällen zum Trotz Roms Geschick entschied: das Papsttum. Seine vielfältige Verflechtung mit den anderen Kräften hat jedoch schon Veranlassung zur Anführung der wichtigsten Einzelheiten gegeben, so daß ein paar grundsätzliche Bemerkungen genügen mögen. Die Bischöfe der römischen Gemeinde hatten den im ganzen Abendland anerkannten geistlichen Supremat errungen. Es gehörte aber zum innersten Wesen des Papsttums, daß nicht nur die Apostolische Sukzession der persönlichen Träger gewahrt wurde, sondern sie auch wirklich Häupter der römischen Gemeinde waren. Darüber war sich die Mehrzahl der Päpste, wie fast die ganze abendländische Welt im klaren. Schon im Mittelalter wurde der Name »Heilige Römische Kirche«, »*Sancta Romana Ecclesia*«, oft auf die gesamte dem römischen Bischof unterstehende abendländische Kirche übertragen: ein zweites, geistliches »Reich«, das seinen Namen von der Stadt herleitete. Das weltliche Imperium gründete sich nicht mehr auf Rom, die Römische Kirche mußte, wollte sie nicht uralte Grundsätze der Episkopalverfassung aufgeben, der Stadt auf die Dauer treu bleiben. Der seit dem 5. Jahrhundert verfochtene Grundsatz, der von Christus selbst eingesetzte Nachfolger Petri dürfe von niemandem gerichtet werden, ließ sich aber nur durchführen, wenn die Päpste keinen Territorialherren über sich hatten. Schon die Konstantinische Schenkung, zugleich Programm für die Zukunft und Spiegel des Errungenen, sprach das deutlich aus: das Imperium und die Herrschaft über Rom wird dem Papst übertragen »*quoniam ubi principatus sacerdotum et christianae religionis caput ab imperatore caeleste constitutum est, iustum non est, ut illic imperator terrenus habeat potestatem*«.

In ganz Italien förderten die Päpste seit der Reformzeit die comunalen Bewegungen gegen feudale Bischöfe, Adelsherren und Kaiser. In Rom mußten sie Gegner der bürgerlichen Freiheit sein, um selbst Stadtherren zu bleiben. Der Sieg der Päpste lag aber nicht nur an der Möglichkeit, Hilfsquellen aus aller Welt heranzuziehen. Einen wichtigen Faktor bildete auch der durch seine Verbindung mit Kardinalskolleg und Papsttum nie in dem Comune aufgegangenen Adel. Nicht minder wesentlich war die Eigenart der comunalen Bewegung Roms selbst.

Das Bürgertum strebte hier wie anderorts aufwärts und suchte nach der wirtschaftlichen Bedeutung auch politische Selbständigkeit zu gewinnen. Diese war nur im Gegensatz zum Papst zu erringen, von dem wieder die Wirtschaft Roms in ihren wichtigsten Zweigen abhing. Schon 1234 zeigte die Blockade dieses Verhältnis eindeutig; stärker noch litt die römische Wirtschaft, vor allem der Geldhandel, als Innozenz IV. die Kurie für Jahre nach Lyon verlegt hatte. Die avignonesische Zeit und das Schisma brachten den Tiefpunkt. Das römische Bankwesen war tot, der Geldstrom aus dem ganzen Abendland nach Rom war versiegt. Pilger gab es noch, vor allem in den Jubeljahren; aber gerade die großen und reichen Herren, die mit der Kurie zu verhandeln hatten, blieben aus; Avignon war jetzt ihr Ziel. So kam es, daß die Römer sich im 12. und 13. Jahrhundert abwechselnd gegen die Päpste erhoben und sie wieder zurückriefen, im 14. Jahrhundert aber die Päpste durch Einräumung aller Rechte über die Stadt aus Frankreich zu locken suchten und oft geradezu bettelnd ihre Rückkehr erflehten. Seit Nikolaus III. (1278) übertrugen sie regelmäßig den Päpsten die Senatur, als persönliche Würde, nicht als päpstliches Amt. 1332 geriet das letzte republikanische Amt, der Syndikat, in die Hand Johanns XXII.[46] Auch die mehr zur Demokratie neigende Stadtregierung in der zweiten Hälfte des 14. Jahrhunderts behielt die papstfreundliche Richtung bei. Doch erst 1420 zog mit dem Colonna Martin V. die Kurie endgültig nach Rom zurück. Die Freiheit der Stadt war dahin; aber ein neuer wirtschaftlicher Aufschwung konnte sich in der päpstlichen Residenz entfalten.

Neben der wirtschaftlichen Abhängigkeit hemmte das Traditionsbewußtsein eine freie Entwicklung des Comune. Wir sahen, daß die bürgerliche Bewegung immer wieder von den eigentlich städtischen Zielen, Förderung einer selbständigen, von der Kurie unabhängigen Wirtschaft, abgelenkt wurde durch ihre hochfliegenden Träume von römischer Weltherrschaft. Überspitzt könnte man sagen: um Haupt der Welt zu sein, um als *causa imperii* gelten zu können, versäumte Rom die Möglichkeit, Stadt zu werden. Denn eine Stadt ist im Mittelalter eine auf einer eigenen wirtschaftlichen Leistung basierende, sich selbst verwaltende Gemeinde. Genährt wurde das Traditionsbewußtsein wieder von der Anwesenheit des Papsttums, das seit 800 durch die Kaiserkrönungen Rom und Reich immer wieder aufeinander hinwies. Wie das Römisch-Deutsche Reich nicht zum Staat werden konnte, weil sein König zugleich universaler Kaiser war, so konnte Rom nicht zur selbständigen Stadt werden, weil sein Bischof zugleich universaler Papst war.

Der Aufstieg der päpstlichen Residenz seit 1420 muß hier außer Betracht bleiben. Die letzten Bande zwischen Rom und dem Römischen Reich lösten sich bald ganz: 1452 erlebte Rom zum letzten Male eine Kaiserkrönung. Aber das geistliche Reich der Römischen Kirche, das freilich bald großen Erschütterungen ausgesetzt war, behielt fortan unbestritten seinen Sitz in Rom. Zugleich blieb die Stadt 450 Jahre Haupt des päpstlichen Territorialstaats. Die Revolutionen von 1798/99 und vor allem 1849/50 kündigten aber die

---

46) A. DE BOÜARD, Le regime politique et les institutions de Rome au moyen âge, Paris 1920, 44 ff., 111 ff.

Idee des auf der Volkssouveränität beruhenden Nationalstaates in Italien an, zu dessen Hauptstadt Rom ausersehen war. Mit universalen Gedanken durchsetzt, war diese Idee schon im 14. Jahrhundert geboren; jetzt trat sie in neuer Form auf, getragen von einer breiten Massenbewegung. Das Jahr 1870 brachte nach langem Kampf ihre Verwirklichung; der Papst wurde zum »Gefangenen des Vatikans«. Fast 60 Jahre später fand man den Ausgleich: der alte Borgo, der immer eine Sonderstellung in der römischen Stadtgemeinde eingenommen hatte, ist jetzt als »Città del Vaticano« Grundlage der päpstlichen Souveränität. Damit ist die Unabhängigkeit der Kurie in Rom gewahrt und die Stadt zugleich von allen Seiten als das anerkannt, wozu sie im Zeitalter des Nationalstaates bestimmt zu sein scheint: Hauptstadt des italienischen Staates. Die Lateranverträge von 1929 haben sich trotz mancher Gefährdung in den auch über Rom hinweggehenden Wirren des zweiten Weltkrieges bewährt; wie wohl kaum ein anderer internationaler Vertrag sind sie von allen kriegführenden Mächten respektiert worden.

# Spätrömische Grundlagen mittelalterlicher Kanzleien

Die mittelalterliche Diplomatik hat in den Altertumswissenschaften kaum ein Gegenstück, und entsprechendes gilt für die Kanzleigeschichte, die aus der Diplomatik hervorgeht.[1] Für den Diplomatiker steht am Anfang die Untersuchung der Urkunde, möglichst der Originale, das *discrimen veri et falsi*; von der Prüfung der äußeren Merkmale, der Subskriptionen, der Schrift und der inneren, bes. des Diktats, sucht man die »Kanzleimäßigkeit« zu erkennen und so ein wichtiges Echtheitskriterium zu gewinnen. Die Geschichte der Urkundenschreiber, der unter dem Hilfsnamen »Kanzlei« zusammengefaßten Personen, die die Urkunden anfertigen, und ihrer Organisation ergibt sich als ein Nebenprodukt – gewinnt dann freilich ihren eigenen Sinn und Wert im Rahmen der Verwaltungs-, Verfassungs-, ja auch der Geistesgeschichte.

1) Der in Budapest vorgetragene Text wird hier nur durch die unentbehrlichen Nachweise von Quellen und Literatur ergänzt. Die folgenden Titel sind abgekürzt zitiert:
AUF = Archiv für Urkundenforschung
K. BRANDI, Der byzantinische Kaiserbrief aus St. Denis und die Schrift der frühmittelalterlichen Kanzleien, AUF 1 (1908) 5–86. DERS., Ein lateinischer Papyrus aus dem Anfang des 6. Jahrhunderts und die Entwicklung der Schrift in den älteren Urkunden. AUF 5 (1914) 269–288. DERS., Ravenna und Rom. Neue Beiträge zur römisch-byzantinischen Urkunde, AUF 9 (1926) 1–38. H. BRESSLAU, Handbuch der Urkundenlehre. 1² (1912), 2 (1917/31). P. CLASSEN, Kaiserreskript und Königsurkunde. (Archiv für Diplomatik 1 (1955) 1–87, 2 (1956) 1–115; überarbeiteter Nachdruck Thessaloniki 1977). ChLA = Chartae Latinae Antiquiores, ed. A. BRUCKNER, R. MARICHAL Bde. 1–4 (1954–67). C. J. = Codex Justinianus. C. Th. = Codex Theodosianus. F. DÖLGER, Byzantinische Diplomatik. 20 Aufsätze zum Urkundenwesen der Byzantiner (1956). F. DÖLGER   J. KARAYANNOPOULOS, Byzantinische Urkundenlehre. 1. Abschnitt: Die Kaiserurkunden (München 1967). B. FAASS, Studien zur Überlieferungsgeschichte der römischen Kaiserurkunde. AUF 1 (1908) 185–272. J. MALLON, L'Ecriture de la chancellerie impériale romaine = Acta Salmaticensia. Filosofia y Letras IV, 2 (1948). DERS., Paléographie romaine 1952. L. MITTEIS – U. WILCKEN, Grundzüge und Chrestomathie der Papyrusurkunde. 1.1/2 und 2.1/2 (1912). Nov. Just. = Novella Justiniani. RE = PAULY – WISSOWA, Realencyklopädie. O. ROLLER, Das Formular der paulinischen Briefe. Ein Beitrag zur Lehre vom antiken Briefe (1933). E. STEIN, Historie du Bas-Empire, publ. p. J.-R. PALANQUE 1 (1959), 2 (1949). J.-O. TJÄDER, Die nichtliterarischen lateinischen Papyri Italiens aus der Zeit 445–700. Bd. 1 (1955), Tafelband (1954). L. WENGER, Die Quellen des römischen Rechts. Österr. Ak. d. Wiss. Denkschriften der Gesamtakademie 2 (1953).

In den Altertumswissenschaften sieht die Sache ganz anders aus. Original-Urkunden aus kaiserlichen Kanzleien gibt es so gut wie gar nicht, aus Beamten-Schreibstuben nur ganz wenige. An die Texte, die in den Rechtssammlungen des Codex Theodosianus und Justinianus, bei Kirchenschriftstellern und in Kirchenrechtssammlungen, in kleinerer Zahl auch durch Inschriften und Papyri überliefert sind, durchweg in fragmentarischer Gestalt und so gut wie nie im Original – an diese Texte ist nur ausnahmsweise die Echtheitsfrage überhaupt zu stellen, und nirgends ist sie mit den Mitteln der Diplomatik des Mediävisten zu beantworten. Dafür läßt sich aus der Fülle der Rechtsquellen, der Gesetze und Papyri eine Menge über die Verwaltungs- und Behördengeschichte ermitteln, woraus sich Aufschlüsse über Urkunden und Akten, die selbst verloren sind, ergeben. Der Weg ist umgekehrt wie derjenige der mittelalterlichen Diplomatik.

Dazu kommt ein anderer Unterschied. Im frühen und hohen Mittelalter kann der normale Mann, auch der verantwortlich politisch handelnde, nicht lesen und schreiben; der Kanzleibeamte ist der Fachmann, der eine exklusive Kunst beherrscht; die Zahl der auf teurem Pergament geschriebenen Urkunden ist vergleichsweise klein. Im Altertum dagegen, zumindest in dem uns beschäftigenden Bereich spätrömischer Zeit, schreibt jedermann aus jedem Anlaß. Schreiber, oder vielmehr schreibende Beamte, hat jede Behörde, auch die kleinste Lokalbehörde, und selbst beim Militär gibt es neben den Soldaten und Offizieren die Fülle der Schreiber, die die Verwaltungsaufgaben, Verpflegung, Besoldung usw. bearbeiten. Eine »Kanzlei« im Sinne einer speziell für die Ausstellung schriftlicher Erklärungen zuständige Instanz kann es nicht geben, weil alle Behörden täglich schreiben.

Unsere folgenden Betrachtungen müssen sich darum auf diejenigen kaiserlichen Behörden konzentrieren, in denen im Namen der Kaiser Erlasse, Gesetze, Reskripte angefertigt wurden, d. h. Texte in jener urkundlichen Form, die das Mittelalter übernimmt, mit dem Namen und Titel des Ausstellers am Anfang, mit Datum und Unterschriften am Schluß. Neben kaiserlichen Urkunden und Kanzleien müssen aber auch solche einzelner, bes. hoher, Beamter herangezogen werden, einerseits, weil hier gelegentlich Aufschlüsse zu gewinnen sind, die das Material der Kaiserurkunden nicht hergibt, anderseits weil man damit rechnen muß, daß die Barbarenreiche in den Provinzen lokale Einrichtungen benutzten, um ihre eigenen Institutionen aufzubauen.


# I.

Die Notitia Dignitatum gibt uns Auskunft über die Behördenorganisation in Ost und West zu Beginn des 5. Jahrhunderts; die Gesetzesfragmente des Theodosius und Justinianus zeigen weitere Einzelheiten und spiegeln deren Wandel.

Es gibt zunächst in Ost und West je drei *scrinia*:

das *scrinium memoriae*,

das *scrinium epistolarum*,

das *scrinium libellorum (et cognitionum)*,

deren Kompetenzen nicht ganz scharf abzugrenzen sind.[2] Dazu wird in beiden Reichsteilen je ein *scrinium dispositionum* gebildet, das anscheinend keine Urkunden ausstellt. Alle diese Scrinia sind dem großen Verwaltungs- und Behördenchef, dem *magister officiorum* unterstellt, der nahezu alle der Reichszentrale unmittelbar zugeordneten Ämter – auch die in den Provinzen – organisatorisch unter sich hat. Neben ihm stehen die drei angesehenen, aus Ämtern der Prinzipatszeit hervorgegangenen *magistri*, die die Notitia nicht unter dem *magister officiorum* aufführt und die von diesem anscheinend unabhängig sind.[3] Es handelt sich um den

*magister memoriae*, der *adnotationes* bearbeitet und *preces* beantwortet,

*magister epistolarum*, der Gesandtschaften der Städte, wohl auch außenpolitische Briefe und Anträge bearbeitet,

*magister libellorum*, der Klagschriften und Bittschriften in Prozeßsachen behandelt.[4]

Aber nur ein Teil der *memoriales*, d. h. der im *scrinium* arbeitenden Personen,[5] ist diesen *magistri* als Helfer zugeordnet. Der höchste Rechtsbeamte des Reiches, der dem Kaiser direkt unterstellte *quaestor sacri palatii*, hat kein eigenes Officium, d. h. keinen Beamtenstab, sondern ihm sind ebenfalls Helfer aus den *scrinia* zugeteilt,[6] deren Zahl nach einem Gesetz Justins I. (C. J. 12. 19. 13) auf 26 begrenzt wird, nämlich 12 aus dem *scrinium memoriae* und je 7 aus den beiden anderen. Insgesamt hatte Leo I. (C. J. 12. 19. 10 um 470) die Zahl der *memoriales* auf 130 festgelegt, 62 im *scrinium memoriae* und je 34 in den beiden anderen, dazu mindestens 4 *antiquarii*, das sind anscheinend Archivare.

Innerhalb der *scrinia* gibt es Rang- und Dienstaltersunterschiede; man beginnt als *exceptor*, und das höchste Amt hat der *proximus*, dem der *melloproximus* folgt.[7] Um viele

2) Notitia dignitatum, ed. O. SEECK (1867), Or. XI 13–16, Occ. IX 10.13, dazu O. SEECK, *scrinia* in RE., weitere Literatur bei CLASSEN, Kaiserreskript 1, 70 f. (1977: 83 f.).

3) Gegen die hier nach BURY (wie Anm. 10) vorgetragene Deutung hat BRESSLAU, Handbuch 1, 742 geltend gemacht, schon der Titel der *magistri scriniorum* beweise, daß diese Chefs der *scrinia* gewesen seien und daß wie die *scrinia*, so »selbstverständlich« deren Chefs dem *magister officiorum* unterstellt gewesen seien. Hier scheint BRESSLAU indessen dem bürokratischen System eine Konsequenz zu unterstellen, die ihm ganz gewiß nicht »selbstverständlich« innewohnte, wenn BRESSLAU selbst vor 1914 vielleicht auch anderes erlebt hat. Auch der *praefectus praetorio* ist weder Chef eines *praetorium* noch der »Prätorianer« – und in aller Regel sind bürokratische Systeme doch wohl gerade nicht konsequent!

4) Notitia dignitatum, Or. I 20–24, Occ. I 18-21, XVII. Man beachte, daß dem *scrinium dispositionum* kein *magister* entspricht; umgekehrt gibt es im Osten zwar einen *magister epistolarum graecarum*, aber kein *scrinium* dieses Namens.

5) *memorialis* wird zum Oberbegriff, der alle Mitglieder der drei *scrinia* zusammenfaßt, so z. B. C. J. XII 19,10 (Leo I.); ältere Gesetze sagen umständlicher *in sacris nostris scriniis militantes*.

6) Notitia dignitatum, Or. XII 6: *Officium non habet, sed adiutores de scriniis quos voluerit*; Occ. X 6: *Habet subaudientos adiutores memoriales de scriniis diversis*.

7) Hierzu und zum Folgenden C. Th. VI 26 passim mit dem immer noch wertvollen Kommentar von D. GOTHOFREDUS (Lyon 1665) vol. 2, 145–161, sowie C. J. XII 19 passim, dazu RE. s. v. *proximus* (W. ENSSLIN).

Beamte rasch aufsteigen zu lassen, wird die Möglichkeit geschaffen, alljährlich einen neuen *proximus* zu ernennen, ohne daß der bisherige seinen Rang verliert. Alle Mitglieder der *scrinia* erhalten im einzelnen abgestufte, mit der Zeit wachsende Vorrechte, zunächst den Clarissimat, d. h. senatorischen Rang, nach 20 Dienstjahren, später dagegen gleich bei Dienstbeginn, während die *proximi* den Vikaren gleichgestellt, also noch über die Provinz-statthalter erhoben werden. Es erübrigt sich, auf die Einzelheiten der Ämterinflation einzugehen; erwähnt werden sollte nur noch, daß die leiblichen Söhne der Beamten auf gewisse Vorzüge bei Einstellung und Beförderung Anspruch erhielten, daß also hier wie bei anderen Ämtern ein Ansatz zur Erblichkeit auftrat.[8]

Auf die Privilegien, nicht auf die Arbeitsweise der Kanzleibeamten werfen die Consti-tutionen der Kaiser viel Licht. Der große, komplizierte und schwerfällige Apparat der *scrinia* mit ihren *magistri*, mit dem *quaestor* und dem *magister officiorum* hat nur in Byzanz und im Ostgotenreich weitergelebt, im übrigen aber auf das westeuropäische Mittelalter nicht eingewirkt.

Es ist hier nicht der Ort, auf die Soziologie bürokratischer Systeme einzugehen; nur so viel sei bemerkt: so logisch und systematisch der Aufbau scheinen mag, so wenig hat die Sache offenbar reibungslos funktioniert, und schon die beschriebene Ämter-Hierarchie ist an manchen Stellen in sich widerspruchsvoll. Nun gibt es aber bezeichnenderweise eine konkurrierende Beamtengruppe neben den *scrinia* und unabhängig vom *magister offi-ciorum*: die *schola notariorum*, deren *primicerius* dem Kaiser direkt unterstand und seit Theodosius den Rang eines Prokonsuls hatte.[9] Die *notarii* waren aus Offizieren im Hofdienst hervorgegangen, hießen darum auch *tribuni et notarii* und standen den Kaisern zu vielseitiger, vom Behördenapparat unabhängiger unmittelbarer Verfügung, ebenso als Protokollanten des kaiserlichen Konsistoriums wie als außerordentliche Emissäre zum Vollzug kaiserlicher Aufträge, auch zur Führung von Prozessen in den Provinzen: nicht selten sind sie auf Synoden oder Konzilien anzutreffen. Der *primicerius* führt aber auch das Register der hohen Beamten und fertigt Ernennungsurkunden.

Im 5. Jahrhundert schält sich aus den Notaren die besondere Gruppe der *referendarii* heraus, das sind diejenigen, die dem Kaiser direkt Vortrag halten, den Verkehr mit Provinzen und *scrinia* vermitteln, zugleich Kanzleibeamte und persönliche Beauftragte des Herrschers an vielen Orten.[10] Sie verdrängen im Ostgotenreich die *magistri scriniorum* ganz;[11] Justinian begrenzt ihre auf 14 angewachsene Zahl in Byzanz auf acht.[12] Damals hat

---

8) Vg. C. J. XII 19,7 (443/44).
9) Notitia dignitatum, Or. XVIII, Occ. XVI, vgl. C. Th. VI 10 passim, C. J. XII 7 passim; CLASSEN, Kaiserreskript 1,74 mit weiterer Literatur (1977: 86, 90).
10) Über die *referendarii* am besten J. BURY, Magistri, scriniorum, antigrapheis and repherendarioi, Harvard Studies in Classical Philology 21 (1910) 23–29, vgl. auch BRESSLAU, Handbuch 1, 189 f., 742, CLASSEN 1,74 f. (1977: 86 f.).
11) Neben BURY 27 vgl. E. STEIN, Opera minora selecta (1968) 102 ff. zu Cassiodor Var. VI 13.
12) Nov. Just. 10 von 535.

auch der Patriarch bereits Referendare.[13] Aber am ortsfesten Hof von Konstantinopel gewinnen *quaestor* und *scrinia*, die alten Zivilbehörden, das Übergewicht. Während dort die Referendare verschwinden, leben sie im Frankenreich der Merowinger weiter:[14] besser als die starre Institution der *scrinia* konnten Referendare den Barbarenkönigen dienen: mehrere nebeneinander im gleichen Rang, dem König direkt unterstellt, seine Befehle schriftlich ausfertigend, aber auch selbst in die Provinzen tragend.

## II.

Wie sind die Aufgabenbereiche der genannten Behörden, bes. der einzelnen *scrinia* und ihrer *magistri* sowie des *quaestor*, gegeneinander abzugrenzen? Mit dieser Frage verbindet sich eng diejenige nach den Arten von Kaiserurkunden und ihren inhaltlichen und formalen Unterscheidungen. Beide Fragen lassen sich nur in sehr groben Umrissen beantworten; auf die Erörterung verfassungs- und rechtsgeschichtlicher Einzelheiten müssen wir hier verzichten.[15] Ein großes Gesetz über alle Rechtsquellen, das 426 von der vormundschaftlichen Regierung Galla Placidias in Ravenna erlassen wurde[16] – dem Rechtshistoriker ist ein Abschnitt dieses Gesetzes als »Zitiergesetz« bekannt – sucht unter anderem allgemein gültige Gesetze (*leges generales* und *edicta*) von begrenzt gültigen Verordnungen (*leges speciales*) zu unterscheiden.[17] Die dritte Gruppe, auf Antrag ergangene Reskripte, sind nur gültig, wenn sie nicht gegen das allgemeine Recht verstoßen, und die Angaben des Gesuches sachlich wahr sind.[18] Um dies zu erreichen, werden Reskripte stets mit einer Kopie der Bittschrift (*preces*) versehen.[19] Während es Sache der *scrinia* war, die rechtlichen Grundlagen eines beantragten Reskripts zu prüfen und die Antwort demgemäß zu formulieren, hatten örtliche Behörden, zumeist der Provinzstatthalter,

13) Nov. Just. 6 § 3 von 535.
14) BRESSLAU, Handbuch 1, 359 ff.
15) Eine größere Arbeit hierzu ist von Peter KUSSMAUL zu erwarten, der mir freundlich Einblick in das Manuskript eines in Princeton gehaltenen Vortrags »Pragmaticum and lex. Roman Forms of Legislation in the Fifth Century (AD 411–455)« gewährte (erschienen: P. K., Pragmaticum und Lex. Formen spätrömischer Gesetzgebung 408–457, Hypomnemata 67, Göttingen 1981).
16) Das von den Rechtshistorikern meist einseitig als »Zitiergesetz« bezeichnete größere Gesetz liegt in den Fragmenten C. Th. I 4,3 und C. J. I 14,2 und 3, 19,7 22,5 vor, vgl. WENGER 431, 433, 532 f., CLASSEN Kaiserreskript 1,31 f. (1977: 35).
17) C. J. I 14,2 und 3. Über die hier nicht genannte Sonderform der *pragmaticae sanctiones* einstweilen am besten WENGER 434 ff., künftig KUSSMAUL.
18) C. J. I 14,2, 1 19,7, 1 22,5.
19) Vgl. CLASSEN, Kaiserreskript 1,23 (1977: 25) und die dort genannten Quellen. Mindestens seit der Zeit Konstantins d. Gr. waren Reskripte und Adnotationes stets selbständige Schriftstücke, nicht Vermerke auf dem Rand der *preces*; das muß gegen einen hartnäckig weitergeschleppten Irrtum rechtshistorischer Literatur betont werden.

denen das Reskript vorgelegt werden mußte, die sachliche Richtigkeit der Bittschrift zu prüfen und erst danach das Gebot, eine Rechtsverleihung, eine Prozeßentscheidung oder dergl., durchzuführen – gegebenenfalls aber auch die Ausführung abzulehnen.[20]

Die hohe Verantwortung der Kanzleibeamten bei der Ausfertigung der Reskripte zeigt sich immer wieder in Strafbestimmungen. Valentinian III. bedroht *magistri scriniorum* und *memoriales* mit hoher Strafe, falls sie durch *rescripta simplicia* Totschläger begnadigen;[21] nur *adnotationes* des Kaisers selbst, bei denen offenbar der Quaestor die Verantwortung trägt, dürfen in solchen Fällen Gnade üben. Hierbei scheint es, daß die *rescripta simplicia* von den *magistri scriniorum* ausgefertigt werden konnten, ohne daß der Kaiser selbst unterschrieb. Der Mangel an Originalen läßt aber diese wie andere Fragen nach den äußeren Formen nicht sicher beantworten. Kaiser Zenon bedroht nicht nur *magistri scriniorum*, sondern auch den *quaestor* und die Provinzstatthalter mit Amtsverlust, wenn sie Reskripte ausfertigen oder entgegennehmen, ohne eine Wahrheitsklausel »*si preces veritate nituntur*« einzusetzen oder sachlich zu prüfen.[22] Ähnliche Beispiele ließen sich mehren, und sie zeigen, daß auch im absoluten und bürokratischen Staat die Kanzleibeamten nicht nur formale Routinearbeit leisten, sondern verantwortlich zu handeln haben.

Eine scharfe juristische Abgrenzung der Urkundenarten und der Behörden, die sie ausfertigen, scheint kaum möglich, und ebenso dürften auch alle Versuche, den persönlichen Anteil der Kaiser an den in ihrem Namen ausgefertigten Urkunden, Briefen, Gesetzen und Erlassen abzugrenzen, sehr rasch ihre Grenzen finden. Wir kennen persönliche Briefe des Kaisers Julian, und seine Gesetzgebung entspricht ganz gewiß dem persönlichen Willen des Kaisers[23] – aber es wäre gewiß naiv zu meinen, er habe den Wortlaut allein bestimmt. Mit erstaunlicher Unbefangenheit wird insbesondere in der Diskussion über die Echtheit der in kirchlichen Quellen, oft polemischer Natur, überlieferten Briefe Konstantins d. Gr. immer wieder unterstellt, dieser Kaiser habe seine Äußerungen, jedenfalls in der Regel, ganz persönlich Wort für Wort diktiert und sei dabei allein seinem eigenen Geschmack unterworfen.[24] Dabei ist der große Behördenapparat als solcher bekannt, wenngleich seine einzelnen Mitglieder anonym bleiben. Auch der Versuch, »Gesetze« und »Briefe« zu scheiden und die Briefe auf das eigene Diktat des Kaisers

---

20) Zu den Reskripten, ihrer Ausstellung und Allegation ausführlich CLASSEN, Kaiserreskript 1, 16–37 (1977: 17–41).
21) Nov. Valent. 19, vgl. CLASSEN, Kaiserreskript 1,21 (1977: 23).
22) C. J. I 23,7, dazu CLASSEN, 1,23 (1977: 25).
23) Vgl. zuletzt die Ausgabe der Briefe Julians mit deutscher Übersetzung von E. WEIS (1973).
24) Von der unausgesprochenen Voraussetzung, der Kaiser habe alle Briefe selbst Wort für Wort diktiert, geht (nach anderen) die gründlichste Untersuchung aller Konstantinsbriefe aus: H. DÖRRIES, Das Selbstzeugnis Kaiser Konstantins, Abhandlungen der Göttinger Akademie, Phil.Hist. Kl. 3. Folge 34, 1954.

Tafel II. Papyrus Manchester, John Rylands Library, P. Ryl. Gk. 609 = Chartae Latinae Antiquiores IV Nr. 246. Ausschnitt mit Unterschriften. Wiedergabe nach BRANDI in: AUF 5 (1914) S. 279 ff.

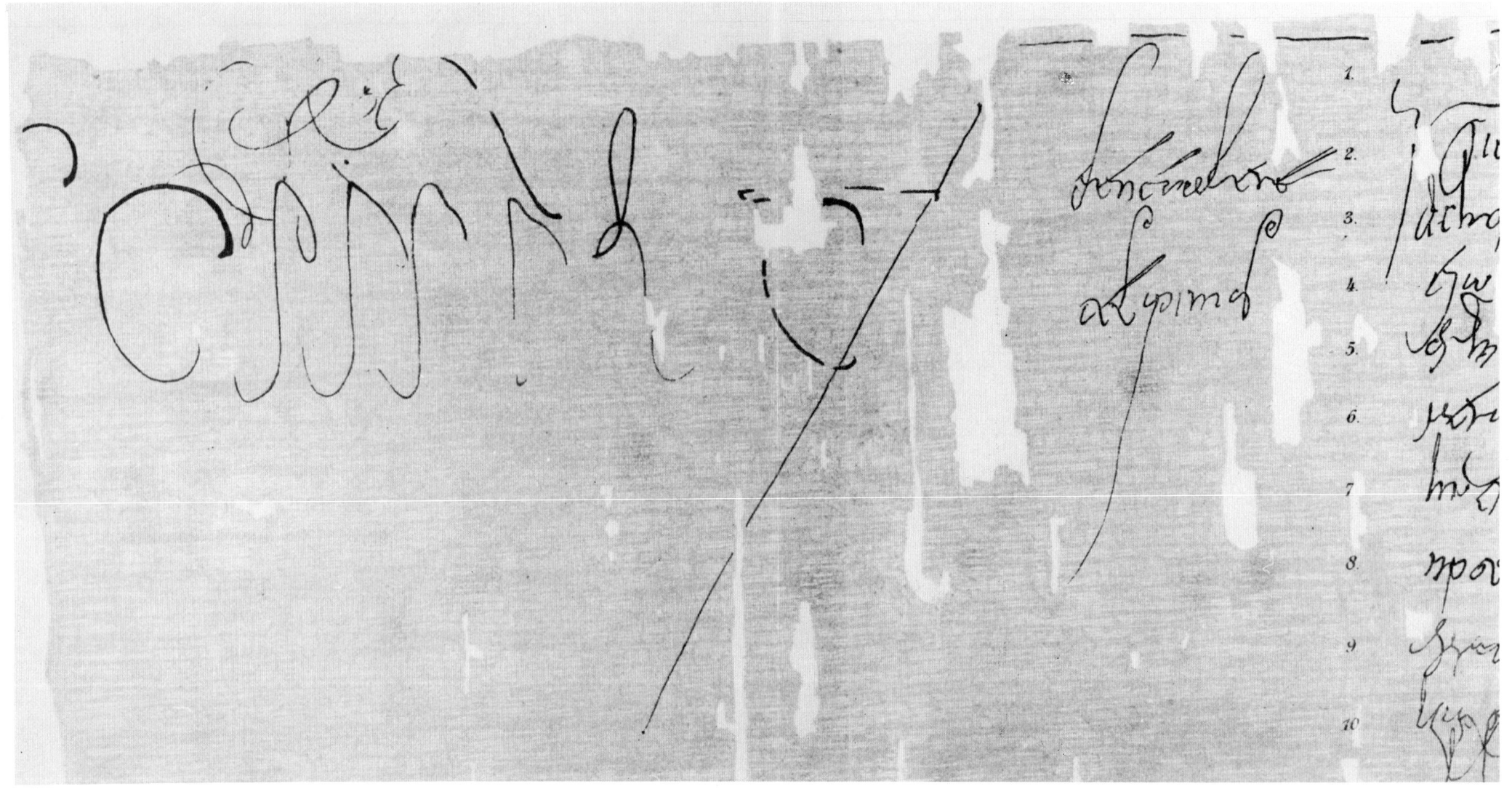

Tafel I. Papyrus Leiden, Rijksmuseum I 420, sog. Papyrus Leidensis Z, Ausschnitt mit Unterschriften. Wiedergabe nach LEEMANS, Papyri Graeci Musei antiquarii publici Lugduni-Batavi 2 (1885) zu S. 263–276.

zurückzuführen, ist verfehlt.[25] Nur gelegentlich kann man eine bescheidene Einzelheit erkennen. Wenn Konstantins Urkunden die Gottheit gewöhnlich neutral *divinitas*, τò ϑεῖον oder ähnlich nennen, dann richteten die Diktatoren sich gewiß nach dem vom Kaiser selbst geprägten Sprachgebrauch. Ein einzelner Brief des Kaisers aus dem Donatistenstreit fällt aus dem Rahmen: nicht weniger als sechsmal nennt er den Namen Christi.[26] Das deutet weder darauf, daß der Kaiser plötzlich seinen Redestil oder gar sein religiöses Denken änderte, noch darf man den Brief darum als unecht verdächtigen.[27] Man muß vermuten, daß hier ausnahmsweise eine andere, vielleicht kirchliche und nicht regelmäßig für den Kaiser beschäftigte Kraft den Brief an die Bischöfe formulierte.

Rechtsquellen und meist fragmentarische Urkundentexte können über den wirklichen Geschäftsgang nur begrenzt Auskunft geben; zufällige Notizen in anderen Quellen werfen zuweilen ein Licht auf die Praxis. Unschätzbar sind die Schilderungen der Vita des heiligen Porphyrios von Gaza über die Reisen ihres Helden an den Hof Theodosius' II., um Privilegien für seine Kirche, zugleich Schutz gegen heidnische Widersacher zu gewinnen. Auf dem Weg über die Privatgemächer der Kaiserin gelingt es nach langer Mühe, hohe Gegner in der Bürokratie zu überspielen und an das Ziel, das vom Kaiser unterfertigte Reskript zu gelangen.[28]

### III.

Über die Personen der eigentlichen Kanzleibehörden wissen wir sehr wenig, weil diese sich auf den Urkunden selbst nicht nennen und eine Hauptquelle für die anderen höheren Beamten fast ganz fehlt; auf den Adressen kaiserlicher Erlasse fehlen die Kanzleibeamten so gut wie ganz; man richtete an sie keine Erlasse. Soweit Personen bekannt sind, die in den *scrinia* gearbeitet haben, entspricht ihre Bildung den Aufgaben: Rhetorik und Jurisprudenz, diese beiden, im Altertum nie scharf zu trennenden Disziplinen muß beherr-

---

25) Die nächst DÖRRIES eindringlichste Gesamtuntersuchung der Briefe Konstantins von HEINZ KRAFT, Kaiser Konstantins religiöse Entwicklung (1955) geht S. 30 Anm. 1 Ziffer 4 davon aus, daß die »Gesetze« des Kaisers nur ausnahmsweise von diesem selbst stilisiert wurden. Bei den »Briefen« (S. 29 Anm. 1) setzt er voraus, daß sie von einem Verfasser, Konstantin selbst, stammen. Eine klare Abgrenzung von »Brief« und »Gesetz« nach der Entstehung und der Form nimmt er nicht vor. Vgl. kritisch P. CLASSEN, Gnomon 29 (1957) 141 Anm. 3.

26) Brief Konstantins an die Synodalen in Arles, bei Optatus Milevitanus, Libri VII de schismate Donatistarum, ed. C. ZIWSA, Corpus Script. Eccl. Lat. 26 (1893) Appendix Nr. V S. 208 f., dazu DÖRRIES 28 ff., KRAFT 183 ff.

27) Damit erledigen sich die von mir Kaiserreskript, 1,64 Anm. 331 gegen diese Urkunde geäußerten Bedenken.

28) Die Vita Porphyrii cap. 26–27 und 34–57 schildert zwei Gesandtschaftsreisen der Jahre 398 und 401/402 von Gaza nach Konstantinopel, vgl. die Ausgabe von H. GRÉGOIRE (1930) mit quellenkritischer Einleitung und Kommentar.

schen, wer den kaiserlichen Willen sachgerecht und formvollendet ausdrücken soll. Der Panegyrist Eumenius, die Historiker Eutrop und Festus waren als *magistri memoriae* tätig; unter einem der letzten weströmischen Kaiser ist ein Dichter Petrus *magister episto-larum*.[29] Im Amt des Quaestors finden wir am Trierer Hof Valentinians I. den Dichter Ausonius, später den Rhetor und Historiker Nicomachus Flavianus.[30] Zu Justinians Zeit hat Tribonian, der führende Jurist bei der Kompilation der Rechtsquellen, das Quaesto-renamt bekleidet, nachdem er vielleicht zuvor Magister eines der *scrinia* gewesen war.[31] Aber auch im 5. Jahrhundert schon hatte Theodosius II. bei der Redaktion seiner Gesetzes-sammlung neben den amtierenden *quaestor* und drei *magistri scriniorum* mehrere frühere Träger dieser Ämter herangezogen.[32] Die höchste politische Karriere machte der Rhetor und *magister memoriae* Eugenius,[33] der 393 im Westen zum Kaiser ausgerufen wurde, freilich mehr getrieben als treibende Kraft der heidnischen Reaktion gegen Theodosius I., die in der Schlacht am Frigidus zusammenbrach. Als Exponent des Ravennater Hofes wurde dreißig Jahre später der *primicerius notariorum* Johannes[34] zum Kaiser erhoben, als nach dem Tod des Honorius die Gefahr bestand, daß der Osten die direkte Herrschaft über den Westen übernehme.

Der bekannteste Gelehrte, der die Erzeugnisse seiner Kanzlei-Arbeit für uns aufbe-wahrt hat, die eine unschätzbare Quelle für die spätrömische Verwaltungs- und Kanzlei-geschichte bieten, diente schon unter ostgotischen Königen als Quaestor und als *magister officiorum*: Cassiodorus Senator.[35]

## IV.

Die Diplomatik des Mittelalters kann die Kanzleigeschichte vor allem aus drei Quellen rekonstruieren: dem Schriftvergleich, dem Diktatvergleich und den Unterschriften. Schriftvergleich ist angesichts des Mangels an Originalen bei den römischen Kaiser-Urkunden unmöglich, einem Diktatvergleich fehlt gleichfalls die Basis in der Vielzahl des für uns namenlosen Personals gleicher Ausbildung und Tradition. Die Unterschriften sind in der Masse kopialer und zugleich fragmentarischer Texte der Rechts-Corpora verloren gegangen; aber in den posttheodosianischen Novellen, in kirchlichen Quellen, bes. Konzilsakten, sowie durch einzelne Papyrus-Originale von Beamten-Urkunden haben wir

---

29) Vgl. CLASSEN, Kaiserreskript 1,72 (1977: 89).
30) ebenda 1,73 (1977: 89).
31) Vgl. STEIN, Opera minora (wie Anm. 11) 359–371.
32) C. Th. I 1,5 und 6.
33) STEIN, Histoire 1, 211; der Rang nach Socrates, Hist. eccl. V 25,1 und Zosimos IV 54,1.
34) STEIN, Histoire 1, 282; der Rang nach Socrates, Hist. eccl. VII 23.
35) Über Cassiodor vgl. jetzt die Neuedition der Variae, ed. J. A. FRIDH, Corpus Christianorum, Series Latina 96 (1973) mit ausführlicher Bibliographie in der Einleitung.

hinreichend Material, wenigstens die Typen von Unterschriften kennen zu lernen.[36] Knapp zusammengefaßt ergibt sich folgendes:

1. Die Kaiser- und Beamten-Urkunden waren stets unterschrieben, meist mit einer Mehrzahl von Unterschriften verschiedener Personen.

2. Diese Unterschriften nennen niemals den Namen des Ausstellers und fast niemals den Namen und das Amt anderer an der Beurkundung beteiligter Personen. Sie lassen sich daher nur selten mit Sicherheit bestimmten Personen zuordnen.

3. Die Hauptformen der Unterschriften sind folgende:

   a) Grußformeln bei der großen Menge der Urkunden in Briefform:

   α) kurz: *(bene) vale.*

   β) länger: *bene valere te cupimus,* oft erweitert durch eine Anrede: *parens carissime atque amantissime.*[38]

   γ) betont christliche Formeln: *divinitas te servet per multos annos, sancte ac religiosissime pater.*[39]

   b) Publikationsbefehle bei Urkunden, die keine Briefform haben:

   *edatur, edantur.*[40]

   *proponatur.*[41]

---

36) Die meines Wissens bis heute einzige zusammenfassende Untersuchung ist von C. G. BRUNS, Die Unterschriften in den römischen Rechtsurkunden, Abhandlungen d. Preuß. Akad. 1876 = BRUNS, Kleinere Schriften 2 (1882) 37–118, über amtliche Urkunden dort 54–76. Diese noch heute wesentliche Arbeit ist freilich verfaßt worden, ehe die Papyrologie große Mengen neuen Stoffes erschloß. Alle aus der Briefform hervorgehenden Unterschriften erörtert ROLLER 69 ff., 481 ff. eingehend.

37) Diese älteste Grußformel des Briefes begegnet noch im 5. und 6. Jahrhundert als Unterschrift unter Beamtenurkunden, vgl. unten Anm. 57 und 77 und Tafel II; zu dem Fortleben in merowingischen Urkunden CLASSEN, Kaiserreskript 2, 48 f. (1977: 162 f.). – Hier und im folgenden können selbstverständlich nur einzelne Beispiele angeführt werden, allgemein zum Schlußgruß ROLLER a. a. O.

38) Besonders stark erweiterte Formeln ohne christliche Vokabeln z. B. in Nov. Valent. 1,3 (von 450) und Nov. Maior 1 (von 458), beide an den Senat.

39) So oft in Erlassen Konstantins d. Gr. und seiner Nachfolger, in den posttheodosianischen Novellen und in Konzilakten des 5. Jahrhunderts, noch unter der offenbar nur griechisch ausgefertigten Novelle Justinians Nr. 121 an den Praeses von Tarsos (535): *Divinitas te servet per multos annos, frater iucundissime,* vgl. C. J. I 1,8 § 24, Nov. Just. 7 usw. Auch auf der Anm. 41 genannten Inschrift gibt es eine lateinische Zeile (Teil B, Zeile 1), die F. GSCHNITZER als Schlußgruß deutet.

40) Oft in Gesta municipalia, z. B. TJÄDER Nr. 4/5, 7.

41) z. B. Nov. Val. 9 und 16, vgl. auch unten Anm. 63, CLASSEN, Kaiserreskript 1, 56 f. mit Anm. 308 (1977: 66 f. mit Anm. 25). Auch auf einem Edikt, das einem kaiserlichen Erlaß anscheinend Leons I. folgt, ist die von den Herausgebern nicht erkannte Subskription PROPONATUR zweifelsfrei zu lesen: G. E. BEAN. T. B. MITFORD, Journeys in Rough Cicilia 1964–68 (Ergänzungsbände zu den Tituli Asiae Minoris 3, Österr. Akademie d. Wiss., Denkschriften der Phil. Hist. Kl. 102, 1970) 57 (Den Hinweis auf diese Publikation verdanke ich F. GSCHNITZER). Bemerkenswert ist die Hervorhebung der lateinischen Unterschrift in der Mitte einer besonderen Endzeile der langen griechischen Inschrift.

c) Unterschriften, die Handlungen im Beurkundungsprozeß bezeugen:

*recognovi*,[42]

*legi(mus)*,[43]

*optuli(mus)*,[44]

*rescripsi*,[45]

*subscripsi*,[46]

*complevi*,[47]

*edidi*.[48]

Originale zeigen bis zu drei Unterschriften auf einer Beamtenurkunde,[49] aber abgesehen davon, daß eine dieser Subskriptionen offenbar von der Hand des Textschreibers herrührt und eine andere – nicht immer ist sicher welche – vom Aussteller, lassen sich nur mehr oder weniger unsichere Vermutungen über die Subskribenten anstellen. In kopialer Überlieferung werden Subskriptionen in Form des Schlußgrußes gelegentlich ausdrücklich als die des Kaisers bezeichnet oder sind als diese zu erschließen.[50] Sonst kann der Geschäftsgang aus den Unterschriften kaum rekonstruiert werden, und selbst das *legi*

---

42) Zu dieser vieldiskutierten Unterschrift in Kaiserreskripten und Beamtenurkunden vgl. WENGER 417 Anm. 125 f., 427 Anm. 31, 429 Anm. 43, CLASSEN, Kaiserreskript 1, 55 und 2, 53 f. (1977: 62 f.; 167 f.); auch unten Anm. 45, weitere Beispiele ChLA 3 Nr. 201, in den Gesta TJÄDER Nr. 10/11 (S. 290, vgl. 440), Nr. 14/15 (von 572), bei den Merowingern unter den Placita und Tractoriae, jeweils mit dem Namen des Referendars.

43) Vgl. die Beamtenurkunden ChLA Nr. 237 (saec. VI) und 269 (saec. III), dazu das Anm. 46 am Schluß genannte Stück, Nov. Just. 22 und 105, dazu WENGER 655 f., DÖLGER, Diplomatik 20 ff., BRANDI, AUF 1, 40, 71, 74 f.

44) Vgl. unten Anm. 62 und 63.

45) *rescripsi, recogn(ovi)* im Reskript Hadrians an Smyrna, C. G. BRUNS, Fontes iuris, Romani antiqui, sept. ed. O. GRADENWITZ (1909) Nr. 84, *scripsi, recognovi* im Reskript des Commodus ebenda Nr. 86, *rescripsi recognovi* im Reskript des Gordianus, ebenda Nr. 90. Vermutlich ist dabei stets *rescripsi* die Unterschrift des Kaisers, *recognovi* (oder *-vit*) die eines Kanzleibeamten. Seit dem 4. Jh. scheint *rescripsi* nicht mehr vorzukommen; über eine scheinbare Ausnahme vgl. CLASSEN, Kaiserreskript 1, 55 Anm. 302 (1977: 63, Anm. 12).

46) *subscripsi* ist die normale Form von Zeugenunterschriften, die bei mehreren Subskribenten zur Unterscheidung durch den Namen ergänzt werden kann. Für Beamtenurkunden vgl. Pap. Straßburg gr. 1592 von 310 = J. MALLON, R. MARICHAL, CH. PERRAT, L'écriture latine de la capitale à la minuscule (1939) Nr. 31; in Gesta von Munizipalbeamten TJÄDER Nr. 14/15 von 572, ferner die Beamtenunterschrift mit Namen in TJÄDER Nr. 10/11 (S. 292, von 489) *legi agnovi suscribsi*.

47) Zur *completio* vgl. unten Anm. 59.

48) Unter Gesta municipalia z. B. TJÄDER Nr. 4/5, 7 und öfter, unter den Gesta senatus von 438, C. Th. ed. MOMMSEN, vol. 1 p. 4 mit Namen des *excepter senatus* (Senatsschreibers). Bei den Merowingern unterschreiben so die Könige mit Nennung ihres Namens, vgl. CLASSEN, Kaiserreskript 2, 49 ff. (1977: 163 ff.).

49) so z. B. die unter Anm. 57 genannte Urkunde.

50) Vgl. CLASSEN, Kaiserreskript 1, 54 f. (1977: 61 f.). Entsprechende auch in amtlichen Gesta-Kopien, z. B. TJÄDER Nr. 10/11 S. 290. Weitere Beispiele bei ROLLER 73 ff.

unter einigen Novellen Justinians läßt sich nur vermutungsweise, nicht mit letzter Sicherheit, auf den Quaestor zurückführen, der später mit diesem Worte zeichnete.[51] Festzuhalten ist aber, daß alle wesentlichen Formen dann im Frühmittelalter wiederkehrender Subskriptionen schon hier auftreten – mit einer Ausnahme an entscheidender Stelle: die Namensunterschrift des Ausstellers, wie auch des Kanzleibeamten, die seit der merowingischen Königsurkunde so selbstverständlich erscheint, – genauer gesagt: der Namenszusatz zum Unterschriftswort *subscripsi* oder *recognovi* oder *optuli* – ist der römischen Amtsurkunde unbekannt: er hat sein Vorbild in Privaturkunden und kirchlichen Urkunden, wie z. B. Konzilsakten, dazu in Protokollen der Behörden. Auf ganz seltene Ausnahmen kommen wir zurück.[52]

## V.

Neben einigen Beamten-Urkunden ist nur ein einziges Original eines Kaiser-Reskriptes in einem Fragment erhalten, das auch Unterschriften bietet, und zwar einerseits die Kaiser-Unterschrift, wie seit langem bekannt, andererseits aber auch die Unterschrift eines nicht genau zu identifizierenden Beamten, die bisher nicht erkannt und gelesen worden war. Das Reskript, der sog. Papyrus Leiden Z, bestand offenbar – wie es die Regel für Reskripte war – aus zwei Teilen, dem eigentlichen Reskript des Kaisers und der Kopie der Bittschrift.[53] Nur diese ist, mit der Überschrift *Exemplum precum*, in griechischer Sprache nahezu vollständig erhalten; sie bildete den rechten Teil des 31 cm hohen, quer beschriebenen Papyrus, dessen erhaltener Teil 76 cm breit ist. Die Bitte wurde von dem Bischof von Syene und Elephantine in Ägypten eingereicht und richtete sich auf den Schutz des Bistums gegen die Einfälle der Blemmyer durch kaiserliche Truppen. Der linke Teil des Papyrus muß mindestens eine Textkolumnne der kaiserlichen Antwort enthalten haben, vielleicht war er noch wesentlich breiter. Die vergleichbaren Fragmente zweier anderer

---

51) Vgl. Anm. 43.

52) Namensunterschriften haben die Anm. 46, 48, 62, 63 genannten Stücke, sämtlich von Beamten. Der Name ist stets Zusatz zum eigentlichen Unterschriftswort, wie die Unterfertigung selbst. Vgl. auch ROLLER 70 ff., 493 ff.

53) Der Papyrus hat im Rijksmuseum van Oudheden zu Leiden die Signatur I 420. Als Z ist er bezeichnet in der Erstpublikation von C. LEEMANS, Papyri Graeci Musei antiquarii publici Lugduni-Batavi 2 (1885) 263–276 mit vollständigem Facsimile in Originalgröße. Der Text ist am bequemsten zugänglich bei MITTEIS–WILCKEN 1,2 Nr. 6, einzelne Verbesserungen gibt W. SCHUBART, Aegyptus 31 (1951) 156 ff., die beste Analyse der Formen FAASS 188–194. Ein auf meine Bitte vom Museum in Leiden angefertigtes Photo eignet sich nicht zur Reproduktion; darum ist unserer Tafel I (wie anderen paläographischen Werken) das Facsimile bei LEEMANS zugrunde gelegt worden. Nach freundlicher Auskunft von E. BOSWINKEL (Brief an R. SEIDER, Heidelberg, vom 10. 1. 74) ist die Schrift links oben von anderer Tinte als der griechische Text, weniger schwarz, aber nicht purpurn, eher sehr dunkelbraun. Die Tafel-Vorlagen hat R. SEIDER in der Papyrussammlung der Universität Heidelberg für mich anfertigen lassen. Den Herren BOSWINKEL und SEIDER sei auch an dieser Stelle vielmals gedankt.

Reskripte haben mindestens vier Kolumnen des kaiserlichen Textes.[54] Erhalten ist aber vom Text gar nichts, sondern nur zwei Unterschriften. Die erste, 1888 von Wessely teilweise und von Wilcken ganz entzifferte, enthält den Schlußgruß *bene valere te cupimus*, der nur auf den Aussteller des Reskriptes zurückgehen kann. Da das Reskript an die Kaiser Theodosius und Valentinian gerichtet ist und aus Ägypten stammt, kann es sich nur um die Subskription Theodosius' II. handeln, die zwischen 425 und 450 unter das Reskript gesetzt wurde. Theodosius II., das sei hier am Rande bemerkt, hat zwar unter dem Einfluß seiner herrschsüchtigen älteren Schwester Pulcheria nicht nur fromme Werke getrieben, sondern auch Wissenschaft und Literatur gefördert und Bücher kopieren lassen; daß der Kaiser aber selbst zum Schönschreiber geworden sei, ist ein Irrtum mittelalterlicher und neuzeitlicher Gelehrter, und unter diesem Gesichtspunkt sollte man seine Unterschrift nicht betrachten.[55]

Daneben stehen nun aber Buchstaben, die in der gesamten bisherigen Literatur als unlesbar bezeichnet werden.[56] Ich möchte vorschlagen, sie *complev* zu lesen; es ist zu ergänzen *complevi* oder *complevit*. Danach folgen noch ein oder zwei Buchstaben, die auch ich nicht sicher erklären kann.

Diese Lesung wurde durch die einwandfrei seit langem erkannte Unterschrift *complevi* unter einer recht gut erhaltenen Papyrus-Urkunde des Comes Thebaidos Flavius Theofanes aus dem Jahre 505 angeregt, die dort neben zwei weiteren Unterschriften steht, die beide *bene vale* lauten und offenbar auf Schreiber und Aussteller zurückgehen.[57] In dem Leidener Kaiser-Reskript sind das sehr große *c* und das folgende kleine *o* leicht und, wie ich meine, ohne jeden Zweifel erkennbar. Die darauf folgenden großen und ganz parallelen Hasten, die von links unten mit weit ausholendem Schwung ansetzen und am oberen Ende wieder mit einem nach rechts unten auslaufendem Strich fortgesetzt werden, scheinen mir einen einzigen Buchstaben zu bilden, nämlich das *m*, das in den von Tjäder untersuchten großen Schriften zum Teil sehr eigenartige Formen annimmt,[58] hier aber doch noch relativ gut erkennbar ist. Es folgt das *p*, dessen Hasta, wie für diesen Buchstaben bezeichnend, unten nach rechts gebogen ist, während der zweite Strich hier auffallend hoch links

---

54) Vgl. unten Anm. 79.

55) Die Berichte bei Socrates, Hist. eccl. VII 22, Sozomenos, Hist. eccl. praef. § 8 und anderen, von STEIN, Histoire 1, 562 Anm. 117, zitierten Quellen lassen ebensowenig wie das Explicit einiger Solin-Handschriften mit Sicherheit auf eigenhändige Schönschreibarbeit des Kaisers schließen, sie sind aber von späteren Historikern so verstanden worden, z.B. Michael Glykas (Chronicon p. 483 Bonn: kalligraphos).

56) So z.B. WILCKEN (a.a.O.), BRANDI, AUF 1,18 Anm.1, BRESSLAU, Handbuch 2,2, 516 Anm.4, DÖLGER–KARAYANNOPOULOS 147 Nr.1, TJÄDER 123 f., der – gewiß zu Unrecht – erwägt, ob es sich um ein Gesta-Protokoll handelt.

57) ChLA 4 Nr.246, mit sehr gutem Facsimile und ausgezeichnetem Kommentar zuerst herausgegeben von K. BRANDI, AUF 5 (1914) 269–288. Nach BRANDI unsere Tafel II.

58) TJÄDER Tafel I (bei S.128 des Textbandes) Spalte 3, Buchstabe *M* mit Text S.123, nach Papyrus Nr.8 (Ravenna 564); vgl. auch TJÄDER Scrittura grande (wie Anm.68) 197.

ansetzt. Der fünfte Buchstabe ist ein *l*, dessen linke Schlinge vielleicht eine Ligatur mit einem *e* bezeichnen soll; in dem nach rechts unten auslaufenden Bogen kann man wohl noch ein *u* erkennen. So weit kann man, wie ich glaube, mit Sicherheit *compl*, wahrscheinlich *compleu* lesen, das Subskriptionswort, dem – wie in den merowingischen Diplomen auch üblich – die Endung -*i* oder -*it* fehlt. Dahinter stehen noch ein oder zwei weitere Buchstaben. Der erste, durch ein Loch beschädigte läßt sich entweder mit runder Schulter zu einem *c* ergänzen oder mit eckiger Schulter zu einem *p* oder *t*. Der lange schräge Strich von rechts nach links unten bildet entweder zusammen mit dem Querstrich von links einen Buchstaben, *r* oder *q*, oder es ist nur eine Art von Abkürzungszeichen, das eine Suspension andeutet. Man könnte beides zusammen etwa als *pr(inceps)* lesen und einem Amtstitel oder eine andere Selbstbezeichnung desjenigen Subskribenten vermuten, der das *compleu* geschrieben hatte, doch ist das ganz unsicher. Unlesbar für mich bleiben auch die Schlingen über dem Wort *compleu*; vergleichbar sind sie mit gleichfalls unentzifferten Schlingen hinter dem *complevi* auf der erwähnten Urkunde des Comes Thebaidos. Um tironische Noten handelt es sich gewiß nicht.

Was bedeutet nun aber die Unterschrift *complev(i)* oder *complev(it)* und von wem stammt sie? Justinians Gesetze haben den Tabellionen zwingend vorgeschrieben, die von ihnen aufgesetzten Urkunden, bes. Testamente und Verträge, privater Personen durch die *completio* zu vollenden, und infolge dieser Gesetze ist seit der Mitte des 6. Jahrhunderts – aber nicht vorher – die oft erörterte Tabellionen-Unterschrift *complevi*, meist verbunden mit *et absolvi*, bekannt, die bis in die Notariatsurkunden des hohen Mittelalters lebt.[59] Aber wir sind hier im Jahrhundert vor Justinian, und es handelt sich um ein Kaiserreskript, es kann also allenfalls äußerliche Vergleichsmomente mit der Tabellionen-Urkunde geben. Die einzige sachliche Analogie, die ich kenne, bietet das mehrmals genannte Schreiben des Flavius Theofanes von 505, die Urkunde eines oberägyptischen Provinzstatthalters also, die in Briefform ausgestellt ist wie Kaiserreskripte. Wie bemerkt, hat sie noch zwei Unterschriften in der Form *bene vale*, die auf Schreiber und Aussteller zurückzugehen scheinen. Das *complevi* dieser Urkunde, dem (wie dem *bene vale* des Ausstellers) ein Chrismon voraufgeht und dem die erwähnten Schnörkel folgen, dürfte der verantwortliche Bürochef des Ausstellers, der *princeps officii*, geschrieben haben.[60] Diese Deutung wird nahegelegt durch das bei Cassiodor erhaltene Ernennungsformular des *princeps officii* beim Comes Dalmatiae, in dem es heißt: *gesta quin etiam totius actus te subscribente complentur*

---

59) Die *completio* wird mit C.J. IV 21, 17 (von 528) und Nov. Just. 44,1 (von 536) eingeführt und bleibt in Teilen Italiens bis ins hohe Mittelalter gebräuchlich; dazu H. BRUNNER, Zur Rechtsgeschichte der römischen und germanischen Urkunde 1 (1880) 67 ff., H. STEINACKER, Die antiken Grundlagen der frühmittelalterlichen Privaturkunde (1927) 79 ff., 90 f., IDEM, Traditio cartae und traditio per cartam, Archiv f. Diplomatik 5/6 (1959/60) 1–72, bes. 27–35, WENGER 747 ff., TJÄDER 1, 273 f. mit Zusammenstellung der Beispiele aus den Ravennater Papyri, sämtlich nachjustinianisch.
60) Vgl. CLASSEN, Kaiserreskript 2, 52 f. (1977: 63 f.).

*et consensus tuus quaeritur, postquam voluntas iudicis explicatur.*[61] Daß die *completio chartarum* zu den Aufgaben gewisser Oberbeamten gehört, setzt auch ein justinianisches Gesetz voraus (C.J. I 27. 1 § 18 von 534). Das *complevi* als Unterschrift eines Kanzleibeamten, das sich gewiß nicht auf die Tabellionen-Subskription der Privaturkunden zurückführen läßt, kennen aber auch venetianische Dogen-Urkunden des 9. und 10. Jahrhunderts.[61a]

So dürfte auch das *comple(vi)* unseres Kaiserreskriptes die Subskription eines Beamten sein, mit dem dieser die Verantwortung übernahm, ehe der Kaiser selbst mit seiner Grußunterschrift das Reskript vollzog. Welcher Beamter es war, ob der *magister libellorum* oder einer der anderen *magistri scriniorum*, ob ein untergeordnetes Mitglied eines der *scrinia* oder der hochgestellte *quaestor*, vermag ich nicht zu sagen. Vielleicht gelingt die Klärung dieser Frage mit der Entzifferung der bisher ungelesenen Buchstaben. Wie dem auch sei, wir dürfen, glaube ich, die bestimmte Aussage machen, daß spätrömische Kaiserurkunden ebenso wie Beamtenurkunden *stets* neben der eigenhändigen Großunterschrift des Ausstellers eine Unterzeichnung eines verantwortlichen Kanzleibeamten tragen und daß beide Unterfertigungen neben der Kopie der Bittschrift auf dem Leidener Fragment erhalten sind.

Die Beamten-Subskriptionen sind freilich selbst in der relativ kleinen Zahl von Kaiserurkunden in den Rechtssammlungen und Konzilsakten, die die rechtsverbindliche Unterschrift des Kaisers bewahrt haben, fast stets weggelassen worden, weil sie außerhalb des Kanzlei-Betriebes bedeutungslos waren. Zu den sehr seltenen Ausnahmen gehören zwei sonst ganz unterschiedliche Stücke, eine von den Praefecti praetorio Konstantins d. Gr. ausgestellte *tractoria* (Paß für Benutzung des *Cursus publicus*)[62] und ein Gesetz Justinians,[63] in denen ihrer Stellung nach nicht sicher bestimmbare Kanzleibeamte mit ihrem Namen und dem Wort *optulit* bzw. *optulimus* zeichnen. In beiden Fällen ist vor allem die Namensnennung, aber auch das Wort, das sich offenbar auf die Vorlage beim Kaiser bezieht, auffallend. In unserem Zusammenhang verdienen diese Stücke Beachtung, weil eben in dieser Form – Verbindung von Namen und *optulit* – die Referendare der

---

61) Cassiodor, Variae VII 24.

61a) So z. B. unter einem Dekret des Dogen und des Patriarchen von Grado aus dem Jahre 960: *Ego Dominicus presbyter et cancellarius ex mandato domini Petri ducis senioris nostri complevi et roboravi,* bei G. L. F. TAFEL und G. M. THOMAS, Urkunden zur älteren Handels- und Staatsgeschichte der Republik Venedig 1 (Fontes rerum Austriacarum II 12, 1856) 25 Nr. 13.

62) Die Urkunde in der Appendix zu Optat (wie Anm. 26) Nr. 8, mit der Unterschrift: *Hilarus princeps optulit* und folgendem Datum. Zur Urkunde vgl. CLASSEN, Kaiserreskript 1, 46f., zur Unterschrift ebenda 2, 52 (1977: 50f. und 166f.).

63) Nov. Just. 159 von 555. Der griechischen Version des Textes folgt ein Publikationsedikt (des Präfekten?); an dessen Ende steht *PP. FL. Iohannes et Curicus ab actis* (Codd.: *sabaetis* und *subditis*) *optulimus.* ZACHARIAE (vgl. die Ausgabe) schlägt für *PP* vor *pr(inceps)*, STEIN, Opera minora 380 Anm. 1 mit den Herausgebern *p(ro)p(onatur)*.

Merowinger zu signieren pflegen: *Syggolenus optol(it)*.[64] Hier darf am Rande darauf hingewiesen werden, daß nicht nur germanische Herrscher auf römischem Provinzialboden Namensunterschriften unter ihren Urkunden kennen: bei den Blemmyern in Ägypten ist dieselbe Erscheinung zu beobachten.[65]

## VI.

Die kaiserlichen Kanzleien schreiben ihre Urkunden in einer besonderen Schrift, deren Anwendung eine oft zitierte Constitution des Kaisers Valentinian I. vom Jahre 367 den Officia anderer Behörden verbot (C. Th. IX 19,3). Der dort gebrauchte Ausdruck *litterae caelestes* für die Schrift der Kaiser-Kanzleien ist in neuerer Zeit wie ein terminus technicus aufgefaßt und benutzt worden: Das war er im Altertum schwerlich, sowenig wie die Ausdrücke *divinum oraculum* oder *sacri affatus* rechtstechnische Ausdrücke für ein Reskript sind. Die Arbeiten Mallons haben gezeigt, daß die Kursive der Kaiserkanzlei, die wir fast ausschließlich aus einer zusammengehörigen Gruppe von teils in Paris, teils in Leiden befindlichen Papyrus-Fragmenten kennen,[66] aus der älteren römischen Kursive hervorgegangen ist, während die Behörden-Kanzleien ebenso wie die bes. aus Ravenna bekannten städtischen Schreibstuben der Gesta municipalia Formen der jüngeren Kursive benutzten.[67] Die eigenartig vergrößerten Schriften am Anfang und am Ende von Behörden-Urkunden und Gesta-Protokollen sind Sonderformen der jüngeren Kursive; eine aus der älteren Kursive entwickelte eigenartige große Schrift tritt am Anfang einiger Gesta-Protokolle auf, ohne Nachfolge zu finden.[68] Ob auch die Kaiserkanzlei solche vergrößerte Schriften kannte, wissen wir nicht; die erhaltenen Fragmente erlauben keine Antwort. Die seit etwa 625 aus Originalen bekannte Schrift der merowingischen Königs-Kanzlei knüpft ganz an die Schriftformen der Beamten-Urkunde an.[69] Wie lange die kaiserliche Kanzlei-Kursive ihr Sonderleben in den *scrinia* führte, ist nicht sicher zu sagen. Begreiflich ist, daß der Kaiser Theodosius II. seine auf dem Leidener Papyrus Z erhaltene Grußunterschrift nicht in der Kanzleischrift, sondern in gepflegter jüngerer Kursive schrieb.

Hier ist noch eine besondere, bisher kaum beachtete Erscheinung zu erwähnen. Die kaiserliche Entscheidung wurde in Reskription und Gesetzen oft mit dem Wort *sancimus*

---

64) So PH. LAUER – CH. SAMARAN, Les diplômes originaux des Mérowingiens (1908) Nr. 1.
65) MITTEIS-WILCKEN 1,2 Nr. 7, 6. Jh.
66) Vgl. Anm. 79.
67) MALLON, L'écriture passim, IDEM, Paléographie 114 ff., dem im wesentlichen auch TJÄDER 95–121 zustimmt, zuletzt O. KRESTEN, Diplomatische Auszeichnungsschriften in Spätantike und Frühmittelalter, MIÖG 74 (1966) 1–50, bes. 2 ff., 12 ff., vgl. unten Anm. 78.
68) TJÄDER 1, 122 ff., IDEM, La misteriosa »scrittura grande« di alcuni papyri ravennati e il suo posto nella storia della corsiva Latina e nelle diplomatica romana e bizantina dall'Egitto a Ravenna, Studi Romagnoli 3 (1952) 173–221, KRESTEN 7–12.
69) MALLON, L'écriture 24 ff., IDEM, Paléographie 119 ff., KRESTEN 37 ff.

ausgedrückt, dessen Gebrauch dem Kaiser allein vorbehalten war – auch die Barbarenkönige haben diese Prärogative geachtet; nur ganz wenige Urkunden des Ostgoten Theoderich machen eine Ausnahme.[70] Ein inschriftlich in Kairouan erhaltenes Reskript Justinians oder eines seiner ersten Nachfolger hat nun, während die übrigen Wörter in einer normalen – in einzelnen Formen griechisch beeinflußten – Kapitalis geschrieben sind, das Wort *sancimus* in den Formen einer jüngeren Kursive in den Stein gehauen; ein zweites Fragment hat in gleicher Form das Wort *firmamus*.[71] Die Bedeutung dieses epigraphisch so ganz ungewöhnlichen Phänomens erkennen wir an der Kopie eines Privilegs Kaiser Konstans' II. von 666 in dem Codex V F 19 der Este-Bibliothek von Modena aus dem XV. Jahrhundert, der die Ravennater Geschichte des Erzbischofs Agnellus enthält. Dort ist das *sancimus* offenbar (ob direkt nach dem Original oder, wie eher anzunehmen, nach einer Zwischenkopie oder nach der Übersetzung eines griechischen Originals, bleibe dahingestellt) der Papyrusschrift des 7. Jahrhunderts nachgezeichnet, und darüber steht die Bemerkung *litere imperatoris*.[72] Ein Erlaß Konstantins IV. in den Akten des 6. ökumenischen Konzils von 680 enthält das lateinische Wort *sancimus* im griechischen Text.[73] Eine in Saloniki inschriftlich überlieferte Urkunde Justinians II. von 688 hat im griechischen Text das Dispositionswort *donamus* lateinisch.[74] Wir irren uns schwerlich, wenn wir annehmen, daß tatsächlich nicht nur die Subskription – die im Ravennater Privileg *fiat* lautet –, sondern auch das *sancimus* oder *donamus* vom Kaiser selbst eingetragen wurde; schon in lateinischen Urkunden war sie graphisch vom Text abgehoben, und in den griechischen Urkunden des 6. Jahrhunderts blieb das Wort nicht nur durch die Schrift, sondern auch durch die Sprache ausgezeichnet. Später wurden in Byzanz bekanntlich nicht nur die Subskription *legimus*, sondern auch andere Wörter mitten im Text, bes. λόγος in den Chrysobulloi Logoi, nachträglich, und zwar mit roter Tinte, nun freilich nicht vom

---

70) CLASSEN, Kaiserreskript 2, 22 (1977: 130).

71) CIL VIII 23127, dazu die Abbildung des größeren Fragmentes bei MALLON, L'écriture pl. I b und IDEM, Paléographie pl. XXVI 3 mit Text 117 f. und 184. Die Inschrift ist sicher nach Justinians Eroberung des Wandalenreiches zu datieren. Ob das zweite Fragment *(con)firmamus* zu ergänzen ist (so MALLON nach DIEHL), bleibe dahingestellt. Schon der erste Herausgeber, Ch. DIEHL, hat diese Worte als Kaiserschrift gedeutet, aber an eine Art Subskription gedacht, Académie des Inscriptions et des Belles-Lettres, Comptes rendues 1894, 383–393.

72) MG. SS. rer. Langob. 350 f. in der Fußnote (ed. O. HOLDER-EGGER), dazu BRANDI, AUF 9, 21 ff. mit Textkorrekturen und Erörterung des *sancimus*. BRANDI 201 hält das Ravennater Privileg für eine Übersetzung aus dem Griechischen. Das ist wahrscheinlich richtig; aber die eben erörterte Inschrift dürfte beweisen, daß schon in original lateinischen Texten das Kaiserwort *sancimus* besonders eingetragen wurde.

73) MANSI 11, 201, worauf schon BRANDI a. a. O. hinweist.

74) A. VASILIEV, An Edict of the Emperor Justinian II, September 688, Speculum 18 (1943) 1–13 (Edition S. 5 f.) und H. GRÉGOIRE, Un édit de l'Empereur Justinien, Daté de Septembre 688, Byzantion 17 (1944/45) 119–124 a (verbesserte Edition S. 123 f.). Die Urkunde enthält eine Schenkung für die Kirche des hl. Demetrius; in der Dispositio ist ein Datum enthalten, doch fehlt leider ein Eschatokoll.

Kaiser selbst, sondern von einem höheren Beamten geschrieben.[75] Die rote, genauer gesagt, die Purpurtinte, hat Kaiser Leon I. 470 für Eintragungen und Unterschrift des Kaisers bestimmt; jede anderweitige Verwendung wurde als Usurpation mit dem Tode bestraft (C. J. I. 23,6).

## VII.

Ein letztes Wort zur äußeren Form. Während private Urkunden in aller Regel parallel zur schmalen Seite des Papyrus beschrieben sind,[76] haben kurze Beamten-Urkunden wie das mehrmals genannte Stück des Flavius Theofanes und der sog. Papyrus Butini[77] längere Zeilen parallel zur Längsseite.

Die Fragmente von Leiden und Paris mit den sog. *litterae caelestes*[78] haben – ohne vollständig zu sein – auf den Resten einer 31 cm hohen Papyrus-Rolle vier erhaltene Kolumnen zu je etwa acht Zeilen und je etwa 35 cm breit mit Abständen von etwa sechs Zentimetern; sie enthalten Fragmente von zwei Reskripten des 5. Jahrhunderts.[79] Ein entsprechendes Bild bietet der Papyrus Leiden Z auf einer ebenfalls 31 cm hohen Rolle. Die Schriftkolumne des *Exemplum precum* ist etwa 51 cm breit und hat sechzehn Zeilen; die Subskriptionen daneben lassen keine Rückschlüsse auf Kolumnen des Reskript-Textes zu. Bemerkt sei, daß die Beschriftung parallel zur Längsseite, z. T. mit Zeilen von über 2 m Länge, in Ravennater Erzbischofs-Urkunden wiederkehrt,[80] daß sie aber auch aus den Gesta municipalia von Ravenna bekannt ist, dort regelmäßig mit Schrift in Kolumnen.[81] Lange Zeilen parallel zur Längsseite haben aber auch die älteren merowingischen Königs-Urkunden.[82]

75) Vgl. DÖLGER, Diplomatik 40 f., 58 f., DÖLGER-KARAYANNOPOULOS 117 ff.

76) TJÄDER 1,126.

77) ChLA 1 Nr. 5, eine Beamtenurkunde wohl aus dem ostgotischen Italien, mit verlängerter Schrift in der ersten Zeile und zwei Subskriptionen *bene vale*.

78) Sie sind immer noch die fast einzigen ihrer Art. Die Papyri ChLA 3 Nr. 210, 213, 217, die der Herausgeber R. MARICHAL als mit »litterae caelestes« geschrieben bezeichnet, sind nach O. KRESTEN, Zur Frage der Litterae caelestes. Jahrbuch der österr. Byzant. Gesellschaft 14 (1965) 13–20, nicht in dieser Schrift geschrieben, wohl aber das winzige Fragment Pap. Vindob. lat. 15.

79) Die einzige vollständige Reproduktion der zusammengehörenden Fragmente von Leiden und Paris (in Originalgröße) ist immer noch N. DE WAILLY, Mémoires sur des fragments de papyrus écrits en Latin, Mémoires de l'Institut Royale de France, Académie des Inscriptions et Belles Lettres XV 1 (1842) 399–423. Teil-Facsimiles gibt es oft, am besten F. STEFFENS, Lateinische Paläographie (1929²) Tafel 16. Zur Paläographie MALLON, L'écriture passim, IDEM, Paléographie 114 ff. Für den Text grundlegend MOMMSEN, Gesammelte Schriften 2 (1905) 342–357, zu den äußeren Formen am besten FAASS 194–200.

80) Vgl. BRANDI, AUF 1, 71 ff.

81) TJÄDER, 1,126.

82) Vgl. die verkleinerten Facsimilia bei LAUER-SAMARAN (wie Anm. 64).

## VIII.

Versuchen wir zuletzt, unsere Ergebnisse vor allem im Hinblick auf das Mittelalter zusammenzufassen. Der spätrömische Staat ist ein bürokratischer Staat mit einer unendlich komplizierten Verwaltung, aus der unter anderem auch Kaiser-Urkunden hervorgehen. Diese gewinnen, soweit sie zugunsten einzelner Personen und Körperschaften ausgestellt werden, erst nach Prüfung der Rechtmäßigkeit ihres Inhalts und der sachlichen Richtigkeit des Gesuches Rechtskraft – aber damit ist auch ihr Wert erschöpft; denn die Fortdauer verliehener Rechte wird durch staatliche und munizipale Verwaltungsakten und Behörden, nicht durch privat gesammelte Urkunden-Schätze gewährleistet. Die Kanzleien mit ihrem so zahlreichen Personal bilden nur einen kleinen Teil des bürokratischen Systems; die Kaiser-Urkunde hat eine begrenzte Funktion im Verwaltungs-Prozeß.

Das öffentliche Aktenwesen können die Franken in Gallien nicht oder nur in ganz rudimentärer Form aufrecht erhalten; aber alle inneren und äußeren Formen ihrer Urkunden ebenso wie die Amtstitel der Kanzlei-Beamten, der Referendare, gewinnen gerade, weil andere Behörden verfallen, an Bedeutung, und ihre Produkte, die Königs-Urkunden, erhalten einen von Prozessen und Verwaltungsbehörden unabhängigen Wert.

Da die ältesten erhaltenen Urkunden der Merowinger erst um 625 ausgestellt wurden, klafft zwischen der Zeit der Rezeption römischer Formen und dem Datum unserer ersten Quellen eine beträchtliche Lücke von rund 125 Jahren. Dennoch ist die Rezeption deutlich erkennbar. Dabei ist zu bemerken, daß einige Formen eher auf Kanzleien höherer Beamter als auf Kaiser-Kanzleien zurückgehen. Das gilt vor allem für die Schrift. Dagegen scheint die regelmäßige Namensunterschrift des Ausstellers wie des Referendars sich erst bei den Franken durchgesetzt zu haben. Vielleicht gilt dasselbe auch für die Siegel. In der Kanzlei selbst, beim Personal, scheint das Nebeneinander der Referendare, denen Schreiber nachgeordnet sind, eine sehr viel einfachere Organisation zu spiegeln, als die Römer sie hatten.

Fast alle Einzelheiten des Urkunden- und Kanzleiwesens der Franken dürften römische Formen fortsetzen. Eines freilich läßt sich im Frankenreich nicht festhalten: das bürokratische System als Grundlage des gesamten Staatswesens. Infolge des Verschwindens dieser Basis verändern sich dann auch Funktionen und Formen der Urkunden. Die Rezeption der römischen Formen durch die Völkerwanderungs-Staaten darzustellen, ist nicht mehr Aufgabe dieses Referats.

# Italien zwischen Byzanz und dem Frankenreich

*Vladimir Milojčić 7. II. 1918 – 19. II. 1978 in memoriam*

## I.

Wenn es im Bereich der politischen Geschichte einen Vorgang gibt, der die Rede vom Ursprung Europas in der Karolingerzeit rechtfertigt, so ist es die Lösung Italiens und insbesondere des Papsttums aus der byzantinischen Herrschaft und seine enge Verbindung mit den nordalpinen Ländern des Frankenreiches.

Das Europa des Mittelalters und der Neuzeit unterscheidet sich von der antiken Welt in den geographischen Voraussetzungen: ist das Altertum bestimmt vom Kreis der Länder um das Mittelmeer, so Mittelalter und Neuzeit durch die untrennbar miteinander verbundenen Länder beiderseits der Alpen zwischen dem Mittelmeer einerseits, dem Atlantik und den nördlichen Meeren andererseits. Ein weiterer Unterschied besteht darin, daß die Geschichte des Altertums auf weite Strecken hin die Geschichte der Imperien ist, zuletzt und am längsten des Imperium Romanum, während im Mittelalter das karolingische Imperium ebenso rasch verfällt, wie es aufgebaut wird, und dann die Vielzahl der Regna – zunächst der karolingischen Teilreiche, dann auch der hinzutretenden Staaten anderer Ursprungs – mit gemeinsamer geistiger und politischer Tradition erst in ihrer Gesamtheit das ausmacht, was man Europa nennt.

Ist es aber überhaupt sinnvoll, in unserem Zusammenhang von Italien zu sprechen? Bekanntlich hat dieses Land zwischen der Zeit der Goten und derjenigen des Risorgimento niemals eine politische Einheit gebildet. Die Teilung zwischen Langobarden und Römern ist seit dem letzten Drittel des 6. Jahrhunderts eine Tatsache, und es ist keiner Seite gelungen, sie zu überwinden. Die Stellung des byzantinischen Reiches in Italien wird wohl geschwächt, aber auch in der karolingischen Zeit nicht gebrochen, und erst den Normannen gelingt es, die Griechen aus Italien zu vertreiben, freilich ohne eine neue Einheit herzustellen. Aber gerade im 7. und 8. Jahrhundert wird weder von der einen noch von der anderen Seite die tatsächliche Teilung Italiens hingenommen oder gar endgültig anerkannt. So wie die Krone Agilulfs den Langobardenkönig REX TOTIUS ITALIAE nennt,[1] so

---

[1] Inschrift der verlorenen – 1804 aus der Nationalbibliothek zu Paris gestohlenen und kurz danach vernichteten – Krone: AGILVLF GRAT(ia) D(e)I VIR GLOR(iosissimus) REX TOTIVS ITAL(iae) OFFERET S(an)C(t)O IOHANNI BAPTISTE IN ECCL(esia) MODICIA, dazu Reinhard Elze, Die Agilulf-Krone des Schatzes zu Monza, Historische Forschungen für Walter Schlesinger, hrsg. v. Helmut Beumann, Köln-Wien 1974, pp. 348–367 mit Tafeln.

schicken die Byzantiner ihre Exarchen *ad regendam omnem Italiam*.[2] Die Rede von »ganz Italien« läßt sich durch erstaunlich viele Quellen des 6. bis 9. Jahrhunderts verfolgen,[3] und man kann immer wieder das Ziel verschiedener Seiten erkennen, das Land unter einer Herrschaft zu vereinen.[4]

Italien ist jedoch an den Rand des Römischen Reiches gerückt und zu einer für die Zentrale am Bosporus schwer zugänglichen Außenprovinz geworden. Hatte schon Narses nur unter größten Schwierigkeiten ein Landheer aus dem Osten nach Italien bringen können, so ging nach dem Verlust von Aquileja an die Langobarden, Emona an die Slowenen und Sirmium an die Awaren jenes Rückgrat des Reiches an den Donau- und Drau-Straßen verloren, auf dem die Heere noch im 4. und 5. Jahrhundert, mancher Bedrohung durch Goten und Hunnen zum Trotz, sich vom Osten nach dem Westen des Reiches und wieder zurück hatten bewegen können. Was blieb, war die Seeherrschaft der Römer oder, wie wir nun sagen, der Byzantiner, und sie hat auch das Gesicht der eigentümlichen Zweiteilung Italiens zwischen den Langobarden und Römern bestimmt; ja, sie blieb darüber hinaus für die Geschichte Italiens bis ins 11. Jahrhundert ein entscheidender Faktor. Denn die Langobarden und nach ihnen die Franken haben jenen Schritt auf das Meer niemals getan, den die Wandalen, für kurze Zeit auch Totilas Goten, danach unter den Eroberern des Nordens aber erst wieder die Normannen unternommen haben.[5]

Auf dem Mittelmeer herrschten die byzantinischen Flotten; aber seit den letzten Jahrzehnten des 7. Jahrhunderts standen ihnen diejenigen der Sarazenen gegenüber. Diese

2) so über die Exarchen Olympius und Theodor, Liber Pontificalis, ed. Louis Duchesne, vol. I, Paris 1886, pp. 332 und 337 zu 643 und 649.

3) vgl. die Nachweise im Anhang.

4) Für die allgemeine Geschichte verweise ich nur auf die großen Darstellungen: Ludo Moritz Hartmann, Geschichte Italiens im Mittelalter, Bände II (in 2 Teilen) und III (in 2 Teilen), Gotha 1900–1911, Georg Ostrogorsky, Geschichte des byzantinischen Staates, 3. Aufl. München 1963 (Handbuch der Altertumswissenschaften XII 1.2), Erich Caspar, Geschichte des Papsttums, Band II, Tübingen 1933, Derselbe, Das Papsttum unter fränkischer Herrschaft, »Zeitschrift für Kirchengeschichte« 54, 1935, pp. 132–264, (auch als Buch, Darmstadt 1956), Ottorino Bertolini, Roma di fronte a Bisanzio e ai Longobardi, Bologna 1941 (Storia di Roma IX), dazu die wichtigen Aufsatzsammlungen von Gian Piero Bognetti, L'età longobarda, voll. I–IV, Milano 1966–68, und Ottorino Bertolini, Scritti scelti di storia medievale, voll. I–II, Livorno 1968. Von den Spoletiner Studienwochen haben verschiedene zu unserem Thema beigetragen; aus letzter Zeit ist vor allem zu nennen: I Problemi dell'Occidente nel Secolo VIII, Spoleto 1973 (Settimane di studio del Centro italiano di studi sull'alto medioevo XX). Unter einem anderen Blickwinkel habe ich selbst einen Teil der hier zu erörternden Fragen dargestellt: Karl der Große, das Papsttum und Byzanz, in »Karl der Große – Lebenswerk und Nachleben«, hrsg. von Wolfgang Braunfels, vol. I, Düsseldorf 1965, pp. 537–608; hier zitiert nach der erweiterten Sonderausgabe Düsseldorf 1968. Die vorliegende Skizze soll die frühere Arbeit ergänzen; Wiederholungen sind möglichst vermieden. Darum wird die Zeit Karls des Großen nur kurz gestreift.

5) Archibald R. Lewis, Naval Power und Trade in the Mediterranean, Princeton, N.J., 1951. Hélène Ahrweiler, Byzance et la mer, Paris 1966. Ekkehard Eickhoff, Seekrieg und Seepolitik zwischen Islam und Abendland, Berlin 1966.

Grundtatsache darf man nicht aus den Augen verlieren, wenn man die Geschichte Italiens im 8. und 9. Jahrhundert betrachtet. Die Küsten Venetiens, des Po-Mündungsgebietes, der Pentapolis, lange Zeit noch Liguriens, der römischen und der neapolitanischen Campagna, dazu ganz Kalabrien, Otranto, Sizilien waren byzantinisch geblieben, weil die Langobarden diese Gebiete nicht leicht ohne Flotte gewinnen konnten. Die Byzantiner aber mußten diese Bereiche mit aller Kraft verteidigen, schon um nicht entscheidende Positionen gegenüber den Sarazenen zu verlieren, während ihnen das Landesinnere rasch verloren ging.

In den maritimen Bereichen konzentriert sich die vor den Eroberern zurückweichende römische Bevölkerung, und diese entfaltet eine neue Aktivität an den Küsten in Fischfang und Schiffahrt. Das gilt für viele Teile Italiens ebenso wie für Griechenland und Dalmatien. Mit dem Kranz der Lagunenstädte von Grado über Heraclea und Jesolo bis Malamocco und dem bedeutenden Comacchio, mit Trani in Apulien, mit Amalfi und Gaeta[6] am Tyrrhenischen Meer entstehen neue Hafenplätze, deren einige zu großer Bedeutung aufsteigen.

Aber der Weg zwischen Italien und Konstantinopel war lang geworden, von den Unbilden der Witterung und den Jahreszeiten abhängig. Da der Süden Italiens mit Benevent, seit etwa 675 auch Bari, Brindisi und Tarent, in langobardischer Hand war, mußte man von Rom den langen Seeweg nehmen, bestieg meist das Schiff in Terracina oder Neapel und war auf dem Weg über Messina und Griechenland oft mehrere Monate unterwegs. Große Heere wurden nicht mehr mit Flotten transportiert, und die »Provinzen Italiens« mußten sich wirtschaftlich und militärisch immer mehr auf sich selbst stellen; nur die höchsten Offiziere und Beamten wurden noch aus dem Osten geschickt; nicht nur die Menge der subalternen Amtsträger, sondern auch die Mehrzahl mittlerer Befehlshaber von Castra und Städten kamen nun aus dem Lande selbst, das die Milizen stellte und die Mittel aufbrachte, sie zu ernähren. Naturalwirtschaftliche Grundlagen beginnen sich auch im byzantinischen Teil Italiens schon im 7. Jahrhundert durchzusetzen; Grundherrschaft und Militärverwaltung verschmelzen miteinander.[7]

6) Gaeta und Amalfi werden von Konstantin Porphyrogennetos als vierte und fünfte Stadt Italiens genannt, De administrando Imperio cap. 27 (ed. GYULA MORAVCSIK u. R. J. H. JENKINS, 2. ed. Washington, D. C., 1967, p. 116, vgl. auch p. 113). Über Gaeta vgl. MARGARETE MERORES, Gaeta im frühen Mittelalter, Gotha 1911; über Amalfi jetzt ULRICH SCHWARZ, Amalfi im frühen Mittelalter (9.–11. Jahrhundert), Bibliothek des Deutschen Historischen Instituts in Rom 49), Tübingen 1978.

7) Dazu ist immer noch auf den klassischen Aufsatz von LUDO MORITZ HARTMANN zu verweisen: Grundherrschaft und Bureaukratie im Kirchenstaate vom 8. bis zum 10. Jahrhundert, »Vierteljahresschrift für Social- und Wirtschaftsgeschichte« VII, 1909, pp. 142–158; neuerdings die umfassende Untersuchung von PIERRE TOUBERT, Les structures du Latium médiéval, 2 Bände, Rom 1973, und DERSELBE, L'Italie rurale aux VIIIᶜ et IXᶜ siècles, in I problemi dell'Occidente nel secolo VIII, Spoleto 1973, (Settimane di studio del Centro italiano di studi sull'alto medioevo XX) pp. 95–132; zur langobardischen Seite bes. die Arbeiten von GIOVANNI TABACCO, I liberi del re nell'Italia carolingia e postcarolingia, Spoleto 1966 (Biblioteca degli »Studi Medievali« II), und DERSELBE, Dai possessori dell'età carolingia agli esercitali dell'età longobarda, »Studi medievali«, serie 3ᵃ, X (1969), pp. 221–268.

Wenn wir vom römischen oder byzantinischen Italien des frühen Mittelalters sprechen, so dürfen wir nicht von vornherein »byzantinisch« gleich »griechisch« setzen und die römische Herrschaft als eine Herrschaft griechischer Sprache betrachten. Die Goten-Kriege hatte der aus Illyrien stammende lateinische Kaiser in Konstantinopel geführt, und auch Justinians erste Nachfolger waren noch Lateiner. In den Augen des Paulus Diaconus – der an dieser Stelle seine Quelle, Gregor von Tours, ergänzt – ist Mauricius der erste Grieche auf dem Thron: *primus ex Grecorum genere in imperio confirmatus est.*[8] Die uns so gewohnte, auch dem Ursprung unserer byzantinistischen Wissenschaft aus der griechischen Philologie entsprechende Gleichsetzung des oströmischen Staates mit der griechischen Staatssprache setzt sich erst allmählich durch. Die Bereiche neu aufblühender orientalischer Sprachen sind an die Herrschaft der Muslim gefallen; aber erst als nach den illyrischen Provinzen auch Afrika und dann der größte Teil Italiens verloren gehen, wird endgültig seit der zweiten Hälfte des 8. Jahrhunderts das Römische Reich ein Reich griechischer Sprache, in dem nun auch das Heer griechisch spricht und nur ein paar Wörter der Rechts- und Militärsprache lateinisch bleiben.

Das römische Italien des 7. und 8. Jahrhunderts sieht aber eine nicht ganz geringe Zuwanderung griechisch sprechender Menschen. Dabei handelt es sich einerseits um hohe Beamte und Offiziere sowie deren meist militärisches Gefolge, das wir vor allem im Bereich von Ravenna aus Inschriften und Urkunden erkennen können, zum anderen um Flüchtlinge verschiedener Art: Menschen vornehmlich der gehobenen Stände, die vor den slawischen Eroberern in Griechenland oder vor den Arabern in Syrien, Ägypten und auch in Kleinasien zurückweichen, aber auch Mönche und Kleriker, die mit der im Osten herrschenden und vom Kaiser vertretenen theologischen Richtung nicht einverstanden sind, wie orthodoxe Gegner des Monotheletismus im 7., verfolgte Ikonodulen im 8. Jahrhundert.

Das Ausmaß dieser griechischen Zuwanderung auch nur annäherungsweise in Zahlen anzugeben, wird niemals möglich sein. Die ohnehin dürftigen Quellen reichen dazu in keiner Weise aus.[9] Nur ganz allgemeine Aussagen sind möglich. Daß es in Sizilien stets griechische Bevölkerungsteile gegeben hatte, unterliegt keinem Zweifel, und in der früh-byzantinischen Zeit gilt die Insel im wesentlichen als ein Land griechischer Zunge; alle dort

---

8) Pauli Historia Langobardorum III 16 ed. G. WAITZ, M. G. H., Scriptores rerum Germanicarum in usum scholarum, Hannover 1878, p. 123.

9) Hier muß nachdrücklich davor gewarnt werden, aus den Personennamen auf die Abkunft zu schließen. So wie die gut lateinischen Namen Sergius, Germanus, Constantinus etc. bei den Griechen rezipiert sind, haben zahlreiche griechische, aber auch orientalische Namen auf dem Weg über die Bibel, über Heilige oder auch auf anderen Wegen früh weite Verbreitung bei Lateinern gefunden und erlauben keine Rückschlüsse auf Sprache und Abkunft der Träger. Das gilt schon für das 4.–6. Jahrhundert, erst recht für spätere Zeiten. Es ist erstaunlich, daß immer noch, auch in jüngeren Arbeiten, diese elementare Tatsache übersehen wird. Kaiser Tiberius Konstantinus war wohl griechischer Abstammung, die Abstammung des Mauricius ist umstritten. Aber beide dienten als Offiziere einer Armee, in der das Lateinische noch als Kommandosprache benutzt wurde.

entstandenen Heiligen-Viten sind griechisch verfaßt. Auch Kalabrien und die Terra
d'Otranto dürften erhebliche Anteile griechischer Bevölkerung gehabt haben, während
Apulien wohl erst seit dem letzten Viertel des 9. Jahrhunderts, als es wieder unter
byzantinische Herrschaft kam, eine stärkere Einwanderung griechischer Soldaten und
Beamten erfuhr.

In Ravenna treffen wir seit der Mitte des 6. Jahrhunderts Beamte und Militärs aus dem
Osten; ob aber der Sitz des Exarchen für andere Kreise sehr anziehend blieb, ist nicht so
sicher.[10] Insbesondere scheinen die Geistlichkeit und das Mönchtum sich sehr viel lieber
nach Rom gewandt zu haben, an den Ort der Apostelgräber, der die Pilger stets anzog,
und an den Sitz des Papstes. Monotheletenstreit und Bildersturm fördern im 7. und
8. Jahrhundert die Zuwanderung opponierender Mönche und Kleriker in das Zentrum des
Widerstandes.[11] Zu dem älteren Griechenkloster S. Renato treten im 7. Jahrhundert
S. Erasmo auf dem Celio, S. Saba auf dem Aventin, S. Anastasio vor den Stadtmauern im
Süden; während des Bilderstreites wird das Hauskloster Gregors des Großen, S. Andrea in
Clivo Scauri, griechisch; Papst Paul I. gründet S. Silvestro in Capite, und selbst im
9. Jahrhundert stiftet Paschalis I. Sta. Prassede für Griechen; um dieselbe Zeit entsteht
S. Cesario auf dem Palatin. In das alte Kloster S. Cassiano (bei S. Lorenzo fuori le mura)
führt Leo IV. Griechenmönche, und diese Reihe setzt sich noch im 10. Jahrhundert mit
SS. Bonifazio ed Alessio auf dem Aventin fort.[12]

## II.

Die Lösung Italiens aus dem byzantinischen Reich und seine Hinwendung zum Frankenreich beginnt mit der sogenannten römischen Revolution unter Gregor II. Über die
Konfiskation des päpstlichen Besitzes in Süditalien und den ersten Versuch Papst Gregors III., ein Bündnis mit den Franken zu schließen, führt der Weg zu dem Bund

10) Über die Zusammensetzung der Bevölkerung des Exarchats und bes. der Stadt Ravenna vgl. die
Überlegungen von ANDRÉ GUILLOU, Régionalisme et indépendence dans l'empire byzantin au VIIe
siècle: L'exemple de l'Exarchat et de la Pentapole d'Italie, Roma 1969 (Studi Storici 75–76) p. 78 ff.,
und 94 ff., die freilich, wo sie versuchen, Zahlen und Prozentsätze zu nennen (bes. p. 79 und 95), zu
keinen überzeugenden Ergebnissen kommen können.
11) Über die eigenartige Zweisprachigkeit der Lateransynode von 649 mit lateinischen Klerikern und
griechischen Mönchen und Theologen vgl. den lehrreichen Aufsatz von ERICH CASPAR, Die Lateransynode von 649, »Zeitschrift für Kirchengeschichte« 51, 1932, pp. 75–137, bes. pp. 84 ff., 115 ff.
12) Nachweise über die einzelnen Klöster bei GUY FERRARI, Early Roman monasteries, Città del
Vaticano 1957. (Studi di antichità cristiana 23). Das von Gregor III. gegründete S. Crisogono in
Trastevere war nach FERRARI p. 93 f. nicht griechisch. Vgl. auch ANTON MICHEL, Die griechischen
Klostersiedlungen in Rom bis zur Mitte des 11. Jahrhunderts, »Ostkirchliche Studien« 1, 1952, p.
32–45, zur Funktion der Griechenmönche schon CASPAR, Zeitschrift für Kirchengeschichte 51 p.
115 ff.

Stephans II. mit Pippin und der Eroberung des Langobardenreiches durch Karl den Großen. Der Versuch Ludwigs II., in Auseinandersetzung mit Sarazenen, Byzantinern und italienischen Territorialherren ganz Italien zu einem fränkischen Teilreich zu machen, und das Scheitern dieser Bemühungen schließen unser Thema ab. Freilich können wir nur wenige Punkte genauer ins Auge fassen.

Die erste Wendung Roms gegen das byzantinische Reich scheint in der sogenannten italienischen Revolution unter Papst Gregor II. zu liegen. Wir haben hier nicht den Verlauf zu schildern, sondern nur einzelne Fragen hervorzuheben.[13]

Motive und Ziele dieser Bewegung sind nicht ganz deutlich zu klären. Widerstände gegen die Reichsgewalt hatte es in Sizilien, in Ravenna und in Rom schon öfter gegeben; die Päpste hatten aber, soweit wir sehen, nur dann gegen Konstantinopel Stellung bezogen, wenn die Kaiser in Verdacht standen, eine falsche Glaubenslehre zu vertreten – eine Situation, die freilich vom 4. bis zum 8. Jahrhundert nicht eben selten gegeben war. Die Krise des Reiches zwischen dem ersten Sturz Justinians II. 695 und der Wiederherstellung kaiserlicher Autorität durch Leon III. seit 717 – binnen 22 Jahren wurden sieben Kaiser gestürzt und erhoben – konnte nicht ohne Rückwirkung auf die Randprovinz Italien bleiben, und es diente schwerlich der Stärkung kaiserlichen Ansehens, wenn man das abgeschlagene Haupt des letzten Herrschers aus der Dynastie des Herakleios zur Anschauung in die westlichen Provinzen sandte.

Gregor II. war nach längerer Zeit, da der Stuhl Petri von Sizilianern, Griechen und Syrern besetzt war,[14] der erste Römer-Papst. Er wurde gewählt, als der orthodoxe Kaiser Anastasios II. regierte, und der Exarch Scholastikios dürfte die Wahl bestätigt haben. Während der neue Kaiser Leon die Hauptstadt gegen die Sarazenen verteidigte, proklamierten der Patricius von Sizilien »und die Bewohner des Westens«, vom Reichszentrum abgeschnitten, einen eigenen Kaiser.[15] Wir wissen nicht, wie der Papst zu diesem rasch zusammengebrochenen Unternehmen stand; wir hören nur, daß er in den ersten Jahren des Pontifikats die den unsicheren Zeiten gemäße Aufgabe, Roms Mauern zu erneuern, wieder aufnahm.[16] All dies erklärt freilich noch nicht den harten Zusammenstoß mit der Zentral-

---

13) Hauptquelle ist bekanntlich der Liber Pontificalis, Vita Gregorii II, ed. DUCHESNE I pp. 396–410 mit dem immer noch wichtigen Kommentar des Herausgebers, dazu einige Bemerkungen in der Chronik des Theophanes, ed. CAROLUS DE BOOR, 2 Bände, Leipzig 1883–85. Vgl. die Darstellungen von HARTMANN, Geschichte Italiens II 2, p. 64–114, CASPAR, Geschichte des Papsttums II p. 643–663, BERTOLINI, Roma p. 464–470, 730 ff.

14) Seit Agatho 678–81 hatte es unter zehn meist nur kurze Zeit regierenden Päpsten nur einen Römer gegeben: Benedikt II., der 684/85 10 Monate Papst war.

15) Theophanes a. m. 6210, ed. DE BOOR, p. 398, Nicephori patriarchae Historia syntomos, ed. CAROLUS DE BOOR, Leipzig 1880, p. 54, der οἱ τὰ ἑσπέρια οἰκοῦντες als mit dem Patricius aufständisch nennt. Der Liber Pontificalis übergeht den Aufstand, vgl. aber HARTMANN, Geschichte II 1 p. 85 f.

16) Liber Pontificalis I, p. 306 (jüngere Fassung), vgl. p. 388 und 420 über den Beginn des Baues unter Sisinnius a. 708 und die Fortsetzung unter Gregor III.

gewalt, der nach der Schilderung des Liber Pontificalis ganz unmotiviert mit einem Mordkomplott der höchsten Reichsbeamten gegen den Papst begann. Mit Recht wird meist angenommen, daß dieser erste rein politische, von theologischen Fragen zunächst ganz unberührte Konflikt des Papstes mit dem Kaisertum eine Reaktion auf rigorose Steuererhöhungen Kaiser Leons, vielleicht auch Einschränkungen der fiskalischen Autonomie der Kirche ist, gegen die der Papst – einst selbst Saccellar, d.h. Schatzmeister, seines Amtsvorgängers[17] – mit einem Boykott aller Abgaben reagierte.

War es ein Zufall, daß Gregor kurz zuvor den angelsächsischen Missionar Winfrid, den er nun Bonifatius nannte, den Treueid nach dem Formular der Bischöfe der römischen Provinz hatte schwören lassen und ihn dann dem Hausmeier Karl Martell empfohlen hatte? Jedenfalls hatte Gregor soeben ein neuartiges Band zum Frankenreich geknüpft, das vielleicht jetzt schon des Papstes Selbstgefühl stärken, sich aber erst eine Generation später politisch auswirken konnte.[18]

## III.

Gregors II. Bewegung läßt kein klares Ziel erkennen, und der Papst gibt den politischen Widerstand bald auf.[19] Der Konflikt bleibt aber bemerkenswert, weil der Papst hier erstmals nicht nur als Grundherr und als geistliches Haupt, sondern auch als politischer Exponent einer mittelitalienischen Region hervortritt. Und er verbindet sich zeitweise mit den langobardischen Herzögen von Spoleto und Benevent, während auf der anderen Seite die beiden großen, traditionell einander feindlichen Mächte, der Exarch und der Langobardenkönig, sich nun gemeinsam gegen die aufsteigenden Herren kleinerer Territorien in Rom, Spoleto und Benevent wenden. Der Bilderstreit verschärft dann den Konflikt und hebt ihn auf eine andere Ebene; aber wenn wir recht sehen, bleibt von nun an das Problem

17) Zum Amt des Saccellarius vgl. Harry Bresslau, Handbuch der Urkundenlehre I, Leipzig 1912, S. 202 ff.

18) Der Liber Pontificalis I, 397 f. registriert zu den ersten, vor Ausbruch des Konflikts mit Byzanz liegenden Jahren Gregors II. drei äußere Erfolge bei westlichen Völkern: die Entsendung des Bonifatius nach »Germanien«, die Bestätigung des Patrimoniums der Cottischen Alpen durch den Langobardenkönig Liutprand und die Pilgerfahrt des Bayernherzogs Theodo nach Rom.

19) Sehr eigentümlich ist die Ansicht von Ostrogorsky, Geschichte, p. 136, Papst Gregor II. habe stets »volle Loyalität gegenüber dem byzantinischen Kaiser« bewahrt. Mag das Bild des »nationalen Revolutionärs« bei Caspar verzeichnet sein, so läßt sich doch nicht das übereinstimmende Zeugnis des Liber Pontificalis I, 403 und des Theophanes a. m. 6217 wegdeuten, daß der Papst die Steuern für Byzanz verweigert habe – nach dem Liber Pontificalis vor Ausbruch des Bilderstreites. Daß Gregor im fortgeschrittenen Stadium des Kampfes einen Usurpator nicht unterstützte, steht auf einem anderen Blatt und kann manche Gründe haben, die wir nicht kennen. Zwischen »voller Loyalität« und der Unterstützung eines Gegenkaisers – vielleicht eines recht aussichtslosen – gibt es manche Möglichkeit, und überdies hat der Papst offenbar auch nicht zu allen Zeiten unverändert die gleiche politische Haltung eingenommen.

der regionalen Herrschaften, ihres Strebens nach Autonomie zwischen den großen Mächten, auf der Tagesordnung. Wir werfen darum einen Blick auf diese Bereiche und ihre Entfaltung in den folgenden Generationen: neben den beiden langobardischen Dukaten sind es die byzantinischen Dukate von Venetien, Campanien-Neapel und der Exarchat von Ravenna. Der römische Dukat, an dessen Spitze sich der Papst stellt, ist nur einer, freilich der politisch wichtigste in dieser Gruppe.

Schien Italien seit dem Langobarden-Einfall im wesentlichen in zwei ethnisch, politisch und religiös von entgegengesetzten Prinzipien beherrschte Teile aufgeteilt zu sein, so verliert schon seit dem Übertritt der Langobarden zum Katholizismus, um so mehr aber seit dem Rückgang der byzantinischen Macht die Alternative langobardisch oder römisch ihren alle Politik beherrschenden Sinn, und eine Vielzahl von Regionen beginnt ihren eigenen politischen Weg zu suchen. Nur Sizilien mit Kalabrien und der Terra d'Otranto blieb unmittelbar unter der Herrschaft des sizilianischen Patricius.[20] Der venetianische Dukat im Norden, der Exarchat von Ravenna mit der Pentapolis, der Dukat von Rom, der Dukat von Neapel mit den kampanischen Küstenstädten begannen je ihre eigenen Wege zu gehen, wie die langobardischen Dukate von Benevent und von Spoleto nun zwischen dem Königtum von Pavia und den verschiedenen römischen Dukaten ihre Unabhängigkeit zu wahren suchten und Bündnisse nach dieser oder jener Seite schlossen. Dieser Weg beginnt im ersten Drittel des 8. Jahrhunderts.

Stets hatten die Dukate von Spoleto und Benevent eine weitgehende Unabhängigkeit von dem Königtum in Pavia genossen; den Römern gegenüber aber hatten alle Langobarden bis in den Beginn des 8. Jahrhunderts einen gewissen Zusammenhalt bewahrt. Seit die Spoletiner und Beneventaner sich nun mit Papst Gregor II. gegen den Exarchen verbunden hatten, mußte es für König Liutprand vor allem darauf ankommen, diese Herzöge wieder in Abhängigkeit zu bringen, während die Päpste umgekehrt ihren Einfluß im Dukat von Spoleto zu stärken suchten.[21] Die Geschichte dieses Herzogtums im 8. Jahrhundert besteht im fortgesetzten Bemühen, zwischen Pavia auf der einen und Rom auf der anderen Seite eine eigene Stellung zu behaupten. König Aistulf konnte wenige Jahre die unmittelbare Herrschaft über Spoleto herstellen; Papst Hadrian glaubte 773 seinerseits, Spoleto der neuen *Res publica Romanorum* einverleiben zu können. Aber auch er mußte die Wahl

20) Neben der grundlegenden Arbeit von JULES GAY, L'Italie méridionale et l'empire byzantin depuis l'avènement de Basile I jusqu'à la prise de Bari par les normands (867–1071), Paris 1904, ist jetzt stets heranzuziehen VERA VON FALKENHAUSEN, La dominazione bizantina nell'Italia meridionale dal IX all'XI secolo, Bari 1978 (revidierte und ergänzte italienische Übersetzung des deutschen Originals, Wiesbaden 1967).

21) Vgl. immer noch AUGUST JENNY, Geschichte des langobardischen Herzogthums Spoleto, phil. Diss. Basel 1890, in Einzelheiten korrigiert von CARL-RICHARD BRÜHL, Chronologie und Urkunden der Herzöge von Spoleto, »Quellen und Forschungen aus italienischen Archiven und Bibliotheken« 51, 1971, pp. 1–92, dazu die Aufsatzfolge von OTTORINO BERTOLINI, I papi e le relazioni politiche di Roma con i ducati longobardi di Spoleto e di Benevento, »Rivista di Storia della Chiesa in Italia« VI (1952) pp. 1–46, VIII (1954), pp. 22–60, IX (1955) pp. 1–57.

eines neuen Herzogs zulassen, der unter der Oberhoheit Karls des Großen bis 788 als letzter Langobarde regieren konnte. Danach erst setzte Karl einen Franken zum Herzog ein, und Spoleto wurde endgültig ein Teil des fränkischen Italien.

Im Dukat von Benevent konnten die Langobardenkönige Liutprand und Desiderius dreimal, 732, 741 und 757, ihre Vertrauensleute auf den Herzogsstuhl setzen.[22] Freilich blieb dieser Bereich stets politisch selbständig, und unter Arichis, dem Schwiegersohn des Desiderius, konnte der Beneventaner Hof seine Eigenart in einer Weise entfalten, die mit dem langobardischen Erbe mancherlei byzantinische Elemente vereinte, so etwa in der schon vor 768 vollendeten Sophienkirche. Schon Herzog Romuald II. (706–31) hatte Münzen des Kaisers Justinian II. nachgeprägt und mit seinem eigenen Initial versehen. Auf dem Umweg über die beneventanische Nachprägung Herzog Arichis' II. scheint das byzantinische Münzbild dann Papst Hadrian I. als Vorbild für die ersten päpstlichen Münzen gedient zu haben. Aber erst Grimuald, der Sohn des Arichis, hat nach 791 sich selbst auf den Münzen abbilden lassen und sich auf diese Weise als unabhängiger Herrscher dargestellt.[23] Er war Geisel am Hof des Frankenkönigs gewesen und hatte die Nachfolge des Vaters nur nach Anerkennung der fränkischen Oberhoheit – doch ohne Lehnseid – übernehmen können.

Arichis und seine Söhne sollten vom Kaiser in Konstantinopel Titel und Insignien des Patricius erhalten; Grimuald heiratete die Schwägerin Kaiser Konstantins, ließ sich später gleich dem Kaiser scheiden – und stand dann wieder auf fränkischer Seite in einem Feldzug gegen die Griechen, abwechselnd sich hier und dort anpassend, gegen die eine und andere Seite die Unabhängigkeit wahrend, um ein Fürstentum eigener Prägung aufzubauen. Bekanntlich haben im 9. Jahrhundert die inneren Konflikte auf dem Boden des Fürstentums Benevent und seiner Nachfolgestaaten erheblich dazu beigetragen, den afrikanischen Sarazenen das Eindringen in Italien zu erleichtern; aber auch die Griechen haben hier seit 875 neue Positionen ausbauen können.

Spät erst tritt Venetien in das Licht der politischen Geschichte, der auf den langen, schmalen Lagunen-Streifen von Grado bis zur Po-Mündung reduzierte, dürftige Rest einer großen Provinz des Altertums, die einst bis an die Alpen und vor die Tore Mailands gereicht hatte.[24] Die Milizen dieses Dukats schlossen sich nach 726 dem Widerstand gegen

---

22) Zur politischen Geschichte Benevents: OTTORINO BERTOLINI, Carlomagno e Benevento, »Karl der Große. Lebenswerk und Nachleben«, Band 1, Düsseldorf 1965, pp. 609–671, für die Eigenart des Fürstentums grundlegend: HANS BELTING, Studien zum Beneventanischen Hof im 8. Jahrhundert, »Dumbarton Oaks Papers« 16, 1962, pp. 141–193, vgl. auch CLASSEN, Karl der Große, pp. 6, 18, 23 ff. und öfter.

23) Zu den Beneventaner Münzen BELTING p. 149 ff., CLASSEN, p. 18 mit den weiteren Nachweisen.

24) HEINRICH KRETSCHMAYR, Geschichte von Venedig I, Gotha 1905, Storia di Venezia, voll. I–II, Venedig 1957–1958, bes. die Kapitel von ROBERTO CESSI; A. CARILE–G. FEDALTO, Le origini di Venezia, Bologna 1978.

das kaiserliche Bilderverbot an;[25] als aber König Liutprand um 732 erstmals Ravenna eroberte und zugleich die Pentapolis bedrohte, fand der Exarch Zuflucht in Venetien, und bald konnten die Venetianer die Exarchen-Residenz noch einmal für das Römische Reich zurückgewinnen.[26] In den Frieden zwischen Franken, Römern und Langobarden von 756 war Venetien, das schon seit Liutprands Zeiten Grenzverträge mit den Langobarden besessen hatte,[27] eingeschlossen;[28] aber den päpstlichen Bemühungen, auch hier das Erbe des Römischen Reiches anzutreten, war die entlegene und ganz auf das Meer gewiesene Provinz praktisch entzogen. Sie ging nun ihren eigenen Weg, und als um die Wende des 8. zum 9. Jahrhundert unter den Häuptern der rivalisierenden Aristokraten-Familien auf den einzelnen Inseln Kämpfe um die Führung im Dukat und um die Besetzung des Patriarchensitzes in Grado ausbrachen, suchte begreiflicherweise die eine oder andere Gruppe Anlehnung an die Franken oder an den Kaiser in Konstantinopel, der immer noch den Dux ernannte.[29] Von Heraclea war die Führung an Malamocco übergegangen; es zählt aber zu den überraschenden, letztlich sehr folgenreichen Entscheidungen dieser Zeit, daß Byzanz, genauer gesagt Kaiser Nikephoros, mehr als 50 Jahre nachdem man Ravenna und Rom faktisch aufgegeben hatte, nun nachhaltig mit militärischer Macht eingriff, als Karl der Große bereits die Rolle des Schiedsrichters über die lokalen Gewalten übernommen hatte und im Jahre 806 in Aachen eine *Ordinatio de ducibus et populis tam Venetiae quam Dalmatiae*[30] erlassen hatte. Erstmals, soweit wir wissen, erschien eine große Flotte aus Konstantinopel an den nördlichen Küsten der Adria. Die unter dem Angriff des italienischen Königs Pippin von Malamocco nach dem Rialto in das am schwersten zugängliche Herz des Lagunen-Gebietes ausweichende Gruppe führender Venetianer suchte einen Weg zwischen den großen Mächten, um möglichst unabhängig nach beiden Seiten zu bleiben. Als 810 Friedensverhandlungen zwischen Konstantinopel und Aachen begannen, bildete Karls Verzicht auf Venetien den ersten Schritt zur Verständigung. Mit der Seeherrschaft der Griechen wurde ihr Besitz des Lagunen-Gebietes anerkannt, das gleichwohl auch dem Osten gegenüber seine Autonomie bewahrte.

Die Exarchen-Hauptstadt Ravenna hatte im Laufe des 7. Jahrhunderts manchen Militär-Putsch gesehen; in den Zeiten Justinians II. versuchten aber auch die grundbesitzenden

---

25) Liber Pontificalis I, p. 404, danach Paulus Diaconus VI 49 p. 234.
26) Paulus Diaconus, Historia Langobardorum VI 54, p. 237, vgl. JE 2178.
27) M. G. H. Capitularia II, n. 233 §§ 26, 28, 30, 31, p. 135.
28) JE 2391 = M. G. H., Epistolae III p. 715, n. 21.
29) Johannes Diaconus, Chronicon Venetum, ed. G. MONTICOLO, Cronache veneziane antichissime, »Fonti per la Storia d'Italia« 9, 1890 pp. 99–105, Annales regni Francorum (ed. F. KURZE, »Scriptores rerum Germanicarum in us. schol.«, 1895) ad annos 806, 807, 809, 810 pp. 120 ff., 124, 127, 130, Constantinus Porphyrogenitus, De administrando imperio 28 (wie Anm. 6) p. 118 ff., dazu Commentary by R. J. H. JENKINS, London 1962, pp. 92 f., CLASSEN, Karl der Große, das Papsttum und Byzanz p. 64 f.
30) Annales regni Francorum ad ann. 806 p. 121.

Familien mit den Milizen ihre politische Stimme zu erheben.[31] An die Stelle des Exarchen trat 750 der Langobardenkönig, der ein Palatium bewohnte, freilich ohne seine Residenz in Pavia aufzugeben,[32] und der in Ravenna langobardische Münzen prägte.[32a] Die Erzbischöfe hatten sich immer wieder bemüht, mit kaiserlicher Hilfe ihre Autokephalie gegenüber dem römischen Stuhl zu behaupten.[33] In dem Augenblick, da Aistulf, von Pippin geschlagen, Ravenna preisgeben mußte, trat mit Sergius, dem noch unter dem letzten Exarchen direkt aus dem Laienstande erhobenen Erzbischof aus heimischer Aristokraten-Familie, die Ravennater Kirche erstmals in politische Aktion. Die einigermaßen abenteuerlichen Erzählungen des Agnellus über Sergius lassen sich schwer durchschauen;[34] aber im Zusammenhang mit anderen Quellen zeigen sie, daß Sergius zeitweise die vom Papst beanspruchte Macht im Exarchat ausübte,[35] vielleicht nachdem Aistulf sie 755 ihm – und

31) Wie für das byzantinische Italien im ganzen, so für Ravenna und den Exarchat im engeren Sinne sind immer noch grundlegend die Bücher von CHARLES DIEHL, Etudes sur l'administration byzantine dans l'exarchat de Ravenne (568–751), Paris 1888, und LUDO MORITZ HARTMANN, Untersuchungen zur Geschichte der byzantinischen Verwaltung in Italien (540–750), Leipzig 1889, dazu jetzt vor allem ANDRÉ GUILLOU, Régionalisme et indépendance dans l'Empire Byzantin au VIIᵉ siècle, Rom 1969 (Studi Storici 75–76), zu den Aufständen gegen Byzanz dort pp. 203–227. Manches bedürfte weiterer Klärung.

32) Codice diplomatico Longobardo III 1 a cura di CARL-RICHARD BRÜHL, Roma 1973, (Fonti per la Storia d'Italia 64) n. 23 p. 115 (751 Juli 4) und Deperditum p. 280 (755 Mai 31), vgl. Liber Pontificalis I p. 442. Der sogenannte Palast des Theoderich in Ravenna wird als ein Bau Aistulfs gedeutet von BENGT THORDEMANN, Was wissen wir von den Palästen zu Ravenna?, »Acta Archaeologica« XXXVII (1966) pp. 1–24, bes. 18 ff. FRIEDRICH WILHELM DEICHMANN, Ravenna, Hauptstadt des spätantiken Abendlandes, I, Geschichte und Monumente, Wiesbaden 1969, pp. 41 ff. geht auf diese Deutung nicht ein; der zugehörige Kommentarband von Deichmann ist noch nicht erschienen.

32a) Einen kupfernen *follis*, den Aistulf in Ravenna geprägt hat, publiziert PHILIP GRIERSON, Monnaies du Moyen Age, Fribourg/Schweiz 1976, p. 50 no. 60; den Hinweis verdanke ich Professor Grierson selbst. Goldmünzen Aistulfs aus Ravenna bei GIULIO SAMBON, Repertorio generale delle monete coniate in Italia, Paris 1912, no. 341 und 343, Corpus nummorum italicorum, X, 1927, p. 681.

33) KARL BRANDI, Ravenna und Rom. Neue Beiträge zur Kenntnis der römisch-byzantinischen Urkunde, »Archiv für Urkundenforschung« 9 (1924) pp. 1–38, CASPAR, Geschichte des Papsttums II pp. 583 ff., AUGUSTO SIMONINI, Autocefalia ed esarcato in Italia, Ravenna 1969.

34) Agnellus, Liber pontificalis ecclesiae Ravennatis capp. 154–159 (ed. O. HOLDER-EGGER, M. H. G., Scriptores rerum Langobardicarum, Hannover 1878, pp. 377–381). Den historischen Kern sucht zu entschlüsseln OTTORINO BERTOLINI, Sergio arcivescovo di Ravenna e i papi del suo tempo (BERTOLINI, Scritti scelti, pp. 551–591). Die Ergebnisse bleiben angesichts der Quellenlage weitgehend hypothetisch.

35) Agnellus cap. 159 p. 380: *Igitur iudicavit iste a finibus Persiceti totum Pentapolim et usque ad Tusciam et usque ad mensam Walani veluti exarchus, sic omnia disponebat ut soliti sunt modo Romani facere.* – Codex Carolinus 49 (M. H. G., Epistolae III p. 568): *(Leo) nefandissimus archiepiscopus asserit proponens occasionem in ea potestate sibi exarchatum Ravennantium, quam Sergius archiepiscopus habuit, tribui.*

nicht dem Papst – ausgeliefert hatte.[36] Erst nachdem Papst Stephan II. – anscheinend nach Pippins zweitem Langobardensieg – den Erzbischof verhaftet und nach Rom gebracht hatte,[37] konnte sein Nachfolger Paul I. ein positives Verhältnis zu Sergius einleiten, der nun als Bundesgenosse Roms gegen die griechische Gefahr erscheint.[38] Alsbald nach dem Tode des Sergius (769 August 25) traten aber lokale Kräfte auf den Plan; der Dux von Rimini, unterstützt von den *iudices Ravennantium*, erhob wiederum einen Laien, den Scriniar Michael, zum Erzbischof und suchte des Papstes Zustimmung mit Geschenken zu erkaufen. Papst Stephan III. rief jedoch den Frankenkönig, dessen *missi* nach Jahresfrist den *intrusus* absetzen und in römische Haft bringen ließen.[39] Aber der nun erhobene Leo, bisher Archidiakon von Ravenna, nutzte seine fränkischen Beziehungen, um in die Fußstapfen des Sergius zu treten, sobald Karl in Langobardenreich und Exarchat die Macht gewonnen hatte. Wie einst Sergius wollte Leo sich nicht dem Papst unterordnen, sondern selbst in Exarchat und Pentapolis gebieten, und die Anlehnung an Karl erleichterte dies gegenüber den römischen Ansprüchen.[40] Leider lassen sich die Kräfte des lokalen aristokratischen Grundbesitzes, die hinter den persönlichen Rivalitäten kirchlicher Amtsträger und Parteien wirken, nicht im einzelnen erkennen. Offenbar ist es für die politische Gewalt entscheidend, den Erzstuhl in die Hand zu bekommen, und wie es scheint, sucht man immer wieder die Stütze in der Ferne, um sich des nahen Nebenbuhlers zu erwehren. Der Erzbischof von Ravenna lehnt sich gegenüber Rom an den Frankenkönig an, so wie seine Vorgänger im 7. Jahrhundert die Unterstützung des Kaisers in Byzanz suchten. In der Pentapolis hingegen scheint es auch Kräfte zu geben, denen das jenseits der Berge liegende Rom lieber ist als das nahe Ravenna. In karolingischer Zeit lassen die spärlichen Quellen aus Exarchat und Pentapolis merkwürdig wenig Reste byzantinischen Einflusses erkennen. Erzbischof Leo läßt den Römer Paulus Afiarta hinrichten, statt ihn, wie Papst Hadrian wünschte, nach Byzanz auszuliefern.[41] Aber die Franken werden hier Rivalen Roms. Eine Ravennater Inschrift datiert nach dem Frankenkönig Karl,[42] und Münzen

---

36) So, im Anschluß an BERTOLINI, E. EWIG im Handbuch der Kirchengeschichte III 1, Freiburg, Basel, Wien 1966, p. 27.

37) Codex Carolinus n. 49. p. 568.

38) Codex Carolinus n. 14 und 31, pp. 512 und 537.

39) Liber Pontificalis I, p. 477 f., Codex Carolinus n. 85 p. 621.

40) Codex Carolinus nn. 49, 53, 54, 55, pp. 568 f., 575 ff., 579 f., vgl. Liber Pontificalis I p. 490 f. Zur Chronologie vgl. PAUL KEHR, wie Anm. 89.

41) Liber Pontificalis 1, p. 490 f.

42) Die Inschrift auf der Kante des Segmentes einer runden Steinplatte ist zuletzt (freilich fehlerhaft) wiedergegeben bei PIETRO RUGO, Le iscrizioni dei secoli VI–VII–VIII esistenti in Italia, III, Cittadella (Padova) 1976, p. 42 no. 44. Sie lautet (Ca)ROLI REGI FRANCOR(um) ET LANGVBARDOR(um) HAG PATRICIO RO(manorum). Mehr ist nicht erhalten. Ich hoffe in anderem Zusammenhang auf die Inschrift zurückzukommen.

Karls werden in Ravenna geprägt.[43] Vereinzelt wird noch in der Zeit Ludwigs des Frommen eine Ravennater Urkunde nach byzantinischen Kaisern datiert.[44]

Die Datierung nach den Kaiserjahren hat man in Neapel bis zur definitiven Unterwerfung unter die Normannen im Jahre 1138 beibehalten, also 360 Jahre länger als in Rom;[45] und die in Ravenna im 6. und 7. Jahrhundert zu beobachtende Gewohnheit, lateinische Unterschriften mit griechischen Buchstaben zu vollziehen, ist hier noch im 10. Jahrhundert zu beobachten.[46] Wie Venetien, der Exarchat von Ravenna und der Dukat von Rom gewann auch der campanische Dukat mit dem Zentrum in Neapel spätestens seit 750 eine autonome Stellung. Zwar fürchtete Papst Paul I. 758, Neapel werde zum Ausgangspunkt eines langobardisch-griechischen Unternehmens gegen Rom;[47] 20 Jahre später gab es Auseinandersetzungen zwischen Neapolitanern, Beneventanern und dem Papst um Terracina;[48] aber jetzt erscheint der Dukat von Neapel als eine eigene, zwischen Benevent und dem Patricius von Sizilien ganz unabhängige Gewalt. Die Macht war zu dieser Zeit in höchst eigenartiger Weise konzentriert. Der Dux Stephan aus einer heimischen Aristokraten-Familie hatte sich nach 12jähriger Regierung zum Bischof wählen lassen und um 768/ 69 die Weihe vom Papst Stephan II. genommen, während er die weltliche Macht im Dukat

---

43) Über Münzprägungen Karls in Ravenna vgl. PHILIP GRIERSON, Money and Coinage under Charlemagne, in: Karl der Große, Lebenswerk und Nachleben, hrsg. v. WOLFGANG BRAUNFELS, Bd. I, pp. 501–536, hier p. 517 mit n. 82. Die Vermutung, daß Ravenna der Prägeort der Denare mit Patricius-Titel war, wird verstärkt durch die Deutung des Monogramms als griechisch KAPΩΛΟC bei MARGARET THOMPSON, The Monogramm of Charlemagne in Greek, in: The American Numismatik Society Museum Notes XII, 1966, pp. 125–127 (den Hinweis auf diesen Artikel verdanke ich Philip Grierson; schon bevor ich ihn kannte, hatte ich diese Auflösung des rätselhaften Monogramms vermutet). Das Problem gehört in den Zusammenhang mit anderen Nachahmungen speziell griechischer (Kaiser-)Formen durch Karl den Großen und ist hier nicht weiter zu erörtern, zumal Ravenna nur vermutungsweise als Prägeort genannt werden kann.

44) CESARE MANARESI, I Placiti del Regnum Italiae, vol. I, 1955 (Fonti per la Storia d'Italia 92) n. 43 p. 142 von 838 zitiert eine Emphyteuse-Urkunde des Erzbischofs von 825 oder 826 (indictio IV, aber Kaiserjahre zu 825). Auf diese Stelle machte mich Frau Dr. Ingrid Heidrich aufmerksam.

45) Grundlegend für Neapel bleibt die Quellensammlung von BARTHOLOMAEUS CAPASSO, Monumenta ad Neapolitani ducatus historiam pertinentia, 3 Teile, Neapel 1881–1892, die Regesten der Privaturkunden in Band II 1, die Urkunden der Duces in II 2.

46) Sehr oft in den Regesten bei CAPASSO, Monumenta II 1, zuletzt no. 179 von 970 und no. 246 von 985, auch in den Urkunden der Duces bei CAPASSO vol. II 2 no. 3 und 5 von 949 und 951. Nicht gesehen habe ich VERA VON FALKENHAUSEN, A Medieval Neapolitan Document, The Princeton University Library Chronicle 30 (1969) pp. 171–182. Wie mir scheint, geht der Gebrauch der griechischen Schrift hier wie in Ravenna eher auf eine modische Prätension als auf eine bessere Beherrschung der griechischen Schriftzeichen zurück.

47) Codex Carolinus n. 17. pp. 514 f.

48) Codex Carolinus nn. 61, 64, 65 pp. 588, 591 ff., vgl. auch Codex Carolinus nn. 80, 82–84, pp. 613, 616–620, zum Ganzen BERTOLINI, Carlomagno e Benevento (wie Anm. 22), CLASSEN, Karl der Große, p. 20.

an die Söhne Gregorius und Caesarius (gestorben 788) abgetreten hatte.[49] Im Bilderstreit prägt Neapel seine ersten eigenen Münzen mit dem Bild des heiligen Januarius, wenn auch nur in Bronze.[50]

Die Dukate von Venetien, Neapel und Rom sowie der Exarchat von Ravenna zeigen im einzelnen verschiedene, im ganzen untereinander aber doch recht ähnliche, in mancher Hinsicht sogar mit den langobardischen Dukaten von Spoleto und Benevent vergleichbare Regionen, in denen die lokale Aristokratie nach dem Zusammenbruch der byzantinischen Herrschaft ihre Autonomie aufzubauen sich anschickt und dabei weltliche und geistliche Grundherrschaft, zugleich auch weltliche und geistliche Ämter als Träger von Macht und Einfluß in der Hand einer Familie oder gar einer Person zu vereinen sucht.

Wenn der Dukat von Rom unter diesen Bereichen weit hervorragt, dann nur deshalb, weil seine Bischöfe, die Päpste, über ein unvergleichliches geistliches Ansehen in allen Ländern des Westens, aber auch in Byzanz verfügen. Der wesentliche Impuls zum welthistorischen Bund mit den Franken entsprang dem Willen, die Unabhängigkeit des römischen Bereiches gegenüber den Langobarden zu wahren, als diese unter Liutprand, Aistulf und Desiderius immer wieder ihr altes Ziel, »ganz Italien« zu gewinnen, mit aller Kraft angriffen.

## IV.

Wir müssen hier wieder zurückgreifen. Nach England gerichtete Briefe der Päpste Bonifatius V. und Vitalian lassen im 7. Jahrhundert universal-missionarische Motive anklingen, die über Gregor den Großen auf Gedanken des heiligen Augustinus zurückgehen.[51] Wenn man auch nicht sicher auf ein großes Missionsprogramm der römischen Kirche schließen kann, so ist doch wohl nicht zu zweifeln, daß die Patriarchen des Westens sich der Verantwortung für die Christen und für die Ausbreitung des Glaubens unter den Heiden in jenen Gebieten bewußt waren, die einst dem Römischen Reich zugehört hatten, nun aber seit Jahrhunderten dem Reiche und der Reichskirche entzogen waren. Dieser Gedanke wirkte dann aber zurück auf die Stellung der Päpste innerhalb der Reichskirche selbst. Kurz nachdem das Reich seinen Frieden mit dem Langobardenstaat gemacht und diesen nach mehr als hundertjährigem Krieg faktisch anerkannt hatte, leitete Kaiser

---

49) Capasso, Monumenta I pp. 57 f., 61–68, H. Achelis, Die Bischofschronik von Neapel (Abh. der sächsischen Akademie der Wissenschaften, phil.-hist. Kl. 40, 3, 1930) pp. 29, 39, 43 ff., 83 ff. Paul Fridolin Kehr, Italia pontificia VIII, Berlin 1935, p. 443, n. 51, 52, 55.

50) Capasso, Monumenta II 2 pp. 247–254, Sambon, Repertorio (wie Anm. 32a) N. 236, 261, 273–276, 281–284.

51) JE 2006, 2008, 2089 von 624 und 665 = Beda, Hist. eccl. II 8, II 10, III 29 (ed. Ch. Plummer, Oxford 1896, vol. 1, pp. 95 ff., 100 ff., 196 ff.), dazu Wolfgang H. Fritze, Universalis gentium confessio – Formeln, Träger und Wege universalmissionarischen Denkens im 7. Jahrhundert, Frühmittelalterliche Studien 3, 1969, p. 78–130, bes. p. 106–113.

Konstantin IV. auch die Beilegung des monotheletischen Streites ein, und Papst Agatho nahm dies im Frühjahr 680 zum Anlaß, eine große Synode von 125 Bischöfen aller Teile Italiens in Rom zu versammeln – eine gesamt-italienische Zusammenkunft, wie es sie Jahrhunderte vorher und nachher nicht gegeben hat.[52] Darüber hinaus bemühte sich aber diese Synode, im Namen des ganzen Westens zu sprechen, wenn auch mit Wilfrid von York und drei Geistlichen des Frankenreiches, die sich Legaten der gallischen Synode nannten, die westlichen Völker außerhalb Italiens nur recht dürftig vertreten waren. Aber der Papst meldete den Anspruch der »Langobarden, Slawen, Franken, Gallier, Goten und Britannier« an, zu erfahren, was in Glaubensangelegenheiten verhandelt wurde, und Wilfrid begehrte, daß Rom und die Gesamtkirche den Glauben der Angelsachsen anhöre.[53] Wenig später äußerte Papst Leo II. in einem Brief nach Spanien, der Vielheit der Regna stehe die Einheit des Bekenntnisses und des Glaubens gegenüber.[54] Der Papst trat als Mittler zwischen dem Reich und dem Reichskonzil auf der einen und den partikularen Regna des westlichen Patriarchats auf der anderen Seite auf, während Kirche, Reich und Konzil in Konstantinopel sich als Einheit verstanden, ohne die Existenz der Regna des Westens und ihrer Kirchen auch nur zur Kenntnis zu nehmen.

Man muß diese Gedanken in Betracht ziehen, wenn man die eigenartige Doppelstellung der Päpste als Herren eines mittelitalienischen Territoriums und zugleich als geistliche Autorität zwischen Universalreich und Barbarenkönigtümern verstehen und die Wendung der Päpste im 8. Jahrhundert richtig deuten will.

Wie es scheint, hat der Nachfolger Gregors II., der Syrer Gregor III., zunächst den weltlichen Widerstand seines Vorgängers gegen Byzanz aufgegeben und sich auf die theologische Auseinandersetzung zurückgezogen. Ihn aber traf die Rache des Kaisers. Leon III. legte konfiskatorische Steuern auf die süditalienischen Besitzungen der römischen Kirche und löste die illyrischen Provinzen sowie den Süden Italiens aus dem

---

52) Die Unterschriftsliste des Synodalschreibens in den Akten des Konzils von Konstantinopel 680, Actio IV, bei J. D. Mansi, Sacrorum conciliorum nova et amplissima collectio XI, Florenz 1765 (Neudruck 1960) coll. 297–316 bildet eines der eindrucksvollsten Dokumente »ganz Italiens«, die es aus dem Mittelalter überhaupt gibt. Sie nennt Bischöfe wirklich aller Teile Italiens von Sizilien und Kalabrien bis nach Venetien, Istrien und Piemont; nur Sardinien und Korsika fehlen. Ob wirklich alle anwesend waren oder in manchen Fällen Metropoliten für ihre Suffragane mitunterzeichneten? Vgl. im übrigen Caspar, Geschichte des Papsttums II pp. 590 ff.

53) Synodalschreiben JE 2110 und Papstbrief JE 2109, beide bei Mansi XI, 233 ff. und 285 ff., dazu Caspar II, 590 ff. und Fritze 108. Zum Zeugnis Wilfrids auch Beda, Hist. Eccl. V 19 (ed. Plummer 1, 326 f.) mit der Bemerkung Plummers im Kommentarband p. 325.

54) JE 2120 an den Westgotenkönig Ervig, Mansi XI col. 1055 beginnt: *Cum unus extet rex omnium Deus... quia vere rex regum est, ...providentiae suae libramine tam temporaliter quamque localiter diversos in terris regnare disponit. Quorum etsi divisa sunt regna, aequaliter tamen de singulis rationem dispensationis expedit unamque de eis verae de se confessionis hostiam laudis expectat...* Vgl. Caspar, Geschichte des Papsttums II p. 593.

westlichen Patriarchat und ordnete sie dem Stuhl von Konstantinopel unter.[55] Damit wurde die Stellung Roms sowohl innerhalb des Reiches und seiner Kirche als auch in Italien tiefgreifend verändert. Fortan hatte die römische Kirche nur noch wenige Suffragane im Römischen Reich; um so mehr war sie auf die Kirchen des Westens im langobardischen Italien, in Spanien, im Frankenreich, in Britannien hingewiesen, und um so wichtiger mußten die politischen Verbindungen zu den Herren dieser Länder werden. Nach dem Verlust der Existenzquellen im Süden Italiens wurden die Patrimonien im mittleren und nördlichen Italien zur einzigen materiellen und personellen Basis der römischen Kirche. Das an den Rand des Reiches gedrängte Papsttum sah sich viel intensiver als bisher auf den römischen Dukat angewiesen, mußte ihn beherrschen oder von ihm beherrscht werden, zugleich lenkten sich die Blicke des Papstes mehr auf die Pentapolis und den Exarchat. Dagegen scheint der Zugang von Klerikern und Mönchen aus Sizilien nun dünner zu werden. Man darf wohl zweifeln, ob der Kaiser diese Folgen seiner Maßnahmen bedacht hatte. Die neuen Angriffe der Langobarden ließen die politische Wendung an die Franken als letzten Ausweg offen.


## V.


Die Vita Papst Stephans II., die alsbald nach des Papstes Tod verfaßt sein muß, sieht dessen Hilferuf an die Franken nicht als eine ganz neuartige Tat an, sondern berichtet, schon vorher hätten sich die Päpste Gregor II., Gregor III. und Zacharias um Hilfe an den Frankenkönig (!) Karl, also Karl Martell, gewandt.[56] Von Gregor II. und Zacharias wissen wir aus den uns erhaltenen Quellen nichts dergleichen; freilich reichen diese Quellen bei weitem nicht aus, um ein argumentum ex silentio zu erlauben, das etwa die Nachricht der Vita Stephani widerlegen könnte. Eine scheinbare Bestätigung durch späte griechische Chronisten hält näherer Nachprüfung nicht stand.[57] Die Korrespondenzen dieser Päpste

---

55) Gegen VENANCE GRUMEL, L'annexion de l'Illyricum oriental, de la Sicile et de la Calabre au patriarcat de Constantinople, »Recherches de science religieuse« 40, 1951/52, p. 191–200, hat M. V. ANASTOS, The Transfer of Illyricum, Calabria, and Sicily to the Jurisdiction of the Patriarchate of Constantinople in 732–33, »Silloge bizantina in onore di Silvio Giuseppe Mercati«, Roma 1957, pp. 14–31 nachgewiesen, daß die genannten Maßnahmen von Leon III. um 732–33, nicht von Konstantin V. um 755–56 veranlaßt wurden. Entscheidend ist der Hinweis p. 23 f. auf den Brief Hadrians I, M. G. H. Epistolae V, 1899, p. 57, nach dem die Abtrennung der Diözesen gleichzeitig mit der – von Theophanes zum Weltjahr 732/33 berichteten – Konfiskation der Patrimonien erfolgte.
56) Liber pontificalis I, p. 444.
57) Die griechischen Chronisten Georgios Monachos (Chronicon, ed. C. DE BOOR, vol. II, Leipzig 1904, p. 744), Georgios Kedrenos (ed. I. BEKKER, Bonn 1838, vol. I p. 799) und Johannes Zonaras XV 4,1 (ed. TH. BÜTTNER-WOBST, vol. III, Bonn 1897, p. 261) berichten übereinstimmend, Papst Gregor II. habe zu Beginn des Bilderstreites ein Bündnis mit den Franken geschlossen, die Abgaben nach Byzanz verhindert und den Patriarchen Anastasios exkommuniziert. M. V. ANASTOS, The

mit Bonifatius und den fränkischen Hausmeiern stärkten durch Mission und Reform der Kirche das Band zwischen Rom und den Franken,[58] die sich der Zustimmung des Papstes zur Königserhebung Pippins versicherten; aber Hilfsgesuche sind nur von Gregor III. bekannt.[59]

Die Briefe dieses Papstes an Karl Martell und die entsprechende Bemerkung in der Chronik des Childebrand[60] sind oft erörtert worden, und vor allem die letztgenannte Quelle hat verschiedene Deutungen gefunden. Der Chronist schreibt, zweimal habe der Papst Gesandtschaften an Karl Martell mit den Schlüsseln des Petrus-Grabes und mit anderen Geschenken gesandt *eo pacto patrato ut a partibus imperatoris recederet et Romano consulto praefato principe Carlo sanciret.*

Zunächst muß nachdrücklicher, als dies zumeist geschieht, hervorgehoben werden, daß eine unmittelbar zeitgenössische, jedenfalls vor Papst Stephans Reise ins Frankenreich verfaßte Quelle, deren Autor als Halbbruder des Hausmeiers genau unterrichtet war, unzweideutig behauptet, der Papst habe sich »von der Seite des Kaisers lösen« wollen.[61]

Transfer of Illyricum, p. 21 n. 1 hält dies für eine von Theophanes unabhängige Nachricht von eigenem Quellenwert. Indes folgt Georgios Monachos im fraglichen Abschnitt ziemlich wörtlich dem Theophanes zu den Jahren 6217 und 6221 (ed. DE BOOR p. 404 und 409). Selbständig ist nur der Zusatz über den Vertrag mit den Franken. Dieser aber beruht offenbar aus einer Kombination mit der Nachricht des Theophanes zum voraufgehenden Jahr 6216 (ed. DE BOOR p. 402 f.), der ausführlich über Papst Stephan II. Flucht ins Frankenreich berichtet. Die selbständige Leistung des Georgios Monachos (von dem die anderen Autoren direkt oder indirekt abhängig sind) beschränkt sich also darauf, daß er den zeitlich ganz falsch eingeordneten Bericht des Theophanes über Stephan II. nun sachlich zu Gregor II. zieht und so eine neue falsche Kombination vorlegt, nämlich Stephans II. Handlungen Gregor II. zuschreibt.

58) Einen neuen Gesamt-Überblick über die päpstlichen Korrespondenzen mit Bonifatius bietet jetzt HERMANN JAKOBS, Regesta Pontificum Romanorum: Germania pontificia IV (Provincia Maguntinensis pars 4), Göttingen 1978, pp. 1–38. Nach Abzug der Fälschungen, aber unter Einschluß der Deperdita zählt Jakobs aus dem Pontifikat Gregors II. 14 Stücke, aus dem Gregors III. 12 und aus dem des Zacharias 31, davon 5 an oder von Mitgliedern des päpstlichen Patriarchium.

59) Codex Carolinus n. 1 und 2, M. G. H., Epistolae III, p. 476–479.

60) ed. J. M. WALLACE-HADRILL, Fredegarii Chronicorum Liber Quartus cum Continuationibus, London etc. 1960, p. 96 cap. 22. Die bisherige Forschung dazu ist ausführlich erörtert von EDUARD HLAWITSCHKA, Karl Martell, das Römische Konsulat und der Römische Senat, »Die Stadt in der europäischen Geschichte«, Festschrift Edith Ennen, Bonn 1972, pp. 74–90. Keine selbständige Quelle, sondern lediglich eine Umdeutung der Fredegar-Fortsetzung bilden die Annales Mettenses priores zum Jahre 741; sie besitzen keinen Quellenwert für die Ereignisse unter Karl Martell, sondern nur für deren Deutung um 805, vgl. dazu IRENE HASELBACH, Aufstieg und Herrschaft der Karlinger in der Darstellung der sogenannten Annales Mettenses priores, Lübeck und Hamburg 1970, pp. 93 ff. Das Chronicon Moissiacense ist wiederum von den sog. Annales Mettenses abhängig.

61) Die sonst sehr eingehende Erörterung von ERICH CASPAR, Pippin und die Römische Kirche, Berlin 1914, pp. 1–9, streift das *recederet* nur ganz kurz p. 4 mit der Feststellung, es sei eine irrige Behauptung der fränkischen Quelle. Bezeichnenderweise hält die auch sonst wenig befriedigende jüngste Untersuchung von HENRY MILLER, The Roman Revolution of the Eight Century, Medieval

Das sagen die uns erhaltenen Papstbriefe nicht, sie schließen es aber auch nicht aus – und jedenfalls müssen wir annehmen, daß die Franken den Schritt Gregors III. als die Absicht verstanden, sich aus dem Römischen Reich zu lösen.

Umstrittener sind die Worte *Romano consulto . . . sanciret.* Mir scheint, daß man nicht vor der Alternative steht, entweder die Verleihung eines römischen Konsulates oder die Ausführung eines Beschlusses der Römer, einer Art *senatus consultum,* aus diesen Worten zu lesen.[62] Geht man von dem Verbum *sancire* aus, so ergibt sich rasch, daß dies den fränkischen Chroniken sonst nicht bekannte Wort aus der Sprache kaiserlicher Rescripte, in denen es regelmäßig das feierliche Wort herrscherlicher Verfügung bildet, eben im 8. Jahrhundert in die Sprache der päpstlichen Urkunden eindringt; die ältesten mir bekannten Beispiele stammen von Zacharias und Paul I.[63] Der Chronist kann das Wort *sancimus* in einem Papstbrief gelesen haben; es bedeutet »wir setzen fest«, »wir bestimmen«, und es pflegt ein Satz mit *ut* oder mit dem A.c.I. zu folgen, etwa *solidas permanere vestras episcopales sedes sancimus.*[64] Vergleichbar ist die Wendung im Constitutum Constantini: *ecclesiae servientibus illud culmen . . . et praecellentiam habere sancimus.*[65]

Alle Versuche, *Romano consulto* als einen Beschluß der Römer zu deuten, scheitern daran, daß man zu einer unmöglichen Übersetzung des Wortes *sancire* gezwungen wird.[66] Daß *consultum* tatsächlich einen Konsulat meint, kann man dagegen vom Wortlaut her

Studies 36, 1974, pp. 79–133, hier p. 112, diese Aussage des Continuators für die Interpretation einer späteren Generation. Aber es gibt keinen Zweifel, daß die Notiz über den Autor Childebrand und dessen Ablösung durch seinen Sohn Nibelung im Jahre 751/52 cap. 34 (ed. WALLACE-HADRILL p. 102 f.) zeitgenössisch ist.

62) Vgl. die Aufstellung der verschiedenen Meinungen bei HLAWITSCHKA, pp. 76 ff.

63) Zur Sprache der Reskripte P. CLASSEN, Kaiserreskript und Königsurkunde, Thessaloniki 1977, ad indicem s.v. *sancimus.* In Papsturkunden JE 2265, 2266, 2292 von Zacharias; JE 2346 von Paul I. (= M. G. H., Concilia 1 p. 67 lin. 32, p. 68 lin. 20), Liber Diurnus ed. THEODOR V. SICKEL, Wien 1889, n. 92, p. 121. Etwas anderes ist die Wendung in Codex Carolinus 3 (M. G. H., Epistolae III p. 480 lin. 17): *sacrorum canonum sanxit auctoritas,* die älterer Sprache des Kirchenrechtes folgt.

64) JE 2265 und 2266 = Die Briefe des Bonifatius und Lullus, hrsg. v. MICHAEL TANGL (M. G. H., Epistolae selectae 1, Berlin 1916), n. 52 und 53 pp. 93 und 95; vgl. n. 88 p. 202.

65) Constitutum Constantini ed. HORST FUHRMANN (M. G. H. Fontes iuris antiqui 10, Hannover 1968), p. 88 lin. 230, vgl. auch p. 84 lin. 195: *quam sacrosanctam ecclesiam caput et verticem omnium ecclesiarum . . . dici, coli, venerari ac praedicari sancimus;* sowie p. 82 lin. 171: *decernentes sancimus ut principatum teneat . . .* In einer echten Kaiserurkunde z. B. DÖLGER, Reg. n. 233, Text in M. G. H., Scriptores rerum Langobardicarum p. 350 f. n. 8: *per presentem nostram piam iussionem SANCIMUS amplius securam atque liberam . . . manere . . . et non subiacere . . . sed manere eam* (sc. *ecclesiam Ravennatem*) *autocephalon.*

66) Das gilt auch für den Vorschlag von HLAWITSCHKA p. 85: ». . . nachdem eine Übereinkunft zustande gekommen war, daß er sich von der Seite des Kaisers loslösen solle und das römische Beratungsergebnis dem vorgenannten Fürsten Karl feierlich bestätige (mitteile)«. Auch inhaltlich klingt das nicht sehr klar.

nicht ausschließen.[67] Näher scheint mir aber eine andere, bisher nicht erwogene Deutung zu liegen. *Consultum* heißt in der spätrömischen Sprache nicht selten dasselbe wie *consolatio*, nämlich Rat, Schutz, insbesondere der Schutz und der »Trost« eines Stärkeren für einen Schwächeren.[68] Um *consolatio* hatte Gregor III. gebeten, *tuam consolationem ad nostram defensionem*,[69] und ich möchte darum vorschlagen, *Romano consulto* zu übersetzen »Hilfe für Rom«. Der ganze Satz würde dann heißen: »er wolle einen Vertrag schließen,[70] daß er sich von der Seite des Kaisers löse und verfüge, daß der genannte Fürst Karl den Schutz für Rom habe.«

Wie immer man dieses Problem löst, der fränkische Chronist hat der Botschaft Papst Gregors III. eine Alternative entnommen: für ihn korrespondierte die Verbindung des Papstes mit den Franken einer Lösung vom Römischen Reich, und dies, wie gesagt, einige Jahre bevor Stephan II. zu Pippin reiste. Karl Martell hat, wie es scheint, höflich und hinhaltend verhandelt; wenn auch keine große politische Aktion erfolgte, haben wir doch keinen Grund zu der Annahme, Karl habe dem Papst jede Hilfe abgelehnt.[71] Die Anspielungen Karls des Großen im Reichsteilungsgesetz und Ludwigs des Frommen im

67) Man kann dafür geltend machen, daß der Fredegar-Fortsetzer eine Handschrift des Liber Historiae Francorum benutzte, die tatsächlich *consultu* für *consulatu* schrieb, M.G.H. Scriptores rerum Merovingicarum II p. 271. n.t, dazu P. CLASSEN, Historische Zeitschrift 193, 1961, p. 113. Doch stößt diese Deutung auf sachliche Schwierigkeiten, vgl. zuletzt HLAWITSCHKA p. 81. Leider hat HLAWITSCHKA, p. 77 (wie schon HASELBACH p. 94) meinen Hinweis von 1961 als eine Stellungnahme in der Sache selbst verstanden.

68) Für *consultum* = *consolatio* vgl. Thesaurus Linguae Latinae IV p. 589 s.v. *consulere* mit Hinweisen auf Venantius Fortunatus. Auszugehen ist davon, daß *consulere* ›Rat erteilen‹ heißt, *consultum* ist demnach der (helfende) Rat; in diesem Sinne oft in Spätantike und Frühmittelalter, z.B. Registrum Gregorii Magni I 47 (M.G.H., Epp. I, p.74); *consultum quod (imperatores) subiectis suis tranquilla mente tribuunt in adventu aeterni iudicis multiplicata compensatione recipiant.* Eine Tractoria im Liber Diurnus (ed. THEODOR VON SICKEL, Wien 1889, p. 41 no. 50) gebiet Hilfe für Pilger: *solatium eis ac consultum impertientes eos absolvere debeatis*, vergleichbar das Salische Formular no. 16 (M.G.H., Formulae p. 234): *consolatio vel adiutorium ei impendere iubeatis*, wo *consolatio* und *adiutorium* ähnlich wie später *consilium et auxilium* verbunden werden. Liber Diurnus no. 67 p. 63: *pauperum potest provenire consultum*, no. 34 p. 25 *salubre est pontificale providere consultum.* Im Sinne von ›Rat der Bischöfe für den König‹ Codex Carolinus no. 3 p. 480 (Papst Zacharias): *flagitavit cum vestro consultu... filius noster Pippinus.* Dagegen finde ich die klassische Bedeutung eines (Senats- oder ähnl.) ›Beschlusses‹ für *consultum* in unserer Zeit nicht.

69) M.G.H., Epistolae III, p. 479 lin. 3, vgl. p. 477 lin. 34, ähnlich *solatium* no. 30 p. 536 lin. 27. Fredegar hat sehr oft *solatium* im Sinne von *auxilium*.

70) In dieser Weise scheint mir die innere Abhängigkeit des *eo pacto patrato* von *destinavit* etwa wiederzugeben zu sein. Das Bedenken von HLAWITSCHKA p. 84 f. mit Anm. 58, *eo pacto patrato* setzte eine der Sendung vorangegangene Vereinbarung voraus, unterstellt eine dem Fredegar-Fortsetzer unangemessene Konsequenz des Tempus-Gebrauches bei Partizipial-Konstruktionen, sie scheitert schon, wenn man im folgenden Satz dem neuen *destinavit* das Partizip *missa* zuordnen will.

71) Diesen Vorschlag habe ich erstmals in einem Heft übersetzter Quellen vorgelegt: PETER CLASSEN, Rom und Byzanz von Diokletian bis zu Karl dem Großen, Stuttgart, ohne Jahr (1954), p. 48 = 3./4. Aufl. 1967/76; dort aber ohne Begründung.

Privileg für die Römische Kirche[72] bestätigen zudem, daß Karl Martell dem Papste irgendeine Art von Zusagen über Schutz oder Frieden gegeben haben muß.

VI.

Mit Zacharias wurde 741 zum letzten Mal ein Grieche Papst, nach dem späten und unsicheren Zeugnis des Kaisers Konstantin Porphyrogennetos ein Athener,[73] ein hochgebildeter Mann, der als Übersetzer der Dialoge seines Vorgängers Gregors des Großen in der griechischen Kirche bekannt wurde – wohl der einzige Papst überhaupt, der in die griechische Literaturgeschichte eingegangen ist.[74] Zacharias hat politisch versucht, sich mit den Langobarden zu arrangieren, mußte aber in seinen letzten Jahren erleben, daß Liutprand Ravenna einnahm und Rom bedrohte. Verheißungsvoller war seine Forderung der Mission und Kirchenreform im Frankenreich, die sich nun an den angelsächsischen Missionar und die karolingischen Herrscher wenden konnte und die im Orakel für Pippins Erhebung zum König unmittelbar politische Folgen hatte. So hat nach dem Syrer Gregor III. dieser Grieche den Weg Stephans II. vorbereitet.

Wie Stephan den Bund schloß, und was daraus wurde, ist hier nicht darzustellen. Nur zwei Momente seien hervorgehoben. Indem Stephan II. den Frankenkönig *patricius Romanorum* nannte, handelte er gewiß nicht, wie man gemeint hat, im Auftrag Kaiser Konstantins V.; doch er stellte einen persönlichen Bezug zwischen dem Frankenkönig und dem römischen Territorium her, der verschiedener Deutung fähig war.[75] Aber er hat

---

72) M. G. H., Capitularia I n. 45 § 15 p. 129 und n. 172 p. 355, dazu zuletzt ADELHEID HAHN, Das Hludowicianum, »Archiv für Diplomatik« 21, 1975 (erschienen 1977), p. 114 f. n. 812. Doch scheint mir mit CASPAR, Pippin p. 6 ff. u. a. eine konkretere Zusage Karl Martells unabweisbar. Die Übernahme eines Schutzes für die Römer nimmt auch JOHANNES HALLER, Abhandlungen zur Geschichte des Mittelalters, Stuttgart 1944, p. 6 an.

73) *Natione Grecus* nach Liber pontificalis I p. 426; unbeachtet scheint mir die Notiz bei Constantinus Porph., De administrando imperio 27 (ed. G. MORAVCSIK-R. J. H. JENKINS, Washington, D. C., 1967, p. 114): ὁ πάπας Ἀθηναῖος; freilich wird Zacharias dort Zeitgenosse der Kaiserin Eirene: das paßt, wenn man an die Chazarin, Gattin Konstantins V., denkt – und der dritte Zeitgenosse ist Narses, der die Langobarden nach Italien einlädt. Vielleicht denkt Konstantin bei dem »Athener« aber einfach an den literarisch gebildeten Griechen auf dem Stuhl Petri.

74) Liber pontificalis I p. 435, vgl. Photios, Bibliotheca Cod. 252, J. P. MIGNE, Patrologia Graeca 104 col. 100, Edition (mit. lat. Text) Patrologia Latina 66 col. 125–204 und 77 col. 147–432. Zuweilen findet sich in der Literatur die Angabe, der Papst habe diese Übersetzung nur veranlaßt. Ich sehe keinen Grund, ihm diese persönliche Leistung abzusprechen.

75) Hierzu zuletzt JOSEF DEÉR, Zur Praxis der Verleihung des auswärtigen Patriziats durch den byzantinischen Kaiser, »Archivium Historiae Pontificiae« 8, 1970, pp. 7–25 (= DEÉR, Byzanz und das abendländische Herrschertum, Ausgewählte Aufsätze, hrsg. v. PETER CLASSEN, Sigmaringen 1977, Vorträge und Forschungen 21, pp. 424–438), demgegenüber ich aber an meiner früher gegebenen Deutung, Karl der Große pp. 16 und 74, festhalte.

wirklich seine Reise über die Alpen mit Wissen und Willen des byzantinischen Unterhänd-
lers angetreten, und wenn tatsächlich auch der Kaiser davon wußte, dann bedeutete dies,
daß Konstantin V. den Papst just in dem Augenblick über die Reichsgrenzen entfernt, da
er in Konstantinopel sein neues Konzil der Ikonoklasten zusammenrief,[76] das doch
beanspruchte, ein ökumenisches Konzil zu sein, die Kirchen des Westens aber noch
weniger als frühere Konzilien zuließ. Den Papst und mit ihm die italienischen Anhänger
der Bilderverehrung fernzuhalten, konnte im Augenblick nur im Interesse des Kaisers
liegen;[77] und auch der Verzicht auf alle militärischen Maßnahmen zum Wiedergewinn
Roms und Ravennas in den folgenden Jahren dürften dem Kaiser um so leichter gefallen
sein, als er andernfalls nur einen Herd der Unruhe enger an das Reich gebunden hätte.

Gregor II. war Römer, Gregor III. Syrer, Zacharias Grieche, sie alle aber Exponenten
jenes lateranensischen Patriarchium, das in langer Tradition die Verwaltung der päpstlichen Rechte und Besitztümer führte, zugleich aber auch zur Entfaltung der päpstlichen
Ideologie beigetragen hat. Es war ganz verständlich, daß nach dem Verlust der Patrimonien des Südens aristokratische Familien der Stadt Rom, der römischen Campagna und
Tuskiens größeres Gewicht bekamen. Zuletzt um 743 finden wir mit Stephanus einen *dux*
in Rom, der den Patricius-Titel führt und von Byzanz ernannt sein muß, ohne daß wir
über seine Herkunft etwas sagen können.[78] Mit den Päpsten Stephan II. und Paul I.
nehmen dann zwei Brüder aus grundbesitzender stadtrömischer Familie zugleich das
Patriarchium und die weltliche Herrschaft in feste Hand. Diese entwickeln den Gedanken
der *Sancta Romana Ecclesia rei publicae Romanorum*, in dem kirchliche Ideen und
lokalrömische Politik einander auf dem Boden reichsrömischer Überlieferung durchdrin-

---

76) Wenn auch noch nicht alle Meinungsverschiedenheiten über die Theophanes-Chronologie beseitigt sind, so besteht doch heute kein Zweifel mehr, daß das Ikonoklastenkonzil von Februar bis
August 754, nicht 753, tagte. Die Einladungen müssen im Herbst 753 ergangen sein. Der Papst verließ
Rom zur Reise nach Pavia (und dann ins Frankenreich) am 14. Oktober 753; der vorher eingetroffene
kaiserliche Gesandte muß Konstantinopel etwa im August 753 verlassen und dabei jedenfalls den
Befehl zu Verhandlungen am Langobardenhof mitgebracht haben – ob weitere, ins Frankenreich
führende Aufträge, bleibt zumindest ungewiß.

77) Selbstverständlich hat es Einladungen zum Konzil von 754 gegeben; nur haben wir keinerlei
Quellenzeugnisse über diese. Das von DÖLGER, Regesten Nr. 313 zu 752 verzeichnete Zeugnis gehört
zu 786 und ist sachlich mit Reg. Nr. 344 identisch. Ob der Papst eingeladen war, ist also nicht mit
Sicherheit zu sagen, so mit Recht HANS-GEORG BECK im Handbuch der Kirchengeschichte, hrsg. von
HUBERT JEDIN, III 1, Freiburg 1966, p. 36. Es bleibt auch unklar, ob und welche anderen Vertreter
italienischer – etwa sizilischer oder neapolitanischer – Kirchen eingeladen oder anwesend waren.

78) Liber pontificalis I pp. 426 und 429, dazu HARTMANN, Untersuchungen (wie Anm. 31) pp. 26 f.,
134 f. mit der überzeugenden Erklärung, daß ein Patricius in Rom eingesetzt wurde, als durch
Liutprands Eroberung von Ravenna die alte Unterordnung Roms unter Ravenna nicht mehr bestehen
konnte und der Exarchat neu organisiert werden mußte. – Selbstverständlich darf man die Worte
*relicta Romana urbe iamdicto Stephano patricio et duci ad gubernandum* auf p. 429 nicht so verstehen,
als sei der Patricius dem Papst untergeordnet. Die Erzählung sieht die Dinge aus dem Blickwinkel des
Patriarchium.

gen.[79] Alsbald nach dem Tode Pauls I. brechen Machtkämpfe aus, die mit rohester Gewalt ausgetragen werden, sich unter dem einer lokalen Basis entbehrenden und darum schwachen letzten Sizilierpapst Stephan III. wiederholen und erst unter dem starken Hadrian – wiederum einem Römer aus aristokratischer Familie – zur Ruhe kommen, nach dessen Tod aber aufs neue aufflammen.[80] Wir sehen *duces* in Rom, im römischen Tuskien um Nepi und in der Campagna, die gestützt auf ihren Grundbesitz und ihren Familienanhang samt den lokalen Milizen um die Herrschaft über die Stadt Rom und über den Dukat ringen, und das bedeutet nun, um das Papsttum kämpfen. Denn Besitzrechte und Organisation des lateranensischen Patriarchium sind, nachdem der byzantinische Staat sich faktisch ganz zurückgezogen hat, so stark, daß demjenigen alle Macht zufallen wird, der den Stuhl Petri beherrscht. Dabei suchen die miteinander ringenden, lokal und familiär bestimmten Gruppen immer wieder Hilfe von außen, bei Langobarden, bei Byzantinern, vor allem bei den Franken. Doch wäre es falsch, hier langobardisch, byzantinisch oder fränkisch bestimmte Parteien zu erblicken. Die äußeren Verbindungen sind sekundär, und sie können mit den Situationen wechseln; das primäre Ziel ist die im Kampf mit rivalisierenden Gruppen zu erringende Macht in Rom. Auf die Dauer freilich können sich nur diejenigen halten, die Stütze bei den seit Pippins Langobardenkriegen übermächtigen Franken finden, und demgemäß haben von dem (Gegen-)Papst Konstantin über Stephan III. bis hin zu Leo III. und selbst den gegen diesen Papst rebellierenden Neffen des Vorgängers alle Gruppen sich an die Franken gewandt.

Um die Festigung territorialer Positionen geht es den zu Herren des römischen Dukats gewordenen Päpsten fortan nach außen wie nach innen. Die dauernden Verhandlungen mit den Franken stehen auf der einen Seite; auf der anderen führt auch Hadrian I. Krieg um Terracina,[81] und Leo III. manifestiert päpstliche Herrschaftsansprüche in der Gründung der Stadt und Burg Leopolis an der Garigliano-Mündung.[82] Um der päpstlichen Besitzansprüche willen sucht Hadrian I. alsbald nach dem Konzil von Nikaia das Einverständnis des Frankenkönigs zur Exkommunikation des griechischen Kaisers, der doch eben erst die Orthodoxie in Konstantinopel wiederhergestellt hat.[83]

79) Zu diesem Begriff scheint mir immer noch das beste von ERICH CASPAR, Pippin und die Römische Kirche, Berlin 1914, bes. pp. 156–169, gesagt zu sein.

80) Hierzu vgl. CLASSEN, Karl der Große pp. 7–12, 33 und öfter.

81) Codex Carolinus no. 61 und 64, M. G. H., Epistolae III pp. 588 f., 591 f., dazu GAY (wie Anm. 20) pp. 487–508, bes. 491 ff., BERTOLINI, Carlomagno e Benevento (wie Anm. 22) pp. 620 ff.

82) *Castrum* oder *civitas Leopolis* sind, soweit ich sehe, in folgenden Urkunden nachweisbar: Tabularium Casinense I: Codex diplomaticus Cajetanus, edd. Monachi S. Benedicti Archicenobii Montis Casini, 1887, n. 3 (830/31), (*Leopolis civitas*, Ausstellort, mehrmals genannt), 6 (839: *Leo sanctus episcopus sancte menturnensis cibitati et kastri leopoli*), 46 (945: Grenzbeschreibung *per pedemontis civitatis leopolim et directe mittit in flumine de gariliano*) pp. 5 f., 11, 77. Für die Angabe der Herausgeber, der am Garigliano gelegene Platz sei von Papst Leo III. gegründet worden, sehe ich keinen Beweis; doch erscheint sie durchaus plausibel. Vgl. auch MARGARETE MERORES, Gaeta im frühen Mittelalter, Gotha 1911, p. 7.

83) M. G. H., p. Epistolae V no. 2, p. 57, vgl. CLASSEN, Karl der Große, p. 27.

In alledem liegt aber, sehe ich recht, auch ein Stück innerer Abkehr von Byzanz und von den sozialen Strukturen des Ostens. Die aristokratische Grundherrschaft gewinnt immer größeres Gewicht gegenüber dem Verwaltungsapparat des Laterans. Das ist keine einmalige Entscheidung, und noch Leo III. ist offenbar kein Repräsentant der Aristokratie, hat aber eine Laufbahn im Patriarchium gemacht;[84] aber das Zurücktreten des Apparats der Karriere-Kleriker hinter den Aristokraten entspricht doch wohl einer Wendung von byzantinischen zu westlichen Strukturen.

VII.

Es ist nicht ganz leicht zu sagen, welche Beachtung man in Konstantinopel dem Übergang Italiens und insbesondere Roms an die »Barbaren« des Westens schenkte. Vor allem war man in Konstantinopel mit sich selbst, mit dem Bilderstreit und seinen vielfältigen Konsequenzen beschäftigt, und die äußere Bedrohung durch die Bulgaren überschattete andere Probleme weithin. Die Blicke der Chronisten sind von diesen Themen fast ganz in Anspruch genommen. Mit Prokop und Agathias kann man sie nicht vergleichen; soweit sie überhaupt Geschehnisse außerhalb der Hauptstadt registrieren, sind es vor allem die Kriege mit Bulgaren und Sarazenen. Die Historia Syntomos des Patriarchen Nikephoros weiß zwar manches von Awaren und Bulgaren, von Sarazenen und »Persern« zu erzählen – Rom, Italien, Päpste, Langobarden und Franken kommen in ihr ganz einfach nicht vor.[85] Mit der größeren, in den folgenden Generationen viel gelesenen Chronik des Theophanes steht es nicht viel besser; nur selten kann sie Ereignisse des Westens melden, wie etwa die Unternehmungen des Kaisers Konstans II. Die Päpste des 7. Jahrhunderts sind diesem orthodoxen und im Prinzip die Autorität der römischen Kirche überaus hoch einschätzen-

---

84) Über Leos Herkunft und Aufstieg wissen wir nur, was der Liber Pontificalis II p. 1 sagt: »natione Romanus ex patre Atzuppio«, also Stadtrömer, aufgestiegen im vestiarium. Der Vatersname Atzuppius (Atzypios) ist weder süditalienisch noch griechisch, sondern anscheinend orientalisch (arabisch?) – aber das sagt allenfalls etwas über die ferneren Ahnen des Papstes aus, nichts über seine unmittelbare Abkunft, Muttersprache und Bildung. Vgl. CLASSEN, Karl der Große p. 31 n. 136 und pp. 75 f. sowie HANS-GEORG BECK, Die Herkunft des Papstes Leo III., Frühmittelalterliche Studien 3, 1969, pp. 131–137. Zum Vestiarium, in dem Leo erzogen wurde und anscheinend bis zum Vestarar aufstieg, vgl. LUDWIG FALKENSTEIN, Der »Lateran« der karolingischen Pfalz zu Aachen, Köln-Graz 1966, pp. 147–156: es ist die Kammer der kostbaren liturgischen Geräte und Gewänder, vielleicht gar der Ort der Historiographie des Liber Pontificalis. Wie es scheint, stammte Leo aus niederer sozialer Schicht, konnte aber eine Karriere machen, die ihm Einfluß in Finanz- und Baufragen gab und daher Anhang verschaffte; der Gegensatz zu den Neffen Hadrians, die Primicerius und Saccellar waren, dürfte sich auch aus Rivalitäten der Ämter erklären, aber erst nach der Papstwahl ausgebrochen sein.
85) Die Historia Syntomos des Patriarchen Nikephoros erwähnt Langobarden, Franken, Päpste, Italien überhaupt nicht; Rom wird zweimal genannt: dorthin sendet Justinian II. den geblendeten Patriarchen und Philippikos das abgeschlagene Haupt Justinians II. (ed. C. DE BOOR, Leipzig 1880, pp. 42 und 47). Von Kaiser Konstans II. wird in einem Satz gesagt, er sei in Sizilien ermordet worden.

den Mönche unbekannt; und seine sonst mit so großer Sorgfalt angelegte Sammlung von
Daten versagt bei den Päpsten auch im 8. Jahrhundert, weiß nicht einmal alle Namen
richtig zu nennen und irrt mit den Jahren ganz beträchtlich. Ein anekdotenhafter Bericht
über Stephans II. Reise zu Pippin wird um volle 30 Jahre, also zwei Indiktionen, zu früh
angesetzt[86] und steht daher vor dem Bericht über Gregor II. und den Aufstand in Italien.

Freilich darf man den Horizont der Regierung des Reiches nicht an demjenigen der
Chronisten messen. Schon die wiederholten, wenn auch nicht zum Ziel führenden
Eheprojekte, erst Konstantins V. für seinen Sohn und Mitkaiser, dann Eirenes für den
nominell schon regierenden Konstantin VI. mit karolingischen Prinzessinnen beweisen,
wie wichtig die politischen Beziehungen zum Westen am Hof genommen wurden.[87] Wir
können dies Thema nicht im einzelnen ausbreiten. Es bleibt aber dabei, daß man sich auf
politische Verhandlungen beschränkt, und nachdem Kaiser Konstans II. seinen Versuch,
Italien zurückzuerobern, aufgegeben hatte, haben die Byzantiner nur noch ganz selten
militärische Aktionen gegen Italien unternommen. 732/33 scheiterte eine Flotte Leos III.,
die den Widerstand gegen die griechische Herrschaft, der sich im Bilderstreit gesteigert
hatte, brechen sollte, im Sturm.[88] Aber den Verlust Ravennas zunächst an die Langobarden, dann an die autonome Herrschaft der römischen Kirche unter fränkischem Schutz
nahm man ohne militärische Reaktion hin, auch nachdem alle diplomatischen Schritte bei
Langobarden, Franken und Päpsten immer wieder erfolglos geblieben waren. In den
Jahren nach Pippins Langobardenkriegen befürchtete Papst Paul I. wohl mehrmals eine
militärische Rückkehr der Griechen, zunächst im Bunde mit den Langobarden, dann ohne
diese.[89] Nachdem Karl der Große sich selbst zum Langobardenkönig gemacht und als
Patricius die tatsächliche Herrschaft auch im römischen Italien in Anspruch genommen
hatte, hoffte wohl der vertriebene Langobarde Adelchis, den väterlichen Thron mit
byzantinischer Hilfe zurückgewinnen zu können, und Papst Hadrian war darüber beunruhigt. Er nahm erst in Otranto, dann in Ravenna, später in Neapel und Gaeta Bewegungen
wahr, die als Vorboten nicht nur politischer, sondern auch militärischer Aktionen gegen

---

86) Zu des Theophanes Papstliste vgl. DE BOOR in der Ausgabe, vol. 2 p. 480 ff. Bei der Reduzierung
auf Inkarnationsjahre ist zu beachten, daß Theophanes zwischen den Weltjahren 6102 und 6265 meist
ein Jahr zu niedrig angibt, vgl. OSTROGORSKY, Geschichte p. 73 f. und die dort angeführte Literatur.
Die Reise des Stephanus ins Frankenreich erscheint übrigens mit richtiger Indiktion, nur eben 30 Jahre
zu früh eingereiht. Theophanes dürfte eine nach Indiktionen datierte Quelle gehabt haben.
87) CLASSEN pp. 19, 22 ff. und die dort angegebenen Quellen.
88) Theophanes a. m. 6224 (ed. DE BOOR, p. 410).
89) Codex Carolinus nn. 17 (von 758), 30, 31, 38 (von 759/60), vgl. 20 (von 764?), M. G. H.,
Epistolae III pp. 514–517, 536 f., 550 f., 521 (dazu JOHANNES HALLER, Das Papsttum, Band I,
Stuttgart 1950, p. 557), zum Ganzen PAUL KEHR, Über die Chronologie der Briefe Papst Paul I. im
Codex Carolinus, »Nachrichten von der kgl. Gesellschaft der Wissenschaft zu Göttingen«, Phil. hist.
Klasse 1896 pp. 103–157, bes. 112–126.

die von den Franken geschützte Autonomie der Kirche verstanden wurden.[90] Aber niemals griffen die Byzantiner wirklich an, und sie scheinen es kaum ernsthaft erwogen zu haben. Man bemerkt mit einem gewissen Erstaunen, daß Konstantin V. und seine Nachfolger Rom und Italien, wenn nicht politisch, so doch militärisch fast ganz sich selbst überlassen haben.

Nur zweimal hat Byzanz Flotten geschickt: als der sizilische Patricius und Strateg Elpidius sich 780 gegen Kaiserin Eirene erhob und ein Versuch, ihn verhaften zu lassen, mißlang, wurde eine große Flotte mobil gemacht, die Sizilien in harten Kämpfen unterwarf.[91] Elpidius, der nun in Afrika als Gegenkaiser von Gnaden der Sarazenen erschien, war der eben erst erhobenen und von ihren Schwägern angefochtenen Kaiserin gefährlich erschienen, und die Position auf Sizilien war für die von den Sarazenen bedrohte Seeherrschaft der Byzantiner entscheidend wichtig, viel wichtiger als Rom oder Ravenna.

Ein anderes Flotten-Unternehmen der Griechen führte erstmals zu einer direkten Konfrontation mit den Franken, als nämlich zwischen 806 und 809 um die Vorherrschaft in Venetien gerungen wurde.[92] Rasch zeigte sich, daß in diesem Bereich auf die Dauer die Franken so wenig zur See wie die Byzantiner zu Lande ausrichten konnten. Der Lagunen-Bereich blieb der fränkischen Herrschaft entzogen. Man kann fragen, warum die Griechen, über 50 Jahre nachdem sie Ravenna kampflos hatten fallen lassen, sich hier stark machten. Ist der Grund nur darin zu suchen, daß man wohl Venetien, nicht aber Ravenna oder die Pentapolis allein mit einer Flotte ohne Landheer verteidigen konnte? Oder waren die Lagunen – anders als der versandete Hafen von Ravenna – für die Aufrechterhaltung der Herrschaft in Dalmatien wichtig? War jetzt eine Flotte leichter disponibel als vor 50 oder 30 Jahren?

Wie man die Stellung Roms und Papst Leos Handeln in Byzanz beurteilte, lehrt uns ein wenig beachteter Brief des Patriarchen Nikephoros aus der Zeit der Friedensverhandlungen zwischen Byzanz und Aachen 811. Der Patriarch rechtfertigt sich, daß er erst fünf Jahre nach seiner Erhebung an den Papst schreibt. »Der uns hinderte – so sagt der Patriarch mit Anspielung auf den Kaiser – meinte nämlich, uns einen guten Grund vorhalten zu müssen, es ginge um die Feier mit dem Chrisma; er verbreitete, daß *Ihr Euch selbst von der*

---

90) Codex Carolinus nn. 57–59, 61, 64–65, M. G. H., Epistolae III, pp. 582–585, 588–593, dazu CLASSEN, Karl der Große pp. 19 f.

91) Theophanes a. m. 6273, 6274, Annales Laureshamenses a. 781 = Annales Mosellani, a. 871, M. G. H., Scriptores I, p. 32 = XVI p. 497, vgl. CLASSEN, Karl der Große p. 22 f. Die Chronologie dürfte so aussehen: 780 Sept. Tod Leons IV. und Erhebung Konstantins VI. mit Eirene, 781 April erste Maßnahmen gegen den (eben erst ernannten) Elpidius, 781 Herbst Flottenexpedition. Die ersten Verhandlungen Eirenes über eine Verlobung Konstantins VI. mit Karls d. Großen Tochter Rothrud fallen in den April 781, werden von den Annalisten zu Karls Aufenthalt in Rom gestellt. Das läßt sich mit der Chronologie des Theophanes vereinbaren; doch bleibt unsicher, ob eine Wechselbeziehung mit dem Aufstand des Elpidius besteht.

92) Siehe oben Anm. 29.

*Kirche getrennt habt,* und darüber war er zornig.«[93] Die Feier mit dem Chrisma, von der Nikephoros redet, war nichts anderes als die Krönung und Salbung Karls des Großen zum Kaiser. Mit ihr hatte Papst Leo sich deutlich vom Reich getrennt; aber für Kaiser und Patriarch galt die Einheit von Reich und Kirche noch als so selbstverständlich, daß dies für sie gleichbedeutend mit einer Trennung von *der* Kirche überhaupt war.

## VIII.

Hier stehen sich das alte Römische Reich, das nun ganz griechisch geworden ist, mit seiner griechischen Kirche auf der einen, und die neue westliche Welt, die wir Europa nennen und zu der der Papst sich endgültig gewandt hat, auf der anderen Seite gegenüber. Die lateinische Kirche hat sich als stärkeres Band denn das Römische Reich erwiesen.

Italien wird in gewisser Weise zu einem Opfer des fränkisch-römischen Bundes. Schon zehn Jahre nach Karls Kaiserkrönung zeigen die Briefe Papst Leos III. an den Kaiser das Wachsen der Sarazenen-Gefahr, zugleich aber auch die Schwierigkeit der Abwehr: der Patricius von Sizilien hat seinen Herrn in Konstantinopel, der Papst will sich an Aachen orientieren,[94] und so wie jetzt scheitern in den folgenden Generationen bis zum Ende Ludwigs II. alle Versuche des Zusammenwirkens der beiden Imperien.[95] Sie scheitern nicht nur an Ideologien und Mißverständnissen, wie sie der Briefwechsel zwischen Ludwig II. und Basileios I. offenbaren, sondern auch an den langen Wegen, an der Vielfalt der Instanzen, an dem Mangel einer Flotte auf seiten der den größeren Teil Italiens beherrschenden Franken. So kann Italien gegen den andrängenden Islam erst wirksam verteidigt werden, als nach dem Tode Ludwigs II. und dem Zerfall der fränkischen Macht Byzanz eine neue Position in Süditalien mit Bari als Mittelpunkt aufbaut,[96] während Sizilien und Kalabrien in der Hand der Sarazenen verbleiben. Italien bleibt geteilt zwischen

---

93) Ἐδόκει γὰρ τῷ εἴργοντι καὶ ἀφορμὴν εὐπρόσωπον προβάλλεσθαι ἐφ᾽ ἡμῖν τῶν ἐπιτελεσ-θέντων τοῦ χρίσματος ἕνεκεν, καὶ ὡς ὑμεῖς τῆς Ἐκκλησίας ἑαυτοὺς ἀπεῤῥήξατε, διεθρύλλει καὶ ἐχαλέπαινε... Epistola Nicephori ad Leonem, J. P. MIGNE, Patrologia Graeca 100 col. 197., vgl. GRUMEL, Regestes n. 382 zu 811 Ende; dazu die englische Übersetzung und Interpretation von PAUL J. ALEXANDER, The Patriarch Nicephorus of Constantinople, Oxford 1958, pp. 106 ff. sowie CLASSEN, Karl der Große, pp. 68 f. Dies Zeugnis für die Salbung Karls hatte ich noch 1968 übersehen; ALEXANDER, pp. 105 ff., geht davon aus, daß der Patriarch zu Unrecht eine Salbung Karls durch Leo unterstellt, vgl. aber CLASSEN, pp. 48 f.

94) M. G. H., Epistolae V, S. 96 ff. n. 6 f., CLASSEN, Karl der Große p. 69.

95) Als Dokument der – letztlich vergeblichen – Bemühungen um ein Bündnis zwischen Franken und Byzanz gegen die Sarazenen wird der bekannte Kaiserbrief von Saint-Denis (mit im einzelnen voneinander abweichenden Datierungen zu 841 oder 843 und Deutungen) von WERNER OHNSORGE, Abendland und Byzanz, Darmstadt 1958, pp. 131–183 und FRANZ DÖLGER, Byzantinische Diplomatik, Ettal 1956, pp. 204–214, gedeutet.

96) Vgl. oben Anm. 20.

den Franken, den Griechen und den Sarazenen, und wenn ich nicht irre, so hört die Rede von »ganz Italien« in den Quellen nun auf.

Der deutsche Schriftsteller Frank Thieß hat 1960 ein Buch mit dem Titel »Die griechischen Kaiser« veröffentlicht, dessen Untertitel heißt »Die Geburt Europas«.[97] Mit für einen Außenseiter beachtlicher Kenntnis von Quellen und Literatur stellt Thieß die Geschichte der dunklen Jahrhunderte nach dem Tode Justinians bis zur Verteidigung Konstantinopels durch Leon III. dar. Seine These jedoch, daß aus der Leistung dieser Kaiser in der Verteidigung gegenüber dem Osten die Geburt Europas hervorgehe, scheint mir durchaus falsch. Das geschichtliche Gebilde, das wir Europa nennen, konstituiert sich nicht von Byzanz aus, sondern ohne und gegen Byzanz, und indem Italien sich mit den anderen Ländern der lateinischen Kirche verbindet und das Römische Reich den Griechen und der griechischen Kirche überläßt, beginnt Europa seine Gestalt zu gewinnen. Selbstverständlich soll damit nicht geleugnet werden, daß dieses Europa immer wieder von Byzanz stimuliert wird, daß es geistige, künstlerische, religiöse, aber auch politische Impulse aus diesem alten römischen Reich griechischer Sprache und christlicher Kultur erhält. Das hat Agostino Pertusi[98] mit den gestern abend von Herrn Manselli zitierten Worten in unübertrefflicher Weise gesagt. Italien, vor allem der Süden, Sizilien, Apulien, Kalabrien, Neapel, Benevent, Monte Cassino, aber auch Rom, Ravenna und vor allem Venedig sind die Plätze, da sich auch in den folgenden Jahrhunderten Byzanz und Europa begegnen. Italien wird zu einem Teil Europas, zugleich aber auch zu einer Brücke zwischen Byzanz und Europa.

Das sind vielleicht banale und jedermann bekannte Tatsachen. Sie dürfen und müssen aber wohl ausgesprochen werden, wenn wir in diesem Kreise nach dem Ursprung Europas in der Zeit der Karolinger fragen.

*Anhang*

*Omnis Italia und Hesperia in Quellen des 6. bis 9. Jahrhunderts*

Den Gebrauch des Begriffs *Italia* im Mittelalter haben untersucht Michelangelo Schipa, Le »Italie« del Medio Evo, Archivio Storico per le Provincie Napolitane XX (1895) pp. 395–441 und Pier Silverio Leicht, Dal ›Regnum Langobardorum‹ al ›Regnum Italiae‹, Scritti vari di storia del diritto italiano, I, Mailand 1943, pp. 221–235, vgl. dazu zuletzt Harald Zimmermann, Imperatores Italiae, Historische Forschungen für W. Schlesinger, Köln-Wien 1974, pp. 379 ff. mit weiterer Literatur. Hier sollen diese Arbeiten nicht

---

97) FRANK THIESS, Die griechischen Kaiser. Die Geburt Europas, Hamburg-Wien 1960.
98) R. MANSELLI, Ricordo di Agostino Pertusi, in: Settimane di studio del Centro italiano di studi sull'alto medioevo 27 (1981), pp. 51–64.

ergänzt werden; es geht lediglich darum, den auffallend häufigen Gebrauch von Begriffen wie *omnis Italia, universa Italia, cuncta Italia* im frühen Mittelalter zu belegen. Dabei darf selbstverständlich nicht übersehen werden, daß im einzelnen *Italia* nicht immer dieselbe Bedeutung hat, daß etwa Sizilien hier eingeschlossen ist und dort nicht, und daß manche Belegstellen allein die byzantinische Provinz Italien meinen. Insgesamt scheint mir doch dieser Sprachgebrauch das Bewußtsein von der historisch-geographischen Einheit Italiens gerade in der Zeit zu belegen, da das Land zwischen Langobarden und Byzantinern geteilt ist, und manche der Stellen deuten darüber hinaus auf das Streben beider Seiten, diese Einheit wieder herzustellen. Selbstverständlich ist keine Vollständigkeit der Belegstellen beabsichtigt; das gilt insbesondere für die wenigen spätantiken Stellen, die wir am Anfang nennen.

Zu beachten ist, daß es bis an das Ende des 6. Jahrhunderts Praefekten gibt, die mit vollem Titel *Praefectus praetorio per Italiam* heißen; in der folgenden Zeit tritt neben den Titel des Exarchen zuweilen der Zusatz *Italiae,* ohne daß wir sicher sagen können, ob dies amtlicher Sprachgebrauch ist und ob der Militär- und Verwaltungssprengel überhaupt einen amtlichen Namen hat.

Rutilius Claudius Namatianus, *De reditu suo* II 18 f. (ed. Rudolf Helm, Heidelberg 1933, p. 55):

> *Italiam rerum dominam qui cingere visu*
> *et totam pariter cernere mente velit . . .*

Iordanes, Getica § 243 (ed. Theodor Mommsen, M. G. H., Auctores antiquissimi V 1, Berlin 1882), p. 120: *Sic quoque Hesperium Romanae gentis imperium . . . cum hoc Augustulo periit . . . Gothorum dehinc regibus Romam Italiamque tenentibus. Interea Odoacer rex gentium omnem Italiam subiugatam . . . obtenuit.*

Erlaß Justinians I. an Narses, nach 555 (ed. R. Schoell-W. Kroll, Corpus Iuris Civilis III, Berlin 1895), p. 803 n. VIII: *Universae quidem Italiae nos oblatae preces . . . commoverunt . . . sancimus, ut per universam Italiam atque Siciliam . . .*

Inschrift der Agilulf-Krone, vgl. oben Anm. 1.

Grabschrift des Königs Cunicpert aus dem Jahr 700, Pavia, ed. Gaetano Panazza, Lapide e sculture paleocristiane e pre-romaniche di Pavia, in: »Arte del Primo Millennio, Atti del secondo Convegno per lo studio dell'arte dell'Alto Medio Evo«, Turin 1953, p. 250, n. 58 mit Tafel XCII:

CVNINCPERT FLORENTISSIMVS AC ROBVSTISSIMUS REX QVEM DOMINVM ITALIA ATQUE PASTOREM INDE FLEBILE MARITVM IAM VIDVATA GEMET

Liber pontificalis, ed. Louis Duchesne, I, Paris 1886.

Vita Leonis I p. 239: *liberavit totam Italiam a periculo hostium.*

Vita Iohannis I p. 275: *rex Theodericus audiens hoc exarsit et voluit totam Italiam . . . extinguere.* Ebenda: *liberata est Italia a rege Theodorico heretico.*

Vita Benedicti I p. 308: *gens Langobardorum invaserunt omnem Italiam.*

Vita Deusdedit p. 319: *data roga militibus facta est pax in tota Italia.*

Vita Theodori I. p. 332: Exarch Theodor wird entsandt *ad regendam omnem Italiam.*
Vita Martini I p. 337: Exarch Olympius wird entsandt *ad regendam omnem Italiam.*[99)]
Vita Johannis VI p. 383: *militia totius Italiae tumultuose convenit apud hanc Romanam civitatem vellens praefatum exarchum tribulare.*

Vita Gregorii II p. 404 f.: *omnis Italia consilium iniit, ut sibi eligerent imperatorem et ducerent Constantinopolim.*

Vita Gregorii III p. 416: *cuncta generalitas istius provinciae Italiae similiter pro erigendis imaginibus supplicationis scripta unanimiter ad eosdem principes direxerunt.*

Vita Zachariae p. 426: *Hic invenit totam Italiam provinciam valde turbatam.* Ebenda p. 431: *In XX annorum spatium inita pace universus Italiae quievit populus.*

Vita Stephani II p. 442: Der Papst schickt Gesandte an den Kaiser *deprecans imperialem clementiam, ut iuxta quod ei saepius exercitandis (?) has Italiae in partes scripserat, modis omnibus adveniret et de iniquitatis filii morsibus Romanam hanc urbem vel cunctam Italiam provinciam liberaret.* Ebenda p. 444: Der Papst bittet Aistulf *pro gregibus sibi a Deo commissis et perditis ovibus, scilicet pro universo exarchato Ravennae atque cunctae istius Italiae provinciae populo.*

Vita Hadriani I p. 488: Desiderius will den Papst von Karl trennen *et Romanam urbem atque cuncta Italia sub sui regni Langobardorum potestate subiugare.*

Es erweist sich deutlich, daß *Italia* nicht überall in dem gleichen Sinne gebraucht wird. Insbesondere haben die Belege des 8. Jahrhunderts offenbar überwiegend oder allein die byzantinische Provinz im Auge.

Paulus Diaconus, Historia Romana (ed. H. Droysen, Scriptores rerum Germanicarum, Berlin 1897), verfaßt vor 774:

XIII 9 p. 107: *Valentinianus igitur consensu totius Italiae imperator efficitur itemque ex decreto Theodosii Augusti appellatur.* Die Wörter *igitur . . . itemque* sind Zusatz des Paulus zur Vorlage Prosper Aquitanus.

XV 10 p. 122: *urbem Odovacer ingressus totius Italiae adeptus est regnum.* Vgl. dazu die oben genannte Stelle Iordanes, Getica 243.

XV 18 p. 126: *Theodericus extincto apud Ravennam Odovacre totius Italiae adeptus est ditionem.*

Paulus Diaconus, Historia Langobardorum, ed. G. Waitz, Scriptores rerum Germanicarum, Hannover 1878, verfaßt um 790, schildert II 8 p. 90, wie Alboin vor der Eroberung an der Grenze Friauls einen Berg ersteigt, um Italien zu sehen; III 32 p. 138: Authari berührt mit der Speerspitze die Säule im Meer bei Reggio, *extremam Italiae civitatem vicinam Siciliae,* und spricht »*Usque hic erunt Langobardorum fines*«. Im Anschluß an die ersten Eroberungen Alboins gibt Paulus II 14–24 pp. 95–102 eine Schilderung der Provinzen Italiens; die Grenzen von *omnis Italia* sind II 9 p. 91 genannt. Das zeigt zusammen

---

99) Vgl. dagegen das im langobardischen Teil Italiens um 625/30 verfaßte Auctarium Havniense (M. G. H., Auctores antiquissimi IX p. 339): *Eraclius Eleutherium ad tuendam partem Italiae, quam nondum Langobardi occupaverant, mittit.*

genommen, daß für Paulus Italien eine historisch-politische Einheit bildet, deren völlige Eroberung das politische Ziel der Langobarden seit Alboin ist.

Agnellus, Liber pontificalis Ecclesiae Ravennatis (ed. Oswald Holder-Egger, M.G.H., Scriptores rerum Langobardicarum, Hannover 1878):

cap. 96 p. 341: Longinus, Präfekt in Ravenna, sucht Verbindung mit Königin Rosamunda *ut regnum et principatus totius Italiae teneat* (dies anders als die Vorlage, Paulus, Hist. Langob. II 29 p. 106).

cap. 125 p. 361: über den Ravennaten Iohannicis, Ahn des Agnellus: *claruit eius sapientia in tota Italia*.

cap. 142 p. 371: *miserunt per totam Ytaliam*, nämlich den abgeschlagenen Kopf Kaiser Justinians II.

Auch byzantinische Quellen gebrauchen den Ausdruck, z. B. Theophanes a. m. 6221 (ed. de Boor; p. 408) über Papst Gregor II: ἐν δὲ τῇ πρεσβυτέρᾳ Ῥώμῃ Γρηγόριος, ὁ πανίερος ἀποστολικὸς ἀνὴρ καὶ Πέτρου τοῦ κορυφαίου σύνθρονος, λόγῳ καὶ πράξει διαλάμπων, ὃς ἀπέστησε Ῥώμην τε καὶ Ἰταλίαν καὶ πάντα τὰ ἑσπέρια τῆς τε πολιτικῆς καὶ ἐκκλησιαστικῆς ὑπακοῆς Λέοντος καὶ τῆς ὑπ' αὐτὸν βασιλείας. (p. 409): Γρηγόριος δέ, ὁ ἱερὸς πρόεδρος Ῥώμης, καθὼς καὶ προέφην, Ἀναστάσιον ἅμα τοῖς λιβέλλοις ἀπεκήρυξεν ἐλέγξας τὸν Λέοντα δι' ἐπιστολῶν ὡς ἀσεβοῦντα, καὶ τὴν Ῥώμην σὺν πάσῃ τῇ Ἰταλίᾳ τῆς βασιλείας αὐτοῦ ἀπέστησεν.

Davon ist abhängig Georgius monachus, vgl. oben Anm. 57, mit ähnlichen Begriffen.

\* \* \*

In diesem Zusammenhang sei eine Bemerkung über *Hesperia* erlaubt. Im Griechischen heißt ἑσπέριος einfach »westlich«, *occidentalis*, ist synonym mit δυτικός und steht als Gegensatz zu ἑῷος, vgl. für unsere Zeit nur Theophanes, ad indicem vol. 2 p. 604, und Nicephorus patriarcha ad indicem p. 241. Lateinisch setzt Isidor *Hesperia* gleich *Hispania*, Etym. IX 2, 128 und XIV 4, 28. Jordanes stellt das *Hesperium Romanae gentis imperium* dem *imperium orientale* gegenüber: Getica §§ 243, 244, Spanien wird als *partes Hesperiae* bezeichnet § 251, ebenso kann Italien *Hesperia plaga* oder einfach *Hesperia* genannt werden, §§ 291, 292, die westliche Reichshälfte *res publica Hesperiae plagae* § 191: die Bedeutung »westlich«, *occidentalis* scheint mir überall zwanglos gegeben. Im Liber Pontificalis I p. 416 *episcopi istius Speriae partis* auf dem Konzil Gregors III. sind die Bischöfe des Westens, Gregor II. und Gregor III. sprechen vom Missionsgebiet des Bonifatius in Germanien als *in partibus Esperiarum* (Bonifatii ep. 24, ed. Tangl p. 42) und *in illis partibus Speriis* (ep. 45 pp. 72 und 73). Der Versuch von Fuhrmann, Settimane 20, 1 p. 282 n. 58, den Ausdruck *in his Hisperiae partibus* im Brief Hadrians I., Codex Carolinus 60 von 788 p. 587, auf Italien einzuschränken, überzeugt darum nicht; auch das Zitat aus JE 2423 vo 785 *omnis Hesperiae occiduaeque partis barbaras nationes* kann durchaus pleonastisch verstanden werden. Eine ganz andere Frage ist, ob man in dem Brief Hadrians konkret unter »diesen Gegenden des Westens« vorzugsweise oder nur Italien versteht. Man sollte aber nicht unter Heranziehung hochmittelalterlicher Parallelen unterstellen, daß aus dem Griechischen lange eingebürgerte Fremdwörter schon im 8. Jahrhundert in Rom nicht mehr im eigentlichen Sinn verstanden wurden.

# Das Konzil von Konstantinopel 1166 und die Lateiner

Nachdem im Jahre 1054 der endgültige Bruch zwischen der griechischen und der abendländischen Kirche vollzogen worden war, brachte das 12. Jahrhundert eine neue Begegnung zwischen Ost und West. Die Kreuzzüge und der steigende Handelsverkehr zwischen den italienischen Seestädten und dem östlichen Mittelmeer belebten den wirtschaftlichen Austausch und schufen mit dem Aufbau lateinischer Staaten im Orient neue politische Probleme, zugleich öffneten sich aber neue Wege für die seit dem Ausgang des 11. Jahrhunderts zunächst in Frankreich mächtig aufstrebende philosophische und theologische Wissenschaft. Erst allmählich beginnt sich mit der Erforschung der frühscholastischen Literatur auch das Bild der geistigen Beziehungen zwischen dem Griechentum und der jungen abendländischen Wissenschaft abzuzeichnen, und immer wieder erhält es durch Handschriftenfunde überraschende Ergänzungen.[1]

## I.

Im Frühjahr 1166 trat in Konstantinopel eine große Synode zusammen, um einen etwa 6 Jahre zuvor plötzlich ausgebrochenen Streit über die dogmatisch einwandfreie Exegese der Worte Christi »mein Vater ist größer als ich« (Joh. 14, 28) zu entscheiden. Über den Ausbruch und den Verlauf des theologischen Kampfes berichten verschiedene Quellen.

Niketas Choniates behandelt in seinem Geschichtswerk diese wie andere theologische Streitigkeiten allein im Zusammenhang mit dem anmaßenden Willen Kaiser Manuels, nicht nur den Staat zu beherrschen, sondern auch in Glaubenssachen seiner privaten, von Sachkenntnis unberührten Meinung zur Herrschaft zu verhelfen; auf diese Weise sei eine ganz absurde Lehre festgelegt worden.[2] Den entgegengesetzten Standpunkt nimmt der

---

1) Die Anregung zu der vorliegenden Studie gab der unten S. 142 ff. publizierte Handschriftenfund in Verbindung mit kürzlich veröffentlichten Entdeckungen und Forschungen von A. DONDAINE: Hugues Étherien et Léon Tuscus, in: Archives d'Histoire Doctrinale et Littéraire du Moyen Âge 19 (1952 [erschienen 1953]) 67–134.

2) Niketas Choniates, de Manuele VII 5, ed. Bonn. S. 276 ff.; Ephraem, Chron. v. 4752–4773 ed. Bonn. S. 198 f., hängt ganz von Niketas ab und hat keinen selbständigen Quellenwert. Zu dem Konzil

Metropolit Eustathios von Thessalonike ein; in seiner Grabrede auf Manuel rühmt er das weise Eingreifen des Kaisers zugunsten der rechten Lehre.[3] Sehr viel ausführlicher erzählt Johannes Kinnamos.[4] Er nennt als Urheber des Streites einen gewissen Rhomäer Demetrios, der aus dem kleinasiatischen Ort Lampe stammte. Dieser habe eine recht mäßige weltliche Bildung gehabt, sich aber dauernd mit den Dogmen der Kirche beschäftigt und in seiner eitlen Neugier und Geschwätzigkeit insbesondere die Natur Gottes zu ergründen gesucht, eine Sache, die nur den Lehrern und hohen Würdenträgern der Kirche sowie den Kaisern, wegen deren besonderen Ansehens, zukomme.[5] Diese Neigung des Demetrios sei durch seine wiederholten Gesandtschaftsreisen nach dem Abendland, vor allem Italien, hervorgerufen,[6] und als er wieder einmal von einer Reise, dieses Mal nach Deutschland, zurückgekehrt sei, habe er behauptet, jene Völkerschaften hätten eine häretische Meinung[7] über den Ruhm Christi, indem sie sagten, derselbe (Christus) sei sowohl geringer als auch ebenso groß wie Gottvater, der ihn gezeugt habe.[8] Kinnamos schildert nun, wie Demetrios seine Behauptungen dem Kaiser vortrug, und gibt dabei in einem Dialog eine Probe von der arroganten Einfalt des Demetrios und von dem Scharfsinn Kaiser Manuels in theologischen Fragen. Unter Hinweis auf die zwei Naturen Christi verteidigte der Kaiser

vgl. F. Uspenskij, Bogoslovskoje i filosofskoje dviženije v Vizantiji XI. i XII. vv., in: Žurnal ministerstva narodnago prosvěščenija 277 (1891) bes. S. 304–324 (wiederholt in Ders., Očerki po istoriji vizantijskoj obrazovannosti, St. Petersburg 1891, mir nicht zugänglich; für freundliche Hilfe bei der Benutzung der russischen Literatur danke ich Herrn Dr. W. Fritze); L. Petit, Documents inédits sur le concile de 1166 et ses derniers adversaires, in: Vizant. Vremennik 11 (1904) 465–493; F. Chalandon, Les Comnène, études sur l'empire byzantin, t. 2: Jean II et Manuel I Comnène (Paris 1912) 643–652; M. Jugie, Theologia dogmatica christianorum orientalium ab ecclesia catholica dissidentium, t. 2 (Paris 1933) 655 ff.; Dondaine, a. a. O. 82 f. Überholt ist C. J. Hefele – H. Leclercq, Histoire des conciles 5, 2 (1913) 1045–1050. Nicht zugänglich war mir L. Oeconomos, La vie religieuse dans l'empire des Comnènes et des Anges (Paris 1918).

3) Eustathii opuscula, ed. G. L. F. Tafel (Frankfurt a. M. 1832) 205.

4) Das Folgende nach Johannes Kinnamos, Epitome VI 2, ed. Bonn. S. 251–257; vgl. Uspenskij, a. a. O. 312 ff.

5) Kinn. S. 251: . . . πρᾶγμα οὐδενὶ ἄλλῳ ὅτι μὴ διδασκάλοις καὶ τῶν ἱερῶν ἐφειμένον τοῖς προὔχουσιν, ἤδη δὲ καὶ βασιλεῦσι διὰ τὸ ἀξίωμα ἴσως. Vgl. unten S. 356 [hier 134] Anm. 1 [hier 69].

6) ibid.: οὖθ4τος πολλάκις περὶ τὴν ἑσπέραν καὶ ἔθνη πρεσβεύσας τὰ Ἰταλικὰ κορύζης μεστὸς ἐπανήει. Εσ βραθψηεν δαμιτ νιψητ Γεσανδτσψηαφτσρεισεν ιμ καισερλιψηεν Αθφτραγ γεμειντ ζθ σειν; ιμμερην ιστ ζθ βεαψητεν, δα' Δεμετριοσ Ζθτριττ βει Μανθελ ηαττε.

7) ιβιδ.: τότε δὲ ἐκ τῆς χώρας ἀναζεύξας Ἀλαμανῶν διαφανῶς ἑτεροφρονεῖν τὰ τῇδε διετείνετο ἔθνη. Uspenskij S. 312 verweist auf Wibald, ep. 252 und 237 (vgl. Dölger, Reg. 1374 und 1378 von 1148 und 1150), doch diese Gesandtschaften liegen wohl zu früh. Manuel schickte bis 1158 so viele Boten nach Deutschland, daß es kaum möglich sein wird, des Demetrios letzte Reise mit einer bestimmten Gesandtschaft in Verbindung zu bringen, selbst wenn man annimmt, daß er im kaiserlichen Auftrag reiste (vgl. Dölger, Reg. 1378, 1382, 1388/89, 1391, 1396, 1408, 1414, 1424, auch unten S. 351 [hier 129]).

8) ibid.: ἐλάσσω τὸν αὐτὸν καὶ ἴσον τῷ φύσαντι θεῷ λέγειν τολμῶσι.

die angegriffene Lehre. Trotz seiner Niederlage in diesem Gespräch legte Demetrios seine Ansichten in einem Traktat nieder, den er Manuel unterbreitete, der jedoch befahl, das Buch zu vergraben. Auch jetzt gab Demetrios seine Sache nicht auf, er propagierte seine Thesen nun unter dem Klerus und hatte damit einen erstaunlichen Erfolg; nur Patriarch Lukas von Konstantinopel und sechs Diakone widerstanden ihm. Mühsam gelang es dem Kaiser, einzelne Prälaten von der Unrichtigkeit ihrer Ansichten zu überzeugen; als sich die Anhänger des Demetrios aber geradezu verschworen, in keine Diskussion mit Manuel einzutreten,[9] berief dieser sechs Jahre nach dem Ausbruch des Streites voll Zorn die Synode.

Die griechischen Quellen werden durch eine Bemerkung des Leo Tuscus ergänzt. Der in Pisa geborene Leo war vielleicht schon damals, gewiß aber einige Jahre später, als *interpres epistolarum imperatoris* ein hoher Beamter des Kaisers,[10] zugleich verfaßte er theologische Werke und übersetzte griechische Literatur ins Lateinische. In der Vorrede zu seinem *oneirocriticon*, einer Übersetzung des Traumbuches von Ahmed ben Sirin, sagt er, sein Bruder Hugo Etherianus habe damals einen *Libellus de Filii hominis minoritate ad Patrem Deum* geschrieben, auf Grund dessen der Kaiser die christologische Frage entschieden habe; nur ein geringes Ärgernis sei gegen den Willen Manuels zurückgeblieben.[11]

---

9) Als Wortführer der Demetrios-Anhänger wird hier Euthymios von Neai Patrai genannt, über ihn vgl. G. STADTMÜLLER, Michael Choniates (Orientalia christiana 33, 2) (1934) 306–312, der jedoch Euthymios irrtümlich zum Gegner des Demetrios macht, und K. BONIS (Μπόνης), Εὐθυμίου τοῦ Μαλάκη τὰ σωζόμενα (Θεολογικὴ Βιβλιοθήκη εἰς μνήμην X. ᾽Ανδρουτσοῦ 2) (Athen 1937). BONIS berichtet S. 10 f. über die Synode von 1166 und S. 17 ff. über den Ausbruch des Demetrios-Streites, den er jedoch mit der unten Anm. 69 genannten Niketas-Stelle zusammenbringt und in die Zeit Kaiser Andronikos' I. (1183–85) verlegt.

10) Über Leo vgl. CH. H. HASKINS, Studies in the History of Mediaeval Science, Harvard Hist. Studies 27 (1924) 214–218; grundlegend jetzt DONDAINE, a. a. O. passim. Als kaiserlicher Dolmetscher wird 1170 ein gewisser Gibertus genannt (MGH. SS. 18, S. 86; vgl. HASKINS, a. a. O. 197; DÖLGER, Reg. 1496), ein Rudiger zwischen 1170 und 1177 (DONDAINE, a. a. O. 129 ff., unten S. 126). Leo wird zuerst [Zusatz im Handexemplar: schon 1166 Brief Hugos nach Pisa, Docum. Tosc. p. 13: *invicti principis egregius interpres magister Leo.* Aber den Brief datiert DONDAINE 81 f. auf 1177.] um 1176 als Dolmetscher bezeichnet (DONDAINE a. a. O. 81, 122); es ist aber durchaus möglich, daß es gleichzeitig mehrere solche Beamte gab.

11) Die Vorrede ist gedruckt bei HASKINS, S. 217 f.: *... memorandi non sum oblitus sompnii a te* (angeredet ist Hugo) *visi quod dictum inexpugnabilem virum* (Manuel) *eneo in equo supra columpnam quam Thraces dicunt Augustiana Bizancii sito nobiliter sedere conspicabaris, eodem autem in loco doctissimis quibusdam astantibus Latinis Romana oratione cum in quodam legeret libello interpellanti tibi soli favorem praestitisse visus est. Latuit tunc utrumque nostrum ea quidem quid portenderet visio, at vero eiusmodi oraculum editus per te de Filii hominis minoritate ad Patrem Deum libellus tempore post revelavit sub tegumentis. Profecto eneus ille sonipes anima carens altissime sonantissimeque questionis erat que inter Grecos versabatur ventilatio, Verbum scilicet Dei secundum quod incarnatum Patri equale prestans, rationis veritatisque radicitus expers ut quadrupes nominatus. Solvit autem illam controversiam clamitante illo libello augustalis clementie decretum pauco scandali fomento contra voluntatem illius relicto.* Vgl. DONDAINE 82 f., 121 ff.

Der in dieser Widmung angeredete und genannte Hugo zählte ebenso wie sein Bruder zu den führenden Köpfen unter den in Konstantinopel ansässigen Lateinern.[12] Er hatte in den vierziger Jahren in Frankreich studiert, war später (vor 1161) nach Konstantinopel übergesiedelt und hatte sich dort, obwohl nach wie vor Laie, in die griechische Philosophie und Theologie versenkt. Seine gründliche Bildung gestattete ihm, den Standpunkt der Lateiner in dem großen ost-westlichen Streit über den Heiligen Geist in griechischer Sprache mit Argumenten aus der aristotelischen Philosophie und der griechischen Patristik darzulegen. Hochbetagt erst ist er in den geistlichen Stand eingetreten, als Papst Lucius III. ihn zum Kardinal erhob; wenige Monate darauf starb er (1182).

Alle angeführten Berichte stimmen darin überein, daß die Entscheidung der Streitfrage vom Kaiser ausging.[13] Dies bestätigen die Synodalakten, die in einem offiziell redigierten Auszug nach Abschluß der Verhandlungen als Ekthesis publiziert wurden.[14] Hier wird einleitend erzählt, wie der Streit in Klerus, Volk und Senat von Konstantinopel um sich griff, besonders auch den Hof nicht verschonte und wie der Kaiser schließlich eine Synode berief, der er eine auf seinen Befehl angelegte Sammlung von Vätertexten zu dem umstrittenen Problem unterbreitete.[15] Diese enthält vor allem Auszüge aus den Schriften des Kyrill von Alexandreia, Johannes Chrysostomos, Johannes Damaskenos und Gregor von Nazianz; neben einigen weiteren Griechen begegnen aber auch Lateiner: die aus den altkirchlichen Konzilien auch im Osten bekannten Päpste Leo und Agathon, sowie

---

12) Grundlegend über Hugo: DONDAINE passim.

13) Über die Stellung des Kaisers vgl. A. MICHEL, Die Kaisermacht in der Ostkirche 843–1204, in: Ostkirchl. Studien 2 (1953) 1–35, 89–109; 3 (1954) 1–28, 133–163; über 1166 dort 3 S. 12 ff.

14) Ausgabe der Akten von A. MAI, Scriptorum veterum nova collectio IV (Rom 1831) 1–96, danach MIGNE, PG 140 (1884) 201–282; vgl. Le Patriarcat Byzantin, Sér. I: Les Regestes des Actes du Patriarcat de Constantinople, Vol. 1: Les Actes des Patriarches, Fasc. 3 (1043–1206) par V. GRUMEL (1947), N. 1059–1067; 1070; 1073; 1075; 1080. – Da die Akten chronologische Unstimmigkeiten zeigen und nicht vollständig sind, hatte USPENSKIJ 304 ff., 310 angenommen, es handle sich um einen von Niketas Choniates für dessen Thesaurus orthodoxiae angefertigten Auszug aus den Originalakten (vorher schon druckte Migne die Akten als 25. Buch des Thesaurus); ihm folgen PETIT, a. a. O. 468, CHALANDON, a. a. O. 646, DONDAINE, a. a. O. 83, n. 1. Dem widerspricht aber die schon von MAI, a. a. O. V dargestellte Überlieferung des Cod. Vat. 1176 mit Originalunterschriften der Patriarchen und zahlreicher Metropoliten (bei Mai im Facsimile). Nach neuer Prüfung der Hs hat GRUMEL (Reg. N. 1075: S. 127 f.) festgestellt, daß der Codex eine der Originalausfertigungen einer offiziellen Ekthesis darstellt, die zwischen Mai 1166 und Juli 1167 unterzeichnet wurde (über anderweitige Überlieferung vgl. ebendort). Deutlich ist aber, daß die Ekthesis nicht vollständige Protokolle aller Sitzungen bringt, sondern Lücken und Umstellungen enthält und die tatsächlichen theologischen Gegensätze z. T. verschleiert. – Nach der Inhaltsangabe bei MIGNE, PG 139 Sp. 1101 A muß aber auch das 25. Buch des Thesaurus von Niketas das Konzil von 1166 behandelt haben; in welcher Form, wird erst eine vollständige Ausgabe zeigen. Im 27. Buch beschreibt Niketas den Fortgang des Streites nach Manuels Tod; Auszüge daraus bei USPENSKIJ S. 315 ff.

15) MAI, a. a. O. 1–5, MIGNE Sp. 201–207.

Augustin und Ambrosius.[16] Die Lateiner des 12. Jahrhunderts werden in den überlieferten Akten nirgends erwähnt, weder im Bericht über den Ausbruch des Streites noch in den Listen der Anwesenden; ebensowenig ist von Demetrios die Rede.

Bereits die erste der protokollierten Sitzungen am 2. März 1166 brachte die Entscheidung.[17] Zunächst mußte jeder der 39 anwesenden Metropoliten seine Meinung zu der Streitfrage sagen, darauf 13 geistliche Würdenträger der Hauptstadt. Schließlich gaben die drei Patriarchen von Konstantinopel, Antiocheia und Jerusalem ihre Sentenzen ab, die der kaiserlichen Interpretation entsprachen. Undeutlich bleibt, ob der den Vorsitz führende Kaiser wirklich, wie es nach dem Protokoll scheint, schwieg: seine Stellung zu dem Problem wird bereits im Anfangsbericht nach der patristischen Sammlung wiedergegeben. Nachdem sich die Patriarchen geäußert hatten, wurden neun Bischöfe und vier Würdenträger, die vorher abweichende oder unklare Antworten gegeben hatten, noch einmal befragt; sie schlossen sich jetzt den Patriarchen an. Zum Schluß herrschte, wenigstens scheinbar, allgemeine Einigkeit; alle weiteren Sitzungen bekräftigten nur noch die vom Konzil angenommene Lehre. Am 6. März trat die Synode wieder zusammen, der Kaiser und die Geistlichen unterschrieben das Protokoll und die vier Kanones, deren Text erst anläßlich der Publikation am Sonntag der Orthodoxie (13. März) in den Akten erscheint.[18] Ein Edikt des Kaisers vom Anfang April bildete »das Dach« über die Verhandlungen.[19] Auf einigen weiteren Sitzungen im April und Mai wurden noch Widerstrebende mit deutlichem Druck zur Unterschrift unter ein neu formuliertes Bekenntnis gezwungen. Johannes Kinnamos und Aktenstücke späterer Jahre berichten über Exkommunikationen und Absetzungen allzu Hartnäckiger.[20] Über die verbreitete Opposition gegen den als Latei-

---

16) Die Vätersammlung MAI, a. a. O. 5–31, MIGNE Sp. 207–229; außer den oben angeführten werden (Pseudo-)Athanasios, Anastasios, Basileios, Gregor von Nyssa und Sophronios genannt. Auf die Sammlung folgt MAI, a. a. O. 31–37; MIGNE Sp. 229–236 die Interpretation des Kaisers. DONDAINE S. 123 f. hält für möglich, daß die Vätersammlung z. T. auf Hugo Etherianus zurückgeht.

17) MAI, a. a. O. 37–54, MIGNE Sp. 236–252, vgl. GRUMEL, Reg. 1059.

18) Die Kanones MAI, a. a. O. 64–67, MIGNE Sp. 261–264 wurden inschriftlich publiziert und in das Synodikon des Sonntags der Orthodoxie aufgenommen, vgl. die Ausgabe von E. USPENSKIJ (Odessa 1893, mir nicht zugänglich) und jede nichtkatholische Ausgabe des Triodion (ich benutze die Ausgabe von G. S. GEGLES, Athen 1906, S. 216 f.), vgl. auch unten Anm. 19 und Anm. 94; die Kanones nach dem Synodikon auch bei MANSI, Acta Conc. 22, col. 1–6. Zur inschriftlichen Publikation Kinnamos S. 256 und Niketas S. 278, zum Ganzen GRUMEL, Reg. 1060, PETIT a. a. O. 469.

19) MAI, a. a. O. 75–86, MIGNE, PG 133 Sp. 773–781, DÖLGER, Reg. 1469.

20) Kinnamos S. 257 (dazu USPENSKIJ, a. a. O. 311 f.), PETIT, a. a. O. 472–493, GRUMEL, Reg. 1076–1077; 1109–1117 (mit Verwertung ungedruckter Aktenstücke). V. GRUMEL, Le »napisanie o pravêj vêrê« de Constantin le Philosophe, in: Échos d'Or. 28 (1929) 283–294. Auf diese späteren Verhandlungen gehen zwei weitere, in den Akten von 1166 noch nicht begegnende Kanones des Synodikon zurück. Vgl. auch BALSAMON zu can. apost. 46, MIGNE, PG 137 Sp. 130 (Hinweis von ALLATIUS an der unten Anm. 22 genannten Stelle).

nerfreund geltenden Patriarchen Lukas, von der Kinnamos zu erzählen weiß,[21] schweigen die Akten.

Wenn auch weder die Synodalprotokolle noch Niketas oder Eustathios irgend etwas über die Lateiner oder abendländische Einflüsse auf den Streit sagen, zeigen doch die Nachrichten des Johannes Kinnamos und des Leo Tuscus deutlich, daß die Frage und ihre Lösung nicht unberührt von westlichen Problemen waren. Leider wissen wir über Demetrios nur das wenige, was Kinnamos sagt. In dessen Bericht sieht die Stellungnahme des Kaisers gegen Demetrios wie ein Votum für den Westen aus, und die Bemerkungen Leos lassen geradezu einen Lateiner, Hugo Etherianus, als den theologisch maßgeblichen Mann erscheinen. Man hat darum einen Zusammenhang zwischen dem Konzil und den Unionsverhandlungen Manuels mit Papst Alexander III. vermutet und in dem entscheidenden Spruch des Kaisers geradezu eine Vorbereitung für den Vergleich mit dem Papst gesehen.[22]

II.

Manuels Streben nach einer Erneuerung des justinianischen Reiches, nach einer Wiedervereinigung der Kirchen und der Imperien unter Ausnutzung des abendländischen Schismas ist bekannt, obwohl die trümmerhafte Überlieferung manche Einzelheiten im dunkeln läßt.[23] Erst kürzlich wurde eine Quelle entdeckt, die schildert, wie die Legaten Alexanders bereits den Vertrag aufgesetzt und der Kaiser das Chrysobull ausgestellt hatten, das die neue Reichs- und Kircheneinheit herstellen sollte, wie jedoch Papst Alexander aus Furcht

---

21) Kinnamos S. 255 ff.

22) So schon H. v. KAP-HERR, Die abendländische Politik Kaiser Manuels (Diss. Straßburg) (1881) 86, W. v. GIESEBRECHT, Gesch. d. dt. Kaiserzeit V 2 (1888) 497, CHALANDON, a. a. O. 564; 569, W. OHNSORGE, Die Legaten Alexanders III. im ersten Jahrzehnt seines Pontifikats (Hist. Studien, 175) (1928) 78 f.; DONDAINE, a. a. O. 82 f. – J. BACH, Dogmengesch. d. Mittelalters 2 (Wien 1875) 725 behauptet dagegen ein Einwirken Barbarossas auf das Konzil zur Verteidigung der von Demetrios angegriffenen Deutschen. BACH beruft sich auf LEO ALLATIUS, De ecclesiae occidentalis atque orientalis perpetua consensione libri tres (Köln 1648), lib. II, cap. 12, § 4, col. 689 f. (= MANSI, Acta Conc. 22, col. 1), hat aber die Worte des Allatius »ipso imperatore Alemannorum causam propugnante« offenbar mißverstanden: Alemannorum gehört zu causa und der imperator ist Manuel. Allatius berichtet hier nach Kinnamos.

23) Vgl. die in der vorigen Anm. genannten Bücher von v. KAP-HERR, GIESEBRECHT, OHNSORGE, CHALANDON, zusammenfassend jetzt W. OHNSORGE, Das Zweikaiserproblem in früheren Mittelalter (Hildesheim 1947), dort S. 140 viel weitere Literatur; K. J. HEILIG, Ostrom und das Deutsche Reich um die Mitte des 12. Jahrhunderts, in: Kaisertum und Herzogsgewalt im Zeitalter Friedrichs I. (Schriften der Mon. Germ. hist. 9, 1944) 1–271; F. DÖLGER, Byzanz und das Westreich, in: Deutsches Archiv 8 (1951) 238–249. Leider unzugänglich war mir die Publikation neuer Quellen von G. HOFMANN, Papst und Patriarch unter Kaiser Manuel I., in: Ἐπετ. Ἑταιρ. Βυζ. Σπ. 23 (1953); vgl. B. Z. 47 (1954) 247.

vor dem Vorwurf der Simonie dem Vertrag im letzten Augenblick nicht zustimmte.[24)] Leo Tuscus, der dies berichtet, kannte die Vorgänge offenbar aus den Akten. Vermutlich gehören diese Ereignisse in das Jahr 1167, in dem Manuel auch andere energische Vorstöße gegen das Westreich unternahm.[25)] Im Jahr zuvor, wenige Monate nach der Synode, hatte er noch in Sofia eine Gesandtschaft Kaiser Friedrichs empfangen.[26)] Zwei der angesehensten Reichsfürsten, Herzog Heinrich von Österreich und Pfalzgraf Otto von Wittelsbach, sollten versuchen, einen Ausgleich zwischen den beiden Imperien anzubahnen; der Babenberger erschien in Begleitung seiner Gemahlin Theodora, der Nichte Manuels. Doch die großen Ehren, mit denen der Basileus die Gesandten empfing, konnten ebensowenig wie das Versprechen eines Waffenstillstandes in dem durch Thronwirren erschütterten Ungarn darüber hinwegtäuschen, daß der Komnene nicht gesonnen war, seine Pläne aufzugeben. Auf der Rückreise verlobte Heinrich seine Tochter Agnes mit Stephan III. von Ungarn und kettete damit die legitime Partei dieses Landes um so fester an Deutschland; bald darauf griff Manuel Ungarn aufs neue an.

Die Synode trat also zu einem Zeitpunkt zusammen, an dem Manuel seine größten Anstrengungen gegen das Westreich vorbereitete, und wenn die theologische Entscheidung einen politischen Grund hatte, so mußte ein gegen die Deutschen gerichteter Ausgleich mit Papst Alexander das Ziel sein. An einer Verteidigung der von Demetrios zunächst angegriffenen Deutschen konnte dem Basileus wenig liegen, es sei denn, der Vorwurf des Demetrios traf nicht allein die deutsche, sondern die gesamte lateinische Theologie. Wir hören aber nicht, daß in den kirchlichen Verhandlungen und theologischen Debatten zwischen Rom und Byzanz die christologischen Probleme von 1166 zu irgendeiner Zeit berührt wurden. Hugo Etherianus, der lateinische Ratgeber Manuels von 1166, hat die päpstlichen Legaten in Byzanz bei der Vertretung des Standpunktes der Römischen Kirche unterstützt und versucht, die Kirchenunion herzustellen. In den von ihm selbst und seinem Bruder Leo aufgezeichneten Nachrichten hierüber ist deutlich ausgesprochen, daß

24) Leo Tuscus, de haeresibus et praevaricationibus Graecorum, Schlußkapitel, bei DONDAINE, a. a. O. 126 f. Auch wenn Leo erst später kaiserlicher Dolmetscher wurde (vgl. oben Anm. 10), zeigen seine genauen Angaben über die Urkunden, daß er die Akten kannte. Über die Verhandlungen zwischen Manuel und Alexander nach den früher bekannten Quellen vor allem OHNSORGE, Legaten S. 79 ff., zur Datierung dort S. 146 ff. Die Angaben Leos scheinen am besten zu der von Ohnsorge auf 1167 angesetzten Legation zu passen; im ganzen kennt Ohnsorge zwischen 1160 und 1169 sechs päpstliche Legationen nach Byzanz.

25) Auf die Westpolitik Manuels hoffe ich bei anderer Gelegenheit zurückzukommen [s. unten 14/-153; 155-170; 171-185].

26) Kinnamos VI 4 S. 261 f., Appendix zu Rahewin, Gesta Friderici ad 1167 (MGH. in us. schol.³ S. 348), Cont. Zwettl. ad 1166, Cont. Admont. ad 1166, Cont. Claustro-Neob. III ad 1166 (MGH. SS. 9: S. 538, 583, 603). Vgl. CHALANDON, a. a. O. 488, 593 ff.; HEILIG, a. a. O. 235 f.; zum Datum G. JURITSCH, Gesch. d. Babenberger (1894) 254, Anm. 3: 1166 April 3 war Otto v. Wittelsbach noch in Regensburg.

es hier um die griechisch-lateinischen Gegensätze und die Union ging,[27)] in den Quellen über das Konzil von 1166 fehlen derartige Angaben völlig. Dafür, daß Hugo politische Gründe hatte, Manuels Aktionen gegen das Westreich zu unterstützen, gibt es keinen Anhaltspunkt; denn Hugos Heimatstadt Pisa stand bis 1169 auf deutscher Seite, und er selbst verkehrte ebenso mit den Abgesandten Barbarossas wie mit denen des Papstes und scheint überhaupt seine Interessen mehr der Wissenschaft als der Politik zugewandt zu haben.

Wenn Kaiser Manuel den Hugo nicht nur über die Lehren der Lateiner vom Heiligen Geist, sondern auch über deren christologische Meinungen befragt hat, so wird Hugo hier keine so eindeutige und unbestrittene westliche Lehre entwickelt haben können; denn um die Christologie waren gerade damals im Westen heftige literarisch-wissenschaftliche Fehden entbrannt, von denen Hugo gewiß Kenntnis gehabt hat. Nach den Worten des Leo Tuscus sieht es sogar so aus, als seien die Lateiner in Konstantinopel sich keineswegs einig über die Frage gewesen.[28)] Die Erörterung der hypostatischen Union in der lateinischen Theologie des 12. Jahrhunderts stand im Zeichen der drei von Petrus Lombardus beschriebenen Thesen, der Assumptus-, Habitus- und Subsistenz-Lehre.[29)] Ein besonders heftiger Streit um den Ruhm Christi und die Deutung des Minderseins, um das gleiche Problem, um das es 1166 in Byzanz ging, war gerade damals im deutschen Südosten entbrannt. In seinem Mittelpunkt stand der Propst Gerhoch von Reichersberg.[30)]

---

27) Hugo Etherianus, de sancto et immortali Deo, praefatio, MIGNE, PL 202, Sp. 232 f. (über dies als de haeresibus Graecorum gedruckte Werk und seinen richtigen Titel vgl. DONDAINE, a. a. O. 98 ff.); Leo Tuscus, de haeresibus et praevaricationibus Graecorum, Schlußkapitel, bei DONDAINE, a. a. O. 126 f. – Eine Auseinandersetzung über den Heiligen Geist zwischen Nikolaos von Methone († 1165?) und Hugo Etherianus ist in der griechischen Sammelhandschrift der Biblioteca Comunale in Brescia A IV 3 (s. XV), fol. 222 ff. erhalten; vgl. E. MARTINI, Catalogo di manoscritti greci esistenti nelle Biblioteche Italiane, vol. 1, parte 2 (Mailand 1896) 251 ff. (Hinweis von DONDAINE, a. a. O. 80, Anm. 1). Dort wird Hugo als päpstlicher Apokrisiar bezeichnet; ein offizieller Titel war das aber schon seit dem 9. Jahrhundert nicht mehr. Eine Edition dieser Quelle würde vielleicht weitere Aufschlüsse über Hugos Tätigkeit geben.

28) Leo Tuscus (oben Anm. 11): . . . *doctissimis quibusdam astantibus Latinis . . . tibi soli favorem praestitisse visus est.*

29) Petrus Lombardus, Sent. III dist. 6–7 (QUARACCHI ²1916 S. 573 ff.); vgl. B. BARTH, Ein neues Dokument zur Geschichte der frühscholastischen Christologie, in: Theol. Quartalschr. 100 (1919) 409–426; 101 (1920) 235–262; R. SEEBERG, Lehrbuch der Dogmengeschichte 3⁴ (1930) 250–268; J. GÜNSTER, Die Christologie des Gerhoh von Reichersberg (Diss. kath.-theol. Münster 1940) 17 ff.; A. M. LANDGRAF, Dogmengeschichte der Frühscholastik II 1 (Regensburg 1953), bes. S. 573–589; II 2 (1954); L. OTT, Das Konzil von Chalkedon in der Frühscholastik, in: Das Konzil von Chalkedon, Geschichte und Gegenwart, hrsg. von A. GRILLMEIER und H. BACHT, Bd. 2 (Würzburg 1953) 873–922.

30) Zur Christologie Gerhochs vgl. J. BACH, Propst Gerhoch I. von Reichersberg, Österr. Vierteljahrschr. f. kath. Theol. 4 (1865) 9–118; DERS., Dogmengesch. d. Mittelalters 2 (1875) 397–582; GÜNSTER, a. a. O. passim; OTT, a. a. O. 890, 893 f., 903 f., 920 f. und die in der folg. Anm. genannte Lit.

Gerhoch hatte schon um 1126 an den christologischen Lehren einiger Schüler Abaelards Anstoß genommen und ist seitdem bis an sein Lebensende (1169) in Kämpfe gegen die Christologie frühscholastischer Meister verwickelt gewesen. Zuerst in den vierziger Jahren richteten sich seine Angriffe gegen die Schule Gilberts de la Porrée; einen ersten Höhepunkt erreichte der Streit etwa 1154/56 in der Auseinandersetzung mit dem Gilbertschüler Petrus.[31] Die nie ganz beschwichtigte Kontroverse wurde 1162/63 von dem Propst Folmar von Trieffenstein neu entflammt und zog jetzt weite Kreise.[32] Nicht nur die Geistlichen Bayerns und Frankens, unter ihnen Eberhard von Salzburg, Eberhard von Bamberg, Hartmann von Brixen, Adam von Ebrach, sondern auch Papst Alexander und die Kardinäle wurden durch Gerhochs Briefe mit der Sache befaßt; die Gegner Gerhochs, unter denen sich wieder der Gilbertiner Petrus befand, wandten sich an ihnen befreundete Kapläne Barbarossas, die die Sache dem Kaiser vortrugen.[33] Schon seit langem ist die Vermutung aufgetaucht, daß der Streit in Byzanz nicht auf den Angriff des Demetrios gegen eine einhellige Lehre des Westens zurückzuführen ist, sondern ein Zusammenhang mit den abendländischen Kontroversen besteht.[34]

Diese Vermutung verstärkte sich durch den Nachweis, daß einer der ernstesten Gegner Gerhochs, der Gilbertiner Petrus, Scholasticus an der Wiener Stephanskirche war und mit Hugo Etherianus in vertrautem Briefwechsel stand.[35] Der Dritte im Bunde war Hugo, Scholaster der Abtei Honau im Elsaß und Kaplan Barbarossas. Seit dem gemeinsamen

31) Vgl. H. WEISWEILER, Drei unveröffentlichte Briefe aus dem christologischen Streit Gerhohs von Reichersberg, Scholastik 13 (1938) 22–48; DERS., Das wiedergefundene Gutachten des Magisters Petrus über die Verherrlichung des Gottessohnes gegen Gerhoh von Reichersberg, ebenda 225–246; DERS., Rudiger von Klosterneuburg an der Seite seiner Brüder Gerhoh und Arno im christologischen Streit um die Verherrlichung des Gottessohnes, Scholastik 14 (1939) 22–49; D. VAN DEN EYNDE, A propos du premier écrit christologique de Géroch de Reichersberg, Antonianum 30 (1955) 119–136.
32) Darüber zuletzt E. M. BUYTAERT, The Apologeticus of Arno of Reichersberg, Franciscan Studies 11 (1951) no. 3/4 S. 1–47, der im Gegensatz zu einem Teil der älteren Literatur den richtigen chronologischen Ansatz bringt.
33) Über Verleumdungen durch seine Gegner bei der kaiserlichen Kapelle, als deren Urheber er Folmar nennt, klagt Gerhoch, MIGNE, PL 193 Sp. 530 B, 570 D, 575 B, 579 B.
34) BACH, Dogmengeschichte 2, S. 725 (vgl. dazu oben Anm. 22), danach: E. PORTALIÉ, in: Dict. de Théol. Cath. 1 (1909) Sp. 416, neuerdings DONDAINE, a. a. O. 90, 124.
35) Die Stellung des Petrus in Wien wurde zuerst von H. FICHTENAU, Ein französischer Frühscholastiker in Wien, Jahrb. f. Landeskunde v. Niederösterreich, N. F. 29 (1944/48) 118–131, erkannt; dort ist auch ein weiteres Dokument zum Streit zwischen Gerhoch und Petrus im Auszug veröffentlicht. Ein letzter Beweis dafür, daß Petrus an der Stephanskirche tätig war, ließ sich nicht erbringen: die These wurde übernommen von K. OETTINGER, Das Werden Wiens (Wien 1951) 212, Anm. 1. Den Briefwechsel zwischen Petrus, Hugo von Honau und Hugo Etherianus hat Dondaine entdeckt und a. a. O. 127–135 publiziert; unabhängig von Fichtenau vermutet er in dem hier als Wiener bezeichneten Petrus den Gegner Gerhochs (S. 89 ff.) und erkannte den Zusammenhang zwischen dem christologischen Streit in Ost und West (S. 124). D. VAN DEN EYNDE, Antonianum 29 (1954) 130 ff. brachte neue Gründe bei, den Gerhoch-Gegner mit dem Wiener Scholaster und Freund des Hugo Etherianus zu identifizieren.

Studium bei Gilbert in Paris war er mit Petrus befreundet; diese Freundschaft mag zu den von Gerhoch beklagten Verbindungen seiner Gegner mit der kaiserlichen Kapelle beigetragen haben. Auch Hugo Etherianus hatte in Frankreich, aber nicht bei Gilbert, studiert.[36] Von Petrus von Wien und Hugo von Honau gebeten, verfaßte Hugo Etherianus 1179 eine Schrift über den Unterschied von Natur und Person,[37] deren gründliche Ausführungen über die griechische Philosophie und Theologie den Gilbertinern zur postumen Verteidigung ihres Meisters geeignet erschienen und Hugo von Honau dazu anregten, einen Traktat über das gleiche Thema zu schreiben.[38] Hugo Etherianus stand demnach der gilbertinischen Schule nahe.[39]

Die kürzlich entdeckte Korrespondenz des Freundeskreises zeigt einen lebhaften Verkehr zwischen Deutschland und Konstantinopel.[40] Zweimal ist Hugo von Honau mit politischen Aufträgen Barbarossas am Bosporus gewesen. Die erste Gesandtschaft fand zu einem nicht genau bestimmbaren Zeitpunkt während des westlichen Schismas statt, doch wohl kaum vor 1170,[41] die zweite im Jahre 1179. Zwischen beiden Reisen hatte der Kaplan zweimal Gelegenheit, Briefe an den gelehrten Freund in Byzanz zu senden. Seine Boten waren Rudiger, der als Dolmetscher des (griechischen) Kaisers bezeichnet wird, und Bartholomäus; beide sind sonst nicht bekannt. Den Kontakt zwischen den beiden Hugos hatte deren gemeinsamer Freund Petrus von Wien vermittelt, der in Deutschland eifrig für den Ruhm des Hugo Etherianus warb.[42] Leider gibt es keine bestimmte Nachricht darüber, ob und wann Petrus selbst im Griechenreich gewesen ist. Der freundschaftliche Ton, in dem er mit Hugo Etherianus verkehrte, macht es aber gewiß, daß beide sich persönlich kannten.[43] Man wird annehmen dürfen, daß Petrus, der Scholaster an der von

---

36) Über Hugos Studium bei Alberich, vielleicht als Mitschüler Johannes von Salisbury, vgl. DONDAINE, a. a. O. 57 ff.

37) Entdeckt von DONDAINE, der S. 133 f. die Vorrede gedruckt hat, vgl. ebendort 124, 127 ff.

38) Anonym überliefert in einer Cambridger Handschrift, die Vorrede gedruckt von HASKINS, a. a. O. 210 ff., z. T. wiederholt bei DONDAINE, a. a. O. 74 f. Den Verfasser hatte W. OHNSORGE, in : Festschrift A. Brackmann (Weimar 1931) 387, Anm. 4 und in: Deutsches Archiv 6 (1943) 144 ff. im Kloster Siegburg gesucht; DONDAINE, a. a. O. 89 f. konnte mit Hilfe seiner Funde überzeugend Hugo von Honau als Verfasser nachweisen.

39) Hugo von Honau bei HASKINS, a. a. O. 210 ff. (DONDAINE, a. a. O. 75) behauptet, Hugo Etherianus habe sich erst durch das Studium der griechischen Väter der gilbertinischen Lehre genähert. Weitere Aufschlüsse über die Theologie dieses Kreises sind von DONDAINE zu erwarten.

40) Das Folgende nach dem Briefwechsel bei DONDAINE, a. a. O. 127–135.

41) OHNSORGE in Deutsches Archiv 6 (1943) 147 ff. vermutet 1171, DONDAINE, a. a. O. 90: 1170 oder 1172.

42) Brief Hugos von Honau an Hugo Etherianus, DONDAINE, a. a. O. 131: . . . *magistro Petro, qui mecum laboravit fideliter in eisdem dubitationibus, tui nominis diligentissimus propagator, hic primo tuam noticiam cordi meo infixit.*

43) DONDAINE, a. a. O. 90 f. hält für möglich, daß Petrus Hugo von Honau auf dessen erster Reise begleitete. Eher möchte ich annehmen, daß Petrus dem Gefolge Herzog Heinrichs von Österreich auf der Gesandtschaftsreise von 1166 angehörte, vgl. unten S. 139. Der Brief bei DONDAINE, a. a. O. 132

Heinrich Jasomirgott geförderten Stephanskirche und Kaplan der Babenberger, einer der Träger des engen Kontakts war, der sich zwischen Byzanz und dem österreichischen Herzogshaus seit der Heirat Heinrichs mit der Komnenin Theodora entwickelt hatte.[44] Zuerst zwischen 1161 und 1166 ist Petrus in Wien nachweisbar, im deutschen Südosten weilte er schon einige Jahre vorher.[45] Wenn die erhaltenen Quellen auch nur für die späteren Jahre Beweise liefern, ist es doch wahrscheinlich, daß die Verbindung zwischen den Gilbertinern in Deutschland und den lateinischen Gelehrten im Griechenreich schon vor dem Konzil von 1166, ja sogar um die Zeit des Ausbruchs der Demetrios-Kontroverse, etwa 1160, bestand.

Die Gegenseite im deutschen Streit, Gerhoch und seine Brüder, hatte wohl keine direkte Verbindung mit Byzanz, die Anteilnahme an griechischen Fragen war bei ihnen gleichwohl groß. Schon seine besonderen Interessen für Ungarn, die zu einer gescheiterten Legation im Auftrag Papst Eugens geführt hatten, wiesen den Propst auf byzantinische Probleme.[46] Als erster Abendländer benutzte er für seine Streitschriften den ins Lateinische übersetzten Johannes Damaskenos,[47] und gelegentlich bediente er sich eines des

beweist, daß Petrus auch Leo Tuscus kannte; auch dies spricht dafür, daß Petrus mindestens einmal in Byzanz war.

44) Über die Babenberger und Ostrom vgl. HEILIG (oben Anm. 22) passim, über die kulturellen Beziehungen bes. S. 140 ff.

45) Die Dokumente des Streites von 1154/56 bei WEISWEILER (oben Anm. 31) zeigen Petrus in enger Verbindung mit Otto von Freising. 1158 wird Petrus in einer Urkunde Konrads von Passau als Zeuge genannt; Urkundenbuch des Landes ob der Enns 2 (1856) Nr. 196: S. 291; vgl. FICHTENAU, a. a. O. 122. In der Gründungsurkunde des Wiener Schottenklosters (Urkundenbuch z. Gesch. d. Babenberger in Österreich, 1: Die Siegelurkunden der Babenberger bis 1215, hrsg. von H. FICHTENAU u. E. ZÖLLNER, Wien 1950, Nr. 29: S. 42–44) steht unter den Zeugen »magistro Petro« als letzter der Kapläne. Die Zeugen sind nachträglich, jedoch vor 1166 eingetragen; vgl. O. v. MITIS, Studien zum älteren österr. Urkundenwesen (1912) 353 ff. und die Ausgabe. Es ist nicht ganz deutlich, ob Petrus Kaplan im Dienst des Herzogs (so HEILIG, a. a. O. 134, Anm. 1, S. 141, Anm. 3 und das Register der Ausgabe) oder im Dienst des Passauer Bischofs (so FICHTENAU, a. a. O. 122) war; beides braucht sich aber nicht auszuschließen, vgl. H. FICHTENAU in MÖIG 56 (1948) 241 f. Jedenfalls ist bemerkenswert, daß Petrus immer im Gefolge der Babenberger Brüder auftritt (Hzg. Heinrich, Bischof Otto, Bischof Konrad). Die Stephanskirche war Passauer Eigenkirche (vgl. OETTINGER, oben Anm. 35, S. 138 ff.) und wurde zugleich vom Herzog gefördert, der wahrscheinlich die Schule gründete (ebenda 212). Ein Magister Petrus nimmt an einem Tag des Kardinallegaten Walter für die Salzburger Kirchenprovinz in Raab 1175 teil, Chron. Magni ad 1175, MGH. SS. 17: S. 502, den Tod eines Mag. Petrus, vir adprime eruditus, meldet die Cont. Zwettl. II zum Jahr 1183, MGH. SS. 9: S. 542. Ob der von B. BARTH, Theol. Quartalschr. 100 (1919) 409–415 aus einer Michelsberger Handschrift edierte Brief aus Paris an einen Magister P. von etwa 1163/77 (BARTH, a. a. O. 418 f.) an unseren Petrus gerichtet ist, erscheint nach dem theologischen Standpunkt zweifelhaft und bedürfte einer besonderen Untersuchung.

46) Über politische Probleme Ungarns und Ostroms äußert sich Gerhoch oft, z. B. im Kommentar zu Psalm 64 (MGH. Lib. de Lite 3: S. 463), über seine Legation nach Ungarn zu Ps. 65 (ibid. 493).

47) Vgl. R. L. SZIGETI, Translatio latina Ioannis Damasceni in Hungaria confecta (Magyar-görög tanulmányok 13) (1940) 24; 31 f.; N. M. HARING, Mediaeval Studies 12 (1950) 214 ff.; E. M. BUY-

Griechischen kundigen Helfers in philologischen Fragen.[48] Gegen die dogmatischen Irrtümer der Ostkirche schrieb er, wie so viele seiner Zeitgenossen, einen besonderen Traktat.[49] Diese Schrift widerlegt eine andere, *pitatio* genannte, die ein Gesandter des östlichen an den westlichen Kaiser in einem Kloster hinterlassen hatte.[50] Gerhoch behandelt im wesentlichen die Processio des Heiligen Geistes, streift aber auch die Azymen und die Christologie.[51] Er empfahl sein Werk um 1156/59 dem Kardinal Johannes zur Weitergabe an den griechischen Magister Moyses[52] – doch wohl jenen Moyses aus Bergamo, der schon 1136 in theologischen Debatten zwischen Anselm von Havelberg und Niketas von Nikomedeia gemeinsam mit Jakob von Venedig und Burgundio von Pisa als Dolmetscher gewirkt hatte und später wie seine Genossen wichtige Übersetzungen und

TAERT, St. John Damascene, Peter Lombard and Gerhoh of Reichersberg, Franciscan Studies 10 (1950) 323–343; DERS., The earliest Latin Translation of Damascene's de orthodoxa fide III 1–8, ebenda 11 (1951) no. 3/4: S. 49–67, OTT, a.a.O. 902ff. Der Übersetzer Cerbanus arbeitete in Ungarn, stammte aber aus Venedig, vgl. A. PELZER, in Rev. d'Hist. Eccl. 43 (1948) 385.
48) MIGNE, PL 193 Sp. 547 B: *ut a patribus Graecae linguae peritis didicimus* (damit kann aber auch eine Schrift z. B. des Hieronymus gemeint sein [Zusatz im Handexemplar: Nein, vgl. 555 AB: Antwort Eberhards von Bamberg]); vgl. dazu ibid. Sp. 715 A. – Gerhochs besonderes Interesse an griechischer Patristik zeigt auch ein Brief, in dem er einen Traktat über Mariae Himmelfahrt in Schutz nimmt. Der Traktat ist zwar nicht, wie Gerhoch glaubt, »*ut in modo dictaminis apparet, Grece primo editus et postea in Latinum conversus*«, sondern stellt eine ursprüngliche lateinische Kompilation dar aus Übersetzungen griechischer Homilien, vor allem des Andreas von Kreta und des Kosmas Vestitor, wie A. WENGER, L'assomption de la T. S. Vierge dans la tradition byzantine du VIᵉ au Xᵉ siècle; études et documents [Archives de l'Orient Chrétien, 5.] (1955) 173 ff. gezeigt hat. Ausgabe des Traktates aus einer Reichenauer Hs. des 10. Jahrhunderts bei WENGER S. 341–362, des Briefes bei O. KURTH, Neues Archiv 19 (1894) 464 ff. und WENGER 337–340 (dazu 177 ff.), in vollständiger Fassung hg. v. P. CLASSEN bei D. VAN DEN EYNDE, Gerhohi opera inedita I 368–376. Herr Prof. Dr. F. DÖLGER hatte die große Freundlichkeit, mich nicht nur auf das Buch von Wenger aufmerksam zu machen, sondern es mir auch zur Benutzung nach Berlin zu senden. Auch an dieser Stelle sei ihm dafür herzlich gedankt.
49) Gerhoch hat den Traktat später seinem Werk de investigatione Antichristi eingefügt, hrsg. v. F. SCHEIBELBERGER, Gerhohi opera inedita 1 (Linz 1875) 341–357.
50) a. a. O. cap. 6 S. 346: ... *veniam ad argumenta, quae unus tuorum sapientum regis tui ad nostrum imperatorem in una domorum nostrarum pitatio inscripta reliquit.* Die Schrift ist anscheinend verloren, es ist auch kaum möglich, sie einem bestimmten Gesandten zuzuweisen (über die Gesandtschaften in dieser Zeit vgl. oben Anm. 7).
51) Über die Azymen cap. 14 S. 354 (diese Frage hatte Gerhoch schon 1135 in seiner Schrift de simoniacis berührt. MGH. Lib. de Lite 3: S. 260); über die Christologie cap. 12: S. 353; hier weiß Gerhoch anscheinend noch nichts von einem in Byzanz darüber ausgebrochenen Streit.
52) Vgl. Gerh. ep. 1, MIGNE, PL 193, Sp. 489 CD. Das Datum des Briefes ergibt sich daraus, daß er unter dem Pontifikat Hadrians IV., aber nach der Reise von Gerhochs Bruder Rudiger nach Benevent, 1156, geschrieben wurde. Über den Kardinal Johannes, der nach Gerhoch Archidiakon in Jerusalem, nach Wilh. v. Tyrus 18, 8 in Tyrus gewesen war, vgl. J. M. BRIXIUS, Die Mitglieder des Kardinalkollegiums von 1130–1181 (Diss. Straßburg 1912) 55, Nr. 14.

Erläuterungsschriften verfaßte.[53] Ein zweites Mal schickte Gerhoch seinen Traktat 1163 an die Kurie, damit er bei den Unionsverhandlungen benutzt werde.[54] Um diese Zeit traf er auch einen aus dem Orient kommenden Abt französischer Abstammung, der durch das Griechenreich, Ungarn und Deutschland in seine Heimat reiste und den Reichersberger über die Stellung der Kirchen des Orients zum abendländischen Schisma unterrichtete.[55] Durch diese Nachricht wird man daran erinnert, daß eine Reise von Deutschland oder Frankreich an den Bosporus, wenn sie auf dem Landweg erfolgte, jedenfalls durch die Salzburger Kirchenprovinz, das Zentrum des christologischen Streites in Deutschland, führen mußte. Hugo von Honau hat mindestens auf einer seiner Reisen diesen Weg eingeschlagen[56] – und so mag auch Demetrios von Lampe auf seiner Rückkehr aus Deutschland, unmittelbar bevor er in Byzanz den Streit erregte, von der Gerhoch-Kontroverse gehört haben; vielleicht ist er gar dem einen oder anderen der Streitenden persönlich begegnet.[57]

So zahlreich die Verbindungen der christologischen Parteien des Abendlandes mit Byzanz und wenigstens der einen Partei mit einem der Männer, die zur Entscheidung des byzantinischen Streites beigetragen haben, auch gewesen sind, und so groß die Wahrscheinlichkeit ist, daß Gerhochs Kontroverse die des Demetrios ausgelöst oder doch zu deren Ausbruch beigetragen hat – ein letzter Beweis scheint sich vorläufig nicht erbringen zu lassen. Dagegen können wir eine bisher unbekannte Quelle vorlegen, welche die Rückwirkung der griechischen Synode auf die Reichersberger beweist – und damit wohl auch unsere Vermutungen über die Zusammenhänge beim Ausbruch des Demetrios-Streites bestätigt.

III.

Der Codex a VI 33 der Erzabtei Sankt Peter in Salzburg enthält zwei Werke Gerhochs, die dem christologischen Streit angehören. Das erste, *de gloria et honore Filii hominis*, entstand im Herbst 1163,[58] das zweite, bisher noch ungedruckte, *utrum Christus homo sit*

---

53) Über mag. Moyses: F. GUSTAFSON, Moysi expositio (Acta societatis scientiarum Fennica 22, 3) (1897); HASKINS (oben Anm. 10), a. a. O. 197–206, DERS., B. Z. 23 (1914/19) 133–142; M. MANITIUS, Gesch. d. lat. Lit. d. MA. 3 (1931) 683–687.

54) Gerh. ep. 20; MIGNE, PL 193, Sp. 575 C; ich folge der Datierung von BUYTAERT in Franc. Stud. 11 (1951) no. 3/4: S. 15 f., anders A. BRACKMANN, Germania Pontificia 1 (1910/11) 199: Nr. 29 (1161 Ende); OHNSORGE, Legaten, a. a. O. 73, Anm. 31 (1161 August).

55) Opusculum ad cardinales, MGH. Lib. de Lite 3: S. 406.

56) Hugo von Honau bei HASKINS, a. a. O. 210.

57) Vgl. auch oben Anm. 7 und Anm. 50.

58) MIGNE, PL 194, Sp. 1073–1169; zur Abfassungszeit BUYTAERT, Franc. Stud. 11 (1951) no. 3/4: S. 131 f.

*Filius Dei naturalis,* ist etwa ein Jahr jünger.[59] Der Codex ist von mehreren Händen, deren eine die Gerhochs selbst ist,[60] anscheinend bald nach oder noch während der Abfassung der Werke geschrieben. Auf den letzten Blättern folgt das unten abgedruckte Fragment einer Schrift des Hugo Etherianus mit einer dem Verfasser gegenüber kritischen Vorbemerkung. Es rührt von einer neuen, vielleicht ein wenig jüngeren Hand her, die aber jedenfalls noch dem 12. Jahrhundert angehört.

Die Einleitungssätze stammen von einer Persönlichkeit, die von der *humana philosophia* nicht eben viel hält und die göttliche Herrlichkeit des *homo assumptus* lehrt. Diese Stellungnahme sowie der Überlieferungsort lassen sofort an den Reichersberger Kreis denken, darauf deuten auch stilistische Beobachtungen; ob aber der Verfasser Gerhoch selbst oder etwa dessen Bruder, Streitgenosse und Nachfolger Arno ist, können wir nicht entscheiden.

Der Verfasser sieht in Demetrios einen Verteidiger des christlichen Glaubens, der von Hugo Etherianus in einer an den Griechenkaiser gerichteten Schrift angegriffen worden sei. Hugo habe mit den Mitteln menschlicher Philosophie die Lehre von der Verherrlichung des Menschensohnes bekämpft. Die Person und der Name des Demetrios sind bisher nur aus Kinnamos bekannt, von Hugos Eingreifen in den Streit wissen wir durch Leo Tuscus. Die Art, wie hier beide gegenübergestellt werden, fügt sich gut in das aus diesen Quellen gewonnene Bild und zeigt zugleich, daß man in Reichersberg nicht nur über den Streit in Byzanz wohl unterrichtet war, sondern auch lebendigen Anteil an den Ereignissen auf dem weit entfernten Schauplatz nahm. Mit der hier genannten Schrift des Hugo kann nur dieselbe gemeint sein, die nach Leo Tuscus für den Spruch des Kaisers maßgeblich wurde. Sie richtete sich also unmittelbar gegen Demetrios, der den Streit ausgelöst hatte und vom Kaiser verurteilt wurde. Der Reichersberger ist sich nicht ganz sicher, wie er es verstehen soll, daß Hugo gegen Ende seines Buches »in sich geht«, und will darum den Schlußabschnitt aus Hugos Werk wiedergeben. Es scheint nach dieser Einleitung, als ob jetzt ein Stück der verlorenen Schrift Hugos an Kaiser Manuel in lateinischer Übersetzung folge. Doch bereits die ersten Sätze des Exzerpts, in denen Hugo seine Auseinandersetzung mit den Griechen schildert, zeigen, daß dies Stück nicht nur ursprünglich in lateinischer Sprache abgefaßt wurde, sondern auch ein Lateiner angeredet ist. Über die Griechen redet Hugo in recht verächtlichem Ton. Er kündigt seinem Leser dann einen Bericht über den Streit in Konstantinopel und dessen Ausgang an. Dieser Bericht enthält eine ganz knappe Darstellung der verschiedenen Lehren und die Kernstücke der Synodalakten: die Sentenzen der drei Patriarchen, auf denen die Synodalent-

---

59) Im ungedruckten Teil seines opusculum ad cardinales, Cod. Admont 434 fol. 215 (275) v [Zusatz im Handexemplar: die Stelle wird von VAN DEN EYNDE, Opera inedita 1, 348 n. 1 auf *de gloria* bezogen, mit Recht, vgl. ibid. 313 n. 4.], sagt Gerhoch, er habe das Werk an die in Frankreich weilenden Kardinäle gesandt. Diese reisten im Herbst 1165 mit Alexander nach Rom. – Die Ausgabe der ungedruckten Werke Gerhochs ist in Kürze von D. Van den Eynde zu erwarten [Rom 1955–1956].
60) Die Eigenhändigkeit hat H. FICHTENAU MÖIG 52 (1938) 40 nachgewiesen.

scheidung beruhte und die in eine Bekenntnisformel aufgenommen wurden,[61] sowie die vier Kanones der Synode. Ein Vergleich mit dem griechischen Urtext der Akten ergibt, daß Hugo seinem Versprechen gemäß eine getreue Übersetzung des griechischen Textes bietet. Der ganze Abschnitt kann also nicht, wie die Reichersberger Einleitung behauptet, dem Traktat an den Kaiser entnommen sein; denn dieser wurde von dem sprachkundigen Hugo vermutlich auf griechisch[62] und jedenfalls vor dem Konzil abgefaßt, wenn an der Behauptung Leos, der Kaiser habe sich nach der Schrift Hugos gerichtet, nur irgend etwas Wahres ist. Zudem wäre es sinnlos gewesen, dem Kaiser, der selbst den Vorsitz führte, einen Bericht über das Konzil zu geben. Vielmehr bildet unser Fragment offenbar einen Anhang, den Hugo nach dem Konzil einer lateinischen Übersetzung seiner Schrift an den Kaiser für einen Freund im Westen beifügte, um diesen über den Ausgang des Streites zu unterrichten. Das Ergebnis der Synode ist in seinen Augen ein *supervacuum scandalum atque inutile*.

Wer ist der angeredete Lateiner, wie und wann kam dieser Text nach Reichersberg? Einen Anhaltspunkt bietet die Chronik des Magnus von Reichersberg in einer Notiz zum Jahre 1171:[63]

*Anno 1171 allatae sunt litterae ab Alexandro papa per Er(chenboldum) Richerspergensis ecclesiae canonicum domno Arnoni eiusdem cenobii preposito de approbatione et confirmatione sententiae suae ac fratrum suorum de fide catholica contra novos errores ac prava dogmata simul et super scismatis cautela. Perlatae siquidem erant ad Alexandrum per predictum canonicum capitula a tribus patriarchis Constantinopolitano, Anthioceno et Jerosolimitano in urbe Constantinopoli coram imperatore Manuel edita ante hos annos non amplius quatuor, contra eos qui dicunt et senciunt hominem assumptum a Verbo in gloria Dei Patris seu Verbi assumentis esse non posse.*

Die Nennung des Konzils und der drei Patriarchen deutet zweifellos darauf, daß hier von dem Text unseres Fragments die Rede ist. Arno entnahm aus dem Aktenexzerpt vor allem eine Stütze seiner und seines Bruders Lehre über die Verherrlichung des Menschensohnes und ließ es darum durch einen seiner Stiftsherren dem Papst überbringen. Der Bote kam 1171 zurück – er wird also kaum vor 1170 abgereist sein – und brachte einen Brief Alexanders mit, den Magnus im Wortlaut wiedergibt. Das päpstliche Schreiben lobt den Glauben der Reichersberger in sehr allgemeinen Formeln, vor allem aber mahnt und

---

61) Die Bekenntnisformel bei MAI, a. a. O. 68–72, MIGNE, PG 140, Sp. 265–268. Aus der in dieser Formel enthaltenen kurzen Darstellung der verworfenen Lehren scheint Hugo seine Angaben über die verschiedenen Thesen entnommen zu haben, vgl. unten Anm. 100.

62) Wenn es bei Leo Tuscus (oben Anm. 11) in dem Traumbild heißt, der Kaiser habe in dem Buch *Romana oratione* gelesen, so ist damit wohl mehr auf den lateinischen Verfasser als auf die lateinische Sprache des Traktats hingewiesen; bei Hugos großer Sprachkenntnis ist es mehr als wahrscheinlich, daß er ein dem Basileus gewidmetes Buch griechisch schrieb.

63) MGH. SS. 17, S. 496.

bestärkt es sie in ihrer Haltung zum abendländischen Schisma;[64] wenn Magnus darin eine Bestätigung der Reichersberger Lehre über die Verherrlichung sah, so ist das eine ähnlich großzügige Interpretation, wie sie Gerhoch oft an Papstbriefen übte.

Vorausgesetzt, daß die chronologische Ordnung des Magnus stimmt,[65] wird man sich zu fragen haben, warum Arno die Mitteilung erst etwa 1170 nach Rom sandte. Hatte er vorher keine Möglichkeit, einen Boten zu Alexander zu schicken? Die verworrenen Verhältnisse in der Salzburger Kirchenprovinz seit der Ächtung des Erzbischofs im März 1166 sowie der Krieg in Italien und der Lombardei mögen den Kontakt mit Rom erschwert haben.[66] Aber es ist doch fraglich, ob Hugos Schrift vor 1170 überhaupt in Reichersberg bekannt war.

Dies führt weiter auf die Frage nach dem Adressaten und dem Mittelsmann, der Hugos Traktat nach Reichersberg gelangen ließ. Man wird sofort an Hugo von Honau und Petrus von Wien denken. Beide waren an dem theologischen Problem interessiert, beide hatten Kontakt mit Hugo Etherianus, beiden widmete dieser 1179 eine Schrift, deren Thema das Problem von 1166 berührt. Aber Hugo von Honau hat Hugo Etherianus kaum vor 1170 kennen gelernt und spielt in seinen Briefen nirgends auf einen ihm früher zugesandten Traktat an, von einer unmittelbaren Beziehung zwischen ihm und den Reichersbergern ist nichts bekannt. Petrus kannte den Pisaner in Byzanz länger und stand ihm näher, er war unmittelbar in den Gerhoch-Streit verwickelt und hatte von Wien aus eher die Möglichkeit, mit Konstantinopel einerseits und mit Reichersberg andrerseits in Verbindung zu treten. Er kann am ehesten von allen uns bekannten Persönlichkeiten der von Hugo Etherianus Angeredete sein und zugleich den Traktat, der seine eigene Lehre stützte, nach Reichersberg übermittelt haben – eine Gewißheit geben weder das Fragment noch andere Quellen.[67] Infolgedessen kann auch nicht sicher gesagt werden, ob die Reichersberger Vorbemerkung noch zu Gerhochs Lebzeiten und vielleicht von diesem selbst (gest. 27.6.1169) oder erst nach dessen Tod von Arno verfaßt worden ist.

---

64) JL. 11920, BRACKMANN, Germania Pontificia I (1910/11) 202: Nr. 40. Nach dem Text des Briefes können die Initialen der Schismatiker nur in F(ridericus) und O(tto) (von Wittelsbach) aufgelöst werden. BUYTAERT, Franc. Stud. 11 (1951) no. 3/4: S. 6 entnimmt dem Brief eine Exkommunikation Folmars von Trieffenstein.

65) Zur Chronik des Magnus vgl. H. FICHTENAU, MÖIG 52 (1938) 52 ff. Die Eintragung dürfte bald nach 1171 entstanden sein.

66) Vgl. GIESEBRECHT V 1, S. 503 ff., H. WIDMANN, Gesch. Salzburgs I (1907) 268 ff. W. OHN-SORGE, Päpstliche und gegenpäpstliche Legaten in Deutschland und Skandinavien 1159–1181 (Hist. Studien, 188) (1929) 40 ff.

67) Als früheste Möglichkeit käme in Betracht, daß Petrus Herzog Heinrich 1166 nach Sofia begleitete und damals bereits die Schrift des Hugo Etherianus erhielt, vgl. oben S. 123 und unten S. 139. Spätestens müßte Hugo von Honau auf seiner ersten Reise 1170 oder 1171 (vgl. oben Anm. 41) den Traktat erhalten und ihn dem Petrus mitgebracht haben (falls dieser nicht die Reise mitmachte, vgl. oben Anm. 43). Es ist aber natürlich möglich, daß zwischen 1166 und 1170 Boten aus Byzanz nach Österreich kamen, von denen wir nicht wissen.

## IV.

Eine eingehende dogmengeschichtliche Würdigung des christologischen Streites muß der theologischen Forschung vorbehalten bleiben. Wir können uns hier auf einige wenige Punkte beschränken, um die merkwürdigen Widersprüche zu erklären, die in der Bewertung des vom Kaiser befohlenen Synodalspruches auftreten. Die Akten geben zwar die einzelnen Positionen kurz wieder, aber auf die Träger des Streites und vor allem auf die beteiligten Lateiner oder Demetrios gehen zumindest die in die Ekthesis aufgenommenen und uns erhaltenen Protokolle nicht ein, und nur die angenommene Lehre wird ausführlicher begründet. Entweder wurden die Argumente der Opposition bei der offiziellen Redaktion der Ekthesis unterdrückt, oder – das ist wahrscheinlicher – es fand auf den Sitzungen eine eigentliche Debatte überhaupt nicht statt. Kinnamos spricht von einer Entscheidung gegen Demetrios, das heißt nach seiner Darstellung für die Lateiner oder die Deutschen. Leo Tuscus behauptet, der Kaiser habe nach Hugos Schrift entschieden, nur ein kleiner Anstoß sei gegen den Willen Manuels übrig geblieben. Man könnte in diesem Anstoß vielleicht die nicht ganz überwundene Opposition sehen. In Reichersberg sah man in Demetrios einen Verteidiger des katholischen Glaubens. Demnach hätten auf der einen Seite Demetrios und die Mehrzahl der Griechen, aber auch die Reichersberger, auf der anderen Seite, welcher der Kaiser zum Sieg verhalf, die Minderheit der Griechen mit Patriarch Lukas und die Mehrzahl der Lateiner, an ihrer Spitze Hugo Etherianus, gestanden. Doch Hugo selbst nennt in unserem Fragment das Ergebnis der Synode einen eitlen Skandal und in Reichersberg widersprach man Hugo und glaubte zugleich, durch die Kanones die eigene Meinung stützen zu können. Wie war das möglich?

Das Konzil hatte zwischen fünf Interpretationen des Wortes »mein Vater ist größer als ich« zu entscheiden:[68]

1. Gottvater ist als Prinzip der zeitlosen Schöpfung größer als der Sohn. Die Vertreter dieser Meinung sahen sich dem Vorwurf des Monophysitismus gegenüber, weil sie die menschliche Natur Christi nicht gebührend berücksichtigten.

2. Christus ist nicht so sehr gegenüber dem Vater als dem Prinzip, sondern vor allem in bezug auf sein angenommenes Fleisch und seine leidensfähige Menschlichkeit geringer. Die Gegner spürten hier Nestorianismus.

3. Das Wort betrifft zwar den Logos, jedoch nur im Status der Erniedrigung.

4. Christus hat in einer gedanklichen Scheidung nur sein Fleisch im Sinn gehabt, als er

---

68) Die fünf Thesen werden vollständig genannt in der Einleitung der Akten (MAI, a. a. O. 3 f.; MIGNE, PG 140, Sp. 204 f., Reihenfolge 1, 2, 5, 3, 4) und im Dekret des Kaisers (MAI, a. a. O. 78 f.; MIGNE, PG 133, Sp. 774–782, These 1, 3, 5, 4, 2); unvollständig in der Bekenntnisformel (MAI, a. a. O. 68 f., MIGNE, PG 140, Sp. 265, These 2, 3, 4, 5), bei Hugo (unten S. 142–144, These 2 + 3, 4, 5) und bei Niketas Choniates, de Manuele VII, 5: S. 277 (These 1, 4, 3, 2). Über ihre Wiederkehr bei Gerhoch vgl. unten S. 138–139.

das Wort sprach. Auch diese Lehre wurde des Monophysitismus verdächtigt, weil sie die zwei Naturen nicht real schied.

5. Christus hat das Wort in seiner Eigenschaft als Repräsentant der ganzen Menschheit gesprochen.

Der Kaiser und mit ihm die Synode entschieden für die zweite These, ohne die erste völlig auszuschließen. Die hartnäckigsten Gegner, die noch 1170 verurteilt wurden, vertraten die vierte These; sie wurden des Monophysitismus angeklagt.

Unklar ist leider, welche Lehre Demetrios verfocht. Der Bericht des Kinnamos, die einzige Quelle über Demetrios, schildert zwar den äußeren Ablauf des Streites ausführlich, ist aber theologisch kaum zu verwerten. Da der Verfasser selbst sagt, es sei frevelhaft, Gottes Natur erforschen zu wollen, dürfen wir keine klare Darstellung des theologischen Problems von ihm erwarten.[69] Demetrios wird als Wichtigtuer hingestellt, dessen Behauptungen sinnlos sind. Er soll den Lateinern als Häresie vorgeworfen haben, daß sie zu lehren wagten, »derselbe (Christus) sei dem zeugenden Gott sowohl gleich als auch geringer«,[70] worauf der Kaiser an die Scheidung der menschlichen und der göttlichen Natur erinnerte (These 2!). So isoliert ist die Demetrios-These freilich unverständlich. Die Gleichheit war seit Nikaia allgemein anerkannt, das Geringersein wurde eben in dem umstrittenen Herrenwort ausgedrückt. Aber die Exegese dieses Wortes war das Problem. Wer war das Subjekt des Minderseins? Nach Demetrios war es anscheinend Häresie, zu behaupten, Gleichheit und Mindersein seien von demselben Subjekt ausgesagt; der Kaiser verteidigte diese Lehre unter Hinweis auf die zwei Naturen dieses einen Subjektes.

Auch wenn der Anstoß zum Demetrios-Streit vom Westen kam, focht man doch in Byzanz auf einem anderen Boden. Im Westen ging es um die Anwendung der neuen Logik auf die Theologie, um Abaelards Scheidung von Mensch und Gott in Christus und um Gilberts logische Distinktionen zwischen Subsistenz und Substanz. Man erarbeitete sich die philosophischen Grundbegriffe neu und stand bei ihrer Übertragung auf die Theologie vor ähnlichen Fragen wie die Griechen des 4. Jahrhunderts. Nicht zufällig spielt in den abendländischen Streitigkeiten des 12. Jahrhunderts auf allen Seiten die Autorität des Hilarius von Poitiers, der die dogmatischen Arbeiten jener Griechen dem Westen zugänglich gemacht hatte, eine besondere Rolle. Begierig griff man die Übersetzungen aus dem Werk des Johannes Damaskenos auf; der erste, der sie – zunächst in dem Glauben, es handle sich um ein Werk des großen Basileios – verwendete, war Gerhoch von Reichers-

---

69) Kinnamos S. 256: Ἐγὼ δ'ἐκεῖνο περὶ τῶν τοιούτων ἀεὶ φρονῶν διατετέλεκα, ὅτι δὴ φύσιν θεοῦ πολυπραγμονεῖν ἀνθρώπῳ γε ὄντι οὔκουν ἀνέγκλητον. Ob diese Abneigung gegen die Spekulation ganz den persönlichen Überzeugungen des Kinnamos entsprach, kann man bezweifeln. Niketas Choniates im 27. Buch des Thesaurus Orthodoxiae, bei USPENSKIJ, a. a. O. 316 und de Andronico II 5, ed. Bonn. S. 430 f. berichtet, Kaiser Andronikos habe Johannes Kinnamos und Metropolit Euthymios von Neai Patrai (über diesen oben Anm. 9) bedroht, als sie das Thema Joh. 14, 28 diskutierten. So mag Kinnamos' Zurückhaltung in der Theologie sehr reale Gründe haben.
70) Oben Anm. 8.

berg, ihm folgte bald Petrus Lombardus.[71] Die Schrift des Hugo Etherianus über Natur und Person erregte eben deshalb Aufsehen, weil ihr Verfasser aus unmittelbarer Kenntnis der griechischen Quellen schrieb.[72]

Gerhoch empfand die Methoden der französischen Schulen als Neuerungen, die die altüberlieferten Glaubenswahrheiten in Frage stellten.[73] Sein massiver Realismus sah in den begrifflichen Unterscheidungen Gilberts eine Gefahr für den konkreten Christus in seiner historischen Erscheinung und kultischen Vergegenwärtigung. Ihm ging es zunächst und vor allem um den wirklichen Erlöser, und in der Antithese gegen die Subsistenz-Lehre, die Natur und Person scharf gegeneinander abgrenzte, arbeitete er die Einheit des Gottmenschen heraus. Die Frage spitzte sich zu auf die Verherrlichung des verklärten Leibes. War Christus wirklich als eine Person zugleich ganzer Mensch und ganzer Gott im Sinne der Assumptus-Lehre, so mußte nach Gerhochs Meinung auch der ganze Christus, in beiden Naturen, an der Verherrlichung teilhaben. Schon durch die wunderbare Zeugung ist auch der Mensch Christus Gottes natürlicher Sohn, auch sein Fleisch sitzt zur Rechten des Vaters, auch ihm ist der Name, der über alle Namen ist, gegeben. Gerhoch, der gegen die neuen Methoden als den Ursprung neuer Häresien kämpfte, sah sich nun selbst dem Vorwurf monophysitischer Irrlehre gegenüber.

Die Gegner beschuldigten Gerhoch einer Verletzung des Glaubenssatzes aus dem Pseudo-Athanasianum: *aequalis secundum divinitatem, minor Patre secundum humanitatem.* Gerhoch konnte und wollte den Satz nicht leugnen, er stellte ihm aber ein Wort des Hilarius gegenüber: *glorificaturus Filium Pater maior est, glorificatus minor non est.* In zwei Briefen an Eberhard von Bamberg bewies er die Vereinbarkeit beider Aussagen:[74] es handele sich um verschiedene Subjekte, denn Athanasius spreche von der menschlichen Natur Christi, Hilarius von der göttlichen Gloria. Dazu kommt ein zeitlicher Unterschied: das Athanasius-Wort gilt für die Zeit, da Christus, obwohl schon durch die wunderbare Geburt auch im Fleisch verherrlicht, auf der Erde weilte, das Hilarius-Wort meint vor allem den Auferstandenen, dem alle Gewalt im Himmel und auf Erden gegeben ist. In seinen immer wieder neu formulierten Erklärungen hat Gerhoch auch das Herrenwort Joh. 14, 28 behandelt.[75] Christus spricht dort während seines Erdenwandels von seiner

---

71) Vgl. oben Anm. 47. Auf die Konfusion der Namen Basilius und Johannes Damascenus bei Gerhoch hoffe ich bei anderer Gelegenheit zurückzukommen. – Das von Gerhoch wiederholt zitierte Kapitel III 7 des Johannes Damaskenos, de orth. fide, findet sich als Nr. 17 in der patristischen Sammlung der Akten von 1166; MAI, a. a. O. 16 f.

72) Hugo von Honau bei HASKINS, a. a. O. 211; DONDAINE, a. a. O. 75.

73) Vgl. die oben Anm. 30 angegebene Literatur.

74) Der 1. Brief (von 1147) MIGNE, PL 194, Sp. 1065–76, der 2. (von 1154/56) Scholastik 13 (1938) 41–48; vgl. Comm. in Ps. 64, MIGNE, PL 194, Sp. 64 und viele andere Stellen in Gerhochs Werken.

75) Liber de novitatibus huius temporis (von 1156) ed. O. J. THATCHER, Studies concerning Adrian IV, in: The decennial Publications of the University of Chicago, First Series, vol. 4 (1903) cap. 24: S. 220: *Ad quod gaudium discipulos suos adhuc mortalis invitabat dicens: »Si diligeretis me, gauderetis utrique quia ad Patrem vado, quia Pater maior me est.« Cum enim ipse in divinitate sua numquam*

menschlichen Natur, aber an der Freude der Jünger (Joh. 14, 28) hat nicht teil »wer behauptet, daß der Menschen- und Gottessohn noch jetzt in seiner verherrlichten Menschlichkeit geringer sei als der Vater!« Hier hat man vielleicht einen Anhaltspunkt für die von Kinnamos dem Demetrios zugeschriebene These; in der überlieferten Formulierung ist sie freilich nicht sicher zu deuten; denn das Wort »noch jetzt« fehlt.[76] Weder Gerhochs Lehre noch der Satz des Demetrios lassen sich mit einer bestimmten These des Konzils von 1166 auf einen Nenner bringen. Gerhoch bezieht das Herrenwort zunächst ähnlich wie die Synode auf Christus in seiner menschlichen Natur: aber diese Natur ist schon in der Empfängnis vergöttlicht und wird in der Auferstehung glorifiziert.[77] Die eben eingeräumte Scheidung der Naturen wird damit fast ganz wieder aufgehoben und Gerhochs Lehre rückt der These 4 des Konzils nahe, die nur eine gedankliche Scheidung der Naturen zugibt. Aber Gerhochs Frage ist anders als die des Konzils gestellt; nicht eine Formel zur dogmatischen Interpretation des Herrenwortes sucht er, es kommt ihm auch nicht, wie den Gilbertinern, auf eine saubere Definition der Begriffe Natur und Person an, es geht ihm letztlich überhaupt nicht um die Systematik der gedanklichen Erfassung des Glaubens, sondern er wendet sich gegen das Trennen der menschlichen und der göttlichen Natur in der Anbetung, jenes Trennen, das für ihn die Erlösung und alle seine Frömmigkeit

*Patre minor extiterit, luce clarius constat, quod hec dicens Filius Dei de natura hominis egit, tanquam diceret:* »*Quamdiu mortalis homo sum, Pater maior me est, at postquam transibo ex hoc mundo ad Patrem, exaltata videlicet humanitate mea usque ad paterne glorie ineffabilem celsitudinem, a qua nunquam discessi per divinitatem, ex tunc videbitis me Dominum et salvatorem vestrum propter passionem mortis gloria et honore coronatum*« . . . *Unde nec illi plene inveniuntur Christum diligere, qui de iam facta hominis usque ad Patrem exaltatione gaudentibus fidelibus nolunt congaudere, contendentes Filium hominis eundemque Dei Filium adhuc minorem Patre in sua quantumlibet glorificata humanitate.* Diesen ganzen Abschnitt hat Gerhoch mitsamt dem voraufgehenden, aus Rupert von Deutz (MIGNE, PL 169, Sp. 260) übernommenen Kapitel in seinem Werk de gloria et honore Filii hominis wiederholt: MIGNE, PL 194, Sp. 1132–1133; vgl. auch de novitatibus cap. 4: S. 195 f.; cap. 19: S. 213 und schon contra duas haereses (von 1147), MIGNE, PL 194, Sp. 1175 D. Das *adhuc* betont ähnlich Gerhochs Bruder Arno in seinem Apologeticus (ed. C. WEICHERT, Leipzig 1888) 67 f.; dort S. 231 stellt Arno das Wort Joh. 14, 28 neben Joh. 20, 17, genau wie es der 1170 verurteilte, der These 4 anhängende Bischof Konstantinos von Kerkyra auf der Synode von 1166 tat (MAI, a. a. O. 46; MIGNE, PG 140, Sp. 244 C; vgl. PETIT, a. a. O. 474 f.). Zur Lehre der Gerhoch-Brüder über Joh. 14, 28 auch der Brief Rudigers in Scholastik 14 (1939) 41 f.
76) Vgl. oben Anm. 8.
77) Das in Anm. 75 angeführte cap. aus de novitatibus fährt fort: *Quam sane minoritatem si referunt ad humanitatis naturalem conditionem, non ad eiusdem supernaturalem exaltationem, recte tolerantur, quoniam in hoc sensu neque nobis neque fidei catholice adversantur; verum si hominis iam in Deum glorificati arbitrantur non eandem gloriam, omnipotentiam, omnisapientiam, omnivirtutem, omnimaiestatem, que est Patris altissimi, timendum sine dubio est ne a regno ipsius repellantur tanquam detractores invidi cum illo consortium habituri qui primus invidit altitudini huius Altissimi dicens in corde suo: Ero similis Altissimo (Is. 14, 14). Nos vero congaudentes nature nostre in Dei Verbo deificate et glorificate, deificate in conceptione, glorificate in resurrectione simul et ascensione, accedamus cum fiducia ad tronum gratie . . . (Heb. 4, 16).*

entleert. Der gilbertinische Zweifel daran, daß mit der Person auch die göttliche Natur inkarniert und umgekehrt auch die menschliche Natur verherrlicht sei, war ihm unerträglich.

Einmal nach Byzanz hinübergespielt, bekam das Problem ein anderes Gesicht. Hier gab es keine neue Wissenschaft, man hatte die Schriften der Philosophen des Altertums ebenso wie die dem Westen noch so unvollkommen bekannten Werke der griechischen Väter. Aber die Versuche der Michael Psellos, Johannes Italos und Eustratios von Nikaia, die alte Philosophie für die Theologie neu fruchtbar zu machen, waren an dem Widerstand der Kirche gescheitert.[78] In den Mittelpunkt der Diskussion geriet jetzt nicht ein Problem der begrifflichen Systematik, sondern ein Bibelwort. Die Väter der Alten Kirche hatten sich bemüht, Formeln zu finden, unter denen sich die biblische und kirchliche Überlieferung mit dem wissenschaftlichen Weltbild vereinen ließ. Jetzt fragte man nach dem Ort, den das Schriftwort in dem feststehenden Dogmensystem einzunehmen habe. Man suchte die Belege bei den Vätern, den Ausschlag aber gab der Spruch des Kaisers. In ähnlicher Weise war wenige Jahre zuvor eine Frage entschieden worden, die ebenfalls das Verhältnis der Naturen in Christus betraf und in den Diskussionen des Demetrios-Streites nachgewirkt haben mag: die Interpretation des Liturgie-Satzes: Σὺ εἶ ὁ προσφέρων καὶ προσφερόμενος καὶ προσδεχόμενος.[79] Dort sind die Positionen in der theologischen Kontroverse deutlicher überliefert, und es ist zu vermuten, daß damals ein letzter Versuch, philosophische Lehren des Johannes Italos zu beleben, von der Kirche zurückgewiesen wurde.[80]

Demetrios wandte sich anscheinend gegen das von den Gerhoch-Gegnern so scharf betonte Wort des Pseudo-Athanasianums, Hugo Etherianus bekämpfte Demetrios, Gerhoch verteidigte ihn: man dürfte kaum fehl gehen, wenn man des Demetrios Ausfall gegen den »Westen« als Angriff auf die Frühscholastik versteht, wie ihn in ähnlicher Weise die Reichersberger geführt haben. Das heißt natürlich nicht, daß sich die Synode bei ihrem

---

78) Über Italos vgl. Jugie t. 2 S. 15 f., 539 f., 651 ff., J. M. Hussey, Church and Learning in the Byzantine Empire (Oxford-London 1937) 89–102, P. E. Stephanou, Jean Italos, philosophe et humaniste [Or. Christ. Analecta, 134] 1949, V. Grumel, Le symbole »Quicumque« et Jean Italos, Échos d'Orient 37 (1938) 136–140; zu Eustratios unten Anm. 82.

79) Migne, PG 140, Sp. 137–202; dazu Uspenskij, a. a. O. 294 ff.; J. Dräseke, Der Dialog des Soterichos Panteugenes, Zeitschr. f. wiss. Theol. 29 (1886) 224–237; ders., Zu Nikolaos von Methone, Zeitschr. f. Kirchengesch. 9 (1888) 405–431; H. Pachali, Soterichos Panteugenes und Nikolaos von Methone, Zeitschr. f. wiss. Theol. 50 (1908) 347–374; ders., B. Z. 19 (1910) S. 46–58; Chalandon, a. a. O. 640–643; Jugie (oben Anm. 2), t. 2, S. 655, t. 3 (Paris 1930) 317–320; Hussey, a. a. O. 99 f. – Damals ist u. a. umstritten, welcher Natur das Wort Joh. 14, 6 zuzuschreiben ist; vgl. Pachali (1908) S. 353; 357. Eine während dieses Streites verfaßte Schrift des Nikolaos von Methone (ed. A. Demetrakopoulos, Ἐκκλησιαστικὴ Βιβλιοθήκη [Leipzig 1866] 293–320) berührt auch die Stelle Joh. 14, 28, sie scheint hier im Sinne der These 1 gedeutet zu sein. Nikolaos war aber 1166 nicht mehr am Leben; vgl. J. Dräseke, B. Z. 1 (1892) 442 f.; 473 ff., Dondaine, a. a. O. 80, Anm. 4.

80) So B. Tatakis, La philosophie byzantine (Paris 1949) 219 f.; Uspenskij, a. a. O. 315 vergleicht auch Demetrios mit Italos, doch nur, weil der Ursprung beider Lehren dem Westen zugeschrieben wurde.

Urteil gegen Demetrios scholastische Lehren zu eigen machte. In dem Punkt, der Gerhoch am meisten am Herzen lag, entschied sie, wie es scheint auf einen besonderen Wunsch Manuels, ganz im Sinne der Reichersberger: auch der menschlichen Natur Christi kommt der göttliche Ruhm zu.[81] Man nahm damit einen Satz auf, der bereits 1117 bei der Verurteilung des Italos-Schülers Eustratios von Nikaia festgelegt worden war.[82] Im übrigen zog sich die Synode auf recht allgemein formulierte Kanones, die sich auf die Väter beriefen, zurück. Deutlicher drückte sich das Dekret des Kaisers aus: einige Herrenworte beziehen sich auf die menschliche, andere auf die göttliche Natur Christi.[83] Kein Wunder, daß es Widerspenstige gab, die in dieser Lehre Nestorianismus sahen. Doch diese Gegner, die von einer rein gedanklichen, nicht wirklichen Trennung der Naturen in den Worten Christi sprachen, wurden der monophysitischen Häresie bezichtigt.

Die Betonung der getrennten Naturen und ihre Unterscheidung von der einen Person in den Kanones und vor allem in dem Dekret dürften den Beifall Hugos gefunden haben und vielleicht mit auf seine Stimme zurückgehen. Diese Lehren wurden aber keineswegs zu seiner Zufriedenheit formuliert; für einen Mann, der so tief in die alte griechische und die neue lateinische Logik und Theologie eingedrungen war, klangen die Kanones nichtssagend. In unserem Fragment äußert er sein Mißfallen deutlich genug. Vor allem aber wird die Lehre von der Verherrlichung der menschlichen Natur Christi seinen Widerspruch erregt haben. Hier lag wohl das auch von Leo Tuscus zugegebene Ärgernis; eben diese Lehre aber konnten die Reichersberger zu ihrer Rechtfertigung in Anspruch nehmen, ohne befürchten zu müssen, daß die übrigen Sätze in ihrer undeutlichen Formulierung gegen sie selbst gewendet werden könnten.

Wir haben gesehen, daß die Fragestellung der christologischen Werke Gerhochs sich von der des Demetrios-Streites erheblich unterschied, wenn auch sachlich ähnliche Probleme diskutiert wurden. Um so auffallender ist es, daß Gerhoch in einem späten Brieftraktat über die Worte des Athanasianischen Symbols »minor Patre secundum humanitatem«[84] die Frage fast genau so stellt wie die Synode von 1166; der einzige Unterschied besteht darin, daß das Wort Joh. 14, 28 nur am Rande erwähnt wird und das entsprechende Symbolwort als Ausgangspunkt dient. Gerhoch sagt, daß die verschiedenen katholischen Erklärer verschiedene Meinungen vertreten: die einen beziehen das Größersein des Vaters auf seine Eigenschaft als causa, andere auf die Natur oder auf die Zeit der

81) MAI, a. a. O. 58, MIGNE, PG 140, Sp. 256 C.

82) Zum Prozeß gegen Eustratios vgl. JUGIE, a. a. O. t. 2 S. 652 ff.; P. JOANNOU, Eustrate de Nicée; trois pièces inédites de son procès, Rev. Ét. Byz. 10 (1952) 24–34; DERS., Die Definition des Seins bei Eustratios von Nikaia, B. Z. 47 (1954) 358–368; DERS., Der Nominalismus und die menschliche Psychologie Christi; das Semeioma gegen Eustratios von Nikaia, ebenda 369–378. Der 1166 aufgenommene Satz bei JUGIE 653 f., JOANNOU (1952) 34 Nr. 19 und (1954) 376.

83) MAI, a. a. O. 82, MIGNE, PG 133, Sp. 777.

84) Als »opusculum de sensu verborum Athanasii in symbolo« hrsg. v. F. SCHEIBELBERGER, Österr. Vierteljahrschrift f. kath. Theol. 10 (1871) 565–568 aus Codex Reichersberg VIII fol. 113 r–115 r.

Erniedrigung [Zusatz im Handexemplar: vgl. aber Migne PL 193 Sp. 529 A, dazu D. Van den Eynde, L'œuvre littéraire de Géroch de Reichersberg, Rom 1957, 176, der dies auf Petrus Lombardus bezieht] – wir haben hier in Stichworten die Thesen 1, 2 und 3 des Konzils –, aber kein rechtgläubiger Exeget beziehe das Wort auf den Ruhm der Natur oder auf die durch die göttliche Zeugung glorifizierte Natur Christi.[85] Man erkennt hier mit aller Deutlichkeit, daß es dem Reichersberger auf etwas anderes ankam als den Griechen: er biegt die Frage um, die ihm ein anderer gestellt hat. Der Brieftraktat ist nämlich die Antwort auf Ausführungen, die ihm einer vorlegte, »der sich selbst weise dünkte«. Gerhoch erhielt die Schrift seines Gegners um die Zeit, da er sein Buch von der vierten Nachtwache verfaßte, das heißt im Herbst 1167, in dem Jahr also, das dem Konzil folgte.[86] Schon hier liegt offenbar eine Rückwirkung des Konzils auf die Reichersberger vor, und wieder wird man vermuten dürfen, daß Petrus von Wien der Mittelsmann, jener, »der sich selbst weise dünkte«, war. In der zweiten Hälfte des Jahres 1166 hatte Herzog Heinrich von Österreich Kaiser Manuel aufgesucht,[87] und es ist nicht unwahrscheinlich, daß der Kaplan Petrus ihn begleitete. Auf dieser Reise könnte er von dem christologischen Streit gehört haben; alsbald nach der Rückkehr hätte er dann das Problem Gerhoch vorgelegt. Unsicher bleibt aber, ob er schon damals die Schrift des Hugo Etherianus in die Hand bekam; ihre Spuren lassen sich nur in unserem Fragment und der Chronik des Magnus, nicht aber in dem Schriftchen Gerhochs über das Athanasianum nachweisen.

War aber die von Manuel herbeigeführte Entscheidung geeignet, die Union mit

---

85) S. 565 f.: *Homo in Deum Dei Filium assumptus habet quedam in sua humanitate, que non habet ex ipsa humanitate . . . Ex quibus comprobatur ipse homo esse una cum Patre suo Deo unus Deus, non per adoptionem . . . sed ut unicus immo vere unicus, quem Pater sanctificavit et misit in mundum quemque super omnia exaltavit et dedit illi nomen quod est super omne nomen. Cuius nominis gloria nature humane in Christo data est temporaliter . . . Unde catholici ante nos tractatores illud Athanasii* »minor Patre secundum humanitatem« *sic intellexerunt nobisque intelligendum reliquerunt, ut quod dicit »secundum« quia multiplicem habet sensum, referatur vel ad causam vel ad naturam, non autem ad nature gloriam vel ad glorificatam divina generatione personam humanam eandemque divinam, quam constat esse hominem eque omnipotentem ut Patrem eius . . . Quod cum ita sit, nos una cum ceteris catholicis in fide Athanasii canimus de Filio Dei eodemque Filio hominis:* »equalis Patri secundum divinitatem, minor Patre secundum humanitatem«, *subintelligendo quantum ad naturam vel quantum ad causam vel certe quantum ad tempus quo fuit minoratus ab angelis per ipsum creatis; que tamen temporalis minoritas finem accepit, quando assumptus homo consedit in dextera sedis magnitatis in excelsis . . . Aus Joh. 14, 28 hat Arius seinen Irrtum abgeleitet, non attendens quod is, qui hoc ante mortem suam nondum glorificatus dixit, ipse idem iam glorificatus dixit, ipse idem iam glorificatus dixit: Data est mihi omnis potestas in celo et in terra* (S. 567).
86) Anfang des Traktats S. 565: *Tractanti mihi de quarta vigilia noctis in qua visus est etiam discipulis in mari turbatis ipse Christus esse fantasma* (Matth. 14, 25 f.), *cum ipse sit veritas, ex inproviso mihi supervenit quoddam fantasma insertum fidei catholice quasi auctore Athanasio. Quod fantasma cum quidam sapiens apud semetipsum pro veritate ad me scribens defenderet, ego ei respondi in hunc modum: . . . In der Handschrift folgt der Traktat unmittelbar auf de quarta vigilia, zu dessen Datierung vgl. E. SACKUR, MGH. Lib. de Lite 3: S. 503.
87) Vgl. oben Anm. 26.

Alexander III. zu fördern? Gerhoch hatte 1163 seinen Streit wieder einmal der Kurie vorgetragen, doch mit dem Erfolg, daß Alexander ihm unmißverständlich Schweigen gebot.[88] Der Papst, einst selbst Schüler Abaelards, nahm nicht Partei, denn ihm konnte nur daran gelegen sein, seine Anhänger, insbesondere die ohnehin wenigen Getreuen, die ihm in Deutschland geblieben waren, in Frieden untereinander zu halten. Eine Synode in Tours 1163 hatte die Frage erörtert, ohne zu einem klaren Ergebnis gekommen zu sein.[89] Wenig später kam Gerhoch ein Gerücht aus Frankreich zu Ohren, nach dem Alexander sich auf einer Synode in Frankreich für die Lehre der Reichersberger ausgesprochen haben sollte.[90] Gerhoch drückt sich vorsichtig aus; wir haben keine von ihm unabhängige Nachricht, die seine Angaben bestätigt. Ein Brief des Kardinals Cencius von etwa 1167, den Gerhoch zu seiner Rechtfertigung anführt,[91] bestätigte ihm nur, daß er kein Häretiker sei, und suchte ihn im übrigen zu beschwichtigen. Alexander verurteilte zwar 1170 und 1177 den auch von Gerhoch bekämpften christologischen Nihilianismus;[92] aber auch sein von Magnus angeführtes Schreiben an Arno von 1171[93] enthält nicht die gewünschte Bestätigung der Reichersberger Lehren. Eine notwendige Voraussetzung für die Union hat das Konzil von 1166 demnach nicht geschaffen,[94] in den umstrittenen Fragen wich der Papst einer klaren Stellungnahme aus. Immerhin ist es nicht ausgeschlossen, daß Manuel, als er von Demetrios' Angriff gegen die Lateiner erfuhr, von Hugo Etherianus Auskünfte

88) JL. 11011 an Gerhoch und 11012 an Eberhard von Salzburg; BRACKMANN, Germ. Pont. I, S. 201: Nr. 36 und 37, beide vom 22. März 1164.

89) Johann von Cornwall: MIGNE, PL 199, Sp. 243; HEFELE-LECLERQ 5, 2 S. 974 ff., B. BARTH, Theol. Quartalschr. 101 (1920) 239 f.; R. F. STUDENY, John of Cornwall, an Opponent of Nihilianism (Diss. Univ. Pont. Greg. Rom), Wien 1939, war mir nicht zugänglich.

90) Opusculum ad cardinales (von 1166), MGH., Lib. de Lite 3: S. 400 f.; 410 f. und an der ungedruckten Stelle Cod. Admont 434 fol. 213 v – 214 r [(273–274) = Opera inedita I 342–343] (*Quod quia innotuit mihi ex sola fama incerta et ambigua, certius agnoscere cupio . . .*); positivere Behauptung: de quarta vigilia, Lib. de Lite 3 S. 505. Nach Ann. Reichersb. zu 1164, MGH. SS. 17, S. 471, hat die Synode Weihnachten 1164 stattgefunden, der Papst war damals in Sens. Vgl. BACH, Dogmengesch. 2, S. 718; 728; GÜNSTER, a. a. O. 22; E. PORTALIÉ in Dict. de Théol. Cath. 1, S. 416 f.; neuestens J. GÜNSTER, in Scholastik 30 (1955) 215–228.

91) MIGNE, PL 193, Sp. 585 f.; BRACKMANN, Germ. Pont. I, S. 202: Nr. 39, überliefert auch als Anlage zum opusculum de sensu verborum Athanasii und im Chronicon Magni: MGH. SS. 17, S. 497 zu 1171. Im Opusculum beruft sich Gerhoch auch auf das Zeugnis des eben vom Papst zurückgekehrten Passauer Domherrn Ekkehard, über diesen ist sonst nichts bekannt.

92) JL. 11806, 11809 von 1170, 12785 von 1177; vgl. PORTALIÉ a. a. O., B. BARTH, Theol. Quartalschr. 101 (1920) 247 ff.

93) Vgl. oben mit Anm. 64.

94) Die in den neueren Darstellungen oft wiederholte Angabe, Manuel habe 1166 einen der theologischen Streitpunkte zwischen Ost und West beseitigt, steht übrigens im direkten Widerspruch mit der neueren katholischen Theologie. In den katholischen Ausgaben des Triodion sind die Kanones von 1166 beseitigt (vgl. GRUMEL, Reg. 1060, 1113); auch JUGIE, a. a. O. t. 2 S. 657 sieht die damals verurteilten Lehren nicht als häretisch an. Die Lehren von 1166 sind also zu einem im Westen nicht anerkannten Eigengut der Ostkirche geworden.

über die westliche Lehre erhielt, die ihn glauben ließen, seine Entscheidung werde der Union dienen. Richtiger ist es wohl, mit Niketas Choniates des Kaisers Handeln allein aus seinem Selbstbewußtsein auch in theologischen Fragen zu erklären.

Die Geschichte des christologischen Streites zeigt aufs neue die regen Beziehungen zwischen Byzanz und dem Abendland in der Komnenenzeit. Es ist wahrscheinlich, daß die Kontroverse des Demetrios durch den Kampf Gerhochs gegen die Gilbertiner ausgelöst wurde, sicher wirkte der von Kaiser Manuel befohlene Synodalspruch auf den Westen zurück. In dem schon von Dondaine skizzierten Netz der persönlichen und wissenschaftlichen Beziehungen der Theologen des 12. Jahrhunderts, das von den französischen Schulen über Pisa und Rom nach Konstantinopel und von dort zurück über Wien, Reichersberg und die staufische Kapelle nach Frankreich reichte, treten jetzt die Glieder in Wien, Reichersberg und der Kapelle deutlicher hervor. Damit werden zugleich Heiligs Forschungen über Byzanz und den deutschen Südosten unter den Babenbergern ergänzt. Eine Schlüsselfigur scheint der Scholaster und Kaplan Petrus von Wien zu sein. Er benutzte seine Freundschaft mit Hugo Etherianus und dem kaiserlichen Kaplan Hugo zur Verbreitung und Vertiefung seiner Studien und Lehren. Politische Gesandtschaftsreisen erleichterten den Verkehr der Gelehrten; ein politisches Ziel der Entscheidung Kaiser Manuels ist aber nicht nachzuweisen und kaum zu vermuten. Das zwiespältige Verhältnis der lateinischen Theologen zu dem erst allmählich in ihren Gesichtskreis tretenden Griechentum wird deutlich: man greift die griechischen Väter auf, wo sich eine Gelegenheit dazu bietet, die Reichersberger erkennen dem ihnen vermeintlich günstigen Synodalspruch erhebliche Autorität zu, und Leo Tuscus freut sich über den Einfluß seines Bruders Hugo Etherianus auf die Entscheidung; jedoch dieser selbst, der beste lateinische Kenner der Griechen, gibt seinem Gefühl der Überlegenheit und Verachtung gegenüber den zeitgenössischen Griechen deutlichen Ausdruck; dieses Gefühl gründet sich auf die eigene Kenntnis der alten griechischen und der jungen lateinischen Wissenschaft. Die Griechen werden zwar von der abendländischen Streitfrage angeregt und ihr Kaiser hört den Rat des Hugo Etherianus an, sie fechten aber letztlich auf dem Boden ihrer eigenen Tradition und bleiben der Scholastik des Abendlandes fremd. Die Kluft zwischen den beiden großen Bereichen des Christentums vertieft sich, obwohl der Westen jetzt mehr als je vom Osten lernt, obwohl der Kaiser von Byzanz, der diesen Streit entscheidet, dem Westen gegenüber aufgeschlossener ist als irgendeiner seiner Vorgänger. Je mehr griechische Gedanken und Methoden die lateinische Wissenschaft aufnimmt und verarbeitet, um schließlich im 13. Jahrhundert die großen Systeme der Hochscholastik aufzubauen, desto unabhängiger und selbständiger kann das Abendland neben dem Hort der griechischen Überlieferung in Byzanz stehen.

*Reichersberger Exzerpt aus einem Bericht*
*des Hugo Etherianus über das Konzil von*
*Konstantinopel 1166*

Handschrift der Erzabtei St. Peter in Salzburg a VI 33, 12. Jahrhundert, fol. 64 v–65 v
(vgl. o. S. 351 f. [hier S. 129 f.]).[95]

*Hugo Enterianus*[a] *in libro quem ad imperatorem Grecorum contra Demetrium catholice*
*fidei defensorem scripsit, cum multa secundum humanam philosophiam et secundum*
*elementa mundi*[96] *contra Christi sive assumpti in Deum hominis divinam gloriam argu-*
*mentose locutus fuisset, quasi resipiscens*[b] *in se reverti,*[c] *immo vero ad catholice veritatis*
*unitatem ore nescio an et corde adproximare visus est.*[d] *Premisso namque atque dicto:*
*»Quid multa congero? Non est his ut arbitror opus, nam ut cetera suffragia que ei*
*famulantur allegationi omittam, eo ipso quod per creatorem suscipit omne quod habet*
*secundum humanitatem Christus, ipso creatore ut in aliis sic in gloria inferior est,« hoc*
*inquam premisso in calce libri quasi scorpionis aculeo subtexuit*[97] *ea que subiuncta sunt.*

*Hinc*[98] *illud est quod me scripsisse memini: »Dico autem patre secundum humanitatem*
*Christum minoris esse glorie.« Quod egerrime Greci tulerunt nec me revocare si voluissem*
*permiserunt. Precor itaque inflecti quicumque dignaberis faciunculam perlegere hanc, ne*
*artiori manu premas, sed quecumque vaga tibi visa fuerint*[e] *et effusa, in intelligentiam*
*revehas saniorem. Citius enim emula e manibus Grecia rapuit*[f] *quam volui. Ne cuncteris*
*facere que hortor! Nam laboris tibi premium subicio, quod si non sit ambiciosum precio,*
*tamen usu necessarium est. Finem dico nostre disputationis et*[g] *terminum.*

*(fol. 65 r) Perlege igitur si ita libet que tibi cum multa diligentia de verbo translata in*
*verbum tradere*[h] *donationis loco curavi. Et quoniam disceptatio tota redacta est ad illam*
*salvatoris in evangelio vocem, qua dicit: »Pater meus maior me est«,*[99] *diversas Grecorum*
*super illo capitulo interpretationes primum tibi produco in medium. Deinde quem finem*
*supervacuum scandalum atque inutile sortitum sit, oculis tuis subiciam.*

*Ergo quidam aiebant »Pater meus maior me*[i] *est« Christum dixisse secundum humanita-*
*tem que in ipso tunc erat passibilis et circumscriptibilis, soli exinianitioni vocis intelligentiam*

---

95) Für freundliches Entgegenkommen bei der Benutzung der Handschrift im Sommer 1953 danke
ich der Bibliotheksverwaltung der Erzabtei. Herr Prof. Dr. W. Berges verglich meine Abschrift
noch einmal im Sommer 1954; auch hier sei ihm dafür herzlich gedankt.
96) Vgl. Col. 2, 8; in ähnlichem Zusammenhang verwendet Gerhoch diese Bibelstelle in seinem Brief
an Magister Petrus, Jahrbuch f. Landeskunde v. Niederösterreich, N. F. 29 (1944/48) 129.
97) Vgl. Gerhochs Brief an Otto von Freising gegen Mag. Petrus (Migne, PL 193, 587 A): *Qui* (sc.
libellus Petri) . . . *in fine suo tanquam scorpionis cauda venenum diffudit* . . .
98) Obwohl die Handschrift hier nicht stark interpungiert, beginnt mit dem Wort *hinc* offenbar der
Text des Hugo.
99) Joh. 14, 28.

*adaptantes.*[100] *Alii vero secundum nudum intellectum quadam divisione Christum dixisse asserebant, scilicet cum per subtrahentem intellectum absque divinitate caro intelligitur, quasi unita verbo non sit, secundum quem modum ancilla et nescia dicitur.*[101] *Alii autem sub humani generis voce dictum firmabant, quemadmodum et illud:* »*Deus, Deus meus, ut quid dereliquisti me?*«[102]

*Ad hoc autem qualiter tres primi pontifices predictum*[k] *interpretati sunt capitulum, ex eorundem animadvertere potes responsionibus.*[103]

---

[a] *sic Cod.*   [b] folgen 1 oder 2 radierte Buchstaben   [c] *reverti* auf Rasur   [d] folgt in der Handschrift: *he*; das nächste Wort beginnt mit Majuskel-P.
[e] *fuerint* über der Zeile nachgetragen   [f] *rapuit* desgl.   [g] *et* desgl.   [h] *tradere* desgl.   [i] *me* desgl.
[k] *predictum* über der Zeile nachgetragen.

| | |
|---|---|
| *Nam Constantinopoleos patriarcha interrogatus a synodo respondit in hunc modum:* »*Quicunque pontificum et principum dixerunt secundum humanitatem que in* | [Ὁ ἁγιώτατος ἡμῶν δεσπότης καὶ οἰκουμενικὸς πατριάρχης εἶπεν· ὅτι ἐμοὶ δοκοῦσιν ὅσοι εἶπον τῶν ἀρχιερέων καὶ τῶν ἀρχόντων κατὰ τὸ ἐν τῷ Χριστῷ ἀν- |

---

100) Die Wiedergabe der einzelnen Interpretationen ist keinem der erhaltenen Aktenstücke wörtlich entnommen, lehnt sich aber eng an die Bekenntnisformel bei MAI, a. a. O. 68 f. an (z. T. fast wörtlich ebenso auch das kaiserliche Dekret, MAI, S. 83 f., MIGNE, PG 133, 780). Vgl. MAI, a. a. O. 68; MIGNE, PG 140, 266 B: Ἐπεὶ δὲ σκάνδαλον ἐνέπεσεν ὅτι τινὲς μὲν τὰς τοιαύτας γνώμας παρερμηνεύουσι, λέγοντες μὴ νοεῖσθαι τὴν τοῦ ἀληθινοῦ θεοῦ καὶ σωτῆρος ἡμῶν Ἰησοῦ Χριστοῦ φωνὴν τὴν »ὁ πατήρ μου μείζων ἐστίν«, καθώσπερ κατὰ διαφόρους ἐξηγήσεις παρὰ τῶν θεοφόρων ἁγίων πατέρων ἡρμηνεύθη, καὶ κατ' αὐτὴν τὴν ἐν τῷ αὐτῷ Χριστῷ ἀνθρωπίνην κτιστὴν καὶ περιγραπτὴν φύσιν, καθ' ἣν παθητὴν τότε οὖσαν καὶ πέπονθε, μόνῃ δὲ κενώσει τὴν τοιαύτην φωνὴν προσαρμόζουσι. In dem Text des Hugo ist entweder eine Negation vor *secundum humanitatem* ausgefallen, oder die Übersetzung enthält einen Fehler. In der Bekenntnisformel wird hier die Lehre von der κένωσις (These 3!) als häretisch der anerkannten Lehre (κατὰ τὴν ἀνθρωπίνην φύσιν, These 2!) gegenübergestellt, während in Hugos Text, so wie er überliefert ist, beide Lehren als eine erscheinen.
101) Der in der vorigen Anmerkung zitierte Text fährt fort (MAI, a. a. O. 68 f.; MIGNE, PG 140, 266 BC): Τινὲς δὲ καὶ τῇ κατὰ ψιλὴν ἐπίνοιαν διαιρέσει τὴν τοιαύτην τοῦ κυρίου φωνὴν ἀπονέμουσι, λέγοντες προσαρμόζειν ταύτην, ὁπότε ἡ τοῦ κυρίου σὰρξ νοεῖται καθ' ἑαυτὴν κεχωρισμένη τῆς θεότητος, ὥσπερ εἰ μὴ δὲ ἡνώθη, καθ' ὃν τρόπον καὶ δούλη καὶ ἀγνοοῦσα λέγεται . . . (These 4!).
102) MAI, a. a. O. 69, MIGNE PG 140, 266 C: ἢ καὶ ὅτι τὸ τῆς κοινῆς φύσεως ὑποδυόμενος πρόσωπον τοῦτό φησι· καθ' ὃν τρόπον λέγεται καὶ ἡ ἐγκατάλειψις, ἥπερ ἐστὶ τοῖς θεηγόροις πατράσι, προσώπῳ τῆς κοινῆς τῶν ἀνθρώπων φύσεως ἐκλαμβανομένη. Den Begriff der ἐγκατάλειψις hat Hugo umschrieben (These 5!); vgl. auch im Dekret Manuels, MAI, a. a. O. 84; MIGNE, PG 133, 781 A.
103) Die Sentenzen der drei Patriarchen sind wörtlich übersetzt aus den Akten MAI, a. a. O. 51 f.; MIGNE, PG 140, 249; auch die Bekenntnisformel (MAI, a. a. O. 70; MIGNE, PG 140, 268) wiederholt diese Sentenzen. Zur Erleichterung des Vergleichs haben wir den Urtext neben die Übersetzung gestellt.

*Christo est dictum esse ›Pater meus maior me est‹, videlicet secundum humanam in ipso creatam naturam, secundum quam et passus est, recte ac sine offensione mihi responsisse visi sunt.«*

*Patriarcha vero Theupoleos magne Antiochie interrogatus dixit: »›Pater meus maior me est‹ Christus asseruit secundum incarnationem et secundum creatum quod in ipso est.«*

*Hierosolimorum patriarcha interrogatus verba dedit huiuscemodi: »Prevenit Spiritus Sanctus ›Pater meus maior me est‹ interpretatum per sancta et magna luminaria ecclesie atque per sacrosanctas synodos. Suscipio igitur omnes acceptiones secundum quas illud interpretati sunt capitulum. Et quoniam dixerunt quia ut Deus perfectus et ut homo perfectus illud protulit Christus, scilicet ut habens in se creatam naturam et passibilem, secundum quam et passus est, dico eadem et ipse, sed neque possum inficiari.«*

*Edidit igitur synodus communicato omnium consilio capitula que tibi subiciuntur, quorum primum hoc est:*[105)]

*Qui non recte sanctorum doctorum ecclesie Dei sacras voces suscipiunt et que plane ac manifeste ab illis per Sancti Spiritus graciam dicta sunt male interpretari et pervertere temptant, anathema.*

θρώπινον εἰρῆσθαι τὸ »ὁ πατήρ μου μείζων μου ἐστίν·« ἤγουν κατὰ τὴν ἐν αὐτῷ ἀνθρωπίνην κτιστὴν φύσιν, καθ' ἣν καὶ πέπονθεν, ὀρθῶς καὶ ἀπροσκόπτως καὶ πρὸς τὴν ἐρώτησιν ἀποκρίνεσθαι.[104)]

Ὁ ἁγιώτατος πατριάρχης θεουπόλεως μεγάλης Ἀντιοχείας εἶπεν εἰρῆσθαι τὸ »ὁ πατήρ μου μείζων μου ἐστίν« παρὰ τοῦ Χριστοῦ καὶ κατὰ τὴν ἐνανθρώπησιν καὶ τὸ ἐν αὐτῷ τῷ Χριστῷ κτιστόν τε καὶ παθητόν.

Ὁ ἁγιώτατος πατριάρχης Ἱεροσολύμων εἶπεν· ἔφθασε τὸ πνεῦμα τὸ ἅγιον τὸ »ὁ πατήρ μου μείζων μου ἐστίν« ἑρμηνεῦσαι διὰ τῶν ἁγίων καὶ μεγάλων φωστήρων τῆς ἐκκλησίας καὶ τῶν ἁγίων καὶ ἱερῶν συνόδων. Δέχομαι γοῦν πάσας τὰς ἐκδοχὰς καθ' ἃς ἡρμήνευσαν αὐτό. Ἐπειδὴ εἰρήκασιν ὅτι ὡς θεὸς τέλειος καὶ ὡς ἄνθρωπος τέλειος εἴρηκεν ὁ αὐτὸς Χριστὸς τὸ τοιοῦτον ῥητόν, ἤγουν ὡς ἔχων ἐν ἑαυτῷ τὴν κτιστὴν φύσιν καὶ παθητὴν καθ' ἣν καὶ πέπονθε, λέγω καὶ αὐτὸς τὰ αὐτὰ καὶ οὐ δύναμαι ἀρνεῖσθαι.]

[Τοῖς μὴ ὀρθῶς τὰς τῶν ἁγίων διδασκάλων τῆς τοῦ θεοῦ ἐκκλησίας θείας φωνὰς ἐκλαμβανομένοις καὶ τὰ σαφῶς καὶ ἀριδήλως ἐν αὐταῖς διὰ τῆς τοῦ ἁγίου πνεύματος χάριτος εἰρημένα παρερμηνεύειν τε καὶ περιστρέφειν πειρωμένοις, ἀνάθεμα.

104) In den Akten setzt der Patriarch noch hinzu: οἱ δὲ ἄλλως εἰρηκότες, ἀσαφῆ ποιησάμενοι τὴν ἀπόκρισιν καὶ μᾶλλον πρὸς ἀλλήλους μὴ συμφωνήσαντες οὐδὲ πρὸς τὴν ἐρώτησιν δοκοῦσι μοι ἀποκρίνασθαι.
105) Die Kanones in den Akten bei MAI, a. a. O. 64 f.; MIGNE, PG 140, 261/64; vgl. GRUMEL, Reg. N. 1060.

*Qui accipiunt vocem veri Dei domini et salvatoris nostri Iesu Christi »Pater meus maior me est« cum ceteris interpretationibus sanctorum patrum et secundum humanitatem dictam fuisse, que in ipso est, secundum quam et passus fuit, ut manifeste in pluribus sermonibus eorum, qui a Deo inspirati sunt, sancti patres promulgant, amplius autem qui dicunt eundem Christum secundum suam carnem passum: eternam habento memoriam.*

*(fol. 65 v) Qui intelligunt et prolocuntur deificationem assumpti hominis permutationem humane nature in deitatem, et non sentiunt ex ipsa unione divinam dignitatem ac maiestatem optinere corpus Christi et adorari una adoratione in assumente ipsum Deo Verbo, et esse honoris eiusdem et glorie, vivificum et equiglorium Deo patri et Sancto Spiritui, nequaquam tamen esse consubstantiale<sup>a</sup> Deo excedendo naturales proprietates creati et circumscripti et reliquas in humana Christi natura consideratas, permutatas autem in deitatis substantiam, ut ex hoc inducatur etiam fantasia et non veritate Christum incarnatum et passum sive unigeniti deitatem passam: anathema.*

*Qui dicunt quod caro Christi ex ipsa unione superexaltata sit et supra omnem honorem superposita ut ex perfecta unione simul Deus facta inmutabiliter, inalterabiliter, inconfuse et inconvertibiliter propter unionem persone, inseparabilis et indivulsa permanens assumenti ipsam Deo Verbo, et quod equali gloria cum ipso honoratur et*

Τῶν παραδεχομένων τὴν τοῦ ἀληθίνου θεοῦ καὶ σωτῆρος ἡμῶν Ἰησοῦ Χριστοῦ φωνὴν τὴν »ὁ πατήρ μου μείζων μου ἐστίν« λέγεσθαι σὺν ταῖς λοιπαῖς ἑρμηνείαις τῶν ἁγίων πατέρων καὶ κατὰ τὴν ἐν αὐτῷ ἀνθρωπότητα καθ᾽ ἣν καὶ πέπονθε, καθὼς διαρρήδην ἐν πολλοῖς τῶν θεοπνεύστων λόγων αὐτῶν οἱ ἅγιοι πατέρες ἀνακηρύττουσιν· ἔτι δὲ καὶ λεγόντων τὸν αὐτὸν Χριστὸν κατὰ τὴν ἑαυτοῦ σάρκα παθεῖν, αἰωνία μνήμη.

Τοῖς νοοῦσι καὶ φθεγγομένοις τὴν θέωσιν τοῦ προσλήμματος μετάμειψιν τῆς ἀνθρωπίνης φύσεως εἰς θειότητα· καὶ μὴ φρονοῦσι ἐξ αὐτῆς ἑνώσεως θείας μὲν ἀξίας καὶ μεγαλειότητος μετασχεῖν τὸ σῶμα τοῦ κυρίου, καὶ προσκυνεῖσθαι μίᾳ προσκυνήσει ἐν τῷ προσλαβομένῳ αὐτὸ θεῷ λόγῳ, καὶ εἶναι ὁμότιμον, ὁμόδοξον, ζωοποιὸν, ἰσοκλεὲς τῷ θεῷ καὶ πατρὶ καὶ τῷ παναγίῳ πνεύματι καὶ ὁμόθρονον· μὴ μέντοι γε δὲ γενέσθαι ὁμοούσιον τῷ θεῷ ὡς ἐκστῆναι τῶν φυσικῶν ἰδιοτήτων τοῦ κτιστοῦ, τοῦ περιγραπτοῦ καὶ τῶν λοιπῶν ἐν τῇ ἀνθρωπείᾳ φύσει τοῦ Χριστοῦ θεωρουμένων· μεταμειφθῆναι δὲ εἰς τὴν θειότητος οὐσίαν, ὡς ἐκ τούτου εἰσάγειν ἢ φαντασίᾳ καὶ οὐκ ἀληθείᾳ γεγονέναι τὴν ἐνανθρώπησιν τοῦ κυρίου καὶ τὰ πάθη ἢ τὴν τοῦ μονογενοῦς θεότητα παθεῖν, ἀνάθεμα.

Τῶν λεγόντων ὅτι ἡ σὰρξ τοῦ κυρίου ἐξ αὐτῆς ἑνώσεως ὑπερυψωθεῖσα καὶ ἀνωτάτω πάσης τιμῆς ὑπερκειμένη, ὡς ἐξ ἄκρας ἑνώσεως ὁμόθεος γενομένη, ἀμεταβλήτως, ἀναλλοιώτως, ἀσυγχύτως καὶ ἀτρέπτως, διὰ τὴν καθ᾽ ὑπόστασιν ἕνωσιν καὶ ἀχώριστος καὶ ἀδιάσπαστος μένουσα τῷ προσλαβομένῳ αὐτὴν θεῷ

adoratur oratione una, et in regalibus et in divinis sedet thronis a dextris patris, ut deitatis dignitate locupletata salvis proprietatibus naturarum: eternam memoriam possidento.

λόγῳ, ἰσοκλεῶς αὐτῷ τιμᾶται καὶ προσκυνεῖται μιᾷ προσκυνήσει καὶ τοῖς βασιλικοῖς καὶ θείοις ἐγκαθίδρυται θώκοις ἐκ δεξιῶν τοῦ πατρός, ὡς τὰ τῆς θεότητος αὐχήματα καταπλουτήσασα, σωζομένων τῶν ἰδιοτήτων τῶν φύσεων, αἰωνία ἡ μνήμη.]

Hec itaque capitula tres prefati pontifices et lenitate augustissimus princeps Manuel propriis subscriptionibus firmaverunt.[106] Ego autem Hugo quoniam ea diligenter expressi, stilo ferias restituo.

ª corr. aus consubstantialē

---

106) Vgl. die Unterschriften vom 6. März bei Mai, a.a.O. 59 f.; Migne, PG 140, 257; dazu Grumel, Reg. N. 1059; nach Petit, a.a.O. 469 sind diese Unterschriften auch auf die in den Akten erst später aufgeführten Kanones zu beziehen.

# Mailands Treueid für Manuel Komnenos

Ehe das Oströmische Reich 1204 dem Überfall des Westens unterlag, hat Manuel Komnenos noch einmal, wie keiner seiner Vorgänger seit Basileios II., versucht, Italien unter die
Botmäßigkeit Konstantinopels zu bringen. Dank bedeutender neuerer Forschungen[1] steht
das Bild der Westpolitik Manuels im wesentlichen fest. Der konsequenteste Gegner jeden
byzantinischen Territorialgewinns in Italien war der Kaiser des Westens Friedrich I., der
um seine eigene Herrschaft über die Halbinsel kämpfte; in wechselnden Bündnissen mit
Friedrichs Vorgänger Konrad III., mit dem Papst, mit Frankreich, mit den italienischen
Kommunen und selbst mit den Normannen erstrebte Manuel sein Ziel. Dabei zeigte der
westlichem Wesen weit aufgeschlossene Basileus einen scharfen Blick für die neuen Kräfte
in dem großen Spiel, die aufsteigenden Kommunen Italiens, die schließlich so entscheidend
zur Katastrophe von 1204 beitragen sollten. Diese nicht immer leicht durchschaubare und
bisher am wenigsten gewürdigte Seite der Italienpolitik Manuels soll hier mit Hilfe einer
früher übersehenen Quelle an einem Beispiel gezeigt werden: Manuels Bündnis mit der
zähesten Vorkämpferin kommunaler Freiheit gegen die staufische Herrschaft, Mailand,
das fünf Jahre nach der brutalen Zerstörung durch den Kaiser des Westens aus den
Trümmern neu erstand und dabei die Hilfe des östlichen Kaisers erfuhr.

Schon 1164 hatten sich die Städte der Veroneser Mark gegen Kaiser Friedrich erhoben,
im Frühjahr 1167 verbanden sich die lombardischen Kommunen unter Führung Cremonas
und geleiteten die Mailänder in ihre Stadt zurück. Nach der durch Seuchen verursachten
Niederlage des Kaisers vor Rom schlossen die Veroneser und Lombarden unter Beteiligung Venedigs am 1. Dezember 1167 einen Bund; ihre Vertragsurkunde spricht von den

---

1) F. CHALANDON, Histoire de la domination normande en Italie et en Sicilie, 2 Bde., 1907; – DERS.,
Les Comnène, 2: Jean Comnène et Manuel Comnène, 1912, – W. OHNSORGE, Die Legaten Alexan-
ders III. im ersten Jahrzehnt seines Pontifikats, 1928; – DERS., Abendland und Byzanz, Gesammelte
Aufsätze, 1958; – K. J. HEILIG, Ostrom und das Deutsche Reich um die Mitte des 12. Jahrhunderts,
in: Kaisertum und Herzogsgewalt im Zeitalter Friedrichs I. (Schriften der Mon. Germ. hist. 9), 1944;
– P. LAMMA, Comneni e Staufer, 2 Bde., 1955/57.

aus Byzanz erwarteten Subsidien[2] – unter den zahlreich erhaltenen Urkunden des Bundes fast die einzige, die den östlichen Kaiser überhaupt erwähnt.

Zum Jahr 1167 gehört offenbar auch die bisher sehr verschieden datierte Nachricht des Kinnamos, Kaiser Manuel habe sich mit Venedig, Cremona und Padua gegen Barbarossa verbündet. Neben der seit jeher in engster Beziehung zu Byzanz stehenden Seestadt ist je eines der Häupter der lombardischen und der Veroneser Gruppe genannt; denn Padua, nicht Pavia, wie in einer eigenartigen Verwechslung immer wieder behauptet wird, ist die dritte Stadt.[3] Kinnamos schweigt über Mailand; aber die großartige, zusammenfassende Charakteristik der Italienpolitik Manuels, in der Niketas Choniates schildert, wie sich der Basileus durch vielerlei geheime Machenschaften, besonders aber durch Geld, bei den Fürsten und vor allem bei den Städten »der Italiener und der noch entfernteren« – das heißt doch wohl der Lombarden – Parteigänger schafft, bringt einen wichtigen Einzelzug: Manuel sei συλλήπτωρ des Wiederaufbaus der Mailänder Mauern geworden, er habe also Geld gegeben.[4]

Zeitgenössische italienische und deutsche Quellen begnügen sich mit allgemeinen Bemerkungen über Manuels Lombardenpolitik, wissen aber nichts Bestimmtes zu berichten.[5] Noch die jüngste Darstellung der Mailänder Geschichte bezweifelt darum die Behauptung des Niketas.[6] Ihre einzige Stütze findet diese in einer späten und höchst suspekten Quelle: Der um 1350 schreibende Mailänder Chronist Galvaneo Fiamma erzählt eine abenteuerliche Geschichte, wie Manuels Gemahlin, eine Tochter des Bayernherzogs (!), die zweimal nach Byzanz reisenden Mailänder Gesandten durch List um ihren Erfolg prellt, wie dann aber die Mailänder den von Barbarossa gefangenen Manuel befreien und sich mit ihm versöhnen.[7] Historisch bemerkenswert an diesem bisher nie ernst genommenen Roman, dessen amüsante Einzelzüge wiederzugeben hier der Raum fehlt, ist der Versuch, zwei höchst eigenartige, bisher nicht gedeutete Skulpturen an den 1171 errichte-

---

2) C. Manaresi, Gli atti del comune di Milano fino all'anno 1216, 1919, Nr. 56 § 12 S. 85 vgl. Lamma 2, 154 (mit Druckfehler im Datum). In der Erneuerung vom Frühjahr 1168 (ebenda Nr. 63) fehlt dieser Passus. Vgl. unten Anm. 28.

3) Kinnamos V 9 S. 228–231 Bonn, datiert von Chalandon, Domination 2, 299 n. 4 auf 1163, Chalandon, Comnène 2, 585 n. 2: 1166, Dölger, Reg. 1464: 1165 Frühjahr; Ohnsorge, Legaten 75: 1163, ebenda 81: 1167; Lamma 2, 193 f.: 1164. Vielleicht ist der doppelte Ansatz Ohnsorges berechtigt, weil Kinnamos Gesandtschaften verschiedener Jahre kombiniert; keinesfalls kann der Bund mit Cremona vor 1166 geschlossen sein, die Stadt stand bis dahin zu Friedrich. Zu 1167 vgl. auch Dölger, Reg. 1479. Chalandon, Ohnsorge, Dölger geben Παταβία bei Kinn. mit Pavia wieder, Lamma 2, 194 n. 1 versucht das zu rechtfertigen. Indes wurde Pavia erst 1170 zum Beitritt zum Lombardenbund gezwungen, bis dahin war es kaiserlich.

4) Niketas, de Man. VII 1 S. 261 Bonn.

5) Vgl. die bei Lamma 2, 154 f. angeführten Stellen.

6) G. L. Barni, in Storia di Milano 4 (1954) 92 meint, dem Bericht des Niketas liege vielleicht ein nicht erfülltes Versprechen zugrunde.

7) Galvanei Flammae Chronicon maius, ed. A. Ceruti, Miscellanea di Storia Italiana 7 (1869) 707–710; in der neueren Literatur nur bei Barni 92 erwähnt.

ten Mauern als Spottbilder des Basileus und der Basilissa zu deuten. Die Bilder selbst, die man heute ohne Grund als Spottbilder Kaiser Friedrichs und der Kaiserin Beatrix zu bezeichnen pflegt, tragen keinerlei Züge von Herrscherbildern;[8] den Anlaß zu dem aitiologischen Deutungsversuch Fiammas können also nicht sie selbst, sondern nur lokale Überlieferungen gegeben haben, die von den Gesandtschaften und der Beteiligung Manuels am Mauerbau wußten.

Eine viel wertvollere Stütze findet der Bericht des Niketas jedoch in einer zwar schon 1914 gedruckten, bisher aber völlig übersehenen Quelle. Eine juristische Quaestionensammlung berichtet folgenden Fall.[9]

*Mediolanenses post destructionen suam duos legatos ad Constantinopolitanum imperatorem miserunt, liberalitatis sue munus ad sue civitatis restitutionem per eosdem postulantes. Illi vero cum essent consules civitatis, sicut mos est, in initio sui consulatus iuraverunt, quod nihil causa consulatus acquirerent, quod non referrent ad commune. Profecti Constantinopolim negotium civitatis exposuerunt. Imperator exegit fieri fidelitatem sibi. Illi habito super hoc consilio perceperunt, quod nisi voluntati eius obsequerentur, parum vel nihil reportarent. Pro utilitate itaque civitatis fecerunt ei fidelitatem salvo honore sue civitatis. Dedit ergo eis ad restituendam civitatem C libras auri, et post III dies, dum vellent reverti, dedit eis munere privato XII libras auri. Tandem regressi C libras auri predictas communi tradiderunt et XII retinuerunt. Sed quia occasione legationis adepti sunt, exigit commune, ut sibi restituantur. Queritur, si teneantur restituere.*[10]

Die diesen »Fall« an vorletzter Stelle enthaltende Sammlung ist in einer Handschrift aus dem Beginn des 13. Jahrhunderts überliefert und wurde nach dem Urteil des besten Kenners dieser Quellengattung um 1170 in der Schule des Bulgarus zu Bologna angelegt.[11] Selbst wenn man die Möglichkeit, daß unsere Quaestio der Sammlung nachträglich angehängt wurde, einräumt, steht sie zeitlich und räumlich – Bologna gehörte zum Lombardenbund und von der Rechtsschule liefen viele Fäden nach Mailand – den Ereignissen sehr nahe.

Inhaltlich bietet der Bericht keine Schwierigkeiten. Konsuln haben die Mailänder sofort, als sie im Frühjahr 1167 in ihre Stadt zurückkehrten, wieder gewählt; wenn deren Amtseid auch nicht überliefert ist, so gibt es doch genügend ähnliche Amtseide, die einen

---

8) Das bestätigte mir auf meine Frage während des Kongresses Herrr Prof. J. Deér. Abbildungen der heute in den Musei Civici zu Mailand befindlichen Skulpturen in der Storia di Milano 4 S. 31, 32, 94. Vgl. auch G. de Francovich, Benedetto Antelami (1952) 1, 338.

9) Dissensiones Dominorum Bononiensium, Collectio Gratianopolitana, ed. J. B. Palmieri bei A. Gaudenzi, Bibliotheca iuridica medii aevi, additiones ad vol. 1 (auch vol. 1, 2. ed.), 1914, qu. 131 S. 232 f.

10) Es folgen Quellenstellen des röm. Rechts *pro* und *contra*; im Gegensatz zu den meisten Quaestionen hat unsere jedoch keine Lösung und nennt auch keinen der Doctoren.

11) H. Kantorowicz, Studies in the Glossators of the Roman Law (1938) 82; – Ders. in Tijdschrift voor Rechtsgeschiedenis 19 (1939) 12 f. Die Quaestiones 133 ff. bilden eine besondere, etwas jüngere, kanonistische Sammlung.

Rückschluß auf Mailand erlauben.[12] Auch das Schweigen der zeitgenössischen lombardischen Chroniken läßt sich nicht gegen unsere Quelle geltend machen; denn die Lombarden verschweigen auch die gleichzeitigen englischen Subventionen;[13] gewiß hielt man den Handel möglichst geheim,[14] und es bestand auch kein Anlaß, sich seiner zu rühmen.

Freilich muß man fragen, ob es sich um einen theoretisch für die Schule konstruierten »Fall« handelt oder ob ein wirkliches Geschehnis zugrunde liegt. Die Mehrzahl der Quaestionen unserer Sammlung behandelt privatrechtliche Probleme, die handelnden Personen heißen nach Schulsitte Titius und Maevius; selten werden Ortsnamen, Bologna, Rom und – in der unserer unmittelbar voraufgehenden Quaestio – Cremona und Mailand genannt;[15] aber nirgends wird eine Begebenheit so umständlich geschildert wie die Gesandtschaft der Mailänder. Ein gewisses Mißtrauen gegen die Quaestio wird bestärkt durch eine genau das gleiche Rechtsproblem enthaltende Frage aus der wesentlich jüngeren Rechtsschule des Odofredus (†1265), die von einer Mailänder Gesandtschaft während der Belagerung Barbarossas ausgeht.[16] Aber gerade der Vergleich mit dieser Quaestio, deren Bericht durch keine Parallelquelle gestützt wird und die viel weniger über die Situation aussagt, zeigt, daß man für die Konstruktion des »Falles« nicht die ausführliche Schilderung der Legation und der Eidesleistung brauchte. Man mag also die Rechtsfrage selbst, die angeführten Summen und andere für den Juristen wesentliche Einzelheiten für konstruiert halten, die Gesandtschaft und die kaiserlichen Zahlungen selbst darf man, zumal sie durch Niketas, Galvaneo und die Bündnisurkunde von 1167 bestätigt werden, nicht bezweifeln.

Über die Bestätigung der anderen Quellen hinaus bietet die Quaestio eine wichtige Neuigkeit: sie nennt die Gegenleistung für das Gold des Basileus, den Fidelitätseid. Die Juristen, die den Text formulierten, haben den bedeutungsschweren Begriff *fidelitatem facere*, d. h. den Treueid leisten, gewiß nicht ohne Bedacht gewählt. Der Treueid steht im Zentrum aller Kämpfe Kaiser Friedrichs in Italien;[17] er war das wichtigste Mittel, mit dem der Kaiser bislang unbekannter Weise nicht nur die Vasallen, sondern vor allem auch die Städte an sich zu binden suchte, gerade nachdem diese selbst ihre Verfassung und ihre Bündnisse auf die allgemeine Schwurgenossenschaft gegründet hatten. In dem berühmten § 10 des Ronkalischen Gesetzes von 1158 forderte Friedrich den Vorbehalt der Fidelität zu

---

12) Z. B. MANARESI Nr. 69 § 5, Nr. 70 § 3 usw., vgl. unten Anm. 23.

13) F. M. POWICKE, From Domesday Book to Magna Charta (Oxford History of England 3, 1951) 231 nach Materials for the History of Thomas Becket 7 (1885) 26 und 30.

14) Die Geheimhaltung betont Niketas S. 262.

15) Qu. 77 S. 223 knüpft eine Frage an das Testament des Grafen von Barcelona an. Entweder ist Ramón Berenguer III. (†1131) oder IV. (†1162) gemeint, doch ist die Quaestio eine Fiktion wie ein Vergleich mit den erhaltenen Testamenten (P. DE BOFARULL Y MASCARÓ, Collección de documentos ineditos del Archiva General de la Corona de Aragón 4, 1849, 8 ff. und 387 ff. Nr. 1 und 165) ergibt; zu den Testamenten vgl. zuletzt P. E. SCHRAMM in der Festschrift H. Sproemberg (1957) 44.

16) Entdeckt und gedruckt von LAMMA 2, 42 n. 1.

17) Dazu und zum Folgenden W. KIENAST, Zeitschr. f. Rechtsgesch., Germ. Abt. 66 (1948) 130 f., 136 ff.

seinen eigenen Gunsten für alle Lehns- und Bündnisverträge; nur mit großen Zugeständnissen konnte er in den Verträgen von Piacenza und Konstanz 1183 den Treueid der Lombarden und damit die Oberhoheit zurückgewinnen.

Während die Vasallen den Treueid *sicut vasallus*, d. h. in lehnrechtlicher Form mit Kommendation, leisten mußten, schworen die Städter *sicut civis*, d. h. ohne lehnrechtliche Formen auf Grund des Kaiserrechtes. In der Regel nahm der Kaiser selbst oder sein Vertreter nur den Eid der Konsuln entgegen, die gesamte männliche Bürgerschaft wurde dann von den Konsuln ihrerseits nach dem Muster städtischer Eide auf den Kaiser vereidigt.[18] Dürfte man den Eid der Mailänder Konsuln für Manuel ganz nach abendländischem Recht interpretieren, so wäre er als Untertaneneid zu verstehen, der die unmittelbare Eingliederung der Stadt in den byzantinischen Untertanenverband zur Folge gehabt hätte. Obwohl man auch in Byzanz den allgemeinen Untertaneneid kannte,[19] wird eine solche Deutung kaum möglich sein. Viel eher ist an ein lehnrechtliches Verhältnis zu denken, das im Abendland zwischen Kaiser und Bürger oder Stadt nicht üblich war.

Über die Rolle des Lehnseides lateinischer Vasallen für den oströmischen Kaiser hat auf diesem Kongreß Herr Ferluga gesprochen.[20] Ich kann mich darauf beschränken, hier einige Punkte hervorzuheben oder zu ergänzen. Schon Alexios Komnenos nahm gelegentlich Lehnseide entgegen, für die er als Gegenleistung Geld zahlte.[21] Dies Verfahren wandte Manuel auch gegenüber einzelnen Bürgern italienischer Städte an. So versprach er einem Genuesen, ihm den in Konstantinopel erlittenen Schaden zu ersetzen, falls dieser *fidelitatem vel hominium* leiste.[22] Die Kommune scheint dies Verfahren wenig geschätzt zu haben; denn sie ließ 1174 ihren nach Byzanz reisenden Gesandten vor der Abfahrt schwören, er werde über alle Geschenke genau abrechnen und auf keinen Fall zulassen, daß anläßlich der Gesandtschaft einer seiner Söhne *vasallus imperatoris* werde.[23] Ein solcher Eid hat nur einen Sinn, wenn er durch einen Präzedenzfall provoziert worden war. Die Parallele zum Eid der Mailänder Konsuln ist deutlich. Manuel scheint aber noch weiter gegangen zu sein. Anläßlich der Belagerung von Ancona 1173 erzählt Buoncompagno, die

---

18) Zahlreiche Beispiele in Mon. Germ. hist., Const. 1. Auf Einzelheiten kann hier nicht eingegangen werden. Eine umfassende Untersuchung hat W. KIENAST angekündigt.

19) N. G. SVORONOS, Le serment de fidélité a l'empereur byzantin, Revue des Études Byzantines 9 (1951) 106–142, hier bes. 109 ff. Der Eid wird nur bei Thronwechsel und Annahme von Mitkaisern geleistet, in erster Linie von Klerus und Beamtenschaft. Manuel belebt ihn neu, vielleicht unter westlichem Einfluß; vgl. ebenda 136 ff. über das Eindringen feudaler westlicher Vorstellungen seit Alexios I. und Bohemund.

20) Die Publikation ist im Belgrader Zbornik Radova beabsichtigt [J. FERLUGA, La ligesse dans l'empire byzantin, Zbornik radova Vizantoloskog Instituta 7 (1961), 97–123].

21) HEILIG 125.

22) Ersatzforderungen der Genuesen von 1174 für von Pisa 1168 erlittene Schäden, bei C. IMPERIALE, Codice diplomatico della Repubblica di Genova, vol. 2 (Fonti per la Storia d'Italia 79, 1938) S. 207 n. 2. Wegen der Jugend des Geschädigten kam der Handel nicht zustande.

23) IMPERIALE 2, 205, Nr. 95.

Gesandten Manuels hätten ganze Städte aufkaufen wollen, um sie den Bürgern als Lehen zurückzugeben.[24] Die Geldzahlung für den Lehnseid wird hier als ein Kauf aufgefaßt, der etwa einer Auftragung zwecks Rückgabe als Lehen nach abendländischem Recht entspricht.

Einzelne Bürger haben dem Basileus Vasallitätseide geleistet, für ganze Städte ist dies bisher nicht nachgewiesen. Wenn etwa Pisa 1170 πίστις beschwört, so ist dies Vertragstreue, nicht Lehnstreue.[25] Indessen ist eine genaue Prüfung der Rechtsbeziehungen zwischen den Kommunen und Byzanz nötig, ehe ein allgemeingültiges Urteil in dieser Frage gefällt werden kann. Dabei müßte vor allem auch der Rechtscharakter der *amicitia* oder φιλία geprüft werden.[26]

Auch die Mailänder Konsuln haben vielleicht versucht, insbesondere durch den Zusatz *salvo honore civitatis sue*, den Eid auf ihre Person zu begrenzen; sollten sie daraus das Recht abgeleitet haben, das Geldgeschenk für sich zu behalten? Trotzdem mußte der Eid der Konsuln eine andere Wirkung haben als der des Sohnes eines Genueser Gesandten; denn gewiß wußte auch Manuel, daß im Abendland die Konsuln für die ganze Stadt beim Kaiser schworen. Offenbar wollte der Basileus auf dem Wege über die Konsuln eine Abhängigkeit der Stadt herstellen. Schwerlich war die Mailänder Kommune geneigt, ein byzantinischer Vasallenstaat zu werden; aber im Augenblick der drohenden Gefahr aus Deutschland nahm sie das geringe Risiko eines schwer realisierbaren Rechtstitels des Basileus auf sich. Der Erfolg hat ihr Recht gegeben; nachdem Manuel sich seit 1170/72 wieder den Deutschen genähert[27] und 1171 die Venezianer aus seinem Reich vertrieben hatte, scheinen auch die Lombarden alle Beziehungen zu ihm abgebrochen zu haben.[28]

---

24) Vgl. LAMMA 2, 249.

25) DÖLGER, Reg. 1499 von 1170 (Dublette unter Nr. 1400 zu 1155), Text bei G. MÜLLER, Documenti sulle relazioni delle città Toscane coll'Oriente, 1879, 40 ff. Dort S. 45 Eid des Konsuls: ἵνα φυλάσσωμεν ἡμεῖς τε καὶ ἡ χώρα τῆς Πίσης πᾶσα . . . τὴν πίστιν καὶ τὸ χρέος ὅπερ ἐχρεώστει ἡ χώρα τῆς Πίσης τῇ βασιλείᾳ αὐτοῦ ἀπὸ τῶν προγεγονυιῶν συμφωνιῶν καὶ τῶν ὅρκων . . . Vgl. W. HEINEMEYER, Die Verträge zwischen dem Oströmischen Reiche und den italienischen Städten Genua, Pisa und Venedig, im Archiv f. Diplomatik 3 (1957) 79–161, bes. 120 ff., 126 ff. Eher läßt sich der Vertrag mit Ankona, DÖLGER, Reg. 1415 von 1157/58, als Lehnsvertrag mit Treuvorbehalt für den westl. Kaiser verstehen.

26) Vgl. die – nicht vollständigen – Belege bei F. DÖLGER, Byzanz u. d. europ. Staatenwelt (1953) 39 f. Anm. 8; zum Wesen der *amicitia* bei den Germanen W. FRITZE in der Zeitschr. f. Rechtsgesch., Germ. Abt. 71 (1954) 74 ff. – Die wichtige Arbeit von HEINEMEYER untersucht die Formen des Vertragsschlusses, nicht den Inhalt der Verträge.

27) Vgl. OHNSORGE, Abendland 456 ff., LAMMA 2, 227 ff.

28) Um 1170 muß ein Signore (Monferrat?), der gezwungen wird, dem Lombardenbund beizutreten, schwören, er werde ohne Vorwissen der Kommunen keine *concordia* mit Manuel eingehen: MANARESI Nr. 79 § 4 S. 116. Danach nennen die Akten des Bundes den Basileus überhaupt nicht mehr; vgl. oben Anm. 2.

Damit ist auch der späteste Termin der nicht genau datierbaren Mailänder Gesandtschaft auf etwa 1170/71 anzusetzen.[29]

Nicht nur Manuels Niederlagen in Kleinasien, sondern auch sein stetes Schwanken zwischen den Parteien Italiens, die 1177 ohne ihn zu Venedig Frieden schlossen und seinen Namen nur am Rande erwähnten, haben die Italienpolitik des Basileus zum Scheitern verurteilt. Dennoch darf sein hohes Spiel nicht unterschätzt werden. Der militärische Rückzug von 1158 war kein allgemeiner Rückzug der Byzantiner aus Italien,[30] sondern nur der Wendepunkt zu einem um so intensiveren politischen Vorstoß, der den Komnenen 1167/68 sehr nahe an das Ziel, die Anerkennung seines Kaisertums in Rom, brachte.[31] Die gleichzeitigen Bemühungen um die aufsteigenden Kommunen, die mit den großen Privilegien für Genua und Pisa 1169/70 und dem Treueid der Mailänder den Höhepunkt erreichten, zeigen aber, daß es um mehr als den Kaisernamen ging, um eine echte Oberhoheit über Italien einschließlich der Lombardei, aus der Byzanz seit der ottonischen Eroberung völlig verdrängt gewesen war. Es war der letzte Versuch des Ostens, die Herrschaft über Italien zu gewinnen.

---

29) Der Mauerbau ist durch die Inschrift Storia di Milano 4 S. 81 auf 1171 datiert. Die Geldbeschaffungsaktion muß vorausgegangen sein; es bleibt übrigens seit 1167 genügend Zeit für mehrere Gesandtschaften (Fiamma berichtet von zweien!).
30) So H. HUNGER in Historia Mundi 6 (1958), 411.
31) Leo Tuscus, bei A. DONDAINE, Archives d'histoire doctrinale et littéraire du Moyen Age 19 (1952) 126 f., vgl. P. CLASSEN, Byz. Zs. 48 (1955) 344 f. (= o. S. 123 f.).

# La politica di Manuele Comneno
## tra Federico Barbarossa e le città italiane

Dovendo io parlare\* della politica di Manuele Comneno tra Federico Barbarossa e le città italiane, non posso cominciare senza un ricordo personale. Come tutti sanno, l'opera più significativa sui Comneni e Staufer la dobbiamo alla penna di Paolo Lamma.[1] Esattamente dieci or sono anni, appena uscito il secondo volume, conobbi l'autore al congresso bizantinistico di Monaco: in pochi giorni sorse una amicizia cordiale, troppo presto interrotta dalla sua morte prematura. Chi ha conosciuto Paolo Lamma sa che in lui abbiamo perduto non solo un grande erudito ma anche un uomo indimenticabilmente amabile e sempre pronto ad aiutare colleghi ed amici. Trattando un tema come quello odierno, la perdita appare anche più chiara e dolorosa del solito, e tanto maggiore la riconoscenza e il debito dovuto alla sua memoria.

Nella lotta contro la dominazione tedesca i comuni lombardi hanno fin da principio cercato sostenitori e alleati. Il papa e il re di Sicilia aderirono per primi alla loro causa; e dopo la fondazione della Lega i lombardi entrarono in contatto anche con Enrico II d'Inghilterra che prometteva sussidi.[2] Ma assai più ovvia dovette sembrare fin dall'inizio una collaborazione con l'imperatore di Bisanzio, oppositore coerente di qualsiasi grande potenza politica in Italia.

Rammentiamoci innanzitutto l'atteggiamento politico bizantino nei confronti dell'Occidente.[3] Dopo che l'impero di Costantinopoli, che non aveva mai cessato di considerarsi

\* Il testo della lezione viene pubblicato invariato come è stato letto ad Alessandria; ho aggiunto le note indispensabili. Ringrazio il mio amico prof. Raoul Manselli e il dott. Lorenzo Bianconi che hanno gentilmente curato il testo italiano.

1) PAOLO LAMMA, Comneni e Staufer, Ricerche sui rapporti tra Bisanzio e l'Occidente nel secolo XII, Studi storici 14–18, 22–25, Roma 1955–57, in 2 voll. Sull'autore vedi il necrologio di R. MORGHEN, Paolo Lamma (20 agosto 1915–19 aprile 1961), Studi medievali 3ª serie 2, 1961, 397–401.
2) Recueil des Historiens des Gaules et de la France, nouv. ed., vol. 16, Parigi 1878 p. 352 ep. 182 e p. 602 ep. 84. Materials for the History of Thomas Becket, ed. J. C. ROBERTSON e J. B. SHEPPARD, Rerum Britannicarum Medii Aevi Scriptores n. 67, vol. 7, London 1885, p. 26 ep. 538 e p. 30–31 ep. 539; cfr. A. L. POOLE, From Domesday Book to Magna Carta, Oxford History of England vol. 3, 2ª ed., Oxford 1955, p. 331.
3) Fondamentale per tutta la storia di Bisanzio nel secolo XII è sempre F. CHALANDON, Les Comnène, vol. 1: Essai sur le règne d'Alexis I Comnène, vol. 2: Jean Comnène et Manuel Comnène,

l'unico impero romano, aveva perduto nell'ottavo secolo le proprie posizioni a Ravenna e a Roma, gli imperatori avevano tenuto, a partire da Basilio I, tanto più saldamente in mano la Puglia, la Calabria e la Sicilia. Ma le conquiste normanne avevano non solo allontanato Bisanzio dall'Italia, bensì Roberto Guiscardo e Boemondo erano progrediti verso l'attacco dei Balcani e avevano minacciato Costantinopoli. Nel 1143 Manuele Comneno assunse col governo una tradizione centenaria di contrasto politico contro lo stato dei Normanni, ed inoltre anche la tradizione del procedimento di lotta: l'appoggio dichiarato o segreto dei vari oppositori interni o esterni della monarchia normanno-siciliana, fossero essi imperatori romano-germanici, papi, Veneziani, principi longobardi o anche baroni normanni ribelli e città del regno siciliano aspiranti all'autonomia. Alla corte di Costantinopoli esuli normanni e longobardi esercitarono varia influenza politica; i mercanti veneziani, pisani e genovesi perseguivano i propri interessi nella capitale d'Oriente, dove possedevano le loro grandi colonie. Infine da quasi cinquant'anni i cavalieri occidentali sulla strada della Terra Santa – provenienti soprattutto dalla Francia, ma anche dalla Germania, dall'Inghilterra, dall'Italia e da altri paesi – erano divenuti un'apparizione abituale nella capitale dell'impero orientale.

Tutte queste forze hanno contribuito a suscitare nel giovane dotatissimo e lungimirante sovrano, figlio di madre ungherese e consorte d'una figlia di principi tedeschi,[4] un interesse per la cultura dell'Occidente assai più profondo di quello dimostrato da secoli dai suoi predecessori. Contemporanei greci fedeli alla tradizione criticarono Manuele per aver prestato ascolto a teologi latini, per aver confidato alti posti nell'amministrazione finanziaria dell'impero a barbari latini e per essersi addirittura confrontato in torneo insieme ai cavalieri con pericolo della propria persona: un comportamento nient'affatto conveniente all'imperatore, agli occhi dei bizantini.[5]

Parigi 1900–1912 (ristampa New York s. a.); per la storia dei Normanni F. Chalandon, Histoire de la domination normande en Italie et en Sicilie, 2 voll., Parigi 1907; per l'impero W. Bernhardi, Lothar von Supplinburg, Lipsia 1879, idem, Konrad III., Lipsia 1883, H. Simonsfeld, Jahrbücher des Deutschen Reiches unter Friedrich I., vol. 1 (unico pubblicato), Lipsia 1908 (ristampa 1967), W. v. Giesebrecht, Geschichte der deutschen Kaiserzeit, voll. 5 e 6, Lipsia 1880–95. Per le relazioni estere di Bisanzio è indispensabile F. Dölger, Regesten der Kaiserurkunden des oströmischen Reiches, vol. 2, Monaco 1925, che registra non solo tutti i trattati, ma anche le legazioni mandate (non quelle ricevute) da Bisanzio. Sulle relazioni dei due imperi sono importanti, sebbene in parte discutibili, le ricerche di W. Ohnsorge, Das Zweikaiserproblem im früheren Mittelalter, Hildesheim 1947, e la raccolta di articoli dello stesso autore, Abendland und Byzanz, Weimar 1958; inoltre K. J. Heilig, Ostrom und das Deutsche Reich um die Mitte des 12. Jahrhunderts. Die Erhebung Österreichs zum Herzogtum und das Bündnis zwischen Byzanz und dem Westreich, nel volume »Kaisertum und Herzogsgewalt im Zeitalter Friedrichs I.«, Schriften der Monumenta Germaniae historica 9, Lipsia 1944, p. 1–271.

4) Sulle questioni della discendenza di Manuele si veda Heilig cit., pp. 238–239.

5) Nicetas Choniata, de Manuele III 3, VII 2, ed. I. Bekker, Bonnae 1835, p. 142–144, 265–268 ecc.

Certo questa propensione verso l'Occidente doveva suscitare, in un sovrano che come nessun'altro dei suoi predecessori aveva coscienza dell'impero romano, il desiderio di riguadagnare la sovranità politica sull'Italia perlomeno sui dominii perduti da ultimi nel Sud. Nel 1147/48 la seconda crociata provocò una situazione critica. Contro l'assalto della Sicilia Manuele si unì con lo svevo Corrado, mentre dall'altra parte il re Ruggero potè guadagnarsi il re di Francia, gli ungheresi e l'opposizione guelfa in Germania, per collegare a una nuova crociata la guerra contro Bisanzio.[6] Manuele sperava di poter riprender piede in Puglia in alleanza con Corrado. La guerra bizantina contro gli Ungari, i disordini dei guelfi nell'impero tedesco e il conflitto coniugale del re francese ritardarono la lotta aperta; e, succedendo a suo zio Corrado, Federico I si impegnò nel trattato di Costanza con papa Eugenio a non consentire nessun insediamento dei Greci in Italia. Diverso dallo zio, il Barbarossa sempre ha tenuto fermo il principio che nessuna parte d'Italia dovesse esser restituita ai Greci;[7] ma cercò tuttavia di conservare l'alleanza con Bisanzio e addirittura di rinsaldarla mediante un matrimonio con una principessa bizantina. Senza aiuto tedesco, ma sostenuto da baroni normanni ribelli e da città pugliesi, i rappresentanti di Manuele poterono occupare rapidamente nel 1155–56 la costa da Ancona fino a Brindisi e alle porte di Taranto.[8] Con la vittoria di Guglielmo I presso Brindisi alla fine di maggio del 1156 fallisce l'ultimo tentativo bizantino di riconquistare militarmente l'Italia; ma ben presto l'offensiva politica assunse nuovo aspetto. Papa Adriano, costretto a concludere a Benevento il trattato con la Sicilia poche settimane dopo la battaglia di Brindisi, mediò la pace tra Bisanzio e re Guglielmo, mentre l'imperatore svevo dopo la dieta di Roncaglia tentava di fondare su basi nuove la propria dominazione in Italia.[9] Egli considerava i Greci come nemici, per aver tentato di insediarsi in Italia,[10] mentre d'altra parte Manuele riconosceva sempre più nello svevo il suo più insidioso rivale in Italia.

Dopo la pace con la Sicilia nel 1158 Manuele non intraprese più nessuna invasione militare; tanto più intensamente cercò di perseguire i propri fini diplomaticamente.[11]

6) CHALANDON, Comnène, cit., vol. 2, p. 317–342, IDEM, Domination normande cit., vol. 2, p. 135–163. E. CASPAR, Roger II., Innsbruck 1904, p. 370–414, P. RASSOW, Honor imperii, Die neue Politik Friedrich Barbarossas 1152–59, 2ª ed., Monaco 1961, p. 26–45, LAMMA cit., vol. 1, p. 85–115.

7) RASSOW cit., p. 57, OHNSORGE, Abendland und Byzanz, cit., p. 411–433, LAMMA cit. vol. 1 p. 115–147, M. MACCARRONE, Papato e impero dalla elezione di Federico I alla morte di Adriano IV, Roma 1960, p. 68–70. Secondo GIOVANNI CINNAMO, Epitome II, 19, ed. A. MEINEKE, Bonnae 1836, p. 87, il trattato di Salonicco fra Manuele e Corrado sarebbe stato giurato nel 1148 anche da Federico.

8) CHALANDON, Domination normande cit., vol. 2, p. 199–228, LAMMA cit., vol. 1, p. 149–231.

9) CHALANDON, Domination normande cit., vol. 2, p. 228–260, LAMMA cit., vol. 1, p. 243–311, vol. 2, p. 1–19.

10) Ottone di Frisinga, Gesta Friderici II, 49 e 50, ed. G. WAITZ e B. v. SIMSON, Scriptores rerum Germanicarum 1912, p. 156–158, Rahewino, Gesta Friderici III, 6, ivi, p. 170–171.

11) Secondo H. HUNGER nella Historia Mundi, vol. 6, Monaco 1958, p. 411, Manuele si sarebbe ritirato dall'Italia, nel 1158, definitivamente. Cio è vero solo per quel che riguarda azioni militari.

Nonostante la sfiducia reciproca, la pace con la Sicilia fu mantenuta: nemmeno la nuova ribellione baronale nell'inverno del 1159–60 fu sostenuta dall'Oriente. Ma lo scisma della Chiesa romana sembrò ben presto aprire possibilità del tutto diverse. Papa Alessandro si sforzava di guadagnare Bisanzio per una grande coalizione con la Francia e la Sicilia contro l'imperatore svevo. Manuele cercò, in trattative lunghe e non facilmente precisabili, di ricavarne il massimo prezzo, la riunificazione non soltanto delle chiese, ma anche degli imperi dell'Oriente e nell'Occidente: voleva cioè esser riconosciuto dal papa e da tutti i sovrani dell'Occidente come unico imperatore romano al posto dello svevo scismatico.[12] Forse egli tentò già nel 1164 di guadagnarsi a tal scopo il re di Francia. Di certo negli anni seguenti si scambiarono parecchie legazioni in proposito tra il papa e il Basileus, finchè finalmente i legati cardinalizi giunsero a un patto con Manuele e questi predispose un crisobullo, cui poi all'ultimo momento papa Alessandro negò l'approvazione.[13]

Negli studi recenti è stato spesso affermato, ma a torto, che Manuele avrebbe aspirato ad un'incoronazione a Roma, secondo l'esempio dell'imperatore d'Occidente.[14] Per il

12) Sulle trattative fra Bisanzio, il papa Alessandro III e Luigi VII di Francia si vedano le ricerche di W. OHNSORGE, Die Legaten Alexanders III. im ersten Jahrzehnt seines Pontifikats (1159–1169), Historische Studien, vol. 175, Berlino 1928. E il merito dell'autore di aver stabilito una nuova cronologia delle legazioni che in molti punti, ma non in tutti, è soddisfacente. Cfr. anche le osservazioni di LAMMA cit., vol. 2, p. 88, nt. 2, 96, nt. 3, 97, nt. 1, 129, nt. 1 ecc. Senza poter qui riesaminare tutta la questione, mi limito a constatare che la legazione di Enrico, arcivescovo di Benevento, datata dall'Ohnsorge secondo Ughelli, Italia sacra, 2ª ed. VIII, col. 119, nel 1166, è da fissare nel 1164, cfr. P. F. KEHR – W. HOLTZMANN, Italia Pontificia IX, Berlino 1962, p. 69, n. 66 e la pubblicazione del documento da D. GIRGENSOHN, Samnium 40, 1967, p. 302–304. Questa correzione comporta delle conseguenze tanto per la cronologia quanto per l'interpretazione anche di altre legazioni.

13) Leone Toscano (di Pisa) nella fine della sua opera De heresibus et prevaricationibus Grecorum (pubblicata da A. DONDAINE, Hugues Etherien et Léon Toscan. Archives d'histoire doctrinale et littéraire du Moyen Age 19, 1952, p. 127): »Igitur ad Alexandrum apostolice sedis antistitem legati ab imperiali clementia pro ecclesiarum et imperii reconciliatione directi sunt bis et ter. Et rursus Constantinopolim cardinales, precipiente papa, multociens venerunt. Ventilatum est negotium diu, trutinata sunt hinc inde verba, conditum est aureis litteris crisobulium, pereque vero in continenti expressum latina oratione scripserunt quoque cardinales atque subscripserunt. Oblata est autem summo pontifici editio utraque. At vero venerabilis pontifex Alexander, ne symonie nomen audiret, confirmationi cessit; nam pars imperatoris magnum auri pondus pro negotii distributa expletione advexerat.« Leone era allora, forse, già interprete imperiale a Costantinopoli e lo fu certamente alcuni anni più tardi. Suo fratello Ugo Eteriano occupava posti importanti alla corte dell'imperatore al tempo delle trattative, cfr. DONDAINE, p. 81, 122 e passim. Dunque la fonte ha moltissimo valore.

14) È la tesi sostenuta dall'OHNSORGE, Legaten cit., e altrove: cfr. le osservazioni critiche di LAMMA cit., vol. 2, p. 88 nt. 2. Nelle fonti greche non si trova il minimo indizio di tali intenzioni di Manuele; invece è abbastanza nota la polemica di Cinnamo contro le incoronazioni per mano del papa. Secondo Bosone, Vita Alexandri III (ed. L. DUCHESNE, vol. 2, Parigi 1892, p. 415 e 420) gli ambasciatori bizantini avrebbero preteso dal papa di »restituere coronam« o »reddere coronam« all'imperatore greco; questo però non vuol dire incoronare, ma solo riconoscere come unico imperatore romano, cfr. P. CLASSEN, Corona imperii – Die Krone als Inbegriff des römisch-deutschen Reiches, Festschrift

concetto bizantino di impero, la creazione d'un imperatore per mano del papa era un'assurdità. Ma anche dopo il fallimento delle trattative col papa, Manuele ha tuttavia tentato di imporre se non una dominazione territoriale in Italia perlomeno il riconoscimento nominale della propria sovranità e del proprio impero, e se già durante le trattative col papa aveva riconosciuto nelle città importanti contraenti dopo il fallimento dei progetti romani indirizzò il suo sguardo in particolare verso la nuova lega dei Lombardi. Le relazioni politiche e soprattutto economiche tra Costantinopoli e le città marinare d'Italia avevano una tradizione antica e proprio negli ultimi decenni s'erano sempre più rinsaldate: eppure sorprende la rapidità e l'attenzione con cui l'imperatore d'Oriente riconobbe e cercò di guadagnare ai propri fini politici le forze appena sorte nelle città della terraferma.

E' noto che Manuele alla fine non raggiunse i propri obiettivi. La guerra in Italia fu decisa senza di lui, pure senza di lui fu conclusa la pace. Ma val tuttavia la pena di gettare uno sguardo più minuzioso sui metodi e sugli scopi bizantini e di osservare il giuoco politico altissimo dell'imperatore.

Se dalla visione generale e complessiva ci volgiamo alla contemplazione più esatta dei singoli avvenimenti, urtiamo contro non poche difficoltà. Esse consistono innanzi tutto nella tradizione documentaria: siccome dobbiamo trattare di azioni diplomatiche e non militari, ricaviamo solo notizie assai lacunose da cronisti occidentali ed orientali, di cui non possiamo inoltre disporre con certezza il rapporto cronologico, cosicchè non sempre noi possiamo conoscere le relazioni causali dei singoli eventi. Le trattative diplomatiche furono per lo più condotte in gran segreto, e solo i trattati tra Bisanzio e le città marinare sono conosciuti tramite fonti documentarie.

Una seconda difficoltà procede dalla politica stessa di Manuele: l'imperatore non ha mai perseguito per via diretta uno scopo fisso, ha bensì continuamente arroventato parecchie carte per il suo gioco; con metodi differenti per ognuno dei suoi partner, trattava contemporaneamente qui e là e cercava via via di imporre la propria potenza oppure di

---

P. E. Schramm, Wiesbaden 1964, vol. 1, p. 95 (= infra p. 508–509). Anche le parole un poco oscure del notaio Burcardo nella lettera del 1161 (ed. F. GÜTERBOCK, Bullettino dell'Istituto Storico Italiano 61, 1949, p. 57) non indicano le intenzioni di Manuele: »miser ille Rollandus . . . scripsit Constantinopolitano promittens ei vanitates vanitatum quas ipse non attendit«. Rimane il solo passo della Chronica regia Coloniensis (ed. G. WAITZ, Scriptores rerum Germanicarum, 1880) ad annum 1172, p. 121: »Imperator . . . conquestus . . . de Italicis et illis qui partibus favebant Ruolandi, quod coronam Romani imperii Greco imponere vellent«; ma si tratta evidentemente di una polemica tedesca che attribuiva agli Italiani intenzioni a cui o nessuno o pochissimi aderivano in quel momento, senza affatto riflettere le idee dell'imperatore orientale. Del resto, la stessa fonte riferisce notizie erronee relative ai Greci espulsi da Ancona nell'anno 1171. Secondo la cronaca di Montecassino, lib. IV, cap. 46 (Monumenta Germaniae, Scriptores, vol. 7, p. 785) già Alessio I nel 1112 avrebbe scritto ai Romani che intendeva venir a Roma: »vellet ipse vel Iohannes filius eius secundum morem antiquorum fidelium videlicet imperatorum a summo pontifice Romae coronam accipere«. Questa asserzione molto problematica, sebbene presa sul serio dagli storici moderni, merita un esame speciale.

procurare prestigio alla propria ideologia imperiale. E i suoi contraenti furono non solo il papa, l'imperatore e il re di Sicilia, bensì anche i re di Francia, Ungheria, Inghilterra e Gerusalemme, il principe di Antiochia, e, ben oltre, i duchi di Boemia, d'Austria e di Baviera e Sassonia, i marchesi del Monferrato e i baroni delle Puglie e dello stato della Chiesa.

Avere ad ogni Corte reale singoli signori – fossero essi ecclesiastici o nobili – come informatori e sostenitori era uno dei metodi comuni della politica bizantina; e seppure Bisanzio conducesse una politica sostanzialmente ostile all'impero svevo, ciò non significava affatto che non si mantenessero tuttavia molti legami con quest'impero.

Sotto queste stesse premesse vanno considerate le relazioni con le città. Nel Sud d'Italia i bizantini avevano continuamente mantenuto relazioni con le città pugliesi, e ancora la campagna del 1155–56 aveva mostrato come nelle città sostenitori dei Greci fossero disposti a far causa comune contro i Normanni. La sconfitta bizantina in Puglia e la distruzione brutale di Bari da parte di re Guglielmo, imitata pochi anni dopo da Federico Barbarossa a Milano, avevano definitivamente staccato queste città dal sistema politico di Manuele, solo esuli dal Sud Italia potevano ancora tener la parte di Bisanzio. Diversa invece la situazione per le città marinare del Nord: Venezia, Pisa e Genova intrattenevano da tempo relazioni politiche e commerciali con Costantinopoli, che cercava da parte sua di trarre profitto dalle rivalità reciproche delle città. Punto di partenza per la campagna pugliese era stata Ancona, che negli anni seguenti diventò vieppiù punto di sostegno dei Greci. Nel 1158 gli incaricati di Manuele dovettero lasciare Ancona sotto la pressione degli inviati del Barbarossa,[15] ma già nel 1167 la città si difese di nuovo, con l'appoggio greco contro lo svevo, che la conquistò dopo un breve assedio proprio nei giorni della riedificazione di Milano dalle macerie.[16] Nel 1173 invece Ancona potè, appoggiata per la terza volta dai Greci, sostenere l'assedio di Cristiano di Magonza, benchè una flotta veneziana partecipasse alla lotta contro la rivale adriatica.[17]

Per un istante nel 56–58 parve che, partendo da Ancona, l'influsso greco potesse estendersi ampiamente verso il Nord. Ma allorchè anche i Ravennati, a dispetto del loro arcivescovo tedesco, conclusero un trattato coi Greci, riuscì all'intervento energico di Rainaldo di Dassel e di Ottone di Wittelsbach nel 1158 di ristabilire la dominazione dell'imperatore sulle coste romagnole e marchigiane.[18] Le città lombarde paiono essere entrate nei calcoli politici di Manuele solo dopo la fondazione della Lega. E' bensì vero che

---

15) Lettera di Rainaldo di Dassel, ed. H. SUDENDORF, Registrum oder merkwürdige Urkunden, vol. 2, Berlino 1851, p. 131 cfr. SIMONSFELD cit., p. 625–627, LAMMA cit., vol. 1, p. 294.

16) Boso, Vita Alexandri cit., p. 414; Otto Morena, Hist. Frederici (ed. F. GÜTERBOCK, Scriptores rerum Germanicarum, N. S. 3, 1930), p. 183, GIESEBRECHT cit., vol. 5, p. 434–435, vol. 6, p. 463, LAMMA cit., vol. 2, p. 147–148.

17) Niceta, de Manuele, VII 1, p. 262–264, Boncompagno, Liber de obsidione Anconae, Rer. Ital. Script. VI, 3, passim, LAMMA cit. vol. 2, p. 244–249.

18) Cfr. nt. 15.

già nel 1155 il Barbarossa libera nella conquista di Tortona un nobile greco prigioniero di Opizzo Malaspina.[19] E proprio allora un inviato bizantino trattava un patto a Genova,[20] e forse i Greci avevano già allora allungato i propri tentacoli al di là dell'Appennino. Ma notizie sicure ci giungono solo dall'anno 1167: il patto stretto dai veneziani colle leghe lombarda e veronese parla di sussidi attesi da Costantinopoli.[21] Molto probabilmente databile dello stesso anno è la notizia del cronista bizantino Giovanni Cinnamo secondo cui Manuele avrebbe stretto alleanze con Venezia, Cremona e Padova, cioè con un capo d'ognuna delle due leghe cittadine lombarda e veronese e contemporaneamente con la città costiera.[22] Gli atti della Lega citano poi, in verità, ancora una volta sola l'imperatore bizantino, in un contratto circa il 1170, ove un signore feudale deve giurare ai comuni di non concludere nessun accordo con Manuele senza darne un preavviso;[23] appare qui dichiaratamente la sfiducia dei comuni contro il potente sovrano d'Oriente, e al tempo stesso contro i signori feudali del proprio paese.

Ma gli atti della Lega non trasmettono nessuna visione completa. Una sola osservazione d'un cronista bizantino, confermata da una notizia della scuola di diritto bolognese, documenta le grandi somme di denaro messe a disposizione da Manuele per la ricostruzione della città di Milano e delle sue mura. Il comune mandò i propri consoli a Costantinopoli per sollecitare un ausilio finanziario e questi erano addirittura disposti a prestare all'imperatore d'Oriente il giuramento di fedeltà che essi rifiutavano all'imperatore occidentale.[24] Non sarà mai possibile stabilire l'importanza delle somme che Milano

---

19) Ottone di Frisinga, Gesta Friderici II, 26, ed. Waitz-Simson, p. 132.

20) Si veda più avanti nt. 28.

21) C. Manaresi, Gli atti del comune di Milano fino all'anno 1216, Milano 1919, p. 85, n. 56, § 12 del 1° dicembre 1167 cfr. Lamma cit., vol. 2, p. 154 (con errore di stampa nella data). Nel rinnovamento del trattato (primavera del 1168) questo paragrafo manca.

22) Cinnamo, Epitome, V, 9, p. 228–231. La cronologia del Cinnamo è notevolmente inesatta, e in conseguenza questo capitolo è stato riferito ad anni diversissimi. Chalandon, Domination normande cit., vol. 2, p. 299: 1163, idem, Comnène, cit., vol. 2, p. 585: 1166, Dölger, Regesten, cit., n. 1464: 1165, Ohnsorge, Legaten cit., p. 75: 1163, ivi, p. 81: 1167, Lamma cit., vol. 2, p. 193–194: 1164. Forse ha ragione l'Ohnsorge indicando due anni, perchè non è da escludere che Cinnamo abbia confuso due legazioni. In ogni caso Παταβία vuol dire Padova, non Pavia come scrivono Chalandon, Dölger e Ohnsorge per uno sbaglio di cui Lamma si è accorto, ma che, senza ragione, cerca di giustificare. Pavia (in greco Τιχῖνον) rimase fedele agli Svevi fino al 1170.

23) Manaresi cit., p. 116, n. 79, cfr. Lamma cit., vol. 2, p. 245–246.

24) Niceta Coniate, de Manuele, VII, 1, p. 261, cfr. anche Galvanei Flammae Chronicon maius, ed. A. Ceruti, Miscellanea di Storia Italiana, 1, 1869, p. 707–710, narrazione romanzesca; G. L. Barni, Storia di Milano, vol. 4, 1954, p. 92, mette in dubbio la notizia del Niceta, mentre Lamma cit., vol. 2, p. 244–246, la prende sul serio; si veda in proposito più ampiamente P. Classen, Mailands Treueid für Manuel Komnenos, Akten des XI. internationalen Byzantinisten-Kongresses 1958, Monaco 1960, p. 79–85 (= sopra p. 147–153), dove viene discussa la questione 131 dei Dissensiones Dominorum Bononiensium, Collectio Gratianopolitana, ed. J. B. Palmieri nella Bibliotheca iuridica medii aevi di A. Gaudenzi, vol. 1, additiones della 2ª edizione, Bologna 1914, p. 232–233.

riscosse da Bisanzio: ma non dovrebbe esser dubbio che, proprio nei primi tempi della Lega, l'oro dell'Oriente fosse una sorgente notevole di forze per i Lombardi.

La rottura di Manuele con Venezia nel marzo del 1171 pare aver concluso le relazioni lombarde a Costantinopoli; o perlomeno non possediamo notizia alcuna databile degli anni seguenti.[25]

Infine ancora due parole sulle relazioni di Manuele con le città marinare. La politica della repubblica veneziana era da sempre intesa a preservare la libertà dei propri commerci e traffici attraverso l'equilibrio delle grandi potenze. Di conseguenza essa appoggiò sempre Costantinopoli allorquando la Sicilia minacciava di diventare strapotente e di insediarsi sulle due rive dell'Adriatico. D'altro canto i veneziani si opposero sempre ai bizantini non appena costoro cominciavano a prender piede in Italia. Quando l'imperatore svevo dopo la caduta di Milano dominava tutto il Nord d'Italia, da Venezia sorse l'iniziativa della lega veronese; è perlomeno dubbio che Bisanzio vi abbia avuto parte.[26] Dopo la sua fondazione, la lega lombarda manteneva relazioni con Costantinopoli attraverso Venezia, ma non appena essa dominò la pianura padana scoppiò il conflitto tra Costantinopoli e la repubblica, e nell'assedio di Ancona del 1173 Venezia stava dalla parte del Barbarossa. Il fatto che frattanto Manuele aveva concesso a Pisa e Genova notevoli favori avrà anch'esso contribuito al mutamento dell'atteggiamento di Venezia.

Anche Pisa aveva patti di vecchia data con Costantinopoli, ma cercava nel contempo di eliminare Genova e di poter metter mano da sola sul commercio tra il mar Tirreno, la Sicilia e l'Oriente. La città sull'Arno tendeva sempre a sostenere il partito della Svevia in Italia, e per tale ragione fallirono le trattative con Bisanzio negli anni 1161–63,[27] mentre invece a Genova era riuscito già nel 1155 d'ottenere un contratto conveniente con Costantinopoli, che fu poi tuttavia praticato non senza difficoltà,[28] giacchè i genovesi trattavano contemporaneamente con la Sicilia. Solo dopo che nel 1169 Genova ottenne un nuovo prezioso

25) Ma forse la notizia della Cronica regia Coloniensis, citata sopra, n. 14, indica trattative più tarde.

26) Cfr. sopra n. 22 sulla notizia di Cinnamo che secondo alcuni eruditi starebbe ad indicare relazioni fra Bisanzio ed i Veronesi. Considerata la situazione, non è improbabile che i Bizantini abbiano avuto una qualche influenza, ma anche il Lamma cit., vol. 2, p. 112–116 »Bisanzio e la Lega veronese«, non può citare delle fonti sicure.

27) O. Langer, Politische Geschichte Genuas und Pisas im 12. Jahrhundert, Lipsia 1882, p. 96 secondo gli Annales Pisani, Rer. Ital. Scriptores VI, 2, p. 24, Lamma cit., vol. 2, p. 75, nt. 2.

28) Cesare Imperiale di Sant'Angelo, Codice Diplomatico della Repubblica di Genova, Fonti per la storia d'Italia 77, Roma 1936, vol. 1, 327–332, n. 271, Dölger, Regesten cit., n. 1402, Lamma cit., vol. 1, p. 231–233. Nel 1157 venne mandato a Costantinopoli Amico di Murta per esigere la conferma del trattato concluso dall'ambasciatore bizantino, Annali genovesi di Caffaro, ed. L. T. Belgrano, vol. 1, Fonti per la Storia d'Italia, 11, Roma 1890, p. 48, e nel 1160 trattava coll'imperatore il console Enrico Guercio, ivi p. 60. Il fondaco genovese a Costantinopoli esisteva nel 1162 quando i Pisani lo espugnarono, ivi p. 67–68.

privilegio da parte di Manuele,[29] i pisani si dichiararono l'anno seguente disposti a concludere un contratto che convenisse ai desideri di Manuele.[30] L'imperatore costantinopolitano diede non solo un privilegio – secondo la tradizione di tutti i trattati di Bisanzio colle città italiane[31] – come il signore sovrano della città, ma i Pisani riconobbero espressamente che egli era il loro sovrano[32] e che nessun impegno del comune nei confronti di »signori incoronati o no« sarebbe potuto essere opposto a questo trattato.[33]

Manuele aveva già spesso impiegato la formula »incoronato o non incoronato« che era diretta in questo caso con tutta evidenza contro le pretese dell'imperatore svevo di anteporre ad ogni altro impegno la fedeltà al suo impero.[34] La diplomazia bizantina era

---

29) IMPERIALE DI SANT'ANGELO cit., vol. 2, Roma 1938, p. 105–116, n. 50, cfr. DÖLGER, Regesten cit., n. 1488, cfr. i documenti pubblicati da IMPERIALE, vol. 2, p. 118–123, n. 52–53, DÖLGER n. 1497 di 1170.

30) G. MÜLLER, Documenti sulle relazioni delle città toscane coll'Oriente, Firenze 1879, p. 45 (testo greco) e p. 54 (testo latino), cfr. DÖLGER, Regesten cit., n. 1499, colla giusta data del 1170. Per sbaglio il DÖLGER, n. 1400, attribuisce lo stesso documento, indicando altre pubblicazioni, all'anno 1155. Sulle trattative cfr. Annales Pisani, a. 1172, Rer. Ital. Script. VI, 2, p. 54, LAMMA cit., vol. 2, p. 190–192.

31) Sulle forme dei privilegi e sulla tecnica dei rapporti diplomatici si veda W. HEINEMEYER, Die Verträge zwischen dem Oströmischen Reiche und den italienischen Städten Genua, Pisa und Venedig, Archiv für Diplomatik 3 1957, p. 79–161.

32) MÜLLER cit., p. 45: Il console Alberto giura nel nome della città πρὸς τὸν κύριον ἡμῶν τὸν βασιλέα Κωνσταντινουπόλεως καὶ πάσης Ῥωμανίας di osservare la fedeltà e il dovere della città secondo i trattati (φυλάσσωμεν . . . τὴν πίστιν καὶ τὸ χρέος ὅπερ ἐχρεώστει ἡ χώρα τῆς Πίσσης τῇ βασιλείᾳ αὐτοῦ ἀπὸ τῶν προγεγονυιῶν συμφωνιῶν); cioè non la fedeltà del vassallo o del suddito, ma la fedeltà condizionata dal trattato concluso col proprio sovrano. Gli ambasciatori pisani giurano all'imperatore orientale di far confermare il trattato πρὸς τὸν αὐθέντην ἡμῶν τὸν βασιλέα. Tra questi ambasciatori era il giudice Burgundione il quale, dopo la distruzione di Milano, aveva dedicato una delle sue celebri traduzioni di testi greci all'imperatore Federico, cfr. P. CLASSEN, Die Hohen Schulen und die Gesellschaft im 12. Jahrhundert, Archiv für Kulturgeschichte 48, 1966, p. 169.

33) MÜLLER cit., p. 45: καὶ ἐάν τι γέγονε παρὰ τῆς χώρας τῆς Πίσσης πρός τινα ἐστεμμένον εἴτε καὶ μὴ τοιοῦτον εἰς ἀνατροπὴν ἀφορῶν μερικὴν ἢ καθόλου τῶν τοιούτων συμφωνιῶν καὶ τῶν ὅρκων, ἀντὶ μηδὲ γεγονότος λογισθήσεται τὸ τοιοῦτον. In questo modo devono giurare tutti i consoli ed inoltre tutti i cittadini di Pisa. Ancora nel trattato con Ragusa del 1169 i Pisani mettono le parole »salva fidelitate domni nostri imperatoris Federici«, si veda MÜLLER, Documenti toscani, cit., p. 417.

34) Il trattato fra Ancona e Bisanzio, concluso nel 1157/58, rispettò la fedeltà all'imperatore d'Occidente. Cfr. Cinnamo, Epitome, IV, 14, p. 170, DÖLGER, Regesten cit., n. 1415. Invece il trattato di Bisanzio e Genova del 1169 (IMPERIALE DI SANT'ANGELO cit., vol. 2, p. 106), contiene la sentenza: neque aliqua coniungtur (Ianuenses) iusta vel iniusta occasione alicui homini coronato vel non coronato, cfr. anche il documento cit. più avanti nt. 46. A Venezia la formula appare nel trattato dell'anno 1187, G. F. L. TAFEL e G. M. THOMAS, Urkunden zur älteren Handels- und Staatsgeschichte der Republik Venedig, vol. 1, Fontes rerum Austriacarum, ser. 2, vol. 12, Vienna 1856 (ristampa Amsterdam 1964), p. 196 e 199: non est coniuncta Venetia nec unquam coniungetur alicui coronatorum vel non coronatorum sive gentium vel nationum alicui contra Imperium . . . Tali itaque

dunque riuscita a sfruttare a proprio profitto il contrasto tra Genova e Pisa e ad allontanare Pisa almeno per un istante dalla fedeltà verso l'imperatore occidentale.

Non sono molte le città di cui abbiamo potuto riferire qui notizie singole. Accanto a Venezia, Pisa e Genova soltanto Milano, Cremona, Padova, Ravenna e Ancona. Ma sebbene le fonti non riferiscono nessuna particolarità su altre città in alleanza con Bisanzio, sicuramente abbiamo abbracciato così soltanto una parte delle azioni bizantine.[35] Nella sua grandiosa caratterizzazione della politica italiana di Manuele, Niceta Coniate riferisce che non fu città italiana neppure delle più remote – ossia evidentemente delle città lombarde – ove Manuele non avesse i propri giurati sostenitori; e anche quanto forze nemiche a Bisanzio avessero ordito nelle più segrete consultazioni dei comuni perveniva subito a conoscenza dell'imperatore.[36] Anche senza poter nominare nessun'altra città, val pure la pena di dare uno sguardo ai metodi della politica di Manuele citati qui e altrove. Costantemente compaiono pagamenti in denaro, giuramenti di singoli, e in particolare giuramenti di vassallaggio che l'imperatore bizantino, adattandosi con accortezza al diritto occidentale, faceva prestare non solo da signori feudali ma anche da cittadini. Secondo un documento, l'imperatore promise a un mercante genovese riparazione per danni subiti a Costantinopoli se costui gli avesse prestato »fidelitatem vel hominium«;[37] d'altra parte i

---

modo talique ordine iuvabunt et defendent Romaniam Venetici contra omnem hominem coronatum et non coronatum. Cfr. Dölger, Regesten, cit., n. 1578. Gli obblighi dei Veneziani verso l'imperatore bizantino prima del 1187 sono sconosciuti, cfr. Heinemeyer cit., p. 81–84; in conseguenza non si sa se la formula sia stata usata anche prima.

35) Cfr. le fonti discusse dal Lamma cit., vol. 2, p. 154–156: Continuatio Zwetlensis altera, Monumenta Germaniae historica, Scriptores, vol. 9, p. 541, ad annum 1180: »Manuel imperator Grecorum cum iam fere omnes civitates Ytalie sibi pecunia adtraxisset, Lombardos etiam contra dominum suum imperatorem Fridericum concitasset, obiit«. Anonymus Laudunensis (di Laon, Francia nord-est), Monumenta Germaniae historica, Scriptores, vol. 26, p. 446: »Lumbardi per insolentias imperatoris Frederici tedio et angore fatigati, Manueli Grecorum imperatori submittere eorum regnum delibera-verunt. Qui, eorum nuntiis ex diversis urbibus Lumbardorum ad hoc peragendum directis cum ingenti gaudio susceptis et imperatorie muneratis, mandavit, quodsi id ad effectum perducerent, quod omnia eorum mobilia dupplicaret. Habito super his Lumbardi cum papa Alexandro consilio, retraxerunt se ab Manuelis Grecorum fidelitate, eo quod Greci sint pusillanimitate notati et semper animi levitate infideles inventi«. La testimonianza del monaco di Zwettl vale tanto più in quanto quella abbazia cisterciense (Austria inferiore), mediante il dotto scolastico Pietro di Vienna, ci ha tramandato fra altre notizie bizantine nel ms. 237 (sec. XII) la corrispondenza di Ugo Eteriano da Costantinopoli colla sua città di Pisa per l'anno 1166, cfr. P. Classen, in Mitteilungen des Österreichischen Instituts für Geschichtsforschung, 67, 1959, p. 263–264 (= infra p. 293–294), Dondaine cit. sopra nt. 15, p. 108.

36) Niceta Coniate, de Manuele, VII, 1, p. 262: Ἀλλ'οὐδέ τις ἦν τῶν Ἰταλιωτίδων ἢ τῶν ἔτι πορρωτέρω πόλεων καθ'ἣν ὁ βασιλεὺς οὗτος οὐκ εἶχεν ὁμότην οἰκεῖον καὶ φρονοῦντά οἱ πιστά. Ἀμέλει καὶ ὅσα εἰς τὰ ταμιεῖα τῶν ταμιείων εἰσίοντες ἐν κρυπτῷ ἐτύρευον καὶ ἐτύρβαζον ὁπόσοι τῶν ἐκεῖ Ῥωμαίοις ἀντίφρονες, ἀκουστὰ ἦν ἐκείνῳ καὶ ἔκπυστα.

37) Imperiale di Sant'Angelo, Cod. Dipl., cit. vol. 2, p. 207, nt. 2. Si tratta delle istruzioni per l'ambasciatore genovese dell'anno 1174. Un esempio più tardo di un Genovese ligio (λίζιος) dell'imperatore bizantino menziona Ferluga, cit. più avanti nt. 41, p. 120.

genovesi malfidenti fecero giurare a un inviato del Comune di render conto accuratamente di tutti i regali imperiali e di non consentire che uno dei suoi figli divenisse »vasallus imperatoris«.[38] Ai consoli milanesi che sollecitavano aiuto a Costantinopoli Manuele non solo donò regali sontuosi ma ne pretese un giuramento di fedeltà che costoro prestarono si »salvo honore sue civitatis«, ma che alla fin fine tendeva a un impegno del comune stesso.[39] Sebbene i trattati fra Bisanzio e le città del mare Tirreno non parlano della fedeltà per l'imperatore proprio, la fedeltà ai trattati doveva venir giurata non solo dai consoli, bensì da tutti i cittadini nelle forme usate dai comuni per i giuramenti pubblici della costituzione comunale.[40] Secondo Niceta gli inviati dell'imperatore a Ancona avevano l'incarico di »procurare all'imperatore amici detti vassalli«, laddove resta oscuro se si tratti di cittadini o di baroni.[41] Buoncompagno sostiene che Manuele si sia procurato per versamenti di denaro la signoria feudale su intere città.[42]

Abbiamo incontrato qui il concetto di »amicitia«, un concetto centrale d'ogni legame politico a Bisanzio, la cui tradizione risale fino all'antica Roma.[43] Nel Medioevo il termine ha significati diversi. Quando gli svevi Corrado III e Federico I oppure il re Luigi VII di

---

38) Ivi, vol. 2, p. 205, n. 95 di 1174.

39) Vedi la questione cit. sopra nt. 24.

40) Nel trattato del 1170, già cit. sopra nt. 32, il console Pisano Alberto giura che il suo giuramento verrà ripetuto da tutti i consoli e da tutti gli altri cittadini »secundum consuetudinem«, cioè i cittadini devono giurare nelle forme dei giuramenti pubblici. A Genova il giuramento del popolo »per cintragum« viene menzionato per la prima volta nel trattato di 1155, IMPERIALE DI SANT'ANGELO cit., vol. 1, n. 271, p. 330, ripetuto nei documenti di 1169 e 1170, ivi, vol. 2, n. 50 e 52 p. 113 e 122. Giuramenti dei consoli facevano parte di quasi tutti i trattati intercittadini o internazionali giuramenti inoltre di un certo numero dei cittadini si trovano, per esempio, nel trattato fra Genova e Pisa, IMPERIALE DI SANT'ANGELO cit., vol. 2, n. 48, del 1169. Come noto, l'imperatore svevo pretendeva giuramenti di fedeltà di parte di tutta la cittadinanza, cfr. la tesi del mio allievo U. PRUTSCHER, Der Eid in Verfassung und Politik italienischer Städte, Giessen, 1980. Sebbene i giuramenti per l'imperatore bizantino si riferiscano solo ai trattati, sono non molto diversi dai giuramenti di fedeltà.

41) Il testo cit. sopra nt. 36 segue: ᾅλλοτε δέ ποτε κατὰ τὸν Ἀγκῶνα ἧκον ἐκ βασιλέως τινές, δεῆσαν οὕτω, κατὰ χρείαν πραγμάτων. Οἱ μὲν οὖν τὰ κατὰ σκοπὸν ἐξεπέραινον καὶ τὰ διατεταγμένα σφίσιν ἐδίδοσαν πέρατι, εἴτε τὸ εἰς φιλίαν ἐκείνου ἑλκύσαι τινὰς ἦν, οὓς λιζίους φασίν, εἴτε τι ἕτερον Ῥωμαίοις ὠφέλιμον. Sull'omaggio ligio a Bisanzio cfr. HEILIG, cit. sopra nt. 2, p. 123–130 e J. FERLUGA, La ligesse dans l'Empire Bizantin, Zbornik radova Vizantoloskog instituta – Recueil des travaux de l'Institut d'Études byzantines 7 Beograd, 1961, p. 97–123.

42) Boncompagno, Liber de obsidione Ancone, Rer. Ital. Script., VI, 3, p. 34: »Imperabat enim tunc in urbe Constantinopolitana serenissimus Hemanuel, qui miserat istum (sc. legatum) in Italiam, ut compararet quasdam civitates et bona civium et eisdem postmodum suo nomine omnia redderet in feudum.«

43) Sull'amicizia nel concetto bizantino si veda F. DÖLGER, Byzanz und die europäische Staatenwelt, 2ª ed. Darmstadt 1961, p. 38–41, che però cerca di stabilire un sistema di gradi fra fratres imperatoris, amici imperatoris, ecc. che in realtà non esisteva in una forma rigorosa. I re di Germania, Francia, ecc. vengono nominati amici e fratelli nello stesso tempo, e anche i Genovesi erano amici sebbene il Dölger lo neghi. Cfr. più oltre nt. 44 e 46.

Francia si dichiarano »amici« dell'imperatore, essi intendono senza alcun dubbio un rapporto pattuito tra contraenti dello stesso rango.[44] Se l'imperatore di Costantinopoli abbia inteso lo stesso è cosa già più dubitabile, poiché gli »amici imperatoris« o »amici populi Romani« erano secondo l'idea romano-bizantina costantemente sottoposti all'imperatore. Del tutto univoco è il termine nei rapporti tra Bisanzio e le città italiane. Il crisobullo del 1082 nomina nel proemio i veneziani »amici«, ma nella dispositio »recti duli imperii mei«.[45] Nel patto degli inviati del 1155 i genovesi e l'imperatore s'erano reciprocamente votati »pax«; in tal modo il comune s'era dichiarato autonomo e pari all'imperatore. Quando più tardi si trattò il rinnovo del patto, i genovesi erano disposti a favorire l'imperatore e a sostituire la »gratia benevolentiae« da parte dell'imperatore e la »fidelis amicitia« da parte del comune alla »pax« reciproca.[46] Non sussiste qui dubbio alcuno che la

---

44) Corrado III indirizza le lettere a Manuele nel 1145 karissimo fratri suo (Ottone di Frisinga, Gesta Friderici, I, 25, p. 41), nel 1150 (dopo il trattato di Salonicco) karissimo fratri et unico amico suo (PH. JAFFÉ, Bibliotheca rerum Germanicarum, vol. 1, Berlino 1864, p. 355, n. 237); Federico I a Manuele nel 1153: dilectissimo fratri et amico suo (ivi, p. 548, n. 410); l'alleanza viene nominata amicitia e foedus amicitiae (Ottone di Frisinga l. c., JAFFÉ, Bibliotheca, p. 363, 365, 476, 550, 568); Giovanni Comneno chiama Corrado III nobilissimum fratrem et amicum imperii mei (Otto di Frisinga cit., p. 40). Luigi VII di Francia viene detto da Manuele: dilectissimo consanguineo et amico imperii sui (Recueil des Historiens des Gaules et de la France, vol. 16, p. 82, n. 249), Luigi a Manuele: fratri et amico (ivi, p. 149, n. 451).

45) TAFEL e THOMAS cit., vol. 1, p. 51 e 54.

46) Si vedano le »emendationes«, cioè istruzioni dei consoli per un ambasciatore, pubblicate da IMPERIALE DI SANT'ANGELO, Codice diplomatico cit., vol. 1, p. 328, nt. 1 (l'interpunzione dell'editore in parte è scorretta): »ubi dicitur ›promitto vobis pacem et bonam voluntatem‹, muta, si curia voluerit, sic: ›beneficium gratie et bone voluntatis mee‹ . . .«, ivi, p. 330, nt. 1: »Ubi dicitur ›nos consules de comuni facimus pacem domino Emanueli etc.‹, muta, si postulabitur a curia ut verbum illud emendetur, sic: ›promittimus veram et fidelem amicitiam domino Emanueli et successoribus eius imperatoribus‹. Item ubi dicitur ›in spiritu veritatis quod non erimus in consilio vel opere per nos vel aliquos aut cum aliquibus‹, adde: ›coronatis vel non coronatis‹, antequam ob hoc remaneret conventio, si hoc a curia instanter postularetur.« Sull'ultimo periodo si veda sopra, nt. 34.
È difficile fissare la data di queste emendationes. Sono conservate in un foglio cartaceo in forma di carta partita col ABC nel margine inferiore, Archivio di Stato di Genova, materie politiche, mazzo 1, n. 36. Evidentemente il foglio è l'originale d'istruzioni per un legato il quale ebbe l'impegno di ridiscutere il trattato del 1155. Il foglio contiene: 1) la carta dei consoli del 1155 (IMPERIALE, vol. 1, n. 271, p. 329–330) seguita da emendationes (senza questo titolo; ivi, p. 330, nt. 1); 2) la carta del legato bizantino Demetrius del 1155 (ivi, p. 327–330), seguita anch'essa da emendationes (con questo titolo nell'originale; ivi, p. 328–329, nt. 1). Le prime emendationes si riferiscono strettamente al testo della carta dei consoli e vennero osservate nel nuovo trattato del 1169, IMPERIALE, vol. 2, p. 105–110, n. 50. Invece le altre emendationes solo in parte citano le parole del documento di Demetrius, in parte un altro documento che alla fine è detto crisobollo (»in grisbuli loco« cioè ἐν χρυσοβούλλῳ λόγῳ). Questo non può essere il crisobollo del 1169 il quale tocca solo una parte delle cose trattate nelle emendationes. Insomma, le istruzioni dovranno essere datate fra 1155 e 1169 e si deve presumere che esistesse un crisobollo oggi perduto o almeno una minuta di un crisobollo, forse del 1157. Mi pare quasi certo che le istruzioni colle emendationes facessero parte delle trattative del 1168–69. Questa

»fidelis amicitia« intendesse una sottomissione alla sovranità dell'imperatore: in realtà una vuota parola che poco costava al comune poichè l'imperatore non la sapeva riempire del suo contenuto.

In questo stesso senso va intesa la notizia di Niceta che Manuele abbia stretto amicizia con le città marinare, sottomettendole per mezzo di giurata alleanza e di varie dimostrazioni d'amicizia;[47] ma anche baroni divennero in tal senso »amici« dell'imperatore,[48] come il marchese del Monferrato il cui figlio diventò addirittura suo genero.[49]

Queste nostre considerazioni sui metodi politici bizantini ci hanno ricondotti di nuovo alla indagine dei motivi e degli scopi di entrambe le parti. Le città aspiravano a vantaggi economici e all'autonomia politica e potevano quindi venir incontro ai Greci a patto che essi non si ingerissero in questi due campi. Fintanto che l'imperatore tedesco esigeva tributi e i suoi cavalieri volevano controllare o addirittura eliminare del tutto l'amministrazione autonoma dei comuni, mentre gli ambasciatori greci portavano denaro, garantivano favori commerciali e non richiedevano in compenso che voti di amicizia e di fedeltà, senza insidiare la libertà interna, era senz'altro possibile venir incontro all'imperatore d'Oriente senza sospetto alcuno. Certamente nessuna città italiana, nemmeno Ancona, ha mai seriamente pensato a sottomettersi a una sovranità effettiva dei Greci o addirittura a un'amministrazione di impiegati bizantini. D'altra parte quel che per le repubbliche cittadine era una semplice apparenza importava moltissimo a Manuele. Benchè non fosse in grado di praticare un'effettiva dominazione in Italia, ogni giuramento di vassallaggio, ogni impegno di fedeltà era per lui un passo verso il riconoscimento della propria ideologia imperiale. E inoltre, giacchè gli stessi comuni che rigettavano le pretese dell'imperatore occidentale accettavano perlomeno in apparenza quelle dell'imperatore orientale, egli

supposizione forse può essere sostenuta da un documento dell'Archivio di Stato di Genova, Materie politiche, mazzo 1, n. 61, contenente su un foglio cartaceo le istruzioni per un ambasciatore mandato in Sardegna nel 1168 con tutti i documenti relativi, IMPERIALE DI SANT'ANGELO, vol. 2, n. 34–37, p. 84–88. Questo foglio assomiglia molto a quello discusso da noi. LAMMA, cit., vol. 2, p. 185 per sbaglio riferisce al 1168 le »Emendationes« pubblicate dall'IMPERIALE DI SANT'ANGELO cit., vol. 2, p. 114–116 in nota. Queste, tramandate in un quaderno del 1174, sono certo posteriori al 1169.

47) Niceta Coniata, de Manuele, VII, 1, p. 260: Ἀμέλει Βενετίαν καὶ Γένουαν Πίσαν τε καὶ τὸν Ἀγκῶνα, καὶ ὅσα παρὰ θάλατταν ἔθνη ἕτερα διακέχυται, φίλια Ῥωμαίοις ἐτίθει κατεμπεδῶν ὅρκοις καὶ παντοδαπαῖς φιλοφροσύναις ὑποποιούμενος, καὶ καταγωγαῖς αὐτὰ δεξιούμενος ἐν τῇ ἀρχούσῃ τῶν πόλεων.

48) Per Manuele ed i baroni italiani si veda sopra, nt. 41, e Cinnamo, IV, 14, p. 170–171. Più frequenti sono le allusioni alle amicizie con principi o re, per esempio Sicilia o Ungheria (Cinnamo, III, 12, p. 120). Non di rado la terminologia equivoca delle fonti orientali ed occidentali riflette divergenze dalle interpretazioni del diritto. Mentre secondo Vincenzo di Praga il duca e poi re di Boemia, Ladislao, era »amico« dell'imperatore greco sin dai tempi della seconda crociata, secondo Cinnamo V, 8, p. 223 egli era δοῦλος ἐθελόδουλος (ἑρμηνεύει δέ σοι τοῦτο τὸ λίζιον), dunque vassallo, cfr. VINCENZO, Monumenta Germaniae, Scriptores 17, p. 681–682.

49) Niceta Coniate, VII, 1, p. 261: εἰς φίλον Ῥωμαίοις ἐγγράψας ecc. Guglielmo del Monferrato possedeva un feudo dell'imperatore, cfr. TAFEL e THOMAS, cit., vol. 1, p. 513 n. 123 (carta del 1204).

poteva così impressionare e influire sull'istanza più decisiva per l'atteggiamento dell'Occidente nei confronti dell'impero, ovverossia il papato.

E difatti l'idea di Manuele della unificazione delle chiese e degli imperi fallì non per via dei comuni bensì per via del papato. Come abbiamo già osservato, Alessandro III non ratificò il trattato già concluso dai suoi cardinali circa il riconoscimento di Manuele. Leone Toscano, l'interprete pisano alla corte imperiale di Costantinopoli, riferisce che il papa avrebbe temuto l'accusa di simonia;[50] e infatti quest'argomento rifacciato al papa fin dallo scoppio dello scisma sarebbe rinvigorito se Alessandro in cambio di considerevoli pagamenti in denaro avesse concluso una trattativa giuridica che pure aveva, nel carattere semispirituale dell'impero, un suo aspetto sacro. In verità questa non sarà stata l'unica ragione. Alessandro s'è pure reso conto che la libertà della chiesa romana sarebbe stata minacciata da un autocratore bizantino ancor più gravemente che dall'imperatore tedesco. Al sinodo costantinopolitano del 1166 Manuele aveva deciso una contesa dogmatica con una autocrazia che aveva suscitato scalpore in Bisanzio stesso.[51] Nel relativo decreto s'era attribuito un titolo che formalmente imitava del tutto la titolazione di Giustiniano.[52] Il cronista Cinnamo, deluso del rifiuto di Alessandro, schernisce il papa che riduce gli imperatori a scudieri, che si autonomina pontefice massimo e vuol degradare l'impero a vassallaggio, che addirittura conia imperatori falsi come un falsificatore di monete, che infine pretende ed osa trasferire l'impero e non vuol oltretutto riconoscere l'unico

---

50) Si veda sopra nt. 13.

51) Cfr. P. CLASSEN, Das Konzil von Konstantinopel 1166 und die Lateiner, Byzantinische Zeitschrift 48, 1955, p. 339–368 (= sopra p. 117–146). Per l'insieme di impero e chiesa a Bisanzio cfr. A. MICHEL, Die Kaisermacht in der Ostkirche (843–1205), Darmstadt 1959.

52) L'imperatore pubblicò l'editto mediante un'iscrizione nella Chiesa di Santa Sofia, cfr. C. MANGO, The Conciliar Edict of 1166, Dumbarton Oaks Papers 17, 1963, p. 315–330, dove l'iscrizione ritrovata a Costantinopoli, qualche anno fa, è confrontata con l'edizione del testo pubblicato da A. MAI, Scriptorum veterum nova collectio, vol. 4, Roma 1831, p. 75–76 e 88 secondo il codice originale degli atti della Sinodo Costantinopolitana del 1166 (Vat. Graec. 1176, foll. 68v–69r e 80v–81r), e con l'edizione di ZACHARIAE, ripubblicata da MIGNE, PG 133 col. 773 e segg., secondo un manoscritto del sec. XVI. Tutti e tre i testi sono quasi uguali, le varianti dell'edizione di Mai, indicate da Mango, sono per la maggior parte errori del Mai, non del manoscritto Vaticano. Questo vale in ispecie per le parole del titolo imperiale, le quali sono complete anche nel codice. Dicono: Μανουὴλ ἐν Χριστῷ τῷ θεῷ πιστὸς βασιλεὺς ὁ πορφυρογέννητος Ῥωμαίων αὐτοκράτωρ εὐσεβέστατος ἀεισέβαστος αὔγουστος, Ἰσαυρικὸς, Κιλικικὸς, Ἀρμενικὸς, Δαλματικὸς, Οὐγγρικὸς, Βοσθνικὸς, Χροβατικὸς, Λαζικὸς, Ἰβηρικὸς, Βουλγαρικὸς, Σερβικὸς, Ζηκχικὸς, Χαζαρικὸς, Γοτθικὸς, θεοκυβέρνητος κληρονόμος τοῦ στέμματος τοῦ μεγάλου Κωνσταντίνου καὶ ψυχῇ νεμόμενος πάντα τὰ τούτου δίκαια ὥς τινων ἀποστατησάντων τοῦ κράτους ἡμῶν . . . [Zusatz im Handexemplar: heres coronae Constantini bei Isaak Angelos in: Historia de expeditione Friderici . . . (sog. Ansbert) ed. A. CHROUST, M.G.H. SS. rer. Germ. n.s. 5, Berlin 1928, 51.]
Si avverte subito che non sono nominati popoli italiani, ma solo genti considerate tradizionalmente come barbare e appartenenti all'impero o in realtà o in teoria, fra cui i Cechi, per i quali cfr. sopra nt. 48. L'ideologia del titolo citato merita un indagine speciale.

successore autentico di Costantino.[53] Anche se questa descrizione rispecchia solo approssimativamente la concezione di Manuele del rapporto tra papato e impero, certamente Alessandro ha agito giustamente non scacciando il diavolo svevo mediante il Belzebù greco. La sua decisione suona così in Cinnamo: »L'accordo già concluso col papa a proposito della sovranità su Roma fu rifiutato, giacchè l'imperatore esigeva che l'impero su Roma toccasse di nuovo a Bisanzio, cosa che il papa non volle concedere, pretendendo di voler essere lui stesso imperatore a Roma. Federico riprese dunque coraggio«.[54] Così il pensiero bizantino concepiva l'idea romana della libertà della Chiesa e la posizione del papato guadagnata dopo la lotta delle investiture e difesa da Alessandro.

Il papa, dato il fondamento ideale della sua propria posizione, dovette declinare l'ideologia bizantina dell'impero universale romano. Il realismo politico dei comuni poteva avere maggior elasticità: abbiamo veduto come essi accettassero formule che comprendevano una subordinazione teorica a Bisanzio, come anche i consoli milanesi prestassero giuramenti di fedeltà. L'esempio veneziano insegnava quanto poco ne fosse influenzata l'effettiva autonomia.

E' così comprensibile che i comuni venissero incontro all'imperatore bizantino e che egli se ne occupasse tanto più sollecitamente proprio dopo aver subito un rifiuto dal papa. Ma è pure comprensibile come alla fin fine Manuele non ottenesse nulla con tale politica. Certamente la sconfitta di Myriokephalon ha contribuito allo sgretolamento della posizione di Manuele anche nell'Occidente; ma già alcuni mesi prima della vittoria dei Turchi contro Bisanzio i milanesi avevano sconfitto a Legnano l'imperatore occidentale, che ora trattava col papa a Agnani. Gli accordi di pace di Venezia citano l'imperatore di Costantinopoli come un alleato del papa:[55] ma nessuno dei suoi inviati prese parte alla conclusione del trattato. La parte di Bisanzio in Italia era definitivamente esaurita.

L'epoca degli imperi universali era passata, passata anche per l'altro fronte, cui non riuscì di dominare l'Italia mediante territori imperiali come il regno tedesco; cosicchè il

---

53) Cinnamo, V, 7, p. 219. LAMMA, cit. vol. 2, p. 138–140 ha frainteso l'allusione al Constitutum Constantini, pensa invece solo agli avvenimenti del sec. XII; fondamentale per l'interpretazione G. OSTROGORSKY, Zum Stratordienst des Herrschers in der byzantinisch-slavischen Welt, Seminarium Kondakovianum, 7, 1935, p. 187–204, specialmente, p. 189–191.

54) Cinnamo VI 4, p. 262: Ἐπεὶ δὲ τὰ ἀμφὶ τῇ Ῥώμης ἀρχῇ τῷ πάπᾳ διωμολογημένα ἀνατετράφθαι ξυνέβη, ἅτε δὴ βασιλέως μὲν ἐπὶ Βυζάντιον τὴν Ῥώμης καὶ αὖθις μεῖναι ἰσχυριζομένου βασιλείαν, τοῦ δὲ πάπα τοῦτο μὲν οὐ καταδεχομένου ἐν Ῥώμῃ δὲ βασιλεύειν αὐτὸν ἀξιοῦντος, διὰ ταῦτα ἀναθαρσήσας Φρεδερίκος ... Mentre OHNSORGE, Legaten cit., p. 84 riferisce all'imperatore βασιλεύειν αὐτόν e vuol intendere che il papa abbia preteso che l'imperatore prendesse residenza a Roma, J. HALLER, Das Papsttum, vol. 3, Urach 1952, p. 517, osserva giustamente che αὐτόν vuol dire il papa. Segue questa interpretazione anche LAMMA cit., vol. 2, p. 137. Ma diversamente da quel che pensa Haller, ἡ Ῥώμης ἀρχή è il dominio sulla città die Roma, βασιλεία e βασιλεύειν esprimono la dignità imperiale, come si ricava leggendo altre pagine del Cinnamo, per esempio V, 7, V, 9 e VI, 4, p. 219f., 229 e 261.

55) Monumenta Germaniae historica, Constitutiones, vol. 1, n. 260, § 10, p. 363, cfr. n. 249, § 10, p. 351.

papato, che difendeva la propria libertà con mezzi spirituali, fu il vero vincitore insieme alle nuove piccole potenze delle città, fondate sulla forza economica, che Bisanzio aveva aiutato a superare la crisi iniziale della loro ascesa. Non i siciliani che minacciarono gravemente l'impero poco dopo la morte di Manuele, nè gli svevi che dopo l'unificazione del regno siciliano con il loro impero addirittura fecero di Bisanzio per un momento un loro tributario, bensì i veneziani e i crociati, e tra di loro anche principi come Bonifacio del Monferrato, hanno propriamente distrutto Costantinopoli nel 1204. Dopo la Siria e la Palestina, parti importanti dell'impero bizantino divennero territorio coloniale di mercanti e cavalieri occidentali, cioè proprio di quelle forze per la cui opposizione interna crollò pochi decenni dopo anche l'impero svevo.

# Die Komnenen und die Kaiserkrone des Westens *

*Helmut Beumann zum 65. Geburtstag*

## I.

Die Chronik von Monte Cassino enthält einen sehr merkwürdigen Bericht über Pläne des Kaisers Alexios I. im Jahre 1112. Der Kaiser, so heißt es, habe Gesandte nach Rom geschickt mit Briefen, in denen er die Gewalttaten Heinrichs V. in Rom beklagte, den Widerstand der Römer lobte und sich bereit erklärte, deren Einladung zu folgen; entweder er selbst oder sein Sohn Johannes werde nach Rom kommen, um nach alter Sitte der gläubigen Kaiser vom Papst die Krone entgegenzunehmen. Die Römer, so sagt die Chronik weiter, erklärten durch Gesandte ihr Einverständnis, und im Mai 1112 schickten sie 600 der Ihren, um den Kaiser einzuholen. In Monte Cassino empfing der Abt diese römische Mannschaft und gab ihr eigene Gesandte bei, die dem Kaiser Dienst und Fürbitte des Abtes versprachen. Die aus Konstantinopel zusammen mit den Römern zurückkehrenden Gesandten des Kaisers brachten dem Abt vom Kaiser wertvolle Geschenke und forderten ihn auf, nach Durazzo entgegenzukommen, um dem Kaiser Geleit nach Rom zu geben.[1]

Soweit der Bericht des Chronisten, der an dieser Stelle abbricht, ohne irgend etwas über die Ausführung oder vielmehr die Nichtausführung des Planes zu sagen. Bedeutende Kenner wie Chalandon und Dölger haben die Nachricht akzeptiert,[2] andere Historiker waren zurückhaltender;[3] eine gründlichere Prüfung fehlt. Wollte Alexios wirklich nach

---

* Geringfügig erweiterte Fassung eines Vortrages, der im September 1976 auf dem 15. Internationalen Byzantinisten-Kongreß in Athen gehalten wurde.

1) Chronica Montecass. IV 46, §. 785.

2) CHALANDON 1900: 260 ff., DERSELBE 1907 übergeht Alexios' Aktionen in Italien 1111. LEIB 1924: 308 ff. folgt Chalandon 1900. DÖLGER 1925: Nr. 1261. OHNSORGE 1947: 87 f. schmückt die Sache aus, indem er von keiner Quelle überlieferte Vorschläge des Papstes über einen Bund mit den Normannen einfügt. HIESTAND 1972: 148 f. streift die Ereignisse, ohne den Bericht der Chronik in Zweifel zu ziehen.

3) GIESEBRECHT 1890: 837 mit den Anmerkungen S. 1214 f. erblickt in dem Krönungsplan eine Zutat des Petrus Diaconus zu den brieflichen Quellen. MEYER V. KNONAU 1907: 248 f. spricht von der Bereitschaft in Monte Cassino, dem Kaiser Dienst zu leisten, wenn er nach Rom zur Kaiserkrönung käme: was nach der Chronik Absicht des Kaisers, wird hier der Überlegung der Mönche unterstellt. HALLER 1951: 500 spricht davon, daß Alexios das Erscheinen seines Sohnes zur Krönung in Rom in

Rom gehen, wo seit genau 450 Jahren, seit Konstans II., kein byzantinischer Kaiser gewesen war, und wollte er vom Papste die Krone entgegennehmen – *secundum morem antiquorum fidelium videlicet imperatorum*? Betrachtete Alexios I. Karl den Großen und dessen vom Papst gekrönte Nachfolger als seine Vorgänger und Vorbilder?

Die Nachricht steht in dem Teil der Chronik, der dem Mönch Guido zugeschrieben wird und zwischen 1115 und 1127 entstanden ist, aber vermutlich später, um 1140, von Petrus Diaconus überarbeitet wurde, ohne daß sich die Anteile der Autoren im einzelnen sicher abgrenzen lassen.[4] Der Verfasser kannte offenbar die in Monte Cassino überlieferten und um 1131–33 dort von Petrus Diaconus in ein Register aufgenommenen Briefe des Kaisers an Abt Girardus.[5] Der erste, wohl zu Anfang des Jahres 1112 geschrieben, spricht sein Bedauern über das Handeln des *nobilissimus rex* in Rom aus, stellt aber das Urteil darüber Gott anheim.[6] Der zweite auf den Juni der 5. Indiction, d. h. 1112, datierte Brief[7] kündigt am Schluß jene Geschenke an, die der Chronist wörtlich nennt;[8] er spricht auch von Durazzo, lädt den Abt aber nicht ein, sondern sagt seine dorthin geplante Reise und eine Zusammenkunft mit den Grafen der Langobardia wegen einer Erkrankung für diesen Sommer ab und erwägt die Verschiebung auf den nächsten Sommer. Hat der Chronist seine darüber hinausgehenden Nachrichten auf gute Quellen gegründet oder etwa frei erfunden?[9]

Vom 11. Februar bis zum 13. April 1111 hatte Heinrich V. in und bei Rom den Papst Paschalis II. unter seinen Willen gezwungen.[10] In eben diesen Tagen, am 21. Februar und am 7. März 1111, waren kurz hintereinander Roger Borsa und Bohemund gestorben,[11] der seit langem schwache Herzog von Apulien und der von Alexios 1108 gedemütigte Graf von Tarent und Fürst von Antiochien. Als der Kaiser nach Deutschland abzog, ohne ein Eingreifen in Süditalien versucht zu haben, war die Gelegenheit für Byzanz, wieder in Süditalien Fuß zu fassen, günstiger als jemals seit dem Falle Baris 1071.

Aussicht stellte; HALLER 1952: 499 hält den Romplan dagegen für eine Erfindung des Petrus Diaconus. Vom Anspruch des Alexios auf die einzige Kaiserkrone der Römer, doch nicht von einem Krönungsplan spricht LAMMA 1955: 22 f.

4) SMIDT 1931: 293–323, HOFFMANN 1973: 147 ff.

5) Zur Anlage des Registers HOFFMANN 1972: 93–206.

6) Register Nr. 154 (nach der Zählung von HOFFMANN 1972: 108), bester Text bei TRINCHERA 1865: 113 Nr. 86, DÖLGER 1925: Nr. 1262 zu 1112 Anfang. Der Brief setzt die Kenntnis der im Oktober 1111 (vgl. unten Anm. 12) erfolgten Wahl des Girardus voraus.

7) Register Nr. 148 (HOFFMANN 1972: 107), Text bei TRINCHERA 1865: 78 Nr. 61, DÖLGER 1925: Nr. 1264 zu 1112 Juni.

8) *Missae sunt vobis causa memoriae ab imperio meo libre octo solidorum michalatorum et pallium triacontasimum super altare vestrae ecclesiae*, dies Geschenk wird in der Chronik nicht nur IV 46, sondern auch IV 17 S. 770 erwähnt.

9) Die vom Chronisten berichtete Einladung des Abtes nach Durazzo, um Geleit nach Rom zu geben, fehlt bei Dölgers Regesten, wird auch nicht bei Nr. 1262 erwähnt.

10) Ausführliche Darstellung bei MEYER V. KNONAU 1907.

11) CHALANDON 1907: 313; 1900: 249, Anm. 6.

Aus Quellen, die unabhängig von der Chronik von Monte Cassino sind, wissen wir wenigstens einiges. Noch im Herbst 1111 konnte der Papst den Abt Bruno von Monte Cassino absetzen, der zu den schärfsten Kritikern des »Pravilegs« für Heinrich V. gehörte.[12] Girardus wurde zu seinem Nachfolger gewählt. Im März 1112 trat in Rom eine Synode zusammen, die dem Papst die scharf antikaiserliche Linie aufzwang.[13] Bald danach warnte der Abt von Farfa Kaiser Heinrich V. nicht nur vor den Umtrieben des Papstes, sondern er nannte ihm auch die Namen einiger Römer, offenbar Laien, die mit vielen anderen zum Kaiser nach Konstantinopel gegangen waren.[14] Ein Papstbrief vom November 1112 dankt dem Kaiser Alexios für dessen Bemühen um die Kircheneinheit,[15] das der Gesandte B. Mesimerus und Briefe zum Ausdruck gebracht haben, – daraus kann man eine byzantinische Gesandtschaft etwa vom Juni erschließen.[16] Paschalis schlägt eine Zusammenkunft zwischen seinen Legaten und den Vertretern des Patriarchen an einem vom Kaiser zu benennenden Ort im Oktober 1113 vor und schickt den Bischof Maurus von Amalfi sowie zwei Kardinalpriester und einen Subdiakon zu Verhandlungen nach Konstantinopel. Von einem Kaiserbesuch in Rom ist bei alledem so wenig die Rede wie von politischen Problemen Süditaliens oder Roms.

Mit diesen Quellen lassen sich die beiden schon erwähnten Briefe des Alexios, die der Chronist mit Sicherheit kannte, auf das Beste vereinigen. Sie bestätigen manche seiner Nachrichten, so die kritische Haltung des Alexios gegenüber Heinrich V., die Verhandlungen zwischen Rom und Konstantinopel und des Kaisers Absicht, nach Durazzo zu kommen. Was aber darüber hinaus allein der Chronist berichtet, fügt sich kaum in das Bild. Eine Einladung des Abtes von Monte Cassino nach Durazzo, um den Kaiser von dort nach Rom zu geleiten, kann nicht die Antwort auf eine im Mai von Rom über Monte Cassino nach Konstantinopel gegangene Gesandtschaft sein; denn schon im Juni sagte Alexios seine Reise ab, und um die gleiche Zeit schrieb er allein wegen der Kirchenunion an den Papst. Der erste Kaiserbrief setzt die Kenntnis der Wahl des Girardus Mitte Oktober 1111 voraus und kann nicht vor Januar/Februar 1112 geschrieben sein. Zwischen Februar und Juni 1112 hat wohl ein Plan zu einer Zusammenkunft zwischen dem Kaiser einerseits, süditalienischen Baronen, Vertretern der Römer, vielleicht auch dem Abt von Monte Cassino anderseits in Durazzo Platz; eine römische Gesandtschaft im März oder Mai paßt dazu. Aber die Ankündigung eines Romzuges, die positive Antwort der Römer darauf und

---

12) MEYER V. KNONAU 1907: 223 f., zur Chronologie HOFFMANN 1967: 323 f.
13) MEYER V. KNONAU 1907: 231 ff.
14) JAFFÉ 1869: 290 Nr. 162.
15) JAFFÉ und LÖWENFELD 1888: Nr. 6334, bester Text bei FABRE und DUCHESNE 1910, 2: 126 Nr. 19 aus dem Codex des Kardinals Albinus, der u. a. Exzerpte aus dem Register Paschals II. enthält. Der hier genannte Kuropalates Basileios Mesemeres hatte am 18. April 1111 in Pisa den Vertrag abgeschlossen, der dem Chrysobull des Alexios für Pisa vom Oktober 1111 zugrunde liegt, vgl. MÜLLER 1879: 43 und 52, dazu DÖLGER 1925: Nr. 1254 und 1255.
16) DÖLGER 1925: Nr. 1263.

danach die Einladung an den Abt zum Geleit beim Romzug: das alles paßt rein chronologisch nicht zwischen Februar und Juni 1112.

Wir können nicht ausschließen, daß der Chronist weitere Quellen besaß, seien es schriftliche, seien es mündliche aus Monte Cassino oder aus Rom, wo der Verfasser des ersten Teils der Chronik, Leo, als Kardinalbischof von Ostia bis zu seinem Tode 1115 lebhaften Anteil an den Ereignissen hatte. Die Ereignisse in Rom 1111 hat der Chronist mit Hilfe des Registers Paschalis II. dargestellt, zu dessen wenigen erhaltenen Fragmenten der erwähnte Papstbrief vom November 1112 gehört. Gleichwohl häuft sich eine Anzahl von Verdachtsmomenten: der Chronist spricht von Briefen der Römer und des Abtes an den Kaiser nach Konstantinopel und von Briefen des Kaisers an die Römer, während als schriftliche Quellen nur nach Monte Cassino gerichtete Briefe erweisbar sind. Der Chronist hat, wie schon bemerkt, den Passus über Geschenke einem Brief entnommen, dessen Inhalt er gewiß falsch wiedergibt: eine Einladung nach Durazzo ist an die Stelle der Absage einer Zusammenkunft dort getreten. Aber hier konnte der Chronist kombinieren: eine Einladung mußte es gegeben haben, freilich spätestens im April oder Mai. Wenn diese Einladung aber Durazzo nur als Station auf dem Weg nach Rom verstand, warum vermied die Absage ebenso wie der etwa gleichzeitige Brief an den Papst jede Andeutung davon, obwohl der Plan ja nicht aufgegeben, sondern nur aufgeschoben war? Vor allem aber beruft sich der entscheidende Satz über den Plan einer Romfahrt und Krönung, den der Chronist angeblich einem Kaiserbrief an die Römer entnommen und in indirekter Rede stilisiert hat, auf die in Rom gekrönten Vorgänger, wie dies kein byzantinischer Kaiser getan haben kann. Niemals war ein byzantinischer Kaiser in Rom gekrönt worden oder hatte eine päpstliche Krönung auch nur angestrebt, und kein fränkischer oder deutscher Kaiser konnte in byzantinischen Augen als »Vorgänger« des Komnenen gelten: solche Kombination westlicher und östlicher Nachfolger Konstantins des Großen zu einer Reihe konnte nur von einem Lateiner erdacht sein. Schließlich fehlt eben das, was der Chronist aus den Briefen mit Sicherheit gekannt hat, nämlich des Alexios Absage der Reise nach Durazzo; die Erzählung bleibt darum ohne Schluß.

Wohl konnten die in Monte Cassino vorhandenen Kaiserbriefe Mißverständnisse verursachen. Wir wissen nicht, ob die lateinische Fassung, die Petrus Diaconus in sein Register aufnahm, schon dem Chronisten vorlag und vielleicht eine authentische Version des Kaiserhofes war, wie sie uns aus dem späten 12. Jahrhundert bekannt und zum Teil im Original überliefert sind. Der entscheidende Passus lautet:[17] *Imperium meum debebat in hac praesenti aestate descendere aput Durachium ad videndum comites, qui in Laggobardia sunt, et pactum ponere cum eis de his, quae scripserunt imperio meo atque mandavere ipsi vero atque Romani. Sed accidit imperio meo infirmitas maxima; idcirco prolongatum est aptum tempus et ad praesens dimisit descendere apud Durachium. Si dederit Deus incolu-*

---

17) Vgl. Anm. 7. Von des Kaisers Krankheit – einem Rheuma-Leiden in den Beinen – spricht übrigens ausführlich Anna Komnene, Alexias XIV 4, Leib 3 1945: 159–64.

*mitatem imperio meo, ibit in alio tempore in principio aestatis Deo prosperante. Sed tamen vos orate imperio meo...* Unklar bleibt hier neben anderem, wie die Wendung *ipsi vero atque Romani* zu verstehen ist: ist hier ein Prädikat ausgefallen oder handelt es sich um das nachgestellte Subjekt zu *mandaverunt?* Vor allem: steht *Romani* für die *homines de Roma* des früheren Briefes, d. h. die Stadtrömer, oder ist auf die Vertragspartner der Langobarden, die Rhomäer, angespielt? Offene Fragen gibt es genug, und sie mögen schon zwei oder drei Jahrzehnte nach den Ereignissen einen kombinationsfreudigen Chronisten angeregt haben. Der Romplan des Alexios läßt sich aber weder chronologisch noch sachlich mit den übrigen Quellen vereinen.

Zusammenfassend dürfen wir feststellen, daß Alexios I. im Sommer 1112 geplant hat, seinen politischen Einfluß, vielleicht seine unmittelbare Herrschaft in Süditalien wieder herzustellen, daß er mit langobardischen und wohl auch normannischen Baronen, darüber hinaus mit Römern und mit dem Papst verhandelt hat und zu diesem Zwecke nach Durazzo reisen wollte. Ob er darüber hinaus die Absicht hatte, persönlich nach Süditalien zu kommen, muß zumindest dahingestellt bleiben. Von einem Romplan mit dem Ziel einer Krönung weiß nur der verdächtige Chronist.[18]

Es gibt, täusche ich mich nicht, nur eine weitere Quelle des 12. Jahrhunderts, die davon berichtet, daß Kaiser von Konstantinopel nach Rom gezogen und dort gekrönt worden sind. Es handelt sich um die sogenannten Epitome Chronicorum Cassinensium, nach deren Bericht Kaiser Justinian I. sich nun freilich nicht vom Papst, sondern vom Senat im alten »goldenen Rom« krönen und zum *monocrator* einsetzen ließ;[19] denselben Weg nahmen unter den Kaisern, die *in utraque Roma* herrschten, Tiberius, Mauricius (als erster Grieche) und Heraclius,[20] bis dann der Franke Karl erstmals die Krönung vom Papst und nicht vom Senat empfing.[21] Diese Epitome hat Petrus Diaconus verfaßt,[22] vermutlich noch ehe er in den 1140er Jahren die Chronik des Leo von Monte Cassino fortsetzte. Mit dieser Fortsetzung war die überaus phantasiereiche Bearbeitung und Erweiterung des von Guido verfaßten Abschnittes verbunden.[23] Das Kapitel, von dem wir ausgingen, gehört zu dem von Guido entworfenen und von Petrus bearbeiteten Teil der Chronik, in dem sich die einzelnen Kapitel kaum mit Sicherheit dem einen oder dem anderen Autor zuordnen lassen. Wir dürften aber kaum irren, wenn wir Petrus Diaconus, dem Erfinder der

---

18) Dies Ergebnis deckt sich etwa mit dem Urteil, das schon Giesebrecht und dann Haller (vgl. Anm. 3) fällten.
19) Ed. MURATORI 1723:353. Von römischen Krönungen des 4./5. Jahrhunderts konnte der Verfasser immerhin über Theophanes und Anastasius Bibliothecarius Kenntnisse haben, die ihm Anknüpfungspunkte für seine Phantasterei boten. Über solche Krönungen vgl. CLASSEN 1974 b (= o. 23–43).
20) MURATORI 1723: 354.
21) MURATORI 1723: 364. Auch Ludwig d. Fr. soll in Rom gekrönt worden sein, und zwar von Papst Valentinus (der nur wenige Wochen des Jahres 827 amtierte), ebenda 365.
22) CASPAR 1909: 111 ff.
23) CASPAR 1909: 148 ff., 152 ff., SMIDT 1931: 310 ff.

vollendeten Romzüge der Kaiser Justinian, Tiberius, Mauricius und Heraclius, auch den geplanten Romzug des Alexios zuschreiben *secundum morem antiquorum fidelium videlicet imperatorum.*

II.

Kaiser Alexios hat mit Papst Paschalis über die Kircheneinheit verhandelt, sein Enkel Manuel strebte gut fünfzig Jahre später in mehrjährigen Verhandlungen mit Papst Alexander III. tatsächlich nicht nur die Einheit der Kirche, sondern auch die des Kaisertums an, d. h. er hoffte, vom Papst nach Verwerfung des schismatischen Staufers Friedrich als einziger Kaiser der Römer anerkannt zu werden.[24] Die Ereignisse sind wiederum nur aus trümmerhaften Quellen zu rekonstruieren, und manche Fragen, insbesondere hinsichtlich der Chronologie, der Kausalitäten und Motive, bleiben einstweilen ungenügend geklärt;[25] immerhin wissen wir dieses Mal nicht nur aus westlichen Quellen, sondern auch der Chronik des Kinnamos und aus einigen Notizen des kaiserlichen Dolmetschers Leo Tuscus von den Ereignissen. Hier soll es nur um eine Frage gehen: hat Manuel wirklich, wie man gelegentlich gemeint hat, eine Krönung durch Alexander III. angestrebt? Wieder ist es eine westliche Quelle, die dies auszusagen scheint, die Vita Alexandri des Kardinals Boso. Sie sagt, kaiserliche Gesandte hätten gefordert, *ut... Romani corona imperii a sede apostolica sibi* (d. h. dem Kaiser Manuel) *redderetur, quoniam non ad Frederici Alamanni, sed ad suum ius asserit pertinere*; die Griechen versprachen so viel Gold und Truppen, *quod non solum Romam set totam Ytaliam ad ecclesie servitium et restituendam sibi coronam habere absque dubio poterit.*[26] Eine spätere Gesandtschaft aus Byzanz wiederholte die Forderung: *quatinus predicte* (i. e. *Romane*) *ecclesie adversario* (Friedrich) *imperii corona privato eam sibi* (Manuel) *prout ratio et iustitia exigit restituatis.*[27] Aber hier geht es nicht um ein Insigne, das auf dem Trifels liegt und das der Papst schwerlich dem Staufer nehmen kann, sondern um das Recht, *ius* oder *iustitia*, das Manuel nicht am Insigne beansprucht und in einem Krönungsakt übertragen haben will. Es geht vielmehr um das Kaisertum selbst. Die Vokabel *corona* steht hier, wie öfter im lateinischen Sprachgebrauch des 12. Jahrhunderts, für die Kaiserrechte,[28] deren Anerkennung durch den Papst in Italien und Rom Manuel wünscht. Gerade an der Frage der Herrschaft über Rom aber scheiterten die Verhandlungen, wie wir von Kinnamos erfahren: »Die mit dem Papst

---

24) Die eingehendste, z. T. der Korrektur bedürftige Darstellung der Verhandlungen gibt OHNSORGE 1928; vgl. LAMMA 1957: bes. 123–43, LAMMA 1971: 37–51, CLASSEN 1970: 263–79 (= o. 155–170).

25) Eine Klärung der Chronologie und damit der politischen Zusammenhänge ist von der in Oxford 1975 abgeschlossenen Dissertation von Timothy Reuter zu erwarten.

26) Liber Pontificalis 2: 415.

27) Liber Pontificalis 2: 420.

28) CLASSEN 1964: 94 f. (= u. 508). Schon Lamma sprach von der Anerkennung Manuels als Kaiser und vermied die Rede von der Krönung.

bereits geschlossene Übereinkunft betreffend die Herrschaft über Rom wurde zurückgewiesen; denn der Kaiser bestand darauf, daß das Kaisertum über Rom wieder bei Byzanz
verbleibe, während der Papst dies nicht annahm, sondern forderte, in Rom wolle er selbst
Kaiser sein. Da faßte Friedrich wieder Mut.«[29] So wenig wie dem Deutschen konnte und
wollte der Papst dem Griechen die Herrschaft über Rom einräumen – aber eine Krönung
stand nicht zur Diskussion. Zugleich muß man aber den von Leo Tuscus, dem aus Pisa
stammenden Dolmetscher Manuels, genannten[30] Grund für Alexanders Zurückweichen
sehr ernst nehmen; der Vorwurf der Simonie, der seit Beginn des Schismas gegen
Alexander erhoben wurde, konnte durch byzantinisches Gold für die Anerkennung des
Kaisertums neue Nahrung erhalten.

## III.

In derselben Zeit, da Manuel mit Papst Alexander über seine Anerkennung als römischer
Kaiser verhandelte, hielt er in Konstantinopel eine Synode ab, auf der er selbstherrlicher als
je einer seiner Vorgänger eine Dogmenfrage entschied, bei deren Diskussion aber auch
westliche Theologie im Spiel gewesen war.[31] Den Abschluß bildete ein kaiserliches
Glaubensedikt vom April 1166, das nach dem Vorbild Justinians durch Inschrift in der
Hagia Sophia festgehalten wurde, damit in aller Zukunft der rechte Glaube nach dem
Entscheid von Kaiser und Synode gehalten werde. Vor einigen Jahren hat Cyril Mango die
wiederentdeckten Teile der Inschrift (Abbildung 2) publiziert und dabei auf die Ideologie
des Kaisertitels hingewiesen,[32] der in der Tat völlig einzigartig dasteht und ein Programm

29) Kinnamos IV 4: 262: ἐπεὶ δὲ τὰ ἀμφὶ τῇ Ῥώμης ἀρχῇ τῷ πάπᾳ διωμολογημένα ἀνατετράφθαι
ξυνέβη, ἅτε δὴ βασιλέως μὲν ἐπὶ Βυζάντιον τὴν Ῥώμης καὶ αὖθις μεῖναι ἰσχυριζομένου
βασιλείαν, τοῦ δὲ πάπα τοῦτο μὲν οὐ καταδεχομένου ἐν Ῥώμῃ δὲ βασιλεύειν αὐτὸν ἀξιοῦντος,
διὰ ταῦτα ἀναθαρσήσας Φρεδερίκος αὖθις… OHNSORGE 1928: 84 bezieht βασιλεύειν αὐτόν auf
Manuel und meint, der Papst habe gewünscht, daß der griechische Kaiser in Rom Residenz nehme –
eine eigenartige Vorstellung vom Papsttum des 12. Jahrhunderts! HALLER 1952: 517 bezieht αὐτὸν
mit Recht auf den Papst, ebenso LAMMA 1957: 137. Im Gegensatz zu Haller muß man aber unter ἡ
Ῥώμης ἀρχή die Herrschaft über Rom verstehen, während βασιλεία und βασιλεύειν die Kaiserwürde ausdrücken, wie aus Kinnamos V 7, V 9, VI 4:219f., 229 und 261 hervorgeht. Vgl. CLASSEN
1970: 278 (= o. 169).
30) DONDAINE 1952: 126f., vgl. LAMMA 1971: 48f., CLASSEN 1970: 268f. (= o. 158f.). Leo war aber
bereits 1166 kaiserlicher Dolmetscher, CLASSEN 1974a: 24 Anm. 16.
31) GRUMEL 3 1947: Nr. 1059–67, 1070, 1073, 1080; CLASSEN 1955: 339–68 (= o. 117–146). Nicht
erreichbar war mir ST. N. SAKKOS, Ὁ πατῆρ μου μείζων μου ἐστίν (Thessaloniki 1968), vgl. Byzant.
Zeitschr. 68 1970: 180.
32) MANGO 1963: 324, 330 mit Tafeln, DÖLGER 1925 Nr. 1469. Justinian hat sein langes Glaubensedikt anscheinend in den Kirchen nur aushängen lassen (appendi, suspendi), vielleicht auf Pergament
oder Papyrus, nicht aber durch Inschrift verewigt, vgl. die Edition von SCHWARTZ 1939: 72–111, dazu
ebenda 116f., Vigilius bei SCHWARTZ 1940: 1, 13, 21, sowie MGH Epistulae 3: 440.

verkündet, wie es so umfassend und so prägnant kein Kaisertitel je getan hat. Neben der unvollständigen Inschrift hat ein Original-Codex der Synodalakten das Edikt überliefert, der mit einer Miniatur des Kaiserpaares (Abbildung 1) geschmückt ist und die Subskriptionen zustimmender Bischöfe enthält.[33] In allen Überlieferungen lautet der Kaisertitel des Edikts gleich (Abbildungen 3 und 4):[34]

Μανουὴλ ἐν Χριστῷ τῷ θεῷ πιστὸς βασιλεὺς ὁ πορφυρογέννητος Ῥωμαίων αὐτοκράτωρ εὐσεβέστατος, ἀεισέβαστος, αὔγουστος, ἰσαυρικὸς, κιλικικὸς, ἀρμενικὸς, δαλματικὸς, οὐγγρικὸς, βοσθνικὸς, χροβατικὸς, λαζικὸς, ἰβηρικὸς, βουλγαρικὸς, σερβικὸς, ζηκχικὸς, χαζαρικὸς, γοτθικὸς, θεοκυβέρνητος κληρονόμος τοῦ στέμματος τοῦ μεγάλου Κωνσταντίνου καὶ ψυχῇ νεμόμενος πάντα τὰ τούτου δίκαια ὥς τινων ἀποστατησάντων τοῦ κράτους ἡμῶν, τοῖς τοῦ φιλοχρίστου ἡμῶν παντὸς λαοῦ, τῆς τε θεοφυλάκτου ἡμῶν βασιλίδος πόλεως, ἔτι δὲ καὶ πᾶσι τοῖς τῶν ὑπὸ τὴν τῆς ἡμετέρας βασιλείας ἐξουσίαν χωρῶν, ἠπειρωτικῶν τε καὶ θαλαττίων, οἰκήτορσιν

Der Versuch einer lateinischen Übersetzung möge das Verständnis erleichtern: *Manuel in Christo Deo fidelis imperator porphyrogenitus Romanorum moderator piissimus perpetuus augustus Isauricus Cilicius Armenicus Dalmaticus Ungricus Bosthnicus Croaticus Lazicus Ibericus Bulgaricus Serbicus Zicchicus Chazaricus Gothicus a Deo gubernatus heres coronae magni Constantini et anima gubernans omnia eiusdem iura, etsi deficientibus quibusdam a potestate nostra, cuncti Christum amantis populi nostri et a Deo conservatae regiae urbis nostrae necnon et omnibus regionum sub potestate nostri imperii constitutarum tam terrestrium quam maritimarum incolis.*

Mit insgesamt 48 Wörtern dürfte das wohl die längste Titulatur sein, die ein Kaiser in Ost oder West jemals bis dahin geführt hat, zugleich ist sie aber auch völlig einzigartig in ihrem Aufbau. Sie gliedert sich in zwei Abschnitte, deren jeder wieder aus zwei Teilen besteht:

I. Die auf den Kaisernamen folgenden Wörter in attributiver Stellung, bestehend aus
   a. den altüberlieferten Epitheta, die den Titelwörtern βασιλεύς, αὐτοκράτωρ, αὔγουστος zugeordnet sind,
   b. den vierzehn Triumphalnamen.

---

33) Cod. Vat. Graec. 1176, darin das Edikt zweimal mit roter Tinte, das erste Mal vollständig, das zweite Mal gekürzt, der Anfang mit dem Titel fol. 68v–69r und 80v–81r. Auf dieser Handschrift beruht der Druck bei MAI 1831: 1–96 (mit Facsimile der Subskriptionen), danach MIGNE PG 140: 201–82, der die Akten irrig als Buch 25 des Thesaurus Orthodoxiae des Nicetas Choniates einordnet, den Irrtum wiederholt van DIETEN 1975: XCII, richtig dagegen GRUMEL 1947: Nr. 1075, der auch andere Hss. nennt, vgl. auch CLASSEN 1955: 342 Anm. 2 (= o. 120 Anm. 14). Auf anderer Überlieferung beruht der Druck bei ZEPOS 1931: 410 f.

34) Die von Mango notierten Varianten im Titel – bes. das Fehlen von drei Triumphalnamen – bei Mai und Migne beruhen auf Kopierfehlern von Mai. Mit minimalen Abweichungen stimmt fast der volle Text des Edikts in der vatikanischen Handschrift mit der Inschrift überein.

II. Die Berufung auf Konstantin d. Gr.

    a. als Erbe der Krone,

    b. als Sachwalter aller Herrschaftsrechte Konstantins, die Manuel im Geiste (ψυχῇ) auch über die von seiner Herrschaft (κράτος) Abgefallenen wahrnimmt.

Die Epitheta unter Ia. lassen die bei den Komnenen sonst beliebten Wörter wie ἄναξ, κραταιός, ὑφηλός (lat. *sublimis, fortis, excelsus* oder ähnliche) zurücktreten hinter den älteren εὐσεβέστατος, ἀεισέβαστος (*piissimus, perpetuus augustus*). Noch weiter greifen die Triumphaltitel zurück. Diese hat Dölger in verschiedenen Arbeiten für eine Eigenart der Edikte gehalten, die sich in dieser Art von Akten bis 1166 erhalten habe.[35] Indessen sind bis zu Herakleios I. keineswegs nur die Edikte, sondern auch andere Briefe und legislative Texte verschiedener Art mit den Triumphaltiteln versehen,[36] aber in den rund 825 Jahren von der Titelreform des Herakleios bis zum Untergang des byzantinischen Reiches scheint Manuels Triumphaltitel einzig dazustehen. Es gibt keine andere Spur dieses Titeltyps, und Manuels Titel von 1166 stellt eben nicht nur in den Triumphalnamen etwas Besonderes dar. In der Form knüpfte Manuel an die frühbyzantinischen Vorbilder an, aber keines der vierzehn einzelnen Triumphalwörter findet sich bei Konstantin, und nur *Gothicus* hat auch Justinian.[37] Manuel hat eine Kombination eigener Art zusammengestellt, die sich auf Realitäten und Ansprüche seiner Zeit gründet. In den kleinasiatischen Provinzen Isaurien und Kilikien – zu dem man Armenien rechnen kann – hat er Feldzüge geführt und seine Herrschaft aufrecht erhalten oder wiederhergestellt.[38] Auffallender ist die Nennung der Völker am Kaukasus und Pontus: über byzantinische Herrschaft bei den Lazen (jenseits Trapezunt), Iberern (Georgiern), Chazaren, (Krim-)Goten und Zikchen[39] (auf Krim und Halbinsel Kertsch) zu Manuels Zeit wissen wir schlechterdings nichts, und es ist aber auch kaum möglich, hier die Benennung auf kriegerische Erfolge wie in

---

35) Dölger 1956: 34, 121 ff., 131 ff.

36) Über die Kaisertitulatur zwischen Konstantin d. Gr. und Eirene vgl. künftig die Heidelberger Dissertation von G. Rösch 1976.

37) *Isauricus* kommt in der späten Republik vor, Dessau Nr. 36, 40, 8779, 8889, *Armeniacus* im 2. Jahrhundert, zuletzt bei Marc Aurel.

38) Es genügt hier, auf die Darstellung bei *Chalandon* 1912 zu verweisen.

39) Ζηχικός bezieht sich schwerlich auf die Tschechen (τζέχοι bei Kinnamos), deren Herzog (später König) Wladislaw II. Manuel anläßlich des 2. Kreuzzuges einen Lehnseid leistete und in den 1160er Jahren zeitweise mit den Ungarn gegen Manuel im Krieg stand (Chalandon 1912: 478 ff.), sondern auf die Zichen oder die Provinz Zichia (Ζῆχοι, Ζῆχοι, Ζήχχια, Ζήχια, Ζίχια, etc.). Sie werden als Bewohner der Nordküste des Pontus genannt bei Prokop, bella II 19, 15 und VIII 4, 1–2; in den Notitiae episcopatuum erscheint die Eparchie Zichia mit den autokephalen Erzbistümern Cherson, Bosporus und Nikopsis, so z. B. bei Parthey 1866: 58, 136, 148 f., 153 etc.; Gelzer 1901: 535, 571 ff., 589, 592, 600; Constantine Porphyrogenitus, de admin. imperio 1967 capp. 6, 42, 53, S. 53, 186 f., 284, vgl. Beck 1959: 176, Vasiliev 1936 an den im Index s. v. Zikhi, Zikhia angegebenen Stellen.

spätantik-frühbyzantinischer Zeit zurückzuführen.[40)] Anders sieht es dagegen auf dem Balkan und in den Donauländern aus: gegenüber Bulgaren, Bosniern, Serben, Kroaten, Dalmatinern und Ungarn durfte Manuel sich mit mehr oder weniger Recht nicht nur als Sieger, sondern auch als Oberherrscher fühlen – gegenüber Ungarn, dem einzigen bedeutenden Staat unter den vierzehn Namen des Titels, versuchte er eben 1166 diesen Anspruch durchzusetzen.[41)]

Man versteht die Triumphaltitel aber nur recht, wenn man bedenkt, was sie verschweigen: weder Türken noch Araber sind genannt auch nicht unter antikisierenden Decknamen, etwa dem der Perser, den Historiker so oft für Araber setzen. Die Kreuzfahrerstaaten erscheinen so wenig wie Normannen, Langobarden, Italiener oder irgendwelche anderen dem westlichen Kaisertum zugeordneten Völker oder Länder auf dem Boden des alten Imperium Romanum, in denen Manuel militärische Erfolge errungen hatte oder auf die er politische Ansprüche erhob. Es sind im wesentlichen doch die wirklich unterworfenen oder doch keine große politische Macht entfaltenden Völker und Provinzen, die der Triumphaltitel nennt, und es sind sämtlich »Barbaren« im griechischen Sinne des Wortes.

Dem weiteren Anspruch dient der zweite Teil des Titels. Erbe der Krone des großen Konstantin: das ist politisch konkreter als das allgemeine θεοστεφής oder θεοστεπτός, *a Deo coronatus*. Es kann nicht gegen einen anderen griechischen Prätendenten gesagt sein; denn Manuels Kaisertum war innerhalb seines Reiches zu keiner Zeit in Frage gestellt; es richtet sich vielmehr nach außen, gegen den Anspruch des westlichen Kaisers, der Erbe Konstantins zu sein. Im Osten bildete die Konstantinstradition einen der Grundpfeiler der Reichsidee. Einst hatte Konstantin Porphyrogennetos in einem berühmten Kapitel seiner Schrift *De administrando imperio* die in der Hagia Sophia aufgehängten Konstantinskronen dargestellt.[42)] Der purpurgeborene Kaiser hatte seinen Sohn belehrt, wie sich ein Kaiser verhalten solle, an den Barbarenfürsten den Wunsch herantragen, eine Krone oder ein anderes kaiserliches Gewandstück aus der Hagia Sophia zu erhalten: solches Ansinnen sei abzulehnen mit dem Hinweis auf das Verbot des großen Konstantin, dem ein Engel Gottes Kronen und Gewänder (τὰς τοιαύτας στόλας καὶ στέμματα) überbracht und der

---

40) Vasiliev 1936: 140 ff. interpretiert die Triumphaltitel von 1166 als Indizien für eine Restauration byzantinischer Herrschaft auf der Krim zur Zeit Manuels, ihm scheint Ostrogorsky 1963 zu folgen, wenn er in der Karte des Komnenenreiches die südliche Krim und Halbinsel Kertsch zu den Bereichen rechnet, die unter Manuel wieder byzantinischer Hoheit unterworfen sind. Dagegen will Dölger 1928: 200 die Titel im klassischen Sinne als Siegernamen interpretieren, hält aber die Identifizierung der Völkernamen im klassizistischen Byzanz für zu unsicher, als daß man historisch-politische Schlüsse ziehen könne. Indessen sind die Titel von 1166 eben auffallend wenig klassizistisch, und es fehlen gerade Völker, über die Manuel sich gewiß Siege zuschreiben konnte.

41) Vgl. Chalandon 1912: 480 ff., Lamma 1957: 121 ff. u. ö. Für die Chronologie ist der Brief des Hugo Etherianus zu beachten, der früher zu 1176 gesetzt wurde, aber in das Jahr 1166 gehört, vgl. oben Anm. 30.

42) Const. Porphyrog. De adm. imp. cap. 13, Moravscik und Jenkins 1967: 66 ff., Jenkins 1962: 63 ff., Kahl 1972: 312 ff.

diese der Kirche gestiftet hatte. Nur die Kaiser selbst dürfen an hohen Festtagen diese Insignien und Tracht anlegen und müssen sie der Kirche zurückbringen. Diese Darstellung setzt nicht eine einzelne Kaiserkrone voraus, an der die Würde des Kaisertums in besonderer Weise haftet, sondern eine Mehrzahl kaiserlicher Kronen.

Manuels Titel »Erbe der Konstantinskrone« kann nicht durch Wünsche von Barbarenfürsten nach byzantinischen Rangabzeichen provoziert worden sein, sondern nur durch die Ansprüche des westlichen Kaisers. Seit den Tagen des Humbert und Kerullarios war der Text des Constitutum Constantini in Konstantinopel vorhanden:[43] der für Manuel arbeitende Kanonist Balsamon hat ihn erstmals in die Wissenschaft eingeführt.[44] Der Chronist Kinnamos schildert die politische Diskussion nicht über den Text des Constitutum, wohl aber über dessen Inhalt,[45] die gerade in den Jahren stattfand, da Manuel mit Papst Alexander über die Anerkennung seines Kaisertums verhandelte. Insoweit das Constitutum die Translation der Herrschaft vom alten Rom in das neue begründete, darüber hinaus des Papstes Primat und seine weltliche Herrschaft in Rom auf den Kaiser zurückführte, war es für Byzanz durchaus akzeptabel. Ja, es ließ sich sogar als Argument gegen das verwerten, was man auf keinen Fall anerkennen konnte: die päpstliche Lehre von der Translation des Kaisertums in den Westen und den Anspruch, die Kaiserkrone zu vergeben.[46] Nach Manuels Auffassung hatte kein Papst und kein Kaiser des Westens ein Recht, die Krone zu verleihen oder zu tragen, die allein dem »Erben der Krone des großen Konstantin« gebührte. Das war im Jahre 1166 ein höchst aktuelles Problem.

Die Krone dieses Titels ist nicht ein einzelnes Insigne, sondern Inbegriff eines Rechtsanspruchs, ganz ähnlich dem allgemeinen Wort *corona* im Westen.[46a] Das macht das letzte Glied der Titulatur deutlich. Wenn der Herrschaftsanspruch gegenüber »Barbaren« in den Triumphalnamen ausgedrückt wurde, so der über das ganze Römische Reich in seinem alten Umfang durch das Konstantinserbe. Die Wendung ψυχῇ νεμόμενος läßt vielleicht vom Worte her die Assoziation zum νόμος ἔμψυχος aufkommen; aber das dürfte, trotz der etymologischen Verwandtschaft von νέμω mit νόμος, kaum auf den richtigen Weg führen. Entscheidend ist vielmehr das Gegensatzpaar ψυχή und κράτος, die Herrschaft im

---

43) PETRUCCI 1962; ALEXANDER 1963. Der Versuch von OHNSORGE 1966: 93–162, eine griechische Urfassung des Constitutum Constantini nachzuweisen, ist völlig gescheitert. Mit der neuen Edition des Constitutum von Fuhrmann 1968 läßt sich die These von Petrucci noch genauer erweisen als bisher. Die von Ohnsorge erörterte griechische Version hat eine Fülle von Eigenarten, die sich nur aus den Lesarten im Brief Papst Leos von 1053 (LB bei Fuhrmann) erklären lassen.

44) RHALLES und POTLES 1852: 145–9, vgl. PETRUCCI 1962: 57 ff.

45) Kinnamos V 7 p. 219 f.; LAMMA 1957: 138 ff.; ALEXANDER 1963: 18 ff.

46) Kinnamos V 7 p. 220, zum Teil mißverstanden von LAMMA 1957: 139. Es geht nicht um Ereignisse des 12. Jahrhunderts, sondern um die päpstliche Translationstheorie. Die nach Kinnamos vom Papst widerwillig ertragene Translation ist die des Kaisertums in den Osten durch Konstantin. Nicht gesehen habe ich die ungedruckte Dissertation von J. SPITERIS, La formazione e lo sviluppo della critica bizantina contro il primato della Chiesa Romana, Freiburg/Schweiz 1976.

46a) CLASSEN 1964 (= u. 503–514).

Geiste und mit der Macht. Dies Paar ist vergleichbar mit dem wohlbekannten von Namen und Sache, ὄνομα und πρᾶγμα;[47] aber während der Name wohl etwas Geringeres als die Sache erscheinen kann, darf es keinen Zweifel geben, daß die ψυχή dem bloßen κράτος letztlich überlegen ist wie die Seele dem Leibe. Die vordergründigen Machtverhältnisse mögen wechseln, die geistige Waltung der gesamten Rechte des großen Konstantin übt Manuel auch über den abgefallenen Völkern.

Der Triumphaltitel gegenüber den Barbaren, das Erbe der Konstantinskrone und die geistige Herrschaft über alle Abgefallenen gegenüber den falschen Prätendenten auf das Kaisertum im Westen: so ist die Summe der universalen Ansprüche eindeutig formuliert, und man kann durchaus annehmen, daß unter den »Abgefallenen« auch Ägypten und Syrien zu begreifen sind.

Der Titel Erbe der Konstantinskrone begegnet in den uns erhaltenen Quellen nur noch einmal wieder, und zwar bei Isaak Angelos, Manuels drittem Nachfolger. Nach der sog. Historia de expeditione Frederici soll dieser 1189 dem auf Konstantinopel vorrückenden Kaiser Friedrich einen Brief geschrieben haben, dessen Intitulatio lautete: *Ysakius in Christo fidelis divinitus coronatus sublimis potens excelsus heres corone Constantini magni et moderator Romeon Angelus.*[48] Hier scheint das Wort *imperator*, vielleicht auch *Augustus* ausgefallen zu sein, sonst ist der Titel unverdächtig und läßt sich leicht ins Griechische zurückübersetzen: Ἰσαάκιος ἐν Χριστῷ τῷ θεῷ πιστὸς βασιλεὺς θεοστεφὴς ἄναξ κραταιὸς ὑψηλὸς κληρονόμος τοῦ στέμματος τοῦ μεγάλου Κωνσταντίνου αὔγουστος καὶ αὐτοκράτωρ Ῥωμαίων ὁ Ἄγγελος.

Isaak war im Unterschied zu Manuel nicht unbestrittener Erbe, sondern Usurpator, und bei seiner Erhebung gegen Andronikos I. im Jahre 1185 war er nicht nur in tumultuarischer Weise in der Hagia Sophia als Kaiser akklamiert worden, sondern man hatte ihm damals auch eine Konstantinskrone aufgesetzt (τὸ τοῦ μεγάλου Κωνσταντίνου στέφος), die über dem heiligen Tisch gehangen hatte, eine Weihekrone der von Konstantin Porphyrogennetos beschriebenen Art, die Niketas Choniates nun freilich nicht als eine von vielen, sondern als *die* Krone Konstantins bezeichnet.[49] Dennoch wird man auch bei Isaak

---

47) Nach Agathias V 14, 1 (ed. KEYDELL 1967: 180) war Justinian nach der Eroberung Italiens der erste in Byzanz herrschende Kaiser, der Ῥωμαίων αὐτοκράτωρ ὀνόματί τε καὶ πράγματι ἀπεδέδεικτο.

48) CHROUST 1928:51. In abweichender Form taucht derselbe Titel in der Historica Peregrinorum auf, ebenda S. 140: *Ysachius a Deo constitutus imperator sacratissimus excellentissimus potentissimus sublimis Romanorum moderator Angelus totius orbis heres corone magni Constantini*, wieder anders (und z. T. besser) bei Salimbene von Parma S. 9 f.: *Ysachius a Deo constitutus imperator sanctissimus excellentissimus potentissimus sublimis Romanorum moderator Augustus heres corone magni Constantini*, danach die Chronik von Reggio MGH SS. 31 S. 647.

49) NIKETAS CHONIATES 1975: 345 (= S. 450 Bonn), dazu KAHL 1972: 308 ff., dessen Schluß, daß es sich um ein Kamelaukion handelte, keineswegs zwingend ist. Denn selbst wenn man ἐφαρμόσαντος nicht farblos mit »aufsetzen«, sondern mit »anpassen« wiedergibt, bleibt festzuhalten, daß eine Reifenkrone ebenso wie ein Kamelaukion sich ohne Futter schwer dem Kopf anpaßt, und eine

den Titel, den er, soweit bekannt, nur in der Auseinandersetzung mit dem Staufer verwendete, als Zeichen äußerer, nicht innerer Ansprüche zu werten haben. Isaak steht in Manuels Tradition, wenngleich seine Position viel schwächer geworden ist und er sich in die Defensive gedrängt sieht.

Hat Manuel den zuerst 1166 nachweisbaren und vermutlich in dieser Zeit geprägten Kaisertitel öfter geführt, haben seine Nachfolger ihn wieder aufgenommen? Angesichts der überaus dürftigen Überlieferung ist die Frage nicht zu beantworten. Im Westen hat man mehrmals Anstoß an Titulaturen der Kaiser von Konstantinopel genommen; aber der genannte Titel des Isaak ist der einzige, der in unserem Zusammenhang zu erwähnen ist. Trotzdem wäre das *argumentum e silentio* unzulässig; wir müssen damit rechnen, daß weitere Edikte, aber auch Auslandsbriefe des späten 12. Jahrhunderts den Basileus als Erben der Konstantinskrone betitelten. Wie dem auch sei, Manuels Titel von 1166 ist eine der prägnantesten Formulierungen seines Anspruchs auf das universale Kaisertum, gerichtet gegen das Kaisertum des Westens – zugleich aber auch wohl als neues Zeugnis zu werten, daß eine Krönung durch den Papst für den »Erben der Krone des großen Konstantin« ein unvorstellbarer Gedanke war.

*Literatur*

Alexander, P. J. 1963. The Donation of Constantine at Byzantium and its earliest use against the Western Empire. Zbornik radova Vizantoloskog Instituta 8 (Mélanges Ostrogorsky 1): 11–26. Belgrado.

Anna Komnene 1937–45. Alexiade, B. Leib (ed.). 3 Bde. Paris.

Beck, H. G. 1959. Kirche und theolog. Literatur im byzantinischen Reich. München.

Caspar, E. 1909. Petrus Diaconus und die Monte Cassineser Fälschungen. Berlin.

Chalandon, F. 1900. Les Comnène 1: Essai sur le règne d'Alexis Ier Comnène. Paris.

Chalandon, F. 1907. Histoire de la domination normande en Italie et en Sicile. Paris.

Chalandon, F. 1912. Les Comnène 2: Jean II Comnène et Manuel I Comnène. Paris.

Chronica monasterii Casinensis 1849. W. Wattenbach (ed.). MGH Scriptores 7, 551–844.

Chroust, A. 1928. Quellen zur Geschichte des Kreuzzuges Kaiser Friedrichs I. MGH SS rer. Germ. Nova series 5. Berlin.

Classen, P. 1955. Das Konzil von Konstantinopel 1166 und die Lateiner. Byzantinische Zeitschrift 48: 339–68 (= o. 117–146).

Classen, P. 1964. Corona Imperii: Die Krone als Inbegriff des römisch-deutschen Reiches im 12. Jahrhundert. In: Festschrift P. E. Schramm 1, 90–101. Wiesbaden (= u. 503–514)

Classen, P. 1970. La politica di Manuele Comneno fra Federico Barbarossa e le città italiane. In:

---

»Konstantinskrone« mußte nicht unbedingt ebenso aussehen wie das Herrschaftszeichen damaliger Zeit, um einen Usurpator – dem gleichzeitig akklamiert wurde – »als neuen Herrscher kenntlich zu machen«. Der Usurpator Herakleios wurde mit einer improvisiert von einem Heiligenbild genommenen Krone in Kyzikos gekrönt, ohne daß die Beteiligten im Zweifel waren, was das bedeutete, Theophanes a. m. 6102 S. 299, CLASSEN 1974b: 334 (= o. 31).

Popolo e Stato in Italia nell'età di Federico Barbarossa. Relazioni e comunicazioni al 33° Congresso Storico Subalpino, 263–79. Torino (= o. 155–170).

Classen, P. 1974a. Burgundio von Pisa. Sitzungsberichte der Heidelberger Akademie der Wissenschaften, Phil.-Hist. Klasse.

Classen, P. 1974b. Der erste Römerzug in der Weltgeschichte. In: Historische Forschungen für W. Schlesinger, 325–47. Köln (= o. 23–43).

Constantine Porphyrogenitus. 1967. De administrando imperio. Gy. Moravcsik und R. J. H. Jenkins (eds.). 2nd ed. Dumbarton Oaks, Washington.

Constitutum Constantini. 1968. H. Fuhrmann (ed.). MGH Fontes iuris Germanici antiqui 10. Hannover.

Dessau, H. 1892–1916. Inscriptiones Latinae selectae. 3 Bde. Berlin.

Dieten, J. A. van. (ed.) 1975. Nicetae Choniatae historia. 2 Bde. Berlin.

Dölger, F. 1925. Regesten der Kaiserurkunden des oströmischen Reiches von 565–1453. 2. Teil 1025–1204. München.

Dölger, F. 1928. Rez. Vasiliev, The Goths in the Crimea. Byzantinische Zeitschrift 28: 199–201.

Dölger, F. 1956. Byzantinische Diplomatik. Ettal.

Dondaine, A. 1952. Hugues Ethérien et Léon Toscan. Archives d'histoire doctrinale et littéraire du moyen age 19: 67–134.

Fabre, F. und Duchesne, L. (eds.) 1889, 1910. Liber censuum ecclesiae Romanae. Paris.

Gelzer, H. 1901. Ungedruckte und ungenügend veröffentlichte Texte der Notitiae episcopatuum. Abhandlungen der Bayer. Akad. d. Wissenschaften, Philos.-Philolog. Klasse 21. München.

Grumel, V. 1947. Les regestes des actes du Patriarcat de Constantinople, 3. Chalcedon.

Haller, J. 1951 und 1952. Das Papsttum, Idee und Wirklichkeit. Bände 2 und 3. Stuttgart.

Hiestand, R.1972. Legat, Kaiser und Basileus. In: Aus Reichsgeschichte und Nordischer Geschichte. Festschrift K. Jordan, 141–52. Stuttgart.

Hoffmann, H. 1967. Die älteren Abtlisten von Montecassino. Quellen und Forschungen aus italienischen Archiven und Bibliotheken 47: 224–354.

Hoffmann, H. 1972. Chronik und Urkunde in Montecassino. Quellen und Forschungen aus italienischen Archiven und Bibliotheken 51: 93–206.

Hoffmann, H. 1973. Studien zur Chronik von Montecassino. Deutsches Archiv für Geschichte des Mittelalters 29: 59–157.

Jaffé, Ph. (ed.) 1869. Monumenta Bambergensia = Bibliotheca rerum Germanicarum 5. Berlin.

Jaffé, Ph., Löwenfeld, S. 1888. Regesta pontificum Romanorum, Bd. 2. Berlin.

Jenkins, R. H. J. (ed.) 1962. Constantine Porphyrogenitus, De administrando imperio, Commentary. London.

Kahl, H. D. 1972. Die »Konstantinskrone« in der Hagia Sophia. In: Antike und Universalgeschichte, Festschrift H. E. Stier, 302–22. Münster.

Kinnamos, J. 1836. J. Cinnami epitome rerum gestarum ed. A. Meineke. Corpus scriptorum historiae Byzantinae. Berlin.

Lamma, P. 1955 und 1957. Comneni e Staufer. 2 Bände. Roma.

Lamma, P. 1971. Byzanz kehrt nach Italien zurück. In: Beiträge zur Geschichte Italiens im 12. Jahrhundert, Vorträge und Forschungen Sonderband 9, 37–51. Sigmaringen.

Leib, B. 1924. Rome, Kiev et Byzance à la fin du XIe siècle. Paris.

Liber Pontificalis. 1892. L. Duchesne (ed.). Bd. 2. Paris.

Mai, A. ed. 1831. Scriptorum veterum nova collectio, 4. Roma.

Mango, C. 1963. The Conciliar Edict of 1166. Dumbarton Oaks papers 17: 315–30.

Meyer v. Knonau, G. 1907. Jahrbücher des deutschen Reiches unter Heinrich IV. und Heinrich V., 6. Berlin.

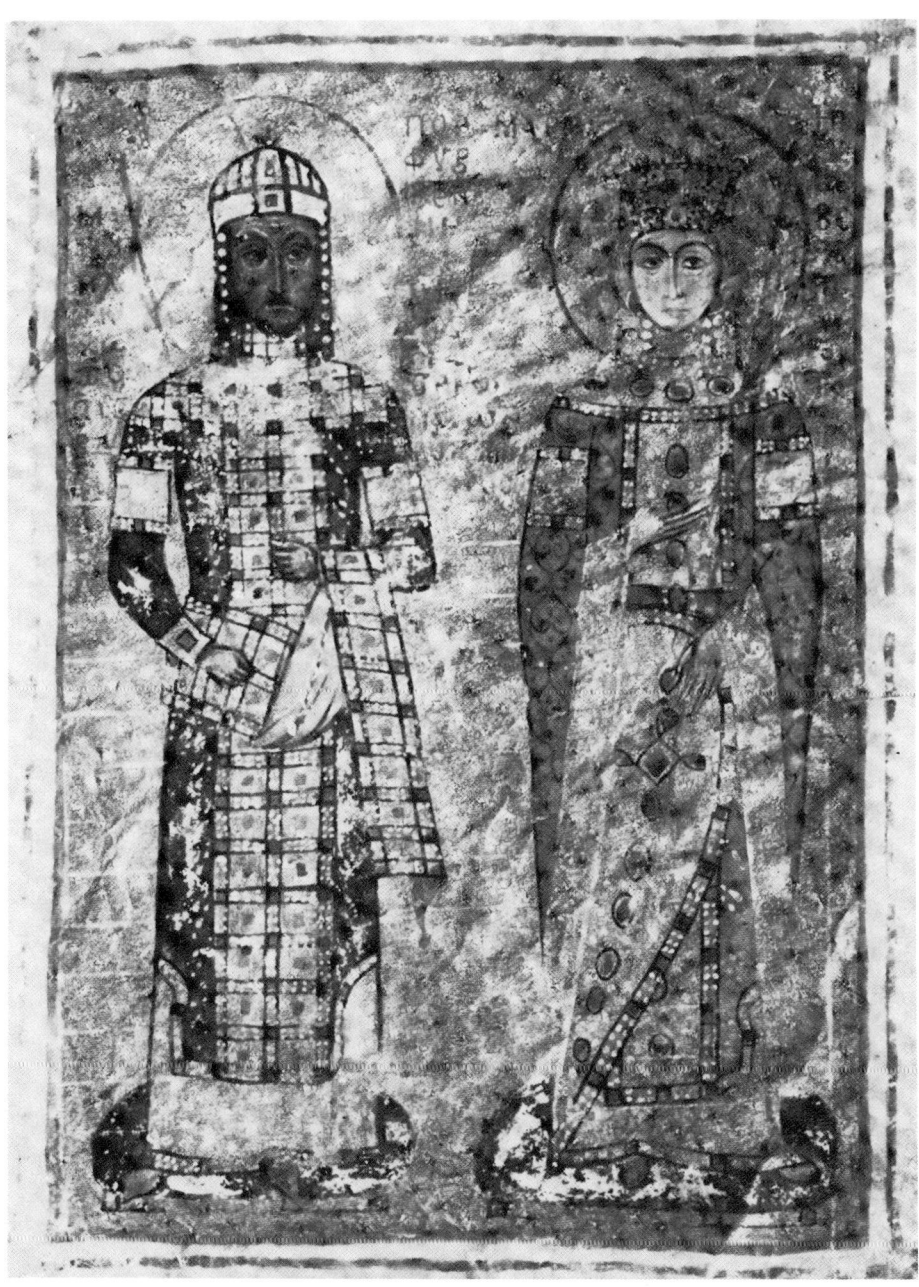

Abbildung 1. Kaiser Manuel I. Komnenos und Kaiserin Maria, offizielles Bild aus dem Original-
Codex der Konzilsakten von 1166, Cod. Vat. graec. 1176 f. IIr. Titel: Μανουὴλ ἐν Χριστῷ τῷ θεῷ
πιστὸς βασιλεὺς πορφυρογέννητος καὶ αὐτοκράτωρ Ῥωμαίων ὁ Κομνηνός. Μαρία ἡ εὐσεβε-
στάτη Αὐγοῦστα.

Abbildung 2.
Fragment 1 der
Inschrift mit
dem Titel des
Kaiseredikts
von 1166,
nach Gipsabguß,
Ayasofya Museum,
Istanbul.

ἄχραντος πύλη ἀβάτω μάχη τος,
τὸ τοῦ ἱερατίου ἡμῶν καὶ ἁγίου
μασιλέως λεγομένη· ἐκ τοῦ
οὕτως ἐπ᾽ αὐτῶν τὸμ δὲ αυλαμ
ιαμομ ... λο ... βωμ +

Ϻ αμουηλ ἐν χ(ριστ)ῷ τῷ θ(ε)ῷ πιστὸς μασιλεὺ(ς)
πορφυρογέννητ(ος)· Ῥωμαίων αὐτο-
κράτωρ· εὐσεβέστατ(ος)· ἀεισέμα(στος)·
αὔγου(στος)· ἰσωρικὸς· κιλικι(κὸς)· ἀρμενι(κὸς)·
δαλματι(κὸς)· οὐννρικὸς· ποσθηϊκὸς·
χρουατι(κὸς)· λαζικὸς· ἰνηρικὸς·
μουλγαρι(κὸς)· σερμικὸς· βηκχι(κὸς)·
χαζαρικὸς· γοτθικὸς· θεοκτιστορ(—)
κληρονόμ(ος) τοῦ στέμματος τοῦ με-
κωνσταντίνου· καὶ ψυχὴν ἐνεμόμ(ενος)
...ων τὰ τοῦ ... δίκαια· ὥς ἐστιν
ἀποταταξοθέντων τοῦ ἱεράτι(ου) ἡμ(—)
τοῖς γ(ὰρ) φιλοχρίστου ἡμῶν ... τ
λαοῦ· τῆς θεοφυλάκτου ἡμῶν
μασιλι... πόλεως· ἐπὶ δὲ καὶ πᾶσι
τοῖς θ(εοῦ)ν ... τῶν τὴν ἡμετέρας

βασιλείας ἐξουσίαν χωρῶν κ(αὶ)
πειρωτικῶν τ(ε) καὶ θαλαττίων,
οἰκήτορσιν + +
εἰ μακαρίζει πέτρον χ(ριστό)ς, τὸν ὑφ' ἡ-
ἀποστόλοις κορυφαιότατον· ἐπεὶ
προβθάμει πάντας τῶ δι' ἀπύρω
τῶ ἀγαπᾶσθαι· καὶ τοῦ τον εἶναι
τὸν χ(ριστὸ)ν δι' αὐτείμεται τὸν τοῦ θ(εο)ῦ
βοῶντος υἱόν, ἀπὸ παρὰ τ(ῆ)ς π(ατ)ρ(ὸ)ς
ἀποκαλυφθεὶς τὸ κατ' ἐ κεῖνον
μυ αγγέλιον· τί δὲ ποταμ' ἕτερον
εἴη μακαρισώτερον καὶ τῶ κ(όσμ)ω
λαμπρεσότερον, τοῦ τῶν ἀσφείας
ὀρθοδόξας δίκαιῶ τὼ ἀποστολικὴν
ἐκκλησίαν ἂν τάττοσθαι· καὶ μὴ τὰς
τῶν τοῦ ἅδδου πυλὼν κατισχύσας·
ἃς τίνας δὲ τὰς πύλας τοῦ ἅ-
δου λικμπέον, τοὺς μὴ τὴν τῶν
τοὺς τὴς αὐλὴν εἰσιόντας δι' αὖ
τοῦ χ(ριστο)ῦ τῆς ἀσφαλίαν θύρας,
ὅπ' ἐν κλιμ πᾶσιν τοῖς θε χρ λαμποῖς

Moravcsik: siehe Constantine Porphyrogenitus.

Müller, G. 1879. Documenti sulle relazioni delle Città Toscane coll' Oriente Cristiano e coi Turchi fin all' anno 1531. Firenze.

Muratori, L. A. 1723. RIS, 2. Milano.

Niketas: siehe van Dieten.

Ohnsorge, W. 1928. Die Legaten Alexanders III. im ersten Jahrzehnt seines Pontifikats. Berlin.

Ohnsorge, W. 1947. Das Zweikaiserproblem im frühen Mittelalter. Hildesheim.

Ohnsorge, W. 1966. Konstantinopel und der Okzident. Darmstadt.

Ostrogorsky, G. 1963. Geschichte des byzantinischen Staates. 3. Aufl. München.

Parthey, G. ed. 1866. Hieroclis Synecdemus et notitiae graecae episcopatuum. Berlin.

Petrucci, E. 1962. I rapporti tra le relazioni latine e greche del Costituto di Costantino. Bulletino dell'Istituto Storico Italiano per il Medio Evo 74: 45–160.

Rhalles, G. A. und Potles, M. 1852. Syntagma ton theion kai ieron kanonon, 1. Athen.

Rösch, G. 1976. Onoma Basileias, Studien zur Kaisertitulatur von Konstantin d. Gr. bis zu Eirene. Diss. Heidelberg, ungedruckt.

Salimbene di Adam 1913. Chronica ed. O. Holder-Egger. MGH Scriptores 32. Berlin.

Schwartz, E. 1939. Drei dogmatische Schriften Justinians. Abhandlungen der Bayer. Akad. d. Wissenschaften, Phil.-hist. Abteilung, Neue Folge 18. München.

Schwartz, E. 1940. Vigiliusbriefe. Zur Kirchenpolitik Justinians. Sitzungsberichte der Bayer. Akad. d. Wissenschaften, Phil.-hist. Abteilung 1940 Nr. 2. München.

Smidt, W. 1931. Guido von Montecassino und die »Fortsetzung« der Chronik Leos durch Petrus Diaconus. In: Festschrift A. Brackmann, 293–323. Berlin.

Theophanes 1883 und 1885. Chronica. C. de Boor (ed.). 2 Bände. Leipzig.

Trinchera, F. ed. 1865. Syllabus Graecarum membranarum. Napoli.

Vasiliev, A. A. 1936. The Goths in the Crimea. Cambridge, Mass.

Zepos, I. und Zepos, P. ed. 1931. Jus Graecoromanum. Band 1. Athenai.

◁ Abbildung 3. Cod. Vat. graec. 1176, fol. 68v, der Kaisertitel in den Konzilsakten von 1166, mit roter Tinte geschrieben.

Abbildung 4. Cod. Vat. graec. 1176 fol. 69r.

# Romanum gubernans imperium

## Zur Vorgeschichte der Kaisertitulatur Karls des Großen

## I.

*Karolus serenissimus augustus a Deo coronatus magnus pacificus imperator Romanum gubernans imperium, qui et per misericordiam Dei rex Francorum atque Langobardorum.*

So lautet der Kaisertitel Karls des Großen in den Urkunden.[1] *Serenissimus a Deo coronatus magnus pacificus imperator* waren, wie K. Brandi gezeigt hat, in Italien gebräuchliche Teile der Titulatur des byzantinischen Kaisers in Akklamationen und Urkundendatierungen.[2] *Rex Francorum et Langobardorum* nannte Karl sich seit der Eroberung des Langobardenreiches 774 (dazu oft *patricius Romanorum*).[3] Die Devotionsformel *per misericordiam Dei* ist in dieser Form neu. Vielleicht hatte schon Pippin in seinem letzten Lebensjahr die vorher nur von Geistlichen gebrauchte Formel *Dei gratia* seinem Königstitel hinzugesetzt, sicher taten dies seine Söhne Karl und Karlmann seit Beginn ihrer Regierungszeit.[4] Die Bischöfe wandten daneben die Wendung *misericordia Dei* an, jedoch nur selten, während im griechischen Osten ἐλέει θεοῦ die bei weitem häufigste Devotionsformel war.[5] Im Herrschertitel finden sich ähnliche Formulierungen in einem Kapitular Karls von 789: *ego Karolus gratia Dei eiusque misericordia donante rex et rector regni Francorum*[6] und in einem Gesetz des Langobardenkönigs Ratchis von 746, der seinen Vater Liutprand erwähnt: *huius gentis gubernator et noster per Dei omnipotentis misericordiam nutritor Liudprand.*[7] Es ist zu beachten, daß Karl die Devotionsformel nur zum Königstitel setzt. Seinem Kaisertitel im engeren Sinne fehlt sie, so wie sie dem byzantinischen Kaisertitel fehlt.

---

1) Zuerst in DK. 197 von 801 Mai 29, am Reno nahe Bologna ausgestellt. Die Schreibung *Karolus* statt *Carolus* seit der Kaiserkrönung (vgl. Th. Sickel, Acta Karolinorum 1, 1867, 264 mit Anm. 1) hat kaum besondere Bedeutung.

2) K. Brandi, AUF. 1 (1908) 32 Anm. 1, 43, 44 Anm. 2, 57 Anm. 2, 60 Anm. 3.

3) Zuerst DK. 80 von 774 Juni 5, *patricius* zuerst DK. 81 von 774 Juli 16.

4) Vgl. K. Schmitz, Ursprung und Geschichte der Devotionsformeln bis zu ihrer Aufnahme in die fränkische Königsurkunde (Kirchenrechtl. Abh. 81, 1913), S. 171 ff.

5) Vgl. Schmitz an den im Register unter ἐλέει θεοῦ und *misericordia Dei* verzeichneten Stellen.

6) MG. LL. 2 Capit. 1, 53 Nr. 22.

7) MG. LL. 4 (Folioserie) 185 f., vgl. Schmitz S. 169 Anm. 3.

Die eigentliche »crux interpretum«[8] bildet die Formel *Romanum gubernans imperium.* Mit ihr haben sich zuerst Breßlau und ausführlicher Schramm beschäftigt. Sie sahen in der Vermeidung des *imperator Romanorum* eine besondere Rücksicht auf das byzantinische Kaisertum. Ihnen folgte eine Reihe weiterer Forscher, zum Teil mit abweichenden Interpretationen.[9] Schon vor Schramm wies Heldmann eine Vorform in der Bezeichnung der Kaiser als *Romanorum gubernatores* nach, die in einer Urkunde aus Tivoli von 760 vorkommt.[10] Vorformen im fränkischen Bereich zeigte Caspar im Titel der Libri Carolini (*regis Francorum, Gallias Germaniam Italiamque sive harum finitimas provintias Domino opitulante regentis*) und in einem Brief Alchvines von 798 (*imperium quod divina pietas tibi tuisque filiis commisit regendum atque gubernandum*).[11] Für die Byzantinisten wurden Schramms Ausführungen zum Anstoß, die Frage zu untersuchen, seit wann der Titel βασιλεὺς Ῥωμαίων in Byzanz gebräuchlich war.[12]

Die von Karl gebrauchte Formel *Romanum gubernans imperium* ist jedoch nicht, wie in den genannten Arbeiten allgemein angenommen wurde, von ihm neu geprägt worden. Im Folgenden soll eine Reihe von Stellen aus justinianischer Zeit, die sie wörtlich oder mit geringen Abweichungen anwenden, gezeigt werden. Diese Stellen sind in den Zusammenhang des allmählichen Vordringens des Römernamens im Kaisertitel einzuordnen. Dabei wird es wichtig sein, auch den Sprachgebrauch außerhalb der kaiserlichen Kanzleien zu berücksichtigen; denn die Entwicklung der amtlichen Formeln geht hier wie so oft hinter dem in der Volks- und Literatursprache zum Ausdruck kommenden Gang der Geschichte her.[13] Eine Vollzähligkeit der Belege wird sich hierbei freilich nicht erreichen lassen.

8) E. Caspar, ZKG. 54 (1935) 262.
9) H. Bresslau, AUF. 6 (1918) 24 f., P. E. Schramm, Kaiser, Rom und Renovatio 1 (1929) 13 f. Aus der weiteren Literatur nur das Wichtigste: Schramms Interpretation folgen: H. Löwe, Die karolingische Reichsgründung und der Südosten (Forsch. zur Kirchen- und Geistesgeschichte 13, 1937) S. 161 f., F. Dölger, Europas Gestaltung im Spiegel der fränkisch-byzantinischen Auseinandersetzung des 9. Jahrhunderts (in: Der Vertrag von Verdun 843, hrsg. von Th. Mayer, 1943) S. 217, W. Ohnsorge, Das Zweikaiserproblem im frühen Mittelalter (1947) S. 23 f. Die fränkischen Wurzeln betont R. Faulhaber, Der Reichseinheitsgedanke in der Literatur der Karolingerzeit bis zum Vertrag von Verdun (Hist. Studien 204, 1931) S. 18; stadtrömische Deutung des Kaisertitels bei R. Schlierer, Weltherrschaftsgedanke und altdeutsches Kaisertum (Diss. Tübingen 1934) S. 5 f. Erklärung des Titels aus der Auseinandersetzung mit Papsttum und Kirche bei H. Pirenne, Mahomet et Charlemagne (1937) S. 209 f., ähnlich F. L. Ganshof, ZSchwG. 28 (1948) 432 f. Noch nicht erreichbar war mir: F. L. Ganshof, The Imperial coronation of Charlemagne, Theories and Facts (Glasgow University Publications 79, 1949).
10) K. Heldmann, Das Kaisertum Karls des Großen (1928) S. 368 f., 369 Anm. 3, vgl. A. Brackmann, Gesammelte Aufsätze (1941) S. 112 und unten S. 192.
11) E. Caspar a. a. O. S. 238, 260 ff., Alcuini ep. 148 (MG. Epp. 4, 241).
12) Vgl. unten S. 195–198 und die dort angegebene Literatur.
13) Im Sommer 1948 wies Wilhelm Berges mich in Hinblick auf die unten angeführten Stellen des Codex Justinianus darauf hin, daß die fragliche Formel aus justinianischer Zeit stamme. Auf seine

## II.

Die Nennung des römischen Volkes oder Reiches in der Titulatur des Kaisers war nach der staatsrechtlichen Konzeption des Prinzipats unmöglich. Der Princeps war ja nicht der souveräne Herr eines Untertanenverbandes, sondern nur der erste Mann im Staate; die Souveränität des Staates trugen Senat und Volk, mit deren Zustimmung der Princeps herrschte. Gleichwohl war die politische Wirklichkeit stärker als die staatsrechtliche Theorie. So sprechen bereits Tacitus, der jüngere Plinius und Sueton vom *imperator populi Romani* oder vom *imperator Romanus*.[14] Die Regel bleibt aber, daß der Kaiser neben Senat und Volk – zwar an erster Stelle, aber nicht als übergeordneter Herr – genannt wird, so vor allem bei Widmungsinschriften.[15]

Auch die Kaiser des sogenannten Dominats hielten an den Grundsätzen der alten Titulatur fest. In einer aus dem Griechischen übersetzten literarischen Quelle, dem Chronographen von 354, findet sich jetzt aber zum ersten Male der Ausdruck *imperator Romanorum*. Er ist hier deutlich nach Analogie anderer Herrscher, die nach dem Volk ihrer Untertanen bezeichnet wurden, gebildet worden.[16] Hundert Jahre später (457) nimmt Kaiser Leo die Wahl durch das Heer mit den Worten an: *Deus omnipotens et iudicium vestrum, fortissimi commilitones, imperatorem rei Romanorum publicae me feliciter elegit*.[17] Dies ist noch kein kanzleimäßig festgelegter Titel, aber eine vom Kaiser selbst geführte Bezeichnung seiner Herrschaft: sie geht nicht einfach von den Römern, sondern von der *res publica Romanorum* aus. In anderer Weise nennt Theoderich sich in

---

Anregung ist die vorliegende Arbeit entstanden, nachdem ich die Belege in den Ravennater Papyri gefunden hatte. Vgl. auch Th. SICKEL, Acta Karolinorum 1, 262 Anm. 2.

14) *Imperator populi Romani:* Tac. hist. I 37, ann. XII 19; Plin. paneg. 82.3; später: Paneg. Lat. VI (VII) 1.2 (diese Stelle wird von Eyßenhardt athetiert). *Imperator Romanus:* Tac. hist. IV 58, ann. XV 5, Suet. Vesp. 4.5; später: Script. hist. Aug., vita Avidi XI 5; vgl. das Briefpräskript Script. hist. Aug., vita Aureliani 26.6: *Aurelianus imperator Romani orbis et receptor orientis.* (Die Stellen z. T. nach dem Thesaurus linguae Latinae VII 1 col. 557).

15) Z. B. DESSAU, Inscr. Lat. sel. 112 (11 n. Chr.), 314 (129), 342 (ca. 158), DITTENBERGER, Orientis Graecae inscr. sel. 479, 625 (beide 2. Jahrhundert). Singulär ist die Bezeichnung der Iulia Domna als μήτηρ ἱερῶν στρατευμάτων καὶ συνκλήτου καὶ δήμου Ῥωμαίων bei Cagnat, Inscr. Graecae ad res Romanas pertinentes 1, 577 und 578; sie heißt sonst nur *mater castrorum, mater senatus* oder *mater patriae*. [Vgl. H. U. INSTINSKY, Klio 35, 1942, S. 208 Anm. 5.]

16) MG. AA. 9, 89 f. Vorher die *reges Persarum* und *reges Macedonum*. Übersetzung aus dem Griechischen: MOMMSEN, ebenda S. 81 f.

17) Const. Porph. lib. cerem. I 91, MIGNE PG. 112, 752 [= ed. Bonn. S. 411 f.]; die Übersetzung nach Reiske darf in den entscheidenden Worten als sichere Rekonstruktion des Urtextes gelten. Griechisch: ὁ θεὸς ὁ παντοδύναμος καὶ ἡ κρίσις ἡ ὑμετέρα ἰσχυρώτατοι συστρατιῶται, αὐτοκράτορά με τῶν Ῥωμαίων δημοσίων πραγμάτων εὐτυχῶς ἐξελέξατο.

einer Ernennungsurkunde *Romanus princeps*,[18] sein Enkel Athalarich bezeichnet die Gotenkönige als *Romanorum domini*.[19]

Diese Zeit, in der viele unabhängige Herrscher nicht nur im Gesichtskreis der Römer, sondern auf ihrem eigenen Reichsboden auftauchten – Germanen, Hunnen, Perser, Araber –, schien eine ständige Bezeichnung des Herrschers nach seinem Volk oder Reich zu erfordern. Das *Imperium Romanum* wurde aber immer noch anders als die Barbarenvölker aufgefaßt. Man sprach noch nicht vom Kaiser der Römer wie vom König der Wandalen, der Franken oder der Perser, jedenfalls nicht in amtlichen Schriftstücken. Leo I. hatte sich *imperator rei publicae Romanorum* genannt; unter Justinian kam die Formel *princeps Romanum gubernans imperium* auf – auch sie nicht im Urkunden- oder Münztitel, aber der Sprache des Kaisers selbst nachgebildet.

*Princeps* ist in der Sprache des 6.–8. Jahrhunderts innerhalb und außerhalb des Reiches, in amtlichen Briefen und Gesetzen wie bei den Historikern das häufigste Wort für den Herrscher des Reiches; es wurde freilich auch auf Barbarenherrscher angewendet. Ebenso verbreitet war der Ausdruck *imperium Romanum*. Mit dem Wort *gubernare* und seinen Ableitungen *gubernator, gubernaculum, gubernatio* drückte man in der Spätantike, besonders in den Rechtsquellen, eine Verwaltung im höheren Auftrag aus. Einerseits für private Guts- und Vermögensverwaltung, andererseits für die Führung von Staatsmännern gebraucht, begegnen die Ausdrücke sehr häufig in diesem Sinne.[20] Auf die Regierung des Kaisers wenden sie zuerst Majorian und Anastasius, beide in Gesetzesprooimien, an.[21] Besonders beliebt wurden diese Worte bei Justinian, der mit ihnen gern den göttlichen Auftrag für seine Regierung hervorhob.[22]

Am prägnantesten und an besonders hervorragender Stelle erscheint dieser Gedanke in dem 530 ergangenen Erlaß zur Anfertigung des Digestenwerkes. Er beginnt mit den Worten: *Deo auctore nostrum gubernantes imperium, quod nobis a caelesti maiestate*

---

18) Cass. var. III 16.3, im betonten Gegensatz zur Westgotenherrschaft über Gallien. Papst Gelasius nennt in einem Brief an Theoderich (JK. 722 von 496, MG. AA. 12, 391) die römischen Kaiser der Vergangenheit *Romani principes*. Ebenso Justinian im Einführungsgesetz der Institutionen: *princeps Romanus*.

19) Cass. var. IX 21.4 (um 533); vgl. *domni vestri* Cass. var. X 14.1 (Theodahad an das römische Volk).

20) Etwas anders liegt der Akzent des Wortes bei der Bezeichnung Gottes als *gubernator mundi*: Lenker der Welt.

21) Nov. Maior. 6 praef. (von 458), Cod. Just. XII 35.18 (von 492).

22) Coll. Avell. (CSEL. XXXV) 196.1 S. 655 (Justinian als Patricius an Papst Hormisdas, Juli 520), vgl. ebenda 143 S. 587 f. (Kaiser Justinus an den Papst, Sept. 518, Einfluß Justinians?), ebenda 201 S. 660 (Papst Hormisdas, Okt. 529). – Aus Justinians Kaisertum: C. J. III 1.14 § 1 (von 530), wichtiger: C. J. I 27.1 § 8: *(Deus) ... faciat nos eas (sc. provincias) secundum suam voluntatem ac placitum gubernare* (vgl. § 15 über die *iudices*); C. J. I 27.2 praef.: *per ipsum (sc. Christum) et Africam defendere et sub nostrum imperium redigere nobis concessum est, per ipsum quoque, ut nostro moderamine recte gubernetur et firme custodiatur, confidimus.* (Die beiden letzten Gesetze von 534, Neuordnung Afrikas.)

*traditum est, et bella feliciter peragimus et pacem decoramus et statum rei publicae sustentamus . . .*[23]

Die Formel *princeps Romanum gubernans imperium* kommt in drei Ravennater Papyri vor. An allen drei Stellen erscheint sie in Beteuerungs- und Schwurformeln, in denen die *salus* des Kaisers angerufen wird. Sie schließt sich so eng an die zuletzt genannten Worte Justinians an, daß man vermuten möchte, sie gehe auf eine nicht erhaltene Anordnung des Kaisers zurück. Jedenfalls hatte der Eid bei der *salus* des Kaisers eine rechtliche Bedeutung, die schon früher Gegenstand der Gesetzgebung gewesen war,[24] und ohne Zweifel konnten auch die Worte des Schwörenden nicht in dessen Belieben stehen, sondern waren an gewisse Formeln gebunden. Die im Folgenden genannten Schwurformeln sind also, auch wenn sich ihr Ursprung in der Gesetzgebung nicht nachweisen läßt, auf jeden Fall Zeugnisse eines bei feierlichen Akten von öffentlicher Bedeutung angewandten Sprachgebrauchs.

1. Schenkung der Gotin Ranilo an die Kirche von Ravenna, Ravenna 553: *invocata tremendi diem iudicii et salutem invictissimi principis obtestans Romanum gubernantis imperium.*[25]

2. Quittung *(securitas)* des Gratianus für die Witwe Germana, Ravenna 564: . . . (Lücke) *invictissimi principis R[oma]num gubernantis imperium.*[26]

3. Schenkung der gotischen Freigelassenen Sisivera an die Kirche von Ravenna, Ravenna, 2. Hälfte des 6. Jahrhunderts: *et pro maiori firmitatem iurata dico per Dm omnipotentem et sca quattuor evangelia quas corporaliter manibus meis teneo salutemque dom(inorum) n(ostrorum) invictissimorum principum Augustorum Romanum guvernantum imp adtestatione confirmo.*[27]

Marini hat in den Anmerkungen seiner Ausgabe der Papyri diese Stellen bereits mit dem Titel Karls des Großen verglichen;[28] er zieht noch zwei weitere Stellen heran:

4. Formel eines der Häresie abschwörenden Bischofs z. Zt. Gregors des Großen,

---

23) C. J. I 17.1 = Digesta, ed. MOMMSEN, S. XIII. *Gubernantes* schreiben die neuen Ausgaben richtig mit den Digesta Florentina gegen *gubernante* der übrigen Handschriften.

24) Cod. Theod. II 9.3 (von 395). Aus einem Gesetze Justinians ist nur der Treueid für den Kaiser bekannt, dieser konnte natürlich keine Anrufung der *salus* des Kaisers zur Beteuerung enthalten (Nov. Just. VIII Anhang von 535).

25) G. MARINI, I papiri diplomatici (1805) Nr. 86 S. 133 lin. 30 ff. – E. SPANGENBERG, Iuris Romani tabulae negotiorum sollemnium (1822) Nr. 31 S. 184. [Neuausgabe: J. O. TJÄDER, Die nichtliterarischen lateinischen Papyri Italiens aus der Zeit 445–700, Bd. 1 (1955) Nr. 13 S. 304, vgl. S. 444 f.]

26) MARINI Nr. 80 S. 124–126, col. I lin. 12, SPANGENBERG Nr. 21 S. 144. [Neuausgabe TJÄDER Nr. 8 S. 240, vgl. S. 431.]

27) MARINI Nr. 93 S. 144–146, SPANGENBERG Nr. 38 S. 214; unter Justinian und Theodora (540–548) oder Justin II. und Sophia (573–578) oder Maurikios und Theodosios (590–602), vgl. MARINI S. 306 Anm. 13. [Neuausgabe TJÄDER Nr. 20 S. 348, vgl. S. 463.]

28) MARINI S. 268 b Anm. 20, S. 306 a Anm. 13.

wahrscheinlich von der Kurie dem Bischof Firminus von Istrien vorgelegt:[29] *Unde iuratus dico per deum omnipotentem et haec sancta quattuor evangelia quae in manibus meis teneo et salutem geniumque*[30] *illius atque illius dominorum nostrorum rem publicam gubernantium.*

Damit haben wir eine nur wenig abweichende Formulierung, deren genaue Herkunft nicht feststeht, die aber wahrscheinlich aus Rom stammt.

An letzter Stelle führt Marini eine 731 gesetzte Inschrift der Kirche San Apollinare in Classe bei Ravenna an.[31] Sie beginnt:

IN N PATRIS ET FILII ET SPS SCI. IMPB PIISSIMIS DD NN LEONE ET CONSTANTINO A DO CORONAT PACIFIC MAGNIS IMPB, LEONE QVIDEM CLEMENTISS IMP ANNO XV, CONSTANTINO VERO A DO CORON IMP ANNO XI, GVVERNANTEM ITALIA D N EVTVCHIO EXCELL PATRICIO ET EXARC, IIII KAL FEBRVARIAS IND XIIII HIC TITVLVS MONSTRAT OPVS LAVDAVILE FACTVM . . .

Hier zeigt die Amtsbezeichnung des Exarchen eine Parallele zu den genannten Kaisertiteln. Sie ist darum wichtig, weil sie in anderem Zusammenhang als in der Schwurformel auftritt und die Frage aufwirft, ob auch dem Kaiser die Wendung *Romanum gubernans imperium* nicht nur dort beigelegt wurde. Die Datierungen der Papsturkunden des 6.–8. Jahrhunderts zeigen keine Beispiele für die Nennung des Römernamens im Kaisertitel in irgendeiner Form. Auch unter den Inschriften und Privaturkunden habe ich kein Beispiel gefunden. Wenn auch ihre Zahl sehr gering ist, wird man doch schließen können, daß es zum mindesten ungebräuchlich war, dem Kaisertitel in den Datumsformeln die Bezeichnung des Reiches in irgendeiner Form hinzuzufügen.[32]

Eine Ausnahme scheint die schon von Heldmann herangezogene Urkunde aus Tivoli von etwa 760 zu bilden.[33] Zugleich zeigt sie die aus den Ravennater Papyri bekannte Schwurformel in etwas veränderter Gestalt an einem Ort des römischen Dukats zu einem wesentlich späteren Zeitpunkt. Die im Register von Subiaco offenbar nicht ganz einwand-

---

29) Reg. Greg. Magn. XII 7, Febr. 602 (MG. Epp. 2, 353 f.); vgl. die Anmerkung von L. M. HARTMANN zur Ausgabe.

30) Nach Anmerkung des Gussanvilleus, MIGNE PL. 77, 1348 ist *geniumque* Interpolation, da die Christen nicht beim Genius des Kaisers schwören. Die Überlieferung spricht gegen diese Vermutung.

31) Gedruckt von BLANCHINUS in seiner Ausgabe des Liber Pontificalis (Romae 1718) tom. I cap. 51. [Den öfter, auch bei MANSI XII 297, gedruckten Text gebe ich jetzt berichtigt nach einem von meinem Assistenten J. Fried aufgenommenen Foto der Inschrift.]

32) Die Inschriften sind nur für die Stadt Rom ausreichend publiziert von IOH. BAPT. DE ROSSI, Inscriptiones christianae urbis Romae septimo saeculo antiquiores (1857/88). Über die Datierungen vgl. dort vol. 1 praefatio S. III ff.

33) C. TROYA, Storia d'Italia del medio-evo tom. IV: Codice diplomatico longobardo parte 5, 1 (1855) Nr. 802 S. 228 ff.; Il regesto Sublacense dell'undecimo secolo pubblicato da L. ALLODI e G. LEVI (Biblioteca della R. Società Romana di storia patria, 1885) doc. 111 S. 157 f., dazu HELDMANN a. a. O. S. 158 Anm. 4 und S. 369 Anm. 3 (vgl. oben Anm. 10).

frei überlieferte Emphyteuseurkunde des Bischofs von Tivoli enthält folgende Worte: *jurantes dicunt utrasque partes per Deum omnipotentem sancteque sedis apostolice principatum a Deo coronatorum dominorum nostrorum Constantini et Leoni magni imperatoribus Romanorum gubernatores seu salutem viri beatissimi et apostolici domni Pauli summi pontificis.*

Die ersten Zeilen der Urkunde, die die Datierung enthalten haben, sind in der Handschrift ausradiert. Aus den noch erkennbaren Wortresten las der erste Herausgeber, Troya, hier neben anderen Datumsteilen *Romae gubernatores;* die letzten Herausgeber schreiben *Romanorum gubernatores*, ohne daß ganz deutlich wird, ob sie dies wirklich gelesen haben oder eine Konjektur aufgrund der Schwurformel vorliegt. Auf jeden Fall haben wir hier eine Formulierung, die in engem Zusammenhang mit denen der Ravennater Papyri steht und nicht nur in der Schwurformel, sondern – vielleicht mit einer kleinen Veränderung – auch in der Datumszeile angewandt wird.

Aus der Literatur der Zeit kann ich nur ein Beispiel für unsere Formel anführen. Ein Kaiserverzeichnis, das in der überlieferten Form frühestens unter Justinian abgeschlossen wurde, führt an: *Anastasius Orientale gubernans imperium regnavit annos XXVII...*[34]

Redewendungen, die an die Formel *Romanum gubernans imperium* stark anklingen, finden sich außerhalb Italiens mehrfach in den Briefen, die die Frankenkönigin Brunichild und ihr Sohn Childebert II. 584 und 585 nach Konstantinopel sandten. Wie bei den Schwurformeln handelt es sich auch hier nicht um die Wiedergabe der amtlichen Kaisertitulatur, wohl aber um eine den staatsrechtlichen Formen und der Kanzleisprache gemäße Ausdrucksweise.[35]

Childebert II. an den Patricius Venantius: *... legatarios ad clementiam serenissimi principis distinasse Romanam rem publicam gubernantis.*[36]

Childebert II. an Kaiser Maurikios: *... supplicamus per qui vestrum culmen Romanam rem publicam longa feliciter faciat seriae gubernari.*[37]

Brunichild an Kaiserin Anastasia: *Serenissimae .dominationi vestrae quam tribuente domino summo principe coniuge Romanam cognovimus rem publicam gubernare.*[38]

Childebert II. an Paulus, den Vater des Exarchen von Ravenna Smaragdus, mit Bezug auf diesen: *ut de vestro germine procrearetur feliciter qui gubernaret imperia.*[39]

Häufiger als die angeführten Wendungen ist in den Briefen die Bezeichnung *princeps Romanae rei publicae*, meist mit dem Zusatz *tranquillissimus* oder *serenissimus;* einmal

---

34) MG. AA. 13, 423, vgl. ebenda: *Justinus Constantinopolim regens imperium per annos VIIII...*
35) Epistulae Austrasicae Nr. 25–39, 43–47, MG. Epp. 3, 138–145, 149–152. Zum Datum und politischen Zusammenhang W. GUNDLACH, NA. 13 (1888) 372–378.
36) Nr. 39 S. 145, die Handschrift hat *gubernantes*, von Gundlach korrigiert.
37) Nr. 47 S. 152.
38) Nr. 29 S. 140.
39) Nr. 37 S. 144.

steht *princeps Romanus.*[40] *Res publica Romana* wird in dieser Zeit innerhalb und außerhalb des Römischen Reiches als Name desselben so häufig verwandt wie *imperium Romanum.*

Während so der Kanzleistil den Ausdruck *imperator Romanorum* vermeidet, finden wir ihn in den Chroniken des 6. und 7. Jahrhunderts wiederholt, wenn auch nicht allzu häufig.[41] Im amtlichen Verkehr war er jedoch noch zu Beginn des 7. Jahrhunderts absolut unmöglich, wie ein schönes Beispiel aus dem Register Gregors des Großen zeigt. Der Papst schreibt im Jahre 600 an einen römischen Adligen: *Hoc enim inter reges gentium et imperatorem Romanorum distat, quia reges gentium domini servorum sunt, imperator vero Romanorum dominus liberorum.*[42] Deutlich ist hier der Ausdruck *imperator Romanorum* in Parallele zu *reges gentium* gebildet. Diesen Parallelismus gibt Gregor aber auf, als er drei Jahre später wörtlich denselben Satz an den Kaiser Phokas schreibt. Statt *imperator Romanorum* schreibt er jetzt *rei publicae imperatores.*[43]

## III.

Ehe wir die Formeln des karolingischen Kaisertums erörtern können, muß noch ein Blick auf die Entwicklung im allmählich ganz griechischen Charakter annehmenden Oströmischen Reich geworfen werden.

Viel früher als im Westen war im griechisch sprechenden Osten der Ausdruck Kaiser der Römer aufgekommen. Zuerst in der Zeit der Antoninen, bei Appian und Pausanias, findet er sich im pluralischen Gebrauch, gewissermaßen als Gattungsbegriff;[44] in der ersten Hälfte des dritten Jahrhunderts wenden ihn Clemens von Alexandrien und Origenes dann auch im Singular an.[45] Euseb stellt den Ausdruck gelegentlich titelähnlich neben den

---

40) Nr. 28, 32, 33, 34, 35, 36, 37, 38, S. 140–144. Die Wortstellung schwankt. *Princeps Romanus* in Nr. 31 S. 141.

41) Z. B. MG. AA. 11, 206, 211 u. öfter. (Neben *imperator Romanorum* auch *princeps Romanorum*.)

42) Reg. Greg. Magn. XI 4 von Sept. 600 (MG. Epp. 2, 263).

43) Reg. Greg. Magn. XIII 34 von Mai 603 (MG. Epp. 2, 397).

44) Appianus, bell. civ. I 103: οἱ Ῥωμαίων βασιλεῖς. Pausanias II 8.1 τέμενος ἀνειμένον βασιλεῦσι Ῥωμαίων, VI 19.10 βασιλεῖς Ῥωμαίων; adjektivisch dagegen VI 24.10 βασιλεῦσι δὲ ἀνεῖται Ῥωμαίοις; nicht zu unterscheiden, ob adjektivischer oder substantivischer Gebrauch vorliegt: I 40.2, V 20.9. Bei genauer Durchsicht der Literatur dürften sich weitere Stellen nachweisen lassen. Über den Gebrauch des einfachen βασιλεύς für den römischen Kaiser seit dem ersten Jahrhundert vgl. L. Bréhier, Byz. Zs. 15 (1906) 165 ff.

45) Clemens Alex., protrept. IV 49.1 (ed. Stählin S. 38) ὁ βασιλεὺς ὁ Ῥωμαίων. Origenes contra Celsum VIII 65 (ed. Kötschau S. 281) τοῦ Ῥωμαίων βασιλέως τὸν δαίμονα, VIII 35 (S. 250, Zitat aus Celsus) ὁ μὲν τοῦ Περσῶν ἢ Ῥωμαίων βασιλέως σατράπης. – βασιλεὺς Ῥωμαίων auf einem Papyrusfragment des 2.–3. Jhs: BGU [= Ägyptische Urkunden aus den kgl. Museen zu Berlin, Bd. 2, 1898, Nr.] 588. – Die Formeln der Kaisertitel auf Papyri sind zusammengestellt von F. Preisigke, Wörterbuch der griechischen Papyrusurkunden (1931) 3, 41–72.

Namen des Herrschers.[46] Dieser Gebrauch ist bei Prokop und Agathias bereits sehr verbreitet;[47] ja, Agathias kann von Justinian sagen, nach der Eroberung der westlichen Provinzen des Reiches sei er von allen in Byzanz regierenden Kaisern als erster »dem Namen und der Sache nach« Kaiser der Römer gewesen.[48] Dies setzt voraus, daß im Volksmund dem Namen nach die Kaiser längst Kaiser der Römer waren, auch wenn dieser Titel erst Jahrhunderte später von den kaiserlichen Kanzleien aufgenommen wurde.

Die amtliche Titulatur der Urkunden behielt in Byzanz bis ins 7. Jahrhundert die unter dem Prinzipat entwickelten Formen bei. Erst Herakleios führte einen neuen kurzen Titel in griechischer Sprache ein, in dem der Herrscher βασιλεύς genannt wurde.[49] Damit beginnt die staatsrechtliche Gleichung *imperator* – βασιλεύς, die die bisher häufige Bezeichnung barbarischer Herrscher als βασιλεῖς ausschließt. Im Laufe des 7. Jahrhunderts begann dann allmählich das Eindringen des Römernamens in die Kaisertitulatur, zuerst erkennbar auf Siegeln und Münzen, die noch bis in die Mitte des achten Jahrhunderts lateinische Schriftzeichen für die griechischen Worte der Legende verwandten. Da Zeitpunkt und Bedeutung des ersten Auftretens der Titulatur βασιλεὺς Ῥωμαίων in den letzten zwanzig Jahren heftig umstritten worden sind, soll im Folgenden die Reihe der Belege noch einmal kurz zusammengestellt werden.[50]

A. Siegel    1. Siegel Konstantins IV. (668–685). Legende: CONSTANTINOS CONSTANTOS (K)E ANASTAS(IOS) (B)ASILIS PO(MAION).[51]

2. Siegel des Leontios (695–698). Legende: DEUS AIVTA . LEONTII / AUG ROMION.[52]

---

46) Eusebius, hist. eccl. VI 28.1 (ed. SCHWARTZ S. 582): τόν γε μὲν Ῥωμαίων αὐτοκράτορα Ἀλέξανδρον, vgl. IV 26.1 (S. 380) τῷ δηλωθέντι τοὺς χρόνους Ῥωμαίων βασιλεῖ. Hieronymus übersetzt einmal *imperator*, das andere Mal *imperatori Romano* und vermeidet so das *imperator Romanorum*.

47) Procopius, bell. Pers. I 1.1 Ἰουστινιανὸς ὁ Ῥωμαίων βασιλεύς, I 2.1 Ἀρκάδιος ὁ Ῥωμαίων βασιλεύς, vgl. I 4.16; bell. Vand, I 1.1 Θεοδόσιος ὁ Ῥωμαίων αὐτοκράτωρ, vgl. bell. Goth. I 1.26 und viele andere Stellen; Agathias, hist. I 1, I 6, I 21 und öfter. Beide Autoren verwenden βασιλεύς häufiger als αὐτοκράτωρ, machen jedoch anscheinend keinen grundsätzlichen Unterschied.

48) Agathias, hist. V 14 am Anfang.

49) L. BRÉHIER, Byz. Zs. 15 (1906) 172 f., K. BRANDI, AUF. 1 (1908) 34 f., G. OSTROGORSKY, Geschichte des byzantinischen Staates (1940) S. 64 mit Anm. 1.

50) Die für die eine Seite der Kontroverse grundlegende Arbeit von V. LAURENT, ΒΑΣΙΛΕΥΣ ΡΩΜΑΙΩΝ. L'histoire d'un titre et le témoignage de la numismatique, Cronica Numismatica şi Arheologica, Bukarest 1940, Nr. 117–118 mit einer ausführlichen Zusammenstellung des Materials ist in Deutschland kaum zugänglich. Die Möglichkeit, sie zu benutzen, verdanke ich dem großen Entgegenkommen des Verfassers, der mir die Fahnen zuschickte, wofür ihm auch an dieser Stelle herzlich gedankt sei. Im Folgenden ist nach der Seitenzahl dieser Fahnen zitiert. Der mir ebenfalls nicht erreichbare Aufsatz des gleichen Verfassers: Échos d'Orient 38 (1939) 355–362 wird durch diese Arbeit ersetzt.

51) LAURENT S. 12 [vgl. Échos d'Orient 38 S. 359].

52) MORDTMANN, Byz. Zs. 15 (1906) 614, vgl. GOODACRE, A Handbook of the Coinage of the Byzantine Empire (1931) S. 119; LAURENT S. 12 [Échos d'Orient 38 S. 358 f.].

3. Siegel Leons III. (??) (717–741). Legende: LEONS CONST(A)N-TINOS P(I)STOI BASILIS ROMAION. Die Zuweisung des Siegels zu Leon III. ist sehr zweifelhaft, wahrscheinlich stammt es von Leon V. (813–820).[53]

4. Siegel des Gegenkaisers Artavasdos (741–742). Legende: ARTAYASDOS K NICIFOROS PISTOI BASILIS ROMAION.[54]

5. Siegel Konstantins V. und Leons IV. (751–755). Legende: ΚΩΝCΤΑΝΤΙΝΟC ΚΑΙ ΛΕΩΝ ΠΙCΤΟΙ ΒΑCΙΛΕΙC ΡΩΜΑΙΩΝ.[55]

**B. Münzen**    Münze der Kaiserin Eirene. Legende: AUGOUSTA R(OMAION). Die Lesung wird von F. Dölger bestritten.[56]

**C. Urkunden**    Zuerst in den Briefen ausländischer Herrscher finden wir den Kaiser urkundlich βασιλεὺς Ῥωμαίων genannt. Der Chagan der Türken schreibt dem Kaiser Maurikios im Jahre 598: Τῷ βασιλεῖ τῶν Ῥωμαίων ὁ Χαγᾶνος ὁ μέγας δεσπότης ἑπτὰ γενῶν καὶ κύριος κλιμάτων τῆς οἰκουμένης ἑπτά.[57] Der Perserkönig Chosrau II. stellt in einem Brief von 591 bewußt die eigene Herrschaft und Titulatur in Parallele zu der des Kaisers Maurikios: Χοσρόης Περσῶν βασιλεὺς τῷ ἐμφρονεστάτῳ βασιλεῖ τῶν Ῥωμαίων ἀγαθοποιῷ εἰρηνικῷ δυνάστῃ φιλευγενεῖ καὶ τοῖς ἀδικουμένοις σωτῆρι εὐεργετικῷ ἀμνησικάκῳ χαίρειν. Δύο τισὶν ὀφθαλμοῖς τὸν κόσμον κατα-λάμπεσθαι πάντα ἄνωθεν καὶ ἐξ ἀρχῆς τὸ θεῖον ἐπραγματεύσατο, τουτέστει τῇ δυνατωτάτῃ τῶν Ῥωμαίων βασιλείᾳ καὶ τοῖς ἐμφρο-νεστάτοις σκήπτροις τῆς Περσῶν πολιτείας.[58] Aus Byzanz selbst gibt es nur drei Belege aus der Zeit vor 800:

1. Unterschrift unter den Konzilsakten von 680: Κωνσταντῖνος ἐν

---

53) Lihacev, Byzantion 11 (1936) 471, vgl. H. Gregoire, ebenda S. 482. F. Dölger, Byz. Zs. 37 (1937) 578 f. macht dagegen die Zuweisung zu Leon V. wahrscheinlich, dazu vgl. Goodacre a. a. O. S. 168 Nr. 6–8, vgl. ferner F. Dölger, Byz. Zs. 31 (1931) 218 f.

54) Lihacev a. a. O. 469 f.

55) N. Banescu, Byzantion 10 (1935) 722 f., vgl. H. Gregoire, ebenda S. 822.

56) W. Wroth, A Catalogue of the Imperial Byzantine Coins in the British Museum 2 (1908) 398 Nr. 4. Leider ist mir dieses Werk nicht zugänglich, so daß ich die von F. Dölger (Byz. Zs. 40, 1940, 519) bestrittene Lesung Laurents (a. a. O. S. 10 [vgl. Échos d'Orient 38 S. 360 Anm. 4]) nicht nachprüfen kann. [Wroth liest AVCYTR, so daß jede über Augusta hinausgehende Auflösung willkürlich ist.]

57) Theophylactus Symocattes VII 7 (Corp. Bonn. 22, 282). Der Hinweis auf diese und die folgende Stelle findet sich bei R. Helm, AUF. 12 (1932) 378 f.

58) Theoph. Sym. IV 11 S. 180.

Χριστῷ τῷ θεῷ βασιλεὺς καὶ αὐτοκράτωρ Ῥωμαίων legimus et consensimus.[59]

2. Unterschrift unter den Konzilsakten von 692: Φλάβιος Ἰουστινιανὸς πιστὸς ἐν Χριστῷ Ἰησοῦ τῷ θεῷ βασιλεὺς Ῥωμαίων στοιχήσας ἅπασι τοῖς ὁρισθεῖσι καὶ ἐμμένων ὑπέγραψα.[60]

3. Verordnung Konstantins VI. und Eirenes an das Konzil von Nikaia 787: Σάκρα. Κωνσταντῖνος καὶ Εἰρήνη πιστοὶ βασιλεῖς Ῥωμαίων τοῖς εὐδοκίᾳ καὶ χάριτι θεοῦ καὶ κελεύσει τῆς ἡμετέρας εὐσεβοῦς βασιλείας συναθροισθεῖσιν ἁγιωτάτοις ἐπισκόποις ἐν τῇ κατὰ Νικαίαν συνόδῳ.[61] Alle drei Stellen sind unsicher überliefert. Vor allem der älteste der drei Belege hat sicher eine Veränderung in der abschriftlichen Überlieferung erfahren; denn wie F. Dölger nachgewiesen hat, wurde der Titel βασιλεὺς καὶ αὐτοκράτωρ erst unter Nikephoros III. (1078–1081) üblich.[62]

---

59) Mansi XI 655. Trennung der lateinischen und griechischen Worte nach K. Brandi, AUF. 1 (1908) 40. Vgl. E. Stein, Forschungen u. Fortschritte 6 (1930) 182 f. – Eine aus der Zeit des Papstes Sergius (687–701) stammende Übersetzung ins Lateinische hat im ältesten Druck (J. Merlinus, Conciliorum generalium tom. II, Coloniae 1530, fol. LXXXVI verso): *Et subscriptio piissimi et Deo dilecti Constantini imperatoris: Legimus et consensimus,* im Druck bei Mansi XI 656 dagegen eine der griechischen entsprechende Fassung. Vielleicht ist Mansis Fassung durch den griechischen Text beeinflußt. Dann würde die alte Übersetzung einen Beweis für Dölgers Verdächtigung der griechischen Überlieferung (siehe unten) ergeben. Genaue Nachprüfung wäre nur an Hand der Handschriften möglich (Cod. Vindob. 418, Cod. Vatic. Reg. lat. 1040, vgl. F. Maassen, Gesch. der Quellen und Lit. d. canon. Rechts 1, 1870, 148, 760 f.) [Wie Dr. P. Schreiner, Rom, mir freundlich mitteilt, lautet die Subscription in Reg. lat. 1040 fol. 72ʳ: *et subscriptio piissimi et Christo dilecti Constantini imperatoris: Legimus et consensimus.* Das bestätigt den Verdacht gegen die Überlieferung des griechischen Textes]. Auch eine andere alte Übersetzung hat eine ähnliche Fassung wie die von Merlinus gedruckte: Mansi XI 900.

60) Mansi XI 988.

61) F. Dölger, Regesten 346, Mansi XII 1002. Die Übersetzung des Anastasius Bibliothecarius von etwa 872 hat entsprechend *imperator Romanorum* (Mansi XII 1001, Migne PL. 129, 210).

62) Konzilsakten falsch überliefert nach F. Dölger, Byz. Zs. 36 (1936) 136 Anm. 2 (Nachweis des ersten Vorkommens von βασιλεὺς καὶ αὐτοκράτωρ), Byz. Zs. 40 (1940) 519, Europas Gestaltung (vgl. oben Anm. 9) S. 215 Anm. 21; echt nach Laurent S. 10 [vgl. Échos d'Orient 38, S. 357]. – Vgl. auch oben Anm. 59 u. 60. – Sicher zu Unrecht führt Laurent noch Novelle 27 der Kaiserin Eirene an. In einer Handschrift enthält die Rubrik dieses Gesetzes die Worte Εἰρήνης μεγάλου βασιλέως Ῥωμαίων καὶ αὐτοκράτορος (Dölger, Regesten 358, Zepi, Jus Graeco-Romanum 1, 45). F. Dölger, Europas Gestaltung S. 215 Anm. 21 führt für (falsch überliefertes) βασιλεὺς Ῥωμαίων nach seinen Regesten noch an: Nr. 211 von 638 (anscheinend irrtümlich angeführt) und Nr. 304 von 726/740: Ecloga Leons III. Diese hat in der ältesten Fassung (Collectio librorum iuris Graeco-Romani, ed. C. Zachariae, 1852, S. 10) einfach Λέων καὶ Κωνσταντῖνος βασιλεῖς (eine Hs. πιστοὶ β.); erst die jüngere Bearbeitung Ecloga privata aucta (Jus Graeco-Romanum IV, ed. C. Zachariae, 1865, S. 1) hat Λ. κ. Κ. πιστοὶ ἐν Χριστῷ ἀει[σεβασ]τοὶ βασιλεῖς Ῥωμαίων.

Zu den Urkunden tritt noch eine Inschrift in Saloniki, die Justinian II.
685/688 dem heiligen Demetrios setzen ließ.[63)]

Die Zusammenstellung ergibt, daß seit dem Ende des 7. Jahrhunderts ein langsames
Vorschreiten des Römernamens im Kaisertitel zu bemerken ist; völlig unanfechtbare
Belege liegen aber nur auf Siegeln vor. Die Meinung V. Laurents, daß schon Herakleios
oder Konstantin III. den Titel βασιλεὺς Ῥωμαίων eingeführt haben, läßt sich nicht
halten; die Verwendung dieses Titels im 8. Jahrhundert scheint aber doch größeren
Umfang zu haben, als F. Dölger anzunehmen geneigt ist. Seit 812 tragen die Silbermünzen
des Reiches oft die Legende N βασιλεὺς Ῥωμαίων, seit Leon VI. (886–912) regelmäßig.[64)]
Im 10. Jahrhundert setzt sich dieser Titel dann auf allen Münzen und Urkunden durch.

Eine dem *Romanum gubernans imperium* entsprechende griechische Wendung scheint
es nicht gegeben zu haben.[65)]

## IV.

Der Liber Pontificalis berichtet, daß Karl der Große am Weihnachtstage 800 zum
*imperator Romanorum* gekrönt sei – und entsprechend lauten die Nachrichten des
Griechen Theophanes und anderer Quellen.[66)] Die Akklamation des römischen Volkes in
der Peterskirche lautete, dem Liber Pontificalis zufolge: »*Karolo piissimo Augusto a Deo
coronato magno et pacifico imperatori vita et victoria.*« Die fränkischen Reichsannalen
fügen in ihrer Wiedergabe der Akklamation dem Kaisertitel das Wort *Romanorum* hinzu.
Während der Verfasser der Vita Leonis genau zwischen der Sprache des konstitutiven
Rechtsaktes und der des historischen Berichtes unterscheidet, übertragen die Annalen in
naiver – fast möchte man sagen barbarischer – Weise die populäre Sprache auf den
Rechtsakt. Es zeigt sich darin eine gewisse Unklarheit über den neuen Titel auf fränkischer
Seite.[67)]

63) Corpus inscript. Graec. ed. Boeckh, IV 8642 S. 300: Ὦ μεγαλομάρτυς Δημήτριε μεσίτευσον
πρὸς θεόν, ἵνα τῷ πιστῷ σου δούλῳ τῷ ἐπιγείῳ βασιλεῖ Ῥωμαίων Ἰουστινιανῷ δοίη μου νικῆσαι
τοὺς ἐχθρούς μου καὶ τούτους ὑποτάξαι ὑπὸ τοὺς πόδας μου. Datierung nach A. Vasiliev,
Speculum 18 (1943) 9 f. – Die von Bréhier noch genannte Inschrift CIG. 8634 entstammt dem hohen
MA.
64) E. Stein, Forschungen u. Fortschritte 6 (1930) 182 f., F. Dölger, Byz. Zs. 40 (1940) 518 f.
65) Vgl. z. B. die kritische Schwurformel in einem Papyrus von 538 (Byz. Zs. 37, 1937, 15 f.): καὶ
ἐπὶ τούτοις π[ᾶ]σι ἐπωμοσάμην τὴν ἁγίαν καὶ ὁμοούσιον τριάδα καὶ τὴν νί[κην δι]αμονὴν τοῦ
καλλινίκου δεσπότου ἡμῶν Φλαυίου Ἰουστινι[ανοῦ τοῦ αἰω]νίου αὐγούστου αὐτοκράτορος
ἐμμεῖναι πᾶσι τοῖς προγεγραμμένοις . . .
66) Vita Leonis III. cap. 23 (Lib. Pontif., ed. Duchesne 2, 7), Theophanes ad ann. 6289 (Migne PG.
108, 962); vgl. Annales regni Francorum ad ann. 801 (SS. rer. Germ. S. 112 f.). Weitere Quellen bei
BM.² 370 c.
67) Vgl. E. Caspar, ZKG. 54 (1934) 232 mit Anm. 54, H. Löwe (vgl. o. S. 188 Anm. 9) S. 162.
Wenn F. Dölger, Europas Gestaltung (vgl. oben Anm. 9) S. 260 Theophanes als Zeugen für den
richtigen Wortlaut der Akklamation in den Reichsannalen anführt, so ist zu bemerken, daß Theopha-

Die erste Urkunde des Jahres 801 zeigt die Schwierigkeit, die die Vereinigung der neuen und alten Würden Karls im Titel bereitete. Auf das Chrismon folgen die Worte *Carolus Dei gratia rex Francorum et Romanorum adque Langobardorum.*[68] Man wird aus der nur abschriftlich überlieferten Urkunde nicht zu weitgehende Schlüsse ziehen dürfen; sie ist aber doch nicht hinwegzuinterpretieren, sondern als Zeugnis für eine vorübergehende Verlegenheit zu werten.

Im April 801 brach Karl von Rom auf, um über die Alpen nach Norden zu ziehen.[69] Am 29. Mai wurde die erste Urkunde mit dem neuen Titel, von dem wir ausgingen, in der Nähe von Bologna ausgestellt.[70] Sie trägt neben dem Chrismon die trinitarische Invokatio *In nomine Patris et Filii et Spiritus sancti,* die seit der Zeit Kaiser Leons III. in den Kaiserurkunden der Byzantiner angewandt wurde. Die Form des Urkundenprotokolls, die Karl jetzt gefunden hatte, blieb für seine ganze weitere Regierungszeit gültig.[71]

Wenige Tage vor dem 29. Mai hatte Karl Ravenna besucht. Er hatte dort den Befehl gegeben, das Reiterbild Theoderichs nach Aachen zu schaffen.[72] Alle unsere wörtlich entsprechenden Belege für die nun von ihm angewandte Titelformel *Romanum gubernans imperium* stammen aus Ravenna, so daß sich die Vermutung aufdrängt, der Kaiser sei an diesem Hort der byzantinischen Tradition und des römischen Rechtes mit ihr bekannt geworden. Ein Beweis hierfür wird sich nicht erbringen lassen. Aber wenn auch Alchvine gelegentlich den byzantinischen Kaiser *gubernator* nennt und selbst in England Aldhelm einen unserer Formel ähnlichen Titel für den britischen König von Devon anwendet[73] –

nes – wie der Liber Pontificalis – nur von der Krönung zum βασιλεὺς Ῥωμαίων spricht, die Akklamation aber gar nicht erwähnt. – H. BEUMANN, Welt als Geschichte 10 (1950) 123 Anm. 33, will die Überlieferung der Reichsannalen durch die Laudes von 800 stützen. Leider sind diese Laudes nicht bekannt; die von Beumann angeführten (Lib. Pontif., ed. DUCHESNE 2, 37 und Einhard, Vita Caroli, ed. sexta cur. O. HOLDER-EGGER, S. 46) stammen aus der Königszeit Karls und nennen ihn nur *patricius Romanorum* – vom *imperator* ist keine Rede. – Vgl. auch E. KANTOROWICZ, Laudes Regiae (1946) S. 84, der die Akklamation in der Form des Liber Pontificalis anführt.
68) DK. 196 von 801 März 4 Rom. Den Versuch von M. KÖSSLER, Karls d. Gr. erste Urkunde aus der Kaiserzeit (Veröffentl. d. hist. Sem. d. Univ. Graz 8, 1931), die Urkunde als zweite Ausfertigung des Originals zu erweisen, hat P. KEHR, NA. 49 (1932) 702 f. widerlegt. Dennoch läßt sich die Urkunde nicht mit KEHR und CASPAR (a. a. O. S. 261 f.) einfach ausschalten; gestützt wird sie durch einen ähnlichen Titel in einem Formular (Form. Morb. 5, MG. LL. 5 Formulae ed. ZEUMER 331). Vgl. zuletzt F. L. GANSHOF, ZSchwG. 28 (1948) 432 Anm. 1, ebenso schon SCHRAMM, Renovatio 1, 13 Anm. 2.
69) BM.² 371 b.
70) DK. 197 für das Bistum Bologna. Vgl. oben S. 187.
71) Die letzte erhaltene Urkunde ist DK. 218 von 813 Mai 9.
72) BM.² 371 d.
73) Alcuini ep. 174 von 799 (MG. Epp. 4, 288), Adelhelmi ep. 4 (MG. AA. 15, 480): *Domino gloriosissimo occidentalis regni sceptra gubernanti.* Zweifellos ist irgendein Stilmuster, vermutlich des 6. Jahrhunderts, benutzt. Vgl. auch Aldhelm, de virginitate cap. 24, 32 u. öfter (MG. AA. 15, 257, 273).

eine nordalpine Tradition des unter Justinian geprägten Titels ist nicht nachweisbar. Wie die voraufgehenden Epitheta stammt die Nennung des römischen Reichs in Karls Titel aus Italien. Offen bleiben muß nur die Frage, ob er bewußt an die Zeit Justinians anknüpfte oder einen noch am Ende des achten Jahrhunderts lebendigen Brauch aufnahm; es gibt Gründe, diese letzte Möglichkeit zu bezweifeln.[74]

Jedenfalls steht die Form des Kaisertitels in einer Linie mit anderen Zeugnissen für die Aufnahme römischer Traditionen. Das erste für Italien erlassene Kapitular der Kaiserzeit trägt eine Datierung nach Postconsulatsjahren, eine von Byzanz schon im 7. Jahrhundert, von den Päpsten 772 aufgegebene Form.[75] Wichtiger und berühmter ist die Bulle, deren Zugehörigkeit zu Karl dem Großen P. E. Schramm nachgewiesen hat.[76] Wie auf alten römischen Münzen ist der Kaiser hier betitelt: *D(ominus) N(oster) KAR(lus) IMP(erator) P(ius) F(elix) P(er)P(etuus) AUG(ustus)*. Die Rückseite zeigt ein Stadttor und die Umschrift: *RENOVATIO ROMAN(i) IMP(erii) / ROMA*.

Wie auf dieser Bulle bezieht sich im neuen Kaisertitel die Herrschaft Karls eindeutig auf das *imperium Romanum*, nicht auf die Stadtrömer, wie der Titel *patricius Romanorum* gedeutet werden konnte und man den *imperator Romanorum* hätte deuten können. Nicht die Rücksicht auf Byzanz bestimmte also Karl zur Annahme dieses Titels: Im Gegenteil, den einzigen je in Italien amtlich gebrauchten Kaisertitel mit dem Römernamen nahm er auf und verknüpfte ihn mit den verbreiteteren Epitheta der Kaiser. Klarer konnte er den Byzantinern, mit denen er, wie H. Löwe jüngst nachwies,[77] in den voraufgehenden Jahren wiederholt in Verhandlungen über das Kaisertum gestanden hatte, seinen Anspruch auf das Römische Reich, dessen Kern für ihn in Italien lag, nicht vorführen.

Aber noch mehr läßt sich dem vollen Titel entnehmen. Er nahm die römischen Ansprüche auf, ohne die fränkischen zurückzustellen. H. Beumann wies kürzlich darauf hin, daß Karl vermied, die Römer – was immer man unter diesem Namen verstehen mochte, die Franken fühlten sich weder als Römer noch als Glieder des *imperium*

---

74) Die Schwurformel einer Ravennater Urkunde von 767 lautet: *iurata voce dico per divina omnia et per scripta sacra sancta evangelia que corporaliter obsculans tango sedeque sancta apostolica et imperatorum salutem* (M. FANTUZZI, Monumenti Ravennati de'secoli di mezzo 2, 1803, Nr. 1 S. 1–4).

75) MG. LL. 2 Capit. 1, 204 ff. Nr. 98. Wie die Consulatsdatierung sind auch Titel und Invocatio dieses Kapitulars singulär: *In nomine Domini nostri Jesu Christi. Karolus divino nutu coronatus Romanum regens imperium serenissimus augustus.* (Die gleiche Intitulatio erscheint noch einmal in Capit. 1, 267 Nr. 134, Ludwig d. Fr., 816 Nov. 1). Das Datum von Capit. I 98 liegt zwischen Anfang Juni und Ende August 801 *(anno regni ... in Italia XXVIII ... indictione nona).*

76) P. E. SCHRAMM, Die zeitgenössischen Bildnisse Karls d. Gr. (Beiträge zur Kulturgesch. d. Mittelalters u. d. Renaissance 29, 1928) S. 26–28, dazu die Abbildungen bei DEMS., Die deutschen Kaiser u. Könige in Bildern ihrer Zeit 1 (1928) Tafel 7 (dazu Textband S. 31 ff.), vgl. auch DENS., Renovatio 1, 14, 42 f. – Die Münzen Karls kennen die Legende *PFPP AVG* nicht (SCHRAMM, Kaiserbilder S. 29 ff., Tafel 6).

77) H. LÖWE, Eine Kölner Notiz zum Kaisertum Karls des Großen, Rhein. Vierteljahresblätter 14 (1949) 7–34.

*Romanum* – als Reichsvolk zu nennen und so die Franken und Langobarden in keiner Weise zurückstellte: eine für die personale Staatsauffassung der Germanen zweifellos wichtige Maßnahme.[78] Der Ausdruck des Regierens im höheren – göttlichen – Auftrag wurde bei Justinian durch das Wort *gubernare* deutlich, vielleicht darf man hier eine ähnliche Vorstellung dahinter sehen,[79] die den Verzicht auf eine Devotionsformel beim Wort *imperator* möglich machte. Vor allem aber erlaubte der neue Titel eine Karls Vorstellung vom christlichen Kaiser entsprechende Deutung: Karl war *imperator* als Beherrscher des christlichen *orbis*, als *vicarius Christi*, als *imperator* herrschte er im ganzen Abendland. *Romanum gubernans imperium qui et per misericordiam Dei rex Francorum atque Langobardorum*, diese an den allgemeineren Kaisertitel angehängten Worte bezeichnen die einzelnen Rechtstitel, durch die der Kaiser drei Bereiche unmittelbar beherrschte. Über dem *qui et* vor dem Königstitel wird man die hinter *imperator* liegende Cäsur nicht übersehen dürfen. Die Dreiteilung war im Titel seit 774 vorgebildet und begegnet in einer besonderen Form im Titel der *libri Carolini*. Jetzt stand der Imperatoren-Titel übergeordnet vor den drei Bezeichnungen seines unmittelbaren Herrschaftsgebietes.[80]

Die folgende Auseinandersetzung Karls mit Byzanz ist bekannt.[81] Sie endete mit der Anerkennung des neuen Kaisers als *imperator* im Jahre 812. Aber obwohl ihm die Byzantiner den römischen Titel nicht zugestanden, behielt Karl sein einmal formuliertes Urkundenprotokoll bei; selbst Ludwig der Fromme, der sich in der Regel nur *imperator augustus* nannte, griff gelegentlich auf Titelformen des Vaters zurück.[82] Für die Byzantiner wurde aber die Schaffung des westlichen Kaisertums und insbesondere seine Anerkennung 812 zum Anlaß, den römischen Charakter ihres Reiches und ihrer Kaiserherrschaft fortan stärker zu betonen. Jetzt erst setzte sich bei ihnen der Titel βασιλεὺς Ῥωμαίων allgemein durch.[83]

---

78) H. BEUMANN, Welt als Geschichte 10 (1950) 122 f.
79) Dies setzt H. BEUMANN a. a. O. voraus.
80) Zur Dreiteilung des Herrschertitels vgl. E. CASPAR, ZKG. 54 (1935) 260 f. Das Kaisertum Karls auch außerhalb des *imperium Romanum* hebt hervor M. LINTZEL, Welt als Geschichte 4 (1938) 428 f. Wertvolle Anregungen für die oben gegebene Interpretation verdanke ich noch unveröffentlichten Ausführungen meines Freundes Dr. Jürgen Fischer in Göttingen. [Vgl. jetzt J. FISCHER, Oriens – Occidens – Europa. Begriff und Gedanke »Europa« in der späten Antike und im frühen Mittelalter (Veröffentlichungen des Instituts für Europäische Geschichte 15, 1957), bes. S. 76 mit Anm. 11 auf S. 141.]
81) Vgl. vor allem F. DÖLGER, Europas Gestaltung passim.
82) Vgl. oben Anm. 75.
83) F. DÖLGER, Europas Gestaltung S. 219 ff., 215 Anm. 21 und die oben Anm. 64 angegebene Literatur.

## Nachtrag 1971

Der vorstehende Aufsatz erscheint, entsprechend dem Zweck der »Wege der Forschung«, hier unverändert so, wie er 1950 als Nebenfrucht meiner Dissertation[84] verfaßt und im Herbst 1951 veröffentlicht wurde. Es wurden lediglich Druckfehler ausgemerzt sowie Quellenzitate und Literaturhinweise nach neueren oder damals nicht zugänglichen Editionen verbessert; diese Zusätze stehen in eckigen Klammern.

In größerem Zusammenhange habe ich die hier erörterten Fragen aufgegriffen und dargestellt in dem Aufsatz »Karl der Große, das Papsttum und Byzanz. Die Begründung des karolingischen Kaisertums«, in: Karl der Große – Lebenswerk und Nachleben, Band 1: Persönlichkeit und Geschichte, herausgegeben von Helmut Beumann, Düsseldorf, Schwann, 1965, S. 537–608. Eine durch Nachträge, die zur jüngsten Forschung Stellung nehmen, erweiterte Sonderausgabe dieser Arbeit erschien bei demselben Verlag 1968. Nach dieser Ausgabe wird im folgenden zitiert.

Selbstverständlich haben sich bei der späteren Darstellung in größerem Zusammenhang neue Gesichtspunkte ergeben. Insbesondere die zusammenfassende Interpretation der Ergebnisse oben S. 198 ff. würde heute zum Teil andere Akzente erhalten. Das kann nicht an dieser Stelle wiederholt werden; doch seien einige Einzelheiten für die Kernfrage des vorliegenden Aufsatzes, den Kaisertitel, nachgetragen.

1. Alsbald nach dem ersten Erscheinen des Aufsatzes wies mein früherer Lehrer H. U. Instinsky mich darauf hin, daß die Formel *imperator Romanorum* zunächst ein Gräcismus ist: rein lateinisch muß es *imperator Romanus* heißen, wie es *populus Romanus, exercitus Romanus, senatus populusque Romanus* heißt, dem griechisch δῆμος Ῥωμαίων, στρατὸς Ῥωμαίων, σύγκλητος καὶ δῆμος Ῥωμαίων entspricht. Es kann also nicht wundernehmen, wenn der erste, oben Anm. 16 genannte Beleg für *imperator Romanorum* eine – wörtliche und ungeschickte – Übersetzung aus dem Griechischen ist. Die Deutung als Analogie zu *reges Persarum* (oben S. 189) ist also nicht ganz richtig, erst sekundär darf man diese Entsprechung zugrunde legen. Bezeichnend ist, daß Hieronymus an den oben Anm. 46 genannten Stellen die sprachlich einwandfreie lateinische Wiedergabe des Griechischen findet. Die Rückübersetzung aus den Wahlakten von 457, oben S. 189 mit Anm. 17, müßte dementsprechend richtig *imperator Romanae rei publicae* lauten. Auch die oben S. 193 genannten Stellen sprechen von der *Romana res publica*. Aber schon Gregor d. Gr. scheint an der S. 194 genannten Stelle die sprachliche Analogie zwischen *rex gentium* und *imperator Romanorum* kaum als Gräcismus empfunden zu haben. Im 8. Jahrhundert pflegen die Päpste dann bekanntlich von der *res publica Romanorum* zu sprechen. Im Hinblick auf neuere Kontroversen über den Patricius-Titel sollte man

---

84) Gedruckt unter dem Titel: Kaiserreskript und Königsurkunde. Diplomatische Studien zum römisch-germanischen Kontinuitätsproblem. Archiv für Diplomatik 1 (1955) S. 1–87 und 2 (1956) S. 1–115.

vielleicht anmerken, daß *consul Romanus,* griechisch ὕπατος 'Ρωμαίων,[85] seit Livius ganz gewöhnlich ist, vgl. Thes. Ling. Lat. 4, 566; dasselbe gilt für andere Titel, die es auch außerhalb Roms gibt, nicht aber für den spätrömischen und byzantinischen *patricius,* der seinem Wesen nach stets Römer ist und darum nicht ausdrücklich Römer genannt wird.[86]

2. F. Dölger hat bei dem Neudruck seines oben Anm. 9 genannten Aufsatzes in seiner Sammlung »Byzanz und die europäische Staatenwelt« (Ettal 1953 = ²1964) S. 298 ff. Anm. 21 f. zu dem vorliegenden Aufsatz Stellung genommen. Wenn er dabei meint, meine Aufstellungen wollten seine These entkräften, der Titel βασιλεὺς 'Ρωμαίων sei seit 812 durchgesetzt worden, so liegt ein Mißverständnis vor: hierin besteht Übereinstimmung. Nur würde ich nicht sagen, Byzanz habe vor 800 den Titel *imperator Romanorum* »eifersüchtig gehütet« (Dölger S. 301 Anm. 22): diesen Titel gab es ja amtlich kaum (wenn es auch mehr als *ein* Siegel gibt, das Dölger S. 306 Anm. 34 einräumt), und eben deshalb ist die Forschung fehlgegangen, als sie Karls Formel *imperator Romanum gubernans imperium* unter die Frage stellte: warum nicht *imperator Romanorum?* Wenn Karl, statt auf jede Nennung des Römernamens im Titel zu verzichten, wie es die Byzantiner bisher in aller Regel taten, die einzige im amtlichen Sprachgebrauch Italiens übliche Formel aufgriff, die das Römische Reich nennt, so wurde die römische Seite des Kaisertums gerade hervorgehoben, freilich ohne daß die »Römer« in Erscheinung traten. Vgl. »Karl der Große, das Papsttum und Byzanz« S. 51 ff.

3. Entgegen dem oben S. 198 Gesagten gibt es eine Reihe griechischer Quellen, die dem *Romanum gubernans imperium* sehr nahestehende Formulierungen haben, im einzelnen freilich stark voneinander abweichen; sie dürften in spätlateinischer Sprachtradition wurzeln, haben aber wohl keine gewohnheitsrechtlich verbindliche Formulierung gefunden. Vgl. die »Karl der Große, das Papsttum und Byzanz« S. 78 genannten Stellen.[87]

4. Während eine Arbeit über königliche Intitulationen im frühen Mittelalter neuerdings vorliegt,[88] fehlt es nach wie vor an einer umfassenden Untersuchung der Geschichte der Kaisertitulatur, so wie ja auch ein Corpus der spätrömischen Kaiserurkunden entbehrt wird. Diese Lücke machte sich etwa bei der Diskussion über W. Schlesingers (m. E. richtige) These bemerkbar, die Intitulatio von Karls Divisio imperii von 806 sei vom Constitutum Constantini abhängig; vgl. dazu »Karl d. Gr., das Papsttum und Byzanz« S. 79 f. Im folgenden sollen nur einige wenige Nachträge zu dem oben gesammelten Stoff gegeben werden. (Vgl. »Karl d. Gr., das Papsttum und Byzanz« S. 53 mit Anm. 269 u. S. 78.)

---

85) Polybios bevorzugt στρατηγὸς 'Ρωμαίων.

86) Zum Patricius-Titel zuletzt J. DEÉR, Zur Praxis der Verleihung des auswärtigen Patriziats. Archivum Historiae Pontificiae 8 (1970) S. 7–25, hier bes. S. 19 ff., gegen CLASSEN, Karl d. Gr., das Papsttum und Byzanz S. 16 und 74.

87) Bei dem dort angeführten Beleg aus der Vita Nicephori ist zu lesen S. 145 statt S. 59.

88) H. WOLFRAM, Intitulatio. I: Lateinische Königs- und Fürstentitel bis zum Ende des 8. Jahrhunderts. Mitteilungen des Instituts für Österreichische Geschichtsforschung, Erg.-Bd. 21, 1967.

Zu S. 189: Ammianus Marcellinus hat öfter *princeps Romanus*, auch *rectores Romani*: 31. 16. 8. Dagegen Anon. Vales. 36: *Nepos factus est imperator Romae* ist als Lokativ zu verstehen: in Rom.

Zu S. 193 Anm. 34: Anon. Vales. 83: *hominem bene rem publicam gubernantem* (sc. Theoderich).

Zu S. 199 Anm. 73: Aldhelm, MG. AA. 15 S. 65 Z. 7: *Memphitica regna sceptrum imperiale gubernat.* – Bonifatius ep. 73 (ed. M. Tangl, MG. Ep. sel. 1, 1916, S. 146) Adresse: *Domino . . . inclita Anglorum sceptra gubernanti*, vgl. H. Beumann, Festschrift E. E. Stengel (1952) S. 169 Anm. 1. – Urkunde König Aethelbalds, ed. W. de Gray Birch, Cartularium Saxonicum 1 (1885) Nr. 167: *rex . . . gentis Merciorum regens imperium*, vgl. C. Erdmann, Forschungen zur politischen Ideenwelt des Frühmittelalters (1951) S. 15 Anm. 6.

Zu S. 200 Anm. 74: Auch aus Neapel gibt es Urkunden, in denen bei *salus* und *genius* der Kaiser geschworen wird, jedoch der Titel das Reich nicht nennt. B. Capasso, Monumenta ad Neapolitani ducatus historiam pertinentia I (1881) S. 263 f., Urkunden von 763 und 839.

Zuletzt seien einige wenige Stellen aus der Zeit nach 800 genannt:

Theodulf von Orléans, MG. Poet. 1 S. 563, carm. 71 Vers 91: *Det pater altithronus caelum terramque gubernans*, wörtl. wiederholt im Waltharius, Prolog Vers 15.

Vita Gregorii abbatis Porcetensis, MG. SS. 15 S. 1187: *Ottonum tercio . . . Romana imperia pio regiminis sceptro gubernante.*

Falsches Privileg, angeblich Papst Leos VIII. MG. Const. 1 S. 665 Zeile 14 f.: *rex Romanum gubernans imperium . . .* (Zur Entstehung der Fälschung in Ravenna um 1084 vgl. K. Jordan, AUF. 15 (1938) S. 435–442).

5. Zu dem oben Anm. 68 genannten DK. 196 vgl. jetzt H. Fichtenau, Genesius, Notar Karls des Großen, in: Folia Diplomatica I, Brünn 1971, S. 75–87, hier S. 82 ff., der die Urkunde für echt hält und meint, »daß der rex Romanorum von D. 196 mit der Ablegung des Patriciustitels seit der Kaisererhebung Karls zusammenhängt und mit populären Vorstellungen von einem Gleichgewicht zwischen Franken, Langobarden und ›Römern‹ im Karlsreich« (S. 85). Auf tuskische Privaturkunden der Jahre 802 und 804 mit dem gleichen dreigliedrigen Königstitel in der Datierung wies Fichtenau, Mediaevalia Bohemica 1, 1969, S. 16 f. hin.

6. Auf das besondere Problem Karl der Große und Ravenna, das oben S. 199 berührt wird, hoffe ich bei anderer Gelegenheit zurückzukommen. Dabei wird neben früher erörterten Quellen die bei D. Spreti, De amplificatione, eversione et restauratione urbis Ravennae libri tres, vol. 1, Ravenna 1793, S. 211 Nr. 53 publizierte, heute im erzbischöflichen Museum von Ravenna befindliche Inschrift mit dem Königstitel Karls zu untersuchen sein, die der neueren Forschung völlig entgangen ist.

# Karl der Große und die Thronfolge im Frankenreich

Die Kaiserkrönung Karls des Großen am Weihnachtstag des Jahres 800 zählt zu den bekanntesten Ereignissen der Weltgeschichte. Aber nicht nur im Geschichtsbild breiterer Kreise, sondern auch in der unübersehbaren gelehrten Literatur ist fast vergessen, daß am gleichen Ort und zur gleichen Stunde ein zweites merkwürdiges Ereignis stattfand: der gleichnamige Sohn des Kaisers wurde vom Papst zum König gekrönt und gesalbt – der erste und einzige König der Franken, der seine Würde in Rom empfing.[1] Gut fünf Jahre darauf erließ Kaiser Karl sein Reichsteilungsgesetz. Auch dies ist oft erörtert, und immer wieder hat man betont, der Kaiser habe sich dem Recht und der Überlieferung fränkischer Thronfolge unterworfen, als er das Reich in drei gleiche Teile für seine drei Söhne zu teilen beschloß.[2] Trifft das aber wirklich zu? Dem in Rom gekrönten ältesten Sohn Karl war die Herrschaft im gesamten *regnum Francorum* zugedacht, während beide Brüder vergrößerte Nebenländer erhalten, von dem Frankenreich im eigentlichen Sinne, damit zugleich von dem alten Königsgut wie auch vom Familienerbe aber ausgeschlossen werden sollten. Das entsprach aber ganz und gar nicht dem überlieferten Recht.

---

1) Sehe ich recht, so hat nur C. Brühl, Fränkischer Krönungsbrauch und das Problem der Festkrönungen, HZ 194 (1962) S. 265–326, hier S. 307–12, der Krönung des jüngeren Karl besondere Beachtung geschenkt und sie sogar zum Schlüssel einer Interpretation der Kaiserkrönung gemacht, die freilich problematisch ist, vgl. zusammenfassend P. Classen, Karl der Große, das Papsttum und Byzanz (1968; erweiterte Sonderausgabe aus: Karl der Große, Lebenswerk und Nachleben, hg. von H. Beumann, Bd. 1).

2) Es genügt hier, auf den letzten wichtigen Aufsatz zu verweisen: W. Schlesinger, Kaisertum und Reichsteilung – Zur Divisio regnorum von 806, in: Forschungen zu Staat und Verfassung. Festgabe für Fritz Hartung (1958) S. 9–51, Wiederabdruck in Schlesinger, Beiträge zur deutschen Verfassungsgeschichte des Mittelalters 1 (1963) S. 193–232 mit Nachtrag S. 345, danach im folgenden zitiert. Dort S. 222: »Wenn Karl das Reich teilte, wie es sein Vater und sein Großvater und schon die merowingischen Könige geteilt hatten, wie die Päpste des 8. Jahrhunderts es als eine Selbstverständlichkeit ansahen und wie er selbst im Vorspruch der Divisio es als dem Willen Gottes gemäß erklärte, der ihm drei regierungsfähige Söhne geschenkt hatte, so war ihr (der Frage nach der Trennung der imperialen von der königlichen Gewalt) schwer auszuweichen.«

# I.

Wir beginnen mit einem Blick auf die wichtigsten Personen. Der Mann, der 800 zum König der Franken gekrönt wurde, zählt zu den weniger bekannten Gliedern der Karolinger-Familie. Wir können wohl die Hauptdaten seines äußeren Lebensganges zusammenstellen; über die Persönlichkeit aber wissen wir fast nichts. Karl der Jüngere ist 772/73 als erstes Kind aus der Ehe seines Vaters mit der Schwäbin Hildegard geboren.[3] Sein älterer Bruder, der Sohn aus Karls Verbindung mit Himiltrud, hatte den Namen des Großvaters, Pippin, erhalten und war damit unzweifelhaft als rechtlich und politisch voll berechtigter Erbe anerkannt worden. Mit dem Namen des Vaters wurde dem jüngeren Karl in gleicher Weise die Anwartschaft auf einen Teil des königlichen Erbes eröffnet. Schon 784, als kaum Zwölfjähriger, wird er als Führer eines selbständig operierenden Heeresteiles im Sachsenkrieg genannt.[4] 794, 796 und 799 führt er wieder, teils mit dem Vater, teils selbständig, Feldzüge in Sachsen.[5] 801 soll er seinem Bruder Ludwig zu Hilfe bei der Belagerung des aufständischen Barcelona kommen, erfährt aber schon in Lyon, daß sein Eingreifen nicht mehr nötig ist.[6] 805, 806 und 808 zieht Karl gegen Böhmen, gegen Sorben an der Mittelelbe und gegen Dänen und deren wendische Verbündete in Nordalbingien zu Felde.[7]

Alle Feldzüge Karls, mit Ausnahme nur des geplanten spanischen, führten in die Gebiete rechts des Rheines. Aber schon 789 war ihm ein besonderer Herrschaftsbereich an anderer Stelle zugewiesen worden, den die sog. Annales Mettenses priores *ducatus Cenomannicus*, die Annalen von Saint-Amand dagegen *regnum ultra Segona* nennen.[8] Der geographische Bereich zwischen Seine und Loire und an der Bretonengrenze ist eindeutig gekennzeichnet; die Frage, ob von einem Dukat oder Königtum zu sprechen ist, wird man dahin lösen müssen, daß *regnum* hier, wie nicht selten in karolingischen Quellen, ein

---

3) Die genealogischen Daten vollständig und übersichtlich bei K. F. WERNER, Die Nachkommen Karls des Großen bis um das Jahr 1000, in: Karl der Große, Lebenswerk und Nachleben, Bd. 4, hg. von W. BRAUNFELS und P. E. SCHRAMM (1967) S. 403–479 mit Tafel. Diese grundlegende Arbeit wird im folgenden nur dort genannt, wo die Aufstellungen einer Diskussion bedürfen.

4) J. F. BÖHMER, Regesta Imperii I, bearb. von E. MÜHLBACHER, Neudruck mit Nachträgen von C. BRÜHL und H. H. KAMINSKY (1966) (im folgenden zit. BM) 266 e, 267 b.

5) BM 327 b, 333 c, 350 d.

6) BM 516 f.

7) BM 411 b, 419 b, 435 a.

8) Annales Mettenses priores, hg. von B. v. SIMSON, MG. SS. rer. Germ. (1905) a. 790 S. 78; Annales S. Amandi a. 789 MG. SS. 1 S. 12. Vgl. E. EWIG, Descriptio Franciae, in: Karl der Große, Lebenswerk und Nachleben, Bd. 1, hg. von H. Beumann (1965) S. 143–177, hier S. 144 f., F. L. GANSHOF, Charlemagne et les institutions de la monarchie franque, ebenda S. 349–393, hier S. 375, anders P. E. SCHRAMM, Kaiser, Könige und Päpste. Gesammelte Aufsätze zur Geschichte des Mittelalters 1 (1968) S. 202, der annimmt, Karl der Jg. habe 788 den Königstitel erhalten; vgl. auch unten Anm. 19.

großes Land meint, das eine gewisse politische Einheit bildet,[9] Karl aber eine Königswürde damals noch nicht erhielt. Aus einem Mißverständnis des Wortes *regnum* dürfte die jüngere Nachricht aus Saint-Amand hervorgegangen sein: *rex factus est*;[10] sie trifft nicht zu. Fraglich ist aber, wie lange Karl in diesem Bereich wirkte; denn über das erste Jahr hinaus ist nichts bekannt.

Erst am Weihnachtstage des Jahres 800 erhielt Karl der Jüngere aus der Hand des Papstes das *regium nomen cum corona regiae dignitatis*, wie Alkuin es in seinem Glückwunschbrief ausdrückt.[11] Das ist die erste sichere Quelle, die von einer Krönung eines Königs der Franken spricht; denn ob Karl, der Vater, 768 neben der Salbung auch eine Krönung empfangen hatte, wissen wir nicht,[12] und ob die 781 von Hadrian gekrönten Karlssöhne im gleichen Sinne wie ihr älterer Bruder als Frankenkönige gelten dürfen, bleibt fraglich.[13] Von Karls des Jüngeren Krönung spricht allein Alkuins Brief, die Salbung berichtet wenigstens der Liber Pontificalis,[14] die fränkische Annalistik hingegen übergeht den Anteil des Kaisersohnes an den Ereignissen dieses Tages ganz mit Schweigen. Immerhin geben die Annales Mettenses – nicht die Reichsannalen – dem jüngeren Karl fortan den Königstitel.

Im Spätjahr 804, als Papst Leo seinen Besuch im Frankenreich ansagte, schickte der Kaiser seinen ältesten Sohn bis Saint-Maurice entgegen,[15] ganz ähnlich wie gut 50 Jahre zuvor er selbst dem Papst Stephan Geleit gegeben hatte. Das ist die einzige nicht-kriegerische politische Handlung des Königs Karl, von der wir hören; aber auch hier bleibt ungewiß, ob seine Aufgaben über das rein Zeremonielle hinausgingen.

Gut zwei Jahre vor dem Vater ist Karl gestorben, am 4. Dezember 811, etwa 39 Jahre alt.[16] Todes- und Begräbnisort sind nicht überliefert; am nächsten liegt es, an eine Beisetzung in Aachen zu denken, wo der Kaiser den Winter zubrachte. Eigenartigerweise wissen wir nicht einmal, ob Karl verheiratet gewesen ist. Einhart zählt die hinterlassenen Kinder Pippins von Italien auf, ohne Kinder Karls zu nennen.[17] Daraus ist sicher zu schließen, daß Karl der Jüngere vollbürtige Kinder nicht hinterlassen hat, zumindest aber beim Regierungsantritt Ludwigs des Frommen solche nicht vorhanden waren; auch von einer Witwe weiß man nichts. Das ist recht merkwürdig, denn die beiden jüngeren Brüder

---

9) G. WAITZ, Deutsche Verfassungsgeschichte 2 (²1883) S. 353 Anm. 1, S. 356, vgl. ebenda 5 (²1893) S. 141 f. Eine Untersuchung hat K. F. WERNER angekündigt.

10) Annales S. Amandi breves, MG. SS. 2 S. 184 mit dem Datum *id. Oct.*, vgl. S. ABEL-B. SIMSON, Jahrbücher des fränkischen Reiches unter Karl dem Großen 2 (1834) S. 6 f. mit weiteren Quellen.

11) MG. Epp. 4 Nr. 217 S. 360.

12) Vgl. BRÜHL (wie Anm. 1) S. 316 ff., anders zuletzt SCHRAMM (wie Anm. 8) S. 194 ff.

13) Vgl. unten S. 210 f.

14) Liber Pontificalis, hg. von L. DUCHESNE, 2 (1892) S. 7.

15) BM 407 a.

16) BM 467 a.

17) Vita Karoli, hg. von O. HOLDER-EGGER, MG. SS. rer. Germ. (⁶1911) cap. 19 S. 24.

Karls haben vor dem 20. Lebensjahr geheiratet, und ein erbberechtigtes Glied des Herrscherhauses ist kaum je bis über das 25. Jahr hinaus unverheiratet geblieben.[18] Selbst in den
geistlichen Stand traten bis in die zweite Hälfte des 9. Jahrhunderts nur illegitime Karolinger, niemals vollbürtige. Wir müssen trotzdem damit rechnen, daß Karl der Jüngere nie
verheiratet war. Dabei hatte gerade er einst, etwa 790, einem politischen Eheprojekt des
Vaters dienen, nämlich mit einer Tochter König Offas von Mercia verheiratet werden
sollen. Dieser Plan war indes an Offas Forderung nach Karls Tochter Bertha für den
eigenen Sohn gescheitert,[19] so wie schon kurz vorher das Verlöbnis Rotruds mit Kaiser
Konstantin zerbrochen war.[20] Bekanntlich hat Karl der Große keine seiner Töchter aus
dem Hause gegeben.

Mit diesen Daten haben wir das dürftige Gerüst unserer Kenntnisse von Karl schon
aufgestellt, und keine Quelle erlaubt, es mit Leben zu erfüllen und die Persönlichkeit
schärfer zu erfassen. Die Dichter des Hofes, Angilbert und Theodulf, kennen ihn und
suchen seine Nähe,[21] der Verfasser des sog. Paderborner Epos meint, er sei *more patri et
vultu similis*;[22] aber was sagt das schon? Einhart schildert die Trauer, die Karl beim Tod
der Söhne Pippin und Karl ungehemmt laut werden ließ,[23] der Poeta Saxo führt das breiter

---

18) F. L. GANSHOF, Over de geboortedatum van Karl de Grote, in: Dancwerc, opstellen aangeboden
aan Prof. Dr. D. T. Enklaar (1959) S. 43–55, hält 742 für das wahrscheinlichste Geburtsjahr Karls des
Großen, ohne ein späteres Datum ausschließen zu können. Wenn die 770 geschlossene Verbindung
mit der Tochter des Desiderius (von WERNER S. 443 ohne Angabe von Gründen zu 769 gesetzt) dessen
erste Ehe war und GANSHOFS Chronologie stimmt, hat Karl erst mit 28 Jahren geheiratet. Davor liegt
aber die Verbindung mit Himiltrud, vgl. unten S. 214 mit Anm. 50, die jedenfalls zu Pippins Lebzeiten
geschlossen wurde; die Datierung auf 768 bei WERNER ist bloße Vermutung, die Sache kann Jahre
früher liegen.
19) BM 309 a zu 790, Gesta abbatum Fontanellensium, hg. von F. LOHIER-J. LAPORTE (1936) S. 87,
vgl. ABEL-SIMSON 2 S. 7 ff., J. M. WALLACE-HADRILL, Charlemagne and England, in: Karl der Gr.,
Lebenswerk und Nachleben 1, S. 683–698, hier S. 688 f., der aber kaum zu Recht annimmt, Karl sei
schon 788 zum König erhoben worden; S. HELLMANN, Die Heiraten der Karolinger, Ausgewählte
Abhandlungen, hg. von H. BEUMANN (1961) S. 294 f., 304 f.
20) Vgl. CLASSEN (wie Anm. 1) S. 23 f.
21) Angilbert, carm. 1, MG. Poet. 1 S. 358 ff. besingt die Kinder Karls und deren Geschwisterliebe
anläßlich des erwarteten Besuchs Pippins von Italien. Von Theodulf ist carm. 25 zu nennen, das an
König Karl gerichtet ist und Vers 69 ff. (ebenda S. 485) die Söhne Karl und Ludwig rühmt, Pippin ist
abwesend (ebenfalls 796); wichtiger carm. 35 S. 526 f., ein Begrüßungsgedicht an König Karl (d. Jg.),
also nach 800, der eine Reise in den Westen des Reiches (*occiduas partes*, Vers 11) macht, doch hat
Karl d. Gr. dem Bischof Theodulf verboten, Karl d. Jg. aufzusuchen. Die Verse schließen:

> At tu, magne puer, salveque valeque per aevum,
> Te dominus caeli protegat, ornet, alat,
> Ut patrias valeas rutilus conscendere sedes,
> Atque invante Deo sceptra tenere manu.
> Et sic mundani regni terrena relinquas
> Culmina, ut aetherii postmodo compos eas.

22) MG. Poet. 1 S. 371 Vers 197 = hg. F. BRUNHÖLZL, Karolus Magnus et Leo Papa (1966) S. 72.
23) Vgl. Anm. 17.

aus, weiß auch zu sagen, wie der *equivocus* dem Vater im Wesen glich[24] – aber sehe ich recht, so stellen erst die nach 1000 verfaßten Quedlinburger Annalen die Behauptung auf, Karl der Jüngere sei der Lieblingssohn des Vaters gewesen: *inter sui filios et natu maior et patri acceptior.*[25]

Zwei Briefe Alkuins an Karl zeigen einerseits, wie der Angelsachse den jüngeren König schätzte, anderseits bleiben die Mahnungen für ein gerechtes Herrscherleben konventionell und ohne persönliche Wärme,[26] und in dem zweiten Brief verweist Alkuin auf den Bruder Ludwig, der ein dankbarer Leser geistlicher Mahnbriefe war – darin scheint Karl ihm nicht geglichen zu haben.

## II.

Karl der Große hatte seinen ersten drei Söhnen die Namen Pippin, Karl und Karlmann gegeben; das heißt: sie trugen nach Großvater, Vater und Vatersbruder die Namen der drei ersten Könige aus Arnulfs Geschlecht. Als Königin Hildegard 778 Zwillinge zur Welt brachte, erhielten diese nicht in der karolingischen Familie früher benutzte Namen, sondern ihnen wurden die klangvollsten Namen merowingischer Könige gegeben: Chlodwig und Chlothar, Ludwig und Lothar, wie wir zu sagen pflegen. Niemand außerhalb des alten Herrscherhauses hatte diese Namen bisher führen dürfen,[27] und wenn die karolingische Familie sie nun aufnahm, so fügte sie deutlicher und offener als bisher merowingisches Erbe und Anspruch dem Bau des eigenen Hauses ein. Auch der vierte und der fünfte Sohn trugen nun Königsnamen, damit durfte man in ihnen nicht weniger als in den älteren Brüdern potentielle Könige der Zukunft sehen.

Lothar starb schon im zweiten Lebensjahr; aus Karls Ehen gingen in den folgenden Jahren nur noch Töchter hervor, während die Mütter von drei weiteren Söhnen, die nach 800 geboren wurden, unzweifelhaft Konkubinen waren. Schon die Namengebung zeigt bei Hugo und Drogo, daß sie der karolingischen Familie zugerechnet, ihnen aber der Königsname und der Anspruch auf politisches Erbe nicht zugebilligt wurde.[28] Theude-

---

24) MG. Poet. 4,1 S. 52 f., Buch IV Verse 266 ff., 275 ff., bes. 281 ff.

25) MG. SS. 3 S. 41 a. 811. Nach M. LINTZEL, Ausgewählte Schriften 1 (1961) S. 175–183, ist der Poeta Saxo für diese Jahre eine Quelle der Quedlinburger Annalen. Doch diese Nachricht haben sie nicht von dem Poeta.

26) Neben dem oben Anm. 11 genannten Glückwunschbrief ist es ep. 188 S. 315 f., von JAFFÉ, wie mir scheint mit Recht, nach 800 angesetzt.

27) Die einzige mir bekannte Ausnahme bildet ein sonst nicht weiter bekannter *frater* Chlothar bei Alkuin, ep. 194, MG. Epp. 4 S. 322. Denkbar ist merowingische Abkunft.

28) Zur Namengebung bei den Nachkommen Karls d. Gr. vgl. WERNER (wie Anm. 3) S. 417 ff. Sehe ich recht, so beginnt sich die Unterscheidung zwischen Trägern erbberechtigter Königsnamen und Trägern anderer, auch in der karolingischen Familie traditionell gebräuchlicher Namen, die vor allem nicht erbberechtigten Söhnen gegeben werden, erst in der zweiten Hälfte der Regierungszeit Karls des Großen durchzusetzen. Der um 797 geborene Sohn Pippins von Italien heißt Bernhard wie bisher kein

rich, Karls jüngster Sohn, erhielt einen auch, jedoch nicht allein von merowingischen Königen getragenen Namen.[29)] Durch das ganze 9. Jahrhundert blieben die Namen der ersten fünf Karlssöhne die Königsnamen schlechthin: nur vollbürtige Söhne konnten sie beanspruchen, aber jeder Träger eines dieser Namen konnte auf eine Krone hoffen.

Seit 780 gab es also vier erbberechtigte Karlssöhne, und deren Zahl ist später nicht gewachsen. Die beiden jüngsten von ihnen hat Karl 781 zu Königen erhoben und ihnen die Herrschaft über die größten, eigene politische Tradition besitzenden unter den eroberten Ländern zugewiesen. Der dreijährige Ludwig wurde König von Aquitanien, der vierjährige Karlmann, der erst jetzt – wie Jahre zuvor vereinbart – aus des Papstes Hand die Taufe empfing und dabei Pippin benannt wurde, erhielt das Königtum der Langobarden. Beide Königskinder wurden in Rom – wie einst Karl selbst mit seinem Bruder Karlmann in Saint-Denis – vom Papste zu Königen gesalbt, darüber hinaus aber auch gekrönt.[30)]

Die Vorgänge sind bekannt, doch die Deutung bereitet Schwierigkeiten. Zunächst die Namensänderung anläßlich der Taufe: was hat sie zu bedeuten? Man hat wohl gemeint, daß durch sie der ältere Pippin, Himiltruds Sohn, beiseite geschoben wurde, weil er aus nicht vollgültiger Ehe stammte und überdies bucklig war, seine körperliche Idoneität sich also anzweifeln ließ. Ein anderer übernahm an seiner Stelle den Namen des ersten gesalbten Königs.[31)] Vielleicht ist tatsächlich ein Schritt in dieser Richtung schon damals getan; denn gleiche Namen bei Brüdern kennen die Franken sonst nicht. Aber diese Erklärung befriedigt noch nicht. Denn einerseits werden wir sehen, daß der bucklige Pippin einstweilen Rang und Rechte behielt, andererseits muß man fragen, warum der Name Karlmann beseitigt wurde, und zwar für sehr lange Zeit. Erst bei den Söhnen Ludwigs des Deutschen und Karls des Kahlen, geboren ca. 830 und 850, begegnet er wieder. Karls Konflikt mit dem eigenen Bruder Karlmann lag lange zurück und hatte den König nicht gehindert, dem dritten Sohn den Namen des Oheims zu geben. War es vielleicht der Papst, der Anstoß an dem Namen nahm, oder werden wir wieder vor das undurchdringliche Geheimnis gestellt,

König, aber ein nicht regierender Sohn Karl Martells, und in der Tat kann er auch nur unter der Voraussetzung des Eintrittsrechts König werden (dazu auch unten Anm. 103). Dagegen erhalten die Söhne Ludwigs des Frommen, die rechtlich ebenso dastehen, 795, um 797 und um 806 die Königsnamen Lothar, Pippin und Ludwig; einen Königsnamen trägt aber auch der um 800 geborene Ludwig, Sohn der Kaisertochter Rotrud und des Grafen Rorico, später Abt von Saint-Denis, vgl. WERNER S. 418 f. – obwohl dieser Ludwig gewiß keinen Anspruch auf Thronfolge haben kann. Seit etwa 800 ist dann endgültig die von WERNER a. a. O. erörterte Unterscheidung zwischen den Namen der voll erbberechtigten und der anderen Karolinger zu beobachten.

29) In unserm Zusammenhang ist auf den Namen Theuderich bei einem Vetter Karl Martells und dessen Nachkommen hinzuweisen, vgl. E. HLAWITSCHKA, Die Vorfahren Karls d. Gr., in: Karl der Große, Bd. 1, S. 76 ff. Die im einzelnen kontroversen genealogischen Fragen können hier nicht erörtert werden.

30) BM 235 b, vgl. zuletzt SCHRAMM (wie Anm. 8) S. 200 f., CLASSEN (wie Anm. 1) S. 21 f. 74, BRÜHL, Fränkischer Königsbrauch S. 313 ff.

31) So nach CLASSEN S. 21 Anm. 81.

das das Schicksal der Witwe und der Kinder Karlmanns umgibt? Oder sollte der künftige König Italiens schon im Namen den Großvater repräsentieren, der den Vertrag von Quierzy geschlossen hatte? Eine schlüssige Antwort vermag ich nicht zu geben.

Die beiden Königskinder wurden vom Papst gesalbt, wie einst in Ponthion Karl (der Große) und Karlmann neben dem Vater Papst Stephans Salbung erhalten hatten. Darüber hinaus hören wir hier zum ersten Mal bei den Franken von einer Krönung als Einsetzungsakt. Wenn auch erst Quellen der Zeit nach 800, die sog. Einhart-Annalen und der anonyme Biograph Ludwigs des Frommen, die Krönung erwähnen, besteht kein vernünftiger Grund zum Zweifel. Daß schon Karl der Große und Karlmann 768 gekrönt wurden, ist eine unbeweisbare Vermutung.[32] Eher könnte der letztlich auf oströmische Vorbilder zurückgehende Brauch den Franken durch die Langobarden vermittelt worden sein, deren König Pippin nun wurde. Denn so undeutlich die Einzelheiten bleiben, haben doch die Langobarden sicher Kronen und Krönungen gekannt.[33]

Die politische Handlung, die Erhebung der beiden Kinder zu Königen, war eine Tat des Vaters Karl allein; der Papst gab die sakrale Legitimation, die der göttlichen Gnade sichtbaren Ausdruck verlieh. Die Königssalbung der Kinder diente aber nicht, wie im Jahre 754, der Sicherung der Dynastie in der nächsten Generation, sondern der Verwaltung des Reiches in der Gegenwart. Die Regentschaften in Italien und Aquitanien erhielten in den gesalbten und gekrönten Kinderkönigen ihre staatssymbolischen Mittelpunkte. Salbung und Krönung gaben die königliche Würde als solche; man hat sie schwerlich auf ein bestimmtes Land bezogen. Erst viel später kam Hinkmar von Reims auf den Gedanken, Karl den Kahlen für einen neu gewonnenen Reichsteil aufs neue zu salben.[34]

Warum aber erhielten die beiden jüngsten der vier Königssöhne vor den älteren Brüdern Rang und heilige Weihe des Königs? Die Annales Sancti Amandi haben den Vorgang mit den Worten umschrieben: *rex divisit sua regna inter filios suos.*[35] Es ist dieselbe wichtige Quelle, die zu 789 die Zuteilung des *regnum ultra Segona* an Karl den Jüngeren meldet. Hier ist nun von der Aufteilung der Reiche, *regna*, im Plural, die Rede. Meint das nur, daß der dritte und vierte Sohn je ein *regnum* erhielt, oder soll hier schon mehr angedeutet werden – oder ist die Nachricht, wie man gemeint hat, schlechthin falsch?[36] Wenn Karl jetzt den beiden jüngsten Söhnen die eroberten Reiche zuwies, so können bei dem zarten Alter der Kinder Gesichtspunkte persönlicher Idoneität kein Gewicht gehabt, nur rechtliche und politische Gründe können die Art der Teilung bestimmt haben. Ludwig, der

---

32) Vgl. oben Anm. 12.
33) Vgl. CLASSEN S. 21 f., 74. Eine neue Untersuchung der Eisernen Krone ist von R. Elze zu erwarten.
34) Vgl. P. E. SCHRAMM, Der König von Frankreich 1 (²1960) S. 26 ff.
35) MG. SS. 1 S. 12. Über die Quelle vgl. H. LÖWE, Rhein. Vierteljahresblätter 14 (1949) S. 19 ff.
36) So G. EITEN, Das Unterkönigtum im Reiche der Merowinger und Karolinger (1907) S. 22; ebenda S. 18–46 übersichtliche Darstellung der Regierungen Pippins und Ludwigs in den Unterkönigtümern.

jüngste, war in Aquitanien, in der Pfalz Chasseneuil bei Poitiers, geboren worden,[37)] und daher konnte er in besonderer Weise vorherbestimmt erscheinen, jenem Land König zu sein, das nicht nur von der Zentrale schwer zu regieren war,[38)] sondern auch eine eigene historisch-politische Tradition besaß, die gerade in dem langen Abwehrkampf gegen die Karolinger ihre volle Ausprägung erfahren, bislang aber nicht die Königswürde in Anspruch genommen hatte.[39)] Der sogenannte Astronomus drückt das rückblickend so aus: *(pater) ei regnum quod sibi nascendo dicaverat contradidit*, der Vater übergab dem Knaben das Reich, das dieser sich schon durch seine Geburt zugeeignet hatte.[40)] Nach der römischen Krönung mußte das Kind alsbald in seinem Lande als König auftreten und auf Hoftagen trug es aquitanische Tracht.[41)] Der nächstältere Bruder, früher Karlmann, nun Pippin genannt, erhielt das Langobardenreich, im Unterschied zu Aquitanien ein König-reich im vollen Sinne des Wortes seit mehr als 200 Jahren, dessen Königstitel – doch wie es scheint ohne Krönung – der Vater Karl 774 übernommen hatte und auch fortan, nach der Krönung des jungen Pippin, behielt.[42)] Der dritte Sohn erhielt also ein Reich von größerem politischen Gewicht und wohl auch höherem materiellen Wert als der vierte.

Sind nun aber wirklich die beiden älteren Söhne zurückgestellt worden und einstweilen ganz leer ausgegangen? Mir scheint, der Schluß ist unabweislich: wenn Karl die eroberten *regna* den jüngeren Söhnen zuwies, so legte er zugleich für die beiden älteren die Anwartschaft auf das Königtum im ererbten Kernland fest, von dem die anderen ausge-schlossen wurden. In diesem Sinne wird man den Satz der Annales Sancti Amandi verstehen müssen: *rex divisit sua regna inter filios suos*.

Karl hat also, wie ich meine, 781 das Frankenreich im engeren Sinne, so wie es vom Volk der Franken getragen wurde und Neustrien und Austrasien samt dem nördlichen Burgund und den rechtsrheinischen Eroberungen umfaßte, für seine beiden älteren Söhne vorgesehen, ohne daß es freilich schon jetzt nötig oder tunlich erschien, auch hier, wie in den Nebenländern, äußerlich sichtbare staatssymbolische Akte oder Rechtshandlungen zu sehen. Die Salbung der Königssöhne von 754 hatte die Dynastie gesichert, aber keine Mitregierung begründet. Nur in den Augen der Päpste hatten Karl und Karlmann seitdem

---

37) BM 515 q. Zur Identifizierung des Ortes ABEL-SIMSON S. 90 Anm., dem sich auch PH. WOLFF, L'Aquitaine et ses marges, in: Karl der Große, Bd. 1, S. 294 Anm. 205, anschließt.

38) So mit Recht W. SCHLESINGER, in: Karl d. Gr., Bd. 1, S. 809.

39) Zur Geschichte Aquitaniens neben der Anm. 37 genannten Arbeit: L. AUZIAS, L'Aquitaine carolingienne (1937).

40) MG. SS. 2 S. 608 cap. 3. Hier werden die Geburt der Zwillinge, der Tod Lothars, die Einrichtung der Regentschaft und Verwaltung Aquitaniens und die Einsetzung Ludwigs als Unterkönig zeitlich zusammengefaßt: das ist offenbar unrichtig. Ludwigs Ernennung zum Unterkönig gehört zeitlich mit der römischen Krönung zusammen, der das erste Auftreten in Aquitanien folgt. Ich übersetze die Stelle im Text anders, als es meist geschieht, indem ich Ludwig, nicht Karl als Subjekt für *dicaverat* verstehe.

41) MG. SS. 2 S. 609 cap. 4.

42) Vgl. SCHRAMM (wie Anm. 8) S. 200 f., CLASSEN (wie Anm. 1) S. 13, 16 f.

als Könige neben dem Vater gegolten;[43] fränkischem Recht entsprach es nicht, im Kernland neben dem regierenden König dessen Söhne als Könige auftreten zu lassen. Das austrasische Unterkönigtum Dagoberts I. und Sigiberts III.[44] lag nicht nur lange zurück, sondern war auch politisch eine Konzession an den opponierenden Adel eines Reichsteiles gewesen, nicht der Ausdruck dynastischer Verfügung über das Reich.

Wenn also die beiden älteren Söhne keine sichtbare Rangerhöhung erfuhren, so standen sie im Frankenreich selbst nicht hinter den gesalbten jüngeren Brüdern zurück. Denn auch die Könige der Langobarden und der Aquitanier hatten keinen Anspruch darauf, bei den Franken als Könige aufzutreten.[45] Die Königslaudes aus Soissons nennen die ungesalbten und ungekrönten Königssöhne Pippin und Karl vor den Königen der Langobarden und Aquitanier,[46] und ebenso verfährt ein Eintrag im Verbrüderungsbuch von Salzburg.[47]

43) Das ergibt sich aus zahlreichen Stellen des Codex Carolinus. Dagegen gibt es, irre ich nicht, nur eine fränkische Quelle, die nicht nur von der Königskrönung der Pippinssöhne spricht, sondern diesen auch zu Lebzeiten des Vaters in aller Form den Titel *reges Francorum* beilegt: die so viel umstrittene Clausula de unctione Pippini, MG. SS. rer. Mer. 1 (1884) S. 465: *temporibus... Pippini regis Francorum et patricii Romanorum... anno felicissimi regni eius... sexto decimo... et filiorum eius eorundemque regum Francorum Caroli et Carlomanni... anno tertio decimo.* Auch der Patricius-Titel des Vaters widerspricht hier fränkischem Brauch. Zum Forschungsstand über die Clausula zuletzt HASELBACH (wie unten Anm. 72) S. 193–200, die beachtliche Gründe für den Ansatz ins 9. Jh. anführt, anders W. SCHLESINGER in: Studien zur europäischen Vor- und Frühgeschichte (Festschrift H. JANKUHN, 1968) S. 269 Anm. 88. Das Problem bedarf weiterer Untersuchung.

44) Dazu EITEN (wie Anm. 36) S. 2–17 und E. EWIG, Die fränkischen Teilreiche im 7. Jahrhundert, Trierer Zeitschrift 22 (1953), S. 85–144, hier 107–114.

45) Wenn Ludwig von Aquitanien auf dem Paderborner Hoftag baskische Kleidung trägt (oben Anm. 41), so ist das eben keine königliche Gewandung. In den Urkunden Karls des Großen erscheint Pippin nur bei langobardischen, Ludwig nur bei aquitanischen Empfängern, dabei Pippin in DD. Kar. 174, 208, 209 als *rex* ohne Gentilzusatz, in DD. Kar. 187 und 202 als *rex Langobardorum*, Ludwig in D. Kar. 179 ohne Königstitel, D. Kar. 217 als *rex* ohne Zusatz. Karl d. Jg. erscheint nie in den Diplomen. In den Datierungsformeln italienischer Privaturkunden und Placita heißt Pippin stets einfach *rex* oder *rex Langobardorum*; singulär und protokollwidrig ist die Datierung einer Inquisition aus dem Herzogtum Spoleto von 788, die – vielleicht nach dem Muster byzantinischer Datierungsformeln – den vollen Titel des Vaters auch dem Sohne gibt: *Regnantibus dominis nostris Carolo et Pipino filio eius piissimis regibus Francorum et Langobardorum ac patriciis Romanorum, anno regni eorum Deo propitio in Italia quatuordecimo et septimo,* bei C. MANARESI, I Placiti del Regnum Italiae 1 (Fonti per la Storia d'Italia 92, 1955) S. 560.

46) Die Laudes stehen in der Einhart-Ausgabe von HOLDER-EGGER S. 46 f., andere Abdrucke sind ebenso unvollständig wie dieser. E. H. KANTOROWICZ, Laudes Regiae (1946) S. 37 sucht die Datierung auf 783–787 einzuengen, das ist nicht zwingend, vgl. CLASSEN (wie Anm. 1) S. 47 Anm. 228. Während Pippin, der König der Langobarden, und Ludwig, der König der Aquitanier, mit vollem Titel genannt werden, heißen Pippin d. Bucklige und Karl d. Jüngere nur *nobilissimi filii eius* (sc. *Karoli regis*). Für den Langobardenkönig wird Mauritius, für den Aquitanierkönig Martin angerufen: fränkische Heilige, deren Kultstätten an der Grenze Italiens und Aquitaniens liegen. Dagegen fehlen besondere Heiligen-Namen für die älteren Brüder; Dionysius und Remigius hätten nahegelegen. Aber der Verfasser des Laudes-Textes ist gewiß nicht ein Beauftragter des Hofes, der »amtliche« Texte formuliert.

47) MG. Necr. 2 S. 12, Vgl. S. HERZBERG-FRÄNKEL, NA 12 (1887) S. 66 mit Anm. 2.

Noch 799 unterzeichnen die Brüder Karl, Pippin und Ludwig in Aachen eine Schenkungsurkunde ihrer Tante, der Königsschwester Gisela, für Saint-Denis, und alle drei, in der
Altersfolge genannt, fügen dem Namén nur hinzu: *nobilissimus filius domni Caroli
praecellentissimi regis* – ohne Königstitel.[48]

Ist unsere Deutung richtig, so hat Karl 781 eine spätere Zweiteilung des eigentlichen
Frankenreiches vorgesehen, ohne sie schon rechtlich festzulegen. Das Reich war schon
nach seines Vaters und seines Großvaters Tod in zwei Teile geteilt worden, das erste Mal
freilich unter gewaltsamer Ausschaltung des dritten Anwärters, Grifos. Karl hat also in
einem durch Eroberungen gewaltig gewachsenen Reich nicht das alte Erbrecht angewandt,
das allen vollbürtigen Söhnen gleichen Anteil am Kern des Reiches zugestand. Freilich
waren Teilungen in vier Teile seit dem 6. Jahrhundert, seit den Teilungen unter die Söhne
Chlodwigs I. und Chlothars I., nicht vorgekommen.

Wir haben vorausgesetzt, daß der bucklige Pippin noch 781 zum Kreis der voll
berechtigten Erben zählte. Die Quellen nennen schon vor seinem Fall seine Mutter eine
*concubina*;[49] aber auch wenn Karls Ehe mit Himiltrud eine »Friedelehe« war und getrennt
werden konnte, als es politisch opportun erschien,[50] beweist schon der Name Pippins den
vom Vater anerkannten Erbanspruch.[51] Die genannten Laudes und das Salzburger Verbrü-

---

48) D. Kar. 319.

49) So schon Paulus Diaconus, Gesta episcoporum Mettensium, MG. SS. 2 S. 265, verfaßt an Karls
Hof, bevor Paulus 786 oder spätestens 787 nach Monte Cassino zurückkehrte, dann die Annales
Laureshamenses im Bericht über die Verschwörung a. 792, MG. SS. 1 S. 35, vgl. die übrigen bei ABEL-
SIMSON 2 S. 39 Anm. 2 angeführten Quellen.

50) Papst Stephan III. schreibt 770, als er hört, daß einer der Frankenkönige eine Langobardenprin-
zessin heiraten will, an Karl und Karlmann, Cod. Carol. 45, MG. Epp. 3 S. 561: . . . *iam Dei voluntate
et consilio coniugio legitimo ex praeceptione genitoris vestri copulati estis, accipientes sicut praeclari et
nobilissimi reges de eadem vestra patria, scilicet ex ipsa nobilissima Francorum gente, pulchrissimas
coniuges. Et eorum vos oportet amori esse adnexos. Et certae non vobis licet eis dimissis alias ducaere
uxores vel extranaee nationis consanguinitate immisci.* Nach Auffassung des Papstes, der freilich an
Aufrechterhaltung der Ehe höchstes politisches Interesse hatte, handelte es sich also um eine
vollgültige Ehe. Karl hat trotz der Einsprüche die Verbindung mit Himiltrud gelöst, die Langobardin
geheiratet – sich aber auch wieder von ihr getrennt, als er politisch mit Desiderius brach. Eine
umfassende Untersuchung des fränkischen Eherechtes und seines Zusammenhanges mit dem Erbrecht
fehlt. W. SICKEL, Das Thronfolgerecht der unehelichen Karolinger, Zeitschrift der Savigny-Stiftung
für Rechtsgeschichte 24 (1903) Germ. Abt. S. 110–147, hier bes. S. 119, meint, Pippin der Bucklige sei
trotz der Geburt von einer Konkubine solange erbberechtigt gewesen, als Karl keine legitimen Söhne
hatte. HERBERT MEYER, Ehe und Eheauffassung bei den Germanen, Festschrift ERNST HEYMANN 1
(1940) S. 1–51 arbeitet mit dem Begriff der »germanischen« Friedelehe und wendet ihn, bes. S. 30 ff.,
auch auf Karl d. Gr. an, ohne näher auf die Quellen oder auf das Erbrecht einzugehen. Wir müssen
uns hier damit begnügen, festzustellen, daß die Verbindung mit Himiltrud einen Sohn hervorbrachte,
der auch nach der Geburt der Söhne Hildegards zunächst als erbberechtigt galt, dann aber verdrängt
wurde, während die Söhne der späteren Konkubinen Karls von vornherein nicht als erbberechtigt
galten. Vgl. auch unten S. 223.

51) Des im Namen liegenden Anspruchs ist sich noch Notker Balbulus bewußt, der Gesta Karoli
Magni II 12, hg. von H. F. HAEFELE, MG. SS. rer. Germ. N. S. 12 (1962) S. 71 meint, Karls

derungsbuch erhellen Pippins Rang noch nach 781, und selbst die sog. Einhart-Annalen sprechen anläßlich seines Sturzes vom »ältesten Königssohn«, ohne Einschränkung und Vorbehalt.[52] Ein nicht genau datierbares, aber wohl in die Zeit um 790 gehörendes Kapitular formuliert den Fidelitätseid der Franken für den König und dessen Söhne:[53] wenngleich keine Namen genannt sind, wird man vor allem an die beiden Erben des Frankenreiches denken müssen.

789 und 790 erhält Karl der Jüngere zuerst die Verwaltung des Dukats von Le Mans und soll dann Bräutigam einer englischen Prinzessin werden. Nach einem späten Bericht Wandelberts von Prüm, der sich vielleicht auf diese Zeit bezieht, hat der heilige Goar einen Streit der Brüder Karl und Pippin auf wunderbare Weise in seiner Kirche am Rhein geschlichtet.[54] Vom buckligen Pippin hört man nichts – er scheint langsam verdrängt worden zu sein, bis er sich 792 mit Unterstützung edler Franken empörte, nach Einharts Behauptung wegen der Härte der Königin Fastrada. Wie über alle Widerstände gegen Karls des Großen Herrschaft sind wir auch über diesen Aufstand nur höchst mangelhaft unterrichtet. Wenn aber die Annales Laureshamenses behaupten, es sei sein Ziel gewesen, unter Beseitigung des Vaters und der Brüder die Herrschaft zu erringen, wenn es weiter heißt, er sei nach Entdeckung des Komplotts zum Verlust von Erbe und Leben verurteilt worden – *ut simul hereditate et vita privaretur*[55] – so läßt das alles darauf schließen, daß wohl seine Stellung gefährdet erschien, wobei ein Wandel in der Auffassung des Eherechts mitgewirkt haben mag, daß er aber erst nach der Verschwörung tatsächlich vom politischen Erbe ausgeschlossen wurde. Leicht mag es sein, daß eine opponierende Adelsgruppe ihn vorgeschoben hatte, weil sie nur mit einem Gliede der gesalbten Familie auf Erfolg hoffen konnte – das alles setzt aber voraus, daß Pippin nicht von vornherein, infolge der Geburt aus einer Friedelehe, als minderberechtigt galt. Nun wurde er enterbt, behielt aber das Leben und wurde in das Familienkloster Prüm eingewiesen – noch hier zeigt sich seine Zugehörigkeit zum karolingischen Geschlecht –, während die Genossen teils mit Schwert und Strang gerichtet, teils verbannt wurden.

Konkubinensohn sei von der Mutter *ominaliter* mit dem Namen des ruhmreichsten Pippin ausgezeichnet worden. In Notkers Augen hat über den außerehelichen Sohn die Mutter die Gewalt.
52) Annales qui dicuntur Einhardi a. 792, hg. von F. KURZE, SS. rer. Germ. (1895) S. 91.
53) MG. Capit. 1, hg. von A. BORETIUS (1883) Nr. 23 § 18 S. 63. Noch F. L. GANSHOF, Was waren die Kapitularien?, deutsche Übersetzung von W. A. ECKARDT (1961) S. 67 und 163 zieht wie BORETIUS die Datierung zu 789 März 23 hierher, die nach K. ZEUMER, bei G. WAITZ, Abhandlungen zur deutschen Verfassungs- und Rechtsgeschichte (Gesammelte Abhandlungen 1, 1896) S. 403–410 zur Admonitio generalis gehört. Nach ZEUMER faßt Capitular Nr. 23 der Edition zwei Stücke zusammen; dem zweiten gehört neben der eben genannten Verfügung über den Eid auch (§ 26 S. 64) das Verbot an, im Namen St. Stephans, des Königs oder der Königssöhne Gilden zu begrunden.
54) Miracula S. Goaris cap. 11 a, MG. SS. 15 S. 366, bei BM 513 a und 305 b zu 790 eingeordnet, während ABEL-SIMSON 2 S. 475 auf den Versuch einer Datierung verzichten. Zur Sache auch P. CLASSEN, HZ 196 (1963) S. 17 Anm. 4 (= u. S. 262 Anm. 46).
55) MG. SS. 1 S. 55 a. 792.

Seit dem Sturz Pippins des Buckligen mußte Karl der Jüngere als einziger Erbe des eigentlichen Frankenreiches gelten, es sei denn, Karl der Große ließ den jüngeren Brüdern nachträglich einen Anteil. Der Vorgang von 781 hatte Krönung und Salbung durch den Papst als Einsetzungsakte sanktioniert. Der Romzug von 787 hätte Anlaß geben können, für die beiden künftigen Frankenkönige den gleichen Akt zu vollziehen, doch gab es keinen Grund zur Eile, ja die vielleicht schon diskutierte Position des Buckligen konnte eher dafür sprechen, die Sache zu verschieben. So hat der nun älteste Königssohn Karl erst am Weihnachtstag 800, inzwischen wohl 28 Jahre alt, fast zwanzig Jahre später als seine jüngeren Brüder, Salbung und Krönung vom Papst empfangen, und nicht erst für die Nachwelt, sondern schon für die Zeitgenossen ist diese Feier von der gleichzeitigen Rangerhöhung des Vaters völlig in den Schatten gestellt worden – mit einer schon genannten und sehr bemerkenswerten Ausnahme: Alkuin, der sich nicht recht überwinden konnte, zum Kaisertum Karls Stellung zu nehmen,[56] hat dem jungen König einen warmen Glückwunschbrief gesandt.

Karls Königtum konnte nicht auf ein Nebenland bezogen werden wie das seiner Brüder, es konnte nur als Königtum der Franken verstanden werden, wenn auch der Krönungsakt so wenig wie bei seinen Brüdern für ein bestimmtes Land galt.[57] Karl ist der erste König der Franken im vollen Sinne, von dem wir sicher wissen, daß er die Würde durch eine Krönung empfing, und der einzige, der sie vom Papst in Rom erhielt. Für die tatsächliche politische Stellung, die er einnahm, trat aber keine Änderung ein: der Vater grenzte keinen besonderen Herrschaftsbereich ab, sondern behielt die Herrschaft allein in der Hand, und wie bisher der älteste Königssohn für den König, so war nun der junge König für den Kaiser der ranghöchste Ratgeber und Heerführer, ohne daß er einen räumlich oder sachlich umschriebenen Bereich in eigener Verantwortung verwaltet hätte.

## III.

Gut fünf Jahre nach der eigenen Erhebung zum Kaiser und der Königskrönung Karls des Jüngeren hat Karl der Große endlich die Nachfolgeordnung getroffen. Galt die Einsetzung der Unterkönige 781 der politischen Ordnung und Verwaltung des Reiches in der Gegenwart, so war das Reichsteilungsgesetz von 806 eine Verfügung für die Zukunft, die erst nach des Kaisers Tod gültig werden sollte und die zu erlassen der Kaiser nun, wohl etwa 64 Jahre alt, für angemessen hielt.[58]

---

56) Vgl. CLASSEN (wie Anm. 1) S. 55 f.
57) Mit Recht betont von ABEL-SIMSON 1² S. 380, EITEN (wie Anm. 36) S. 19.
58) MG. Capit. 1 Nr. 45 S. 126–130, die ergänzenden Quellen BM 415 a, dazu jetzt vor allem die oben Anm. 2 zitierte Arbeit von W. SCHLESINGER.

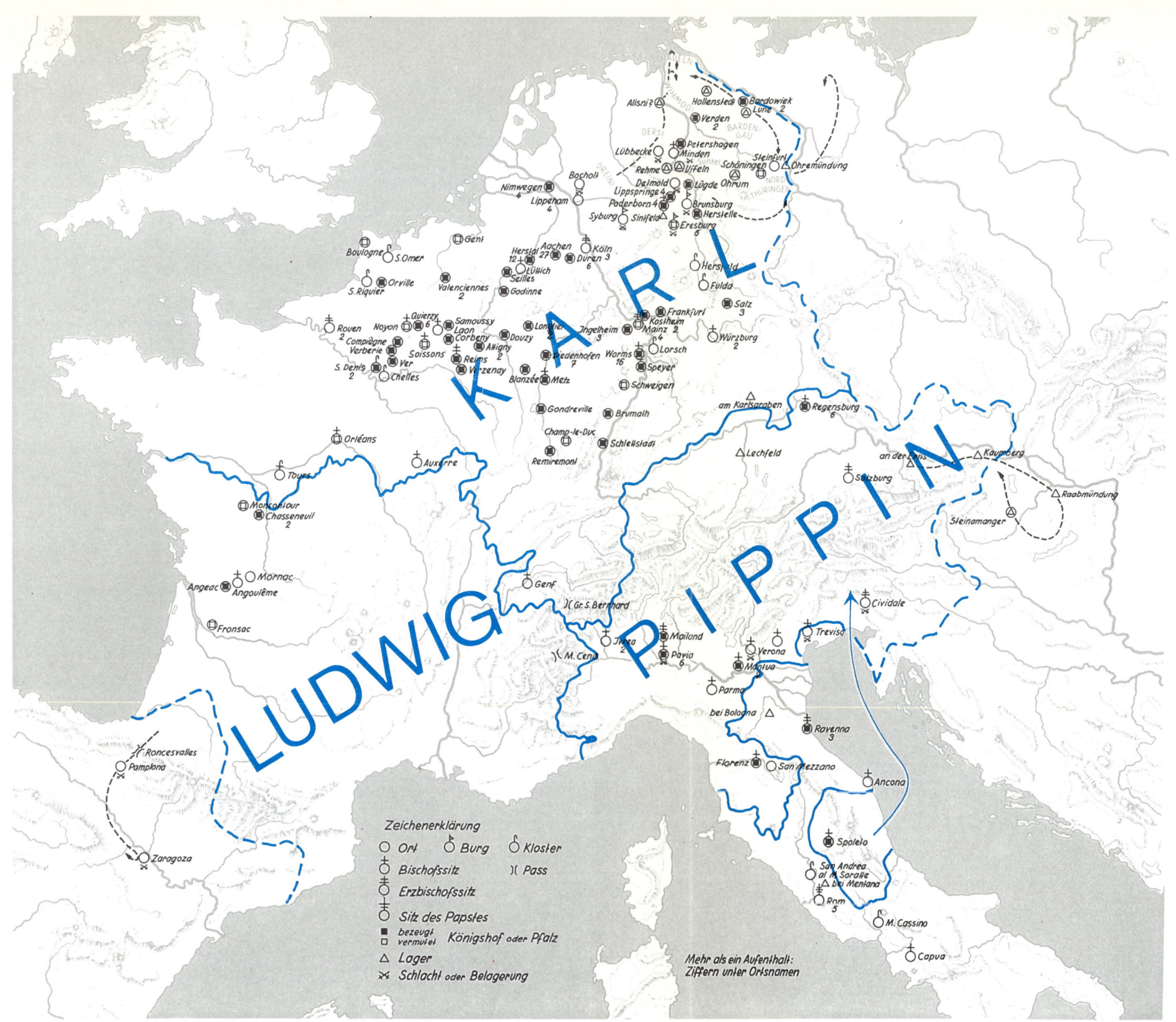

Reichsteilungs-Entwurf von 806
Grundkarte für die Darstellungen der Tafeln 1–6 ist mit Genehmigung des Verlags
L. Schwann, Düsseldorf, die Karte von Gauert zum Itinerar Karls des Großen

Tafel 1

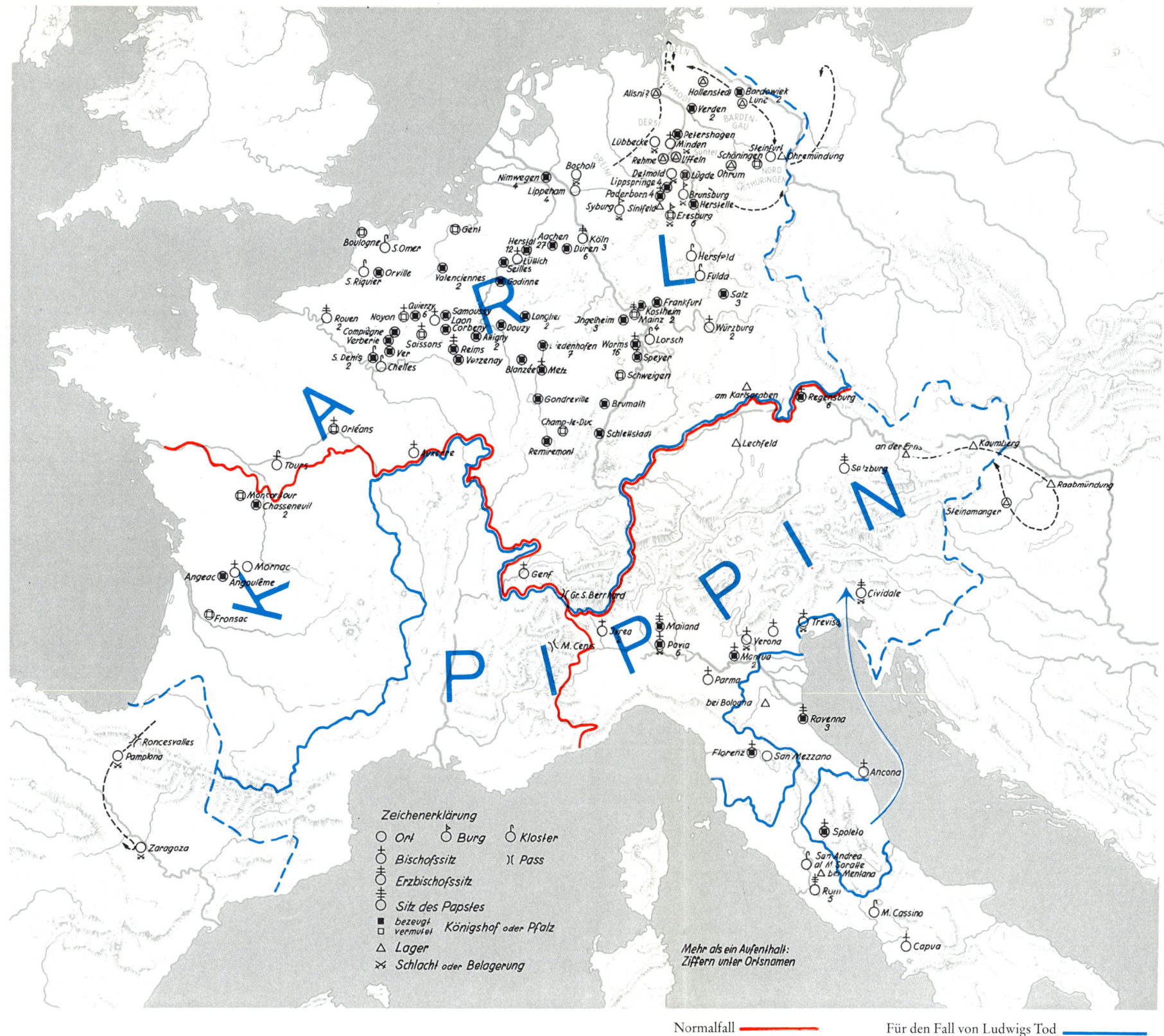

Reichsteilungs-Entwurf von 806: Für den Fall von Ludwigs Tod

Tafel 2

Zeichenerklärung

○ Ort    ♗ Burg    ♙ Kloster

☩ Bischofssitz    )( Pass

☩ Erzbischofssitz

☩ Sitz des Papstes

■ bezeugt
□ vermutet    Königshof oder Pfalz

△ Lager

⚔ Schlacht oder Belagerung

Mehr als ein Aufenthalt:
Ziffern unter Ortsnamen

Normalfall ———     Für den Fall von Ludwigs Tod ———

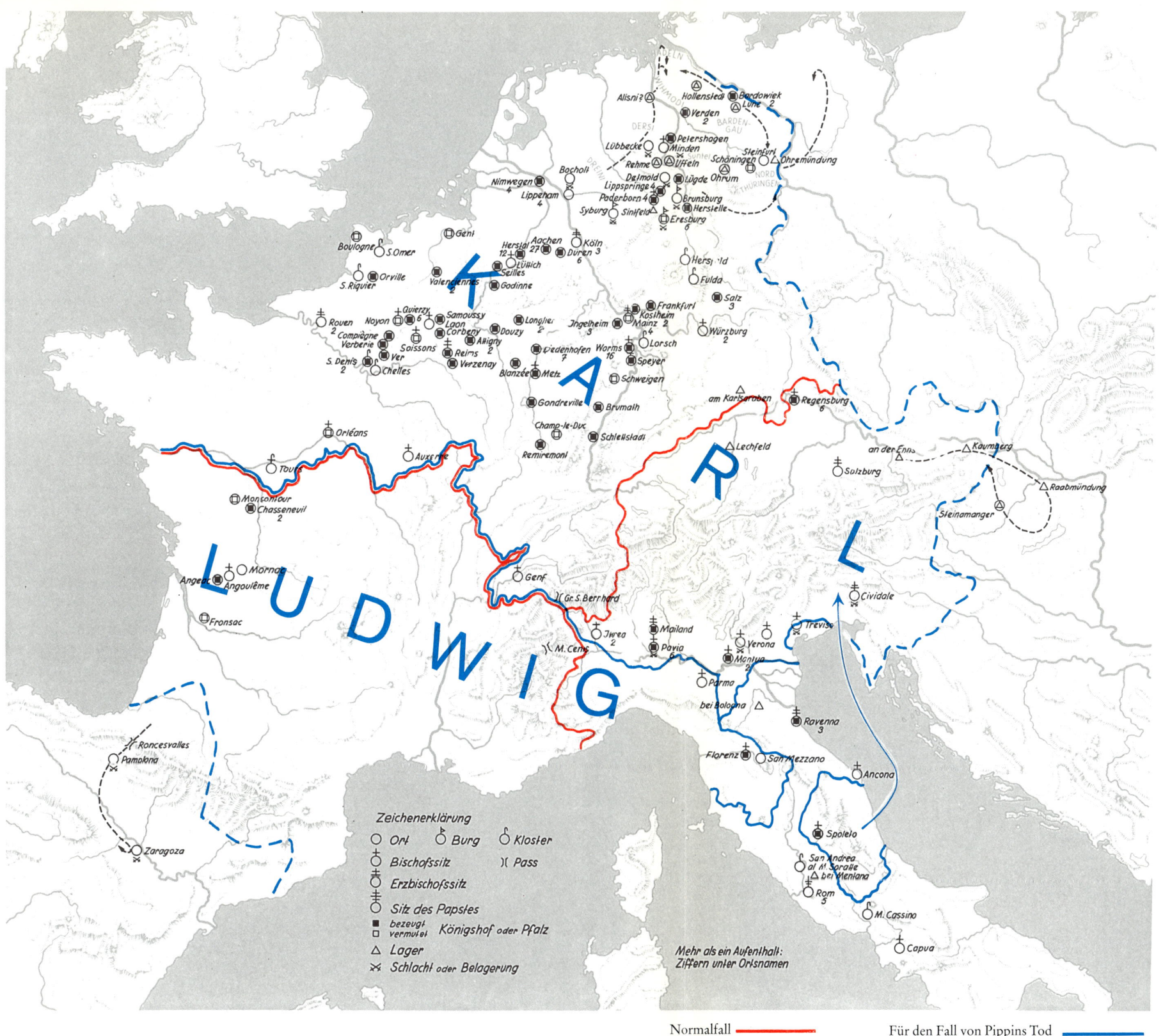

KARL

LUDWIG

**Zeichenerklärung**

○ Ort    ♂ Burg    ⚲ Kloster

⊕ Bischofssitz    )( Pass

⊕ Erzbischofssitz

⊕ Sitz des Papstes

■ bezeugt
□ vermutet   Königshof oder Pfalz

△ Lager

✕ Schlacht oder Belagerung

Mehr als ein Aufenthalt:
Ziffern unter Ortsnamen

Normalfall ————      Für den Fall von Pippins Tod ————

Reichsteilungs-Entwurf von 806: Für den Fall von Pippins Tod      Tafel 3

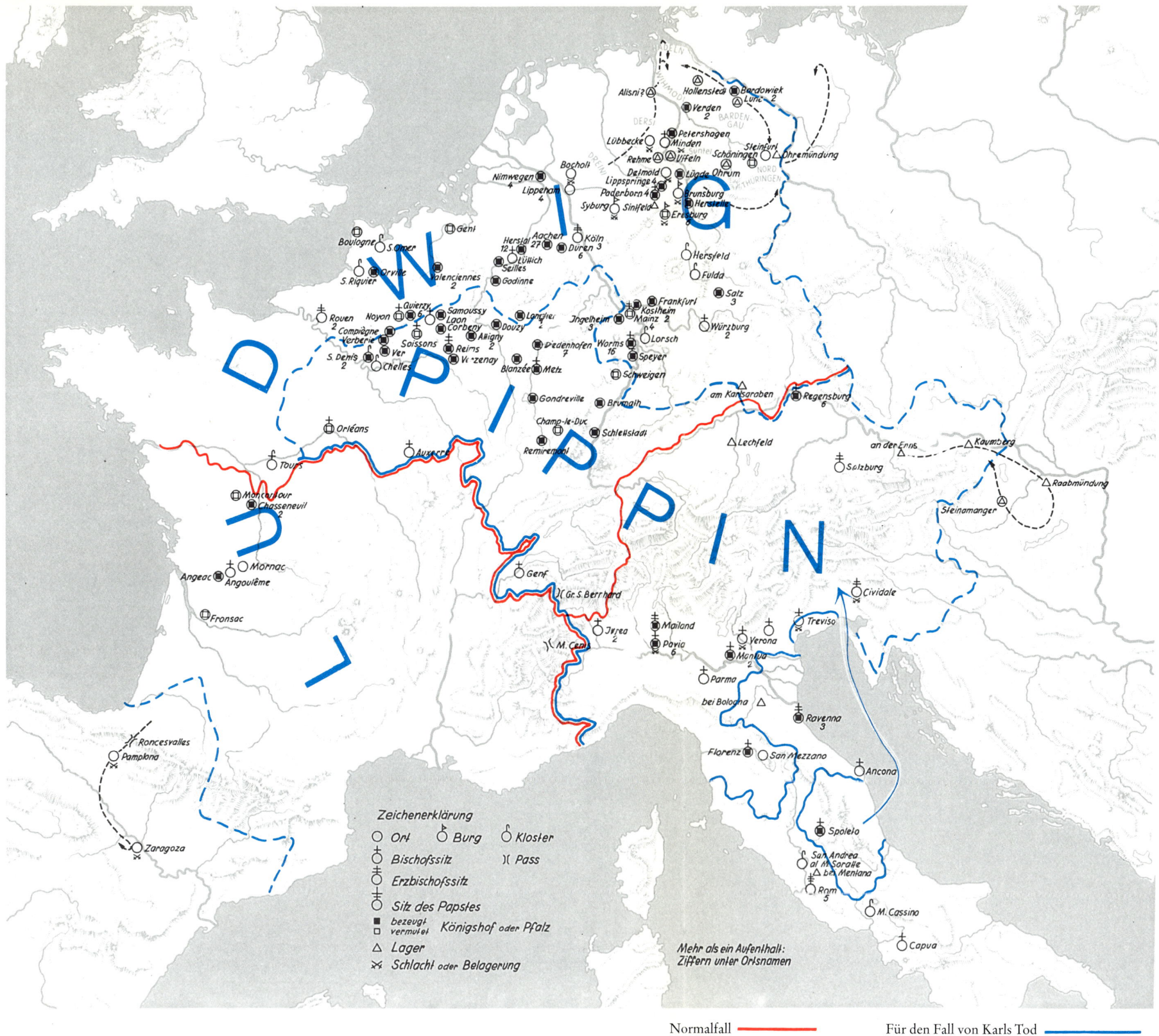

Reichsteilungs-Entwurf von 806: Für den Fall von Karls Tod

Zeichenerklärung

○ Ort    ♟ Burg    ♟ Kloster

✠ Bischofssitz    )( Pass

✠ Erzbischofssitz

✠ Sitz des Papstes

■ bezeugt    Königshof oder Pfalz
□ vermutet

△ Lager

⚔ Schlacht oder Belagerung

Mehr als ein Aufenthalt:
Ziffern unter Ortsnamen

Normalfall ———    Für den Fall von Karls Tod ———

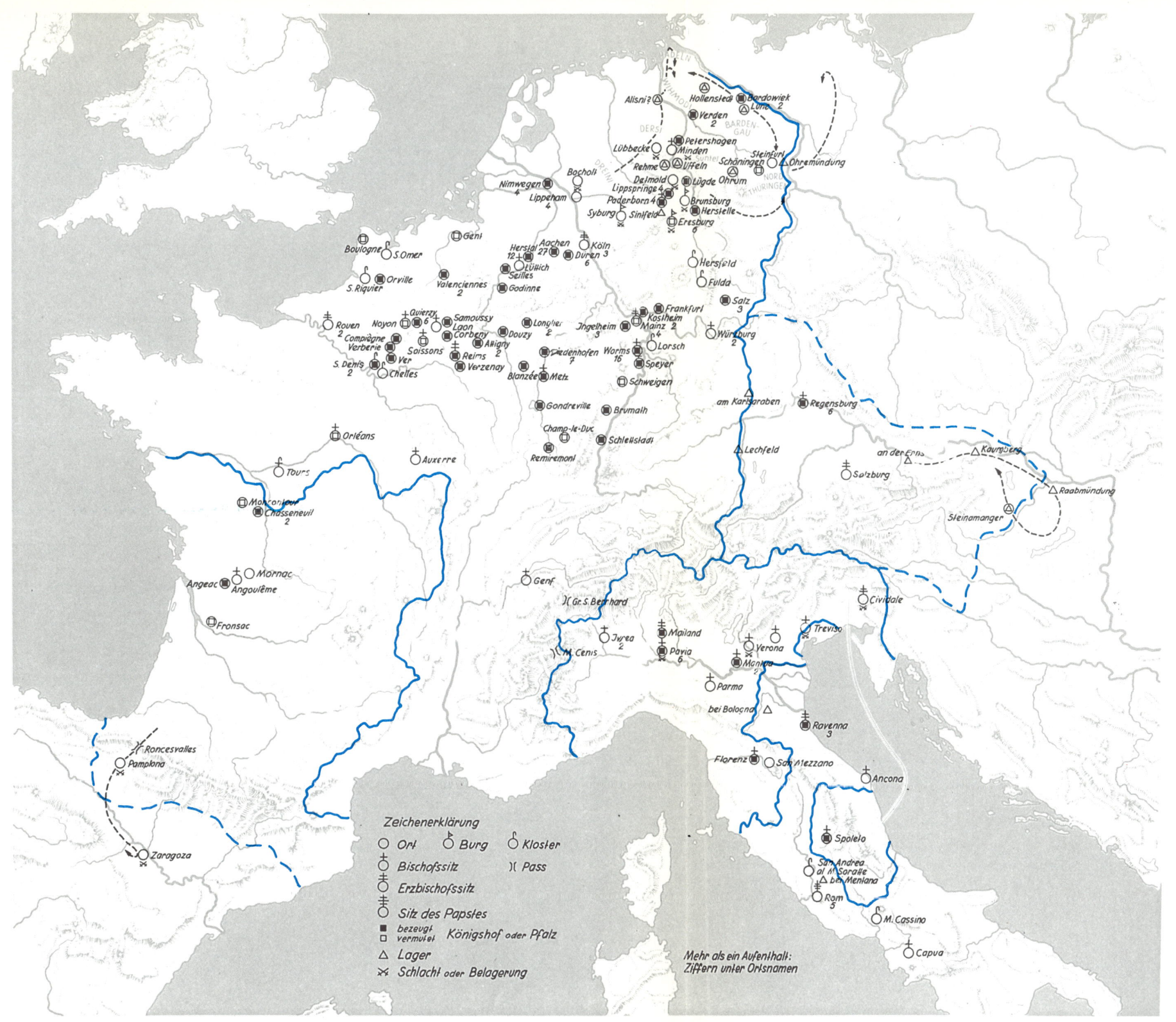

Zeichenerklärung

○ Ort    ○ Burg    ○ Kloster

☩ Bischofssitz    )( Pass

☩ Erzbischofssitz

☩ Sitz des Papstes

■ bezeugt
□ vermutet    } Königshof oder Pfalz

△ Lager

✕ Schlacht oder Belagerung

Mehr als ein Aufenthalt:
Ziffern unter Ortsnamen

Reichsordnung von 817                                    Tafel 5

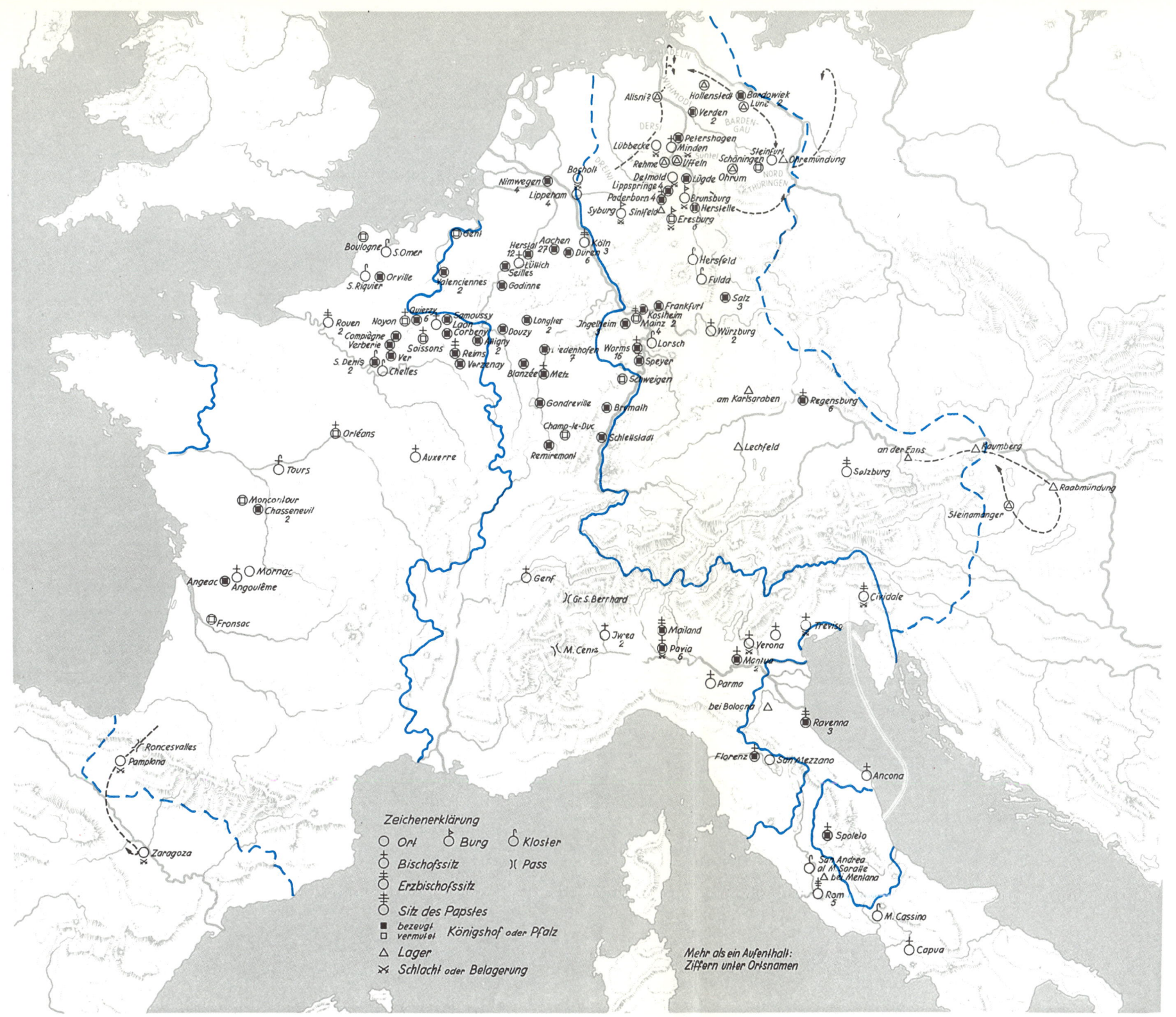

Zeichenerklärung

○ Ort  ⚲ Burg  ⚲ Kloster

✠ Bischofssitz  )( Pass

✠ Erzbischofssitz

✠ Sitz des Papstes

■ bezeugt  □ vermutet  Königshof oder Pfalz

△ Lager

⚔ Schlacht oder Belagerung

Mehr als ein Aufenthalt:
Ziffern unter Ortsnamen

Vertrag von Verdun 843

Tafel 6

Die sogenannte Divisio regnorum,[59] die anscheinend am 6. Februar 806 in Diedenhofen auf einer Reichsversammlung erlassen wurde,[60] gehört zu der verhältnismäßig kleinen Gruppe legislativer Texte Karls, die eine feste urkundliche Form haben und sich dadurch von der Mehrzahl der sogenannten Kapitularien unterscheiden; man faßt sie am besten als Konstitutionen zusammen.[61] In welchem Maße die versammelten *primores* und *optimates* an der Vorbereitung beteiligt waren, ist nicht erkennbar; dagegen mußten die Großen das Gesetz eidlich bekräftigen, und der Text wurde durch Einhart dem Papst übersandt, der es durch seine Unterschrift anerkannte.[62]

Der Text gliedert sich in zwei deutlich getrennte Abschnitte, die der Verfasser der Reichsannalen als *testamentum* und *constitutiones pacis* unterscheidet.[63] Das ausführliche Prooemium beruft sich nicht auf überliefertes Recht und schweigt von jeder Mitwirkung

---

59) In den Überlieferungen hat das Gesetz Überschriften, die offenbar sämtlich nicht authentisch sind, aber doch genannt werden sollten: Cod. 1: *Incipit divisiones regnorum*, 2: *Decreta Karoli imperatoris*, 3: *Testamentum Caroli Magni imp.*, 4: *Testam. Kar. Magni*, 5: (Darmstadt 231) ohne Überschrift. Der Titel der Edition von BORETIUS »Divisio regnorum« legt also (ungenau) den Codex 1 zugrunde. Im Text heißt es § 1: *Divisiones vero a Deo conservati atque conservandi imperii vel regni nostri tales facere placuit...*, also auch hier ist der Plural *divisiones* gebraucht, der jedenfalls nicht die Konstitution meint, sondern die Tätigkeit des Teilens; vgl. die Reichsannalen a. 806 S. 121: *conventum habuit imperator... de pace constituenda et conservanda inter filios suos et divisione facienda in tres partes...* Doch es scheint zweckmäßig, den gebräuchlichen Namen beizubehalten.

60) Vgl. SCHLESINGER S. 199 Anm. 15.

61) Vgl. CLASSEN, HZ 196 (1963) S. 14 mit Anm. 2 (= u. S. 260 Anm. 32) R. SCHNEIDER, Zur rechtlichen Bedeutung der Kapitularientexte, DA 23 (1967) S. 274–294 möchte gegen GANSHOF nachweisen, daß der schriftlichen Fixierung der Kapitularien und der urkundlichen Form höhere Bedeutung zukommt; dabei zieht er einerseits Texte wie die Praecepta pro Hispanis heran, die nach Rechtsinhalt, Form und nicht zuletzt Überlieferung (die SCHNEIDER ganz außer acht läßt) keine Kapitularien sind, anderseits unsere »Konstitutionen«, von denen es sicher »Originale« gegeben hat, während es mir sehr zweifelhaft erscheint, ob man von »Originalen« in einem an der Diplomatik orientierten Sinn bei der Mehrzahl der Kapitularien nicht nur Karls des Großen, sondern auch seiner Nachfolger sprechen darf. – Zur Überlieferung grundlegend SCHLESINGER S. 197 ff. mit dem Nachweis, daß es zwei Fassungen gab, vgl. unten Anm. 63. Nachgetragen sei hier, daß Vat. Lat. 3922 (cod. 3 bei BORETIUS) ein Miscellan-Codex des 16. (nicht 17.) Jahrhunderts ist. Die Divisio von 806 steht fol. 20ʳ–22ʳ auf Papier mit dem Wasserzeichen BRIQUET 58, das nach BRIQUET in Rom, Archivio di Stato 1531–35 nachgewiesen ist. Auf demselben Papier steht fol. 64 ff. ein Brief Franz' I. von Frankreich an die Fürsten des Röm. Reiches von 1533 Feb. 1, vgl. auch fol. 116 f., 119 f. Brief Franz' I. an Papst Leo X., 1517 Dez. 23 und Brief des Nuntius an Kardinal Medici 1518 Jan. 15 (alles Kopien). Da die in Schrift und Papier zugehörigen Stücke inhaltlich aus Frankreich stammen, könnte auch die Kopie der Divisio direkt oder indirekt auf eine französische Vorlage zurückgehen.

62) Annales regni Francorum a. 806 S. 121. Im Kapitular von Nimwegen, 806 März, MG. Capit. 1 Nr. 46 § 2 S. 131 wird neben einer Nachvereidigung all derer, die den Treueid noch nicht geleistet hatten, eine allgemeine Verpflichtung auf die Teilung verlangt: *et insuper omnes denuo repromittant ut ea quae inter filios nostros propter pacis concordiam statuimus pleniter omnes consentire debeant.*

63) Vgl. SCHLESINGER S. 198 f., doch lasse ich dahingestellt, ob beide Teile eine selbständige schriftliche Existenz besaßen, ehe sie miteinander verbunden wurden, wie Schlesinger annimmt.

der Großen des Reiches, vielmehr gibt es sich ganz als Interpretation des göttlichen Willens: Gott hat dem Kaiser drei Söhne gegeben (nur die vollbürtigen zählen) und damit die Aufgabe gestellt, eine Dreiteilung zu vollziehen.[64] Es soll nicht durch Unordnung, Verwirrung oder gemeinsame Herrschaft über das Gesamtreich Anlaß zu Streit und Zank gegeben, sondern jedem Kaisersohn soll der Reichsteil bezeichnet werden, den er im Frieden mit den Brüdern zu lenken und zu schützen hat.[65]

Das Gesetz will *trina portione totum regni corpus* aufteilen. Es geht also von einem Begriff des als Einheit aufgefaßten Gesamtreiches aus, für das die Wörter *regnum* und *imperium* unterschiedslos gebraucht werden; mehrmals heißt es *imperium vel regnum*, während die Teilreiche *pars regni, portio,* auch einfach *regnum* heißen. Die Beschreibung der Reichsteile in dem ersten Abschnitt des Gesetzes schreitet nun aber nicht vom Zentrum des Reiches zu den anderen Teilen, sondern umgekehrt – und damit widerspiegelt sie offenbar den Gedankengang, der der Teilung zugrunde liegt. Man geht von den seit 25 Jahren vorgegebenen Unterkönigtümern aus, zuerst wird das aquitanische Königreich Ludwigs, des jüngsten, beschrieben, abgegrenzt und durch den größten Teil Burgunds und der Provence sowie Septimanien erweitert. Es folgt Italien, das Reich Pippins, dem Bayern und der südliche Teil Alemanniens hinzugefügt werden, und erst an letzter Stelle wird der Herrschaftsbereich des jüngeren Karl als der gesamte Rest definiert und aufgezählt; die ganze *Francia* mit Teilen Burgunds und Alemanniens, *Austria* und *Neustria*,[66] Sachsen, Thüringen, Friesland und der bayerische Nordgau.

Über die Grenzen im einzelnen und über die Behandlung der Reichsteile (vgl. Tafel 1)

---

64) MITTEIS (wie unten Anm. 73) S. 429 f. findet Analogien zwischen dem theologischen Trinitäts-dogma und den Gedanken der Divisio. Dafür fehlt jeder Anhaltspunkt im Text. Die Dreiteilung ergibt sich aus der Dreizahl der Söhne und hat nichts mit der Trinität zu tun. Sobald ein Sohn stirbt, gibt es eine Zweiteilung. Karl der Große ist nüchterner als mancher moderne Gelehrte! Nur aus Byzanz gibt es jene eigenartige Geschichte, daß bei einer Revolte gegen Konstantin IV. Truppen die Einsetzung von Mitkaisern mit den Worten gefordert haben sollen: εἰς τριάδα πιστεύομεν, τοὺς τρεῖς στέψω-μεν, Theophanes a. m. 6161 (= p. Chr. 669), hg. von C. DE BOOR (1883), S. 352, dazu G. OSTROGORSKY, Geschichte des Byzantinischen Staates (³1963), S. 107.

65) Gegen den Grundgedanken des Prooemiums richtet sich das Gedicht Theodulfs von Orléans Nr. 35, MG. Poet. 1 S. 526: *Quod potestas impatiens consortis sit,* mit den Versen: *Gentibus unus erat pridem ferme omnibus usus, / unus ut e fratrum corpore sceptra gerat. / Cetera nitatur magni pars esse senatus, / ut regni solidus continuetur apex.* Seine Idee entspricht der Ordinatio Ludwigs des Frommen, wie B. SIMSON, Jahrbücher des Fränkischen Reiches unter Ludwig d. Fr. 1 (1874) S. 114 mit Recht bemerkt. Wenn das Gedicht wirklich älter ist, drückt es Widerspruch zu dem Prinzip der Teilung von 806 aus.

66) Hier wird *Austria* in dem Sinne Ostfranken, *Neustria* in dem Sinne Land zwischen Seine und Loire gebraucht, beides liegt neben der *Francia* im engsten Sinne zwischen Rhein und Seine. Diese Terminologie beginnt sich damals durchzusetzen, während *Austria* und *Neustria* im alten Sinne verschwinden. Vgl. EWIG (wie Anm. 8) S. 144 f.

ließe sich manches sagen.[67] Wir begnügen uns mit der Feststellung, daß die drei König-
tümer Aquitanien, Italien und Francien deutlich hervortreten, daß aber die übrigen
Grenzen ziemlich willkürlich gezogen sind, offenbar in dem Bestreben, drei möglichst
gleich große, militärisch, wirtschaftlich und politisch etwa gleich gewichtige Teilreiche zu
erhalten. Geographische und historische Zusammenhänge werden dabei zwar nicht ganz
außer acht gelassen, aber doch nur in zweiter Linie berücksichtigt. Insbesondere fällt die
eigenartige Teilung Alemanniens auf,[68] die weder früher noch später ähnlich wiederkehrt,
während der burgundische Bereich bei allen Teilungen und Teilungsplänen des 8. und
9. Jahrhunderts sehr verschiedenartige Grenzziehungen sah. Für diese Gegenden muß die
Teilung daher recht umständliche Beschreibungen der Grenzlinien oder Aufzählungen der
*civitates* an den Grenzen bieten. Ausdrücklich begründet wird nur ein Gesichtspunkt der
Grenzziehung: jeder soll Anteil an den Alpenpässen und Alpenklausen haben, so daß Karl
über den Großen St. Bernhard und das Aostatal, Ludwig über den Mt. Cenis und das
Susatal dem Bruder Pippin in Italien zu Hilfe kommen kann, der seinerseits die rätischen
und norischen Pässe zur Verfügung hat.

Für den Fall des Todes eines der drei Brüder verfügt das Gesetz die gleichmäßige
Teilung seines Reichsteiles unter die beiden Brüder: bei Ludwigs Tod soll Aquitanien und
die Gascogne mit Francien, Septimanien, die Provence und der südliche Teil Burgunds mit
Italien vereint werden (vgl. Tafel 2). Bei Pippins Tod hingegen soll Italien entlang dem Po
geteilt werden, der Norden mit den – nicht ausdrücklich genannten – nordalpinen
Gebieten und dem Dukat Spoleto an Karls, der Süden mit der Toskana an Ludwigs Reich
fallen (vgl. Tafel 3). Nur wenn Karl stirbt, wird das fränkische Kernland geteilt, und zwar
genau so wie 768 zwischen Karl und Karlmann (vgl. Tafel 4). Diese Teilungslinie bleibt
aber – zum Bedauern der spätgeborenen Historiker – ungenannt; sie wird, obwohl sie nur
drei Jahre bestanden hatte und schon vor 35 Jahren hinfällig geworden war, als bekannt
vorausgesetzt. Unsere Skizze schließt sich im wesentlichen an den Versuch in Longnons
Atlas Historique an; mögen Einzelheiten diskutabel sein, so ist jedenfalls richtig erkannt,
daß es sich um eine großenteils ostwestlich verlaufende Grenzlinie handelt, die nicht die

---

67) Unseren Kartenskizzen liegt die von ADOLF GAUERT entworfene Karte zugrunde, die er seinem
Beitrag zum Itinerar Karls des Großen, in: Karl der Große, Bd. 1, S. 307–321, beigegeben hat;
abgedruckt auch im Ausstellungskatalog Karl der Große (1965) bei S. 16. Für die freundliche
Erlaubnis, die Karte zu benutzen, sei Herrn Dr. Gauert wie dem Verlag L. Schwann verbindlich
gedankt. Beim Zeichnen half cand. phil. J. Tröger. – Die Grenzziehung im Verhältnis zu den
deutschen Stämmen veranschaulicht die Karte bei G. TELLENBACH, Die Entstehung des Deutschen
Reiches (²1940) im Anhang; nicht immer genau im burgundischen Bereich ist die Tafel 5 bei LONGNON
(wie Anm. 69).
68) Vgl. zuletzt W. SCHLESINGER, Die Auflösung des Karlsreiches, in: Karl der Große, Bd. 1,
S. 792–857, hier S. 815.

älteren Einheiten Neustrien und Austrien zugrunde legt, sondern beide aufteilt. Itinerare und Schenkungsurkunden geben Anhalte über den Verlauf der Teilungslinie.[69]

Diese Bestimmungen sind der deutlichste Ausdruck des sogenannten Anwachsungsrechtes der Brüder. Stirbt einer, so behalten die beiden anderen die ihnen zugeteilten Teilreiche und erwerben die Hälfte des vom Verstorbenen hinterlassenen Teilreiches. Die drei möglichen Fälle ergeben drei völlig verschiedene Möglichkeiten von Zweiteilungen des Gesamtreiches. Man muß sich die Kartenskizzen genau anschauen, die drei so ganz ungewohnte Bilder bieten, wenn man die Eigenart des Planes erfassen will. Die Bilder sind, so will es scheinen, nicht nur ungewohnt, sondern zeigen auch, zumindest teilweise, höchst unpraktische Lösungen etwa in der Teilung Italiens an der Po-Linie beim Tode Pippins oder in der Vereinigung des nördlichen Gallien mit Aquitanien, während das Zentrum mit Italien verbunden wird, im Falle des Todes Karls des Jüngeren. Historische und geographische Zusammenhänge scheinen hier eine geringere Rolle gespielt zu haben als rechtliche und politische Prinzipien. Ging die Dreiteilung zunächst von den drei *regna* Francien, Italien und Aquitanien aus, die selbst ungeteilt blieben und um Nebengebiete erweitert wurden, so setzen die Zweiteilungen voraus, daß jedes der Teilreiche gleiches Recht und gleichen Wert hat, jedes also bestehen bleibt, solange der Herrscher lebt, aber halbiert werden kann und soll, wenn das Anwachsungsrecht es fordert – und die Halbierung führt dann gerade für die historisch und politisch geschlossensten *regna,* Francien und Italien, durch das Zentrum. Ein eigenartiger Rationalismus scheint hier zu walten, und man ist versucht, von einer Teilung oder vielmehr Teilungsplänen »am grünen Tisch« zu sprechen.

Die Eventualfälle sollen offenbar unabhängig vom Zeitpunkt des Todes eines der drei Brüder gelten: falls nur zwei Söhne den Vater überleben, findet alsbald nach dessen Tod eine Zweiteilung statt; überleben ihn alle drei, so gibt es zunächst eine Dreiteilung, und sobald einer der drei Könige stirbt, wird dessen Teil unter die Brüder aufgeteilt. Dabei wird allerdings die Möglichkeit eingeräumt, daß ein Sohn des Verstorbenen an dessen Stelle tritt und das ungeteilte Erbe übernimmt, falls das Volk seines *regnum* ihn wählt. Die Oheime sollen das Eintrittsrecht in diesem Falle gelten lassen.[70] Eine weitere Teilung in

---

69) A. Longnon, Atlas Historique de la France (1884/1907) Tafel 4 Karte 9, Text S. 45, vgl. A. Kroeber, Partage du Royaume de France entre Charlemagne et Carloman I^er, Bibliothèque de l'École des Chartes 17 (1856) S. 341–347. Daß 768 neue, den alten merowingischen Reichsteilen nicht mehr entsprechende Grenzen gezogen wurden, betont auch Ewig (wie Anm. 8) S. 144. Zu Karls Anteil gehören nach dem Itinerar Worms, Mainz, Düren, Aachen, Herstal, Lüttich, Longlier, Valenciennes, Noyon, Rouen, als Urkundenempfänger mit einiger Sicherheit Corbie, Saint-Bertin, Utrecht, Angers, Saint-Calais (Le Mans). Anderes bleibt ungewiß. Zu Karlmanns Reich nach dem Itinerar: Brumath, Selz (Elsaß), Neumagen, Diedenhofen, Ponthion, Chaumuzy (sw. Reims, vgl. Ewig [wie Anm. 8] S. 156), Attigny, Corbény, Samoussy, Soissons, als Urkundenempfänger und nach Datierungen mit einiger Sicherheit: St. Gallen, Granfelden (Moutier, Kt. Bern), Ebersheim (Elsaß), Münster im Gregoriental, Honau, Echternach, Reims, Argenteuil, Novalese.
70) Divisio § 5.

der nächsten Generation ist indessen nicht vorgesehen. Der Begriff und Vorgang der Wahl wird dabei nicht näher erläutert, doch wird man wohl bei der Suche nach Vorbildern weniger an die Ereignisse des Dynastiewechsels von 751 als an die Thronfolge von 768[71] und besonders an den Herrschaftswechsel von 771 zu denken haben, als die Großen des verstorbenen Karlmann in Corbeny vor Karl erschienen und seine Herrschaft anerkannten.[72]

Man hat das Widerspiel von Anwachsungs- und Eintrittsrecht bei der Teilung oft betont und die fränkische Tradition beider Rechte nachgewiesen.[73] Insbesondere aber ist die konsequente Gleichstellung der drei Brüder immer wieder hervorgehoben worden, die offenbar im schroffen Gegensatz zur Ordinatio imperii Ludwigs des Frommen von 817 steht. Das ist durchaus richtig, und doch scheint das Teilungsgesetz von 806 an entscheidender Stelle im schroffen Gegensatz zu den Traditionen des fränkischen Thronfolgerechtes zu stehen.

## IV.

Die Teilung gilt nicht dem fränkischen *regnum*, sondern dem *imperium*, das mehrere *regna* umfaßt, und dabei bleibt das eigentliche Frankenreich ungeteilt, jedenfalls solange der älteste Sohn Karls lebt. Damit wird die gentile Einheit des fränkischen Reichsvolkes bewahrt: wenn die jüngeren Brüder *rex Langobardorum* und *rex Aquitanorum*[74] sind, so

71) Nach dem Fredegarfortsetzer cap. 54 (MG. SS. rer. Merov. 2 S. 193) fanden die Königserhebungen Karls und Karlmanns in Noyon und Soissons statt *instituto placito initoque consilio cum proceribus eorum... a proceribus eorum et consecratione sacerdotum sublimati sunt in regno.* Ohne sachliche Änderung bringen die Annales Mettenses priores a. 768 S. 56 (verfaßt 805 in Nähe des Hofes) eine andere Nuance hinein: *instituto placito cum consilio omnium Francorum... per consecrationem sacerdotum et electionem omnium optimatum Francorum in regni solium exaltati sunt.* Auch die Annales q. d. Einhardi fügen dem knappen Bericht der Reichsannalen die Worte ein: *consensu omnium Francorum.* Vgl. SCHLESINGER (wie Anm. 72) S. 92.

72) Zu 771 vgl. die Quellen bei BM 142 a. Die Reichsannalen sprechen vom Übergang der Großen zu Karl, die Mettenses fügen hinzu *et unxerunt super se dominum suum Carolum.* Während noch SCHRAMM (wie Anm. 8) S. 199 Anm. 20 diese Nachricht für unglaubwürdig und die Salbung für ein in der Regel nicht wiederholbares Sakrament hält, tritt BRÜHL (wie Anm. 1) S. 306 u. 314 für die Glaubwürdigkeit der Quelle ein. Auf jeden Fall gab es einen Anerkennungsakt der in Corbeny versammelten Großen, den die Quellen freilich nicht als Wahl bezeichnen; vgl. auch W. SCHLESINGER, Karlingische Königswahlen, in dem oben Anm. 2 genannten Band S. 88–138, hier S. 92, I. HASELBACH, Aufstieg und Herrschaft der Karlinger in der Darstellung der sog. Annales Mettenses priores (1970) S. 148.

73) Vgl. bes. H. MITTEIS, Der Vertrag von Verdun im Rahmen der karolingischen Verfassungspolitik, in: MITTEIS, Die Rechtsidee in der Geschichte (1957) S. 425–458, hier S. 436 ff.

74) Zu den Titeln EITEN (wie Anm. 36) S. 24 und 40, und bes. H. WOLFRAM, Intitulatio (MIÖG Erg.-Bd. 21, 1967), S. 220 ff., 236 f., ferner die oben Anm. 45 und 46 genannten Urkunden und Laudes.

Karl der Jüngere *rex Francorum*. Der Poeta Saxo hat das später – aufgrund verlorener Quelle – so ausgedrückt:

> *Hunc in Francorum sibimet succedere regnum*
> *Disposuit, si non aliter Domino placuisset.*[75]

Das bedeutet zugleich: das gesamte ererbte Hausgut der karolingischen und das seit langem mit ihm vereinte Königsgut der merowingischen Familie, die Menge der königlichen Pfalzen und Hausklöster, die alten Königsstädte der Merowingerzeit, all das fiel ungeteilt in den Herrschaftsbereich Karls des Jüngeren: Paris und Worms, Tours und Metz, Compiègne und Aachen, Saint-Denis und Prüm, Corbie und Lorsch. Es genügt, an die Descriptio Franciae zu erinnern, die Eugen Ewig vorgelegt hat;[76] die Karte der Itinerarorte verdeutlicht das Verhältnis der Reichsteile zueinander: die Zentren der Herrschaftsverwaltung Karls des Großen sollten fast sämtlich dem ältesten Sohn zukommen.

Die ungeteilte Vererbung des eigentlichen Frankenreiches an den ältesten Sohn stand auch dann im Widerspruch zum überlieferten Erbrecht, wenn die jüngeren Söhne materiell nicht weniger wertvolle Gebiete erhielten. Als Chlodwig fast 300 Jahre vor Karl sein Erbe geteilt hatte, war jedem der vier Söhne zunächst ein Stück der fest in fränkischer Hand befindlichen Gebiete gegeben worden; erst einige Jahre später hatte man das frisch eroberte Aquitaniens derart aufgeteilt, daß jeder König zu dem fränkischen ein aquitanisches Gebiet erhielt.[77] Die von den Söhnen Chlodwigs angewandten Grundsätze sind von Chlothars I. Söhnen im ganzen unverändert, wenn auch im einzelnen variiert, beibehalten worden, als man 561 und 567 wieder teilte, nun ein um das Burgunderreich, also ein neues Nebenland, vergrößertes Erbe.[78] Die seit dem späten 6. Jahrhundert dauerhaft werdende Dreiteilung in Neustrien, Austrien und Burgund beruht wieder darauf, daß jedes Teilreich aquitanische oder burgundische Außengebiete mit fränkischen im eigentlichen Sinne des Wortes verbindet. Das gilt auch für das Burgund genannte Teilreich, das mit den Gebieten von Auxerre und Troyes bis Orléans und Paris Anteil an der *Francia* hat.[79] Das erste Prinzip des fränkischen Thronfolgerechtes war die gleichmäßige Beteiligung aller erbberechtigten Söhne am Frankenreich im engeren Sinne zwischen Rhein, Loire und dem Meer. Dort lagen nicht nur die Residenzen der Chlodwig-Söhne: Paris, Reims, Soissons, Orléans, sondern auch die später zeitweilig als Residenz dienenden Städte Metz, Worms und Köln –

---

75) MG. Poet. 4, 1 S. 50, Buch IV Vers 187 f. Zur Quelle die oben Anm. 25 genannte Untersuchung Lintzels.

76) Wie Anm. 8.

77) E. Ewig, Die fränkischen Teilungen und Teilreiche (511–613), Akademie der Wissenschaften und der Literatur, Abhandlungen der Geistes- und Sozialwissenschaftlichen Klasse, Jahrgang 1952 Nr. 9, S. 3–19. Die Karten bei Longnon (wie Anm. 69) bedürfen danach in Einzelheiten der Ergänzung und Korrektur.

78) Ebenda S. 28 ff., 31 ff.

79) Ebenda S. 55 ff. sowie die oben Anm. 44 genannte Arbeit von Ewig.

und nur Chalon-sur-Saône, die spätere burgundische Residenz, lag außerhalb dieses Kernes: eben diese Stadt war 806 Ludwig zugedacht. Nur einmal hat es für ganz kurze Zeit eine ungleiche Teilung gegeben, als der jüngere Sohn Chlothars II., Charibert, 629 keinen Anteil am fränkischen Land erhielt, sondern mit einem Kleinkönigtum in Aquitanien mit dem Zentrum Toulouse abgefunden wurde. Vielleicht wurde hier, wie bei dem austrasischen Unterkönigtum des 7. Jahrhunderts, eine Konzession an das Selbstbewußtsein der Aquitanier gemacht;[80] für die Geschichte des Erbfolgerechtes hatte diese Episode keine Bedeutung.

Von Austrasien her haben Pippin der Mittlere und seine Nachkommen zunächst wieder jene eigentlich fränkischen Gebiete zwischen Rhein und Loire vereinigt, die schon seit Chlodwigs Zeit den Kern des Reiches bildeten, und noch ehe sie die Königswürde erreichten, haben sie das alte Recht der Erbteilung übernommen. Der Widerstreit zwischen dem Recht der Erbteilung und dem politischen Willen zur ungeteilten Herrschaft über das gesamte Reich bildet dann einen wesentlichen Teil der fränkischen Geschichte des 8. Jahrhunderts. Pippin II. und seine bedeutende Frau Plektrud wollten zunächst dem Sohn Grimoald, nach dessen frühen Tod dem unmündigen Enkel Theudoald das ungeteilte politische Erbe überlassen; die anderen vollbürtigen Enkel, Söhne Herzog Drogos von der Champagne, wurden, wie es scheint, mit weltlichen und geistlichen Ämtern ausgestattet, ohne Anteil an der Zentralregierung zu erhalten.[81] Der völlig übergangene, weil nicht von Plektrud stammende Karl Martell hat das Konzept zerstört und sich selbst zum einzigen politischen Erben gemacht, nachdem er Stiefmutter und alle Neffen überwunden hatte. In diesen Kämpfen hatten zum letzten Mal die alten Gegensätze zwischen Austrien und Neustrien ihre Rolle gespielt, zugleich war es um das Erbrecht des Sohnes aus einer Verbindung gegangen, deren Legitimität Plektrud bestritt: hier zuerst verknüpft sich die Frage des Erbrechtes mit der des Eherechtes in einer den Merowingern unbekannten, aber in den folgenden Generationen der Karolinger immer wiederkehrenden Weise.[82] Auf der andern Seite hatte Karl Martell von vornherein das politische Ziel der Alleinherrschaft verfolgt.

80) EWIG (wie Anm. 44) S. 111, der von einem Unterkönigtum oder Markenkönigtum spricht und es mit den austrasischen Unterkönigtümern Dagoberts I. und Sigiberts III. vergleicht, bei denen aber ein Kinderkönig unter dem regierenden Vater stand.

81) EWIG, ebenda S. 142 ff., erörtert die Ämter der Söhne Pippins, Drogo und Grimoald, bricht aber mit dem Tode Pippins und der Söhne 714 ab, so daß eine umfassende moderne Darstellung für die folgende Generation fehlt. Das Material übersichtlich bei HLAWITSCHKA (wie Anm. 29) bes. S. 80 Nr. 37 ff. über die Neffen Karl Martells.

82) Zum Ehe- und Erbrecht vgl. oben Anm. 50. Bemerkenswert ist, daß die Quellen Karl Martells Mutter Chalpaida stets als *uxor* Pippins bezeichnen, so schon Liber. Hist. Franc. 49 und Cont. Fred. 6, MG. SS. rer. Merov. 2 S. 324 und 172. Während aber Plektrud in Urkunden und erzählenden Quellen mit ihrem Mann handelnd auftritt und nach dessen Tod die Regentschaft führt, wird Pippins zweite *uxor* nur als Mutter Karls genannt.

Eine eigentliche Erbteilung hat erst wieder Karl Martell 741 vollzogen. Wie sie aussehen sollte, ist nicht in allen Einzelheiten deutlich; aber es dürfte keinen Zweifel geben, daß die drei vom Vater als legitim betrachteten Söhne Karlmann, Pippin und Grifo Anteil am Kerngebiet des Reiches in Austrien und Neustrien haben sollten,[83] während die illegitimen Söhne Bernhard, Remigius und Hieronymus von dem politischen Erbe ausgeschlossen wurden, aber z. T. hohe geistliche Würden erhielten.[84] Die beiden älteren Brüder verdrängten den aus zweiter Ehe stammenden Grifo, indem sie die Legitimität seiner Geburt und damit sein Erbrecht bestritten. Aber bis zu dessen gewaltsamem Tod 753 dauerten die Auseinandersetzungen um seinen Erbanspruch. Inzwischen war Karlmann Mönch geworden, und Pippin hatte die Alleinherrschaft angetreten, indem er die Neffen verdrängte und schließlich, 754, ins Kloster schickte.[85]

Man muß sich diesen historischen Hintergrund vergegenwärtigen, wenn man das Teilungsgesetz von 806 liest. An das *testamentum* mit den Teilungsverfügungen schließen sich die 15 Kapitel der *constitutiones pacis* an, die die Beziehungen der Teilreiche und ihrer freien Bewohner eingehend regeln, um den Frieden zu wahren und die so naheliegende Gefahr des Bruder- und Bürgerkrieges zu verhindern. Dahinter stehen nicht nur Karls Erfahrungen mit den eigenen Söhnen, so gewiß es auch neben dem Aufstand des buckligen Pippin Bruderstreit gegeben hat, den aber des Vaters mächtige Hand nicht zu schlimmer Wirkung kommen ließ.[85a] Nun wird aber nicht nur die Aufnahme von Überläufern untersagt, die so leicht Anlaß zum Streit gegeben hatte,[86] sondern Karl sieht auch den blutigen Oheim–Neffen-Konflikt kommen. Die Verfügung, keiner der jetzt erbenden Söhne dürfe einen Angehörigen der nächsten Generation, Sohn oder Neffen, ohne

---

83) Zum Erbe Grifos, vgl. Annales Mettenses priores a. 741 S. 32 f., wo Swanahild *concubina* genannt wird, dazu zuletzt I. Heidrich, Titulatur und Urkunden der arnulfingischen Hausmeier, Archiv für Diplomatik 11/12 (1965/66) S. 150 f., 202 ff. mit Beobachtung auch über die Vorbereitung der Teilung schon seit 723, und Haselbach (wie Anm. 72) S. 97 ff.

84) Über diese vgl. Hlawitschka (wie Anm. 29) S. 80 f. Nr. 42 ff. Wenn man diese Söhne Karls beachtet, die nie Erbansprüche erhoben, wird die andersartige Position Grifos (der Name Kurzform zu Grimoald) um so deutlicher, vgl. I. Heidrich, Grifo, Neue Deutsche Biographie 7 (1966) S. 67 f.

85) BM 53 e, vgl. G. Tangl, Die Sendung des ehemaligen Hausmeiers Karlmann in das Frankenreich im Jahre 754 und der Konflikt der Brüder, Quellen und Forschungen aus italienischen Archiven und Bibliotheken 40 (1960) S. 1–42.

85a) Für das rechte Verständnis der *constitutiones pacis* und ihrer ausführlichen Bestimmungen über die (*liberi*) *homines* der Brüder ist es wichtig, sich klarzumachen, welche Probleme schon zu Karls Lebzeiten auftraten: des Kaisers Missi und Grafen wagten nicht, Zwang gegen *homines* der Söhne und Töchter des Kaisers zu üben: Capit. 1 Nr. 52 § 13 S. 139 von 808, vgl. auch Nr. 66 § 5 S. 155 von 810, die Heerfolge für den Kaiser wurde von gewissen Leuten mit dem Hinweis, sie seien *homines* Ludwigs oder Pippins, verweigert: Capit. 1 Nr. 73 § 7 S. 165 von 811 (?).

86) Die Annales Mettenses priores, die kurz vor der Divisio in dem Hof nahestehenden Kreisen entstanden (zuletzt Haselbach, wie Anm. 72), schildern dramatisch, wie Pippin II. den neustrischen Überläufern gegen die Tyrannei des Königs Theuderich III. und des Hausmeiers Berthar zu Hilfe kommt – damit beginnt der Aufstieg der Karolinger.

gerechtes Gericht töten, verstümmeln, blenden oder zwangsweise scheren und ins Kloster weisen,[87] ist so merkwürdig, daß man sie für einen verfälschenden Zusatz der Gegner Ludwigs des Frommen gehalten hat;[88] war doch nur vier Jahre nach Karls Tod der Enkel Bernhard an den Folgen der vom Oheim verfügten Blendung gestorben. Der Verdacht konnte widerlegt werden,[89] und mit Recht wurde die Frage aufgeworfen, ob nicht vielmehr eine späte Regung schlechten Gewissens beim Kaiser erkennbar werde, die sich auf die Erfahrung mit den eigenen Neffen bezieht.[90]

In der Tat hatte Karl seine eigenen Erfahrungen. In seinen Kinderjahren waren die Kämpfe gegen Grifo geführt worden; bald nachdem Grifo erschlagen war, hatte der zwölfjährige Karl vom Papst mit dem Vater und dem Bruder die Königssalbung erhalten; aber die gleichaltrigen Vettern waren eben damals gewaltsam ins Kloster gesperrt worden, und danach hatte man nichts mehr von ihnen gehört.[91]

Dann aber hatte er selbst mitgehandelt. Durch die Salbung von 754 war er mit dem Bruder gleichberechtigter Erbe geworden, und die Teilung von 768 war die rechtliche Folge gewesen. Mitbewerber strittigen Rechts gab es dieses Mal nicht; denn Pippin hat anscheinend neben den legitimen Kindern der einzigen Ehe keine Nachkommen hinterlassen. Während Austrien und Neustrien samt Burgund und den rechtsrheinischen Eroberungen geteilt wurde, hat man anscheinend Aquitanien, den noch nicht gefestigten Gewinn der jahrelangen Kämpfe Pippins der gemeinsamen Herrschaft der Brüder überlassen,[92] ganz ähnlich wie 511. Eben die Weigerung Karlmanns, an einem aquitanischen Feldzug teilzunehmen, bot den ersten Anlaß zum Bruderstreit, dessen tieferer Grund wohl im Streben beider nach ungeteilter Herrschaft lag. Trotz Berthradas Vermittlungsversuchen hat nur Karlmanns plötzlicher Tod den offenen Kampf verhindert. Die meisten der Großen Karlmanns erkannten Karls Herrschaft über das Gesamtreich an,[93] während die

---

87) Divisio / 18 S. 129 f.: *De nepotibus vero nostris, filiis scilicet praedictorum filiorum nostrorum qui eis vel iam nati sunt vel adhuc nascituri sunt, placuit nobis praecipere, ut nullus eorum per quaslibet occasiones quemlibet ex illis apud se accusatum sine iusta discussione atque examinatione aut occidere aut membris mancare aut excaecare aut invitum tondere faciat; sed volumus ut honorati sint apud patres vel patruos suos et obedientes sint illis cum omni subiectione quam decet in tali consanguinitate esse.*

88) W. MOHR, Bemerkungen zur Divisio regnorum des Jahres 806, Archivum Latinitatis Medii Aevi 24 (1954) S. 131–157.

89) Gegen MOHR SCHLESINGER (wie Anm. 2) S. 194 ff., dann wieder W. MOHR, Nochmals die Divisio regnorum von 806, Archivum Latinitatis Medii Aevi 29 (1959) S. 91–109, dagegen zuletzt K. SPRIGADE, Zur Frage der Verfälschung von Karls d. Gr. Divisio regnorum, Zeitschr. d. Savigny-Stiftung für Rechtsgeschichte 81 (1964) Germ. Abt. S. 305–317.

90) SCHLESINGER S. 196.

91) Vgl. oben Anm. 85, bes. TANGL S. 21 f.

92) Nach cont. Fred. 53 MG. SS. rer. Merov. 2 S. 193 wurde auch Aquitanien geteilt. Zumindest die Divisio von 806 nimmt darauf keinen Bezug, und wenn eine Teilung geplant war, hat sie nicht stattgefunden, da Karlmann nicht nach Aquitanien ging, vgl. BM 119 a.

93) Vgl. oben Anm. 72.

Witwe Gerberga mit den Kindern unter dem Schutz des Herzogs Authar zu den Langobarden floh.[94] Mit dem Verlangen an Papst Hadrian, die beiden Söhne des gesalbten Karlmann gleichfalls zu Frankenkönigen zu salben, brachte Desiderius Karls Herrschaft in die größte Gefahr. Karl hat nicht wie sein Vater vor der freien Entscheidung gestanden, ob er dem heiligen Petrus zu Hilfe kommen wollte, sondern um des eigenen ungeteilten Erbes am Frankenreich willen war er gezwungen, dem Hilfsgesuch des Papstes nachzukommen.[95] Karl zog von der Belagerung Pavias wohl noch Ende 773 vor Verona, wo Gerberga und die Neffen in seine Hände fielen, wie der Liber Pontificalis berichtet, während die fränkischen Quellen schweigen.[96] Von diesem Zeitpunkt an verschwinden Gerberga und ihre beiden Söhne, Karls Neffen, aus der Geschichte. Der Mönch Cathwulf zählt damals die Zeichen der göttlichen Gnade auf, die über Karl waltete: das vierte war, daß Karl mit dem Bruder König wurde, das fünfte, daß Gott den Bruder hinwegnahm und Karl ohne Blutvergießen zum Herrscher über das Gesamtreich erhob.[97] Doch man muß fürchten, daß auch diese Aussage nicht als Quelle für das Schicksal der Neffen Karls gelten kann.

Wie dem auch sei – die Erinnerung an vergangene ebenso wie die Ahnung bevorstehender Bruderkämpfe durchziehen das Teilungsgesetz und seine Friedensbestimmungen wie ein roter Faden; das wichtigste Motiv ist es, jeden Anlaß zum inneren Konflikt zu vermeiden. Im Friedensgedanken wird man darum wohl auch einen wesentlichen Gesichtspunkt für die Eigenart der Teilung, für die Bewahrung der Einheit des Frankenreiches im engeren Sinne sehen dürfen. Seit 781 die Unterkönige eingesetzt worden waren, die inzwischen längst begonnen hatten, auch selbständige Funktionen zu übernehmen, hatte die Gliederung des Großreiches der Friedenswahrung ebenso wie der Verwaltung gedient. Wir haben gesehen, wie von dort über den Ausschluß des buckligen Pippin und die Krönung von 800 der Weg zu dem Gedanken geführt hat, die *Francia* dem ältesten Sohn allein vorzubehalten. Alkuin hat Karl den Jüngeren als des Vaters Erben in besonderer Weise betrachtet,[98] und es gibt Anzeichen, daß mancher in ihm den künftigen Kaiser

94) Die Annales Mettenses priores a. 771 S. 58 sagen *Gerberga ... cum duobus parvulis ... Italiam petiit,* der Liber Pontificalis 1 S. 488 und 493 spricht zweimal von dem Verlangen des Desiderius, die Söhne *(filios)* Karlmanns zu salben. Es handelt sich also um zwei Söhne; nur der Name des zweitgeborenen Pippin ist Ann. Petav. a. 770 MG. SS. 1 S. 13 genannt. Obwohl ABEL-SIMSON 1 S. 87 Anm. 4 und S. 104 Anm. 4 das Richtige gesehen haben, wird in der neuesten Literatur oft nur ein Sohn genannt, so HLAWITSCHKA (wie Anm. 29) S. 81 Nr. 57 und SCHRAMM (wie Anm. 8) S. 199, der auch das weitere Schicksal der Kinder verkennt. So wirksam wurden die Neffen Karls »totgeschwiegen«.
95) Vgl. CLASSEN (wie Anm. 1) S. 13.
96) BM 158 g, Hauptquelle Liber Pontificalis 1 S. 496.
97) MG. Epp. 4 S. 502. Der Feldzug gegen die Langobarden, der Alpenübergang und der Romzug folgen als 6., 7., 8. *beatitudo:* schon aus chronologischen Gründen ist unter 5. nichts über die erst 773/4 in Karls Hände gefallenen Neffen gesagt.
98) MG. Epp. 4 Nr. 188 S. 315 f. *... sequens excellentissimi patris tui exempla in omni honestate et sobrietate, quatinus divina Christi Dei clementia illius benedictionem te hereditario iure possidere concedat.* Ob man daraus mit BM 467 a und anderen, zuletzt WERNER S. 443, auf eine schon gefällte Entscheidung über die Nachfolge im Kaisertum schließen kann, erscheint mir zweifelhaft.

sah.[99] Aber über die Kaiserwürde hat das Teilungsgesetz nicht verfügt, auch wenn es, wie W. Schlesinger gezeigt hat, das Kaisertum keineswegs ignorierte.[100]

Es kann keinen Zweifel geben, daß Karl der Jüngere ganz ungewöhnlich bevorzugt wurde, selbst wenn man annimmt, daß die anderen Reichsteile rein wirtschaftlich gesehen nicht minder wertvoll waren. Nur die Autorität des Kaisers kann den Gedanken widerspruchslos durchgesetzt haben. Dabei wird wahrscheinlich schon 806 offenkundig gewesen sein, daß die Einheit des Frankenreiches nicht von langer Dauer sein werde. Denn Pippin und Ludwig waren verheiratet und hatten Söhne, Karl der Jüngere aber war, wie es scheint, trotz seiner 34 Jahre noch ledig und erbenlos.[101]

## V.

Oft hat man Ludwigs des Frommen sogenannten Ordinatio imperii von 817 (vgl. Tafel 5) der Divisio Karls von 806 schroff entgegengestellt: hier die am überlieferten Recht festhaltende Teilung zu gleichen Teilen und gleichem Recht unter den Brüdern – dort die Unterordnung der jüngeren Brüder als Unterkönige in Kleinreichen unter den Kaiser als den Oberherrn unter Wahrung der Einheit des Gesamtreiches.[102] Tatsächlich sind diese Unterschiede nicht zu leugnen, insbesondere in den Wechselbeziehungen zwischen Kaiser und Unterkönigen. Dennoch sollte nicht übersehen werden, daß Karls des Großen Divisio bereits einen Bruch mit dem überlieferten Recht vollzieht, der Ludwigs Ordinatio vorbereitet, indem er das Kernreich der Franken ungeteilt dem ältesten Sohn überläßt, ihn allein zum echten König der Franken werden läßt, ohne den Brüdern Anteil an der Herrschaft über Reichsvolk und Hausgut zu geben. Aber nur durch Namen und Macht, Erbe und Recht des Königs der Franken, nicht durch eine Oberherrschaft im Gesamtreich steht Karl der Jüngere den Brüdern voran.

Am 8. Juli 810 starb Pippin von Italien und hinterließ einen Sohn Bernhard und fünf

---

99) Ermoldus Nigellus, ad Pippinum II Vers 167 ff. MG. Poet. 2 S. 90 = hg. von E. FARAL (1932) S. 230: *Aequivocus patri primus nomenque parentis / Gestabat Carolus inclitus atque potens, / qui populo placidus regno succedere gaudens / Iam procerum votis induperator erat.* Die um 828 gedichteten Verse sollte man in ihrem Quellenwert nicht überschätzen, zumal Ermold wenige Verse vorher den Hausmeier Pippin II. zum König macht. Vgl. auch die oben Anm. 21 genannten Verse Theodulfs.

100) SCHLESINGER (wie Anm. 2) S. 206 f.

101) Vgl. oben S. 207 f.

102) Z. B. SCHLESINGER (wie Anm. 2) S. 193 f., DERS. (wie Anm. 68) S. 831 f., anders MITTEIS (wie Anm. 73) S. 430 ff.

Töchter,[103) am 4. Dezember 811 starb Karl der Jüngere, ohne Kinder zu hinterlassen.[104) Nach der Divisio war zu fragen, ob eine Wahl das Eintrittsrecht Bernhards forderte. Karl hat 812 den unmündigen Enkel ohne Mitwirkung des Volkes zum Unterkönig in Italien bestimmt, wie es sein Vater gewesen war.[105) Im September 813 krönte Karl den einzig überlebenden Sohn Ludwig zum Mitkaiser und Erben im Gesamtreich, während Bernhard als König von Italien bestätigt wurde, ohne dem Oheim gleichgestellt zu werden oder etwa eine Anwartschaft auf das halbe Gesamtreich oder auch nur auf den vollen, 806 für den Vater vorgesehenen Reichsteil zu erhalten.[106) Zwischen Kaiser Ludwig und dem Neffen wurde noch durch Karl den Großen ein ungleiches Verhältnis geschaffen, wie es die Divisio von 806 eben nicht vorgesehen hatte. Der kaiserliche Onkel stand über dem Unterkönig von Italien wie Karl der Große über seinen Söhnen gestanden hatte: ein weiterer Schritt in der Richtung, die Ludwig 817 durchsetzte.

Der Konflikt zwischen Ludwig und Bernhard hat seine Wurzel noch in Karls Entscheidungen, und an diesen Konflikt knüpft die Kette der häuslichen Kämpfe der folgenden Jahrzehnte an. Die Aufstände der Söhne Ludwigs haben nicht nur die Prinzipien von 806, sondern auch die von 817 umgestoßen. Die lange Kette von Teilungsentwürfen zu Ludwigs Lebzeiten ebenso wie die blutigen Kriege, die Verhandlungen und schließlich der Frieden zu Verdun gingen einerseits um das gleiche Recht der teilenden Brüder, anderseits um die Frage, wie die *Francia* aufzuteilen sei, das 806 – und eigentlich schon viel früher – ungeteilt dem ältesten Kaisersohn zugeteilte Gebiet. Einen möglichst großen Anteil an der *Francia* zu erhalten, war das Ziel der kämpfenden Brüder, und die Aufteilung der *Francia* der wesentliche Inhalt des in Verdun abgeschlossenen Friedens[107) (vgl. Tafel 6). Aus der Aufgabe, den teilenden Brüdern zu ihren anerkannten Reichen Italien, Bayern-Ostfranken und Aquitanien einen angemessenen Anteil an der *Francia* zu geben, ist die eigenartige Grenzziehung von 843 hervorgegangen, und bezeichnenderweise ist Kaiser Lothar I., seit 822 unbestrittener Herr Italiens, nach 840 niemals in den Süden zurückgekehrt: die *Francia media*, insbesondere Aachen, blieb sein Aufenthaltsort.[108)

---

103) BM 515 a. Thegans Behauptung, Bernhard sei Sohn einer Konkubine (MG. SS. 2 S. 596 cap. 22), verdient schwerlich Glauben, wenn sie auch nicht, wie WERNER (wie Anm. 3) S. 445 meint, schon durch die Thronfolge unter Karl widerlegt wird. Denn wir kennen die Motive Karls des Großen zu wenig, um von vornherein auszuschließen, daß er für Italien auch einen sonst nicht voll berechtigten Enkel zuließ. Aber sehr wahrscheinlich ist es nicht, und außer Thegan, der Ludwig hier rechtfertigt, weiß keine Quelle von Bernhards Geburtsmangel, insbesondere auch nicht Einhart. Vgl. auch oben Anm. 28.

104) BM 467 a.

105) BM 515 b.

106) BM 479 a, 515 c.

107) Vgl. P. CLASSEN, Die Verträge von Verdun und von Coulaines 843 als politische Grundlagen des westfränkischen Reiches, HZ 196 (1963) S. 1–35, bes. S. 2 ff., 10 ff. (= u. S. 249–277, bes. S. 250 ff., 256 ff.).

108) Darauf wies jüngst W. SCHLESINGER, HZ 209 (1969) S. 380 f. hin.

Die Geschichte hat, wenn man will, infolge zufälliger Todesfälle, gegen Karls Projekt von 806 entschieden. Versucht man einmal sich vorzustellen, die Grenzziehung von 806 hätte Bestand gehabt, so wird man annehmen dürfen, daß das fränkische Element in dem aquitanisch-burgundischen wie in dem italisch-bayerischen Reich nicht auf die Dauer das politisch allein bestimmende geblieben wäre.

Die Karte der Dreiteilung von 806 kann durchaus die Phantasie anregen, irreale Geschichtsabläufe zu erdenken. Der Historiker muß sich begnügen, nüchtern festzustellen, daß die europäische Geschichte des Mittelalters eben auf der Teilung des Frankenreiches und gerade seines Kerngebietes beruht. Über den Vertrag von Verdun hinaus blieb gerade die Mitte umkämpft, bis die Ottonen den nun Lotharingien genannten Bereich für Jahrhunderte mit dem Osten verbanden. Wichtiger als die wechselnden Grenzziehungen war es, daß die beiden im Norden der Alpen entstehenden Reiche Anteil am Kern des fränkischen Landes hatten und sich selbst als Frankenreiche verstanden. Das hat ihr politisches Gesicht und ihre Geschichte geprägt.

Deutlicher noch als der Vergleich mit den früheren Jahrhunderten zeigt der Blick auf die folgenden Generationen, wie eigenartig der Gedanke Karls des Großen war, das Imperium in einer Weise zu teilen, die das eigentliche Frankenreich ungeteilt ließ und zwei große Reiche ausgliederte.

# Bayern und die politischen Mächte im Zeitalter Karls des Großen und Tassilos III.

## Heinz Löwe zum 65. Geburtstag

Das Kloster Kremsmünster hat stets das Andenken seines Gründers, Herzog Tassilos III. von Bayern, besonders gepflegt, eines Herzogs, der verurteilt und abgesetzt wurde, eines Politikers, der letztlich gescheitert ist – und der doch ganz gewiß verdient, daß man sich seiner erinnert. Die politische Geschichte, der das mir gestellte Thema gilt, steht in unserer Wissenschaft heute nicht eben hoch im Kurs, weil sie, wie es scheint, nicht viel Neues zu bieten hat. In der Überzeugung, daß der Historiker ihrer dennoch nie wird entbehren können, habe ich die freundliche und ehrenvolle Einladung der Veranstalter dieses Symposions gern angenommen.

Die Geschichte Bayerns unter Tassilo ist durch vier Momente gekennzeichnet:

Erstens: In dem längst christlichen Lande wird die Organisation der Kirchen und Klöster unter Führung des Herzogs und mit Förderung des Adels ausgebaut – Kremsmünster als das nach St. Peter in Salzburg älteste heute noch bestehende Kloster im deutschen Sprachbereich legt lebendiges Zeugnis davon.

Zweitens: Aufs engste damit zusammen hängt die Tatsache, daß nun die schriftlichen Quellen in einer Weise zunehmen, die Tassilos Zeit zu der ersten in der Geschichte Bayerns machen, von der wir Historiker ein ziemlich klares Bild gewinnen können, wenngleich wir neben den urkundlichen Quellen aus Freising, Salzburg, Passau, Mondsee und anderen Orten schmerzlich eine darstellende Quelle bayerischer Herkunft vermissen: nur die feindlichen Franken haben uns ihre Annalen beschert. Die gewiß nicht wertlosen, aber dürftigen und mit Vorsicht zu benutzenden Nachrichten des sogenannten Crantz in Aventins Schriften können die Lücke nicht füllen. Infolgedessen sind wir über Bayerns Beziehungen zu den Franken ganz einseitig, über diejenigen zu den Langobarden, den Päpsten und nicht zuletzt zu den Awaren fast gar nicht unterrichtet. Obwohl uns jüngst solche Überraschungen wie B. Bischoffs Funde von Briefen und Formularen der Zeit Tassilos und die Altarplatte von Reichenau-Niederzell mit über 200 Memorial-Inschriften des 11. Jahrhunderts beschert wurden, dürfen wir unsere Hoffnung schwerlich auf weitere Entdeckungen setzen.

Zum dritten ist Tassilos Zeit die letzte Epoche in der über zweihundertjährigen Geschichte des ersten bayerischen Staates, der sich unter seinem Herzog neben den übermächtigen Franken zu behaupten sucht und schließlich mit dem Herzog zugrundegeht.

Und viertens wird dies Ende durch einen politischen Prozeß besiegelt, den ältesten des Mittelalters, von dem wir einigermaßen ausführliche Nachrichten haben. In dem Prozeß urteilen neben den Franken die Bayern, die Langobarden und die Sachsen, und das Urteil wird in deutscher Sprache gesprochen: damit erreicht das Frankenreich einen Höhepunkt seiner politischen Macht und stellt sich zuerst als jenes großfränkische Reich dar, dessen Errichtung zunächst und dessen Niedergang und Teilungen sodann elementare Voraussetzungen bilden für die Entstehung der großen Staaten und Völker auf dem europäischen Kontinent: Frankreichs einerseits, des deutschen Volkes und Reiches, in dem Bayern wieder seine eigene Geschichte hat, auf der anderen Seite.

Werfen wir zunächst einen Blick auf den weltgeschichtlichen Ort unseres Themas. Der Westen des Imperium Romanum war in der Zeit der sogenannten Völkerwanderung in eine Vielzahl kleiner Staaten zerfallen, in denen erobernde Stämme von Barbaren, wie die Römer sagten, von Germanen, wie wir zu sagen pflegen, auf dem Boden römischer Provinzialkultur herrschten. Den mächtigsten Staat dieser Art hatten die Franken unter der Dynastie der Merowinger in Nordgallien errichtet, um von dort aus fast ganz Gallien zu erobern, aber auch auf die Gebiete rechts des Rheins überzugreifen. Im Laufe des 7. Jahrhunderts zerbrach das fränkische Großreich infolge innerer Wirren; im 8. Jahrhundert haben die Karolinger ein neues, weit über die Grenzen des alten ausgreifendes Frankenreich errichtet, das schließlich mit Ausnahme nur des südlichen Italien und des Königreichs Asturien im nördlichen Spanien alle christlichen Völker und Länder des europäischen Kontinents vereinte. Selbst die Angelsachsen haben wesentlich zum geistigen Aufbau dieses Reiches beigetragen.

Der bayerische Stammesstaat war im 6. Jahrhundert entstanden, und er hatte am Rande des Frankenreiches eine mehr oder weniger unabhängige Existenz geführt, dabei formal freilich das Königtum der Merowinger stets als übergeordnet anerkannt und darum den Fürsten des eigenen Stammes stets nur den Herzogstitel gegeben. Von Anfang an hatte dieses Herzogtum aber auch in enger politischer, dynastischer und kirchlicher Beziehung zu den südlichen Nachbarn, dem Königreich der Langobarden, gestanden, und ob man nun mit E. Zöllner am burgundischen Ursprung der Agilolfinger festhält oder nicht: vielfache Kontakte zu Alemannen und Burgundern sind unbestreitbar. Im 8. Jahrhundert ist Bayern der letzte europäische Stammesstaat, dessen Selbständigkeit die Franken aufheben und den sie in ihr Universalreich einbeziehen. In dem Drama der Vettern Karl und Tassilo, das im Absetzungsprozeß kulminiert, verlieren die Bayern mit dem Herzog das Herzogtum, und mit der einen Spitze geht die politische Existenz des Stammesstaates verloren, freilich nur vorübergehend, wie sich bald herausstellt. Das Land, das Tassilo gehabt hatte, so sagt Einhart, wurde künftig nicht mehr einem Herzog, sondern Grafen (Plural!) zur Verwaltung gegeben. Dies Schicksal hatten vorher Alemannen, Friesen, Aquitanier, Langobarden – ein Königreich zweihundertjähriger Tradition samt dem Herzogtum von Spoleto – und zuletzt der Sachsenstamm erlitten.

Die Welt der kleinen Staaten, die nach dem Rückgang der byzantinischen Macht in

Italien und mit dem Niedergang des merowingischen Königtums überall in West- und Mitteleuropa entstanden war, ging in dem neuen Frankenreich auf, und nur in jenen Grenzgebieten, in denen fränkische und byzantinische Macht einander begegneten, ohne daß die eine oder andere ganz obsiegen konnte, hielten sich halbautonome Herrschaftsgebiete wie die Dukate von Neapel und Venetien, die Byzanz als Oberherren anerkannten, und der langobardische Dukat von Benevent, der zwischen Franken und Byzantinern schwankte, während in den Dukaten von Rom und Ravenna fränkische Königsboten die entscheidende politische Rolle spielten, lange bevor Karl d. Gr. seine Herrschaft im Jahre 800 durch das Kaisertum legitimierte.

Im letzten Jahrzehnt seiner Regierung hatte König Pippin durch mühsame und langwierige, Jahr für Jahr wiederholte Feldzüge die Mitte und den Süden Galliens, den Dukat Aquitanien, unterworfen. Aus der Vereinigung dieser Eroberungen mit dem Westen des Frankenreiches unter Karls gleichnamigem Enkel ging das Westfrankenreich, die Keimzelle Frankreichs, hervor. Karl d. Gr. nahm zuerst dem Langobardenreich die Selbständigkeit, dann hat er die rechtsrheinischen Stämme der Sachsen und der Bayern unterworfen, aus deren Verbindung mit Alemannien und den rhein- und mainfränkischen Gebieten sein Enkel Ludwig das ostfränkische Reich schuf, die Keimzelle Deutschlands.

Sachsen und Bayern: zwei Stämme westgermanischer Sprache, zwei Länder, im karolingischen Sprachgebrauch »regna«, ohne daß dies einen »rex« an der Spitze erforderte, die weit auseinander lagen und nichts miteinander gemeinsam zu haben schienen; nur durch die Franken konnten sie in einem Staat vereint werden, und nach der Unterwerfung durch die Franken haben sie bis in unsere Zeit eine gemeinsame Geschichte. Für Karl aber war zunächst die Aufgabe bei beiden Stämmen so verschieden wie die Voraussetzungen. Im Norden der Ständestamm, der kein Herzogtum kannte, aristokratisch ohne monarchische Spitze regiert, aus locker miteinander verbundenen Teilstämmen bestehend, bisher von den Franken und Angelsachsen und von der durch diese vermittelten römischen und christlichen Zivilisation noch kaum berührt, daher noch heidnisch, ja den heidnischen Kult zum Teil militant verteidigend, weil er zum Inbegriff der politischen Unabhängigkeit wird. Noch nachdem die Sachsen über ein Jahrhundert die Reichskrone getragen haben, gilt dem Alemannen Wipo, dem Biographen Konrads II., das Sachsenrecht als »lex crudelissima«. Im Südosten dagegen der seit 200 Jahren christianisierte Stamm, dessen Kirche eine feste Bistumsorganisation besitzt und in Verbindung mit Rom steht, zuletzt von Bonifatius reorganisiert worden und dadurch auch in engere Beziehung mit der fränkischen Kirche getreten ist. Wie die Langobarden hatten die Bayern eine feste Residenzstadt, darin sogar den Karolingern überlegen. In der Generation vor Tassilo war das geschriebene Recht der Bayern in lateinischer Sprache, wohl mit Benutzung älterer Aufzeichnungen, neu redigiert worden; es stand dem Alemannenrecht nahe und wies Beziehungen zum Westgotenrecht auf. Wenn man bei der Redaktion um 730 die Zugehörigkeit zum »Reich der Merowinger« hervorgehoben hatte, so hieß das einerseits, daß man die Oberhoheit der Franken anerkannte, andererseits vermied man den Namen des fremden Stammes, und mit dem uns so geläufigen, jener Zeit aber ungewohnten Dynastienamen der Merowinger wahrte man eine klare Distanz gegenüber den Ansprüchen der arnulfingischen Hausmeier; denn diese waren letztlich nicht von höherem Rang als die Herzöge der Bayern aus dem »Geschlecht der Agilolfinger«, die nach der »*lex*« stets an der Spitze des Stammes gestanden hatten und stehen sollten. Der hier gebrauchte Familienname der Agilolfinger kann durchaus alle Herzöge bis zu Garibald I. rückwärts meinen, ohne daß dies unbedingt e in Mannesstamm sein muß; für denkbar halte ich übrigens, daß ein hervorragendes Glied der Familie wie der Langobardenkönig Agilulf, nicht ein Spitzenahn, namengebend war, ähnlich wie später bei den Karolingern.

So unterschiedlich die Stämme, so verschieden die Wege der fränkischen Eroberung. Gegen die Sachsen ist Karl persönlich zehnmal in zehn Jahren zu Felde gezogen, ehe er 785 mit Widukinds Kapitulation und Taufe die Unterwerfung vollendet glaubte. Neun weitere Feldzüge hat er nach den späteren Aufständen noch selbst geführt, ungerechnet die zahlreichen Heerzüge unter Führung anderer Franken. Jahrzehntelange blutige Kämpfe und rohe Gewaltmaßnahmen, gipfelnd in dem Verdener Blutbad des Jahres 782, kennzeichnen diesen Eroberungs- und Missionskrieg. Weil nach der ersten raschen Unterwerfung Vertreter des Sachsenstammes Treue geschworen und die Bekehrung zum Christentum gelobt hatten, glaubten die Franken, jeden Widerstand als politischen Hochverrat und als Abfall vom Glauben blutig strafen zu dürfen.

Völlig anders die Unterwerfung Bayerns. Lange konnte Karl sie aufschieben, weil eben Bayern ein der fränkischen Herrschaft nicht prinzipiell entzogenes, nur autonom verwaltetes und seinem inneren Wesen nach vom Frankenreich nicht verschiedenes Gebilde war. Eine einzige militärische Demonstration großen Ausmaßes genügte, den Herzog zur Kapitulation zu zwingen; aber gerade weil Tassilo sich 787 so schnell unterwarf, konnte er zunächst die Herrschaft bewahren, damit aber einen Zustand erhalten, der dem allmächtigen Frankenkönig nicht genügte. Ein politischer Prozeß ohne jedes Blutvergießen war es dann, der im folgenden Jahr Herzogtum, Dynastie und Stammesstaat beseitigte. War die Spitze abgebrochen, so fügte sich der politisch und kirchlich längst weitgehend den Franken angepaßte Bayernstamm mühelos dem Großreich ein. Bei alledem gibt es wohl nur ein Moment, das diese Unterwerfung mit derjenigen des Sachsenstammes gemeinsam hat: hier wie dort ist ein nicht geringer Teil des Stammesadels beizeiten auf die Seite des ausgreifenden und siegreichen Frankenkönigs getreten, um die eigene politische und soziale Stellung unter dem Wechsel der Herrschaft zu wahren.

Ehe wir nun auf die politische Geschichte Tassilos eingehen, sei eine quellenkritische Bemerkung vorausgeschickt. Wie schon gesagt, besitzen wir erzählende Quellen, die uns über die politischen Ereignisse Auskunft geben können, nur von seiten der Franken, und bei weitem das meiste erfahren wir aus den sogenannten Reichsannalen. Alles, was diese über Herzog Tassilo berichten, geht aber auf den Absetzungsprozeß 788 zurück. Diese schon 1864 von W. v. Giesebrecht begründete These hat sich trotz gewisser Widersprüche seit mindestens 50 Jahren als allgemein anerkanntes Forschungsergebnis durchgesetzt, so vieles im einzelnen noch offen bleiben mag. Der erste Teil der Reichsannalen ist im oder kurz nach dem Jahre 788 (meines Erachtens schwerlich nach 791), jedenfalls aber nicht später als 795 in einem Zuge niedergeschrieben worden, danach setzen jährlich abgefaßte Fortsetzungen ein. Der Autor des ersten Teiles hat neben uns bekannten Quellen auch verlorene benutzt; für die vergleichsweise sehr ausführlichen Berichte über Bayern und Tassilo hat er eine schriftliche Vorlage chronologisch zergliedert, die eng mit dem Prozeß zusammenhängt, sei es, daß es sich um eine Art Anklageschrift, eine ausführliche Urteils-begründung oder eine nachträgliche Rechtfertigung des Prozesses aus Hofkreisen handelt, jedenfalls eine Quelle, deren politische Tendenz in der Begründung des Urteils besteht, die das hierfür notwendige Material bietet, und zwar in einer der juristischen Ausdeutung angemessenen Form. Aus dieser Einsicht lassen sich genauere Erkenntnisse gewinnen als aus der gewiß richtigen, aber zu blassen Feststellung, die Annalen seien Tassilo feindlich. Ob darüber hinaus – wie Giesebrecht meinte – der Tassilo-Prozeß überhaupt Anstoß für die Abfassung der Reichsannalen und damit für die Entstehung fränkischer Hof-Historio-graphie gegeben hat, brauchen wir hier nicht zu erörtern.

Tassilo, der Sohn des Bayernherzogs Odilo, war im Todesjahr seines mütterlichen Großvaters Karl Martell 741 geboren. Die Spannungen zwischen fränkischer Herrschaft und bayerischer Unabhängigkeit, zwischen der Familie seines agilolfingischen Vaters und seiner arnulfingischen Mutter überschatteten schon die Kindheit: Odilo hatte seine Ehe mit Hiltrud in einem für uns nicht ganz durchschaubaren familienpolitischen Konflikt mit den Brüdern seiner Frau, Karlmann und Pippin, geschlossen. Im Jahre 743 wurde Odilo von seinen Schwägern geschlagen und gezwungen, die fränkischen Hausmeier als Herren anzuerkennen; und nach des Vaters frühem Tode wurde Tassilo von Grifo, dem Halbbru-der der Hausmeier, verdrängt; und dem Bruderkampf im karolingischen Hause verdankte er die Einsetzung in sein Erbe durch seinen Oheim Pippin, der Tassilos Vormundschaft übernahm. Die ersten politischen und militärischen Handlungen des jungen Herzogs, von denen wir hören, sind sein Erscheinen auf dem Maifeld des Frankenkönigs 755 und seine Heerfolge bei Pippins zweitem Langobardenkrieg im folgenden Jahr. 757 erschien Tassilo wiederum in Compiègne auf dem Maifeld; damals schwor er, wie im Absetzungsprozeß ausführlich zur Sprache kam, dem Oheim einen Treueid, den das Gericht, schwerlich zu Recht, als einen Vasalleneid deutete. Wir werden darauf zurückkommen. Zugleich mit Tassilo schworen, immer nach derselben Quelle, viele Bayern edlen Geschlechts (*maiores natu*).

Von einer Beteiligung des Bayernherzogs an den alljährlichen, meist nach Aquitanien führenden Feldzügen Pippins wird erst wieder zu 763 berichtet; damals leistete Tassilo zunächst Heerfolge, verließ dann aber das Heer im Konflikt mit dem König. Auch dies wissen wir nur aus dem Prozeß, doch ist an der Tatsache nicht zu zweifeln, wie immer man sie rechtlich deutet. Der Bruch mit Pippin mochte auf der Einsicht beruhen, daß die Nachbarn des aufsteigenden Karolingers gemeinsame Interessen zu wahren hatten; nach fränkischer Darstellung hatte schon Odilo 743 im Einverständnis mit den bis Chartres vordringenden Aquitaniern gestanden, und später gab es die Meinung, Tassilo unterhalte Verbindungen zu Widukind und den Sachsen.

Erst 18 Jahre später ist Tassilo wieder auf einem fränkischen Hoftag erschienen, und nie wieder hat er persönlich Heerfolge geleistet. Vielmehr baute er nun seine eigenen Verbindungen auf. Bei Papst Paul I. bemühte er sich um 766 um Vermittlung eines Friedens mit Pippin; doch die päpstlichen Boten wurden vom Langobardenkönig Desiderius in Pavia aufgehalten. Anscheinend etwas später nahm Tassilo die alten Beziehungen der Bayern zu den Langobarden wieder auf und heiratete Liutbirg, eine Tochter des Desiderius. Da wir diese Ereignisse zeitlich nicht genau einordnen können, entziehen sie sich auch der genaueren politischen Deutung. Erst nach Pippins Tod 768 trat eine neue Situation ein.

Dem überlieferten Recht entsprechend, wurde das Frankenreich unter die Königssöhne Karl und Karlmann geteilt; dabei blieb Bayern wie 741 unerwähnt, weil es nicht zum direkten Herrschaftsbereich der Franken gehörte. Bald aber gerieten die königlichen Brüder in einen Konflikt, dem auch die Mutter nicht zu steuern vermochte. Karl ließ nun die traditionelle Feindschaft der Franken gegen die Langobarden fallen und heiratete eine Tochter des Desiderius. Vergebens protestierte Papst Stephan III. gegen die eheliche Verbindung der Franken mit den Langobarden, die gar kein Volk, sondern Stammväter aller Aussätzigen seien. Tassilo wurde auf diese Weise ein Schwager seines Vetters Karl; vielleicht hat damals der bayerische Abt Sturmi von Fulda zwischen beiden vermittelt. Eine dritte Tochter des Langobardenkönigs, Adelberga, war schon mindestens seit 763 mit dem Herzog von Benevent, Arichis, vermählt. 769 reiste Tassilo anscheinend zu Desiderius; auch der Papst trat nach einem Konflikt mit den führenden Männern in Rom auf die Seite des Königs der eben noch so unmenschlich geschmähten Langobarden. Wie es scheint, richtete sich der Bund des Desiderius mit seinen Schwiegersöhnen Karl und Tassilo und dem Papste gegen Karlmann, dessen Teilreich von den Langobarden und Bayern auf der einen, von dem Teilreich seines Bruders Karl auf der anderen Seite umschlossen war. Für einen Augenblick schien der Langobardenkönig mit seinen Verbündeten der mächtigste Herrscher Europas zu sein. Doch ehe der offene Konflikt ausbrach, führte der plötzliche Tod Karlmanns Ende 771 zur Umkehrung der Verhältnisse. Sofort ergriff Karl die Herrschaft im ganzen Frankenreich und verstieß seine langobardische Gemahlin, während Karlmanns Witwe mit ihren Kindern Schutz und Hilfe bei Desiderius fand, der den Papst zur Salbung der fränkischen Königskinder zu zwingen versuchte, um die Teilung des fränkischen Königtums fortzusetzen. Der neue Papst Hadrian erbat vergebens von Byzanz Schutz vor den andrängenden Langobarden und vertraute sich schließlich ganz der Hilfe Karls an, der schon um der Herrschaft im gesamten Frankenreich willen gezwungen war, gegen Desiderius, den Protektor seiner Neffen, einzuschreiten.

Als Karl 773/74 das Langobardenreich eroberte, sich selbst zum König der Langobarden machte und mit dem ersten Romzug seinem Titel »Patricius Romanorum« einen neuen Inhalt verlieh, blieb Tassilo abseits stehen. Ein Versuch, dem Schwiegervater Beistand zu leisten, hätte nur ihn selbst in dessen Untergang verwickelt; aber zur Hilfe für Karl sah er auch keinen Anlaß, und seiner langobardischen Gattin ist er bis zum bitteren Ende treu geblieben. Eben 772, als der langobardisch-fränkische Konflikt sich anbahnte, unterwarf er die Karantanen und durfte sich als Vorkämpfer des christlichen Glaubens im Südosten wie Karl im Nordosten fühlen.

In demselben Jahr 772 ließ er aber auch seinen Sohn Theodo am Pfingstfest zu Rom von dem dreieinhalb Monate vorher gewählten Papst Hadrian taufen. Die nur aus später österreichischer Annalenüberlieferung bekannte Nachricht dürfte kaum Anlaß zu Zweifeln geben. Seit Herzog Theodo II. 715 nach Rom gepilgert war, hatten die Herzöge und die Kirche von Bayern ihre engen Beziehungen zum Papsttum, die Tassilo selbst, wie schon bemerkt, bereits politisch zu nutzen versucht hatte. Die Taufe als Mittel politischer Freundschaft war nicht neu. 758 hatte König Pippin den Papst Paul I. zum Paten seiner Tochter Gisela gemacht, indem er die Taufwindeln nach Rom schickte, wo der Papst sie in der Petronilla-Kapelle feierlich in Empfang nahm und aufhängte. Die auf diese Weise hergestellte »compaternitas« zwischen Papst und Frankenkönig suchte Stephan III. 770 mit Karlmann durch die Taufe (und Taufsalbung) von dessen Sohn Pippin zu wiederholen. Karl d. Gr. ließ 781 seinen schon fast vierjährigen Sohn Karlmann, einem drei Jahre früher gegebenen Versprechen folgend, in Rom durch Papst Hadrian taufen und war seitdem der »spiritualis compater« des Papstes. Man wird annehmen müssen, daß zwischen Tassilo und Hadrian eben dieses Verhältnis der »compaternitas« durch Theodos Taufe 772 errichtet wurde und fortan bestand, wenngleich keine direkten Zeugnisse vorliegen. Tassilo hat Hadrian fortan als seinen Schützer und Vermittler zu Karl betrachtet und noch im Jahre vor seinem Sturz des Papstes Vermittlung angerufen, damals freilich vergebens. Dies Verhältnis war durchaus ungewöhnlich; denn nicht nur Karl, sondern auch dessen Nachfolger im ostfränkischen und später im deutschen Reich bis in die Zeit des Investiturstreites haben eine Art Monopolanspruch auf politisch wirksame Beziehungen zum Papst gegenüber den Laienfürsten erhoben. Die päpstliche Taufe des Herzogssohns (von dem wir nicht wissen, ob er noch ein Säugling war oder für diesen Akt ungetauft die ersten Lebensjahre überstand) läßt den Anspruch auf selbständige, von den Franken unabhängige Beziehungen zur römischen Kirche erkennen.

Freilich darf man diesen Akt auch nicht überschätzen und mit der Königssalbung vergleichen, die Hadrian 781 den beiden jüngeren Söhnen Karls d. Gr. zuteil werden ließ. Auch wenn die späte Nachricht Aventins über eine Salbung des kleinen Theodo richtig überliefert ist und wirklich auf das verlorene Werk des sogenannten Crantz zurückgeht, darf man nicht vergessen, daß zu jeder Taufe eine Salbung gehört und daß dies gerade die Quellen des 8. Jahrhunderts gelegentlich deutlich aussprechen. Eine Königssalbung konnte der Herzogssohn nicht erhalten, und eine Herzogs- oder Fürstensalbung gab es damals so wenig wie später (von dem späten Bericht des phantasievollen Petrus Diaconus über eine Salbung des Arichis von Benevent dürfen wir absehen). Überdies darf man die politische Situation nicht übersehen: König Desiderius drang eben damals erobernd im Exarchat von Ravenna vor und forderte drohend die Königssalbung der fränkischen Prinzen; Papst

Hadrian zögerte noch, Hilfe bei Karl zu suchen. In diesem Augenblick konnte er wohl einen bayerischen Herzogssohn und Enkel des Desiderius taufen, vielleicht hat er gar eine bayerische Vermittlung bei dem Langobarden gesucht. Wenn also Aventins Nachricht wirklich auf guter alter Quelle beruht, dann meint sie schlicht die Taufsalbung; eine herrscherliche Salbung für Theodo wäre gewiß undenkbar gewesen. Die Anlehnung an den Papst im kritischen Augenblick war gewiß ein kluger Schritt des Bayernherzogs, dessen Situation nicht einfacher wurde, nachdem die Franken seine Nachbarn auch im Süden geworden waren.

Zum spanischen Feldzug Karls stellten 778 auch die Bayern ein Truppenkontingent; sonst aber setzte Tassilo die autonome Herrschaft in seinem Lande fort, und an den Sachsenkriegen und der Sachsenmission, die Karls Kräfte nun immer wieder in Anspruch nahmen und an der nahezu alle Teile des Frankenreiches mitwirkten, blieb Bayern unbeteiligt. Wenn die Akten bayerischer Synoden den Herzog als »princeps« bezeichnen, so geben sie ihm denselben Namen wie den Arnulfingern vor der Erhebung Pippins zum König. So sehr Tassilo die Eigenständigkeit nach innen und nach außen zu wahren bemüht blieb, so deutlich er in Kirchenbau und Kirchenausstattung seine hohe Stellung sichtbar werden ließ, so wenig darf man ihm Tollkühnheit zutrauen; die in neuerer Forschung gelegentlich geäußerte Meinung, er habe ein Königtum erstrebt und damit ausgerechnet jetzt das versucht, was seit Chlodwigs Zeiten außer den lange zögernden Karolingern selbst kein Fürst nördlich der Alpen gewagt hatte, entbehrt jeder Grundlage. Die Kirchen Bayerns erfuhren weiter herzogliche Förderung; der Gründung Innichens folgte diejenige Kremsmünsters. Die Mission im Osten führte Tassilo auf ein Feld, wo er die Kreise der Franken nicht störte. Daß ein wachsender Teil des Adels in Bayern, aber auch nicht wenige Geistliche sich vom Frankenreich angezogen fühlten, das nicht nur politische Macht entfaltete, sondern auch geistige Kräfte sammelte und weckte, konnte der Bayernherzog ohnehin nicht verhindern.

Ende 780 glaubte Karl die Sachsenkriege so weit abgeschlossen zu haben, daß er den längst vom Papst gewünschten Romzug antreten konnte. Ostern 781 taufte Hadrian den jüngsten Königssohn und salbte die Kinder Pippin und Ludwig zu Königen von Aquitanien und Italien. Zugleich gewann Karl damals des Papstes diplomatische Vermittlung für die Herstellung der Herrschaft über Tassilo. Hadrian, der Gevatter des Herzogs, ließ diesem durch Boten dringend raten, sich dem Frankenkönig zu stellen, dem er durch Eide verpflichtet war. Von päpstlichen und königlichen Boten geladen, erschien Tassilo im Herbst 781 zu Worms an Karls Hofe; zum ersten Mal, seitdem er Pippins Heer 18 Jahre zuvor verlassen hatte, leistete er dem Frankenkönig Folge, wenn auch nicht militärisch. Die alten Eide für Pippin wurden erneuert – aber nicht einmal der Verfasser der Reichsannalen, der sich auf den Prozeß von 788 stützt, weiß etwas von Vasallität. Möglich ist es, daß damals Ingolstadt und Lauterhofen als »beneficia« an Tassilo gegeben wurden; die Divisio Imperii von 806 spielt darauf an. Endlich schien es den Franken gelungen, die traditionelle Oberherrschaft über Bayern wiederherzustellen.

Aber schon 784 hören wir von Kämpfen an Bayerns oft umstrittener Südgrenze um Bozen und den Vintschgau; statt der Langobarden begegnen den Bayern hier nun die Franken. Doch die Sachsenkämpfe nehmen Karl in Anspruch. 785 endlich unterwirft sich Widukind; doch im folgenden Jahr wird Karl durch einen Adelsaufstand im ostfränkischen und thüringischen Teil seines Reichs beunruhigt. Wie von allen inneren Widerständen gegen die karolingische Monarchie, sind wir von diesen Ereignissen äußerst unzureichend unterrichtet. 786/87 geht Karl nach Italien, dringt über Rom hinaus gegen Arichis von Benevent, Tassilos Schwager, vor, der Geiseln stellt und für den Augenblick die Oberhoheit der Franken anerkennt. Bayerische Gesandte, darunter Bischof Arn von Salzburg, der als geborener Bayer lange in einem fränkischen Kloster gelebt und das Vertrauen Karls gewonnen hatte, treten damals in Rom auf, verhandeln für Tassilo mit Karl und Hadrian; aber der Papst gibt nun die noch 781 eingenommene vermittelnde Haltung auf. Er droht Tassilo mit dem Anathem, falls der Herzog die oft geschworenen Eide nicht endlich einhalte. Irre ich nicht, so ist dies das erste Eingreifen eines Papstes in einen rein politischen Konflikt, an dem die Kirche nicht direkt beteiligt ist, mit einer Bannandrohung, die sich auf das Vergehen des Eidbruchs beruft. Dies Beispiel sollte viele Nachfolger finden. Für Tassilo beginnt nun das Ende.

An den Rhein zurückgekehrt, lädt Karl den Herzog nach Worms vor, und als dieser nicht erscheint, zwingt ihn ein konzentrischer Aufmarsch. Von Mainfranken gegen die Donau zwischen Ingolstadt und Regensburg, von Worms über Schwaben gegen den Lech und von Italien das Etschtal aufwärts über Trient vorrückend, zeigen die fränkischen Heere die aussichtslose Lage Bayerns. Kampflos stellt Tassilo sich auf dem Lechfeld, übergibt nun das Land mit dem berühmten Stab, an dessen Ende ein Menschengesicht gebildet war und der nach Pater Stollenmayers These in den Leuchtern von Kremsmünster weiterlebt. Sollte diese These zutreffen, so wäre sie von höchstem Interesse für die Verfassungsgeschichte. Diese kann aber umgekehrt die strittigen Fragen nicht klären. Denn ich halte es nicht für ausgeschlossen, daß Karl 787 wirklich dem Herzog das »Szepter« zurückgab, wenn dies auch nicht gerade wahrscheinlich ist; neben der politischen Situation spricht das Schweigen der Quellen dagegen, die die Auslieferung des Landes mit dem Stabe, den Handgang und Eid ausführlich schildern, aber von der Rückgabe und Leihe des Landes mit dem Stabe eben nichts wissen.[1] Jetzt wirklich wird

---

1) Für ausgeschlossen halte ich freilich, daß Tassilo – wie in der Diskussion des Symposions für möglich gehalten wurde – ein falsches Stück auslieferte und das echte in Kremsmünster versteckte. So einfältig, daß er sich durch Taschenspielertricks übertölpeln ließ, war Karl d. Gr. gewiß nicht; und Franken wie Bayern in Karls Umgebung mußten den fraglichen Gegenstand kennen. – Ob der Schauplatz der Unterwerfung auf dem Lechfeld – wie vermutet wurde – ein prähistorischer Grabhügel war, kann bei dem Mangel an genaueren Nachrichten dahingestellt bleiben. – Die Beneventaner Parallele zur Unterwerfung Tassilos im Jahre 787 ist unvollständig: Arichis stellte sich dem Frankenkönig nicht persönlich, und von der Auslieferung einer Krone wissen die zeitgenössischen Quellen nichts; erst die späte Überlieferung aus Monte Cassino gibt einen Bericht, der zweifelhaft bleibt, auch wenn man mit BELTING und H. HOFFMANN nicht zweifelt, daß die Beneventaner Fürsten Kronenbrauch kannten.

der Bayernherzog Vasall des Frankenkönigs, kommendiert sich Tassilo in Karls Hände und nimmt sein Land von diesem zu Lehen, wie die Reichsannalen und die sogenannten Annales Nazariani berichten. Zwölf edle bayerische Geiseln, dazu der Herzogssohn Theodo, werden dem König übergeben; genau dieselbe Sicherheitsleistung war wenige Monate zuvor dem Fürsten von Benevent auferlegt worden. Konnte der Konflikt mit diesem vollen Sieg Karls nicht beendet sein?

Die Gründe für den neuen, nur noch politischen und nicht mehr militärischen Konflikt und die Katastrophe im nächsten Jahr dürften auf beiden Seiten zu suchen sein. Wie sein Vater Pippin, hat Karl auf die Dauer nirgends angestammte Herrscher in ihren Ländern belassen. Nach den Friesen und den Alemannen haben die Aquitanier und die Langobarden ihre Dynastie verloren, und nur die entlegene Landschaft, wohl auch die Gefahr des Übergangs zu Byzanz, rettete den Beneventaner; aber selbst die eigenen Neffen wurden von Pippin wie von Karl aus dem politischen, vielleicht aus dem physischen Leben beseitigt. Wer auch nur teilweise seine Herrschaft auf eigenes Recht und eigene Überlieferung gründete, mußte für den Frankenkönig ein Hemmnis sein. Das galt für jeden Agilolfinger.

Auf der anderen Seite war Tassilo eben nicht der Mann, der sich damit abfinden konnte, bloßer Amtsträger seines Vetters zu bleiben. Der Agilolfinger konnte sich nicht geringer einschätzen als der Arnulfinger, und die langobardische Königstochter an seiner Seite, in fränkischen Augen Tassilos böser Geist, mag ihn wohl in seinem Selbstbewußtsein gestärkt haben. Jenem Karl, der einst ihre Schwester verstoßen, dann ihren Vater gestürzt, ihren Bruder vertrieben, ihren beneventanischen Neffen zum Geisel genommen hatte, konnte Liutbirg gewiß kein Vertrauen entgegenbringen. Im Prozeß hat man dem Herzog bittere Äußerungen vorgeworfen, er wolle lieber zehn Söhne verlieren als Karl die beschworene Unterwerfung halten, und was dergleichen mehr ist. Gerade weil solch böse Worte rechtlich nicht viel hergeben, zählen sie zu den glaubwürdigsten Beschuldigungen. Was konnte ein Bayernherzog noch gelten, wenn sein Adel, seine Bischöfe vor allem dem König der Franken Treue schuldeten? Die jüngere Forschung hat eindringlich nach den Parteien im bayerischen Adel gefragt; das ist auf diesem Symposion fortgesetzt worden. Dazu sei nur eine Randbemerkung erlaubt. Der nächste Verwandte der Karolinger war niemand anders als der Agilolfinger-Herzog selbst, und in karolingischer wie in merowingischer Zeit erlebte jede Generation aufs neue den tödlichen politischen Konflikt innerhalb der Dynastie. Dementsprechend wurden auch immer wieder die Familien des Adels in sich gespalten, konnten nicht von vornherein in der politischen Stellungnahme festgelegt sein. Im übrigen brauche ich auf diese Diskussion nicht einzugehen; denn soviel ist unbestritten: ein nicht geringer Teil der Großen in Bayern, seien sie weltlichen oder geistlichen Standes, hatte sich längst an der politisch und geistig stärkeren Macht orientiert, sie waren großenteils in fränkische Vasallität getreten, ehe in Worms 787 der Treueid von allen für den Frankenkönig gefordert wurde.

So kam es auf der einen Seite zu dem verzweifelten Versuch, durch Anlehnung an die

dem Reich der Franken eher fremden als feindlichen Awaren, die einzigen von Karl
unabhängigen Nachbarn Bayerns, dem Verhängnis zu entgehen, auf der anderen Seite zu
dem großen politischen Prozeß, der uns zuletzt beschäftigen soll. Bemerkt sei nur noch,
daß für die gelegentlich ausgesprochene Vermutung, Tassilo habe wie sein langobardischer
Schwager Anlehnung an Byzanz gesucht, keine Anhaltspunkte vorliegen und die geographischen Voraussetzungen fehlen.

Über den äußeren Ablauf geben die Reichsannalen Berichte, die durch kleinere Annalen, besonders die sogenannten Annales Nazariani (benannt nach dem Heiligen des
Klosters Lorsch, aber gewiß nicht dort entstanden; wahrscheinlich aus Murbach), ergänzt
werden. Karl verbrachte den Winter 787/88 in der Pfalz Ingelheim und blieb dort, ohne
einen Feldzug zu unternehmen, auch den Sommer über: ein schon äußerlich ungewöhnli-
cher Vorgang, denn in der Regel zieht der König in den Krieg, nachdem er Weihnachts-,
Fasten- und Osterzeit in einer Winterpfalz verbracht hat. Die Ereignisse dieses Ingelheimer Sommers scheinen sich den Bayern so tief eingeprägt zu haben, daß sie Jahrhunderte
später diese Pfalz als die eigentliche Residenz Karls betrachteten; denn die spätmittelalterli-
chen Karlssagen dürften in diesem Punkte auf die mittelhochdeutsche Kaiserchronik
zurückgehen, die um 1160 in Regensburg entstand und Ingelheim zur Residenz Karls
machte.

Das einzige politische Ereignis des Sommers, von dem wir hören, ist die Entlassung des
Beneventaner Prinzen Grimuald, des Neffen Tassilos, in seine Heimat. Er war im Jahre
zuvor als Karls Geisel über die Alpen gebracht worden und durfte nun die Nachfolge
seines inzwischen verstorbenen Vaters antreten. Ob dies vor oder nach dem Prozeß gegen
den Bayernherzog geschah, ist nicht sicher zu sagen. Vielleicht ist Grimuald durch Tassilos
Schicksal gewarnt worden: jedenfalls hat er in der nächsten Zeit im Bunde mit den Franken
gegen die in Süditalien angreifenden Byzantiner gekämpft, ist freilich wenige Jahre später
wieder in ein Heiratsbündnis mit Byzanz getreten.

Wie dem auch sei, im Sommer wurde Tassilo vor den König geladen, und nun erschien
er erstmals ohne Zwang; Widerstand war nicht mehr möglich. Aber Karl ließ auch die
gesamte Herzogsfamilie kommen: die Herzogin Liutbirg, ihre Töchter und Söhne – deren
einer, Theodo, schon seit dem Vorjahr Karls Geisel war – und der Herzogsschatz wurden
durch fränkische Boten nach Ingelheim gebracht. Ein jüngst von B. Bischoff entdeckter
Brief an die Herzogstochter Cotani ergänzt unsere Quellen über diesen Vorgang. Anscheinend erst nach dem Eintreffen der Familie wurde Tassilo verhaftet und dann vor Gericht
gestellt. Als Urteiler erscheint die Versammlung der Franken, Bayern, Langobarden und
Sachsen sowie der Männer »aus allen Ländern«, d. h. des Frankenreiches. Es ist nicht
unwesentlich, daß der politische Prozeß von den Franken weder allein noch mit Zuziehung
nur der Bayern geführt wird; er ist eine Sache des gesamten, aus vielen Stämmen
bestehenden Reiches, und die Sprache des Urteils ist die »theodisca lingua«, die deutsche,
d. h. die Sprache des Frankenheeres.

Mit Tassilo sind die übrigen bayerischen Vasallen geladen, und es sind die »fideles

*Baioarii*«, die getreuen Bayern, die nun die Anklage erheben. Daß es eine den Franken treue Partei seit langem auch in Bayern gab, haben wir schon gehört; aber es ist müßig, über die Namen der Kläger zu spekulieren, und den Bischof Arn von Salzburg zu nennen, entbehrt jeder Grundlage.

Man klagte zunächst wegen Verletzung der Treue, die erst im vergangenen Jahr beschworen war. Tassilo habe, so hieß es, davon gesprochen, er wolle lieber sterben, als unter den gegebenen Bedingungen weiterleben, ja lieber zehn Söhne verlieren, als die beschworenen Verträge einhalten. Seinen Mannen soll er geraten haben, den Franken Meineide zu schwören, und den fränkischen Vasallen in Bayern soll er nach dem Leben getrachtet haben. Verbindungen mit den Awaren – die tatsächlich einige Monate nach dem Prozeß in Bayern eindrangen – wurden ihm zur Last gelegt, ohne daß diesem Anklagepunkt ein besonderes Gewicht zukam: vom Heidentum der Awaren ist hier nicht die Rede, und als Reichsfeinde konnten sie auch kaum gelten. Aber die bloße Verbindung mit Fremden, die eigene Außenpolitik, um es modern auszudrücken, mußte jetzt als Untreue, ja Verrat erscheinen.

Aber alle diese Vergehen, die Tassilo angeblich eingestand, bildeten nicht den eigentlichen Urteilsgrund, sondern die Fahnenflucht, der »harisliz«, den Tassilo vor genau 25 Jahren begangen hatte, als er Pippins Heer verließ. Nimmt man den Bericht der Reichsannalen wörtlich, so waren es auch die Langobarden und Sachsen, die sich jetzt der Missetat des Jahres 763 erinnerten, als sie noch gar nicht zum Frankenreich gehörten.

Ein befremdlicher Vorgang, dieser Rückgriff über 25 Jahre, hinter die inzwischen geschlossenen Verträge und Treueide zurück. Aber dieses Forschen nach alten Missetaten spiegelt sich auch, wie wir schon eingangs sagten, in den Reichsannalen wider, und wir verdanken dieser Methode einen wesentlichen Teil unseres Wissens über Tassilo, freilich in einseitigem Licht. Eugen Rosenstock, der vor fast 50 Jahren die beste Untersuchung über den Prozeß geschrieben hat, ist zu dem Ergebnis gekommen, man habe damals ein todeswürdiges Verbrechen gebraucht, um nicht nur Tassilo, sondern seine ganze Familie politisch zu vernichten, die Herzogsdynastie für alle Zeiten auszuschalten. Das in den früheren – freilich spärlichen – Quellen nicht bekannte Verbrechen sei durch das Urteil von 788 erst rechtlich definiert, »erurteilt« worden. Das Wort hängt übrigens nicht mit »lassen«, »verlassen« zusammen, sondern ist »hari-sliz« zu trennen, die zweite Hälfte ist mit »schleißen«, »verschleißen« verwandt.

Rosenstocks Deutung leuchtet ein; aber sie bedarf wohl der Ergänzung. Denn gerade die Reichsannalen zeigen, daß man über 763 zurückgriff, um Tassilos Vergehen zu erkennen. Hier ist nach der so oft erörterten Vasallität zu fragen, dem Eid, den Tassilo nach dem sehr ausführlichen Bericht der Reichsannalen 757 nicht nur dem König, sondern auch dessen Söhnen Karl und Karlmann geleistet hatte. [Zusatz im Handexemplar: Schon 748 gibt Pippin Bayern als *beneficium* an Tassilo: Reichsannalen zu 748] Krawinkel hat ihn 1937 in einer oft abgelehnten, aber nie ernsthaft diskutierten These für eine Erfindung des Prozesses von 788 erklärt. Zunächst ist quellenkritisch festzustellen, daß in der Tat nur die

Reichsannalen, die auf dem Material dieses Prozesses aufbauen, und die von diesen abhängigen sogenannten Einhard-Annalen von dieser Vasallität wissen. Selbst die sogenannten Metzer Annalen, die sonst an Bayern besonders interessiert sind und ihrer Vorlage den berühmten Bericht über den Krieg der Franken gegen Odilo 743 hinzufügen, reduzieren die Nachricht zu 757 auf einen Treueid, und das will sagen, sie unterdrücken bewußt die Behauptung des Vasalleneides, obwohl sie den Aufstieg des Karolinger-Hauses sonst in begeisterten Farben schildern. Das verführerische Bild der scheinbar gleichzeitigen Nachricht in den Reichsannalen darf nicht darüber hinwegtäuschen, daß Tassilo nirgends als in der Anklage von 788 als Vasall seit 757 bezeichnet wird. Sachlich ist festzustellen, daß eine vasallitische Kommendation von Fürsten zu so frühem Zeitpunkt sonst nirgends bezeugt ist. Der Vasalleneid Tassilos von 787 hingegen wird in mehreren Quellen geschildert, »effectus est vassus« (Annales Nazariani), »tradens se manibus in manibus domni regis Caroli in vassaticum«[2] (Reichsannalen), und nicht einmal die Reichsannalen sind so konsequent, dies als Wiederholung zu kennzeichnen. Tassilo wurde, so meinen wir, erst 787 Karls Vasall, nachdem er dreißig Jahre zuvor den Frankenkönigen Treue geschworen hatte.

Nicht weniger als viermal ist in dem Bericht über das Jahr 787 von der »iustitia« die Rede, die Karl zu beanspruchen und Tassilo zu erfüllen hatte. Das ist das Stichwort des angeblichen Eides von 757: »per iustitiam sicut vassus recta mente dominos suos (!) esse deberet«. Immer wieder finden wir dieses Wort »per iustitiam« und seine sprachlichen Gleichungen in den Eidesformeln verbunden mit einem Vorbild oder Modell »so – wie«: Karl der Große läßt nach der Kaiserkrönung 802 alle Untertanen schwören, dem Kaiser »gemäß dem Recht« Treue zu halten »so wie ein Mann seinem Herrn«, »sicut per drictum debet esse homo domino suo«, und in den Straßburger Eiden von 842 schwören die Brüder einander, sich so zu verhalten, wie »per dreit«, »mit rehtu« sich ein Bruder zum Bruder verhält. Die Beispiele ließen sich leicht vermehren. »Per iustitiam«, »per drictum«, »per dreit«, »mit rehtu«: das meint stets konkretes Recht, nicht abstrakte Gerechtigkeit; aber dies Recht ist nirgends geschrieben oder formal tradiert. Im konkreten Fall, vor allem im Konflikt, entscheidet ein Gericht durch sein Urteil, ob sich Bruder zu Bruder, Vasall zum Herrn »dem Recht gemäß« verhalten hatten.

Einen Treueid, der Tassilo verpflichtete, gegen Pippin und dessen Söhne sich wie oder als ein fidelis »dem Recht gemäß« zu verhalten, dürfen wir vielleicht auch für 757 annehmen, und mit Sicherheit wurde 781 Treue, 787 Vasallität »per iustitiam« geschworen. Daß man nun 788 im Prozeß den Inhalt der über 30 Jahre zuvor geschworenen Treue nach dem Modell der Vasallität deutete, »so wie ein Vasall sich rechtens verhalten soll«, scheint um so eher denkbar, als die Vasallität schon 802 zum Modell für Untertanentreue allgemein wurde; aber daß schon der Eid von Compiègne 757 dies Modell nannte, bleibt

---

2) Aus »in vassaticum« macht Regino von Prüm: »ad servitium«; das ist spätere Interpretation ohne selbständigen Quellenwert.

trotz des scheinbar so genauen Berichtes, der die Wörter »*sicut vassus*« gleich zweimal nennt, ganz unwahrscheinlich. Der nach einem echten Eidesformular geprägte Bericht der Annalen zu 757 geht unmittelbar – das steht, wie bemerkt, unbestritten fest – auf den Prozeß zurück; mit den Worten von den »*innumerabilia sacramenta*«, die an verschiedenen Orten – Saint-Denis und Tours wie es scheint – über den Reliquien verschiedener Heiliger geschworen sein sollen, wird die Tendenz des Prozesses hervorgekehrt. So gut man aber 788 von der Tatsache eines alten Eides wissen konnte, so wenig spricht dafür, daß man eine schriftliche Notiz über seinen Wortlaut besaß. Eide schwört man mündlich, und nur ausnahmsweise werden Texte vorher schriftlich festgelegt oder nachträglich aufgezeichnet. Im Jahre 788 mochte man den Wortlaut des Eides vom Vorjahr noch einigermaßen gekannt haben, und nach diesem Vorbild hat man vielleicht den 30 Jahre älteren Eid rekonstruiert und gedeutet – oder vielmehr umgedeutet. Als »*fideles*« erscheinen schon in frühkarolingischer Zeit nicht nur fränkische Aristokraten und Grafen; wir hören auch von Fidelitätseiden aquitanischer Herren, die sich Pippin in den 760er Jahren unterwarfen (cont. Fredeg. cap. 45 und 51). Wie bei diesen hatte bei Tassilo gewiß von vornherein die »*fidelitas*« eine Unterordnung, ein Abhängigkeitsverhältnis gemeint; aber erst nachträglich wurde Tassilos Treue vom Gericht an der Vasallität gemessen. Vielleicht war solche Interpretation notwendig, weil aus der vieldeutigen »*fidelitas*«, der Bündnis- oder auch Freundschafts- oder Abhängigkeitstreue, nicht notwendig jene unbedingte Heeresfolgepflicht hervorging, die den politischen Skandal der Verlassung von 763 zum justiziablen Verbrechen des »harisliz« machen konnte.

Täuschen wir uns nicht, so liegt dem Bericht über Tassilos Vasalleneid im Jahre 757 nicht einfach eine unwahre Beschuldigung, wohl aber die juristische Konstruktion im politischen Prozeß von 788 zugrunde, die die tatsächlich geschworene Treue als die »mit Recht« vom Vasallen geschuldete Treue deutete, daraus dann die unbedingte Heerfolgepflicht folgerte und das Urteil wegen »harisliz« möglich machte. Tassilo wurde 787 nicht zum zweiten oder gar dritten, sondern zum ersten Male Karls durch Handgang ergebener Vasall, vorher war er sein »*fidelis*« gewesen. Gewisse Punkte im gängigen Bild der Verfassungsgeschichte wie der politischen Geschichte bedürfen der Überprüfung. Auf den hier wirkenden Rechtsbegriff – »*per iustitiam*«, »*per drictum*«, »per dreit«, »mit rehtu« – möchte ich bei anderer Gelegenheit zurückkommen. Hier halten wir fest: fränkische Königsvasallen waren manche Adelige Bayerns geworden, ehe Tassilo 787 sich ergeben mußte; die juristische Konstruktion seiner Ankläger folgerte Vasallenpflichten schon aus dem Treueid von 757, und die den Annalen zugrunde liegende, aus dem Prozeß hervorgegangene Quelle formulierte nachträglich den Eid entsprechend. Nicht 757, sondern erst dreißig Jahre später wurde, wie ich meine, die Vasallität erstmals als Form der Unterordnung eines Herzogs und Stammeshauptes benutzt; nicht ein mündig werdender Jüngling, sondern ein vergebens um politische Unabhängigkeit ringender Mann mußte als erster aus fürstlicher Stellung zum Verknechtungsritus der Vasallität herabsteigen.

Das Urteil lautete auf den Tod, Karl erscheint in der Pose des großzügigen Königs, der um Gnade für seinen Verwandten bittet; Tassilo wird ins Kloster geschickt, und es ist wiederum besondere Gnade, daß er nicht in öffentlicher Versammlung, sondern einige Tage später, am 6. Juli 788 in St. Goar am Rhein, geschoren wird, nach ihm an verschiedenen Orten die stolze Herzogin, die beiden Söhne, die beiden Töchter. Die Dynastie der bayerischen Agilolfinger erlosch. Einige adlige Herren Bayerns teilten das Schicksal der Herzogsfamilie.

Noch in demselben Jahr ergriff Karl von Bayern Besitz, das er bisher niemals hatte betreten können. In der Herzogsstadt Regensburg nahm er Eigentum und Rechte der Agilolfinger in die eigene Hand und ordnete die Verwaltung des Landes, das nun erstmals wirklich ein Teil des Frankenreiches wurde. Als solcher hat Bayern dann bald wieder eine eigene Geschichte, auch eine eigene politische Existenz gefunden; doch das ist nicht mehr unser Thema.

Es folgte noch ein Nachspiel 794: vor der Synode des Frankenreiches erschien der Mönch Tassilo in Frankfurt, erbat Verzeihung und ließ rechtsförmlich sein Herzogtum dem König auf, verzichtete für sich und seine Erben und erhielt von Karl Verzeihung. Rosenstock hat dies als eine Korrektur des Verfahrens von 788 gedeutet; aus dem königlichen und zugleich kirchlichen Bann sei Tassilo befreit, aus der Klosterhaft zu Jumièges nun in freiwilligen Klosteraufenthalt, und zwar in Lorsch, übergetreten. Umgekehrt haben Pankraz Stollenmayer und Willibrord Neumüller hier geradezu einen makabren Schauprozeß erkennen wollen, der seine Ursache in der Beteiligung bayerischer Anhänger Tassilos an dem Aufstand des buckligen Königssohnes Pippin im Jahre 792 gehabt habe. Diese letzte These entbehrt der Begründung in den Quellen. Ob Rosenstock in allen Einzelheiten, vor allem in seiner Ansicht, es gehe um eine Verkirchlichung der inneren Struktur des Frankenreiches, recht hat, mag dahingestellt sein; ein Kirchenbann wird vom Papst 787 angedroht, aber weder beim Urteil von 788 noch bei der Absolution durch den König 794 wird er erwähnt. Deutlich wird aber, daß die Synode von Frankfurt den Prozeß insofern ergänzt, als Tassilo nun als Handelnder, nicht nur als Verurteilter erscheint; zumindest formal erklärt er selbst für sich und seine Familie den Verzicht, ist Subjekt, nicht nur Objekt der Verhandlung. Bemerkenswert ist dabei die Ausstellung von Urkunden in drei Ausfertigungen, eine für die Pfalz, d. h. den König, eine für Tassilo selbst, eine dritte für die Hofkapelle. Zumindest äußerlich fand eine Versöhnung des Königs mit dem Mönch statt. Ein Wechsel des Aufenthaltsortes ist möglich, bleibt aber ungewiß. Zeitgenössische Quellen wissen nur von der Einweisung nach Jumièges, relativ späte Quellen von Aufenthalt und Tod in Lorsch.

Inzwischen hatte Karl vom Sommer 791 bis zum Sommer 793 für mehr als zwei volle Jahre Residenz in Regensburg genommen, länger als bisher an irgendeinem Platz in seiner langen Regierungszeit. Nach außen war dies der Ausgangspunkt für die Awarenkriege, die zweite Reihe der Missionskriege; im Innern des fränkischen Großreiches wurde die bayerische Herzogsstadt nach dem sächsischen Paderborn und noch vor dem neu gegründeten Frankfurt die dritte große Königspfalz rechts des Rheins. Das Residieren auch im

Winter hatte einst für Pippin, und zwar in Bourges, den Abschluß der Eroberung Aquitaniens gebildet. Karl besiegelte seine Herrschaft über Bayern, Sachsen und Italien, indem er über den Winter in Regensburg (791/92/93), Herstelle – der neuen Weserburg mit dem alten Pfalznamen (797/98) – und schließlich in Rom (800/01) residierte.

Bayern erhielt schon im Jahre 798 durch Karl seine Metropolitanverfassung, indem Arn von Salzburg zum Erzbischof erhoben wurde; kein anderer Stamm besaß etwas Vergleichbares innerhalb des fränkischen Reiches. Die Verwaltung durch den »Präfekten« Gerold, den Schwager des Königs, ließ dem Land eine gewisse Geschlossenheit, und als Ludwig der Fromme 817 für seine jüngeren Söhne Herrschaftsgebiete vorsah, wurde Bayern neben Aquitanien – und dem von Ludwigs Neffen regierten Italien – gar Basis eines Königtums. Aber das war ein fränkisches Königtum, und Bayern blieb fortan ein Glied des Frankenreiches. Der politische Prozeß gegen Tassilo hatte das letzte Glied der Ereignisse gebildet, die Bayerns Unabhängigkeit beendeten und den Stammesstaat in das neue Imperium einfügten.

Der am 18. Mai 1977 in Kremsmünster gehaltene Vortrag wird hier unverändert wiedergegeben. Ich habe mich bemüht, die einschlägigen Quellen, insbesondere fränkische und österreichische Annalen, Kapitularien, Volksrechte, Konzilsakten, Briefe und Urkunden möglichst vollständig heranzuziehen. Zur Frage der Taufsalbung verweise ich auf Constitutum Constantini (ed. H. FUHRMANN, MGH, Fontes iuris Germanici antiqui 10, 1968), Zeile 136, und Codex Carolinus, Nr. 47 (MGH, Epp. 3, 1892, S. 565 f.). Im übrigen verzichte ich auf Einzelnachweise; es sei nur eine Auswahl der wichtigen Literatur genannt, der ich mich verpflichtet fühle. Daneben konnte manche Anregung aus den ersten Tagen des Symposions verwertet werden.

S. ABEL–B. SIMSON, Jahrbücher des Fränkischen Reiches unter Karl dem Großen, Bd. 1 (²1888), Bd. 2 (1883).

V. BARCHEWITZ, Das Königsgericht zur Zeit der Merowinger und Karolinger (1882).

H. BELTING, Studien zum beneventanischen Hof im 8. Jahrhundert (Dumbarton Oaks Papers 16, 1962), 141–193.

O. BERTOLINI, Carlomagno e Benevento (Karl d. Gr., Lebenswerk und Nachleben, Bd. 1, hrsg. v. H. BEUMANN, 1965), 609–671.

B. BISCHOFF, Salzburger Formelbücher und Briefe aus Tassilonischer und Karolingischer Zeit (Sitzungsberichte der Bayerischen Akademie der Wissenschaften, Phil.-hist. Klasse, 1973, Nr. 4).

J. F. BÖHMER–E. MÜHLBACHER, Regesta Imperii I: Die Regesten des Kaiserreiches unter den Karolingern 751–918 (1908; Neudruck mit Ergänzungen von C. BRÜHL und H. H. KAMINSKY, 1966).

G. P. BOGNETTI, L'età longobarda, voll. 1–4 (1966–1968).

P. CLASSEN, Karl der Große, das Papsttum und Byzanz (1968).

–, Karl der Große und die Thronfolge im Frankenreich (Festschrift H. Heimpel, Bd. 2, 1972), 109–134 (= o. 205–229).

–, Die Geschichte der Königspfalz Ingelheim bis zur Verpfändung an Kurpfalz 1375 (Ingelheim am Rhein, hrsg. v. J. Autenrieth, 1964), 87–146.

J. DEÉR, Karl d. Gr. und der Untergang des Awarenreiches (Karl d. Gr., Lebenswerk und Nachleben, Bd. 1, hrsg. v. H. BEUMANN, 1965), 719–791 (Wiederabdruck in: J. DEÉR, Byzanz und das abendländische Herrschertum, hrsg. v. P. CLASSEN, Vorträge und Forschungen 21, 1977, 285–371).

H. FICHTENAU, Die Urkunden Herzog Tassilos III. und der »Stiftbrief« von Kremsmünster (Mitteilungen des Instituts für österr. Geschichtsforschung 71, 1963), 1–23 (jetzt in überarbeiteter Fassung in: H. FICHTENAU, Beiträge zur Mediävistik. Ausgewählte Aufsätze 2, 1977, 62 ff.).

F. L. GANSHOF, Was ist das Lehnwesen? (1961).

A. GAUERT, Das Zepter Herzog Tassilos III. (Deutsches Archiv 18, 1962), 214–223.

W. GIESEBRECHT, Die fränkischen Königsannalen und ihr Ursprung (Münchener Historisches Jahrbuch für 1864), 186–238.

L. M. HARTMANN, Geschichte Italiens im Mittelalter, Bd. 2/2 (1903).

H. HOFFMANN, Französische Fürstenweihen des Hochmittelalters (Deutsches Archiv 18, 1962), 92–119.

H. KRAWINKEL, Untersuchungen zum fränkischen Benefizialrecht (1937).

W. LENDI, Untersuchungen zur frühalemannischen Annalistik. Die Murbacher Annalen – mit Edition (1971).

M. LINTZEL, Ausgewählte Schriften, Bd. 2 (1961).

H. LÖWE, Die karolingische Reichsgründung und der Südosten (1937).

M. MANITIUS, Zu den Annales Laurissenses maiores (Mitteilungen des Instituts f. österr. Geschichtsforschung 10, 1889), 419–427.

H. MITTEIS, Lehnrecht und Staatsgewalt (1933).

W. NEUMÜLLER, Tassilo III. von Bayern und Karl der Große (110. Jahresbericht des öff. Gymnasiums der Benediktiner zu Kremsmünster, 1967), 7–34.

L. ÖLSNER, Jahrbücher des fränkischen Reiches unter König Pippin (1871).

F. PRINZ, Herzog und Adel im agilulfingischen Bayern (Zur Geschichte der Bayern, hrsg. v. K. BOSL, Wege der Forschung 60, 1965), 225–263.

K. REINDEL, Bayern im Karolingerreich (Karl d. Gr., Lebenswerk und Nachleben, Bd. 1, hrsg. v. H. BEUMANN, 1965), 220–246.

–, vgl. M. SPINDLER.

S. RIEZLER, Ein verlorenes bairisches Geschichtswerk des 8. Jahrhunderts (Sitzungsberichte der philosophisch-philologischen und historischen Classe der bayer. Akademie der Wissenschaften, 1881), 247–291.

E. ROSENSTOCK, Unser Volksname Deutsch und die Aufhebung des Herzogtums Bayern (zuerst 1928, benutzt in: Der Volksname Deutsch, hrsg. v. H. EGGERS, Wege der Forschung 156, 1970), 32–102.

P. E. SCHRAMM, Herrschaftszeichen und Staatssymbolik, 3 Bde. (1954–1956).

M. SPINDLER (Hrsg.), Handbuch der bayerischen Geschichte 1 (1967) (bes. Abschnitt B: Das Zeitalter der Agilolfinger, von K. REINDEL).

K. SPRIGADE, Die Einweisung ins Kloster und in den geistlichen Stand als politische Maßnahme im frühen Mittelalter (Phil. Diss., Heidelberg 1964).

W. STÖRMER, Adelsgruppen im früh- und hochmittelalterlichen Bayern (Studien z. bayerischen Verfassungs- und Sozialgeschichte 4, 1972).

–, Früher Adel. Studien zur politischen Führungsschicht im fränkischen Reich vom 8. bis 11. Jh., 2 Bde. (Monographien zur Geschichte des Mittelalters 6, 1973).

P. STOLLENMAYER, Das Grab Herzog Tassilos III. (105. Jahresbericht des öff. Gymnasiums der Benediktiner zu Kremsmünster, 1962).

–, Tassilo-Leuchter – Tassilo-Zepter (102. Jahresbericht des öff. Gymnasiums der Benediktiner zu Kremsmünster, 1959).

G. WAITZ, Deutsche Verfassungsgeschichte, Bde. 3 und 4 (²1883/85).

W. WATTENBACH–W. LEVISON–H. LÖWE, Deutschlands Geschichtsquellen im Mittelalter, Vorzeit und Karolinger, Heft 2 (1953).

H. WOLFRAM, Das Fürstentum Tassilos III., Herzogs der Bayern (Mitteilungen der Gesellschaft f. Salzburger Landeskunde 108, 1968), 157–179.

E. ZÖLLNER, Der bairische Adel und die Gründung von Innichen (Zur Geschichte der Bayern, hrsg. v. K. BOSL, Wege der Forschung 60, 1965), 135–171.

# Die Verträge von Verdun und von Coulaines 843 als politische Grundlagen des westfränkischen Reiches

Als im August 843 in Verdun die Dreiteilung des karolingischen Königtums vollzogen wurde, schloß Karl, der eben zwanzigjährige jüngste Sohn Ludwigs des Frommen aus dessen zweiter Ehe, am ungünstigsten ab.[1] Vielleicht war sein Reichsteil, *aequa lance* gemessen, nicht viel kleiner und nicht viel weniger wertvoll als die Teile seiner Brüder; aber er erhielt nicht nur weit weniger, als er nach den letzten Verträgen unter seinem Vater zu Worms 839 erwarten durfte – dies Schicksal teilte er mit dem geschlagenen Kaiser Lothar –, sondern sein Reichsteil war auch von vornherein mit einer schweren Hypothek belastet: er war zum guten Teil nur Anwartschaft, nicht sicherer Besitz. Drei Gebiete, die seit ihrer Zugehörigkeit zum Karolingerreich fast stets eine politische Sonderstellung eingenommen und eine eigene Landestradition auf gentiler Grundlage bewahrt hatten, waren von der eigentlichen Teilung ausgenommen und den Brüdern vorweg zugesprochen worden: Italien, Bayern und Aquitanien. Während aber Lothar seit über 20 Jahren in Italien und Ludwig seit etwa 17 Jahren in Bayern eine über alle Bürgerkriege hinweg unbestrittene Herrschaft hatten aufrichten können, wurde für Karl in Aquitanien nur die Entscheidung Ludwigs des Frommen bestätigt, die das Eintrittsrecht Pippins II. zugunsten des Anwachsungsrechtes Karls ausgeschlossen hatte. Dieser Anspruch mußte, das hatten schon die Kriegsjahre von 840 bis 843 gezeigt, gegen die Mehrheit der aquitanischen Herren

---

1) Für die Darstellung der Ereignisse grundlegend E. Dümmler, Geschichte des ostfränkischen Reiches 1¹ (1887, Neudruck 1960), F. Lot und L. Halphen, Le règne de Charles le Chauve, 1ʳᵉ partie: 840–853 (Bibliothèque de l'école des hautes études 175, 1910). Zusammenfassend: F. Lot, Naissance de la France (1948), L. Halphen, Charlemagne et l'empire carolingien (L'évolution de l'humanité 33, 1949²). Aus der Spezialliteratur seien hervorgehoben: Der Vertrag von Verdun, hrsg. v. Th. Mayer (1943), P. E. Hübinger, Der Vertrag von Verdun und sein Rang in der abendländischen Geschichte (Düsseldorfer Jahrbuch 44, 1947, 1–16), O. P. Clavadetscher, Das churrätische Reichsguturbar als Quelle zur Geschichte des Vertrags von Verdun (Zeitschr. f. Rechtsgesch., Germ. Abt. 70, 1953, 1–63). F. L. Ganshof, Zur Entstehungsgeschichte und Bedeutung des Vertrages von Verdun 843 (Deutsches Archiv 12, 1956, 313–330). Vgl. auch die unten S. 250, Anm. 3 genannten Arbeiten.

erfochten werden.[2] Lothar gab zwar in Verdun die bis zum Frühjahr 842 aufrechterhaltene Unterstützung Pippins II. gegen Karl vertraglich auf – aber die Liquidierung des Bruderkrieges durch den Kampf mit dem Neffen wurde Karl allein überlassen. Gerade das ihm vorweg zugesprochene Land konnte nicht Stütze und Kern seines Königtums werden, sondern er mußte es erobern und hatte dabei die Träger der traditionellen Sonderstellung des Landes gegen sich; ja, insgeheim setzte sogar Lothar seine Hilfe für Pippin fort.

Aber auch die übrigen Teile des Karlsreiches bildeten keine geschlossene Einheit. Betrachtet man die Teilung von 843 nicht ex eventu, sondern von der Geschichte des Frankenreiches unter Pippin dem Jüngeren, Karl dem Großen und Ludwig dem Frommen her, so ist die Entstehung eines westfränkisch-französischen Reiches von der Schelde, Maas und Saône bis zu den Pyrenäen – und zwar nicht auf der Grundlage Aquitaniens, sondern gegen Aquitanien – nicht weniger merkwürdig als die in den letzten Jahrzehnten so oft diskutierte Formierung der *gentes ultra Rhenum* zum ostfränkisch-deutschen Reiche.[3] Während die Bedeutung des Jahres 843 und des Vertrages von Verdun für die Entstehung des Deutschen Reiches sehr umstritten ist und man in neuerer Zeit dazu neigt, sie recht gering einzuschätzen, besteht für die französische Geschichtsforschung kein Zweifel, daß damals die eigentliche Geschichte Frankreichs beginnt, und man pflegt dies in die Worte zu kleiden, Karl der Kahle sei der premier roi de France.[4] Gewiß mit Recht, aber der Anfang liegt nicht allein beim Königtum. Man hat gemeint, die Schwäche des

2) Grundlegend für Aquitanien L. AUZIAS, L'Aquitanie carolingienne (Bibliothèque méridionale II 28, 1937), vgl. auch J. DHONDT, Études sur la naissance des principautés territoriales en France (Rijksuniversiteit te Gent, Werken uitgeven door de Faculteit van de Wijsbegeerde en Letteren, 102e aflevering, 1948), S. 169 ff.

3) Die wichtigsten Aufsätze dieser Diskussion sind zusammengefaßt in dem Band »Die Entstehung des Deutschen Reiches«, hrsg. v. H. KÄMPF (Wege der Forschung 1, 1956); vgl. ferner G. TELLENBACH, Königtum und Stämme in der Werdezeit des Deutschen Reiches (Quellen und Studien zur Verfassungsgeschichte des Deutschen Reiches VII 4, 1939), DERS., Die Entstehung des Deutschen Reiches (1947³), M. LINTZEL, Die Anfänge des Deutschen Reiches (1942), W. SCHLESINGER, Die Grundlagen der deutschen Einheit im frühen Mittelalter, in: Die deutsche Einheit als Problem der europäischen Geschichte, hrsg. v. W. BERGES und C. HINRICHS, ohne Jahr (1960), S. 5–45.

4) LOT, Naissance 482: »L'histoire de France doit donc un souvenir reconnaissant à cet ›Allemand‹, au sens ethnique, qui fut le premier roi véritable de France et qui devrait être appelé Charles Ier, bien plutôt que son aieul, Charlemagne, qui fut tout autre chose qu'un ›roi de France‹.« Lot begründet dies Urteil vor allem damit, daß Karl den Norden mit Aquitanien und Septimanien vereint hat. Auch Halphen bezeichnet, ohne ähnlich prononcierte Hervorhebung, Karl öfter als roi de France. P. E. SCHRAMM, Der König von Frankreich (2 Bände, ²1960) 1, S. 11, nennt zwar »Karls Regierungszeit eigentlich nur eine wirre Einleitung, die seinen Namen trägt, ohne daß eine bleibende Leistung dazu die Berechtigung böte«, zeigt aber dann die neuen Formen des Königtums auf und faßt zusammen (S. 49): »Was Karl empfing, war das westliche Drittel des Imperiums; was er hinterließ, war das ›Westfrankenreich‹ – was er empfing, war ein Haufen Völkerschaften; was er hinterließ, war ein ›Staat‹.« Ganz im Gegensatz zu der Diskussion um die Anfänge des deutschen Reiches scheint man sich jedenfalls einig zu sein, daß die französische Geschichte im Jahre 843 einsetzt. Vgl. aber TELLENBACH, Die Unteilbarkeit des Reiches, in: Wege der Forschung 1, S. 110–134, bes. 122 ff.

Karlsreiches liege darin, daß dem Westfrankenreich ein Drittel Galliens genommen worden sei.[5] Diese Aussage hat ihr Recht in einer ganz große Zeiträume umfassenden Betrachtung. Das Westfrankenreich ist der Ausgangspunkt der französischen Geschichte, und diese kann über das Frankenreich zurückgreifend an die von den Römern geschaffene Einheit des Landes Gallien vom Rhein bis zu den Pyrenäen anknüpfen. In diesem Sinne hat bereits der erste Verfasser einer »französischen Geschichte«,[6] Richer von Reims, das Gallien Caesars mit dem westfränkischen Reiche in Verbindung gebracht,[7] und das Streben, ganz Gallien in seinen alten Grenzen zu umfassen, bildet einen guten Teil der französischen Geschichte seit dem hohen Mittelalter.

Einen solchen vorgegebenen Raum kennt die Frage nach der Entstehung des Deutschen Reiches nicht; sie kann nur von Teilreichen und Stämmen ausgehen, wie denn einige Jahrzehnte vor Richer Widukind von Corvey sein Geschichtswerk mit der *origo gentis Saxonum* begonnen hatte. *Germania* ist in karolingischer Zeit wie vorher und nachher ein recht vager Begriff, während *Gallia* geographisch – vor allem in der antike Traditionen pflegenden kirchlichen Geographie – eine feste Größe bleibt.[8] Aber auch für die ersten Anfänge des westfränkischen Reiches ist die Frage nach Gallien recht problematisch; denn innerhalb des Großreiches Karls des Großen und Ludwigs des Frommen bildete Gallien weder politisch noch kulturell einen geschlossenen Raum, und im Jahre 843 wurde nicht ein Teil Galliens aus einer Einheit herausgetrennt, sondern es wurden vielmehr recht heterogene Teile des Frankenreiches zusammengefügt.

Am Rande lagen die nur unvollkommen von der fränkischen Herrschaft erfaßten Stammesverbände der Basken und der Bretonen. Neben diesen bildeten auf gallischem Boden den geschlossensten gentilen Verband, den der recht bezeichnende Sprachgebrauch der Quellen des 9. Jahrhunderts mit einem Stammesnamen zu erfassen vermag, die *Aquitani* in der *Aquitania*, die gerade in der Zeit, da sie im Kampf gegen die karolingische Herrschaft standen, zu einem neuen gentilartigen Verbande geworden waren, der seinen Namen von dem des Landes ableitete.[9] Der Begriff und die Sache waren assimilationskräftig genug, um auch die fränkischen Herren mit einzubeziehen, die die Karolinger dorthin verpflanzt hatten; denn auch diese sind gemeint, wenn die Quellen uns die *Aquitani* als

---

5) Lot, Naissance S. 417.
6) So R. Holtzmann bei Wattenbach-Holtzmann, Deutschlands Geschichtsquellen im Mittelalter. Deutsche Kaiserzeit, Heft 2² (1948), S. 298.
7) Richer, hist. prologus und I 2–4 (ed. G. Waitz, 1877, S. 1 ff.).
8) Vgl. M. Lugge, Gallia und Francia im Mittelalter (Bonner hist. Forschungen 15, 1960).
9) E. Ewig, Volkstum und Volksbewußtsein im Frankenreich des 7. Jahrhunderts, in: Settimane di studio del Centro italiano di studi sull'alto medio evo, vol. 5 (1958) bes. S. 597 ff. In den Quellen des 9. Jahrhunderts begegnen die *Aquitani* überall. – Zum Gens-Begriff grundlegend A. Dove, Studien zur Vorgeschichte des deutschen Volksnamens (Heidelb. Sitzungsber. phil. hist. Kl. 1916, 8. Abh.), und W. Fritze, Unters. zur frühslaw. und frühfränk. Gesch. (ungedr. Diss. Marburg 1952), sowie H. Löwe, Von Theoderich d. Gr. zu Karl d. Gr. (Deutsches Archiv 9, 1952, S. 352–401), bes. S. 367 ff.

politisch handelnde Gruppe nennen. In der Werdezeit des westfränkischen Reiches bleiben die Aquitanier stets eine von den Franken scharf gesonderte, eigene kulturelle und politische Überlieferungen bewahrende Gruppe. Ihre südlichen Nachbarn sind die erst von Pippin dem Reich gewonnenen Goten, die ihr eigenes Recht pflegen und deren Land, Septimanien, vom Blickpunkt der Franken jetzt öfter *Gotia* genannt wird, so daß hier eine Art neuer, von der Gesamtheit der spanischen Goten – die die Franken nach dem Landesnamen *Hispani* nennen – getrennter Teil-gens zu entstehen scheint. Dagegen sind die *Provincia* und *Burgundia* im 9. Jahrhundert reine Landesnamen, denen kein Stammesname für die Bevölkerung entspricht; erst als es am Ende des Jahrhunderts wieder ein politisches Gebilde *Burgundia* gibt, kennt man auch wieder *Burgundiones* mit einem sprachlich auf den alten Germanenstamm zurückgreifenden, sachlich aber vom Lande abgeleiteten Namen, so wie gleichzeitig der Name *Lotharienses* vom *regnum Lotharii* abgeleitet wird; und im 10. Jahrhundert weiß Liudprand von Cremona dann auch bereits von wenig anziehenden Nationaleigenschaften dieser Burgunder zu berichten.

Die Bewohner des ganzen Nordens und Ostens von Gallien nennt man, sofern ein Stammesname gebraucht wird, Franken, unabhängig von ihrer Sprache und Abstammung. Aber der Stammesname findet sich in der Regel nur dort, wo es um Reichsangelegenheiten geht; die Franken sind zum »Reichsvolk« geworden und über das Dasein eines Stammes hinausgewachsen. Von der Loire bis weit über die Grenzen Galliens hinaus, bis an den oberen Main, sitzen »Franken«, aber nur im Bereich der echten Stammesverbände rechts des Rheines bilden sie einen neuen Teilstamm, der einen geographisch einschränkenden Stammesnamen trägt, die *Franci orientales* in der *Francia orientalis*. Auf gallischem Boden hingegen treffen wir im 9. Jahrhundert nur regional bestimmte Untereinheiten und Namen. Dem oft genannten, bei allen Teilungsprojekten seit 817 als Einheit behandelten Gebiet *inter Sequanam et Ligerim* entsprechen die Bewohner, die man umständlich als *inter Sequanam et Ligerim degentes* oder kürzer als *Transsequanani* (auch *Ultrasequanenses*) bezeichnet;[10] neben ihnen gibt es das weniger geschlossene, noch 831 als teilbar

---

10) Teilungsformel von 831 MG. Capitularia 2 Nr. 194, S. 24, *Ad Aquitaniam totam* (Lücke ??, *terram, Niustriam?*) *inter Ligerim et Sequana* [Zusatz im Handexemplar: Reg. lat. 1283a (saec. IX vel X) fol. 66 r.: *totum inter Ligerim et Seguana*]; Teilungsformel von 839 Capit. 2 Nr. 200 S. 58 = ann. Bert. a. 839 ed. WAITZ S. 20: *et inter Mosam et Sequanam, et inter Sequanam et Ligerim cum marca Britannica;* ann. Bert. a. 838 S. 15 f.: Karl erhält *pars Niustriae ..., ducatus videlicet Cenomannicus omnisque occidua Galliae ora inter Legerim et Sequanam constituta;* Nithard I 5: Aufgebot für *omnes inter Sequanam et Ligerim degentes;* ebenda I 6: Karl erhält *portio regni inter Sequanam et Ligerim;* II 3 Lothar bemüht sich um die *inter Sequanam et Ligerim degentes;* II 4 Lothar bietet Karl *decem comitatus inter Ligerim et Sequanam* an; II 6 Karl zieht ein Heer zusammen: *omnes Aquitanos, qui suae parti favebant ... insuper quicumque e Burgundia nec non et inter Ligerim et Sequanam sui iuris esse vellent* (man beachte den unterschiedlichen Sprachgebrauch bei Aquitaniern, Burgundern und Franken!); ann. Bert. a. 859 S. 51: *vulgus promiscuum inter Sequanam et Ligerim inter se coniurans;* Regino, chron. a. 860 (ed. KURZE S. 78): *ducatus inter Ligerim et Sequanam;* Urkunde Karls d. K. von 867 für Saint-Denis, Empfängerherstellung (G. TESSIER, Recueil des Chartes de Charles le Chauve,

betrachtete und 843 wirklich geteilte Gebiet *inter Mosam et Sequanam*;[11] kleinere Gemeinschaften nennt man etwa *omnes citra Carbonarias*[12] – aber nie tritt eine gentile Definition zu diesen Regionalnamen.

Karls Reich von 843 umfaßt neben Aquitanien mit Septimanien oder Gotien ein willkürlich abgegrenztes Stück Burgund, den geschlossenen, ihm schon 838 zugeteilten Raum *inter Sequanam et Ligerim*, den jetzt oft der alte Name *Neustria*[13] in neuer Bedeutung bezeichnet, dazu wenig mehr als die Hälfte der seit 837 Karl zugedachten Region *inter Mosam et Sequanam*, die ganz zu besitzen er sich bis zuletzt vergebens bemüht hatte. Diese Teile zusammenzufügen war die Aufgabe des jungen Königs, aus ihrer Addition, nicht aus der Amputation eines Teiles von Gallien, ist das Westfrankenreich hervorgegangen.

In dem Bruderkrieg nach dem Tode Ludwigs des Frommen wie in den Verhandlungen, die zur Herrschaftsteilung von Verdun führten, war es stets darum gegangen, zugleich Personen- und Gebietsherrschaft zu erringen. Nur mit Hilfe der adligen Lehensträger

vol. 2, 1952, Nr. 301 S. 164) Immunitätsbestätigung *infra dicionem regni nostri sive inter Ligerim et Sequanam sive in regno Aquitanorum* (in der Vorurkunde Ludwigs d. Fr. hieß es einfach *infra dicionem imperii nostri*); *Transsequanani* in ann. Bert. a. 869 S. 107 und a. 871 S. 116, *Transsequana-nae partes* ebenda a. 863 S. 62, *Ultrasequanenses* ebenda a. 834 S. 8. Der Sprachgebrauch so vieler verschiedener Quellen beweist, daß es sich nicht um Ausdrücke rein geographischer Orientierung handelt, sondern der Bereich *inter Ligerim et Sequanam* (der Ausdruck wird z. T. wie ein einziges indeklinables Wort behandelt) mindestens seit der Zeit Ludwigs des Frommen als regionale Einheit verstanden wird, der eine bestimmte Bevölkerungsgruppe entspricht. Das Teilungsprojekt von 806 hatte noch die Teilung dieser Region für den Fall eines vorzeitigen Todes Karls d. Jg. vorgesehen.

11) Dieser in Verdun durch die Scheldelinie geteilte Bereich erscheint seltener und war wohl weniger geschlossen. Teilungsformel von 837: ann. Bert. a. 837 S. 14 (vgl. Nithard I 6): *et per fines Ribua-riorum comitatus Moilla, Ettra, Hammolant, Mosagao: deinde vero quicquid inter Mosam et Sequa-nam usque ad Burgundiam una cum Viridunense consistit;* Teilungsformel von 839, ebenda a. 839 S. 21: *et inter Mosam et Sequanam et inter Sequanam et Ligerim;* Nithard II 2: *omnes inter Mosam et Sequanam degentes* schicken Boten an Karl; Nithard III 3: Karl will *a Mosa usque Sequanam regnum* nicht aufgeben; Nithard IV 6: Karl läßt *inter Mosam Sequanamque* Besatzungen zurück. Die Maaslinie spielt bei den Teilungsprojekten von 839 bis 843 immer wieder eine Hauptrolle.

12) So Nithard II 3; vgl. Nithard II 2: *a Carbonariis et infra ad se venientes;* II 6 *omnes a Carbonariis et infra comites, abbates episcopos;* ann. Bert. a. 834 S. 8 Ludwig d. Dt. bietet auf *Baioarios, Austrasios, Saxones, Alamannos necnon et Francos qui citra Carbonariam consistebant.* Man fühlt sich an ältere Regionalgemeinschaften vom Typ der *Ultraiorani,* wie sie EWIG a. a. O. 602ff. beschrieben hat, erinnert.

13) *Neustria* (oder *Niustria*) ist noch im alten Sinne gebraucht ann. regni Franc. a. 779 (ed. KURZE S. 52), wo die sog. Einhardannalen den Ausdruck unterdrücken. Im neuen Sinne – *inter Ligerim et Sequanam* – beim Astronomus, Vita Hludow. 52 und 59, MG. SS. 2, 638 und 644, ann. Bert. a. 838 S. 15, a. 858 S. 50, a. 862 S. 57 und öfter; vgl. auch DHONDT S. 81 mit weiteren, meist späteren Belegen. Auffallend ist es, wie Hinkmar ep. 184 und 198 (MG. Epp. 8, 180 und 211) von 866 die Bischöfe *Galliarum atque Niustriae necnon et Aquitaniae* zusammenstellt, vgl. zu ähnlichen Belegen LUGGE 101 f. Die Kaiserwahl Karls d. K. bestätigen 877 die Bischöfe: *nos qui de Francia, Burgundia, Aquitania, Septimania, Neustria ac Provincia ... convenimus* (MG. Cap. 2 Nr. 279 B S. 348).

konnten die Prätendenten ihre Ansprüche durchsetzen. Aber der Adel verlangte nicht nur Entlohnung durch Lehen, die nur der Herrscher gewähren konnte, der über die entsprechenden Herrschaftsobjekte verfügte, sondern er wandte sich auch vor allem – z. T. mehrmals die Partei wechselnd – demjenigen zu, der in einem bestimmten Bereich fähig war, die Herrschaft aufrechtzuerhalten, und dies womöglich durch persönliche Anwesenheit bewies. Dies gilt vor allem für die breite Schicht des Adels, die nicht über enge Verbindungen zum Hofe verfügte und infolgedessen nicht über das ganze Reich verzweigte Lehen und Eigengüter besaß, sondern in einzelnen Landschaften verwurzelt war. Als Lothars Emissäre im Sommer 840 das ganze Reich für den jungen Kaiser in Pflicht nehmen wollten, schickten »alle zwischen Maas und Seine Wohnenden« zu Karl und versprachen, dessen Ankunft abzuwarten – sie hatten ihm ja schon 837 gehuldigt. Karl erschien in Eilmärschen in Quierzy und gewann die Leute westlich des Kohlenwaldes tatsächlich, während die namentlich genannten Herren zwischen Kohlenwald und Maas zu dem damals an der Maas stehenden Lothar übergingen (Nithard II 2). Durch Verbreitung der Nachricht, Karl ziehe sich zurück, bewog Lothar vor der Schlacht von Fontanetum die Schwankenden, auf seine Seite zu treten (Nithard II 9); und selbst die Folgen seiner schweren Niederlage konnte er mit Hilfe ähnlicher Propaganda ausgleichen, weil Karl und Ludwig sich ihren Anhängern in Aquitanien und am Rhein zeigen mußten (Nithard III 1 f.). Da nun die Franken im Seine-Marne-Bereich Karl nur treu bleiben wollten, »wenn er gegenwärtig sei«, mußte dieser sich auf dem schnellsten Wege nach Paris begeben; selbst Hugo von Saint-Quentin und Giselbert vom Maasgau stellten ihm in Aussicht, auf seine Seite überzugehen, wenn er persönlich in ihrem Bereich erscheine (Nithard III 2). Solche Aktionen bilden gleichsam eine Vorstufe zu den bekannten Königswahlen durch »Einladung«,[14] die auch erst rechtswirksam wurden, wenn der Kandidat in der Lage war, ihnen Folge zu leisten und sich am Ort als Herrscher zu zeigen. Man könnte fast den gesamten, auf den ersten Blick so verwirrend erscheinenden Verlauf des Krieges von 840 bis 842 aus der für jeden Prätendenten notwendigen Aufgabe erklären, Personen- und Gebietsherrschaft, die sich wechselseitig bedingen, gleichzeitig in verschiedenen Räumen zu gewinnen und zu behaupten. Es genügt hier, noch daran zu erinnern, daß Lothars endgültige Niederlage nicht durch den Schlachtensieg seiner Brüder bei Fontanetum, sondern durch seinen Rückzug aus dem Zentrum des Reiches bei Aachen in die burgundischen Randgebiete besiegelt wurde. Für viele der großen Lehensträger aus der sogenannten Reichsaristokratie war zwar die Parteinahme im Kriege schon durch ihre Stellung in den Kämpfen zu Lebzeiten Ludwigs des Frommen präjudiziert; aber die meisten schlossen sich doch demjenigen an, von dem sie auf Grund der augenblicklichen Herrschaftsverhältnisse den größten Gewinn erhoffen durften. Manch einer konnte durch die Kriegssituation diejenige Nähe zum König – zu einem der drei Rivalen – gewinnen, die ihm materiellen und sozialen

14) W. Schlesinger, Karlingische Königswahlen, in: Zur Geschichte und Problematik der Demokratie, Festgabe für Hans Herzfeld (1958), S. 207–264, bes. 226, 231 ff. u. ö.

Aufstieg ermöglichte. So hat denn schon Hinkmar von Reims diesen Bruderkrieg nicht als einen Streit um Reichseinheit oder Reichsteilung, sondern als einen nur äußerlich durch den Bruderstreit um das Erbe veranlaßten Kampf der *primores regni* um die *honores* geschildert, in dem die Könige vor allem die Funktion hatten, den Interessen der einzelnen Herren oder Gruppen zum Erfolg zu verhelfen.[15] Wenn diese Auffassung wohl auch mitgeprägt ist von späteren Erfahrungen und in bestimmter Absicht formuliert wurde, so wird man ihr doch einen wahren Kern nicht absprechen dürfen.

Die Teilnahme der Großen an den Entscheidungen über die Geschicke des Reiches war ja keineswegs ganz neu. Schon die Teilungs- und Ordnungspläne von 806 und 817 waren mit ihrem Rat vorgenommen worden, und Ludwig der Fromme hatte seine wechselnden Projekte wiederholt von Adel und Geistlichkeit beschwören lassen. Bei der Einsetzung Karls in die Gebiete zwischen Maas und Seine 837 und dann wieder bei der Wehrhaftmachung Karls im folgenden Jahr, mit der die Einweisung in die Herrschaft über ein neu abgegrenztes Gebiet zwischen Seine und Loire verbunden war, hatte Ludwig darüber hinaus die Lehensträger jener Gegenden Huldigungseide leisten lassen, die von den Quellen z. T. als allgemeine Untertaneneide verstanden werden.[16] Fisci, Abteien, Bistümer und Grafschaften konnten wohl vom Kaiser verliehen – und 843 von den Brüdern mit Hilfe einer *descriptio regni* verteilt – werden, die Herrschaft über Menschen bedurfte der Bestätigung des personalen Bandes durch die Beherrschten um so mehr, als jedes der Teilungsprojekte entgegenstehende ältere Rechte verletzte und die Stellung der Fideles letztlich entscheidend für Erfolg oder Mißerfolg werden mußte.

Auf diese Weise kommt, wie W. Schlesinger gezeigt hat, bereits zu Lebzeiten Ludwigs des Frommen eine neue Mitwirkung der Großen des Reiches an der Herrschaftssetzung auf, eine Vorstufe zur »Königswahl«.[17] Der Verlauf des Bruderkrieges mußte, wie wir gesehen haben, diese Tendenzen erheblich steigern. Die Könige schlossen jetzt regelrecht zweiseitige Verträge mit bedeutenden Parteigängern ab. Pippin II. und Bernhard von Septimanien – also König und Markgraf – verpflichteten sich gegenseitig, daß keiner von ihnen ohne Zustimmung des anderen irgendeinen Vertrag eingehe (*ut neuter absque alterius consensu quodcumque pactum inire deberet*, Nith. II 5); das hinderte den Markgrafen freilich nicht, sich wenig später in einen Freundschaftsbund Karls aufnehmen zu lassen (*Karolus ... didatum muneribus et gratia in societatem amicitiae suscepit*, ebenda). Die Freundschaft mit dem König schließt natürlich nicht wie die merowingische Schwur-

---

15) Hinkmar ad Ludow. Balbum cap. 4, Migne, Patr. lat. 125, 985 f., besonders in dem Satz: *Interea coeperunt regni primores qui cum tribus fratribus erant singillatim certare de honoribus, quique illorum unde maiores et plures possent obtinere; et parvipendentes sacramenta de divisione regni facta et plus certantes de illorum cupiditate quam de seniorum suorum et de sua salute etc.* Vgl. unten Anm. 29.
16) Ann. Bert. a. 837 S. 14, Nithard I 6.
17) SCHLESINGER, Karl. Königswahlen S. 224 ff.

freundschaft[18] ein Verhältnis völliger Gleichrangigkeit ein; ganz gewiß bedeutet sie aber ein Verhältnis gegenseitiger Vertragsverpflichtung. Der Markgraf ist nicht nur Lehens- oder Gefolgsmann, sondern auch Partner des Königs in einem weit über die Lehnspartner- schaft hinausgehenden Sinne.

Es mag vielleicht noch mehr ähnliche Verträge, von denen uns die Quellen nichts berichten, gegeben haben. Darum war es nur konsequent, wenn auch der berühmte Straßburger Vertrag zwischen Karl und Ludwig im Februar 842 die Fideles beider Seiten mit einbezog und sie zur Garantie des Königsbündnisses, ja sogar zum selbständigen Handeln gegen den eigenen König im Falle des Vertragsbruches verpflichtete.[19] Der Straßburger Vertrag war strenggenommen ein Vertrag zwischen vier, nicht nur zwischen zwei Partnern. Und in ähnlicher Weise wurden auch in den Vertrag von Verdun die Fideles der drei Könige mit einbezogen.

Der Einfluß der Großen auf den Inhalt der Verträge konnte bei dieser Situation nicht ausbleiben. Bei den gescheiterten Verhandlungen vom Herbst 841 hatte Karl sich gewei- gert, das Land zwischen Maas und Seine an Lothar abzutreten, nicht nur weil der Vater es ihm zugesprochen hatte, sondern auch weil die Menge des Adels dieser Gegenden (*tanta nobilitas ... de his regionibus*) ihm gefolgt sei und er deren Treue nicht enttäuschen dürfe (Nithard III 3). Bei den Waffenstillstandsverhandlungen vom Mai 842 hatten Ludwig und Karl das Land zwischen Rhein und Maas Lothar angeboten, aber die Unterhändler, Vertreter der führenden Adelsschicht, verlegten die Grenze – *ignoro qua fraude decepti*, sagt Nithard (IV 3) – von der Maas an den Kohlenwald, und in Verdun wurde dann auch noch der Raum zwischen Kohlenwald und Schelde samt Cambrai Lothar zugesprochen, so daß von der 837 Karl zugeteilten *optima pars regni*[20] ein gutes Stück verlorenging. Sollte dabei nicht die Tatsache, daß schon 840 der Adel zwischen Maas und Kohlenwald und darüber hinaus zu Lothar tendiert hatte, eine maßgebliche Rolle gespielt haben? Lothars Argument, ihm bleibe nicht genug Land, seine vertriebenen Anhänger zu entschädigen,[21] muß die Unterhändler veranlaßt haben, vorwiegend von den Anhängern des Kaisers

---

18) W. FRITZE, Die fränkische Schwurfreundschaft der Merowingerzeit (Zeitschrift der Savigny- Stiftung für Rechtsgeschichte, Germ. Abt. 71, 1954, S. 74–125), hat das rechtliche Wesen der *amicitia* als Verhältnis der engen Verbindung auf der Basis gleichen Rechtes bestimmt. Eine entsprechende Untersuchung für die karolingische Zeit befindet sich in Vorbereitung.

19) Den Straßburger Vertrag, dessen Text Nithard III 5 bietet (vgl. auch ann. Bert. a. 842 S. 27), pflegt man meist zu eng nur als »Straßburger Eide« zu bezeichnen. Zur rechtlichen Interpretation vor allem F. KERN, Gottesgnadentum und Widerstandsrecht im frühen Mittelalter (1914), S. 273 f. Anm. 497 (= 2. Aufl., 1954, S. 233 f.), ferner H. MITTEIS, Lehnrecht und Staatsgewalt (1933), 57 ff. und 84 f., der aber in Einzelheiten ungenau ist (was er ganz zu Unrecht S. 85 Anm. 231 Kern vorhält). Die sehr umfangreiche Literatur über Straßburg führt WATTENBACH-LEVISON-LÖWE, Deutschlands Geschichtsquellen im Mittelalter, Vorzeit und Karolinger, Heft 3 (1957), S. 356 Anm. 204, an.

20) So ann. Fuld. a. 838 (ed. KURZE S. 28).

21) Nithard IV 3: *querebaturque insuper suorum, qui se secuti sunt, causam, quod in praefata parte, quae illi offerebatur, non haberet, unde illis ea quae amittebant restituere posset.*

bewohnte Gebiete diesem zu belassen. War es ein Zufall, daß umgekehrt die 843 ganz neu
gezogene Grenze in Burgund, die keinem der älteren Teilungsprojekte entsprach, eben so
gezogen wurde, daß die Gebiete rechts der Saône mit den Grafschaften Mâcon und
Chalon, die Lothars alter Todfeind Warin innehatte,[22] zum Reiche Karls geschlagen
wurden, ja daß hier die sonst überall westlich der Flüsse Schelde, Maas, Saône und Rhone
verlaufende Grenze sogar einmal nach Osten über die Flußlinie hinausgriff? Die Unterhändler waren keine bloßen Briefträger ihrer Herren, sondern trugen echte Vollmachten
und mußten beschwören, daß die Könige das Ergebnis ihrer Verhandlungen anerkennen
würden.[23]

Schon die Zweiteilung, die Ludwig und Karl nach Lothars Flucht aus Aachen vorgenommen hatten, war die Arbeit einer Kommission von zwölf Beauftragten jedes der beiden
Partner gewesen, mit deren Ergebnis die Könige sich »zufrieden gegeben« hatten.[24] Man
hat die Prinzipien der *»affinitas et congruentia«*, die diese Kommission zugrunde legte, oft
beachtet und mit Recht betont, daß unter *affinitas* keine ethnische »Verwandtschaft« oder
gar nationale Gemeinschaft verstanden werden dürfte;[25] aber es ist eine falsche Alterna-

---

22) Über Warins Rolle bis 843 vgl. Astronomus capp. 44, 51, 52, Nithard I 5, II 5, II 6, IV 4; Auzias
S. 111 ff., 168, 178 ff.; M. Chaume, Les origines du duché de Bourgogne 1 (1925) 154 ff., Dhondt
151 ff. – L. Armand-Calliat, Le traité de 843 et la région chalonnaise (Mémoires de la société
d'histoire et d'archéologie de Chalon s. Saône 24, 1930/31, 183–192), behandelt nicht die Grenzziehung, sondern nur den Ort des Vertragsschlusses (Verdun an der Maas und nicht Verdun-sur-le
Doubs).
23) Vgl. Nithard IV 4. Das Vertragsverfahren der Zeit bedarf weiterer Untersuchung; W. Heinemeyer, Studien zur Diplomatik mittelalterlicher Verträge, vornehmlich des 13. Jahrhunderts (Archiv
f. Urkundenforschung 14, 1936, 321–413) berührt das 9. Jahrhundert nur bei den Verträgen mit
Byzanz.
24) Nithard IV 1: *et sicut illis congruum, ut inter illos hoc regnum divideretur, visum est, contenti sunt.*
Schlesinger, Karl. Königswahlen S. 230 Anm. 108 möchte übersetzen: »Wie es für diese (die
Könige) passend zu sein schien, daß das Reich zwischen ihnen geteilt würde, waren sie (die
Beauftragten) bemüht.« Das scheitert daran, daß *contendere* wie im klassischen Latein so auch bei
Nithard (I 4, I 8, II 1) nie medial, sondern stets aktivisch gebraucht wird und Nithard auch sonst nur
bei Infinitivformen Deponens statt Aktiv verwendet (vgl. H. Prümm, Sprachl. Untersuchungen zu
Nithardi hist. libri IV, Diss. Greifswald 1910, S. 123). Dagegen kommt *»contentum esse«* in der
Bedeutung »einen Teilungsvorschlag annehmen« mehrfach bei Nithard vor und scheint sogar der
Amtssprache zu entsprechen: Nithard III 5 in der *adnuntiatio* der Könige in Straßburg: *quid cuique*
*deberetur contenti essemus* (vgl. *ille non contentus iudicio divino*, ebenda), ferner Nithard IV 3, vgl.
auch I 3. So muß die Stelle mit allen bisherigen Übersetzern (Wattenbach, E. Müller, Rau,
entsprechend auch Lauer) übersetzt werden: »wie es jenen (den Beauftragten) angemessen schien, …
waren sie (die Könige) zufrieden.« Der dabei vorausgesetzte Wechsel von Präsens historicum und
Perfekt innerhalb einer Periode ist bei Nithard häufig, vgl. Prümm S. 135 f.
25) Gegen die Deutung der *affinitas* als ethnische Verwandtschaft hat sich schon W. Wenck, Das
fränkische Reich nach dem Vertrag von Verdun (1851), S. 361 ff., gewandt; ihm hat sich G. Meyer v.
Knonau, Über Nithards vier Bücher Geschichten (Diss. 1866), S. 106, mit dem Hinweis auf Nithard
IV 2, wo von der *affinitas* der Normannen und Slawen zu den Stellinga die Rede ist, angeschlossen;

tive, wenn man meint, Nithard habe also nur den geographischen Zusammenhang und die passende Lage gemeint. Diese Prinzipien hatten allen Teilungsprojekten der Karolinger – anders als den Teilungen der Merowinger – zugrunde gelegen und bedurften 842 nicht der Hervorhebung. Im Zusammenhang mit Reichsteilungen taucht das Wort *affinitas* sonst nur in den Gesetzen von 806 und 831 auf und meint dort Verschwägerung unter den führenden Schichten der Landschaften; da aber aus Verschwägerung Freundschaft folgt und umgekehrt Freundschaftsbünde durch Heiraten bekräftigt zu werden pflegen, kann *affinitas* auch rechtlich gefestigte Freundschaft bezeichnen.[26] Unter *congruentia* wird man nach dem Sprachgebrauch Nithards am ersten den Maßstab des nach Recht und Billigkeit wie auch nach der politischen Lage Angemessenen zu verstehen haben.[27] Ist diese Auffassung richtig, so berücksichtigte die Kommission die bestehenden verwandtschaftlichen und freundschaftlichen Bindungen des Adels untereinander in den Landschaften wie auch mit den Königen sowie die vor und in dem Kriege angewachsenen Rechte der teilenden Könige. Sogleich nach dieser Teilung ließen die Könige sich wiederum neu huldigen (Nithard IV 2).

*Affinitas* und *congruentia* sollten bei der Zweiteilung wichtiger sein als die *aequa portio*. Die Verhandlungen über die Dreiteilung 842/43 dagegen gingen allein von dem immer wieder betonten Prinzip *prout aequius possent* aus. Wiederum teilten nicht die Könige, sondern eine Kommission, deren bindende Beschlüsse die Könige anzunehmen hatten.[28]

---

vgl. in diesem Sinne zuletzt F. L. GANSHOF, Deutsches Archiv 12 S. 317, und das Mittellat. Wörterbuch 1 (1960), Sp. 358, wo ein weiterer Beleg, aber in etwas anderer Bedeutung (ann. Fuld. cont. Ratisb. a. 886 ed. KURZE S. 114: räumliche Nähe des Kaisers) nachgewiesen ist. Für *affinitas* im räumlichen Sinne kennt der Thesaurus linguae Latinae nur einen Beleg aus Varro; die normale Bedeutung bleibt Verwandtschaft, vor allem Schwägerschaft, seltener Freundschaft. Gar keinen Anhaltspunkt in den Quellen gibt es für die *affinitas* des Reichsgutes beiderseits des Rheines, von der W. METZ, Das karolingische Reichsgut (1960), S. 158 f., spricht.

26) Capit. 1 Nr. 45 § 12 S. 129 von 806 = Capit. 2 Nr. 194 § 8 S. 22 von 831 erlaubt Heiraten über Teilreichsgrenzen hinweg: *liceat ... adfinitatibus populos inter se sociari.* Darum bleibt der Vorschlag von Halphen (bei LOT-HALPHEN S. 53 Anm. 4), bei Nithard IV 1 »liens de famille« zu übersetzen, durchaus erwägenswert. PH. LAUER in den Classiques d'histoire de France au Moyen Age 7 (1926) S. 121 übersetzt »affinités«; im Hinblick auf die Nachweise für *affinitas* = Freundschaft im Mittellat. Wörterbuch a. a. O. möchte ich von Freundschaft und Verschwägerung sprechen.

27) Nithard gebraucht das Wort *congruus* (synonym *congruens* II 5) sehr oft, darunter einmal *loca congrua* = geeignete Plätze (für Signalstationen, III 3). Bei Teilungen wird gesagt, der Vorschlag sei *iustum ac congruum* (IV 3) oder *nequaquam congruum* (III 3), vgl. die S. 11 Anm. 2 zitierte Stelle; die verbündeten Brüder tun nur, was dem andern *utile et congruum* ist (III 6), Kaiser Ludwig wird mit *congruus honor* bestattet (I 8) usw. Die Grundbedeutung ist offenbar »angemessen«, und so wird man auch bei der Teilung von 842 nicht den Sinn von *congruentia* auf das Geographische reduzieren dürfen, sondern eher mit LAUER a. a. O. nach dem Vorschlag von HALPHEN a. a. O. mit »convenances« übersetzen müssen.

28) Nithard IV 4 heißt es *regnum ... prout aequius possent, in tribus partibus sui dividerent.* Schon MEYER V. KNONAU S. 46 mit Anm. 262 auf S. 108 hat darauf hingewiesen, daß *sui,* »die Ihren«, Subjekt

Jeder der drei Brüder entsandte 40 Vertreter, und diese hohe Zahl von 120 Unterhändlern weist darauf hin, daß keineswegs nur die engsten Berater der Könige, die nur ihre Herren vertraten, sondern neben diesen auch die breitere Gruppe der, mit Hinkmar zu sprechen, um die *honores* streitenden *primores regni* ihre Belange wahrnehmen konnte. Wer die Geschichte des Adels im 9. Jahrhundert kennt, hat keinen Anlaß zu der Annahme, dieser habe gerade in dem Augenblick, da ihm so weitgehende Vollmachten übertragen waren, ausschließlich das Wohl der Könige im Auge gehabt. Wohl gab es Rückfragen an die Könige, aber im Ergebnis wurde die Teilung, wie Karl sich später ausdrückte, von den Großen des gesamten Reiches »gefunden«[29] – wie ein Weistum. Auf einer kurzen Zusammenkunft nahmen die Könige an, was von den Großen lange vorbereitet worden war. In einer *descriptio regni* hatten diese, mit der königlichen Vollmacht als *missi* ausgerüstet, die Herrschaftsobjekte, *fisci* und Königshöfe, Bistümer, Reichsabteien und Grafschaften, aufgezeichnet, um sie *aequa lance* unter die drei Brüder zu verteilen;[30] aber zugleich mußten die Interessen ihrer Parteigänger miteinander ausgeglichen werden, und dabei mußte das Bestreben all der Friedenswilligen, die die Brüder zum Kompromiß gedrängt hatten,[31] dahin gehen, die bestehenden Bindungen zwischen den führenden Schichten der Landschaften und den einzelnen Königen soweit als möglich zu berücksichtigen. Der Krieg war vor allem um die fränkischen Kerngebiete zwischen Rhein und Seine geführt worden, in die Lothar gleich nach seines Vaters Tod im Sommer 840 vorgestoßen war und deren Verlust seine Niederlage entschieden hatte. Hier scheint auch die Grenzziehung am schwierigsten gewesen zu sein. Noch im Winter 842/43 hoffte Karl, das ganze Gebiet zwischen Maas und Seine behalten zu können, während Lothar in Aachen überwinterte (Nith. IV 6); aber weil der Krieg gezeigt hatte, wie groß Lothars Anhang im Kohlenwaldgebiet war, konnte er die Scheldegrenze gewinnen.

des Satzes ist, was durchweg übersehen wird. Die weitere Darstellung Nithards zeigt, daß die Großen teilen, die Könige nur zuzustimmen und ihren Teil auszuwählen haben. Vgl. auch ann. Fuld. a. 843 S. 34. Schon 839 waren die Großen an der Grenzziehung maßgeblich beteiligt gewesen.

29) Anklageschrift gegen Wenilo von Sens 859, MG. Capit. 2, S. 451 Nr. 300 §2: *Post haec de divisione regni inter me et fratres meos ratio est exorta notissima, unde partem divisionis cum mutuis, nostris scilicet nostrorumque fidelium sacramentis, sicut etiam primores regni totius invenerant, tenendam et gubernandam suscepi.* Vgl. auch Hinkmar ad Ludow. Balbum PL 125, 986 A: *tamdiu illa miseria ... mansit, donec vellent nollent et seniores* (d. h. die Könige) *et regni primores in tres partes regnum diviserunt et per sacramenta ipsam divisionem stabilem esse debere confirmaverunt;* vgl. DÜMMLER 1 S. 201 Anm. 3, der auch Heiric, mir. S. Germani II 8 (MG. SS. 13, 403) zitiert: die Reichsteile werden *Francorum iudicio* bestätigt.

30) Darüber vor allem O. P. CLAVADETSCHER, ZRG. GA. 70 (1953) 22 ff. und GANSHOF, Deutsches Archiv 12, 320 ff. Es scheint mir aber nicht richtig, in den *primores* oder *missi*, von denen die Quellen sprechen, nur »Kommissare« zu sehen, die für die Könige handelten.

31) Die Friedenswilligkeit der *primores*, insbesondere der Geistlichen, in den Jahren 842/43 betont Nithard immer wieder.

Man hat oft bedauert, daß die Urkunde des Vertrages von Verdun verlorengegangen ist. Indessen braucht man sich nur die Frage vorzulegen, wie denn diese Urkunde wohl ausgesehen haben mag, um alsbald stutzig zu werden. Die erhaltenen Reichs- und Nachfolgeordnungen von 806, 817 und 831 haben, wie immer ihre politische Vorge-schichte verlaufen sein mag, die Form von einem einzelnen Herrscher erlassener Konstitu-tionen[32] und können schon darum nicht das formale Vorbild eines von drei gleichberech-tigten Partnern geschlossenen Vertrages gewesen sein. Sucht man nach einem Analogon für eine solche Vertragsurkunde, so muß man auf nordalpinem Gebiet schon bis zum Bonner Vertrag von 921 gehen.[33] Zwar gibt es in Italien Beispiele für zweiseitige Vertragsurkun-den aus dem 9. Jahrhundert, die – in den Verträgen mit Venedig und vielleicht in den verlorenen Verträgen mit den Päpsten – auch für Verträge zwischen italienischen und fränkischen Partnern angewandt wurden;[34] aber nirgends finden wir diese Formen bei den Abkommen zwischen fränkischen Teilherrschern, von denen eine ganze Reihe erhalten ist. Diese haben vielmehr eine kaum urkundlich zu nennende Gestalt. Der eigentliche Ver-tragsabschluß erfolgte mündlich, seine Hauptelemente sind die öffentlich vom König gesprochene und dadurch rechtsverbindliche *adnuntiatio*,[35] der Eid der Könige sowie gegebenenfalls der Fideles. Diese Elemente finden wir zuerst bei dem Vertrag von Straßburg 842, dann bei denen von Meersen 847 und 851, von Koblenz 860 usw.[36] Jedes der genannten Elemente ist seinem Wesen nach gesprochenes Wort und wird durch die Sprache rechtskräftig. Aber wie sich auch bei anderen Gelegenheiten die Sitte einbürgerte, Eidesformeln schriftlich aufzuzeichnen und durch Unterschrift zu bekräftigen, so daß der Ausdruck *manu propria iurare* oder *manu propria firmare* weniger die Gebärde des

---

32) F. L. GANSHOF, Was waren die Kapitularien? (deutsche Übersetzung 1961), S. 71 ff., rechnet diese Stücke zu den in der Kanzlei redigierten Kapitularien, während W. A. ECKHARDT, Deutsches Archiv 12 (1956), S. 509, sie »eher als Urkunden, nicht als Kapitularien« bezeichnen möchte. Jedenfalls sind es – im Unterschied zu den Diplomata – allgemeingültige Gesetze, die aber – im Unterschied zu den meisten Kapitularia – u r k u n d l i c h e Formen haben. Ob die »Kanzlei« an der Herstellung beteiligt war, ist eine Frage, die deshalb nicht endgültig beantwortet werden kann, weil die untrüglichen Merkmale der Kanzleitätigkeit im Eschatokoll den Gesetzen (zumindest in der uns erhaltenen abschriftlichen Überlieferung) fehlen.
33) MG. Constitutiones 1 Nr. 1 S. 1 f.
34) Vgl. A. FANTA, Die Verträge der Kaiser mit Venedig bis zum Jahre 893 (Mitteilungen des Österreichischen Instituts für Geschichtsforschung, Ergänzungsband 1, 1885, S. 51–128). Auf die Formen politischer Verträge in Italien und im Frankenreich hoffe ich bei anderer Gelegenheit zurückzukommen.
35) Vgl. A. DUMAS, La parole et l'écriture dans les capitulaires carolingiens, in Mélanges d'histoire du moyen âge, dédiés à la mémoire de Louis Halphen (1951), S. 209–216, GANSHOF, Kapitularien 34 ff.
36) Straßburg: Nithard III 5 (auch MG. Capit. Nr. 247 S. 171 ff.), Meersen Capit. Nr. 204 und 205 usw.

Schwörenden als vielmehr den schriftlichen Vollzug des Eides meinen konnte,[37] so ging man auch dazu über, den Eid und darüber hinaus die Rede, die *adnuntiatio* des Königs, schriftlich festzuhalten. Die Notwendigkeit dazu ergab sich schon, wenn man, wie in Straßburg, die *adnuntiationes* der einzelnen Partner nicht nur genau aufeinander abstimmen, sondern geradezu wörtlich gleichlautend abgeben wollte und die Situation dadurch noch komplizierter wurde, daß man verschiedene Sprachen anwandte. In solchem Falle mußten die Formeln vor dem feierlichen Vollzug beraten und ausgearbeitet werden, und es war natürlich, daß man sich der Schrift bediente. Genaueres über einen solchen Vorgang erfahren wir bei den Vertragsverhandlungen von 862 zwischen Ludwig dem Deutschen, Karl dem Kahlen und Lothar II.[38] Nachdem der Text der *adnuntiationes* bereits in einem größeren Kreis beraten und festgelegt worden war, weigerte Lothar sich, die vereinbarte *adnuntiatio* öffentlich zu verlesen und damit rechtsgültig abzugeben. Der erhaltene Text bildet in diesem Fall nur den Entwurf eines nicht rechtskräftig gewordenen, weil nicht öffentlich abgekündigten Vertrages. Ähnlich wird in anderen Fällen die schriftliche Aufzeichnung nicht ein nachträglich ausgefertigtes Protokoll des Geschehenen und Gesprochenen, sondern ein vorher ausgearbeitetes Programm bieten, das aber, war der Rechtsakt mündlich vollzogen, als Notiz verwahrt werden konnte. Gelegentlich, so in Meersen 851, hat man dieser Notiz – wie auch anderen Eidesformeln – nachträglich durch Unterschriften sogar rechtsverbindliche Gestalt gegeben,[39] die die Wahrung des Vertragsrechtes erleichterte.

Wenn etwas Schriftliches über Verdun verlorengegangen ist, so sind es – neben den Vorakten, der *descriptio regni* – solche Notizen über Eide und *adnuntiationes* gewesen, wie sie Nithard für Straßburg 842 und andere westfränkische Quellen für einige Verträge der folgenden Jahre bewahrt haben.[40] Daneben mag es wohl noch auf Grund der Reichsbeschreibung gefertigte, aber gleichfalls der urkundlichen Form entbehrende Notizen über den Umfang der Reichsteile gegeben haben, die genauso unverbindliche Formen hatten, wie die *Capitula*, die den Verträgen von Meersen 847 und 851 vorangestellt wurden[41] und wie jene *Formulae divisionis*, die sich aus den Jahren 837, 839 und – am bekanntesten –

---

37) Vgl. MITTEIS, Lehnrecht S. 61 mit Anm. 152, doch kann die dort angeführte Stelle (= unten Anm. 45) anders verstanden werden, vgl. Capit. 2 Nr. 287 §§ 4, 11 S. 373, wo *manu propria iurare* gewiß die Schwurhand, nicht die Unterschrift meint. Vgl. auch P. E. SCHRAMM in ZRG. KA. 54 (1934) 128.

38) MG. Capit. 2 Nr. 243 S. 159–165; entscheidend ist der nur in einigen Handschriften erhaltene Protokollzusatz auf S. 165, vgl. ann. Bert. a. 862 S. 60.

39) Vgl. das Rubrum zu Capit. 2 Nr. 205 S. 72 und ann. Bert a. 851 S. 38.

40) Vgl. auch MITTEIS, Der Vertrag von Verdun, hrsg. v. TH. MAYER, S. 76 (= Rechtsidee S. 435), der aber übersieht, daß diese Form schon vor Verdun in Straßburg angewandt wurde; ferner G. TESSIER, Recueil des Chartes de Charles le Chauve 3 (1955) p. 33, der annimmt, der Papst habe nicht nur Eidesformeln, sondern ein vollständiges Protokoll erhalten (vgl. unten Anm. 44).

41) MG. Capit. 2 Nr. 204 und 205 S. 69 f. und 72 ff. Vgl. auch GANSHOF, Kapitularien 37 f.

vom Meersener Vertrag 870 erhalten haben,[42] Formeln, die man meist als Urkundenfrag-
mente zu bezeichnen pflegt, obwohl nicht der geringste Beweis dafür vorliegt, die
Überlieferung vielmehr durchaus dagegen spricht, daß sie je Teile einer größeren Urkunde
waren.

Wurde der Vertrag in diesen Formen abgeschlossen, so ergeben sich daraus wichtige
Folgerungen für seinen Rechtscharakter. Die *adnuntiationes* der Könige machten ihn zum
Reichsrecht, das das »Volk« genauso einseitig zur Folgeleistung verpflichtete wie die nicht
schriftlich vorbereiteten und infolgedessen nicht überlieferten *adnuntiationes* Karls des
Großen.[43] Darüber hinaus wurde aber der Vertrag von Verdun von den Großen, die einen
so wesentlichen Anteil an der Vorbereitung gehabt hatten, auch beschworen. Aufzeich-
nungen über die Eide der Könige und der Großen übersandte man an Papst Gregor IV.
Aus Briefen Hadrians II. und Johanns VIII., die diese Akten zitieren,[44] sowie aus einigen
späteren Äußerungen der 843 Beteiligten[45] erfahren wir etwas über den Inhalt der Eide:
Man beschwor die Einhaltung der neu festgesetzten Grenzen, die Anerkennung der
Könige in diesen Grenzen, darüber hinaus das Nachfolgerecht der Söhne der drei teilenden
Brüder, und nicht zuletzt Friede, Freundschaft und wechselseitige Hilfe. *Amicitia*,[46] *pax*
und *mutuum adiutorium* der drei Brüder sollten fortan die Grundlage des dreigeteilten
Frankenreiches sein, und alles dies wurde nicht nur von den Königen, sondern ebenso auch
von den Großen des Reiches beschworen. Dadurch wurden diese zu Mitträgern und
Partnern des Vertrages, ganz ähnlich wie es die Parteigänger Ludwigs und Karls schon in

---

42) 837: Nithard I 6 und ann. Bert. a. 837 S. 14 f.; 839 a. Bert. ann. 839 S. 20 f. (*»cuius divisionis
formula ita se habuit…«*), vgl. Nithard I 7; 870 ann. Bert. a. 870 S. 110 ff. und Capit. 2 Nr. 251
S. 193 ff. (aus Kapitularien-Handschriften!). Schon 831 (MG. Cap. 2 Nr. 194 S. 24) ist die Teilungsformel nicht wie 806 organischer Teil des Gesetzes, sondern bildet einen Anhang, der eine Eigenexistenz
zu führen scheint.

43) Vgl. oben Anm. 35.

44) Vgl. JE 2926–2929 von 870, Text jetzt MG. Epp. 6, 724–729; ferner JE 3000 von 874/75 = MG.
Epp. 7, 297, dazu LOT-HALPHEN 64 ff.

45) Vgl. Hinkmar an Ludwig den Deutschen, MG. Cap. 2 Nr. 297 S. 431 Zeile 39 ff. und die oben
Anm. 29 zitierten Stellen, deren erste fortfährt: *Quam divisionem inter me et fratres meos de cetero a
me substantialiter tenendam, sicut et alii qui ibi adfuerunt episcopi Wenilo mihi fratribusque meis
propria manu iuravit, pacem etiam et mutuum adiutorium inter me et praefatum fratrem Hludowicum
Wenilo sacramento firmavit.* Vgl. dazu W. SICKEL, Gött. Gel. Anz. 1902 S. 614 ff.

46) JE 3000 = MG. Epp. 7, 297; *ut sibi et filiis suis singulas metas ad invicem conservantes et
amiciciam mutuam custodierint et nemo eorum fraternam sortem transiliret.* Über die *amicitia* vgl. die
oben Anm. 18 genannte Arbeit von FRITZE. In den karolingischen Bruderverträgen taucht sie nicht,
wie SCHLESINGER, Königswahlen S. 234, meint, erst 862 auf, ist aber auch 843 nicht neu. Der älteste
mir bekannte Beleg steht bei Wandalbert v. Prüm, Miracula S. Goaris cap. 10 (MG. SS. 15/1, 366;
verfaßt 839!): Karls d. Gr. Söhne Karl und Pippin schließen *fraternam concordiam et foedus
amicitiae.* Nithard II 4: Waffenstillstand zwischen Lothar und Karl mit der (Eides-) Formel *ita fidus
amicus sit, sicut frater per iusticiam fratri esse debet* (*amicitia* ist also Inhalt der *fraternitas*), vgl.
Capit. 2 Nr. 243 S. 165 von 862. Ann. Fuld. a. 848 S. 37, ann. Bert. a. 858 und 860 S. 49 f. und 54 usw.

Straßburg geworden waren. Ob diese Partnerschaft so weit ging wie in Straßburg, ob insbesondere auch die Verlassung eines den Vertrag brechenden Königs geradezu gefordert wurde, ist infolge der fragmentarischen Überlieferung des Vertrages nicht zu sagen.[47] Ungewiß bleibt auch, wie weit der Kreis der Schwörenden gezogen wurde. Ausdrücklich bezeugt ist nur der Eid Erzbischof Wenilos von Sens, möglicherweise war Hinkmar, der Kaplan Karls und spätere Erzbischof von Reims, unter den Schwörenden;[48] aber auch die bayerischen Grafen, deren Anwesenheit in Verdun eine Freisinger Tradition bezeugt[49] und die gewiß nicht zur »Reichsaristokratie« im Sinne Gerd Tellenbachs gehörten, werden kaum unbeteiligt geblieben sein. Zumindest Treueide auf den jeweiligen Teilkönig dürfte man von allen verlangt haben.[50]

Von den Huldigungen für Karl 837 und 838 über die Mitarbeit an der Grenzziehung von 839, die Parteinahme im Bruderkrieg 840 bis 842 und die Partnerschaft im Straßburger Vertrag 842 bis zur Abgrenzung der Reiche 842/43 und zu den Eiden in Verdun sehen wir die Teilnahme der Großen an der Herrschaftssetzung sich ständig steigern. Indem sie die Teilreiche gegeneinander abgrenzen, nehmen sie sogar, wie schon im Kriege, in gewisser Weise an der Auswahl des Herrschers teil. Wir möchten vermuten, daß dabei gewisse auf regionaler Basis zusammengeschlossene Gruppen auftreten, wie dies im Verlaufe des Bruderkrieges unverkennbar ist.

In der langen Kette der Nachfolgeordnungen und Reichsteilungsentwürfe seit 806 war der Vertrag von Verdun der erste, der wirklich durchgeführt wurde – denn den Vertrag der Brüder Lothar, Ludwig und Pippin von 833 hatten die Ereignisse überholt, als er eben erst durchgeführt werden sollte. Zum ersten Male seit Karl der Große 771 die Alleinherrschaft gewonnen hatte, gab es nicht nur einem Oberherrscher nachgeordnete Unterkönige, sondern drei völlig gleichberechtigte Herrscher, deren ältester durch den Kaisertitel nicht mehr als einen Ehrenvorrang besaß. Das war das Ergebnis einer dreizehnjährigen Kette von Aufständen und Bruderkriegen. Man pflegt, vom Standpunkt des Verfassungsrechtes mit vollem Recht, zu betonen, daß in Verdun die Einheit des Frankenreiches nicht

---

47) Die Pflicht der Großen, einen Vertragsbruch Karls zu verhindern, folgert Papst Hadrian JE 2929 = MG. Epp. 6, 729 nicht aus den – ihm angeblich vorliegenden – Vertragseiden, sondern aus der dem König geschworenen *fides* – ein interessanter, bisher nicht beachteter Beleg für die Treue als Grund zum Widerstand (vgl. hierzu KERN, Gottesgnadentum² S. 152 ff., MITTEIS, Lehnrecht S. 80 ff.).

48) Das scheint JE 2928 = MG. Epp. 6 S. 728 angedeutet zu sein, vgl. auch Hinkmar de ord. pal. cap. 1., MG. Capit. 2 S. 518.

49) Die schon von DÜMMLER 1² S. 201 Anm. 1 zur Datierung herangezogene Urkunde bei TH. BIT-TERAUF, Die Traditionen des Hochstifts Freising Bd. 1 (Quellen und Erörterungen zur bayerischen und deutschen Geschichte N F 4, 1905) Nr. 661 S. 556 nennt den Pfalzgrafen Fritilo und fünf weitere bayerische Grafen sowie 93 weitere Zeugen eines bei Verdun abgeschlossenen Tausches zwischen Bischof Erchanbert und dem *nobilis vir* Balderich; natürlich gehören die Zeugen der Übergabe an Ort und Stelle nicht hierher.

50) Zu vermuten nach den neuen Treueiden, die bei der Teilung im Frühjahr 842 gefordert waren, Nithard IV 2; vgl. auch oben Anm. 47.

aufgehoben, sondern eine gemeinsame Herrschaft der Brüder errichtet wurde, unter deren regional begrenzten Herrschaftskompetenzen das eine Reich fortbestand. »Wer Teilung denkt«, hat Heinrich Mitteis gesagt, »muß Samtherrschaft mitdenken«.[51] Aber wenn schon die *divisio imperii* von 806 sorgfältige Vorkehrungen getroffen hatte, um Konflikte zwischen den Teilreichen zu vermeiden, und darum nicht nur die Verleihung von Benefizien in einem Reichsteil an die Lehensträger eines anderen Reichsteiles, sondern auch den Übergang Freier von einem Reichsteil in den anderen ohne Konsens des Lehnsherren verboten hatte[52] – wenn schon Karl so scharfe Grenzen gesetzt hatte, so mußte nun, nach mehr als einem Jahrzwölft der Kämpfe, Intrigen und Vertragsbrüche, das Trennende um so stärker wiegen. Praktisch kam die »Samtherrschaft« nicht in gemeinsamen Regierungshandlungen, nicht einmal in gemeinsamer Abwehr der äußeren Feinde, sondern in der Fortsetzung einer dynastischen Erbengemeinschaft zum Ausdruck, deren jedes Mitglied auch über die Generation der in Verdun teilenden Brüder hinaus versuchte, seinen Anteil am Gesamterbe zu vergrößern. Daran konnten auch die Eide von Verdun, deren Hauptinhalt die Verpflichtung gewesen war, die Grenzen der Vertragspartner zu respektieren,[53] nichts ändern. Es beginnt die Periode der »entrevues«, in der von 844 bis zu Karls des Kahlen Tod im Jahr 877, zähle ich recht, 58 Königstreffen stattfanden, aber nur dreimal, in Yütz bei Diedenhofen 844, in Meersen 847 und wiederum in Meersen 851 alle Teilherrscher vereint waren, während bei der überwiegenden Mehrzahl der anderen Königsbegegnungen zwei (oder später drei) Könige gegen den dritten (oder auch vierten) konspirierten.[54] An die Stelle des offenen Bruderkrieges war die latente Fortsetzung des Ringens um den größeren Teil des Erbes getreten, und wie im Kriege, so spielten auch jetzt die Großen der Reichsteile mit, wie die, die etwa 854 in Aquitanien und 858 im Westfrankenreich Ludwig den Deutschen »einluden«, sich also einem neuen Mitglied der Erbengemeinschaft zuwandten.

51) H. MITTEIS, in: Der Vertrag von Verdun, hrsg. v. TH. MAYER, S. 67 (= MITTEIS, Die Rechtsidee in der Geschichte. Gesammelte Abhandlungen und Vorträge, 1957, S. 427). Mitteis verwendet den Ausdruck Samtherrschaft in dem von TH. MOMMSEN, Römisches Staatsrecht 2³ (1887) 1167 ff. eingeführten und seitdem in den Altertumswissenschaften üblichen Sinne der gemeinsamen Herrschaft Gleichberechtigter über ein Gesamtreich. Dagegen benutzt ihn E. E. STENGEL im Deutschen Archiv 3 (1939) S. 23 im Sinne »überragende und zusammenfassende Hegemonie über andere Herrscher«. Um Verwirrung zu vermeiden, sollte man bei dem älteren Mommsenschen Begriff bleiben.

52) MG. Capitularia 1 Nr. 45 S. 126 ff., bes. §§ 8–9, auch §§ 7, 10, 11, 13, 14 treffen Vorkehrungen, um Streitigkeiten über die Teilreichgrenzen hinweg möglichst auszuschließen. Über die Echtheit der *divisio imperii* und ihr Verhältnis zu der Teilung von 831 vgl. W. SCHLESINGER, Kaisertum und Reichsteilung, in: Forschungen zu Staat und Verfassung, Festgabe für Fritz Hartung (1958), S. 9–51, bes. 10 ff. Das Gesetz von 831 übernimmt die Bestimmungen von 806.

53) Vgl. die oben Anm. 44 ff. genannten Stellen.

54) Vgl. die Darstellung von J. CALMETTE, La diplomatie carolingienne du traité de Verdun à la mort de Charles le Chauve (Bibliothèque de l'école des hautes études 135, 1901), dazu W. SICKEL in den Gött. Gel. Anzeigen 1902 S. 929–953.

Das dynastische Erbrecht und das Unvermögen eines jeden der Erben, das gesamte Reich an sich zu reißen – wie dies noch 747 Pippin der Jüngere und 771 Karl der Große in einem kleineren Reich gekonnt hatten –, war die Ursache der Spaltung gewesen; das Gesicht der Teilung hatten die führenden Schichten der Reichsteile mitbestimmt, und ihr Einfluß auf die weiteren Geschicke der Reichsteile wurde in den folgenden Jahrzehnten nicht geringer, sondern größer. Wenn es in den beiden folgenden Generationen trotz mancher Kriege, Usurpationen und Aufstände zu dauerhaften Reichsbildungen einerseits auf dem Boden des ostfränkischen Reiches Ludwigs, andererseits in dem anfangs so schwach erscheinenden Westfrankenreich Karls gekommen ist, während Lothars Erbe zwischen Ost und West zerrissen wurde und schließlich den Boden für neue, nicht karolingische Teilreiche bot, so kann man dies nicht mehr auf Zufälle der Dynastengeschichte zurückführen, sondern muß die Erklärung in der inneren Konsolidierung der Reiche suchen.

Bereits wenige Monate nach dem Teilungsvertrag zu Verdun schloß Karl einen neuen Vertrag ab, der zwar schon öfter, vor allem in der französischen Forschung, beachtet, aber bisher, wie mir scheint, in seiner ganzen Tragweite für die Entstehung des neuen westfränkischen Staates noch nicht erkannt worden ist.[55] Nachdem der König schon mehrfach mit dem Adel verhandelt hatte, zwangen ihn auf dem Rückzug von einer wenig erfolgreichen Bretonenexpedition die in Coulaines bei Le Mans versammelten »Fideles« geistlichen und weltlichen Standes zu einem Vertrag über die rechtlichen Grundlagen seiner Herrschaft. Im Unterschied zu dem Vertrage von Verdun wurde dieser schriftlich redigiert und in einer rechtsverbindlichen Urkunde niedergelegt; wir kennen den Wortlaut, der freilich durch keine erzählende Quelle über die Situation der Vertragsschließenden und ihre Ziele ergänzt wird, sondern nur aus sich selbst heraus und aus gelegentlichen Anspielungen in späteren Akten interpretiert werden muß.

Schon die äußere Form fällt auf, und der mit großem Sprachgeschick arbeitende Redaktor des Vertrages war sich dessen bewußt, eine neue Gestalt für ein Vertragsdokument erfunden zu haben: nicht in der Wechselrede der protokollartig aufgezeichneten *adnuntiationes* und Eide, sondern *una voce* spricht der König allein als Haupt der Vertragsschließenden – wie Christus als Haupt der Gemeinde, sagt der Redaktor mit einem gewagten theologischen Vergleich.[56] Gewisse Inkonsequenzen im Text lassen allerdings

---

55) Der Vertrag steht MG. Capitularia 2 Nr. 254 S. 253 ff., dazu grundlegend F. LOT bei LOT-HALPHEN S. 90–97; vgl. DERS., Naissance S. 422 ff., L. HALPHEN, Charlemagne S. 318 ff., SCHRAMM, König von Frankreich 1, S. 14 f., DHONDT, Études 20 f., M. DAVID, Le serment du sacre du IX<sup>e</sup> au XV<sup>e</sup> siècle (1951) S. 52 ff.; nicht erörtert, obwohl er manches zum Thema bietet, wird der Vertrag bei MITTEIS, Lehnrecht, KERN, Gottesgnadentum, M. DAVID, La souveraineté et les limites juridiques du pouvoir monarchique du IX<sup>e</sup> au XV<sup>e</sup> siècle (1954).

56) *Qua de re communiter inito consilio hoc scriptum fieri proposuimus, quod etiam manuum omnium nostrorum subscriptione roborandum decrevimus. In quo quae nobis nunc praecipue ad communem salutem et regni soliditatem atque omnium nostrorum utilitatem, immo plenissimam honestatem visa sunt pertinere, conscripsimus, non loquentes diversarum inmutatione personarum, ut modo regalis*

Spuren des Ringens um die Formulierung ahnen: der König spricht zwar durchweg im Pluralis maiestatis, aber ein Einzelsatz läßt ihn im Singular reden, und gelegentlich sind in das »wir« der Rede auch die Partner des Königs einbezogen, die zwar in der Regel in 3. Person angeführt, zuweilen aber auch in der 2. Person angeredet werden. Dennoch hat der Vertrag in seinem *»una voce«* redigierten Text fast die Form einer einseitig vom König erlassenen Konstitution und nähert sich der Gruppe der in dieser Form erlassenen Kapitularien.[57] Der Charakter des zweiseitigen Vertrages wird aber wieder deutlich durch die – in der abschriftlichen Überlieferung leider fehlenden – Unterschriften der Fideles, die, wie am Ende der Narratio und am Schluß der Kapitula in einer korroborationsähnlichen Formel hervorgehoben, zusammen mit der des Königs das Recht des Vertrages verbürgen.[58] Solche Unterschriften der Fideles kannten auch die Verträge der Frankenkönige und Kaiser mit dem Papst und mit Byzanz;[59] dort sollten sie dazu dienen, den

*sublimitas, modo episcopalis auctoritas, modo autem fidelium loquatur commoditas; sed secundum apostolum sub uno capite Christo, ut revera unus homo in unius ecclesiae corpore, singuli autem alter alterius membra, quod prosit omnibus, omnes unanimiter una voce loquamur per eum et in eo qui dixit et de quo dictum est: Non vos estis qui loquimini, sed spiritus patris vestri, qui loquitur in vobis.* Der Abschnitt ist bezeichnend für die geistliche Sprache des Dokumentes, das die Versammlung als Repräsentation der *ecclesia* auffaßt. LOT bei LOT-HALPHEN S. 96 Anm. 2 hält für möglich, daß Lupus von Ferrières den Text aufgesetzt hat, doch scheinen mir die etwas unübersichtlichen Textperioden gegen dessen Stil zu sprechen.

57) Dementsprechend rechnet GANSHOF, Kapitularien S. 74 mit Anm. 171 (vgl. auch S. 69 mit Anm. 157) es zu den in der »Kanzlei« angefertigten. Aber wenn man auch einräumen kann, daß wie die Unterschrift so auch andere protokollarische Teile verlorengegangen sind, steht die Sprache der von Synodalakten viel näher als der der Diplomata, und die in der vorigen Anm. genannte Meinung Lots trifft, wenn nicht in der Person des Verfassers, so doch in der Richtung, in der man ihn suchen muß, viel eher das Richtige. Um eine Intitulatio, eine Datierung und Unterschriften leidlich formgerecht zustandezubringen (die genaue Form läßt sich, da diese Teile nicht erhalten sind, nicht kontrollieren!), braucht man nicht Mitglied der »Kanzlei« zu sein. Wenn selbst Diplomata von Empfängern ausgefertigt werden konnten, dann war erst recht eine solche Versammlung von Äbten und Bischöfen in der Lage, einen Mann zu finden, der gleichsam als Vertreter der Empfänger den Text redigierte, dessen Stil dem der Synodalakten nicht unähnlich ist. Vgl. auch oben Anm. 32.

58) In der Narratio vgl. den oben Anm. 56 zitierten Text am Anfang, dazu § 6: *hoc foedus concordiae salubris, quod propter pacis caritatisque custodiam inivimus et cirographi virtute subscripsimus.* An die Unterschrift erinnert Hinkmar, expos. ad Carolum III: PL 125, 1066, den König, und das Rubrum der Handschriften (Capit. 2 S. 253) erwähnt sie gleichfalls. Aber weder der Sammler noch Hinkmar muß darum das Original mit den Unterschriften gesehen haben, da ja der Context diese erwähnt.

59) Für die Verträge mit Byzanz vgl. bes. den Brief Karls d. Gr. von 813 an Michael I., MG. Epp. 4, 556 Nr. 37: *pacti conscriptionem tam nostra propria quam et sacerdotum et procerum nostrorum subscriptione firmatam,* entsprechend wird eine von Klerus, Patriziern und Proceres unterzeichnete Gegenurkunde verlangt. Das Privileg Ludwigs d. Fr. für die römische Kirche trug zahlreiche Unterschriften, Text bei TH. SICKEL, Das Privilegium Otto I. für die römische Kirche (1883) 174 ff., zu den Unterschriften ebenda 96 ff., vgl. Vita Hadriani (ed. L. DUCHESNE, Liber Pontificalis 1, 1888) 498 über die Unterschriften unter Karls Privileg. Sooft die Kapitularien vom *consensus* sprechen (dazu GANSHOF, Kapitularien 53–62), kennen sie doch sonst keine Konsensunterschriften.

Verträgen unabhängig von der Person des Herrschers dauernde Gültigkeit zu verleihen. In Coulaines unterschrieben die Fideles als Partner eines beide Seiten bindenden Vertrages.

Ferdinand Lot hat den Vertrag die erste »Charte« der französischen Geschichte genannt.[60] In drei Kapiteln garantiert er den *honor ecclesiae*, den *honor regis* und den *honor fidelium*. In recht bezeichnender Reihenfolge werden die Rechte der Kirche, des Königs und des Laienadels gesichert. Schon das erste Kapitel stellt den Bischöfen bei ihrer Amtsführung neben der Hilfe der *regalis potestas* auch die der *illustrium virorum strenuitas seu rei publicae administratores* in Aussicht. Dadurch tritt mit dem König auch der Laienadel in die alte königliche Aufgabe des Kirchenschutzes ein. Das zweite Kapitel gilt dem König, setzt aber zur *regalis potestas* die *obtemperantia seniori debita* in Beziehung und läßt so erkennen, wie die königliche Gewalt zum Teil wenigstens als Ausfluß seiner Lehnsherrschaft verstanden wird. Das dritte, dem *honor fidelium* gewidmete Kapitel wird mit dem Gegenseitigkeitsprinzip begründet: *ut a quibus honorem suscipimus, eos iuxta dictum dominicum honoremus.* Hier wird der *honor* des Königs auf die *fideles* zurückgeführt, nicht mehr auf Gott allein, und daraus die Verpflichtung des Königs gegenüber den Fideles abgeleitet; sie besteht vor allem darin, jedem die *lex competens* zu wahren[61] und niemandem ohne ordnungsgemäßes Gericht seinen *honor*, seine Lehen und Ämter, zu entziehen. Die drei weiteren Kapitel geben Einzelbestimmungen; insbesondere verbieten sie, daß bevorzugte Herren ihren besonderen Einfluß auf den König zu persönlichem Vorteil ausnutzen, und ordnen das gemeinsame Vorgehen von König, Geistlichkeit und Laienadel gegen Übertreter.

Die Kapitel setzen also König, Geistlichkeit und Laienadel in eine rechtliche Wechselbeziehung, auf der das gesamte Gemeinwesen beruht; keine der drei Seiten ist von den beiden anderen unabhängig. Darüber hinaus läßt aber schon das Kapitel über den *honor regius* erkennen, daß ein echter Vertrag vorliegt: es verbietet die Bildung jeder *coniunctio*, die sich »gegen diesen aufrichtigen Vertrag« (*contra hanc pactam sinceritatem*) richtet. Über den Abschluß dieses Vertrages erfahren wir näheres in der ausführlichen, freilich in geistlich gefärbter Rhetorik die politischen Auseinandersetzungen weitgehend verdeckenden Narratio. Der König war einem Bunde seiner Fideles beigetreten.

Der Vertrag von Coulaines besteht also im Grunde aus zwei Verträgen, von denen nur der zweite beurkundet wurde. Zuerst hatten die Fideles geistlichen und weltlichen Standes untereinander eine *convenientia* abgeschlossen, deren Geschichte die Narratio andeutet: Nach dem Ende des die Christenheit schwer erschütternden Bruderkrieges und dem Abschluß der Teilung in Verdun blieb innerhalb des neuen Teilreiches Zwietracht bestehen. Um diese zu beseitigen, versammelten sich die geistlichen und weltlichen *fideles* zu einem *conventus*, ermahnten einander zur Eintracht und schlossen eine »*pacis concordia et*

---

60) LOT bei LOT-HALPHEN 96, ebenso DERS., Naissance S. 424.
61) Schon in den Verhandlungen von 842 war davon die Rede: *concederent pacem et legem invicem sibi subiectis* (Nith. IV 3).

*vera amicitia*« miteinander ab, um mit dem König über den Nutzen des Reiches zu verhandeln. Den Inhalt dieser Einung (*sicut in vestra bene memorabili convenientia pepigistis*) übernimmt dann das vierte Kapitel des mit dem König abgeschlossenen Vertrages: gemeinsam will man sich gegen jeden Versuch wenden, Blutsverwandtschaft, Hausgenossenschaft oder Freundschaftsbünde (*consanguinitas, familiaritas, amicitia*) mit dem König dazu zu mißbrauchen, persönlichen Vorteil im Reich zu erringen. Es ist der Gedanke des gleichen und gemeinsamen Rechts der die im gleichen Teilreich zusammengeführten Herren eine Genossenschaft begründen läßt, die dem König gegenübertritt. Aber wenn auch die Forderung des gleichen Rechtes und die Warnung vor falschen Ratgebern zur politischen Ethik der Zeit im allgemeinen gehört,[62] so lassen doch die genannten Bestimmungen auf konkretere Ziele dieser Gemeinschaft schließen. Sie wird in der typischen Situation am Ende eines Bürgerkrieges begründet. Die führenden und hervorragendsten Mitglieder der Partei Lothars, an ihrer Spitze Graf Gerhard von Paris, hatten ihre Lehen verloren und waren in das Mittelreich gegangen; aber Parteiungen bestanden fort, und es drohte die Gefahr, daß bestimmte Gruppen der siegreichen Seite nun ihren eigenen Vorteil mit Hilfe des jungen Königs rücksichtslos suchten. Diese Parteimänner werden nicht genannt, lassen sich aber erraten. Durch Blutsverwandtschaft standen die Brüder der Kaiserin Judith aus dem Welfenhause dem König nahe; mit ihnen rivalisierte seit der Hochzeit Karls die Familie der Königin Irmintrud, die Adalharde, deren Band zum König man wohl als *familiaritas* bezeichnen konnte und deren schädlichen Einfluß auf den König Nithard (IV 6) brandmarkt; Freundschaftsbünde mochte der König im Kriege mit einigen seiner mächtigsten und erfolgreichsten Helfer geschlossen haben. Zwar wird in den Quellen nur von der damals längst zerbrochenen *societas amicitiae* Karls mit Bernhard von Septimanien ausdrücklich gesprochen,[63] aber in ähnlicher Weise dürfte etwa Warin von Mâcon ein besonderer *amicus regis* gewesen sein. Das Rubrum in den Handschriften, die den Vertrag mit dem König überliefern, sagt, dieser sei *consensu Warini et aliorum optimatum* abgeschlossen worden; Warin wird also an der Spitze der Unterzeichner gestanden haben, war aber vielleicht nicht die treibende,[64] sondern die gedrängte, damals am Hofe noch mächtige Kraft. Tatsächlich tritt er von nun an ganz in den Hintergrund der westfränkischen Politik.

Lassen sich die Gegner, deren am Hofe beherrschende Stellung die Genossenschaft von Coulaines zu brechen suchte, noch einigermaßen erkennen, so fehlt jede Nachricht über die treibenden Kräfte beim Abschluß des Vertrages. Eine besondere Rolle dürften die Bischöfe, denen Karl schon in Aachen 842 zugesagt hatte, sein Reich nach Gottes Willen

---

62) Vgl. etwa Jonas v. Orléans, de inst. regia cap. 5 (ed. J. REVIRON, Les idées politico-religieuses d'un évêque du IX<sup>e</sup> siècle, 1930, S. 148 ff.), und bes. Lupus v. Ferrières, ep. 31 (ed. L. LEVILLAIN, vol. 1, 1927, S. 140 ff.). Diesen Brief bringt Levillain wohl mit Recht in unmittelbaren Zusammenhang mit den Ereignissen von Coulaines.

63) Vgl. oben S. 255.

64) So CHAUME 1, 188.

zu regieren (Nithard IV 1), und die später immer wieder auf Coulaines zurückgriffen, gespielt haben. Nur soviel läßt sich mit Bestimmtheit sagen: Die in Coulaines begründete Gemeinschaft war im Augenblick stark genug, dem König und seiner engsten Umgebung ihren Willen aufzuzwingen, ihn nicht nur zur Bewilligung ihrer Einzelforderungen, sondern darüber hinaus zur Anerkennung der Genossenschaft selbst zu veranlassen. Man erhob den Anspruch, die Gesamtheit der – geistlichen und weltlichen – Fideles darzustellen.

Die so geeinten Fideles legten dem Könige ihre Forderungen vor, und Karl erkannte die Genossenschaft an, ja er trat ihr selbst bei: *nos nostramque potestatem eorum bonae convenientiae per benevolentiam … sociam et comitem fore tota devotione spopondimus*, heißt es in der Urkunde, die nun den zweiten, zwischen der Adelsgenossenschaft und dem ihr beitretenden König abgeschlossenen Vertrag aufzeichnete. Mit den Worten *per benevolentiam* soll wohl angedeutet werden, daß der König aus freier Machtvollkommenheit handelte; eher konnte die Textredaktion *»una voce«* den wahren Sachverhalt verschleiern und den Vertrag als »Kapitular« erscheinen lassen. Aber der Inhalt ließ nicht verleugnen, was wirklich geschehen war. Der König mußte versprechen, zu bessern, was er bisher aus Unwissenheit, aus Not, infolge seiner Jugend oder schlechten Rates gefehlt habe. Als *foedus concordiae salubris* bezeichnet das Schlußkapitel eindeutig genug den Vertrag; *pacis caritatisque custodia* soll der Inhalt sein.

In Verdun war das Teilreich durch den Abschluß des äußeren Friedens nach außen abgegrenzt worden. In Coulaines konstituierte es sich im Innern, zunächst als Einung der dem König gegenüberstehenden Fideles, sodann als Bund des Königs mit dieser Einung, und auf diesem Bund, nicht mehr auf dem Gebot des Königs allein, sollte fortan der »Friede« im Innern des Teilreichs beruhen; ja, *pax et caritas* ist viel mehr als Nicht-Krieg, es ist die wechselseitige Hilfe aller bei der öffentlichen und privaten Ordnung im Reiche, die Grundlage der Rechtswahrung überhaupt. In Verdun waren dem König Herrschaftsrechte in einem Teil des gesamten Frankenreiches zuerkannt worden, in Coulaines wurde ein Personenverband begründet, der mit und neben dem König das Teilreich trug. Dieser Verband unterschied sich sehr deutlich von der persönlichen Anhängerschaft Karls im Kriege, wie sie etwa in den Straßburger Vertrag einbezogen worden war; denn er war nun nicht mehr eine auf die Person des Königs ausgerichtete Partei, sondern die auf das gesamte Land bezogene Friedenseinung, die gerade in Opposition gegen den König oder zumindest gegen die den König umgebende Hofclique errichtet worden war. So begann wenige Monate nach Verdun das westfränkische Reich einen eigenen Rechtsverband zu bilden, der weder auf einer Partei noch auf einer alten regionalen Gemeinschaft oder einer *gens* beruhte, sondern auf der Gesamtheit der Fideles in dem eben erst abgegrenzten Teilreich. Die Friedenseinung der Fideles wollte, so sagt die Urkunde, Gott gefallen, über Bestand und Nutzen des Königtums verhandeln und so den eigenen und des ganzen Volkes Vorteil und Frieden erlangen (*sese in pacis concordia et vera amicitia copularent, quatenus divinae clementiae placerent obnixius et de regis ac regni stabilitate et utilitate possent tractare sublimius et suum atque totius populi communem profectum et tranquillitatem obtinerent propensius). Regnum* und *populus* sind Größen geworden, die im Rahmen des Teilreiches aufeinander bezogen werden.

So darf man den Vertrag von Coulaines gleichsam als Gründungsurkunde des westfränkischen Reiches ansehen. Freilich war es nicht die Absicht der Großen gewesen, einen Staat zu begründen; sie hatten nur ihre Rechte gegenüber dem König gemeinsam wahren wollen – und dem freien Willen des Königs entsprach der Vertrag überhaupt nicht. Eine lange politische Entwicklung hatte dazu geführt, die Königsrechte einzugrenzen. Das geltende Recht hatte den fränkischen König stets gebunden, nach dem Rat seiner Getreuen hatte er regiert, und es war eine Frage der Persönlichkeiten und der politischen Situation gewesen, welches Gewicht diesem Rat zukam. Ludwig der Fromme war zweimal abgesetzt worden, doch die Mehrheit der Franken hatte dies noch als Unrecht empfunden. Im Bruderkrieg war, wie wir sahen, das Gewicht der Fideles für die großen politischen Entscheidungen gewachsen, nur mit ihrer Hilfe hatte der beim Tode des Vaters kaum 17jährige Karl seinen Anspruch, wenn auch verkürzt, überhaupt durchsetzen können. Nachdem die Fideles in die Verträge von Straßburg und Verdun als Partner eigenen Rechtes, wenn auch zweiten Ranges, einbezogen worden waren, ging man nur einen Schritt weiter, wenn man den König auf die Ebene reinen Vertragsrechtes gegenüber den Fideles drängte. Freilich war dieser Schritt bedeutsam: Le roi est descendu de son trône, hat Ferdinand Lot das Ergebnis formuliert.[65] Fortan war und blieb der König im Westfrankenreich an schriftlich formulierte Übereinkünfte mit seinen Fideles gebunden, so oft er auch versuchte, sich dieser Fessel zu entziehen. Ein bedeutsamer Abstieg für die Monarchie, den Karl nur zum Teil dadurch ausgleichen konnte, daß er im Laufe der folgenden Jahrzehnte, vor allem mit Hilfe Hinkmars von Reims, die sakralen Formen des Königtums in neuer Weise steigerte und damit seine Stellung von einer Seite festigte, der man von der Basis von Coulaines nicht gut etwas anhaben konnte.[66]

Aber die negativen Folgen für das Königtum sind doch nur das eine Ergebnis des Vertrages. Daneben steht die positive Seite für die Begründung einer neuen Tradition in dem eben erst geschaffenen Teilreich. Nur im Westfrankenreich galt die neue Beschränkung des Königtums. Auf das Westfrankenreich war die Genossenschaft der Fideles von Coulaines begrenzt, auf dies Teilreich war sie bezogen. Wir wissen nicht, ob Vertreter aller Regionen, die in dem neuen Reich zusammengeschlossen waren, in Coulaines anwesend waren. Man darf vermuten, daß die »zwischen Seine und Loire wohnenden«, in deren Bereich die Versammlung stattfand und die seit 838 Karls Hauptstütze bildeten, in erster Linie mitwirkten, daß aber wohl auch Herren aus dem Gebiet zwischen Schelde und Seine und aus dem westfränkischen Burgund nicht fehlten, während von den Aquitaniern bestenfalls einige wenige beteiligt waren –, wer in Aquitanien zu Karl hielt, mußte eher auf

---

65) Lot bei Lot-Halphen S. 96, Ders., Naissance 423.
66) Darüber grundlegend Schramm, König von Frankreich.

der Hut vor Pippin II. und dessen Anhang sein, als daß er Karl gegen die Bretonen folgen konnte. Aber wie immer der handelnde Teilnehmerkreis begrenzt war, was er tat, war prinzipiell auf das ganze westfränkische Teilreich bezogen, weil es auf das Königtum Karls bezogen war. Das Westfrankenreich beruht fortan nicht allein auf dem Königtum Karls, sondern daneben auf der Gesamtheit seiner Fideles, die ihm als Partner gegenüberstehen. Die Grenzen dieser Gesamtheit liegen dort, wo der Vertrag von Verdun Grenzen gezogen hat. Die Linie an Schelde, Maas, Saône und Rhône beginnt, Gebiete verschiedenen Rechtes zu scheiden.

Die Wirkung des Vertrages von Coulaines läßt sich am besten ermessen, wenn man ihn in den Zusammenhang der legislativen Überlieferung des Westfrankenreiches stellt. Es ist oft bemerkt worden, daß die Überlieferung an Kapitularien und verwandten öffentlichen Akten im Westreich sehr viel reicher ist als in den anderen Teilreichen. Diese Tatsache wird durch die Stoffeinteilung der Kapitularien-Edition der Monumenta Germaniae zum Teil verschleiert und kommt erst ganz deutlich ans Licht, wenn man auf die Handschriften zurückgreift. Das Reich Ludwigs des Deutschen hat – abgesehen von den Diplomata – überhaupt keine staatlichen und nur sehr wenige kirchliche Akten auf uns kommen lassen, wenn man auch ein paar verlorengegangene Stücke nachweisen kann. Dasselbe gilt für den nordalpinen Teil des Reiches Lothars I. und seiner Söhne; hier machen nur die kirchlichen Schriftstücke, die mit Lothars II. Scheidung zusammenhängen, und einige italienische Staatsakten eine Ausnahme. Von Karl dem Kahlen hingegen haben wir eine sehr stattliche Reihe von Kapitularien und anderen Regierungsakten, dazu viele Synodalbeschlüsse von den Landessynoden seines Teilreiches, die politische Fragen berühren und in engem Zusammenhang mit der Reichspolitik stehen. Auch alle Aufzeichnungen über die »Frankentage« von Meersen 847 und 851 sowie über spätere Zusammenkünfte der Teilkönige beruhen ausschließlich auf westfränkischer Überlieferung; die Edition führt sie allerdings jeweils unter dem ältesten der beteiligten Herrscher auf. Diesen Reichtum an westlichen Akten verdanken wir einerseits der im Westen viel stärker als in den übrigen Reichsteilen gepflegten Gewohnheit, das Schriftwesen der Regierungsführung dienstbar zu machen, andererseits dem hier früh ausgebildeten Bestreben, die Akten planmäßig zu sammeln. In der Zeit Karls des Großen und Ludwigs des Frommen wurden nur von privater Seite und für private Zwecke Staatsakten gesammelt, unter Karl dem Kahlen tritt diese Tätigkeit in den Dienst der Bewahrung und Fortbildung des Rechtes und gewinnt damit eine unmittelbar rechts- und verfassungspolitische Wirkung, die wiederum auf das Westfrankenreich beschränkt ist. Man braucht nur an die Geschichte des kirchlichen Rechtes zu erinnern, um zu ermessen, von welcher Wirkung systematische Sammlung und Überlieferung von Rechtsaufzeichnungen sein können. Eben in Karls Reich entstanden bekanntlich die großen mit Fälschungen durchsetzten Sammlungen Pseudo-Isidors.

Für die Frühzeit Karls des Kahlen ist eine Sammlung in drei Handschriften erhalten, die alle uns überhaupt bekannten Staatsakten der Jahre 843 bis 856 umfaßt, insgesamt 18 Stücke, die in lückenloser Folge und, von geringfügigen Abweichungen abgesehen, streng chronologisch geordnet sind.[67] Die Mehrzahl der darin enthaltenen Stücke ist überhaupt nur aus dieser Sammlung bekannt. Neben Briefen und Kapitularien des Königs selbst gehören an den König gerichtete Schriftstücke, Synodalakten sowie die Aufzeichnungen der »Frankentage« dazu. Bezeichnend für den ausgeprägt königlichen Charakter der Sammlung ist es, daß von den sehr zahlreichen Kanones der Synode von Meaux und Paris 845/46 nur diejenigen aufgenommen sind, die der König bestätigte.[68] Auf den ersten Blick möchte man geradezu vermuten, wir haben hier die Spuren eines Reichsarchivs vor uns, das am Hofe des Königs von Jahr zu Jahr die anfallenden Akten aufzeichnete und sammelte. Indessen ist hier Vorsicht geboten; die Frage bedarf weiterer Untersuchung. Vielleicht kommt ein aus der Kanonistik mit dem Sammeln von Rechtsakten vertrauter Mann, Hinkmar von Reims, als Initiator der Staatsrechtssammlung in Frage; aus seinem Reimser Scriptorium stammt nämlich die älteste, freilich nicht als Original anzusehende Handschrift unserer Sammlung.[69] Daß Sammlung und Fortbildung des Rechtes Hand in Hand gehen, läßt sich gerade an einem nicht vom König, sondern vom Episkopat ausgehenden Schriftstück ersehen, das eines der letzten unserer Kollektion ist: ein Consilium der Bischöfe für den König aus dem Jahr 856 beruft sich ausdrücklich auf nicht weniger als zehn einzeln genannte ältere Stücke, die sämtlich in unserer Sammlung stehen.[70] Die Verfasser des Consiliums müssen den älteren Stoff unserer Kollektion geordnet zur Hand gehabt haben. Jedenfalls war der Sammler unserer Kollektion genau mit der Geschichte der Zeit vertraut; denn jedes Stück wird durch ein nicht ursprünglich zugehöriges, sondern vom Sammler verfaßtes Rubrum eingeleitet, das Orts- und Zeitbe-

---

67) Die meines Wissens bisher nicht näher untersuchte Sammlung steht in den Handschriften den Haag, Museum Meermanno-Westreenianum 10 D 2 (in der Capitularien-Edition mit der alten Signatur Nr. 1 bezeichnet; vgl. W. LEVISON, Neues Archiv 38, 1913, 511 f.) saec. IX fol. 1$^r$–43$^v$, Paris, Bibl. Nat. lat. 4638 (Colb. 1597, Reg. 4243) saec. X/XI fol. 139$^v$–191$^v$, Rom, Vallicellanus N. 21 saec. XVI/XVII fol. 4–31. Die Sammlung umfaßt in der genannten Reihenfolge Capit. Nr. 254 (von 843), 227 (844), 291 (844), 292 (845), 255 (844), 257 (846), 293 (846) 204 (847), 205 (851), 258 (853), 259 (853), 294 (853), 206 (853), 260 (853), 261 (854), 207 (854), 295 (856), 262 (856). Die Pariser Handschrift konnte ich an Ort und Stelle einsehen, von der Haager übersandte das Museum mir einen Mikrofilm. Beiden Bibliotheken sei aufrichtig gedankt.
68) Vgl. MG. Capit. 2 Nr. 257 S. 261, Vorrede, und Nr. 293 S. 389, Vorrede.
69) Wie Herr Prof. B. Bischoff mir nach persönlicher Einsicht der Haager Handschrift freundlich mitteilt, ist diese im 3. Viertel des 9. Jahrhunderts im Reimser Scriptorium geschrieben worden; auch die fol. 41$^r$–43$^v$ Nr. 207, 295, 262 hinzufügende neue Hand gehört dorthin. Für diese Auskunft sei auch hier herzlich gedankt. Die Haager Handschrift enthält zwar, wie eine Kollation ergab, weniger Fehler als die Edition ihr zuschreibt, kann aber wegen mehrerer offenkundiger Fehler, die die anderen Handschriften nicht haben, nicht Archetyp der Sammlung sein. Mit der Pariser scheint sie näher verwandt zu sein als mit der Römischen.
70) MG. Capit. Nr. 295 S. 424 führt an Nr. 254, 292, 227, 291, 257, 204, 205, 258, 260, 207. Mit Ausnahme der an zweite Stelle gerückten Synode von Beauvais nennt das Consilium die Stücke in der chronologischen Folge der Sammlung.

stimmungen und andere wesentliche Aufschlüsse enthält, die, soweit wir sie mit Hilfe anderer Quellen überprüfen können, stets richtig sind.

An der Spitze der beschriebenen Sammlung steht der Vertrag von Coulaines, und nach dem Gesagten ist es nicht verwunderlich, daß er auf die weiteren Akten wirken konnte. Schon die Synode von Meaux-Paris übernahm seine sechs Capitula (nicht die lange Narratio) in vollem Wortlaut,[71] führte aber zwei kleine und doch bezeichnende Änderungen ein: im ersten, den *honor ecclesiae* garantierenden Paragraphen wurde der Vorbehalt *salva aequitatis ratione* unterdrückt, und im dritten Paragraphen ersetzte man die stilistisch durch den Gebrauch des Singulars herausfallenden Worte *me observaturum perdono* durch die Worte *nostram magnificentiam observaturam promittimus*. So wurde bei einer scheinbar harmlosen Glättung des Textes zum ersten Male dem König das folgenschwere Wort *promittere* in den Mund gelegt, das die Synodalakten am Schluß, wo sie den König direkt anreden, denn auch gleich wiederholen, um ihm eine neue *promissio* abzuverlangen.[72] Karls Zusagen in Coulaines wurden als *promissio* aufgefaßt, und Karls Sohn Ludwig II. mußte denn auch beim Regierungsantritt 877 eine *promissio* ablegen, die hier ihre letzte Wurzel hat.[73] Als Karl mit den einflußreichsten Laien die Beschlüsse von Meaux-Paris prüfte, waren unter den wenigen, die gebilligt und bestätigt wurden, gerade die ersten drei Capitula von Coulaines, die nun in der neuen Fassung weitergereicht werden konnten.[74] Das Consilium der Bischöfe von 856 und Hinkmars *admonitio* von 868 erinnerten an die Zusagen von Coulaines;[75] das große Kapitular von Pîtres 869 benutzte Formulierungen der ersten drei Capitula von Coulaines[76] und trug ihren Inhalt in des Königs Responsio bei der Königsweihe von Metz zwei Monate später,[77] und auf dem Wege über das berühmte Kapitular von Quierzy 877, dessen erstes Kapitel nichts anderes ist als eine wörtliche Wiederholung des ersten Kapitels von Coulaines,[78] gingen Formulierungen des Jahres 843 direkt in Ludwigs II. Promissio bei der Krönung in Compiègne ein.[79] Von dort führte der Weg weiter zu Karlmanns Promissio von 882,[80] Odos Promissio von 888[81] und in alle

---

71) MG. Capit. 2 Nr. 293 §§ 1–6 S. 398 f. an der Spitze der 93 Kanones.
72) MG. Capit. 2 Nr. 293 § 83 S. 421.
73) MG. Capit. 2 Nr. 283 (C) S. 365, vgl. SCHRAMM, König von Frankreich 1, 55 f., bes. über die *promissio*; der Vorläufer von Coulaines-Meaux 843/45 ist dort übergangen.
74) Capit. 2 Nr. 257 §§ 1–3 und 5 S. 261 f., vgl. oben Anm. 68 und Anm. 71.
75) Vgl. oben Anm. 70 und Hinkmar, PL 125, 1066 = MG. Capit. 2 S. 254 Anm. 2.
76) Capit. 2 Nr. 275 §§ 1–3 S. 333 f.
77) Capit. 2 Nr. 276 (B) S. 339.
78) Capit. 2 Nr. 281 § 1 S. 355 f. Vgl. Hinkmar, PL 125, 987 f.
79) Vgl. oben Anm. 73.
80) Capit. 2 Nr. 285 S. 370.
81) Capit. 2 Nr. 288 S. 376, und SCHRAMM, ZRG. KA. 54 (1934) 196 und 199, dazu ebenda 127, 133 f., und SCHRAMM, König von Frankreich 1, 68 f., wo vor allem auf das Fortwirken einiger Formulierungen der Synode von Beauvais 845 hingewiesen ist, das mit dem der Sätze von Coulaines einher geht. In beiden Fällen ist Hinkmar (der in Beauvais 845 Erzbischof wurde) die treibende Kraft.

späteren Krönungsordines. So läßt sich das Weiterwirken des unmittelbar nach der Reichsteilung von Verdun neugeschaffenen Reichsrechtes im Westen mit geradezu philologischer Exaktheit fassen.

Was in den genannten Akten aus den Capitula von Coulaines fortlebt und immer wiederkehrt, sind die Rechtsgarantien des Königs vor allem für die Kirche, daneben auch für den Laienadel, also ein Element, das die Königsmacht durch das Recht begrenzte, das aber dennoch, weil es eben nur im Westfrankenreich galt, den Zusammenhalt und die Sonderstellung dieses Reiches unter den Nachfolgestaaten des karolingischen Großreiches fördern konnte. Viel schwerer ist es, aus den Quellen das Fortleben der in Coulaines begründeten Genossenschaft der Fideles zu erkennen, weil nur dort, wo die Fideles dem König gegenübertraten, schriftliche Aufzeichnungen gemacht und überliefert wurden. Die innere Konsolidierung des Westfrankenreiches ist aber nicht nur eine Sache der Beziehungen zwischen König und Fideles, sondern auch eine Sache der Beziehungen der Fideles zueinander. Versuchen wir, wenigstens einige Punkte zu erfassen.

Es fällt zunächst auf, daß es bei den »Frankentagen« immer wieder Karl ist, dessen *adnuntiationes* die Rechte der Fideles als Mitträger des Staates in ganz anderer Weise hervorheben als seine Brüder.[82] Aber nur andeutungsweise kommt die vertragsrechtliche Bindung des Königs an die Fideles zum Ausdruck, und von dem Vertrag der Fideles untereinander ist gar nicht die Rede. Bezeichnenderweise gehörte das 4. Kapitel von Coulaines, das diese Punkte nannte, zu denjenigen in Meaux wiederholten Kanones, denen der König die Bestätigung versagte – und zwar mit Zustimmung der ihn umgebenden Großen des Laienadels.[83] Nur zum Teil erreichten die in Coulaines versammelten Kräfte ihr Ziel. Gerade das, was vor allem verhindert werden sollte, die Herrschaft einzelner Gruppen über den König, wird in den folgenden Jahren zur Regel. Adalharde, Welfen, Bosonen, um nur die wichtigsten zu nennen, lösen sich in dieser Rolle ab.[84] Der König kann mit ihrer Hilfe noch durchaus große Lehen entziehen und Lehensträger versetzen, ja er kann, was keiner seiner Nachfolger mehr wagen durfte, noch gegen große Herren zum Kapitalprozeß schreiten.[85] Von der in Coulaines proklamierten Gleichberechtigung der Fideles ist keine Rede mehr; zu Nutznießern der Bindung des Königs an das Recht werden einige wenige aus dem großen Kreis der Fideles, eine kleine Gruppe königsnaher Magnaten, die die Gunst oder Notlage des Königs ausnutzen, um Lehen zu sammeln und die Basis für Fürstentümer in dem Sinne aufzubauen, den J. Dhondt erforscht und definiert

---

82) Capit. 2 Nr. 204 III § 4 S. 71; Nr. 205 S. 74 Adnuntiatio Karoli: ...*adunati sumus et nos* (die königl. Brüder) *ad invicem et cum fidelibus nostris*...; vgl. ebenda §§ 6 und 7 S. 73.

83) Capit. 2 Nr. 257 S. 261; ann. Bert. a. 846 S. 33.

84) Darüber DHONDT, Études passim, in wesentlichen Punkten ergänzt von K. F. WERNER, Untersuchungen zur Frühzeit des französischen Fürstentums, in: Die Welt als Geschichte 18–20 (1958–1960), dazu DHONDT in Le Moyen Age 67 (1961) 363 ff.

85) DHONDT S. 39 f.

hat: ein Fürstentum ist ein Bereich, in den der König nur durch Vermittlung des Fürsten eingreifen kann.[86] Schon 843 war die Gleichheit der Fideles nicht Tatsache, sondern Ziel – erreicht wurde es nie.

Trotzdem wirkt die Genossenschaft von Coulaines latent fort. Sie bildet gleichsam ein Auffangbecken für die jeweils gegen den König und die ihn gerade am engsten umgebende Gruppe opponierenden Kräfte. Neben den so oft erörterten Beziehungen der Großen zum König leben die der Großen untereinander fort. In einem Schreiben von 865 stellt der König die Genossenschaft der ihm anhängenden Kräfte, seiner *fideles*, der Genossenschaft der opponierenden, der *infideles*, gegenüber, und er nennt dabei die Mitglieder jeder der beiden Gruppen *pares*, das heißt Vertragsgenossen in einer – für oder gegen den König – zusammengeschlossenen Gemeinschaft.[87] Derselbe Ausdruck begegnet zuerst in ähnlichem Zusammenhang bei den Verhandlungen Karls mit der starken Opposition, die sich 856 zusammengeschlossen hatte. Hier sprachen Karls Unterhändler von dem *pactum*, das sie zur Wahrung des Rechtes mit dem König geschlossen hatten und das nur ein Gericht vor den *pares* zulasse, und weiter von der Einung, die sie mit dem König und untereinander verbinde, so daß niemand ein Unrecht des Königs an seinem *par* zulassen dürfe.[88] Hier scheint ohne ausdrückliche Anspielung auf die Vorgänge von 843 wieder das doppelte Vertragsverhältnis auf; mit einem folgenschweren Begriff werden die Vertragspartner *pares* genannt. Dieses Wort, das auch Standesgenosse heißen kann,[89] bedeutet hier wie in der vorhin erwähnten Stelle eindeutig: Genosse in der Einung der Fideles untereinander – so wie das Wort etwa bei den Königsbündnissen auch für das Verhältnis eines Königs zum gleichgestellten anderen verwendet wird.[90] Man wird diese nicht dem Lehnrecht entsprin-

---

86) Dhondt S. 50.

87) Capit. 2 Nr. 274 § 1 S. 329: *Ut sicut nostri infideles et communes contrarii nostri se invicem confirmaverunt ad nostram contrarietatem, ut nullus de his, quae consideraverint, suum parem discooperiat vel prodat . . . ita fideles nostri se confirment*; ebenda S. 330: *Et si aliquis audierit quod pari suo fideli nostro necessitas evenerit . . . sit praeparatus sicut Dei fidelis et noster ad suum parem in nostra fidelitate adiuvandum.* Vor allem an dem Gebrauch des Wortes *par* für »Genosse im Bund der *infideles*« geht klar hervor, daß man *par* nicht als Genossen im Lehnsverband oder einfach als Standesgenossen auffassen kann. Vgl. auch ebenda §§ 13, 14 S. 331 f.

88) Capit. 2 Nr. 262 § 10 S. 281, dazu Mitteis, Lehnrecht 85 f., der aber im Irrtum ist, wenn er meint, hier habe Karl sich erstmals auf die Ebene des Vertragsrechts mit den *fideles* begeben. Auch hier möchte ich *pares* weniger im Sinne des Lehnsgenossen als des Vertragsgenossen im Vertragsverband der *fideles* verstehen. Vgl. auch Kern, Gottesgnadentum[2] S. 221 f. Anm. 479, S. 283 f., 311, der aber ebenfalls Coulaines übersieht. Für *pares* vgl. ferner Capit. 2 Nr. 206 § 9 S. 76 (von 853), Nr. 264 § 4 S. 284, Nr. 265 S. 285. Nicht überall ist deutlich, wo Standesgenosse, Vertragsgenosse oder Genosse im Verband der Lehnsträger gemeint ist.

89) So eindeutig Capit. 2 Nr. 273 § 30 S. 323 von 864.

90) Capit. 2 Nr. 205 §§ 2 und 3 S. 72 (Meersen 851), Nr. 207, Adn. Karoli § 2 S. 77, Nr. 270 (B) S. 299, Nr. 246 praef. und § 1 S. 169.

gende Seite des Pairsbegriffes nicht ganz übersehen dürfen, wenn man seine lehnrechtliche Weiterbildung betrachtet.[91]

Zwei Jahre nach den eben genannten Verhandlungen erneuerte Karl seine vertraglichen Bindungen an die Fideles durch die bekannten Eide von Quierzy.[92] Trotzdem luden diese wenige Monate später Ludwig den Deutschen zur Übernahme des Königtums ein. Aber wenn der nun folgende Einfall auch von der Seite des Ostfranken das Ziel hatte, aus dem karolingischen Erbe ein größeres Stück zu gewinnen, so stellte sich seine Propaganda doch geschickt auf die Wünsche der Einladenden ein: unter der Devise »Freiheit von der Tyrannei« ging Ludwig vor,[93] denn die von Karl enttäuschten Großen erhofften von Ludwig, er werde die Verträge über ihre Rechte besser wahren als Karl. Um so rascher wandten sie sich ab, als sie erkannten, daß Ludwig in Wahrheit nicht daran dachte, Rechtsgarantien zu achten, die er aus seinem Reich nicht kannte. Die junge Teilreichsgemeinschaft im Westen blieb bestehen.

Die 34 Jahre von Verdun bis zu Karls Tode haben genügt, dem Teilreich Dauer zu verleihen, obwohl Aquitanien nur mit Mühe gewonnen werden konnte, obwohl Bretonen und Normannen von außen, zahllose Aufstände und Kämpfe im Innern das Reich aufs tiefste erschütterten. Zugleich haben diese Jahrzehnte entschieden, daß das französische Königtum im Norden, im eigentlich fränkischen Bereich beiderseits der Seine, seinen Schwerpunkt haben und behalten sollte. Wir glauben, daß für den Bestand des neuen Reiches neben der überhöhten sakralen Stellung des Königtums, deren Erforschung wir P. E. Schramm verdanken, der Zusammenschluß der Fideles eine beträchtliche Rolle gespielt hat, indem auch er eine neue und eigenartige Rechtstradition schuf, die das Westfrankenreich von den anderen Teilreichen abhob. Karl hinterließ 877 ein Imperium, das mit seinem Reich von 843 fast das gesamte Erbe Lothars I. mit Ausnahme nur des östlichen Lotharingien verband. Er selbst hat an die Möglichkeit gedacht, dies Imperium zu teilen, wie es fränkischer Tradition entsprach, und er hat dabei neben Ludwig II. nicht nur den erhofften zweiten Sohn, sondern sogar die ostfränkischen Neffen im Auge gehabt.[94] Man darf wohl annehmen, daß er diesen allenfalls Ansprüche auf Italien und

---

91) Über die Bildung eines Vasallenverbandes (»Syndizierung«, nach CHÉNON) vgl. MITTEIS, Lehnrecht 82 ff., der sich vor allem mit den Straßburger Eiden und der oben Anm. 88 angeführten Stelle befaßt, aber Coulaines übergeht. Bei allen genannten Quellen bleibt es zweifelhaft, wie weit dem Verband die Lehnsbindung zugrunde liegt.

92) Capit. 2 Nr. 269 S. 295 ff.

93) Ann. Fuld. a. 858 S. 49 f.

94) Kapitular von Quierzy 877 Juni 14 Capit. 2 Nr. 281 § 13 S. 359: *Inveniendum qualem partem imperii, si obitus noster evenerit, sibi decernendam sperare filius noster debeat; et si Deus alterum filium nobis interim donare voluerit, quam ipse habeat. Et si aliquis ex nepotibus nostris ad hoc se dignum exhibuerit vel si non fecerit, secundum quod nobis tunc et cui placuerit censeatur.* Das Teilungsrecht ist damals im Westreich so selbstverständlich wie im Ostreich, wo eben 876 geteilt worden war. Den Ausschluß eines vollbürtigen Sohnes von der Erbfolge hatte es bisher noch nicht

vielleicht Burgund zugebilligt hätte. Karls Imperium zerfiel rascher, als es aufgebaut worden war, aber aus der großen Reichskrise von 879/80 ging das Regnum in den Grenzen, die von 843 bis 869 bestanden hatten, unversehrt hervor, obwohl das Königtum zwischen einem Jüngling und einem Knaben geteilt wurde. Selbst Bosos Reichsgründung konnte nur im ersten Anlauf über die Grenzen von 843 hinausgreifen auf das westfränkische Burgund und mußte diese Teile zuerst fahren lassen. Die neue Vereinigung fast des gesamten Erbes Karls des Großen durch Karl III. wurde schon als Addition von Teilen, nicht als Wiederherstellung eines Ganzen verstanden, und aus der zweiten schweren Krise von 887/88 erstand wieder ein Westfrankenreich in den Grenzen von 843. Sein Königtum blieb schwach, aber ungeteilt, nach dem Willen der jetzt zu Fürsten aufsteigenden großen Vasallen.[95] Nichts ist bezeichnender für das eigene Recht und die eigene Tradition dieses Reiches, als daß selbst der mächtige Richard von Burgund, Bosos Bruder, zwar ein großes Herzogtum aufbauen und zugleich die Vormundschaft für seinen Neffen Ludwig im Königreich Bosos führen konnte, aber nicht daran dachte, etwa selbst zur Krone zu greifen und sein Fürstentum mit dem burgundischen Königtum auf Kosten des Westfrankenreiches zu verbinden.[96] An die Stelle der Genossenschaft der Fideles von Coulaines war die Genossenschaft der Fürsten getreten, die neben einem schwachen König das Westfrankenreich trugen, aber keinem ihresgleichen erlaubten, sich aus dem Reiche zu lösen.

gegeben. Insofern sind die Vorgänge von 879 nicht so rätselhaft, wie SCHRAMM, König von Frankreich 1, S. 65, meint. Für die Situation von 877 ist dazu zu beachten, mit welch kleinlichen Vorschriften Karl das Verhalten Ludwigs II., den er nicht schätzte, während seiner Abwesenheit regelte. Hinkmar ad Ludow. Balbum 6, PL 125, 986 C, hielt es dann für ein großes Glück, daß eine Spaltung der *primores* nicht eintreten könne, weil Ludwig II. keinen Bruder hatte!

95) Die nur ganz kurze Zeit während Teilung zwischen Odo und Karl dem Einfältigen von 897 (ann. Vedast. a. 897 ed. v. SIMSON S. 79) dürfte nach dem Beispiel der Teilung Italiens zwischen Lambert und Berenger im Jahr zuvor (vgl. DÜMMLER 3 S. 424 f.) im wesentlichen die tatsächlichen Machtbereiche zugrunde gelegt haben.

96) Über Richard vgl. CHAUME 1 S. 261 ff., DHONDT S. 159 ff.

# Zur Geschichte der Frühscholastik in Österreich und Bayern*

## I.

An einer bekannten Stelle seiner Weltchronik spricht Otto von Freising davon, daß parallel dem Gang der Weltreiche auch die Weisheit einen Lauf um die Welt vom Osten zum Westen genommen habe und nun, in der Gegenwart, in Spanien und Gallien am äußersten Westen angelangt sei.[1] Otto war trotz seiner in Frankreich gewonnenen »scholastischen« Bildung Historiker geworden, aber in seine Geschichtswerke bezog er nicht nur die Theologie, sondern auch die Philosophie ein und gab, die hergebrachten literarischen Formen sprengend, in seiner Historia dem Aristoteles und der »neuen Logik« und in den Gesta Friderici den Prozessen Abaelards und Gilberts ihren Raum. So legt er auch den neuen Schulen Frankreichs weltgeschichtliche Bedeutung bei, wenn er sie als ein Zeichen des Endes der Zeiten wertet: weiter nach Westen geht es nicht mehr! Aber auch die von anderen Erfahrungen und Voraussetzungen ausgehende Geschichtswissenschaft der Gegenwart kann die Bedeutung der frühscholastischen Schulen, wenn auch in anderem Sinne als Otto, kaum überschätzen, sind ihnen doch nicht nur die Institutionen der Wissenschaft, die europäischen Universitäten, entsprungen, sondern auch die Methoden wissenschaftlichen Denkens, mit denen Europa die geistige Führung in der Welt errang. Es soll hier nicht noch einmal der Weg gezeichnet werden, der mit der Sammlung und dem dialektischen Ausgleich der patristischen »Sentenzen« beginnt und über die stufenweise Rezeption der aristotelischen Schriften bis zu den großen Lehr- und Denksystemen der Hochscholastik führt, der Weg, an dessen Anfang die Domschulen von Laon, Paris und Chartres stehen und an dessen Ende die »Universität« Pariser Prägung zu einem festen Begriff geworden ist, so daß Alexander von Roes das *studium* als dritte unabhängige Kraft neben *sacerdotium* und *regnum* stellen kann;[2] wir wollen nur ein paar Beobachtungen über das Verhältnis Deutschlands zu diesem Aufstieg der Wissenschaft mitteilen.

*) Einige der Grundgedanken dieser Skizze hat der Verfasser in anderer Form bei seiner Probevorlesung »Deutschland und die Anfänge der französischen Hochschulen im Zeitalter Abaelards« vor der Philosophischen Fakultät der Universität Mainz im Dezember 1958 vorgetragen.

1) Chron. V. praef. S. 227 (ed. HOFMEISTER); dazu zuletzt W. GOEZ, Translatio imperii (1958) 117 ff.; H. GRUNDMANN, Vom Ursprung der Universität im Mittelalter, Ber. ü. d. Verh. d. Sächs. Ak. phil.-hist. Kl. 103, 2 (1957) 64.

2) Dazu H. GRUNDMANN, Sacerdotium – Regnum – Studium, Arch. f. Kulturgesch. 34 (1951).

Der Sitz der neuen Schulen liegt im Westen, in Frankreich, in der Francia rund um Paris, in Laon und Reims, in Chartres und Melun, bis sich das Studium in der zweiten Hälfte des 12. Jahrhunderts immer mehr auf Paris konzentriert. Die drei Männer, deren bloße Namen ohne jede weitere Erläuterung Otto als Signatur der »Weisheit im Westen« nennt, haben alle in Frankreich gewirkt: Berengar in Tours, Manegold in Paris, Anselm in Laon. Die Laoner Domschule steht an der Spitze der fast in einem genealogischen System darstellbaren Schulen des 12. Jahrhunderts; Abaelard und Gilbert haben sie besucht, Hugo von St. Viktor ist von ihr abhängig. Die Schulen liegen in Frankreich, aber von Anfang an sind sie ihrem Wesen nach weder auf ein Land, noch auf eine Diözese oder einen Orden beschränkt, sie stehen allen Schülern offen und daraus leiten sie später ihren Namen *studium generale* ab. Und die wissenschaftlichen Methoden sind von vornherein Methoden des Hörsaals, der Lectura und der strengen Disputation; schon im 12. Jahrhundert werden sie, zuerst von den Gegnern, als »scholastisch« bezeichnet.

Einer der drei genannten, Manegold, war ein Deutscher. Er gilt als der Lehrer Wilhelms von Champeaux, vielleicht hat auch Anselm von Laon bei ihm gelernt; Wolfger von Prüfening nennt ihn den *modernorum magister magistrorum*, und doch ist er für uns noch der große Unbekannte unter den Begründern der Scholastik.[3] Nach ihm kam nur noch einer der großen Meister des 12. Jahrhunderts, Hugo von St. Viktor, aus Deutschland; aber wenn auch kaum zu bezweifeln ist, daß er bei den Regularkanonikern von Hamersleben (Diöz. Halberstadt) aufwuchs, so ist es doch zumindest recht zweifelhaft, ob er aus Sachsen oder nicht vielmehr aus Flandern stammte,[4] und man tut gut daran, ihn nicht mehr als »deutschen Symbolisten« zu benennen. Neben ihm wird noch einmal ein Deutscher als Pariser Lehrer angeführt, aber mehr als der Name ist von ihm nicht überliefert.[5]

Die Träger der Schulen waren vor allem Franzosen aus den verschiedenen, einander noch so fremden Teilen Galliens, auch Engländer, Italiener; aber ganz ausgeschlossen

---

3) Über ihn WATTENBACH-HOLTZMANN, Deutschlands Geschichtsquellen im Mittelalter, Kaiserzeit, Heft 3, 401 ff. und die dort genannte Literatur; darunter für den Scholastiker Manegold immer noch grundlegend J. A. ENDRES im Hist. Jahrb. 25 (1904) 168 ff. O. LOTTIN, Manegold de Lautenbach, source d'Anselme de Laon, Rech. de theol. anc. et med. 14 (1947) 218–223. Der Psalmenkommentar Pseudo-Bedas, der nach G. MORIN in Rev. Bén. 28 (1911) 338 ff. lange als Manegolds Werk galt, ist nach dem überzeugenden Nachweis von D. VAN DEN EYNDE, Franciscan Studies 14 (1954) 139–147 erst um 1140–50 entstanden, so daß wir von Manegold nach wie vor nur den Liber ad Gebehardum und den Libellus contra Wolfhelmum haben. Eine neue Untersuchung Manegolds als Scholastiker wäre wünschenswert.
4) Vgl. zuletzt R. BARON, Notes biographiques sur Hugues de Saint-Victor, Revue d'hist. eccl. 51 (1956) 920–934, der die These vom Grafen von Blankenburg bekämpft, dagegen J. TAYLOR, The Origin and Early Life of Hugh of St. Victor (1957), zum Ganzen A. BORST in: HZ. 185 (1958) 683.
5) Johann v. Salisbury, Metalogicus II 10.

waren die Deutschen von dieser geistigen Bewegung nicht. Wenigstens rezeptiv nahmen sie teil; die Zahl der in Frankreich gebildeten deutschen Bischöfe nimmt im Laufe des 12. Jahrhunderts stetig zu. Vizelin von Oldenburg und Norbert von Magdeburg, Wibald von Stablo und Adam von Ebrach, Bruno II. von Köln, Gebhard von Würzburg, Adalbert II. von Mainz, Adalbero von Trier, Otto von Freising, Rainald von Köln, Daniel von Prag, Hillin von Trier, Konrad von Mainz, Ludolf von Magdeburg, Gottschalk von Seelau, Marquard von Klosterneuburg, vielleicht auch Eberhard I. von Salzburg und mancher andere haben kürzere oder längere Zeit in Frankreich studiert, und diese Reihe ließe sich durch systematische Untersuchungen gewiß noch verlängern.[5a] Barbarossa selbst bemühte sich, einem jungen Verwandten das Studium im Ausland zu ermöglichen, *ut maiore scientia imbutus ecclesie tue (sc. Salzburgensi) honestius militare et curie nostre quando voluerimus valeat servire.*[6] Leider sagt der Kaiser nicht, ob Frankreich das Ziel sein sollte; dies ist vor allem deshalb ungewiß, weil etwa um die gleiche Zeit Otto von Freising einem Kleriker empfahl, seine – juristischen oder theologischen? – Studien lieber in Bologna als in Paris zu betreiben.[7] In Reims war die deutsche Landsmannschaft unter den Studenten stark genug, bei den üblichen Schlägereien unter den Studenten eine eigene gefürchtete Gruppe zu bilden.[8]

Aber nicht nur und nicht einmal vor allem Wissenschaft, sondern Lebensart lernten die hochgeborenen Herren wie Rainald und Adalbert II. von Mainz in Frankreich, wo sie mit großem Gefolge auftraten. Studentenbriefe illustrieren oft mehr die gesellschaftlichen Formen als den gelehrten Gegenstand des Studiums. Adalberts Biograph rühmt es, daß sein Held sich den Strapazen des Studiums im Ausland unterzog, obwohl der Saarbrücker Grafensohn und Schützling des Mainzer Erzbischofs es nicht nötig hatte, auf diese Weise Karriere zu machen.[9] Lebensart haben Rainald von Dassel und Thomas Becket in gleicher Weise in Paris gelernt und dann in den Dienst ihrer Könige gestellt. Eine hohe geistliche Laufbahn vermittelte in Deutschland jedoch nur die hohe Geburt; daß ein Ausländer auf Grund seiner wissenschaftlichen Bildung zum Bischof aufstieg, wie der Lombarde Petrus in Paris und der Engländer Johann von Salisbury in Chartres, wäre in der deutschen Adelskirche nicht möglich gewesen.

---

5a) Über deutsche Studenten in Paris vgl. R. HOLTZMANN in WATTENBACH-HOLTZMANN, Deutschlands Geschichtsquellen im Mittelalter, Kaiserzeit, 3 (1940) 366 ff.; A. HOFMEISTER in NA. 37 (1912) 134–149; A. BUDINSZKY, Die Universität Paris und die Fremden an derselben im Mittelalter (1876). Neue Untersuchungen auf breiter Quellengrundlage sind sehr wünschenswert.

6) Brief bei H. SUDENDORF, Registrum 2 (1851) 130 Nr. 153 von 1155/59.

7) Briefe bei S. TENGNAGEL, Monumenta vetera contra schismaticos (1611) 385 ff. Nr. 29 f. von 1157/58; zum Datum vgl. A. WEISSTHANNER in Anal. S. Ord. Cist. 14 (1958) 218, die dort nicht angegebene Überlieferung ist cod. Wien, pal. 629 (sog. Briefbuch Eberhards von Salzburg) fol. 16ᵛ–17ᵛ.

8) Vita Adalberti, ed. PH. JAFFÉ, Bibliotheca rerum Germanicarum 3 (1866) 583, Vers 486 ff.

9) Ebd. 579 f. Vers 362 ff.

## II.

Besser als aus biographischen Quellen und aus Studentenbriefen läßt sich die Rezeption der scholastischen Wissenschaften in den Bibliotheken verfolgen. Diesen Weg hat schon Albert Hauck beschritten, und sein zusammenfassendes Urteil lautet: »Es kam vor, daß eine Bibliothek sich einige neue Werke zu verschaffen wußte. Aber wirklichen Einblick in die Bestrebungen und Leistungen der scholastischen Theologie konnte man nur ausnahmsweise gewinnen. Die Folgen waren wenig erfreulich. Es dünkt mich unverkennbar, daß Deutschland in bezug auf die theologische Bildung in der zweiten Hälfte des 12. Jahrhunderts hinter den romanischen Ländern zurück blieb.«[10] Dies vor über 50 Jahren formulierte Urteil beherrscht noch heute weitgehend das Geschichtsbild, doch ist es an der Zeit, es zu überprüfen. Hauck gründet seine Meinung vor allem auf das Studium der Bibliothekskataloge; aber nicht immer entspricht einer guten Bibliothek ein guter Katalog, und allein mit Hilfe alter Kataloge würde man selbst in Frankreich kaum mehr scholastische Werke finden. Man muß die erhaltenen Handschriften selbst heranziehen, und die relativ günstige Überlieferung bayerischer und österreichischer Bibliotheken, die die Stürme der Bibliotheksgeschichte, Reformation, Französische Revolution und Säkularisationen besser überstanden haben als andere Länder, bietet hierfür einen guten Ausgangspunkt. Im folgenden kann nicht ein vollständiger Katalog der frühscholastischen Handschriften Bayerns und Österreichs gegeben, sondern nur einiges an Hinweisen auf die Überlieferung zusammengestellt werden, die geeignet sind, das von Hauck gezeichnete Bild in einigen Punkten zu korrigieren.[11]

---

10) Kirchengeschichte Deutschlands 4⁴ (1913) 470.

11) Die folgenden Notizen gründen sich teils auf die Kataloge und Editionen, teils auf eigene Untersuchung der Handschriften. Für entgegenkommende Hilfe danke ich den Verwaltungen der Handschriftenabteilungen in der Nationalbibliothek Wien, den Studienbibliotheken in Klagenfurt und Linz, der Universitätsbibliothek Graz, der Staatsbibliothek München und den hochwürdigen Herren Stiftsbibliothekaren P. H. ÖZELT (Zwettl), Dr. P. SEVERIN GRILL (Heiligenkreuz), P. G. ORTNER (Rein), Dr. P. W. NEUMÜLLER (Kremsmünster), DDr. P. A. KRAUSE (Admont), Dr. B. ČERNIK (Klosterneuburg), P. FANK (Vorau), Dr. F. LINNINGER (St. Florian) und Propst FL. BUTTINGER (Reichersberg). Zur Raumersparnis nicht besonders zitiert sind im folgenden die bekannten Kataloge: Catalogus codicum latinorum Bibliothecae Regiae Monacensis vol. I 1–2², I 3, II 1–4 (1873–94; daraus zitierte Hss. werden im folgenden mit der Sigle »clm« bezeichnet); F. LEITSCHUH-H. FISCHER, Katalog der Handschriften der kgl. Bibliothek zu Bamberg, Bd. 1–2 (1887–1980); H. FISCHER, Katalog der Handschriften der Universitätsbibliothek Erlangen, Neubearbeitung, Bd. 1, Die lat. Pergamenthandschriften (1928); Tabulae codicum manuscriptorum praeter graecos et orientales in Bibliotheca Palatina Vindobonensi asservatorum, vol. 1–11 (1864–1912; im folgenden als »cvp« zitiert); M. DENIS, Codices manuscripti theologici bibliothecae palatinae Vindobonensis Latini aliarumque occidentis linguarum, vol. 1–2 (1793–1802); Xenia Bernhardina II: Handschriftenverzeichnisse der Cistercienser-Stifte Österreichs, Bd. 1–2 (1891); A. KERN, Die Handschriften der Universitätsbibliothek Graz, 2 Bde. (1942–56); H. PFEIFFER – B. ČERNIK, Catalogus codicum manuscriptorum qui in Bibliotheca canonicorum reg. S. Aug. Claustroneoburgensi asservantur, vol. 1–2

Den Anlaß zu diesen Untersuchungen gab die Beschäftigung mit Gerhoch von Reichersberg.[12] Um 1141 klagt Gerhoch bei Papst Innozenz II. über die Schüler Abaelards,
die sich gleich Heuschrecken ausbreiten und falsche Lehren ausstreuen; um die gleiche Zeit
greift er den Pauluskommentar des bislang unangefochtenen Gilbert Porreta an und nennt
1142 in diesem Zusammenhang auch Glossen des Petrus Lombardus; 1144 beginnt er,
Gilberts Psalmenkommentar auszuschreiben, um 1154 setzt er sich erstmals mit dem
Porretaner Petrus von Wien und mit den Boethius-Kommentaren Gilberts auseinander,
1163 richtet er Angriffe gegen die Sentenzen des Petrus Lombardus; seit den vierziger
Jahren nimmt er Lehren Hugos von St. Viktor auf. Die erste Erwähnung bei Gerhoch gilt
als wichtiges Argument für die Chronologie der französischen Werke. War aber Gerhoch,
etwa neben Otto von Freising, obwohl er selbst Zeit seines Lebens nicht nach Frankreich
kam, wirklich nur ein einzelner, der die sonst nur ganz selten in die Salzburger Provinz
eindringenden französischen Werke rasch kennenlernte, oder wurden seine Angriffe nicht
vielmehr dadurch ausgelöst, daß die neuen theologischen Schriften in diesem Raum
zahlreiche Leser fanden?

Nur für die älteste »scholastische Schule«, die Anselms von Laon und Wilhelms von
Champeaux, besitzen wir eine eingehende Untersuchung aus der Feder von H. Weisweiler.[13] Ihr Ziel war es nicht, die Ausbreitung einer an sich bekannten Schule zu verfolgen,
sondern neue Texte und ihre Schulzusammenhänge zu erschließen; es ist aber bezeichnend,
daß die Arbeit bei grundsätzlicher Beschränkung auf deutsche Bibliotheken reiche Ernte
eintragen konnte. Vor allem Süddeutschland und im besonderen die Salzburger Kirchenprovinz erwiesen sich als Hauptausbreitungsgebiet der Schule. Dabei stehen die Klöster
der westlichen Diözesen, Regensburg und Freising, mit den westlichen Teilen der Passauer
und der Salzburger Diözese an der Spitze vor den jüngeren Klöstern des Ostens.

Diese starke Ausbreitung der im ganzen konservativen ältesten Schule mag noch wenig

---

(1922–31; nur codd. 1–452); P. Fank, Catalogus Voraviensis seu codices manuscripti Bibliothecae
Canoniae in Vorau (1936); A. Czerny, Die Handschriften der Stiftsbibliothek St. Florian (1871). In
Linz konnte der ungedruckte Katalog von K. Schiffmann (1935), in Admont der von J. Wichner
(1889) benutzt werden. Unvollständig sind die folgenden Angaben schon insofern, als die Bibliotheken von Melk, Göttweig, Seitenstetten, Herzogenburg und nicht zuletzt Salzburg aus Zeitmangel
nicht besucht werden konnten. – Sehr wertvolle Zusammenstellungen der Literatur, Editionen und
weitgehend auch der Überlieferung zur Frühscholastik enthält A. M. Landgraf, Einführung in die
Geschichte der theologischen Literatur der Frühscholastik (1948); die verbesserte spanische Ausgabe
des Buches war mir nicht erreichbar.

12) Für Gerhoch werden im folgenden keine Einzelbelege gegeben; grundsätzlich sei verwiesen auf
D. Van den Eynde, L'œuvre littéraire de Géroch de Reichersberg (Spicilegium Pontificii Athenaei
Antoniani, 11, Romae 1957) und künftig P. Classen, Gerhoch von Reichersberg, Wiesbaden, Franz
Steiner Verlag 1960.

13) Das Schrifttum der Schule Anselms von Laon und Wilhelms von Champeaux in deutschen
Bibliotheken (Beitr. z. Gesch. d. Phil. u. Theol. d. MA. 33, 1/2, 1936), ergänzende Einzeluntersuchungen bei Landgraf, Einführung 55 ff. zitiert.

verwunderlich erscheinen, obwohl bereits 1130 Gerhoch in seinem Regensburger Häresie-
prozeß die *ecclesia Romana, mater libera* gegen die Lehren der *magistri per totam Franciam
scholas regentes* anrief[14] – d. h. gegen die Lehren eben dieser Schule; wobei der bezeichnende Gegensatz *ecclesia Romana – scholae in Francia* nicht als nationaler Widerstand
gegen die Franzosen mißverstanden werden darf. Schon Weisweiler bemerkte aber auch,
daß die nun keineswegs mehr konservative Schule Abaelards gleichfalls gerade in Deutschland besonders weite Verbreitung fand.[15]

Die Überlieferung der theologischen Hauptwerke Abaelards ist so schmal, daß sich ein
Gesamtüberblick lohnt. In den alten Katalogen sind sie selten vertreten. Der berühmte
Katalog Wolfgers von Prüfening nennt in seiner Schriftstellerliste unter den *moderni* am
Schluß: *Hugo, Gratianus, Rvotpertus, Petrus Damiani, Petrus Baiolardus et multi alii* und
führt dann im einzelnen auf *Sententiae Petri baiol. et liber eius qui dicitur scito teipsum et
sent. m. Hugonis in uno vol.*[16] In Engelberg, Diöz. Konstanz, besaß man vor 1178 einen
*Liber magistri Petri de fide et caritate et de sacramentis*, den die typische Dreiteilung als
Sentenzenbuch, wenn nicht Abaelards selbst, so doch gewiß seiner Schule erweist, sowie
*excerpta auctoritatum a Petro Baiulardo collecta. sub eodem volumine glosse super Macro-
bium glosse super Briscianum accentuum;*[17] unter diesen Exzerpten ist vermutlich das *Sic et
Non* zu verstehen. In Salzburg hatte man Ende des 12. Jahrhunderts *Sententie Petri
Bailardi* und in Klosterneuburg im 13. Jahrhundert den *Dialogus Petri Baiolardi.*[18]

Das älteste, schon 1121 verurteilte Werk der systematischen Theologie Abaelards, die
*Theologia Summi boni*, war lange nur bekannt aus den Codices Erlangen 182 s. XII aus
Heilsbronn (Diöz. Eichstätt) und Berlin theol. lat. oct. 95 s. XII ex. aus Hautmont, Diöz.
Cambrai, der eine erweiterte Redaktion enthält. Hingewiesen sei hier darauf, daß der um
1935 an Goldschmidt, London, verkaufte cod. Admont 382, der sich heute in der Bodleian
Library (Lyell Bequest 49) befindet, mit einem Kommentar zu Boethius eine dritte, bisher

---

14) MG. Lib. de lite 3, 235.

15) WEISWEILER 248, vgl. J. DE GHELLINCK, Le mouvement théologique au XIIe siècle (1948²) 128 f.,
J. GÜNSTER, Die Christologie des Gerhoch von Reichersberg (1940) 89 und schon W. MEYER, Gött.
Nachr. (1898) 434 f. – Bei der Zusammenstellung der Abaelard-Überlieferung (einschl. Schule) sind
im folgenden benutzt: LANDGRAF, Einführung 62 ff.; H. OSTLENDER, Die theologia Scholarium des
Peter Abaelard, in: Geisteswelt des Mittelalters (Festschrift M. Grabmann, 1935) 263–281; DERS.,
Peter Abaelards Theologia Summi boni (Beiträge 35, 2/3, 1939); DERS., Die Sentenzenbücher der
Schule Abaelards, Theol. Quartalschr. 117 (1936) 208–252; H. WEISWEILER, Eine neue Bearbeitung
von Abaelards Introductio und der Summa Sententiarum, Scholastik 9 (1934) 346–366. Die ältere
Literatur und die Ausgaben sind in den genannten Werken zitiert.

16) G. BECKER, Catalogi Bibliothecarum antiqui (1885) 209 und 214 Nr. 144, vgl. unten bei Anm. 19;
über den Katalog und seinen Verfasser Wolfger vgl. H. FICHTENAU in MIÖG 51 (1937) 314 ff.

17) Mittelalterliche Bibliothekskataloge Deutschlands und der Schweiz 1, bearb. v. P. LEHMANN
(1917) 32.

18) Mittelalterliche Bibliothekskataloge Österreichs 1, bearb. v. TH. GOTTLIEB (1915) 99, vgl. unten
S. 285. – Salzburg: BECKER 237 Nr. 211.

unbeachtete Überlieferung vereint.[18a] – Die aus *Summi boni* umgearbeitete *Theologia christiana* ist nur in drei nichtdeutschen, sämtlich verschiedene Redaktionen enthaltenden Codices überliefert: Tours 85 s. XII, Monte Cassino 174 s. XIII, Vat. lat. reg. 159 s. XII.

Die letzte Theologie Abaelards mit dem Anfang *Scholarium* hat nach Ostlenders Forschungen fünf Auflagen erlebt, die in insgesamt 11, zum Teil sehr jungen Handschriften überliefert sind. Fünf davon entstammen deutschen Bibliotheken, nämlich alle drei der ältesten Fassung: Heiligenkreuz 153 s. XII fol. 83$^r$–94$^r$, Zürich C 61 s. XII fol. 53$^v$–60$^v$ (Herkunft unbekannt), Fulda, Seminarbibliothek, ohne Signatur (früher Fritzlar, Pfarrbibliothek, Alter und Herkunft unbekannt) und zwei der dritten Fassung: Magdeburg, Domgymnasium 34 s. XV, und Cues, unsigniert, s. XV (früher Ehrenbreitstein). Die westeuropäischen Handschriften sind die schon genannte Tours 85 s. XII, Douai 357 s. XIII, Paris Ars. lat. 265 s. XIII, Paris nat. lat. 14793 s. XIV/XV, London, Brit. Mus. Royal 8 A I s. XIII und Oxford, Balliol Coll. 296 s. XIV. – Verloren ist eine nicht mehr feststellbare Fassung in cod. Köln, Stadtarchiv W 4$^0$ 137 s. XII.

Das *Scito teipsum* ist nur aus cod. Oxford, Balliol Coll. 296 s. XIV, clm 28363 s. XII ex. (vermutlich aus Frankreich)[18b] und clm 14160 s. XII Mitte bekannt. Der Inhalt der letztgenannten Handschrift entspricht genau der oben angeführten Beschreibung des Abaelard-Codex im Katalog Wolfgers von Prüfening; die Handschrift hat zwar einen noch dem 12. Jahrhundert angehörenden Besitzvermerk St. Emmerams, scheint aber in Prüfening entstanden zu sein und bald den Besitzer gewechselt zu haben.[19] – Nur in dem Wiener cvp 819 s. XIII inc. ist der *Dialogus inter philosophum, Iudaeum et Christianum* erhalten; die Handschrift ist offenbar identisch mit der in der oben angeführten Klosterneuburger Katalognotiz genannten.

Vom *Sic et Non* haben sich fünf Codices erhalten, darunter aus deutschem Sprachgebiet Einsiedeln 300 s. XIII und clm 18926 s. XIII aus Tegernsee, aus den romanischen Ländern der mehrmals erwähnte Tours 85 s. XII, Avranches 12 s. XII und Brescia, Bibl. Querniana A V 21 s. XII.[20]

Die Predigten, den Römerkommentar, die Erklärung des Paternosters, die nur fragmentarisch erhaltene Apologie und vor allem sämtliche dialektisch-philosophischen Schriften Abaelards kennen wir nur aus westeuropäischen Handschriften.[21]

---

18a) Bodleian Library Record 3 (1950) 76 nr. 49. Auch cod. Erlangen 182 verbindet die Theologia summi boni mit Gilberts opuscula sacra und dem Kommentar »Librum hunc« dazu.

18b) Vgl. P. Ruf-M. Grabmann, SB. München, 1930 Nr. 5 S. 7.

19) Vgl. M. Grabmann, Gesch. d. schol. Methode 2 (1911) 296 und genauer A. Boeckler, Die Regensburg-Prüfeninger Buchmalerei des XII. und XIII. Jahrhunderts (1924) 120. Zu der interessanten biographischen Notiz über Abaelard auf fol. 1$^r$ der Handschrift vgl. R. L. Poole, Illustrations of the History of Mediaeval Thought and Learning (1920$^2$) 314 ff.

20) Vgl. Ruf-Grabmann (wie Anm. 18 b) 22.

21) Predigten: Prag, UB Cod. Lobkowitz 444; Römerkommentar: cod. Vat. lat. reg. 242 und Oxford, Balliol Col. 256; Paternoster: Paris nat. lat. 13582; Apologie clm 28363, vgl. oben Anm. 20; logisch-philos. Schriften: Dialectica, ed. L. M. Rijk (1956) aus cod. Paris nat. lat. 14614 s. XII aus

Die Gesamtzahl der bisher bekannten Abaelard-Handschriften – ungerechnet die Codices der eigenen Überlieferungsgesetzen unterliegenden Hymnen und Briefe – beträgt etwas über 30; unter ihnen enthalten 22 eines oder mehrere der theologischen Hauptwerke (die drei Theologien, das Scito te ipsum und das Sic et Non). Sieben von den 22 stammen aus Frankreich, zehn aus Deutschland (davon vier aus der Salzburger Provinz), der Rest ist aus Italien, England oder unbekannter Herkunft. Ist es bloßer Zufall, daß diesem beachtlichen Anteil Deutschlands an der Überlieferung der theologischen Werke das völlige Fehlen deutscher Codices der logischen Schriften gegenübersteht?[21a]

Bekanntlich sind die Sentenzen Abaelards bisher nicht aufgefunden worden. Was die Handschriften so nennen, sind Schülerwerke, deren Verfasser zumeist anonym oder doch nur mit einem für uns nichtssagenden Namen versehen sind – mit der einen bedeutsamen Ausnahme der Sentenzen Rolands, des späteren Alexander III. Es werden folgende Werke unterschieden: die Sententiae Herimanni, Rolandi, Omnebene, Parisienses, Florianenses. Die Überlieferung sieht, regional gegliedert, so aus:

clm 16085 s. XII (aus St. Nikola vor Passau) fol. 104$^r$–143$^v$: Sententiae Herimanni.

clm 14160 s. XII (aus Prüfening, vgl. oben S. 285) fol. 1$^v$–39$^r$: Sententiae Herimanni.

clm 19134 s. XII (aus Tegernsee) p. 148–228: Sententiae Omnebene.

Cod. Baltimore, Library R. Garrett 169 (bis 1935 cod. Admont 729) s. XII fol. 83$^v$–151$^v$: Sententiae Herimanni.[22]

Cod. St. Florian XI 264 s. XII ex. fol. 147$^r$–163$^v$: Sententiae Florianenses.

Cod. St. Gallen 69 s. XII p. 417–448: Sententiae Herimanni.

Cod. Nürnberg, Stadtbibl. Cent. III 77 s. XII/XIII (Herkunft?) fol. 144$^r$–178$^r$: Sententiae Rolandi.

Cod. Pavia, Univ.-Bibl. 49 s. XII: Sententiae Herimanni.

Cod. Neapel, Bibl. Naz. VII C 43 s. XII (aus Severuskloster, Neapel): Sententiae Omnebene.

Cod. Montecassino 386 s. XIII: Sententiae Omnebene.

Cod. Paris nat. lat. 18108 s. XII ex.: Sententiae Parisienses.

Cod. Carpentras 110 s. XIII: Sententiae Herimanni.

---

St. Viktor; Introductiones parvulorum ed. M. Dal. Pra (1954) aus codd. Paris nat. lat. 13368 und 7493 s. XII aus St. Germain und s. XIII; Logica ingredientibus ed. B. Geyer (1909–27) aus cod. Mailand 63 s. XII, außerdem in cod. Berlin lat. 624 s. XII/XIII aus St. Viktor, vgl. Grabmann, SB. Berlin 1938, 203 ff.; Logica nostrorum petitioni ed. Geyer (1933) aus cod. Lunel 6 s. XIII.

21a) Ein Katalog aus Hamersleben Can. Reg. (Diöz. Halberstadt), s. XIII (nicht XI!) bei Becker 141 Nr. 25 nennt »*Glossae Giselberti in librum Porphyrii qui sic incipit: Ingredientibus logicam*«. Ist das eine verlorene, pseudepigraphische Hs. von Abaelards *Logica Ingredientibus*, die so anfängt und Porphyrius glossiert? Vgl. auch die unten S. 289 f. genannten Katalognotizen.

22) Über diese Hs. jetzt S. de Ricci, Census of Medieval and Renaissance Manuscripts in the United States and Canada, vol. 2 (1937) 2295.

Das sind im ganzen sieben Handschriften deutscher Herkunft (davon fünf aus der Salzburger Provinz), drei italienischen und zwei französischen Ursprungs.

Kompilationen von Schriften der Abaelard-Schule mit solchen anderer Herkunft, insbesondere der Summa sententiarum, fand Weisweiler[23] in den Handschriften clm 4600 s. XII (aus Benediktbeuren) fol. 68–72, clm 7698 (aus Indersdorf) s. XII fol. 68ᵛ–70ʳ, Köln, Stadtarchiv W 4⁰ 137 s. XII fol. 5ʳ–5ᵛ (aus Koblenz, Regularkanoniker), Trier, Stadtbibl. 591 s. XII, XIII (aus St. Matthias in Trier) fol. 114ᵛ–115ᵛ.

Die exegetischen Werke der Abaelard-Schule sind nur aus wenigen nichtdeutschen Handschriften bekannt.[24]

Ganz gewiß wäre es völlig verfehlt, aus der Übersicht über die Handschriften eine Statistik der Schule und ihrer Ausbreitung ableiten zu wollen. Der Überlieferungszufall ist groß und bei den geringen Gesamtzahlen ganz besonders groß; wie schon betont, liegen die Verhältnisse hier für Bayern und Österreich günstiger als für andere Gebiete. Zudem kann man in vielen Fällen nicht mehr sagen, ob die Handschriften am Überlieferungsort entstanden oder doch bereits im 12. Jahrhundert von einem Glied der Abaelard-Schule dorthin importiert sind. Aber die Gegenüberstellung der deutschen und der übrigen Überlieferung hat doch den Vorteil, das rechte Augenmaß für die kleinen Zahlen der Handschriften herzustellen. Abaelard zog zwar große Studentenscharen an, aber die intensivere Arbeit an seinem Werk war die Sache weniger. Das veranschaulicht ein Vergleich mit der Überlieferung der Werke Bernhards von Clairvaux; Dom Leclercq hat insgesamt rund 1450 Handschriften gefunden, darunter rund 500, also ein gutes Drittel, aus dem deutschen Sprachbereich (einschl. Böhmen).[25] Fast ein Drittel der Handschriften Abaelards fanden wir auch in Deutschland, unter den theologischen Hauptwerken fast die Hälfte, bei den Werken des engeren Schülerkreises sogar mehr als die Hälfte. So gewiß es ist, daß sich keine Möglichkeiten einer statistischen Erfassung der Schule bieten, so gewiß ist aber doch jede einzelne Handschrift ein Zeugnis für ernste Beschäftigung mit dem Gegenstand. Man konnte die Handschriften weder routinemäßig kaufen, noch dienten die gelehrten Codices der Repräsentation – das zeigt meist schon ihr äußeres Bild. Gliedern wir die Zeugnisse des 12. Jahrhunderts – unter Berücksichtigung der Tatsache, daß Anselm von Havelberg,[25a] Otto von Freising und Gerhoch von Reichersberg Werke des Meisters oder zumindest des engeren Schülerkreises kannten und benutzten – regional, so finden wir Abaelard-Material an folgenden Orten:

---

23) Vgl. die oben Anm. 15 am Ende genannte Arbeit. Über weitere Hss. der Schule DE GHELLINCK, Mouvement 158 Anm. 2.

24) Cambridger Paulinenkommentar, ed. A. M. LANDGRAF, 4 Bde. (1937–45) aus einer Cambridger Hs.; Abbreviatio des Römerkommentars ed. A. M. LANDGRAF, Lemberg 1935 aus cod. Paris Ars. lat. 1116.

25) J. LECLERCQ in Anal. S. Ord. Cist. 9 (1953) 17.

25a) W. BERGES Jb. f. Gesch. Mittel- und Ostdeutschlands 5 (1956) 56f.

Erzdiözese Salzburg: St. Peter, Admont.

Diöz. Regensburg: Prüfening, St. Emmeram.

Diöz. Freising: Freising, Indersdorf, Tegernsee.

Diöz. Passau: St. Nikola, Reichersberg, St. Florian, Heiligenkreuz, Klosterneuburg.

Diöz. Eichstätt: Heilsbronn.

Diöz. Augsburg: Benediktbeuren.

Diöz. Konstanz: St. Gallen, Einsiedeln, Engelberg.

Erzdiöz. Trier: St. Matthias in Trier, Koblenz.

Diöz. Havelberg: Havelberg.

Zum Schluß sei noch darauf hingewiesen, daß die in germanistischen Handbüchern verbreitete Meinung, Abaelard habe auf die deutschsprachige Dichtung des 12. Jahrhunderts eingewirkt, auf falschen Vorstellungen über Abaelards Sonderlehren beruht. Die Zuordnung von *potestas, sapientia* und *benignitas* zu den Personen der Trinität ist Allgemeingut der Zeit und geht auf Augustin zurück;[26] nur ihre Überspitzung ward Abaleard zum Vorwurf gemacht – diese aber findet sich in der deutschen Dichtung nicht. Abaelard wurde in Deutschland rezipiert, aber nicht wie Bernhard von allen Kreisen der Geistlichkeit, sondern von einer kleinen Schicht besonders aufgeschlossener Theologen, und diese war, wie die Überlieferung erweist, vor allem im Südosten ansässig. Gewiß war Gerhochs Wort von den »Heuschrecken« übertrieben; aber es war nicht ganz grundlos gesprochen.

Daß auch Hugo von St. Viktor, den Gerhoch spätestens 1147 ausschreibt und den Arno von Reichersberg um die gleiche Zeit als »durch die Gabe der Wissenschaft herrlich erleuchteten Morgenstern« rühmt,[26a] rasch Verbreitung fand, bedarf kaum eines besonderen Nachweises. Handschriften seines systematischen Hauptwerkes *De sacramentis* finden wir im 12. Jahrhundert in Admont (cod. 399), Baumgartenberg (cod. Linz 319 u. 337, früher 30 und 15), Heiligenkreuz (cod. 100), Seckau (cod. Graz 835, geschrieben vom Bibliothekar Bernhard, dem späteren Propst von Vorau), St. Lambrecht (cod. Graz 149), St. Florian (cod. XI 134), Klosterneuburg (cod. 311), Heilsbronn (cod. Erlangen 233). Die Klosterneuburger Handschrift ist bemerkenswert durch eine hübsche Zeichnung auf den Schlußblättern, die das Wesen scholastischer Disputation charakterisiert.[27] Zwei Disputanten sitzen einander gegenüber, der eine sagt »*est, est*«, der Gegner »*non est, non est*«,

---

26) Vgl. E. SEEBERG, Lehrb. d. Dogmengeschichte 3⁴ (1930) 175 Anm. 1.

26a) PL 194, 1519 B. Hier ist der Ort, an den einzigen Spezialkatalog einer Gruppe scholastischer Handschriften in österreichischen Bibliotheken zu erinnern: G. THÉRY, Catalogue des manucrits dionysiens des bibliothèques d'Autriche, in: Archives d'hist. doct. et litt. du Moyen Age 10 (1935/36) und 11 (1937); unter den dort genau beschriebenen Hss. sind solche des 12. Jhs. mit der Eriugena-Übersetzung aus Klosterneuburg, Heiligenkreuz, Zwettl, Salzburg; ferner der Kommentar Hugos v. St. Viktor in Hss. s. XII aus Klosterneuburg, Admont und Zwettl.

27) Vgl. E. WINKLER, Buchmalerei in Niederösterreich von 1150 bis 1250 (Artes Austriae 2, 1923) 11 f. und Tafel 6 Abb. 24 f.

und die zu beiden Seiten stehenden *fautores* bekunden ihre Meinung mit den Worten »*bene dicit*« und »*male dicit*«. So hat die scholastische Methode auch in bildlicher Darstellung ihren Eingang in Österreich gefunden.

Wir sehen davon ab, die Liste der Hugo-Handschriften um die Münchener Codices und die Handschriften der zahlreichen kleineren Schriften des Meisters von St. Viktor zu erweitern und weisen nur noch auf die noch immer rätselhafte, aber jedenfalls dem Bereich Hugos zugehörige Summa Sententiarum hin. Als R. Baron jüngst die Handschriften zu klassifizieren suchte,[28] nannte er neben einer aus Admont (cod. 683) allein 10 aus München, darunter den schon genannten cod. 14160 aus Prüfening, der auch Abaelard-Material enthält,[29] und cod. 4600 aus Benediktbeuren, der mit der Summa wiederum Abaelard-Material vereint.[30] Die letztgenannte Handschrift zeigt zahlreiche Änderungen und Korrekturen, die ihr äußerlich fast das Gesicht eines vielbenutzten Schulbuches verleihen, und dasselbe ist noch deutlicher an dem bisher unbeachteten cod. Vorau 187 zu beobachten, dessen Ränder für die Korrekturen nicht reichten, so daß man Einlegezettel zu Hilfe nehmen mußte. Solche Codices beweisen am deutlichsten, daß man sich mit ihrem Inhalt auseinandersetzte. Weitere unbeachtete Handschriften der Summa Sententiarum sind Erlangen 228 (aus Heilsbronn?), Klosterneuburg 312 und Graz 1028 (aus St. Lambrecht), alle s. XII;[31] schließlich ist darauf hinzuweisen, daß Otto von Freising die Summa benützte[31a] und in dem großen christologischen Streit von 1163 Eberhard von Bamberg nachweisen konnte, daß Folmar von Triefenstein sich auf die Summa Sententiarum stützte.[32]

Viel bezeichnender als Hugo und sein Kreis sind für die Aufgeschlossenheit den »neuen Lehren« gegenüber die heiß umstrittenen Werke Gilbert Porretas und seiner »kleinen Schule«. Die Klosterneuburger Schulbibliothek hatte um 1200 neben einem *Liber categoricorum sillogismorum* und *Glose super Porfirium* auch *Boethius cum glosis suis*, worunter der erhaltene und gleich zu nennende Codes 345 zu verstehen sein dürfte.[33] Unter den Salzburger Schulbüchern werden im 13. Jahrhundert *Boethii commenta super kathegorias*, *Boethius de s. Trinitate*, *Priscianus major* und auch *Gisilbertus super Boethium de s.*

---

28) R. BARON, Note sur l'énigmatique Summa Sententiarum, in Recherches de théologie ancienne et médiévale 25 (1958) 26–42, hier S. 33 ff. Baron gibt das Alter und die Herkunft der Handschriften nicht an, die Mehrzahl entstammt aber dem 12. u. 13. Jh. Infolge mehrerer Druckfehler bei den Signaturangaben steigt die Summe scheinbar.

29) Vgl. oben S. 285.

30) Vgl. oben S. 287.

31) Jünger ist cod. Graz 101 s. XV aus St. Lambrecht, der aber eine andere Textgestalt hat als Graz 1028.

31a) HOFMEISTER in NA. 37 (1912) 649.

32) PL 193, 502 D–503 A, dazu L. OTT in Das Konzil von Chalkedon, hrsg. v. A. GRILLMEIER u. H. BACHT, 2 (1953) 902 Anm. 98.

33) GOTTLIEB (wie Anm. 18) 100.

*Trinitate* genannt,[34)] und ein Zwettler Katalog vom Anfang des 13. Jahrhunderts führt an *Glose Gisilberti in epistolas Pauli* und *Gisilbertus super Boecium de Trinitate* – auch dies dürften die noch erhaltenen Codices sein.[35)] Dagegen kennt Wolfger von Prüfening in seinem Katalog Gilbert nicht. Die exegetischen Schriften des Porreta sind meist anonym überliefert und darum in alten – und den meisten neuen – Katalogen nicht zu erkennen.[35a)]

Nach dem mageren Befund in den Katalogen überrascht die große Zahl der erhaltenen Gilbert-Handschriften. N. M. Haring zog für seine neuen kritischen Editionen der Boethiuskommentare alle ihm bekannten Codices heran,[36)] insgesamt 25, davon 20 westeuropäischer, meist französischer Herkunft: elf von ihnen sind vor etwa 1200 geschrieben. Die fünf deutschen Codices Harings sind: Basel, Univ.-Bibl. O II 24 s. XII, unbekannter Herkunft, Bamberg Q VI 30 (Patr. 47) s. XII aus Michelsberg (unvollständig), clm 17741 s. XII aus St. Mang in Stadtamhof, clm 18478 s. XII aus Tegernsee, clm 15824 aus der Kapitelbibliothek Salzburg, nach Haring und dem Münchener Katalog s. XIII, meiner Meinung nach noch s. XII.

Leider hat Haring die österreichischen Handschriften ganz übersehen. Mir sind die folgenden bekannt geworden: Admont 593 s. XII fol. 1$^r$–8$^v$, Fragment,[37)] Klosterneuburg 345 s. XII, fol. 3$^r$–54$^{r38)}$ Zwettl 248 s. XII fol. 2$^r$–116$^r$, Zwettl 314 s. XII ex. fol. 103$^r$–153$^v$, Zwettl 253 s. XII inc. fol. 1$^r$–80$^v$ (anonym),[39)] Wien cvp 1618 s. XIII fol. 1–36.

Die Basler Handschrift ist, wie schon Haring erkannte, denen aus Tegernsee und Salzburg – wir fügen hinzu: und der aus Klosterneuburg – nahe verwandt, das spricht für süddeutschen Ursprung. Aber auch ohne sie haben wir jetzt aus der Zeit bis um 1200 acht Handschriften der Salzburger Provinz gegenüber elf westeuropäischen.

34) BECKER (wie Anm. 16) 233 Nr. 115, 2–4; es dürfte sich um clm 15824 handeln. Nach TH. GOTT-LIEB, Über mittelalterliche Bibliotheken (1890, Neudruck 1955) 70 bilden die Schulbücher dieses Katalogs (Titel 1–65) einen Nachtrag des 13. Jhs.

35) GOTTLIEB (wie Anm. 18) 514, gemeint wohl codd. Zwettl 58 und 248 oder 314.

35a) Ein Katalog aus Baumgartenberg s. XII ex., bei E. STEINMEYER–E. SIEVERS, Die althochdeutschen Glossen 4 (1898) 490 nennt *Gisilbertus super apostolum*, d. i. gewiß der unten zu nennende cod. Linz 485.

36) N. M. HARING, The Commentaries of Gilbert of Poitiers on Boethius' two first Opuscula sacra, in: Nine Mediaeval Thinkers, ed. R. O'DONNELL (Studies and Texts, Pontifical Institute of Mediaeval Studies, 1, Toronto 1955): Traktate I und II; DERS., The Commentary of Gilbert of Poitiers on Boethius De hebdomadibus, Traditio 9 (1953) 177–211: Traktat III; DERS., The Commentary of Gilbert of Poitiers on Boethius Contra Eutychen et Nestorium, Archives d'hist. doctr. et litt. du Moyen Age 21 (1954) 241–357: Traktat IV. Über die Handschriften am ausführlichsten bei der Ausgabe der beiden ersten Traktate S. 28 ff.

37) Nur die erste Lage hat Prolog und Text des ersten Kommentars bis Kap. 3, 3 p. 51 HARING. Die unten S. 293 genannten Teile der Handschrift sind wohl früh damit vereint, bilden aber keine ursprüngliche Einheit.

38) Über diese Handschrift unten S. 294 f.

39) Die naheliegende Vermutung, daß die drei Zwettler Handschriften voneinander abgeschrieben sind, bestätigt sich anscheinend hinsichtlich der zusammengehörigen 248 und 253, dagegen hängt 314 von Klosterneuburg 345 ab.

Mit Gilberts Traktaten werden nicht selten die »Capitula« von Reims 1148 abgeschrieben. So warnt man vor den Irrtümern des Autors, ohne darum dessen Werk selbst zu unterdrücken. Von den vorgenannten Handschriften haben die Capitula: clm 15824 fol. 63ʳ, Klosterneuburg 345 fol. 2ʳ–2ᵛ, Zwettl 314 fol. 153ʳ–154ʳ. Darüber hinaus sind sie mehrmals einzeln überliefert: Codd. Admont 276 s. XII fol. 153ᵛ–154ʳ (enthält fol. 1ʳ–153ᵛ die Ezechielhomilien Gregors d. Gr.), Klosterneuburg 206 s. XII fol. 163ʳ–163ᵛ (Hilarius-Sammelcodex, vgl. unten S. 297 f.); Graz 835 s. XII fol. 1ʳ (enthält Hugo, de Sacramentis, vgl. oben S. 288; auch die Capitula von Bernhard geschrieben).[40]

Weniger häufig als im Westen sind in unserem Bereich die großen, noch ungedruckten exegetischen Werke Gilberts vertreten. Für den Psalmenkommentar nennt Stegmüller[41]: clm 7618 aus Indersdorf, s. XII, anonym, Ps. 1–73; clm 18131 s. XV aus Tegernsee, anonym, vollständig; clm 22027 s. XII aus Wessobrunn, anonym, vollständig; cod. Klosterneuburg 815 s. XII, anonym;[42] cod. St. Florian XI 44 s. XII/XIII, anonym; Wien cvp 1323 s. XIII anonym; cod. Linz 8 (alte Signatur) s. XIII aus Baumgartenberg »Guilelmus Parisiensis«. Hinzuzufügen ist cod. Vorau 261 s. XII, anonym, vollständig. Die Handschrift ist interessant wegen des fol. 1ʳ von Propst Bernhard (1184–1202) eingetragenen Vermerkes über ihre Geschichte: *XXXII q (uaterniones) § hic liber est s. Marie scique Thome apostoli et uorow (ensium) canonicorum. Quem Otakarius archidiac. marchioni Otachario et ille nostre ecclesie contulit. Hunc ergo nemo auferat ne anathemati subiaceat.*[43] Bei dem hier genannten Archidiakon kann es sich nur um Otakar von Fischau handeln, der zuletzt 1161 Dez. 25 nachweisbar ist, sein Nachfolger war der zuerst 1163 Dez. 17 belegte Poppo von Neunkirchen.[44] Die Handschrift dürfte Archidiakon Otakar gegen Ende seines Lebens dem Markgrafen Otakar III. übergeben haben, der sie – vielleicht auf Anordnung des Spenders – dem 1163 von ihm errichteten Stift vermutlich gleich bei der Gründung übertrug. Sie ist also sicher spätestens 1163 geschrieben worden, von mehreren, sehr sorgfältig arbeitenden Schreibern, deren Hand eine bemerkenswert fortgeschrittene Brechung vor allem der Bogen übt.

Für Gilberts Pauluskommentar führt Stegmüller[45] an: cod. Zwettl 58 s. XII, »Gisilbertus«, umfaßt Römer bis Hebräer; cod. Linz 485 (alte Sign. 25), s. XII ex., aus Baumgartenberg, anonym, umfaßt Römer bis Hebr.; cvp 1562 s. XII, »Glosatura magistri Gisilberti«, am Schluß defekt, umfaßt Römer bis 2. Tim. Hinzuzufügen ist clm 18206 s. XII aus

---

40) Die Fassungen der Capitula sind verschieden, sie werden teils mit, teils ohne die Anklagesätze wiedergegeben.

41) F. STEGMÜLLER, Repertorium Biblicum 2 (1950) 345 f.

42) Über die Hs. unten S. 294.

43) Vgl. FANK (wie oben Anm. 11) 146 und 156 zu Cod. 276. A. CHROUST, Monum. palaeographica II 12, 10 (bearb. v. K. UHLIRZ) nimmt Entstehung in Salzburg in den siebziger Jahren an.

44) Salzburger Urkundenbuch, hrsg. v. W. HAUTHALER und F. MARTIN 2 (1916) Nr. 363 und 373, vgl. auch K. HÜBNER, Mitt. d. Ges. f. Salzb. Landesk. 45 (1905) 53 ff. über Otakar.

45) STEGMÜLLER (wie Anm. 41) 2, 349 f.

Tegernsee, anonym, enthält nur Römer,[46] und clm 6216 s. XIII aus Freising, Kapitel, anonym, vollst. Unter diesen Handschriften verdient die Wiener besondere Beachtung, obwohl ihr Text unsauber und fehlerhaft geschrieben ist. Sie enthält nämlich sehr zahlreiche und umfängliche Randglossen, deren größter Teil von der Hand Gerhochs von Reichersberg herrührt, während die übrigen auf einen engen Mitarbeiter Gerhochs, vielleicht Arno, zurückgehen. Textkorrekturen, sachliche Ergänzungen zur Exegese und vor allem lange polemische Auseinandersetzungen mit den von Gilbert vorgetragenen Lehren mischen sich hier. Die Handschrift dürfte den fünfziger Jahren des 12. Jahrhunderts entstammen.[47]

Die Beobachtungen am Wiener Gilbert-Codex führen uns wieder auf Gerhoch und seinen Kampf gegen den Bischof von Poitiers zurück. Literarisch setzte Gerhoch sich mit den Werken des Meisters selbst auseinander, aber sein persönlicher Gegner war der einzige Porretaner im strengen Sinne (Otto von Freising läßt sich nicht dazu rechnen), ja überhaupt der einzige uns bekannte »scholastische« Lehrer, dessen Wirkungsfeld in der Salzburger Kirchenprovinz lag, Petrus von Wien.[48] Von seinen Werken hat sich nur das Fragment einer Streitschrift gegen Gerhoch und ein Brief an seinen Freund Hugo Etherianus in Konstantinopel erhalten, weitere verlorene Briefe lassen sich aus den Antworten erschließen. Gewiß geht man nicht fehl, wenn man die Verbreitung porretanischer Handschriften mit ihm in Zusammenhang bringt – aber schwerlich kann er allein für die zahlreichen genannten Codices in der ganzen Kirchenprovinz verantwortlich gemacht werden. Zu den Werken Gilbert selbst kommt aber noch eine Reihe von Schülerschriften, die allein in unserem Bereich überliefert sind.

Da sind zunächst die berühmten Sententiae Divinitatis zu nennen,[49] die nur durch clm 18918 aus Tegernsee s. XII und durch clm 16063 aus St. Nikola vor Passau, s. XII ex. überliefert sind. Die erstgenannte Handschrift hat dazu noch eine der engeren Porretanerschule angehörige Quästionensammlung.[49a] Cod. Zwettl 240 s. XIII inc. verbindet mit verschiedenen Schriften des von den Porretanern besonders geschätzten Hilarius von Poitiers zwei bisher unbeachtete kurze Traktate, die in die Auseinandersetzung mit den Porretanern gehören: *Tractatus de eo quod persona sit in persona* (fol. 125ʳ–129ᵛ, inc.

---

46) Hinweis von LANDGRAF, Einführung 80.

47) Näheres bei CLASSEN, Gerhoch, unter Opus 24 (435–438).

48) Über Petrus grundlegend H. FICHTENAU in MIÖG 63 (1955) 283–297, das dort zusammengestellte Material ist inzwischen ergänzt durch die Ausgabe eines Briefes an ihn von Gerhoch (ed. P. CLASSEN bei D. ac O. VAN DEN EYNDE et A. RIJMERDAEL, Gerhohi opera inedita 1, Rom 1955, 353–366) und eines Briefes von Hugo Etherianus an ihn [ed. A. DONDAINE in Hist. Jahrb. 77 (1958) 480ff., vgl. ebenda 474], vgl. ferner CLASSEN in Byz. Zs. 48 (1955) 347ff., 354, 361 f. (= o. 125–127, 132, 139 f.). Von Petrus selbst sind nach wie vor nur die Briefe ed. H. WEISWEILER in Scholastik 13 (1938) 231–246 an Otto von Freising und ed. A. DONDAINE in Archives d'hist. doct. et litt. du Moyen Age 19 (1952) 131 f. an Hugo Etherianus bekannt.

49) Ed. B. GEYER, Beitr. z. Gesch. d. Phil. d. MA. 7, 2/3, 1909.

49a) Vgl. LANDGRAF, Einführung 82.

*Patrem in Filio, Filium in Patre;* expl. *quanto ab huius mundi fantasiis purgatiorem)* und *Tractatus contra eum qui dixit quod divinitas non sit Deus* (fol. 129ᵛ–135ʳ; inc. *Superiori tractatu de Patris,* expl. *essentia idem unitas est).*

Unter den weiteren Werken der Gilbert-Schule ist vor allem ein nur in Österreich überliefertes zu erwähnen. Im cod. Zwettl. 109 s. XIII steht neben einem Fragment über die Trinität (fol. 121ᵛ–123ᵛ) und den *Maximae de theologia* des Alanus von Lille (fol. 82ʳ–121ʳ, hier anonym) ein Werk, auf das Landgraf wiederholt hingewiesen hat und das er die »Zwettler Summe« nennt (fol. 3ʳ–81ᵛ).[50] Es enthält eine Gesamtdarstellung der Theologie in vier Büchern, die die Handschrift am Anfang als *Sententiae magistri Petri Pictavensis* und am Schluß als *Opusculum magistri Petri Pictaviensis de theologia* bezeichnet. Eine bisher unbeachtete, am Schluß abweichende zweite Überlieferung hat cod. Admont 593 s. XII ex. XIII inc. fol. 9ʳ–55ᵛ, anonym und ohne Titel.[50a] Landgraf charakterisiert die Lehre der Schrift als »selbständige Weiterführung gilbertinischer Ideen«, die sich »in keine Schule restlos einordnen läßt«.[51] Das dritte Buch (cod. Zwettl fol. 30ʳ–47ʳ; cod. Admont fol. 25ʳ–34ᵛ) behandelt sehr eingehend die christologischen Fragen im Sinne Gilberts, es polemisiert gegen die Assumptus-Lehre (cod. Zwettl. fol. 30ᵛ–32ᵛ), wendet sich gegen die *aequalis gloria* des *filius hominis* (fol. 34ʳᵛ), gegen die Lehre *natura assumpsit naturam* (fol. 35ʳ), gegen die Raumüberwindung durch das *corpus spiritale* des Menschensohnes (fol. 39ʳ) – das alles sind Lehren, die Gerhoch vertrat. Das ganze Buch wird beherrscht von der Fragestellung Susceptio des Menschen *naturā an gratiā;* gegen die Behandlung gerade dieser Frage durch einen Ungenannten richtete sich Gerhochs Spätwerk »*Utrum Christus homo sit Filius Dei et Deus natura an gratia*«,[52] und man ist versucht, die Frage zu stellen, ob sich hinter dem geheimnisvollen *Petrus Pictaviensis,* der weder mit dem Kanzler noch mit dem Viktoriner Chorherrn dieses Namens identisch sein kann,[53] etwa der Schüler des Bischofs von Poitiers, der wahrscheinlich selbst Franzose war, Petrus von Wien, verbirgt und es sich um ein Spätwerk dieses Meisters handelt. Zwettl ist der einzige Ort, an dem man den Tod des Petrus von Wien vermerkte,[54] auf Zwettler Beziehungen deuten neben den dort besonders zahlreichen

---

50) A. M. LANDGRAF, Dogmengeschichte der Frühscholastik Bd. 1–4 (in 8 Teilen) 1952–56, an den in den Handschriftenindices der einzelnen Bände unter Zwettl 109 verzeichneten Stellen, vgl. vor allem Bd. 3 Teil 2, 182 ff.

50a) Über die Hs. vgl. oben S. 290 mit Anm. 37. Auf fol. 56ʳ–65ᵛ folgt von gleicher Hand wie die »Zwettler Summe« Bernhard, De gratia et libero arbitrio. Der Summe fehlt hier die Bucheinteilung; sie schließt etwas verkürzt: *eterne namque tam bonorum quam iniquorum retributiones visione supernaturali sunt mentibus fidelium revelati. Explicit.*

51) LANDGRAF a. a. O., 2, 1, 109 und 316, vgl. 3, 2, 183.

52) VAN DEN EYNDE-RIJMERSDAEL, Gerhohi opera inedita 1 (wie Anm. 48) 279–308, dazu VAN DEN EYNDE (wie Anm. 12) 157 ff. und künftig CLASSEN, Gerhoch, Anhang Opus 17 (425).

53) LANDGRAF a. a. O. 3, 2, 183 und schon GRABMANN (wie Anm. 19) 2, 503 Anm. 1.

54) MG. SS. 9, 542 zu 1183, vgl. FICHTENAU (wie Anm. 48) 297 Nr. 20 und CLASSEN, Byz. Zs. 48 (1955) 349 Anm. 2 (= o. 127 Anm. 45).

Gilbert-Codices auch die Überlieferung einer Schrift des Hugo Etherianus, des Konstanti-
nopler Freundes unseres Petrus[55] – übrigens ist ein Werk des Bruders des Hugo Etherianus
in Admont erhalten.[56] Aber die außerordentlich straffe Gedankenführung, deren logische
Schlüsse kaum von einem Väter- oder Bibelzitat unterbrochen werden und erst recht
keinen Gegner zitieren, erlaubt keine bestimmten Aussagen, ja sie spricht wohl eher für
eine Abfassung erst nach dem Tode des Petrus (1181).

An Gilberts Psalmenkommentar schließt sich im Codex Klosterneuburg 815 fol.
145^r–149^r eine dem Meister selbst zugeschriebene Erklärung des pseudoathanasianischen
Symbols an, die nicht gedruckt ist. Sie beginnt mit den Worten: *Incipit expositio Magistri
Gisleberti in quicumque vult. Quicumque vult salvus esse etc. Ad heresim compescendam et
fidem catholicam defendendam sinodales conventus celebrari papa Silvester instituit.*
Schluß: *salvus esse non poterit. Hec est salus et vita eterna: credere in Deum patrem et
unicum filium eius quem misit salvare mundum. Amen.* Die Erklärung trägt ausgesprochen
porretanische Lehren vor; ob sie mit Recht dem Schulhaupt zugeschrieben wird, mögen
Spezialisten entscheiden. In der bisherigen Gilbert-Literatur wird sie nicht erwähnt.[57]
Nach dem wohl am Ausgang des 12. oder am Anfang des 13. Jahrhunderts entstandenen
Schriftbild kann man zweifeln, ob der Codex in Österreich entstanden ist; es fehlen auch
die in Klosterneuburg sonst üblichen Besitzeintragungen des Albertus Saxo, erst im
14. Jahrhundert ist ein solcher Vermerk eingetragen worden.

Ist es also ungewiß, ob wir die eben erwähnte Handschrift für den Porretanismus im
Österreich des 12. Jahrhunderts verwerten dürfen, so werden wir mit den Glossen zu
Gilberts Boethius-Traktaten wieder mitten in unser Thema hineingeführt. Haring hat in
den Fußnoten seiner kritischen Editionen dieser Traktate eine Reihe von gleichlautenden
Randglossen aus clm 18478 s. XII (Tegernsee) und clm 15824 s. XII (Salzburg, Kapitel)
abgedruckt. Fast alle diese Glossen und noch sehr zahlreiche andere finden sich auch im
Codex Klosterneuburg 345, der ein höchst interessantes Dokument des Gilbert-Studiums
in Österreich und zum Teil in Klosterneuburg selbst bildet. Der Inhalt ist folgender[58]: fol.
1^v–2^r Exzerpt aus Beda über Methoden der Exegese, fol. 2^r–2^v Reimser Capitula gegen
Gilbert, 3^r–84^r Gilberts Kommentar zu den vier Opuscula theologica des Boethius, mit
Prolog, der Boethius-Text steht jeweils auf besonderer Spalte am Innenrand der Seiten,

---

55) Cod. Zwettl 237 s. XII ex. fol. 87^r–130^v, vgl. DONDAINE (wie Anm. 48) 108. Die an die Kleriker
von Pisa adressierte Schrift ist sonst nur in einer Handschrift aus Barcelona erhalten und kann
schwerlich anders als durch Petrus von Wien von Konstantinopel nach Zwettl gelangt sein.

56) Cod. Admont 125 s. XII enthält auf der vorgehefteten Lage fol. 2^r–9^r eine bisher unbeachtete
Überlieferung des von DONDAINE (wie Anm. 48) 119 ff. beschriebenen Werkes: Übersetzung der
Chrysostomus-Liturgie durch Leo Tuscus mit Widmung an Raimund de Monte Catano, sonst nur aus
zwei zusammengehörigen Hss. in Paris und Karlsruhe bekannt. Auch hier dürfte der Weg von
Konstantinopel nach Admont über Petrus von Wien geführt haben.

57) Notiert ist sie nur bei STEGMÜLLER (wie Anm. 41) 2, 350 s. v. Gilbertus Porretanus.

58) Vgl. PFEIFFER-ČERNIK (wie Anm. 11) 2, 215, zum Teil ungenau.

84$^v$–85$^r$ (E)xcerptum ex epistola ad Adrianum papam, d. i. ein Fragment aus Gerhochs Brieftraktat De novitatibus huius temporis an Papst Hadrian IV.,[59] fol. 85$^v$ Definitionen theologischer Begriffe: Virtus est animi habitus... propter se petitur satis dictum est, fol. 86$^r$ Über Natur und Person bei den griechischen Vätern: Sancti graecorum doctores huiusmodi differentiam assignant divine nature et huius personarum... que circa singulum intelliguntur proprietatum, mit Zitaten von Johannes Damascenus und Basilius magnus. Diese letzte Eintragung entstammt dem Ausgang des 12. Jahrhunderts; sie dürfte Beachtung verdienen bei der beabsichtigten Untersuchung der ungedruckten Traktate des Hugo Etherianus und Hugo von Honau über Natur und Person.[60] Bei ihrem Auftreten gerade in Klosterneuburg fühlt man sich wieder an Petrus von Wien erinnert.

In den von Haring benutzten Handschriften sind alle Glossen vom Textschreiber geschrieben; die aus Tegernsee stammende hat sie sogar großenteils in den Text eingerückt. Sehr viel komplizierter liegen die Verhältnisse in der Klosterneuburger Handschrift.[61] Eine erste Gruppe von Glossen stammt auch hier vom Textschreiber – nennen wir diese Hand A. Von ihr sind fast alle in den Handschriften von Salzburg und Tegernsee wiederkehrenden Glossen geschrieben, dazu aber noch eine Reihe anderer, die nur hier auftauchen. Sehr nahe steht ihr Hand B, von der eine Reihe umfangreicher Glossen stammen – vielleicht ist sie sogar mit A identisch und macht nur dadurch einen abweichenden Eindruck, daß sie bei den längeren Glossen gedrängter und kleiner schreibt. Die wenigen Glossen von Hand C gehören gleichfalls zum ältesten Bestand. Gruppiert man diese Glossen inhaltlich, so muß man sie anders einteilen, als es nach den Händen scheint. Ein Teil ist vor allem grammatischer Art, er setzt sich – zum Teil kritisch, zum Teil erläuternd – mit dem Text des Boethius und den Deutungen des Gilbert nach den Regeln der Schulgrammatik auseinander, zitiert auch Priscian und fordert hier und da eine andere Lesart im Boethius. Eine zweite Gruppe von Glossen kritisiert Gilberts theologische Lehren auf der Grundlage der Reimser »Capitula« und warnt vor Sabellianismus. Diese beiden Gruppen stehen auch in den Handschriften aus Salzburg und Tegernsee. In keiner der erhaltenen Handschriften liegt der Urtext vor, alle zeigen Fehler in den Glossen und erweisen sich als Abschrift auch durch die sorgfältige Schriftanordnung, die sich schroff von den spontanen und unübersichtlichen eigenhändigen Glossen Gerhochs zu Gilberts Pauluskommentar abheben. Die Handschriften aus Tegernsee und Salzburg sind untereinander besonders eng verwandt, sie müssen einer gemeinsamen Quelle entstammen, die ihrerseits von der gleichen verlorenen Handschrift abhängt wie die Klosterneuburger.

---

59) Cap. 42, 2. Hälfte S. 83 f. der Ausgabe von O. J. THATCHER in The Decennial Publications of the University of Chicago, First Series vol. 4, 1903.

60) Eine solche Untersuchung hat DONDAINE (wie Anm. 48) 124 angekündigt. Über den Traktat Hugos von Honau, dessen Prolog CH. H. HASKINS, Studies in the History of Mediaeval science (1924) 217 f. und (gekürzt) DONDAINE 74 f. abdruckt, vgl. DONDAINE 89 f., über den Traktat des Hugo Etherianus ebd. 124 mit Abdruck der Widmung 133 f.

61) Zum Folgenden vgl. den Abdruck der wichtigsten Glossen unten S. 303 ff.

Dieses Abhängigkeitsverhältnis gilt ebenso für die Glossen wie für den Gilbert-Text selbst. Die Überlieferung spricht dafür, die Urhandschrift der Glossen im Salzburger Bereich zu suchen, ohne daß man einen bestimmten Ort oder gar Autor angeben kann.

Nun kommen aber in der Klosterneuburger Handschrift noch einige zum Teil sehr umfangreiche Glossen der Hand B hinzu, die gleichfalls nicht in Urschrift vorliegen, aber nur hier erhalten sind. Sie kritisieren Gilbert ebenfalls, werden dabei aber zu ganzen Exkursen und berühren sich in der Polemik wie in der positiven Darstellung ihrer Lehren so eng mit den Lehren Gerhochs, daß man sie entweder auf diesen selbst oder auf einen seiner engsten Mitarbeiter, seine Brüder Arno, Rüdiger oder Haimo, zurückführen muß. Es ist nicht ausgeschlossen, aber auch keineswegs sicher, daß auch die grammatischen und kurzen theologischen Glossen aus ihrem Kreis stammen.

Schließlich hat die Klosterneuburger Handschrift aber noch ein paar Glossen, die von drei weiteren Händen stammen und wohl hier in Urschrift vorliegen. Auch sie gehören alle noch dem 12. Jahrhundert an. Hand F gibt ein erläuterndes Zitat aus Aristoteles, *De generatione et corruptione* (fol. 53$^v$) – ein auffallend frühes Zeugnis für die Kenntnis dieser Schrift in unserem Bereich. Hand E gibt eine einzelne Erklärung, die sich unmittelbar auf den Boethius-Text bezieht und nicht auf Gilbert (fol. 17$^v$). Am interessantesten ist Hand D, weil sie in zwei kurzen und einer längeren Bemerkung die Glossen von A und B abkanzelt und damit für Gilbert eintritt (fol. 14$^v$ und 60$^v$). Die Handschrift ist also schließlich einem Gilbert-Anhänger oder zumindest einem Mann, der Verständnis für Gilbert hatte, in die Hand gefallen – und in diesem Kreise wird man auch den Aristoteles-Kenner und den Schreiber des Textes über die griechischen Lehren (fol. 86$^r$, vgl. oben S. 295) suchen müssen. Denn mit der Art, wie Gerhoch als einer der ersten oder als der erste Lateiner überhaupt den Johannes Damascenus zitiert, hat dieses Exzerpt nichts zu tun.

Nach der eingehenderen Betrachtung der Gilbert-Schule können wir uns bei Petrus Lombardus, dessen Sentenzen die erste erregte Phase der Frühscholastik in gewisser Weise abschließen, wieder mit kurzen Hinweisen begnügen. Auch seine Werke zeigen, zumal wenn man die durch den Umfang bedingte lange und mühevolle Abschreibarbeit in Betracht zieht, eine bemerkenswerte Umlaufgeschwindigkeit. Wahrscheinlich schon 1142 bezog Gerhoch, wohl auf Grund eines Hinweises von Otto von Freising, in seine Kritik an Gilberts Paulusglossen auch den Pauluskommentar des Lombarden ein, der nicht lange vorher entstanden sein kann. Die Kritik am Psalmenkommentar nimmt Gerhoch erst 1163 auf; in diesem Jahr erreicht sein Streit mit Folmar von Triefenstein und Eberhard von Bamberg den Höhepunkt, und die erst 1155–57 abgeschlossenen Sentenzen[62] des Lombarden bieten dabei, wenn nicht den Anlaß, so doch jedenfalls einen großen Teil des Stoffes; die Bekanntschaft aller Beteiligten mit den Werken des Petrus wird vorausgesetzt. Rahe-

---

62) Zur Chronologie vgl. D. VAN DEN EYNDE, Essai chronologique sur l'œuvre de Pierre Lombard, in: Miscellanea Lombardiana (Novara 1957); die Einwände von A. M. LANDGRAF in Theol. Revue 53 (1958) 180 ff. überzeugen nicht.

win, der Freisinger Notar und Schüler Ottos schreibt eine versifizierte Inhaltsangabe der Sentenzen, vielleicht schon um 1158/59, die zwar keine tiefen theologischen Gedanken, aber doch genaue Kenntnis des Werkes verrät.[63] Im Prüfeninger Katalog Wolfgers erscheinen 1165 alle drei Hauptwerke des Lombarden.[64] Die beiden großen exegetischen Werke schenkte Eberhard I. von Salzburg († 1164) dem Kloster Admont (cod. Admont 36 und 52);[65] vom Psalmenkommentar finden sich Handschriften des 12. Jahrhunderts ferner[66] aus St. Lambrecht (cod. Graz 104), St. Florian (cod. XI 16), Klosterneuburg (cod. 9), Heilsbronn (cod. Erlangen 52), St. Gallen (cod. 114 und 319), Konstanz (cod. Stuttgart theol. fol. 341). Den Pauluskommentar[67] in Handschriften des 12. Jahrhunderts haben u. a. Salzburg (cvp 1207; cod. St. Peter a XI 7), Windberg (clm 22228), Klosterneuburg (cod. 17), Kaisheim (Diöz. Augsburg, clm 28128), Schönthal (Diöz. Würzburg, cvp. 1595, fol. 25$^r$–34$^r$, Exzerpte). Die Sentenzen sind in Handschriften s. XII aus Admont (cod. 364 und 286), Klosterneuburg (cod. 343), Zwettl (cod. 98), Rein (cod. 45), Seckau (cod. Graz 198), St. Nikolaus vor Passau (clm 16088), Tegernsee (clm 18109), Heiligenkreuz (cod. 45) erhalten.

Nach den scholastischen Werken selbst noch ein Wort über einen für die theologische Diskussion besonders bezeichnenden Kirchenvater, Hilarius. Schon das Frühmittelalter nennt ihn oft in den Bibliothekskatalogen; wie wenig er aber wirklich bekannt war, zeigt das Erlebnis Ruperts von Deutz, der sich einem Häresieprozeß ausgesetzt sah, als er es gewagt hatte, eine exegetische These gegen die Autorität Augustins zu verteidigen und Augustin für fehlbar zu erklären. Durch die plötzliche Entdeckung des Matthäus-Kommentars des Hilarius, der Ruperts These unterstützte, wurde der selbstbewußte Exeget unverhofft aus peinlicher Lage befreit.[68] Jetzt aber, als man sich ähnlich wie die Griechen des 4. Jahrhunderts um die Vereinbarkeit der logisch-metaphysischen Erkenntnisse mit den überlieferten Glaubenssätzen zu bemühen hatte, griff man überall auf den »Athanasius

63) Vgl. vor allem H. Böhmer in NA. 21 (1896) 668–679, dazu Classen, Gerhoch von Reichersberg, 270–271.
64) Becker (wie oben Anm. 16) S. 214 Nr. 150–153; der Pauluskommentar Nr. 153 anscheinend Nachtrag.
65) Die Handschriften haben Eintragungen über die Schenkung Eberhards. J. Wichner im ungedruckten Katalog von Admont führt dies mit der allgemeinen Erwägung, daß Petrus zur Zeit Eberhards I. noch nicht bekannt gewesen sein könne, auf Eberhard II. (1200–1246) zurück. Diese Erwägung trifft, wie wir sehen, nicht das Richtige, so daß man der Zuschreibung an Eberhard I. bei A. Krause, Die Stiftsbibliothek in Admont, 4. Aufl. o. J. S. 6 unbedenklich zustimmen kann. Bei meinem Besuch in Admont waren die Handschriften nicht zugänglich.
66) Das Folgende teilweise nach Stegmüller (wie oben Anm. 11) 4 (1954) 337 f. Cod. Klosterneuburg 9 enthält einige (mit Griffel?) gekritzelte und schwer lesbare Glossen, von denen die auf fol. 266$^v$ zu Ps. 98,5 offenbar mit Gerhochs Attacken gegen diese Stellen des Petrus (PL 193, 565 C; 194, 1097 A) zusammenhängen.
67) Das Folgende teilweise nach Stegmüller 4, 322 ff.
68) PL 170, 496 f.

des Abendlandes« (Grabmann) zurück.[69)] Vor allem war Hilarius die bevorzugte Autorität Gilberts und seiner Schule. Der Autor galt als dunkel, schon Hieronymus hatte ihn für *procul a lectione simpliciorum fratrum* erklärt, und Gilbert meinte kurzerhand, Bernhard von Clairvaux müsse erst einmal die *disciplinae liberales* studieren, wenn er Hilarius begreifen wolle.[70)] Folmar von Triefenstein hielt Hilarius für einen obskuren Griechen; Gerhoch aber hatte dies eine mit Gilbert gemeinsam, daß er eine ganz besondere Hochschätzung für Hilarius hegte – nur interpretierte er den alten Bischof von Poitiers regelmäßig ganz anders, als es der neue Bischof von Poitiers tat.

Die Werke des Hilarius sind nicht selten in den Bibliotheken des 12. Jahrhunderts, aber sie gehören keineswegs zum eisernen Bestand der Patres wie Augustin, Hieronymus und Gregor. Wir wollen hier nur auf eine Gruppe von Handschriften hinweisen, in deren Mittelpunkt wieder die Klosterneuburger Bibliothek steht. Der dortige cod. 206, der seiner äußeren Form nach in die Reihe der schönen und repräsentativen Klosterneuburger Väter-Codices gehört, vereint die dogmatischen Hauptwerke, De Trinitate, De synodis und die Briefe an Kaiser Konstantius, mit Sätzen des Hieronymus über die Autorität des Bischofs von Poitiers, Versen des Venantius Fortunatus auf ihn, dem Prolog des Venantius zur Hilarius-Vita und einem Sermo auf den Kirchenvater.[71)] Man hat also eine systematische Sammlung angelegt, und es ist recht bezeichnend, daß man es nicht für überflüssig erachtete, die Autorität des wenig bekannten Kirchenvaters durch bekanntere Autoritäten besonders zu stützen. Der größere Teil dieses Codex wurde in Zwettl kopiert.[72)] Den Fortgang der wissenschaftlichen Methode zeigt der Klosterneuburger Codex 777, der ein wenig jünger und äußerlich weniger repräsentativ ist; er enthält, nach auswärtiger Vorlage, die kürzere Schrift De synodis vollständig und aus dem großen Werk De Trinitate nur Auszüge des dogmatisch wichtigsten unter dem Titel *Note in libro beati Hylarii de Trinitate*.[73)] Wiederum wurden diese *Note* in Zwettl kopiert,[74)] dort findet sich dann aber auch die folgerichtig nächste Stufe: eine Sammlung von Sentenzen verschiedener Väter mit besonderer Bevorzugung des Hilarius, dessen Autorität wieder durch eine kleine Spezialsammlung von Vätersprüchen über ihn gestützt wird.[75)]

---

69) Vgl. GRABMANN (wie oben Anm. 19) 1, 120 ff.; 2, 91 und öfter, der aber die aus allen Quellen sehr deutliche besondere Hilarius-Verehrung im Gilbert-Kreis nicht scharf genug betont.

70) Johannes von Salisbury, Historia pontificalis cap. 12.

71) Vgl. die Beschreibung bei PFEIFFER-ČERNIK (wie oben Anm. 11) 1, 172–175.

72) Cod. Zwettl 33 s. XII fol. 122ʳ–242ᵛ, auch in den Randglossen mit der Klosterneuburger Hs. übereinstimmend.

73) Cod. Klosterneuburg 777 s. XII fol. 1ʳ–53ᵛ; das gleiche nach GRABMANN (wie oben Anm. 19) 2, 91 Anm. 2 in cod. Vat. lat. 254 s. XII.

74) Cod. Zwettl 261 fol. 1ʳ–29ᵛ und 63ᵛ–87ʳ; fol. 29ᵛ–49ᵛ dazu weiteres Hilarius-Material. Cod. Vorau 33 s. XII fol. 95ʳ–114ᵛ hat gleichfalls Hilarius-Exzerpte, die aber anscheinend nicht identisch sind, vgl. FANK (wie oben Anm. 11) 22.

75) Cod. Zwettl 295 s. XII ex. fol. 1ʳ–71ʳ = cod. Zwettl 240 s. XIII fol. 70ᵛ bis 124ʳ.

Diese stufenweise Entwicklung vom Studium des vollständigen Autors über die Exzerpte aus einem Autor zur Sammlung von Sentenzen verschiedener Autoren entspricht durchaus dem Zuge zur »scholastischen« Methode.[76] Aber, und das ist das Bemerkenswerte an den Klosterneuburger Codices, man ging nicht nur diesen Weg, sondern daneben einen anderen zur philologischen Methode. Die den Codices 206 und 777 gemeinsamen Teile wurden miteinander verglichen und danach die eine oder andere Handschrift berichtigt, zum Teil ließ man auch die Lesarten beider Codices nebeneinander stehen, etwa mit dem Vermerk »alius liber habet«. Der Streit um die Interpretation erforderte, so meinte man jedenfalls hier, eine genaue Kenntnis des Textes. Diese Handschriften zeigen, daß es keine bloße Phrase ist, wenn Gerhoch sich in seiner Polemik gegen Petrus von Wien die Zitate in codicibus diligenter emendatis nachzuschlagen behauptet.[77] Mehr als einmal konnte Gerhoch seine Gegner auf diese Weise wirklich widerlegen. Darüber hinaus stehen die Klosterneuburger Codices sogar in einem unmittelbaren Zusammenhang mit Gerhochs Polemik, denn gerade zu der Stelle, an der Gerhoch den Wiener Scholaster berichtigt, gibt Cod. Klosterneuburg 206 fol. 121ʳ eine längere Randglosse, deren Inhalt ganz genau der Argumentation Gerhochs entspricht.[78] Außerdem haben beide Codices zahlreiche weitere Randglossen, teils einfach nota, vide, intellige, teils Hinweise auf den Inhalt, teils aber erläuternde Bemerkungen, die die Worte des Hilarius für den gegenwärtigen christologischen Streit verwerten, auf die Irrtümer Gilberts verweisen und dabei entweder dessen Namen ausdrücklich nennen oder nur auf seine Lehren, den Sabellianismus des Ausdrucks singularis substantia usw. verweisen.[79] Auch hier ist es evident, daß die Glossen von einem Mann stammen, der Gerhochs Kreis angehört; vielleicht liegen aber diese Glossen in Urschrift und nicht in Kopie – wie die Glossen zu Gilberts Boethius-Kommentaren – vor. Bemerkenswert ist vor allem eine Glosse, die ein längeres Zitat aus »Scotus in libro

---

76) Über die Methode der Väterbenutzung vgl. GRABMANN (wie Anm. 19) 2, 82 ff., der das selbständige Väterstudium noch überschätzt. Es ist nicht nur Zufall, sondern Symptom des Methodenunterschieds, wenn Gerhoch ein Augustin-Zitat, das alle erhaltenen Handschriften gleichlautend haben, gegen einen Fehler der Systematiker, der sich gleichlautend bei Ivo, Alger, Gratian, Petrus Lombardus, Thomas von Aquin und darüber hinaus findet, richtigstellt. Vgl. darüber CLASSEN, Gerhoch von Reichersberg 261–262.

77) PL 193, 587 C.

78) Fol. 121ʳ zu Hilarius, De trin. XI 43 (PL 10, 428): Illud apostolicum »quis accusabit adversus electos Dei? Deus qui iustificat?« (Rom. 8, 33), si legatur sine interrogatione, falsum parit sensum. Sic hec sententia si non legatur interrogative, detrahet glorie filii virginis qui patris pollet deitate. Unde in hoc ipso libro premisit Hylarius dicens »Natura assumpti corporis nostri nature paterne divinitatis invecta per eum erit omnia in omnibus Deus« (PL 10, 425 A). Igitur in hac sententia »Cum igitur hec nostra etc.« non potuit sibi esse contrarius Hylarius. Vgl. damit die Argumentation Gerhochs an der in der vorigen Anm. genannten Stelle, ferner PL 193, 599 D.

79) Auf die Glossen hat, mit Abdruck einzelner Stellen, zuerst J. BACH, Dogmengeschichte des Mittelalters 2 (1875) 2, 714 f. hingewiesen; vgl. auch CLASSEN in Gerhohi opera inedita (wie oben Anm. 48) 1, 364 Anm. 7.

*periphysion*«[80]) bringt; der volle Titel beweist, daß das Werk des Johannes Scottus, von der die Theologie der Reichersberger im Spätwerk abhängig ist,[81] nicht nur in dem Auszug des Honorius Augustodunensis unter dem Titel Clavis physicae, sondern auch im vollständigen Original vorhanden war.

III.

Halten wir ein mit den Beispielen! Obwohl sie nicht den Anspruch auf Vollständigkeit erheben können und obwohl wir uns auf die wichtigsten Schulen der ersten Phase der Frühscholastik bis zu Petrus Lombardus beschränkt haben, können wir mit Bestimmtheit sagen, daß Haucks Meinung, man habe nur ausnahmsweise einen Einblick in die Bestrebungen und Leistungen der scholastischen Theologie gewinnen können, sich nicht halten läßt. Eine ganze Reihe von Stätten läßt sich namhaft machen, an denen Werke aller genannten großen Schulen vertreten waren: Freising, Tegernsee, Salzburg, Admont, Reichersberg, St. Florian, Klosterneuburg, Zwettl; und es gibt nur wenige größere Klöster, in denen man frühscholastische Werke vergeblich sucht, wie etwa in der sonst doch nicht armen Bibliothek von Kremsmünster. Es ist nicht unbezeichnend, daß ein Kloster, das sich den neuen Reformbestrebungen des 12. Jahrhunderts lange verschloß, sich auch mit der modernen Theologie nicht auseinandersetzte, während es gerade die neuen Orden waren, voran Zisterzienser, Augustinerchorherren und auch die Reform-Benediktiner, die nicht nur die Gegner der Scholastik stellten, sondern auch zu ihrer Rezeption neigten, die mit einem Wort größere geistige Regsamkeit bewiesen. Sehr rasch traten dabei gerade die jungen Klöster weit im Osten, nach Admont Klosterneuburg, Heiligenkreuz, Zwettl und Vorau, in den Vordergrund. Der Widerstand der Reichersberger und ihrer Brüder in Klosterneuburg wurde zuerst durch das Auftreten der neuen Theologie in Bayern und Österreich ausgelöst, er zwang dann die Bekämpfer der »neuen Lehren«, sich tief in die Werke der Scholastik zu versenken, und trug letztlich gewiß zu deren Ausbreitung bei. Bald standen die Reichersberger allein, und als sie um 1163 nach Abaelard und Gilbert auch Petrus Lombardus angriffen, fanden sie keinerlei Widerhall mehr, weil die neuen

---

80) Cod. Klosterneuburg 206 fol. 95ᵛ zu Hilarius, De trin. IX 75, PL 10, 342 A: *Scotus in libro periphysion* (II 28, PL 122, 595 B): *Epiphanius Cypri episcopus patrem solummodo dicit nosse futurum iudicium non solum per prescienciam, sed etiam per experimentum. Pater siquidem per experimentum cognoscit iudicium, qui iam re ipsa omne iudicium filio dedit; omnino enim pater peregit iudicium, dum omne illud dedit filio. Filius et scit et nescit iudicium; presciencia namque scit, non experimento, et ideo experimento nescit, quia nondum re ipsa factum est iudicium, hoc est segregatio reproborum ab electis.* (Das Folgende nicht mehr aus Scottus). *Sicut veraciter humane in Christo nature infirmitates iste fuerunt, ita veraciter eiusdem humane erat nature, quantum ad eius adtinet proprietatem, ignorantia secretorum, cum tamen humana ipsa natura in suscipiente Christo ita vere effecta esset consors divine scientie sicut et nature.*

81) Darüber CLASSEN, Gerhoch von Reichersberg 246–248; 319; 433–434.

Methoden bereits gesiegt hatten. Nicht an der Unkenntnis, sondern gerade an der Kenntnis der Scholastik und ihrer Methoden liegt es, daß, wie Hauck richtig beobachtete, Rupert, Honorius und Gerhoch keine Nachfolger fanden, die an ihrem Werke weiterarbeiteten.

Schon vor fast 25 Jahren sprach K. J. Heilig von der »Filiale der von Haskins nachgewiesenen Renaissance of the Twelfth Century in Österreich«; er hat seine beabsichtigten Forschungen über die Theologie der österreichischen Klöster nicht mehr durchführen können.[82] Hier sollten nur ein paar Hinweise gegeben werden, die das übliche Bild nach einer bestimmten Seite berichtigen und ergänzen. Wir sind aber von einem wirklich lebendigen Bild des geistigen Lebens in den südostdeutschen Klöstern des 12. Jahrhunderts noch weit entfernt; es wäre notwendig, die Bibliotheksschätze der ganzen Salzburger Provinz von Prüfening bis Vorau zu untersuchen, dabei auch einen Seitenblick auf Bamberg nicht zu scheuen, die gedruckten und die ungedruckten Werke der noch so unbekannten Theologen wie Boto von Prüfening und Arno von Reichersberg, Gottfried von Admont und Hermann von Rein heranzuziehen und nicht zuletzt auch die deutschsprachige geistliche und weltliche Dichtung mit der Theologie zusammen zu betrachten. Aber nicht nur was geschrieben wird, sondern auch was gelesen wird, sollte der beachten, dessen Bild Leben gewinnen soll. Neben der Theologie wäre die gleichzeitig aufblühende Jurisprudenz und nicht zuletzt die Philosophie, auf deren immer tieferem Studium, vor allem durch die fortschreitende Rezeption des Aristoteles, ja vor allem die Entwicklung von der frühen zur hohen Scholastik beruht, heranzuziehen; auch hier sind die Schätze der österreichischen Bibliotheken literargeschichtlich und erst recht historisch noch nicht ausgeschöpft.

Eine allseitige Betrachtung des geistigen Lebens würde wohl kaum zu schematischen Ergebnissen kommen. So gewiß die »scholastischen Methoden« neu waren, so gewiß geht man auch fehl, wenn man glaubt, die Wege anderer Theologen mit dem Schlagwort »konservativ« abstempeln zu können. Der zugleich kritische und konstruktive Biblizismus eines so viel gelesenen und einflußreichen Mannes wie Rupert von Deutz, die philologische Kritik, die aktualisierende Exegese und die kühnen christologischen Spekulationen eines Gerhoch, die auf Johannes Scottus gestützte naturwissenschaftliche Darstellung des Kosmos und spiritualistische Interpretation des Himmels bei Arno, die Lehre von der Entfaltung des Geistes in der Geschichte bei Anselm von Havelberg – dies und vieles andere ist so wenig konservativ wie die dialektischen Methoden der Schulen in Frankreich. Trotzdem ist unverkennbar, daß die Methoden dieser Schulen, der »Scholastik«, auch in Deutschland schon im 12. Jahrhundert siegten, daß die Werke dieser Schulen zwar nicht das große Publikum fanden wie Bernhards feurige Predigten, aber viel häufiger abgeschrie-

---

82) K. J. Heilig, Mittelalterliche Bibliotheksgeschichte als Geistesgeschichte, in Zeitschrift für deutsche Geistesgeschichte 1 (1935) bes. 17; Ders. in Kaisertum und Herzogsgewalt im Zeitalter Friedrichs I. hrsg. v. Th. Mayer (Schriften der Mon. Germ. Hist. 9, 1944) 227 Anm. 1, 271 Anm. 1.

ben wurden als z. B. die der Reichersberger. Sie faszinierten durch ihre Systematik und Folgerichtigkeit, durch die Prägnanz ihrer Formulierungen und die strengen Regeln der Disputation. Man nahm die neuen Werke auf; vor allem in dem von uns näher untersuchten Bereich des Südostens, aber auch an vielen anderen Orten wurden sie gelesen, abgeschrieben und lebhaft diskutiert, wie die Glossen zeigen. Es ist möglich, ja wahrscheinlich, daß das eine oder das andere der anonym und nur hier überlieferten Werke in Deutschland entstand oder zumindest hier seine überlieferte Form empfing. Daneben kopierte man – häufiger als die neuen Schriften – die Werke der alten Väter, die hier noch länger und intensiver im vollständigen Text studiert wurden als im Westen, wo man sie früh auf Sentenzensammlungen reduzierte.

Die wissenschaftliche Zukunft gehörte der Scholastik, und diese konnte in Deutschland vielleicht das eine oder andere Werk hervorbringen, aber keine wirkliche Heimstatt finden, weil ihr das Lebenselement, die Schule, fehlte. Petrus konnte in Wien als Schulmeister wirken und schreiben, zur großen Verbreitung der Schriften Gilberts in diesem Raum beitragen, aber zu einer dauerhaften Schulbildung kam es nicht. Die Gründe hierfür sind vielschichtig und würden besondere Studien erfordern; sie liegen in der Sozialstruktur der deutschen Kirche, in der kritischen Einstellung der Reformorden zum Schulbetrieb und zur Philosophie, in der Verfassung der werdenden Territorien und in der Stellung der deutschen Bischöfe als Reichsfürsten. Das Ergebnis ist eindeutig: mag wirklich das eine oder andere scholastische Werk auf deutschem Boden geschrieben sein, mag der eine oder der andere anonyme oder seiner Persönlichkeit nach kaum bekannte Meister in Frankreich deutscher Abstammung sein – Stätte der wissenschaftlichen Theologie wird seit dem Sieg der Scholastik Frankreich, vor allem Paris. Dort studieren die deutschen Theologen, soweit sie überhaupt eine höhere Ausbildung genießen, von dort beziehen sie die neuen theologischen Schriften. Das Studium in Paris wird den Deutschen zum Inbegriff des Studiums überhaupt, und Alexander von Roes gibt ihm, die längst bestehenden Universitäten anderer Länder gleich den nationalen Königtümern beiseite lassend, einen Platz in der dreiteiligen Weltordnung. So haben die Deutschen nicht den Kontakt mit der internationalen Wissenschaft verloren, sie haben länger an der universalen Universität von Paris festgehalten als andere und sind erst im durchgebildeten Territorialstaat des 14. Jahrhunderts, gewissermaßen letzte Positionen eines vergangenen Universalismus aufgebend, zur Gründung eigener Universitäten übergegangen, die – wenn nicht in der Intention, so doch in der Wirklichkeit – partikulare Universitäten waren. Dieses lange Festhalten am Pariser Studium hat freilich dazu geführt, daß der Beitrag der Deutschen zu den großen wissenschaftlichen Leistungen der Scholastik gering wurde – ein Mann wie Albertus Magnus ist eine Einzelerscheinung –, daß die großen geistigen Bewegungen seit der Mitte des 12. Jahrhunderts sich außerhalb Deutschlands vollzogen, daß – um ein Wort Hermann Heimpels zu gebrauchen – eine »Verspätung« Deutschlands gegenüber dem Westen eintrat, weil immer nur wenige das Studium in der Fremde aufnehmen konnten und diese wenigen, wenn sie zu eigener wissenschaftlicher Entfaltung kamen, im Ausland blieben.

Dies Ergebnis ist nicht zu leugnen, wir glauben aber, daß der dahin führende Weg komplizierter ist, als es oberflächlicher Betrachtung erscheint, und daß die Vielfalt der geistigen Auseinandersetzungen des 12. Jahrhunderts aufmerksame Beobachtung verdient, zu der die Bibliotheken insbesondere Bayerns und Österreichs noch reiches Material bieten.

ANHANG.

Gilbert-Glossen aus Cod. Klosterneuburg 345.

Über Hände und Inhalt vgl. oben 294 f. Mit N und O sind die von HARING so bezeichneten clm 18478 und clm 15824 angeführt. Gilbert wird nach den oben Anm. 36 genannten Ausgaben Harings zitiert. Mit I bis IV sind die vier kommentierten Boethius-Traktate bezeichnet. – Kleinere Glossen, bes. einfach *Cave*, Textkorrekturen und dergleichen sind weggelassen.

fol. 5ᵛ Hand B zu I prol. 5 p. 38 HARING, einige Zeilen höher als der zugehörige Text: *Questio informis est, dum neutra contradictionis parte rationibus vestita, argumentorum connexione roborata, nuda in animo agitatur querentis; formata, dum iam rationibus vestita et argumentorum connexione, ita ut ratio ex ratione et argumentum surgat ex argumento, fuerit roborata.*

fol. 11ᵛ Hand B zu I 3, 5 p. 51: *Cave virus hereticum. Non enim dum dicimus »Deus est essentia vel sua divinitas vel sua fortitudo«, enfatice hoc de Deo predicamus, ut de aliquo propter eminentiam sapienti »tu sapientia«; nec quia diversa non sunt, quibus est vel est Deus, dicitur »Deus est sua essentia, sua divinitas«, sed quia est hec, non quia est hac, quod etiam patres pronominibus demonstrativo et possessivo vigilanter expresserunt.* Vgl. dazu Gerhochs Brief an Petrus von Wien, Opera inedita 1, 364.

fol. 12ʳ Hand A zu I 3 10 p. 53 – einige Zeilen zu hoch geschrieben: *»Hoc atque hoc« vult esse ablativi casus, licet exempla subeuntia videantur discordare.*

fol. 13ʳ Hand A zu I 3, 20 p. 55: *Non bona distinctio textus. Nam emendatiora exemplaria ita distinguunt: »non vel corpus vel anima« et deinde inferunt: »Igitur non est et rel.«*

fol. 13ᵛ Hand A zu I 3, 22 p. 56 (wie codd. N und O; vgl. HARING 56 Anm. 37): *emendatiora exemplaria habent »preter id quod est«* (einige Zeilen tiefer als der zugehörige Text.).

fol. 14ᵛ Hand A zu I 3, 28 p. 58: *Non sic antiqui et magni philosophi,* darüber von Hand D: *si non sic, igitur non catholice.* Darunter Hand A zu I 3, 30 p. 58 (wie N und O, vgl. HARING 58 Anm. 69): *extranee, quamvis subtiliter,* darüber von Hand D *extranee aliter intelligenti.*

fol. 15ᵛ Hand A zu I 3, 38 p. 60 (wie N und O, vgl. HARING 60 Anm. 85): *extranee valde a textu* (*texto* N, O).

fol. 16ᵛ Hand A zu I 3, 41 p. 61 (wie N, O, vgl. HARING 61 Anm. 40): *caute legendum est ubi essentiam patris et filii et spiritus sancti et* (sic! *a* N, O) *subsistentibus dividit.*

fol. 17ᵛ Hand F. zu Boethius I 4 bei I 4, 7 p. 63: *p. f. s. s. est unus et idem Deus, »idem« propter essentie singularitatem. Non vero »ipse« propter personarum diversitatem; qui enim est p., ipse non est fi., et e converso, et qui filius non est s. s. nec e converso.*

fol. 17ᵛ Hand B zu I 4,9 p. 64: *Cave pestem Sabellianam qua dicitur »tres unus subsistens vel essens«. Catholica enim fides non recipit »tres unus« dici, nisi addas »unus Deus«, vel huic equipollens, ut est »unus omnipotens«, »unus immensus«. Sed »tres unum sunt« ait vera theologia* (1. Joh. 5, 7 f.).

*Quodsi de verbo »sunt« formare participium volueris, rectius ita dixeris: »tres sunt unum ens« quam*
*»unus essens«. Si vero contentiosus »unum essentem« patrem et filium et spiritum sanctum dicere*
*volueris eo intellectu, quoniam sunt is qui vere est, idest unus Deus, intellectus quidem irreprehensibilis*
*est, sed novitas verborum displicet, a qua apostolica doctrina censet abstinendum* (cf. 1. Tim. 6, 20).
Über dieser Glosse Ergänzung einer Textlücke, nach der Glosse geschrieben, von Hand A. Der Text
hat die Gestalt wie N und O bei HARING 64 Anm. 70.

fol. 18ʳ von Hand A die von HARING p. 64 n. 88 und 94 und p. 65 n. 25 zu I 4, 9, I 4, 10 und I 5, 2
nach N und O wiedergegebenen Glossen, die letzte Glosse mit *iterum cave* eingeleitet. fol. 18ᵛ Hand
A = HARING p. 66 n. 46 zu I 6, 5 aus N und O.

fol. 24ʳ Hand C zu I 9, 4 (wie N und O, HARING p. 76 n. 30): *Calumpniam Gisilberti de substantia*
*nota et cave.* Darunter Textkorrektur, die die hier wie in N und O (bei HARING p. 76 n. 34)
ursprünglich bestehende Lücke füllt.

fol. 27ᵛ Hand C bei I 10, 19 p. 82: *Hoc secundum magistrum Gisilbertum, non autem secundum*
*catholice fidei regulam.* Dieselbe Glosse haben N und O etwas später, zu I 10, 21 vgl. HARING p. 83
n. 69.

fol. 27ᵛ Hand C bei I 10, 20 p. 82 (wie N und O, HARING p. 82 n. 61): *Cave ›singulari‹ et ›qua est‹,*
*ne sabellizes.*

fol. 32ᵛ bei II 1, 15–17 p. 92, Hand B, bezogen auf II 1, 14 p. 91: *Hec sententia in naturalibus*
*admitti potest, in divinis minime, quia patri filius omnino similis est, ut Hylarius vult, secundum*
*essentiam et virtutem et gloriam, cum tamen diversitas nulla sit in patris et filii vel essentia vel virtute*
*vel gloria. Quod ipse Hylarius in epistola de synodis affirmat, hoc inter. cetera dicens* (PL 10, 529):
*»Secundum essentiam et virtutem et gloriam patri filius similis est, ita similitudo proprietas est,*
*proprietas equalitas est. Et equalitas nichil differt. Que autem nichil differunt, unum sunt, non unione*
*persone, sed unitate substantie.« Inter hanc sententia(m) Hylarii sanam et glosam istam cautus lector*
*discernat que e duobus magis audiat, cavens ne in patre ac filio Deo ullatenus admittat unius essentie*
*vel singularitatem vel diversitatem, quoniam in altero Sabellius, in altero iuvatur Arrius. Unde quod*
*iste glosator essentie divine in patre et filio singularitatem predicat, sane doctrine agnoscitur contrarium,*
*iam dicto Hylario dicente* (PL 10, 525 B und 530 A): *»Una(m) substantiam proprietatis similitudine*
*intelligamus, ut quod unum sunt non singularem significet sed equales. Equalitas autem nature non*
*potest esse nisi una sit, una vero non persone unitate, sed generis.«* Diese Glosse steht Gerhochs
Ausführungen in De novitatibus (cap. 13 f. p. 56 f. ed. THATCHER) sehr nahe, wo Gerhoch sich mit
Gilbert I 10, 23 p. 83 auseinandersetzt und dieselbe Kombination von Hilarius-Zitaten bringt wie hier.
Unmittelbar auf diese Zitate folgen dort Sätze, die auf die (nicht ausdrücklich zitierte) Stelle bei
Gilbert Bezug nehmen, die hier glossiert ist; der Gedankengang berührt sich eng mit der Glosse. Aber
trotzdem kann man kaum die Glosse als Exzerpt eines Lesers der Schrift Gerhochs ansprechen; bei
gleichem Stoff und gleicher Tendenz sind die Formulierungen unabhängig voneinander.

fol. 35ᵛ Hand B zu II 2, 35 p. 96 (die beiden ersten Worte wie N und O, HARING 96 Anm. 84):
*Coacta expositio.* Darunter, mit geringem Abstand: *Cave ne iuxta fermentum huius doctrine tres trium*
*proprietatum intelligas unitates, cum sit trinitas una trium unitas. Unde et dicitur trinitas quasi*
*triunitas, trium scilicet patris et filii et spiritus sancti unitas. Quod de uno quolibet eorum dici non*
*potest, sed de omnibus tribus, quorum est una essentialis unitas quique sunt una et individua trinitas.*
*Item Cave ne unitatem qua Deo (!) est secundum unam trium divinitatem credas aliud esse quam*
*ipsam divinitatem sive ipsum Deum, quia secundum catholicorum patrum doctrinam quicquic est in*
*Deo, Deus est et quicquic Deus habet, hoc est. Unde Hylarius in libro VIII de trinitate* (PL 10, 269)
*»Non humano modo ex compositis est Deus, ut in eo aliud sit quod ab eo habetur, et aliud sit ipse qui*
*habeat. Sed totum quod est, vita est, natura scilicet perfecta et absoluta et infinita et non ex disparibus*
*constituta, sed vivens ipsa per totum.« Pluris ergo Hylarius antiquus Pictaviensis episcopus tibi sit hec*
*dicens quam Gisilbertus Pictaviensis novus nova et antiquis contraria docens atque a semetipso etiam*

*discordans, nunc predicando simplicem Deum, nunc subtilitate nimia quasi de IIIIor unitatibus insinuans ipsum quasi compositum. Quod quidem non affirmat aperte, sed latenter sibilat, cum tres trium proprietatum unitates et unam unius divinitatis unitatem nominat, ita ut unitates ab his quorum sunt unitates quas(i) res alias ab aliis distinguat et de his abstractim sive mathematice agat, cum hoc in divinis fieri non liceat, in quibus non disciplinaliter, sed intellectualiter immo superintellectualiter, secundum fidem scilicet, versandum est, quoadusque veniat quod perfectum est.* Dieselbe Gilbert-Stelle greift Gerhoch, De novitatibus 42 p. 82 THATCHER, an, ebd. p. 83 kehrt dasselbe Hilarius-Zitat (jedoch kürzer) in der Polemik gegen Gilbert I 8, 7 und 10 (pp. 73 f.) wieder.

fol. 53ᵛ Hand F zu IV 1, 18 p. 264: *Arist(oteles) dicit in libro de generatione et corruptione »de summo principio quod est inter aliquid et nichil, scilicet quod nec aliquid est nec nichil est, ut Platoni, inquid, etiam placuit, qui posuit yle inter aliquam et nullam substantiam«.* Zur Übersetzung der hier zitierten Schrift im 12. Jh. vgl. M. GRABMANN, Mittelalterliches Geistesleben 3 (1956) 85 ff.

fol. 60ᵛ Hand B zu IV 3, 9, aber zu tief auf der Seite (wie N und O, vgl. HARING 284 n. 1): *Liber glosatoris habuit »qui interest«, sed viciose. Duo sunt enim inpersonalia verba que cum genetivis aliorum omnium casualium, ut ait Priscianus* (Inst. XVII 92, nicht wörtlich – aus zweiter Hand?), *construuntur, scilicet interest et refert, ›refert magistri‹, ›interest discipuli‹, ›interest docentis‹, ›refert discentis‹, idest prodest docenti vel discenti. Excipiuntur vero ablativi possessivorum generis feminini, ut, interest mea, tua, sua, nostra, vestra, ubi subauditur ›in re‹, idest ›utile est in re mea, tua, sua, nostra, vestra‹. Quod causa differentie fit, ne si diceretur ›interest mei vel tui‹, ›refert mei vel tui‹, dubietas subesset, utrumnam primitiva persona possessoris aut possessio esset intelligenda. Hic autem cum dicitur »quorum interest« cum genitivo, regulariter construitur, et est sensus »quorum intererat«, idest quorum ratio vel utilitas poscebat.* Tatsächlich hat nicht nur die Klosterneuburger, sondern auch die Salzburger Hs. (clm 15824 fol. 45ʳ, von HARING p. 284 n. 1 übersehen) in dem Boethius-Text neben dem Kommentar die von der Glosse geforderte Lesart *quorum.* Hand D kritisiert die eben wiedergegebene Glosse: *Si hic glosator invenisset »quorum«, credendum est eum minime mutasse, ut quidam calumpniatur, sicut nec postea mutavit paulo inferius: INDIVIDUOS HOMINES QUORUM INTERERAT. Sed quia invenit hic EOS QUI INTEREST HOMINES glosavit »QUI hoc est qualiter«. Quod autem cum ›qui‹ adverbialiter posito ›interest‹ inpersonale iungatur, subscripta non prohibet regula* (d. h. der in der anderen Glosse zitierte Priscian). *Utrum denique ›interest‹ sit inpersonale, cum dicitur ›qualiter interest letos et tristes homines‹, iudicet qui dicit librum glosatoris viciose habuisse ›qui interest‹.*

fol. 63ʳ zu IV 3, 28 Hand B die HARING 292 n. 12 aus N und O wiedergegebene Glosse, bessere Textform: *.... recte dicatur esse ac proinde sit...* Dieselbe Glosse in derselben Form, eingeleitet mit *Nova glosa* in Cod. Zwettl 314 fol. 138ᵛ.

fol. 65ʳ zu IV 4, 56 Hand A die HARING 298 n. 35 aus N und O abgedruckte Glosse.

fol. 69ᵛ zu IV 4, 56 p. 313, Hand B: *CAVE. Quod dicit »non assumpsit persona personam«, verum est. Item quod dicit »neque natura personam«, similiter verum est. Sed quod dicit »neque natura naturam, sed tantummodo persona naturam«, non omnino verum est, quia et natura naturam assumpsit unione ineffabili, qua de duabus naturis permanentibus earum substantialibus proprietatibus, ita ut creatum non desineret esse creatum neque increatum increatum* (lies creatum!) *fieret, unum manna quod habet gustum simile cum melle, idest humanitatis cum divinitate in palato fidei, et persona eterna in sue proprietatis unitatem singularem, noviter creatum, sed ab eterno predestinatum: sic assumpsit hominem ex anima rationali et humana carne subsistente(m), ut homo assumptus una sit in trinitate persona, de qua personalis proprietas filii Dei proprie predicatur, ita ut proprius Dei filius vere ac proprie dicatur, iuxta illud: »Proprio filio s(uo) n(on) p(epercit) D(eus)«* (Rom 8, 32). *Itaque in Christo pari modo veneranda sunt et naturarum diversarum inconfusibilis unio et persone unitas, quam non distinguit vel scindit naturarum diversitas, quemadmodum nec naturas in eo diversas confundit personalis unitas.* Auch die hier vorgetragenen Thesen gleichen durchaus denen Gerhochs in De novitatibus (bes. cap. 20 f. pp. 65 sqq. THATCHER), in den von H. WEISWEILER (Scholastik 13, 1938, 41–48) publizierten Briefen und anderen Schriften, ohne daß sich eine bestimmte einzelne Stelle mit der Glosse in unmittelbaren Zusammenhang bringen ließe.

fol. 80ʳ Hand B, zu IV 9, 14 p. 346, die von HARING p. 346 n. 4 aus N und O gedruckte Glosse, doch vollständiger: *rationes alie grammatice, ut sintesis (u. s. fehlt N, O) alie retorice ut resis, alie dialectice ut lexis.* Darunter, Hand B, zu IV 9, 15 p. 346: *Cave callidam subtilitatem versute spoliantem et Deum humanitate et hominem divinitate. Nam cum auctor dicat ›hominem Deum assumptione‹ atque item ›Deum hominem assumptione‹, glosa hec nomen assumptionis pervertit, ut in Christo nec assumpto divina nec assumenti humana concedat, nisi per unam in una persona commanentiam, de qua dicit:* »*quod simul cum humana natura, qua homo*[1] *est, est etiam divina, qua Deus est, contingit assumptione.*« [*Nos autem confitemur tali*[2].] *Item:* »*quod simul cum divina natura, qua Deus est, est etiam in eo humana, qua homo est, contingit assumptione*« (IV 9, 16 p. 346). *Nos autem confitemur tali assumptione hominem Deo, Deum homini unitum, ut unum electrum, ut assumpte assumentisque nature credamus non solum in una persona commanentiam et permanentiam, sed et utriusque nature talem convenientiam, qualem designat auctor (sc. Boethius) supra dicens humanitatem* »*Divinitati naturali unitate coniunctam*« (die Stelle ist von Gilbert nicht glossiert, IV 9, 10 p. 345). *Quod dictum auctoris nescio qua arte pretermissum est in expositione glosatoris. Nos autem per hoc dictum intelligimus vere, ut auctor ait,* »*divinitatem humanitati sic naturali unitate iunctam*«, *sicut sputum oris dominici pulveri legitur unitum in unum nostre salutis medicamentum naturali videlicet unitione (!), quia pulvis naturaliter capax est cuiuslibet humoris et humor capabilis, quomodo et humanitas ad imaginem Dei creata naturaliter capax est creatricis divinitatis et divinitas ei capabilis, que tamen plenaria divinitatis et humanitatis unito facta est in solo Christo, in quo habitat omnis plenitudo divinitatis corporaliter* (Col. 2, 9). *Hac fide tamquam luto saluberrimo liniti oculi cecorum lumen recipiunt; qui autem pulverem a sputo separant, eodem pulvere oculos turbante idipsum luminis, quod habere videntur, amittunt. Quid namque homo, cui vere dictum est* »*Pulvis es et in pulverem reverteris*« (Gen. 3, 19), *conferre posset medicaminis aut salutis, nisi descendens tamquam pluvia in vellus et sicut stillicidia stillantia super terram* (cf. Ps. 71, 6) *sapientia eterna ipsum replevisset sibique univisset, conferens pulveri eatenus levi divine pondus gravitatis contra omnem ventum temptationum. Propterea cum temptaretur a diabolo, non solum sibi sed et suis triumphavit, quos in se ac per se divine consortes nature ab eterno prenovit atque predestinavit conformes fieri sibi formoso pre filiis hominum* (cf. Rom. 8, 29), *servata videlicet ea differentia, ut ipse sit primogenitus et filius naturalis, illi vero adoptivi, ille habens omnem plenitudinem divinitatis* (Col. 2, 9) *humanitatem suam replentis et deificantis atque glorificantis seu clarificantis non ad mensuram* (cf. Joh. 3, 34), *illi de ipsius plenitudine accipientes et habentes consorcium divine gracie secundum mensuram donationis eius* (cf. Eph. 4, 7). Auch diese Glosse entspricht nach Inhalt und Form den Lehren und Methoden Gerhochs in den zur vorigen Glosse genannten Schriften, ohne daß sich eine einzelne Stelle als Parallele der ganzen Glosse anführen ließe.

---

1) *deus* die Hs.

2) Diese durch eine vom Schreiber rasch bemerkte Haplographie entstandenen Wörter sind zu streichen. Hier ist evident, daß die Glosse Abschrift, nicht Urschrift ist.

# Eschatologische Ideen und Armutsbewegungen
## im 11. und 12. Jahrhundert[1]

Das Evangelium verkündet den Anbruch der letzten Zeit. Und diese Verkündigung gilt in besonderer Weise den Armen. *Beati pauperes, quia vestrum est regnum Dei:* so predigt Jesus selbst (Luc. 6, 20). *Caeci vident, claudi ambulantur, leprosi mundantur, surdi audiunt, mortui resurgunt, pauperes evangelizantur:* das sind die Zeichen, an denen Johannes der Täufer den Messias erkennen soll (Math. 11, 5). Der arme Lazarus, der sich im irdischen Leben von den Brocken nährte, die von des Reichen Tisch fielen, sitzt nach dem Tode in Abrahams Schoß, während der Reiche im Höllenfeuer schmachtet: das schildert der Herr im Gleichnis (Luc. 16).

Wir haben hier nicht zu fragen, welchen Ort die Verkündigung des Heils für die Armen in der Bibel, in der Predigt Jesu, insbesondere nach der Darstellung im Lucas-Evangelium, einnimmt. Wir fragen vielmehr: Wie hat man diese Verkündigung im Mittelalter verstanden, zu einer Zeit also, da der christliche Glaube nicht die Hoffnung einer kleinen Schar von Fischern, Landarbeitern und Handwerkern der unteren sozialen Schichten war, sondern die herrschende Religion ganzer Völker, da die Kirche und ihre Institutionen über den reichsten Grundbesitz verfügen und darüber hinaus öffentliche Rechte ausüben. Niemals ist die Heilsverkündung für die Armen der einzige Inhalt des Evangeliums gewesen, aber auch niemals sind die genannten und ähnliche andere Worte aus der Bibel verschwunden und gänzlich vergessen worden.

Jeder weiß, wie die Spiritualen des Franziskaner-Ordens seit der Mitte des 13. Jahrhunderts die eschatologischen Ideen Joachims von Fiore aufnahmen und umdeuteten und wie sie zugleich das Armutsideal ihres Ordensstifters in der radikalsten Weise zu verwirklichen suchten. Eschatologie und Armutsidee wurden aufs Engste miteinander verknüpft und Konsequenzen gezogen, die für die herrschende Kirche eine Revolution bedeuteten. Das

1) Der in Assisi am 17.10.1967 dank freundlicher Hilfe von dott. Ettore Brissa (Heidelberg) italienisch vorgetragene Versuch wird hier, geringfügig erweitert und mit Anmerkungen versehen, in deutscher Sprache vorgelegt. Die Vortragsform ist beibehalten worden, um desto deutlicher werden zu lassen, daß der Verfasser nicht abgeschlossene Forschungsergebnisse vorlegt, sondern Materialien und Überlegungen als Ausgangspunkt für eine Diskussion vorgetragen hat. Für förderliche Diskussionsbeiträge danke ich vor allem Raoul MANSELLI, Enrico CATTANEO, Giovanni MICCOLI und P. MARIO DA BERGAMO.

Thema unsres Kongresses ist nun das 11. und 12. Jahrhundert, und wenn wir diese Daten nicht mechanisch, sondern historisch verstehen, kann das nur meinen, die Jahrhunderte vor Joachim von Fiore und vor Franz von Assisi. Herr Morghen hatte mir zuerst vorgeschlagen, über »L'attesa escatologica come espressione estrema dell'opposizione fra povertà e richezza« zu sprechen. Ich muß gestehen, daß ich mir zunächst die Frage vorgelegt habe, ob denn in vorfranziskanischer und vorjoachitischer Zeit überhaupt Enderwartungen und soziale Gegensätze in einer Weise verbunden wurden, die eine solche Formulierung rechtfertigte. Darum habe ich mir erlaubt, das Thema zu modifizieren und werde über »Eschatologische Ideen und Armutsbewegungen im 11. und 12. Jahrhundert« sprechen.

Trotz wertvoller Einzeluntersuchungen gibt es bisher keine umfassende Darstellung des Armutsgedankens vor Franziskus; eben dies ist ja ein Anlaß für unsere Zusammenkunft. Aber auch die eschatologischen Ideen des 11. und 12. Jahrhunderts sind bisher nirgends auf breiter Quellenbasis geschildert worden; Arbeiten, wie sie P. Alphandéry, N. Cohn, B. Töpfer, A. Funkenstein und andere vorgelegt haben,[2] bieten uns eine z. T. wertvolle Hilfe, ohne doch als umfassendes Fundament dienen zu können.

Die mittelalterliche Kirche lebt nicht wie die ersten Christen in unmittelbarer Erwartung des Weltendes und der Wiederkunft Christi. Selbstverständlich zweifelt niemand an dem in der Bibel verkündeten Ende der Zeiten, an der Wiederkehr Christi und am Jüngsten Gericht; aber die schon in der Urkirche einsetzende Erfahrung hat gelehrt, daß der Zeitpunkt sich nicht vorhersagen läßt. Spätestens seit Augustinus sind Spekulationen darüber aus der wissenschaftlich anerkannten Theologie verdrängt, und auch die Erwartung eines chiliastischen Friedensreiches in dieser Welt gehört nicht mehr zum Lehrgut der

---

2) P. ALPHANDÉRY, De quelques faits de prophétisme dans des sectes latines antérieures au Joachimisme, in: Revue de l'histoire des religions, 52 (1905), 177–218; IDEM, Notes sur le messianisme médiéval latin, XIᵉ et XIIᵉ siècles, Paris 1912; IDEM, La chrétienté et l'idée de croisade, texte établi par A. DUPRONT, 2 vols., Paris 1954/59; W. KAMLAH, Apokalypse und Geschichtstheologie. Die mittelalterliche Auslegung der Apokalypse vor Joachim von Fiore, Berlin 1935; N. COHN, The Pursuit of the Millennium. Revolutionary Messianism in the Middle Ages and its Bearing on Modern Totalitarian Movements, London 1957 (ich benutze die deutsche Übersetzung von E. THORSCH, Das Ringen um das Tausendjährige Reich, Bern 1961), dazu die Rezension von H. GRUNDMANN, in Historische Zeitschrift, 196 (1963), 661–666; R. C. PETRY, Christian Eschatology and Social Thought, New York 1956; B. TÖPFER, Das kommende Reich des Friedens. Zur Entwicklung chiliastischer Zukunftshoffnungen im Spätmittelalter, Berlin 1964; A. FUNKENSTEIN, Heilsplan und natürliche Entwicklung. Gegenwartsbestimmung im Geschichtsdenken des Mittelalters, München 1965. – Da die Eschatologie im Mittelalter kaum je Gegenstand dogmatischen Streites und dogmatischer Definitionen im engeren Sinn des Wortes gewesen ist, bleibt die dogmengeschichtliche Literatur recht unergiebig; immerhin ist man verblüfft zu lesen: »Die eschatologischen Anschauungen der mittelalterlichen Autoren folgen Augustin und Gregor; bemerkenswert ist allein die Systematisierung der Vorstellungen«: so H. KRAFT in: Die Religion in Geschichte und Gegenwart 3. Aufl., Bd. 2, Tübingen 1958, 678, s. v. Eschatologie, dogmengeschichtlich.

Kirche.[3] Im einzelnen freilich bleibt der Erklärung der biblischen Weissagungen verhältnismäßig weiter Spielraum. Denn im Unterschied zu anderen theologischen Problemen hat die Kirche des Altertums nur wenige eschatologische Grundaussagen dogmatisch definiert: die *resurrectio mortuorum* oder *resurrectio carnis* und die Wiederkehr Christi: *venturus est iudicare vivos et mortuos*. Von der Bibel ausgehend, kann man Einzelheiten ergänzen, Überlieferungen umdeuten und erweitern, ohne alsbald in den Verdacht der Irrlehre zu geraten. Von Tychonius, Augustin und Hieronymus gehen verschiedene Traditionen der Exegese aus, die im Anschluß an Daniel, an die Johannes-Apokalypse, den zweiten Thessalonicher-Brief und andere biblische Texte Aussagen über die Erscheinung des Antichrist und über seine Überwindung durch Christus selbst macht. Von ihr sind die Exegeten des hohen Mittelalters abhängig, auch der Mönch Adso, der in seinem berühmten Brief an Königin Gerberga um 950 die exegetischen Einzelaussagen systematisiert und zu einer dramatischen Vita Antichristi ausgestaltet.[4] Adso hat hierbei auch die biblisch nicht begründete Sage von einem Endkaiser aufgenommen, andere Theologen, die die Zeichen des Antichrist untersuchen, wie z. B. Petrus Damiani,[5] haben dies nicht getan.

Wesentlich für unsere Fragestellung ist aber, daß alle diese Texte wissenschaftlich-literarischen Charakter haben und nicht einer aktuellen Erwartung oder gar Angst entspringen. Man darf sich nicht dadurch täuschen lassen, daß oft gesagt wird, wir leben in der letzten Zeit, daß vom Abend der Welt oder vom nahen Ende die Rede ist. Wo immer seit Augustin in verschiedener Weise versucht wird, die Geschichte des Heils zu periodisieren, begreift man die Zeit seit der Inkarnation und der Auferstehung Christi als letzte Periode. Das heißt aber nicht, daß man das Ende dieser Periode nahe sieht. Wohl haben äußere und innere Nöte hier und dort in Verzweiflung, Angst oder gar Hoffnung die Frage nach dem Weltende aktualisiert, aber jede Einzelaussage bedarf sorgfältiger Prüfung, ob wirklich eine »Zeitstimmung«, ein Ausdruck lebhafter Ideen – oder nur ein Topos vorliegt.[6] Erst im 12. Jahrhundert werden die Versuche zahlreicher, den Standort der Gegenwart innerhalb der letzten Periode des Heilsgeschehens genauer zu definieren, und

---

3) Es genügt hier, auf E. BERNHEIM, Mittelalterliche Zeitanschauungen in ihrem Einfluß auf Politik und Geschichtsschreibung, Bd. 1 Tübingen 1918, sowie auf KAMLAH a. a. O. 9 ff. zu verweisen. Nach KAMLAH auch das Folgende.

4) Die Edition von E. SACKUR, Sibyllinische Texte und Forschungen, Halle 1898, Neudruck a cura di R. MANSELLI, Turin 1963, 97–113 ist nach wie vor grundlegend, dazu zuletzt R. KONRAD, De ortu et tempore Antichristi. Antichristvorstellung und Geschichtsbild des Abtes Adso von Montier-en-Der, Kallmünz 1964.

5) MIGNE, PL 145, 739 ff., 837 ff. Auf die vor allem von F. Kampers erforschte Endkaisersage glaube ich im Folgenden nicht eingehen zu müssen.

6) Zum Topos vom Weltende vgl. etwa E. R. CURTIUS, Europäische Literatur und lateinisches Mittelalter, 5. Aufl., Bern 1965, 38. Material dazu z. B. bei KONRAD a. a. O. 54–70, der die Frage nach dem literarischen Charakter oder dem Erlebnisgehalt der Aussagen nicht immer scharf genug stellt. Weitere Literatur und eine differenzierte Beurteilung bei G. MICCOLI, Mundus senescens in MICCOLI, Chiesa Gregoriana, Florenz 1966, 301 ff.

das heißt meist, die Gegenwart dem Ende zuzuordnen.[7] Das wesentlich Neue erst an Joachims Theologie ist, daß er mit Christus die vorletzte Periode beginnen läßt, die nun zu Ende geht, und daß er eine neue, letzte Zeit unmittelbar erwartet.[8]

Auch wenn oft vom Antichrist die Rede ist, darf man das nicht mißverstehen. Gewiß wird die leibliche Erscheinung und Herrschaft des Antichrist der Wiederkunft Christi dicht vorausgehen. Aber den Antichrist begreift man seit Tychonius und Augustinus zugleich als das *caput omnium malorum*, die durch die gesamte Kirchengeschichte wirksame Macht des Bösen, die sich einzelner Menschen bedient.[9] Schon das Neue Testament sagt *»nunc Antichristi multi facti sunt«* (I. Joh. 2, 18), und Adso beschreibt nicht nur die Inkarnation des einen Antichristen am Weltende, sondern definiert auch: *»Quicumque enim sive laicus sive canonicus sive monachus contra iustitiam vivit et ordinis sui regulam impugnat et quod bonum est blasphemat, Antichristus est et minister sathanae«*,[10] das heißt: er ist ein Antichrist, nicht der Antichrist. Von dieser Basis aus ist jeder polemischen Anwendung des Ausdrucks Antichrist der Weg frei, ohne daß darin ein endzeitlicher Bezug liegt. Als Beispiele seien nur die berühmte Invektive Bischof Arnulfs von Orléans gegen Papst Johannes XV. auf der Synode von Saint-Bâle (991) und Benzos von Alba böse Schmähungen Gregors VII. genannt.[11] Mit Apokalyptik hat das, und sind die Formulie-

---

7) Dazu jetzt vor allem FUNKENSTEIN (wie Anm. 2).

8) Aus der reichen Joachim-Literatur nenne ich nur H. GRUNDMANN, Studien über Joachim von Floris, Leipzig–Berlin 1927; IDEM, Neue Forschungen über Joachim von Fiore, Marburg 1950; TÖPFER, wie Anm. 2, 42–103.

9) Vgl. KAMLAH, 10 f. Zum Folgenden auch P. CLASSEN, Gerhoch von Reichersberg, Wiesbaden 1960, 215 ff.

10) Adso bei SACKUR 106, vgl. dazu Augustin, De civitate Dei, XX 19 im Anschluß an 2. Thess. 2, 1 ff. (Corpus Christianorum, Series Latina 48, 731): *»Unde nonnulli non ipsum principem, sed universum quodammodo corpus eius, id est hominum multitudinem simul cum ipso suo principe, hoc loco intellegi Antichristum volunt.«* Die vielen Antichristi des 1. Johannesbriefes deutet Augustin als die Häretiker. Zu Adsos Antichrist-Begriff und den in ihm wirksamen exegetischen Traditionen vgl. KONRAD, 71 ff. (der in stärkerem Maße, als es die Fußnoten erkennen lassen, von KAMLAH, Apokalypse, 10 ff. und CLASSEN, Gerhoch, 216 f. abhängig ist); die oben im Text zitierte Stelle entspringt nach KONRAD 81 f. Adsos Kloster-Reform-Ideen und ist unabhängig von älterer Literatur. Adsos Unentschiedenheit zwischen buchstäblichem und allegorischem Verständnis zeigt sich auch darin, daß er einerseits die Wiederherstellung des salomonischen Tempels beschreibt (S. 107: *»templum autem destructum, quod Salomon Deo aedificavit, in statum suum restaurabit...«*), anderseits den Tempel von Matth. 24, 15 und 2. Thess. 2, 4 als die Kirche deutet (S. 111: *»sive etiam in templo Dei sedebit Antichristus, id est in sancta ecclesia, omnes Christianos faciens martires«*), ohne den von Augustin, a. a. O., klar erörterten Gegensatz bei der Interpretation auch nur anzudeuten.

11) Monumenta Germaniae historica, Scriptores 3, 672: *»Quid hunc, reverendi patres, in sublimi solio residentem veste purpurea et aurea radiantem (cf. Apoc. 17, 4), quid hunc inquam esse censetis? Nimirum si in caritate destituitur solaque scientia inflatur et extollitur, Antichristus est in templo Dei sedens et se ostendens tamquam sit Deus (vgl. 2 Thess., 2, 4)«*; Benzo, Ad Heinr. IV imp., VI 2, Mon. Germ. hist., Script, 11, 659 f.:*»ab inferno prodierunt noviter heretici, / Patarini, Buziani, nec non et Prandelici / ...Seque esse Antichristum Prandellus innotuit etc.«*. Auch hier scheint mir so wenig wie bei Arnulf von Orléans echte Apokalyptik vorzuliegen. Die Beispiele ließen sich vermehren.

rungen noch so drastisch, nichts zu tun. Wer sich präziser ausdrücken will, sagt in diesem Fall *membrum Antichristi, praecursor Antichristi, minister Antichristi* oder ähnlich.[12]

Die exegetische Tradition in ihren verschiedenen Versionen kennt eine ganze Reihe von Figuren im Drama der Endzeit: neben dem Antichrist die Propheten Enoch und Elia, die Könige von Ägypten, Afrika und Äthiopien, die Heiden, die Juden, den letzten römischen oder fränkischen Kaiser, der seine Krone niederlegt. Aber sie kennt nicht die Armen oder einen Armen. Das hat seinen Grund zunächst einfach darin, daß nicht die am Eingang unseres Vortrags zitierten Bibelstellen, sondern andere den Ausgangspunkt bilden. Aber auch wo man über die biblische Grundlage hinausgeht, wie mit der Einführung von Königen, kommt man eben nicht auf die Armen. Das gilt nicht nur für die gewissermaßen wissenschaftlich anerkannten Texte, sondern auch für jene Weissagungsliteratur, die unter dem Namen des Methodius und der tiburtinischen Sibylle bekannt wurde und sich erst langsam einen anerkannten Platz in der Theologie erringen konnte, bis sie im 12. Jahrhundert immer größere Verbreitung erlangte, aber auch vielfach verändert und erweitert wurde.[13] Von der literarischen Überlieferung der christlichen Lehre her gab es also keinen Verbindungspunkt zwischen eschatologischer Erwartung und Verheißung für die Armen. Es genügte nicht, daß die tiburtinische Sibylle vom Idealkaiser »k« – d. h. Karl dem Großen – aussagte *»faciet iusticiam pauperibus«*,[14] auch wenn dies deutlich an die messianische Weissagung des Isaias (11, 4) anklingt.

Das Fehlen jeder aktuellen Erwartung des Weltendes erweist sich noch bei Rupert von Deutz († 1129), der bemerkt, wenn auch der Tag des Herrn (2. Thess. 2, 2) zu verziehen scheine, so sei doch jedem einzelnen der Tod gewiß.[15] Hierin deutet sich nun ein anderer Aspekt an, den man auch eschatologisch nennen kann und muß. Jedem Menschen steht der Tod bevor, mit dem das irdische Leben endet, jeder einzelne hat nach dem Tode das göttliche Gericht zu erwarten, unabhängig von der Frage, ob dies Gericht alsbald nach dem Tode eintritt oder erst nach einer Zeit, sei es des Schlafes oder der Läuterung, bis zur *resurrectio carnis*. Die Todeserwartung gehört für Arm und Reich im Mittelalter viel unmittelbarer zum Leben als in unserer modernen Zivilisation. Die durchschnittliche Lebensdauer ist viel geringer, gegen Krankheit und Verwundung stehen nur dürftige

---

12) Vgl. CLASSEN, Gerhoch, 216 f.

13) Texte von Pseudo-Methodius und Sibylla Tiburtina bei SACKUR; die neuere Literatur, auch zur Wirkungsgeschichte, führt R. MANSELLI in der Vorrede zum Neudruck 5 f. an. Während für Adsos Weiterwirken jetzt wertvolles, wenngleich nicht erschöpfendes Material von KONRAD, 114–143, ausgebreitet wird, bedürfen die anderen Texte noch eingehender Untersuchung, wobei (wie auch für Adso) noch mancherlei ungedruckte Überlieferungen heranzuziehen wären. Wichtige Momente erörtert C. ERDMANN, Endkaiserglaube und Kreuzzugsgedanke im 11. Jahrhundert, in Zeitschr. f. Kirchengeschichte, 51 (1932) 384–414.

14) Tiburtina bei SACKUR, 182, dasselbe über Kaiser A. ebenda 184.

15) Rupert, in MIGNE, PL 169, 1126 A, wörtlich nachgeschrieben von Gerhoch, in Monumenta Germaniae, Libelli de Lite 3, 483, ähnlich schon zuvor Bruno von Segni, in MIGNE PL 165, 733 C, vgl. KAMLAH 128 Anm. 7.

Heilmittel zur Verfügung, vor allem aber wird der Tod inmitten des Kreises der Mitlebenden erwartet und erlebt, nicht im Krankenhaus, abgeschieden von der Welt. Todeserwartung und Gerichtserwartung sind diejenigen eschatologischen Momente, die weithin jede Ethik, jede paränetische Predigt bestimmen. Um einen Schatz im Himmel zu sammeln, um die Fürsprache der Heiligen zu gewinnen, tut man gute Werke, sättigt die Hungrigen, tränkt die Dürstenden, kleidet die Nackten: denn das sind die Dinge, nach denen im Gericht gefragt wird. Dies Gericht wird jedem Menschen vor Augen gehalten, der eine Kirche betritt; denn immer wieder finden wir es auf den Tympana über den Türen dargestellt, und dabei wird deutlich gemacht, daß die irdischen Stand- und Rangordnungen dort nicht gelten: Könige, Päpste und Prälaten sieht man unter den Verdammten, Arme und Besitzlose unter den Seligen.[16]

Zahlreiche Heiligen-Viten schildern, wie arme, und insbesondere freiwillig arme Menschen in die ewige Seligkeit eingehen, nachdem sie im irdischen Leben äußerste Entbehrungen auf sich genommen haben. In aller mönchischen Askese seit den ägyptischen Vätern lebt dieser Gedanke, er wirkt aber auch allerorten in der Laienethik. Eben darum können wir ihn hier nicht weiter verfolgen, sondern müssen den Begriff der eschatologischen Erwartung im wesentlichen einschränken auf die Erwartung des Endes der Geschichte und der irdischen Welt, der Wiederkehr Christi und des letzten Gerichtes.

Gerade weil man im allgemeinen das Ende der Welt nicht als unmittelbar bevorstehend erwartete, erregte es Aufsehen, wenn einzelne behaupteten, der jüngste Tag stehe unmittelbar bevor. Nach dem, was wir gesagt haben, ist es nicht verwunderlich, daß solche Behauptungen viel öfter bei literarisch ungebildeten Klerikern oder gar bei Laien auftraten und Glauben fanden als bei den Mächtigen oder Gelehrten unter den Priestern. Im Jahre 847 beunruhigte in Schwaben eine Frau das Volk, die den Anbruch des Weltendes verkündete; sie predigte öffentlich und fand allerlei Zulauf bei Leuten, die in Furcht vor dem jüngsten Tag der Prophetin Geld zusteckten. Eine Bischofssynode in Mainz unter Hrabanus Maurus unterband ihr Treiben.[17] Tieferer Betrachtung entspringt die Enderwartung Odos von Cluny, der klug genug ist, nicht über Termine zu spekulieren.[18] Abbo von Fleury hingegen erzählt, er habe in seiner Jugend einen Prediger in Paris vor dem Volk verkünden hören, alsbald nach dem Jahre 1000 werde der Antichrist erscheinen.[19] Diese

---

16) Die vor allem seit dem späten 12. Jahrhundert zahlreicher werdenden Beispiele sind zusammengestellt bei K. Künstle, Ikonographie der christlichen Kunst 1, Freiburg i. B. 1928, 532–545 und L. Réau, Ikonographie de l'art chrétienne II 2, Paris 1957, 727 ff.

17) Annales Fuldenses ad annum 847 (ed. F. Kurze, in Scriptores rer. Germ., 1891) 37, vgl. Alphandéry, Prophétisme, 182 ff.

18) Die Stellen bei Konrad, 68 f.

19) Abbo, Liber apologeticus, in Migne PL, 139, 471: »*De fine quoque mundi coram populo sermonem in ecclesia Parisiorum adulescentulus audivi, quod statim finito mille annorum numero Antichristus adveniret et non longo post tempore universale iudicium succederet. Cui predicationi ex evangeliis et apocalypsi et libro Danielis qua potui virtute restiti*«.

Furcht war keineswegs allgemein verbreitet;[20] aber die Faszination der Zahl veranlaßte Rudolf Glaber, nach geschichtstheologisch verwertbaren »Zeichen« zunächst des Jahres 1000, mehr noch des Jahrtausends der Passion 1033 zu suchen, die er dann doch nicht apokalyptisch deutete.[21] Nach einer anderen, wieder von Abbo überlieferten Spekulation sollte die Welt enden, wenn der Karfreitag auf Mariae Verkündigung fiel,[22] was nach langer Pause (zuletzt 908) in den Jahren 970, 981, 992 und dann erst wieder 1065 eintraf.

Seit der großen Kirchenreform in der zweiten Hälfte des 11. Jahrhunderts mehren sich einerseits die Zeugnisse für apokalyptische Erwartungen, anderseits die Kritik an der reich gewordenen Kirche. Die Simonie war der schwerste Stein des Anstoßes gewesen, den die Kirchenreform beseitigen sollte. Dem Rechtsbegriff der Simonie entsprach aber der ethische Begriff der *avaritia*.

Um das Ergebnis vorwegzunehmen: wenn es der Reform auch gelang, die Simonie teils zu beseitigen, teils durch juristische Interpretation zu leugnen, so wurde doch die Kirche infolge der Reform nicht ärmer, sondern reicher, und der sittliche Anstoß der *avaritia* nicht beseitigt, sondern teils verlagert, teils verschärft. Wenn in der Pataria zum ersten Male eine breite Volksbewegung, von den Päpsten weitgehend unterstützt, mit Erfolg den reichen Klerus angriff, so war dies zunächst nicht eine Bewegung für die Armut, sondern gegen den Reichtum.[23] Nicht die dem einfachen Mann nicht leicht durchschaubaren Probleme des Rechtes, sondern die der kirchlichen Sittlichkeit stehen im Mittelpunkt der patarenischen Predigt, und es konnte niemandem schwerfallen, den Gegensatz zwischen der Realität des feudalen Episkopats und Domklerus und den Idealen der apostolischen Urkirche zu erkennen. Als aber der große Kirchenkampf die sakramentale Autorität des Klerus erst einmal in Frage gestellt hatte, als man vom Papste selbst gehört hatte, daß die Sakramente simonistischer Priester zu verachten seien, da konnte die Predigt der apostolischen Armut nicht nur in der Kirche neue Lebensformen begründen, sondern auch gegen die Kirche gerichtete Bewegungen hervorrufen.[23a] Daß diese Armutsbewegungen dann

---

20) Vgl. F. Lot, Le mythe des terreurs de l'an mille, in Mercure de France, 301 (1947), 639–655, der die Quellen eingehend erörtert. Weniger entschieden in der Beurteilung ist H. Focillon, L'an mille, Paris 1952, 39–64.

21) Dazu jetzt A. Funkenstein, 77 ff. in Auseinandersetzung mit älteren Interpretationen.

22) Der Anm. 19 zitierte Text fährt fort: »*Denique et errorem qui de fine mundi inolevit, abbas meus beatae memoriae Richardus* (von Fleury, † 986) *sagaci animo propulit, postquam litteras a Lothariensibus accepit, quibus me respondere iussit; nam fama pene totum mundum impleverat, quod quando annunciatio dominica in Parasceve contigisset, absque ullo scrupulo finis saeculi esset*«. Die folgenden Bemerkungen über falsche Berechnungen des 1. Adventssonntags deuten auf computistische Ursprünge der Spekulation. Der Vorfall wird sich nicht lange vor 970 abgespielt haben.

23) Zur partarenischen Predigt bes. Miccoli, Chiesa Gregoriana, 101–160. Nicht in unmittelbaren Zusammenhang mit der Pataria gehören die von Erdmann, Endkaiserglaube, 384 ff. erörterten Antichristerwartungen des Bischofs Rainer von Florenz.

23a) H. Grundmann, Religiöse Bewegungen im Mittelalter, 2. Aufl., Darmstadt 1961, 13 ff., Idem, Ketzergeschichte des Mittelalters (Die Kirche in ihrer Geschichte, hrsg. v. K. D. Schmidt und E. Wolf, Band 2, Lief. G I, Göttingen 1963) 15 ff.

mehr Hörer eben unter den Armen als unter den Reichen fanden, daß die Prediger sich vielfach bewußt den sozial Armen zuwandten und bei diesen ihre größte Anhängerschaft fanden, begreift man leicht; es darf aber nicht darüber hinwegtäuschen, daß die Kritik am Reichtum zunächst vor allem von bekehrten Reichen ausgeht, angefangen von Landulf von Mailand und Norbert von Xanten bis zu Valdes und Franz von Assisi.

Wieweit hat diese Armutsbewegung eschatologische Erwartungen gehegt und gepredigt? Sehe ich recht, so kann man bei der Pataria dies Moment nicht beobachten. Schwieriger ist es, Aussagen über die in Frankreich um die Wende vom 11. und 12. Jahrhundert auftretenden Wanderprediger zu machen. Ein rigoroser Biblizismus, die buchstäbliche Nachahmung des in der Bibel gegebenen apostolischen Beispiels kennzeichnet Männer wie Robert von Arbrissel, Peter den Eremiten, Norbert von Xanten, aber auch Tanchelm, Peter von Bruis und Heinrich von Lausanne.[24] Die Lehren derjenigen Wanderprediger, die zu Häretikern wurden, sind nur aus der Polemik oder Karikatur der Rechtgläubigen bekannt, die natürlich nur das Anstößige herausstellten. Da die Predigt vom nahen Weltende, für sich genommen, keine Ketzerei darstellte, sondern allenfalls durch einzelne Definitionen ketzerische Züge annehmen konnte, dürfen wir nicht erwarten, daß sie stark hervorgehoben wird. Hat Tanchelm von Antwerpen, den der Utrechter Klerus als Antichristen kennzeichnet,[25] seine Predigt eschatologisch begründet? Zunächst wandte er sich gegen die Simonie, und wenn er zuerst zum Papst reiste, um dessen Hilfe zu suchen, beweist das genug, daß sein erster Ansatzpunkt nicht grundsätzlich gegen die Kirche gerichtet war. Wenn sich Tanchelm dann wirklich als vom heiligen Geist erleuchtet bezeichnete und nicht nur göttliche Ehren annahm, sondern auch im Bilde mit der Jungfrau Maria vermählte, wie seine Gegner behaupteten, so wird man sich dies schwer ohne einen, im einzelnen freilich nicht durchschaubaren, eschatologischen Bezug vorstellen.

Ähnliches mag von Eon von Stella gelten.[26] In den Quellen über ihn hallt das Gelächter

---

24) J. v. WALTER, Die ersten Wanderprediger Frankreichs, 2 Bände, Leipzig 1903/06; GRUNDMANN, Religiöse Bewegungen, 38 ff., 506 ff., A. BORST, Die Katharer, Stuttgart 1953, 81 ff. Zum geistigen Hintergrund auch M. D. CHENU, Moines, clercs, laics. Au carrefour de la vie évangélique, sowie IDEM, Le réveil évangélique, beides in CHENU, La théologie au douzième siècle, 2. ed., Paris 1966, 225–273. Zur soziologischen Seite vgl. das stark von marxistischer Dogmatik geprägte Buch von E. WERNER, Pauperes Christi, Leipzig 1956.
25) PH. JAFFÉ, Monumenta Bambergensia (Bibliotheca rerum Germanicarum, 5, Berlin 1869), 296, Nr. 168: »*Antichristi nostri, perturbatoris et blasphematoris ecclesiae Christi... qui aperuit in caelum os suum* (cf. Psalm 72, 9, Apoc. 13, 6)«. Vgl. W. MOHR, Tanchelm von Antwerpen, in Annales Universitatis Saraviensis, Philosophie – Lettres, 3 (1954), 234–247; J.-M. DE SMET, De monnik Tanchelm en de Utrechtse bischopszetel in 1112–14, in Scrinium Lovaniense – Mélanges historiques E. Van Cauwenbergh, Gembloux – Louvain 1961, 207–234 (war mir nicht erreichbar).
26) Hauptquelle ist Wilhelm von Newburgh, Historia, ed. R. HOWLETT, vol. 1 in Rerum Brit. Scriptores, London 1884, I, 19 S. 60–64, daneben Otto von Freising, Gesta Friderici, ed. G. WAITZ – B. v. SIMSON, in Scriptores rer. Germ., 1912, I, 56 f. S. 81, Sigiberti cont. Gemblac., in Mon. Germ., Scriptores, 6, 389.

wider, mit dem die Konzilsväter von Reims ihn verurteilten, und sicherlich konnten seine
Ansprüche von gelehrten Prälaten kaum ernst genommen werden. Wenn es aber nicht nur
ein schlechter Witz seiner Richter ist, sondern auf einem Schatten von Wahrheit beruht,
daß er sich mit Dem identifizierte, der am Ende der Gebete genannt wird, *per Eum qui
vivit et regnat* etc., dann wird ein endzeitlicher Anspruch kaum zu leugnen sein. Vielleicht
steckt auch hinter dem sonderbaren Zeichen in Form eines Y, das er führte, jenes Siegel der
Auserwählten, von dem die Apokalypse spricht (7, 3), und das nach Ezechiel (9, 4) die
Gestalt des griechischen Tau hatte.[27]

Norbert von Xanten, als er schon Erzbischof von Magdeburg war, äußerte einmal
gegenüber Bernhard, noch in dieser Generation werde der Antichrist erscheinen. Die Art,
wie Bernhard darüber berichtet, deutet darauf, daß Norbert diese Erwartung nicht schon
früher und öffentlich als Wanderprediger verkündet hatte. Norberts Begründung kennen
wir nicht, wir wissen nur, daß sie den Abt von Clairvaux nicht überzeugte.[27a] Etwa 12
Jahre später, nach dem Schisma Anaklets, meinte der Kardinal Gerhard, der wenig später
unter dem Namen Lucius II. den Stuhl Petri bestieg, der Antichrist sei entweder schon
gekommen oder werde demnächst kommen, denn kaum noch ein Mensch widerstehe dem
Bösen.[28] Ist es ein Zufall, daß Norbert und Gerhard Regularkanoniker, *pauperes Christi*,
waren, der eine aus dem Zweig von Prémontré, der andere aus dem von S. Frediano in
Lucca?

Nehmen wir die genannten Indizien zusammen, so wird man wohl sagen dürfen, daß
unter den katholischen wie unter den häretischen Gliedern jener Bewegung, die die *vita
apostolica* predigte und die »Armen Christi« aufrief, eschatologische Ideen und apokalyptische Spekulationen nicht völlig unbekannt waren. Aber nirgends finden wir diese als
konstitutives Element einer Gruppe oder als zentrales Anliegen der Predigt.

Welchen Platz in der Kreuzzugsbewegung einerseits die eschatologische Erwartung,
andererseits der Armutsgedanke einnimmt, haben uns die Forschungen von Paul Alphan-

---

27) Diese Erklärung soll nur als Vorschlag zur Diskussion gestellt werden. Es ist daran zu erinnern,
daß Tanchelm sich ein Schwert und ein *vexillum* (dessen Gestalt wir nicht kennen) vorantragen ließ
(Brief der Utrechter S. 297) und Heinrich von Lausanne wie seine Anhänger Kreuzesstäbe trugen
(Actus pontif. Cenomann. 35, ed. J. MABILLON, in Vetera annalecta, nov. ed., Paris 1723, 316, vgl.
v. WALTER, Wanderprediger, 2, 133 f.), während Peter von Bruis wie manche andere Ketzer das
Kreuzeszeichen schroff ablehnte (Petrus Venerab., Tract. c. Petrobrusianos, in MIGNE PL 189, 722,
771 ff.; vgl. R. MANSELLI, Studi sulle eresie del sec. XII, Roma 1953, 36 f.). Wer ein *signum* tragen
und das Kreuz ablehnen wollte, konnte leicht auf das Tau kommen, wenn er sich an die Bibel hielt,
und dies könnte die Form eines Y erklären. Das Tau hat bekanntlich neben andern Franz von Assisi
benutzt, selbstverständlich ohne Polemik gegen das Kreuz (H. BÖHMER – F. WIEGAND, Analekten
zur Gesch. d. hl. Franz von Assisi, 2. Aufl. Tübingen 1930, 47, Nr. 17).
27a) Bernhard, Epist. 56, in MIGNE, PL 182, 162 f. Nr. 56. A. HAUCK, Kirchengeschichte Deutschlands, 4, 3. u. 4. Aufl., Leipzig 1913, 371 f., sieht in der eschatologischen Spekulation ein Motiv der
Wanderpredigt Norberts, doch zeigt Bernhards Reaktion, daß er diese Idee von Norbert nicht früher
gehört hatte. Vgl. auch v. WALTER, 2, 120.
28) MIGNE PL 193, 1106 f., vgl. CLASSEN, Gerhoch, 99 f., 219, 335 f. Nr. 18.

déry gezeigt.[29] Nach dem Bericht des Guibert von Nogent soll Papst Urban II. in Clermont die Kreuzpredigt vor allem damit begründet haben, daß der Antichrist bei seiner Ankunft in Jerusalem Christen finden müsse, die gegen ihn kämpfen; aus der Prophezeiung, der Antichrist werde die Könige von Ägypten, Afrika und Äthiopien töten, habe der Papst die Aussicht deduziert, diese Reiche zunächst einmal zum Christentum zu bekehren.[30] Mit Recht sind Zweifel daran geäußert worden, daß Urban dergleichen gesagt habe; denn in seinen echten Kreuzzugsbriefen findet sich ebensowenig ein Anklang an diese Ideen wie in den anderen Berichten über die Predigt von Clermont. Aber es kann keinem Zweifel unterliegen, daß solche Ideen bei Beginn des ersten Kreuzzuges umliefen. Sie mögen dazu beigetragen haben, Jerusalem zum Ziel eines Zuges zu machen, der doch zunächst nur den östlichen Christen Hilfe gegen die Seldschuken bringen sollte. Jerusalem, von Hieronymus als *visio pacis* interpretiert, war den Christen nicht nur als Stätte des Leidens und der Auferstehung Christi, sondern auch als der Typus des ewigen Friedensreiches (Apoc. 21 etc.) bekannt. Dort erwartete man Christi Wiederkehr, nachdem der Antichrist dort sein Reich errichtet hatte. Die großen Pilgerfahrten der Jahrzehnte vor dem ersten Kreuzzug waren wenigstens zum Teil eschatologisch motiviert, wie die Massenfahrten um das Jahrtausend der Passion und vor allem im Jahre 1065 zeigen, das nach der schon von Abbo überlieferten Spekulation (s. o. S. 313) das Weltende bringen konnte.[31] Nicht

---

29) Vgl. oben Anm. 2. Die einseitige Hervorkehrung dieses Gesichtspunktes mindert nicht den Wert der Forschungen ALPHANDÉRYS. Neue kritische und gedankenreiche, wenn auch knappe Darstellung bei H. E. MAYER, Geschichte der Kreuzzüge, Stuttgart 1965.

30) Guibert, Gesta Dei per Francos, II 4, in Recueil des historiens des croisades, hist. occid., 4, Paris 1879, 137–140. Vgl. D. C. MUNRO, The Speech of Pope Urban II at Clermont, in American Historical Review, 11 (1906), 231–240, bes. 242 ff. Der Brief Kaiser Alexios' I. an Robert von Flandern bei H. HAGENMEYER, Die Kreuzzugsbriefe aus den Jahren 1088–1100, Innsbruck 1901, 130 ff., der – wie immer man über einen echten Kern denkt – in der überlieferten Form sicher eine Fiktion darstellt, vergleicht (136) die Türken mit Julius Caesar in der Vergangenheit und mit dem Antichrist in der Zukunft; dabei fehlt jeder apokalyptische Zug, wie ihn Urbans Predigt bei Guibert zeigt.

31) Zu 1033, vgl. Rudolf Glaber, Historiae, IV 6, 18 ff. ed. M. PROU, Paris 1886, 106 ff., wo der *ordo inferioris plebis* und die *pauperes* als beteiligt genannt und die Antichrist-Erwartung als Motiv bezeichnet werden. Hauptquellen für 1065 sind die Annales Altahenses maiores, ed. E. v. OEFELE, in Script. rer. Germ. 1891, 65–71 (S. 66: *multitudo comitum et principum, divitum et pauperum*); Lambert von Hersfeld, ed. O. HOLDER-EGGER, in Script. rer. Germ., 1894, 92–99; Marianus Scottus, in Mon. Germ., Scriptores, 5, 558 f. Von der apokalyptischen Spekulation spricht nur die späte Vita Altmanni cap. 3, in Mon. Germ., Scriptores, 12, 230 (mit unklarer Angabe), dazu ist aber der oben Anm. 22 genannte Abbo-Text heranzuziehen. Eigenartigerweise scheint die neuere Literatur, abgesehen von einem undeutlichen Hinweis bei ALPHANDÉRY, Chrétienté I, 25, dies Motiv trotz W. v. GIESEBRECHT, Geschichte der deutschen Kaiserzeit 3, 5. Aufl., Leipzig 1890, 111 übersehen zu haben. An dem fatalen Tag, dem 25. März, wurden die Kreuzfahrer, nur noch eine Tagereise vom Ziel entfernt, zu bewaffneter Verteidigung gegen Sarazenen gezwungen.

nur reiche Herren zogen ins Heilige Land, sondern auch Scharen Armer,[32] und mancher Pilger erwartete den individuellen Tod in der heiligen Stadt.[33]

In dem Augenblick, in dem Jerusalem zum Ziel des großen Kriegszuges wurde, mußte dies wieder auf die eschatologische Spekulation zurückwirken. Die Predigt des Papstes allein hätte den Kreuzzug schwerlich auslösen können; ihr kam eine Erregung breiter Volksschichten entgegen. Unter den Predigern, die durch Frankreich zogen, waren Robert von Arbrissel[34] und Peter der Eremit, die beide in den Formen der biblischen *vita apostolica* auftraten, barfuß, auf einem Maultier reitend, heimatlos, aber von den Armen wie Heilige verehrt. Viel eher diesen Predigern der Armen möchte man die apokalyptische Begründung des Kreuzzugs zutrauen als dem Papst selbst. Gerade dem einfachen Mann wird das himmlische Jerusalem ein klarerer Begriff gewesen sein, ein erstrebenswerteres Ziel als jene Stadt in Palästina.[35] Aber da uns die Quellen nur über die Formen des Auftretens und die ungeheure Wirkung der Prediger, nichts aber über den Inhalt der Predigt selbst sagen, kommt man hier über Vermutungen nicht hinaus. Man muß hier noch einmal daran erinnern, daß die Prophezeiungen den Armen im apokalyptischen Drama keine Funktion zusprachen.

Disziplinlos, ohne kriegskundige Führung und mangelhaft ausgerüstet, rannte der Haufen der armen Kreuzfahrer unter dem Eremiten ins Verderben. Dennoch können wir wenig später zum ersten Mal die Armutsidee in heilsgeschichtlicher Funktion deutlich erkennen. Als das Kreuzheer nach der Eroberung Antiochias in Bedrängnis gerät, da findet aufgrund einer göttlichen Vision Petrus Bartholomäus die heilige Lanze und belebt den Mut; neue Visionen des bäurischen Kreuzfahrers treiben die zerstrittenen Führer dann voran und weisen den weiteren Weg. Mancher Zeitgenosse war skeptisch, bezeichnend ist aber, wie bei Raimund von Aguilers eben die Tatsache, daß der Visionär ein armer, ungebildeter Mann ist, zur Legitimation dient.[35a] Was den Klugen verborgen ist, hat Gott den Geringen offenbart (Matth. 11, 25); und in den Weisungen, die Petrus Bartholomäus dem Raimund in Antiochien über eine Jordantaufe erteilt, wird der eschatologische Bezug

---

32) Das zeigen neben Einzelangaben der Quellen auch die hohen Zahlen von denen zu 1065 gesprochen wird, die man aber sicher nicht zu genau nehmen darf.

33) Glaber, Hist., IV 6, 18 S. 106 f., vgl. ALPHANDÉRY, Chrétienté, I, 14 f. Gute Zusammenfassung der Jerusalem-Ideen bei MAYER, 17 ff.

34) Balderich von Dol spricht nur vom Auftrag für die Predigt, den Papst Urban II. dem Robert erteilte: MIGNE, PL 162, 1050 f. War es aber in dem Augenblick, im Februar 1096, denkbar, daß Robert den Kreuzzug ignorierte, wie v. WALTER, 1, 117 f. meint?

35) MAYER, 17 f. Bei Albert von Aachen, I 4, in Recueil des historiens des croisades, hist. occ. 4, 273 sagt Christus in einer Vision zu Peter dem Eremiten: *Per pericula enim et temptationes varias paradisi portae nunc aperientur vocatis et electis.*

35a) Raimunds ganzer Bericht wird von diesem Motiv durchzogen: Recueil des hist. des crois., hist. occ. 3, Paris 1866, 253 ff.: *»Dominus pauperem quendam rusticum elegit ... per quem omnes nos confortavit«*, heißt es schon im ersten Satz.

der Vision vollends klar.[36] Bei der Belagerung von Antiochia waren zuerst die »Tafurs«, aufgetreten, arme Kreuzfahrer, die sich zu einem eigenartigen Bund zusammengeschlossen hatten: Barfüßigkeit, Waffenlosigkeit und das unbedingte Verbot von Geldbesitz waren die Kennzeichen der im übrigen recht wilden Gesellen, die in der Hungersnot durch ihren Kannibalismus bei Christen und Muslimen Aufsehen erregten. Den Rittern sollen sie nützliche Hilfe geleistet haben. Geht es zu weit, wenn man auch hinter diesem ordensartigen Zusammenschluß von Armen, die den Weg nach Jerusalem bereiteten, eschatologische Motive vermutet?[37]

Die hier zuerst deutlich erkennbaren Ideen begegnen im Laufe des folgenden Jahrhunderts immer wieder. Vielleicht hat schon Emicho von Leiningen seine berüchtigte Judenhetze während des ersten Kreuzzuges apokalyptisch motiviert, wohl sicher tat dies vor dem zweiten Kreuzzug der entlaufene Zisterziensermönch Radulf.[38] Indem solche Predigt zugleich an niedrige Triebe appelliert, vermag sie Massenbewegungen auszulösen. Eher literarisch, wenn auch nicht ohne volkstümlichen Einschlag durch die geheimnisvollen Andeutungen, ist die Anwendung sibyllinischer Prophezeiungen auf Ludwig VII. als Kreuzfahrer.[39] Ohne eschatologischen Bezug, aber auch ohne Wendung an die Massen, verbreitet nach dem Scheitern vieler großer Unternehmungen Peter von Blois seinen Gedanken, den Kreuzzug, den Könige und Große nicht zum Ziel haben führen können, der Unschuld der Armen, auf denen Gottes Gnade ruht, anzuvertrauen.[40] Solche Vorstellungen wirken weiter bei Fulko von Neuilly in der Zeit Innozenz' III.,[41] und sie lösen den unglückseligen Kinderkreuzzug aus, ja sie werden hier und dort wieder wach, nachdem die Kreuzfahrerstaaten endgültig zusammengebrochen sind.

Der einfache, letztlich auf die Bibel zurückzuführende Grundgedanke aller dieser Bewegungen ist der, daß man den Armen – oder einzelnen Armen – die Kraft zuspricht, durch Gottes Gnade zu vollbringen, was den sündhaften, in weltliche Interessen verstrickten Mächtigen dieser Erde nicht möglich ist. Die Armen erwartet dabei nicht ein spezieller

---

36) ALPHANDÉRY, Messianisme, 3 ff.; IDEM, Chrétienté, 1, 102 ff., 110 ff.

37) Die Tafurs werden nur in einer historischen Quelle beschrieben, an die ich mich hier halte: Guibert, Gesta Dei per Francos VII, 21, in Recueil des hist. des crois., hist. occ. 4, 241 f., daneben in den Chanson d'Antioche und Chanson de Jérusalem, die ihre Rolle stark hervorkehren. Diese allein wissen auch von einer Verbindung zwischen Peter dem Eremiten und den Tafurs. Die einzige neuere Spezialuntersuchung, L. A. M. SUMBERG, The Tafurs and the First Crusade, in Mediaeval Studies, 21 (1959), 224–246, dürfte den historischen Wert der Chansons überschätzen, vgl. auch ALPHANDÉRY, Chrétienté, 1, 92 f.

38) ALPHANDÉRY, Messianisme 7 f.; IDEM, Prophétisme 190 ff.; IDEM, Chrétienté, 1, 74 ff., 172 ff.

39) Vgl. den bei GIESEBRECHT, Geschichte der dt. Kaiserzeit, 4, 2. Aufl., Leipzig 1877, 505 f. abgedruckten Text und Otto von Freising, Gesta Friderici I, Prooem. (ed. G. WAITZ-B. v. SIMSON, in Script. rer. Germ., 1912), 10 f.

40) MIGNE, PL 207, 1057–70, ALPHANDÉRY, Chrétienté, 2, 36 ff.

41) ALPHANDÉRY, Chrétienté, 2, 45 ff.

Lohn, wohl aber erhalten sie eine Funktion in einem Geschehen von eschatologischer Wirkung, sie helfen, die gesamte Menschheit an das von Gott bestimmte Ziel zu führen.

Die apostolische Wanderpredigt, die häretische Gruppen und neue Orden hervorruft, und ebenso die Kreuzzugsbewegung mit ihren Begleiterscheinungen sind Symptome der geistigen und sozialen Unruhe, die seit der großen Kirchenreform zutage tritt. Die Sicherheit der kirchlichen und sozialen Ordnungen ist erschüttert, seit man zweifeln kann, wo das wahre Sakrament von echten Priestern gespendet wird, und die gelehrten Theologen fühlen sich gedrängt, schärfer als bisher nach dem Ort der Gegenwart in der Geschichte des göttlichen Heilsplanes zu fragen. Mancher Exeget – keineswegs alle – ist durch die Frage beunruhigt, ob denn das nach Meinung vieler den Antichrist aufhaltende Römische Reich noch bestehe,[42] andere fragen, ob das weithin verbreitete Unrecht in der Kirche schon die für das Ende der Zeiten prophezeite *abominatio desolationis in loco sancto* (Matth. 24, 15) darstelle. Denn nicht nur für die Ketzer bietet die Realität der herrschenden Kirche, insbesondere aber ihr Reichtum, die auch in die Kirche eindringende Geldwirtschaft, einen Stein des Anstoßes. Als inmitten der Reformkirche 1130 ein Schisma ausbricht, für das man keine weltliche Macht verantwortlich machen kann, und als beide Päpste sich wechselseitig als Antichrist schelten,[43] wächst die Unruhe.

So wird die theologische Deutung der Geschichte neu belebt durch die Erfahrungen der Gegenwart. In der exegetischen Methode macht Rupert von Deutz durch tiefgründige Allegorese und Typologie Eindruck und wird zu einem – in der Forschung bisher zu wenig beachteten – Vorbild. Rupert sah, wie schon bemerkt, das Weltende noch nicht nahen und übte größte Vorsicht in der heilsgeschichtlichen Beurteilung der Gegenwart; er begnügt sich meist, die eigene Zeit moralisch zu werten.[44] Andere, jüngere Theologen sind weiter gegangen. Otto von Freising sieht in den freiwillig Armen, den Kanonikern und Mönchen, eine die Herrschaft des Bösen zurückhaltende Kraft, während das Römische Reich von seiner Höhe sinkt, ohne doch diesen Armen eine Funktion im apokalyptischen Geschehen

---

42) Classen, Gerhoch, 220 f.

43) Anaklet II: Jaffé-Loewenfeld, Regesta Nr. 8409 (Text bei Giesebrecht, 4, 505): »*ut Nocentio, id est Antichristo, proselytum facias*«. Innozenz, Jaffé-Loewenfeld, 7407 (Text Giesebrecht, 4, 504) bringt dagegen Anaklet nur indirekt mit dem Antichrist in Verbindung; Bernhard geht weiter: ep. 125, in Migne PL 182, 270 spricht er vom apokalyptischen Tier auf dem Stuhl Petri, ep. 124, in PL 182, 268: »*Christus Domini Innocentius – qui autem ex adverso stat, aut Antichristus est aut Antichristi*«, d. h. wer dagegen steht, ist ein Antichrist oder (ein Glied) des Antichrist.

44) Über Ruperts Geschichtstheologie vgl. Kamlah, 75–105, Classen, Gerhoch 37 ff., 112 f. und öfter, M. Magrassi, Teologia e storia nel pensiero di Ruperto di Deutz, Roma 1959. Rupert gehörte zu den meistgelesenen Autoren des 12. Jahrhunderts, wie die Untersuchung der Handschriften durch R. Haacke, in Deutsches Archiv, 16 (1960), 397–436 erweist. Unter den Geschichtstheologen des 12. Jahrhunderts sind Anselm von Havelberg, Boto von Prüfening, Gerhoch von Reichersberg mit Sicherheit von ihm abhängig, während die Frage, ob er auch auf Honorius Augustodunensis, Hugo von St. Viktor, Bernhard von Clairvaux sowie Joachim von Fiore gewirkt hat, noch genauerer Prüfung bedarf.

zuzuerkennen.[45] Größeren Wert als der Zisterzienser Otto legt der Prämonstratenser Anselm von Havelberg auf die Entfaltung der neuen, armen Ordensleute; ja, er vermag von hier gar zu einer optimistischen Geschichtsdeutung zu gelangen, die im Unterschied zu den meisten anderen Autoren die Kirchengeschichte nicht nur als Verfall und Abstieg, sondern als Entfaltung verstehen möchte.[46] Am schwierigsten sind die Visionen der Benediktiner-Äbtissin Hildegard von Bingen zu deuten: sie erkennt ein Auf und Ab im Ringen zwischen Antichrist und Dienern Christi, das historische und kosmische Aspekte zugleich hat. Wohl kommen dabei auch Gesichte von einer künftigen makellosen und armen Kirche vor, in einer Welt, da die Menschen mit den Engeln umgehen: ferne Andeutung eines chiliastischen Reiches des Glücks, und doch schwerlich als Prophezeiung eines historischen Zustandes der Zukunft zu verstehen, und gewiß kein Gegenstand unmittelbarer Erwartung.[47] Zugleich war Hildegard aber standesbewußte Aristokratin, die nur adlige Mädchen in ihr Kloster nahm und dies damit begründete, daß auch kein Mensch Ochsen, Schafe und Esel in einen Stall sperre.[48] Irdische Ständeordnung gilt ihr als Teil der göttlichen Schöpfungsordnung, die unabhängig von der sittlichen und eschatologischen Wertung vor Gott bestehen bleibt. Man muß hier daran erinnern, daß es – jedenfalls in Deutschland – schon früh Zisterzienser- und Prämonstratenserklöster gibt, die dem

45) Otto von Freising, Chronica, VII, 34 f., ed. A. Hofmeister, in Scriptores rer. Germ. 1912, 369–374. Aus der Literatur sei nur das neueste genannt: Töpfer, 25 ff., Funkenstein, 110. Es ist bemerkenswert, wie vorsichtig Otto sich ausdrückt: er weist den Religiösen keinen festen Platz in der Geschichtstheologie an, erbittet nur am Schluß deren Fürbitte für die Arbeit am achten Buch; er beschreibt Mönche und Regularkanoniker (darunter auch Prämonstratenser) sowie Anachoreten, ohne einen Orden bei Namen zu nennen; er spricht von der *vita apostolica*, ohne das Schlagwort *pauperes Christi* aufzugreifen. Eigentümlich hartnäckig hält sich – auch in jüngster Literatur – der Irrtum, Otto rede hier nur von Mönchen. Bei einem so bewußten Kanoniker wie Gerhoch, der selbst das Prämonstratensertum als eine monastische Abweichung vom richtigen Kanonikertum ansieht, kann natürlich erst recht nicht von einem »Mönchszeitalter« (so Funkenstein, 110) die Rede sein. Die saubere Unterscheidung zwischen Klerikern und Mönchen ist nicht eine nur pedantische Forderung, sondern für das Verständnis der Autoren bis hin zu Joachim (vgl. etwa Töpfer, 60 ff.) fundamental.
46) Anselm, Dialogi, I r ff. in Migne, PL 188, 1142 ff. Dazu jetzt Funkenstein, 60–67 mit dem sehr wichtigen Nachweis der Abhängigkeit von Gregor von Nazianz, von der älteren Literatur bleiben Kamlah, Apokalypse, 64 ff., W. Berges, Anselm von Havelberg in der Geistesgeschichte des 12. Jahrhunderts, in Jahrbuch für Gesch. Mittel- und Ostdeutschlands, 5 (1956), 38–57 und J. Spörl, Grundformen hochmittelalterlicher Geschichtsanschauung, München 1935, 18 ff. in unserm Zusammenhang wichtig, ferner Töpfer, 22 ff.
47) Vgl. Töpfer, 35 f., vor allem im Anschluß an Hildegard, ep. 48, in Migne, PL 197, 251 f. und Liber divinorum operum III 10, 17 und 20, PL 197, 1019 f., 1022 f. Die Frage ist indessen, ob man die im Brief aufgezeichnete Predigt gegen die Katharer als Weissagung verstehen soll. Ist hier nicht vielmehr in prophetischer Form nur gesagt, daß die Anfechtung durch Ketzer und Mächtige allein ein reiner Klerus überwindet? Die Vision des Lib. div. op. drückt auch keine unmittelbare Zukunftserwartung aus.
48) Hildegard, ep. 116, in Migne, PL 197, 336 ff., vgl. A. Schulte, Der Adel und die deutsche Kirche im Mittelalter, 2. Aufl., Stuttgart 1922, 226 ff.

Adel vorbehalten bleiben, und daß selbst Klarissen später zum Teil den gleichen Weg gehen.

In immer neuen Ansätzen hat Gerhoch von Reichersberg über den Gang der Heilsgeschichte und den Ort der Gegenwart nachgedacht.[49] Er gehörte zu jenem Zweig der *pauperes Christi*, die das Regularkanonikertum begründeten. Armut ist für ihn wie für andere Prediger aber nicht soziale Gegebenheit, sondern sittliche Forderung, die in der *vita communis* der Kleriker verwirklicht werden soll: unbedingte Aufgabe des Privatbesitzes – nicht des Gemeinbesitzes – und der privaten Wohnung verlangt er nicht nur von einem Orden; sondern alle Kleriker, von den Landpfarrern über Domherren und Bischöfe bis zu den Kardinälen, sollen sich diesem Gebot unterwerfen. Man versteht, daß Gerhoch in Gefahr geriet, als Ketzer verurteilt zu werden. Die Armut der Kleriker gewinnt aber in seinen Augen eschatologische Qualität: *pauperes enim propter Deum nihil habentes, ipsi sunt sancti*, schreibt Gerhoch schon 1130.[50] Seit dem Schisma des Anaklet beschäftigt ihn nun immer wieder die Heilsgeschichte, der Standort der Gegenwart in ihr und das Problem des Antichrist. Aufgrund der biblischen Aussagen, der exegetischen Tradition und nicht zuletzt in Auseinandersetzung mit der gegenwärtigen Geschichte versucht er mehrmals neue Lösungen. Mit einer Ruperts Ansätze weiterbildenden Methode führt er typologische Periodisierungen der Kirchengeschichte seit Pfingsten durch, die im einzelnen verschieden aussehen, aber stets die Gegenwart als letzte Zeit vor dem Antichrist deuten.[51]

In der Erklärung des 9. Psalmes, seinem ältesten, um 1145 verfaßten Antichrist-Traktat, unterscheidet Gerhoch drei Verfolgungen des Antichrist in der Geschichte, die erste ist die blutige gegen die Märtyrer, die zweite die trügerische der Häretiker – gemeint sind die großen Häresien des 4. und 5. Jahrhunderts – und drittens die zugleich blutige und trügerische der Simonisten und Habgierigen, der die Armen Christi Widerstand leisten.[52] Damit erhält das seit Heinrich IV. und Gregor VII. andauernde Ringen eine zugleich sittliche und heilsgeschichtliche Deutung, in der die Armutsbewegung ihren wesentlichen Platz hat. Eine Frage beschäftigt Gerhoch schon in den frühen Schriften: muß man eine buchstäbliche Erfüllung des eschatologischen Dramas, das Adso und andere dargestellt haben, in der Zukunft erwarten, oder ist dies Drama allegorisch zu deuten und auf die Kirchengeschichte der Vergangenheit und Gegenwart zu beziehen? Schon 1130 fragt er, ob

---

49) Über Gerhoch ist neben CLASSEN (wie Anm. 9) zu vergleichen E. MEUTHEN, Kirche und Heilsgeschichte bei Gerhoh von Reichersberg Leiden–Köln 1959, und TÖPFER, 28–33.

50) MIGNE, PL 194, 1299 D.

51) Zuerst in dem 1142 verfaßten Liber de ordine donorum sancti spiritus, ed. D. ac O. VAN DEN EYNDE et A. RIJMERSDAEL, Gerhohi opera inedita, 1, Rom 1955, 127 ff. Dazu CLASSEN, 108 ff. Stärker noch als die wenig jüngeren Dialoge Anselms ist Gerhoch von Rupert abhängig, wendet alle Geschichtstheologie aber schärfer auf die Deutung und Kritik der Gegenwart, vgl. CLASSEN, 112 ff. (über Anselm, ebenda, 113 Anm. 20). Wesentlich ist, daß alle seine Geschichtstypologie nur Abstieg seit der Urkirche kennt.

52) MIGNE, PL 193, 769–782: ein fast völlig unbeachteter Traktat über den Antichrist! Hierzu und zu weiteren Texten gleichen Themas CLASSEN, 219 ff.

Elia und Enoch leiblich wiederkehren werden oder vielleicht schon in den sanftmütigen und eifernden Christen vom Antichrist getötet wurden.[53] In diesem Sinne versucht sein großes, im Schisma 1162/63 verfaßtes Antichristwerk, den Nachweis zu erbringen, daß man alle biblischen Aussagen über den Antichrist als bereits erfüllt ansehen könne, daß also eine Wiederkehr Christi am heutigen Tage möglich sei.[54] Wohlgemerkt, er erhebt nicht den Anspruch, die einzig richtige Deutung zu geben, er räumt gleichzeitig die Möglichkeit ein, die Aussagen der Bibel und den Verlauf der Geschichte anders zu verstehen. In einer typologischen Spekulation, die von den Personen der Trinität ausgeht, neigt er zu der Konsequenz, ein unmittelbar bevorstehendes Gericht des Heiligen Geistes über Unreinheit und Habsucht zu erwarten. Ich sage, er neigt zu dieser Konsequenz, er zieht sie dann doch nicht, weil er davor zurückschreckt, sein christozentrisches Weltbild durch Zuordnung der Zukunft zur dritten Person der Trinität zu gefährden.[55] Den Schritt Joachims hat er vermieden.

Hatte Gerhoch schon in früheren Schriften die *avaritia* als das Hauptlaster der Gegenwart beschrieben, der sich die *pauperes Christi* entgegenstellen, ohne das aus der *avaritia* hervorgehende Schisma der Kirche überwinden zu können, so spitzte er diesen Gedanken in seiner letzten, 1167 verfaßten Schrift aufs äußerste zu. An die Stelle der dreigliedrigen Typologie setzt er ein Schema mit vier Gliedern, das schon von anderen Theologen verwendete Bild der vier Nachtwachen, in deren letzter Christus das Schiff Petri besteigt (Matth. 14, 25). Vier Antichristi wirken in der Geschichte, die ersten drei sind überwunden: der *cruentus* durch die Märtyrer, der *fraudulentus* durch die *confessores*, der *immundus* durch die *doctores disciplinae*, insbesondere durch die Päpste von Gregor I. bis zu Gregor VII. und Urban II. Seit der Zeit Gregors VII. ist aber der vierte Antichrist, der *avarus*, aufgetreten, und ihm leisten zwar die *pauperes Christi* Widerstand, doch bezwingen kann ihn kein menschliches Instrument Christi – auch kein Papst – sondern nur das die Wiederkunft Christi ankündigende Leuchten, die *illustratio adventus domini* (2. Thess. 2, 8), der das Jüngste Gericht alsbald folgt.[56]

---

53) Mon. Germ., Libelli de lite, 3, 236; das Thema greift Gerhoch noch öfter auf.

54) Mon. Germ., Lib., de lite, 3, 308: »*Unde et nobis opinari vel estimare licet de Antichristis qui presserunt, si forte ad impletionem scripturarum et misterium iniquitatis sufficientes sint an non, nimirum cupientibus nobis in sermonibus suis iustificare Dominum ac demonstrare iustificatum, et si hodie fieri velit finale iudicium*«.

55) De investigatione Antichristi, II 29 f., III 3–12, ed. F. Scheibelberger, Gerhohi opera inedita, 1, Linz 1875, 249 f., 364–377 (dieser Abschnitt fehlt in der Edition der Monumenta Germaniae), dazu Classen, 229–234. Typologische Vorbilder des erwarteten Geist-Gerichtes sind in der Zeit *ante legem* das Feuer über Sodom und Gomorrha, in der Zeit *post legem* die babylonische Gefangenschaft. Das Werk Gerhochs bricht an dieser Stelle ab, der Schluß ist verloren.

56) De quarta vigilia noctis, in Mon. Germ., Lib. de lite 3, 503–525, besonders 509–519, vgl. Classen, 292–297. Cap. 13 S. 514 ist das Bild der Morgenröte gebraucht, das Gerhoch schon früher verwendete (De ordine donorum, ed. Van den Eynde-Rijmersdael, 1, 163, und De investigatione, III 7 und 9, ed. Scheibelberger, 369 f. und 371 f.). Töpfer, 31 ff. hebt hervor, daß hier von einem

Ich bitte um Verzeihung, daß ich einen meiner speziellen Freunde in der Geschichte, Gerhoch, etwas ausführlicher behandelt habe; aber wenn ich mich nicht täusche, hat niemand im 12. Jahrhundert Armutsgedanken und Eschatologie so eng verknüpft wie er in dieser letzten, in ein Gebet um Christi Wiederkehr ausmündenden Schrift. Die Armen erscheinen als das letzte Aufgebot Christi im säkularen Kampf mit dem Antichrist, aber ein macht- und erfolgloses Aufgebot gegen die ärgste und unüberwindlichste Gestalt des Antichrist. Nur der Herr selbst kann durch seine Wiederkunft diesen Kampf zwischen *pauperes Christi* und *Antichristus avarus* entscheiden, und gleich danach hört die Weltgeschichte auf. Noch einmal aber muß daran erinnert werden, daß es nicht um sozial Arme und Reiche geht, sondern um die um Christi willen freiwillig Armen, Kanoniker und Mönche. Nicht ein soziales, sondern ein sittliches Schlachtfeld ist es, auf dem Christ und Antichrist ringen. Und dies ist wohl auch der letzte Grund dafür, daß Gerhoch im Widerspruch zu seinen geschichtstheologischen Enderwartungen doch den Kampf um eine Reform der Kirche bis zuletzt nicht aufgibt, daß er die Deutung des Niedergangs noch mit Hoffnung zu verbinden sucht.

Gerhoch hat sich vergebens bemüht, seine Ideen zu verbreiten; sie sind niemals geschichtlich wirksam geworden. Und doch sollte man sich hüten, dies auf die Klostereinsamkeit zurückzuführen, in der sie entstanden, fern von den Plätzen, da Arm und Reich sich immer schärfer gegenüberstanden und neue soziale Probleme auftraten, den Städten. Sind nicht Joachims konsequenter durchgeführte, in vielem aber ganz ähnliche Ideen in einem verwandten Milieu aufgetreten, das auch nicht prädestiniert erschien, in einer städtischen Welt zu wirken?

Ich habe bisher bewußt darauf verzichtet, zwischen Erwartungen des letzten Gerichtes, des Antichristus und einer idealen Friedenszeit, wie sie der sog. Chiliasmus hegt, zu unterscheiden. Denn es ist merkwürdig, wie schwer beides, befragt man die einzelnen Quellen, zu unterscheiden ist, zumal niemand ein tausendjähriges Reich im buchstäblichen Sinn erhofft, sondern allenfalls ein kurzwährender Idealzustand der Kirche vor dem Ende erwartet wird. Das Problem des Chiliasmus haben in den letzten Jahren zwei Forscher mit

kurzen Übergangsstadium einer reinen Kirche die Rede ist, vgl. auch FUNKENSTEIN, 60. Das ist richtig, indessen geht das Licht der Morgenröte eben nicht aus dem Vergangenen, sondern vom kommenden Christus hervor, so daß von »religiöser Erneuerung«, »Wachsen zur Vollkommenheit« (so FUNKENSTEIN) oder »utopistischem Reformprogramm« (so TÖPFER) schwerlich gesprochen werden kann. Die Morgenröte ist vielmehr jene *illustratio adventus domini* (2. *Thess*, 2, 8), die unmittelbar vom wiederkehrenden Christus ausstrahlt (Lib. de lite 3, 514). Damit soll nicht bestritten sein, daß selbst in Gerhochs letzter Schrift (viel stärker in den früheren) der Reformwille in Widerstreit mit dem geschichtstheologischen Pessimismus, der nur Abstieg kennt, bestehen bleibt, vgl. CLASSEN, 296 f. Der Historiker sollte in die Quellen nicht mehr Systematik und Konsequenz hineininterpretieren, als diesen selbst eigen ist. Gerade an dem Beispiel Gerhochs, dessen gut datierbare Schriften sich auf einen Zeitraum von fast 40 Jahren verteilen, lassen sich die Wandlungen eines Autors leicht verfolgen, zugleich aber auch die Widersprüche und Inkonsequenzen innerhalb einer einzigen Schrift zeigen.

sehr unterschiedlichem Ergebnis untersucht. Norman Cohn neigt dazu, alle populären Armutsbewegungen, insbesondere aber diejenigen, die den Rahmen der kirchlichen Institutionen sprengen, als chiliastisch zu verstehen, und er gelangt zu dem Bild einer durch alle Jahrhunderte immer wieder in Wellen auftretenden Idee, deren Gesicht vom Wandel der sozialen Verhältnisse variiert wird, die sich aber doch erstaunlich gleich bleibt und deren letzte Erscheinungsformen die modernen totalitären Bewegungen sind. Hier wird indessen doch sehr vielfältiger historischer Stoff allzu gewaltsam über einen Leisten geschlagen.[57] Viel behutsamer ist Bernhard Töpfer vorgegangen, dessen Untersuchung im wesentlichen dem 13. Jahrhundert gilt und einleitend das 12. erörtert. Töpfer findet nirgends im 12. Jahrhundert einen ausgeprägten Chiliasmus, dies Wort im weiten Sinne genommen, d. h. er sieht nirgends die voll entfaltete Zukunftserwartung eines eschatologischen Friedensreiches. Wohl aber erkennt Töpfer bei einigen theologischen Interpreten der Geschichte Vorstufen einer solchen Erwartung, insbesondere bei Gerhoch und Hildegard. Wie mir scheint, hat Töpfer im allgemeinen recht, im einzelnen möchte ich seine Beobachtungen noch einschränken. Wenn Gerhoch zugleich mit den Enderwartungen, von denen wir sprechen, Forderungen nach Reinigung der Kirche durch die *pauperes Christi* erhebt und daran insbesondere in einigen frühen Schriften Zukunftshoffnungen knüpft, die er auch später nie völlig aufgibt, so sind gerade dies Ideen, die mit seiner eigenen Eschatologie im Widerstreit liegen und nicht ihr entspringen, Reformgedanken, nicht Enderwartungen. Eschatologisch ist wohl das von Hildegard mehr angedeutete als ausgeführte Friedensreich zu nennen, aber bei ihr ist es eine Stufe zwischen Verfalls- und Verfolgungszeiten, und es fehlt bei ihr der direkte Bezug dieses Reiches auf die Gegenwart.[58]

Kreuzzugsbewegung und häretische oder reformatorische Armenpredigt hat Töpfer nicht erörtert, und gewiß insofern mit Recht, als man allenfalls Vermutungen anstellen, aber keine Gewißheit erlangen kann, ob die hier und da vorhandenen eschatologischen Momente chiliastische Formen annahmen. In einigen häretischen Strömungen kann man das Gegenteil beweisen; denn wir hören immer wieder, daß Ketzer bestimmter Richtungen sich geradezu zum Feuertod drängen, weil sie die Seligkeit unmittelbar nach dem Martertod erwarten, so schon die Ketzer von Orléans und von Monteforte im 11. Jahrhundert, so dann die Anhänger des Peter von Bruis und auch die ersten Katharer am Rhein, die sich *pauperes Christi* nennen.[59] Diese Haltung läßt sich wohl schwer mit der chiliastischen Form der Enderwartung vereinen.

Es wäre sicher leicht möglich, das Bild, das wir gewonnen haben, durch weiteres Material aus dem umfänglichen, nicht nur lateinischen, sondern auch französischen und

---

57) Vgl. zu Cohns Werk die oben Anm. 2 genannte Rezension von Grundmann.

58) Vgl. oben S. 320 f.; 322, mit Anm. 47, 54 ff.

59) Rudolf Glaber, Hist., III 8, 31 S. 80; Landulf, Hist. Mediolan., II 27 in Rer. Ital. Scriptores², IV 2, 1942, 67; Chronica regia Coloniensis ed. G. Waitz, in Script. rer. Germ., 1880, a. 1163, 114; dazu R. Manselli, L'eresia del male, Neapel 1963, 135 f. Die Zeugnisse ließen sich vermehren.

deutschen Schrifttum des 12. Jahrhunderts zu bereichern und zu nuancieren. Fraglich scheint mir indessen, ob wir grundsätzlich neue Gesichtspunkte gewinnen würden. Die großen Ketzerbewegungen der zweiten Hälfte des Jahrhunderts – die im Grunde auf katholischem Boden stehenden Waldenser ebenso wie die diesen Boden verlassenden Katharer – sind Armutsbewegungen (die Katharer jedenfalls in ihren Anfängen), aber sie haben keine eigenartige Eschatologie ausgebildet, sie leben nicht in einer erregten Erwartung des Weltendes. Der große Schritt zu einer neuen Lehre vom geschichtlichen Ziel der Christenheit wird vielmehr auf katholischem Boden getan, von Joachim, dem Abt von Fiore. Seine theologische Methode geht auf Pfaden weiter, die zuerst Rupert beschritten hat und auf denen Gerhoch am weitesten vorgedrungen war (ohne daß doch an einen direkten Einfluß des Bayern auf den Kalabresen zu denken ist). Der soziale Boden ist das Zisterziensertum, über dessen gegenwärtige Erscheinungsform Joachim in ähnlicher Weise hinausstrebt wie einst die Gründer von Cîteaux über Cluny. Joachim ist der erste, der nun eine eschatologische Erwartung des dritten Status der Gläubigen, der die Welt auf das nahende Ende vorbereitet, mit der Vorstellung einer neuartigen, reinen und armen Kirche untrennbar verbindet. Erst fünfzig Jahre nach seinem Tode wurden revolutionäre Konsequenzen aus seinen Lehren gezogen, die diese sicherlich umwandelten, vielleicht gar verfälschten, und die erst möglich waren, nachdem der Heilige Franz von Assisi eine neuartige, alle Ansätze des 12. Jahrhunderts, auch die Joachims, weit hinter sich lassende Armutsbewegung gestiftet hatte.

Wir müssen hier darauf verzichten, Joachim und damit die Wende vom 12. und 13. Jahrhundert darzustellen: das würde einen eigenen Vortrag erfordern. Verweisen wir nur noch zum Schluß auf die Anhänger Amalrichs von Bena, in denen Joachims Ideen vielleicht schon gewirkt haben. Ihre spiritualistische Bewegung wird nicht primär von Armen, sondern von Gebildeten getragen, aber ihre Predigt in Paris und anderen nordfranzösischen Städten wendet sich auch an Arme, nicht zuletzt an Frauen. Sie glauben sich vom Heiligen Geist erfüllt und scheuen den Tod deshalb nicht, weil sie die *resurrectio mortuorum* schon im irdischen Leben an sich erfahren zu haben meinen: sie sind auferstanden, als der Geist sie ergriff. Das eschatologische Geschehen verlegen sie so in das innere Leben des einzelnen Menschen, die Zukunftserwartung wird aufgehoben.[60]

Fassen wir unsere Beobachtungen zusammen, so erkennen wir, daß seit dem letzten Drittel des 11. Jahrhunderts die Frage nach dem Weltende und dem letzten Gericht, dem der Antichrist vorausgeht, drängender wird, daß sich zugleich die Kritik an den bestehenden Ordnungen der Kirche und der Welt lauter erhebt. Armutsbewegung und Endzeiterwartung wachsen auf demselben Boden, sie begegnen und befruchten einander, ohne daß man sagen dürfte, die Endzeiterwartung sei ein Ausdruck des sich zweifellos verschärfenden Gegensatzes zwischen arm und reich, selbst dann, wenn man »arm« im Sinne der

---

60) Vgl. GRUNDMANN, Religiöse Bewegungen, 355 ff., 534 ff. der Quellen und neuere Literatur eingehend erörtert.

freiwilligen, um religiöser und sittlicher Ziele willen geübten Armut versteht. Apostolische Wanderpredigt in katholischer und in häretischer Gestalt, einzelne Erscheinungen der Kreuzzugsbewegung und schließlich die theologische Interpretation der Heilsgeschichte, geübt vor allem von Gliedern der »Armen Christi« im Sinne der Mönche und Regularkanoniker, haben wir als Beispiele und Zeugnisse für das Wirken und für die Begegnung eschatologischer Gedanken und der Armutsidee anführen können; aber nirgends sind diese beiden Ideengruppen wirklich miteinander verschmolzen. Eigenständig und unabhängig voneinander entwickeln sie sich fort, und erst im 13. Jahrhundert verbinden sie sich zu einer revolutionären Kraft in der Kirche. Vieles konnte hier nur angedeutet, nicht ausgeführt werden, und ich weiß wohl, daß ich nicht viel Neues gesagt habe. Aber vielleicht vermag das Vorgetragene Stoff und Anregung für eine Aussprache zu geben, die uns weiterführt.

## Die geistesgeschichtliche Lage im 12. Jahrhundert
## Anstöße und Möglichkeiten

Friedrich Zipfel 21. V. 1920–25. II. 1978
Joachim Leuschner 22. VI. 1922–12. IV. 1978
*in memoriam*

Ich bin gebeten worden, über die geistige Lage des 12. Jahrhunderts zu sprechen, über die allgemeine Situation also, in der die wissenschaftliche Forschung den erstaunlichen Aufstieg erlebt, der in dieser Vorlesungsreihe erörtert werden soll.[1] Es ist natürlich nicht einfach, als Historiker, dessen Arbeitsgebiet nicht die Geschichte der Wissenschaften und nicht einmal die Geschichte einer Einzelwissenschaft ist, am Anfang der Reihe gleichsam den Boden sichtbar zu machen, der doch eigentlich nur aus Betrachtung dessen erschlossen werden kann, was auf ihm gewachsen ist. Kann man die historischen Voraussetzungen kennen, ohne zuvor die Folgen betrachtet zu haben? Müßte man nicht eigentlich bis zum Schluß warten, ehe man allgemeine Aussagen über die geistige Situation der Zeit zu machen versucht? Ich bitte um Verständnis, wenn mein Versuch notwendigerweise unvollkommen bleibt.

Der Historiker pflegt von der Geschichte sozialer und politischer Ordnungen und Konflikte auszugehen, und ein paar Stichworte über die politische Welt sollten auch hier am Platze sein, um den Umkreis zu skizzieren, in dem sich die geistigen Bewegungen vollziehen.

· Die Kreuzzüge sind zweifellos das eigenartigste Phänomen der Geschichte des 12. Jahrhunderts. Zum ersten Mal bringen sie westeuropäische Ritterheere in den Osten des Mittelmeerraumes und lassen Eroberer-Staaten auf orientalischem Kulturboden in Syrien und Palästina entstehen. Indessen findet im Reich der Investiturstreit seinen letzten Höhepunkt und dann den Abschluß durch das Wormser Konkordat, das eine theoretische Trennung der real doch nicht trennbaren geistlichen und weltlichen Herrschaftssphären

1) Der Versuch erscheint hier unverändert, wie er am 1.11. 1979 in Zürich vorgetragen wurde; lediglich einige damals aus Zeitnot gekürzte Absätze sind hier vollständig wiedergegeben. Das von den Veranstaltern der Reihe gestellte und formulierte Thema soll Umrisse eines ganzen Jahrhunderts andeuten; das macht jede auch nur annähernde Vollständigkeit bei den Literaturangaben von vornherein illusorisch. Es können nur wenige wichtige, oft (aber nicht immer) neue Titel genannt werden, die den Leser weiterführen oder auf die der Verf. sich stützt. Quellen sind nur angegeben, insoweit sie ausdrücklich zitiert werden. Der Verf. erlaubt sich, auf eigene Arbeiten hinzuweisen, wo er sich auf deren Ergebnisse stützt.

versucht. Der Kampf zwischen Königtum und Fürstenopposition wird abgelöst durch den Wettstreit zwischen Welfen und Staufern um die Vormacht im Reich. In England gewinnt die Anjou-Dynastie die Krone und errichtet einen Staat, der den größeren Teil Frankreichs mit England unter einem Königtum normannischer Tradition vereint. In Süditalien haben andere Normannen einen mächtigen Eroberer-Staat geschaffen, der griechische und arabische Elemente mit französischen und italienischen verbindet, während die Kommunen Norditaliens, teils im Kampf miteinander, teils im Bund mit dem Papsttum ihre neu gewonnene Autonomie gegenüber der deutschen Herrschaft verteidigen. In Spanien erreicht die christliche Reconquista des seit vier Jahrhunderten von den Muslimen auf hoher Kulturstufe beherrschten Landes ihren Höhepunkt.

Das Lehnswesen als die Grundordnung abgestufter aristokratischer Herrschaft über Land und Leute kommt jetzt erst zur vollen Entfaltung und Systematisierung in allen Ländern Europas, und es zieht auch die kirchliche Hierarchie, zumindest deren materielle Basis, ganz in seinen Bann. Zugleich aber blühen die Städte auf, gewinnen durch Handel und Gewerbe selbständige politische und wirtschaftliche Kraft, vor allem in Norditalien, Flandern, am Rhein und in Südfrankreich. Deutsche Bürger und Bauern erschließen sich im Osten neuen Wirtschafts- und Siedlungsraum.

Die volkssprachlichen Literaturen erleben zugleich ihre erste Blüte. Mit dem Rolandslied setzt um die Wende vom 11. zum 12. Jahrhundert die große französische Dichtung ein. Chrestien de Troyes schreibt seine großen Epen in der zweiten Hälfte des Jahrhunderts. Das erste große Werk der spanischen Literatur, der »Cantar del mio Cid«, wird heute meist um 1140 angesetzt. Deutschland hatte schon im 11. Jahrhundert größere, aber fast ausschließlich geistliche Dichtungen hervorgebracht, und erst seit der Mitte des 12. Jahrhunderts kann hier, unter unverkennbarem Einfluß aus Frankreich, die weltliche Dichtung sich groß entfalten, die mit dem Nibelungenlied, Walthers Lyrik und Wolframs Epik um die Wende zum 13. Jahrhundert ihren Gipfel erreicht. Merkwürdig genug, daß Italien bis in Dantes Zeit mit der volkssprachlichen Dichtung zurückbleibt.

Am unmittelbarsten spricht die Vergangenheit zu uns stets durch die bildende Kunst, insbesondere die Baukunst, die keiner Vermittlung durch schwierige Text- und Sprachfragen bedarf. Neben die Vollendung der Romanik deutscher, englischer und italienischer Kathedralen tritt nun die Gotik, zuerst in Saint-Denis, Sens, dann im Portal von Chartres und in Laon, in den Städten der Ile-de-France also, wo auch die Wissenschaften des 12. Jahrhunderts ihre wichtigsten Zentren haben. Ist das ein Zufall? Wieviel angewandte Mathematik steckt in den Entwürfen, wieviel in der technischen Ausführung der kühnen gotischen Konstruktionen? Hier möchte der Allgemeinhistoriker sich fragend an die Wissenschaftshistoriker unter uns wenden.

Man verzeihe diese Geschwindrevue von Stichwörtern, deren jedes einen eigenen Vortrag verdiente. Tatsächlich stehen alle diese eben genannten Phänomene des 12. Jahrhunderts und viele andere mit ihnen in mehr oder weniger direkter Wechselbeziehung mit den Wissenschaften, um deren Aufstieg es hier gehen soll, und wenn ich nun einzelne

Gesichtspunkte und Fragen herausgreife, sollten wir uns stets vergegenwärtigen, wie bunt die Palette der Probleme ist, aus der die Beispiele genommen werden.

Das Wort von der »Renaissance des 12. Jahrhunderts« ist durch das brillante, zuerst 1927 erschienene Buch des amerikanischen Historikers Ch. H. Haskins bekannt geworden,[2] geprägt hat es aber, irre ich nicht, der Engländer Hastings Rashdall, als er 1895 das Einleitungskapitel seines Buches über die europäischen Universitäten des Mittelalters unter die Überschrift stellte »Abaelard und die Renaissance des 12. Jahrhunderts«.[3] Die geistige Bewegung, in deren Mittelpunkt er Leben und Lehren des Abaelard stellt, zu der die Rezeption des Aristoteles ebenso wie der Humanismus des Johannes von Salisbury zählt, das Lehren der klassischen Literatur und der Theologie in Chartres, Laon und Paris – kurzum den Boden, auf dem dann die Universität Paris erwächst, schildert Rashdall unter diesem Stichwort Renaissance. Haskins ging weiter, er bezog die gesamte lateinische Literatur in seine Betrachtung ein, die neue Dichtung der Vaganten und die Sprache der Prediger, die Geschichtsschreibung und nicht zuletzt die Rechtswissenschaft, die Übersetzungsliteratur, die griechische und arabische Werke den Lateinern eröffnete, und den Wiederaufstieg der Naturwissenschaften. Gerade diesen letzten Themen, Übersetzungen und naturwissenschaftlichen Studien, hatte Haskins einen beträchtlichen Teil seiner eigenen Forschungen gewidmet.[4] Aber auch er beschränkt seine »Renaissance« auf die lateinische Literatur, wirft allenfalls am Rande einmal einen Blick auf die volkssprachliche französische oder deutsche Dichtung.

Fünfzig Jahre nach dem Erscheinen von Haskins' Werk, 1977, kamen in der Harvard-Universität ein paar Dutzend Gelehrte aus aller Herren Ländern zusammen, und sie diskutierten über diese sogenannte Renaissance, nahmen nun aber auch die volkssprachliche Literatur, die Liturgie und Theologie und nicht zuletzt die bildenden Künste hinzu, um die Frage nach jener Renaissance zu beantworten, eine Frage, die damit zur Frage nach der Kultur des 12. Jahrhunderts überhaupt wurde.[5]

In dieser großen geistigen Bewegung von einzigartiger Schöpfungskraft bildet der Aufstieg der Wissenschaften nur eine Seite; aber eben diese – und nicht etwa Kunst oder Literatur – wurde zuerst unter dem Wort »Renaissance des 12. Jahrhunderts« begriffen. Daß das Wort letztlich auf Jacob Burckhardts Vorbild zurückgeht, bedarf keines Beweises. Die oft umstrittene Frage nach dem Wert des Renaissance-Begriffes dürfen wir heute übergehen.

2) CHARLES HOMER HASKINS, The Renaissance of the Twelfth Century. Cambridge, Mass. 1927. Oft unverändert nachgedruckt.
3) HASTINGS RASHDALL, The Universities of Europe in the Middle Ages, Bd. 1. Oxford 1895, Überschrift von Kapitel 2 und bes. S. 30 ff. Das Werk ist heute zu benutzen in der Neubearbeitung von F. M. POWICKE und A. B. EMDEN. Oxford 1936, hier Bd. 1, S. 25 und 31 ff.
4) CHARLES HOMER HASKINS, Studies in the History of Mediaeval Science. Cambridge, Mass. ²1927. DERSELBE, Studies in Mediaeval Culture. Oxford 1929.
5) Die Akten dieses Kolloquiums sind inzwischen erschienen: »Renaissance and Renewal in the Twelfth Century«, ed. R. L. Benson und G. Constable (Cambridge Mass. 1982) p. 387–417.

Den Aufstieg der Wissenschaften, vor allem in Frankreich, während des späten 11. und frühen 12. Jahrhunderts hat schon ein Zeitgenosse beobachtet und weltgeschichtlich einzuordnen versucht: Otto von Freising widmet im ersten Buch seiner »*Gesta Friderici imperatoris*«, das die Geschichte der etwa 70 Jahre vom Höhepunkt des Investiturstreites bis zur Wahl Barbarossas umfaßt, nahezu ein Viertel des Raumes den beiden Theologen-Prozessen des Abaelard und des Gilbert Porreta – dreimal so viel Raum wie er dem zweiten Kreuzzug gibt, an dem er selbst teilnahm. Dabei sprengt er die literarische Form der Kaisergeschichte und sucht die wissenschaftlichen Grundlagen des Konfliktes zu verstehen. In dem früheren Werk, das Weltchronik und theologische Deutung der Weltgeschichte vereinte, hatte Otto 1146 reflektiert: »Was Wunder, wenn menschliche Macht wandelbar ist, wo doch selbst der Menschen Weisheit unbeständig ist?« Von den Ägyptern sei die Weisheit zu den Griechen, dann zu den Römern, zuletzt zu den Galliern und Spaniern gelangt. »Und es ist festzustellen, daß alle menschliche Macht und Weisheit vom Osten ausgegangen ist und im Westen beschlossen wird, auf daß dadurch Wandel und Fall der Dinge offenbar werde.« Zuletzt sei die Weisheit, ganz kürzlich erst, im äußersten Westen angelangt, für Otto ein Zeichen, daß die Weltgeschichte sich dem Ende nähert, da ein weiterer Weg nach dem Westen nicht mehr möglich zu sein scheint. Drei Gelehrte des späten 11. und frühen 12. Jahrhunderts nennt Otto mit Namen: Berengar von Tours, Anselm von Laon und Manegold von Lautenbach, alle drei in Frankreich wirkende Lehrer frühscholastischer Philosophie und Theologie.[6]

Fragen wir zuerst nach den äußeren Bedingungen des geistigen Aufstiegs, so werden wir zunächst auf die außerordentliche Mobilität der Menschen des 12. Jahrhunderts aufmerksam. Die Ritter der Kreuzzugszeit fahren durch die Welt, manch einer sucht sein Abenteuer in Italien, in Spanien, in England, aber ehrenvoller und beutereicher als all dies ist die Fahrt in den Osten, nach Konstantinopel, in das Heilige Land. Bürgerliche Kaufleute wagen sich weiter als in früheren Zeiten, zu Schiff das Mittelmeer, die Nord- und Ostsee durchquerend, reichen Gewinn aus fernem Land bringend. Beweglicher als je zuvor sind auch Bauern, die neues Siedlungsland suchen, keineswegs nur jenseits der Elbe.[7] Das Wandern ins ferne Land gehört aber nicht zuletzt zum Inbegriff des Scholaren. Das zeigt nicht nur die Dichtung in den Vagantenliedern, sondern jedes Kapitel der

---

6) Otto von Freising, Chronica sive Historia de duabus civitatibus, rec. ADOLF HOFMEISTER, Monumenta Germaniae Historica, Scriptores rerum Germanicarum. Hannover und Leipzig 1912, Prolog zu Buch I, S. 8 und Prolog zu Buch V, S. 227 f. Zum geschichtstheologischen Selbstverständnis des 12. Jahrhunderts, vgl. AMOS FUNKENSTEIN, Heilsplan und natürliche Entwicklung. Gegenwartsbestimmung im Geschichtsdenken des Mittelalters. München 1965, der insbesondere Anselm von Havelberg (S. 60 ff.) und Otto von Freising (S. 93 ff.) analysiert. Zusammenfassend PETER CLASSEN, Res gestae, Universal History, Apocalypse, in den Anm. 5 genannten Kolloquiums-Akten (= u. 347 ff.).

7) Neue Aspekte hierzu in vergleichender Betrachtung in den Beiträgen des Sammelbandes: Die deutsche Ostsiedlung des Mittelalters als Problem der europäischen Geschichte, hrsg. v. WALTER SCHLESINGER, Vorträge und Forschungen 18. Sigmaringen 1975.

Geschichte entstehender Universitäten.[8] Dem Abaelard folgen die Schüler, wo immer der berühmte, aber niemals Ruhe findende Meister seine Lehre laut werden läßt. In Laon waren die Studenten aus England, aus Deutschland und allen Teilen Frankreichs zu Beginn des Jahrhunderts zusammengeströmt, und in Paris, in Bologna finden wir bald dasselbe. Der Scholar wandert nicht nur aus seiner Heimat zu einer Schule, sondern von einer Schule zur andern, hört hier diesen, dort jenen Meister – aber auch die Meister selbst wechseln nicht selten den Schauplatz ihrer Tätigkeit, begegnen dabei einander und diskutieren ihre Gedanken. Der Austausch und der Wettbewerb der Ideen gewinnt dabei viel mehr Raum als in irgendeiner Kloster- oder Domschule des frühen Mittelalters. Der Mangel an einer »stabilitas loci« ist ein Hauptgrund für die mönchische Kritik, etwa Bernhards von Clairvaux – denn wie soll Lebenszucht möglich sein, wo keine feste Ordnung gegeben ist, keine feste Wohnung, keine verantwortlichen Oberen?

Die Mobilität der Scholaren und der Lehrer ist die erste Voraussetzung für das Werden der neuen Gemeinschaften, die man später Universitäten nennt. Geistiger Austausch und Wettbewerb schaffen geradezu Märkte, an denen alle teilhaben. Zu Beginn des Jahrhunderts zieht die Schule von Laon, wie bemerkt, weit mehr Schüler an als Chartres, Reims, Tours oder selbst Paris. Warum? Die Persönlichkeit des Domscholasters Anselm, des bekanntesten Bibelexegeten seiner Zeit, verschafft der Schule den ersten Rang.[9] Neben Anselm zuerst, dann nach ihm wirkt sein Bruder Radulf – aber mit diesem geht die Schule selbst dahin. Eine bleibende Kommunität von Lehrern und Scholaren aus allen europäischen Ländern vermag erst in der zweiten Hälfte des Jahrhunderts in Paris zu entstehen. Die Mobilität von Lehrenden und Lernenden ist ein bleibendes Kennzeichen europäischer Universitätsgeschichte, und wo sie verloren geht, etwa weil der Staat einen Universitätsbann, wie man früher sagte, oder eine Kulturhoheit, wie es heute heißt, auszuüben sich anmaßt, ist geistiger Provinzialismus unvermeidlich. Aber kaum je waren die Gelehrten so beweglich wie in jenen Zeiten, da die Universitäten eben noch nicht als feste Institutionen mit Gebäuden und Grundbesitz existierten. Noch weit bis ins 13. Jahrhundert wandern die ganzen Universitäten oder zumindest große Teile von ihnen aus Oxford, aus Paris, aus Bologna aus.

8) PETER CLASSEN, Die hohen Schulen und die Gesellschaft im 12. Jahrhundert. Archiv für Kulturgeschichte 48, 1966, S. 155–180.
9) Eine kritische Übersicht über die Schule von Laon gibt VALERIE I. J. FLINT, The »School of Laon« – A Reconsideration. Recherches de Théologie ancienne et médiévale 43, 1976, S. 89–110. Sie unterscheidet die Schule *in* Laon von der »Schule *von* Laon« und stellt in Frage, inwieweit es denn eine »Schule von Laon« gegeben habe; damit wird ein Problem aufgegriffen, das RICHARD W. SOUTHERN, Humanism and the School of Chartres, in seiner Sammlung: Medieval Humanism and other Studies. Oxford 1970, S. 61–85, für Chartres gestellt und das dann weitere Diskussionen hervorgerufen hat (dazu schon der Anm. 8 genannte Aufsatz, S. 175). Die Literatur über Anselm und seine »Schule« ist von Flint zusammengestellt, dagegen fehlt eine neuere Untersuchung der Schule *in* Laon.

Viel beweglicher als ganze Schulen sind selbstverständlich einzelne Gelehrte, vor allem aber ihre Bücher und ihre Ideen. Sie wandern nicht nur von einem Studienort zum anderen, sondern in alle Länder und an alle Plätze, in denen geistig bewegte Menschen zu Hause sind, in Schulen, Domen, Klöstern und Städten. Wir beobachten, daß die Lehren der französischen Schulen, der Viktoriner, Abaelards, Gilberts und des Petrus Lombardus alsbald nach ihrer ersten Veröffentlichung in Paris in den Klöstern Bayerns und Österreichs verbreitet und kritisiert werden.[10] Ein in Frankreich theologisch gebildeter Bürger, ein Laie aus Pisa, lebt am Kaiserhof in Konstantinopel und greift dort in theologische Diskussionen ein.[11] Gesandte Barbarossas hören dies und tragen die Diskussion nach Österreich zurück, wo man dies Material wiederum zur Kritik an französischen Lehrern benutzt.

Dies letzte Beispiel deutet schon an, welch einzigartige Bedeutung die Begegnung mit dem Osten in der Kreuzzugszeit hat. Gewiß, griechische Philosophen und Kirchenväter waren seit der Spätantike zum Teil in lateinischer Sprache zugänglich, und der Kontakt zwischen griechischen und lateinischen Christen war nie völlig abgerissen. Erst die Kreuzzugszeit bringt einen ständigen Austausch; nicht nur Ritter und Kaufleute, sondern auch geistliche Herren und Intellektuelle kommen vom Westen nach Konstantinopel, einige wenige lernen die griechische Sprache.[12] Nun können die sogenannte neue Logik des Aristoteles, später auch die Metaphysik, die Politik und die naturwissenschaftlichen Schriften im Westen zugänglich gemacht werden, sei es unmittelbar aus dem Griechischen oder auf dem Umweg über arabische Texte.[13] Zugleich beginnt aber auch die Überset

---

10) PETER CLASSEN, Zur Geschichte der Frühscholastik in Österreich und Bayern. Mitteilungen des Instituts für Österreichische Geschichtsforschung 67, 1959, 249–277 (= o. S. 279–306).

11) Gemeint ist Hugo Etherianus; über ihn ANTOINE DONDAINE, Hugues Ethérien et Léon Toscan. Archives d'histoire doctrinale et littéraire du Moyen Age 19, 1952, S. 67–134. PETER CLASSEN, Das Konzil von Konstantinopel 1166 und die Lateiner. Byzantinische Zeitschrift 48, 1955, S. 339–368 (= o. S. 117–146).

12) Wie zu so vielen Problemen gibt es auch hier sehr viele Einzeluntersuchungen, die zum großen Teil neues Material auswerten, aber es fehlt eine Zusammenfassung. Einen nicht auf das 12. Jahrhundert beschränkten Überblick über »Griechisches im Lateinischen Mittelalter« bietet WALTER BERSCHIN unter dem Stichwort »Abendland und Byzanz« im Reallexikon der Byzantinistik 1, 1971, Sp. 227–304; derselbe hat ein großes Werk zu diesem Thema angekündigt; s. jetzt W. BERSCHIN, Griechisch-lateinisches Mittelalter, Bern 1980. Zu einzelnen Autoren vgl. auch Anm. 11, 13, 14, 35 (Burgundio).

13) Die Aristoteles-Übersetzungen im Aristoteles Latinus, hrsg. von der Union Académie Internationale, dazu die Einleitungen der einzelnen Faszikel; unter der Sekundärliteratur ist vor allem zu nennen LORENZO MINIO-PALUELLO, Opuscula, The Latin Aristotle. Amsterdam 1972. Das sonst so nützliche Lexikon des Mittelalters I, München und Zürich 1979, s. v. Aristoteles, versagt hier leider: Nur für die naturwissenschaftlichen Schriften werden die Übersetzungen des 12. und 13. Jahrhunderts und deren Editionen aufgeführt, für die philosophischen und theologischen bleibt das große Editionswerk der Union Internationale Académique unerwähnt und wird nicht verwertet. Daher fehlt ein Überblick.

zungsarbeit an theologischen, mathematischen und medizinischen Schriften. Das ist ein Grundpfeiler für die Wissenschaft fast aller Fakultäten in den kommenden Generationen.[14]

Selbstverständlich begegnen die Christen im Osten nicht nur den Griechen, sondern dort wie in Spanien auch den Muslimen. Wie schon angedeutet, haben diese manchen griechischen Text aus Philosophie und Medizin den Lateinern vermittelt; bald folgen die Kommentare der arabischen Gelehrten aus Philosophie und Medizin. Und wenn es in der Theologie auch keine Brücke zwischen den Religionen gab, so läßt doch die Kreuzzugsdichtung deutlich werden, daß die Gestalt des edlen sarazenischen Kriegers ihren sittlichen Eindruck auf die Christen nicht verfehlte.[15]

Die Bedeutung der Begegnung zwischen Ost und West im 12. Jahrhundert kann schwerlich überschätzt werden. Man hat sogar gemeint, daß die neuen Institutionen der Wissenschaft, die nun entstehenden Universitäten, östlichem Muster nachgebildet worden sind.[16] Das ist sicherlich nicht richtig. Die genossenschaftliche Einung von Lehrenden und Lernenden ist etwas genuin Europäisches, etwa um die gleiche Zeit in verschiedenen Formen an verschiedenen Orten, vor allem in Paris und in Bologna, entstanden. Der vorhin erörterte Markt geistigen Austausches von Magistern und Scholaren aus aller Herren Länder bedarf des Schutzes nach außen und der Ordnung nach innen, und er findet beides in der Form beschworener Einung, wie sie ganz ähnlich Kaufleute und Handwerker in Gilden und Zünften entwickeln. Die Einung kann dann eine dauerhafte Rechtsform durch die Hilfe königlicher und päpstlicher Privilegien gewinnen. Dieser Weg findet erst im 13. Jahrhundert sein Ziel.[17]

Hier soll aber noch etwas über die sozialen Voraussetzungen der geistigen Entwicklung gesagt werden. Höfe und Städte des 12. Jahrhunderts bedürfen der Intellektuellen. In England kommt eben im Jahre 1100 König Heinrich I. auf den Thron, der jüngste Sohn Wilhelms des Eroberers. Sein Historiograph schildert ihn begeistert als Philosophen-

14) Für die Erforschung der Übersetzungen hat HASKINS, Studies in the History of Mediaeval Science (wie Anm. 4) bahnbrechend gewirkt. Eine Zusammenfassung der verzweigten Einzelforschung wird Marie-Thérèse d'Alverny in dem oben (Anm. 5) genannten Kongressband geben.

15) FRIEDRICH-WILHELM WENTZLAFF-EGGEBERT, Kreuzzugsdichtung des Mittelalters. Berlin 1960. HANS SZKLENAR, Studien zum Bild des Orients in vorhöfischen deutschen Epen. Göttingen 1966. Zum Orientbild lateinischer Autoren RICHARD W. SOUTHERN, Western Views of Islam in the Middle Ages. Oxford 1962.

16) HEINRICH SCHIPPERGES, Einflüsse arabischer Wissenschaft auf die Entstehung der Universität. Nova Acta Leopoldina, N. F. 27, 1963, S. 201–212. DERS., Arabische Medizin im lateinischen Mittelalter. Sitzungsberichte der Heidelberger Akademie d. Wiss., Math.-nat. Kl., 1976, Abhandlung 2.

17) Für die Universitätsgeschichte bleibt das oben (Anm. 3) genannte Werk von Rashdall grundlegend. Zur Begriffsbildung der Einung vgl. PIERRE MICHAUD-QUANTIN, Universitas. Expressions du mouvement communautaire dans le Moyen Age latin. Paris 1970. Zu Privilegien und Gründungen des beginnenden 13. Jahrhunderts PETER CLASSEN, Die ältesten Universitätsreformen und Universitätsgründungen des Mittelalters. Heidelberger Jahrbücher 12, 1968, S. 71–92.

König und behauptet, schon als junger Mann habe er in Gegenwart des Eroberer-Vaters das Sprichwort geäußert: »*Rex illitteratus – asinus coronatus* (ungebildeter König – gekrönter Esel)[18]«. Wenn an dieser Anekdote mit einem nun oft wiederholten Wort irgend etwas Wahres ist, so beweist es zunächst, daß Bildung nicht immer vor schlechten Manieren schützt; auf jeden Fall charakterisiert die Erzählung einen Stilwandel am englischen Königshof. Schon Heinrich I. zieht zahlreiche in Laon gebildete Bischöfe nach England, und unter seinem Enkel Heinrich II. treffen sich die besten Köpfe der Zeit einerseits am ständig den Ort wechselnden Hof des Königs, anderseits beim Erzbischof von Canterbury.[19] Der Konflikt des Königs mit Thomas Becket darf nicht darüber hinwegtäuschen, daß beide Seiten letztlich auf demselben Boden geistiger und literarischer Bildung stehen, die hier dem Königtum und dort der Kirche dienen soll.[20] Zugleich aber bauen die englischen Könige mit Hilfe ihrer Intellektuellen eine Verwaltung, insbesondere Finanzverwaltung, auf, die in Europa nicht ihresgleichen hat. Am nächsten kommt ihnen der andere normannische Hof in Palermo, wo mit König Roger II. gleichfalls der literarisch gebildete und klug verwaltende König auf den ungestümen Eroberer gefolgt ist.[21] Und wenn in Frankreich seit etwa 1150 die Studien sich immer mehr in der Königsstadt Paris konzentrieren, so spielt auch dabei gewiß der Kontakt vieler Gelehrter zum Hof eine Rolle. Die Könige brauchen Fachleute der Theologie, des Rechtes, vor allem des Kirchenrechtes, und für die Finanzen; aber auch eine geistvolle Umgebung zu haben gehört jetzt

---

18) Wilhelmi Malmesburiensis monachi de gestis regum Anglorum libri quinque, ed. WILLIAM STUBBS. London 1887–89, 2 vols. (Rolls Series, Nr. 90), hier Band 2, S. 467 (V 390). Vgl. VIVIAN H. GALBRAITH, The Literacy of Medieval English Kings. Proceedings of the British Academy 21, 1935, S. 201–238. HERBERT GRUNDMANN, Ausgewählte Aufsätze 3, Stuttgart 1978, S. 1–66: Litteratus – illitteratus, hier bes. S. 11 ff. Über Wilhelm von Malmesbury vgl. ANTONIA GRANSDEN, Historical Writing in England. London 1974, S. 151–165. Heinrich I. wird von RICHARD W. SOUTHERN unter die »Types of Practical Wisdom« gestellt: Medieval Humanism and Other Studies, Oxford 1970, S. 206–233.

19) H. G. RICHARDSON/G.O. SAYLES, The Governance of Medieval England from the Conquest to Magna Carta, Edinburgh 1963, bes. Chapter VIII: The Structure of Government in the Twelfth Century, und XV: Statecraft and Learning.

20) BERYL SMALLEY, The Becket Conflict and the Schools, A Study of Intellectuals in Politics in the Twelfth Century. Oxford 1973. D. KNOWLES, The Episcopal Colleagues of Archbishop Thomas Becket. Cambridge 1970.

21) CARLRICHARD BRÜHL, Urkunden und Kanzlei König Rogers II. von Sizilien. Mit einem Beitrag: Die arabischen Dokumente Rogers II. von Albrecht Noth. Köln–Wien 1978, konzentriert sich ganz auf das engere Thema, um eine Basis für die Urkundenedition zu gewinnen. Die allgemeinere Literatur ist dort S. 266–270 verzeichnet und in der Einleitung S. 1–10 erörtert. Neben dem großen Jugendwerk von ERICH CASPAR, Roger II. (1101–1154) und die Gründung der normannisch-sicilischen Monarchie. Innsbruck 1904, ist aus den älteren Arbeiten der anregungsreiche Aufsatz von CH. H. HASKINS, England and Sicily in the Twelfth Century. English Historical Review 26, 1911, S. 433–467, 641–665 hervorzuheben. Vgl. zuletzt den Sammelband Società, potere e popolo nell'età di Ruggero II. Bari 1979.

zum Inbegriff des Königtums selbst. Und Vergleichbares gilt für alle diejenigen, die sich bemühen, es den Königen nachzutun, seien es die Welfen in Braunschweig[22] oder die Babenberger in Wien.[23]

In den Kommunen Italiens sind die Intellektuellen zum Teil unmittelbar an der politischen Verantwortung beteiligt. Dem Kollegium der Konsuln von Mailand gehören seit den 1130er Jahren stets einige Richter an, und in den Jahrzehnten, da diese Kommune ihre Freiheit gegen Friedrich Barbarossa verteidigt, sind zwei große Juristen die politischen Schlüsselfiguren: Oberto da Orto und Girardo Cagapisto. Diese Mailänder Richter kämpfen als Konsuln ihrer Vaterstadt für den kommunalen Stadtstaat gegen das deutsche Imperium – und zugleich kodifizieren sie das überlieferte Lehnrecht in der Sprache des römischen Rechtes.[24] Diese Beobachtung, daß eben die Libri feudorum ihre Aufzeichnung nicht dem sogenannten Feudalstaat, sondern dessen kommunalen Gegnern verdanken, sollte vor allzu rascher Gleichsetzung sozialer Gruppen und geistiger Haltung oder Bildung warnen. Beide, Städte und Höfe, haben Anteil an der Bildung, weil beide den »homo litteratus« brauchen, und dementsprechend senden sie Söhne der Aristokratie ebenso wie die des aufsteigenden Bürgertums auf die Schulen, seien es Frankreichs Schulen der Philosophie und der Theologie oder Italiens Schulen des Rechtes.

Kommen wir von den sozialen zu den geistigen Voraussetzungen und Bedingungen des wissenschaftlichen Aufstiegs. Der Investiturstreit hatte Glaubens- und Rechtsfragen aufgeworfen, ohne sie definitiv lösen zu können; Unsicherheit war geblieben, nachdem der geistige Kosmos des früheren Mittelalters in seiner Einheit, wie Wolfram von den Steinen sie beschrieben hat, zerbrochen war.[25] Jahrzehntelang hatte Papst gegen Papst gestanden, und wo der eine die Kirche in ihrer höchsten Autorität gegenwärtig gesehen hatte, schien dem anderen der Teufel zu wirken.

Im Altarsakrament begegnen sich Gott und Mensch, und nichts Greifbares schien dem Menschen so verehrungswürdig wie der in Hostie und Wein gegenwärtig gewordene Gott. Wie aber, wenn der Priester unwürdig war, der das Opfer darbrachte? In Mailand hatten Patarener gepredigt, die von unreinen Priestern geweihte Hostie sei Hundedreck und

---

22) Die jüngste knappe Zusammenfassung bietet KARL JORDAN, Heinrich der Löwe. München 1979, im Kapitel 11: Kunst und Wissenschaft im Umkreis Heinrichs des Löwen, dort weiterführende Literaturangaben.

23) Eine zusammenfassende Darstellung des Babenbergerhofes gibt es nicht, vgl. aber KARL LECHNER, Die Babenberger. Wien/Köln/Graz 1976. Viel Material an mancherlei Stellen verstreut im Ausstellungskatalog 1000 Jahre Babenberger in Österreich. Stift Lilienfeld 1976.

24) Die Basis für die Beschäftigung mit den Urhebern der Libri feudorum bildet immer noch ERNST A. T. LASPEYRES, Über die Entstehung und älteste Bearbeitung der Libri Feudorum. Berlin 1830. Eine neue Untersuchung über die Mailänder Richter bereite ich vor.

25) WOLFRAM VON DEN STEINEN, Der Kosmos des Mittelalters. Bern/München ²1967.

deren Kirchen Viehställe[26]) – und die höchste kirchliche Autorität hatte, wenn nicht dies gebilligt, so doch die Pataria gestützt. Wer konnte nun noch wissen, wo der rechte Priester, wo die eine Kirche, wo der wahre Gott war? In Cambrai ließen um 1077 die kirchlichen Autoritäten einen Mann als Ketzer verbrennen, der mit simonistischen und ehebrecherischen Priestern keine Gemeinschaft halten wollte – und der Papst Gregor VII. sah in diesem angeblichen Ketzer einen Unschuldigen, in seinen Richtern schwere Verbrecher.[27]) Um die kanonische Wahl der Bischöfe und Äbte hatte man gestritten, kanonische Wahl wollte bald jedermann; was aber war denn kanonisch, wo stand das überlieferte Kirchenrecht, wie konnte es sich verwirklichen?[28])

In dieser Situation suchen Menschen nach neuen Wegen und Aufgaben, um sich Gottes und der Welt neu zu versichern. Plötzlich scheint vielen die Befreiung des Heiligen Grabes das große Ziel, ja ein von Gott selbst gewiesener Weg zu sein.[29]) Andere suchen die alten, offenbar lässig gewordenen Formen geistlicher Gemeinschaft durch neue, strengere zu ersetzen: Cîteaux, die Kartause und andere Mönchs- und Klerikergruppen wollen echte Frömmigkeit und Askese im Sinne der ersten Christen und der Urkirche verwirklichen, wollen das reich gewordene Cluny überwinden.[30]) In Frankreich treten Wanderprediger auf, die das apostolische Leben in asketischer Heimatlosigkeit suchen, die in buchstäblicher Befolgung des Befehls Jesu »keine Tasche, keine zwei Röcke, keine Schuhe, auch keinen Stecken« (Matth. 10, 10) nehmen, wenn sie von Dorf zu Dorf ziehen und ihre

26) So in der Predigt Landulfs von Mailand nach der Chronik des Arnulf, III. 11, Monumenta Germaniae, Scriptores 8, S. 19. Zur Geschichte der Pataria vor allem CINZIO VIOLANTE, La pataria milanese e la riforma ecclesiastica. Le premese (1045–1057). Roma 1955. DERSELBE, Studi sulla cristianità medioevale. Milano 1972. GIOVANNI MICCOLI, Chiesa gregoriana. Firenze 1966.

27) Register Gregors VII. 4.20, hrsg. v. ERICH CASPAR, Monumenta Germaniae, Epistolae selectae 2. Berlin 1920, S. 328. Chron. S. Andreae: Monumenta Germaniae, Scriptores 7, S. 540.

28) Die Untersuchung von PAUL SCHMID, Der Begriff der kanonischen Wahl in den Anfängen des Investiturstreites. Stuttgart 1926, hat für die spätere Zeit des Konfliktes und das 12. Jahrhundert keine Fortsetzung gefunden, so viele Wahlen im einzelnen (bes. im Zusammenhang mit dem Wormser Konkordat) untersucht wurden. Am Amtsbegriff wird die Wechselwirkung zwischen der sich entfaltenden kanonistischen Theorie und der politischen Praxis deutlich gemacht von ROBERT L. BENSON, The Bishop-Elect. A Study in Medieval Ecclesiastical Office. Princeton, N. J. 1968.

29) Hier sei nur auf HANS EBERHARD MAYER, Geschichte der Kreuzzüge. Stuttgart ⁴1976, verwiesen, dessen 2. Kapitel die Entstehung der Kreuzzugsbewegung eingehend erörtert; dort auch Hinweise auf die ausgedehnte neuere Literatur.

30) Über die Anfänge beider Orden vgl. BERNARD BLIGNY, L'église et les ordres religieux dans le royaume de Bourgogne au XIᵉ et XIIᵉ siècles. Paris 1960. Über die Anfänge der Zisterzienser ist seither viel gestritten worden, vgl. die Literatur im Handbuch der Kirchengeschichte, hrsg. v. HUBERT JEDIN, Bd. III. 1, Freiburg 1966, S. 516 f. (FRIEDRICH KEMPF) und Bd. III. 2, 1968, S. 14 ff. (HANS WOLTER). Zu den Kontroversen der Orden untereinander etwa ADRIAAN H. BREDERO, Cluny et Cîteaux au XIIᵉ siècle. Studi medievali 3ª serie 12, 1971, S. 135–175 und R. B. C. HUYGENS, Le moine Idung et ses deux ouvrages. Studi medievali 3ª serie 13, 1972, S. 291–470 mit Edition des (früher als anonym geltenden und nun dem Idung zugeschriebenen) »Dialogus inter Cluniacensem et Cisterciensem« auf S. 375–470.

Anhänger sammeln.[31] Manche dieser Prediger finden schließlich Formen, die die Kirche billigen kann, andere werden zu Ketzern, werden verfolgt, wenige werden gerichtet.

Ein ganz anderer Weg, die Unsicherheit zu überwinden, liegt im beharrlichen und systematischen Fragen nach der überlieferten Wahrheit, nach den Autoritäten und nach der Vernunft, die diese verstehen lehrt. Hier beginnt die Straße, die wir heute verfolgen, der Aufstieg der Wissenschaften. Wenn wir sie weitergehen, werden wir uns freilich stets vergegenwärtigen müssen, daß theoretische Reflexion und wissenschaftliche Arbeit einerseits, die praktische Frömmigkeit und Kontemplation anderseits immer wieder in ein Spannungsverhältnis zueinander treten, das sich gar zu heftigem Konflikt steigern kann, wie er beispielhaft in den Gestalten Abaelards und Bernhards deutlich wird,[32] daß man die Dinge aber nicht nur vergröbern, sondern geradezu verfälschen würde, wollte man den Weg des frommen Praktikers und den des denkenden Theoretikers einander prinzipiell entgegenstellen, hier die Intellektuellen, dort die Frommen sehen. Auch Bernhard will als Denker, auch Abaelard als Mönchsreformer ernst genommen sein,[33] und die Handschriften erweisen, daß Zisterzienser nicht die letzten unter den Lesern und Schülern Abaelards und Gilberts waren.

Die Frage nach der gültigen Wahrheit beginnt für jeden, der in geistigen Traditionen lebt – und das tut der Mensch des Mittelalters jederzeit –, mit der Frage nach den gültigen Überlieferungen, anders gesagt, nach den autoritativen Texten. Die Bibel vor allem, sodann die Kanones des kirchlichen Rechtes, die Sentenzen der Kirchenväter, die logischen Schriften des Aristoteles, die Rechtsbücher Justinians, aber auch die rhetorischen Schriften Ciceros und manches andere haben je ihren bestimmten Anspruch auf Geltung. Man kann aber die Texte nicht einfach rezipieren und anwenden; man muß sie auf ihre Überlieferung prüfen, man muß die umfänglichen und zahlreichen, oft dieselbe Frage an ganz verschiedenen Stellen berührenden Väterschriften und Rechtstexte sammeln und in systematische Ordnung bringen, die man nun meist an die Stelle genetisch-historischer Ordnung stellt.[34] Andere Texte müssen überhaupt jetzt erst durch Übersetzung der lateinischen Welt erschlossen werden, wie die sogenannte neue Logik des Aristoteles.

31) Die Literatur zur apostolischen Bewegung des 12. Jahrhunderts ist sehr umfangreich. Genannt seien nur HERBERT GRUNDMANN, Religiöse Bewegungen im Mittelalter. Darmstadt ²1961. ERNST WERNER, Pauperes Christi. Leipzig 1956. PETER CLASSEN, Gerhoch von Reichersberg. Wiesbaden 1960. La vita comune del clero nei secoli XI e XII, 2 Bände. Milano 1962.
32) ARNO BORST, Abälard und Bernhard. Historische Zeitschrift 186, 1958, 497–526, doch wohl allzu harmonisierend, dazu jetzt Miethke (wie Anm. 33).
33) JÜRGEN MIETHKE, Abaelards Stellung zur Kirchenreform. Francia 1, 1973, S. 158–192.
34) Für die scholastische Methode bleibt grundlegend das Werk von MARTIN GRABMANN, Geschichte der scholastischen Methode. Freiburg 1909–11 (öfter nachgedruckt), dessen zweiter Band dem 12. Jahrhundert gilt. JOSEPH DE GHELLINCK, Le mouvement théologique du XIIᵉ siècle. Brüssel ²1948. Die Erforschung frühscholastischer Theologie und Philosophie ist inzwischen zu einer Spezialdisziplin geworden, die reiche Handschriftenschätze erschlossen hat.

Die systematische Sammlung und Ordnung des römischen Rechtes war schon in Justinians Zeit geschehen; aber erst 500 Jahre nach dem Tode Justinians beginnt das Werk, das so lange in einer einzigen Handschrift im Süden Italiens überlebt hat, von Bologna aus zu wirken.[35] Die Ordnung des immensen kirchlichen Rechtsstoffes erreicht nach vielen älteren Versuchen um 1140 durch Gratian ihre dann für Jahrhunderte gültige Gestalt,[36] und keine zwanzig Jahre später leistet Petrus Lombardus,[37] wiederum auf vielen älteren Versuchen fußend, dasselbe für den patristischen Stoff der systematischen Theologie. Die Textbücher des Mittelalters sind damit geschaffen.

Sammeln, Ordnen, Übersetzen, textkritisch Prüfen – das sind Arbeiten, mit denen Generationen beschäftigt waren. Zugleich aber muß der Text erklärt werden. Wörter sind schwer verständlich und bedürfen der Deutung, Oberbegriffe müssen gefunden, allgemeine Aussagen durch Distinktionen aufgelöst, Vergleichsstellen und Parallelen genannt werden; die authentischen Texte werden darum glossiert, sei es am Rand oder zwischen den Zeilen, und über die einzelne Glosse hinaus werden fortlaufende Kommentare geschrieben.[38]

Die fortlaufende Texterklärung in Glosse und Kommentar vermag noch nicht alle Probleme zu lösen. Wo die Autoritäten einander zu widersprechen scheinen, bedarf es gründlicher Untersuchung. Im »Sic et Non« stellt Abaelard Material dieser Art zusammen und gibt in der Einleitung dem Leser die methodischen Mittel an die Hand, die Probleme zu lösen.[39] Denn die Autoritäten allein sind erst dann zu gebrauchen, wenn man Methoden hat, sie zu verstehen. Neben die Suche nach Autoritäten tritt die Frage nach der

---

35) Die neuere Forschung über die juristischen Glossatoren faßt zusammen PETER WEIMAR im Handbuch der Quellen und Literatur der neueren europäischen Privatrechtsgeschichte, hrsg. von HELMUT COING, Band 1. München 1973, S. 129–260. Zur Wiederentdeckung der Digesten dort S. 159 f., über den Pisaner Codex zuletzt PETER CLASSEN, Burgundio von Pisa. Sitzungsberichte der Heidelberger Akademie, Phil.-hist. Klasse 1974, Nr. 4, S. 39–50.
36) Zum Dekret Gratians knapp zusammenfassend KNUT WOLFGANG NÖRR bei COING: Handbuch (wie Anm. 35), Bd. 1, S. 836 ff. Über die Glossatoren des Dekrets grundlegend STEPHAN KUTTNER, Repertorium der Kanonistik (1140–1234), Studi e Testi 71. Città del Vaticano 1937 und die an dies Werk anknüpfende reiche Einzelforschung.
37) Von der Neuedition Magistri Petri Lombardi Sententiae in IV libros distinctae, Spicilegium Bonaventurianum cura PP. Collegii S. Bonaventurae ad Claras Aquas, vol. 4, sind bisher nur Tom. 1, partes 1 und 2, beide Grottaferrata 1971, erschienen, enthaltend die wichtige neue Einleitung und die Bücher I und II.
38) Zur Glossa ordinaria der Bibel grundlegend BERYL SMALLEY, The Study of the Bible in the Middle Ages. Oxford ²1952 und die dort genannten älteren Arbeiten der Verfasserin.
39) Das Sic et Non, bisher bei MIGNE, PL 178, 1339–1610 zu benutzen, liegt jetzt in kritischer Edition von BLANCHE BOYER und RICHARD MCKEON, Chicago 1976–77, vor; dazu vgl. GRABMANN (wie Anm. 34), Bd. 2, S. 199–221. Von der Neuedition der theologischen Werke sind bisher in Corpus Christianorum, Continuatio Mediaevalis vol. 11 und 12, beide 1969, hrsg. v. ELIGIUS M. BUYTAERT, der Kommentar zum Römerbrief und die Theologien erschienen; in vol. 11 außerdem eine allgemeine Einleitung mit Bibliographie der Edition und Literatur.

Methode. Hier wird Aristoteles der große Helfer; als Logiker lehrt er die strengen Gesetze und Regeln des Denkens, und seine logischen Schriften, die nun zum Teil erstmals den Lateinern erschlossen werden, sind es, die ihm den Namen des »Philosophen« schlechthin eintragen, lange ehe »Metaphysik«, »Ethik«, »Politik« und naturwissenschaftliche Schriften bekannt werden.

Zunächst einmal erfordert klares Denken genauen Umgang mit der Sprache. Das hatten schon die karolingischen Theologen gewußt, und sie hatten das verwilderte Latein des frühen Mittelalters überwunden, alle Mischformen zwischen romanischen Sprachen und dem Latein der Kleriker und Gelehrten endgültig beseitigt. Latein war die Standessprache der Litterati geworden; nun aber wird es mehr als das. Dichter wie der Erzpoet, Prediger wie Bernhard von Clairvaux, aber auch Profanschriftsteller entwickeln neue Kunstformen der lateinischen Sprache.[40] Zugleich aber werden Gelehrte sich bewußt, wie kompliziert dies Instrument ist, und sie beginnen, ausgehend von Aristoteles, eindringliche logische und sprachlogische Studien zu betreiben.[41] Dabei scheut man sich nicht, die lateinische Sprache durch neue Wörter zu bereichern, deren manches noch in unserer Wissenschaftssprache, ja sogar in der Alltagssprache lebt, und vereinzelt geht man noch weiter, eröffnet etwa durch die Schaffung des Artikels »ly« dem Lateinischen Möglichkeiten, die es – anders als das Griechische – zum Schmerz der Philosophen stets entbehrt hatte.[42]

40) Eine Geschichte der Literatur bietet I. DE GHELLINCK, L'essor de la littérature latine au XII^e siècle. Brüssel ²1954. Seit der letzten Auflage dieses Buches sind sehr viele Werke des 12. Jahrhunderts durch neue Editionen und Untersuchungen erstmals oder genauer bekannt geworden.

41) Schon vor dem Vorliegen der »neuen Logik«, d. h. der Übersetzungen der Analytiken, der Topik und der Sophistischen Widerlegungen des Aristoteles, begründet Abaelard neue sprachlogische Studien. Vgl. JAN PINBORG, Die Entwicklung der Sprachtheorie im Mittelalter. Münster 1967, sowie künftig NORMAN KRETZMANN, The Culmination of the Old Logic in Peter Abaelard, in den Anm. 5 genannten Colloquiums-Akten; dort auch Angabe der Editionen und der ausgedehnten neueren Literatur.

42) Eine umfassende Untersuchung der scholastischen Wissenschaftssprache gibt es nicht. Wichtiges Material findet sich in Einleitungen und Indizes moderner Editionen; auch Untersuchungen zur Übersetzungsliteratur bieten manche Hinweise. Vgl. PH. HUBERT, Einige Aspekte des philosophischen Lateins im 12. und 13. Jahrhundert, in ALF ÖNNERFORS, Hrsg., Mittellateinische Philologie (Wege der Forschung 292). Darmstadt 1975, S. 283–312. Über volkssprachliche Elemente vgl. ARTHUR MICHAEL LANDGRAF, Dogmengeschichte der Frühscholastik, Teil I, Band 1. Regensburg 1952, S. 20–29: »Die Sprache der frühscholastischen Theologie«; dort, S. 21–24, über das erste Auftreten des Wortes ly oder li, das seit der Mitte des 13. Jahrhunderts zu beobachten ist, aber nach Ausweis des Novum Glossarium Mediae Latinitatis, Fasc. L. Kopenhagen 1957, Sp. 112 schon in einer Urkunde des Jahres 899 aus Teramo (Italien, Prov. Marche) vorkommt. Den Artikel li benutzt noch Luther in seinen Marginalien zu Petrus Lombardus, was die Herausgeber der Weimarer Ausgabe 9, 1893, nicht erkannten (S. 86 Zeile 33, S. 93 Zeile 38, S. 94 Zeile 1); das wurde hart kritisiert von HEINRICH DENIFLE, Luther und Luthertum. Mainz 1904, S. 39. – Moderne Wörter, die auf scholastischer, nicht klassischer Wissenschaftssprache beruhen, sind etwa subsumieren, Identität, Kontingenz und viele andere.

Gilbert Porreta, Kanzler in Chartres und später Bischof von Poitiers, schafft einen neuartigen Begriffsapparat, um die Gotteslehre zu verdeutlichen. Als er in den Verdacht geraten ist, falsche Lehren zu verbreiten und ein päpstliches Konsistorium ihn bereits gerügt hat, lehnt er eine Diskussion mit Bernhard, der doch als größte Autorität in der Kirche seiner Zeit gilt, ab mit dem Bemerken, der Abt von Clairvaux müsse erst einmal die »artes liberales« recht studieren, ehe man dergleichen mit ihm erörtern könne.[43] Der strenge Denker weist den brillanten Prediger zurück.

Die überlieferte Autorität und die Methode im Umgang mit ihr bilden gewiß den Kern wissenschaftlichen Bemühens im 12. Jahrhundert; dennoch dürfte beides bald steril geworden sein ohne den immer neuen Impuls von der Erfahrung des Lebens her. Dies gilt ganz evident für die Rechtswissenschaften, insbesondere das kanonische Recht, das aus der Praxis kirchlicher Gerichte und vor allem der römischen Kurie immer wieder vor neue Fragen, Aufgaben und Normen gestellt wird. Der englische Königshof bringt mit der ersten wirksamen Finanzverwaltung auch schon ein Lehrbuch hervor, den »Dialogus de Scaccario« des Richard FitzNigel. Er scheint sich den Wissenschaften geradezu entgegenzustellen, wenn er sagt: »Wer an Erfindungen Freude hat, wer die Flucht in Subtilitäten sucht, der hat Aristoteles und die platonischen Schriften. Schreib Du nicht Subtiles, sondern Nützliches – *tu scribe non subtilia, sed utilia!*«[44] Wenig jünger ist Englands erstes Rechtsbuch, das unter dem Namen Glanvill geht und den eigentümlichen Formularprozeß der englischen Königsgerichte mit ihren »writs« erstmals darstellt, ganz von der Praxis ausgehend. Englands ungeschriebene Gesetze, so meint Glanvill, sind dennoch Gesetze; denn wollte man nur Geschriebenes als »leges« gelten lassen, so würde man der Schrift höhere Autorität zubilligen als der »aequitas« des Entscheidenden oder der »ratio« des Erlassenden.[45] Hier wird praktiziertes Recht erstmals beschrieben und damit geistig erfaßt und durchdrungen – von hier führt ein kurzer Weg zu Bracton, dem größten Lehrer des englischen Königsrechtes.

---

43) Johannes von Salisbury, Historia Pontificalis, ed. Marjorie Chibnall. London 1956, cap. 12, S. 26. Nach Gilberts Auffassung fehlten Bernhard die methodischen Voraussetzungen, einen so schwierigen Autor wie Hilarius von Poitiers (der Gedanken des Athanasios und der Kappadokier dem Westen vermittelt hatte) richtig zu verstehen. Gilberts theologische Kommentare zu den Traktaten des Boethius sind erst durch die kritische Edition einem rechten Verständnis erschlossen: Nikolaus M. Häring, ed., The Commentaries on Boethius by Gilbert of Poitiers. Toronto 1966; dazu zahlreiche Aufsätze Härings, zuletzt: Die ersten Konflikte zwischen der Universität Paris und der kirchlichen Lehrautorität, in: Die Auseinandersetzungen an der Pariser Universität im 13. Jahrhundert, hrsg. v. A. Zimmermann, Miscellanea Mediaevalia 10. Berlin 1976, S. 38–51.

44) Ricardus de Ely, Dialogus de Scaccario, Prologus, hrsg. v. Marianne Siegrist. Zürich/Stuttgart 1963, S. 12; ed. Charles Johnson. London 1950, S. 5. Über das Werk vgl. die Einleitungen beider Editionen und die dort genannte Literatur.

45) Tractatus de legibus et consuetudinibus regni Anglie qui Glanvilla vocatur, ed. G. D. G. Hall, London 1965, Prologus, S. 2. Über das Werk vgl. die Einleitung der Ausgabe sowie Raoul van Caenegem, Royal writs from the Conquest to Glanville. London 1960.

Und, um ein ganz anderes Beispiel zu nennen, in Pisa wird 1160 ein zweiteiliges Gesetzbuch vollendet, das neben Sammlung, Ordnung und Systematisierung schriftlicher Überlieferung im »*Constitutum legis*« eine ganz neuartige Kodifikation des Gewohnheitsrechtes im »*Constitutum usus*« stellt – eigentlich ein Widerspruch in sich: statutarische Festlegung der Gewohnheit.[46] Da wird das Handels- und Seerecht, einschließlich komplizierter Probleme der Partenreederei mit hohen Risiken bei monate- oder gar jahrelanger Überseeschiffahrt erstmals schriftlich aufgezeichnet. Vielleicht kann man fragen, ob dies eine wissenschaftliche Leistung ist – mir scheint dies durchaus der Fall zu sein: Die normierende und abstrahierende Festlegung gültiger Gewohnheit in einer Sprache, die Elemente der Praxis mit solchen romanistischer Fachsprache verbindet, halte ich auch dann für eine wissenschaftliche Leistung, wenn diese – im Unterschied zu den sonst vielleicht vergleichbaren Libri feudorum – nicht später von der Bologneser Schule geradezu zum Lehrgegenstand gemacht worden ist. Man könnte dies Element Erfahrung wohl auch in der theologischen Wissenschaft nachweisen, die von Seelsorge und Predigt ebenso wie von der Auseinandersetzung mit den Ketzern vor Fragen gestellt wird, die die Wissenschaft befruchten und provozieren.[47]

Ein neues Phänomen in der Wissenschaft des 12. Jahrhunderts scheint auch die Wertung des Gelehrten als Persönlichkeit zu sein. Wie früher in der Regel nur Könige einerseits, kirchliche Führer und Heilige anderseits, wird nun der Lehrer und Gelehrte verehrt, hat Schüler, die den Meister zuweilen wie Jünger umgeben, und nicht wenige Gelehrte nehmen auch sich selbst wichtig genug. Es sei nur ein Abaelard erinnert, der in seiner »Historia calamitatum« seine persönlichsten, tatsächlich schon zu seinen Lebzeiten in aller Welt bekannten Erlebnisse mit den wissenschaftlichen Konflikten autobiographisch verknüpft.[48] Aber auch der viel zurückhaltendere Gilbert Porreta bildet einen Schülerkreis, der noch Jahrzehnte nach dem Tode des Meisters dessen Lehren und Persönlichkeit mit

---

46) Constituta legis et usus Pisanae civitatis, ed. Francesco Bonaini, Statuti inediti della Città di Pisa dal XII al XIV secolo, vol. 2. Firenze 1870, S. 634–1026. Über neu gefundene Handschriften und zur Deutung vgl. Adolf Schaube, Zur Entstehungsgeschichte des pisanischen Constitutum usus, Zeitschrift für das gesamte Handelsrecht 46, 1897, S. 1–47 und Peter Classen, Kodifikation im 12. Jahrhundert: Die Constituta usus et legis von Pisa, in: Recht und Schrift im Mittelalter, hrsg. v. Peter Classen (Vorträge und Forschungen 23). Sigmaringen 1977, S. 311–317.

47) Das theologie-geschichtlich bedeutsame Werk von M.-D. Chenu, La théologie au douzième siècle, Paris ²1966, zeigt insbesondere im Kapitel 10: »Moines, clercs, laics – au carrefour de la vie évangelique«, wie Lebensformen und geistige Lehren einander bedingen und durchdringen.

48) Ich gehe davon aus, daß Abaelards Historia calamitatum (ed. J. Monfrin, Paris 1962) ein echtes Werk, von Abaelard um 1136 verfaßt, ist. Vgl. den Forschungsbericht von Peter von Moos, Mittelalterforschung und Ideologiekritik. München 1974. Über das Echo bei den Zeitgenossen vgl. Peter Dronke, Abelard and Heloise in Medieval Testimonies. Glasgow 1976.

großem Scharfsinn und viel Gelehrsamkeit verteidigt und verehrt.[49] Auf Abaelards Grab hat man zu schreiben gewagt, ihm allein sei bekannt gewesen, was immer Menschen wissen können: »*Cui soli patuit, scibile quicquid erat.*«

Fünfzig Jahre später wurde derselbe Vers, noch etwas prononcierter formuliert, auf das Grab des Pisaners Burgundio gesetzt: »*Hic plene scivit, scibile quicquid erat.*«[50]

Der Waliser Giraldus, einer der glänzendsten Stilisten des Mittelalters, ein Mann, der wenige Dinge so ernst nahm wie sich selbst, hatte um 1185 sein Erstlingswerk über die Topographie Irlands geschrieben. Nach dessen Vollendung wollte er – und nun zitiere ich wörtlich aus seiner Autobiographie mit dem schönen Titel »*De rebus a se gestis*« – »sein Licht nicht unter den Scheffel, sondern auf einen Leuchter stellen, damit es leuchte, und er beschloß, seine Schrift in Oxford, wo der Klerus in England besonders an Bildung hervorragte, vor großem Auditorium vorzulesen. Da sein Buch aus drei Teilen bestand, dauerte die Vorlesung drei Tage. Am ersten Tage nahm er alle Armen (Scholaren), die dazu eingeladen wurden, aus der ganzen Stadt auf und beköstigte sie in seinem Quartier. Am folgenden Tag aber alle Doktoren der verschiedenen Fakultäten und die berühmteren und bekannteren ihrer Schüler. Am dritten Tag schließlich die übrigen Studenten mit den städtischen Milizen und vielen Bürgern. Das war freilich eine aufwendige und vornehme Sache, weil in gewisser Weise die echten alten Zeiten der Dichter in diesem Ereignis erneuert wurden, und man erinnert sich nicht, daß jemals zu unseren oder in alten Zeiten etwas Ähnliches in England geschehen ist.«[51]

Soweit das Zitat. Eine wahrhaft erstaunliche Geschichte, die auch dann bemerkenswert bleibt, wenn man nicht alles buchstäblich nimmt. Wir halten vier Punkte fest: 1. Der Verfasser eines gelehrten Werkes veranstaltet eine öffentliche Vorlesung mit Bewirtung der Zuhörer. 2. Diese Vorlesung erfolgt an einem Ort, wo eben damals eine Universität im Entstehen begriffen ist – von Fakultäten in Oxford hören wir hier zum ersten Male. Die Schule bildet das Forum der wissenschaftlichen Öffentlichkeit, obwohl das Werk von einem Thema handelt, das keiner etablierten Schulwissenschaft zuzurechnen ist. 3. Der Verfasser ist von einem wahrhaft verblüffenden Bewußtsein der Wichtigkeit seiner Person, vor allem aber seines gelehrten Werkes und schließlich seiner Handlung in Oxford getragen. 4. Schließlich gipfelt dieses Selbstbewußtsein in dem Anspruch, die echten alten

---

49) Die Schule Gilberts ist durch Editionen und Aufsätze vor allem von N. M. HÄRING in den letzten 30 Jahren erst richtig bekannt geworden; vgl. die Bibliographie Härings in: Theologische Hochschule Vallendar der Gesellschaft des Katholischen Apostolats (Pallottiner): Personen- und Vorlesungsverzeichnis 1979/80, S. 14–20.

50) Zu den Grabinschriften vgl. DAVID LUSCOMBE, The School of Peter Abelard. Cambridge 1969, S. 10, und CLASSEN, Burgundio (wie Anm. 35), S. 7–11.

51) Giraldus Cambrensis, De rebus a se gestis 16, Opera, ed. J. S. BREWER 1. London 1861, Rolls Series 21, 1, S. 72 f. Dazu vgl. CH. H. HASKINS, Speculum 1, 1926, S. 221, und L. THORNDIKE, ebenda, S. 445 f. Über Girald als Schriftsteller vgl. die glänzende und liebevolle Schilderung von P. KIRN, Das Menschenbild in der Geschichtsschreibung von Polybios bis Ranke. Göttingen 1955, S. 174–205.

Zeiten der Dichter zu erneuern, »*renovata sunt quodammodo authentica et antiqua in hoc facto poetarum tempora*«, ja die alten Dichterzeiten sind durch Giraldus eigentlich in England zum ersten Mal überhaupt verwirklicht worden. Ich kenne keinen Text, der die Rede von der Renaissance des 12. Jahrhunderts so unmittelbar rechtfertigt.[52]

Die große Vielfalt und die sprudelnde Lebhaftigkeit geistiger Schöpfungen des 12. Jahrhunderts entspringt aber wohl auch einer eigenartigen Freiheit, die diese Zeit vor anderen auszeichnet. Der Investiturstreit hatte die unbedingte Königsherrschaft über die Kirche gebrochen, ohne doch jene Vormacht der Kirche und des Papsttums durchzusetzen, die Gregor VII. angestrebt hatte und die – auf anderem Wege, gestützt auf die kanonistische Wissenschaft – die Päpste des 13. Jahrhunderts weitgehend durchsetzen. Der Konflikt zwischen Friedrich Barbarossa und Alexander III. ging mehr um die politische Herrschaft über Italien als um die geistige Freiheit. Anders der Streit zwischen Heinrich II. und Thomas Becket: Hier waren gerade die hochintellektuellen Kleriker und Bischöfe des Landes vor die Frage gestellt, ob das, was Becket als Kirchenfreiheit verteidigte, oder die Treue zum aufsteigenden Königtum höher stand. Der Erzbischof siegte durch den Märtyrertod, ohne das Königtum zu zerbrechen.[53] Weder Kirche noch Könige des 12. Jahrhunderts vermögen omnipotent zu werden, und das kommt geistiger Freiheit zugute.

Wohl kennt das 12. Jahrhundert schon Ketzerverfolgungen; aber sie richten sich vorwiegend gegen Sektierer und Wanderprediger, nicht gegen Gelehrte, und noch ist die Zahl der Opfer gering.[54] Erst unter Innozenz III. beginnt die furchtbare Verfolgung der Katharer und Waldenser. Die Inquisition ist eine Erfindung des 13. Jahrhunderts.[55] So viel Aufsehen der Prozeß gegen Abaelard erregte, so darf man nicht vergessen, daß nur Bücher verbrannt wurden; der vor allem von den Pariser Kollegen betriebene Prozeß gegen Gilbert kam überhaupt nicht richtig zustande.[55] Im 12. Jahrhundert hat noch kein Magister oder Doktor wegen seiner Lehre den Scheiterhaufen besteigen müssen.

52) Nur ein eigenartiges Zeugnis vom Selbstbewußtsein eines Autors sei noch genannt. Der Jurist Pillius schreibt um 1190 in Modena, nachdem er Bologna verlassen hat, in der Vorrede zu seiner Summa in tres libros (bei Friedrich Carl v. Savigny, Geschichte des römischen Rechts im Mittelalter, Band 4. Heidelberg ²1850, S. 314): *Coepi mecum cogitare quidnam possem scribere per quod mihi memoriam meam conservarem et alios preceptores ad invidiam provocarem.*
53) Vgl. oben, Anm. 20.
54) Einen Überblick über die Ketzergeschichte und Ketzereiverfolgung gibt Herbert Grundmann, Ketzergeschichte des Mittelalters (Die Kirche in ihrer Geschichte, Lieferung 2 G 1). Göttingen 1963. Aus der umfänglichen Literatur seien als Einzeltitel hervorgehoben: Arno Borst, Die Katharer. Stuttgart 1953; Kurt-Viktor Selge, Die ersten Waldenser. 2 Bände. Berlin 1967; Raoul Manselli, Studi sulle eresie del secolo XII. Roma ²1975.
55) Zu den Anfängen organisierter und rechtlich geregelter Ketzerverfolgung, die aber noch keine eigentliche Inquisition ist, im späten 12. Jahrhundert vgl. Wolter im Handbuch der Kirchengeschichte, III 2 (wie Anm. 30), S. 130 ff., zur Inquisition im 13. Jahrhundert ebenda, 267 ff. (mit weiterer Literatur), zu den Anfängen staatlicher Ketzerverfolgung Kurt-Viktor Selge, Die Ketzer-

Der Wettbewerb unter den Magistern, vor allem in Paris, konnte geistige Leistungen anspornen, aber auch zu Denunziationen führen. Noch gibt es aber nicht diejenigen Beschränkungen, die die Körperschaft sich selbst setzt, indem sie die Liste der zu lehrenden Bücher aufstellt, Studien- und Prüfungsordnungen erläßt. Im späteren Mittelalter suchen Fakultäten zuweilen die Selbstbestimmung über die Lehre gegen Fürsten und kirchliche Obere zu verteidigen. Man will selbst über Lehrplan und Lehrbücher, Gegenstand und Methode der Lehre entscheiden, ja im äußersten Fall auch darüber, was ketzerisch oder was rechtgläubig sei. Aber stets ist es dann die Gemeinschaft, die Universität oder Fakultät, die dies für sich und ihre Glieder festlegen will. Die Freiheit des einzelnen kennt die spätmittelalterliche Universität dagegen kaum. Solange aber, wie im 12. Jahrhundert, die Körperschaft noch nicht konstituiert ist, fehlt nicht nur der durch diese gegebene Schutz, sondern auch die Beschränkung, die sie auferlegt, die Bindung an Statuten und Lehrpläne. Eben dies ist ein Teil der Freiheit geistigen Schaffens im 12. Jahrhundert.

Fragt man zuletzt nach den gelehrten Büchern des 12. Jahrhunderts, die für die Zukunft bleibenden Wert behielten, so ist die Antwort eigentümlich. Am längsten währten die geordneten Stoffsammlungen, die eine Arbeitsgrundlage für Jahrhunderte bildeten: Gratians Decretum und die Sentenzen des Petrus Lombardus, die Glosse zur Bibel – das ist das Wichtigste; dazu kommen natürlich die wiedergewonnenen alten Texte, Justinians Rechtsbücher und der neu übersetzte Aristoteles. Die lateinischen Autoren, die man damals und später viel liest, sind vor allem Bernhard von Clairvaux, dann der Exeget Rupert von Deutz, der Zeitkritiker Johannes von Salisbury und unter den Gelehrten Hugo von St. Viktor.[57] Die denkerische Arbeit in der Philosophie, Theologie und Jurisprudenz, die

---

politik Friedrichs II., in: Probleme um Friedrich II., hrsg. v. JOSEF FLECKENSTEIN (Vorträge und Forschungen 16). Sigmaringen 1974, S. 309–343.

56) Vgl. zuletzt JÜRGEN MIETHKE, Theologenprozesse in der ersten Phase ihrer institutionellen Ausbildung: Die Verfahren gegen Peter Abaelard und Gilbert von Poitiers. Viator 6, 1975, S. 87–116 sowie den oben, Anm. 43 am Schluß genannten Aufsatz von Häring. – Hier sollte vielleicht darauf hingewiesen werden, daß Arnold von Brescia wohl als politischer Rebell gegen den Papst, vielleicht als ketzerischer Prediger, aber nicht als theologischer Irrlehrer gerichtet wurde. Zwar sagt das Carmen de gestis Frederici, ed. IRENE SCHMALE-OTT, Scriptores rerum Germanicarum. Hannover 1965, S. 28, Vers. 831: *Dampnaturque suo doctor pro dogmate doctus*; aber das sind die Lehren von der Armut der Kirche und gegen die weltliche Herrschaft des Papstes, nicht aber theologische Lehren etwa aus der Schule Abaelards. Gerhoch von Reichersberg, der erbitterte Gegner Abaelards, ist Arnold wahrscheinlich um 1143 persönlich begegnet und war später der Meinung, Arnold habe in gutem Eifer, aber mit mangelhaftem Wissen die korrumpierte Kirche angegriffen (De investigatione Antichristi, I 40, Monumenta Germaniae, Libelli de lite 3, 1897, S. 347 f.); vgl. 31), S. 105 ff. Zu Arnold bleibt grundlegend ARSENIO FRUGONI, Arnaldo da Brescia nelle fonti del secolo XII. Roma 1954.

57) Zur Verbreitung der Schriften Bernhards vgl. J. LECLERCQ, Études sur S. Bernard et le texte de ses écrits. Analecta S. Ordinis Cisterciensis 9. 1, 1953, S. 11–39. – RHABAN HAACKE, Die Überlieferung der Schriften Ruperts von Deutz, Deutsches Archiv 16, 1960, 397–436, mit Nachtrag ebenda 26,

in Laon, Paris, Bologna und an anderen Orten geleistet wird, geht als Methode und Fragestellung in die theologische, philosophische und juristische Hochscholastik des 13. Jahrhunderts über, während die Werke Abaelards, Gilberts, der Bologneser Glossatoren und Kanonisten der ersten Generationen nur in wenigen Handschriften ihrer eigenen Zeit und der nächsten Jahrzehnte danach erhalten, zum nicht geringen Teil sogar ganz verloren sind.[58] Das 12. Jahrhundert bringt unendlich viele neue Ansätze und Versuche hervor, aber nicht die bleibenden Summen und Ergebnisse.

Wir haben einige Momente genannt, die die geistige Situation des 12. Jahrhunderts kennzeichnen und den Aufstieg der Wissenschaften bedingen:

Mobilität der Lehrenden und Lernenden,

die Begegnung zwischen Ost und West,

die Höfe und Städte, die der gelehrten Männer bedürfen,

die Frage der Autorität und Methode,

Die Erfahrung des Lebens als Impuls,

das Selbstbewußtsein des Gelehrten

und die besondere geistige Freiheit dieser Zeit.

Einer der großen, aber wenig bekannten Lehrer des 12. Jahrhunderts, Bernhard von Chartres, hat eine poetischere und tiefere Formel gefunden:[59]

»*Mens humilis, studium quaerendi, vita quieta,*

*scrutinium tacitum, paupertas, terra aliena:*

*haec reserare solent multis obscura legendo.*«

»Demut im Sinn und eifriges Forschen und ruhiges Leben,

Schweigsam und zäh untersuchen und arm sein, weit in der Fremde,

Vielen pflegt dies zu erschließen, was unbekannt war, durch Studieren.«

---

1970, 528–540. RUDOLF GOY, Die Überlieferung der Werke Hugos von St. Viktor. Stuttgart 1976. Zur Wirkungsgeschichte des Policraticus des Johannes von Salisbury, den Karl V. von Frankreich 1372 ins Französische übersetzen ließ, vgl. WILHELM BERGES, Die Fürstenspiegel des hohen und späten Mittelalters. Leipzig 1938, S. 291 ff.

58) Die Überlieferung aller Schriften Abaelards stellt vollständig zusammen NIKOLAUS M. HÄRING, Abelard yesterday and today, in: Pierre Abélard – Pierre le Vénérable. Colloques Internationaux du Centre National de la Recherche Scientifique, No. 546, 1975, S. 341–403. Die Kommentare des Gilbert von Poitiers zu den Psalmen, den Paulusbriefen und den theologischen Traktaten des Boethius haben eine erstaunlich hohe Verbreitung gewonnen; insgesamt 191 erhaltene Handschriften sind zusammengestellt von N. M. HÄRING, Handschriftliches zu den Werken Gilberts, Bischof von Poitiers (1142–1154), Revue d'histoire des textes 8, 1978, S. 133–194. Grundlegend für die Überlieferung der kanonistischen Glossatoren ist KUTTNER (wie Anm. 36); auch hier ist kein einziges Werk annähernd so reich überliefert wie viele Schriften Bernhards, Ruperts und Hugos.

59) Überliefert von Hugo von St. Viktor, Didascalion, III 13 (ed. CH. H. BUTTIMER, Washington, D. C., 1939; MIGNE, PL 176, 773) und von Johannes von Salisbury, Policraticus VII 13 (ed. C. C. J. WEBB, Oxford 1909, vol. 2, S. 145), dazu CLASSEN (wie Anm. 8), 160 f.

Und derselbe Bernhard ist es nach dem Zeugnis Johannes' von Salisbury gewesen, der gesagt hat, wir können mehr und weiter sehen als die Alten, nicht weil wir größer sind oder schärfere Augen haben, sondern weil wir als Zwerge auf den Schultern der Riesen des Altertums stehen.[60] Dieser große Philologe und Verehrer des Altertums glaubt bei aller Demut doch ein kleines Stück über das Vorbild hinauskommen zu können. Und vielleicht hat er recht gehabt.

60) Johannes von Salisbury, Metalogicon, III 4 (ed. C. C. J. WEBB, Oxford 1929, S. 136), zur Geschichte dieses Bildes vgl. RAYMOND KLIBANSKY in Isis 26, 1936, S. 147–149; EDOUARD JEAUNEAU, Nani gigantum humeris insidentes, Vivarium 5, 1967, S. 77–99; von diesem bekannten Bild geht aus der geistreiche Essay von ROBERT K. MERTON, On the Shoulders of Giants. A Shandean Postscript (1965). Deutsche Übersetzung von R. KAISER unter dem Titel: Auf den Schultern von Riesen. Ein Leitfaden durch das Labyrinth der Gelehrsamkeit. Frankfurt 1980.

# Res Gestae
## Universal History, Apocalypse
### Visions of Past and Future

The longest of the twelve chapters in Haskins's Renaissance bears the title "Historical Writing". My task is broader: to deal not only with historiography but also with the interpretation of universal history, which developed more from theology than from empirical history and which Haskins did not discuss.

In sheer quantity, historical writing – like all other written manifestations of intellectual life – increased enormously during the twelfth century. The Rolls Series alone, for example, contains some thirty volumes of narrative sources from the twelfth century, and they do not even exhaust the English sources. To these must be added those of other European countries, among them some that only began to contribute to historiography during the period in question. This discussion can do no more, therefore, than offer a few examples of the ways history was viewed and presented. The theme will be divided into three parts. The first will consider narrative works, *res gestae*, from England, Normandy, and Italy. The second will examine three works produced within the Holy Roman Empire which attempt to present a universal history from the Creation to their own time, or even to the end of the world. The third will be devoted to the theologians who, rather than narrating the course of history, sought to grasp its universal meaning, endeavoring thereby to establish the position of the present and to venture a glimpse into the future.

## I. Res Gestae

Historical writing in the twelfth century directly and uninterruptedly continued the historiography of the early Middle Ages, the origin of which goes back not to classical Antiquity but to early Christianity. Even in the twelfth century, the relationship to early Christian historiography lives on, while the classical authors – as in earlier periods – prove to be little more than stylistic models. All of this was already shown by Haskins and needs no further discussion here.

Great historical writing has always arisen from the experience of specific events. In the late eleventh and early twelfth centuries, historiography was given a great impetus chiefly by three historic phenomena: the founding of an Anglo-Norman state by William the

Conqueror and his successors; the crusades; and the rise of the communes, at first primarily in Italy.[1]

## Orderic Vitalis

The most outstanding of the Norman historians was Orderic Vitalis (1075–ca. 1142).[2] The work he himself described as an *historia ecclesiastica* is generally considered an excellent source as well as a good story, although its plan is "rather confused and badly arranged".[3] In fact, the organization of its contents is not easy to grasp; but it reflects the genesis of the work and, inherently, the history of the Normans as it gradually revealed itself to the author.[4] Orderic was not himself a Norman. The son of a French priest who came to England with William, and an Anglo-Saxon mother, he was born in the neighborhood of Shrewsbury on the Welsh border, and at the age of ten was taken by his father to the monastery of St Evroul in southern Normandy (near L'Aigle). He spent the rest of his days there as a Benedictine, with no change in his outward life; from time to time he visited places in Normandy and Lorraine as well as Cluny and once, later, saw England again. "I was brought here as a ten-year-old Englishman from the outermost boundaries of Mercia, placed as a barbarian and ignorant foreigner among the clever inhabitants; now, with God's help, I have undertaken to try to record in writing the deeds and history of the Normans for the Normans."[5] At the beginning of the twelfth century, probably it was only from a Norman monastery that one could turn his gaze in ever-widening circles to new lands almost without having to travel.

---

1) Other events could of course also be mentioned, in particular the founding of the Norman state in Sicily. The concept of "Staufer historiography", on the other hand, seems more problematic, since it actually boils down to Otto of Freising and Rahewin, who had no true followers. The poets of the *Carmen de gestis Federici in Lombardia* and the *Ligurinus*, as well as Godfrey of Viterbo, can be counted as historians only with some reservations, and after Frederick I, court historiography and historiographical court poetry ceased altogether. The poetry at the court of Frederick II was not really historiographic.

2) The new critical edition of Orderic, with an English translation, is now complete: The Ecclesiastical History of Orderic Vitalis, ed. and trans. Marjorie Chibnall (6 vols. Oxford 1969–81).

3) Austin Lane Poole, From Domesday Book to Magna Carta, 1087–1216, The Oxford History of England 3 (2nd ed. Oxford 1955) 494.

4) On Orderic and his work see Léopold Delisle in Auguste Le Prévost et al., eds., *Orderici Vitalis Historiae ecclesiasticae libri tredecim*, Société de l'histoire de France 13, 22, 39, 69, 79 (5 vols. Paris 1838–55) 5. i–cvi; Hans Wolter, Ordericus Vitalis: Ein Beitrag zur kluniazensischen Geschichtsschreibung (Wiesbaden 1955); Antonia Gransden, Historical Writing in England c. 550 to c. 1307 (London 1974) 151–65; and the introductions to the volumes of Chibnall (n. 2 above), esp. on the chronology of the composition of the individual books.

5) "*Tandem ego de extremis Merciorum finibus decennis Angligena huc aduectus, barbarusque et ignotus aduena callentibus indigenis admixtus, inspirante Deo Normannorum gesta et euentus Normannis promere scripto sum conatus*", Ecclesiastical History 5.1, ed. Chibnall (n. 2 above) 3.6.

Orderic began by expanding and revising the history of the Normans written by William Calculus of Jumiège. Then in 1115 his abbot put him to the task of writing the history of St Evroul (which had been founded only in 1050). He worked on it for decades, until shortly before his death, the last recorded event falling in 1141. But the work did not remain a mere history of a monastery, like so many written in the twelfth century. The very first decades of the monastery's existence forced Orderic to broaden his scope: abbot Robert of the noble family of Grandmesnil had been driven out by duke William, finding refuge with Robert Guiscard in Apulia, and monks had been leaving St Evroul for England since 1066; the monastery acquired rich possessions there, and it sent abbots to English monasteries and received English oblates, like Orderic himself, in Normandy. His report of these events was consistently set into a more general context, and the work rapidly expanded to become a history of the Normans in all countries without appropriating the literary tradition of the histories of the Germanic peoples – a tradition that extended from Jordanes and Isidore to Bede, Paul the Deacon, and Widukind of Corvey.

Orderic enlarged the spatial and temporal boundaries of his work in concentric circles, as it were. Book 5 looks back over the ecclesiastical history of Normandy since the first mission in northern Gaul. Epitaphs of bishops and abbots – some handed down, others composed by Orderic himself – adorn the work, which is written largely in the rhymed prose favored since the tenth century and so completely foreign to antique stylistic sensibility. Following the monastic and ecclesiastical history of Normandy, France, and England, book 7 makes a fresh start[6] with Henry IV's expedition to Rome, moves quickly to the more important Robert Guiscard and his wars against Byzantium, then returns once more to the political history of England up to the death of William II. The horizon is expanded again with the history of the first crusade in book 10. The last four books, written about 1135–38 with supplements dating to 1141, relate in essentially chronological order the events of the first decades of the twelfth century, primarily in England, France, and the Holy Land; book 13 adds information on the beginning of the Reconquista in Spain.

Only after the work had gradually been turned into a universal history by tracing the steps of the Normans did Orderic finally set his world chronicle of books 1 and 2 at the head of the whole. Here he explicitly drew upon the literary tradition of Christian historiography, citing Eusebius, Jerome, Isidore, and Bede. But his own conception is highly individual. A detailed *Vita Jesu Christi* is followed by a chronicle of emperors that includes East and West, Byzantium and the Franks, but also mentions West Frankish, Anglo-Saxon, and other kings. The second book begins with the Lives of all the Apostles, leading us to various parts of the world as far as India and Ethiopia, and continues with a brief chronicle of the popes up to the present. Thus, not only emperors but the kings of

6) For opposition to the older opinion that book 7 was not written until later, see CHIBNALL's introduction (n. 2 above) 4. xix–xxv.

many nations are placed in the line of succession from Christ, while the popes are given first place among the successors of the Apostles.

In order to understand this work one must recall its genesis. It is not the chronology, the order of events, that is essential, but the narration itself, which leads inevitably from one theme to another – whether on the basis of written or of oral sources – because relationships and associations are found to exist everywhere. What ultimately results is an "ecclesiastical history" that is truly a universal history of a new and original kind, arising more from the historical experience and the narration itself than from a literary form and tradition or a theoretical conception. Comparatively often – and very characteristically for this self-aware twelfth-century author – Orderic speaks of himself. He mentions all the important dates in his life; we are told what he has seen with his own eyes, and a brief autobiography with a prayer (following the model of Bede) concludes his work.

## William of Malmesbury

Orderic gained a wealth of knowledge from his reading of historical literature, but he did not carry on its traditions. It was quite different with his younger contemporary, William of Malmesbury (ca. 1090–ca. 1142).[7] He too was half continental – in fact, Norman – and half Anglo-Saxon in origin; but he lived in an English monastery, and Bede became his great model. English history seemed to have died with Bede: "Almost all knowledge of history up to our own time was buried with him."[8] To William, the Anglo-Saxon chronicles barely suffice to prevent the obliteration of several centuries, but he feels it better to remain silent about their Latin version. Even Eadmer reported only briefly about the time from the accession of Edgar to the conquest of William; for the time from Bede's death to Edgar – 223 years, as William calculates it – no historiographic presentation whatever existed.[9] And so William felt called upon the renew an intellectual tradition interrupted 400 years before; and it must be acknowledged that he succeeded. His history of the English kings begins with the Anglo-Saxon immigration; the first book takes us as far as Edgar, the second to the battle of Hastings, the last three treat the first three Norman kings. The *Historia novella* carries events down to the civil war of 1142.

---

7) William of Malmesbury, *De gestis regum Anglorum libri quinque* and *Historiae novellae libri tres*, ed. William Stubbs, RS 90 (2 vols. London 1887–89); *De gestis pontificum Anglorum libri quinque*, ed. Nicholas E. S. A. Hamilton, RS 52 (London 1870); *The Historia novella*, trans. and ed. Kenneth Reginald Potter (London 1955). On William, see Gransden (n. 4 above) 166–85; Manitius 3.466–73; and esp. the introductions by Stubbs in *Gesta regum* 1 and 2.
8) *"Sepulta est cum eo gestorum omnis pene notitia usque ad nostra tempora"* *Gesta regum* 1.62 (n. 7 above) 1.66.
9) *Gesta regum* 1 prologus (1.1–3).

William studied every field of learning:

> I have devoted my efforts to many *litterae*, though to each in a different way. For logic, which arms eloquence, I have sampled, through lectures. Medicine, which heals the ailing body, I have taken in somewhat more fully. But into the fields of ethics I have penetrated very deeply, and I rise to its majesty, because it is accessible of itself to one who studies it and it prepares the mind for living well: history in particular, which through welcome knowledge of deeds develops manners and morals and through examples incites the reader to do good and avoid evil.[10]

William accordingly attributed his effort, his entire work, to ethics, and while he could believe himself on the strength of his origin to be a neutral judge between the Normans and the Anglo-Saxons,[11] he nonetheless considered the fall of the Anglo-Saxon kingdom to have been the direct result of a decline in morals and religion and the Norman victory to have been morally deserved.[12] The religious decay of the Anglo-Saxons had however gone hand in hand with the decline of education: "In the course of time, the striving for knowledge and theology had declined, ... the clerics contented themselves with a superficial education and could scarcely babble the words of the sacraments. If, for a change, someone really knew Latin well, he was considered a miracle by the others and aroused astonishment."[13] Education together with piety provided a standard; William made literary demands even on the king, and with Henry I he believed them to have been fulfilled. Under Henry, the Platonic maxim, Happy the state when the philosophers rule or the kings philosophize, came true; in the presence of his conqueror-father the young Henry (more insolent than philosophical) is said to have uttered the proverb, "An illiterate king is a crowned ass."[14] Not even Cicero in prose or Vergil in verse, William believed, would have dared to describe such a king as Henry I.[15]

To be sure, remarks of this kind reveal the historian's own limitations as well; nevertheless, William was constantly striving for something higher. He worked hard to acquire a literary education, copying manuscripts of the ancient historians and even of the

---

10) "*Multis quidem litteris impendi operam, sed aliis aliam. Logicam enim, quae armat eloquium, solo libavi auditu; physicam quae medetur valitudini corporum, aliquanto pressius concepi; iam vero ethicae partes medullitus rimatus, illius maiestati assurgo, quod per se studentibus pateat, et animos ad bene vivendum comparat: historiam praecipue, quae, iocunda quadam gestorum notitia mores condiens, ad bona sequenda vel mala cavenda legentes exemplis irritat.*" Gesta regum 2 prologus (1.103).

11) Gesta regum 3 (prologus (2.283).

12) Gesta regum 3.245–46 (2.304–06).

13) Ibid. (2.304): "*Veruntamen litterarum et religionis studia aetate procedente obsoleverunt... Clerici litteratura tumultuaria contenti, vix sacramentorum verba balbutiebant: stupori erat et miraculo ceteris qui grammaticam nosset.*"

14) "*Rex illitteratus, asinus coronatus,*" Gesta regum 5.390 (2.467). See Vivian H. Galbraith, The Literacy of the Medieval English Kings, Proceedings of the British Academy 21 (1935) 201–38; Herbert Grundmann, Litteratus-Illitteratus, Ausgewählte Aufsätze, MGH Schriften 25 (3 vols. Stuttgart 1976–78) 3.1–66 at 11–13.

15) Gesta regum 5 prologus (2.465).

*Breviarium Alaricianum.*[16] The chronological flow of events and deeds in his history of the English kings is interrupted time and again by anecdotes and tales of magic, not a few taking place in Rome and some connected with the history of such popes as Gerbert and Gregory VI.[17] By no means all of them have a recognizable moral; often the report of their strangeness is an end in itself. Not only does William make room for Berengar of Tours, he also includes Hildebert's verses on the allegedly converted heretic.[18] Significantly, however, the longest digression from the history of England is occasioned by the crusade of Robert, duke of Normandy. Robert passed through Rome, giving William the opportunity to include Hildebert's great poem, *Par tibi Roma nihil*, to which he appends a description of the twelve city gates.[19] There follow excursuses on Constantinople, Antioch, and Jerusalem, lists of the Byzantine emperors and the patriarchs of Jerusalem,[20] and finally the history of the first kings of Jerusalem.

William is only one of several English historians of the time. Besides him we find Eadmer, Simeon of Durham, and Henry of Huntingdon, and in the following generations English historiography reached its first high point with William of Newburgh and Roger of Hoveden. It should also be mentioned that Geoffrey of Monmouth presented his *Historia regum Britanniae*[21] to that same Robert earl of Gloucester, son of king Henry I and patron of the young Henry II at the time of the civil war, to whom William dedicated his *Gesta regum* and *Historia novella*.[22] In their saga of the ancient chivalric kings, Britons

---

16) See the introduction by WILLIAM STUBBS in *Gesta regum* 1.cxxxi–cxlvii; MANITIUS 3.468–69. For a comprehensive analysis of the numerous works with which William was familiar, as well as of the codices used by him, see RODNEY M. THOMSON, The Reading of William of Malmesbury, Revue bénédictine 85 (1975) 362–94, with corrections and additions ibid. 86 (1976) 327–35 and 89 (1979) 313–24.

17) *Gesta regum* 2.169 (1.196 ff.) on Gerbert's discovery of the treasures of Octavianus (sic!), followed by additional stories about treasures, magic, and the like. A miracle that occurred at the death of Gregory VI (2.203 [1.253]) occasioned the report on the witch of Berkeley, followed (2.206 [1.258–59]) by the story of the discovery of the body of Pallas, son of Evander, in Rome and by other memorabilia.

18) *Gesta regum* 4.284 (2.338–40).

19) *Gesta regum* 4.351 (2.402–08).

20) *Gesta regum* 4.355–56, 359, 367–68 (2.411–13, 415–16, 422–25).

21) Geoffrey's Historia is available in several editions: EDMOND FARAL, La légende Arthurienne (3 vols. Paris 1929) vol. 3; ACTON GRISCOM, The Historia regum Britanniae of Geoffrey of Monmouth (London 1929; Latin and Welsh); JACOB HAMMER, Geoffrey of Monmouth. Historia regum Britanniae, a Variant Version, Mediaeval Academy of America Publication 57 (Cambridge Mass. 1951). On this see ROBERT W. HANNING, The Vision of History in Early Britain (New York and London 1966), Gransden (n. 4 above) 200–09, and C. N. L. BROOKE, Geoffrey of Monmouth as a Historian, Church and Government in the Middle Ages: Essays presented to C. R. Cheney on His 70th Birthday, ed. C. N. L. BROOKE et al. (Cambridge and New York 1976) 77–91 with additional bibliography.

22) *Gesta regum* (n. 7 above), dedicatory letter following book 3 (2.355–56); epilogue following book 5 (2.518–21); dedication of the *Historia novella* (2.525–56, = ed. POTTER [n. 7 above] 1).

and Welshmen competed with the heirs of Bede, who, without questioning Arthur's standing as a historical figure, kept a suspicious distance from the *nugae Britonum* and *antiquitas naeniarum* regarding his return.[23] The British king met with unprecedented favor in the chivalric and courtly world, and fifty years after Geoffrey had completed his work, a grandson of king Henry II and presumptive claimant to his throne was christened Arthur.

### ITALIAN URBAN ANNALISTS

We first encounter urban historiography in the Italian communes of the twelfth century, where lay education was very highly developed. The northern cities on the Scheldt, Meuse, and Lower Rhine could not yet compete with Italy in this area, and even Galbert of Bruges, who gives a stirring, graphic account from his own experience of the murder of count Charles the Good of Flanders and the subsequent civil wars cannot, for all his openness to the participation and interests of the citizens of Bruges, qualify as an historian of the town and its citizenry;[24] he remains a notary in the entourage of the count, and a man of clerical status.[25]

As in other episcopal towns, historiography in Milan during the eleventh and early twelfth centuries was still entirely in the hands of the clergy.[26] To be sure, strong bonds between the clergy and the ruling class are unmistakable, and in the episcopal towns it was only a small step from the history of a bishopric or bishop to the history of a town. Still, it took the war of the Lombards against Frederick Barbarossa to inspire the new kind of annal writing by the unknown layman who depicted the Lombard struggle for liberty.[27] After the Romans (!), Goths, "Winili" (that is, Langobards), Franks, and Hungarians – so reads the introduction – the Germans have now invaded Lombardy: this should serve as a warning to the reader of the book against future danger and make him politically wise.[28]

---

23) William of Malmesbury, *Gesta regum* 1.8 (1.11–12), 3.287 (2.342).

24) Galbert of Bruges, Histoire du meurtre de Charles le Bon, comte de Flandre (1127–1128), ed. HENRI PIRENNE (Paris 1891); also useful are the translation by JAMES BRUCE ROSS, with a detailed introduction and commentary: The Murder of Charles the Good, Count of Flanders (rev. ed. New York 1967), and various essays in HEINRICH SPROEMBERG's posthumous book, Mittelalter und demokratische Geschichtsschreibung: Ausgewählte Abhandlungen (Berlin 1971). Not only is the concept of "democratic historiography" anachronistic when applied to the twelfth century, but the idea it seems to imply – that Galbert is a representative of the bourgeoisie – is, I believe, erroneous.

25) On Galbert's position see Ross (n. 24 above) 65–66; SPROEMBERG (n. 24 above) 240–41, 248–50.

26) On Arnulf, Landulf the Elder, and Landulf the Younger see WALTHER HOLTZMANN's summary in WATTENBACH-HOLTZMANN (see the Bibliographical Note to this essay, below) 3.918–22.

27) *Gesta Federici I. imperatoris in Lombardia auct. cive Mediolanensi*, ed. OSWALD HOLDER-EGGER, MGH SS rer Germ (Hannover 1892).

28) *Gesta Federici* prologus (14–16).

Milan at that time was ruled by an annually changing collegium of consuls,[29] among them several judges who were intellectual and political leaders; the most prominent were Oberto de Orto and Girardo Cagapisto. These jurists were famous in their time as outstanding authorities in feudal law and made a decisive contribution to the codification which was later put together as the *Libri feudorum* and which united with their writings the laws of their adversaries, the emperors.[30] The language and method of Oberto's writings are based on Roman law, though we do not know whether or not he studied in Bologna; his son Anselmo, in any case, lived there for some time but lost his political influence in Milan after collaborating with the Germans.[31]

The anonymous annalist was close to the milieu of these Milanese jurists, but neither his language nor any other clues suggest that he had a legal training. He was a sober, pragmatic thinker. The Church makes its appearance on the edge of political events – as when an archbishop promises God's help and urges war – but he shows no traces of clerical thinking. The wars and politics of his time are the subjects of his narrative; of the author's own involvement we learn only that during the siege of Milan he helped to ration out food.[32]

At the same time as the Milanese annalist, Otto Morena, a judge in the neighboring town of Lodi, began a work dealing with the same material, but from the opposite political point of view.[33] For Lodi, Frederick I was a savior in a time of need resulting from Milan's oppression of neighboring cities. With the emperor's help Lodi was restored after its destruction, and in Morena's eyes the brutal demolition of Milan in turn was only deserved punishment. Otto Morena and his son Acerbo, who continued his work, bore the title of *iudex et missus imperatoris* and sometimes appeared as consuls. In other words, they belonged to the same class in Lodi as Oberto and Girardo in Milan, but their literary achievement lies in the field of historiography: they were the first jurists among the Lombard city historians, yet their subject was more *gesta imperatoris* than urban history. It has been observed that their style adopted turns of phrase used by jurists and in charters

---

29) The best description of Milan's constitution in the twelfth century is to be found in the introduction to CESARE MANARESI, Gli atti del Comune di Milano fino all'anno MCCXVI (Milan 1919).

30) KARL LEHMANN, Das langobardische Lehnrecht (Göttingen 1896), repr. with his Consuetudines feudorum and new intro. by KARL AUGUST ECKHARDT, Bibliotheca rerum historicarum (Aalen 1971).

31) *Gesta Federici* (n. 27 above) 50 for Anselmo's peace negotiations; 58 on the collaboration.

32) *Gesta Federici* 48; see introduction 5–6. There the earlier opinion is refuted that the writer was called Sire Raul (even today the text is sometimes still cited under this name); he was, instead, the copyist of a 13th-c. manuscript.

33) Das Geschichtswerk des Otto Morena und seiner Fortsetzer über die Taten Friedrichs I. in der Lombardei, ed. FERDINAND GÜTERBOCK, MGH SS rer Germ n. s. 7 (Berlin 1930); on the authors see the introduction, ix–xvii.

but was also influenced by Sallust, who was widely read during the Middle Ages.[34] Acerbo weaves in stylistically skillful portraits of German military commanders.[35]

Even before the start of the crusades, Pisa could boast of great naval victories over the Sarecens, who nevertheless remained her partners in trade. Her triumph over Palermo is glorified by an inscription in twenty-five leonine hexameters on the façade of the new cathedral, financed in 1063–64 by the spoils of the war.[36] An adjacent inscription places the victory within the tradition of the naval campaigns that took place in 1006, 1016, and 1033, the last advancing as far as Bona in Africa.[37] A poem in seventy-three rhythmic strophes on the expedition of 1087 against Al-Mahdija strikes a new note by comparing Pisa to Rome:

> In writing the history of the illustrious men of Pisa,
> I renew the memory of the ancient Romans:
> For now Pisa continues the splendid renown
> Which Rome once gained by conquering Carthage.[38]

An otherwise unknown consul from the beginning of the twelfth century is celebrated in an inscription on the cathedral:

> Here indeed you had a second Cato, Hector, Cicero –
> In mind, in strength, in eloquence, one man the equal of three.[39]

A few decades later a poet has the town speak as follows:

---

34) Ibid. xvi: "In der Form der Darstellung können sich diese Laienschriftsteller mit gleichzeitigen geistlichen Geschichtsschreibern nicht entfernt messen."

35) Acerbo, ibid. 166–71.

36) GIUSEPPE SCALIA, Epigraphica Pisana: Testi latini sulla spedizione contro le Baleari del 1113–15 e su altre imprese anti-saracene del secolo XI, Miscellanea di studi ispanici dell'Istituto di letteratura spagnola e ispano-americana della Università di Pisa (Pisa 1963) 234–86 at 253–64 (text 263–64) and pl. 2.

37) Ibid. 235–53, text 252–53.

38) *Inclitorum Pisanorum*    *scripturus istoriam*
    *antiquorum Romanorum*    *renovo memoriam*
    *nam extendit modo Pisa*    *laudem admirabilem*
    *quam recepit olim Roma*    *vincendo Carthaginem.*
GIUSEPPE SCALIA, Il carme pisano sull'impresa contro i Saraceni del 1087, Studi di filologia romanza offerti a Silvio Pellegrini (Padua 1971) 565–627, text 597–627; stanza 1 quoted here (597).

39) *Hic tibi nempe Cato fuit, Ector, Tullius alter*
    *mente manu lingua, par tribus unus homo.*
GIUSEPPE SCALIA, 'Romanitas' Pisana tra XI e XII secolo: Le iscrizioni romane del duomo e la statua del console Rodolfo, Studi medievali 3rd ser. 13 (1972) 791–843 at 808.

I am customarily called a second Rome,
I who am rich in charters from Frederick
Because of the barbarian peoples I have defeated everywhere.[40]

Meanwhile, the war against Majorca in 1114–15 was extolled in an epic poem of more than 3500 hexameters.[41] In these and related testimonies scholars have recognized a Pisan tradition of historico-political poetry which links the crusading theme to the idea of an *altera Roma* precisely on the basis of naval dominance.[42] Not a single author is known by name, nor can we say whether this poetry, composed entirely in the service of the city and its naval wars, was in all cases written by clerics or was possibly the work of layman.

The annals of Pisa are quite different. From a meager collection of brief notes they developed after 1136 into an impressive work giving precise reports of military campaigns, legations, and other political affairs of the city; beginning in the 1150s, lists were added of the consuls and in part of other officials, particularly judges.[43] The author of these annals was Bernardo Maragone, a jurist from the group called in Pisa *de usu scientes* and consequently eligible for election as previsores, judges at the court of customary law (*curia usus*), as distinguished from the *legis periti*, authorities in Roman law working at the *curia legis*.[44] Bernardo's son Salem, who prided himself on being an expert in Roman law, continued the annals after 1182.[45] The work thus arose in that circle of prominent Pisan

---

40) Ibid. 805: *Ego Roma altera iam solebam dici*
          *que sum privilegiis dives Friderici*
          *propter gentes barbaras quas ubique vici.*

41) *Liber Maiolichinus de gestis Pisanorum illustribus*, ed. CARLO CALISSE, Fonti per la storia d'Italia 29 (Rome 1904). On this see GIUSEPPE SCALIA, Per una riedizione critica del 'Liber Maiorichinus', Bullettino dell'Istituto storico italiano per il Medio Evo 71 (1960) 39–112.

42) See especially the works by Scalia cited in the preceding notes. See also CRAIG B. FISHER, The Pisan Clergy and an Awakening of Historical Interest in a Medieval Commune, Studies in Medieval and Renaissance History 3 ( 1966) 143–219.

43) Gli Annales Pisani di Bernardo Maragone, ed. MICHELE LUPO GENTILE, Rerum italicarum scriptores 6.2 (Bologna 1936). The work survives only in an abridged Latin version in which many of the lists of officeholders are omitted; there exists, besides, a 17th-c. Italian translation of the complete text, which in this edition – deficient in many other respects as well – is cited incompletely and confusingly. On Maragone see the introduction, v–ix.

44) GIOACCHINO VOLPE, Studi sulle istituzioni comunali a Pisa: Città e contado, consoli e podestà, secoli XII–XIII, new ed. with intro. by CINZIO VIOLANTE (Florence 1970) 146–50. PETER CLASSEN, Gesetzgebung im 12. Jahrhundert: Die Constituta usus et legis von Pisa, Recht und Schrift im Mittelalter, ed. PETER CLASSEN, Vorträge und Forschungen 23 (Sigmaringen 1977) 311–17.

45) Annales (n. 43 above) 73, for the year 1182 Pisan style (1181 stili communis), which survives only in the Italian version: "Infino a qui ha fatto Bernardo di Maragone, homo buono savio et pronto in dicti et facti et in ogni opera per honor della città in terra et in mare, il quale visse anni octanta in bona vecchiaia et vide e' figlioli de sua figlioli, infino in terza et quarta generatione et tutte queste cose vidde et cognove per grazia et misericordia dello omnipotente Idio, et compose et fece questo registro insieme con Salem, suo figlolo, homo dottor in legge et savio buono, et pronto in praticar et giudicar,

jurists to which the translator Burgundio – a *legis peritus* – belonged[46] and which also produced the great statute book of 1160, the *Constituta legis et usus*.[47] Maragone considered it his main task to record the officeholders of the city and their official acts in chronological order, objectively and impersonally including his own name, sometimes as a *previsor*, elsewhere as an envoy to the Roman senate.[48] Strangely enough, the years are quite often repeated and occasionally even confused; it would appear that Maragone initially collected his material on slips of paper. But these annals do not yet constitute an official work.

It was in Genoa, rather, that this final step was taken. There, for the first time, a history of the city was written by a layman with the highest political responsibilities and was then given official status by the commune.[49] In 1152 Caffaro placed in the hands of the ruling consuls his record of Genoa's history from the year 1100. Caffaro had recorded "the names of the consuls, and the times and successions of the consulates and companies, and the victories, and the changes in coinage that occurred during each consulate."[50] The public scribe was now instructed by the consuls "to make a [fair] copy of the book compiled and annotated by Caffaro and to place it in the public archives, so that henceforth for all time the victories would be known to the people of the city of Genoa."[51]

Caffaro was born in 1080 and took part in the Genoese crusade to the Holy Land in 1099–1101. Already at that time, when the first *compagnia* was formed and its consuls chosen, he began on his own initiative to record the names and deeds of the consuls.[52] In his record, the crusade, the creation of an association that became the nucleus of the city commune, and the first rudiments of urban historiography coincide. Simple lists of the companies (each sworn in for a term of four years) and their consuls form the early

---

il quale Salém tenne le vestigie di suo padre et tanto più che lui era doctor di legge, pieno di scienzia, homo di bona progenia nato et nobile cittadino della città di Pisa. Et da qui inanzi farà solo esso Salem, aiutandolo Idio il quale vive et regna per infiniti secoli Amen."

46) PETER CLASSEN, Burgundio von Pisa: Richter, Gesandter, Übersetzer, SB Heidelberg, Philos.-hist. Kl. 1974 no. 4.

47) CLASSEN (n. 44 above).

48) Maragone, Annales (n. 43 above) 13, 17 (codex A in footnote), 22, 31, and 32 (text, and additional comment from codex A in footnote) names himself in different offices as judge and envoy in 1151, 1159, 1161, and 1165.

49) Annali Genovesi di Caffaro e de' suoi continuatori dal MCXIX al MCCXCIII, ed. LUIGI TOMMASO BELGRANO and CESARE IMPERIALE DI SANT'ANGELO, Fonti per la storia d'Italia 11–14bis (5 vols. Rome 1890–1929).

50) *Nomina eorum* [scil. the consuls] *et tempora et uarietates consulatuum et compagniarum, et uictorias, et mutationes monetarum in eodem consulatu factas, sicut subtus legitur, per semet ipsum dictauit, et consulibus... in consilio pleno scriptum istud ostendit.* Annali Genovesi 1.3.

51) *Consules uero... publico scribano preceperunt, ut librum a Cafaro compositum et notatum scriberet et in comuni cartulario poneret, ut deinceps cuncto tempore futuris hominibus Ianuensis [ciuitatis] uictorie cognoscantur.* Annali Genovesi 1.3–4.

52) See the note on 1160, Annali Genovesi 1.59.

framework; beginning in 1112 these were replaced by lists of the annual consulates, in which Caffaro himself appears among the governing officials. Between 1122 and 1147 he was *consul communis* at least five times and *consul de placitis* twice; in other years he served the city as an envoy, ultimately in 1154 and 1158 to Barbarossa.[53] The skeleton of lists of officeholders was fleshed out – probably at a later date – by vivid recollections of such events as the vindication of the crusade in a dialogue with the Saracens[54] or the embassy to pope Calixtus II, who deprived the Pisans of their ecclesiastical supremacy over Corsica;[55] here, to be sure, Caffaro is silent about the payments to pope and cardinals which he himself had negotiated and for which we have exact documentary evidence.[56]

Caffaro's originally private records, later rendered official by the consuls, initiate a new form of historical writing. It is not known how much the details and especially the language of the work in its present form are due to the city scribes who set it down. From 1154 on, continuations were added every year; these seem to have been read or explained by Caffaro to the city authorities before they were approved and incorporated into the official text. In the introductory phrases to each year's additions the notarial style is unmistakable.[57] The author himself was apparently neither a notary nor even trained in jurisprudence; not until the next generation did members of these professions, to which Caffaro's assistants belonged, assume the task of writing the history of their city. Caffaro made his last entry in 1163; in 1166 he died, and it was not until 1169 that the ruling consuls instructed the chancellor and former consul of the town, Oberto, to continue the work. From then until 1293 the annals of Genoa constituted an official work of urban historiography.

The Genoese annals certainly do not belong in the literary traditions stemming from Antiquity; they owe their origin not to scholarship and literature but to politics. And yet they deserve our attention here, for they have elements that recall the earliest historiography of Rome, with its *fasti consulares*, and because they offer the first significant example of the urban historiography that gradually began to spread over the whole of Europe in the twelfth century.

The examples from Milan, Lodi, Pisa, and Genoa show how the educational monopoly of the clergy was broken in the communes. In addition to their political and administrative duties, the officials – notaries, judges, and sometimes the ruling consuls themselves – took over the recording and transmitting of *acta* and *gesta* in the Italian communes; in Genoa this actually became one of their public functions. The present was consciously being made

---

53) On Caffaro's life see BELGRANO's introduction, Annali Genovesi 1. lxix–xc.
54) Annali Genovesi 1.9–12, for 1101.
55) Annali Genovesi 1.18–20, for 1122.
56) See the document in Annali Genovesi 1.20–21 n. 1.
57) See the supplements to 1154–63, Annali Genovesi 1.38, 41, 46, 48, 49, 53, 61, 63–64, 66–67, 74. On this see GIROLAMO ARNALDI, Uno sguardo agli Annali Genovesi, in his Studi sui cronisti della Marca Trevigiana nell'età di Ezzelino da Romano, Studi storici 48–50 (Rome 1963) 225–45.

a monument for the future, but inevitably linked with this was the question of the past, its models, and its traditions. History and reflection on history could thus become a theme of political ideas and actions. Pisa's politico-historical poets adopted Roman tradition; Milan kept to its own past. A relief of about 1171 on the Porta Romana in Milan depicts the reentry of the citizens into the city after its rebuilding in 1167 under the protection of the confederated communes; beside it, however, appears a representation of St Ambrose and his struggle against the Arians.[58]

## II. Universal History

Virtually all the works discussed in part I take their point of departure from the experience of political actions in the authors' own time. The great world chronicles, on the other hand, were based far more on literary tradition, even though their authors certainly dealt with contemporary politics – in some cases, indeed, rather polemically. Two works from the turn of the eleventh and twelfth century may serve as examples. Significantly, both were written within the Empire, whose self-conception offered the most fertile soil for the literary composition of a universal history; the Salian emperors and their Staufer successors were looked upon, after all, as emperors of the Romans and the successors of Augustus.

### SIGEBERT OF GEMBLOUX

Sigebert (ca. 1030–1112), a monk in the Benedictine monastery of Gembloux in the diocese of Liège – and therefore a Walloon-speaking inhabitant of the Empire – shared the allegiance to the Empire of many of his peers during the Investiture Controversy.[59] His world chronicle goes back directly to Jerome and, drawing on many sources, attempts to expand the synchronization of reigns in the manner of Eusebius.[60] For the fourth and fifth centuries he was able to record eight or nine simultaneous *regna*; in the following periods some of these collapsed and the others were scarcely mentioned in the sources. For the early ninth century he names only Romans (= Frankish emperors), Franks (= West

---

58) Illustrations of the remarkable sculptures of the Porta Romana, which are now in Castel Sforza and have accompanying verse inscriptions, can be found throughout vol. 4 of the Storia di Milano (16 vols. Milan 1953–62); I know of no historical or art-historical interpretation of them.

59) On Sigebert see most recently JUTTA BEUMANN, Sigebert von Gembloux und der Traktat de investitura episcoporum, Vorträge und Forschungen, Sonderband 20 (Sigmaringen 1976). Her edition of the treatise, which she ascribes to Sigebert, is in DA 33 (1977) 37–83.

60) Sigeberti Gemblacensis chronica cum continuationibus, ed. LUDWIG K. BETHMANN, MGH SS 6 (1844) 268–474; text of Sigebert's chronicle (up to 1111) 300–74. The supplements were in part separately edited later. On Sigebert as a chronicler see HEINRICH SPROEMBERG in WATTENBACH-HOLTZMANN (see Bibliographical Note) 2.727–37.

Frankish kings), Constantinopolitans, Saracens, and Bulgarians. The latter two disappear after 821, and after 977 the Byzantines as well, due quite simply to lack of information; so that eventually *Romani* and *Franci*, that is to say Germans and French, are all that remain – a rather sad remnant that seems to reflect a provincialism in the "world chronicle" of late Salian times. In 1067 the English are added and in 1100 the Jerusalemites, but neither the Spanish kingdoms nor the Scandinavians, Poles, or Hungarians appear in Sigebert's field of vision; information on the Byzantine emperors does not reappear even for the time of the crusades. Was Sigebert unaware that a universal history of his own time restricted to the Empire could no longer fulfill its purpose?

## Frutolf of Bamberg

Sigebert continued the work of Jerome, beginning with the year 381. His presumably younger contemporary, Frutolf (d. 1103), a Benedictine of Michelsberg Abbey in Bamberg, was more ambitious: he reexamined everything, beginning with the Creation, and filled in the chronological framework – which seemed less important to him – with quantities of material of all kinds.[61] The libraries of Bamberg were no less rich than those of Liège. Frutolf tried to make his chronicle readable by incorporating stories from various sources. When introducing a new people, he adds a comprehensive *origo gentis* – as for the Franks, Goths (among whom, following Jordanes, he includes Huns and Amazons), Lombards, and Saxons. Great rulers such as Alexander, Theodosius, Charlemagne, and Otto the Great are given extensive *vitae* taken more or less verbatim from the sources. But Frutolf was also interested in intellectual achievements: for the year 365 A.U.C., for example, he inserts information (taken essentially from Augustine) on Socrates, Plato, and Pythagoras; and wherever his sources permit, he names poets, Church Fathers, and saints, and occasionally uses their *vitae*. Probably more than any other medieval author before or after him, Frutolf made an attempt to describe in detail and bring together in a comprehensive presentation covering the entire course of time every conceivable piece of historical information known to him – a kind of universalism that marks an end rather than a beginning. Frutolf's work found continuators in Germany, and Sigebert's in France and the Netherlands; but no truly new world chronicles were composed. Otto of Freising's

---

61) Frutolf's chronicle, together with Ekkehard's continuations, were edited by Georg Waitz under Ekkehard's name: Ekkehardi Uraugiensis chronica, MGH SS 6 1844) 1–267. That its core was the work of Frutolf was first recognized by Harry Bresslau, Die Chroniken des Frutolf von Bamberg und des Ekkehard von Aura, Neues Archiv 21 (1896) 197–234. New edition of the section from 1001 on in Franz-Josef Schmale and Irene Schmale-Ott, Frutolfs und Ekkehards Chroniken und die anonyme Kaiserchronik, Freiherr-vom-Stein-Gedächtnisausgabe 15 (Darmstadt 1972); the introduction includes a summary of recent scholarship on the versions and authors of the chronicle, but essentially with reference only to the closing section. See also Wattenbach-Holtzmann (see Bibliographical Note) 2.491–506.

great work attempted to reshape the traditional material of world history intellectually, rather than to enlarge it.

## OTTO OF FREISING

With the title *Historia de duabus civitatibus*, bishop Otto of Freising (ca. 1112–58), the French-educated half-brother of king Conrad III, directly linked his work to that of Augustine;[62] but this should not blind us to the fact that the connection is in one particular idea only – and even that received a different accent – not in the substance of the work itself. The chance events of human history had never particularly attracted Augustine; he left this theme to his pupil Orosius, with whom Otto is really more closely linked as a writer of history. Otto's division of history into three parts – *exortus, procursus, et debiti fines* – was taken over from Augustine; but Augustine had devoted to the procursus only a third of his narrative (De civitate Dei, books 15–18), and thereby restricted himself almost exclusively to depicting the first phase of the heavenly civitas named in his title. In contrast, Otto's true theme is the progressus:[63] it fills seven of the eight books, with the earthly *civitas* and its *regna* clearly in the foreground. Otto conceives the *civitates* as visible communities and consequently can describe two separate *civitates* – the chosen people of the Old Testament and the Church of Christ on the one hand, and the heathen kingdoms on the other – only in the first three books; that is to say, up to the turning point under Constantine. With Constantine, or definitively with Theodosius, begins the history of the one *civitas* Christi, called *ecclesia* and embracing both *imperium* and *sacerdotium* – a *civitas permixta*, to be sure, combining both wheat and chaff. This means, however, that the two civitates were no longer a true subject of discussion since they no longer stood in opposition to each other – until the conflict between Henry IV and Gregory VII, when they again threatened to separate.[64]

Besides the image of the *civitas* we find other principles of theoretical order, based only in part on a chronological structure of world history. Again and again Otto deplores the *mutabilitas rerum* – from which, after all, the historian gets his material – as *miseriae*

---

62) Chronica sive Historia de duabus civitatibus, ed. ADOLF HOFMEISTER, MGH SS rer Germ (2nd ed. Hannover 1912), cited from this; on the title see HOFMEISTER introduction x–xii. Edited by WALTHER LAMMERS, with German transl. by ADOLF SCHMIDT, Freiherr-vom-Stein-Gedächtnisausgabe 16 (Darmstadt 1960); transl. CHARLES CHRISTOPHER MIEROW, The Two Cities: A Chronicle of Universal History to the Year 1146 A.D., by Otto, Bishop of Freising (New York 1928). The literature is extensive, especially in German; for a summary see now WATTENBACH-SCHMALE (see Bibliographical Note) 1.48–55.

63) Otto writes *progressus* (prologue to book 1 [9]) instead of Augustine's usual *procursus* or *excursus*. However, Otto does not mean a qualitative "progress" but – like Augustine – only a temporal progression.

64) For Otto's chief references to the *civitates* in their historical manifestation see Historia (n. 62 above) 1.1 (38), 4.4 (188–90), 5 prologus (228), and 7 prologus (308–10).

*mutationum;*[65)] in long *exclamationes* he contrasts the changeable world of human miseries with the unchangeable heavenly goal. The books are divided primarily according to the low points in the history of human events: the destruction of Babylon, the death of Cesar, the end of the Roman Empire in the West, the collapse of the Frankish empire, and the death of Gregory VII. Otto recognizes various classifications of change: the coordination of the seven *aetates* with the days of Creation, with the Apocalyptic trumpets, or with the gifts of the Holy Spirit;[66)] the three ages *ante gratiam, tempus gratiae, post praesentem vitam;*[67)] and the four persecutions that mark the history of the Church (*cruenta sub tyrannis, fraudulenta hereticorum, ficta hypochritarum, ultima tam violenta quam fraudulenta fictaque sub Antichristo*).[68)] All this serves primarily to identify the end of the world as history's main objective. Earthly history is in turn presented as the history of the four universal empires and of the "transfers" (*translationes*) from one to the next. Otto of course was acquainted through Jerome with the visions of Daniel and their significance; but he observed history too closely to place much value on the quadripartite scheme. What is important is that the empires change, that the first empire in the East, Babylon, was the beginning and that Rome in the West is the end. They are the *potentissima regna;*[69)] how one organizes the intervening empires of the Chaldeans, the Persians, the Medes, and the Greeks is a secondary problem, one which Otto solves inconsistently.[70)] The element of change, the *translatio*, is more important than the number of regna. In the case of the first translatio, for instance, Otto surmounts the problem of several *regna* by assuming that the empire remains "in name" (*nomine*) with Babylon, but is transferred "in fact" (*re*) to the Chaldeans and "in authority" (*auctoritate*) to the Medes.[71)] It is even more complicated when we reach the continuing Roman Empire: Constantine transferred only the *sedes regni* to the Greeks,[72)] or else the empire was transferred *sub Romano nomine ad Graecos,*[73)] and later *sub Romano nomine ad Francos.*[74)] After the decline of the Franks the Roman Empire went to the Lombards (that is, Berengar and his successors) and to the Germans – or else back to the *teutonici Franci*. Thus, just as Babylon had once succumbed to the Medes and Chaldeans, Rome was now succumbing to inferior peoples, to Greeks and Franks.[75)]

---

65) On the *miseriae mutationum* see e.g. Historia 1.5 (43), 1.32 (66), 2 prologus (67–68), 2.51 (128–29), 4.4 (189–90), and 4.31 (222–24).
66) Historia 8.14 (411–12).
67) Historia 8 prologus (391).
68) Historia 8.1 (393).
69) See Augustine, De civ. Dei 18.2.
70) Historia (n. 62 above) 2.12–13 (80–82).
71) Historia 1.32 (66); cf. p. 13.
72) Historia 4.5 (191). Cf. the inexact rendering, p. 10.
73) Historia 5 prologus (227).
74) Historia 5.31 (256–57); 5.36 (260–61).
75) Historia 6.22 (285); cf. 1 prologus (7).

We sense Otto's efforts to preserve the theory of the *regna* without doing violence to the facts. The direction of movement, to be sure, is set; it goes from East to West, toward the end of time. But now, parallel to the *regna*, *sapientia* or *scientia* also moves from Babylon and the Chaldeans to Egypt, to the Greeks and the Romans, and most recently to Gaul and Spain in the far West.[76] Finally *religio* takes the same path, from the Egyptian monastic fathers to Gaul.[77]

The *translatio* of knowledge and wisdom to the far West, to Spain and Gaul, is evidenced by the names of Berengar (of Tours), Manegold (of Lautenbach), and Anselm (of Laon): they were the teachers of those Gallic teachers whose lectures Otto himself had heard. That the far West, the ends of the earth, had been reached indicated to Otto that the end of time was now also at hand. To be sure, he was more disturbed by the conflict between *regnum* and *sacerdotium* which was dividing the *ecclesia* and threatening to separate the *civitates*, united since Constantine; and not least troubling was the accompanying decline of the "Roman" Empire, ruled at the time by Otto's own brother, king Conrad, who was never to win the imperial title.[78] This point of view certainly shows no understanding for the multiplicity of Europeans *regna*: they were marginal phenomena, not the representatives of universal history, even though their right to exist was in no way contested.

At the end of his seventh book Otto explains that the spiritual renovation of the much-subdivided monastic and religious orders is the only force that can still assure the survival of the morally fallen world.[79] The eighth book, with the continuation of history to its *debiti fines*, is modeled on the works of theologians since Augustine; among the chroniclers only Bede had been courageous enough to draw the logical conclusion and to include in his narrative not only the beginning of universal history but also its end.[80]

No historical work before Otto (and very few after him) combined theoretical reflection and the narration of the actual course of events with such keen penetration. We have seen that his basic ideas were borrowed from Christian Antiquity, although they were independently reworked in accordance with the requirements of the material itself: unlike Augustine and Orosius, who wrote scarcely a century after the reconciliation of the Empire with the Church, he was writing more than eight hundred years after the event. Added to this, however, was his intensely personal experience of the historical present, his pessimism born from the conflict between *regnum* and *sacerdotium* as well as from the decline of the Empire in the war between the Staufer and Guelphs.

76) Historia praefatio (8); 5 prologus (226–28).
77) Historia 7.35 (372).
78) Anxiety about the present permeates the entire book; it is especially apparent in the famous chapter 6.35 on the excommunication of Henry IV and in the following conclusion to book 6 and prologue to book 7 (304–10).
79) Historia 7.34–35 (368–74).
80) Bede, Chronica 68–71, ed. THEODOR MOMMSEN, MGH AA 13.322–27.

Whereas Sigebert's and Frutolf's works could at least be continued, if not enlarged upon, to continue Otto's *Historia* was scarcely conceivable. Indeed, he began anew when he wrote his *Gesta Friderici* in a more positive mood – despite the failure of the crusade – and even before the accession of his nephew, Frederick, whom he could afterwards celebrate as the bringer of peace.[81] The Hippocratic principle "better in the climb than on the summit"[82] could now serve as theoretical basis for an account that began with the low point reached under Henry IV and had as its object the ascent that became fully apparent under the youthful emperor Frederick I. But even in this work, whose subject is the *gesta imperatoris*, Otto wanted to do something for the philosophically inclined reader. For this reason he combined the judicial trials of theologians in France with the history of the emperor in an essentially superficial union of *res gestae* and *subtilitatis sublimitas*.[83] For the problem of universal history, the second work of the bishop of Freising, however instructive it may be as an example of *gesta*, offers no new point of view.


## III. Apocalypse

No other historian of the twelfth century so imbued the stuff of world history with theology as Otto of Freising did. In spite of this, however, he remained a historian who took as his point of departure the historical (and in particular the political) facts, narrating, connecting, and interpreting them. But he and other thinkers cannot be understood without taking theology into consideration. Even if early scholasticism proceeded from the habit of distinguishing, from dialectic, and strove toward systems that were not primarily historical in structure, the biblical, Augustinian view of salvation as a historical interaction between God and man was never lost and can be recognized even in the structure of Peter Lombard's Sentences. Every church offered pictorial representations of the principal stations on the way to human salvation: from the creation of Adam to the Incarnation as shown in the Annunciation to Mary, and from Christ's redemptive death on the Cross to the Last Judgment. In the twelfth century the question concerning the place of the present in the history of salvation was posed more emphatically than ever; to the point where

---

81) Otto, Gesta Friderici rec. G. Waitz and B. v. Simson, MGH SS. rer. Germ. 1912 (= GF); ed. Franz-Josef Schmale with German transl. by Adolf Schmidt, Freiherr-vom-Stein-Gedächtnisausgabe 17 (Darmstadt 1965); transl. Charles Christopher Mierow, The Deeds of Frederick Barbarossa, by Otto of Freising and His Continuator Rahewin (New York 1953). On this see Wattenbach-Schmale (see bibliographical note, below) 1.56–60, with bibliography.
82) *"Melius est ad summum quam in summa"*, GF 1.4 (16); Josef Koch, Die Grundlagen der Geschichtsphilosophie Ottos von Freising. Geschichtsdenken und Geschichtsbild im Mittelalter, ed. Walther Lammers, Wege der Forschung 21 (Darmstadt 1965) 321–49.
83) *"Sic enim non solum hi, quibus rerum gestarum audiendi seriem inest voluptas, sed et illi, quos rationum amplius delectat subtilitatis sublimitas, ad eiusmodi legenda seu cognoscenda trahuntur."* GF prologus (12); cf. Vergil, Eclogue 2.65: *"trahit sua quemque voluptas."*

Joachim of Fiore believed that the very end of the age initiated by the New Testament had been reached. We will begin with a look at two theologians of an earlier generation whose methodology was influential: abbot Rupert of Deutz (ca. 1070–1129) and Hugh of St Victor (ca. 1096–1141).

## Rupert of Deutz

Rupert was the great exegete who brought the tradition together and deepened it through meditation; the "fondateur de la theólogie biblique"[84] whose works were widely disseminated, especially in Germany, the Netherlands, and France. In recent scholarship Rupert, who made the ambitious claim that he was digging fountains in the field of Holy Scripture "with the plowshare of my own talent" (*proprii vomere ingenii*),[85] has been wrongly characterized as a conservative theologian. In spite of the fact that his method borrowed much from and continued earlier biblical scholarship, and as much as the new schools, especially in Laon, displeased him, he still dared to question the authority of Augustine and bravely defended his point of view against the masters of Laon even when he was threatened with a trial for heresy.[86]

Nowhere in his writings does Rupert enter into a theoretical discussion of the historical interpretation of salvation, but it is taken for granted throughout his exegesis. Again and again his exegetical works address major theological themes; for instance, his commentary on St John's Gospel treats the Incarnation and the sacrament of the Eucharist.[87] Rupert's

---

84) Ceslaus Spicq, Esquisse d'une histoire de l'exégèse latine au moyen âge, Bibliothèque thomiste 26 (Paris 1944) 117. Rupert's numerous works are printed in PL 167–70. Eight volumes of the new edition by Rhaban Haacke are now available: CCL cm 7, 9, 21–24, and 26, as well as De victoria verbi Dei, ed. Haacke, MGH Quellen zur Geistesgeschichte des Mittelalters 5 (Weimar 1970). Of the recent wealth of literature on Rupert the following may be mentioned: Mariano Magrassi, Theologia e storia nel pensiero di Ruperto di Deutz (Rome 1959); Horst Dieter Rauh, Das Bild des Antichrist im Mittelalter: von Tyconius zum deutschen Symbolismus, BGPTMA n. s. 9 (Münster 1973) 178–235; Herbert Grundmann, Der Brand von Deutz 1128 in der Darstellung Abt Ruperts von Deutz, DA 22 (1966) 385–471. On the question whether Rupert wrote an early historical work see John Van Engen, Rupert von Deutz und das sog. Chronicon S. Laurentii Leodiensis: Zur Geschichte des Investiturstreites in Lüttich, DA 35 (1979) 33–81; Van Engen is preparing a biography. On the wide dissemination of Rupert's writings see Rhaban Haacke, Die Überlieferung der Schriften Ruperts von Deutz, DA 16 (1960) 397–436 and Nachlese zur Überlieferung der Schriften Ruperts von Deutz, DA 26 (1970) 528–40. Rupert's influence on other 12th-c. authors has been little investigated. Gerhoch was certainly highly dependent on him, as were other South German 12th-c. authors; see Classen (n. 107 below) in the Index s. v. Rupert. But it is still uncertain whether Rupert influenced Hugh of St Victor, Bernard of Clairvaux, and other authors living in France.
85) Dedication of the commentary on the Apocalypse to archbishop Frederick of Cologne, PL 169. 825–26.
86) Commentary on the Regula S. Benedicti, book 1, PL 170.492–98.
87) Rhaban Haacke, ed., CCL cm 9 (1969).

most comprehensive exegetical work, *De sancta trinitate et operibus suis*, [88] treats the greater part of the Bible, associating the Three Persons of the Trinity with the principal epochs of history: the Father with Creation, the Son with Redemption (which begins already with the expulsion from Paradise and culminates in the Incarnation), the Holy Spirit with the history of the Church. In the thirty-two books devoted to the Old Testament, for example, the exegesis of the Psalms establishes historical connections with David and the Books of Kings. Only one book deals with the Gospels, on which Rupert had written separate commentaries; the last nine books deal with the seven gifts of the Holy Spirit in descending order, and only at this point is the history of the Church included, in an allegorical exegesis of the Bible, its epochs organized in accordance with the seven gifts of the Holy Spirit:[89]

| | |
|---|---|
| *prudentia* | the Passion |
| *intellectus* | Pentecost |
| *consilium* | the Gathering of the Apostles at Jerusalem, admission of the heathens |
| *fortitudo* | the Martyrs |
| *scientia* | the Doctors of the Church |
| *pietas* | the conversion of the Jews at the end of Time |
| *timor* | the Last Judgment |

Typology traditionally establishes links between the Old and the New Testaments, but also between the Bible and the institutions, sacraments, and liturgy of the Church. Rupert, however, constructs a succession of epochs – though indeed he only manages to illuminate the early period on one side and the end of time on the other: the vast period between the patristic age and the present remains undifferentiated. Taking up where Rupert left off, Gerhoch of Reichersberg and Anselm of Havelberg went further along this path. In comparison, Rupert himself was very cautious in his interpretation of more recent Church history. His discussion of the liturgy, for example, recognizes typological relationships to the Bible and genetic explanations taken from the history of the Church,[90] but does not become involved with interpretations of the history of the Church as such or even with interpretations of the present.

---

88) RHABAN HAACKE, ed., CCL cm 21–24 (1971–72).
89) Synopsis of De sancta Trinitate 34.31, = De operibus Spiritus Sancti, 1.31, CCL cm 24.1860–61; details in the following books.
90) For example, De divinis officiis 2.21, 5.16, 8.2, 9.5, ed. RHABAN HAACKE, CCL cm 7 (1967) 50–52, 170, 263, 311–12.

## HUGH OF ST VICTOR

Like the exegete Rupert of Deutz, the teacher and systematic theologian Hugh of St Victor also based his scheme of theology on a historical concept. Widely disseminated, his principal work, *De sacramentis*, is divided into two books, in analogy to the Holy Scriptures: one on the *opus conditionis*, the other on the *opus restaurationis*. The first runs *a principio mundi usque ad Incarnationem Verbi*, the second *ab Incarnatione Verbi usque ad finem et consummationem omnium.*[91] A glance at the systematic works from Abelard's theological treatises and Peter Lombard's Sentences to the *summae* of high scholasticism reveals how far from self-evident such a historical division is, in a work that seeks to represent the totality of Christian doctrine. It hardly does justice to Hugh's point of view, however, to maintain that Hugh the chronicler was an influence here on Hugh the scholastic.[92] Hugh was never a chronicler, even when he collected historical material. It served him as a basis for exegetical theology and for theology in general; for Hugh's systematic theology develops from his exegesis. His basic pedagogical work, the Didascalicon, thus argues emphatically that every hasty allegory must fail if it lacks a basis in historical exegesis. "The basis and beginning of the holy doctrine is history... When you begin to build, first lay the historical foundation, then erect the spiritual structure through typological meaning into a citadel of the Faith, lastly decorate the building by painting it with glorious color, so to speak, through the grace of moral sense."[93] These are the rules of biblical exegesis which were pointedly directed against the arrogant despisers of history and of the literal or historical sense – against hasty and unreliable allegorical interpretation. "I do not believe that you can achieve perfect subtlety in allegory if you have not first found a basis in history. Do not despise this."[94] The diligent pursuit of small, seemingly unimportant and contingent matters precedes the erection of the lofty edifice. "Learn everything; you will see later that nothing is superfluous. Limited knowledge is unsatisfactory."[95]

---

91) PL 176.173–618; cf. bibliography, cols. 173–74 and prologus 2, col. 183. Of the extensive literature on Hugh, especially noteworthy for our subject is JOACHIM EHLERS, Hugo von St. Victor: Studien zum Geschichtsdenken und zur Geschichtsschreibung des 12. Jahrhunderts (Wiesbaden 1973).

92) Cf. MARTIN GRABMANN, Die Geschichte der scholastischen Methode (2 vols. Freiburg 1909–11; repr. Berlin 1956) 2.256, giving in general a very good introduction to Hugh's method.

93) *"Fundamentum autem et principium doctrinae sacrae historia est... Aedificaturus ergo primum fundamentum historiae pone; deinde per significationem typicam in arcem fidei fabricam mentis erige; ad extremum vero per moralitatis gratiam quasi pulcherrimo superducto colore aedificium pinge."* Didascalicon 6.3, PL 176.801C-D, and ed. CHARLES HENRY BUTTIMER (Washington D. C. 1939) 116.

94) *"Neque ego te perfecte subtilem posse fieri puto in allegoria, nisi prius fundatus fueris in historia. Noli comtemnere minima haec!"* Didascalicon 6.3, PL 176.799C, BUTTIMER 114.

95) *"Omnia disce, videbis postea nihil esse superfluum. Coarctata scientia iucunda non est."* Didascalicon 6.3, PL 176.801A, BUTTIMER 115.

Hugh intended his (still largely unpublished) work *De tribus maximis circumstantiis gestorum, id est personis, locis, temporibus* to be a great collection of historical material, which – though destined ultimately to serve theological allegory and morality – must initially be learned.[96] His program reads: "But we now have history in our hands, like a foundation of all learning that must first be imprinted on the memory."[97] The reader of this preamble then finds himself rather helplessly confronted by seventy-five closely written pages filled with lists of names and numbers – did Hugh really intend them all to be memorized? Not only are there curiosities such as the names of the seventy fathers who accompanied Jacob to Egypt (Gen. 46), but also the first attempt, to the best of my knowledge, at a synchronized table of the Merovingian kings residing in Soissons, Paris, Metz, and Orléans; the successions of Vandal, Visigothic, Lombard, and Norman rulers; and the up-to-date list of the emperors of Constantinople that Sigebert had not succeeded in compiling. The work thus evidences both a collector's zeal and assiduous research. To be sure, all this becomes history only when the three questions it deals with – by whom, where, and when (*a quibus, ubi, quando*) – are accompanied by a fourth, *quid gestum sit*, what happened, which in the Didascalicon appears as the first question of history.[98] In the last pages of his tabular synopsis Hugh does, it is true, include annual lists with dates from imperial and papal history, but this does not make him a chronicler.

It is Hugh's didactic and theological works and not this "chronicle" that make him one of the outstanding teachers of his century: the theory and practice of his allegorical and typological interpretation of the Church, its sacraments, institutions, and liturgy were widely disseminated and imitated. But unlike Rupert of Deutz, Hugh never thought of articulating the history of the post-Pentecostal Church according to typologically determined periods.

## ANSELM OF HAVELBERG

In his *Liber de una forma credendi et multiformitate vivendi*, which introduces his dialogue with the Greeks written in 1151,[99] bishop Anselm of Havelberg (ca. 1095–1158)

96) The introduction is found in WILLIAM M. GREEN, Hugo of St. Victor, De tribus maximis circumstantiis gestorum, Speculum 18 (1943) 484–93; part of the text ed. GEORG WAITZ, MGH SS 24 (1879) 90–97; I have used BN lat 15009 fols. 1–40. See EHLERS (n. 91 above) 53–55; GROVER A. ZINN, JR., Hugh of Saint Victor and the Art of Memory, Viator 5 (1974) 211–34.

97) *"Sed nos hystoriam nunc in manibus habemus, quasi fundamentum omnis doctrinae primum in memoria collocandum"*, Green (n. 96 above) 491. This is preceded by statements on the value of memory and the technique of memorizing, and is followed by a rationalization for the tabular brevity of the ensuing work: that way the material can be learned by heart!

98) Didascalicon 6.3, PL 176.799, BUTTIMER (n. 93 above) 114. Here negotium is discussed in addition to persona, tempus, and locus.

99) The work, entitled Anticimenon (ἀντικείμενον), still must be used in the edition of PL 188.1117–1248; text of the first book, with French translation and short commentary, ed. GASTON

sought to prove that the diverse styles of life among the religious orders, especially the new ones, did not contradict the unity of the faith and consequently did not split the Church but rather enriched it. This gave him a basis for his discourse with the Greeks, whose deviations from the forms of the Latin Church created no obstacles, Anselm believed, to a unified faith. He justified the "innovations that enter in everywhere in the course of time"[100] by pointing to the advances made by the faith in Old Testament times, especially in the great *transpositiones* from idolatry to the Law, and from the Law to the Gospel.[101] "The wisdom of God gradually brought about a great change ... By removing, transforming, and organizing little by little, it furtively, as it were (*quasi furtim*), led away pedagogically and medicinally (*paedagogice et medicinaliter*) from idolatry to the Law, and from the Law, which, after all, did not yet create perfection, to the perfection of the Gospel."[102] Now, these sentences were taken verbatim from Gregory of Nazianzus's Orationes theologicae,[103] which Anselm also used in other parts of his work; but so far scholars have not been able to determine which Latin translation was available to him.

The education of mankind continued after the Pentecost. The Old Testament had presented the Father overtly, the Son in veiled form; the New Testament revealed the Son and intimated the divinity of the Holy Spirit. This pattern continues throughout the history of the Church: "Afterward the Holy Spirit is preached, bestowing upon us a

---

SALET, Anselme de Havelberg, Dialogues, Livre 1: Renouveau dans l'Eglise, Sources chrétiennes 118 (Paris 1966). On the preparation of a new edition see JOHANN WILHELM BRAUN, Studien zur Überlieferung der Werke Anselms von Havelberg, I: Die Überlieferung des Anticimenon, DA 28 (1972) 133–209, where the important recent literature is cited (134 n. 3), including KURT FINA, Anselm von Havelberg, Analecta Praemonstratensia 32 (1956) 69–101, 33 (1957) 5–39 and 268–301, and 34 (1958) 13–41; WILHELM BERGES, Anselm von Havelberg in der Geistesgeschichte des 12. Jahrhunderts, Jahrbuch für die Geschichte Mittel- und Ostdeutschlands 5 (1956) 39–57; and the titles given in n. 103 below. For a survey of Anselms's life and works see now JOHANN WILHELM BRAUN in Die deutsche Literatur des Mittelalters: Verfasserlexikon 1, ed. KURT RUH et al. (2nd ed. Berlin 1978) 384–91.

100) *"Novitates passim ubique per successiones temporum"*, Liber de una forma prologus, PL 188.1141B–42A. Polemics against *novitates* were also popular in the 12th c. in reference to 1 Tim. 6:20, *"devitans profanas vocum novitates"*.

101) *"Duae transpositiones factae sunt ... ab idolis ad legem ... a lege ad Evangelium"*, Liber de una forma 1.5, PL 188.1147B.

102) *"Divina sapientia tanta varietate paulatim usa est ...; paulatim subtrahendo, et transponendo, et dispensando, quasi furtim ab idolorum cultura ad legem, a lege autem, quae quidem ad perfectum non duxit, ad perfectionem Evangelii paedagogice et medicinaliter deduxit"*, Liber de una forma 1.5, PL 188.1147C–D.

103) Established by M. VAN LEE, Les idées d'Anselme de Havelberg sur le développement des dogmes, Analecta Praemonstratensia 14 (1938) 5–35. On this see Salet (n. 99 above) 58; AMOS FUNKENSTEIN, Heilsplan und natürliche Entwicklung: Formen der Gegenwartsbestimmung im Geschichtsdenken des hohen Mittelalters (Munich 1965) 65–67, 183–86.

clearer manifestation of its Godliness."[104] However, Anselm does not expect this revelation of the Spirit – which goes beyond the New Testament – in the future but recognizes it in the past history of the Church. Using the images of the seven seals and the four Horsemen of the Apocalypse, he interprets the epochs of mankind: the white horse represents Christ and the first growth of the Church, the red horse the era of the martyrs, the black that of the heretics, and the dun-colored that of the hypocrites. The Church survived each of these three crises and in the process not only grew outwardly but gained *patientia, sapientia,* and *tolerantia,* Anselm associates the fifth seal with an indeterminate time of waiting, the sixth with the Antichrist, the seventh with the end of the world, and an eighth with eternal bliss.[105]

The unfolding of the Spirit and the progress of the Church down to the present and beyond – these are novel ideas that contrast sharply with the almost contemporaneously expressed fears of the bishop of Freising; common to both is the positive evaluation of the diversity of religious orders in present times. But Anselm's work seems to have aroused little interest: his manuscripts began to be copied only in the fifteenth century.[106]

## Gerhoch of Reichersberg

A few words about Gerhoch, the willful, prolific provost of Reichersberg (1093–1169), must suffice.[107] He tried to force the whole world to lead a regulated monastic life and fought stubborn battles with the new French schools, especially with Abelard and Gilbert but also with Peter Lombard. In this connection his talent for historical and philological criticism is particularly noteworthy: entirely for polemical reasons he managed to distinguish the Ambrosiaster (so called since Erasmus) from St Ambrose;[108] to interpret correctly from their context disputed passages in Hilary, which were quoted from collections of sentences;[109] and, by consulting his *codices emendatiores,* to correct an Augustinian text that Peter Lombard had quoted as incorrectly as had all those before and after him who relied on such collections – from Alger of Liège and Ivo of Chartres to Gratian and Thomas Aquinas.[110]

---

104) *"Praedicatur postea Spiritus sanctus, apertiorem nobis tribuens suae Deitatis manifestationem",* Liber de una forma 1.6, PL 188.1147D–48A.
105) Liber de una forma 1.6–12, PL 188.1148–60.
106) See Braun, Studien (n. 99 above) 136–37.
107) On Gerhoch and his work see: Erich Meuthen, Kirche und Heilsgeschichte bei Gerhoh von Reichersberg (Leiden 1959); Damien van den Eynde, L'œuvre littéraire de Géroch de Reichersberg (Rome 1957); Peter Classen, Gerhoch von Reichersberg: Eine Biographie mit einem Anhang über die Quellen, ihre handschriftliche Überlieferung und ihre Chronologie (Wiesbaden 1960).
108) Classen (n. 107 above) 94–96.
109) Ibid. 173.
110) Ibid. 173, 261–62.

Gerhoch's theology of history depended on Rupert for its methodology and for many of its details. Rupert's division of Church history into seven periods is repeated in Gerhoch's *Libellus de ordine donorum Spiritus sancti* (1142) with a more concise, and above all more incisive, emphasis on the present.[111] His last work, written in 1167, is based on a four-part typological division in accordance with the four vigils of Matthew 14:25.[112] It recognizes four Antichrists, as had Otto of Freising before him.[113] In complete contrast to Anselm, but in agreement with Rupert – and in part with Otto – Gerhoch sees a decline in the Church, rather than progress, from early Christianity to the present. Most important for our discussion is his work on the detection of the Antichrist (1160–62).[114] Here Gerhoch primarily tries to show that all biblical predictions about the Antichrist might be considered as already fulfilled and that we have to reckon today, without any further precursors, with the Second Coming and the Last Judgment.[115] Of course, Gerhoch does not maintain that the predictions have been fulfilled; he is interested only in offering an interpretation – based on a comparison of scriptural evidence with the history of the Church – that could be correct but does not claim to be the only possible one. The important thing is man's readiness here and now for the end. Gerhoch's method consists in comparing the biblical prophecies with history, in particular the history of the preceding century with Henry IV, who is conceived in apocalyptic terms.

The book on the Antichrist offers the most concentrated example of an exegetical method that Gerhoch applies throughout his writings: allegorical-typological and moral exegesis relating the history of the Church, and particularly its most recent phases, to the Bible. Thus the Bible becomes the instrument for a criticism of his own time. In the second book of De investigatione Antichristi, moreover, Gerhoch devises two great systems of typological triads, the first dealing with Christ as *via, veritas,* and *vita,* and the second with the Persons of the Trinity. He concludes with a discussion of the divine verdicts pronounced *ante legem, post legem,* and *sub gratia.* In the first of these periods the Father passes judgement with the Flood, the Son with the confusion of languages, and the Holy Spirit with the burning of Sodom; in the period *sub lege* the Father judges the Egyptians in the Red Sea, the Son judges Israel through its partition, and the Holy Spirit judges

---

111) Gerhohi praepositi Reichersbergensis opera inedita, ed. Damien and Odulphe van den Eynde and Angelin Rijmersdael (2 vols. in 3 Rome 1955–56) 1.63–165; interpretations are found in Meuthen (n. 107 above) 120–30 and Classen (n. 107 above) 108–14.

112) De quarta vigilia noctis, ed. Ernst Sackur, MGH LdL 3.503–25; on this see Classen (n. 107 above) 292–97.

113) See above at n. 68.

114) Franz Scheibelberger, ed., Gerhohi Reichersbergensis praepositi opera hactenus inedita, vol. 1: De investigatione Antichristi (Linz 1875); book 1 only, ed. Ernst Sackur, MGH LdL 3.305–95.

115) De investigatione Antichristi 1, praefatio, MGH LdL 3.307–08; see Classen (n. 107 above) 222–23, 228–29, in part interpreted differently from Rauh (n. 84 above) 446–67, who gives no evidence for his opinion (448) that Gerhoch expected a personal Antichrist.

Jerusalem through its captivity. Finally, in the period *sub gratia*, the Father judges the persecutors of the Church and the Son the heretics. All this lies in the past. Gerhoch does not mention the judgment of the Holy Spirit, but his system demands the expectation in the near future of such a judgment over the contemporary unclean Church of the simoniacs – apparently, he did not dare to express his anticipation of an approaching judgment of the Spirit.[116] The association of the judgments with the Persons of the Trinity is abandoned in Gerhoch's late work on the vigils. Here he presents a quaternary rhythm; but here too it is evident that while the schism continues Gerhoch expects no earthly improvement or help for the Church, but only the end and the conquest of Christ's enemies through his return.[117]

## Joachim of Fiore

Gerhoch's ideas were not widely influential, but they show how allegorical and typological interpretations of history could serve the criticism of present times, help to determine the place of the present, and indicate the future. With his anticipation of a judgment by the Spirit – and with the help of a similar methodology – Gerhoch came closer than any other theologian to the conclusions drawn by Joachim of Fiore. Unlike Joachim's, however, his picture of history remains unqualifiedly Christocentric.

Haskins did not mention Joachim of Fiore, who represents an area until his time studied only, if at all, by theologians.[118] And yet Joachims's influence on the future was like that of no other author of the twelfth century. He has been acclaimed as a prophet of religious movements and eschatological, revolutionary visionaries; and even in our own century –

116) De investigatione Antichristi 2 and 3 passim, ed. SCHEIBELBERGER (n. 114 above) 186–373; the conclusion of the work either has not survived or was never written. Most important to our discussion are the chapters on the judgments, 2.29–30 and 3.3–7; on this see CLASSEN (n. 107 above) 229–34.
117) See n. 112 above.
118) In this context we can take only a brief look at Joachims's principal works: Concordia Novi ac Veteris Testamenti (Venice 1519), Expositio in Apocalypsim (with liber introductorius) (Venice 1527), and Psalterium decem cordarum (Venice 1527), all reprinted (3 vols, Frankfurt 1964–65); cited according to the pagination of this edition. The Liber figurarum must be omitted here.
Modern Joachim scholarship began with a book published in the same year as Haskin's Renaissance: the dissertation by HERBERT GRUNDMANN, Studien über Joachim von Fiore, Beiträge zur Kulturgeschichte des Mittelalters und der Renaissance 32 (Leipzig 1927; repr. Darmstadt 1966). Only a few titles from the vast literature will be cited: ERNST BENZ, Ecclesia spiritualis: Kirchenidee und Geschichtstheologie der franziskanischen Reformation (Stuttgart 1934); HERBERT GRUNDMANN, Ausgewählte Aufsätze (n. 14 above) vol. 2, Joachim von Fiore; MARJORIE REEVES, The influence of Prophecy in the Later Middle Ages: A Study in Joachimism (Oxford 1969); DELNO C. WEST ed., Joachim of Fiore in Christian Thought: Essays on the Influence of the Calabrian Prophet (2 vols. New York 1975); BERNHARD TÖPFER, Das kommende Reich des Friedens: Zur Entwicklung chiliastischer Zukunftshoffnungen im Hochmittelalter (Berlin 1964) 48–103. The change in direction in modern scholarship initiated by Grundmann's dissertation is partially responsible for the present paper's divergence of approach from that of Haskin's comparable chapter.

or, rather, once again – he has been alluded to as the herald and "leader" of a mystical "third empire"[119] on the one hand and the discoverer of a "new law" of revolution on the other.[120] This history of Joachimism, important and rich in consequences though it is, lies outside the scope of our discussion, for it begins only decades after Joachim's death (about 1240) and bears a highly ambivalent and not easily perceived relationship to Joachim himself.

Joachim worked with a method of typological exegesis that does not differ in principle from those of Rupert, Anselm, and Gerhoch. Whether he was directly inspired by one of these, or by other theological interpreters of history, has so far not been established with any certainty. The only author – indeed, the only twelfth-century figure of historical importance – whom he mentions specifically by name and with emphasis is Bernard of Clairvaux,[121] not, however, as an exegete or theologian but as an outstanding leader of monasticism.

Joachim's advance over his predecessors lies in his having systematically extended typology beyond the New Testament to the history of the Church after Pentecost, an extension only intimated by Rupert and expanded upon by Anselm and especially by Gerhoch. In general, Joachim built his typological edifice in a more consistent and methodical manner than did the earlier exegetes, ultimately serving a single, often-revised and repeated idea: the doctrine of the three "conditions" or *status*, which in the long run only derives its meaning and fulfillment from the expectation of the third status.[122]

No one in the twelfth century was so vividly aware of the impending end as Joachim.

---

119) "Joachim ist sich durchaus bewußt, daß er selbst in der Linie Benedikt-Bernhard und des kommenden Dux, des geistigen Führers der neuen Zeit, in der Vorbereitungszeit des dritten Reiches steht." ALOIS DEMPF, Sacrum Imperium: Geschichts- und Staatsphilosophie des Mittelalters und der politischen Renaissance (Munich 1929) 271, without reference to sources. Dempf consistently translates status as "Reich". Joachim mentions the *novus dux* who will appear in the coming 42nd generation in reference to Apoc. 7:2 (Concordia 4.31 [n. 118 above] fol. 56 b), without giving special or repeated emphasis to this idea.

120) EUGEN ROSENSTOCK-HUESSY, Die europäischen Revolutionen und der Charakter der Nationen (Stuttgart 1951) 21: "Joachim de Fiore hat mit seiner Lehre vom Weltalter nachkirchlicher Erfüllung einfach recht. Er hat das neue Gesetz, dessen letzter Vollstrecker Lenin hat werden müssen, erkannt. Er hat dabei die erste Revolution notwendig mit dem ganzen Jahrtausend revolutionärer Dialektik identifiziert... Neben seiner großen Geistestat verblaßt der moderne Streit über den Beginn der Renaissance."

121) Concordia 4.38 (n. 118 above) fols. 58 d–59 c. The analysis of the separate generations (4.21–23, fol. 53 b–c) is of course also accompanied by references to the popes of the 12th c. as the representatives of generations 38 to 40, but they are conspicuously brief.

122) The principal places where the status doctrine is summarized are Concordia 2.1.4–5 (fol. 8 a–d), 5.84 (fol. 112 a–d), and Intro. in Apoc. 5 (n. 118 above) fols. 5 b–6 b.

To be sure, he expected not the end of the world but the end of the present *status*.[123] Hugh of St Victor had spoken of various *status* of mankind before and after the Fall and before and after Redemption;[124] Anselm of Havelberg, of the *status ecclesiae*;[125] and Otto of Freising, of the *status civitatis*.[126] Joachim speaks of *status mundi* or simply *status*. The triad is derived from the Trinity and is a principle immanent in the deity and all its creation. Joachim tries again and again to reveal the typological concordance of the first two *status*. Not only does he discover the rhythm of the forty-two generations in the first status (from Abraham to John the Baptist or Christ) and in the second (every thirty years from Christ to about 1260) – each *status* preceded by a period of preparation that causes the two to overlap and the second to overlap the anticipated third – but he also compares each generation in the first and second *status*.[127] There are other divisions besides, related to the seven days of Creation, the trumpets of the Apocalypse, and other images.[128] But the temporal typologies are carried through only in the two-part cycle of the first two *status*; they extend to the third *status* only insofar as they apply to the preparatory period initiated by Benedict of Nursia.

The third *status* anticipated by Joachim was to begin, according to the law of numbers, after the forty-second thirty-year generation, that is, in the year 1260. But Joachim repeatedly gives reasons for combining the last three generations and thus for expecting the new *status* to begin in the forty-first generation, about the year 1200: the change was at hand, even if an exact computation of the time was not possible.[129] The third status relates to the Holy Spirit. Following the *coniugati* of the first and the *clerici* of the second, the *monachi* have preeminent standing in the third.[130] This *status* would begin after the *plenitudo gentium* (*et conversio Israel*) had brought the present (second) *status* to a close as foretold by Paul (Rom. 11:25–26).[131] Above all, true understanding, *spiritualis intel-*

123) This has rightly been emphasized by GRUNDMANN (n. 118 above) 56–59 and passim. One should not overlook the fact that the third status is apparently something quite different from the "world" experienced so far and that even Joachim occasionally moves the end of the world very near to the transition to the third status, e. g. at the place quoted in n. 134 below.

124) E. g., De arca Noe mystica, PL 176.684–86, and De sacramentis 1.8.11, PL 176.313.

125) In the Anticimenon, 1.6–13, PL 188.1148–59, Anselm divides the history of the Church into seven successive status.

126) E. g. Historia (n. 62 above) book 4 prologus (183); 4.4 (189), summary discussion of the *civitas Christi* and *civitas perversa* in each of three successive status: *ante gratiam, sub gratia, post praesentem vitam*; book 8 prologus (390–91).

127) Concordia, book 4 (n. 118 above) fols 42 d–53 c.

128) Concordia 3.2.1–7 (fols. 39 a–42 a), and often in Expositio in Apocalypsim (n. 118 above).

129) Intro. in Apoc. 7 (fol. 9 c), Expos. in Apoc. (fol. 57 c), and Concordia 4.31 and 33 (fol. 56 b–d), 5.20 (fol. 70 a–b), and passim.

130) Concordia 2.2.5 (fol. 21 c), 4.33 (fol. 56 d), and passim.

131) Intro. in Apoc. 5 (fol. 6 b). The conversion of the Jews is one of the biblical prerequisites for the end of the world which became part of the medieval literature on the Apocalypse and the Antichrist. Cf. the place in Rupert cited in n. 89 above.

*ligentia*, not one bound to the letter of the Scriptures, was to reveal God to mankind – which, however, was not to entail a change in doctrine or an advance in faith.

In all of this, Joachim tells us nothing about the temporal passage of the third *status*. Whereas the typological relationships in the history of the first two *status* are discussed in great detail, the actual duration of the third – which had to begin at the latest in 1260 – is never even hinted at. One may well ask if changes, history, generations, states, organized Church, or sacraments will then exist at all.[132] Does Joachim believe that this status will not endure for any appreciable length of time,[133] or has the category of time and history lost its relevance in this perfect state? Joachim's basic concept is not *aetas* but *status*, which is independent of time. At any rate, the final end of the world – the *consummatio seculi* – and the *vera contemplatio* will only come after the third *status*.

"One must change one's life, because the *status mundi* will inevitably change, so that after the journey through the desert, as it were, we can attain to that godly rest which those who do not believe the teachers and claim that anyone who speaks of the end of the world is totally mad do not deserve to enter."[134] The coming of the third *status* certainly does not mean a revolution. When Joachim demands a change in one's life he means a personal, spiritual consecration, which he expects his monks of Fiore to carry out more strictly than was usual in the Cistercian Order. For the law of history is not determined by mankind but by God; mankind becomes aware of it, can recognize it perhaps through a study of the Scriptures, but can in no sense control it.[135]

✳✳✳

132) The debate over this question was prompted by GRUNDMANN (n. 118 above) 113–18 and later was stimulated especially by the discovery of the Liber figurarum. See the detailed discussion by TÖPFER (n. 118 above) 52–81 with the conclusion (80) that the third status "is a monastic Church, blessed by a degree of understanding surpassing everything that came before, in which there is no longer any papacy and probably also no clergy, and in which the hermits hold the leading position . . ." ("eine mit allem alles Bisherige übertreffenden Erkenntnisgrad begnadete Mönchskirche, in der es kein Papsttum und wohl auch keinen Klerus mehr gibt und in der Eremiten die führende Stellung innehaben"). Peace and justice will reign, the power of the state will vanish altogether, etc. At issue is also whether, according to Joachim, marriage – and consequently the natural propagation of mankind – will still exist. In various works Marjorie Reeves has accepted as Joachim's image of the third status a purely spiritual change without direct consequences for the institutions of the Church, e. g. Prophecy in the Later Middle Ages (n. 118 above) 126–32.

133) Thus, I think correctly, TÖPFER (n. 118 above) 83–88.

134) "*Oportet ergo mutare vitam, quia mutari necesse est statum mundi, ut quasi per transitum deserti perveniamus ad illam requiem Dei nostri, quam intrare non sunt digni, qui non credunt dicentibus* [read *docentibus?*], *qui loquentes de fine mundi putant omnino deinsanire.*" Concordia 2.2.5 (n. 118 above) fol. 21 c.

135) The difference between *oportet* and *necesse est* in the preceding note should be heeded: one means man's obligation, especially the monk's, the other the divine law of history, which is not in human hands.

We have been able to give only a few examples of historical thought and writing in the twelfth century. In retrospect, the reader may be particularly struck by the omission of the history of the crusades. Almost every historian and theologian mentioned here probably in one way or another included in his thought and writings the collective experience of western Christendom struggling to free the Holy Sepulchre. Not only did it open new dimensions in *gesta*, in war, and in adventures undertaken for a holy cause, but suddenly Christians could feel themselves, in a way previously unknown, to be the representatives and executors of divine action in history. Any disappointments or setbacks they experienced were rationalized as punishment for sins. Strange lands were described with amazement; but only slowly and much later were men's eyes opened to the peculiar character of distant countries and people of a different faith through the historiography of the crusades. The adventures of Alexander the Great may have particularly inspired some poets of the age of the crusades, but in the last analysis this merely heroic conqueror of distant lands remains completely foreign to the protagonists of the concept of waging war by God's orders for the Holy Sepulchre and Holy City. It is precisely the crusades which show most clearly how far removed the twelfth century was from Antiquity – even from Christian Antiquity.

Let us look back, therefore, and ask once again, summarily, about the motifs of a "renaissance". Throughout the literature surveyed here – with the sole exception of the histories of the communes – the tradition of Antiquity lives on. It may sometimes grow stronger but it never differs essentially from what it had been in the eleventh century. Rome was the model for cities; the Roman Empire was the bearer of universal history; and Cicero, Sallust, Suetonius, Vergil, Ovid, and Lucan were the much-read, often-cited models for literary style. All this and much more does not, essentially, take us beyond the previous century. When a relationship to Antiquity was consciously established, it was always to Christian Antiquity, which offered continuity and models. Eusebius – as he was transmitted to the histories of the Church and to world chronicles through Rufinus and Jerome – Orosius and Cassiodorus, Augustine and Bede were the literary predecessors and true teachers of our writers, historians as well as theologians. The humanism of the fourteenth and fifteenth centuries has been explained as a return to Jerome and Augustine;[136] this cannot be discussed here, but certainly twelfth-century historical thought grew up entirely on the ground plowed by Augustine, and historical narrative writing remained equally close to him. Only that Italian city historiography which was written by laymen for laymen, totally in the service of the political present and future, is different in character, and precisely in this respect it is remarkably reminiscent of early Roman historiography.

---

136) GIUSEPPE TOFFANIN, Geschichte des Humanismus, transl. LILI SERTORIUS (Amsterdam 1941) of Storia del umanesimo (Naples 1933).

## Bibliographical Note

The writing and the interpretation of history have seldom been undertaken by the same person. As a result, medieval historical writing and the interpretation of medieval history have consistently been treated in different books, even though in more recent years not only theologians (and philosophers) but historians as well have concerned themselves with theological views of history. Since the imaginative but problematic work of the philosopher ALOIS DEMPF, Sacrum Imperium: Geschichts- und Staatsphilosophie des Mittelalters und der politischen Renaissance (Munich 1929; 2nd ed. Darmstadt 1954), which spans the long period from early Christian times to the sixteenth century and focuses primarily on the Empire as the bearer of history, only one book on the twelfth century has appeared, to the best of my knowledge, that consciously compares theologians and historians: JOHANNES SPÖRL, Grundformen hochmittelalterlicher Geschichtsanschauung: Studien zum Weltbild der Geschichtsschreiber des 12. Jahrhunderts (Munich 1935). Spörl devotes one chapter each to Anselm of Havelberg (under the title "Entwicklungsgedanke"), Otto of Freising ("Reichsmetaphy- sik"), Orderic Vitalis ("Nationalstaat"), and John of Salisbury ("Humanismus und Naturalismus"). Under the general title Aspects of the European Tradition of Historical Writing, Richard W. Southern's presidential addresses to the Royal Historical Society form a series of short but valuable essays on conceptions of history and historiography: The Classical Tradition from Einhard to Geoffrey of Monmouth, TRHS 5th ser. 20 (1970) 173–96; Hugh of St Victor and the Idea of Historical Development, 21 (1971) 159–79; History as Prophecy, 22 (1972) 159–80; and The Sense of the Past, 23 (1973) 243–63.

The literature on medieval historiography is vast, but to date almost no one has dared to present all the available material as a related whole. The only attempt at a comprehensive picture known to me is volume 1 of the American historian JAMES WESTFALL THOMPSON's A History of Historical Writing (2 vols. New York 1942). HERBERT GRUNDMANN presents a brief but thorough survey, well worth reading: Geschichtsschreibung im Mittelalter: Gattungen, Epochen, Eigenart (2nd ed. Göttingen 1965). In 1853 the Gesellschaft der Wissenschaften zu Göttingen arranged a competition for a critical history of historiography in Germany. The prize was won by Wilhelm Wattenbach, the successive revised editions of whose book (which first appeared in 1858) are still today the foundation for any study of German medieval historiography. His book includes valuable chapters on Italy, England, France, and other neighbors of the Holy Roman Empire, but it is an introduction to the historical sources rather than a history of historiography, as Wattenbach was well aware. The following are now standard for the twelfth century: WILHELM WATTENBACH and ROBERT HOLTZMANN, Deutschlands Geschichtsquellen im Mittelalter: Die Zeit der Sachsen und Salier, new ed. FRANZ-JOSEF SCHMALE, volumes 2 (Darmstadt 1967, unrevised repr. of nos. 3 and 4, which first appeared in 1940–43) and 3 (Darmstadt 1971, containing supplements to the earlier volumes, as well as chapters on Italy and England); WILHELM WATTENBACH and FRANZ-JOSEF SCHMALE, Deutschlands Geschichtsquellen im Mittelalter: Vom Tode Kaiser Heinrichs V. bis zum Ende des Interregnums 1 (Darmstadt 1976); volume 2, in preparation, will contain chapters on the neighboring countries and Lower Lorraine. Besides these studies of source material it is useful to consult Manitius, volume 3, which offers a wealth of relevant material from all over Europe. An extremely helpful, complete survey of English historiography that has appeared in recent years is ANTONIA GRANSDEN's Historical Writing in England c. 550 to c. 1307 (London 1974), a work which can be compared in some respects to Wattenbach's. The author writes (p. xi): "My approach to each author is pragmatic, not theoretical." One of the more prominent works dealing with specific forms of historiography is ANNA-DOROTHEE VON DEN BRINCKEN's valuable study of univeral history: Studien zur lateinischen Weltchronistik bis in das Zeitalter Ottos von Freising (diss. Münster; Düsseldorf 1957).

Among authors who have written about the interpretation of history should be mentioned in particular the notable philosopher KARL LÖWITH, Meaning in History (Chicago 1949; German ed. Weltgeschichte und Heilsgeschehen, Stuttgart 1953), who begins with Burckhardt, Marx, and Hegel, then takes us back to Joachim, Augustine, and Orosius. A selection of more recent essays on medieval historical thought by various authors is found in Geschichtsdenken und Geschichtsbild im Mittelalter, ed. WALTHER LAMMERS, Wege der Forschung 21 (Darmstadt 1961). The early Christian origins and medieval influence of the theological doctrine of the ages of the world have been investigated by RODERICH SCHMIDT in Aetates mundi: Die Weltalter als Gliederungsprinzip der Geschichte, Zeitschrift für Kirchengeschichte 67 (1955–56) 288–317. For the theological interpreters of history prior to Joachim of Fiore who focused their attention on the end of the world, see WILHELM KAMLAH's Apokalypse und Geschichtstheologie: Die mittelalterliche Auslegung der Apokalypse vor Joachim von Fiore, Historische Studien 285 (Berlin 1935) and HORST DIETER RAUH's Das Bild des Antichrist im Mittelalter: Von Tyconius zum deutschen Symbolismus, BGPTMA n. s. 9 (2nd ed. Münster 1979), which, despite its title, is overwhelmingly devoted to the German theologians of the twelfth century. BERNHARD TÖPFER's Das kommende Reich des Friedens: Zur Entwicklung chiliastischer Zukunftshoffnungen im Hochmittelalter (Berlin 1964) is a historical study of the social and political implications of chiliastic expectations. In his introduction Töpfer discusses the twelfth century, but the main stress of his book is on Joachim and the time following. A brilliant but difficult book concerning the theological and philosophical place of the present in the works of medieval theologians and historians is AMOS FUNKENSTEIN's Heilsplan und natürliche Entwicklung: Formen der Gegenwartsbestimmung im Geschichtsdenken des hohen Mittelalters (Munich 1965); of primary relevance to our subject are its sections dealing with Frutolf, Otto of Freising, and Anselm of Havelberg.

From the abundant literature available on individual writers and problems only a few titles of particular importance to the present study haven been cited in the notes.

# Aus der Werkstatt Gerhochs von Reichersberg

*Studien zur Entstehung und Überlieferung von Briefen, Briefsammlungen*
*und Widmungen*

Gerhoch von Reichersberg (so und nicht Gerhoh schrieb er selbst seinen Namen) hat ein Schrifttum hinterlassen, das an Umfang das nahezu jedes seiner Zeitgenossen übertrifft. Gleichwohl ist die Überlieferung gut zu übersehen; denn die meisten Werke liegen in nur einer, wenige in zwei oder drei Handschriften vor, deren Mehrzahl nicht nur aus der Zeit Gerhochs, sondern auch aus dem Reichersberger Scriptorium stammt; sehr viele sind von Gerhoch selbst durchgesehen worden.[1] Nicht weil es schwierig wäre, kritische Texte herzustellen, sondern weil die Schriften zu umfangreich sind, ihre Weitschweifigkeit den Leser oft abstößt und es sehr mühselig ist, die stillschweigend ausgeschriebenen Quellen aufzuspüren, besteht kaum eine Aussicht, daß wir in absehbarer Zeit modernen Ansprüchen genügende Editionen erhalten werden.[2]

Das Ziel der folgenden Studien ist es nicht, Vorarbeiten zu einer Edition zu bieten. Vielmehr sollen Einblicke in die Arbeitsweise, die Herstellung von Codices und deren Anlage zu Widmungszwecken, die Aufzeichnung, Sammlung und Bearbeitung von Briefen gewonnen werden. Die Voraussetzungen dafür sind denkbar günstig; denn nicht oft wird man einen Autor des 12. Jahrhunderts so genau beim Sammeln von Urkunden und Briefen, bei der Anlage und Veränderung von Codices beobachten können. Der Fall, daß eine

---

1) Die wichtigsten Handschriften mit Gerhochs Werken hat zuerst H. FICHTENAU, Studien zu G. v. R., MIÖG. 52 (1938) 1–56, untersucht; indem er die Schreiberhände und besonders die eigenhändigen Aufzeichnungen Gerhochs bestimmte, hat er eine wesentliche Voraussetzung für die folgenden Arbeiten geschaffen. Nahezu das gesamte Schrifttum Gerhochs hat erstmals zusammengestellt und auf die Chronologie untersucht D. VAN DEN EYNDE, L'œuvre littéraire de Géroch de Reichersberg (Spicilegium Pontificii Athenaei Antoniani 11, 1957). Die gesamte handschriftliche Überlieferung für jedes Werk und jeden einzelnen Brief ist nachgewiesen bei P. CLASSEN, G. v. R. (1960). Dies Buch soll durch die folgenden Studien ergänzt, in Einzelheiten auch berichtigt werden; es ist mit bloßem Verfassernamen zitiert. Zur Raumersparnis sind im folgenden alle Urkunden und Briefe mit R und der Regestennummer in diesem Buch angeführt und unten S. 427 ff. in einer Übersicht zusammengestellt. – Freundliche Hilfe der Bibliotheken machte die Arbeit erst möglich, genannt seien vor allem der verstorbene Prälat Floridus Buttinger, Propst von Reichersberg, und Oberstudienrat DDr. P. Adalbert Krause OSB (Admont).

2) Modernen Ansprüchen genügt nur D. ac O. VAN DEN EYNDE et A. RIJMERSDAEL, Gerhohi opera inedita (Spicilegium Pontificii Athenaei Antoniani 8–10, 1955/56). Über die Editionen vgl. im übrigen mein Buch.

Briefsammlung in zwei erheblich voneinander abweichenden Redaktionen vorliegt, während doch die eine Handschrift kaum ein Jahr, die andere etwa 2 Jahre nach Abschluß der Korrespondenz angelegt wurde, wird sich kaum wiederholen[3] – aber er bedarf der Aufklärung.

### I. Urkunde und Brief: Formen archivalischer und literarischer Überlieferung

Die Überlieferung der Reichersberger Urkunden führt ebenso wie die der Briefe unmittelbar in die Zeit Gerhochs zurück; wir können genau verfolgen, in welcher Weise Gerhoch, dessen persönlicher Anteil an allen Überlieferungsformen faßbar wird, für die Erhaltung der verschiedenartigen Schriftstücke sorgte.

Von den 28 aus der Zeit Gerhochs überlieferten Urkunden für Reichersberg sind 21 im Original erhalten, davon drei Papsturkunden, zwei Königsurkunden (deren eine freilich durch eine Fälschung ersetzt wurde),[1] eine Herzogsurkunde und 15 Bischofsurkunden aus Salzburg, Bamberg, Passau und Freising. Neben die Originalüberlieferung tritt der um 1146 angelegte Traditions-Codex und die um 1165 begonnene zweite Fassung der Reichersberger Annalen.

Das Traditionsbuch enthält vorwiegend unselbständige Notizen, daneben Rechtsaufzeichnungen für den Prozeß um Münsteuer; zugleich diente es aber auch als Kopialbuch. Zwölf der im Original erhaltenen Urkunden sind eingetragen; die wichtigsten der Zeit vor Anlage des Codex stehen gleich an dessen Spitze. Es fehlen im wesentlichen solche Stücke, die für Recht und Besitz des Stiftes von geringerer Bedeutung waren.[2] Anderseits hat das Buch fünf zusätzliche, im Original verlorene Stücke; drei davon sind Mandate an den Passauer Bischof zugunsten Reichersbergs aus der Zeit vor Anlage des Codex; die Originale dürften durch die Begünstigten dem Adressaten vorgelegt worden sein.[3] Es kennzeichnet die Anlage des Codex, daß man von den zwei Papsturkunden des gleichen Tages (R 24 und 25 vom 8. 1. 1142) nur das Mandat über die Zehnten eintrug, das

---

3) Es sei aber bemerkt, daß methodisch verwandte Probleme bei den Briefen Hildegards von Bingen auftreten, vgl. M. SCHRADER – A. FÜHRKÖTTER, Die Echtheit des Schrifttums der heiligen Hildegard von Bingen (1956).

1) Vgl. F. HAUSMANN, Die Urkunden der Staufer für das Stift Reichersberg, MIÖG. 68 (1960) 98–113, bes. S. 100, 103 ff., der allerdings S. 106 Anm. 33 irrt, wenn er meint, daß die Urkunde Friedrichs I. (R 109) erst nachträglich in das Traditionsbuch eingetragen wurde. Schon MITIS (vgl. unten Anm. 5) hat bewiesen, daß Blätter des Codex umgeheftet wurden, wodurch die ursprüngliche chronologische Ordnung gestört ist. – Das Pseudo-Original ist in der folgenden Statistik zu den Originalen gerechnet, weil es an die Stelle des echten trat.

2) Nämlich die Herzogsurkunde R 23, das durch die Nachurkunde ersetzte Papstprivileg R 24, die keinen Grundbesitz betreffende Papsturkunde R 97, die Tauschurkunden R 58 und 73, die Zehntbefreiung R 87 sowie drei weniger wichtige Salzburger Urkunden, R 52, 104, 106.

3) Es sind R 19, 25, 32.

inzwischen durch eine Nachurkunde Eugens III. ersetzte große Privileg aber ausließ. Das Mandat war aber auch den Zisterziensern von Heiligenkreuz wichtig genug, unter dem Lemma *Ex decretis secundi Innocencii Pape de non dandis nec exquirendis decimis a religiosis viris* festgehalten zu werden.[4] Sparsamkeit kennzeichnet auch sonst den Codex: als Eberhard II. von Bamberg 1169 seine Tauschurkunde für Münsteuer von 1154 (R 74) durch eine erweiterte Neuausfertigung (R 159) ersetzte, trug man nur den Zusatz nach, obwohl auch die Pertinenzformel in der neuen Urkunde präzisiert worden war.[5]

Als man um 1165 den kurzen chronologischen Abriß der Geschichte, den Gerhoch großenteils eigenhändig geschrieben hatte, zur zweiten Fassung der Annalen erweiterte,[6] nahm man – wohl durch verschiedene Güterprozesse, besonders den Streit um Münsteuer veranlaßt – nahezu alle auch im Original erhaltenen Urkunden auf, dazu vier weitere, deren zwei auch im Traditionsbuch stehen; vermutlich standen diese Stücke dem Verfasser noch im Original zur Verfügung.[7] Da die Handschrift dem Klosterbrand von 1624 zum Opfer fiel, ist der Anteil Gerhochs nicht sicher zu erfassen; aber es ist doch wohl kein Zufall, daß bald nach dem Tod des Propstes die Annalen aufhören, eine Art zweiten Kopialbuches zu bilden.[8] Das Traditionsbuch ist vom Annalisten zunächst als Quelle benutzt, später schöpfen die Traditionen umgekehrt aus den Annalen.[9]

Tabellarisch zusammengefaßt sieht die Überlieferung der 28 Urkunden folgendermaßen aus:

|  | Orig. | Trad. | Ann. | Zusammen |
|---|---|---|---|---|
| Papsturkunden | 3 | 4 | 3 | 6 |
| Königsurkunden | 2 | 2 | 2 | 2 |
| Salzburger ⎫ | 9 | 7 | 11 | 12 |
| Bamberger ⎪ Bischofsurkunden | 3 | 2 | 2 | 3 |
| Passauer ⎬ | 2 | — | 2 | 2 |
| Freisinger ⎭ | 1 | 1 | 1 | 1 |
| Herzogsurkunden | 1 | 1 | 2 | 2 |
| Zusammen | 21 | 17 | 23 | 28 |

4) Cod. Heiligenkreuz 224 (saec. XII) fol. 192ʳ, Schlußblatt einer Handschrift mit dem Matthäus-Kommentar des Hieronymus.

5) Vgl. P. CLASSEN, Der Prozeß um Münsteuer und die Regalienlehre Gerhochs von Reichersberg, ZRG. germ. Abt. 77 (1960) 324–348, bes. S. 338 ff. – Zur Anlage des Traditionscodex im übrigen O. v. MITIS, Studien zum älteren österreichischen Urkundenwesen (1912) S. 33 ff., ergänzend und z. T. berichtigend FICHTENAU, MIÖG. 52, 26, und CLASSEN, Prozeß S. 331 Anm. 31.

6) Über die Annalenfassungen FICHTENAU S. 43–56.

7) Allein in den Annalen stehen R 65 und 111, auch im Traditionsbuch R 45 und 112.

8) Die noch zu Gerhochs Lebzeiten ausgestellte, aber erst nach seinem Tod ausgehändigte Urkunde R 159 fehlt den Annalen bereits. Sonst vermißt man von den im Original erhaltenen Stücken nur die Erzbischofs-Urkunde über die Rechte in Pitten (R 52).

9) Vgl. ZRG. germ. Abt. 77, 325, 334 Anm. 41.

Von den 28 Urkunden sind 11 dreifach, 11 zweifach, 6 nur einfach überliefert. Es läßt sich aber nur eine Recht und Besitz des Stiftes betreffende Urkunde nachweisen, die verloren ist: das päpstliche Mandat an Bischof Konrad von Passau zur Beilegung des Streites um Hagenau (R 57); nur die diesen Streit abschließende Bischofs-Urkunde ist im Original und in den Annalen erhalten (R 73). Es gibt keinerlei Anlaß, weitere Verluste des Reichersberger Archivs zu vermuten.

Nicht in die Statistik aufgenommen haben wir ein Erzbischofs-Mandat, das zwar an die Reichersberger adressiert ist, sie aber nur anweist, von ihrer Salzpfanne in Reichenhall die Zehnten an das Kloster St. Peter in Salzburg zu zahlen. Verständlicherweise ist es nur aus den Traditionen des begünstigten Klosters bekannt (R 46); ebenso ist die einzige bekannte Schenkungsurkunde Gerhochs selbst (R 98) durch den Empfänger, Ranshofen, überliefert.

Das Reichersberger Traditionsbuch enthält nun aber auch zwei Briefe Gerhochs, beide eigenhändig vom Verfasser geschrieben, der eine im fortlaufenden Text, der andere auf einem besonderen Blatt eingeheftet.[10] Beide stehen dort mit gutem Grund; denn sie verfolgen Rechtsansprüche des Stiftes: der um 1159/61 an Gottfried von Admont gerichtete Brief betrifft die Zehnten im Pittener Gebiet (R 99), der 1165 an ein Mitglied des Bamberger Kapitels gerichtete sucht die drohende Niederlage im Münsteuerer Prozeß zu verhindern (R 150).

Briefe stehen auch in den Annalen: zu 1135 eine Denkschrift über entfremdete Güter (R 9), zu 1166 Antworten des Bamberger Bischofs und Herzog Heinrichs des Löwen auf die Hilferufe der vom Prozeßgegner unter dem Vorwand des Schismas überfallenen Reichersberger (R 155 und 156). Von diesen, doch noch Recht und Besitz angehenden Stücken abgesehen, bieten die Annalen aber keinerlei Briefe. Erst die neue Fassung, die der Presbyter Magnus um 1171 anlegte, tilgte die Stiftsurkunden bis auf einen kleinen Rest (R 12, 36, 40) und begann dafür, kirchenpolitische Briefe aufzunehmen, zuerst ein Papstmandat an Propst Arno und einen (falsch eingeordneten) Kardinals-Brief an Gerhoch (R 166 und 142). Erst nach Gerhochs Tod hören die Annalen also auf, eine Urkundensammlung zu bilden und nähern sich der literarischen Überlieferung.

Die literarische Überlieferung der Briefe läßt sich von der archivalischen der Urkunden und der den Urkunden inhaltlich nahestehenden Briefe im übrigen scharf scheiden. Sie ist sehr viel weniger geschlossen (vgl. Tabelle S. 387). Die Widmungen sind jeweils mit den Traktaten überliefert, die sie einleiten; ihnen nahe stehen Empfehlungen von Schriften dritter, die mit diesen überliefert sind: so ein Brief an Nonnen, der die Lektüre eines Marien-Traktats rechtfertigt und mit diesem sechsmal kopiert wurde – die reichste Überlieferung irgend eines Erzeugnisses aus Gerhochs Feder (R 160); so auch ein Brief an Eberhard von Bamberg, der neben theologischer Polemik die Lektüre von Bernhards »De consideratione« nahelegt und mit dem übersandten Exemplar dieser Schrift kopiert wurde (R 80).

---

10) Zur Eigenhändigkeit FICHTENAU S. 25 f.

Die selbständigen Briefe stehen nur zum Teil in den Sammlungen, über die unten
ausführlicher zu sprechen sein wird. Hier sei nur vorweggenommen, daß die Sammlungen
stets nur sachlich und chronologisch eng begrenzte Briefgruppen umfassen, so die Windberger Sammlung und das Corpus der Briefe gegen Folmar, das Arno zusammenstellte, so
auch zunächst die Admonter Sammlung, in die dann allerdings verschiedene Teilsammlungen eingingen. Eine kleine Sammlung bietet auch der Ottobeurener (jetzt Londoner)
Codex, der einen polemischen Traktat samt Widmung an Gottfried von Admont (R 48)
mit zwei gleichzeitigen und inhaltlich verwandten Briefen an Eberhard von Bamberg und
Bernhard von Clairvaux zusammenfaßt (R 47 und 50).[11] Drei nicht datierbare erbauliche
Briefe an Nonnen sind in eine Sammlung übergegangen, die sonst fremdes Material
enthält.[12]

Für die Jahre, aus denen keine Sammlung vorliegt, ist die Überlieferung ganz verstreut
und lückenhaft. Mehrere Briefe sind auf ursprünglich freie Vorsatz- und Schlußblätter
literarischer Handschriften eingetragen worden. So stehen in fünf verschiedenen Klosterneuburger Codices sechs Briefe aus Gerhochs Korrespondenz, überwiegend entstammen
sie den 1150er Jahren.[13] Sie beweisen, daß man in dem Reichersberg so eng verbundenen
Stift lebhaften Anteil an den christologischen Polemiken des Propstes nahm, vor allem in
der Phase, da Petrus von Wien der Hauptgegner war.[14]

---

11) Über den Codex London, Brit. Mus. add. mss. 22634 vgl. jetzt H. SCHWARZMAIER, Mittelalterliche Handschriften des Klosters Ottobeuren, StMGBO 73 (1964) 20 Nr. 28. Der im 19. Jh. abge-
trennte erste Teil des nicht in Ottobeuren geschriebenen Codex ist, wie Dr. Schwarzmaier mir
freundlich mitteilt, der heutige clm 26325, enthaltend den Ecclesiastes-Kommentar Hugos von
St. Viktor, der auch in dem Anm. 13 genannten Cod. Klosterneuburg 762 steht. Die Ottobeurener
Hs. ist nicht in Reichersberg entstanden; ihr Inhalt ist vielleicht durch Otto von Freising oder durch
den damals zu Ottos Umgebung gehörenden Petrus von Wien, vielleicht aber auch durch Gerhochs
Augsburger Brüder nach Ottobeuren gekommen.

12) Cod. Vind. pal. 1754 mit den Briefen R 161–163; Gerhochs Verfasserschaft ist übrigens nicht
ganz sicher.

13) Es sind folgende Handschriften: 809 (Institutiones Cassiani) mit R 47 auf den Schlußblättern, 762
(Hugo von St. Viktor, Expositio in Ecclesiasten) mit R 72 auf dem Vorsatzblatt, 226 (Sermones
Augustini) mit R 85 und R 80 auf den Schlußblättern (wobei R 80 eine Anlage zu R 85 bildete, die
verändert worden war, vgl. unten S. 412 f.), 848 (Glossen) mit R 86 auf den Schlußblättern, 336
(Schriften Arnos von Reichersberg) mit dem Fragment R 108 am Schluß.

14) Es ist hier an die in Klosterneuburger Handschriften überlieferten Glossen zu Hilarius und zu
Gilbert von Poitiers zu erinnern, die jedenfalls mit Gerhochs Wirken zusammenhängen, vgl.
CLASSEN, Gerhoch S. 441 ff., und MIÖG. 67 (1959) 264 ff., 273 ff. (= o. 294 ff., 303 ff.). Der in der
vorigen Anm. genannte Klosterneuburger Codex 848 hat auf den Vorsatzblättern Erklärungen von
Hieronymus, Augustin und Bernhard zu dem von Gerhoch oft diskutierten Vers Psalm 98,5 sowie
eine von Gerhoch mehrmals zitierte Stelle aus dem Brief Nikolaus' I. JL 2796. Ob unter den
verschiedenen Händen, von denen die mit Gerhoch zusammenhängenden Einträge herrühren, auch
die der Brüder Gerhochs sind, könnte erst eine umfassende Untersuchung des Scriptoriums von
Klosterneuburg klären.

Auch in Reichersberg selbst verwandte man die Vorsatz- und Schlußblätter von zweien der großen Codices mit Gerhochs Psalmen-Erklärung gelegentlich für die Aufzeichnung von Briefen. Einige haben mit dem Inhalt der Handschriften nichts zu tun, so der Brief an eine Schwester am Schluß von Codex 1 (R 38) und ein Brief Adams von Ebrach an Gerhoch von 1163, der in den Sammlungen von Windberg und Admont merkwürdigerweise fehlt, am Schluß von Codex 6 (R 127).[15] Abgesehen von diesen beiden Stücken stehen in den Reichersberger Handschriften aber stets nur Briefe, die sich auf den Hauptinhalt des Codex beziehen und mit dem Versand desselben zu tun haben (R 53 und 41 in Codex 1, R 95, 93, 41 in Codex 6). Wir werden im Zusammenhang mit den Widmungen darauf zurückkommen müssen.[16]

Als Extravagantes faßt unsere Statistik (S. 387) zusammen einen Brief in der Ebracher Sammlung, betreffend übergelaufene Mönche (R 164), einen gegen Gerhoch gerichteten Brieftraktat des Petrus von Wien an Otto von Freising in einem Wiener Codex,[17] einen als Einzelblatt in einen Trierer Codex verschlagenen Brief von Gerhochs Bruder und Parteigänger Rüdiger (R 84), dessen Anhang in Versen auch in eine Admonter Sammelhandschrift und von da in eine Handschrift aus Rein gelangte, und zuletzt eine Heilsbronner Aufzeichnung des päpstlichen Schweigegebots für Gerhoch (R 140).[18]

Als letzte Überlieferungsgruppe sind diejenigen Briefe zu nennen, die Gerhoch seinen polemischen Traktaten oder auch größeren Briefen inseriert hat, um die eigene Position zu bekräftigen oder – seltener – um den Gegner bloßzustellen. Von Gerhochs eigenen Briefen gehört sein Schreiben an Papst Innozenz II. dazu, das Gerhoch mangels einer Antwort dreimal seinen Schriften oder Briefen einfügte (R 21), ferner sein Brief an einen Ungenannten, der den Kern eines späten Traktats bildet (R 158).

Am wertvollsten waren Bekundungen päpstlicher Zustimmung, und bei ihnen ist es bezeichnend, wie verschieden Papsturkunden und -mandate, je nach ihrem Inhalt, überliefert sind. Coelestin II. lobte Gerhochs Eintreten für Wahrheit und Gerechtigkeit und berief den Propst nach Rom (R 31) – viermal hat Gerhoch dies Mandat seinen Schriften eingefügt, um den Eindruck zu erwecken, der Papst stimme seinen kirchenpolitischen und christologischen Lehren zu, obwohl in Wirklichkeit der Zehntstreit mit Passau das Mandat veranlaßt hatte. In Rom erwarb Gerhoch zweieinhalb Monate später zwei Papstmandate; das eine richtete sich an den Passauer Bischof und entschied den Zehntstreit: es steht als einziges der drei Mandate dieses Jahres im Traditionsbuch (R 32). Das andere, ganz gewiß aus dem gleichen Anlaß ausgestellt, empfahl den Propst dem Schutz des Erzbischofs von Salzburg und des Bischofs von Gurk: Gerhoch hielt es für geeignet, in zwei polemischen Traktaten als Beweis zu dienen, daß der Verfasser ein Schützling des Heiligen Stuhls sei

---

15) Vgl. unten S. 399.
16) Vgl. unten S. 389 ff., 394 f., 398 f.
17) Ein besonderes Heft in Cod. Wien 1705 (saec. XII) aus Millstatt, R 88.
18) Über diese Hs., Erlangen 78, vgl. jetzt P. CLASSEN, in: La vita comune del clero nei secoli XI e XII (Atti della settimana di studio, Mendola 1959, 1962) vol. 1, 337 f. (= u. S. 457 ff.).

(R 33). Von der Romreise zwei Jahre später brachte Gerhoch zwei Papsturkunden mit; das große Klosterprivileg Eugens III. ist im Original erhalten, steht im Traditionsbuch und in den Annalen (R 40). Das zwölf Tage jüngere Mandat hingegen, das heute verlorene Schriften Gerhochs warm lobt und ihn zur Weiterarbeit ermutigt, war für den Empfänger nicht weniger wichtig, aber es diente anderer Verwendung und ist demgemäß anders überliefert: sechsmal fügte Gerhoch es seinen Traktaten ein, dazu ließ er es dreimal am Anfang oder Schluß der Codices mit seinen Werken aufzeichnen (R 41). Dieser Brief galt ihm als die wertvollste autoritative Bestätigung seiner Lehren, und er stellte ihn immer wieder in Zusammenhänge, in die er ursprünglich nicht gehörte, insbesondere indem er den Anschein zu erwecken suchte, der Brief beziehe sich auf sein Traktat über Psalm 64 aus dem Jahr 1151 und stimme den darin vorgetragenen Lehren zu.[19] Die zahlreichen kleinen Varianten in den neuen Überlieferungen dieses Mandates deuten vielleicht darauf, daß Gerhoch es aus dem Kopf zu diktieren pflegte.

In zweiter Linie eigneten sich Kardinalsbriefe als Inserte zum gleichen Zweck: je einmal hat Gerhoch einen Brief des Kardinals Gerhard, des späteren Papstes Lucius II., von 1138/41 (R 18) und einen Brief des Kardinals Cencius von 1164 (R 142) in diesem Sinne verwendet; das letztgenannte Stück steht auch in der Admonter Sammlung und in den Annalen, aber erst in der nach Gerhochs Tod von Magnus angelegten dritten Fassung. Auch die Briefe von Persönlichkeiten geringerer Autorität inserierte er gern seinen Traktaten, wenn es sich nur um das handelte, was ihm doch so selten zuteil wurde: Lob und Zustimmung (R 3, 64, 100, 114, 151). Ja, da die lang erhoffte Zustimmung Hadrians IV. ausblieb, versicherte er den Kardinälen des Nachfolgers schließlich, der Papst habe seinen Traktat mündlich gebilligt und ihm schriftlich Heil und apostolischen Segen übermittelt: das Mündliche ließ sich nicht überprüfen und unterliegt nicht geringen Zweifeln, Grundlage der Behauptung über das Schriftliche war nichts anderes als die Salutatio eines besitzbestätigenden Mandats des Papstes.[20]

Nur einmal hat Gerhoch einen Brief inseriert, um ihn zu widerlegen: das auch in Arnos Sammlung überlieferte Schreiben Folmars von Triefenstein (R 124) nahm er im Wortlaut in seine Gegenschrift an Adam von Ebrach auf (R 126).

Nicht eigentlich zu den Inserten ist schließlich ein Stück zu zählen, das Gerhoch im Konzept des Traktates »De simoniacis« verwendet hat: ein Brief an den Bischof von Hildesheim (R 7), der auf einem Einzelblatt steht und derart in den Schluß der Schrift hineingearbeitet ist, daß er nicht mehr als Brief kenntlich sein sollte.[21]

Fassen wir die Übersicht über die Überlieferung von Briefen und Urkunden zusammen, so erkennen wir zunächst eine ganz scharfe Grenze zwischen archivalischer und literarischer Überlieferung, wobei die Annalen bis zu Gerhochs Tod der archivalischen Überlieferung zuzurechnen sind. Auf der einen Seite stehen die Schriftstücke, die einen Wert für den

19) Vgl. unten S. 394 und 398.
20) GP 1, 198 Nr. 26 ist identisch mit Nr. 27 = R 97, vgl. CLASSEN S. 364.
21) Vgl. FICHTENAU S. 34 f. mit Tafel 1, CLASSEN S. 330.

Nachweis materieller Rechte und Besitzungen haben, auf der andern Seite die Stücke, denen solcher Wert nicht zukommt. Die Grenze ist um so bemerkenswerter, als Gerhoch persönlich sowohl Urkunden diktiert und sogar mundiert sowie Eintragungen im Traditions-Codex vorgenommen, als auch die literarischen Handschriften angelegt und korrigiert hat. Darüber hinaus sind aber auch die Partner, mit denen er es hier und dort zu tun hat, zum sehr großen Teil dieselben: die Päpste, die Erzbischöfe von Salzburg, die Bischöfe von Bamberg und Freising, Herzog Heinrich der Löwe, Abt Gottfried von Admont. Nicht überall fällt die Grenze zwischen Brief und Urkunde mit der zwischen den Überlieferungsformen zusammen, wie sich an Gerhochs Briefen im Traditionsbuch zeigte, insbesondere aber bei den päpstlichen Mandaten, die nicht nach der Form, sondern nach dem Inhalt der einen oder andern Gruppe zuzurechnen sind. Grenzfälle zwischen Brief und Urkunde bilden auch zwei Stücke Eberhards von Salzburg, beide von Gerhoch entworfen und als Briefe stilisiert, der eine an Eberhard von Bamberg (R 104), der andere an Heinrich den Löwen (R 111). Sie erklären Rechtslagen und sprechen Bitten um Rechtshandlungen aus, sind aber wie Urkunden besiegelt und nicht durch die Adressaten, sondern durch die Begünstigten überliefert, die eine im Original und in den Annalen, die andere nur in den Annalen, obwohl gerade diese zweite im Text ausdrücklich vermerkt, das Original solle in Reichersberg bleiben.

Drei Viertel der rechtserheblichen Urkunden sind im Original erhalten; es ließ sich nur ein Deperditum nachweisen und kein weiteres vermuten. Nicht eines der rechts-unerheblichen, »literarischen« Stücke ist im Original erhalten, wenn man von den besonders zu erörternden Widmungen und Widmungscodices absieht. Literarische Deperdita sind in größerer Zahl nachzuweisen, in noch weit größerer zu vermuten. Nur für die Jahre 1163/64 haben wir eine einigermaßen geschlossene Briefüberlieferung; aber selbst hier ist ein Deperditum nachweisbar, und sogar ein Papstmandat (R 113). Angesichts der Art, wie Gerhoch mit verwendbaren Papstbriefen umging, kommt hier geradezu der Verdacht auf, er habe das Stück absichtlich unterdrückt.[22] Sonst fehlt aus dieser Zeit nur ein an Eberhard von Salzburg adressierter, aber gegen Gerhoch gerichteter Brieftraktat (R 115). Für die früheren Jahre sind viel mehr Deperdita nachzuweisen: mit einigen Traktaten gingen die zugehörigen Widmungen verloren (R 20, 39, 68, 96), von denen zwei an Päpste und einer an einen Kardinal gerichtet waren; neben vier weiteren Briefen an Päpste (R 56, 63, 75, 82) und zweien an Kardinäle (R 4, 17) fehlen auch drei weitere Mandate von Päpsten (R 6, 30, 67) – wohl durchweg Stücke, die weder rechtlich nützlich noch publizistisch verwertbar waren. Weitere Deperdita gehören den frühen Phasen des christologischen Streites an (R 22, 69, 70, 71, 83), dessen Material, soweit überhaupt bekannt, sehr verstreut überliefert ist, weil es keine Sammlung dieser Jahre gibt. Mit wievielen Deperdita man für die Zeit bis etwa 1155, wo die Überlieferung langsam anfängt dichter zu werden, vor allem in der rein

22) Fast vier Jahre nach Ausbruch des Schismas schrieb Alexander III. an Gerhoch, der sich bisher neutral verhalten und dem Papste, ganz gegen seine alte Gewohnheit, keine Begrüßung geschickt hatte. Alexander hatte also Anlaß genug zu Vorwürfen.

literarisch-wissenschaftlichen Korrespondenz zu rechnen hat, entzieht sich jeder Schätzung, besitzen wir doch nur sechs Briefe, die Gerhoch mit Sicherheit vor seinem 60. Lebensjahr geschrieben hat, aber allein zehn, die er als siebzigjähriger 1163/64 binnen eines Jahres verfaßte.[23]

### Übersicht über die literarische Briefüberlieferung

| | von Gerh. | an Gerh. | betr. Gerh. | Summe |
|---|---|---|---|---|
| 1. Widmungen ................ | 13 | – | 1 (v. Arno) | 14 |
| 2. Empfehlungen f. Schriften dritter . | 2 | – | – | 2 |
| 3. Sammlungen Jahre 1156/64 | | | | |
|    a) Windberg 1163/64 .......... | 5 | 4 | 4 | 13 |
|    b) Admont 1156/64 ........... | 14 | 7 | 5 | 26 |
|    zusammen verschiedene ........ | 14 | 7 | 7 | 28 |
| 4. Sammlung Arnos gegen Folmar 1163/65 .................... | 1 | 2 | 4 | 7 |
| 5. Mondseer Sammlung .......... | 3 | – | – | 3 |
| 6. Ottobeurener Cod. 1147........ | 2 | – | – | 2 |
| 7. Insert in Briefen u. Traktaten (z. T. mehrmals inseriert) ....... | 2 | 9 | 2 | 13 |
| 8. Konzept in Traktat verarbeitet ... | 1 | – | – | 1 |
| 9. Vorsatz und Schlußblätter | | | | |
|    a) Reichersberg .............. | 4 | 2 | – | 6 |
|    b) Klosterneuburg ............ | 5 | – | 1 | 6 |
|    zusammen .................... | 9 | 2 | 1 | 12 |
| 10. Reichersb. Annalen........... | – | 1 | 2 | 3 |
| 11. Extravagantes................ | 1 | 1 | 3 | 5 |
| Summe verschiedener Briefe[1] ....... | 44 | 16 | 18 | 78 |
| nachweisbare Deperdita ........... | 13 | 7 | 3 | 23 |
| davon von u. an Päpste ........... 6 | 2 | 2 | 10 | |

23) Unser Ergebnis steht in vollem Gegensatz zu den Auffassungen von H. KOLLER, Zur Echtheitsfrage des Codex Udalrici (Anzeiger der phil.-hist. Klasse der Österr. Akademie, 1952, Nr. 25) S. 406 f. »daß die Empfänger zwischen Briefen und Urkunden nicht unterschieden« und beides grundsätzlich gleichen Überlieferungsbedingungen unterliege.

1) In der Addition nur einmal erfaßt sind die in verschiedenen Überlieferungsgruppen auftretenden Stücke: von Gerhoch R 47 (Schlußblatt u. Ottob. Codex), 93 (Schlußblatt u. Widmung), 80 (Empfehlung u. Schlußblatt), 126 (Arno u. Sammlungen v. Admont u. Windberg); an Gerhoch: R 41 (Insert u. Schlußblatt), 100 (Insert u. Admonter Sammlung), 127 (Arno-Sammlung u. Schlußblatt), 140 (Sammlungen v. Admont u. Windberg u. Extravag.), 142 (Admonter Sammlung, Insert, Annalen); betreffend Gerhoch R 124 (Insert u. Arno-Sammlung), 146 (Admonter Sammlung u. Extravag.).

## II. Widmungs-Vorrede und Widmungs-Codex

Der Sitte seiner Zeit entsprechend hat Gerhoch die meisten seiner Schriften ihm nahestehenden oder hochgestellten Persönlichkeiten gewidmet und mit einem Widmungs-Brief oder einer Widmungs-Vorrede versehen, sofern er nicht die Traktate im ganzen als Briefe stilisierte wie den Dialog zwischen Regular- und Weltkleriker an Innozenz II., das sog. Buch über die Neuerungen dieser Zeit an Hadrian IV. und sein Spätwerk an die Kardinäle.

Die Widmungs-Briefe wurden in der Regel erst nach Abschluß des Textes verfaßt. Das zeigt schon das Konzeptautograph des *Libellus de eo quod princeps mundi huius iam iudicatus sit (Liber de simoniacis)*, Codex Klagenfurt Perg. X, wo der Widmungs-Brief an Bernhard von Clairvaux (R 8) die ursprünglich frei gelassene Recto-Seite des ersten Blattes (jetzt fol. 81ʳ) einnimmt und der Schluß des Briefes auf die Ränder der schon beschriebenen Rückseite gequetscht ist. In dem Brief bittet Gerhoch den Abt, das Werk zu lesen und dann entweder zu verbreiten oder, sofern er den Inhalt beanstande, durch Abt Adam von Ebrach zurückzusenden. Dies letzte hat Bernhard nicht getan; zwei in Frankreich erhaltene Kopien gehen sicher auf das nach Clairvaux geschickte Exemplar zurück; aber ob Bernhard die Kopien veranlaßt hat, ist zumindest sehr zweifelhaft. Gerhoch hat nach Absendung des Widmungs-Exemplars an dem Konzept noch gebessert; wir wissen aber nicht, ob er noch einmal eine Reinschrift herstellen ließ.

Mit der Widmung war hier eine Bitte um eventuelle Rückgabe verbunden; aber das Konzept blieb zurück. In einem andern Fall war Gerhoch weniger vorsichtig: *In ipsis adhuc scedulis* gab er die erste Fassung seines Antichristbuches dem Kardinal Hyacinth, *perspiciendum nobisque reddendum atque corrigendum;*[1] aber er wartete vergebens auf die Rückgabe. Das einzige Exemplar der Schrift war damit für ihn, und folglich auch für uns, verloren. Die Bitte um Rückgabe war hier jedenfalls nicht ein Bescheidenheitstopos gewesen.

Mehr Glück hatte er in einem dritten Fall. Das Eberhard von Salzburg gegebene Versprechen, eine *Retractatio* seiner christologischen Lehren vorzunehmen, erfüllte er durch die Schrift *De gloria et honore Filii hominis*. Er erklärt dies in der Vorrede, die diesmal nicht als Brief stilisiert ist und gleich zu Anfang der Arbeit verfaßt wurde (R 116); sie beginnt auf fol. 1ᵛ des z. T. eigenhändigen Originalcodex St. Peter in Salzburg a VI 33.[2] Nach Vollendung der Schrift im Herbst 1163 stellte Gerhoch auf das zunächst frei gebliebene Blatt 1ʳ einen Brief an Hartmann von Brixen, der gebeten wurde, die Schrift zu lesen und sogleich dem Überbringer zurückzugeben (R 120). Der Codex muß dann nach

---

1) Vgl. MG. LdL 3, 305 und Gerhohi opera inedita 1, 197, dazu CLASSEN S. 421 f. und unten S. 396.
2) Zur Handschrift FICHTENAU S. 40, CLASSEN S. 382, 384, 425 f., 441.

Salzburg und Brixen gewandert[3] und richtig nach Reichersberg zurückgelangt sein; denn 1165 wurde eine weitere Schrift Gerhochs eingetragen.

Diese drei Beispiele zeigen, daß die Widmung eines Traktates nicht in jedem Falle die Übereignung der Handschrift einschließt. Diese ist wertvoll durch Rohstoff und Arbeitskraft; darüber hinaus ist aber auch die Bitte um Überprüfung des Inhalts ernst gemeint. Wurde eine Schrift nicht zurückgegeben, so konnte sie auch für den Autor verloren sein; so ist es vielleicht nicht nur mit dem Werk für Kardinal Hyacinth, sondern auch mit Schriften für Otto von Freising und für Papst Eugen gegangen, die der Verfasser selbst anscheinend später nicht mehr besaß.[4] Wie von dem Traktat an Bernhard behielt er aber auch von anderen Konzepte zurück: noch um 1168 konnte er die 1142 einigen Kardinälen gewidmete Schrift über die Geistesgaben in den Reichersberger Codex 8 eintragen; der 1159 nach Anagni an Kardinal Heinrich geschickte Traktat über den Glauben wurde zur gleichen Zeit derselben Reichersberger Handschrift einverleibt, und das große Sendschreiben an Papst Hadrian IV. ging um 1165 in den Admonter Codex 434 über.[5]

Wie aber steht es mit dem großen Reichersberger Psalmen-Kommentar, jenem Riesenwerk, von dessen einst 9 Bänden heute noch sieben in Reichersberg stehen, während der 3. über St. Nikola bei Passau nach München kam und der 5. verschollen ist? Die acht im wesentlichen einheitlichen Bände umfassen über 2600 Seiten in einem Format, das man heutzutage als Quart bezeichnen würde (ca. 27×20 cm); etwa 190 davon entfallen auf hinzugefügte andere Schriften Gerhochs.[6] In den Bänden 2–4 und 6–8 beginnt der Text auf der Verso-Seite des ersten Blattes der ersten Lage, nur in Band 9 erst auf der Recto-Seite des zweiten Blattes (gezählt als fol. 1$^r$). Widmungen, die sich auf den Gesamtband beziehen, tragen nur vier Bände: 1 an Eberhard von Salzburg (R 49), 2 an denselben und einen gewissen Gottschalk (R 51), 3 an Propst Kuno von Chiemsee (R 54) und 7 wieder an Eberhard von Salzburg (R 91). In allen Fällen sind die Widmungen erst nach Vollendung des Bandes eingetragen, und zwar bei den Bänden 3 und 7 auf dem zunächst freigebliebenen fol. 1$^r$, bei Band 2 auf einem vorgehefteten Blatt, weil eine Seite nicht genügte.

Komplizierter ist die Anlage des Codex 1. Vor die erste Textlage (fol. 9–16, davon 9$^r$ frei, 9$^v$ Beginn des Prologtextes) ist ein Quaternio geheftet (fol. 1–8), er enthält: fol. 1$^v$ Widmung an Otto von Freising (R 53) von 1149/50 mit der Bitte, das Werk zu studieren, dessen ersten und zweiten Band der Erzbischof schon gelesen habe; darunter folgt das im Brief genannte Mandat Papst Eugens R 41. Auf fol. 2$^r$–7$^v$ steht der sog. »Liber contra duas hereses« mit der Widmung an Gottfried von Admont (R 48) an der Spitze, fol. 8$^r$ steht die Widmung des ersten Psalmenbandes an Eberhard von Salzburg (R 49). Die ganze Vorsatz-

---

3) Vgl. R 121 an Eberhard von Bamberg, PL 193, 529 f.: *opusculum peregi ad personam domini mei Salzburgensis, quod ab ipso lectum domino Brixinensi misi legendum, cogitans etiam vestre discretioni mittere idipsum considerandum et sicubi videbitur limandum.* Vgl. Classen, S. 384 f.

4) Vgl. die Belege bei Classen S. 410 ff., 418 ff., Opera 6 und 10.

5) Vgl. unten S. 404.

6) Über die Handschriften Fichtenau S. 37 f., Inhaltsübersicht bei Classen S. 412–16, vgl. S. 466.

lage ist viel enger als der Hauptband und von anderer Hand geschrieben. Der Befund ist, wie früher dargelegt,[7] so zu erklären: das schon vor Vollendung angegriffene Werk versah Gerhoch mit dem Traktat an Gottfried als mit einem »behelmten Haupt« (den Ausdruck entlehnte er den Einführungen zur Bibelübersetzung des Hieronymus). Ob diese Schrift an Gottfried gesandt wurde, ist nicht zu ermitteln; sie fand jedenfalls auch im Codex den Platz, für den sie abgefaßt war. Das erste und das letzte Blatt der Vorsatzlage blieben zunächst frei, alsbald wurde aber die Widmung an den Erzbischof auf die Recto-Seite des Schlußblattes geschrieben. Der Empfänger wird wieder gebeten, das Werk geistlich zu prüfen, notfalls werde der Verfasser eine Retractatio nach Augustins Beispiel schreiben. Der Name des Bewidmeten, Eberhard von Salzburg, steht beide Male auf Rasur; offenbar war zunächst Erzbischof Konrad gemeint, der aber noch vor Überreichung des Codex starb (9. IV. 1147). Etwa 2–3 Jahre später legte Gerhoch dann das Werk Otto von Freising vor und versah es auf der ersten Seite mit dem neuen Widmungsbrief, der wieder eine Emendatio in Aussicht stellte, aber durch den beigefügten Papstbrief eine Sicherung suchte.

Es kann keinem Zweifel unterliegen, daß der Codex Reichersberg 1 das Original des großen Werkes ist und die Entstehung der einzelnen Teile genau widerspiegelt. Fraglich kann nur sein, ob Gerhoch ein zweites Exemplar für die Übergabe an den Erzbischof, vielleicht gar ein drittes für Otto von Freising herstellen ließ. Das würde heißen, daß er nur aus dokumentarischen Gründen für den Hausgebrauch den Erzbischofsnamen änderte und aus denselben Gründen den Brief an Otto eben dem Codex beifügte, auf den er sich bezog. Man müßte ferner annehmen, daß mit den sehr begrenzten Reichersberger Schreibkräften der Band von 432 Quart-Seiten binnen gut zwei Jahren mehrmals kopiert wurde, während zur gleichen Zeit die Bände 2–4 des Werkes mit weiteren 980 Seiten verfaßt, ins reine geschrieben und von Band 2 und 3 wieder Widmungsexemplare hergestellt wurden. Ungerechnet die diktierten oder eigenhändigen Konzepte Gerhochs, die jeder der großen Bände voraussetzt, müßte man über 3000 Seiten Reinschrift binnen gut zwei Jahren annehmen und zugleich vermuten, daß alle diese Dedikationsexemplare in Salzburg, Freising und Chiemsee ohne jede Spur verlorengegangen sind. Denn weder Bibliothekskataloge noch Zitate oder gar erhaltene Handschriften geben den geringsten Hinweis darauf, daß jemals später irgendein Teil des Psalmen-Kommentars an einem andern Ort bekannt war.[8]

Nur ein Zeugnis scheint eine Ausnahme zu bilden. Dem Traktat zu Psalm 58 im 6. Band des Gesamtwerkes, verfaßt um 1152, fügte Gerhoch den Brief eines Frater F. ein, der in überschwenglichen Tönen den 2. Band des Psalmen-Werkes lobt, den er eben gelesen hatte (R 64), für Gerhoch eines der heiß begehrten und doch so selten erlangten Zeugnisse der

---

7) CLASSEN S. 349, 417.
8) Die einzige Erwähnung des Psalmen-Kommentars in einem Katalog, Ranshofen saec. XIV, zitiert bei M. MANITIUS, Zentralblatt für Bibliothekswesen 20 (1903) 176, bezieht sich höchstwahrscheinlich auf den verlorenen Codex 5 aus Reichersberg.

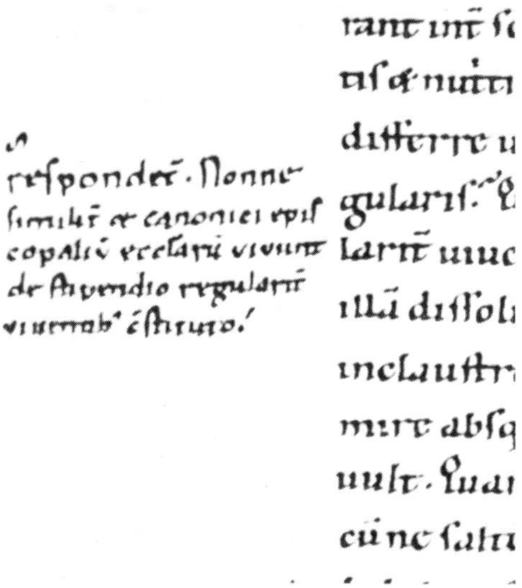

Tafel 1a.  Cod. Reichersberg 6 fol.112ᵛ

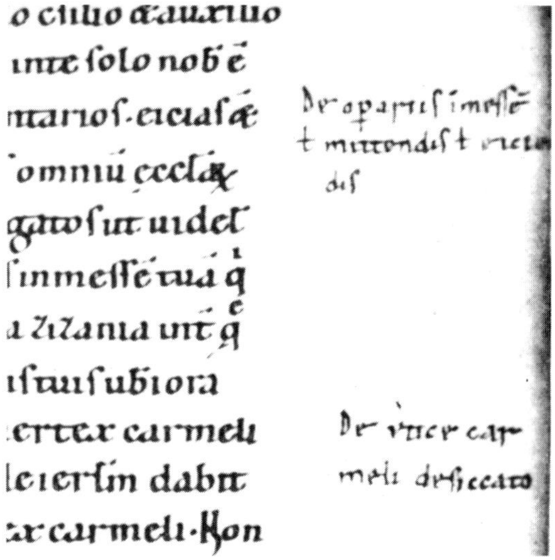

Tafel 1b.  Cod. Paris B. N. lat. 4236 fol. 52ʳ

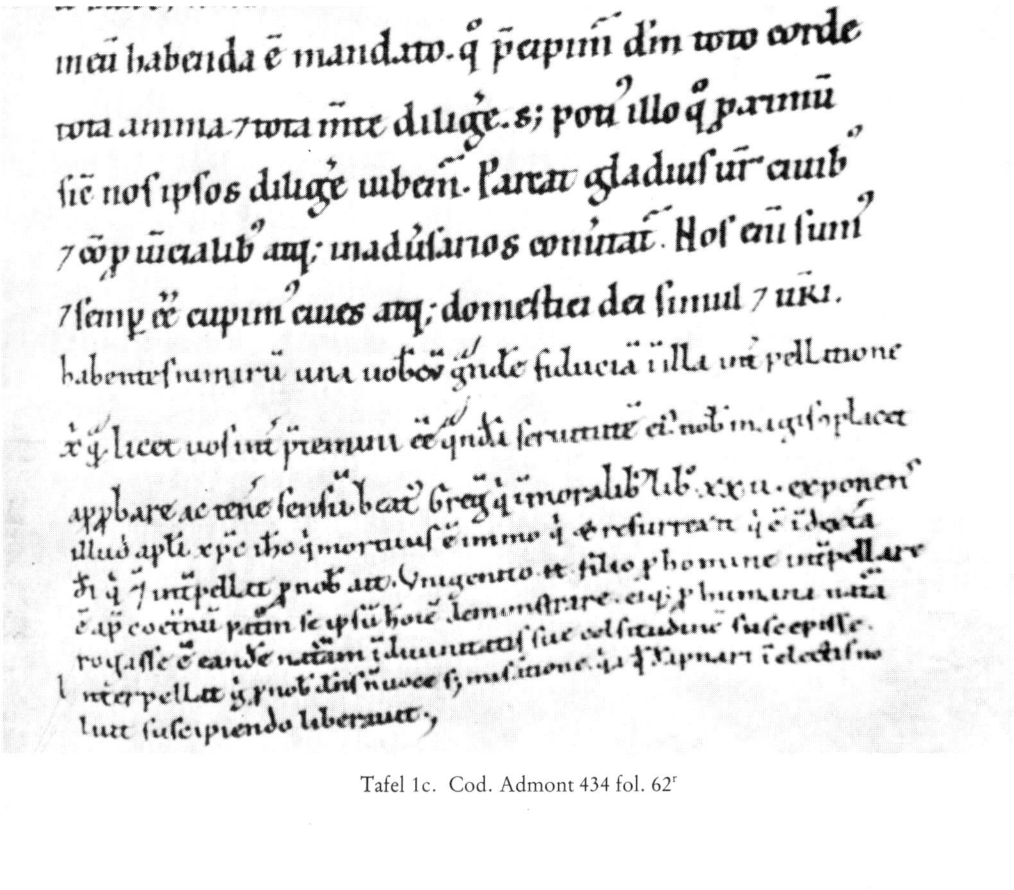

Tafel 1c.  Cod. Admont 434 fol. 62ʳ

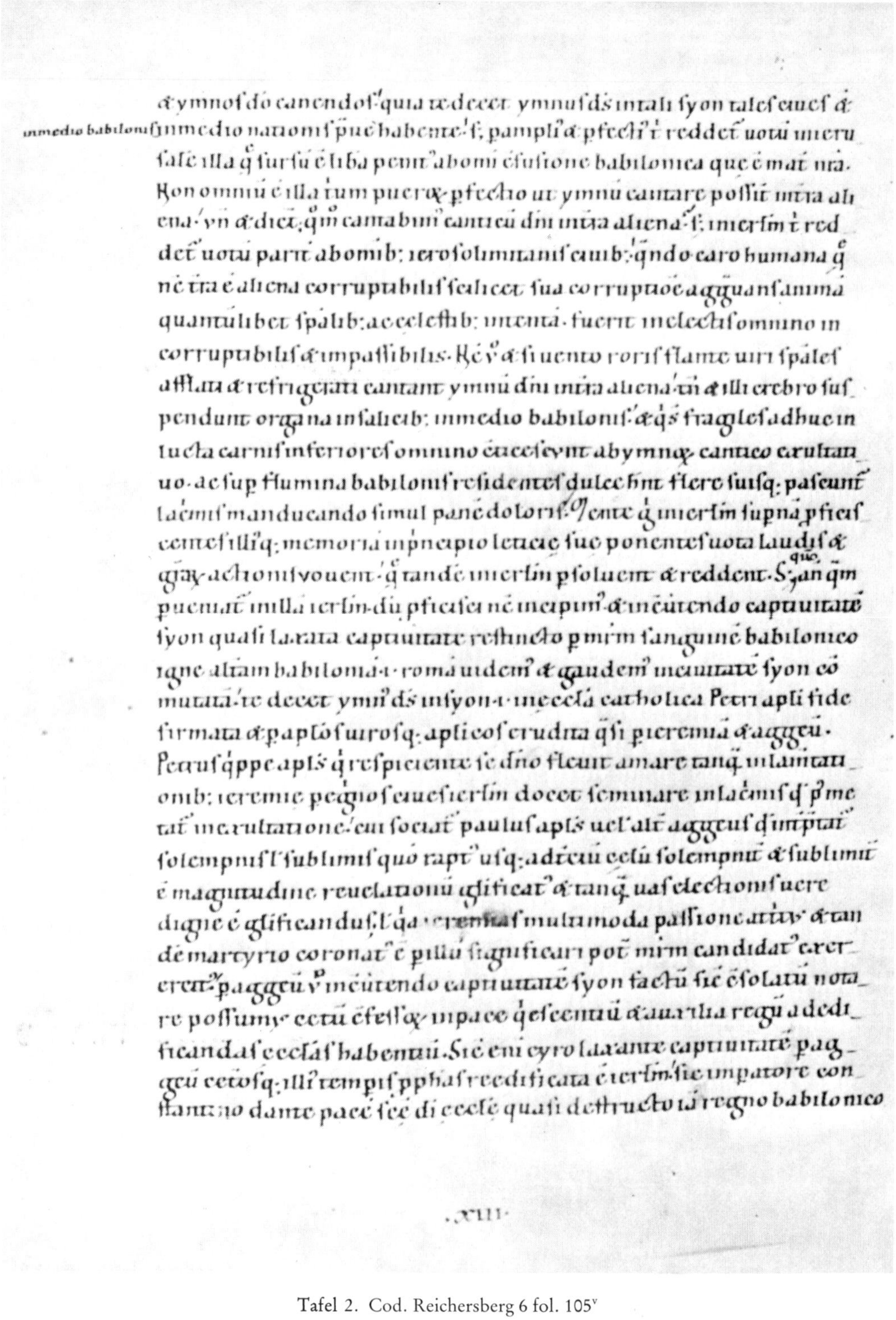

& ymnof do canendof: quia te decet. ymnuf ds intali fyon talef ciuef &

inmedio babilonif inmedio nationif: pue habente: f. pampli & pfecti i reddet uotu interu
fale illa q furfu e liba penit aboim efufione babilonica que e mat nra.
Kon omniu e illa tum pueroq pfectio ut ymnu cantare poffit intra ali
ena: vn & dicu: qm cantabim canticu dni intra aliena: f. interfim i red
det uotu parit aboim: ierofolimitanif ciuib: qndo caro humana q
ne tra e aliena corruptibilif: fcilicet fua corruptioe agquanfanima
quantulibet fpalib: accelefhb: intenta: fuerit melechfomnino in
corruptibilif & impaffibilif. Kev af fi uento rorif flaute uiri fpalef
afflatu & refrigerati cantant ymnu dni intra aliena: in & illi crebro fuf
pendunt organa infalicib: inmedio babilonif: & qs fraglefadhuc in
lucta carnif inferioref omnino eixcefevnt abymnoq cantico eixultan
uo: dc fup flumina babilonif refidentef dulce hnt flere fuifq: pafcunt
lacrmif manducando fimul pane dolorif: Igente q interfim fupna pficif
centefilliq: memoria inpneipio leticie fue ponentef uota laudif &
gra? actionifuouent: q tande interfim pfoluent & reddent. Sqan qm
pueniat inilla terfin-du pficafea ne incipiunt & incutendo captiuitate
fyon quafi laxata captiuitate rcftricto pmirm fanguine babilonico
igne altam babiloma-t roma uidem & gaudem incuutate fyon co
mutata-te decet ymnu ds infyon-t inecela catholica Petri apli fide
firmata & paplof uirofq: aplicof crudita qfi pieremia & agqeu.
Petruf qppe apls q refpieiente fe dno fleuit amare tanq infaucitati
onib: ieremie peqniof feuefierln docet feminare inlacrmif q pme
tit inexultatione: eui fociat paulufapls uel alt agqeuf q impiat
folempnif f fublimi quo rapt ufq: adtciu cielu folempnit & fublimit
e magnitudine reuelationu eidificat: & tanq uaf electionif fuere
digne e eidificanduf: L qa ieremiaf multimoda paffione artuv & tan
de martyrio coronat e pilli fignificari pot mirm candidat exer
eret? paggeu v incutendo captiuitate fyon factu fic efolatu nota
re poffimus: cetu efeffoq impace qefeentiu & auxilia regu aded
ficandaf ecclaf habentiu. Sic eni cyro laxante captiuitate pag
geu cetofq: illi tempif pphaf reedificata eierln: fic impatore con
ftantino dante pace fce di ecele quafi dethructo ia regno babilonico

Tafel 2. Cod. Reichersberg 6 fol. 105$^v$

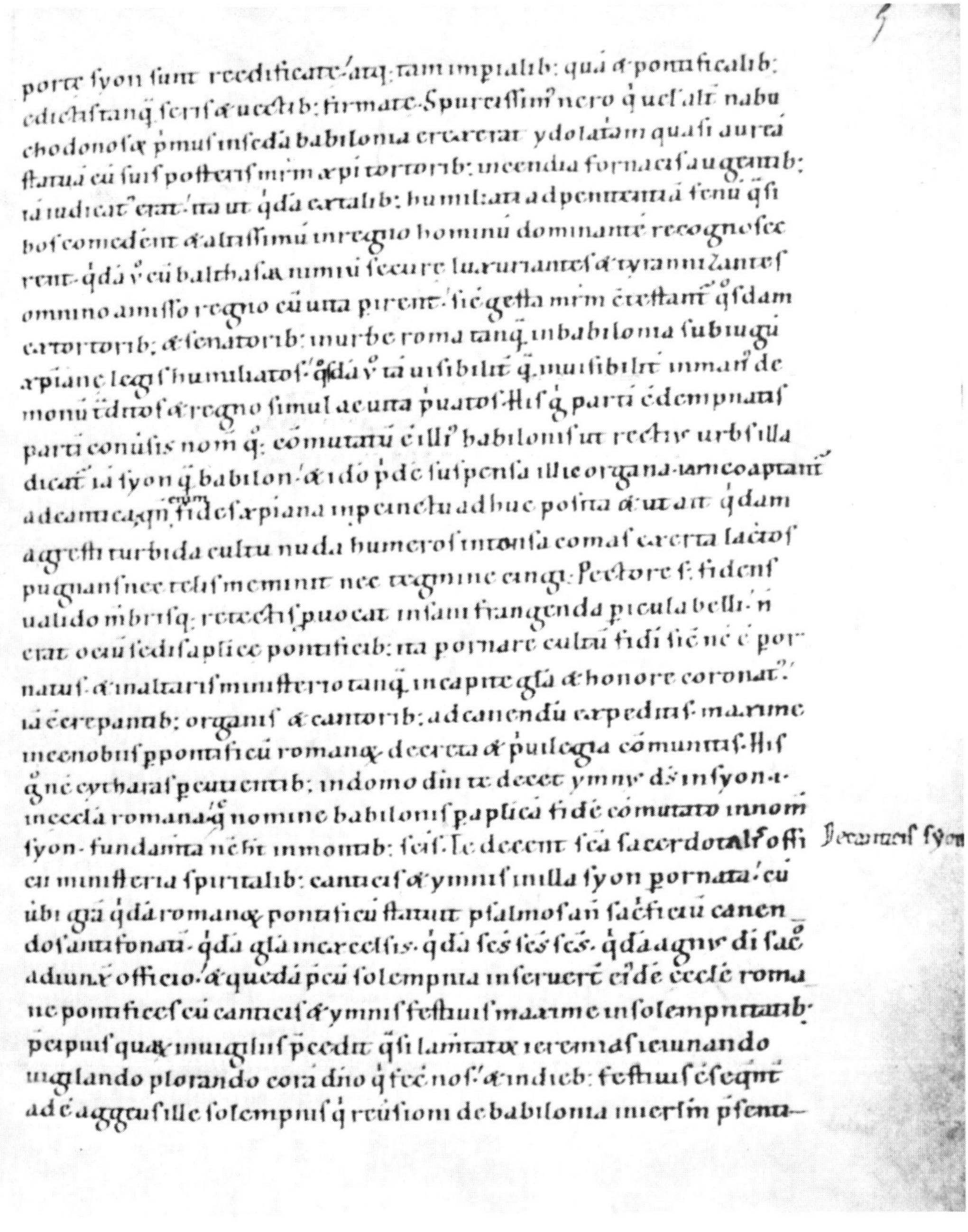

porte syon sunt reedificate atq̃ tam impialib; qua et pontificalib;
edichstanq̃ serif et ucetib; firmare. Spurcissim' nero q̃ uel ali' nabu
chodonosoc p̃mus infeda babilonia ereccerat ydolatam quasi aureã
statuã cu suis posterif mrm xpi tortorib; incendia fornacis au grãib;
ta iudicat' erat. ita ut q̃dã ertalib; humiliati ad pentrentiã senu q̃si
bos comedent et atrissimu inregno hominu dominante recognosce
rent. q̃da v̄ cu balthasa nimiu secure luxuriantes et tyrannizantes
omnino amisso regno cu uita pirent. sic getta mrm et restani q̃sdam
exortorib; et senatorib; inurbe roma tanq̃ inbabilonia subiugã
xpiane legis humiliatof. q̃da v̄ ta uisibilit q̃ inuisibilt inmati de
monu t̃dnos et regno simul ac uita p̃uatos Hif q̃ parti edempnatif
parti conusif nom q̃ comutatu e illi babilonif ut rectiv urbf illa
dicat ia syon q̃ babilon'. et ido p d c suspensa illie organa iam eo aptant
ad camica q̃n fide et xpiana inpeinctu adhuc posita et ut ait q̃dam
agrefti turbida cultu nuda humerof intonsa comaf exerta lactof
pugnanf nec relif meminit nec tegmine eingi. Pectore f. fidenf
ualido mibrif q̃ retectif p̃uocat infam frangenda picula belli. n̄
erat oeu sedif aplice pontificib; ita pornare cultu fidi sic nc e por
natuf. et inaltarif ministerio tanq̃ incapite gla et honore coronat'
ia e crepantib; organif et cantorib; ad canendu expedraf. maxime
inecnobif p pontaficu romanẽ decreta et puilegia comuttaf. Hif
q̃ nc eytharaf p eunt entib; indomo dñi ix decet ymnu dñi insyon·a·
inecela romanã q̃ nomine babilonif p aplica fide comutato innom
syon· fundanita néht inmontib; scil. le decent sca sacerdotalf offi
eu ministeria spiritalib; canteif et ymnif inilla syon pornata· cu
ubi gla q̃da romanẽ pontaficu statuit psalmof an sacti cu canen
dof antifonati· q̃da gla inercellsif· q̃da ses ses ses· q̃da agnuf di sac
adiunx officio· et queda p eu solempnia inseruere eide ecelẽ roma
ne pontifices eu canteif et ymnif festiuif maxime insolempniatib;
p eupuif quas inuigiluif p eccdit q̃si lamtatx reremiaf ieiunando
inuiglando plorando cora dño q̃ fec nof· et indieb; festiuif e sequnt
ad e aggresille solempnif q̃ reuisiom de babilonia inersim p senta—

Tafel 3. Cod. Paris B. N. lat. 4236 fol. 5ʳ

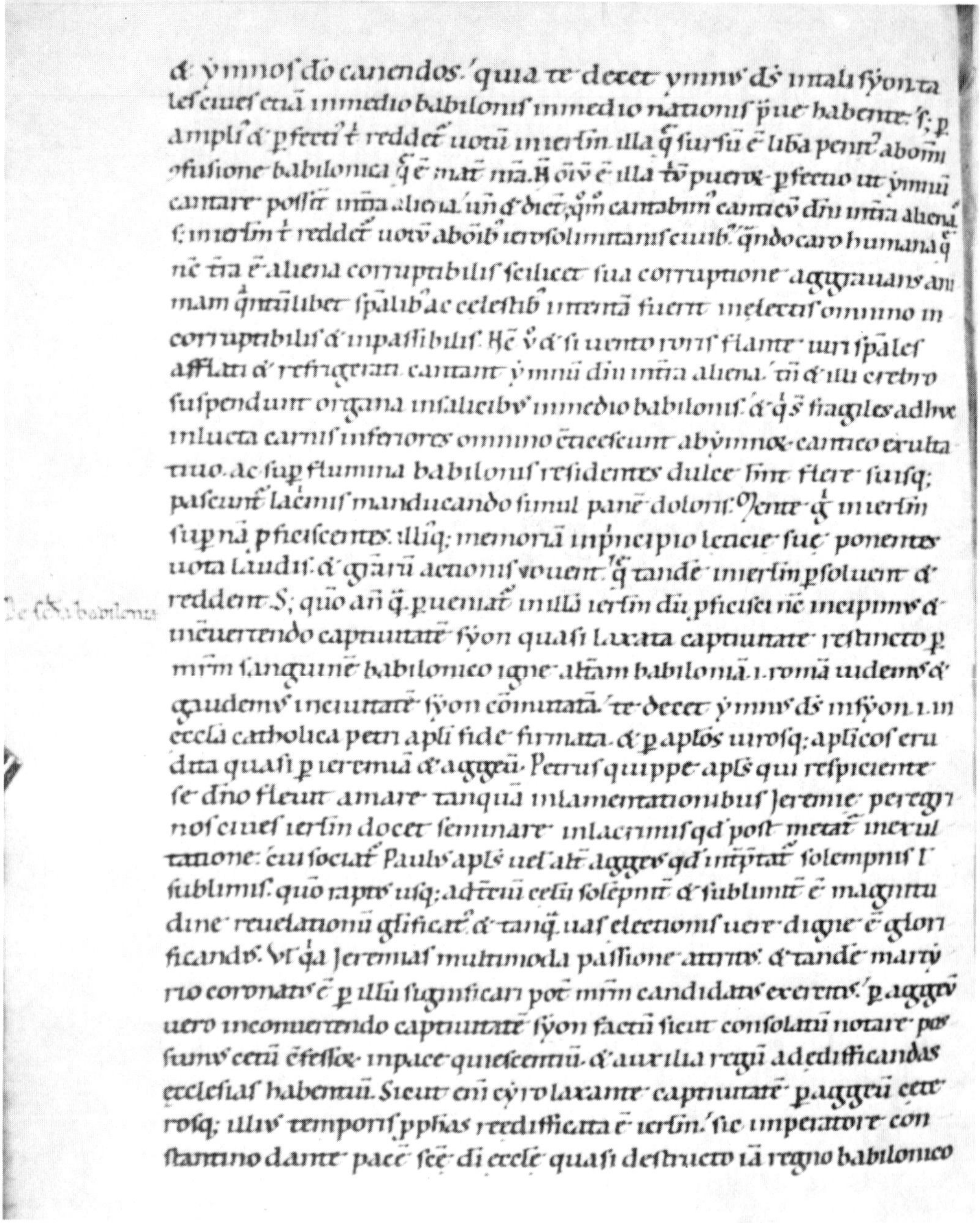

& ymnos d̄o canendos. quia te decet ymnꝰ d̄s in ali syonta
les ciues et̄ in medio babilonis in medio nationis p̄ue habente. s; p.
ampli d̄ p̄ferti t redder uotū in terī in illa ꝗ sursū ē liba penit? ab om̄
ꝯfusione babilonica ꝗ ē mat̄ nīa. H oīv ē illa t̄ puerꝰ p̄fecto ut ymnū
cantare possit in t̄ra aliena. un̄ d̄ dict̄; ꝗm cantabim̄ canticū d̄ni in t̄ra aliena.
s; in t̄ī t redder uotū ab oīb; ierosolimitanis ciuib; ꝗ̄do caro humana ꝗ
ne t̄ra ē aliena corruptibilis scilicet sua corruptione aggrauanꝭ ani
mam ꝗ̄tūliber sp̄alib; ac celestib; intent̄a fuerit in electis omnino in
corruptibilis d̄ impassibilis. He v̄ d̄ si uento rorꝭ flante un sp̄ales
afflati d̄ refrigerati cantant ymnū d̄ in t̄ra aliena. tū d̄ illi crebro
suspendunt organa in salicib; in medio babilonis. d̄ ꝗ̄s fragiles adhuc
in lucta carnis inferiores omnino etsi escunt ab ymnor̄ cantico exulta
tiuo. ac sup flumina babilonis residentes dulce sōt flere suisꝗ;
pascunt lacrīmis manducando simul panē doloris. Oente ꝗ in t̄ī
sup n̄a p̄ficiscentes. illiꝗ; memoriā in p̄ncipio tenere sue ponentes
uota laudis d̄ gr̄arū actionis uouent. ꝗ tande in t̄ī p̄soluent d̄
reddent. S; quo an̄ ꝗ p̄ueniat in illū t̄ī diu p̄ficisci n̄ incipim̄ d̄
in euertendo captiuitatē syon quasi laxata captiuitate restincto p
mirū sanguine babilonico igne. altam babilonā .i. romā uidem̄ d̄
gaudem̄ in ciuitatē syon cōmutatā. te decet ymnꝰ d̄s in syon .i. in
eccl̄a catholica petri apl̄i fide firmata. d̄ p aplōs uirosꝗ; aplicos eru
dita quasi p ieremiā d̄ aggeū. Petrus quippe apl̄s qui respiciente
se d̄no fleuit amare tanꝗ in lamentationibus Jeremie peregri
nos ciues in t̄ī docet seminare in lacrimis qd̄ post metat in exul
tatione. eius sociat̄ Paulꝰ apl̄s uel at̄ aggeꝰ qd̄ in t̄ptat̄ solempnis l̄
sublimis. quo raptꝰ usꝗ; ad t̄tū celi solempnū d̄ sublimū ē magnitu
dine reuelationū gl̄ificat? d̄ tanꝗ uas electionis uere digne ē glori
ficandꝰ. Vt ꝗa Jeremias multimoda passione attritꝰ. d̄ tande marti
rio coronatꝰ ē p illū significari pot mirū candidatꝰ exercit̄ꝰ. p aggeꝰ
uero in euertendo captiuitatē syon factū sicut consolatū notare pos
sumꝰ cetū ē fessor. in pace quiescentiū. d̄ auxilia regū ad edificandas
ecclesias habentū. Sicut en̄ cyro laxante captiuitatē. p aggeū cetū
rosꝗ; illiꝰ temporis p̄phas reedificata ē in t̄ī. sic imperatore con
stantino dante pace scē d̄i eccl̄e quasi destructo iā regno babilonico

Tafel 4. Cod. Paris B. N. lat. 4236 fol. 4ᵛ

Zustimmung. Persönlichkeit und Aufenthaltsort des Absenders sind nicht feststellbar, die Erwähnung des Bischofs Walther von Klausenburg[9] legt die Vermutung nahe, daß er Beziehungen nach Ungarn hatte. Aber die Annahme, Bruder F. habe eine Kopie des 2. Bandes besessen und diese sei weit gereist, hält näherer Prüfung nicht stand. Der Bruder schildert nämlich, wie ihm bei der Lektüre der Partien, die Christus mit Odysseus vergleichen, Tränen der Rührung gekommen seien und den Codex befleckt hätten. Die fragliche Stelle im Kommentar zu Psalm 21 (PL. 193, 1006) steht fol. 13$^r$ des Codex Reichersberg 2 – und dort und auf den folgenden Seiten finden sich deutliche Schmutzspuren, die von Flüssigkeit verursacht zu sein scheinen, insbesondere bei den rot unterlegten Wörtern,[10] deren Tinte wohl leichter lösbar war. Ob die Flüssigkeit nun wirklich Tränen waren oder ein weniger betrüblicher Stoff, vermag heute allenfalls chemisch-kriminalistische Untersuchung zu klären. Soviel scheint sicher: Bruder F. hatte nur den heutigen Codex Reichersberg 2 entliehen, nicht eine Kopie besessen, und sein enthusiastisches und gerührtes Lob entpuppt sich als höflich verhüllte Entschuldigung dafür, daß er die wertvolle Leihgabe verschmutzt zurückerstattete.[11]

Damit ist das einzige Zeugnis für eine Verbreitung des Werkes entfallen. Nimmt man die Zeugnisse über erbetene und tatsächlich erfolgte Rückgabe verschiedener Schriften zusammen und betrachtet man die Anlage der Codices, ihrer Widmungen und der nachträglichen Briefeinträge, so ergibt sich wohl mit Sicherheit: die großen Bände der Reichersberger Bibliothek bilden das einzige Reinschrift-Exemplar von Gerhochs Hauptwerk, das je existiert hat. Niemand hat sich die Mühe genommen, dies Werk zu kopieren, bis B. Pez den größten Teil 1728, D. Van den Eynde und seine Mitarbeiter den Rest 1956 drucken ließen. Auch bei diesem Werk hieß Widmung nicht Schenkung des Codex, vielmehr erwartete und erhielt Gerhoch die Bände zurück, ja er konnte auf diese Weise sogar einen Band mehreren Empfängern nacheinander »widmen«.

Das schließt selbstverständlich nicht aus, daß in andern Fällen von Schriften geringeren Umfangs tatsächlich Widmungsexemplare übereignet wurden. In einem Falle läßt sich dies genau verfolgen.

---

9) Der *Waltherus episcopus colosensis* ist höchstwahrscheinlich der Bischof von Klausenburg-Siebenbürgen, vgl. CLASSEN, S. 463. Ist diese Identifizierung richtig, so liegt hier wohl der älteste Beleg für Klausenburg überhaupt vor.

10) Die Auskunft über die Flecken verdanke ich der Freundlichkeit von Hochw. Herrn MICHAEL HAMMER can. reg. in Reichersberg. Erst nach meinem letzten Besuch in Reichersberg wurde ich auf dieses Problem aufmerksam.

11) Den Bruder F. wird man darum eher in der Salzburger Provinz als in Ungarn zu suchen haben, wohin Gerhoch den wertvollen Codex schwerlich gegeben hätte.

### III. Das im Original erhaltene Widmungs-Exemplar einer Streitschrift:
### cod. Paris B. N. lat. 4236

Einen Abschnitt des großen Werks über die Psalmen hat Gerhoch zu einer umfassenden
Kirchenkritik ausgestaltet, dabei auch nicht versäumt, einige Seiten seinen christologischen
Lehren zu widmen. Es ist dies der Traktat über Psalm 64, die Schrift über Zion und Babel.
Bei der Arbeit am großen Kommentar nahm Gerhoch diesen Psalm vorweg, um die Schrift
1152 persönlich Papst Eugen III. zu überreichen. Eine Rückgabe erwartete er diesmal
nicht, und so ist diese erste Fassung verloren.[1] Mit einem neuen Vorwort fügte Gerhoch
die Schrift dann dem sechsten Bande des Psalmen-Werkes an, der die Psalmen 51–64
umfaßte und auf diese Weise abgeschlossen wurde.[2] Schließlich übergab er die Schrift samt
einer neuen Widmungs-Vorrede 1158 dem Kardinalpriester Heinrich von St. Nereus und
Achilleus in Augsburg;[3] man hat sogar vermutet, er habe sie 1159/60 ein viertes Mal
herausgehen lassen.[4] Das Werk steht im Codex Reichersberg 6 fol. 103ᵛ–156ʳ sowie einzeln
im Codex latinus 4236 der Pariser Nationalbibliothek. Man hat diese Handschrift bisher
für französischen Ursprungs gehalten und entweder als Kopie des Widmungs-Exemplars
für Kardinal Heinrich[5] oder als Abschrift der vermuteten vierten Redaktion angesehen.[6]
Der Pariser Codex im Format 26,5 : 19 cm umfaßt 54 gezählte Blätter, bestehend aus
einem Binio am Anfang (fol. 1–4), 5 Quaternionen (fol. 5–44) und einem Quintern am
Schluß (fol. 45–54). Die Quaternionen sind jeweils am Lagenende mit den Ziffern *XIIII*
bis *XVIII* gezählt, der Quintern am Anfang mit *XVIIII*, dem Binio fehlt die Zählung. Auf
dem ursprünglich freien fol. 1ʳ steht von einer ungelenken Hand der Titel *trauctatus* (sic!)
*de eclesiasticis negociis*. Der Schreiber bemüht sich offenbar, Züge des 12. Jahrhunderts
nachzuahmen, kann aber kaum verbergen, daß er der Neuzeit angehört.[7] Fol. 1ᵛ–2ᵛ steht
die Widmungsvorrede an Kardinal Heinrich: *Psalmo sexagesimo quarto ... Dei tui vacuus*
(R 93). Die untere Hälfte von fol. 2ᵛ ist frei, auf fol. 3ʳ beginnt der Text, der bis fol. 53ᵛ
reicht.[8] Auf fol. 54ʳ ist der von Gerhoch so gern als autoritative Bestätigung seiner Lehren
angeführte Brief Papst Eugens von 1146 (R 41) hinzugefügt; fol. 54ᵛ ist frei.

1) Zur Dedikation vgl. die von Van den Eynde S. 93 ff. zusammengestellten Belege, bes. S. 95
Anm. 2, zum Datum S. 97; die Abfassungszeit kann bis 1148/49 zurückgehen, anders Van den Eynde
S. 98 ff. Zu Gerhochs Romreise 1152 Classen S. 136 ff., zum Inhalt des Traktats ebenda S. 141–49.
2) Vgl. den Prolog MG. LdL 3, 439 f.
3) Belege bei Classen S. 185 ff.
4) So Van den Eynde S. 103 ff., anders Classen S. 370 und 419.
5) So Classen S. 312 Anm. 26 und S. 370, nach dem Folgenden zu korrigieren. Vor Abfassung des
Buches hatte ich die Handschrift nicht einsehen können.
6) So Van den Eynde S. 102 ff.
7) Wie schon Classen S. 142 vermutet, ist dieser Titel also nicht auf Gerhoch zurückzuführen.
8) Die auf beiden Handschriften beruhende Edition von Sackur, MG. LdL 3, 442–492, hat den
Traktat um die dogmatischen Partien gekürzt; vollständig steht er bei Migne, PL 194,9–120 nach E.
Baluze aufgrund der Pariser und bei B. Pez, Thesaurus novissimus anecdotorum 5 (1728) 1153–1258
aufgrund der Reichersberger Handschrift.

Die Handschrift enthält keinerlei alte Besitzvermerke aus der Zeit, bevor sie als Nr. 4841 in Colberts Sammlung einging: vielleicht ist mit der unteren Hälfte des fol. 54 ein solches Kennzeichen weggeschnitten. Wer aber einmal die Reichersberger Psalmen-Bände in der Hand gehabt hat, erkennt auf den ersten Blick, daß es sich nicht um eine französische Handschrift handelt, sondern um ein den Reichersberger Codices zum Verwechseln ähnliches Stück. Der Vergleich mit cod. Reichersberg 6 führt aber noch weiter. Diese infolge geringerer Beschneidung ein wenig größere Handschrift (27 : 20 cm) weist den gleichen Schriftspiegel auf wie die Pariser; sie besteht aus 20 Lagen mit zusammen 157 folia. Aber nur die Lagen I bis XIII haben eine Kustodenzählung wie die Pariser Handschrift. Legt man nun – da die Original-Handschriften nicht verliehen werden, ist dies nur im Photo möglich – das letzte Blatt der Reichersberger Lage XIII (fol. 105$^v$) neben das erste Blatt der Pariser Lage XIIII (fol. 5$^r$), so ergibt sich das überraschende Bild eines völlig fugenlosen Zusammenhangs.[9] Nicht nur der Text geht lückenlos von Reichersberg 6 fol. 105$^v$ auf Paris 4236 fol. 5$^r$ über, sondern auch der Schreiber ist auf beiden Seiten derselbe,[10] während in beiden Handschriften, wie sie heute vorliegen, mit der Lage auch die Hand wechselt. Der Pariser Codex ist von fol. 5$^r$ bis zum Schluß von einer Hand geschrieben; nur der ungezählte Binio am Anfang stammt von anderer Hand – wir können nun sagen: er wurde nachträglich vorgeheftet. Am Reichersberger Codex sind verschiedene Hände beteiligt; aber die Lage XIII, enthaltend Psalm 63 ganz und den Beginn von Psalm 64, ist von derselben Hand geschrieben wie die Lagen XIIII bis XVIIII im Parisinus. Die im Reichersberger Codex auf fol. 106$^r$ mit der 14. (ungezählten) Lage beginnende Hand ist dieser sehr ähnlich, weist aber doch unverkennbare Unterschiede auf. Es ist vielleicht derselbe Schreiber, dann hat er aber den Text von fol. 106$^r$ an zu einem späteren Zeitpunkt geschrieben als das übrige. Wie dem auch sei, es kann keinen Zweifel geben, daß der Pariser Codex mit Ausnahme des vorgehefteten Binio einen Teil des Reichersberger Codex 6 gebildet hat, ehe er aus diesem herausgelöst wurde; der heutige Schluß des Reichersberger Codex bildet einen Ersatz für die entfernten Teile.

Dieser Befund ist im Zusammenhang mit weiteren Beobachtungen an den Handschriften und Nachrichten über die Werke zu interpretieren. Nachdem Gerhoch den spätestens 1151 vollendeten Traktat im Frühjahr 1152 dem Papst überreicht und ein Konzept zurückbehalten hatte, gelangte er um 1153/54 in der Erklärung der Psalmen so weit, daß der 64. an die Reihe kam. Er ließ das Werk aus dem Konzept in den Reichersberger Codex 6 übertragen und schickte einen kurzen Prolog voraus, in dem er bemerkte, daß

---

9) Vgl. Tafeln 2 u. 3. Der Text dazu steht LdL 3, 444 f. Der Wechsel von 33 auf 32 Zeilen kann außer Betracht bleiben; denn das Punktorium von 34 Linien, bei dem oft unten eine oder zwei Zeilen frei bleiben, also das Schwanken von 32–34 Zeilen, kennzeichnet diesen Codex wie andere aus Reichersberg.

10) Obwohl Sackur für seine Edition beide Handschriften benutzte, scheint ihm die merkwürdige Übereinstimmung nicht aufgefallen zu sein. Im Detail ist diese Edition wie die andern Gerhoch-Editionen Sackurs oft flüchtig.

diese Schrift schon vor Jahren dem inzwischen verstorbenen Papst Eugen überreicht worden sei.[11] Dem Prolog folgte sogleich der Text, ohne daß auf den folia 103$^v$ und 104$^r$ mit dem Schluß von Psalm 63, dem Prolog zu Psalm 64 und dem Textbeginn von Psalm 64 ein Schreiberwechsel oder auch nur eine Unterbrechung der Schreibarbeit zu beobachten wäre. Der Schreiber schrieb noch den gesamten Text auf den Lagen XIIII bis XVIIII, die heute der Pariser Handschrift angehören. Wie in den übrigen Teilen des Codex griff Gerhoch auch in diesem hier und da mit eigener Hand korrigierend ein; insbesondere die Zwischenüberschriften am Rand des Parisinus (Tafel 1 b) stammen durchweg von ihm.[12]

Diese Beschreibung bedarf aber noch der Ergänzung. Der kurze Prolog zu Psalm 64 auf fol. 103$^r$ steht zur Hälfte auf Rasur von anderer (?) Hand.[13] Infolgedessen kennen wir die ursprüngliche Fassung seiner zweiten Hälfte nicht. In der neuen Version erklärt Gerhoch, er lege entgegen seinem ursprünglichen Vorsatz diesen Traktat nicht gekürzt, sondern im vollen, von Papst Eugen gebilligten Wortlaut vor, um denen zu begegnen, die seine Lehre von der Verherrlichung des Menschensohnes bestritten. Der Nachdruck liegt dabei nicht auf der Entschuldigung für die ungekürzte Wiedergabe der umfänglichen Schrift (die seit 2–3 Jahren vollständig dastand, als Gerhoch dies schrieb), sondern auf dem Nachweis, daß die umstrittenen Lehren vom Papst gebilligt seien. Diese Änderung des Prologs hängt offenbar zusammen mit Einträgen einer dritten Hand am Anfang und Schluß des Codex. Diese hat auf fol. 54$^r$ der Pariser Handschrift – also am alten Schluß der Reichersberger – Papst Eugens Brief an Gerhoch von 1146 (R 41) angefügt. Es sollte der Eindruck erweckt werden, das Lob des Papstes beziehe sich auf die vorliegende – in Wahrheit jüngere – Schrift, und zumindest bei einigen neuzeitlichen Gelehrten hat Gerhoch mit dieser Täuschung Erfolg gehabt.[14] Die zuletzt genannte Hand hat außerdem auf dem ursprünglich freien fol. 1$^r$ des Reichersberger Codex den Brief Gerhochs an einen Magister A. eingetragen (R 95), in dem der Empfänger darauf hingewiesen wird, daß die schon von Papst Eugen gebilligten Lehren keiner neuen Prüfung durch Papst Hadrian bedürften. Der Adressat solle Traktat und Papstbrief lesen. Diese Einträge besagen zusammengenommen: Um 1157, als Gerhochs Versuch, Papst Hadrian zu gewinnen, gescheitert war, konstruierte er um so nachdrücklicher die Zustimmung Papst Eugens zu seinen Lehren. Er ließ den entsprechend hergerichteten Band dem – leider nicht sicher identifizierbaren –

---

11) LdL 3, 439 f.; vgl. aber unten Anm. 13.

12) In Sackurs Ausgabe am Rande wiedergegeben.

13) LdL 3, 439 f.; Spalte A: *Erat quidem* bis *docere vel agere* steht auf Rasur. Ob die Hand – wie bei CLASSEN S. 162 Anm. 1 angegeben – dieselbe ist, die ab fol. 106$^r$ den Text schreibt (also wahrscheinlich der Schreiber, der auch die nicht radierten Partien dieser Seite geschrieben hat, in einem späteren Stadium), scheint mir heute nicht mehr ganz sicher. Der Vergleich wird dadurch erschwert, daß der begrenzte Raum auf der Rasur den Schreiber zwang, eng zu schreiben. – Jedenfalls dürfen die auf Rasur stehenden Teile des Prologs, also der Bericht über die neuen Angriffe auf Gerhochs Christologie, nicht für 1153/54 verwertet werden, wie dies bei VAN DEN EYNDE S. 92 f. und CLASSEN S. 162 und 358 geschieht. Dieser Abschnitt gehört ins Jahr 1157 oder frühestens Ende 1156.

14) So bringt BRACKMANN, GP 1, 195 Nr. 17 den Traktat zu Psalm 64 in Verbindung mit R 41.

Magister A. zugehen, nachdem der Prolog geändert, der Übersendungsbrief und der
Papstbrief eingetragen waren.[15] Die heute getrennten Teile des ursprünglichen Codex
Reichersberg 6 gehörten damals noch zusammen. Selbstverständlich erhielt Magister A.
den Band nur leihweise, so wie einige Jahre zuvor Otto von Freising den Band 1.

Auch am Text selbst nahm Gerhoch noch eine wichtige Korrektur vor. Er hatte früher
die Dekretale 2 des Papstes Melchiades unbefangen zitiert.[16] Nun stellten aber die
Stadtrömer das Constitutum Constantini in Frage: wenn Kaiser Konstantin schon unter
Melchiades Christ gewesen war, dann konnte die Geschichte von der Taufe durch Silvester
nicht stimmen.[17] In einem Brief an Kardinal Oktavian suchte Gerhoch die Lösung des
Problems: die in Wahrheit dem Silvester zugehörige Dekretale sei durch Kopistenfehler in
den Rechtssammlungen dessen Vorgänger zugeschrieben worden (R 62). In Kenntnis des
Problems, aber wohl noch nicht der Lösung, die der Brief gibt, zitiert Gerhoch die strittige
Dekretale in unserem Traktat nicht mehr unter des Melchiades Namen, sondern mit dem
Titel *in gestis ecclesiasticis*; aber an allen drei Stellen, wo dieser Ausdruck vorkommt, steht
er in der Pariser Handschrift auf Rasur von andrer Hand.[18] Ursprünglich muß auch hier
von Melchiades die Rede gewesen sein; erst nach Anlage des Codex 1153/54, aber bevor er
diesen Teil des Codex aus der Hand gab, hat Gerhoch durch seinen Schreiber die
Korrektur vorgenommen.[19]

Zu einem späteren Zeitpunkt löste Gerhoch dann die Lagen XIIII bis XVIII aus dem
Reichersberger Codex heraus, um eine besondere Handschrift des Traktats zu Psalm 64
nicht ausleihen, sondern verschenken zu können. Auf einem Binio wurde von einer Hand
zunächst die Widmungs-Vorrede an Kardinal Heinrich eingetragen und dann – ohne den
Prolog – der Text der ersten vier Seiten des Traktats, die beim Reichersberger Codex
verblieben waren, seitengetreu kopiert, alles von einer Hand, die von der des alten Codex
verschieden ist (Tafel 4). Dies muß im Frühjahr oder Frühsommer 1158 geschehen sein.
Als Gerhoch von der bevorstehenden Legation der Kardinäle Heinrich und Hyacinth

---

15) Damit wird die Datierung des Briefes R 95 auf 1157 bei VAN DEN EYNDE S. 119 f. bestätigt, die auf
1158/59 bei CLASSEN S. 371 ist zu berichtigen. Ohne Einsicht in die Pariser Handschrift hatte ich
angenommen, Gerhoch habe erst 1158 den Traktat zu Psalm 64 mit R 41 in Verbindung gesetzt. Die
Gleichheit der Hände bei den Briefeinträgen im Parisinus fol. 54ʳ und im Reichersbergensis fol. 1ʳ
beweist, daß vielmehr 1158 Frühjahr der Terminus ante quem ist.

16) De aedificio Dei, LdL 3 S. 154 = Pseudo-Isidor, ed. P. HINSCHIUS (1863) S. 248.

17) Brief des Wezel an Friedrich I., 1152, bei PH. JAFFÉ, Bibliotheca rerum Germanicarum 1 (1864)
542 Nr. 404. Zur Sache vgl. CLASSEN S. 131 f. und die dort genannte Literatur.

18) LdL 3 S. 448 f. Auf Rasur steht: fol. 7ʳ: *in gestis ecclesiasticis legitur* (Seite 448 Zeile 16), *in gestis
ecclesiasticis vir* (Seite 448 Zeile 27), fol. 7ʳ: *per Constantinum pium principem* (Seite 449 Zeile 3),
fol. 8ʳ: *de gestis ecclesiasticis* bis *scripta sunt utrobique* (Seite 449 Zeilen 23–25).

19) R 62 kann also nicht, wie VAN DEN EYNDE S. 98 ff. annahm, vor dem Traktat zu Psalm 64
angesetzt werden; der Spielraum bei CLASSEN S. 355 f. (1151–56) ist auch zu weit: die Anlage des
Codex Reichersberg 6 in der ursprünglichen Form, 1153/54, ist Terminus post quem, erst das Schisma
1159 sicherer Terminus ante.

hörte, begab er sich schleunigst nach Augsburg, um nach seinem vergeblichen Bemühen um Papst Hadrian wenigstens die Kardinäle für seine kirchenpolitischen und dogmatischen Ideen zu gewinnen. Das beste Mittel schien die Widmung von Schriften zu sein – aber konnte er sie auch den Kardinälen, wie Otto von Freising und dem Magister A., nur leihweise überlassen? Der Kardinal Hyacinth hat wahrscheinlich damals die erste Fassung des Antichrist-Buches erhalten, *adhuc in scedulis,* das heißt im Konzept, das nie wieder in Gerhochs Besitz zurückkehrte: Gerhoch besaß nur dies eine Exemplar der unfertigen Schrift.[20] Für den Zisterzienserkardinal Heinrich erschien aber die angeblich vom Zisterzienserpapst Eugen gebilligte Schrift am geeignetsten. Die Zeit fehlte, eine besondere Kopie von über hundert Seiten herzustellen; aber außer dem Konzept war die Reinschrift im Codex Reichersberg 6 da. Sei es, daß Gerhoch diesen ganzen Codex mit auf die Reise nach Augsburg nahm und erst dort die Lagen XIIII bis XVIIII heraustrennte und den Binio vorsetzen ließ, sei es, daß er diese Vorbereitungen schon in Reichersberg traf, jedenfalls mußten und konnten die vier Text- und drei Widmungsseiten rasch ergänzt werden, und was einst ein Teil des Codex Reichersberg 6 war, ging als selbständiger Codex in den Besitz des Kardinals über. Die besondere Eile hatte ein ungewöhnliches Verfahren erfordert, das aber den Verfasser hoffen lassen konnte, seine Schrift werde nun an der Kurie wirken.[21]

Daß der Pariser Codex auf das dem Kardinal Heinrich übergebene Exemplar zurückgehen müsse, glaubte ich schon vor Einsicht der Handschrift aus der Fassung der Widmung entnehmen zu können.[22] Jetzt läßt sich sagen, daß er mit dem dedizierten Exemplar identisch ist; dies wurde vermutlich nie kopiert. Die früheren Beobachtungen über das geringe Interesse, das Gerhochs Schriften fanden, werden dadurch noch verschärft.

Der Schluß auf ein Dedikations-Exemplar für den Kardinal wird aber nur dann erlaubt sein, wenn die weitere Geschichte der Handschrift dem entspricht oder doch keine Gegenargumente liefert. Der Codex gehörte unter Nr. 4841 zu Colberts Sammlung. Nun findet sich in einem Verzeichnis von Handschriften, die Colberts Agenten 1679 im Zisterzienserkloster Fontenay (Diöz. Autun) erwarben, der Titel *Tractatus de ecclesiasticis negociis,* den unsere Handschrift auf dem ersten Blatt trägt.[23] Dieser Tractatus hat sich mit keinem sonst bekannten Colbertinus identifizieren lassen; wir dürfen ihn darum wohl mit dem Parisinus 4236 = Colbertinus 4841 gleichsetzen. Aus ihm hat E. Baluze im Jahre 1700 die Schrift als erste aller vollständig gedruckten Werke Gerhochs publiziert.[24] Zu Augsburg hatte der Kardinal Heinrich im Juli 1158 den Codex erhalten. Während der nächsten

---

20) Vgl. oben S. 388.
21) Hauptzeugnisse für die Zusammenkunft in Augsburg sind LdL 3, 501 und PL 193, 570 A, zum Ganzen CLASSEN S. 187 f.
22) CLASSEN S. 370, zur abweichenden Auffassung VAN DEN EYNDES unten S. 398.
23) L. DELISLE, Le cabinet des manuscrits de la Bibliothèque Nationale 1 (1868) 465 f. Nr. 35. Der Traktat ist nicht unter den von DELISLE vol. 2 (1874) 366 f. identifizierten.
24) E. BALUZE, Miscellanea 5 (1700) 63–235.

1½ Jahre war er, vielfach um den Frieden zwischen Kaiser und Papst bemüht, auf Reisen in Italien,[25)] bis er im Februar 1160 als Legat Alexanders III. nach Frankreich ging. Um die Neutralität im Schisma zu wahren, verweigerte Cluny dem Legaten die Aufnahme, und dieser fand erst in Vézelay sein erstes Quartier in Frankreich.[26)] Man kann nur vermuten, nicht beweisen, daß er damals den Codex in seinem Gepäck hatte; aber Fontenay liegt nur eine Tagesreise von Vézelay entfernt, und es mag wohl sein, daß der Zisterzienserkardinal das Zisterzienserkloster besuchte. Dortselbst oder in Vézelay, von wo der Codex später ins Nachbarkloster gelangt sein könnte, mag er den Codex zurückgelassen haben; sei es, daß er ihn einem Leser borgen, sei es, daß er nur sein Gepäck erleichtern wollte. Das alles läßt sich nicht sicher beweisen, aber es vermag doch zu erklären, auf welchem Weg der Codex von Reichersberg über Augsburg und Fontenay schließlich nach Paris gelangte. Auf der andern Seite fehlt jeder Anhaltspunkt dafür, daß Gerhoch seine Schrift nach 1158 noch einmal nach Frankreich senden konnte.

Der Widmungs-Codex wurde nicht mehr verändert, nachdem Gerhoch ihn einmal aus der Hand gegeben hatte. Dagegen hatte der Reichersberger Codex seine weitere Geschichte. Zunächst ließ Gerhoch die verstümmelte Handschrift wieder vervollständigen, offenbar aufgrund des noch immer vorhandenen Konzeptes, das schon die Grundlage der ersten Eintragung gebildet hatte. Wenn man den Widmungsvorreden und Schreiberversehen sowie kleinen nachträglichen Korrekturen, z. T. von Gerhochs Hand, absieht, findet man keine Abweichungen der Reichersberger von der Pariser Fassung im Text.[27)]

---

25) CLASSEN, Gerhoch S. 187 ff., M. MACCARRONE, Papato e Impero dalla elezione di Federico I alle morte di Adriano IV (1960) S. 296 ff.

26) W. JANSSEN, Die päpstlichen Legaten in Frankreich 1130–1198 (1961) S. 62 ff.

27) Zu den Textänderungen in beiden Codices noch zwei Notizen: die direkte Anrede an Papst Eugen ist im cod. Par. beide Male nachträglich durch Rasur hergestellt: fol. 11ᵛ *tu, papa Eugeni, ... mandasti* aus *papa Eugenius ... mandavit* und fol. 14ᵛ *per te, papa Eugeni,* aus *per papam Eugenium* (LdL 3, 455 und 457), beides von Gerhochs Hand. Diesen Versuch, der ganzen Schrift das Aussehen eines Brieftraktats an den Papst zu geben, hat der Verfasser im Reichersberger Codex nur an der 2. Stelle wiederholt; dagegen wurden die oben Anm. 18 auf S. 395 notierten Korrekturen vom Schreiber offenbar auch im Konzept vorgenommen und sind in den Reichersberger Codex übergegangen. – Ein Zitat aus einer Dekretale Nikolaus' I. steht im cod. Par. fol. 20ʳ in demselben Auszug, den Gerhoch schon früher und noch später (LdL 3 S. 147, 278, 402) bringt und der ebenso abgegrenzt ist wie in Gratians Dekret c. 6 D. 96 (aus der collectio trium partium). Im cod. Reichersberg 6 fol. 121ᵛ ist das Zitat nachträglich am Rand um ein erhebliches Stück seines Kontextes, der sich in den Rechtssammlungen anscheinend nicht fand, erweitert worden (vgl. LdL 3, 465, wo Zeile 38 statt *inpius* zu lesen ist *in suis*; die Quelle jetzt MG. Epp. 6, 486). Das ist ein neues Zeugnis für Gerhochs Bemühen, über zeitgenössische Sammlungen hinaus zu den Urtexten des Rechtes und des Glaubens vorzudringen und die Ergebnisse auch nachträglich noch seinen Schriften einzufügen. Diese jedenfalls nach 1158 vorgenommene Korrektur stammt von einem Schreiber, andere – wie die Ergänzung einer kleinen Haplographie-Lücke fol. 112ᵛ – von Gerhoch selbst (Tafel 1a). – In der Reichersberger Fassung erhält Norbert von Xanten zusätzlich das Epitheton *religiosus* (LdL 3, 451 Zeile 12; CLASSEN S. 33 Anm. 13 ist entsprechend zu berichtigen).

Die Ergänzung nahm, wie bemerkt, anscheinend derselbe Schreiber vor, der etwa 4–5 Jahre früher den weggegebenen Teil des Codex geschrieben hatte. Dann aber hat auf fol. 156$^v$–157$^r$ eine neue Hand, die uns bisher nicht begegnet ist, die Widmung an Kardinal Heinrich in einer neuen, als Brief stilisierten Fassung nachgetragen (R 93) und (mit Federwechsel) den mehrfach erwähnten Brief Papst Eugens hinzugefügt (R 41). Dieser zweiten Fassung der Dedikation hat man entnehmen wollen, daß der Pariser Codex nicht auf das Widmungs-Exemplar zurückgehen könne.[28] In der Tat kann nur entweder die Widmungs-Vorrede des Pariser Codex oder der Widmungs-Brief der Reichersberger dem Kardinal übergeben worden sein. Ein Vergleich beider Fassungen zeigt, daß der Kern mit seinen ausführlichen Erörterungen über *regnum* und *sacerdotium* wörtlich gleich lautet. Die Reichersberger Fassung hat am Anfang aber eine Briefadresse, die der Pariser fehlt, und anstelle des ersten Absatzes der Pariser Fassung, der mit dem Prolog in der Reichersberger Handschrift fol. 103$^r$ übereinstimmt und von der Dedikation an Papst Eugen berichtet, steht ein knapper Einleitungssatz. Der Brief paßte also nur dorthin, wo der Prolog außerdem stand, d. h. in die Reichersberger Handschrift.[29] Entscheidend ist nun die Abweichung am Schluß. Die Pariser Fassung preist hier den Eifer des Kardinals für Gottes Haus (vgl. Ps. 68, 10), Gerhoch schildert seine Schrift als »Nahrung für das heilige Feuer« (vgl. Lev. 6, 12) und wendet sich dann an den Empfänger: *Suscipe igitur munusculum hoc de manu paupertatis nostre ...* Der Reichersberger Brieffassung fehlt die persönliche Würdigung des Kardinals sowie die Schlußwendung *Suscipe...*; nur die Charakteristik des eigenen Werkes ist in verkürzter Form stehen geblieben.

Daraus ergibt sich klar, daß nur die Pariser Widmungs-Vorrede, nicht der Reichersberger Widmungs-Brief für die Dedikation geeignet war. Die Brieffassung ist anders zu erklären. Gerhoch wollte den sachlich wichtigen Kern der Vorrede an den Kardinal, die Ausführungen über *regnum* und *sacerdotium,* festhalten. Da im Reichersberger Codex der Beginn des Traktats auf Lage XIII unversehrt geblieben war, ließ sich dort keine Vorrede einfügen; sie mußte an den Schluß gesetzt werden. Dort aber paßte die literarische Form der Vorrede nicht; diese wurde darum in die Fassung eines Briefes mit Adresse gebracht. Die schon im Prolog stehenden Sätze über die Widmung des Traktats an Papst Eugen waren hier entbehrlich; aber der Brief des Papstes als autoritative Bestätigung des Werkes wurde auch hier gebraucht. Diese Brieffassung der Widmung ist aber niemals abgesandt worden; wenn man will, kann man sie als literarische Fiktion bezeichnen. Die Existenz dieses Briefes in dem Reichersberger Codex widerspricht also nicht unsrer These, daß der Pariser Codex dem Kardinal überreicht wurde.[30]

---

28) So VAN DEN EYNDE S. 102 f. Die Abweichungen des Widmungs-Briefes von der Widmungs-Vorrede des Parisinus sind LdL 3, 439 und 441 in den Fußnoten wiedergegeben.

29) So mit Recht VAN DEN EYNDE S. 102, der darum aber zu Unrecht eine Kombination von Prolog und Widmungsbrief für das Dedikationsexemplar forderte.

30) Denkbar, wenn auch weniger einleuchtend, wäre auch eine andere Erklärung: der Widmungsbrief wurde entworfen, um die Schrift durch einen Boten dem Kardinal zuzustellen; als Gerhoch sich dann

Für die vermutete vierte Fassung oder Widmung der Schrift nach 1158 ergibt sich kein Anhaltspunkt. Gerhoch ließ aber 1163 auf fol. 157ᵛ noch einen kurzen Brief eintragen: es ist das Schreiben Adams von Ebrach an Gerhoch, das auf dessen Angriff gegen Folmar von Triefenstein antwortet (R 127). Daß es hier – von andrer Hand als die vorhergehenden Briefeinträge – seinen Platz fand, verdankt es wohl dem Satz: *Porro his que eadem vestra scripta habent consentimus et catholica iudicamus.* Merkwürdigerweise fehlt das Schreiben in den Briefsammlungen dieser Jahre.[31]

Die Untersuchung der Handschriften aus Reichersberg und Paris läßt die Widmungen und Fassungen des Traktats über Psalm 64 genauer als bisher erkennen und unterscheiden. Wichtiger als dies dürfte der Einblick sein, den wir in die Technik der Herstellung von Widmungs-Exemplaren eines polemischen Traktates einerseits zum Verleih, andererseits zur Übereignung erhalten. Es ist die Arbeitsweise eines Propstes, dessen Feder unermüdlich wirken will und der um Anerkennung ringt, dem aber die materiellen Mittel zu wirksamer Publizistik ebenso fehlen wie die Fähigkeit, jene literarische Form zu gestalten, die um ihrer selbst willen Leser und Abschreiber findet.

### IV. Die Briefsammlung aus Windberg: clm 22201 (W)

Die Briefe des christologischen Streites zwischen Gerhoch und Bischof Eberhard II. von Bamberg in den Jahren 1163/64 finden sich großenteils gesammelt in einer der großen Prachthandschriften, die der Prämonstratenser-Abt Gebhard von Windberg für sein Kloster herstellen ließ.[1] Der jetzige clm 22201 umfaßt 271 Blätter im Format 49,5 : 32 cm und stellt in seinem Hauptteil eine Sammlung von Glossarien, Vokabularien und Sentenzen dar, die inhaltlich genau der im gleichen Riesenformat geschriebenen berühmten Handschrift clm 13002 aus Prüfening vom Jahre 1158 entspricht.[2] Eine Eintragung auf fol. 3ᵛ sagt in Versen, daß die Handschrift auf Befehl des Abtes Gebhard geschrieben wurde; davor ist der März 1165 als Datum der Vollendung angegeben.[3]

---

entschloß, die Schrift persönlich dem Kardinal zu überreichen, arbeitete er den Brief zur Vorrede um, die er dann in die Vorsatzlage des Parisinus eintragen ließ. In jedem Fall paßt zur persönlichen Übergabe besser die Vorrede, während ein Brief eher bei der Zustellung durch Boten angebracht ist.
31) Vgl. unten S. 409.
1) Über die Windberger Bibliothek vgl. den von M. MANITIUS, NA. 32 (1912) 246 ff., aus unserer Handschrift edierten Katalog des 12. Jahrhunderts sowie A. STURM, Windberger Schrifttum von der Grundung des Klosters bis zum Ausgang des Mittelalters, Ostbair. Grenzmarken 13 (1926) 105–111, 142–152.
2) Vgl. die Beschreibung von N. HÖING, Arch. f. Dipl. 1 (1955) 267–270; über clm 13002 H. FICHTENAU, MIÖG. 51 (1937) 313 ff.
3) Abgedruckt bei HÖING S. 269.

Die Übereinstimmung zwischen den Handschriften aus Prüfening und Windberg beweist eine Zusammenarbeit der Prämonstratenser mit den hirsauisch geprägten Benediktinern, die uns auch bei andrer Gelegenheit begegnen wird. Sie beruht offensichtlich auf der Zusammengehörigkeit der Bamberger Eigenklöster in der Regensburger Diözese. Uns geht hier aber allein der selbständige Teil des Windberger Codex an. Nach Sentenzen auf fol. 254$^r$–256$^v$ folgt auf den beiden Lagen fol. 257$^r$–271$^r$ eine Briefsammlung, die in einem Zuge von einer schon beim letzten Teil der Kopien nach Prüfeninger Vorlage tätigen Hand geschrieben wurde. In sehr gleichmäßiger und sauberer Schrift, jeweils vier Spalten zu je 57 Zeilen auf der Seite, hat sie drei inhaltlich unterschiedliche Teile zusammengefaßt:

1) Fol. 257$^r$–258$^r$ unter der Überschrift *Epistole he occasio fuerunt expeditionis illius maxime sed omnino infructuose*: der Kreuzzugs-Aufruf Eugens III. JL 8867[4] und die Briefe Bernhards von Clairvaux Nr. 363 (hier mit Adresse an Erzbischof Arnold von Köln) und 365 sowie eine Beschreibung von Edessa und anderen Städten »Persiens«.

2) Fol. 258$^r$–259$^v$ die sogenannten Trierer Stilübungen unter der Überschrift: *Epistole hec et sequentia scismatis maximi fomitem ministrabant.*[5] Dabei steht ein Verweis auf den fol. 270$^v$–271$^r$ nachgetragenen Brief Hadrians IV. JL 10304 = MG. Const. 1 Nr. 164, der den Zwischenfall von Besançon 1157 auslöste.

3) Fol. 259$^v$–270$^r$ ohne zusammenfassende Überschrift, doch mit Lemmata zu den Einzelbriefen, 13 Briefe aus dem christologischen Streit Gerhochs mit Eberhard von Bamberg. Im einzelnen sind es folgende Stücke:[6]

| | | |
|---|---|---|
| 1. R 117 Gerhoch an Gebhard von Windberg | PL 193, 521–24 | |
| | 1163 Sommer | |
| 2. R 118 Eberhard von Bamberg an Gerhoch | PL 193, 524–29 | |
| | 1163 Sommer/Herbst | |
| 3. R 121 Gerhoch an Eberhard von Bamberg | PL 193, 529 f. | |
| | 1163 Herbst | |
| 4. R 122 Gerhoch an Eberhard von Bamberg | PL 193, 530 f. | |
| | 1163 Herbst | |
| 5. R 123 Eberhard von Bamberg an Gerhoch | PL 193, 532–41 | |
| | 1163 Herbst/Ende | |
| 6. R 126 Gerhoch an Adam von Ebrach | PL 193, 496–500 | |
| | 1163 Herbst/Ende | |

---

4) Der Papstbrief ist mit Benutzung dieser Hs. kritisch ediert von P. RASSOW, NA. 45 (1924) 302 ff., dazu E. CASPAR, ebenda S. 285–302; der Text über Edessa aus dieser Hs. hrsg. v. R. RÖHRICHT, Zs. d. dt. Palästinavereins 10 (1887) 295–299.

5) Vgl. die Edition von HÖING S. 318–329.

6) Der auf anderer Überlieferung beruhende Druck von (PEZ-) MIGNE bietet z. T. stark abweichende Texte, vgl. unten S. 412 ff., 415 ff.

7. R 128 Eberhard von Bamberg an Eberhard      Classen S. 388
   von Salzburg                                 1163 Herbst/Ende
8. R 129 Eberhard v. Bamberg an Eberhard       PL 193, 501–14
   v. Salzburg                                  1163 Herbst/Ende
9. R 145 Eberhard von Bamberg an Eberhard      PL 193, 514–21
   von Salzburg                                 1164 ca. Juni
10. R 138 Gerhoch an Eberhard von Bamberg      PL 193, 542–52
                                                1163/64 Winter
11. R 143 Eberhard von Bamberg an Gerhoch      PL 193, 552–64
                                                1164 ca. Juni
12. R 144 Eberhard von Bamberg an die          Classen S. 395 f.
    Äbte von Prüfening, Windberg und Biburg     1164 ca. Juni
13. R 140 Papst Alexander III. an Gerhoch      GP 1, 201, Nr. 37
                                                1164 März 22

Der Aufbau der Sammlung ist weitgehend chronologisch. Am Anfang steht Gerhochs Brief an den Abt von Windberg, denselben, der keine zwei Jahre nach Erhalt dieses Briefes den vorliegenden Codex anlegte. Es folgen vier zwischen Bamberg und Reichersberg gewechselte Briefe, die sich an den ersten Brief an Gebhard anknüpfen. Ehe nun aber der Austausch zwischen Bamberg und Reichersberg fortgeführt wird, ist eine Gruppe »Bamberg an Salzburg« eingeschoben.[7] Sie wird eingeleitet durch Gerhochs Brief an Adam von Ebrach, gegen den die beiden unmittelbar folgenden Bamberger Briefe protestieren und der offenbar als Anlage mit nach Salzburg ging. Nur das erste der drei nach Salzburg gerichteten Stücke trägt eine Briefadresse (R 128): es ist ein kurzer Begleitbrief für den gleich folgenden Brieftraktat, beides aus den letzten Monaten des Jahres 1163. Der dritte Brief nach Salzburg ist wieder ein längerer Traktat, der sich gegen den unmittelbar folgenden Brief Gerhochs wendet. Mit ihm gleichzeitig verfaßt ist die an Gerhoch selbst gerichtete Widerlegung sowie das kurze Schreiben an die drei Äbte. Dies gibt die wichtigsten Aufschlüsse über die Entstehung der Sammlung; denn der Bischof beauftragte die Äbte, seine Entgegnung (R 143) auf den beifolgenden Brief Gerhochs (R 138) durchzusehen, falls nötig zu korrigieren und dem Empfänger zuzuleiten. Die Bamberger Eigenklöster in der Regensburger Diözese erhielten also nicht nur die Aufgabe, die Bamberger Post nach Reichersberg zu befördern, sondern sollten darüber hinaus ihrem Bischof durch Bearbeitung der Briefe wissenschaftliche Hilfe leisten. Es liegt nahe, zu vermuten, daß sie dieselbe Aufgabe auch für die von Bamberg nach Salzburg gehenden Briefe erfüllten und

---

7) Um den Zusammenhang des Briefwechsels zwischen Reichersberg und Bamberg wiederherzustellen, hat der Schreiber am Ende von R 123 (fol. 261ᵛ unten am Rand) vermerkt: *Sequuntur adhuc due epistole coherentes huic, quas reperies ad tale signum in quarto folio.* Es folgt ein Verweiszeichen, das fol. 266ᵛ über der Spalte, in der R 138 beginnt, wiederholt ist.

daß die Briefe auf diese Weise in das Kloster kamen, dessen Abt sie dann in den Sammelcodex eintragen ließ.

Mit dem Brief an die Äbte zusammen muß die oben als Nr. 9–11 bezeichnete Gruppe nach Windberg gelangt sein; alle übrigen werden den gleichen Weg aus gleichem Anlaß gegangen sein, selbst der erste, nach Windberg adressierte Brief nicht ausgenommen; denn der Adressat hat ihn zunächst dem Bischof zur Verfügung gestellt, der ihn widerlegte und mit der Antwort zurückgab. Nicht sicher läßt sich ausmachen, wie oft die Windberger Dienste in Anspruch genommen wurden, ob Nr. 1 und 2 zusammen mit 3 bis 5 oder getrennt von der zweiten Gruppe dorthin gelangten. Sicher bildeten 6 bis 8 und 9 bis 12 jeweils zusammengefaßte Sendungen von Bamberg nach Windberg. Aus Bamberg oder Salzburg muß schließlich der Papstbrief dorthin gekommen sein, der den weiteren Streit kurzerhand verbot. Nur in Salzburg und Reichersberg, nicht aber in Bamberg galt Alexanders III. Autorität. Darum ist es denkbar, daß das letzte Stück schon in Bamberg bekannt war, als Eberhard seine letzte Post gegen Gerhoch abschloß.

Die Windberger erhielten die Briefe also sämtlich aus Bamberg, zum Teil sicher, zum Teil wahrscheinlich in größeren Gruppen von Briefen, um dann das Material den Empfängern in Salzburg und Reichersberg zuzustellen. Genauer Vergleich der Texte mit denen der Admonter Sammlung, die großenteils dasselbe Material enthält, jedoch in abweichenden Fassungen, wird weiteren Aufschluß über die Arbeit der Windberger und die Entstehung der Sammlung bieten.[8] Doch zuvor muß der Admonter Codex beschrieben werden.

## V. Die Briefsammlung des Codex Admont 434 (A)

Der Codex Admont 434 ist der für die Überlieferung der Briefe Gerhochs bei weitem wichtigste.[1] Seine Anlage ist schon 1938 von Fichtenau beschrieben worden;[2] einiges ist hier zu ergänzen. Wie die beigegebene Übersicht (S. 406 f.) im einzelnen zeigt, gliedert der Inhalt sich in sechs Teile:

1) Briefwechsel Bamberg Salzburg, 1163/64,

2) Briefwechsel Reichersberg Bamberg, 1163/64,

3) Liber de novitatibus huius temporis von 1156 mit 2 Briefen der 1150er Jahre,

4) Briefwechsel Gerhochs mit der Kurie, 1163/64,

5) 3 Briefe Gerhochs von etwa 1155/58,

6) Opusculum ad cardinales von 1166.

---

8) Vgl. unten S. 412 ff., 415 ff.

1) Die meisten Briefe sind aus dieser Handschrift in deren Reihenfolge herausgegeben von B. PEZ, Thesaurus anecdotorum novissimus, vol. 6 pars 1 (1729) 444–593 Nr. 1–21, danach MIGNE, PL 193, 495–607 Nr. 5–25. Die Editionen sind aber z. T. fehlerhaft.

2) MIÖG. 52, 41 f.

Den Kern des Codex bildet also der Briefwechsel der Jahre 1163/64. Er wird ergänzt durch einiges ältere Material und den Traktat von 1166. Jeder der genannten sechs Teile ist vom vorangehenden und vom folgenden durch den gleichzeitigen Wechsel von Hand und Lage geschieden. Eine Ausnahme bildet nur die Grenze zwischen den Teilen 4 und 5: auf fol. 182$^v$, mitten in der 25. Lage, setzt mit R 89 eine neue, früher in dem Codex nicht begegnende Hand ein, die stärkere Brechungen zeigt und die Oberlängen nach Art diplomatischer Minuskel stark verlängert. Mit dem Wechsel zur 26. Lage (ab fol. 186$^r$) nutzt diese ausgesprochen experimentierfreudige Hand den nun vorhandenen größeren Zeilenabstand dazu, die Oberlängen noch wesentlich stärker auszuziehen und auszuschmücken.[3] Der sechste Teil schließt sich dann wieder mit Wechsel von Hand und Lage in normaler, der früher im Codex vorkommenden ähnlichen Buchschrift an.

Wie schon Fichtenau bemerkte, fallen aber nicht nur bei den großen inhaltlichen Abschnitten der Wechsel von Hand und Lage zusammen, sondern auch an zahlreichen anderen Stellen. Eine Hand pflegt meist 2 bis 3 Lagen zu schreiben, dann tritt, unabhängig von der Gliederung des Inhalts, mit Lagenwechsel wieder eine andere Hand ein. Vor allem in den Teilen 2 und 3 ist dabei zu beobachten, daß die letzte von einer Hand beschriebene Lage nicht den normalen Umfang eines Quaternio hat, sondern verkürzt oder – seltener – verlängert ist. Auf der letzten Seite oder sogar auf den letzten 2–3 Seiten ist dann oft die Schrift auseinandergezogen, oder die Seite ist ornamental aufgeteilt und zwischen den Ornamenten nur teilweise beschrieben. Dies alles geschah, weil die folgende Lage bereits von einem anderen Schreiber geschrieben war und man einen möglichst lückenlosen und ästhetisch befriedigenden Anschluß herzustellen suchte. Dies war notwendig, weil die Wechsel von Hand und Lage, abgesehen von den genannten großen Abschnitten des Codex, niemals mit einem inhaltlichen Abschnitt, etwa dem Anfang eines Briefes oder Kapitels, zusammenfielen, sondern regelmäßig mitten im Satz lagen. Solche auffallenden Wechsel finden sich nach den folia 53, 71, 91, 112, 134.[3a]

Nach dem äußeren Befund muß die Herstellung der beiden Teile etwa folgendermaßen vor sich gegangen sein. Man übergab die Vorlage für Teil 1 den Schreibern A und B, die nun allerdings nicht gleichzeitig, sondern abwechselnd arbeiteten. Zugleich übernahmen C und D den Teil 2, den sie etwa in der Mitte teilten, um gleichzeitig zu schreiben. Wenn sie diese Teilung eines Bestandes von 7 Briefen nun nicht bei einem Briefanfang, sondern mitten in einem Satz nicht weit vom Beginn des Briefes R 138 vornahmen, so deutet das mit Sicherheit darauf, daß die Vorlage nicht aus einzelnen Briefen, sondern aus fortlaufend beschriebenen Heften bestand, deren zwei hier aneinander grenzten. Noch ehe D seine Arbeit vollendet hatte, gab er sein letztes, wieder mitten im Satz beginnendes Heft an B, der von der Arbeit am ersten Teil inzwischen frei geworden war.

---

3) Diese Hand gehört aber gewiß nicht, wie E. Mühlbacher, Arch f. österr. Gesch. 47 (1871) 362, meinte, dem 13. Jh. an
3a) Dasselbe Verfahren begegnet in den Admonter Handschriften Irimberts, vgl. demnächst die Gießener Diss. von J. Braun.

In ähnlicher Weise wurde dann, teilweise von denselben Schreibern, der dritte Teil hergestellt, der die gleichen Symptome heftweiser Aufteilung der Vorlage zeigt wie Teil 2. Diese Vorlage muß, wie der auf fol. 153ʳ erscheinende Name Johannes Damascenus erweist, eine nicht vor dem Sommer 1163 eingetragene Korrektur Gerhochs enthalten haben; denn erst zu diesem Zeitpunkt erkannte Gerhoch, daß das sonst von ihm unter dem Namen des heiligen Basilius zitierte Werk dem Johannes Damascenus angehört.[4] Die dem dritten Teil angeschlossenen Briefe R 62 und R 100 haben höchstwahrscheinlich auf den Schluß-, vielleicht auch auf den Vorsatzblättern der Vorlage-Handschrift gestanden, wie wir dies aus den Reichersberger Codices kennen.[5]

Teil 4 haben zwei Schreiber ziemlich genau jeder zur Hälfte geschrieben; aber obwohl auch hier Hand- und Lagenwechsel nach fol. 171 mitten im Text zusammenfallen und die zweite Lage des ersten Schreibers verkürzt ist, gibt es doch keinen Anlaß für die Vermutung gleichzeitiger Herstellung beider Lagen; der Wechsel ist glatt und ohne Künstlichkeiten. Darum kann man hier auch nichts über die Vorlage aussagen. Der zweite Schreiber schloß in der Mitte seiner zweiten Lage; dort setzt später der Schreiber von Teil 5 ein. Es ist nicht völlig ausgeschlossen, daß er die nächsten Lagen erst einschob, als die beiden Lagen des Teiles 6 schon vorhanden waren.[6]

Die Entstehungszeit unseres Codex wird eingegrenzt einerseits durch Fichtenaus Beobachtung, daß Gerhoch eigenhändig Korrekturen eingetragen hat,[7] andererseits durch die Abfassungszeit des Inhalts: sie liegt also vor dem Tode Gerhochs am 27. VI. 1169; die ersten Teile können nach dem Sommer 1164, der letzte frühestens im Sommer 1166 geschrieben sein. Nur der paläographisch ein wenig aus dem Rahmen fallende Teil 5 könnte ein wenig später eingeschoben sein; denkbar bleibt, daß er zeitlich mit den anderen Teilen des Codex zusammengehört.

Die Handschrift ist nicht in Reichersberg, sondern in Admont entstanden. Die Schreiber der Reichersberger Psalmen-Codices sind in ihr, wie Fichtenau feststellte, nicht beteiligt. Dagegen findet man die Hände in anderen Admonter Codices wieder, so im Codex 767, der die von Gerhoch benutzte Cerbanus-Übersetzung des Johannes Damascenus enthält; im Codex 451 mit Bernhards »De consideratione« kehrt fol. 9ʳ/9ᵛ ein Handwechsel mit Zieraufteilung wie in Codex 434 fol. 90ᵛ und 91ʳᵛ wieder; Codex 276,

---

4) Vgl. P. Classen, Der verkannte Johannes Damascenus, Byz. Zs. 52 (1959) 297–303, bes. 299 ff.
5) Vgl. oben S. 384.
6) Ein Argument für die Gleichzeitigkeit auch des Teiles 6 scheint mir in folgender Beobachtung zu liegen: Im größten Teil des Codex haben die Seiten 19–22 Zeilen; jedoch treten im 3. Teil (Lage 12, fol. 84–91), im 4./5. Teil (Lage 25, fol. 178–185) und im 6. Teil (Lage 29 fol. 208–217) 26 bzw. 27 Zeilen pro Seite auf; die 14. Lage (fol. 100–108) hat abwechselnd Blätter mit dem 21zeiligen und dem 26zeiligen Punktorium. Es wurden offenbar gleichzeitig Blätter mit zwei verschiedenen Punktorien hergestellt und verwendet; vor allem gegen Schluß der Arbeit nahm man die mit engeren Zeilen. Teil 5 greift dann – vielleicht wenig später – wieder auf den weiteren Abstand zurück.
7) MIÖG. 52, 42, dazu unten S. 412 ff.

enthaltend die Ezechiel-Homilien Gregors d. Gr., hat auf fol. 153$^v$–154$^v$ die Reimser Capitula gegen Gilbert von Poitiers von Hand C des Codex 434. Ob auch die zum Teil sehr ähnlichen Hände der Admonter Codices mit den Schriften der Äbte Gottfried und Irimbert mit denen des Gerhoch-Codex identisch sind, wage ich jetzt nicht zu entscheiden. Eine umfassende Untersuchung des Admonter Scriptorium steht bisher aus, und die Scheidung von Händen, die einerseits der gleichen Schule angehören, anderseits unter verschiedenen Umständen verschieden sorgfältig schreiben, ist ohne sehr genaue und zeitraubende Prüfung der Originale schwer möglich.[8] Wir müssen es darum vorläufig offen lassen, ob es die Mönche oder vielleicht die Nonnen von Admont, mit denen Gerhoch ja im Briefwechsel stand, gewesen sind, die den Codex in rascher, gleichzeitiger Arbeit mehrerer Hände hergestellt haben.

Man könnte sich vorstellen, daß die Admonter sich aus Reichersberg die verschiedenen, zuvor sicher nicht in einer Handschrift vereinten Materialien des Codex besorgten, rasch eine Gruppe von Schreibern mit dem Kopieren beauftragten und dann mit den entliehenen Vorlagen auch den neuen Codex nach Reichersberg gaben, wo Gerhoch ihn durchsah und nach Vornahme einiger Korrekturen zurückgab. Sehr wahrscheinlich ist dies Verfahren indessen nicht. Näher liegt die Vermutung, daß Gerhoch selbst während eines Aufenthalts bei den Benediktinern die Handschrift in Eile herstellen ließ und an Ort und Stelle, flüchtig genug, durchsah. Denn nichts deutet darauf, daß man in Admont dem christologischen Streit Gerhochs besonderes Interesse zuwandte. Schon 1147 hatte Gerhoch dem Abt Gottfried einen polemischen Traktat gewidmet; von einer Antwort Gottfrieds hören wir nichts, und Gerhoch wandte sich nicht wieder an ihn. An dem Sammeln und Kopieren des hier vereinten Stoffes kann kaum jemand anders als eben Gerhoch selbst interessiert gewesen sein, und die Admonter – vielleicht eher die Nonnen als die Mönche – werden wohl mehr aus persönlicher Gefälligkeit für den alten Propst als um der Sache selbst willen die Arbeit übernommen haben. Ein Besuch Gerhochs in Admont ist für die fragliche Zeit nicht nachweisbar, aber sehr wohl möglich, sei es während seiner Vertreibung aus Reichersberg von Herbst 1166 oder Frühjahr 1167 bis Sommer 1167, sei es auch schon früher.

Der Codex ist keine allgemeine Sammlung von Schriften Gerhochs, sondern ein Dossier des christologischen Streites. Auf den 430 Seiten sind nur drei kurze Briefe von zusammen

---

8) Da mir nur Teile des Codex im Mikrofilm vorliegen und ich nur kurze Zeit die Handschrift selbst prüfen konnte, wage ich darum auch keine Entscheidung darüber, wie viele Hände insgesamt am Codex beteiligt waren. Wie stark die Meinungen auseinander gehen können, zeigen die Untersuchungen über das sog. Briefbuch Eberhards von Salzburg, den vielleicht auch in Admont entstandenen cod. Vind. pal. 629. F. MARTIN, MIÖG. 42 (1927) 312ff., unterscheidet 9 Hände, H. ZATSCHEK, Studien zur mittelalterlichen Urkundenlehre (1929) S.124ff., dagegen 15 Hände, E. ARNDT, Die Briefsammlung des Erzbischofs Eberhard I. (Diss. Berlin 1915), noch mehr Hände. Das, worauf es uns ankommt, die Wechsel von Hand und Lage in Codex Admont 434, ist aber völlig zweifelsfrei zu beobachten. Vgl. auch oben S. 403 Anm.3a.

Inhaltsübersicht über den Codex Admont 434

| Lage | folia | Hand | folia | Inhalt | Edition | Zeit |
|---|---|---|---|---|---|---|
| 1 | 2– 9 | A | 2r – 3r R 146 | Eberhard von Bamberg an Pröpste von Salzburg u. Chiemsee | PL 193, 495– 96 | 1164 Juli |
|  |  |  | 3r – 8v R 126 | Gerhoch an Adam von Ebrach | PL 193, 496–500 | 1163 Herbst/Ende |
| 2 | 10–17 | A u. B | 8v – 10v R 119 | Eberhard v. Bamberg an Eberhard v. Salzburg | PL 193, 500–501 | 1163 Herbst |
| 3 | 18–25 | B u. A | 10v – 24r R 129 | Eberhard v. Bamberg an Eberhard v. Salzburg | PL 193, 501–521 | 1163 Herbst/Ende |
| 4 | 26–33 | A | 24r – 32v R 145 | Eberhard v. Bamberg an Eberhard v. Salzburg | PL 193, 514–521 | 1164 Juni |
| 5 | 33–40 | C | 33r – 35r R 117 | Gerhoch an Gebhard v. Windberg | PL 193, 521–524 | 1163 Sommer |
| 6 | 41–48 | C | 35v – 40v R 118 | Eberhard von Bamberg an Gerhoch | PL 193, 524–529 | 1163 Sommer/Herbst |
| 7 | 49–53 | C | 41r – 41v R 121 | Gerhoch an Eberhard von Bamberg | PL 193, 529–530 | 1163 Herbst |
|  |  |  | 41v – 44r R 122 | Gerhoch an Eberhard von Bamberg | PL 193, 530–532 | 1163 Herbst |
| 8 | 54–61 | D | 44v – 53r R 123 | Eberhard von Bamberg an Gerhoch | PL 193, 532–541 | 1163 Herbst/Ende |
| 9 | 62–71 | D | 53r – 62v R 138 | Gerhoch an Eberhard von Bamberg | PL 193, 542–552 | 1163/64 Winter |
| 10 | 72–75 | B | 62v – 75v R 143 | Eberhard von Bamberg an Gerhoch | PL 193, 552–564 | 1164 Juni |
| 11 bis 21, verschiedene Hände, Wechsel nach Lagen 12, 15, 18 |  |  | 76r – 158v | Liber de novitatibus huius temporis (Brieftraktat an Papst Hadrian IV.) | ed. O. J. Thatcher, Decenn. Publ. Univ. Chicago (1903) | 1156 |
|  |  |  | 158v – 159r R 62 | Gerhoch an Kardinal Oktavian | MIÖG 6, 309 f. | 1154/59 |
|  |  |  | 159r – 159v R 100 | Bruno aus Bamberg an Gerhoch | MG. LdL 3, 398 | 1156/62 |

| Lage    Hand | folia | Inhalt | Edition | Zeit |
|---|---|---|---|---|
| 22–25, 2 Hände nach Lage 23 Wechsel | 160ʳ – 166ʳ R 134 | Gerhoch an Papst Alexander III. | PL 193, 564–570 | 1163/64 |
| | 166ʳ – 169ᵛ R 135 | Gerhoch an Kardinal Heinrich | PL 193, 570–573 | Winter |
| | 169ᵛ – 170ᵛ R 136 | Gerhoch an Kardinal Hyacinth | PL 193, 573–574 | alle |
| | 170ᵛ – 172ʳ R 133 | Gerhoch an Papst Alexander III. | PL 193, 573–575 | gleichzeitig |
| | 172ʳ – 181ʳ R 137 | Gerhoch an das Kardinalskolleg | PL 193, 575–585 | |
| | 181ʳ – 181ᵛ R 139 | Alexander III. an Eberhard v. Salzburg | PL 200, 288 | 1164 März 22 |
| | 181ᵛ – 182ʳ R 140 | Alexander III. an Gerhoch | PL 200, 289 | 1164 März 22 |
| | 182ʳ R 142 | Kardinal Cencius an Gerhoch | PL 193, 585 | 1164 um März 22 |
| | 182ʳ – 182ᵛ R 141 | Kardinal Hyacinth an Gerhoch | PL 193, 585–586 | 1164 um März 22 |
| 25–27, neue Hand und Inhaltsgruppe setzt mitten in Lage 25 ein | 182ᵛ – 198ʳ R 89 | Gerhoch an Otto von Freising | PL 193, 586–604 | 1156 |
| | 198ʳ – 199ʳ R 92 | Gerhoch an Heinrich den Löwen | PL 193, 604–606 | 1158 |
| | 199ʳ – 199ᵛ R 79 | Gerhoch an Erbo von Prüfening | PL 193, 606–607 | 1155/56 |
| 28–29 eine der früheren Hände (?) | 200ʳ – 216ᵛ | Opusculum ad cardinales | MG. LdL 3, 400–10 (unvollst.) Gerh. Opera inedita 1, 311–350 (vollst.) | 1166 |

etwa 6 Seiten Umfang (R 62, 92, 79, fol. 158ᵛ–159ʳ, 198ʳ–199ᵛ) mitkopiert worden, die den christologischen Streit nicht berühren. Wenn, wie wir annehmen, Gerhoch selbst den Codex anlegen ließ, so heißt das: diese Sammlung sollte der Fortführung des Streites als Materialbasis dienen. Im März 1164 hatte Papst Alexander III. die weitere Auseinandersetzung verboten, und Gerhoch hatte sich schweren Herzens gefügt: die Briefe von der Kurie schließen Teil 4 unsres Codex ab. 1165 tauchte in Reichersberg das Gerücht auf, auf einer Papstsynode zu Paris sei eine Entscheidung in Gerhochs Sinn getroffen worden, doch die erhoffte Bestätigung der Nachricht blieb aus.[9] Im Sommer 1166 schrieb Gerhoch sein »Opusculum ad cardinales«, das den Schluß unseres Codex bildet. Diese Schrift sollte vor allem der Beilegung des Schismas dienen; aber zugleich kam Gerhoch auf den Lehrstreit zurück und hoffte, die Kurie zu einer Entscheidung gegen die seiner Meinung nach falschen Lehren zu bewegen.[10] In die Jahre 1165/66, wobei das Opusculum einen Nachtrag bilden könnte, vielleicht aber gerade in die Abfassungszeit des Opusculum scheint der Codex am besten zu passen; es ist durchaus denkbar, daß Gerhoch daran dachte, das ganze Dossier der Kurie zu schicken. Die Sammlung ist also vermutlich ein wenig, etwa ½ bis 1½ Jahre, jünger als die Windberger.

Die Verwandtschaft der beiden ersten Teile mit der Sammlung aus Windberg ist sofort evident. Der zweite Teil von A enthält den Briefwechsel zwischen Reichersberg und Bamberg mit Gerhochs Brief an Adam in derselben chronologischen Folge wie W. Ein Unterschied liegt nur darin, daß W zwischen R 123 und R 138 die Bamberger Briefe nach Salzburg eingeschoben hat, die in A einen besonderen Teil an der Spitze bilden; die in W auf diese Weise zerrissene Folge von Brief und Antwort ist indessen durch Verweise wiederhergestellt worden.[11] Darüber hinaus hat W am Schluß den in Reichersberg – und in Salzburg – wohl nie bekannt gewordenen Brief an die Äbte sowie den Papstbrief, der in A bei einer andern Korrespondenz mit der Kurie im Teil 4 steht.

Die Salzburger Korrespondenz des Teiles 1 von A ist ähnlich, aber im einzelnen anders aufgebaut als in W. Eine Übersicht kann dies deutlich machen:

|  | A | W |
|---|---|---|
| R 146 Eberhard von Bamberg an die Salzburger Pröpste | 2ʳ–3ʳ | fehlt |
| R 126 Gerhoch an Adam von Ebrach | 3ʳ–8ᵛ | 263ʳ–263ᵛ |
| R 119 Eberhard von Bamberg an Eberhard von Salzburg | 8ᵛ–10ᵛ | fehlt |

9) Annales Reichersbergenses, MG. SS. 17, 471, vgl. CLASSEN S. 287 f.
10) Die die Christologie behandelnden Teile fehlen in SACKURS Edition MG. LdL 3, 400–411; die Schrift steht vollständig bei D. ac O. VAN DEN EYNDE, Gerhohi opera inedita 1 (1955) 309–350, vgl. besonders. S. 340–349, auch S. 313 und MG. Ldl 3, 400 f., dazu CLASSEN S. 287 f.
11) Vgl. oben S. 401 Anm. 7.

| | | |
|---|---|---|
| R 128 Eberhard von Bamberg an<br>Eberhard von Salzburg | fehlt | 263$^v$ |
| R 129 Eberhard von Bamberg an<br>Eberhard von Salzburg | 10$^v$–24$^r$ | 263$^v$–265$^v$ |
| R 145 Eberhard von Bamberg an<br>Eberhard von Salzburg | 24$^r$–32$^r$ | 265$^v$–266$^v$ |

Beide Sammlungen haben die drei umfänglichsten Stücke gemeinsam: Gerhochs Brief an Adam von Ebrach und die beiden großen Brieftraktate des Bambergers an seinen Salzburger Namensvetter, deren erster sich gegen den vorausgeschickten Brief Gerhochs wendet. Diese beiden Traktate haben keine Briefadresse; in A erscheinen beide in einer gegenüber W veränderten Fassung. Beide Sammlungen schicken den Traktaten einen adressierten Brief des Bambergers an den Salzburger voraus; in W ist es der zum unmittelbar folgenden Traktat gehörige Begleitbrief, in A hingegen ein etwas älterer, den Zusammenhang sprengender Brief. An die Spitze des Ganzen hat nun A den jüngsten, gleich nach dem Tod des Salzburger Erzbischofs (22. VI. 1164) geschriebenen Brief gestellt, mit dem der Bamberger den Pröpsten von Salzburg und Chiemsee kondoliert und zugleich die ursprünglich für den eben Verstorbenen bestimmten Schriften übersendet, d. h. jedenfalls den gerade fertiggestellten Traktat R 145, vielleicht aber auch die in den Sammlungen voraufgehenden Briefe, die zwar älter waren, deren Übersendung nach Salzburg sich aber durch die Bearbeitung in Windberg verzögert haben könnte. Die in A gegenüber W veränderte Fassung der Bamberger Briefe geht nämlich, wie zu zeigen sein wird,[12] auf eine Bearbeitung in Windberg zurück. Dadurch wird von vornherein ausgeschlossen, daß das Material von A Teil 1 aus Bamberg direkt stammt. Es kann nur aus Windberg oder aus Salzburg gekommen sein.

W hat die Briefe in einer chronologisch und sachlich sinnvollen und klaren Ordnung. Die Ordnung von A ist nicht unabhängig davon. Denn es kann kein Zufall sein, daß der Brief Gerhochs an Adam in A wie in W der Gegenschrift des Bambergers an den Salzburger zugeordnet ist, nicht aber der gleichzeitigen Gegenschrift des Bambergers an Gerhoch; beiden Sammlungen fehlt überdies Adams Antwort, die nur in Codex Reichersberg 6 und in Arnos Anti-Folmar-Corpus steht.[13] Die Einordnung dieses Gerhoch-Briefes ist nur dadurch zu erklären, daß er mit Eberhards Gegenschrift als Anlage nach Salzburg gelangte. Das bedeutet: die Vorlage des ganzen Teiles 1 von A muß aus Salzburg stammen, darunter selbst Gerhochs eigener Brief nach Ebrach, der von Reichersberg über Ebrach nach Bamberg gelangte, von dort wohl in Kopie – nach Windberg und Salzburg und schließlich nach Admont. Die Ordnung des Teiles 1 wurde sicher in Salzburg hergestellt, dort erhielt man zuletzt den Brief an die Pröpste, den man an die Spitze der Briefe stellte.

---

12) Unten S. 415 ff.
13) Vgl. oben S. 399 und unten S. 420 f.

In Windberg ist dies Stück hingegen entweder gar nicht bekannt geworden, oder man leitete es unverzüglich, d. h. unkopiert, weiter.[14] Auffallender ist das Fehlen von R 119 in W; denn das gleichzeitige und inhaltlich parallele Schreiben an Gerhoch, R 118, ist in W wie in A erhalten. Wenn nun aber jenes Stück in W ganz fehlt und in A ungeschickt eingeordnet ist, so spricht dies doch wohl dafür, daß es einen andern Weg nach Salzburg nahm als die übrigen Stücke.

Die Briefe des Teiles 1 von A gelangten also höchstwahrscheinlich von Salzburg nach Admont oder Reichersberg. Bamberg scheidet als Quelle aus. Windberg hat sehr geringe Wahrscheinlichkeit. Admont stand aber der Metropole so nahe, daß man nicht einmal eine Kopie, die von Salzburg nach Admont gelangte, zu postulieren braucht. Die Erzbischöfe hielten sich oft genug in dem Kloster auf, in dem Eberhards Nachfolger Konrad 1168 starb; es ist durchaus möglich, daß die Salzburger Originalmaterialien dorthin gelangten. Vielleicht hat Gerhoch erst in Admont die gegen ihn gerichteten Schriften des Bambergers an den Salzburger kennengelernt; sie könnten ihm aber auch aus Salzburg übermittelt worden sein, wo zumindest ein Kleriker für ihn, zwar nicht gegen den Bamberger, wohl aber gegen Folmar Partei ergriffen hatte. Sein Brief von 1163 (R 125) steht freilich nicht in A, sondern nur in Arnos Corpus.

Während wir für den ersten Teil von A eine Salzburger Vorlage postulieren, können die übrigen Teile wohl nur aus Reichersberg stammen. Lediglich R 139, der Papstbrief an den Salzburger in Teil 4, ist weder dort verfaßt noch dorthin gerichtet, wird aber sicher gleich nach seinem Eintreffen in Salzburg mit dem parallelen Brief an Gerhoch selbst dorthin gesandt worden sein. Die Vorlage für Teil 2 muß, wie wir oben sahen,[15] aus Heften, nicht aus Einzelbriefen bestanden haben. Die übereinstimmende Ordnung zwischen A und W legt vielleicht auch hier den Verdacht gemeinsamer Vorlage nahe; da sie aber genau dem chronologischen Ablauf entspricht, kann sie an beiden Orten unabhängig entstanden sein. W kann, wie gezeigt wurde, seinen Stoff nur aus Bamberg erhalten haben, also nicht von A oder dessen Vorlage abhängig sein. Wollte man annehmen, daß die Ordnung in A abhängig von der in W ist, so müßte man voraussetzen, daß die Windberger Prämonstratenser auch den Briefwechsel ihres Bischofs mit Reichersberg in Kopie nach Salzburg leiteten und der Stoff für Teil 2 auf demselben Wege wie der für 1 nach Admont (oder Reichersberg) gelangte. Da die Textform des einzigen Briefes, den A und W gemeinsam haben und der noch an dritter Stelle überliefert ist, tatsächlich eine große Nähe von A und W zeigt und sogar einmal *Cave* bei beiden Handschriften an der gleichen Stelle am Rand erscheint,[16] habe ich diese Möglichkeit lange erwogen. Sie muß aber doch wohl verworfen werden. Denn nur sehr starke Gründe könnten uns davon überzeugen, daß Gerhochs eigener Briefwechsel mit Bamberg erst auf dem Umweg über Salzburg in eine unter Gerhochs

---

14) Dieser Brief hat noch eine besondere Überlieferung, vgl. unten S. 419.
15) Oben S. 403 f.
16) Vgl. unten S. 421 f.

Aufsicht hergestellte oder zumindest von ihm durchgesehene Handschrift geraten ist. Dagegen spricht aber das Indiz der heftweisen Vorlage, das Teil 2 eben mit dem gewiß aus Reichersberg stammenden Teil 3, nicht aber mit dem aus Salzburg kommenden Teil 1 gemeinsam hat; dagegen spricht ferner die klare Trennung dieser Hefte von der Salzburger Korrespondenz. Die Vorlage für Teil 2 von A müssen in Reichersberg fortlaufend geführte Hefte über die Bamberger Korrespondenz gewesen sein, kein allgemeines Briefregister, in dem dieser Stoff mit der Papstkorrespondenz des Teiles 4 und mit den Briefen des Folmar-Corpus verschränkt stehen müßte. Wie in Teil 1, so sind auch in Teil 2 die Briefe des Bambergers in bearbeiteter Fassung erhalten, wie sie den Empfänger erreichte, während W die Urfassung bewahrt.[17]

Die – mit Ausnahme des einen Papstbriefes, der auch in W sowie in einer Heilsbronner Handschrift steht (R 140) – allein durch A überlieferte Korrespondenz des Teiles 4 bildet nur eine auslaufende Post von 5 umfänglicheren und eine einlaufende Post von vier kürzeren Stücken. Ihre Trennung von den Teilen 1 und 2 deutet darauf, daß ein besonderes Heft aus Reichersberg für die Papstbriefe die Vorlage bildete. Absichtlich ist offenbar der gleichfalls zur Papstkorrespondenz zählende Brieftraktat an Hadrian IV. von 1156 vorausgeschickt. Dagegen ist die Anordnung der gleichzeitigen Stücke R 133 bis R 137 ungeschickt: an der Spitze steht nicht der Brief R 133 an den Papst, sondern die Widmung des Traktates zu Psalm 131, bestehend aus Vorrede und Nachwort, während der Traktat selbst ausgelassen wurde (R 134). Es folgt der Brief an Kardinal Heinrich R 135, an dessen Schluß Gerhoch die gleichzeitige Übersendung seiner Briefe an den Bischof von Bamberg und an den Erzbischof von Salzburg ankündigt. Hinter dem Brief hat der Schreiber von A vermerkt: *hic prenotate inserte erant epistole* (fol. 169ᵛ). Gemeint sind R 122, überliefert in Teil 2 von A, sowie R 116, die Widmung der Schrift »De gloria et honore Filii hominis«, die in keinem Briefcodex steht.[18] Der Vermerk geht offenbar auf die Reichersberger Vorlage zurück, die das Konzept oder eine Kopie der tatsächlich an die Kurie geschickten Post war und die anderweitig in Reichersberg verfügbaren Stücke wegließ. Auch die weiteren Briefe an die Kurie sind nicht nach dem Rang der Empfänger geordnet, viel eher könnte die – bei dem Umfang der Schriften doch wenigstens 2 bis 3 Wochen ausmachende – Abfassungsfolge eine Rolle spielen. Die dann folgenden eingelaufenen Briefe hingegen sind hübsch nach dem Rang von Absender und Empfänger sortiert.

Zuletzt muß bemerkt werden, was man in A vermißt, obwohl es nach Abfassungszeit und Inhalt erwartet werden könnte. Von dem Brief Adams von Ebrach war schon die Rede. Ebenso fehlte der erste Brief Alexanders III. an Gerhoch von 1163 hier wie überhaupt in unserer Überlieferung.[19] Den gelegentlich zitierten Brief eines Anonymus,

---

17) Vgl. unten S. 415 ff.
18) Dieser nur in einer Salzburger Handschrift erhaltene Traktat scheint nach Opera inedita (wie Anm. 2 auf S. 379) 1, 348 sogar vollständig der in Frankreich weilenden Kurie zugesandt zu sein.
19) Vgl. oben S. 386.

der Gerhoch zustimmte (R 114), die Schrift an Eberhard von Salzburg samt Widmungen an den Erzbischof sowie an Hartmann von Brixen (R 116, 120) und nicht zuletzt alle die Briefe, die vorwiegend der Auseinandersetzung mit Folmar von Triefenstein dienten und in Arnos unten zu erörterndes Corpus aufgenommen wurden, vermißt man gleichfalls.

Gerhochs Biograph in den Reichersberger Annalen zählt unter den Werken des Propstes auf: *Similiter et in epistulis suis patet, quas ad diversos diversis temporibus scripsit, que etiam fere omnes adhuc inveniunter in registro et epistolario suo libro in duobus voluminibus.*[20] Von einem Briefregister ist in Reichersberg nichts erhalten; auch der vor dem großen Klosterbrand von 1624 im Jahre 1595 angelegte Katalog, der freilich auch andere Lücken gerade bei Gerhochs erhaltenen Werken hat, weiß nichts davon.[21] Aber auch die Admonter Sammlung ist weder selbst ein fortlaufend geführtes Briefregister, noch hat sie ein solches Register zur Voraussetzung; vielmehr sprechen Aufbau und Anlage des Codex durchaus dagegen, daß man in Reichersberg ein Register führte. Das schließt nicht aus, daß der Biograph Handschriften von dem Typ der Admonter meinte.

Die Admonter Sammlung ist ein in Admont, höchstwahrscheinlich auf Gerhochs Veranlassung, um 1166 von mehreren Schreibern sehr rasch angelegter Sammelcodex, der der Fortführung des christologischen Streites dienen sollte. Er enthält vorwiegend Briefe der letzten Phase des Streites 1163/64 und verbindet sie mit älteren Stoffen. Als Vorlage diente für Teil 1 eine Teilsammlung aus Salzburg, für die Teile 2 und 4 Teilsammlungen aus Reichersberg, deren eine die Korrespondenz mit dem Bamberger, deren andere die Korrespondenz mit der Kurie enthielt. Beide wurden anscheinend gleichzeitig in Reichersberg nebeneinander geführt, während Arno eine dritte Teilsammlung für den Folmar-Streit anlegte. Weitere Vorlagen bildeten ein Codex von 1156 mit Briefnachträgen auf den Schlußblättern und eine kleinere Teilsammlung der 50er Jahre. Dafür, daß es je eine umfassendere Briefsammlung in Reichersberg gegeben hat, fehlt jedes Indiz.

## VI. Bearbeitung der Briefe durch den Autor in der Admonter Sammlung

Wir haben schon gesehen, daß Gerhoch nicht selten Briefe, die sich als autoritative Bestätigung seiner Anschauungen und seines Wirkens verstehen ließen, in Zusammenhängen zitierte, mit denen sie ursprünglich nichts zu tun hatten.[1] Dabei konnte es wohl vorkommen, daß ein Brief verkürzt wurde, weil nur ein Teil dem gewünschten Zweck entsprach.[2] Darüber hinaus änderte er einmal den Text eines eigenen Briefes bei dessen

---

20) MG. SS. 17, 494.
21) Der Katalog steht in cat. bav. 2 fol. 394ʳ–408ʳ der Münchener Staatsbibliothek.
1) Vgl. oben S. 384 f., 394 f.
2) Das Papstmandat R 31 = GP 1, 193 Nr. 13 hat Gerhoch viermal seinen Schriften inseriert, aber nur bei der letzten Verwendung ist auch der Schlußpassus erhalten. Vgl. die Nachweise bei CLASSEN S. 341.

zweiter Verwendung, um vor dem Briefpartner zu verschleiern, daß der angesehene Bischof Eberhard von Bamberg sich gegen Gerhoch gewandt hatte.[3] Offenbar hielt er sich für berechtigt, mit seinen Briefen wie mit andern eigenen Werken zu verfahren, bei denen ja nachträgliche Eingriffe sehr oft zu beobachten sind. Ihm ging es um den Inhalt, nicht um historische Dokumentation.

Korrekturen am Text hat Gerhoch nun auch mit eigener Hand im Admonter Briefcodex vorgenommen; schon Fichtenau hat dies festgestellt.[4] Der größere Teil der Einträge berichtigt nur Schreiberversehen, so fol. 10ʳ *non minus habeant* (PL 193, 501 B),[5] fol. 11ʳ *aut correctoris auctoritatem usurpantes* (502 A), fol. 11ᵛ *videlicet corporis Domini* (502 C): hier sind die gesperrten Wörter nachgetragen. Die erste der genannten Stellen fehlt in W, an den beiden andern stellt die Korrektur den richtigen, auch in W erhaltenen Text her. Solche Berichtigungen gibt es in größerer Zahl; freilich erfassen sie lange nicht alle Versehen der eilig hergestellten Handschrift. Selbstverständlich betreffen diese rein formalen Korrekturen Briefe der verschiedenen Autoren. Zuweilen erreichen sie größeren Umfang, so in Gerhochs eigenem Brief R 138, wo fol. 55ʳ eine Haplographie-Lücke ergänzt ist (W ist hier korrekt, der gedruckte Text 544 B ganz falsch) und fol. 56ʳ bei einer größeren Rasur ein wohl ursprünglich lückenhafter Text die auch in W überlieferte Fassung erhalten hat.

Gelegentlich präzisiert Gerhoch Zitate, die in A und W ursprünglich gleich, aber ungenau stehen, so im Eberhard-Brief R 129: dort ist, reichlich pedantisch, aus *Ambrosius de fide ad Gratianum* gemacht *Ambrosius de fide ad Gracianum imperatorem* – und nur um für das Wort *imperatorem* Platz zu schaffen, mußten vier Wörter radiert werden. In dem eigenen Brief R 138 hat Gerhoch nun allerdings ein ursprünglich in beiden Handschriften sachlich falsches Zitat berichtigt:

*Ambrosius praecipuus est, cuius verba sunt hec in libro primo de trinitate:* »*Probemus, inquit, (Christum) creaturam non esse Dei filium. Audivimus enim* ...« (A fol. 57ʳ, W fol. 267ᵛ, PL 193, 546 B).

Das eingeklammerte Wort – in der Abkürzung X – hat Gerhoch getilgt, die gesperrten hinzugefügt; so ist der richtige Text von Ambrosius »De fide ad Gratianum« I 14,86[6] hergestellt.

Dieser Eingriff ändert, wie es scheint, bereits die tatsächlich abgesandte Fassung von Gerhochs Brief. Es ist derselbe, an dem wir schon die größeren Berichtigungen von Kopistenfehlern bemerkten, der letzte Brief Gerhochs an den Bamberger. Bei der besonders sorgfältigen Durchsicht dieses Stückes ist Gerhoch dann weiter gegangen und hat den ursprünglichen Text selbst geändert. Zum Teil sind es nur stilistische Besserungen, so *me sicut dixi eadem que inquiritis vos inquirentem* (PL 193, 542 B).

3) Vgl. oben S. 383 Anm. 13 über R 80.
4) MIÖG. 52, 42.
5) Es sei nochmals daran erinnert, daß die Edition von Migne auf A beruht, aber nicht fehlerfrei ist.
6) Vgl. PL. 16, 571 = Petrus Lombardus, Sent. III 11, 1 S. 598 (QUARACCHI 1916) = PL. 192, 779.

Die in A fol. 53ʳ und W fol. 266ᵛ ursprünglich fehlenden, von uns gesperrten Wörter sind nachgetragen. Tiefer gehen Ergänzungen, die den Gedanken präzisieren und erweitern, so die Randergänzung A fol. 57ʳ (vgl. W fol. 267ᵛ):

> quod Christus, homo videlicet in Deum unctus et assumptus, *quamquam recte dicatur et sit nova creatura, utpote homo secundum Deum creatus in iusticia et sanctitate veritatis, tamen communis* creature vocabulo censeri non debeat (PL 193, 546 C/D).

Einen ganzen Satz hat Gerhoch [Zusatz im Handexemplar: oder Arno?] A fol. 61ᵛ eingefügt:

> *At nos hunc sensum a vestro corde credimus alienum, ac proinde si placet discretioni vestre oportere cautionem adhiberi, ne in dictis vestris valeat id concipi, quod ut credimus non sentitis* (PL 193, 551 B).

Der Satz spricht den Briefpartner an und hat nur im Brief seinen eigentlichen Sinn. Trotzdem hat er offenbar in dem tatsächlich ausgelaufenen Brief nicht gestanden; denn weder W noch der Urtext von A kennen ihn. Den unmittelbar voraufgehenden Satz greift Eberhard in seiner Antwort zweimal auf (552 D/553 A und 559 D), ebenso eine dem Einschub sehr ähnliche Wendung Gerhochs wenige Zeilen später, die dasselbe Ziel verfolgt, eine Übereinstimmung zu konstatieren (551 C: *tam longe a vestro quam a meo sensu alienum*, bei Eberhard 561 C). Den nachgetragenen Satz dagegen hat Eberhard anscheinend noch nicht gekannt. Gerhoch hat ihn offenbar eingeführt, um noch nachträglich anderen Lesern den Eindruck zu erwecken, es seien weniger Gegensätze da, als es zunächst scheint, und Eberhard stimme doch weitgehend mit ihm überein.

Die letzte größere Ergänzung steht am Schluß des Briefes. Ursprünglich lautet er versöhnlich: *Nos enim sumus et semper esse cupimus cives atque domestici Dei simul et vestri* (PL 193, 552 A). Nachträglich kann Gerhoch es sich nicht versagen, noch einmal mit einem Zitat Gregors d. Gr. aufzutrumpfen (*habentes nimirum......suscipiendo liberavit*, nachgetragen A fol. 62ʳ, Tafel 1 c). Auch dieser Satz kann nicht in dem Brief gestanden haben, der Eberhard erreichte; er steht nur in der Sammlung.

Wenn in der dokumentations-freudigen Gegenwart Diskussionen mit dem Tonband aufgenommen werden, nutzen die Redner zuweilen die ihnen gebotene Gelegenheit zur Überprüfung ihrer Voten vor dem Druck dazu aus, den Text soweit zu ändern, daß die Gegenrede nicht mehr zur Rede paßt. Einen solchen Schritt hat Gerhoch vermieden. Nicht nur die Texte seiner Gegner läßt er unberührt, sondern auch keines seiner eignen Worte, die Anstoß erregt hatten, ist getilgt oder auch nur verändert worden, um dem Gegner den Boden der Polemik zu entziehen. Sein Verfahren ist das harmlosere, zu allen Zeiten beliebte, die ohnehin nicht eben knapp formulierten Beweise noch zu verbreitern. Man mag das für korrekt oder für starrköpfig halten; jedenfalls sind auch diejenigen Wörter und Formulierungen, die Gerhoch in späteren Briefen vermied, bei der Sammlung der älteren Briefe nicht unterdrückt worden, und der Briefwechsel ist infolgedessen verständlich geblieben. Wir werden sehen, daß Arno gelegentlich anders verfuhr.

*VII. Bearbeitung der Briefe Eberhards von Bamberg durch die Übermittler –*
*Die Textgestalt von A und W*

Elf Briefe stehen sowohl in der Admonter als auch in der Windberger Sammlung. Unter
ihnen sind fünf Briefe Gerhochs, fünf Eberhards, der elfte ist der den Streit abschließende
Papstbrief. Die fünf Gerhoch-Briefe weichen, wenn man von zweifellos auf Kopistenfehler
zurückgehenden Varianten absieht, in A nur an den Stellen von W ab, die, wie eben
dargelegt, Gerhoch selbst geändert hat. Im übrigen waren die Schreiber beider Codices
grundsätzlich um exakte Wiedergabe ihrer Vorlagen bemüht; das geht so weit, daß beide
Handschriften eine orthographische Eigenheit Gerhochs bewahren: wo um den Vergleich
des *Christus homo* mit einem Vasallen gestritten wird, steht in Gerhochs Briefen R 117 und
121 stets *vassaldus*, während in Eberhards Gegenbrief R 118 *vassallus* geschrieben wird.

Um so mehr fällt es auf, daß alle fünf Briefe Eberhards in W mehr oder weniger große
Abweichungen von A enthalten, die nicht den Kopisten angelastet werden können. Die bei
weitem stärksten Eingriffe zeigen die beiden großen Brieftraktate des Bambergers an den
Salzburger. Dabei bietet die Fassung von A stets eine verbesserte und oft eine erweiterte
Gestalt. Wir geben zunächst Beispiele aus R 129.

| W | A |
|---|---|
| fol. 263ᵛ *corporis Domini... in ipso corpore litterarum.* | fol. 11ᵛ *corporis Domini... in ipso contextu litterarum* (PL 193, 502 C).[1] |

Hier ist die ungeschickte Verwendung von *corpus* in verschiedenem Sinne beseitigt.
Ähnlich bei doppeldeutigem *verbum*:

| fol. 264ᵛ *Item ubi hec verba de Verbo carnis in litteris posuit, utique aut animus erravit aut calamus.* | fol. 15ʳ *Item aliud offendiculum in litteris eisdem est in eo quod ait de Verbo carnis. Hic utique aut animus erravit aut calamus* (PL 193, 506 A). |
|---|---|

Schon hier ist zugleich eine schärfere, den Gegner unmittelbar ansprechende Wendung
festzustellen. Ähnlich weiter:

| fol. 264ʳ *Quam autem inepta sit hec corporis Christi divisio* | fol. 12ʳ *Quam autem inepta sit hec predicti fratris in corpore et sanguine Christi divisio* (PL 193, 503 A). |
|---|---|
| fol. 264ʳ *Sensus autem hic, quod divinitas simul voratur et humanitas, hac auctoritate non videtur roborari* | fol. 13ᵛ *Verba autem hec, scilicet: »Divinitas simul voratur et humanitas« hac auctoritate non videntur roborari* (PL 193, 504 B). |

Zuweilen wird ein voller klingender Ausdruck hergestellt:

| fol. 264ʳ *divinitas simul voratur et humanitas... non natura* | fol. 14ʳ *divinitas simul voratur tota et humanitas... non illa natura* (PL 193, 505 A). |
|---|---|

1) Der nicht fehlerfreie Druck folgt wieder A.

fol. 264ʳ *limen et superliminare* (cf. Exod, 12,22).

fol. 14ᵛ *tam liminare quam superliminare* (PL 193, 505 B).

Oder A steigert das rhetorische Pathos:

fol. 264ᵛ *Nichilominus etenim peregrinum esse dogma videtur.*

fol. 15ᵛ *Illud enim super omnia mirabile dogma videtur* (PL 193, 506 C).

Neben diesen im wesentlichen stilistischen Änderungen in A stehen andere, die weiter gehen. Da wird eine etwas grobe Phrase durch ein beliebtes Wort Gregors d. Gr. ersetzt.:[2]

fol. 264ʳ *Cessent humana ubi divina tractantur.*

fol. 14ᵛ *Fides enim non habet meritum, cui humana ratio prebet experimentum* (PL 193, 505 C).

Die folgende Erweiterung verdeutlicht den Text:

fol. 265ʳ *quia quod dicit »suscepte, non perpetue infirmitatis erit illa subiectio« contra hereticos dictum est, ut supra explanavimus.*

fol. 19ʳ *quia quod dicit Ambrosius »suscepte, non perpetue infirmitatis erit illa subiectio« parti eorum non favet, sed contra hereticos dictum est, qui eternam in filio Dei infirmitatem asserebant, ut supra explanavimus* (PL 193, 510 A).

Die Bearbeitung in A geht gelegentlich bis in die Korrektur der theologischen Terminologie hinein. Im folgenden Abschnitt ist regelmäßig der Ausdruck *Deus unctus* durch einfaches *unctus* ersetzt.

fol. 264ᵛ *Hoc et in ipso vocabulo exprimitur, quod est Christus videlicet Deus unctus. Minor autem a maiore ungitur. Cum ergo et Pater ungat et Spiritus sanctus ungat, minor est Patre Deo et Spiritu sancto Christus hoc est Deus unctus, et se ipso secundum quod Deus, minor est secundum id quod homo est. Semper ergo Christus, semper Deus unctus ab incarnatione, semper Deus et homo, semper ergo minor Deo secundum quod homo. Numquam ergo equalis Deo secundum quod homo.*

fol. 16ᵛ *Hoc et in ipso vocabulo exprimitur, quod est Christus videlicet unctus. Minor autem a maiore ungitur. Cum ergo et Pater ungat et Spiritus sanctus ungat, minor est Patre Deo et Spiritu sancto Christus secundum humanitatem unctus, et se ipso secundum quod Deus est, minor est secundum id quod homo est. Semper ergo Christus, videlicet ex quo est unctus, id est ab incarnatione, semper Deus et homo, semper ergo minor Deo secundum quod homo. Semper ergo Christus equalis Deo secundum quod homo* (PL 193, 507 CD).

Fraglos wird der nicht sehr übersichtliche Gedanke in A wesentlich klarer formuliert. Nur der Schlußsatz hat bei A einen offenkundigen Fehler: ihm fehlt die Negation; man muß hier mit W *numquam* statt *semper* lesen oder eher eine andere Negation einführen, etwa *inequalis* statt *equalis* lesen. Hier steckt ein Schreibfehler, der aber nicht darüber hinwegtäuschen kann, daß eine wesentlich verbesserte Redaktion des Briefes in A erhalten

---

2) PL. 76, 1197.

ist. Diese Redaktion ist aber – im Unterschied zu Gerhochs eigenhändigen Korrekturen seiner Briefe – nicht erst in A hergestellt worden, sondern muß schon in der Vorlage von A gestanden haben; denn der Codex zeigt an keiner der genannten Stellen die geringsten Spuren nachträglicher Eingriffe.

Noch stärkere Veränderungen hat der andere große Brieftraktat des Bambergers an den Salzburger erfahren. Neben Änderungen der schon geschilderten Art weist er mehrere Einschübe von einigen Zeilen Umfang auf. Am Schluß ist ein Verweis auf die beigefügten – vom Kopisten dann freilich wieder weggelassenen – 12 Capitula des Konzils von Ephesus gegen Nestorius (d.h. auf die Anathematismen Kyrills) hinzugefügt, der in W fehlt (vgl. PL 193, 521 D). Die längste Erweiterung umfaßt fast zwei Druckspalten bei Migne:

| W fol. 266ʳ | A fol. 28ʳ–30ᵛ |
|---|---|
| *quod formam servi tantum retinuerit et iam servus non sit domini et creatoris sui, una sola auctoritate hac Augustini super ›non turbetur cor vestrum‹ evidentissime declaratur. Ait enim: »Forma servi accessit…«* Nach 8 Zeilen Zitat wird fortgefahren: | *quod formam servi tantum retinuerit et iam servus non sit domini et creatoris sui, multis auctoritatibus probari potest. Augustinus super ›non conturbetur cor vestrum‹ »Forma, inquit, servi accessit…«* (PL 193, 517 D/518 A). Es folgt eine Reihe von Zitaten und Interpretationen; danach (PL 193, 519 D): |
| *Plures auctoritates et rationes adducere contra predictam novitatem vel potius vanitatem superfluum videtur.* | *Cum ergo hec cuncta que dicimus tanta veritate subnixa sunt, plures amodo iam auctoritates et rationes adducere contra predictam novitatem vel potius vanitatem superfluum videtur…* |

Während die beiden Traktate an den Salzburger so tiefgreifend verändert sind, zeigen die drei Briefe an Gerhoch nur viel geringere Spuren einer Bearbeitung. Der erste, R 118, hat nur einen Satz neu formuliert:

| W fol. 260ᵛ | A fol. 40ᵛ |
|---|---|
| *Deus homo est et homo Deus est.* | *Homo est Deus et Deus est homo immortalis, impassibilis* (PL 193, 529 A). |

Aber gerade weil sonst selbst Schreibervarianten hier kaum auftauchen, läßt dieser Satz deutlich die Hand des Bearbeiters erkennen.

Auch der zweite Brief an Gerhoch, R 123, weicht in A nur geringfügig von W ab. Mehrmals werden Bibelzitate ergänzt oder abgekürzte Zitate voll ausgeführt; ein paar Male fügt A ein Wort ein oder bietet vollere Wortformen: *prescribitur* statt *scribitur, assignatur* statt *tribuitur, consequerentur* statt *sequerentur, tanto – quanto* statt *eo – quod* usw. Im einzelnen kann man da zweifeln, wo die Grenze zwischen Neuredaktion und Schreiberversehen verläuft. Daß aber eine Bearbeitung erfolgte, ergibt sich schon daraus, daß hier ein Variantentyp immer wieder auftritt, den die genau so überlieferten Briefe des Partners,

Gerhochs an Eberhard, nicht kennen. Er fehlt auch in dem dritten und letzten Brief an Gerhoch (R 143), der nur am Schluß in A abweicht und hier sogar – gegen die Regel aller anderen Bearbeitungen – eine Kürzung um zwei Väterzitate erfahren hat.[3]

Fassen wir zusammen: Von den elf doppelt überlieferten Briefen lauten die fünf Briefe Gerhochs und der Papstbrief (von Kopistenfehlern und Gerhochs eigenhändigen Änderungen in seinem letzten Brief abgesehen) in A und W völlig gleich; die beiden großen Traktate des Bambergers an den Salzburger zeigen in A eine gründlich bearbeitete Fassung, die drei Briefe Eberhards an Gerhoch dagegen nur Spuren oberflächlicher Verbesserung. Überall ist der Verfasser der A-Redaktion bemüht, den Standpunkt des Autors schärfer hervortreten zu lassen, er verlängert die Briefe, vermehrt die Zitate, präzisiert den theologischen Ausdruck, sucht die stilistisch bessere und rhetorisch wirksamere Formulierung. Dabei fällt auf, daß er den Briefen an den Erzbischof unvergleichlich viel mehr Aufmerksamkeit und Arbeit schenkt als denen an Gerhoch.

Sucht man nach einer Erklärung für die Doppelfassung, so wird man sofort an den schon erwähnten Brief des Bambergers an die Äbte Eberhard von Prüfening, Gebhard von Windberg und Heinrich von Biburg erinnert (R 144), der allein in W überliefert ist, also am Wirkungsort eines der drei Empfänger.[4] Eberhard unterrichtet die Äbte seiner drei Eigenklöster in der Regensburger Diözese davon, daß er nun zum dritten Male, ganz wider seinen Willen, gezwungen gewesen sei, Gerhochs Schreibereien eine Entgegnung zu widmen. Er übersendet sowohl Gerhochs letzten Brief wie seine eigene Antwort und schließt: *Lectis ergo tam suis* (sc. *Gerhohi*) *quam nostris, et his que nostra sunt prout vestre prudentie visum fuerit correctis, providete ut per nuntium idoneum scripta nostra ad eum perveniant.* Die Weisung zur Korrektur und Beförderung bezieht sich unmittelbar nur auf Eberhards letzten Brief an Gerhoch (R 143), und gerade dieser ist, wie wir sahen, lediglich am Schluß verkürzt worden. Aber die überaus knappe Formulierung dieser Weisung deutet doch wohl darauf, daß die Empfänger einen solchen Auftrag nicht zum ersten Mal erhielten. Schon oben haben wir vermutet, daß die Briefe von Bamberg nicht nur nach Reichersberg, sondern auch nach Salzburg ihren Weg über die genannten Klöster nahmen; so ließ sich die Entstehung von W erklären. Wir werden weiter annehmen dürfen, daß auch die verbesserte Fassung der Briefe auf die Übermittler zurückgeht. Zumindest einer von ihnen dürfte an der Sache interessiert und zugleich kompetent gewesen sein, Gebhard von Windberg, an den Gerhoch sich schon im Sommer 1163 gewandt hatte (R 117), der dann Gerhochs Brief seinem Bischof zustellte – und schließlich die Sammlung W anlegen ließ.

Mag unsere These nicht mit völliger Gewißheit beweisbar sein, so kann sie doch den Befund mühelos erklären – und damit dürften vielleicht noch bestehende Zweifel beseitigt werden. Gerhochs Brief an Gebhard (R 117) gelangte durch den Empfänger nach Bamberg.

---

3) Mit dem Brief schließt Teil 2 von A und eine Lage, aber die untere Hälfte seiner letzten Seite ist frei (fol. 75ᵛ). Die Kürzung am Schluß muß also schon in der Vorlage von A bestanden haben; immerhin ist es denkbar, daß sie auf einem Versehen beruht.
4) Vgl. oben S. 401 f.

Eberhard fühlte sich verletzt, entgegnete und leitete seine Antworten nach Salzburg und nach Reichersberg wieder über Windberg, wo Gebhard sie bearbeitete und dann den Empfängern zukommen ließ. Die nach Salzburg und Reichersberg in die Hand der Adressaten gelangten Fassungen hat A bewahrt; sie zeigen die Arbeit des Abtes oder der Äbte. Dagegen blieben Eberhards Urfassungen in Windberg liegen, und mit ihnen Gerhochs Briefe an Eberhard, die dieser seinem Windberger Mitarbeiter zur Verfügung gestellt hatte. Einige Monate nach dem Abschluß des Streites wurde dann das in Windberg verbliebene Material in den großen Sammelcodex eingetragen; dieser allein hat die Bamberger Urfassungen bewahrt, während gerade die in Windberg entstandenen Bearbeitungen nicht im Windberger, sondern im Admonter Codex stehen.

Auch die viel intensivere Bearbeitung der Briefe nach Salzburg läßt sich wohl erklären. Für die Äbte war der Bamberger der Eigenkirchenherr; aber sie gehörten zur Salzburger Kirchenprovinz. Gebhard hat auf Gerhochs Brief, der den Streit auslöste, nie selbst geantwortet: er kannte wohl den Starrsinn des Alten aus Reichersberg und hielt es kaum der Mühe für wert, viel Arbeit auf Briefe an einen Unbelehrbaren zu wenden. Um so mehr kam es darauf an, den Erzbischof zu überzeugen und ihm ein autoritatives Wort abzuringen – freilich auch dies Bemühen war umsonst; Eberhard von Salzburg hat geschwiegen.

Wir haben zuletzt nur von Gebhard gesprochen, weil sein Anteil an der Kontroverse wie an der Sammlung des Stoffes sich am besten fassen läßt. Genauer müßte von den drei Äbten die Rede sein, an die der Brief sich richtet. Der Weg von Bamberg nach Salzburg und Reichersberg führt zunächst nach Prüfening, dann erst nach Windberg; nur wenig abseits liegt Biburg. Das geistig rege Prüfening hat den Windbergern beim Aufbau der Bibliothek geholfen und die Vorlage für den größten Teil des clm 22201 geliefert. Aus Biburg ist ein Teil des jüngsten Briefes der Kontroverse überliefert, der in A an der Spitze steht und in W ganz fehlt (R 146); es ist das Kondolenzschreiben Eberhards von Bamberg an die Pröpste von Salzburg und Chiemsee, mit dem der Bischof seine letzte Schrift an Eberhard von Salzburg gegen Gerhoch noch nach dem Tode des Erzbischofs nach Salzburg schickte. Unter Fortlassung der Gerhoch betreffenden Teile hat der Biburger Biograph Eberhards von Salzburg es in seine Vita aufgenommen:[5] eine Spur davon, daß auch dies Kloster wirklich an der Übermittlung der Bamberger Post nach Salzburg beteiligt war; vielleicht ist es kein Zufall, daß eben dies Stück in W fehlt; der auch nach Chiemsee gerichtete Brief könnte einen andern Weg genommen haben als die übrigen.

Ist unsere Erklärung der verschiedenen Fassungen richtig, so weisen die Briefe in A – und in den auf A beruhenden Editionen von Pez und Migne – eine doppelte Veränderung gegenüber den Urschriften der Absender auf. Die Briefe des Bischofs von Bamberg sind von den Übermittlern, die er selbst dazu beauftragt hatte, sachlich und stilistisch bearbeitet und erweitert worden. Der letzte Brief Gerhochs dagegen wurde von diesem selbst nach Aufnahme in den Codex korrigiert und etwas erweitert. Dagegen bewahrt die ungedruckte Sammlung W allein die unveränderten Urfassungen der Absender.

5) MG. SS. 11, 83 nach cod. Vind. pal. 602 fol. 60$^r$–61$^v$.

### VIII. Arnos Corpus der Briefe gegen Folmar von Triefenstein

Während der Jahre 1163 und 1164 haben die Reichersberger Brüder, Propst Gerhoch und Dekan Arno, offenbar eine Arbeitsteilung für den immer weitere Kreise ziehenden christologischen Streit verabredet. Gerhochs Zusammenstoß mit Folmar von Triefenstein hatte den seit 1147 mehrmals aufgeflackerten Streit mit Eberhard von Bamberg auf einen neuen Höhepunkt geführt. Während nun der Propst sich dem literarischen Kampf mit dem bedeutenderen Gegner, dem Bischof, widmete, arbeitete der Dekan an einer umfänglichen Schrift gegen Folmar, die an den Würzburger Domdekan adressiert wurde, also den Angriff in Folmars Heimat tragen sollte. Bezeichnend für die Arbeitsteilung ist es, daß Gerhoch im Winter 1163/64 in einem Brief an Papst Alexander den Anfang des Werkes seines jüngeren Bruders ausschreibt.[1] Der wohl erst 1165 abgeschlossene »Apologeticus« Arnos war zu Beginn des 17. Jahrhunderts in Raitenhaslach in einem Codex vorhanden, den Jacob Gretser 1616 kopieren ließ,[2] jedoch ohne den zum Werk gehörigen Briefanhang, den Gretser schon 1613 aufgrund derselben Handschrift ediert hatte.[3] Da der Raitenhaslacher Codex verschollen ist, bildet Gretsers Edition die einzige Überlieferungsgrundlage für die Briefe, die Arno dem Schluß seiner Schrift als Beweisstücke anfügte. Sie stehen in chronologischer Reihe:

| R 124 | 1163 | 2. Hälfte     | Folmar an Eberhard v. Salzburg         | PL 194, 1481 f. |
| R 125 | 1163 | 2. Hälfte     | R. aus Salzburg an Folmar              | PL 194, 1482 ff. |
| R 126 | 1163 | Herbst        | Gerhoch an Adam v. Ebrach              | PL 193,   496 ff. |
| R 127 | 1163 | Herbst/Ende   | Adam v. Ebrach an Gerhoch              | PL 194, 1485 |
| R 147 | 1164 | Ende          | Folmar an alle Prälaten Bayerns und Österreichs | PL 194, 1485 f. |

Hierauf folgt ein kritisches Iudicium Arnos über den voraufgehenden Widerruf Folmars. Dann die letzten Briefe:

| R 149 | 1165 | Anfang | R. aus Rohr an Gerhoch | PL 194, 1486 f. |
| R 148 | 1165 | Anfang | R. aus Rohr an Folmar  | PL 194, 1487 ff. |

R 147 und 148 wurden mit R 149 durch den Kanoniker R. aus Rohr nach Reichersberg geschickt; in ähnlicher Weise werden die beiden ersten Stücke in Gerhochs und Arnos Besitz gelangt sein. Trotz des engen sachlichen Zusammenhanges und der chronologischen Überschneidung mit den Sammlungen A und W ist aber nur einer der Briefe (R 126), dem ein weiterer (R 124) in vollem Wortlaut inseriert ist, in die Sammlungen aufgenommen

---

1) In R 134, vgl. Classen S. 391.

2) Die Kopie liegt als clm 1439 pars I vor, auf ihr beruht die Edition von C. Weichert (1888).

3) Lucae Tudensis episcopi scriptores aliquot succedanei contra sectam Waldensium ed. J. Gretser (Ingolstadt 1613) S. 328–344, danach J. Gretseri opera omnia, vol. 12, 2, 100–107, danach Migne, PL. 194, 1481–90. Da der Migne-Text nicht fehlerfrei ist, wurde für die folgenden Bemerkungen stets die Erstedition Gretsers herangezogen, doch ist nach Migne zitiert.

worden; es ist dies der Brief, der den Widerspruch Eberhards von Bamberg auslöste und an den sich die weitere Korrespondenz der Sammlungen A und W anknüpfte. Die Antwort Adams von Ebrach (R 127) wurde einzeln auf das Schlußblatt des Codex Reichersberg 6 eingetragen, offenbar weil sie sich als neues Zeugnis für die Rechtgläubigkeit der Lehren Gerhochs verwerten ließ.[4] Alle übrigen Briefe des Folmar-Corpus sind nur in diesem überliefert.

Während die beiden Überlieferungen des kurzen Briefes von Adam nur geringfügige, offenbar auf Schreiberversehen beruhende Varianten zeigen, weist der längere Brief Gerhochs an zahlreichen Stellen verschiedene Lesarten auf. Soof dabei das Folmar-Corpus (F) mit A oder W gegen die andere Sammlungs-Handschrift geht, liegt zweifellos ein Schreiberversehen bei W oder A vor. Dagegen lassen sich die von A und W abweichenden Sonderlesarten in F nur teilweise auf Kopistenfehler zurückführen. Zuweilen mag Gretser eine schwer verständliche oder von seinem Schreiber korrumpierte Stelle gebessert haben, so etwa wenn eine frei zitierte Bibelstelle nach der Vulgata hergestellt wird. Aber F bietet auch eine ganze Reihe von besseren Lesarten als A und W, dabei aber niemals solche, die auf einen gemeinsamen Fehler in A und W, also auf eine fehlerhafte Kopie als gemeinsame Vorlage beider Sammlungen schließen lassen. Vielmehr wird man hier nachträgliche Besserungen von der Hand Arnos in F annehmen müssen. Einige Beispiele seien genannt:

| A und W | F |
|---|---|
| *non potius vivificatricem* | *non potius sicut dixi vivificatricem* (PL 193, 498 B). |
| *cui vivificare possibile est* | *cui omnia vivificare possibile est* (498 B) |
| *qui natus est ex Spiritu, prout vult se ipsum presentat vel spiritaliter vel corporaliter* | *qui natus est ex Spiritu, prout vult et ubi vult seipsum presentat vel spiritaliter vel corporaliter, ut Ecclesia credit* (499 B) |
| *credimus fieri Verbum dicentis* | *credimus fieri Verbum veritatis dicentis* (499 C) |

Stets handelt es sich hier um geringe Erweiterungen, die den Text verbessern und verdeutlichen. In einem Falle aber ist Arno weiter gegangen. Den in unserm Brief enthaltenen Ausdruck *Verbum carnis* hatte Eberhard von Bamberg scharf mißbilligt: *Hic utique aut animus erravit aut calamus* hatte er dem Salzburger Erzbischof geschrieben (R 129, PL 193, 506 A). Während Gerhoch zwar nicht auf die Sache zurückkam, das anstößige Wort aber nicht nur in W, sondern auch in A stehen blieb – also wohl doch kein *error calami* vorlag, hat Arno es in F beseitigt. Die Stelle in R 126 lautet:

---

4) Dazu oben S. 399.

A fol. 3$^r$ = W fol. 263$^r$                 F = PL 193, 498 D

*que sentio de Verbo carnis in carne sua*      *que sentio de Verbo eterno in carne sua*
*manducando*                             *manducando*

Nicht nur W, sondern auch A hat hier am Rande ein warnendes *Cave*[5] – der Anstoß war also den Reichersbergern bewußt. Arno berichtigte nachträglich den Text seines Bruders, um den Angriff gegen Folmar nicht mit dem Ausdruck zu belasten, der Eberhards Widerspruch herausgefordert hatte. Dieser Eingriff ging weiter als die, die Gerhoch selbst vorgenommen hatte. Und da bisher nur Arnos Textfassung gedruckt ist, schien Eberhards Beanstandung der Grundlage zu entbehren.

## IX. Neue Funde

Da hier von der Überlieferung der Werke Gerhochs die Rede ist, sei die Gelegenheit benutzt, die früher gebotene Liste der Werke und ihrer Überlieferung zu ergänzen.

Der im Jahre 1159 von Gerhoch dem Kardinal Heinrich gewidmete und nach Anagni übersandte »Liber de laude fidei« war bisher nur aus dem Reichersberger Codex 9 bekannt, wo Gerhoch ihn zwischen den Erklärungen des 76. und des 77. Psalmes, offenbar alsbald nach der Abfassung, hatte eintragen lassen.[1] Der Hauptteil der Schrift, etwas mehr als die Hälfte, steht außerdem anonym im Codex Zwettl 359 (saec. XII). Die Handschrift besteht aus zwei ursprünglich nicht zusammengehörigen Teilen, deren erster (fol. 1$^r$–51$^v$) bisher nicht näher untersuchte Homilien enthält;[2] der zweite hat zunächst unter der Überschrift *Expositio super mulierem fortem* (fol. 52$^r$–80$^r$) den Teil von Gerhochs Schrift, der in der vollständigen Fassung als *Actus quintus* bezeichnet ist und eine Exegese der Worte vom »starken Weib« in den Sprüchen Salomonis gibt (Prov. 31, 10–31);[3] unmittelbar daran schließt sich die Erklärung des Jakobssegens, die unter den Schriften des Paulinus von Mailand gedruckt ist, aber anscheinend dem Adrevald von Fleury angehört;[4] hier ist auch

5) Vgl. oben S. 410.

1) Gerhohi opera inedita 1, 169–276, dazu VAN DEN EYNDE S. 124–131, CLASSEN S. 188–191 und 421.

2) Über die Handschrift, deren Mikrofilm ich der Freundlichkeit von P. HADMAR ÖZELT S. O. Cist. verdanke, vgl. Xenia Bernardina, Handschriftenverzeichnisse der Cistercienserstifte Österreichs 2 (1891) 426. – Die von mir Neue Deutsche Biographie 6 (1964) 670, angedeutete Frage, ob die Predigten dem Gottfried von Admont angehören, wird von U. FAUST, StMGBO. 75 (1964) 276 Anm. 18, und ebenso von meinem Schüler J. BRAUN (Gießen), der die Überlieferung der Schriften Gottfrieds und Irimberts untersucht, verneint.

3) Das Incipit lautet hier: *Beatus Ieronimus illustris Hebraice lingue peritus interpretatus est hoc modo Hebraicum alphabetum: Aleph interpretatur doctrina, Beth domus...* etc., vgl. Opera inedita 1, 219. Schluß fol. 80$^r$: *aut mihi emendandum reservetur et insinuetur.* Ebenso in der gedruckten Fassung, Opera inedita 1, 276.

4) Text PL. 20, 715 ff., über den Verfasser vgl. A. WILMART, Le commentaire des bénédictions de Jacob, Rev. Bén. 32 (1920) 57–63. Infolge Verstümmelung der Handschrift schließt die Schrift hier fragmentarisch fol. 93$^v$: *divina significare mandata testis est David dicens...* (PL. 20, 732 B).

sie anonym. Da der Text von Gerhochs Traktat mitten in einem Absatz beginnt, den
Gerhoch aus einer Schrift Ruperts von Deutz entlehnt hat, und da das Incipit zu diesem
Zweck verändert wurde, kann kein Zweifel bestehen, daß die Zwettler Version eine
Abkürzung, nicht etwa eine Vorarbeit zu Gerhochs Werk darstellt. Die zeitgeschichtlichen
Anspielungen sind hier unverändert erhalten, wie der Text überhaupt nur ganz geringfügige Varianten gegenüber dem gedruckten des Reichersberger Codex aufweist; Gerhochs
in diesem erkennbare Marginalien und Korrekturen sind im Zwettler Codex zum Teil
berücksichtigt,[5] zum größeren Teil nicht.[6] Wenigstens einmal ist also eine kleinere
exegetische – nebenbei natürlich, wie bei Gerhoch unvermeidlich, auch etwas polemische –
Arbeit des Reichersbergers in das anonyme, exegetisch-erbauliche Schrifttum eingegangen:
ein kleiner, dem Propst sonst versagter literarischer Erfolg.

Interessanter ist ein ganz andersartiger Fund, der W. Zöllner (Halle) im Magdeburger
Staatsarchiv gelang. Ein Sammelcodex des späten 15. Jahrhunderts aus Hamersleben (Diöz.
Halberstadt) enthält unter mannigfachem Material zur Geschichte des Stiftes und zum
Selbstverständnis der Regularkanoniker auch Schriften, die der Kontroverse zwischen
Kanonikern und Mönchen im 12. Jahrhundert entstammen.[7] Bemerkenswert sind vor
allem zwei Briefe Ekberts von Huysburg, deren einer bisher nur fragmentarisch aus der
Reinhardsbrunner Briefsammlung bekannt war – ein für die Beurteilung jener Sammlung
wichtiger Fund.[8] Weiter steht in dem Codex die angeblich von Anselm von Havelberg
verfaßte Schrift zur Verteidigung der Regularkanoniker, die B. Pez nach einer Mitteilung
von J. G. Eccard herausgab. Schon Pez äußerte Bedenken gegen die Zuschreibung,
W. Wattenbach und A. Hauck erkannten unabhängig voneinander, daß es eine überarbeitete Fassung des »Scutum canonicorum« Arnos von Reichersberg darstellt;[9] trotzdem
wird die Schrift bis in die jüngste Zeit immer wieder unter Anselms Namen zitiert.
Höchstwahrscheinlich hat Eccard den Text aus der von Zöllner wiedergefundenen Handschrift kopiert. Da deren Incipit, wie Zöllner mit Recht bemerkt, erst im 15. Jahrhundert

---

5) So die in der Edition angemerkten Korrekturen zu S. 251 Zeile 3, 254 Zeile 5 usw.

6) So zu S. 251 Zeile 11, 252 Zeile 27, alle Marginalien zu S. 253 usw.

7) W. ZÖLLNER, Eine Hamerslebener Sammelhandschrift des 15. Jahrhunderts, Wiss. Zeitschrift d.
Univ. Halle-Wittenberg, Ges.- u. Sprachwiss. Reihe 13 (1964) 215–219, über die Handschrift
Kop. 746c des Landeshauptarchivs Magdeburg.

8) Vgl. W. ZÖLLNER, Ekbert von Huysburg und die Ordensbewegung des 12. Jahrhunderts, Forschungen und Fortschritte 38 (1964) 25–28. Es erhebt sich die Frage, ob hier eine von der
Reinhardsbrunner Sammlung unabhängige Überlieferung vorliegt (wie Zöllner meint) oder dem
Verfasser des Hamerslebener Codex die Sammlung vollständiger vorlag als uns, d. h. mit der heute
nach fol. 8 fehlenden Lage (vgl. F. PEECK, Die Reinhardsbrunner Briefsammlung, MG. Epp. sel. 5,
1952, Nr. 9 S. 8 f. mit Anm. h).

9) Vgl. CLASSEN S. 445 f., O. CAPITANI, Nota per il testo dello Scutum canonicorum, in: La Vita
comune del clero nei secoli XI e XII (1962) vol. 2, 40–47; ZÖLLNER, Sammelhandschrift S. 216 f.

formuliert sein kann,[10] wird die Vermutung nahegelegt, daß die Bearbeitung wie die falsche Zuschreibung erst in jene Zeit gehört;[11] auf Prämonstratenser geht sie schwerlich zurück.[12] So hat dieser Fund die bisher rätselhafte Frage nach den zwei Fassungen der Schrift einer Lösung näher gebracht.

Den zweifellos wichtigsten Fund verdanken wir N. M. Häring, dem unermüdlichen Erforscher frühscholastischer Schriften. Aus dem Zwettler Codex 240 (saec. XIII) hat er zwei zusammengehörige Traktate mit den Titeln »Tractatus de eo quod persona sit in persona« und »Tractatus contra eum qui dixit quod divinitas non sit Deus« herausgegeben und untersucht.[13] Die beiden Schriften gehören, wie früher schon vermutet,[14] zu der in Bayern und Österreich so lebhaft geführten Diskussion um die Lehren Gilberts von Poitiers. Häring vermutet darüber hinaus, daß es sich um Werke Gerhochs handele, die dieser gegen den Gilbert-Schüler Petrus von Wien zu einer Zeit gerichtet habe, als der offene und sehr ins Persönliche gehende Konflikt noch nicht begonnen hatte, d. h. vor etwa Herbst 1153,[15] vielleicht schon vor dem Reimser Konsistorium von 1148, dessen sog. Glaubensbekenntnis in vielen bayerisch-österreichischen Handschriften überliefert ist,[16] dem Verfasser der beiden Traktate aber anscheinend noch unbekannt war.

Häring begründet seine These mit dem Inhalt, der Überlieferung und dem Stil der beiden Schriften, deren Verfasser der Codex nicht nennt. Die angegriffenen Lehren finden sich nur zum Teil in den Werken Gilberts – dessen Name hier so wenig erscheint wie der eines anderen Gegners – zum andern Teil in der sog. Summa Zwettlensis, die vielleicht auf Petrus von Wien zurückgeht,[17] sowie in einem verlorenen, jedoch aus Gerhochs Antwort

---

10) ZÖLLNER S. 217. Das Incipit lautet: *Incipit Tractatus de ordine canonicorum regularium editus per reverendum in Christo patrem et dominum dominum Anselmum Havelbergensis ecclesie eiusdem ordinis episcopum qui floruit tempore Bernhardi. Ordinis canonici patres et filii* etc., vgl. PL. 188, 1094.

11) Die bei CLASSEN S. 446 eingeräumte Möglichkeit, daß Überarbeitung und falsche Zuschreibung dem 12. Jahrhundert angehören, wird also recht unwahrscheinlich. Es fällt auf, daß Anselm im 15. Jh. besonderes Interesse fand; die – im ganzen sehr seltenen – Handschriften seiner Werke gehören überwiegend diesem Saeculum an. Seine echte Schrift gegen Ekbert (PL 188, 1117–40) folgt in der Hamersleber Hs. unmittelbar auf das ihm fälschlich zugeschriebene Werk.

12) Vgl. CLASSEN S. 446.

13) N. M. HÄRING, Two Austrian tractates against the doctrine of Gilbert of Poitiers, Archives d'histoire doctrinale et littéraire du Moyen Age, Année 1965 (1966) S. 127–167.

14) CLASSEN, MIÖG. 67 (1959) 263 (= o. S. 292 f.).

15) Dies von CLASSEN, Gerhoch S. 358, angeführte Datum für die erste Erwähnung des verschärften neuen Streites ist nach dem oben S. 394 mit Anm. 13 Bemerkten nicht mehr aufrechtzuerhalten; man muß wohl bis 1154, vielleicht Anfang 1155 heruntergehen, auch mit der Datierung von R 72 und den darin vorausgesetzten R 69 bis 71. Für das vorliegende Problem ist dies jedoch nebensächlich.

16) Dazu neuerdings N. M. HÄRING, Das sog. Glaubensbekenntnis des Reimser Konsistoriums von 1148, Scholastik 40 (1965) 55–90.

17) Diese Vermutung, MIÖG. 67, 263 f. (= o. S. 292 f.), bedarf noch der Nachprüfung, die im Zusammenhang mit einer Edition von Pater Häring zu erhoffen ist [jetzt N. M. HÄRING, Die Zwettler Summe, Münster 1977].

(R 72) rekonstruierbaren Brief des Petrus.[18] In einem verlorenen, durch einen Katalog des 14. Jahrhunderts bekannten Codex aus Heiligenkreuz waren die Traktate anscheinend mit einer *epistola ad capitulum Frisingense de tribus personis* vereint, die dem Zwettler Codex leider fehlt[19] – sie könnte wohl die Zuschreibung an Gerhoch stützen; denn dieser stand mindestens seit 1141 in Korrespondenz mit Bischof Otto und den Domherren von Freising, die für Petrus eintraten.[20] Eine ganze Reihe verlorener Briefe und Schriften ist hier sicher erschließbar, weiteres kann vermutet werden. Das stärkste Argument für die Verfasserschaft Gerhochs findet Häring aber in einer Fülle stilistischer Parallelen: vor allem die wiederholten Zitate aus Hymnen und der Liturgie, der häufige Gebrauch gewagter Superlative sowie die Vorliebe für ternarische Ausdrücke verbinden die Traktate mit Gerhochs bekannten Werken.[21]

Zunächst wirkt es überraschend, daß Gerhoch zwei Traktate verfaßt haben soll, die trinitarische Themen behandeln, ohne dabei die Lieblingsideen des Reichersbergers zu berühren, nämlich die Lehren von der *glorificatio filii hominis* und vom *Christus homo* als *filius Dei naturalis*, zu denen er sonst bei jeder dogmatischen Diskussion, ganz gleich wie die Ausgangsfrage lautet, sehr rasch zu gelangen pflegt. Man vermißt auch die in der Regel sehr scharf auf die Personen bezogene Polemik, der Gegner bleibt anonym – *tu nescio quis, non enim mihi notus es*[22] – und wird nicht beleidigt; auf der anderen Seite fehlt aber auch die bei Gerhoch sonst übliche Wendung an Freunde oder an Autoritäten, die er auf seine Seite zu ziehen sucht. Mit einem Worte: die Schriften sind sachlicher und unpersönlicher als das meiste, was wir von Gerhoch kennen. Vielleicht ist aber eine Widmung und eine ins Persönliche gehende Wendung mit dem Brief an die Freisinger verlorengegangen. Es fällt schließlich auf, daß das Hauptthema des ersten der beiden Traktate nicht in dem großen Katalog gilbertinischer Häresien genannt wird, den Gerhoch 1156 – also nach der für die Abfassung der Traktate anzunehmenden Zeit – seiner Schrift an Papst Hadrian einfügte.[23] Aber die von Häring beigebrachten Nachweise gehen so weit und sind so reich, daß die genannten Überlegungen sie nicht entkräften können. Wenn auch einstweilen ein Sicherheit verbürgendes äußeres Kriterium fehlt, wird man die beiden Schriften doch wahrscheinlich als Werke Gerhochs ansehen dürfen. Eben ihre Sachlichkeit hat ihnen aber das

---

18) Vgl. Häring, Two Austrian Tractates S. 128 f., 130 ff.

19) Häring S. 128, 140 f., vgl. auch über den weiteren Inhalt der Handschrift N. M. Häring, Eine Zwettler Abkürzung der Vätersammlung Adhemars von Saint-Ruf, Theologie und Philosophie (= früher: Scholastik) 41 (1966) 30–53. Es sind also nicht alle – sachlich verwandten – Stücke des Codex in Österreich heimisch.

20) Vgl. R. 20, 22, 53, 88, 89 sowie Opus 6, Classen S. 410 ff., dazu Häring S. 128, 140 f.

21) Häring, Two Austrian Tractates S. 135–139.

22) So S. 143 § 12. Kannte der Verfasser nicht einmal den Namen des Gegners, oder wollte er diesen nur als *homo ignotus* abstempeln?

23) Gerhoch, De novitatibus huius temporis, ed. O. J. Thatcher, The Decennial Publications of the University of Chicago, First Series vol. 4 (1903) 82 ff. cap. 42 f., dazu Classen S. 168.

Interesse noch des 13. Jahrhunderts eingetragen, in dem sonst kein Werk Gerhochs mehr kopiert wurde.

## X. Conclusio

Zum Schluß seien diejenigen Ergebnisse zusammengefaßt, die über den Einzelfall hinaus Licht auf die Technik des Briefverkehrs, des Briefsammelns und der Widmungen im 12. Jahrhundert werfen können.

1. Rechtserhebliche Urkunden und literarische Briefe unterliegen auch dort von vornherein ganz verschiedenen Bedingungen der Überlieferung, wo im 12. Jahrhundert derselbe Mann die Sorge für beides trug. Die Grenze zwischen »archivalischer« und »literarischer« Überlieferung fällt nicht immer mit der zwischen Brief und Urkunde zusammen; insbesondere päpstliche Mandate können je nach Inhalt zur einen oder andern Gruppe zählen. Bei der ziemlich geschlossenen rechtserheblichen Überlieferung haben wir fast keine Verluste festgestellt, bei der sehr verstreuten literarischen sind größere Verluste nachweisbar und noch weit größere zu vermuten.

2. Die Widmung eines literarischen Werkes bedeutet nicht immer, daß eine Handschrift übereignet wurde. Diese wurde dem Bewidmeten vielmehr oft nur geliehen. Infolgedessen war es möglich, eine Schrift nacheinander verschiedenen Personen mit Widmungs-Vorreden oder -Briefen zuzustellen, die in den Codex eingetragen wurden.

3. Um einem hochgestellten Empfänger eine Schrift übereignen zu können, löste Gerhoch einmal einen Teil aus einer größeren Handschrift heraus und richtete ihn als Widmungs-Codex her. Die Lücke in dem ersten Codex wurde nachträglich ausgefüllt und dabei mit einem aus der Widmungs-Vorrede hergestellten Widmungs-Brief versehen, der nur noch literarischen Wert hatte und dem Adressaten nicht zugestellt wurde.

4. Von dem in Gerhochs Biographie erwähnten Briefregister läßt sich nicht die geringste Spur nachweisen, sofern man darunter ein fortlaufend geführtes Verzeichnis von ein- und auslaufenden Briefen versteht.

5. Die Admonter und in kleinerem Maße die Windberger Briefsammlungen stellen völlig unverdächtige Beispiele jenes Typs von Briefsammlungen dar, die sich um eine Person und ein Ereignis – hier Gerhochs christologischen Streit – gruppieren und Briefe verschiedener Absender und Empfänger miteinander vereinen, darunter auch solche, die weder von noch nach Reichersberg adressiert waren. Beide Handschriften sind zu Lebzeiten, die eine unter persönlicher Mitwirkung Gerhochs hergestellt.

6. Die Windberger Sammlung ist an einer Stelle entstanden, wo man mit der Übermittlung und Bearbeitung von Briefen beauftragt war. Sie enthält die Briefe aber nicht in der dort redigierten, sondern in der dort eingelaufenen Fassung.

7. Die Admonter Sammlung setzt kleine Teilsammlungen aus Reichersberg voraus, die jeweils die Briefwechsel mit einem Partner aus einem begrenzten Zeitraum zusammenfaßten und z. T. gleichzeitig nebeneinander geführt wurden. Ein Teil der Admonter Samm-

lung stammt aus Salzburg; selbst ein von Reichersberg nach Ebrach adressierter Brief ist auf dem Umweg über Salzburg in die unter Gerhochs Aufsicht hergestellte Sammlung gelangt. In ihrer Gesamtheit stellt die Admonter Sammlung ein sehr eilig in Gerhochs Auftrag zusammengestelltes Dossier für den christologischen Streit dar.

8. Nach Abschluß der Sammlung hat Gerhoch einen seiner eigenen Briefe eigenhändig überarbeitet. Schon bei früherer Gelegenheit änderte er einen eigenen Brief zwecks zweiter Verwendung. Viel öfter zitiert er Briefe, insbesondere von Päpsten, bewußt in Zusammenhängen, in die sie ursprünglich nicht gehören.

9. Die Briefe Eberhards von Bamberg wurden z.T. durch die von ihm mit der Weiterbeförderung beauftragten Äbte inhaltlich überarbeitet, ehe sie den Empfängern zugestellt wurden. Infolgedessen weist die nur etwa zwei bis drei Jahre nach Abfassung der Briefe angelegte Admonter Sammlung Briefe in verschiedenartig bearbeiteter Form auf: ein Brief Gerhochs ist von diesem selbst, Eberhards Briefe sind von den Übermittlern verändert worden.

10. Bei der Anlage des gegen Folmar gerichteten Briefcorpus bearbeitete Arno von Reichersberg einen Brief seines Bruders Gerhoch und beseitigte insbesondere einen Ausdruck, der Mißfallen erregt hatte.

## XI. Übersicht über Daten und Druckorte der zitierten Briefe und Urkunden

Die folgende Übersicht dient lediglich dazu, den Aufsatz von Zitaten und Verweisen zu entlasten; aufgenommen sind nur die im Aufsatz erwähnten Stücke. Ausführliche Nachweise über die Überlieferung, die Editionen und die Chronologie finden sich im Regestenteil meines Buches. Abkürzungen: G. = Gerhoch. BUB = Urkundenbuch zur Geschichte der Babenberger in Österreich 1 (1950). L = MG. Libelli de lite 3. O = Gerhohi Opera inedita 1–2 (1955/56). OÖUB = Urkundenbuch des Landes Ob der Enns 1–2 (1852–56). SUB = Salzburger Urkundenbuch 1–2 (1910–16). UHdL = MG. Urkunden Heinrichs d. Löwen (1941/49). Die Regesten mit * kennzeichnen Deperdita.

| R 3 | 1129/30 | Rottenbucher Kanoniker an G., Brieffragment | L 233 |
|---|---|---|---|
| *4 | 1130/31 | G. an Kardinalbischof Johann | GP 1, 191, 3 |
| *6 | 1132 | Innozenz II. an Ebf. Konrad v. Salzburg | GP 1, 191, 5 |
| 7 | 1130/35 | G. an Bf. v. Hildesheim, Brieffragmente | MIÖG. 6, 268 f., und L 272 |
| 8 | 1135 | G. an Bernhard v. Clairvaux, Widmung | L 240 f. |
| 9 | 1135 | Denkschrift über Stiftsgüter | MG. SS. 17, 455 f. |
| 12 | 1137 | Konrad v. Salzburg, Siegelurkunde | SUB 2, 259 f. |
| *17 | 1138/41 | G. an Kardinalpriester Gerhard, Brief | |
| 18 | 1138/41 | Kardinalpriester Gerhard an G., Brief | L 420 f. |

| 19 | 1139/41 | Innozenz II. Mandat an Passau | GP 1, 192, 7 |
| *20 | 1141? | G. an Otto v. Freising, Widmung | |
| 21 | 1141 | G. an Innozenz II., Brief | L 292 f. |
| *22 | 1141/42 | Otto v. Freising an G., Brief | |
| 23 | 1141 | Hzg. Leopold v. Bayern, Siegelurkunde | BUB 1, 20 f. |
| 24 | 1142 | Innozenz II., Privileg | GP 1, 192, 8 |
| 25 | 1142 | Innozenz II., Mandat an Passau | GP 1, 192, 9 |
| *30 | 1140/43 | Innozenz II., Mandat an G. | GP 1, 193, 10 |
| 31 | 1144 | Coelestin II., Mandat an G. | GP 1, 193, 13 |
| 32 | 1144 | Lucius II., Mandat an Passau | GP 1, 193, 14 |
| 33 | 1144 | Lucius II., Mandat an Salzburg u. Gurk | GP 1, 193, 15 |
| 36 | 1144 | Konrad v. Salzburg, Siegelurkunde | SUB 2, 331 f. |
| 38 | um 1144 | G. an Schwester, Brief | PL 193, 492 ff. |
| *39 | 1146 | G. an Eugen III., Widmung | GP – |
| 40 | 1146 | Eugen III., Privileg | GP 1, 195, 16 |
| 41 | 1146 | Eugen III., Mandat an G. | GP 1, 196, 17 |
| 45 | 1146 | Konrad v. Salzburg, Mandat an Reichersberg | SUB 2, 358 f. |
| 46 | 1146 | Konrad v. Salzburg, Mandat an Reichersberg | SUB 1, 383 |
| 47 | 1147 | G. an Eberhard v. Bamberg, Brieftraktat | PL 194, 1065–72 |
| 48 | 1147 | G. an Gottfried v. Admont, Widmung | PL 194, 1161 f. |
| 49 | 1147 | G. an Eberhard von Salzburg, Widmung | PL 193, 619–22 |
| 50 | 1147 | G. an Bernhard v. Clairvaux, Brief | Hist. Jb. 6, 268 ff. |
| 51 | 1148 | G. an Eberhard v. Salzburg, Widmung | PL 193, 987–90 |
| 52 | 1149 | Eberhard v. Salzburg, Siegelurkunde | SUB 2, 386 f. |
| 53 | 1149/50 | G. an Otto v. Freising, Widmung | PL 193, 490 ff. |
| 54 | 1149/50 | G. an Kuno v. Chiemsee, Widmung | O 2, 3 f. |
| *56 | 1150 | G. an Eugen III., Brief | GP – |
| *57 | 1150/51 | Eugen III., Mandat an Passau | GP 1, 196, 18 |
| 58 | 1151 | Eberhard v. Bamberg, Siegelurkunde | OÖUB 2, 261 f. |
| 62 | 1154/59 | G. an Kardinal Oktavian, Brief (zum Datum oben S. 395 Anm. 19) | MIÖG. 6, 309 f. |
| *63 | 1145/53 | G. an Eugen III., Brief | GP – |
| 64 | 1150/53 | Bruder F. an G., Brief | PL 193, 1735 f. |
| 65 | 1153 | Eberhard v. Salzburg, Siegelurkunde | SUB 2 423 |
| *67 | 1153/54 | Anastasius IV., Mandat | GP 1, 197, 22 |
| *68 | 1153/54 | G. an Anastasius IV. | GP – |
| *69 | 1154 | Petrus von Wien an G., Brief | |
| *70 | 1154 | G. an Petrus von Wien, Brief | |
| *71 | 1154/55 | Petrus von Wien an G., Brief | |
| 72 | 1154/55 | G. an Petrus von Wien, Brief (zum Datum oben S. 424 Anm. 15) | O 1, 357–66 |

| 73 | 1154 | Konrad v. Passau, Siegelurkunde | OÖUB 2, 264 f. |
|---|---|---|---|
| 74 | 1154 | Eberhard von Bamberg, Siegelurkunde | OÖUB 2, 269 ff. |
| *75 | 1155 | G. an Hadrian IV., Brief | GP 1, 197, 23 |
| 79 | 1155/58 | G. an Erbo v. Prüfening, Brief | PL 193, 606 f. |
| 80 | 1155/56 | G. an Eberhard v. Bamberg, Brief | Scholastik 13, 41–48 |
| *82 | 1156 | G. an Hadrian IV., Brief | GP 1, 198, 25 |
| *83 | 1156 | Petrus von Wien an G., Brief | |
| 84 | 1156 | Rüdiger v. Augsburg an Petrus v. Wien, Brief | Scholastik 14, 41–46 |
| 85 | 1156 | G. an Petrus v. Wien, Brief | Scholastik 13, 48 |
| 86 | 1156 | Heimo v. Klosterneuburg an Petrus von Wien | Scholastik 14, 47–49 |
| 87 | 1156 | Konrad v. Passau, Siegelurkunde | OÖUB 2, 282 f. |
| 88 | 1156 | Petrus v. Wien an Otto v. Freising, Brieftraktat, Fragment | Scholastik 13, 231–46 |
| 89 | 1156 | G. an Otto v. Freising, Brieftraktat | PL 193, 586–604 |
| 91 | 1157/58 | G. an Eberhard v. Salzburg, Widmung | PL 194, 117/18 |
| 92 | 1158 | G. an Heinrich den Löwen, Brief | PL 193, 604 ff. |
| 93 | 1158 | G. an Kardinal Heinrich, Widmung/Widmungsbrief | L 439–442 |
| 94 | 1158 | Eberhard v. Salzburg, Siegelurkunde | SUB 2, 460 f. |
| 95 | 1157 | G. an Magister A., Brief (zum Datum oben S. 395 Anm. 15) | PL 193, 489 f. |
| *96 | 1159 | G. an Kardinal Heinrich, Widmung | |
| 97 | 1159 | Hadrian IV., Privileg | GP 1, 198, 27 |
| 98 | um 1160 | Gerhoch, Schenkungsurkunde für Ranshofen | OÖUB 2, 307 f. |
| 99 | 1159/61 | G. an Gottfried v. Admont, Brief | SUB 2, 432 f. |
| 100 | 1156/62 | Kanoniker Bruno aus Bamberg an G., Brief | L 398 |
| 104 | 1161 | Eberhard v. Salzburg an Eberhard v. Bamberg, besiegelter Brief | SUB 2, 501 f. |
| 106 | 1161 | Eberhard v. Salzburg, Siegelurkunde | SUB 2, 494 |
| 108 | 1147/64 | G. an Eberhard v. Salzburg, Brieffragment | O 1, 377 |
| 109 | 1162 | Kaiser Friedrich I., Siegelurkunde | OÖUB 2, 318 f. |
| 111 | 1162 | Eberhard v. Salzburg an Heinrich d. Löwen besiegelter Brief | SUB 2, 504 f. |
| 112 | 1162 | Heinrich d. Löwe, Siegelurkunde | UHdL 81 f. |
| *113 | 1163 | Alexander III., Mandat an G. | GP 1, 198, 28 |
| 114 | 1163 | Anonymus an G., Fragment | PL 194, 1143 |
| *115 | 1163 | Folmar v. Triefenstein an Eberhard v. Salzburg, Brieftraktat | |
| 116 | 1163 | G. an Eberhard v. Salzburg, Widmung | PL 194, 1075–78 |
| 120 | 1163 | G. an Hartmannn v. Brixen, Widmungsbrief | PL 194, 1073–76 |

(für 117–119, 121–129, 133–149 siehe die Übersichten S. 400 f., 406 f., 420)

| | | | |
|---|---|---|---|
| 132 | 1163/64 | Arno v. Reichersberg an Dekan Persius v. Würzburg | PL 194, 1531–34 |
| 150 | 1165/66 | G. an G. in Bamberg, Brief | OÖUB 1, 312 ff. |
| 151 | 1165/66 | Ein Abt an G., Brief | L 408 f. |
| 155 | 1166 | Eberhard v. Bamberg, Mandat an Aldersbach | MG. SS. 17, 475 |
| 156 | 1166/67 | Heinrich d. Löwe, Brief an Konvent v. Reichersberg | UHdL 107 f. |
| 158 | 1167 | G. an NN | Österr. Vjschr. f. kath. Theologie 10, 565 ff. |
| 159 | 1169 | Eberhard v. Bamberg, Siegelurkunde | OÖUB 2, 335 f. |
| 160 | ? | G. an Nonnen, Brief | O 1, 368–76 |
| 161 | ? | N. (Gerhoch?) an Nonnen von Admont, Brief | PL 193, 607–11 |
| 162 | ? | Gerhoch(?) an Anonyma, Brief | PL 193, 611–14 |
| 163 | ? | G. an Nonnen, Brief | PL 193, 614–18 |
| 164 | ? | G. an Zisterzienser-Abt | QFIAB 20, 38 f. |
| 166 | 1171 | Alexander III., Mandat an Arno v. R. | GP 1, 202, 40 |

## ERLÄUTERUNG DER TAFELN

1 Eigenhändige Randeinträge Gerhochs:
  a Cod. Reichersberg 6 fol. 112$^v$, Ergänzung einer Haplographie-Lücke, Text LdL 3, 455 Z. 19 f., vgl. oben S. 397 Anm. 27.
  b Cod. Paris nat. lat. 4236 fol. 52$^r$, Hinweis auf den Inhalt. Text LdL 3, 492 Z. 37 ff., vgl. oben S. 394.
  c Cod. Admont 434 fol. 62$^r$, Erweiterung eines Briefschlusses, Text PL 193, 552 AB, vgl. oben S. 414.
2 Cod. Reichersberg 6 fol. 105$^v$ (links oben Schreibkorrektur).
3 Cod. Paris nat. lat. 4236 fol. 5$^r$: Fortsetzung des Textes auf Tafel 2 von gleicher Hand (rechts Marginalhinweis auf den Inhalt von Gerhochs Hand), Text LdL 3, 444 f., vgl. oben S. 393.
4 Cod. Paris nat. lat. 4236 fol. 4$^v$: Seitengetreue Kopie des Textes auf Tafel 2 von anderer Hand (links Marginalhinweis von Gerhochs Hand), vgl. oben S. 395.

# Gerhoch von Reichersberg und die Regularkanoniker in Bayern und Österreich*

Die letzten Jahrzehnte des 11. und die erste Hälfte des 12. Jahrhunderts sind in Deutschland – trotz des Investiturstreites und einer nie endenden Kette kleiner und großer Fehden um Besitz- und Herrschaftsrechte – eine Zeit des Wachstums der Bevölkerung, des wirtschaftlichen Aufstiegs und der Entwicklung höherer Formen des sozialen Lebens. Ministerialität und Rittertum formen sich, fürstliche Herrschaft durchdringt das Land intensiver als je zuvor, im Westen zeigen sich Ansätze städtischer Freiheit, im Osten beginnt, zaghaft zunächst, die Ausbreitung deutscher Kultur über neue Räume, die sprunghaft wachsende Zahl der Urkunden gibt dem Historiker Kunde von einer steigenden Aktivität auf allen Lebensgebieten. In der gleichen Zeit werden auch Klöster in rasch wachsender Zahl neu gegründet oder reformiert; in Wellen, die zumeist vom Westen und Süden zum Osten und Norden verlaufen, überwinden von Cluny geprägte Gruppen die älteren Reformrichtungen gorzischer Art, und alsbald folgen die Zisterzienser und gleichzeitig mit ihnen der Orden Norberts, der zwar nicht Mönche, sondern Kanoniker zum gemeinsamen Leben führt, aber von Anfang an dem Mönchtum sehr nahe steht. Während Benediktiner, Zisterzienser und Prämonstratenser seit langem den Blick der Forschung auf sich gezogen haben,[1] ist die Gruppe derjenigen Regularkanoniker, die sich nicht Norbert anschlossen und später als »Augustinerchorherren« bezeichnet wurden, von der modernen Wissenschaft bisher arg vernachlässigt worden. Sie sind vor 150 Jahren bis auf geringe Reste untergegangen; es fehlt daher das dem gegenwärtigen Ordensleben entspringende

---

* Der Vortrag bietet teils Zusammenfassung, teils Ergänzung einiger Abschnitte meines Buches Gerhoch von Reichersberg (Wiesbaden 1960), auf das hier grundsätzlich verwiesen sei. Für das, was dort näher ausgeführt ist, werden hier nur die wichtigsten Belege gegeben.

1) Zu den Reformen im Mönchtum ist neben dem großen Werk von K. HALLINGER, Gorze-Kluny (Studia Anselmiana 22–25), 2 Bde Rom (1950–51), jetzt die gründliche Untersuchung einer der wichtigsten von Cluny geprägten Strömungen zu beachten: J. SEMMLER, Die Klosterreform von Siegburg, ihre Ausbreitung und ihr Reformprogramm im 11. und 12. Jahrhundert (Rheinisches Archiv, 53, 1959), dort ist weitere Literatur zum Mönchtum genannt. Über die Prämonstratenser in Deutschland vgl. N. BACKMUND, Monasticon Praemonstratense 1 (1950). Für die Zisterzienser in Bayern vgl. E. KRAUSEN, Die Klöster des Zisterzienserordens in Bayern (Bayerische Heimatforschung 7, 1953), für Österreich Festschrift zum 800-Jahre-Gedächtnis des Todes Bernhards von Clairvaux, hg. v. der Österr. Cistercienserkongregation vom hl. Herzen Jesu, 1953.

Bedürfnis, eigene Vergangenheit und Tradition zu erforschen; den scheinbar aus wilder Wurzel verbindungslos an vielen Orten aufsprießenden Regularkanonikerstiftern mangelt die Geschlossenheit einer festen Organisation, die sich rasch wie eine Lawine und doch nach strengen Gesetzen ausbreitet – also jenes Phänomen, das an der Geschichte der Orden von Prémontré und vor allem von Cîteaux stets so faszinierend gewirkt hat.

Und doch haben die Augustinerchorherren bis um 1150 sich nicht nur über alle Teile Deutschlands ausgebreitet, sondern in dieser Zeit auch mehr Niederlassungen gegründet oder übernommen als Zisterzienser und Prämonstratenser zusammen.[2] Drei Schwerpunkte sind es vor allem, an denen sie sich zuerst entfalteten. Im Westen wuchs in enger Anlehnung an französische Vorbilder links des Rheines eine Gruppe von Stiftern, unter denen Klosterrath (Rolduc), Springiersbach, Marbach die bekanntesten sind; ihre Erforschung hat in jüngster Zeit verheißungsvolle Anfänge gezeigt.[3] An der mittleren Elbe, vor allem in der Diözese Halberstadt, entstanden mehrere einander eng verbundene Stifter, von denen wir bisher sehr wenig wissen; infolge der frühen Säkularisation in der Reformationszeit sind hier die erhaltenen Quellen besonders arm.[4] Hier soll uns nur das dritte, das älteste und bedeutendste Zentrum beschäftigen, die Salzburger Kirchenprovinz, von deren einst sehr zahlreichen Stiftern sechs noch jetzt in der österreichischen Kongregation blühen, heute die einzigen Augustinerchorherrenstifter auf deutschem Sprachgebiet. Eines von ihnen, Neustift bei Brixen, konnten wir am vergangenen Sonntag kennenlernen.

Das gemeinsame Leben des Klerus, dessen Formen die Karlingerzeit geschaffen hatte, war im Laufe des 10. und 11. Jahrhunderts aus mancherlei Ursachen zugrunde gegangen. Die Einkünfte der Domkapitel waren in die Pfründen einzelner Domherren aufgeteilt worden; Stiftsherren brachten bei ihrem Eintritt in die Kollegiatstifter ihr persönliches Erbe nicht der Gemeinschaft ein, sondern behielten es dem eigenen Nießbrauch vor, und wo man überhaupt noch die 817 unter dem Einfluß des Mönchs-Reformers Benedikt von Aniane in Aachen anerkannte Regel beachtete, da legte man mehr Wert auf die Freiheiten, die persönlichen Besitz und private Wohnung gestatteten, als auf die Vorschriften über

---

2) Den besten Gesamtüberblick über die Ausbreitung der Augustinerchorherren in Deutschland gibt immer noch: A. HAUCK, Kirchengeschichte Deutschlands, 4⁴ (1913), 355–368, dazu die Klosterlisten im Anhang des Bandes.

3) Über die Regularkanoniker in Westdeutschland vgl. CH. DEREINE, La réforme canoniale en Rhénanie (1075–1150), in: Mémorial d'un voyage d'études de la Société Nationale des Antiquaires de France en Rhénanie (Paris 1953), 235–240; IDEM, Les coutumiers de Saint-Quentin de Beauvais et de Springiersbach, in Revue d'hist. eccl. 43 (1948), 411–442; IDEM, Les chanoines au diocèse de Liège avant Saint Norbert (Mém. de l'Acad. Belge, cl. des Lettres 47, 1), 1952; J. SEMMLER, Das Stift Frankenthal in der Kanonikerreform des 12. Jahrhunderts, in Blätter f. Pfälzische Kirchengeschichte 23 (1956), 101–113; F. PAULY, Springiersbach 1107–1957, in Trierer Theolog. Zeitschrift 66 (1957), 241–247; IDEM, Die Consuetudines von Springiersbach, ibid. 67 (1958), 106–111. Eine größere Arbeit über Springiersbach und seine Kongregation wird F. PAULY demnächst vorlegen. F. A. GOEHLINGER, Histoire de l'abbaye de Marbach (Colmar 1954).

4) Vgl. MOIS (wie unten Anm. 12) 181 ff.

gemeinsames Dormitorium und Refektorium, über Gemeinbesitz und *vita communis*. Dieser Vorgang war um so folgenreicher, als er nicht nur Domkapitel, sondern auch Kollegiatstifter erfaßte und seit den Ungarnstürmen sehr viele alte Benediktinerklöster sich in Kollegiatstifter umgewandelt hatten, vermutlich, weil die gerade in den Besitzbestimmungen freiere Regel der Stifter die wirtschaftliche Existenzerhaltung erleichterte und größere Anziehungskraft auf die Söhne besitzender Adelsfamilien ausübte.

Die Ursachen, die zum neuen Aufstieg der *vita communis* des Klerus auch in Deutschland führten, sind in jener »religiösen Bewegung« zu suchen, zu deren Erforschung vor allem H. Grundmann entscheidende Anregungen gegeben hat;[5] Ch. Dereine und J. C. Dickinson verdanken wir die Untersuchung ihrer Wirkungen auf die Reform des Kanonikerlebens zur neuen *vita communis*.[6] Von den Mönchen geht der erste Anstoß zur Kirchenreform des 11. Jahrhunderts aus, der Klerus kann sich ihr auf die Dauer nicht entziehen, und ein Teil des Klerus will dies auch gar nicht, weil er sieht, daß diese Reform, will sie die ganze Kirche erneuern, auch und gerade den Klerus erfassen muß, der für die Seelsorge verantwortlich ist. Das hat bekanntlich Gregor VII. sehr deutlich gesehen,[7] und der engste Mitarbeiter Alexanders II. und Gregors VII. in Deutschland, Bischof Altmann von Passau (1056–91), ist zum ersten Vollstrecker der Forderungen Gregors an den Klerus in Deutschland geworden. Auch im deutschen Südosten sind in der Folgezeit die Anstöße, die zur Gründung neuer Zellen der *vita communis* führen, sehr verschiedenartig, auch dort gibt es einzelne Kleriker oder Laien, die sich als Eremiten in die Einsamkeit zurückziehen, um ein apostolisches Leben als Arme Christi zu führen. Es ist aber wichtig, festzuhalten, daß der erste Anstoß hier von einem Bischof ausgeht. Altmann gründet oder reformiert vier Stifter seiner Diözese,[8] darunter eines, St. Nikolaus, vor den Toren seiner Bischofstadt, und schon 1073 erhält dies sein erstes Papstprivileg von Alexander II. Noch jüngst hat man die Bedeutung der Reformen Altmanns so hoch eingeschätzt, daß man ihn geradezu als Ordensgründer, als Stifter der Augustinerchorherren, bezeichnet hat.[9] Wenn dies angesichts der vielfältigen Wurzeln, denen das Regularkanonikertum auch in Deutschland entsprossen ist, auch sicher nicht richtig ist, so ist man sich in der Passauer Diözese

5) H. Grundmann, Religiöse Bewegungen im Mittelalter (Historische Studien 267) 1935; Idem, Neue Beiträge zur Geschichte der religiösen Bewegungen im Mittelalter, in Archiv f. Kulturgeschichte 37 (1955), 129–182 mit zahlreicher weiterer Literatur.

6) Ch. Dereine, Vie commune, règle de Saint Augustin et chanoines réguliers au Xᵉ siècle, in Revue d'hist. eccl. 41 (1946), 365–406; Idem, Chanoines, in Dictionnaire d'hist. et géogr. eccl. 12 (1951), 353–405, dazu zahlreiche Einzeluntersuchungen Dereines. J. C. Dickinson, The Origins of the Austin Canons and their Introduction to England, 1950.

7) A. Werminghoff, Neues Archiv 27 (1902), 669 ff., G. Morin, Revue Bénédictine 18 (1901), 177 ff., O. Hannemann, Die Kanonikerregel Chrodegangs von Metz etc. (Diss. Greifswald 1914), G. Bardy, Studi Gregoriani 2 (1947), 47 ff., Ch. Dereine, Rev. d'hist. eccl. 43 (1948), 51 ff.

8) Über die einzelnen Stifter siehe die Beilage am Schluß dieses Aufsatzes.

9) R. Bauerreiss, Kirchengeschichte Bayerns 2 (1950), 226, dagegen richtig Mois (wie unten Anm. 12) 29 f.

doch stets der Bedeutung Altmanns bewußt geblieben; das erweist nicht nur seine Vita,[10] sondern auch die große Zahl der in seinen Stiftungen später auf seinen Namen ausgefertigten Urkundenfälschungen.[11]

Der Investiturstreit lähmte den Ausbau der Passauer Stifter. Bald nach Altmanns Tod ging Göttweig zum Reform-Benediktinertum über und holte sich den ersten Abt aus St. Blasien im Schwarzwald; mit Mühe konnten die anderen Stifter ihre Existenz wahren, erst nach dem Tode Heinrichs IV. vermochte Bischof Udalrich (1092–1121) sie neu zu kräftigen. Unter dem Schutz der welfischen Gründer blühte dagegen das unter Altmanns Mitwirkung gegründete Rottenbuch in der Diözese Freising auf. Die Untersuchungen von J. Mois über Rottenbuch[12] bieten zwar gewiß noch kein abschließendes Bild, aber doch den bedeutendsten Beitrag zur Erforschung des deutschen Regularkanonikertums; ein Verdienst, das um so höher einzuschätzen ist, als hier ein Anfang auf einem bisher fast ganz unbebauten Gebiet gemacht wird. Die ersten Anfänge des 1073 gegründeten Stiftes sind recht dunkel, in das helle Licht der Geschichte tritt es, nachdem die Welfen das Stift dem hl. Petrus übereignet haben, Papst Urban II. es 1090 und dann wieder 1092 privilegiert und es im Investiturstreit zum Zufluchtsort vom Kaiser verfolgter Anhänger der päpstlichen Partei wird; Manegold von Lautenbach, der Verfasser der schärfsten Streitschrift gegen den Kaiser und spätere Gründer Marbachs, ist dort Dekan.[13] Das berühmte Privileg Urbans II. von 1092 wird die Magna Charta der Regularkanoniker, es formuliert theoretisch die Grundlagen des Kanonikertums und wird darum in der Streitschriftenliteratur wie in der Kanonistik der nächsten Jahrzehnte gern zitiert;[14] gleichlautend wie an Rottenbuch verliehen die Päpste es mehreren anderen Stiftern, voran St. Rufus bei Avignon.[15]

Neue Kräfte wachsen dem Kanonikertum aber erst nach 1100 zu, als die Bewegung zur *vita apostolica* immer weitere Kreise begeistert; in den Diözesen Freising, Augsburg, Salzburg und Passau entstehen mehrere Stifter, die sich durch engere oder losere Bande mit Rottenbuch verbunden wissen. Versuchen wir, die Eigenart dieser Gruppe in kurzen Thesen zu charakterisieren.

---

10) Mon. Germ. Hist., Scriptores 12, 226 ff.

11) Dazu O. v. Mitis, Studien zum älteren österreichischen Urkundewesen, 1912, passim, vgl. auch L. Gross, Über das Urkundenwesen der Bischöfe von Passau im 12. und 13. Jahrhundert, in den Mitteilungen d. Österr. Instituts f. Geschichtsforschung, Erg.-Bd. 8 (1911), 505–673. Bei der Benutzung der im Urkundenbuch des Landes ob der Enns 2 (1856) gedruckten Passauer Bischofsurkunden sind diese Abhandlungen stets heranzuziehen.

12) J. Mois, Das Stift Rottenbuch in der Kirchenreform des XI.–XII. Jahrhunderts. Ein Beitrag zur Ordens-Geschichte der Augustiner-Chorherren (Beiträge z. Altbayerischen Kirchengeschichte, 3. Folge, 19 Bd.) 1953; vgl. auch Classen, Gerhoch 20 ff.

13) Über Manegold, vgl. auch unten Beilage III.

14) Gerhoch: Mon Germ. hist., Libelli de Lite 3, 474; PL CXCIV, 1203 f.; Dialogus inter Cluniac. et Cist. Martène-Durand, Thesaurus novus anecdotorum 5 (1717), 1641; Kanonistik: Dereine, Studi Greg. 3 (1948), 29 ff.

15) Vgl. Dereine, Rev. d'hist. eccl. 46 (1951) 546 ff., Mois 76 ff., 243 Anm. 1.

1. Die verbreiteten und verschieden deutbaren Begriffe *vita apostolica* und *pauperes Christi* werden als gemeinsames Leben der Kleriker ohne Privatbesitz und eigene Wohnung, aber mit gemeinsamem Eigentum nach der Apostelregel (acta 2, 44; 4, 32) in der *stabilitas loci* verstanden.

2. Das Bekenntnis zur *vita apostolica secundum regulam sancti Augustini* gründet sich noch nicht auf eine geschriebene Regel, sondern nimmt die durch Possidius u. a. Quellen bekannte Lebensweise Augustins zum Vorbild. Geschriebene Statuten lassen sich noch nicht nachweisen.[16]

3. An der Entstehung der meisten Stifter sind Eremiten beteiligt, auch in Rottenbuchs Umgebung leben Eremiten. Bekannt ist vor allem der Kreis um Herluca.[17]

4. Die Regularkanoniker pflegen freundschaftliche Beziehungen zu den Reform-Mönchen von Hirsau und St. Blasien, die gleichfalls den Eremiten nahe stehen. Mit Hirsau hat man vor allem das Konverseninstitut gemeinsam.[18] Selbstverständlich schließt das Konflikte im Einzelfall nicht aus; vor allem Übertritte lösen den Rangstreit zwischen Mönchen und Kanonikern aus.[19]

5. Zugleich bestehen Beziehungen zu den Regularkanonikern in Westdeutschland (Marbach, Klosterrath), Italien (St. Fridian in Lucca, Lateran), Frankreich (St. Rufus), vielleicht auch zu denen in Sachsen.[20]

6. Rottenbuch entsendet Pröpste und Helfer bei Neugründungen und hat einen Vorrang an Autorität; aber es gibt keinen festen Verband und keine Abhängigkeit von Mutter- und Tochterklöstern. Jedes Stift ist autonom.[21]

7. Die Stifter werden durchweg in der Einsamkeit gegründet. Seelsorge in Pfarreien läßt sich für diese Frühzeit noch nicht nachweisen;[22] man beschränkt sich, wie es scheint,

---

16) Über Statuten unten.

17) Mois 10 f. und öfter, Classen, Gerhoch 24 ff.; Hauptquelle ist die Vita b. Herlucae bei J. Gretser, Opera 6 (1735), 166–173; auch Acta Sanctorum Apr. II, 552 ff., bes. cap. 14 ff.

18) Mois 73 ff., 217 ff., Hallinger in Analecta S. Ord. Cist. 12 (1956), 21 ff., U. Lewald in Zeitschr. d. Savigny-Stiftung f. Rechtsgesch., Kanon. Abt. 44 (1958), 397, Classen, Gerhoch 22, 25 f., 69 f.

19) Siehe die Beilage III unten.

20) Vgl. Mois 152 ff., 172 ff., 181 ff., 266 ff.

21) Vgl. Mois 159–228.

22) Neuerdings gibt F. J. Schmale, Kanonie, Eigenkirche, Seelsorge, im Hist. Jahrbuch 78 (1959), 33–63, eine große Zahl von Belegen für die Übernahme der Seelsorge durch Regularkanoniker in Bayern und Österreich. Seinen Ausführungen (bes. S. 47 ff.) fehlt aber nicht nur jede zeitliche und räumliche Gliederung, sondern sie enthalten auch so viele Fehler im einzelnen, daß der brauchbare Kern nur mit Mühe herausgeschält werden kann. Nur das Wichtigste sei hier berichtigt. Die Alte Kapelle in Regensburg (S. 51) war nie Regularkanoniker-, sondern stets Säkularkanonikerstift; Weltenburg vor der Übergabe an die Kanoniker nicht »offenbar eine alte Pfarrkirche«, sondern ein altes und bekanntes Benediktinerkloster. Suben ist nicht 1040/50 gegründet worden, sondern am Ende des 11. Jahrhunderts und von Bischof Altmann von Trient (1126–49), endgültig 1142, als Regular-

zunächst auf die Seelsorge an den in die Einsamkeit gehenden Laienbrüdern. Dem Zentrum der Regularkanoniker in Oberbayern fehlen Städte völlig, die Täler werden z. T. erst infolge des Aufblühens der Stifter dichter besiedelt. Noch die Gründung Berchtesgadens (1102) stößt auf Schwierigkeiten, weil die Kanoniker die Gegend für unbewohnbar halten und fliehen.[23)] In die wenigen Städte – die zugleich Bischofssitze sind – kann das Regularkanonikertum erst später eindringen (Regensburg um 1127, Augsburg 1135).

8. Überall schließen die Regularkanoniker sich der päpstlichen Partei an; viele Stifter werden von den laikalen Gründern dem Papst tradiert.[24)] Das Andenken an Gregor VII. wird bewußt gepflegt (Paul von Bernried, Gerhoch). Das Verhältnis der Kanoniker zu den Bischöfen hängt weitgehend von der Stellung der Bischöfe zum Papst ab.

Um 1100 gibt es in Bayern erst 5 Kanonikerstifter, um 1120 sind es 10, um 1150 bereits fast 50. Das zeigt den scharfen Einschnitt mit dem Ausgang des Investiturstreites im Wormser Konkordat. Schon seit etwa 1110 kann Udalrich von Passau die Stifter seiner Diözese neu beleben, er überträgt ihnen Pfarreien und gründet in Herzogenburg und Seitenstetten neue Stifter. Im oberbayerischen Gebiet der Diözesen Freising und Augsburg blühen nach 1120 die Stifter Indersdorf, Beuerberg, Diessen und Bernried auf, gleichzeitig entstehen erste Stifter in der Regensburger Diözese, und Bischof Otto von Bamberg, der fleißigste Klostergründer seiner Zeit, überträgt einige der neuen Eigenklöster seines Hochstiftes, die alle in den benachbarten Diözesen liegen, den Regularkanonikern. Damit ist die Enge der ersten Anfänge endgültig überwunden, die Idee des Regularkanonikertums findet in allen Teilen Deutschlands ihre Anhänger, lawinenartig breitet sie sich aus, in

kanonikerstift eingerichtet; die sehr umstrittene Gründung Klosterneuburgs fand jedenfalls vor 1114 statt, Regularkanoniker wurden dort 1133/35, nicht 1153 eingeführt; die Reform Schlehdorfs durch Otto von Freising fand vor 1160 statt, denn damals war Otto bekanntlich schon tot. Die von SCHMALE Anm. 40, 46, 48 genannte Urkunde Altmanns für St. Nikolaus ist eine Fälschung, echt die Anm. 49 genannte, die aber um 1110 (nicht um 1100) anzusetzen ist und zwar mehrere Kirchen (darunter die schon 1073 genannte in Aidenbach, nicht Pittenbach!), aber keine Pfarrei anführt. Die Anm. 83 genannte Filialkirche erhielt Rottenbuch nicht 1096, sondern 1196. Die Anm. 39 genannte Urkunde Konrads von Passau (nicht Erzbischofs von Salzburg, das wurde er erst später) begründet die Pfarrei Nöchlingen (Niederösterreich), die an Besitz der Zisterzienser von Baumgartenberg grenzt und weder mit Regularkanonikern etwas zu tun hat, noch an ein Kloster verschenkt wurde, zur Arenga vgl. GROSS 538. Die Anm. 53, 58 usw. genannten Zahlen von Pfarreien sind wertlos, wenn man nicht fragt, wie viele von ihnen wenigstens älter als die Pfarregulierungen Kaiser Josefs II. sind. Der richtige Kern von Schmales Ausführungen ist der: sicher durch Udalrich II. von Passau, vielleicht auch schon durch Altmann (von dem keine einzige echte Urkunde vorliegt und dessen Vita erst um die Mitte des 12. Jhs. entstand) wurden Kanoniker zur Seelsorge herangezogen. Da aber zugleich – z. T. auch schon früher – auch Pfarreien an Mönchsklöster, bald sogar auch an Nonnenklöster, verliehen wurden, wird man größte Vorsicht bei allen Schlüssen von Pfarrinkorporationen auf die Seelsorge walten lassen müssen, in verstärktem Maße gilt dies für die Übertragung von Filialkirchen.

23) Fundatio monasterii Berchtesgadensis, Mon. Germ. Hist. Scriptores 15, 2, 1064 ff., vgl. A. BRACKMANN, Die Kurie und die Salzburger Kirchenprovinz (1912), 122 ff., MOIS 162 ff.

24) Über Traditionen an den Papst vgl. BRACKMANN a. a. O. passim.

derselben Zeit, da auch die Zisterzienser und Prämonstratenser ihren Siegeslauf durch Deutschland antreten. Überall erfreuen die Regularkanoniker sich jetzt bischöflicher Förderung, weil die Bischöfe den Nutzen der Stifter erkennen, die der Seelsorge dienen können, zugleich aber dem Bischof unterworfen sind und nicht einem die Diözese sprengenden Verband – wie die Prämonstratenser und Zisterzienser – angehören. Es darf aber nicht übersehen werden, daß nicht jede Schenkung von Pfarr- oder Filialkirchen etwas mit Seelsorge zu tun hat, wurden doch zugleich auch Kirchen an Mönchs- und sogar an Nonnenklöster vergeben. Besonders nah ist die Verbindung zum Bischof, wo dieser – wie sehr häufig – Eigenherr der Stifter ist.

Am schärfsten erkannte diese Bedeutung des Regularkanonikertums Erzbischof Konrad von Salzburg (1106–1147).[25] Nach zehnjähriger Verbannung durch den Kaiser konnte er 1121 in seine Diözese zurückkehren, und bereits 1122 wandelte er sein Domkapitel in ein Regularstift um. Das war für Deutschland etwas durchaus Neues: zur strengen *vita communis* verpflichtete Domherren gab es nirgends. Nur in dem völlig von Salzburg abhängigen Gurk konnte dies Beispiel nachgeahmt werden; in den nordostdeutschen Missionsbistümern fand es später seine Parallele in den Prämonstratenserkapiteln von Ratzeburg, Brandenburg und Havelberg.[26] Der Beginn der Reform am Domkapitel macht es Konrad aber möglich, vom Haupt zu den Gliedern vorzuschreiten und in systematischer Arbeit seine ganze Diözese in ein Musterland der Regularkanoniker zu verwandeln. Bis zu seinem Tode wirkt Konrad an der Gründung oder Reform von mindestens 15 weiteren Stiftern mit. Die besonderen Probleme der Stadtklöster tauchen in seiner städtelosen Diözese nicht auf; selbst Salzburg ist nicht als Stadt im sozialen Sinne anzusehen. Auf dem flachen Lande kann der Erzbischof den Kanonikern Pfarreien und Archidiakonate übertragen, manche Stifter werden auf der Grundlage älterer Pfarreien oder Zellen der Salzburger Kirche errichtet. Ohne Ausnahme aber sind alle Reformen und Neugründungen in der Diözese – und darüber hinaus in den Salzburger Eigenstiftern auf dem Gebiet der Suffraganbistümer – auf den Erzbischof und sein Domkapitel ausgerichtet.

Leider sind wir über die Zeit der Verbannung Konrads so wenig unterrichtet, daß wir kaum sagen können, woher er seine Anregungen empfing; man kann an die Toskana (Lucca!) oder an Sachsen denken, man wird aber doch die Eigenart des Salzburger Reformkreises im wesentlichen auf die Ideen des Erzbischofs selbst zurückführen müssen. Erste Helfer holte er sich aus Rottenbuch, Passau und Klosterrath, doch den weiteren Aufbau führte er unabhängig von fremden Reformzentren durch. Versuchen wir wieder, den Charakter der Salzburger Reform in Thesen zu bestimmen:

1. Alle neuen Stifter in der Salzburger Diözese (ebenso auch Mönchsklöster) und mehrere in den Suffraganbistümern sind Eigenkirchen des Erzstiftes. Traditionen an den

---

25) Über Konrad vgl. BRACKMANN, 33–41, MOIS, 144–151, CLASSEN, 58–67 u. öfter.
26) Vielleicht auch in Olmütz unter Bischof Heinrich Zdik, wie mir trotz BACKMUND 1, 327 f. möglich scheint.

heiligen Petrus, wie sie früher beliebt waren, kommen nicht mehr vor. Selbst die älteren päpstlichen Schutzstifter (Berchtesgaden, Baumburg) sind ganz in der Hand des Erzbischofs. Es gibt keine Appellationen nach Rom gegen den Erzbischof. Laikale Eigenstifter, Königsklöster und Eigenklöster fremder Bischöfe fehlen; alle Neugründungen werden dem Erzbischof tradiert.

2. Mit dem Domkapitel und dem Dompropst an der Spitze entwickelt sich eine Art von Kongregation der Salzburger Stifter (zu denen auch die Eigenstifter in fremder Diözese gehören). Um den Erzbischof versammeln sich die Pröpste, um an der Verwaltung der Diözese teilzunehmen und die Probleme der Stifter gemeinsam zu regeln. Ob der Verband geschriebene Statuten anerkannte, ist zweifelhaft.

3. Der für die Seelsorge verantwortliche Erzbischof bevorzugt die Regularkanoniker, ohne die Mönche zu vernachlässigen. Neben Pfarreien werden den Kanonikern die vier Archidiakonate im Westen der Diözese (Salzburg, Chiemsee, Gars, Baumburg) übertragen. Es ist wahrscheinlich, daß die Regularkanoniker mehr Pfarreien faktisch verwalteten, als der Erzbischof ihnen urkundlich übertrug: Konrad behält sich die Verfügung über die Pfarreien im einzelnen vor.

4. Nirgends in dem Konrads Zugriff unterliegenden Bereich gibt es weltliche Kollegiatstifter, aber auch die Prämonstratenser, die nicht in den Salzburger Verband passen, bleiben ausgeschlossen.

5. Von Eremiten und Wanderpredigern hören wir im Salzburger Bereich nichts.

6. Die meisten Salzburger Stifter – selbst das Domstift – sind Doppelklöster, die ein Frauenstift besitzen.

7. Konrads Wirken regt die Reformen der Bischöfe in den Suffraganbistümern an, ohne sie unmittelbar zu beeinflussen. Dort gehören nur die Eigenklöster des Erzstiftes zum Salzburger Verband, einige wenige laikale Eigenklöster (das welfische Ranshofen, das babenbergische Klosterneuburg) oder bischöfliche Klöster (Neustift bei Brixen) stehen ihm nahe.

Der Unterschied der Salzburger Reform gegenüber Rottenbuch ist deutlich; die Eremiten fehlen, die Seelsorge tritt in den Mittelpunkt, vor allem ist alles auf den Erzbischof ausgerichtet, über den auch die Verbindung nach Rom jetzt führt. Rottenbuch selbst aber spürt jetzt die Rückwirkung der Salzburger Reform; denn die Einrichtung des Rottenbucher Archidiakonats dürfte Bischof Otto (1138–58) nach dem Salzburger Vorbild durchgeführt haben. Unter dem noch von Kaiser Heinrich IV. eingesetzten Bischof Heinrich (1098–1138) hatte nicht nur Salzburg, sondern anscheinend auch Rottenbuch in schroffem Gegensatz zum Freisinger Stuhl, dem Hort der Reaktion, gestanden; Otto nahm endlich die Reformen in seiner Diözese in die eigene Hand, bevorzugte dabei aber, obwohl selbst Zisterzienser, die Kanoniker – darunter auch, aber nicht nur Prämonstratenser – gegenüber den Mönchen.[27]

27) Vgl. CLASSEN, Gerhoch 22 f., 30 f., 61 f., 64, z. T. anders MOIS, 67 f.

Es sind aber nicht nur die Bischöfe, die die Kanoniker zur Seelsorge heranziehen, sondern auch diese selbst drängen zum Teil dahin: einer unter ihnen ist Gerhoch, dessen zwischen 1128 und 1167 entstandene Schriften zusammen mit denen seines Bruders Arno die hervorragendste Quelle für die innere Entwicklung und die Ziele des bayerischen Chorherrentums bilden. Gerhoch ist 1092/93 in Polling (Diözese Augsburg) geboren, nach Studien in Freising und Hildesheim wird er um 1118 Domherr und Scholaster in Augsburg und führt dort das Leben eines keiner strengen Regel unterworfenen und Eigentum besitzenden Domkapitulars. Um 1120 wendet er sich in dem neu aufflammenden Streit zwischen Kaiser und Papst von seinem kaisertreuen Bischof ab und flieht nach Rottenbuch, wo sich viele Anhänger der päpstlichen Sache sammeln. Dort begegnet er der *vita apostolica* und vollzieht eine Bekehrung, bei der bezeichnenderweise ein Eremit eine Rolle spielt.[28] Aber Gerhoch wird noch nicht Regularkanoniker, sondern kehrt nach dem Wormser Konkordat nach Augsburg zurück und versucht, die Domherren für die *vita apostolica* zu begeistern. Erst nachdem er das Vergebliche dieses Versuches erkannt und gesehen hat, daß sich das apostolische Leben nur in der Gemeinschaft Gleichgesinnter verwirklichen läßt, legt er in Rottenbuch endgültig auf die Regel Augustins Profeß ab (1124).

Sehr bald gerät Gerhoch aber mit den Rottenbuchern in Konflikt. Die Ursache scheint zum Teil der nun ausbrechende Streit um den Regeltext, vor allem um die Gültigkeit des *Ordo monasterii*, den Gerhoch 1126 von einer Romreise mitbringt, zu sein; daneben geht es aber um Sinn und Aufgaben des Regularkanonikertums überhaupt.

Bei seiner Bekehrung ist Gerhoch zu der Überzeugung gelangt, ein Kleriker könne nur durch die *vita apostolica* zum seligen Leben gelangen. Daraus schließt er, daß nur der nach der *vita apostolica* – die im Rottenbucher Sinn als *vita communis* verstanden wird – lebende Kleriker die vornehmste Aufgabe des Klerus, Seelsorge und Altardienst, vollziehen darf, jene Aufgabe, die den Kleriker vor dem Mönch auszeichnet. Notwendigerweise ergibt sich also für die Regularkanoniker die Pflicht zur umfassenden Übernahme der Seelsorge und zum Kampf gegen den hierfür ungeeigneten Weltklerus. Das Regularkanonikertum kann sich nicht, wie es bisher die Rottenbucher getan haben, auf sich selbst zurückziehen und in wenigen Stiftern ein Vorbild für andere werden, sondern es muß zur allein gültigen Lebensform des gesamten Klerus werden, an jeder Taufkirche muß die *vita communis*, zumindest von einem Priester und einem Diakon versehen, gelebt werden. Hilfsweise können auch Mönche, die immer noch besser sind als *clerici proprietarii*, der Seelsorge dienen; das Ziel muß jedoch die Reform des gesamten Klerus sein. Gerhoch gelingt es, drei seiner leiblichen Brüder auf seinem Weg nach sich zu ziehen, im Alter folgen noch zwei weitere, die zunächst Augsburger Domherren werden. Aber die Rottenbucher sind nicht

---

28) MGH Lib. de Lite 3, 234. – Zum Folgenden vgl. das Nähere in meinem Buch über Gerhoch, E. MEUTHEN, Kirche und Heilsgeschichte bei Gerhoh von Reichersberg (Studien und Texte zur Geistesgesch. d. Mittelalters 6), 1959; berührt das Regularkanonikertum nur am Rande.

bereit, Gerhochs Ideen, die Kampf mit aller Welt, Kampf voran mit Gerhochs bisherigen Standesgenossen, den Domherren, bedeuten, zu folgen.

In Cham (Diözese Regensburg) kann Gerhoch als Pfarrer versuchen, seine Ideen zu verwirklichen; aber nach ganz kurzer Zeit scheitert er, sei es an politischen Konflikten, die der Biograph nennt, oder am Widerstand des Pfarrklerus. Von 1128 bis 1132 lebt er ohne Amt in Regensburg und in dieser Zeit formuliert er zuerst seine Gedanken schriftlich. Er sucht nachzuweisen, daß alle Weltkleriker Nikolaiten und Simonisten seien, weil sie aus ihren Pfründen Einkommen beziehen, das nach kanonischem Recht den Armen Christi vorbehalten ist; insbesondere wendet er sich gegen das Stellvertretungswesen, gegen *conductores* und *conducticii*, Pfründeninhaber und Vikare, die Amt und Einkommen auseinanderreißen und Altardienst und Seelsorge zur billigen Lohnarbeit für wurzellose Geistliche, denen die *ordinatio ad certum titulum* fehlt, erniedrigen. Die Trennung von *beneficium* und *officium* ist Simonie. Aus den Dekreten der Reformpäpste von Leo IX. bis Gregor VII. folgert Gerhoch weiter, daß jeder Simonist *ipso facto* als Häretiker exkommuniziert sei, und nach dem verbreiteten, Augustin zugeschriebenen Satz »*extra ecclesiam non est locus veri sacrificii*« kein gültiges Sakrament spenden könne.[29] Gerhoch fühlt sich als Vollstrecker des Willens der Reformpäpste, er geht aber in der Definition von Simonie und Nikolaitismus über sie hinaus. Seine Theorie macht das Sakrament zwar nicht von den Sitten des Priesters, sondern vom unversehrten Ordo abhängig, die praktischen Konsequenzen kommen aber der donatistischen Lehre, kein *pravus sacerdos* könne ein Sakrament gültig darbringen, noch näher als einst die Lehren Humberts von Silva Candida. Vom Papst Honorius II. fordert Gerhoch die Exkommunikation aller Weltkleriker.[30] So kann es nicht ausbleiben, daß die gerade in der wohlhabenden Stadt Regensburg zahlreichen Weltkleriker sich zum Gegenangriff formieren. 1130 wird Gerhoch in Regensburg der Häresieprozeß gemacht; Erzbischof Konrad von Salzburg, mit dem Gerhoch schon seit 1126 in Verbindung steht, und der päpstliche Legat Erzbischof Walther von Ravenna, der selbst dem Kreis der bayerischen Eremiten und Kanoniker um Herluca und Paul von Bernried entstammt, können eine Verurteilung der Person verhindern. Gerhoch erhält nur ein Schweigegebot; aber seine Lehre, oder zumindest die extreme Konsequenz seiner Lehre, ein unkeuscher Priester könne den Leib Christi nicht darbringen, wird als häretisch verurteilt.[31]

Zu den scharfen Angriffen Gerhochs auf den Weltklerus, insbesondere auf die reichen Domherren und Bischöfe, gehören gleichzeitig Angriffe auf die Regalien, deren im Wormser Konkordat legalisierter und nun lehnrechtlich verstandener Besitz die Kirche in den Sog der allgemeinen Feudalisierung des Reiches zieht und Kirche und Welt damit in unheilvoller Weise verquickt. Es ist unverkennbar, daß alle diese Attacken gegen Weltkle-

---

29) Lib. de lite 3, 182 f. und öfter.
30) ebenda 204.
31) ebenda 225, 237, Idung von Prüfening bei B. Pez, Thesaurus novus anecdotorum 2, 2 (1721), 509, zum Ganzen Classen, 47–52.

rus, Domherren und Bischöfe, gegen Regalienbesitz und Pfründenwesen, vor allem aber die Leugnung der sakramentalen Gewalt der besitzenden Priester Gerhoch in die unmittelbare Nähe derjenigen Zweige der Bewegung zur *vita apostolica* führte, die in der Häresie endeten. Kirchenreform und Häresie stehen stets sehr nahe beieinander; einst hatte der deutsche Episkopat Gregor VII. als Häretiker absetzen wollen, und erst spät pflegt sich abzuzeichnen, welche Reformen sich in der Kirche durchsetzen und welche als häretisch verworfen werden. Gerhochs Lehren erinnern insbesondere an die des nur wenige Jahre später in der Lombardei Unruhe verursachenden Arnold von Brescia. Auch Arnold ist aus dem Regularkanonikertum hervorgegangen,[32] auch er lehrt, daß der besitzende und simonistische Priester seinen Ordo und seine sakramentale Gewalt verliere, auch er richtet seinen Angriff auf die Bischöfe und ihren Regalienbesitz. Aber Arnold folgert schließlich, daß die Kirche der Bischöfe nicht mehr die rechte Kirche sei, er wendet sich an das Volk und predigt vor den Massen, er verbindet sich zuletzt mit der säkularistischen Bewegung der römischen Kommune; Gerhoch dagegen richtet seine Reformschriften an Bischöfe, Päpste und Kardinäle, er will von oben reformieren, nicht von unten revolutionieren. In dem kritischen Augenblick seines Lebens, in dem Regensburger Prozeß von 1130, bewahren der päpstliche Legat und der Salzburger Erzbischof Gerhoch vor dem Weg Arnolds; damit gewinnt Gerhoch ein starkes Vertrauen zu Rom als Reformträger, das sich bis in die Zeiten Eugens III. steigert, und Konrad setzt Gerhoch als Propst des in der Passauer Diözese gelegenen Salzburger Eigenstiftes Reichersberg in das Amt ein, in dem er fortan aufbauend für die Kanonikerreform arbeiten kann (1132). Wenn also die Wege Gerhochs und Arnolds ganz verschieden gegangen sind, darf man doch die gemeinsamen Ideen nicht übersehen, die auf gemeinsame Ausgangspunkte zurückgehen. Aus den Zeiten Altmanns und Manegolds hatten auch die bayerischen Regularkanoniker die Erinnerung an die Pataria als ihren Vorläufer bewahrt, wie Arno von Reichersberg bezeugt, und sie blieben stolz darauf, daß die Domherren sich vor ihrer Bewegung fürchteten.[33] Gerhoch ist später wahrscheinlich Arnold persönlich begegnet, er hat dann die Lehren des Abtes von Brescia bekämpft, zugleich aber betont, daß sie einem guten Eifer entsprangen und nur zu falschen Konsequenzen gelangten; die Hinrichtung Arnolds schien ihm eine schwere Blutschuld, die die römische Kirche auf sich lud.[34]

Im Salzburger Kreis findet Gerhoch das rechte Wirkungsfeld. Er hatte gefordert, die Domherren sollten sich zur *vita communis* bekehren – in Salzburg sind sie bekehrt. Er hatte die alten Taufkirchen zu Zellen der *vita communis* machen wollen – in der Salzburger Diözese sind die Zellen der *vita communis* zu Seelsorgezentren geworden. Man kann weder sagen, daß Erzbischof Konrads Ideen von Gerhoch beeinflußt wurden, noch daß Gerhoch umgekehrt einfach Konrads Sprachrohr war. Nur langsam mildert Gerhoch seine

---

32) Johannes Saresb., Hist. Pont. 31, dazu A. FRUGONI, Arnaldo da Brescia (Istituto stor. ital., Studi storici 8/9), 1954, 12 f.
33) PL CXCIV, 1499 A, 1502 C.
34) Lib. de Lite 3, 347 f.

radikalen Theorien ab, während der Praktiker Konrad sein Ziel Schritt für Schritt unter stetem Blick auf die Grenzen des Durchführbaren verwirklicht. Des Erzbischofs wichtigste Helfer sind die Dompröpste, neben ihnen Hartmann, der aus St. Nikolaus bei Passau berufene Domdekan, der Propst von Chiemsee, dann von Klosterneuburg und schließlich Bischof von Brixen wird, und Roman, der Propst von Maria Saal und Bischof von Gurk. Gerhoch bleibt auf den engen Wirkungskreis des kleinen Stiftes am Inn beschränkt, erhält dazu Zehnt- und dann Pfarrgebiete an der Ungarngrenze in der Pittener Mark; aber nicht der Erzbischof, sondern päpstliche Legaten sind es, die ihn gelegentlich zu Hilfsdiensten im weiteren Bereich heranziehen – Papst Eugen überträgt ihm sogar eine Legation nach Ungarn, eine Aufgabe, der Gerhoch sich nicht gewachsen zeigt.

In Regensburg hatte Gerhoch seine publizistische Tätigkeit begonnen, in Reichersberg wurde er zum fruchtbarsten Schriftsteller des 12. Jahrhunderts; aber seine Zeitgenossen beachteten die Erzeugnisse seiner unermüdlichen Feder wenig. Wir können hier nicht von der Eigenart seiner Bibelexegese und Geschichtstheologie, von seiner Methode philologisch-historischer Kritik und seinen christologischen Spekulationen sprechen. Nur einige wenige Punkte aus seinen Lehren und Kämpfen seien hervorgehoben. Die christologischen Auseinandersetzungen mit den Schulen der Frühscholastik setzt er selbst stets in eins mit dem Kampf gegen den Weltklerus. Dem zuchtlosen Leben an den Schulen in Frankreich sieht er die *quaestiones indisciplinatae* (2. Tim. 2, 23) entspringen, *scholasticus* und *ecclesiasticus* gelten ihm als Gegensätze wie *clericus saecularis* und *regularis;* schon in seiner Begegnung mit dem Eremiten hatte er diesen Gegensatz verspürt, und die Bekehrung in der Lebensweise war für ihn zugleich eine Bekehrung in der wissenschaftlichen Methode. An seiner Christologie fällt es auf, wie sie stets in engstem Zusammenhang mit der Lehre vom Altarsakrament entwickelt wird, ja eigentlich aus ihr entspringt – auch dies sehr bezeichnend für den Kanoniker, dessen vornehmste Pflicht der Altardienst ist, während der Mönch Bernhard durch Kontemplation und Mystik zur Christologie geführt wird und die Scholastiker von logischen und metaphysischen Fragen ausgehen. In der Geschichtstheologie hat Gerhoch, anders etwa als Anselm von Havelberg, den Orden keine besondere Rolle zugewiesen; aber er fühlte sich auch nicht als Ordensmann, sondern als Vertreter der allein rechten Form des Klerus. Die *pauperes Christi* sind es darum auch, die für ihn in der Geschichte, vor allem in seinen späten Konstruktionen, eine besondere Rolle spielen durch ihren – immer wieder vergeblichen – Kampf gegen die *avaritia.* Im *Antichristus avarus* meinte Gerhoch, der unermüdliche Kämpfer gegen den Eigentum besitzenden Klerus, schließlich die letzte, seit Gregor VII. wirksame und durch keine menschliche Gewalt – auch nicht durch die *pauperes Christi* – überwindliche widergöttliche Macht zu erkennen.[35]

Erweist sich das Regularkanonikertum so als der Wurzelboden, auf dem alle theoretischen Lehren Gerhochs wachsen, so tritt es in den praktischen Forderungen zur Kirchen-

---

35) ebenda 509 f.

reform und in der Kritik an der bestehenden Reichs- und Kirchenverfassung noch viel deutlicher in den Mittelpunkt. So verschieden die Akzente sind, die Gerhoch in seinen immer neuen Reformschriften setzt, so bleibt der Regalien besitzende, in das Lehnssystem verstrickte, der Welt verhaftete und sich der *vita communis* verschließende Klerus, voran Bischöfe und Domkapitel als *conductores* und als deren Kehrseite das priesterliche Proletariat der *conducticii,* doch die Hauptzielscheibe der Kritik; nicht mehr wie im Investiturstreit die Könige, sondern die Bischöfe hindern die Reinheit der Kirche. Lange Zeit vertraut Gerhoch dabei auf die Hilfe der Päpste; von den Regularkanonikern Innozenz II., Lucius II. und dem Zisterzienser Eugen III., die er alle persönlich kennt und mehrmals aufsucht, erwartet er die Erneuerung der Kirche. Noch den Regierungsantritt des einstigen Abtes von St. Rufus, Hadrians IV., begrüßt er mit hochgespannter Hoffnung, dann wird er durch schlechte persönliche Erfahrungen mit dem Papst tief enttäuscht, wird immer skeptischer gegen Rom, bis er im Schisma von 1159, das er allein der Schuld der Römer zuschreibt, am Papsttum und damit an der irdischen Zukunft der Kirche überhaupt verzweifelt und nur noch um das Kommen Jesu betet.

In allen Phasen dieser langen und von einem umfangreichen Schrifttum begleiteten Entwicklung hat er daran festgehalten, daß nur die Rückführung des Klerus auf die *vita communis* die Kirche erneuern, sie aus der weltlichen Verstrickung lösen und zu neuer Reinheit führen könne. Er hat auch nie die Lehre aufgegeben, daß nur in der Kirche das rechte Opfer dargebracht werde und die Sakramente der Simonisten wirkungslos seien. 1135 verteidigte er diese Lehre leidenschaftlich und mit tieferer, dogmengeschichtlich sehr bedeutsamer Begründung gegenüber Bernhard von Clairvaux, dem er feige Menschenfurcht vorwarf;[36] das stets erstrebte Einverständnis mit dem großen Zisterzienser konnte er in seiner schroffen Art nie erreichen. Langsam kommt ihm aber die Erkenntnis, daß es auch im Weltklerus gute und im Regularklerus böse Priester gibt; schrittweise nimmt er auch seinen Simoniebegriff zurück, und er gibt die These von der *ipso-facto*-Exkommunikation aller Simonisten stillschweigend auf, er wagt es nicht mehr, die *conducticii* summarisch als Simonisten zu brandmarken. Die Erfahrung lehrt auch ihn, daß nicht ein allgemeiner Kampf gegen die Mehrheit des Klerus nützen kann, sondern praktische Wege allmählicher Reform gesucht werden müssen, und er nennt als Beispiel das Kollegiatstift Saint-Maurice d'Agaune, wo frei werdende Pfründe nicht neu besetzt, sondern den Einkünften einer neuen, die *vita communis* pflegenden Gruppe überwiesen werden, bis das ganze Stift der *vita communis* unterworfen ist.[37] So soll auch in den Domkapiteln verfahren werden.[38] Gemeinsamer Besitz wird nicht nur bejaht, sondern geradezu als notwendige Voraussetzung der *vita communis* begrüßt; und als das Kardinalskolleg eine gemeinsame Kasse begründet, hofft Gerhoch, daß damit ein erster Schritt zum gemeinsa-

---

36) ebenda 240 ff.
37) ebenda 459.
38) ebenda 290 f.

men Leben des höchsten Gremiums der Kirche getan ist[39] – womit er freilich nur beweist, wie wenig ihm die römischen Verhältnisse vertraut sind; – auch dies vielleicht ein Grund dafür, daß er nicht den Weg Arnolds gegangen ist. Den Gemeinbesitz fördert Gerhoch in seinem Stift Reichersberg nach Kräften; er entwickelt dabei nicht nur beachtliche juristische und administrative Fähigkeiten, sondern muß auch hier radikale Positionen in der Ablehnung kirchlicher Lehen zurücknehmen und seine Regalienlehren im Interesse des Stiftes abwandeln.[40] Wie richtig er die Gefahren für die Kirche gesehen hatte, bestätigte sich in seinen letzten Lebensjahren, als im Schisma der Kaiser dem Erzbischof Konrad II. von Salzburg die Regalienbelehnung verweigerte und sich der hierüber ausbrechende Kampf mit einem kleinen Konflikt um aus Regalien stammenden Reichersberger Stiftsbesitz verquickte – Gerhoch, der sein Leben lang gegen die Vermischung kirchlicher und weltlicher Rechte in den Regalien gefochten hatte, wurde ein Opfer des Streites um Regalien, mußte auf der Flucht sein Kloster verlassen.

Dem Mönchtum fühlen die Kanoniker sich durch das höhere Amt der Seelsorge und Glaubenslehre überlegen, das durch keine mindere Lebensweise erniedrigt wird. Sie lehnen darum die in den Wollkutten zum Ausdruck kommenden monastischen Tendenzen der Prämonstratenser ab; nicht vor diesen, sondern nur vor den Regularkanonikern haben, so meint Arno von Reichersberg, die weltlichen Domherren Angst.[41] Trotz ihrer Papstprivilegien können die Kanoniker aber nicht verhindern, daß einzelne ihrer Stifter zum Zisterzienserorden übergehen oder die Statuten von Prémontré annehmen, wobei das Argument der *vita arctior* große Macht ausübt.[42] Die Kanoniker stehen zwischen zwei Fronten. Wollen sie wirklich den gesamten Klerus bekehren, dann muß ihre *vita communis* jedem Reformwilligen offen stehen, sie muß sich auf die Grundforderung, den absoluten Verzicht auf Privateigentum und eigene Wohnung, beschränken und darf sich nicht engeren Statuten und Regeln unterwerfen, nicht in ordnungsmäßiger Organisation abschließen, sie darf auf kein anderes Zentrum als auf Bischof und Domkapitel ausgerichtet sein. Diesen Weg sucht Gerhoch zu gehen. Wollen die Kanoniker sich aber gegenüber dem Argument von der *vita arctior* der Mönche und Prämonstratenser behaupten, dann müssen sie ihr Leben in Liturgie und Tageslauf genau festlegen, sie brauchen eine geschriebene Regel und feste Statuten, die beweisen, daß ihre Lebensform keiner anderen unterlegen ist.

---

39) Brief Gerhochs an Bernhard von Clairvaux, hg. v. H. HÜFFER im Hist. Jahrb. 6 (1885), 268 ff.

40) P. CLASSEN, Der Prozeß um Münsteuer und die Regalienlehre Gerhochs, Zeitschrift d. Savigny-Stiftung f. Rechtsgesch., Germ. Abt. 77 (1960), 324–345.

41) PL CXCIV, 1502 C. Auch sonst enthält das Scutum Arnos viele kleine Spitzen – keine große Polemik – gegen die Prämonstratenser.

42) Die Regularkanoniker von Aldersbach werden 1146 von Zisterziensern verdrängt, gleichzeitig wird Wilhering – das noch im Gründungsvorgang begriffen ist – nicht, wie geplant, an Kanoniker, sondern an Zisterzienser gegeben. Spätestens 1142 nehmen die Kanoniker von Windberg Prämonstratenser-Statuten an. Auch aus Westdeutschland gibt es Beispiele für den Übergang von Regularkanoniker-Stiftern zu den Zisterziensern, so Eberbach und später Stromberg.

Und dahin geht der Zug. Um 1151 bereits spricht Gerhoch von Stiftern, die ihre Pfarreien durch der Armut und dem regulierten Leben verpflichtete Kleriker verwalten lassen, die aber nicht Mitglieder des Konventes sind.[43] Darin zeigt sich, daß schon ein Abschluß gegen die Außenwelt erreicht ist, die allgemeine Klerikerreform aufgegeben ist. Einige Jahre später sagt ein Zisterzienser von den Regularkanonikern *velint nolint, sunt monachi.*[44] So polemisch diese Worte gesprochen sind, sprachen sie doch eine Wahrheit aus, die auch für den Salzburger Bereich galt. Der Anfang zur festen, statutenmäßig geregelten Gemeinschaft lag weit zurück.

Die ersten Papstprivilegien für das Salzburger Domkapitel nannten den Vorsteher noch Abt,[45] wie es in Frankreich und Italien üblich war. Aber die bewußt als Kanoniker lebenden Salzburger lehnten diesen monastischen Titel ab und blieben beim Propsttitel der älteren bayerischen Stifter. Bestimmtere Statuten aus dem Salzburger Bereich sind für die ältere Zeit bisher nicht mit Sicherheit nachgewiesen worden. Dagegen wurde der Streit um die rechte Regel schon 1126 vom Westen nach Rottenbuch hinübergetragen. Gerhoch, damals noch Rottenbucher Kanoniker, reist in diesem Jahr nach Rom, er trifft dort Norbert und erhält von Papst Honorius einen Brief für die Rottenbucher, der einen Regeltext, wahrscheinlich die Regel Augustins mit dem *Ordo monasterii,* zum Gebrauch anweist.[46] Gleichzeitig privilegiert der Papst binnen weniger Tage Prémontré und dessen älteste Tochterklöster sowie das sächsische Stift Kaltenborn. Damals ist der *Ordo monasterii* im Vordringen. Wir wissen nicht, ob – wie Gerhochs Biograph behauptet[47] – die Regel Augustins in Bayern bis dahin ganz unbekannt war; positive Beweise gibt es nicht. Aber gewiß war sie bisher nicht der allein grundlegende Regeltext so wie Benedikts Regel für die Mönche, und ebenso gewiß war bisher der *Ordo monasterii* nicht rezipiert worden. Gerhoch trat zwar für die Annahme des *Ordo monasterii,* zugleich aber für eine weite Interpretation ein, wie sie Papst Gelasius II. befürwortet hatte.[48] Die strengen Gebote der Prämonstratenser gegen Fleischgenuß und für Handarbeit lehnten die Reichersberger ab;[49] diese Vorschriften standen ihrem Ziel der allgemeinen Klerikerreform im Wege.

Eine systematische Untersuchung aller Regel- und Statutenhandschriften unseres Bereiches steht noch aus. Nach den mir bekannten 10 dem 12. Jahrhundert angehörenden Handschriften der Regel Augustins aus Bayern und Österreich habe ich den Eindruck, daß der *Ordo monasterii* zwar weithin bekannt, aber nur mit starker Einschränkung oder gar

---

43) Lib. de lite 3, 488.
44) Dialogus inter Cist. et Clun., MARTÈNE-DURAND, Thesaurus 5, 1614.
45) Salzburger Urkundenbuch, hg. v. W. HAUTHALER u. F. MARTIN, 2 (1916) Nr. 128 und 133 von 1123 und 1125 (oder 1126?).
46) Germania pontificia I (1911) 377 Nr. 6, dazu MOIS 260, D. VAN DEN EYNDE, L'œuvre littéraire de Géroch de Reichersberg (Romae 1957), 6 ff., CLASSEN, 31 f. und 327.
47) Mon. Germ. hist., Scriptores 17, 491.
48) PL 194, 1277 AB dazu MOIS, 261 ff., vgl. aber das in meinem Buche 33 f., 70 Gesagte.
49) Arno, Scutum, PL 194, 149 A, 1507 BC u. öfter, vgl. CLASSEN 69, 71, 445.

nicht anerkannt wurde.[50] Zwei der erwähnten Handschriften sind Regelsammlungen, die für unser Problem nichts ergeben (Graz 480 und Wien 1550). Die vermutlich älteste Handschrift (St. Florian XI 249) und eine weitere (clm 12617), beide aus der Passauer Diözese, haben die *Regula tertia* ohne eine Spur des *Ordo monasterii*. Den vollen *Ordo monasterii* hat nur eine Handschrift aus dem von Marbach aus besiedelten Indersdorf (clm 7804), in dem bekannten Wiener Codex 1482 aus Salzburg ist der *Ordo* zwar vollständig wiedergegeben, aber durch die Bullen Gelasius' II. in seiner Gültigkeit eingeschränkt; älter noch ist eine Handschrift, in der die eine dieser Papstbullen nachträglich über den radierten liturgischen Teil des Ordo geschrieben ist (Wien 2207). In zwei Handschriften (clm 1018 und clm 17174), deren eine prämonstratensischen Ursprungs ist, ist der liturgische Teil ganz unterdrückt, und eine letzte schließlich (Wien 2195) deutet nur noch durch die Kapitelzählung der *Regula tertia* an, daß ihre Vorlage den *Ordo* enthielt.

Noch schwieriger ist die Frage der Statuten, ihrer Ausbreitung und Anerkennung zu beantworten. Es lassen sich eine ganze Reihe verschiedener Texte nachweisen.

1. Auch in den Regularkanonikerstiftern ist noch die alte Aachener Regel zu finden, z. T. im vollen Text, z. T. von vornherein oder nachträglich durch Rasuren und Herausreißen von Blättern um die anstößigen Kapitel über Eigentum und Wohnung verkürzt.[51] Gerhoch klagte noch 1151, daß die Regel vielfach unverkürzt selbst bei den Bekennern der Augustinusregel gelesen werde, wollte aber die Lektüre einer gereinigten Form zulassen.[52]

2. Durch Walther von Ravenna wurde die Regel des Petrus de Honestis für St. Maria in Porto bei Ravenna auch in Bayern bekannt; ein Privileg Lucius' II. bestätigte ihre Gültigkeit in St. Mang in Stadtamhof-Regensburg, eine Handschrift hat sich aus St. Nikolaus bei Passau erhalten, Gerhoch zitiert den Text öfter ausführlich.[53]

3. In verschiedenen Handschriften sind die von Dereine auf Springiersbach, von Pauly auf Klosterrath zurückgeführten Statuten zu finden, z. T. in überarbeiteter Fassung.[54]

4. Die mit St. Rufus zusammenhängenden Marbacher Statuten müssen bekannt gewe-

---

50) Zum Folgenden vgl. die Anlage unten 454 ff. Leider war es mir nicht möglich, auf einige Aufsätze in der Zeitschrift Ordo canonicus zurückzugreifen, auf die M. Schmid im Lexikon für Theologie und Kirche, 2. Aufl., Bd. 2 (1958) 1083–90, verweist. Die Zeitschrift ist bedauerlicherweise in keiner öffentlichen Bibliothek Deutschlands vorhanden.

51) Vgl. das unten über clm 7804 Gesagte.

52) Lib. de lite 3, 479, 484 f.

53) Germania pontificia I 294 Nr. 2; clm 16103 saec. XII aus St. Nikolaus ist die Vorlage der Ausgabe von E. Amort, Vetus disciplina canonicorum (1747), 340–382; Gerhoch: PL CXCIV, 1207–1210 (Anm. 112) und Lib. de lite 3, 475 ff.

54) Über cod. Wien 1482 vgl. Dereine, Rev. d'hist. eccl. 43 (1948), 425 ff.; Ursprung in Klosterrath nach Pauly in Trierer Theol. Zeitschr. 67 (1958), 106 ff.; weitere Handschriften und Fassungen nachgewiesen von A. Zauner, Die ältesten Statuten des Chorherren-Stiftes St. Florian, Mitteilungen d. oberösterr. Landesarchivs 3 (1954), 359–380 und G. G. Meersemann, Die Reform der Salzburger Augustinerstifte (1218), in der Zeitschr. f. Schweizerische Kirchengesch. 48 (1954), 81–95, S. 87.

sen sein, als Arno von Reichersberg sein *Scutum canonicorum* verfaßte, das nahe Anklänge an sie zeigt. Handschriftlich sind sie erst im 13. Jahrhundert in Bayern nachweisbar.

5. Das *Scutum canonicorum* Arnos (verfaßt 1147) war vom Verfasser selbst nicht nur als defensive Streitschrift, sondern auch als Consuetudinarium bestimmt: *sive pro scuto in bello, sive pro necessario quotidianarum consuetudinum vestimento*. Es gelangte nach St. Florian und in einer überarbeiteten Form unter dem Namen Anselms von Havelberg nach Hamersleben (Diöz. Halberstadt).[54a]

Gerhochs Idee, den gesamten Klerus der *vita communis* zu unterwerfen, erwies sich schon zu seinen Lebzeiten als Illusion. Dem Chorherren-Erzbischof Konrad folgte in Salzburg 1147 der Benediktiner Eberhard, Brixen blieb noch bis 1164 unter Hartmann, Gurk bis 1167 unter Roman in der Hand eines Chorherren, aber überall folgten bald wieder die Bischöfe aus dem Weltklerus. Vor allem war aber auf dem Stuhl Petri, der nach Gerhochs Theorie zuerst den Regularkanonikern, hilfsweise, wie unter Eugen, auch den Mönchen zukam,[55] nach Hadrian IV. kein Regularkanoniker mehr anzutreffen. Die Salzburger Regularkanoniker erwiesen sich zwar im Schisma von 1159 als eine feste Stütze ihres Erzbischofs und des Papsttums, aber sie waren damals schon ein besonderer Orden, nicht weniger, aber auch nicht mehr; das *»velint nolint, sunt monachi«* war nicht unrichtig gewesen. Die Expansionskraft der Kanoniker verebbte; nur eine bedeutende Neugründung ist nach der Jahrhundertmitte zu verzeichnen, Vorau in der Steiermark. Das Regularkanonikertum gerät in eine Krise, die es erst nach dem Laterankonzil von 1215 endgültig überwindet. Damals wird verfügt, daß die keinem Orden zugehörenden Gemeinschaften regelmäßige Kapitel in der Kirchenprovinz abhalten sollen, die Chorherrenstifter schließen sich endgültig zum Orden ab und geben sich Statuten, während gleichzeitig der Erzbischof auf eine unmittelbare Aufsicht über die Pfarreien zurückgreift.[56] Diese hatte er einst, um die Seelsorge zu reformieren, an die Kanoniker gegeben; nun mußte er sie wieder an sich ziehen, um die Disziplin des Pfarrklerus aufrecht zu erhalten. Die Ordensgeschichte der Augustiner-Chorherren im späteren Mittelalter harrt noch der Bearbeitung; zahlreiche Handschriften geben Nachricht von den Kapiteln des 13. Jahrhunderts.[57]

Unser Bild ist auch für das 12. Jahrhundert noch lückenhaft, nur die Umrisse konnte ich zu zeichnen versuchen. Systematische Erforschung der Handschriften und Urkunden wird viele Linien schärfer ziehen und berichtigen können.

---

54a) Arno, Scutum: PL CXCIV, 1489–1528; unter dem Namen Anselms PL 188, 1091–1118. Vgl. CLASSEN, 445 f.

55) Gerhoch, De novitatibus huius temporis, ed. O. J. THATCHER, in: The decennial Publications of the University of Chicago, I 4 (1903), p. 221 f., cap. 26 (die Stelle fehlt in der Ausgabe der Libelli de lite).

56) Vgl. Salzburger Urkundenbuch 3 (1918), Nr. 715, 717, ferner die bei A. v. MEILLER, Regesten z. Gesch. d. Salzburger Erzbischöfe (1866), S. 211, Nr. 180, S. 225, Nr. 241 notierten Quellen, dazu ebenda 527 Anm. 73, HAUCK 4, 382 f., MEERSSEMANN in der oben Anm. 54 genannten Abhandlung.

57) HAUCK 4, 382, Anm. 6, verweist auf Generalkapitelsbeschlüsse der Salzburger Chorherren in clm. 9726; vgl. ferner clm. 5822, cod. St. Florian XI 250, cod. Wien 633 fol. 1 ff. (Passauer Diözese) usw.

*Beilage I*
*Übersicht über die Regularkanonikerstifter*
*in Bayern und Österreich*

Das folgende Verzeichnis soll eine Übersicht über die Stifter des behandelten Gebietes geben, um den Vortragstext von Namenslisten zu entlasten. Erfaßt ist die Kirchenprovinz Salzburg, die Diözese Augsburg soweit sie rechts des Lech liegt, sowie der bayerische Teil der Diözese Trient; nicht aufgenommen sind die Prämonstratenser. An genauere bibliographische Angaben war angesichts des Zustandes der hiesigen Bibliotheken nicht zu denken. Für die ältere Literatur sei grundsätzlich auf die ausführlichen Angaben der Germania Pontificia (Vol. 1, 1911, für die Salzburger Provinz und die nördlichen Teile der Diözese Trient, vol. 2, pars 1 für die Diözese Augsburg) verwiesen; eingehende Angaben über die Pfarrorganisationen in Österreich findet man in den Erläuterungen zum Historischen Atlas der Österreichischen Alpenländer, Abteilung 2, Kirchen und Grafschaftskarte, bisher 8 Teile in 10 Bänden, 1940–59, Propstlisten bietet P. Lindner, Monasticon metropolis Salzburgensis antiquae, 1907, mit Supplement 1913, und P. Lindner, Monasticon episcopatus Augustani antiqui, 1913.

Im folgenden abgekürzt zitierte Literatur: Backmund: vgl. oben Anm. 1. – Brackmann: vgl. oben Anm. 23 – GP: Germania Pontificia. – Groß: vgl. oben Anm. 11. – Hallinger: vgl. oben Anm. 1. – Hauck: vgl. oben Anm. 2. – MB: Monumenta Boica – Mitis: vgl. oben Anm. 11. – Mois: vgl. oben Anm. 12. – Th. Ried, Codex chronologico-diplomaticus episcopatus Ratisbonensis 1, 1816. – Semmler: vgl. oben Anm. 1. – SUB: Salzburger Urkundenbuch, hg. v. W. Hauthaler und F. Martin, 4 Bde., 1910–33. – G. Tellenbach, Die bischöflich Passauischen Eigenklöster und ihre Vogteien, 1928. – UBLOE: Urkundenbuch des Landes ob der Enns, Bd. 1 ff., 1852 ff.

*Um 1071 St. Nikolaus bei Passau* (Diöz. Passau), Gründung Bischof Altmanns und der Kaiserin Agnes. Gründungsurkunde Altmanns kurz vor 1140 gefälscht, vgl. Mitis 90 ff., echt die päpstlichen Bestätigungen GP 1, 177 Nr. 1 und 2 von 1073 (Alexander II.) und 1075 und die kaiserl. Bestätigung DH IV 273. Der erste Propst, Hartmann, Kaplan des Gegenkönigs Rudolf, wird 1078 von Heinrich IV. vertrieben und geht nach St. Blasien, wird später Abt von Göttweig, vgl. Vita Altmanni cap. 12, MGH. SS. 12, 233. Erneuerung durch Bischof Udalrich v. Passau um 1110, vgl. UBLOE 2, 130 ff. Nr. 93 und 96, dazu Mitis 91 ff. Besitz von Kirchen schon in der Papsturkunde von 1073, weitere 1110–11, aber keine Pfarreien.

*Um 1071 St. Florian* (Diöz. Passau), Gründung Altmanns anstelle eines alten Klosters, UBLOE 2 Nr. 75 gefälscht, vgl. Mitis 18 ff., erste echte Urkunde UBLOE 2 Nr. 97 von 1111 nennt Pfarrbesitz, weitere Pfarren ebenda Nr. 99, 104, 110 usw.; Fälschungen sind Nr. 98, 102, 103 u. a.; vgl. Mitis 100–138, Groß 618 ff.

*Um 1071 St. Pölten* (Diöz. Passau), Reform Altmanns, vgl. Vita Altmanni, MGH. SS. 12, 231 cap. 9.

*1073 Rottenbuch* (Diöz. Freising), Gründung der Welfen und Altmanns von Passau. Über alle Einzelheiten vgl. Mois, ferner oben S. 435, Anm. 22 und unten 457 ff.

*1083 Göttweig* (Diöz. Passau), Zelle 1072 von Altmann von Passau gegründet, dort nach Vita Altmanni cap. 38 MGH. SS. 12, 240 f. Inkluse Johannes der Schotte, 1083 zum Regularkanonikerstift ausgebaut, Gründungsurkunde gefälscht um 1145, vgl. Mitis 177 ff. Pfarren erst unter Bischof Reginmar (1121–38) bezeugt, aber vielleicht aus Altmanns Zeit stammend. 1094 auf Wunsch der Kanoniker mit päpstl. Genehmigung in Mönchskloster verwandelt, vgl. Vita Altmanni, cap. 38 f. MGH. SS. 12, 240 f., GP 1, 235 Nr. 1. Erster Abt wird Hartmann, Prior von St. Blasien, einst Propst von St. Nikolaus (s. oben), der jetzt für die weitere Ausbreitung der Sanblasianer Mönchsreform große Bedeutung bekommt.

*1080–84 Reichersberg* (Diöz. Passau), vom weltl. Gründer dem Salzburger Erzstift übereignet; aus dürftigen Anfängen erst durch Konrad I. von Salzburg und Propst Gerhoch aufsteigend, Näheres bei Classen, Gerhoch 66 ff. Filialkirche St. Martin 1116 geweiht; Stiftspfarrei seit Gründung; weitere Pfarreien erst 1156 und 1160 erworben.

*Um 1102–05 Berchtesgaden* (Erzdiöz. Salzburg), vom Gründer Graf Berengar von Sulzbach dem Papst tradiert, erster Propst Eberwin mit acht Kanonikern aus Rottenbuch; vgl. Brackmann 122 ff., Mois 162 ff. 1136 von Baumburg (s. unten) getrennt, wohl danach wird von Erzbischof Konrad die *cura animarum* für die *servientes ecclesiae* übertragen, bestätigt durch Papst Innozenz 1142: GP 1, 60 Nr. 4; gegen Versuch einer Regeländerung (wohl nach dem Tode Eberwins 1142) GP 1, 61 Nr. 6 und 7. – Zur weiteren Entwicklung D. Albrecht, Fürstpropstei Berchtesgaden (»Hist. Atlas v. Bayern«, Teil Altbayern, Heft 7, 1953).

*1102 Dietramszell* (Diöz. Freising), entsteht aus Einsiedelei des Tegernseer Mönchs Dietram, bleibt Tegernseer Eigentum, das Mönchskloster hat auch die Propstwahl in der Hand. Bestätigt GP 1, 371 Nr. 1 von 1107, zur Gründung und zur weiteren Auseinandersetzung mit Tegernsee vgl. Brackmann 164 ff., Mois 211 ff., H. Plechl im »Deutschen Archiv« 13 (1957), 72 ff., 416 ff.

*Um 1105 Baumburg* (Erzdiöz. Salzburg), gegründet durch Eberwin, der Berchtesgaden verlassen hat, dem Papst tradiert, vgl. Brackmann 122 ff., Mois 162 ff. GP 1, 76 Nr. 3 von 1139: Erlaubnis, an *servientes Ecclesiae* Sakramente zu geben. 1133 Übertragung einer Filiale in Haberskirchen durch Bischof Heinrich von Regensburg, dort soll *ordo canonicus secundum regulam S. Augustini* bewahrt werden, Pfarrei zugehörig: MB 2, 181 ff. Nr. 4. – 1136 Trennung von Berchtesgaden durch Konrad I. Archidiakonatssitz, zuerst nachweisbar SUB 2 Nr. 315 a von 1155, tatsächlich wohl schon unter Konrad I.

*1109 Seitenstetten* (Diöz. Passau), von Laien-Gründern dem Bistum Passau tradiert, 1116 durch Udalrich von Passau an Mönche von Göttweig übergeben, seither Mönchskloster. Vgl. GP 1, 225 ff., Mitis 227 f., Groß 611 ff., Tellenbach 38 ff.

*1112 St. Georgen* (Diöz. Passau), gegr. von Bischof Udalrich, vgl. GP 1, 238 ff., Mitis 190 ff., Tellenbach 31 ff. 1244 nach Herzogenburg verlegt.

*Um 1114 Diessen* (Diöz. Augsburg). Nach Mois 198 ff. um 1114 von Rottenbuch aus besiedelt, doch erst 1132 an den Papst übertragen und auf Intervention Konrads v. Salzburg privilegiert, vgl. GP 2, 2, 61 Nr. 1, wohl erst seit dieser Zeit im Bestand gesichert.

*1120–26 Indersdorf* (Diöz. Freising), gegründet von Pfalzgraf Otto auf Anregung Papst Calixts, vgl. GP 1, 349 Nr. 1 von 1120. Nach Mois 213 im Jahre 1126 mit Chorherren aus Marbach besetzt, doch ist das Datum unsicher, vgl. Hauck, 4, 1018. Päpstl. Schutzkloster.

*1121 Beuerberg* (Diöz. Freising), vom Gründer dem Papst tradiert, vgl. GP 1, 381 Nr. 1, anstelle einer Eremitenzelle errichtet, zum Herluca-Kreis gehörig, vgl. Mois 210 nach Vita Herlucae.

*1122 Salzburg* Domkapitel, von Erzbischof Konrad reformiert. Quellen GP 1, 76, vgl. auch Classen, Gerhoch 60 ff., Mois 142 ff.

*Um 1122 Au am Inn* (Erzdiöz. Salzburg), aus altem Salzburger Besitz kurz nach der Rückkehr Erzbischof Konrads in seine Diözese errichtet, vgl. GP 1, 81 ff., SUB 2 Nr. 126 mit der Vorbemerkung der Herausgeber. Verschiedene Zehntschenkungen der Salzburger Erzbischöfe, doch im 12. Jahrhundert keine Pfarrinkorporationen.

*1123 Gurk, Domkapitel,* Reform durch Bischof Hiltebold im Anschluß an die Salzburger Reform Konrads, vgl. die Fälschung bei A. v. Jaksch, Monumenta ducatus Carinthiae I (1896) 90, Nr. 54 und ebenda 87, Nr. 49.

*1123 Weltenburg* (Diöz. Regensburg), altes Benediktinerkloster, im 11. Jahrhundert angeblich verfallen, 1123 von Bischof Hartwig I. von Regensburg Kanonikern aus St. Florian übertragen, doch 1128 von Bischof Kuno I. den Mönchen zurückgegeben, vgl. MB 13, 353 f. Nr. 2 f., UBLOE 2 Nr. 107, Hallinger 14 ff., Semmler 91 ff.

*1122 Bernried* (Diöz. Augsburg), gegr. und dem Papst übertragen von Graf Otto von Scheyern, vgl. GP 2, 2, 64 Nr. 1, erster Propst wurde Sigboto, vorher Pfarrer von Epfach, der dem Kreis um die Eremitin Herluca angehörte, vgl. Mois 207 f.

*Um 1122–25 Maria Saal* (Erzdiöz. Salzburg), alte Salzburger Eigen-Propstei unter Propst Roman, der 1131 Bischof von Gurk und die rechte Hand Erzbischof Konrads wird. Mit Brackmann 35 Anm. 11 ist Reform im Sinne Konrads anzunehmen, wenn sie sich auch nicht urkundlich nachweisen läßt. Vgl. auch GP 1, 112 f. Zeitweise Archidiakonatssitz.

*Nach 1123 Aldersbach* (Diöz. Passau), Gründung Bischof Ottos von Bamberg, Bamberger Eigenkirche, vgl. GP 1, 184, zum Datum E. v. Guttenberg, Bistum Bamberg (Germania sacra) 1937, 132. 1146 an die Zisterzienser von Ebrach übergeben, nach alter, aber ungewisser Tradition gingen die Kanoniker nach Reichersberg, vgl. Classen 123.

*1125 Ranshofen* (Diöz. Passau), altes Kanonikerstift im Besitz der Bayernherzöge, von Kaiser Heinrich III. mit Pfarrei ausgerüstet, 1125 von Herzog Heinrich X. Kanoniker nach der Regel Augustins eingeführt, Filialkirche, Zehnten geschenkt etc.: UBLOE 2 Nr. 108. Enge Verbindung zu Salzburg, vgl. UBLOE 1, 255 Nr. 148, Pfarrverleihung durch Eberhard von Salzburg 1151–53 SUB 2 Nr. 286. Ungenau Mois 147: das Stift ist nicht dem Salzburger Domkapitel unterstellt.

*Um 1125 Chiemsee* (Erzdiöz. Salzburg), alte Salzburger Eigenkirche, von Konrad I. zwischen 1125 und 1130 als Regularkanonikerstift erneuert, vgl. SUB 2 Nr. 132 ab, 164, 210 usw. GP 1, 68 ff., drei Pfarreien inkorporiert durch Eberhard I 1154–57 SUB 2 Nr. 308. Seit 1217 Bischofssitz. Erster Regularpropst ist Hartmann, der spätere Propst von Klosterneuburg und Bischof von Brixen, seit 1122 Domdekan in Salzburg.

*Um 1125 Windberg* (Diöz. Regensburg), um 1125 von Graf Adalbert von Bogen gestiftet, Eigenkirche Ottos von Bamberg. Nimmt um 1142 Prämonstratenserstatuten an und wird 1146 (vermutlich auf Intervention Bischof Eberhards II. von Bamberg) zur Prämonstratenserabtei erhoben, vgl. GP 1, 326 Nr. 1, zum Gründungsdatum Guttenberg (vgl. oben bei Aldersbach) 133. Für die von Backmund, Monasticon 1, 55 behauptete Mitwirkung Gerhochs an der Gründung fehlt jeder Beweis.

*Vor 1129 Högelwörth* (Erzdiöz. Salzburg), vor 1129 von den Grafen von Plain gegründet und dem Erzstift übereignet, vgl. F. Martin, »Mitteilungen f. Salzb. Landeskunde« 46 (1906) 382 ff., GP 1, 68. Das Salzburger Domkapitel wählte den Propst.

*Vor 1129? Zell am See* (Erzdiöz. Salzburg), kleine Salzburger Zelle, 1129 zuerst Propst nachweisbar, wie bei allen vom Salzburger Erzstift abhängigen Stiftern reguliertes Leben zu vermuten. Vgl. Hauck 4, 1017; SUB 3 Nr. 718, Meiller (oben Anm. 56) 19 Nr. 110.

*1133 Klosterneuburg* (Diöz. Passau), ursprünglich königliches Stift, Anfang des 12. Jahrhunderts von den Babenbergern ausgebaut (vgl. W. Hanns in Jahrb. f. Landesk. v. Niederöst. NF 29, 1944–48, anders F. Maschek, MIÖG 57, 1949); 1133: nach Rücktritt des Propstes Otto (des späteren Bischofs v. Freising) als Regularkanonikerstift eingerichtet, dem Papst tradiert, erster Propst Hartmann, Weihe der Kirche durch Konrad I. v. Salzburg 1136. Vgl. GP 1, 245 ff.

*1133 Weyarn* (Diöz. Freising), vom Gründer Graf Sigboto von Weyarn-Falkenstein der Salzburger Kirche übertragen, von Konrad I. ausgestattet, Propst wird vom Salzburger Kapitel bestellt, vgl. Gründungsurkunde SUB 2 Nr. 158 und Fälschung SUB 2 Nr. 256.

*1133 Rohr* (Diöz. Regensburg), Gründung Graf Adalberts von Bogen, vgl. MGH. SS. 15, 1084, Bestätigt von Innozenz II. 1136, GP 1, 318 Nr. 1; ibid. Nr. 2 von 1153 Bestätigung des Rechtes, Pfarrer einzusetzen.

*1135 St. Georg in Augsburg* von reformwilligen Domkanonikern, vielleicht unter Mitwirkung Rüdigers, des Bruders Gerhochs, gegründet. Vgl. GP 2, 1, 50; A. Schröder, Archiv f. Gesch. d. Hochst. Augsburg 6 (1929) 824 f., Mois 120 f.

*Um 1135? St. Johann in Regensburg*, ursprünglich Baptisterium des Domes. Gründung durch Bischof Kuno (1126–32) oder Heinrich (1132–1155) umstritten. Die von F. Janner, Gesch. der Bischöfe v. Regensburg 2 (1884) 13 f. angenommene Beteiligung Gerhochs an einer Gründung um 1127 ist möglich, aber nicht beweisbar.

*Vor 1136 Polling* (Diöz. Augsburg), altes Säkularkanonikerstift, Brixener Eigen seit 1065. Über die schlecht überlieferten Umstände der Reform vgl. Mois 205 ff., der sie schon um 1120–30 ansetzt. GP 2, 2, 69 Nr. 1 von 1136 ist die Regel Augustins bezeugt.

*Um 1136 Gars* (Erzdiöz. Salzburg), alter Salzburger Besitz, durch Konrad I. zum

Regularkanonikerstift ausgebaut, vgl. GP 1, 79 ff., Brackmann 133 ff. SUB 2 Nr. 166, 179 usw. Archidiakonat zuerst 1171–72 nachweisbar: GP 1, 80 Nr. 1.

*1136 St. Zeno in Reichenhall* (Erzdiöz. Salzburg), aus einer Eigenpfarre des Erzbischofs 1136 gegründet, SUB 2 Nr. 171, vgl. Nr. 231, 334, 342. GP 1, 66 Nr. 1 und 2 bestätigen Besitz mehrerer Kapellen innerhalb der Pfarrei.

*1137? Schamhaupten* (Diöz. Regensburg), Gründung des Bischofs Heinrich von Regensburg, vgl. Ried 1 Nr. 214. Nach F. Hausmann in MIÖG 68 (1960) 104 Anm. 22 ist die Urkunde gefälscht, Zeit und Umstände der Gründung bedürfen neuer Untersuchung.

*1138 St. Mang-Stadtamhof* (Diöz. Regensburg), gegründet vom Domkanoniker Gebhard, dem Freund Pauls von Bernried, vgl. Neues Archiv 12 (1887) 333 ff., ibid. 14 (1889) 565 ff., GP 1, 294 Nr. von 1139 Bestätigung, Schutz, Regel Augustins; ibid. Nr. 2 von 1144 nennt die Regel von St. Maria in Porto (Ravenna).

*Um 1138 Beiharting* (Diöz. Freising), von Bischof Roman von Gurk auf Anordnung Papst Innozenz' und Konrads von Salzburg geweiht, vgl. GP 1, 359 Nr. 1. Die Vertretung des Erzbischofs durch Roman ist seit 1138 besonders häufig, darum haben wir das Stift hier eingereiht.

*1140–42 Seckau* (Erzdiöz. Salzburg), gegründet in Feistritz und an Konrad tradiert 1140, SUB 2 Nr. 199, vgl. Nr. 202, 1142 nach Seckau verlegt, *quia locus* (Feistritz) *omni regionem transeunti patebat et ad religionis tranquillitatem nullum secretum habebat*, SUB 2 Nr. 206 a, vgl. auch Nr. 515, Pfarrübertragung Nr. 284 von 1151. 1217–18 Bistum in Seckau gegründet.

*Um 1140–42? Innichen* (Diöz. Brixen), altes Stift in Freisinger Besitz, durch Otto von Freising vermutlich um 1142 Regularkanoniker eingeführt, später wieder Säkularkanoniker, vgl. Mois 214 f., Brackmann 48, GP 1, 149. Wie mir scheint, ist es unsicher, ob die Kanoniker jemals reguliert waren.

*Um 1140–42 Schliersee*, Schlehdorf, Isen (Diöz. Freising), Nach C. Meichelbeck, Historia Frisigensis 1, 1 (1724) 232 f. hat Otto von Freising 1140–42 die Regel Augustins in den alten Freisinger Zellen Schliersee und Schlehdorf eingeführt, vgl. Hauck 4, 366 und Mois 214 f., S. Mitterer, Die bischöflichen Eigenklöster in den bayerischen Diözesen (1929) 112. Nur in Schlehdorf blieb die *vita communis* bestehen. Unsicher ist, ob auch Isen zeitweise Regularkanoniker hatte, ein Propst ist SUB 2 Nr. 424 a von 1180 nachweisbar, vgl. auch Mitterer a. a. O. 85 f.

*1142 Suben* (Diöz. Passau), Gründung Bischof Altmanns v. Trient aus Familiengut, dem Erzstift Salzburg übertragen, SUB 2 Nr. 208, Pröpste werden vom Salzburger Domkapitel bestellt. Zur Vorgeschichte der Gründung unter Altmann und dessen Eltern vgl. SUB 2 Nr. 134, 305 und UBLOE 1, 425 ff. Nr. 1–4; danach muß es schon um 1100 Kleriker in Suben gegeben haben.

*1142 Neustift* (Diöz. Brixen), gegründet von Bischof Hartmann von Brixen, dem einstigen Dekan von Salzburg und Propst von Chiemsee und Klosterneuburg, *qui saepius anxiabatur, quod nusquam circa Brixinensem civitatem religiosa domus haberetur.* Fontes rerum Austriacarum II 76 (1954) Nr. 1, 2 Gründungsbericht. Päpstl. Bestätigung GP 1, 147 Nr. 1 von 1143. Vgl. Vita Hartmanni (ed. A. Sparber, 1940) 53 ff.

*Vor 1143? Bischofshofen* (Erzdiöz. Salzburg), alte Eigenzelle der Salzburger Kirche, seit 1155 Propst Adalbert häufig nachweisbar, A. v. Meiller, Regesta archiepiscoporum Salisburgensium (1886) 461 nimmt mit Recht an, daß das regulierte Leben eingeführt wurde; da aber schon 1143 ein Propst Diethalm nachweisbar ist (SUB 2 Nr. 316), der wahrscheinlich als Geistlicher betrachtet werden muß, ist auch diese Reform wohl auf Konrad zurückzuführen. Die kleine Zelle war ganz von Salzburg abhängig, wurde 1217 an Chiemsee übertragen, vgl. SUB 3 Nr. 718.

*1143 Paring* (Diöz. Regensburg), gestiftet von Gebhard, dem Gründer von St. Mang. Ried 1, 209 Nr. 222: Bestätigungsurkunde Bischof Heinrichs von Regensburg, GP 1, 320 Nr. 1 päpstliche Bestätigung.

*1145 St. Michael an der Etsch* (Diöz. Trient), von Bischof Altmann und den Grafen von Trient gegründet, vgl. GP 1, 406.

*1147 Waldhausen-Saebenich* (Diöz. Passau), vom Gründer Otto v. Machland dem Bischof Reginmar v. Passau übertragen, UBLOE 2 Nr. 157, dazu Mitis 161 ff., Tellenbach 46 ff. Ob die GP 1, 224 Nr. 1 genannte verlorene Urkunde hierher gehört, ist sehr fraglich, vgl. Tellenbach a. a. O., Classen 341 f. anders Brackmann 213 ff. Neben dem 1147 gegründeten Saebenich ist seit 1151 (MG. SS. 9, 629) Waldhausen nachweisbar, später beide vereint, vgl. Brackmann und Tellenbach.

*Um 1150 St. Andrae am Traisen* (Diöz. Passau), vom Gründer dem Bischof von Passau übertragen, vgl. Brackmann 137 ff., Tellenbach 32 ff. Versuch einer Zusammenlegung mit St. Georgen scheitert am Widerstand des Stifters. Vgl. auch GP 1, 237 f.

*Vor 1151? Maria Wörth* (Erzdiöz. Salzburg). Alte Freisinger Eigenkirche. Seit 1151 öfter Propst belegt, zuerst SUB 2 Nr. 283. Einzelheiten unbekannt; von Mois 143 unter die Regularstifter gerechnet.

*1154 Eberndorf* (Jun), (Patriarchat Aquileja), nach Mois 216 f. gegründet 1106, reguliert 1154 unter Salzburger Einfluß, unter Propst Otto in Personalunion mit Rottenbuch.

*1163, Vorau* (Erzdiöz. Salzburg), von Markgraf Ottokar III. von Steier dem Salzburger Erzstift übertragen, J. Zahn, Urkundenbuch d. Herzogtums Steiermark I (1875) Nr. 479, SUB 2 Nr. 386 von 1168, GP 1, 97 Nr. 1 von 1171.

*Um 1166 St. Maria in Au* (Diöz. Trient), gegr. von Graf Arnold von Greifenstein, 1166 vom Kaiser bestätigt, vgl. Stumpf 4078, GP 1, 407 ff. 1405 nach Gries bei Bozen verlegt.

*Beilage II*

*Handschriften der Regula s. Augustini aus Bayern und Österreich*

Im Folgenden sollen ein paar Mitteilungen über Regelhandschriften gemacht werden, die nicht den Anspruch auf Vollständigkeit machen können, aber vielleicht geeignet sind, als Ausgangspunkt für weitere Studien zu dienen.

Cod. St. Florian XI 249, vgl. A. Czerny, Die Handschriften der Stiftsbibliothek St. Florian (1871) 104 f.; F. Linniger, Führer durch das Chorherrenstift St. Florian (1958³) 7. Inhalt: fol. 1r–26v Necrolog saec. XII–XIII, ed. MG. Necr. IV 2, 259 ff.; fol. 27r–31v Regula tertia; fol. 31v–88r Aachener Regel. Die Augustinus-Regel besteht nur aus der Regula tertia ohne Ordo monasterii. Dies ist der älteste Teil der Handschrift, Czerny und Linniger a. a. O. setzen ihn noch ins 11. Jahrhundert, mir scheint er in die erste Hälfte des 12. Jahrhunderts zu gehören. Der Text ist an mehreren Stellen korrigiert, offenbar nach Vergleich mit einer anderen Regelhandschrift, um einen exakten Text herzustellen. Die Aachener Regel ist etwas später, aber ebenfalls im 12. Jahrhundert geschrieben; nach Linniger a. a. O. sind die anstößigen Kapitel über Eigentum und eigene Wohnung getilgt. Korrekturen und Nachträge in der ganzen Handschrift erweisen, daß es sich um eine ausgesprochene Gebrauchshandschrift handelt, bezeichnend dafür ist auch die Verbindung von Regel und Nekrolog. Wahrscheinlich ist es die älteste Handschrift ihrer Art aus unserem Bereich.

clm 12617 saec. XII aus Ranshofen, fol. 1v–91r Dialogi Gregorii Magni, libri I—III, fol. 91r–94r Regula S. Aug. (regula tertia) ohne Ordo monasterii. Es fällt auf, daß an mehreren Stellen das Wort *prepositus* nachträglich für *abbas* eingesetzt ist, an anderen Stellen steht ursprünglich *prepositus*.

cod. Wien 2195 aus Salzburg, saec. X und XII. Der zweite Teil enthält verschiedene Kanoniker-Texte, darunter fol. 60r ff. die Regula S. Augustini ohne Ordo monasterii, doch ist der Anfang *Hec sunt que* ... als cap. XIII gezählt, setzt also eine Verbindung mit dem Ordo monasterii (cap. I–XII) in der Vorlage voraus, wie sie cod. Wien 2207 (siehe unten) zeigt.

Cod. Graz., Univ. Bibl., 480 saec. XII, vgl. A. Kern, Die Handschriften der Universitätsbibliothek Graz I (1942) 279 f. Sammelcodex verschiedener Regeln für Mönche und Kanoniker, darunter fol. 48v–53v die Regula S. Augustini ohne Ordo monasterii; Herkunft der Handschrift unbekannt; es handelt sich jedenfalls nicht um eine ausgesprochene Regular-Kanoniker-Handschrift.

Cod. Wien 1550 saec. XII, Sammelcodex von Regeln, mit der vorigen verwandt, vgl. Kern a. a. O.; fol. 90 ff. die Regula S. Augustini ohne Ordo monasterii.

Cod. Wien 2207 saec. XII, Herkunft unbekannt. Fol. 1r–8v: Regula S. Augustini mit Ordo monasterii, fol. 8v–16v Kommentar zur Regel Augustins, fol. 16v–30v Augustini

sermones de vita et moribus clericorum, fol. 30v–41v Regel Chrodegangs, fol. 42r–123v
Aachener Regel. Es handelt sich um eine ausgesprochene Kanonikerhandschrift, die eine
eingehende Untersuchung verdiente. Hier nur das Wichtigste. Der Regeltext fol. 1r–8v
(erste Lage) ist von einer Hand des frühen 12. Jahrhunderts – oder noch des ausgehenden
11. Jahrhunderts – geschrieben. Der Ordo monasterii ist in 12 Kapitel eingeteilt, unmittelbar darauf folgt die Regula tertia, gezählt als cap. 13–48, vgl. damit das oben über cod.
Wien 2195 Gesagte. Gleich am Ende des ersten Satzes des Ordo Monasterii beginnt jedoch
eine Rasur, die die Worte ... *principaliter nobis data* bis *lectiones duo*, also den gesamten
liturgischen Teil, getilgt hat. Statt dessen ist von einer wesentlich jüngeren, der zweiten
Hälfte des 12. Jahrhunderts angehörenden Hand eingetragen: *principaliter nobis data.*
*Determinatio Gelasii pape in regulam beati Aug. Questionem inter vos pro beati Augustini*
*regula ... Sed in his quoque regularium fratrum consuetudo custodiatur*, also die bekannte
Bulle des Gelasius für Springiersbach, Jaffé-Löwenfeld 6648, vgl. Dereine, Revue d'hist.
eccl. 43 (1948), 422 f., 426. Auf diese Weise ist der liturgische Teil mit päpstlicher
Autorität eliminiert. Ebenso ist der Satz über den Weingenuß am Samstag und Sonntag
ersetzt durch die Formulierung: *Cottidie ut consuetudo est loci illius vinum et cerevisiam*
*accipiant;* der gleich anschließende Satz über auswärtige Gänge und der spätere Satz über
müßige Gespräche stehen gleichfalls auf Rasur von der späteren Hand, ohne daß ein Grund
für diese Änderung (Umstellung der Satzfolge?) erkennbar ist. – Der auf die Regula tertia
folgende Kommentar ist überschrieben *Incipit prologus cuiusdam sapientis in regulam beati*
*Augustini* und beginnt *Quam sit vite mortalis misera et miseranda condicio;* der Prolog
verteidigt am Schluß Augustins Verfasserschaft. Schluß (fol. 11r): *nec pro tardis executori-*
*bus his scriptis derogetur. Explicit Prologus.* Unmittelbar anschließend: *Incipit prefatio*
*eiusdem in eandem regulam. Canonice professionis disciplina sicut ceteras...* Schluß
(fol. 16v): *que in sequentibus huius operis suo loco commemorabuntur.* Darauf folgt: *Sermo*
*beati Augustini de vita et moribus clericorum. Propter quod volui et rogavi hesterno die...*
Dies alles ist – außer den Rubra – von derselben Hand geschrieben wie die Gelasius-
Urkunde auf fol. 1r. Der Kommentar fol. 11r–16v erklärt das Wesen der Kanoniker und
ihren Ursprung in der alten Kirche; dabei fällt auf, daß die Kanoniker sehr nahe an die
Mönche herangerückt werden; mehr das Gemeinsame als der Unterschied ist betont, die
Seelsorge wird nur beiläufig als unterscheidendes Kriterium genannt. Man wird also den
Ursprung dieses Kommentars in Kreisen suchen müssen, die nicht in Konflikt mit den
Mönchen stehen und die Seelsorge nicht als das zentrale Anliegen der Kanoniker auffassen.
Man könnte an Rottenbuch denken, doch wäre genauere Untersuchung notwendig. Nach
den Initialen (fol. 8v, 11r, 16v) scheint mir bayerischer Ursprung der Handschrift möglich.

clm 1018 aus Diessen, saec. XII. fol. 1r–19v, 38v–51v Diessener Nekrologie,
fol. 23v–38r, 54r–59v Diessener Traditionen, fol. 20r–23r Regula S. Augustini, fol. 51v–53v
und 60r–60v liturgische Texte. Über die Handschrift vgl. auch P. Schroeder im »Archiv für
Urkundenforschung« 9 (1926), 279. Sie ist eine typische Gebrauchshandschrift eines
Regularkanonikerstiftes. Die Regel beginnt mit dem Ordo monasterii, hat deren liturgi-

schen Teil aber unterdrückt, den Rest in 14 Kapitel eingeteilt (cap. 1: *Operentur a mane*..., 14: *Si quis autem*..., 15: *Hec sunt que*...).

clm 17174 saec. XII aus Schäftlarn O. Praem. Prämonstratensischer Regelcodex. Fol. 1r Ostertafel. Fol. 1v–2r Bilder des gegeißelten Christus und Augustins, neben diesem: *Ante omnia, fratres karissimi, diligatur Deus,* fol. 2v Kapitel-Verzeichnis zur Regula S. Aug., fol. 3r *Incipit regula Augustini de labore et non habenda proprietate. Ante omnia...* Es folgt (bis fol. 8v) Ordo monasterii, ohne liturgischen Teil, in 3 Kapitel geteilt, dann cap. IIII *Hec sunt que*..., die Regula tertia; fol. 8v–10v Ritus der Novizenaufnahme mit Bekenntnis zur Regel Augustins, doch ohne Erwähnung des Prämonstratenserordens. Auf neuer Lage dann fol. 11v–39v Prämonstratenserstatuten, fol. 40r–42v Papstprivilegien für Prémontré, an der Spitze jedoch das große Privileg Urbans II. für St. Rufus; fol. 43v–98 Ordinarium premonstratensis ordinis. – Der erste Teil der Handschrift ist kurz vor oder um die Mitte des 12. Jahrhunderts (nach 1135), der zweite Teil (ab fol. 43) gegen Ende des Jahrhunderts geschrieben.

clm 7804 saec. XII aus Indersdorf. Fol. 1r–99r Aachener Regel; 99v–103r Liturgische Texte, fol. 103v–103r Passio S. Susanne, fol. 106v Verse über Bischof Ellenhard von Freising (1052–78); fol. 107r liturgischer Text; fol. 107v–117r Regula S. Augustini, mit vollständigem Ordo monasterii an der Spitze, vgl. Schröder, Archiv f. Urkundenforschung 9 (1926), 279, dessen Ausgabe nur einen Teil der Varianten angibt; fol. 118r–122r Traktat über Handarbeit der Kanoniker: *Cottidianum manuum opus tempore statuto exerceri convenit a Christi militibus.* Schröder a. a. O. gibt 1125 als Entstehungsjahr der Handschrift an (so auch im Katalog der Münchener Handschriften), dies geht offenbar auf eine radierte und nur teilweise lesbare Notiz (Traditionsnotiz?) fol. 106r zurück, in der die Ziffer MCXXV vorkommt, die aber – sofern sie überhaupt eine Jahreszahl ist – nur einen Terminus *post quem* bildet. Dem Schriftbild nach gehört die Handschrift in die Zeit um die Mitte des Jahrhunderts, z. T. noch etwas später. – Die Aachener Regel zeigt mehrere größere Lücken, am Anfang fehlen zweimal ganze Lagen, dann einzelne Seiten; auf diese Weise sind u. a. die vom Eigentum sprechenden Kapitel 107, 108, 115 getilgt, Kap. 142 (eigene Wohnungen) ist vollständig radiert, – die Regel ist nachträglich im Sinne des Verbots eigener Wohnung und eigenen Besitzes gereinigt.

Über cod. Wien 1482 aus Salzburg saec. XII, der unter anderem die Regula S. Augustini mit Ordo monasterii enthält, vgl. Dereine, Revue d'hist. eccl. 43 (1948), 425 ff.

*Beilage III*
*Ein unbekanntes Mandat Papst Urbans II. für Rottenbuch*

Die nahen Beziehungen zwischen den Rottenbucher Regularkanonikern und den von Hirsau reformierten Schaffhauser Mönchen sind zuerst aus den Urkunden erkennbar, die Papst Urban II. 1090 am gleichen Tage an beide Klöster verlieh und deren Formular weitgehend übereinstimmt.[1] Wenige Jahre später entspann sich jedoch ein Konflikt, der – wie so zahlreiche klösterliche Streitigkeiten jener Zeit – um den Übergang eines Religiosen von der einen Gemeinschaft in die andere ging. Zwei gleichzeitige Mandate Urbans II. von 1096 an Bischof Gebhard von Konstanz und an Propst und Stift Rottenbuch, die die Rückgabe eines ungenannten, von den Rottenbuchern aus Schaffhausen entführten Mönches gebieten, waren bisher die einzige Quelle hierfür; sie berufen sich auf frühere Anordnungen des Papstes.[2] Die nachstehend wiedergegebene Urkunde ist unzweifelhaft die erste, die Urban in dieser Sache hat ausgehen lassen.[3] Sie steht im Codex 78 der Universitätsbibliothek Erlangen. Die Handschrift[4] enthält Werke Bedas und Augustins (fol. 1r–145r), geschrieben in den letzten Jahrzehnten des 12. Jahrhunderts, auf dem Schlußblatt folgt dann von wenig jüngerer, gleichfalls noch dem 12. Jahrhundert angehörender Hand ein kurzes Dekret Gregors d. Gr. und von derselben Hand die unten abgedruckte Urkunde. Wiederum eine andere Hand hat fol. 145v ein Mandat Alexanders III. an Gerhoch von Reichersberg von 1164 eingetragen.[5] Der Codex war früher in Heilsbronn (O. Cist., Diöz. Eichstätt); ob er dort geschrieben wurde, ist ungewiß.

Das Mandat Urbans zeigt den Anlaß des Streites mit Rottenbuch, so wie ihn die klagenden Schaffhauser Mönche darstellten: die Kanoniker haben den Mönch Eppo mit List entführt, gewaltsam seines Mönchshabits beraubt und halten ihn unter Bewachung. Urban beruft sich ausdrücklich auf sein Privileg, daß niemand einen entflohenen Kanoniker aufnehmen dürfe: damit ist das berühmte Privileg von 1092 gemeint. Es erfährt hier

---

1) Vgl. A. BRACKMANN, Die Kurie und die Salzburger Kirchenprovinz (Studien und Vorarbeiten zur Germania Pontificia 1, 1912) 14 ff.; MOIS 68 ff., der zu Recht BRACKMANNS Vermutung, das Privileg von 1092 richte sich gegen eine geplante Regeländerung, bezweifelt. Die Urkunden von 1090 für Rottenbuch und Schaffhausen: GP 1, 375 Nr. 1 und GP 2, 2, 12 Nr. 4.
2) GP 1, 376 Nr. 4 und 5 = GP 2, 2, 14 f. Nr. 10 und 11, dazu MOIS 70 ff. mit neuem Abdruck beider Mandate aus clm 4631 (saec. XII aus Benediktbeuren).
3) GP 1, 376 Nr. 3 = GP 2, 2, 14 Nr. 9 als Deperditum aufgrund der Erwähnung in den Mandaten von 1096 verzeichnet.
4) Vgl. H. FISCHER, Katalog der Handschriften der Univ. Bibl. Erlangen 1 (1928) S. 85. Im Deckel der Handschrift befindet sich eine Urkunde des Jahres 1332 für Thilmann, den Kölner Provinzial der Augustiner-Eremiten; Entstehung der Handschrift in süddeutschen Mönchs-(nicht Kanoniker!)Kreisen, vielleicht in Heilsbronn selbst, ist trotzdem anzunehmen.
5) GP 1, 201 Nr. 37 (wo die Erlanger Handschrift gleichfalls übersehen ist).

eine interessante Interpretation durch seinen Urheber selbst. Während Urban in dem Privileg Mönche und Regularkanoniker fast ganz gleichgestellt hatte, nennt er hier das Mönchtum, dem er selbst entstammt, die *religio maior*; wer einmal Mönch gewesen ist, darf nicht die Privilegien der Chorherren zum Vorwand nehmen, zu diesen überzugehen; die Privilegien, die einen Übergang zum Mönchtum verbieten, gelten nur für die, die von vornherein bei den Kanonikern Profeß abgelegt haben. Gewiß ist diese Interpretation nicht überraschend, sondern entspricht durchaus dem Wortlaut der an Rottenbuch und andere Chorherrenstifter verliehenen Privilegien; dennoch darf sie als eine grundsätzliche Äußerung des Papstes, dem die Regularkanoniker so viel verdanken,[6] Aufmerksamkeit beanspruchen. Urban konnte und wollte seine Förderung der Regularkanoniker nicht auf Kosten der Mönche gehen lassen. Bemerkenswert ist übrigens, daß hier so wenig wie in dem großen Rottenbucher Privileg Urbans die Frage der Seelsorge berührt wird.

Die Urkunde gibt zu Zweifeln an der Echtheit keinen Anlaß, vielmehr fügt sie sich aufs beste den bisher bekannten Quellen ein. Wie das Mandat von 1096 ist sie an Propst Ou(dalrich) und Dekan M. adressiert. Der Dekan kann nicht Manegold von Lautenbach sein, der vor 1090 in Rottenbuch Dekan war, aber 1090 oder spätestens 1094 Propst von Marbach im Elsaß wurde;[7] allem Anschein nach ist der im Mandat von 1096 genannte *Manegoldus magister scholarum*,[8] der in Tours im März 1096 beim Papst zwischen Schaffhausen und Rottenbuch vermittelte, mit dem Propst von Marbach, der um die gleiche Zeit in Tours ein Privileg des Papstes erhielt,[9] identisch. Wie dem auch sei, jene Vermittlungsaktion in Tours ist der *terminus ante* unseres Mandates; es wird nicht sehr viel früher, jedenfalls aber nach dem hier zitierten großen Privileg von 1092 Jan. 28 gegeben sein. Im Text fällt eine gewisse Konfusion der Bibelzitate auf, vor allem wird ein Wort des 2. Petrusbriefs dem Paulus zugeteilt; dies mag indessen auf die Vorlage unserer Abschrift zurückgehen, in der die Zitate vielleicht noch stärker abgekürzt waren als in der erhaltenen Kopie. – Übrigens wurde das Mandat von dem Verfasser des bekannten *Dialogus inter*

---

6) Über Urban II. und die Regularkanoniker vgl. Cн. Dereine, L'élaboration du statut canonique des chanoines réguliers spécialement sous Urban II, in Rev. d'hist. eccl. 46 (1951) 534–565.

7) Über Manegold in Rottenbuch vgl. Mois 103 f., 267; zum Übergang nach Marbach vgl. Bernold, Annalen zu 1094, 1096, 1098: MGH. Scriptores 5, 459 (dessen Chronologie um so mehr Vertrauen verdient, als Bernold in Schaffhausen lebte und damals seine Annalen abschnittsweise fortsetzte); Annales Marbacenses zu 1090, 1094, 1096 (ed. H. Bloch, Script. rer. Germ., 1907).

8) GP 1, 376 Nr. 5: *Nuper cum Turonis essemus per filium nostrum Manegoldum magistrum scholarum pacificos eos (sc. Scafusenses et Reitinbuochenses) audieramus.* Die Bezeichnung als Schulmeister ist übrigens ein wichtiges Indiz für die Identifizierung des Propstes mit dem Scholastiker, dem *modernorum magister magistrorum*, vgl. schon Ussermann in MGH. SS. 5, 459.

9) GP 2, 2, 287 Nr. 1 von 1096, März 24, Tours, mit ausdrücklicher Anführung der Petition des Manegoldus praepositus. Infolgedessen kann nicht, wie Brackmann GP 2, 2, 15 Nr. 10 von 1096 Aug. 7 meint, der Dekan M. mit Manegold identisch sein; richtig Mois 71 Anm. 74.

*Cisterciensem et Cluniacensem*, der zwischen 1150 und 1160 in der Salzburger Provinz entstand, bereits in polemischer Absicht zitiert.[10]

Papst Urban (II.) an Propst Ou(dalrich), Dekan M. und die übrigen Rottenbucher. Gebietet, den aus dem Kloster (Allerheiligen) in Schaffhausen entführten Mönch Eppo zurückzusenden. Ohne Ort und Datum (vor 1096, März). Vgl. GP 1, 376, Nr. 3. Aus Cod. Erlangen 78 fol. 145 v.

*Urb(anus) episcopus s(ervus) s(ervorum) Dei in Christo dilectis filiis O. preposito, M. decano et ceteris Reitinbucensibus salutem et apostolicam benedictionem. De religione vestra plurimum confidentes ecclesie vestre quieti per apostolice sedis privilegium adeo providimus, ut apud vos professos, si absque licentia claustrum desererent, a nemine suscipiendos decerneremus. Non tamen ista sanctientes(!) precepimus, ut si quis ardentiori zelo ductus locum maioris religionis et excellentioris proposUi adiisset, per huiusmodi occasionem apostata fieret. Retro enim converti et evangelicis et apostolicis admonitionibus inhibemur, ad superiora vero contendere et ipsius Domini et eius discipulorum tam exemplis quam et preceptis et eorum hortationibus incitamur. De materialibus quidem sideribus palam est, quia nonnumquam ad posteriora variis discursibus relabuntur, de sanctis autem animalibus scriptum est quia ante faciem suam ibant et non revertebantur, dum incede-rent.[11] Quantum enim huiusmodi periculum sit, Paulus apostolus manifestat dicens: »Melius est viam veritatis non cognoscere quam cog(nitam) retro re(verti)«;[12] et Dominus: »Nemo mittens manum in a(ratrum) et re(spiciens) retro a(ptus) est reg(no) Dei«.[13] Hec scientes, filii karissimi, non modicum excessistis magnumque tam vobis quam Epponi monacho periculum intulistis, cum eum de Sckafusensi monasterio dolose ductum monasticis violenter vestibus exuistis. Quem etiam ne ad monasterium redeat, sub artiori custodia retinetis. Presentium itaque litterarum auctoritate precipimus, ut et illum abbati suo restituatis dilationibus nullis interpositis nec de cetero talia presumatis. Sic enim sua debet quisque defendere, ut que iuris alieni sunt non usurpet. V(a)l(ete).*

Korrekturzusatz: Wie Dozent Dr. H. Fuhrmann (Kiel) mir freundlich mitteilt, hat er eine weitere Überlieferung dieser Urkunde in einer Admonter Handschrift gefunden. Diese hat neben einigen besseren Lesarten im Text vor allem ein Tagesdatum vom 8. Oktober, das wie Fuhrmann überzeugend nachweist, zum Jahre 1095 gehört.

---

10) Dialogus III 30 bei E. MARTÈNE-U. DURAND, Thesaurus novus anecdotorum 5 (1717) 1641: *Urbanus papa secundus epistolam misit Ratenburgensibus (sic!) fratribus propter Epponem monachum, in qua determinat suum quod eis dederat privilegium: probans licitum esse locum maioris religionis et alterioris propositi adire, illicitum redire, quia hoc sit apostatare. Idipsum affirmat Gratianus...* Weder BRACKMANN in der GP noch MOIS zitiert die Stelle, vielleicht weil sie den entstellten Ortsnamen nicht erkannten.
11) Cf. Ezech., 1, 12.
12) *Verba non Pauli, sed Petri apostoli (Ep., 2, 2, 21), minus exacte allegata.*
13) Luc., 9, 62.

[Vgl. jetzt H. FUHRMANN, »Volkssouveränität« und »Herrschaftsvertrag« bei Manegold von Lautenbach, in: ST. GAGNÉR et al. (edd.), Festschrift für Hermann Krause, Köln 1975, 33 Anm. 27 (wo sich nach brieflicher Mitteilung von H. Fuhrmann ein Druckfehler eingeschlichen hat: 1096 statt richtig 1095)].

# Der Häresie-Begriff bei Gerhoch von Reichersberg und in seinem Umkreis

Nach Abaelard und Bernhard soll nun Gerhoch von Reichersberg erörtert werden:[1] das überrascht wohl manchen. Denn Gerhoch kommt in der Geschichte der Ketzerei normalerweise nicht vor, weder als Ketzer noch als Bekämpfer derselben. Zwar ist er, drei Jahre jünger als Bernhard, Zeitgenosse der Ausbreitung neuer häretischer Bewegungen im zwölften Jahrhundert; aber in seinem bayerisch-österreichischen Umkreis sind diese zu seiner Zeit noch nicht in Erscheinung getreten. *Cathari* ist für ihn ein Wort für Novatianer – gelehrte Reminiszenz.[2] Ich war darum zunächst selbst überrascht, daß man mich um ein Referat über Gerhochs Häresie-Begriff bat. Immerhin wußte ich: Gerhoch hat ein Leben lang um die Reform der Kirche gerungen, und er ist nicht müde geworden, seine Gegner als Häretiker, ihre Lehren als Häresien zu bezeichnen – auf der anderen Seite sah er sich aber auch selbst dem Vorwurf der Ketzerei ausgesetzt.

Im Herbst 1130 fand in Regensburg ein Häresie-Prozeß in Gegenwart des Erzbischofs Konrad von Salzburg und des Bischofs Kuno von Regensburg statt, in den dann anscheinend auch Erzbischof Walther von Ravenna, der Legat des kurz zuvor gewählten Papstes

---

1) Das in Löwen vorgetragene Referat wird hier, nur um die notwendigsten Belege aus den Quellen ergänzt, unverändert vorgelegt. Allgemeine Literatur: DAMIEN VAN DEN EYNDE, L'œuvre littéraire de Géroch de Reichersberg, Spicilegium Pontificii Athenaei Antoniani, 11 (Romae, 1957); ERICH MEUTHEN, Kirche und Heilsgeschehen bei Gerhoh von Reichersberg, Studien und Texte zur Geistesgeschichte des Mittelalters, 6 (Leiden-Köln, 1959); PETER CLASSEN, Gerhoch von Reichersberg – Eine Biographie: Mit einem Anhang über die Quellen, ihre handschriftliche Überlieferung und ihre Chronologie (Wiesbaden, 1960); A. LAZZARINO DEL GROSSO, Armut und Reichtum im Denken Gerhochs von Reichersberg (München, 1973). Verzeichnis aller Schriften und ihrer Überlieferung sowie der Editionen bei Classen. Wichtigste Editionen: J. P. MIGNE, PL 193 und 194; Gerhohi praepositi Reichersbergensis libelli selecti, herausgegeben von ERNST SACKUR in MGH, Libelli de Lite Imperatorum et Pontificum saeculi XI. et XII., 3 (Hannoverae, 1897), S. 131–525, im Folgenden zitiert Lib. 3; DAMIANUS ac ODOLPHUS VAN DEN EYNDE et ANGELINUS RIJMERSDAEL, Gerhohus Reichersbergensis: Opera inedita, Spicilegium Pontificii Athenaei Antoniani, 8-9-10 (Romae, 1955-56), zitiert Opera inedita; NICHOLAS M. HÄRING, Gerhoch von Reichersberg: Letter to Pope Hadrian about the Novelties of the Day, Studies and Texts 24 (Toronto, 1974), zitiert Nov.
2) MIGNE, PL 194, 845 C; Opera inedita, II, 67.

Innozenz II., eingriff.[3] Dem Kanoniker Gerhoch, der dem Stift Rottenbuch angehört hatte, wurde vorgeworfen, er habe die Wirksamkeit der Sakramente sündiger Priester geleugnet; er habe zweitens behauptet, irreguläre Priester könnten, sofern sie sich nicht bekehrten, nicht selig werden, und drittens gesagt, außerhalb der Kirche könne Christi Leib nicht dargebracht werden. Die Einzelheiten des Prozesses sind nicht ganz deutlich erkennbar; jedenfalls bestritt Gerhoch entschieden, die Konsekrationsgewalt sündiger Priester in Frage gestellt zu haben, und man konnte feststellen, der Satz *qui non est castus, non conficit Christi corpus*, sei häretisch, ohne daß mit diesem Urteil Gerhoch direkt getroffen wurde. Doch wurde ihm Schweigen befohlen.

Zwei Jahre nach diesem Prozeß berief der Salzburger Erzbischof den Kanoniker-Reformer Gerhoch zum Propst des Stiftes Reichersberg am Inn in der Diözese Passau. In diesem Amt verblieb er siebenunddreißig Jahre bis zu seinem Tode 1169.

Im Stift Rottenbuch (Diözese Augsburg), dem Zentrum deutscher Gregorianer in Oberbayern, hatte Gerhoch sich zum Regular-Kanoniker und radikalen Reformer bekehrt. Seine Radikalität lag nun aber nicht in der Strenge der asketischen Forderung. An dem Konflikt um die Augustinus-Regel, der in den 1120er Jahren die Kanoniker bewegte, hat er sich kaum beteiligt, und später gehörte er zu jenen maßvollen Asketen, die das Prämonstratensertum für eine monastische Abweichung vom echten Kanonikertum hielten. Gerhochs Radikalismus liegt vielmehr in der Grundsätzlichkeit der Forderung des apostolischen Lebens an den gesamten Weltklerus, zunächst und vor allem den Domklerus. Er selbst, vor dem Eintritt in Rottenbuch, war ein gutsituierter und angenehm – wenn auch gewiß nicht ausschweifend – lebender Domscholaster in Augsburg gewesen, und er hatte sich durch einen Eremiten zu der Überzeugung bekehren lassen, daß allein die unbedingte Unterwerfung unter die Regel der *vita communis et apostolica*, unter striktes Armutsgebot und gemeinsames Leben, sein Seelenheil bewahren könne. Nun betrachtete er es als seinen Auftrag, seine einstigen Standesgenossen zu denselben Überzeugungen und Regeln zu bekehren.[4]

Am Anfang von Gerhochs Wirken steht also religiöse Erfahrung und kirchliche Überzeugung; die theoretische – theologische und kanonistische – Begründung folgt hernach.[5] Das Ziel heißt *vita communis et apostolica* für den gesamten Dom-, Pfarr- und Stiftsklerus; zu überwinden sind weltliches Leben, eigener Besitz und private Wohnung der Kleriker, wohlgemerkt aller Weltkleriker. In den Kategorien der Kirchenreform des

---

3) Zum Folgenden CLASSEN, 47–57. Hauptquelle ist der Dialogus, Lib. 3, 203–239; dazu R. B. C. HUYGENS, Le moine Idung et ses deux ouvrages: *Argumentum super quatuor questionibus* et *Dialogus duorum monachorum*, Studi Medievali, Serie terza 13 (1972), 291–470 (S. 345).

4) Zur Bekehrungsgeschichte: CLASSEN, 20–30.

5) Zuerst in der Schrift De aedificio Dei, verfaßt 1128/29, erhalten nur in überarbeiteter Fassung von 1138. Die Edition Lib. 3, 136–202 kürzt den Text stark und macht die Zusammenhänge teilweise unverständlich; die kanonistischen und patristischen Belege sind zwar verifiziert, aber nicht mit abgedruckt. Darum ist die ältere Edition MIGNE, PL 194, 1187–1336 (nach PEZ) unentbehrlich.

elften Jahrhunderts und des Kirchenrechtes heißen die Gegner Simonisten und Nikolaiten, und diese sind nach den Dekreten der Reformpäpste Schismatiker und Häretiker.

Betrachten wir die Lehren, die Gerhoch in den Jahren nach seiner Bekehrung um 1124 bis etwa 1132 entwickelt, im einzelnen. So oft er die Häresie bekämpft und seine Gegner Häretiker nennt, definiert hat er den Begriff nie. Wir müssen also vom Einzelnen ausgehen. Simonie ist Häresie: das hat altkirchliche Lehre festgestellt, und die Päpste von Clemens II. über Nikolaus II., Alexander II., Gregor VII., Urban II. bis zu Paschalis II. haben es genauer bestimmt. Gerhoch wird nicht müde, Papst-Dekrete und Synodal-Canones der Reformzeit zu zitieren und zu interpretieren.[6] Einzelne Canones sind durch ihn am besten überliefert.[7] Neben sie treten echte und vermeintliche, d. h. pseudoisidorische, Dokumente der Alten Kirche; gern wird auch der Brief Widos (von Arezzo?) gegen die Simonisten zitiert, der unter dem Namen eines Papstes Paschalis verbreitet war.[8]

Den Simonie-Begriff faßt Gerhoch weit, indem er sich auf eine Decretale Urbans II. stützt, die ihrerseits Vorbilder bei Gregor VII. hat und inhaltlich auf Gregor d. Gr. zurückgeht.[9] Nicht nur Geld, sondern auch das *munus lingue* oder das *munus indebiti obsequii* bewirken Simonie. In Gerhochs Interpretation heißt das: jede unkanonische Verpflichtung, jeder Treueid, jeder materielle Gewinn beim Erwerb eines geistlichen Amtes ist Simonie. Mit Papst Urban II. lehnt Gerhoch die theoretische Trennung von Kirchengut und geistlichem Amt, von *beneficium* und *officium*, ab. Es geht ihm einerseits wie den Reformern des elften Jahrhunderts um die Beseitigung der Laienherrschaft über die Kirche, die jetzt, nach dem Wormser Konkordat, vor allem in Gestalt des *hominium* der Bischöfe auftritt. Aber das ist für ihn noch nicht simonistische Häresie, sondern nur Sakrileg.[10] Die Häresie sieht er vielmehr gerade in den innerkirchlichen Beziehungen, vor

---

6) Für die Zitate aus Papstdekreten und Synoden sei nur auf den – nicht immer vollständigen – Index auctoritatum in Lib. 3, 770 ff. (Pontifices Romani) verwiesen, dazu die Indices in Opera inedita, II.

7) Der MGH, Leges, IV: Constitutiones, I, Nr. 49, S. 95 edierte Canon Papst Clemens' II. wird von Gerhoch Lib. 3, 250 und 425 in etwas vollständigerer Form zitiert, als die von den Herausgebern benutzten Handschriften bieten. Über diesen Text vgl. im übrigen OVIDIO CAPITANI, Immunità vescovili ed ecclesiologia in età »pregregoriana« e »gregoriana« (Spoleto, 1966), 60 ff. Ein Auszug aus Akten einer Lateransynode von 1116 scheint am besten bei Gerhoch, Lib. 3, 190 f., vgl. auch 217, überliefert zu sein.

8) Lib. 3, 249 und 424, vgl. auch 266. Zu dem Brief vgl. HARTMUT HOFFMANN, Ivo von Chartres und die Lösung des Investiturproblems, Deutsches Archiv 15 (1959), 393–440 (395 f.) mit weiterer Literatur.

9) Urbans II. Brief JL 5743 wird von Gerhoch Lib. 3, 178, 212, 250 und öfter zitiert und benutzt, bei Gratian C. 1. 3. 8, vgl. vorher Register Gregors VII. VI, 34 (MGH, Epist. 2), Petrus Damiani PL 145, 464 ff.; Gregor d. Gr. PL 76, 1092.

10) Kritik am *hominium* zuerst im Erstlingswerk De aedificio Dei, Lib. 3, 140 ff., vgl. CLASSEN, Gerhoch, 41 ff. und PETER CLASSEN, Das Wormser Konkordat in der deutschen Verfassungsgeschichte in: Investiturstreit und Reichsverfassung, herausgegeben von JOSEF FLECKENSTEIN, Vorträge und Forschungen 17 (Sigmaringen, 1973), 411–460 (bes. 428 ff.). Zum Sakrileg-Begriff vgl. Lib. 3, 206 f. und 250 ff.

allem im Vikarswesen. Die Wahrnehmung der Pflichten eines höheren Geistlichen durch einen anderen gegen persönliche Verpflichtungen oder materielle Vergünstigungen ist die neue und besonders gefährliche Form der Simonie: *conductores* und *conducticii*, wie Gerhoch die Vermieter und Mietlinge des geistlichen Amtes nennt,[11] sind Simonisten, sind Häretiker. Aber auch jeder private Besitz der Kleriker entzieht der Kirche ihr Eigentum, gibt es für das geistliche Amt hin, ist also simonistisch. Die *vita communis et apostolica* der besitzlosen Kanoniker allein kann dies Übel überwinden.

Häretiker sind aber auch die Nikolaiten. Die Synoden der Päpste Nikolaus II. und Alexander II. haben das definiert, und sie haben verboten, die Messen verheirateter oder im Konkubinat lebender Priester zu hören.[12] Auch diese Häresie hat neue Formen entwickelt: mit einem Passus aus dem Apokalypse-Kommentar des Rupert von Deutz – der zwar nicht autoritatives Gewicht hat, aber die Lehre ›vernünftiger Menschen unserer Zeit‹ bezeugt, wie Gerhoch meint – wird nachgewiesen, daß nicht nur Ehe und Konkubinat des Priesters, sondern auch *fornicatio* und *vaga luxuria* den Tatbestand des Nikolaitismus erfüllen.[13]

Gerhoch beruft sich, wie bemerkt, auf die Päpste. Der tätige Widerspruch gegen die Dekrete der Päpste ist es, der die Vergehen der Simonisten und Nikolaiten zur Häresie macht. Einer der Grundpfeiler für seinen Häretiker-Begriff ist der Satz *hereticum esse constat qui a Romana ecclesia discordat.*[14] Diese schon im Erstlingswerk ausgesprochene Definition kehrt später, z.T. etwas abgewandelt, wieder; aber Gerhoch gibt niemals eine Quelle, geschweige denn eine verbindliche Autorität an, auf die er zurückgeht. Dabei hat der Satz seine Geschichte. Gregor VII. nennt ihn – in der Fassung *hereticum esse constat qui Romane ecclesie non concordat* – in dem Mandat, mit dem er im Jahre 1080 das Kloster Schaffhausen dem Abt Wilhelm von Hirsau unterstellt und das nicht nur im *Register*, sondern auch im Original erhalten ist.[15] Der Papst führt die Sentenz hier auf den heiligen Ambrosius zurück, bei dem es nicht einmal sinngemäß ähnliche Äußerungen, viel weniger

---

11) Dieser Begriff im Mittelpunkt der Polemik gegen innerkirchliche Simonie zuerst im Dialogus, Lib. 3, 227 und 238, später immer wieder, als Häretiker Lib. 3, 244.

12) Lib. 3, 215, 217 und öfter. Zur Uminterpretation der Papstdekrete vgl. GIOVANNI MICCOLI, Il problema delle ordinazioni simoniache e le sinodi lateranensi del 1060 e 1061, in Studi Gregoriani 5 (Roma, 1956), 33–81 (bes. 75 ff.).

13) Lib. 3, 218 f. Doch vermeidet Rupert, die Nikolaiten als Häretiker zu bezeichnen: Das tut erst Gerhoch, freilich im Anschluß an Nikolaus II.

14) Schon in der Erstlingsschrift: Lib. 3, 174, dann in De simoniacis, Lib. 3, 244; De fide, Opera inedita, I, 214.

15) Register VII, 25.

diese prägnante Formulierung gibt.[16] Petrus Damiani hatte den Satz schärfer gefaßt;[17] im *Dictatus papae* Gregors VII. heißt er: *Quod non catholicus habeatur, qui non concordat Romane ecclesie*, und in den jüngeren *Proprie auctoritates*, juristischer zugespitzt: *Qui decretis sedis apostolice non consenserit, hereticus habendus est.*[18] Bonizo von Sutri im *Liber ad amicum* (1086),[19] Kardinal Otto von Ostia in einem Brief an Bischof Udo von Hildesheim (1085),[20] der Sachse Bernhard in seiner Streitschrift gegen Heinrich IV. (1085)[21] und der Schwabe Bernold[22] zitieren das Wort als Satz des Ambrosius, alle wohl abhängig von Gregors Brief an Wilhelm von Hirsau; bei den letztgenannten ist die von Gerhoch gebrauchte Form zu finden. Wenn dieser aber nie eine Quelle für die Sentenz angibt, so deutet das darauf, daß er keine patristische Autorität für den Satz kannte, mit andern Worten: ihm war bewußt, daß Ambrosius ihn nicht verwendet hatte.[22a]

16) Die Frage, welcher Ambrosius-Text hier benutzt sein könnte, hat zuletzt WALTER BERSCHIN, Bonizo von Sutri: Leben und Werk, Beiträge zur Geschichte und Quellenkunde des Mittelalters, 2 (Berlin–New York, 1972), 48 f. mit Benutzung älterer Hinweise von E. Caspar, C. Erdmann und J. J. Ryan erörtert. Leider ist eine Konfusion dadurch entstanden, daß die verschiedenen Autoren (was Berschin übersieht) verschiedene Ausgaben von MIGNE, PL 16 benutzen, die – wie viele MIGNE-Bände – stark differierende Columnen-Zählung haben. Es geht um zwei Stellen: Epistola 11 § 4 in PL 16 (1845), 946 A = PL 16 (1866), 986 B und De excessu fratris sui Satyri I, 47 in PL 16 (1845), 1306 AB = PL 16 (1866), 1362 f. Aber keine der beiden Stellen entspricht auch nur von ferne dem Ambrosius von Gregor zugeschriebenen Gedanken (anders Berschin), den vielmehr zuerst Petrus Damiani prägnant formuliert, worauf schon E. Caspar (zu Reg. Gregorii VII, II 55a § 26) hinwies: PL 144, 241 und PL 145, 91. Eine ausführliche Analyse der Quellen des Petrus Damiani gibt J. JOSEPH RYAN, Saint Peter Damiani and his Canonical Sources: A Preliminary Study in the Antecedents of the Gregorian Reform, Studies and Texts 2 (Toronto, 1956), 63 ff. und 78 ff. Eine plausible Erklärung für die Zuschreibung des Satzes an Ambrosius gibt es bisher nicht und kann ich auch nicht geben.
17) Ep. I 20 in PL 144, 241: *eos sacri canones haereticos notant qui cum Romana ecclesia non concordant*; Opusc. 5 in PL 145, 91: *qui autem Romanae Ecclesiae privilegium ab ipso summo omnium ecclesiarum capite traditum auferre conatur, hic procul dubio in haeresim labitur*, dazu vgl. RYAN a. a. O.
18) Vgl. HUBERT MORDEK, Proprie auctoritates apostolice sedis: Ein zweiter Dictatus papae Gregors VII.?, Deutsches Archiv 28 (1972), 105–133 (S. 127).
19) Bonizonis Episcopi Sutrini Liber ad amicum post editionem Jaffeanam, herausgegeben von ERNST DÜMMLER in MGH, Libelli de Lite 1 (Hannoverae, 1891), S. 568–620 (S. 591), vgl. BERSCHIN a. a. O.
20) Die Hannoversche Briefsammlung, herausgegeben von CARL ERDMANN in MGH, Die Briefe der deutschen Kaiserzeit, 5, Briefsammlungen der Zeit Heinrichs IV. (Weimar, 1950), S. 1–187 (S. 26).
21) Liber canonum contra Heinricum Quartum, herausgegeben von FRIEDRICH THANER in MGH, Libelli de Lite 1 S. 471–516 (S. 480).
22) JOSEF RUPERT GEISELMANN, Bernoldus Constantiensis: Sein neuentdecktes Werk über die Eucharistie (München, 1936), S. 97.
22a) Gerhoch hat patristische Autoritäten oft kritisch erörtert und z. B. erkannt, daß der später (seit Erasmus) sog. Ambrosiaster nicht mit dem hl. Ambrosius identisch ist, vgl. CLASSEN, Gerhoch, 74 ff. und öfter, bes. an den im Register 483 f. s. vv. historisch-philologische Kritik und Textkritik zitierten Stellen.

Dabei ist nun freilich für Gerhoch wie für Gregor VII. der Häresie-Begriff austauschbar mit anderen: das Wort des großen Papstes, Ungehorsam gegen den apostolischen Stuhl sei das *peccatum paganitatis*, zitiert Gerhoch gern und verteidigt es mit Nachdruck.[23] So wenig wie bei Gregor darf man bei Gerhoch juristisch prägnante Begriffsbildung erwarten.

Simonie ist Häresie, Nikolaitismus ist Häresie, Widerspruch zu den Lehren der Römischen Kirche ist Häresie. Diese Sätze hat Gerhoch von den Reformpäpsten übernommen. Indem er nun sowohl den Simonie-Begriff wie den Begriff des Nikolaitismus neu und neue Tatbestände umgreifend beschreibt, geraten alle oder nahezu alle Weltkleriker in Gefahr, als Häretiker zu gelten. Das wird zu einer um so kritischeren Frage, als Gerhoch Konsequenzen für die Sakramente zieht. Häretiker und Schismatiker stehen außerhalb der Kirche, sie können daher keine gültigen Sakramente vollziehen. *Extra ecclesiam non est locus veri sacrificii*, heißt der immer wieder zitierte Satz, der Augustin zugeschrieben wird;[24] *non est corpus Christi quod schismaticus conficit*, folgerte schon Papst Pelagius I. in einem Satz, den Gerhoch ebenso oft nennt.[25] Hier muß daran erinnert werden, daß auch noch Hugo von St. Viktor, Petrus Lombardus und andere angesehene Theologen des zwölften Jahrhunderts die Konsekrationsgewalt des von der Kirche getrennten Priesters leugneten; erst später, unter dem Einfluß der Kanonisten wie Simons von Tournai und anderer, wurde der *character indelibilis* des Priesters definiert und schließlich als allgemein gültige Lehre anerkannt.[26]

Kritisch wurde Gerhochs Lehre vor allem durch die Behauptung, alle Simonisten und Nikolaiten seien *ipso facto*, ohne besonderen Prozeß und Urteil, durch die Dekrete der Päpste aus der Kirche ausgeschlossen und der Konsekrationsgewalt verlustig gegangen. Wenn dem so war, konnte man fragen, wo es denn noch wahre Sakramente gebe; und der im Prozeß gegen Gerhoch erhobene Vorwurf, er habe die Konsekrationsgewalt der *pravi sacerdotes* geleugnet,[27] traf zwar nicht seine Theorie, beschrieb aber ziemlich genau deren praktische Konsequenzen.

Dem augustinischen Einwand, nicht das *pravum factum*, sondern erst die hartnäckige Verteidigung der falschen Lehre begründe den Häresie-Vorwurf, begegnete Gerhoch mit der Behauptung, dies gelte zwar für alle anderen Häresien, nicht aber für die Simonisten

---

23) Dieser Satz aus Gregors Epistola extravagans 32 (The Epistolae vagantes of Pope Gregory VII, edited and translated by H. J. E. Cowdrey, Oxford Medieval Texts (Oxford, 1972), S. 32) wird zitiert Lib. 3, 215, 216, 220 (alles im Dialog von 1130), später Lib. 3, 417 f., 245.

24) Lib. 3, 226, 266, 286, 353, 425. Unmittelbare Quelle für Gerhoch ist wohl das Zitat des Satzes in dem angebl. Brief des Papstes Paschalis, d. h. dem Traktat Widos, Lib. 1,5; der Satz steht im Liber sententiarum per Prosperum Aquitanicum collectum, cap. 15 in Migne, PL 51, 430. Unter Augustins Namen auch bei Gratian C. 1, q. 1, c. 71.

25) Lib. 3, 226, 266, 286, 405, 423 nach Collectio Britannica Pelagius ep. 22, Jaffé-Ewald 994, Gratian C. 24, q. 1, c. 34. Vgl. auch Lib. 3, 598 f.

26) Vgl. Artur Michael Landgraf, Dogmengeschichte der Frühscholastik, III. 2 (1955), 223–231.

27) Lib. 3, 225.

und Nikolaiten: bei diesen liege die Häresie in der Tat selbst.[28] Nur gewisse Einschränkungen für das praktische Leben ließ er gelten: wegen ihrer großen Masse seien die Nikolaiten und Simonisten nicht in gleicher Weise wie Arianer und Sabellianer verurteilt, und man dürfe deshalb mit ihnen leben und persönlich verkehren, aber ihre Sakramente seien gleichwohl ungültig und verboten.[29]

Soweit die Lehren, die Gerhoch im Streit gegen die Weltkleriker entwickelt, bevor er als Propst die Verantwortung für ein kleines und entlegenes Stift zu übernehmen hat. Er hat seine Grundpositionen auch als Propst von Reichersberg nicht aufgegeben, aber in Einzelheiten präzisiert und modifiziert – und abgemildert. Der 1135 an Bernhard von Clairvaux gerichtete Traktat gegen die Simonisten wurde überschrieben *Libellus de eo quod princeps mundi huius iam iudicatus sit*.[30] Der Fürst dieser Welt ›ist schon gerichtet‹: mit dem Wort des Johannes-Evangeliums (16, 11) wird die These wiederholt, daß *ipso facto*[31] Simonisten und Nikolaiten als Häretiker verurteilt und ihre Sakramente ungültig seien. Neu ist jetzt, daß Gerhoch diese Lehre auf die offenkundigen, *manifesti simoniaci et nicolaite*, einschränkt: die geheimen Sünder bleiben dem Gericht Gottes vorbehalten.[32] Praktisch war es freilich kaum möglich zu sagen, wessen Simonie oder *fornicatio* ›offenkundig‹ war. Wichtiger ist die genannte Schrift wegen ihrer neuen Distinktionen in der Sakramentenlehre, die die allgemeine Verwerfung der Häretiker-Sakramente ablösen. Jetzt wird zugegeben, daß außerhalb der Kirche *sacramenta integra*, aber *irrita* vollzogen werden können, die einen *effectus passivus* (*quo sacramenta efficiuntur*) haben; aber nur in der Kirche gibt es die *sacramenta rata*, denen der *effectus activus* (*quem sacramenta efficiunt*) zukommt und die das *verum sacrificium* bilden.[33] Schließlich ist einzuräumen, daß bei den an der *creatura rationalis* vollzogenen Sakramenten, Taufe und Ordo, der außerhalb der Kirche fehlende *effectus activus* einem *sacramentum integrum sed irritum* durch eine kirchliche *confirmatio* nachträglich zuteil werden kann.[34] Anders die Eucharistie: außerhalb der Kirche wird nicht das Fleisch des Lammes, sondern die *caro draconis* genossen.[35] Diese für die Sakramentenlehre und die kirchliche Praxis nicht unwichtigen Distinktionen wirken sich aber nicht direkt auf den Häresie-Begriff aus. Für diesen ist aber festzustellen, daß bestimmte Formen des Umgangs mit Kirchengut nun nicht mehr als Simonie, sondern nur noch als Sakrileg bestimmt werden und demnach nicht unter das

---

28) Lib. 3, 219 f.
29) Lib. 3, 220.
30) Lib. 3, 239–272; vgl. VAN DEN EYNDE, 34–42; CLASSEN, Gerhoch, 78–89, 408 f. Das Stichwort steht schon Lib. 3, 214.
31) Auch dies Stichwort schon im Dialog von 1130, Lib. 3, 214.
32) Lib. 3, 245, 263 und öfter, vorbereitet im Dialog Lib. 3, 220 f.
33) Lib. 3, 253–262, vgl. CLASSEN, Gerhoch, 84 f.; LANDGRAF, Dogmengeschichte, III, 2, 240 ff.
34) Lib. 3, 258 f., 267; vgl. schon Dialogus, Lib. 3, 225. – Gerhoch distinguiert zugleich zwischen dem bloßen *sacramentum* und dem *verum sacrificium*, das allein Heil bringt., bes. Lib. 3, 267.
35) Lib. 3, 266.

Häresie-Verdikt fallen.[36] Bernhard von Clairvaux, dem dies alles in einem Traktat vorgetragen wurde, antwortete nicht.

Gerhoch steht, das ergibt sich deutlich aus dem Gesagten, ganz bewußt in der Tradition der gregorianischen Reform. Er kommt aus demselben Kreis wie Paul von Bernried, der Biograph Gregors VII., und wenn es irgendwo im zwölften Jahrhundert noch echte ›Gregorianer‹ gab, so waren es diese bayerischen Regularkanoniker. Indem sie die Reformgegner rigoros verketzerten, gerieten sie freilich rasch selbst in den Verdacht der Häresie, wie einst die Patarener oder jener Ramihrdus, der zu Gregors VII. Zeit in Cambrai verbrannt wurde, weil er – den päpstlichen Dekreten gemäß – die Messen beweibter Priester verdammte.[37] Nicht nur Manegold von Lautenbach, der frühere Dekan von Gerhochs Profeß-Stift Rottenbuch,[38] sondern auch Erlembald von Mailand wurde von den Reichersbergern zu ihren Vorläufern gerechnet: täusche ich mich nicht, so sind diese Regularkanoniker die einzigen Kirchenreformer, die sich so direkt noch um 1150 auf die *Pataria* berufen.

Von ähnlichen Ansätzen ging der Regularkanoniker Arnold von Brescia aus, und er hat in vielen Punkten dasselbe gelehrt und gepredigt wie Gerhoch; vielleicht sind sich beide sogar persönlich begegnet.[39] Der entscheidende Gegensatz zwischen den beiden Reformern, die den Weltklerus angriffen, liegt im Verhältnis zur Römischen Kirche, deren Autorität für Gerhoch auch dann noch gültig blieb, als er seit dem Pontifikat Hadrians IV. stärkere Zweifel an der Weisheit des Papstes und der Richtigkeit seiner Entscheidungen bekam. Über Arnold von Brescia urteilte Gerhoch später, er habe zwar falsche Lehren verbreitet, doch aus gutem Eifer, und er verurteilte die Hinrichtung Arnolds, mit dessen Blut sich die Römer befleckt hätten.[40] Ein Häretiker war Arnold in Gerhochs Augen nicht: deutlich zeigt sich gerade daran, welche Kluft zwischen Gerhoch und Bernhard von Clairvaux bestand, jenem Bernhard, dem Gerhoch Mangel an Eifer vorgeworfen hatte.

Gegen die Simonisten als Häretiker hatte sich Gerhochs Angriff zunächst gerichtet. Häresie und Schisma ist nicht dasselbe, das wußte auch Gerhoch. Aber die Reformer des elften Jahrhunderts, auch die Päpste, hatten oft genug die Schismatiker als Häretiker gebrandmarkt: Cadalus und Wibert galten als Häresiarchen – und wer die Simonie als Häresie betrachtete, hatte doppelten Anlaß für diese Gleichung. Für Gerhochs wichtigstes Anliegen, die Sakramente, schien es ohnehin keinen Unterschied zu geben: das Wort *extra ecclesiam non est locus veri sacrificii* traf die Schismatiker genauso wie die Häretiker; der

---

36) Lib. 3, 250 ff. bes. über Laien, die Kirchengut gegen *indebitum obsequium* vergeben. Vgl. CLASSEN, Gerhoch, 82.

37) Vgl. Register Gregors VII., IV, 20.

38) Lib. 3, 2 32 f., vgl. 221, auch Arno von Reichersberg, Scutum canonicorum, in PL 194, 1490–1528 (1499 A).

39) CLASSEN, Gerhoch, 105 ff.

40) De investigatione Antichristi, I, 40, Lib. 3, 347 f.

Satz *non est corpus Christi quod schismaticus conficit*[41] bedeutete im Ergebnis dasselbe. Das hatte seine Konsequenzen im Schisma Anaklets: nach Gerhoch besaßen dessen Anhänger keine Konsekrationsgewalt, und mit diesem Argument suchte er – freilich vergeblich – Bernhards Hilfe für seine Sakramentenlehre zu gewinnen. Zugleich meinte Gerhoch, daß die häretischen, nämlich simonistischen Weltpriester weithin zu Anaklet hielten, während seine Freunde von den Regular-Kanonikern den rechten Papst, Innozenz II., unterstützten.[42] Die Gleichung Häretiker = Simonist = Schismatiker = Weltpriester schien aufzugehen, für Anaklets Schisma so gut wie für die früheren des Cadalus und des Wibert.

Auch 1159 haben Alexander und Victor sich wechselseitig nicht nur als Schismatiker, sondern auch als Häretiker angegriffen.[43] Das ist vor allem für den kanonistisch hoch gebildeten Alexander recht auffallend. Gerhoch hatte inzwischen, seit dem Tode Eugens III., manche Enttäuschung mit Rom erlebt. Die Lehre, die Römische Kirche habe stets den rechten Glauben bewahrt, hatte er schließlich unter Hadrian IV. mit dem Argument gestützt, selbst als Papst Liberius die Ketzer begünstigte, habe es in Rom noch einen rechtgläubigen Priester gegeben, der mithin den ›erwählten Nachfolgern Petri‹ zuzurechnen sei.[44] Das neue Schisma beunruhigte ihn tief, weil dieses Mal keine offenkundige Häresie die Ursache war – aber beide Kandidaten der Simonie verdächtig erschienen. Jetzt schied er scharf: das Schisma spaltet die *unitas*, Häretiker bestreiten die *veritas*.[45]

Wir sind damit bereits bei dem späten Gerhoch angelangt, der die rigorosen Lehren der Frühzeit, ohne das Reformziel preiszugeben, stark abgemildert, damit aber auch seinen schroffen Häresie-Begriff aufgegeben hat. Noch 1148 schreibt er seinen *Liber contra duas hereses*, der als Einleitung zu seinem großen Psalmenkommentar dienen soll. Von den beiden Häresien, die er da bekämpft, ist die eine die Lehre, auch Schismatiker- und Häretiker-Sakramente seien gültig; die andere betrifft die Christologie. Von diesem Traktat gibt es eine ungedruckte, nur ein bis zwei Jahre jüngere Fassung, in der die bekämpften Lehren nicht mehr *hereses*, sondern nur noch *assertiones*, Behauptungen, heißen, und zwar an allen Stellen, wo sie früher Häresien genannt waren. Die Vokabel ist ausgetauscht, während der Wortlaut sonst unverändert bleibt.[46]

Mit dem zuletzt genannten Traktat haben wir auch Gerhochs christologischen Streit berührt, der ihn seit 1141 über fünfundzwanzig Jahre lang in immer neuen Anläufen beschäftigt hat. Es begann mit Angriffen auf die Lehren des kurz zuvor verurteilten Abaelard und seiner auch in Bayern und Österreich auftretenden Schüler; zugleich

---

41) Vgl. oben Anm. 24 und 25.
42) Der Dialog von 1130 ist als Brief an Innozenz II. gerichtet, vgl. dort bes. Lib. 3, 236 f. Dem Libellus von 1135 am Bernhard von Clairvaux liegt derselbe Gedanke zugrunde.
43) Als Beispiele seien genannt für Victor IV. JL 14426 bei Rahewin IV 60 S. 299, für Alexander III. JL 10645.
44) Liber de laude fidei, Opera inedita, I, 254, CLASSEN, Gerhoch, 190.
45) De investigatione Antichristi, I, 53, Lib. 3, 359 f.
46) Vgl. CLASSEN, Gerhoch, 125 f., 416 f. Nur die erste Fassung ist gedruckt: PL 194, 1161–1184.

kritisierte Gerhoch die Paulus-Glossen Gilbert Porretas. Später geraten der Gilbert-Schüler und Schulmeister in Wien, Petrus, sowie der Kanonikerpropst Folmar von Triefenstein in den Mittelpunkt der Polemik; der vornehmste Gegner, mit dem Gerhoch sich mehrmals auseinanderzusetzen hat, ist der Bischof Eberhard II. von Bamberg. Hier können wir weder die Lehren Gerhochs und seiner Gegner darstellen, noch gar deren Rechtgläubigkeit prüfen. Es geht um den Häresie-Begriff. Dies Wort kommt nun in der Polemik oft vor, und doch gewinnen wir aus dem sehr umfänglichen Stoff wenig für unser Thema. Manchmal werden die bekämpften Lehren mit denen seit alters verurteilter Häretiker identifiziert, arianisch, sabellianisch, nestorianisch genannt; ein andermal werden sie solchen Lehren nur verglichen, ähnlich oder auch schlimmer als diese geheißen.[47] Oft aber begnügt man sich, von falscher Lehre, *error, perversum dogma* oder dergleichen zu sprechen. Wir sahen schon, daß ein Traktat ›gegen zwei Häresien‹ in zweiter Auflage ›gegen zwei Behauptungen‹ gerichtet wurde. Die Tonart der Polemik schwankt, nicht selten wird man persönlich; dann kann der Gegner ein Narr, aber auch ein Vorläufer des Antichrist genannt werden; gelegentlich zieht man recht unfreundliche Vergleiche aus dem Tierreich – und dann gibt es auch einmal wieder eine sachlichere und höflichere Tonart.[48]

Bei alledem ist deutlich, daß der Vorwurf der Häresie zu den härtesten gehört, und er wird öfter gegen eine Lehre als gegen eine Person gerichtet. Man droht wohl gelegentlich mit Denuntiation beim Papst oder auch beim Kaiser – aber es kommt nicht dazu.[49] Sehr auffallend ist aber, daß in der jahrzehntelangen Polemik Gerhochs gegen Gilbert niemals auf den Spruch des Reimser Konsistoriums 1148 Bezug genommen wird, obwohl Gerhoch ihn ganz gewiß kannte.[50] Dieser Spruch war ja kein Ketzergericht gewesen;[51] immerhin hätte er die Polemik stützen können. Aber auch die Verurteilung Abaelards durch Papst

47) In den 50er Jahren kommt der Häresie-Vorwurf öfter vor als später, doch stets allgemein gefaßt, etwa *nostri temporis dialectici vel potius heretici.* Nov. 4,30 p. 37, oder *Iudei et iudaizantes heretici,* Nov. 16, 10 p. 64 und 18,4 p. 73. [Zusatz im Handexemplar 47,2 p. 116]. In der persönlichen Polemik gegen Gilbert und Petrus von Wien wird dagegen nur indirekt der Häresie-Vorwurf erhoben. Die Briefe der 60er Jahre sind noch vorsichtiger in dieser Hinsicht.

48) Besonders drastische Polemik etwa in dem Brief an Petrus von Wien, Opera inedita I, 357–366 und noch schärfer gegen Folmar von Triefenstein, vgl. die folgende Anmerkung – doch auch hier kein direkter Häresie-Vorwurf.

49) Gerhoch behauptet, Folmar habe ihn beim Kaiser der Häresie bezichtigt: PL 193, 530 f. Ob das wahr ist, sei dahingestellt. Umgekehrt beschuldigt Gerhoch Folmar beim Papst, ohne aber direkt von Häresie zu reden: PL 193, 574 f.

50) Die Reimser Sätze gegen Gilbert sind gerade auch in den österreichischen Bibliotheken öfter überliefert, vgl. PETER CLASSEN, Zur Geschichte der Frühscholastik in Österreich und Bayern, Mitteilungen des Instituts für Österreichische Geschichtsforschung 67 (1959), 249–277 (bes. 261) (= o. S. 279–306, bes. 291); NICOLAS M. HÄRING, Das sogenannte Glaubensbekenntnis des Reimser Konsistoriums von 1148, Scholastik 40 (1965), 55–90 (bes. 74 ff., 86).

51) Das hat Häring in der eben genannten und anderen Arbeiten mit Recht hervorgehoben.

Innozenz II. erwähnt Gerhoch eigenartigerweise nie, obwohl er Bernhard anregt, die Liste der Irrlehren Abaelards noch zu ergänzen.[52]

Charakteristisch für Gerhoch ist nun aber, wie er stets die dogmatischen mit den Fragen des kirchlichen Lebens verknüpft. Seit der frühesten Auseinandersetzung mit den Weltklerikern schienen die ›Schulen‹ verdächtig, die die strengen Forderungen des Evangeliums hinweginterpretierten – in denselben Schulen aber wird ein ›regelloses‹ Leben geführt. So entsteht ein Begriffsgegensatz *scholastice – ecclesiastice*, und dieser wird recht früh auch auf die Formel gebracht *scholae in Francia* einerseits, *ecclesia Romana* andererseits.[53] In den Schulen ohne Regel und Vernunft, *in scholis discolis*, stellen Schüler und Lehrer *questiones indisciplinate* – und das ist der Ursprung irriger Lehren. Zwar lernte Gerhoch in späteren Jahrzehnten, daß es auch unter den Weltklerikern gute und unter den Regularkanonikern schlechte Kirchenmänner gab – aber zu den herbsten Enttäuschungen des 70jährigen zählte es, daß ausgerechnet ein Regularkanoniker-Propst, Folmar von Triefenstein, die schlimmsten christologischen Irrlehren mit den bösartigsten persönlichsten Angriffen gegen Gerhoch verband.

Gerhoch war und blieb ein Einzelgänger ohne Einfluß: auch das unterscheidet ihn grundlegend von Bernhard. Aber er ist ein interessantes Symptom, ein Kritiker und Spiegel seiner Zeit. Er zeigt, wie gregorianisches Denken im zwölften Jahrhundert zur Kritik an der Kirche, in der Kirche wird, und dabei der Häresie-Vorwurf gegen die Mehrheit des Klerus und gerade gegen die ›gregorianisch‹ erscheinenden Bischöfe gerichtet wird – wie aber der Häresie-Vorwurf dann leicht gegen den Urheber gerichtet werden kann.

Gerhoch kennt umfänglichen kanonistischen und patristischen Stoff – ein festes System der Interpretation fehlt ihm ebenso wie ein präziser Begriffs-Apparat, wenn er auch als Philologe und Kritiker Beachtliches leistet. Es wird gut sein, nach Gerhoch auch die Kanonistik zu hören.[54]

Zuvor aber noch eine Ergänzung. Ich bin gebeten worden, mit Gerhoch dessen Umkreis zu erörtern. Sein nächster Anhänger, sein Bruder Arno, hat in seinen z. T. noch ungedruckten Werken zwar manchen originellen Gedanken entwickelt; aber zu unserem Thema bringt er, sehe ich recht, nichts Neues.[55] Das wenige, was wir von Gerhochs

---

52) So in dem von GEORG HÜFFER, Handschriftliche Studien zum Leben des hl. Bernard von Clairvaux, Historisches Jahrbuch 6 (1885), 73–91 und 232–270 (268 ff.) edierten Brief am Schluß, vgl. CLASSEN, Gerhoch, 350.

53) So schon im Dialog von 1130, Lib. 3, 227 und 235, ähnlich später sehr oft.

54) Dazu die Referate von OTHMAR HAGENEDER und HELMUT G. WALTHER, Mediaevalia Lovaniensia Ser. I Stud. IV (1976), 42–103 und 104–143.

55) Einiges in Arnos Scutum canonicorum, PL 194, 1493–1528. Der Apologeticus (herausgegeben von C. WEICHERT, 1888), bewegt sich auf der Linie wie Gerhochs dogmatische Schriften um 1163, vgl. ELIGIUS M. BUYTAERT, The Apologeticus of Arno of Reichersberg, Franciscan Studies, 11, 3/4 (1951), 1–47. Auch das Hexaemeron, das noch ungedruckt ist, bietet für unser Thema nichts Wesentliches, vgl. neben CLASSEN, Gerhoch, 431–434 künftig die noch ungedruckte Dissertation von ISRAEL PERI (Heidelberg, 1973); jetzt in: Jahrbuch des Stiftes Klosterneuburg N. F. 10 (1976), 9–115.

Gegner Petrus von Wien, vielleicht ein Theologe französischer Herkunft, wissen, enthält zwar manche giftige Ironie und Polemik, aber wiederum nichts für den Häresie-Begriff.[56] Dagegen verdient Otto von Freising hier kurze Erwähnung. Er hat wiederholt Gerhoch kritisiert und Gilbert Porreta gegen Gerhoch in Schutz genommen; doch sind seine Schriften darüber verloren. Bekanntlich hat er aber in seinen *Gesta Friderici imperatoris* den Prozeß gegen Gilbert sehr ausführlich erörtert und zum Anlaß genommen, auch Abaelards letzten Prozeß darzustellen.[57] Liest man diese großen Prozeßberichte, so fällt es auf, daß Otto die gelehrten Theologen niemals *heretici* nennt, auch nicht Abaelard, dem er doch deutlich kritisch gegenübersteht. Nur in den wörtlich wiedergegebenen Aktenstükken, der Klageschrift französischer Bischöfe gegen Abaelard und Papst Innozenz' Urteil gegen diesen, fällt das fatale Wort. Offenbar hat Otto weder Abaelard noch Gilbert als Häretiker betrachtet – was nicht bedeutet, daß er alle ihre Lehren billigte. Dagegen erwähnt er im Zusammenhang mit dem Reimser Konzil von 1148 den damals verurteilten Sonderling Eon von Stella mit der Bemerkung, er habe sich bei den Volksmengen die Ehre eines *hereticus* angemaßt – *quidam pene laicus heretici honorem in vaccis populorum affectans.*[58] Offenbar schien ihm Eon so ernst nun wieder nicht zu nehmen zu sein. Im übrigen kennt Otto in der Chronik selbstverständlich die altkirchlichen Häretiker, und in den geschichtstheologischen Periodisierungen sind sie für ihn wie für andere Theologen vor und nach ihm – darunter auch Gerhoch und Bernhard – Kennzeichen einer bestimmten längst vergangenen Epoche, die auf die der blutigen Verfolger und der Märtyrer folgt.

Zuletzt noch ein Wort über Anselm von Havelberg, Gerhochs Zeitgenossen. Er ist Prämonstratenser, steht dem Kaiserhofe nahe, reist mehrmals nach Byzanz. In seinem *Anticimenon* berichtet er von den Streitgesprächen mit den griechischen Theologen in Konstantinopel 1136.[59] Diese öffentlichen Disputationen waren von dem ernsten Willen getragen, einander zu verstehen und zu verständigen. Demgemäß wird von beiden Seiten der Vorwurf der Häresie sorgfältig vermieden: die abweichenden Lehren sind noch nicht ohne weiteres Irrlehren, und Anselm schickt den gut zwölf Jahre nach den Ereignissen niedergeschriebenen Dialogen ein umfängliches Buch *de uniformitate fidei et multiformitate vivendi*[60] voraus: der eine Glaube schließt nicht Unterschiede der Lebensform aus.

---

56) Von Petrus' eigenen Schriften ist nur ein Traktat gegen Gerhoch erhalten, herausgegeben von HEINRICH WEISWEILER, Das wiedergefundene Gutachten des Magister Petrus über die Verherrlichung des Gottessohnes gegen Gerhoch von Reichersberg: Ein Beitrag auch zur Wesensbestimmung der Scholastik, Scholastik 13 (1938), 225–246.

57) Ottonis et Rahewini Gesta Friderici I. Imperatoris, herausgegeben von GEORG WAITZ und BERNHARD V. SIMSON, MGH, Scriptores rerum Germanicarum in usum scholarum, dritte Auflage (Hannoverae-Lipsiae, 1912), S. 67–88.

58) Gesta I, 56, S. 81.

59) MIGNE, PL 188, 1139–1248. Die wesentlich neuere Literatur ist zusammengestellt von JOHANN WILHELM BRAUN, Studien zur Überlieferung der Werke Anselms von Havelberg I.: Die Überlieferung des Anticimenon, Deutsches Archiv 28 (1972). 133–209 (S. 134).

60) Dies der Titel des ersten Buches des Anticimenon.

Das wird an der Vielfalt der Orden des Westens erläutert, und so vorbereitet, kann man auch die Unterschiede zwischen den Kirchen des Ostens und des Westens verstehen, ohne von Häresie zu sprechen. Nur historisch stellt Anselm fest, daß in der Vergangenheit die Römische Kirche immer wieder fest gegen alle Häresien gestanden hat, während Konstantinopel ihnen oft unterlag.[61] Das gilt ihm als wesentlicher Beweis für den besonderen Auftrag und die Autorität der Römischen Kirche. Allein die in der alten Kirche verurteilten Lehren werden hier Häresien genannt. Von den gegenwärtig strittigen Lehren – insbesondere *filioque* und Azymen – wird keine als häretisch bezeichnet. Nur ein Vorwurf bringt die Griechen in den Verdacht der Ketzerei, nämlich daß sie lateinische Konvertiten noch einmal taufen. Wiedertaufe ist aber schon von der alten Kirche als häretisch verurteilt. Indessen machen die Griechen glaubhaft, daß eben dieser Vorwurf zu Unrecht erhoben wird.[62] Anselm wie Otto zeigen eine unverkennbare Vorsicht im Umgang mit dem Begriff der Häresie, der weder theologisch noch juristisch scharf definiert ist, eine Vorsicht, zu der Gerhoch sich selbst im Alter nur mit Mühe durchringen konnte.

61) Anticimenon III, 5 f., PL 188, 1213–1217.
62) Anticimenon III, 21, PL 188, 1246 f.

# Bemerkungen zur Pfalzenforschung am Mittelrhein

Als Wilhelm Berges in seinen Seminarübungen einzelne Pfalzen behandelte und im Anschluß an die dabei gewonnenen Erfahrungen eine umfassende Bearbeitung der Königspfalzen anregte, wurden als Beispiele für die zunächst auszuarbeitenden Entwürfe mittel- und norddeutsche Pfalzen gewählt, die wohl zum Teil auf karolingische Keimzellen zurückgehen, aber doch alle erst in der Ottonen- und Salierzeit zu Königspfalzen aufstiegen und nur zu einem kleinen Teil ihren Rang bis in die Stauferzeit bewahren konnten. Es liegt darum nahe, zu fragen, ob jene Pläne sich auch für diejenigen Pfalzen eignen, die auf altem römischen Kulturboden am Rhein entstanden, in der fränkischen Zeit schon zu Zentren königlicher Waltung wurden und durch das ganze Hochmittelalter, z. T. bis über die Stauferzeit hinaus, vom Königtum behauptet werden konnten.

Die Frage läßt sich definitiv erst beantworten, wenn Probearbeiten über rheinische Pfalzen, etwa Worms oder Ingelheim, abgeschlossen vorliegen. Hier sollen vorläufig nur einzelne Beobachtungen mitgeteilt werden, die sich aus der Untersuchung einzelner Pfalzen nach den Gesichtspunkten, die der Arbeitsplan des Max-Planck-Instituts nennt, ergeben haben. Sie knüpfen an ein Seminar an, das der Verfasser im Wintersemester 1958/ 59 in Mainz gehalten hat und in dem vor allem die Pfalzen Worms, Speyer, Ingelheim und Oppenheim behandelt wurden.[1]

## I. Karolingische Winterpfalzen

Bei den Untersuchungen der Königsitinerare, die ein Rückgrat der Pfalzenforschung bilden, hat man die rein statistische Methode, das Zählen der Königsaufenthalte an einem Orte, oft als unbefriedigend empfunden, weil die Belege zufällig sind, vor allem aber weil sich nur selten die Dauer eines Aufenthaltes erfassen läßt. Hier sind wir aber für die karolingische Zeit in der Lage, wenigstens bestimmte Aufenthalte genauer zu wägen und

---

1) Unter den Beiträgen der Seminarmitglieder sei die überaus fleißige und materialreiche Arbeit von Fräulein cand. phil. INGEBORG HENKE über Worms und Neuhausen hervorgehoben, die mir die Stoffsammlung für die folgenden Bemerkungen wesentlich erleichterte.

eine besondere Funktion einiger Pfalzen zu erfassen, die bisher fast ganz unbeachtet blieb, die Funktion als Winteraufenthalt oder »Winterpfalz«.

Der sog. Astronomus berichtet im ersten, auf den Mönch Adhemar zurückgehenden und die aquitanische Regierung behandelnden Teil seiner Vita Ludwigs des Frommen, der junge König habe, dem Befehl seines Vaters gehorchend, das Königsgut in Aquitanien revindiziert und dabei seine besondere Klugheit bewiesen: *Nam ordinavit qualiter in quatuor locis hiberna transigeret, ut tribus annis exactis quarto demum anno hiematurum se quisque eorum susciperet locus, Theotuacum scilicet palatium, Cassinogilum, Andiacum et Eurogilum. Quae loca quando quartum redigebatur ad annum, sufficientem regio servitio exhibebant expensam.*[2] Die Stelle, die einst A. Dopsch als wichtiges Argument für die aquitanische Lokalisierung des Capitulare de villis heranzog,[3] sagt zweierlei: Bestimmte Pfalzen Aquitaniens erhielten die besondere Funktion, abwechselnd in einem regelmäßigen Turnus den König für die Wintermonate zu beherbergen, und um die Voraussetzungen hierfür zu schaffen, war es notwendig, diese Pfalzen in angemessener Weise mit Königsgut oder bei der Pfalz abzuliefernden Abgaben auszustatten.

Die Quellen über Ludwigs aquitanische Regierung sind so spärlich, daß wir nur für eine der genannten Pfalzen, für Doué (Dép. Maine et Loire), einen Aufenthalt und eine Reichsversammlung des Königs im Winter 813/14 feststellen können.[4] Da aber nach der Behauptung des Astronomus Karl der Große selbst die Anregung für die Revindikation des Reichsgutes gegeben hatte und angeblich sogar eine Maßnahme des Sohnes, den Erlaß des *fodrum*, selbst nachahmte, wird man gleich auf die Frage geführt, ob Karl selbst und die übrigen Herrscher seines Geschlechtes auch Winterpfalzen der genannten Art gekannt haben, die sich mit Hilfe der Urkunden und der Annalen, die regelmäßig Weihnachts- und Osteraufenthalt nennen, sicherer erkennen lassen.[5]

Schon der Fortsetzer Fredegars schließt seine Jahresberichte über die Taten Pippins des Jüngeren und Karlmanns des Älteren immer wieder mit stereotypen Wendungen etwa der Art *cum magno triumpho in Frantia ad propria sede feliciter remeavit* oder ähnlich. Den Feldzügen des Sommers steht das Winterquartier *in Frantia ad propria sede* gegenüber, und wenigstens für einige Jahre können wir diese Quartiere nennen. Pippin wechselte in den Wintern 753/54 und 759/60 seinen Aufenthaltsort und benutzte die beiden letzten Winter seiner Regierung sogar zu Feldzügen gegen Aquitanien, aber eine Reihe bestimmter

---

2) Vita Hludowici (MG. SS. 2) c. 7 S. 610.

3) A. DOPSCH, Wirtschaftsentwicklung der Karolingerzeit 1, ²1921, S. 28–71, bes. 55 ff.; zum Forschungsstand der noch nicht abgeschlossenen Diskussion zuletzt TH. MAYER, Mittelalterliche Studien, 1959, S. 466, und W. METZ, Das karolingische Reichsgut, 1960, S. 77 ff.

4) Annales regni Francorum (hg. von F. KURZE) anno 814 S. 140; Vita Hludowici c. 20 S. 617; cf. Ermoldi Nigelli In honorem Hludowici ... (MG. PL. 2), II, Vs. 93–104 S. 27 (hg. v. E. FARAL Vs. 744–755 S. 58 f.).

5) Die Belege für das Folgende finden sich übersichtlich in den Reg. Imp. (Karolinger) und sind deshalb nicht einzeln aufgeführt.

Winterplätze tritt schon hervor: Longlier (763/64, auch 760 Weihnachten), Corbény (757/58), Gentilly (762/63, auch Anfang 767), vor allem Quierzy (760/61, 761/62, 764/65) und zuletzt Aachen (765/66). Bezeichnenderweise sind es, mit Ausnahme des spät besuchten Aachen, sämtlich Orte im französisch werdenden Sprachgebiet, im Westen des karolingischen Ursprungsgebietes und im Osten des älteren Kerngebietes merowingischer Königsherrschaft.

Die wenigen Urkunden Karlmanns des Jüngeren lassen keine Winterpfalzen erkennen. Karl der Große pflegt in den ersten Regierungsjahren – zunächst in seinem nördlichen Teilreich – die Winter zu teilen: 768/69 bleibt er bis Anfang März in Aachen, geht dann aber zu Ostern nach Rouen, in den folgenden drei Jahren feiert er Ostern regelmäßig in Herstal oder Lüttich, nachdem er das Weihnachtsfest zuvor an einer anderen Pfalz (Düren, Mainz, Attigny) verbracht hat; erst 772/73 und 774/75 weilt er Weihnachten und Ostern am gleichen Ort, einmal in Herstal, das andere Mal in Quierzy, macht aber dazwischen mitten im Winter Abstecher zu anderen Pfalzen. Erst nach dem zehnten Regierungsjahr geht Karl zu ausgedehnten Winteraufenthalten ohne Unterbrechung zwischen den beiden hohen Kirchenfesten über. Die Liste der von ihm gewählten Pfalzen sieht aber ganz anders aus als die seines Vaters: Herstal (778/79, 783/84), Worms (779/80, 789/90, 790/91), Quierzy (781/82), Diedenhofen (782/83), Attigny (785/86), Ingelheim (787/88), Regensburg (791/92, 792/93), Frankfurt (793/94)[6] – und schließlich Rom (800/01). Zwanzig Jahre nach dem ersten dort zugebrachten Winter erst kehrt Karl nach Aachen zurück (788/89), und seit dem Winter 794/95 wird diese Pfalz dann die weit über alle anderen bevorzugte (794/95, 795/96, 796/97, 798/99, 801/02, 802/03, 805 Epiph. bis Ostern, 806/07, 808/09, 809/10,[7] 811/12, 812/13, 813/14). Neben diese dreizehn ganz in Aachen verbrachten Winter treten weitere, in denen Karl einen wesentlichen Teil der ungünstigeren Jahreszeit dort weilte (799 Dez. bis 800 März, 803 Dez. bis ?,[8] 807 Dez. bis 808 Febr.).[9] Die nach Einhards Zeugnis ihrer heilkräftigen Bäder wegen besuchte Pfalz hat jetzt sowohl den früher bevorzugten Maasplatz Herstal als auch die rheinische *civitas* Worms abgelöst. Aber selbst Aachen, so will es scheinen, bedarf von Zeit zu Zeit gleichsam eines Sabbatjahres: mehr als drei bis höchstens vier Winter mutet Karl der Pfalz nicht hintereinander zu. Auch die ältere Gewohnheit, den Winteraufenthaltsort zu teilen, nimmt Karl gelegentlich wieder auf; besonders gern in der Weise, daß er sich zur Fasten- und Osterzeit nach Nimwegen begibt, nachdem er Weihnachten in einer anderen Pfalz gefeiert hat (776/77 Herstal-Nimwegen, 803/04 Aachen-Nimwegen, 805/06 Diedenhofen-Nimwegen, 807/08 Aachen-Nimwegen).

6) Das Weihnachtsfest hatte Karl noch in Würzburg gefeiert, unmittelbar danach war er mainabwärts nach Frankfurt gegangen.

7) Für den Winter 810/11 fehlen alle Belege, da die Reichsannalen um diese Zeit die Angaben über Weihnachts- und Osteraufenthalte aussetzen.

8) Ostern (März 31) in Nimwegen.

9) Danach Nimwegen.

Die Feststellung der Winterpfalzen ist geeignet, verschwommene Ausdrücke wie »Lieblingspfalz« oder ähnliche zu präzisieren und die Pfalzen nach ihren Funktionen einzuordnen. Sehr lehrreich ist etwa für die Zeit Karls der Vergleich der Winterpfalzen mit den für die Reichs- und Heeresversammlungen ausgewählten Orten. Für diesen Zweck wurde die der Reise und Beherbergung vieler Menschen günstigere Jahreszeit bevorzugt, und Orte, die der König für seinen persönlichen Dienst im Winter besonders häufig heranzog, treten hier ganz in den Hintergrund: in Herstal, der nach Aachen am häufigsten besuchten Winterpfalz, und in Nimwegen, der Osterpfalz von 777, 804, 806 und 808, findet nicht eine einzige Reichsversammlung statt, und selbst Aachen sieht nur drei Versammlungen der späten Jahre (797, 811, 812). Die Orte an der Maas und westlich von ihr werden, wie auch für den Winteraufenthalt, nur selten herangezogen: Quierzy (775), Valenciennes (771) und Diedenhofen (806) je einmal. Statt Herstal dient Düren als Versammlungspfalz (775, 779), vor allem ist es der mittelrheinische Raum, in dem sich die Großen des Reiches um den König sammeln, in Ingelheim (788, 807), Mainz (800, 803), Kostheim (gegenüber Mainz, 795), Frankfurt (794) und, mit großem Abstand an der Spitze, Worms (schon Pippin 764, Karl 770, 772, 776, 781, 784, 786, 787, 790). Der Pfalzbrand in Worms im Winter 790/91 hinderte Karl zwar nicht, bis Ostern am Ort zu bleiben, aber seither wurde diese *civitas publica* in beiden Funktionen, als Winterpfalz und als Versammlungspfalz, ganz aufgegeben, bis Ludwig der Fromme seinen Sohn und Mitkaiser Lothar für den Winter 820/21 wieder dorthin schickte und 829, 836, 839 selbst dort Reichsversammlungen abhielt.

Ludwig der Fromme hat Aachen zur fast ständig benutzten Winterpfalz erhoben; in der ersten Hälfte seiner Regierung hat er nur die Winter 822/23 und 823/24 an anderen Orten, in Compiègne und Frankfurt, zugebracht; als er 830 entgegen der Gewohnheit in der Fastenzeit gegen die Bretonen aufbrach, wurde ihm der erste Aufstand der Söhne gemeldet; die beiden nächsten Winter blieb er wieder in Aachen, aber in den Wintern 832/33 und 833/34 hielten ihn die Aufstände fern, 834/35 weilte er abwechselnd in Diedenhofen und Metz, und erst 835/36 konnte er die gewohnten Aachener Aufenthalte wieder aufnehmen. Der Plan, 838/39 in Frankfurt zu überwintern, ließ sich wegen des Aufstandes Ludwigs des Deutschen erst verspätet verwirklichen, und der ungewöhnliche Winteraufenthalt in Poitiers 839/40 ward veranlaßt durch die Empörung Pippins II. von Aquitanien, vorzeitig abgebrochen wegen des erneuten Abfalls Ludwigs des Deutschen. So zeigte sich schon unter Karls Nachfolger, daß die innere Lage des Reiches dem König nicht mehr die freie Wahl der Winterresidenz läßt, ja nicht einmal mehr erlaubt, den ganzen Winter an einem Ort zu verweilen. Lothar I. und Lothar II. haben kaum je noch sich den ganzen Winter in einer Pfalz aufhalten können, unter ihnen werden zudem die Quellen für das Itinerar schon wieder dürftiger. Immerhin weist die Mehrzahl der Belege für den Winter noch immer auf Aachen. Ludwig der Deutsche brachte die Winter, sofern er nicht den Ort wechseln mußte, in Regensburg (850/51, 851/52, 853/54, 859/60) oder Frankfurt (855/56, 872/73, 874/75) zu, Ludwig der Jüngere in Frankfurt (876/77), Arnolf in Regensburg (889/90, 890/

91), aber Bruderkriege und Sohnesempörungen, Normannenkämpfe und Ungarnnot erlaubten immer seltener die monatelange Ruhe des Königs; die Zersplitterung des Königsgutes mag das ihre dazu beigetragen haben, die Könige immer öfter auch im Winter zum Ortswechsel zu zwingen. Die Geschichte bestimmter »Winterpfalzen« endet mit der Karolingerzeit, die Vokabel *hiemare*, auf den König angewandt, verschwindet aus den Annalen. Einen Ansatz für eine feste Residenz schien die Winterpfalz Aachen in den 38 Jahren von 794 bis 832 zu bieten, in denen die Herrscher 33 Winter zumindest teilweise dort zubrachten; die Wende trat unmittelbar darauf ein.

Die Winterpfalzen, von denen der Astronomus spricht, sind keine Erfindung Ludwigs des Frommen, sondern eine zumindest seit Pippin dem Jüngeren bekannte Einrichtung der Karolinger. Ein fester Turnus der Benutzung ist zwar nicht zu beobachten, aber gemessen an der Zahl der insgesamt vorhandenen Königspfalzen ist der Kreis der Winterpfalzen klein, und unzweifelhaft wurde jeder einzelne Winteraufenthalt genau vorbereitet; es war notwendig, daß Gebäude in ausreichender Zahl und in winterfestem Zustand zur Verfügung standen, vor allem mußte die Verpflegung für den Hof bereitstehen, das Königsgut entsprechend organisiert sein. Bis Aachen an die Spitze tritt, ist unter Karl Herstal die bei weitem wichtigste Winterpfalz, es folgt Worms an dritter Stelle, während Diedenhofen, Quierzy und Attigny den König nur je einen ganzen Winter, daneben gelegentlich einen Teil des Winters beherbergen und Ingelheim überhaupt nur einmal im Winter benutzt wird. Sei es, daß Ingelheim nicht ausreichend feste Quartiere bot, die Verpflegung dort knapp war oder ein anderer Grund den Ausschlag gab – auch Ludwig der Fromme ist, so gern er dort im Sommer und Herbst Gesandte empfing oder Versammlungen hielt, nie im Winter in Ingelheim eingekehrt.

Die Verschiebung des Schwergewichtes vom Raum zwischen Maas und Seine unter Pippin auf den Raum zwischen Maas und Rhein unter Karl tritt deutlich hervor. Sie entspricht der Hauptrichtung der Sommerfeldzüge: erst nachdem der Vater ganz Gallien, vor allem Aquitanien, dem Frankenreich zurückgewonnen hatte, konnte der Sohn sich auf die politische Ausdehnung des Reiches rechts des Rheines konzentrieren. In Frankfurt nimmt zum erstenmal das ostrheinische Franken den König für den Winter auf. Nur ganz selten überwintert der König außerhalb des eigentlichen Frankenlandes, geschieht dies aber, so hat es eine besondere Bedeutung. Als Pippin in Bourges 767 ein *palatium* errichten ließ, ein Maifeld abhielt und am Ende des Sommerfeldzuges gegen das westliche und südliche Aquitanien zur Überwinterung nach Bourges, nicht in die Francia, zurückkehrte,[9a] zeigte er damit an, daß er nicht nur einen auswärtigen Feind besiegt, sondern das Land in den eigenen Besitz genommen hatte. Im gleichen Sinne ist die zweimalige Überwinterung Karls des Großen in Regensburg zwei Jahre nach dem Sturz Tassilos zu verstehen; hier konnte die alte Pfalz der Agilolfinger in den Dienst des Königs treten und als Ausgangspunkt für die Awarenfeldzüge dienen. Und auch die Winterlager Karls in

9a) Continuatio Fredegarii (MG. SS. rer. Merov. 2) c. 49 S. 190 f.

Sachsen 784/85 und 797/98 waren nicht nur eine militärische Maßnahme, sondern zugleich Zeichen der Besitzergreifung [Zusatz im Handexemplar: Pavia Rom 780/81; Rom 800/01]: nicht ohne Grund ließ Karl das 797 an der Weser errichtete Lager nach dem Namen der so oft im Winter besuchten Maas-Pfalz »(Neu-)Herstal« nennen.[10]

## II. Civitas publica

Stellt man die für Pfalzorte gebrauchten Termini zusammen, so fällt es auf, daß in Worms datierte Urkunden Karls des Großen die Stadt in der Regel *civitas publica* nennen, freilich in einer sprachlichen Form, die der Interpretation zunächst Schwierigkeiten bereitet.

771  DK 61 S. 90 (Gleichzeitige Kopie): *Actum est Uuarmacia civitate poblici.*
774  DK 82 S. 118 (Chart. saec. XII): *Actum Wormatię civitate publica.*
780  DK 129 S. 180 (Facs. d. Or.): *Actum Uurmasia civitate publica.*
780  DK 130 S. 181 (Or.): *Actum Uurmasia civitate publico.*
829  Osnabrücker UB (hg. von F. Philippi) 1 Nr. 14 S. 11 = Reg. Imp. (Ludwig der Fromme) Nr. 870 S. 342 (Fälschung, echtes Prot., Chart. saec. XV): *Actum Wormacia civitate publica.*
829  Boos, Quellen 1 Nr. 17 S. 10 = Reg. Imp. (Ludwig der Fromme) Nr. 871 S. 342 (Chart. saec. XII): *Actum Vuormatie civitate publica.*

Zu vergleichen ist: 790 DK 164 S. 222 (Kopie saec. X mit saec. XVI/XVII anscheinend richtig korrigierter Ortsangabe): *[Actum Wormace] civitate palatio nostro publico.*[11]

Spätere Karolingerurkunden setzen – wie schon einige Karls des Großen – nur *civitas* zum Namen der Stadt. Da der Ausdruck *civitas publica* außerhalb der Actum-Formel nicht vorkommt, scheinen die angeführten, sprachlich unklaren Formeln zwei Möglichkeiten der Deutung offenzulassen. Entweder ist mit dem aus der Privaturkunde in die karolingische Königsurkunde eingedrungenen *actum*[12] auch das dazugehörige Adverb *publice*, das die Verhandlung vor dem öffentlichen Gericht bezeugt, übernommen worden, obwohl es rechtlich nicht in die Königsurkunde paßt; in diesem Falle wäre es höchst merkwürdig, daß auf deutschem Boden ausschließlich in Worms ausgestellte Urkunden das (sprachlich oft korrumpierte) Wort *publice* kennen. Oder aber man muß das Wort, was zunächst der Sprachform nach bei den ältesten Belegen noch härter zu sein scheint, zu *civitas* ziehen und

---

10) Vgl. die Belege Reg. Imp. (Karl der Große) Nr. 339b S. 151.
11) Daneben wird unter Karl dem Großen einfaches *civitas* gebraucht in DDK 128 S. 179, 150 S. 265, 163 S. 221; in der Nachzeichnung (saec. IX) DK 153 S. 208 *actum Uurmacia palatio nostro*, obwohl die Indiktion in der Datierungszeile interpoliert ist, dürfte kaum ein Anlaß bestehen, das *Actum* zu verdächtigen. Vgl. die Fälschung (saec. IX) DK 154 S. 210.
12) Vgl. H. BRESSLAU, Handbuch der Urkundenlehre 2, 1917/31, S. 454 f.

*civitate publica* »in der Königsstadt« – oder, wie Karl Bosl sagt,[12a] »in der Fiskalstadt« – übersetzen. Für die erste Deutung scheinen einige Parallelen in Privaturkunden zu sprechen[13] (sämtlich in kopialer Überlieferung):

765 Fuldaer UB Nr. 52 S. 73: *Actum Uua[n]giona civitate publice.*
770 Fuldaer UB Nr. 50 S. 85: *Actum Uuangiona civitate publicae.*
784 Trad. Wiz. Nr. 60 S. 65: *Actum Uuagione civitate publice.*

Daß hier wirklich *publice* zu *actum* gehört, zeigt sich besonders deutlich in Urkunden, die derselbe Gerwin, der die letztgenannte Urkunde für Weißenburg ausgefertigt hat, am Ort des Klosters selbst datiert; dort heißt es *actum publice in monasterio Uuizunburg* oder ähnlich;[14] andere Stellen in Privaturkunden sind so häufig, daß der adverbiale Gebrauch von *publice* bei *actum* vom frühen 8. bis weit ins 9. Jahrhundert keines Beweises bedarf.[15] Sobald aber *publice* – in sprachlich nicht selten korrumpierten Formen – neben einen mit dem Prädikat *civitas* (in der Form *civitate* oder gar *civitatis*) ausgezeichneten Ortsnamen trat, konnten Zweifel über die grammatische Beziehung des Wortes als Adverb zu *actum* oder als Adjektiv zu *civitas* auftreten, so nicht nur bei den eben genannten Wormser Urkunden, sondern auch bei anderen aus Ladenburg[16] und Straßburg.[17] Solche Zweifel kommen nicht erst dem modernen Interpreten, sondern haben offenbar schon die Fuldaer Chartularschreiber geplagt, die ein und dieselbe Urkunde aus Straßburg einmal mit *civitate publice*, das andere Mal mit *civitate publica* kopierten[18] oder bei einer Urkunde aus Mainz *civitate publice* zu *civitate publica* korrigierten.[19] Ja, in Mainz scheinen schon die Urkundenschreiber selbst eine Unsicherheit empfunden zu haben. Eine ganze Reihe im dritten Viertel des 8. Jahrhunderts dort ausgefertigter Urkunden hat die Formel *actum Mogontiae civitatis* (oder *civitate*) *publice* (oder *publica*) mit orthographischen Varian-

---

12a) K. BOSL, Dienstrecht und Lehnrecht im deutschen Mittelalter (Vorträge und Forschungen 5, 1960) S. 77; ebenso schon R. KRAFT, Das Reichsgut im Wormsgau, 1934, S. 131.

13) Im folgenden abgekürzt zitiert: Urkundenbuch des Klosters Fulda (hg. von E. E. STENGEL) 1, 1913/58; Traditiones possessionesque Wizenburgenses (hg. von C. ZEUSS, 1842).

14) Trad. Wiz. Nr. 53 S. 57, 94 S. 99, 97 S. 101 u. ö.; vgl. ebenda Nr. 57 S. 61, 58 S. 62, 61 S. 66, 63 S. 69, 66 S. 72 usw.

15) Zahlreiche Belege in Fuldaer, Weißenburger, St. Galler Urkunden usw.

16) Fuldaer UB Nr. 38 S. 66 von 763.

17) Trad. Wiz. Nr. 45 S. 47 von 719, 10 und 11 S. 19 von 739, Fuldaer UB 281 S. 409 von 801; daß der Ausdruck hier uberall adverbial zu verstehen ist, zeigen die eindeutigen Stellen (*actum publice in civitate argentaria* od. ähnl.): Trad. Wiz. Nr. 35 S. 37 von 737, 13 S. 21 von 733, 153 S. 143 von 780, 167 S. 156 von 833/60.

18) Fuldaer UB Nr. 187a und b S. 283 von 791.

19) Fuldaer UB Nr. 59 S. 102 von 772.

ten;[20] der Amanuensis Wolfram, der die Mehrzahl dieser Urkunden ausgefertigt hat, geht dann aber dazu über, im Kontext Örtlichkeiten als *infra* (oder *intus*) *muros Mogontiae civitatis publicae* gelegen zu bezeichnen,[21] und andere Schreiber sagen später, noch im 8. Jahrhundert, einfach *in Mogontia civitate publica*.[22] Hier kann kein Zweifel mehr bleiben, die Mainzer Notare nennen ihre Stadt *civitas publica*. Aber ebenso deutlich ist, daß dieser Name sich auf dem Wege des sprachlichen Mißverständnisses einer älteren Urkundenformel eingeschlichen hat, gerade in der Zeit, da die rechtliche Bedeutung des *actum publice* mit der Auflösung des sog. Gerichtsschreiberwesens verlorenging, wenn auch die Formel vielerorts noch lange lebendig blieb.

Im Gegensatz zu den Privaturkunden setzen nun aber die karolingischen Königsurkunden das Wort *publice* (oder eine orthographische Variante) niemals neben das so oft gebrauchte *actum* mit einfachem Ortsnamen;[23] vielmehr gibt es nur die Verbindungen *civitas publica, vicus publicus, villa publica* oder – am häufigsten – *palatium publicum*. Eine lautlich korrumpierte Form wie *actum Haristallio palatio publicae* setzt kein Adverb, sondern bedeutet genau dasselbe wie *actum Haristalio palatio publico* in einer zwei Jahre jüngeren Urkunde.[24] Infolgedessen sind wir gezwungen, auch die in Worms gegebenen Actum-Formeln mit »verhandelt in der Königsstadt Worms« zu übersetzen. Auch wenn die Verbindung von *civitas* und *publica* – die, wie nochmals betont sei, in Königsurkunden außerhalb der Actum-Zeile nicht vorkommt – zuerst durch ein Mißverständnis des Adverbs aufgekommen war, so war dies doch nur möglich, weil diese Verbindung nicht nur eine Analogie zu der älteren und verbreiteteren *palatium publicum* bildete, sondern auch der Sache entsprach, d. h. weil es ganze *civitates* gab, die in besonderer Weise königlich waren. Aber die Kanzlei ging sehr sparsam mit dem Begriff der »Königsstadt« um.

Nur wenige karolingische Königsurkunden sind in *civitates* ausgestellt, sehr viel häufiger werden die Pfalzorte, denen dies Prädikat nicht zukommt, mit bloßem Ortsnamen oder mit dem Zusatz *palatio publico, palatio nostro, palatio regio* genannt. Selbst der Bischofssitz Lüttich, der keiner römisch-merowingischen *civitas* entspricht, heißt *vicus*

20) Fuldaer UB Nr. 11 S. 17, 24 S. 48, 25 S. 49, 28 S. 53, 37 S. 65, 44 S. 77, 52 S. 88, 55 S. 91, 59 S. 102, 69 S. 126 von 751 bis 775. Das Fuldaer UB berücksichtigt die Unklarheit, indem es die Belege im Register z. T. sowohl unter *civitas publica* als auch unter *publice* (adv.) anführt.

21) Fuldaer UB Nr. 18 S. 36, 29 S. 54, 33 S. 58, 37 S. 67, 41 S. 71 von 752 bis 761.

22) Fuldaer UB Nr. 184 S. 279, 213 S. 313 von 789 bis 794.

23) Nur scheinbar eine Ausnahme bildet DK 143 S. 195 von 782 (Chart. saec. XIII) *haribergo publico ubi Lippia confluit*, denn *haribergo* ist nicht Ortsname, sondern »Herberge«, also »im königlichen Quartier«. – Eine echte Ausnahme dagegen die erste Urkunde Ludwigs des Frommen als Unterkönig von Aquitanien Reg. Imp. (Ludwig der Fromme) Nr. 517 S. 237 von 807, *Tolosae publice*, sofern die von BÖHMER-MÜHLBACHER S. 945 verdächtigte Urkunde echt ist und die Angaben von BRÜHL (wie unten Anm. 35) S. 213 Anm. 299 stimmen.

24) DK 116 S. 163 von 777 und DK 122 S. 171 von 779, beide Or., das erste von Wigbald, das zweite von Optatus.

*publicus*, nicht *civitas*.[25] Auf deutschem Boden sind neben Worms Regensburg und Mainz die einzigen *civitates* unter den Ausstellungsorten,[26] in Frankreich kommen dazu unter Pippin dem Jüngeren Poitiers,[27] in Italien unter Karl dem Großen Pavia, Ivrea, Vicenza;[28] unter den späteren Karolingern ferner Straßburg, Metz, Paris sowie weitere italienische Städte. Als *civitas publica* bezeichnet die Kanzlei jedoch außer Worms nur noch (in drei Urkunden Pippins des Jüngeren) Orléans, die alte Residenz des burgundischen Teilreiches der Merowinger,[29] und (unter Karl dem Großen) die langobardische Königsstadt Pavia[30] – ist es ein Zufall, daß es sich auch bei Worms um eine Stadt handelt, deren Königstradition in vorkarolingische Zeit zurückreicht? Ludwig der Fromme nennt einmal Poitiers, als er dort überwintert, *civitas publica*,[31] unter Ludwig dem Deutschen kommt der neue Name *civitas regia* für Regensburg auf,[32] den Karlmann auch auf Pavia anwendet[33] – zu einer Zeit, da Worms längst nur noch einfach *civitas* heißt.

Mag also der Ausdruck *civitas publica* dem Mißverständnis einer Schreiberformel entsprungen sein, so wird er doch von der Kanzlei durchaus nicht mißverständlich angewandt; die wichtigste aller *civitates* unter den Pfalzorten Karls des Großen wird offenbar bewußt mit einem Prädikat hervorgehoben, das nur selten andere in besonderer Weise dem König dienstbare Städte erhalten, und diese alle, auch Worms, sind schon vor der karolingischen Zeit »Königsstädte« gewesen. Der Umstand, daß der König über fast den gesamten Grundbesitz in Worms verfügte, dürfte mit einer alten Tradition zusammengewirkt haben, um die auffallende Bezeichnung hervorzurufen.

### III. Die Pfalz Neuhausen bei Worms

Selten ist die Frage nach dem Ort einer Pfalz so umstritten und unklar wie in Worms. Zunächst geht es darum, ob man die älteste Pfalz in der Stadt selbst oder vor ihren Toren, in Neuhausen, etwa 1½ km nordwestlich der Stadtmauern, zu suchen hat. Während die lokale Forschung durchweg für Neuhausen eintrat und die jüngste Arbeit über das Cyriakusstift dort nicht nur eine merowingische Pfalz suchte, sondern Neuhausen sogar »während dreier Jahrhunderte... Aufenthaltsort deutscher Kaiser und Könige, die dort

---

25) Reg. Imp. (Lothar I.) Nr. 1164 S. 477 von 854, ebenso schon Annales regni Francorum anno /69 S. 30.
26) DDK 162 S. 220, 165 S. 224, 171 S. 230, 172 S. 231. Nur in den oben Anm. 19 ff. genannten Privaturkunden, aber nie in Königsurkunden, heißt Mainz *civitas publica*.
27) DK 24 S. 33.
28) DDK 111 S. 157, 112 S. 159, 133 S. 184.
29) DDK 21 S. 30, 22 S. 31, 23 S. 32.
30) DK 79 S. 114.
31) Reg. Imp. (Ludwig der Fromme) Nr. 999 S. 407 und 1102 S. 408, anders 1001 S. 408.
32) DDLdDt 48 S. 65; 62 S. 86; 87 S. 125 und öfter.
33) DKarlm 4 S. 290.

pro tempore residierten«, nannte,[34] hat zuletzt C. Brühl die Existenz einer Pfalz vor Heinrich V. kategorisch verneint.[35] Da keine der Arbeiten alle Quellen kritisch geprüft hat, ist eine neue Untersuchung notwendig.

Die Behauptung, König Dagobert – gemeint ist der erste Merowinger dieses Namens – habe in Neuhausen ein *palatium* besessen und an dessen Stelle eine Kirche des hl. Dionysius gestiftet, findet sich zuerst in der sog. jüngeren Wormser Bischofschronik,[36] einer Kompilation vom Ende des 15. Jahrhunderts, von dort hat sie der um 1500 schreibende Kirschgartener Mönch übernommen,[37] und eine Urkunde Kaiser Maximilians, die sich auf »alte Annalen« – entweder die genannte Bischofschronik oder deren verlorene Quellen – beruft, wiederholt sie.[38] Dem scheinen aber andere Nachrichten derselben Chroniken zu widersprechen, die das Neuhausener Stift eine dem hl. Cyriakus vom Bischof Samuel im Jahre 847 geweihte Gründung nennen; im Gegensatz zu der Behauptung von der Dagobert-Stiftung werden sie durch eine Notiz des Codex Laureshamensis bestätigt.[39] Eine dem Anfang des 9. Jahrhunderts entstammende Schenkungsurkunde für Neuhausen hat man kurzerhand als Fälschung verworfen, weil sie in die Zeit vor Samuels Stiftung gehört.[40]

Indessen gibt es nicht den geringsten Grund, diese Urkunde zu verwerfen, sie ist vielmehr das älteste und wichtigste Zeugnis für die Frühgeschichte von Neuhausen,[41] ihre Fassung entspricht großenteils einem Markulf-Formular, das im frühen 9. Jahrhundert

34) Ph. W. Fabry, Das St. Cyriakusstift zu Neuhausen bei Worms (Der Wormsgau, Beiheft 17, 1958) S. 16.

35) C. Brühl, Königspfalz und Bischofsstadt in fränkischer Zeit (Rheinische Vierteljahrsblätter 23, 1958) S. 161–274, S. 263 ff. mit berechtigt scharfer Kritik an Fabry, aber mit neuen Irrtümern.

36) Bei H. Boos, Quellen zur Geschichte der Stadt Worms 3, 1893, S. 6: *Videntur enim Vangiones ipsi in circuitu civitatis in castris et fortaliciis habitasse, ut claret, quod castra fuere, ubi iam collegia constructa sunt. Nam collegium sancti Ciriaci in Hausen fuit pallacium regis, quod Dagobertus rex in honorem sancti Dionisii et sociorum eius consecrari fecit, modo autem in honorem sancti Ciriaci, de quibus clare patet infra sub Samuele* (vgl. a. a. O. S. 23 f.). Zur Bischofschronik vgl. Boos a. a. O. 3 S. XXII ff. Welche Quellen ihr hier zur Verfügung standen, ist unbekannt. Fabry wie Brühl (der S. 263 Anm. 640 »alles auf das Gerede des Kirschgartener Mönchs« zurückführt) haben die Stelle übersehen.

37) Bei Boos 3 S. 24 (mit Benutzung der in der vorigen Anm. genannten Stellen der Bischofschronik); ferner ebenda S. 8 f.: *unde et invenimus in Niuhusen castrum fuisse regum Franciae et aula regia dicebatur.* Über die Quelle vgl. H. Gensicke, Johannes Heydekyn von Sonsbeck der Verfasser der Kirschgartener Chronik (Der Wormsgau 3 H. 2, 1952).

38) Vgl. Fabry S. 14, auch über noch spätere Quellen.,

39) Jüngere Bischofschronik und Kirschgartener Mönch bei Boos 3, 23 f., vgl. Codex Laureshamensis (hg. von K. Glöckner) 1, 1929, S. 308 f.: *ecclesiam b. Ciriaci que appellatur Niuhusen ex fundamentis extruens...*

40) So Fabry 17, während Brühl S. 263 Anm. 641 nur die Erwähnung des hl. Cyriacus als Fälschungsindiz ansieht.

41) Wirtembergisches Urkundenbuch 1, 1849, Nr. 85 S. 98 f. aus Wormser Chartular saec. XII, vgl. Boos, Quellen 2, 1890, S. 715 Nr. 24**.

sehr verbreitet, späteren Fälscherzeiten aber durchaus unbekannt war.[42] Sachlich gehört sie in den Zusammenhang der Ausdehnung des Bistums Worms im Neckarraum.[43] Ein gewisser Adalbold schenkt Güter am mittleren Neckar *ad sanctum Cyriacum martyrem Christi vel ad basilicam sancti Dionysii, ubi sanctus Cyriacus in corpore requiescit, et est in pago Wormatiense prope Wormatiam civitatem super fluvium Primma, ubi venerabilis vir Bernharius episcopus rector praeesse videtur.* Genauere chronologische Merkmale fehlen; die Urkunde beweist aber, daß zur Zeit des Bischofs Bernhar (nachweisbar 799 bis 825)[44] das Cyriakusstift bestand und vom Wormser Bischof geleitet wurde.[45] Sie bestätigt zudem das sonst nur aus den verdächtigen Quellen des 15. Jahrhunderts bekannte, ältere Dionysius-Patrozinium und läßt diese damit erheblich an Vertrauenswürdigkeit gewinnen. Das Patrozinium deutet auf Zusammenhänge mit dem Pariser Raum und auf eine Entstehung im 7. oder 8. Jahrhundert;[46] die Gründung durch einen merowingischen König, sei es Dagobert I., ein anderer Dagobert oder ein Träger eines ganz anderen Namens, ist zwar nicht erweisbar, aber durchaus möglich.[47] Das Datum der Cyriakus-Translation ist nicht überliefert,[47a] sie hat jedenfalls stattgefunden, bevor Bischof Samuel, der Überlieferung nach im Jahre 847, das Stift *ex fundamentis* neu aufbaute. Damals scheint erst der Name Neuhausen aufgekommen zu sein; das Stift erfuhr dann auch die Gunst verschiedener Könige,[48] aber Pfalzfunktionen übte es nicht aus.

42) Markulf II 3 (MG. Formulae, hg. von K. ZEUMER, S. 74 ff.); vgl. H. ZATSCHEK, Die Benützung der Formulae Marculfi und anderer Formularsammlungen in den Privaturkunden des 8. bis 10. Jahrhunderts (MIÖG 42, 1927), der die Neuhäuser Urkunde nicht erwähnt.

43) Vgl. H. BÜTTNER, Das Bistum Worms und der Neckarraum während des Früh- und Hochmittelalters (Archiv für mittelrheinische Kirchengeschichte 10, 1958) S. 19 und A. SEILER, Studien zu den Anfängen der Pfarrei- und Landdekanatsorganisation etc., 1959, S. 46, die die Urkunde mit Recht als echt verwerten.

44) Sein (unmittelbarer?) Vorgänger war 793 gestorben, der Nachfolger Folcwich ist zuerst 826 nachweisbar, vgl. A. HAUCK, Kirchengeschichte Deutschlands 2, ⁴1912, S. 810. 793 bis 826 sind also die äußersten Grenzen für die Datierung der Urkunde.

45) Um eine Stiftskirche oder ein Kloster muß es sich handeln, da der Bischof als *rector* bezeichnet wird. Anders BRÜHL S. 263.

46) An das späte 7. oder das 8. Jahrhundert denkt H. BÜTTNER, Zur Stadtentwicklung von Worms im Früh- und Hochmittelalter (Aus Geschichte und Landeskunde, Festschrift F. STEINBACH, 1960) S. 392.

47) Auch E. EWIG, Trier im Merowingerreich, 1954, S. 161 Anm. 76 bezweifelt nicht die Gründung durch Dagobert I.

47a) Die Angabe von FABRY S. 19 Anm. 52, Samuel habe die Reliquien nach Neuhausen überführt, kann sich auf keine Quellen stützen. Das Lexikon für Theologie und Kirche 3, ²1959, S. 118 gibt 874 (Druckfehler statt 847?) als Translationsjahr an, jedenfalls zu spät. Mit Recht läßt die Frage offen VILLINGER (wie Anm. 56) S. 34 ff., der die Nachrichten über die Reliquien zusammenstellt.

48) Vgl. BRÜHL S. 265; doch dürfte Neuhausen, dessen Stiftsarchiv im Bauernkrieg verlorenging und von dem aus älterer Zeit nur die durch das Bistum überlieferten Urkunden erhalten sind, mehr königliche Schenkungen erhalten haben, als sich heute erweisen lassen, darunter z. B. den von FABRY S. 174 angeführten Besitz in Ingelheim.

Nur ein Kaiser des 12. Jahrhunderts, Heinrich V., läßt sich mit Sicherheit in Neuhausen nachweisen. Heinrichs Kanzler, Adalbert von Saarbrücken, seit 1109 Erzbischof von Mainz, war Propst von Neuhausen, und offenbar war es sein Stift, in das der Kaiser 1111 krank einkehren mußte und in dem er dann von den Wormser Bürgern überfallen wurde.[49] Im Konflikt mit dem Erzbischof beschuldigte der Kaiser später diesen, den Überfall angezettelt zu haben;[50] er legte bei Neuhausen eine Befestigung an, die ihm in den territorialen Auseinandersetzungen am Mittelrhein mit dem Mainzer Erzbischof, dem Wormser Bischof und der Stadt Worms als Stützpunkt dienen sollte.[51] Bald nach Abschluß des Wormser Konkordates, im März und Mai 1123, urkundete Heinrich zweimal bei Neuhausen, offenbar in der neu angelegten Burg.[52] Im August 1124 zerstörten die von Herzog Friedrich von Schwaben, dem Neffen und langjährigen Helfer des Kaisers in der rheinischen Territorialpolitik, unterstützten Wormser Bürger die neuen Anlagen; Heinrich brach darauf den eben erst angetretenen Feldzug gegen Frankreich ab und belagerte Worms, das sich gegen eine Bußzahlung freikaufte.[53] Sein Lager schlug er wieder bei Neuhausen auf.

Beim Bericht über diese Ereignisse nennt Otto von Freising die von den Wormsern zerstörte Anlage das *palatium suum* (sc. *imperatoris*) *extra muros positum*, während andere Quellen nur von einer *munitio* sprechen.[54] Es kann aber keinem Zweifel unterliegen, daß es hier nicht um eine alte Pfalz, sondern um eine neue Burg geht, wie deren viele in diesen Jahrzehnten im Rheingebiet errichtet wurden; es sei nur an Oppenheim erinnert.[55] Nicht nur der Kaiser, sondern auch die Bischöfe und andere Herren suchten damals ihre Positionen durch Burgenbau zu stärken. Die Reichsburg Neuhausen lag wohl bei dem Stift, vielleicht auf dessen Territorium, und es ist nicht ausgeschlossen, daß Heinrich dem Stift gegenüber alte königliche Rechte geltend machte. Zum neuen Ausbau der Burg scheint Heinrich V. nicht mehr gekommen zu sein; wenige Monate nachdem er von

49) Vgl. die Quellen bei G. MEYER V. KNONAU, Jahrbücher des deutschen Reiches unter Heinrich IV. und Heinrich V. 6, 1907, S. 213 f. Die Quellen nennen Neuhausen nicht ausdrücklich.

50) A. a. O. S. 214 Anm. 168, 261 f.

51) Die Befestigung wird in den Quellen erst anläßlich der Ereignisse von 1124 genannt, war damals wohl auch noch nicht sehr stark, vielleicht noch im Aufbau, dürfte aber doch in ihren Ursprüngen auf die Zeit nach 1111 zurückgehen.

52) STUMPF Nr. 3189 und 3191 S. 271, vgl. Jahrbücher 7, 1909, S. 244 f. Die zweite Urkunde nennt zahlreiche Fürsten als Zeugen, die mit dem Kaiser bei Neuhausen waren.

53) Jahrbücher 7 S. 280 ff.

54) Ottonis episcopi Frisingensis Chronica (hg. von A. HOFMEISTER) VII c. 16 S. 332; dagegen Chronica regia Coloniensis (hg. von G. WAITZ) anno 1124 (= Annales Patherbrunnenses) S. 62: *munitionem in Nuehuson … edificat* (danach erst 1124!).

55) Vgl. Jahrbücher 7 S. 84; dazu H. BÜTTNER, Die Anfänge der Stadt Oppenheim (Archiv für hessische Geschichte NF 24, 1951) bes. S. 22 ff.; E. STEPHAN, Die alte Stadt Oppenheim; ihre Baugeschichte seit den Anfängen (Der Wormsgau 3 H. 4, 1954/55) bes. S. 160. Grundlegend für die gesamte Territorialpolitik am Mittelrhein: H. WERLE, Das Erbe des salischen Hauses, Diss. Mainz 1952, Maschinenschr.

Neuhausen aus die Kapitulation der Wormser erzwungen hatte, starb er, und weder sein sächsischer Nachfolger noch seine staufischen Erben haben auf die Position von Neuhausen zurückgegriffen. Befestigungen des Klosters, die vielleicht auf die Reichsburg zurückgehen, spielen in Auseinandersetzungen des Stiftes mit der Stadt im 13. Jahrhundert eine Rolle;[56] und man darf wohl vor rund dreißig Jahren ausgegrabene Mauerreste an der Stelle des späteren Klosters Liebenau mit dem 1289 zerstörten und dann vom Stift Neuhausen veräußerten »Taubenhaus«, eben jenen alten Klosterbefestigungen, in Zusammenhang bringen.[57] Das Stift Neuhausen aber blieb bischöfliches Stift, an dem die Kaiser gewisse Rechte, vor allem ein Kanonikat,[58] innehatten, das aber nie mehr Pfalzfunktionen wahrnahm. Die Sitzung der Reichssynode von Pfingsten 1153, die den Erzbischof Heinrich von Mainz absetzte, soll nach einer Quelle des folgenden Jahrhunderts in Neuhausen zusammengetreten sein, während die zeitgenössischen Quellen Worms nennen[59] – dies ist der letzte Aufenthalt eines Königs am Ort, der aber dabei kaum noch durch Beherbergung des Königs Pfalzfunktionen ausübte.

Zusammenfassend dürfen wir sagen, daß die Geschichte der Reichsburg Neuhausen eine Episode der Zeit Heinrichs V. ist, während sich über die Frage, ob das Stift Neuhausen auf einen merowingischen Königshof zurückgeht, bisher keine endgültige Klarheit gewinnen läßt. Der einzige Punkt, an dem sich die späten Nachrichten kontrollieren lassen, das Dionysius-Patrozinium, wird durch eine Urkunde des frühen neunten Jahrhunderts bestätigt. Die allgemeinen Bedenken, die C. Brühl geltend gemacht hat, schlagen nicht durch. Zunächst ist seine Alternative, Klosterpfalz vor der Stadt oder Stadtpfalz, die von Untersuchungen des Itinerars Karls des Kahlen ausgeht, für die Merowingerzeit falsch gestellt. Daran, daß die merowingischen Könige Pfalzen in den *civitates* gehabt haben, zweifelt niemand. Aber ebenso sicher ist es, daß sie gleichzeitig Königshöfe und große Pfalzen vor den Städten bewohnt haben; man braucht nur an die zahlreichen Höfe im Bereich von Paris, an der Spitze das gerade seit Dagobert I. hochbe-

---

56) Vgl. Boos, Quellen 1 Nr. 203 S. 142 f., a. a. O. 3 S. 49. Vgl. die Zusammenstellung von Quellen zur Stiftsgeschichte bei C. J. H. VILLINGER, Beiträge zur Geschichte des St. Cyriakusstiftes zu Neuhausen in Worms (Der Wormsgau, Beiheft 15, 1955) S. 76 ff.

57) Vgl. Boos, Quellen 1 Nr. 442, 445, 449 S. 202 ff. und die Grabungsberichte mit Skizzen von F. M. ILLERT, Die Ausgrabungen im Liebenauer Klostergebiet (Der Wormsgau 1 H. 9, 1932) S. 354 ff. und DERS., Umrisse zur Geschichte der Wormser Königspfalz (ebenda 2 H. 3, 1938) S. 112 über Grabungen im Stiftsgelände (mit Lageplan). Die älteste Zeichnung des Stiftes (von 1620) reproduziert VILLINGER, Tafel 1, danach der Plan ebenda Tafel 18.

58) Vgl. FABRY S. 15 f., 64 f.; BRÜHL S. 265 Anm. 652.

59) Christiani archiepiscopi Liber de calamitate ecclesiae Moguntinae (MG. SS. 25) S. 241; vgl. H. SIMONSFELD, Jahrbücher des deutschen Reiches unter Friedrich I., 1908, S. 180 mit den übrigen Quellen. Nach einer unkontrollierbaren Behauptung des 19. Jahrhunderts soll Barbarossa 1153 die Wiederherstellung der zerstörten Kaiserburg befohlen haben, vgl. E. KRANZBÜHLER, Worms und die Heldensage, 1930, S. 37. Sofern etwas Richtiges an der Nachricht ist, kann es sich nur um Neuhausen, nicht um die Stadtpfalz handeln, wie KRANZBÜHLER annimmt, der S. 213 Anm. 75 die oben Anm. 54 angeführte Stelle Ottos von Freising übersieht.

deutende Clichy, »das Aachen der Merowingerzeit« (Ewig), zu erinnern.[60] Falsch sind auch die grundsätzlichen Einwände gegen eine politische Wirksamkeit Dagoberts am Mittelrhein. Daß der sogenannte Fredegar, der, wie immer man die Verfasserfrage der Chronik lösen will, unbestreitbar aus burgundischem Gesichtskreis schreibt,[61] nichts davon berichtet, ist ein schwaches argumentum ex silentio. Wenn das Rheingebiet am Rande des Blickfeldes unserer wichtigsten Schriftquellen der Merowingerzeit gelegen war und selbst gar keine erzählenden Quellen hervorgebracht hat, braucht es darum noch nicht dem politischen Blick der Könige entschwunden zu sein. Wir wissen, daß Dagobert, wie vor ihm die ausdrücklich in Worms bezeugte Brunichild, eine intensive Ostpolitik trieb,[62] die bis Thüringen und Böhmen ausgriff; wir wissen, daß er auf einem Feldzug bei Mainz den Rhein überschritt,[63] daß er die Alemannen in seine Ostpolitik einbezog,[64] daß er dem Bistum Worms Immunität verlieh[65] und höchstwahrscheinlich das Ausgreifen des Bistums Worms in den alemannischen Neckarraum begünstigte.[66] Für die Ostpolitik brauchte Dagobert eine Basis am Rhein, und Worms war dabei unzweifelhaft eine wichtige Stütze,[66a] auch wenn sich Aufenthalte des Königs in und bei der Stadt aus Quellenmangel nicht nachweisen lassen. Eine endgültige Lösung der Frage, ob Neuhausen auf eine merowingische Anlage zurückgeht, wird, wenn überhaupt, nur von archäologischer Seite gegeben werden können.[67] Und hier gestattet der bisherige Forschungsstand keine eindeutige Aussage. Im Neuhausener Bereich sind Einzelfunde aus der Jungsteinzeit und Bronzezeit und Brandgräber aus der älteren Eisenzeit aufgedeckt worden; aber fränkische Reihengräber sind bisher nur einerseits nördlich Hochheim, andererseits vor den Toren des alten Worms an der Straße nach Neuhausen gefunden worden, nicht dagegen in oder bei

---

60) Vgl. E. Ewig, Die fränkischen Teilreiche im 7. Jahrhundert (Trierer Zeitschrift 22, 1954) S. 93; M. Roblin, Le terroir de Paris aux époques gallo-romaine et franque; peuplement et défrichement dans la *civitas* des *Parisii* (Seine, Seine et Oise), 1951.

61) Vgl. zuletzt die Einleitung zu der zweisprachigen Ausgabe von J. M. Wallace-Hadrill, The Fourth Book of the Chronicle of Fredegar with its continuations, 1960, dazu die Anzeige von P. Classen in der HZ 193, 1961, S. 111 ff.

62) Vgl. W. Fritze, Untersuchungen zur frühslavischen und frühfränkischen Geschichte, Diss. Marburg 1952, Maschinenschr.

63) Chronicarum quae dicuntur Fredegarii scholastici libri IV (MG. SS. rer. Merov. 2) IV c. 74 S. 158.

64) Fredegar IV c. 68 S. 154 f.

65) Zu dem gefälschten Privileg MG. D. reg. Franc. e stirpe Merow. (hg. von K. Pertz) Spur. Nr. 21 S. 139 = Boos, Quellen 1 Nr. 1 S. 1 f. und der leicht verfälschten Bestätigung Pippins DK 20 S. 28 f. vgl. J. Lechner, Die älteren Königsurkunden für das Bisthum Worms und die Begründung der bischöflichen Fürstenmacht (MIÖG 22, 1901) S. 364 ff., 383 f.

66) Vgl. H. Büttner, Archiv für mittelalterliche Kirchengeschichte 10, 1958, bes. S. 12, mit weiterer Literatur. Vgl. auch E. Ewig, Trierer Zeitschrift 22, 1954, S. 114.

67) Über bisherige Grabungen in Neuhausen und Liebenau vgl. oben Anm. 57.

Neuhausen selbst.[68] Das ohnehin bedenkliche argumentum ex silentio auf Grund einer archäologischen Fundlücke ist jedoch nicht zulässig; denn im Jahre 1818 wurden in Neuhausen 16 römische Sarkophage gefunden, deren einer ein fränkisch gedeutetes Ornament am Deckel trägt und damit auf eine Wiederbenutzung in fränkischer Zeit weist. Ein sicherer Schluß auf aufwendige Bestattungen in Neuhausen in fränkischer Zeit ist aber auch nicht möglich, da man in Worms die erneute Benutzung fränkischer Särge im 10./ 12. Jahrhundert nachgewiesen hat und es infolgedessen offen bleiben muß, ob die Särge erst in jener Zeit nach Neuhausen kamen.[68a]

## IV. Wo lag die Wormser Königspfalz?

Neuhausen ist nicht der einzige Platz des Wormser Bereiches, der zumindest teilweise im unmittelbaren Dienst des Königs stand. In Bürstadt, etwa 6 km östlich der Stadt, auf halbem Weg nach dem Königskloster Lorsch, hatte Ludwig der Deutsche eine *villa*, in der er sich nicht nur 861 vorübergehend aufhielt, sondern auch 870 die *dies letaniarum* und das Pfingstfest feierte und 873 sogar eine Reichsversammlung abhielt, die der allgemeinen Rechtsprechung und im besonderen der Versöhnung mit den aufständischen Königssöhnen dienen sollte.[69] Man wird dabei daran erinnert, daß schon Karl der Große 795 eine Reichsversammlung nach Kostheim *in suburbium Mogontiacensis urbis* jenseits des Rheines einberief[70] und Ludwig der Fromme die Rheininseln bei Ingelheim nicht nur als Jagdplatz benutzte,[71] sondern dort auch Aufnahme während seines letzten Krankenlagers fand – er ließ dort *habitacula aestiva atque expeditionalia*, also Zelte oder leichte

---

68) Vgl. G. WIESENTHAL, Das Wormser Stadtgebiet in vor- und frühgeschichtlicher Zeit mit einer archäologischen Siedlungskarte (Der Wormsgau 2 H. 4, 1939) mit weiterer Lit. (berücksichtigt auch die nähere Umgebung von Worms, darunter Neuhausen); für das Stadtgebiet selbst, ohne die Umgebung, ist ausführlicher: G. ILLERT, Skizze der Entwicklung der Stadt Worms von der vorgeschichtlichen Zeit bis zum Hochmittelalter (Der Wormsgau 3 H. 4, 1954/55) mit Fundkarten.
68a) Sowohl den Hinweis auf die Neuhausener Sarkophage wie die Interpretation verdanke ich einem liebenswürdigen Schreiben von Herrn Dr. Wolfgang Heß, Worms, vom 14. 9. 1961, dem auch an dieser Stelle besonders gedankt sei. Über die Sarkophage vgl. A. WECKERLING, Die römische Abteilung des Paulusmuseums der Stadt Worms 1, 1885, S. 23 und 58 f.; E. WÖRNER, Kunstdenkmäler im Großherzogtum Hessen, Kreis Worms, 1887, S. 104 mit Angabe der älteren Literatur.
69) Reg. Imp. (Ludwig der Deutsche) Nr. 1446 S. 613, 1478a u. b S. 626 f., 1493b S. 634 f. Als Ort zweier Reichsversammlungen des Jahres 984 im Streit um die Nachfolge Ottos II. nennt Thietmar (hg. von R. HOLTZMANN) IV c. 4 und 8 S. 134 f. und 140 die Bürstädter Wiesen, ohne einen Königshof zu erwähnen. 995 urkundet Otto III. dort: DO III 145 S. 556.
70) Annales regni Francorum anno 795 S. 96.
71) Ermoldus Nigellus (MG. PL. 2) IV Vs. 485 ff. S. 71 f. (= hg. v. E. FARAL Vs. 2366 ff. S. 180), wo aber keine Bauten erwähnt werden. S. K. HAUCK, Tiergärten im Pfalzbereich, in: Deutsche Königspfalzen 1, Göttingen 1963, S. 43 mit Anm. 81 ff.

Holzbauten, aufschlagen.[72] Wenn Heinrich V. auf der »Laubwiese« am Rhein bei Worms 1122 den folgenschweren Vertrag mit den Legaten des Papstes abschloß,[73] so ist freilich weniger an einen festen Hof des Königs zu denken, als vielmehr an einen großen freien Platz, der für ein feierliches Zeremoniell besonders hergerichtet wurde, ähnlich wie Barbarossa 1184 für das »große Fest« in Mainz Rheininseln und Uferebene bei Kostheim für eine Zeltstadt und Turnierplätze bereiten ließ.[74] Der Rhein bildete dabei immer wieder ein Verkehrsmittel, kein Verkehrshindernis, und so muß es auch offenbleiben, auf welcher Rheinseite die bisher nicht sicher lokalisierte Laubwiese bei Worms gelegen hat.[75]

Nicht immer, wenn Annalen und Chroniken oder Urkunden den Königsaufenthalt in der *civitas* nennen, ist die Stadt selbst Schauplatz der Ereignisse, nicht selten sind es die zugehörigen Orte vor der Stadt.[76] Dennoch kann kein Zweifel daran bestehen, daß es eine Pfalz in Worms gegeben hat. Die *civitas publica* Worms ist einer der meistbesuchten Pfalzorte das gesamte Mittelalter hindurch. Die römische *civitas Vangionum* war trotz aller jüngst vorgebrachten Zweifel höchstwahrscheinlich schon Mittelpunkt des rheinischen Burgunderreiches.[77] Königin Brunichild und ihre Urenkel sind die einzigen sicher in Worms nachweisbaren Mitglieder des Merowingerhauses, höchstwahrscheinlich aber nicht die einzigen, die sich dort aufgehalten haben.[78] Mit Pippin dem Jüngeren setzt die Reihe der fränkischen und deutschen Könige ein, die fast ohne Ausnahme[79] Worms besucht, dort Reichstage abgehalten und oft längere Zeit residiert haben. Nach Karl dem Großen, unter dem Worms eine wichtige Winterpfalz und die mit Abstand überhaupt wichtigste Versammlungspfalz war,[80] erreicht die Stadt unter den Saliern ihren zweiten Höhepunkt. Heinrich IV. macht sie 1073, nachdem die Bürger den Bischof vertrieben haben, zur *sedes*

---

72) Vita Hludovici imperatoris (MG. SS. 2) c. 62 S. 647. Reg. Imp. (Ludwig der Fromme) Nr. 1014 a–c S. 411 f.

73) Hauptquelle Gerhoch von Reichersberg, De investigatione Antichristi (MG. Lib. de lite 3) I c. 28 S. 338: *collecta curia in loco qui Lobwise dicitur*; vgl. die Datierung von STUMPF Nr. 3182 S. 270, dazu Jahrbücher 7 S. 206. Die übrigen Quellen geben nur die allgemeinere Ortsangabe Worms.

74) Vgl. W. v. GIESEBRECHT – B. v. SIMSON, Geschichte der deutschen Kaiserzeit 6, 1895, S. 63 ff., 600 ff.

75) Vgl. KRANZBÜHLER (wie oben Anm. 59) S. 29 ff., der den Platz linksrheinisch sucht.

76) Vgl. oben Anm. 73 und bei Anm. 59 sowie instruktive Beispiele bei BRÜHL S. 170.

77) Vgl. P. WACKWITZ, Gab es ein Burgunderreich in Worms? Diss. Freie Univ. Berlin 1956, Maschinenschr., Autorenreferat in Wormsgau 3 H. 6, 1957; W. läßt die Frage offen, zeigt aber, daß jede andere Lokalisierung größere Schwierigkeiten macht.

78) Fredegar IV c. 40 S. 140, vgl. oben S. 488.

79) Die einzigen nicht in Worms nachweisbaren Könige sind Ludwig das Kind und Konrad I. – vielleicht nur aus Quellenmangel. I. HENKE in der oben Anm. 1 genannten Seminararbeit stellt etwa 215 Königsaufenthalte bis zu Albrecht I. zusammen – da sich bei zeitlich nahe aneinander liegenden Belegen nicht immer sagen läßt, ob ein längerer oder mehrere kürzere Aufenthalte vorliegen, hat die Ziffer nur Annäherungswert.

80) Vgl. oben S. 477 f.

*belli* und *arx regni*, wie Lampert von Hersfeld sagt,[81] er residiert in Worms auf Kosten der Güter des flüchtigen Bischofs; die Auslieferung von Worms ist darum eine der Hauptbedingungen, die die Fürstenopposition in Tribur ihm 1076 stellt.[82] Heinrich zieht sich nach Speyer zurück, das nun seine bevorzugte Residenz am Rhein wird.

Trotz dieser überaus hohen Zahl von Königsbesuchen nennen die Quellen, den Ausdruck *civitas* bevorzugend, nur ganz selten ein *palatium*. Mehrmals ist es unter Karl dem Großen bezeugt, bis es im Winter 790/91 abbrennt.[83] Dann gibt es im 9. und 10. Jahrhundert je einen Beleg für die Existenz eines *palatium*, und erst im 13. Jahrhundert hören wir dann wieder von der – nun eindeutig bischöflichen – Pfalz. Infolgedessen hat auch die Frage nach der Lokalisierung der Pfalz bisher keine eindeutige Lösung gefunden. Außer Neuhausen sind es allein fünf Plätze innerhalb der Stadt, die für die Pfalz in Anspruch genommen worden sind.[84]

1. Der 1689 abgebrannte Bischofshof im Nordwesten des Domes, der durch zwei Pforten unmittelbar mit dem Laurentius-Chor des Domes verbunden war.

2. Die Grafenburg der Salier im Nordosten der Stadt, an deren Stelle Bischof Burkhard nach 1002 das St.-Pauls-Stift errichten ließ.

3. Die 1689 vernichtete Neue Münze am Markt, an deren Stelle heute die Dreifaltigkeitskirche steht.

4. Die Stelle des 1899 abgerissenen Pfalzgrafenhofes, Ecke Rheinstraße und Römerstraße, wo nach Kranzbühler die älteste Münze zu suchen ist.[85]

5. Ludwig der Deutsche soll außerhalb der wohl erst nach seiner Zeit entstandenen mittelalterlichen Mauer vor der späteren Leonhardspforte im Süden der Stadt (innerhalb des alten römischen Mauerringes) eine Pfalz errichtet haben.

Daß die Könige zumindest seit der Salierzeit im Palast des Bischofs abstiegen, dürfte nach Analogie zahlreicher anderer Bischofsstädte kaum einem Zweifel unterliegen; man darf gewiß nach der politischen und topographischen Situation der Stadt schon für die Zeit Heinrichs II. und Bischof Burkhards I. annehmen, daß es neben der bischöflichen Pfalz keinen weiteren Sitz eines Stadtherrn gegeben hat.[85a] Damit ist freilich noch nicht gesagt, ob die ständig vom Bischof und gelegentlich vom König benutzte Pfalz ursprünglich königliches oder bischöfliches Eigen war; die Tatsache, daß Heinrich (VII.) 1234 die *curia* als königliches Lehen bezeichnet, ist zunächst eine Rechtskonstruktion, die nichts über die

81) Annales (hg. von HOLDER-EGGER) S. 169, vgl. S. 282.

82) A. a. O. S. 282.

83) Vgl. die Quellenstellen bei BRÜHL S. 262.

84) S. Plan 1. Zum folgenden vgl. KRANZBÜHLER (wie Anm. 59) S. 33–37 mit weiterer Lit.

85) KRANZBÜHLER S. 35; die Begründung hat K. nicht mehr geben können; vielleicht hatte er Chronicon Wormatiense anno 1226, BOOS, Quellen 3 S. 167, im Auge, wo die Münze beim Dominikanerkloster bezeugt ist. Pfalzgräflich war der Hof nach K. erst im 16. Jahrhundert. Vgl. auch GENSICKE (wie unten Anm. 91a) S. 51 mit Anm. 59 mit weiteren Belegen für die Münze.

85a) Über die Stadtentwicklung von Worms vgl. jetzt H. BÜTTNER (wie Anm. 46).

Genesis der Rechtsverhältnisse aussagt.[86] Aber eine bisher gar nicht in die Diskussion gezogene Urkunde, die Bischof Anno zwischen 962 und 979 ausgestellt hat, gibt ein wichtiges Indiz: *actum Wormatie palatio publico coram frequentia populorum.*[87] *Palatium publicum* kann auch in der Ottonenzeit nichts anderes als Königspfalz heißen; wenn der Bischof dort eine Rechtshandlung *coram frequentia populorum* vollzog, so liegt der Schluß nahe, daß er damals in der Königspfalz residierte. Wahrscheinlich war es die Pfalz auf dem Domhügel, die nun dem König und dem Bischof diente; möglicherweise fand jene Handlung bereits an der Stelle statt, wo später »vor der Stiege« des Bischofshofes Recht gesprochen wurde.[88] Vielleicht lag die Pfalz aber auch bei der *domus nova civium* (d. h. der Neuen Münze), wo der Kirschgartener Mönch die karolingische Pfalz lokalisiert.[88a] Die an sich erwägenswerte Möglichkeit, daß die Ottonen in Worms die Burg der ihnen verwandten Salier in Anspruch genommen haben, dürfte durch diese Urkunde ausgeschlossen werden; denn bei dem scharfen Gegensatz zwischen den salischen Grafen und den Bischöfen ist es undenkbar, daß etwa der Bischof in der Grafenburg geurkundet habe.

Wenn wir so die Identität von Königs- und Bischofspfalz bis in die Ottonenzeit zurückführen können, ist aber der Platz des karolingischen *palatium* noch nicht festgelegt.

Es ist zunächst daran zu erinnern, daß die *civitas publica* zur Zeit Karls des Großen fast ganz im königlichen Besitz war. In einer solchen Stadt hat der König gewiß nicht nur ein *palatium* in des Wortes engerer Bedeutung, einen Palast, sondern auch Wirtschafts- und Nebengebäude der verschiedensten Art gehabt, die sowohl außer- wie innerhalb der Mauern gelegen haben können. Wenn später einzelne Gebäude die Erinnerung an königliche Rechte bewahren, so kann es sich um der Pfalz zugeordnete oder ihr unmittelbar

---

86) Anders Kranzbühler S. 36 f., dagegen unten S. 496 f.

87) Wirtembergisches Urkundenbuch 1 Nr. 183 S. 212 f., zum Inhalt der Urkunde Büttner, Archiv für mittelrheinische Kirchengeschichte 10, 1958, S. 20 Anm. 51 und Seiler (wie Anm. 43) S. 46 u. 133. Das Datum ergibt sich aus der Amtszeit Annos und der Erwähnung des Kaisers Otto. Da die Urkunde bei Boos fehlt, wurde sie von der Wormser Forschung bisher außer acht gelassen; sie gibt den einzigen Beleg für das *palatium* in Worms im 10. Jahrhundert.

88) Über den Bischofshof vgl. E. Kranzbühler, Verschwundene Wormser Bauten, 1905, S. 116 ff. mit alten Zeichnungen und Plänen; Ders. (wie Anm. 59) S. 35 ff., 95 ff. mit Tafeln III (Lageplan der Umgebung des Doms und der Münze) und IV (Zeichnung der Umgebung des Doms von 1690); F. M. Illert, Kaiserpfalz und Bischofshof in Worms (Der Wormsgau 3 H. 3, 1953) mit Bericht über Grabungen 1952/53 (ohne stratigraphische Aufnahmen), die noch keine historisch verwertbaren Ergebnisse gezeigt haben; weitere Lit. a. a. O. S. 136. – Über den Laurentius-Chor (der sein 1025 zuerst bezeugtes Patrozinium ebenso den salischen Grafen wie den Königen verdanken kann) und über seine Verbindungen mit dem Bischofshof: F. M. Illert, Der Königschor des Wormser Doms (Wormsgau 2 H. 6, 1942) S. 337–344 und 390. Im Nordosten schließt an den Bischofshof die nach einer verlorenen Inschrift 1055 St. Stephan geweihte bischöfliche Pfalzkirche an, deren Patrozinium einen älteren Vorläufer nicht ausschließt; über die Kirche Kranzbühler, Verschwundene Wormser Bauten S. 70 ff.

88a) Boos, Quellen 3 S. 16, vgl. Kranzbühler, Heldensage S. 34 f., 37. Auch die Stelle des Pfalzgrafenhofes sollte man im Auge behalten.

zugehörige Grundstücke handeln, die nicht unbedingt Ort des Palastes selbst gewesen zu sein brauchen. So scheint mir etwa die Lage in Speyer, wo einerseits die Bischofspfalz als *palatium regis et episcopi* bezeichnet wird, anderseits ein altes Gastungsrecht im Haus »vor dem Münster« auf ehemals königlichen Besitz deutet, erklärbar zu sein.[89]

In Worms brannte, wie erwähnt, die Pfalz im Winter 790/91 ab. H. Büttner hält für denkbar, daß schon damals auf einen Wiederaufbau verzichtet wurde, weil der König auch beim Bischof standesgemäße Unterkunft finden konnte.[90] Eine Briefstelle des Hrabanus Maurus deutet jedoch darauf, daß es unter Ludwig dem Frommen wieder eine königliche Pfalz gab.[91] Als Platz der Pfalz wird heute durchweg ebenfalls der Domplatz, die Stelle des späteren Bischofshofes, angesehen.[91a] Diese Annahme besteht vielleicht zu Recht, ist aber durchaus nicht erwiesen. Unter dem Dom ist ein spätrömisches Forum mit einer Basilika ausgegraben worden, neben dem ein Tempelbezirk an der Stelle des späteren Bischofshofes bestanden zu haben scheint.[92] Ob dort, wie Brühl zuletzt meint, auch ein *praetorium* gestanden hat, ist zumindest zweifelhaft; denn erstens stehen die bekannten Statthalter-Prätorien, etwa in den – freilich viel größeren – *civitates* Köln und Trier nicht am Forum, und zweitens war Worms eine einfache *civitas*, die wohl um die Wende des 4. zum 5. Jahrhundert Truppen beherbergte, aber weder das *praetorium* eines Provinzstatthalters noch das eines Legionskommandanten.[93] Wo die öffentlichen Gebäude des römischen

89) Vgl. A. Doll, Zur Frühgeschichte der Stadt Speyer (Mitteilungen des historischen Vereins der Pfalz 52, 1954) S. 158 ff., der die Königspfalz bei dem Haus »vor dem Münster« sucht und Identität mit der Grafenburg annimmt.

90) Büttner (wie Anm. 46) S. 394.

91) MG. Epp. 5 Nr. 19 S. 424: *memini me in palatio Wangionum civitatis constitutum tecum habere sermonem*, an Archidiakon Gerolt, spielt auf eine Begegnung mit Erzkaplan Hilduin an, wohl auf die Reichsversammlung von 829 zu beziehen, vgl. Kranzbühler, Heldensage S. 33 f., der zuerst auf die Stelle hinwies. *Palatium* kann hier nur Pfalz (nicht Hofgesellschaft) heißen. Einen Wiederaufbau hält Brühl S. 262 f., 266 allein auf Grund der Königsaufenthalte des 9. Jahrhunderts für erwiesen; es fällt aber auf, daß die beliebte und vor 790 auch für Worms belegte Datierung *palatio publico* (oder *nostro*) nach 790 dort nicht mehr vorkommt. – Einem Referat von cand. phil. Uhrig im Seminar von W. Schlesinger (Frankfurt) verdanke ich neben anderen Anregungen über die Wormser Pfalz, die sich hier nicht mehr verwerten lassen, den Hinweis auf eine St. Galler Privaturkunde von 829 Aug. 18 »*Actum Wormatiae palatio regio*«, H. Wartmann, Urkundenbuch der Abtei Sanct Gallen 1, 1863, Nr. 326 S. 300 f. Die Urkunde gehört zu der Reichsversammlung von 829, Reg. Imp. (Ludwig der Fromme) 865c–868a S. 339 ff. und hebt vielleicht noch bestehende Zweifel, ob es unter Ludwig dem Frommen wieder eine Königspfalz in Worms gab, auf.

91a) So zuletzt Brühl S. 260, 263, ebenso F. M. Illert in verschiedenen Arbeiten und H. Gensicke, Beiträge zur Wormser Stadtbeschreibung des Hochmittelalters (Der Wormsgau 3 H. 2, 1952) S. 50 mit Anm. 44.

92) Vgl. G. Behrens bei R. Kautzsch, Der Dom zu Worms, 1938, Textband S. 53–64, dazu Tafelband Tafel 3 und 7–9.

93) Brühl S. 260 beruft sich auf das römische Reiterkastell, das nach K. Schumacher, Siedlungs- und Kulturgeschichte der Rheinlande 2, 1923, S. 92 auf dem Domhügel lag, nach Behrens bei Kautzsch S. 54 aber nicht lokalisierbar ist; da es der augusteischen Zeit angehört hat, sollte es besser

Worms standen, wissen wir nicht, und nur die topographische Lage an dem herausgehobenen höchsten Punkt ließe sich für den Domhügel geltend machen. Wenn es auch nicht unwahrscheinlich ist, daß Burgunder, Merowinger und frühe Karolinger sich die öffentlichen Plätze der römischen Zeit hier wie an anderen Orten zunutze machten, so hilft diese Annahme wegen unserer mangelhaften Kenntnis des römischen Worms doch nicht weiter.

Derjenige Platz, der neben dem Domplatz vor allem in Betracht zu ziehen ist, ist die Grafenburg der Salier. Wir wissen von ihr vor allem durch die Vita Burkhards von Worms, die die letzten Kämpfe zwischen Bischof Burkhard und dem Salier Herzog Otto lebhaft schildert: *Otto dux suusque filius Conradus intra civitatem habebant munitionem turribus et variis aedificiis firmissimam. Ad quam domum raptores et fures et omnes contra episcopum delinquentes refugium tutissimum habebant.*[94] Daraufhin befestigt der Bischof seinerseits seine *curtis* (gemeint ist offenbar der Bischofshof am Dom) *ad instar castelli* mit Türmen, bis Heinrich II. den Ausgleich schafft, indem er durch Tausch den Besitz des Herzogs an sich bringt und dem Bischof überträgt, der die Burg zerstört und aus ihren Steinen – offenbar an ihrer Stelle – das St.-Pauls-Stift errichtet.[95] Das Paulsstift liegt auf dem Hang im Nordosten der Stadt, angelehnt an die alte römische Mauer in dem Teil, der seit der neuen Ummauerung am Ende des 9. Jahrhunderts[96] innerhalb der Stadt lag und vermutlich verfallen war. Das ist eine Lage, die, im kleineren Maßstab, derjenigen des neu entdeckten Kölner *praetorium* nicht unähnlich ist. Es wäre denkbar, daß hier schon öffentliche, vielleicht militärische Bauten der Römerzeit gestanden haben. Im Süden des Stiftes floß der Eisbach, der zur Anlage einer Wasserburg dienen konnte. Grabungen haben bisher nur Spuren des ältesten Baues der Paulskirche und des Burggrabens aufgedeckt; geringfügige römische Einzelfunde besagen nichts.[97]

Die Salier haben wohl schon am Ende des 8. Jahrhunderts Grundbesitz in Worms gehabt,[98] ihre beherrschende Stellung in der Stadt im 10. Jahrhundert ist aber nur durch

---

ganz aus dem Spiel bleiben. Ein Prätorium in Worms, von dem BRÜHL spricht, ist überhaupt weder nachgewiesen noch zu vermuten, sofern man das Wort im technischen Sinne meint und nicht jede Offizierswohnung so nennt. Über Worms als spätrömische Garnison vgl. Notitia dignitatum (hg. von O. SEECK) occ. XLI S. 20.

94) Vita Burchardi (Boos, Quellen 3) c. 7, S. 107.

95) A. a. O. c. 7 und 9 S. 108 ff., DH II 20 S. 23 f.; wichtige Quelle für die Auseinandersetzung zwischen Bischöfen und Grafen in Worms sind auch die Urkundenfälschungen des 10. Jahrhunderts; vgl. J. LECHNER, MIÖG 22, 1901, bes. S. 550 ff. Vgl. auch Thietmar VI prol. S. 274 f.

96) Zur Datierung der Mauerbauordnung und des Mauerbaus zuletzt H. BÜTTNER (wie Anm. 46) S. 395 ff.

97) W. BAUER, Baugeschichte der Pauluskirche und Magnuskirche zu Worms (Der Wormsgau, Beiheft 3, 1936) S. 5 f.; vgl. die Notiz desselben über einen Münzfund, Wormsgau 1 H. 10, 1933, S. 400. Hinweis auf weitere römische Einzelfunde bei G. ILLERT, Wormsgau 3 H. 4, 1954/55, S. 236, darunter farbige Stuckreste, die vielleicht von einem größeren Bau stammen.

98) Cod. Lauresh. 1 (hg. von K. GLÖCKNER, 1929) Nr. 928 S. 110 = Boos, Quellen 1 Nr. 7 S. 4, vgl. BÜTTNER (wie Anm. 46) S. 393.

den Erwerb umfangreicher königlicher Besitzungen und Rechte zu erklären, auf Grund derer sie sich schließlich Herzöge von Worms nannten.[99] Mit der Möglichkeit, daß ihnen schon nach 791 der Bezirk der abgebrannten Pfalz zugefallen ist oder daß sie später die wiedererrichtete Pfalz an sich gezogen haben, ist also durchaus zu rechnen, und sie kann nicht mit dem Hinweis widerlegt werden, daß Heinrich II. 1002 bei dem Tausch mit Herzog Otto keine alten Lehnsrechte des Königs geltend macht.[100]

Will man die karolingische Pfalz mit dem Bischofshof gleichsetzen, so müßte man entweder annehmen, der Bischof habe früher an einer anderen Stelle, etwa südlich des Domes, beim späteren Kreuzgang, residiert und die von Dagobert verliehene und von Pippin bestätigte Immunität habe früher engere Grenzen gehabt, den späteren Bischofshof noch nicht eingeschlossen – oder man müßte die königliche Pfalz innerhalb der Immunität ansetzen, wofür man in karolingischer Zeit wohl schwer eine Parallele finden wird. Auf der anderen Seite kann nicht verschwiegen werden, daß auch die Lokalisierung bei der Grafenburg ihre Schwierigkeiten hat, weil man erklären müßte, wie der König später, und zwar spätestens zur Zeit Ottos des Großen, in den Besitz einer anderen Pfalz (an der Neuen Münze?) oder zu Rechten über die Bischofspfalz in der Domimmunität kommt, die nun *palatium publicum* heißt. Unsere Bemerkungen können und wollen das Problem nicht lösen, sondern nur darauf hinweisen, daß man bei der Suche nach der Wormser Pfalz die Stätte der Grafenburg nicht außer acht lassen sollte.

## V. Bischofspfalzen als königliches Lehen

Seit dem Beginn des 11. Jahrhunderts, wenn nicht früher, sind Königs- und Bischofspfalz in Worms wie in Speyer identisch. Das findet seinen Ausdruck in einem Zusatz zur Chronik von St. Blasien, der vom *palatium regis et episcopi* in Speyer spricht, sowie in der Bestimmung des Privilegs Heinrichs IV. für die Speyrer Juden, die Abgaben *ad palacii nostri erarium sive ad cameram episcopi* festsetzt.[101] Solche Quellenstellen zeigen freilich mehr das faktische Verhältnis an als die Rechtsordnung, die ihm zugrunde liegt. Die Nutzung der Bischofspfalz durch den König beruht auf dem *servitium regis*, das die Könige, wie B. Heusinger gezeigt hat, vor allem seit Heinrich II. planmäßig ausgebaut haben,[102] und zu dem, wie H. W. Klewitz ausgeführt hat, die Domkapitel einen beträcht-

---

99) H. Werle, Titelherzogtum und Herzogsherrschaft (ZSavRG Germ. Abt. 73, 1956) bes. S. 251 ff.
100) Dies gegen Kranzbühler, Heldensage S. 36, auf den sich die neuere Literatur zu berufen pflegt.
101) Zusatz zu Bernold, MG. SS. 5 S. 465; DH IV 411 S. 543 ff. von 1090, eine zweite Formel derselben Urkunde sagt einfacher *ad erarium regis aut episcopi*, vgl. die Vorbemerkung von D. v. Gladiss in der Ausgabe; auf die Stellen weist A. Doll, Mitteilungen des historischen Vereins der Pfalz 52, 1954, S. 159 hin, vgl. a. a. O. S. 161.
102) B. Heusinger, Servitium regis in der deutschen Kaiserzeit (Archiv für Urkundenforschung 8, 1923).

lichen Beitrag zu leisten hatten, z. B. durch die Stellung einer Pfründe für den König.[103]
Der aus dem Wormser Grafenhaus stammende Konrad II. ist der erste König, der selbst
Wormser Domkanoniker ist und Wormser Domherren als Hofkapläne heranzieht, die
dann durch die Gunst des Königs oft zu Bischöfen aufsteigen.[104] Welches Ausmaß die
Servitien des Domkapitels gerade im Zusammenhang mit der Pfalzfunktion der
Bischofsstadt annehmen konnten, zeigt ein Privileg Heinrichs IV. für das Speyrer Kapitel
recht deutlich; es begrenzt die Gastungspflicht der Domherren, indem es festsetzt, daß
diese nur bei Reichstagen verpflichtet sind, ein jeder in seiner *curtis*, in der er selbst wohnt,
nur einen Abt oder Bischof in der Kammer zu beherbergen.[105] Nicht von Domherren
bewohnte *curtes* sind demnach ungemessen heranzuziehen; überdies wird man damit zu
rechnen haben, daß die Beherbergung eines Abtes oder Bischofs die eines ansehnlichen
Gefolges dieser Herren einschließt. Dies alles ist aber Privileg, das die Pflichten der
Domherren einschränkt, – wo es das nicht gibt, müssen sie offenbar ungemessene
Herbergspflichten erfüllen.

Seit dem Wormser Konkordat werden die Beziehungen zwischen König und Bischof
lehnrechtlich interpretiert. Nicht mehr als Beamter und Funktionär des Königs, sondern
als Träger königlicher Lehen ist der Bischof zu den Servitien verpflichtet. Die gesamten
Temporalien der Reichsbischöfe gelten als Reichskirchengut, mit dem der König den
Bischof investiert, d. h. belehnt. Dies steht zwar nicht im Konkordat selbst, aber daß man
das Konkordat so interpretierte, geht aus der Polemik Gerhochs von Reichersberg sehr
deutlich hervor,[106] und zwar bereits in der Zeit Lothars. Im Streit Friedrich Barbarossas
mit Papst Hadrian geraten gerade die Bischofspfalzen in den Mittelpunkt der Diskussion.
Den Anlaß hatten Beschwerden der italienischen Bischöfe gegeben, die des Kaisers Legaten
nicht mehr in ihre Pfalzen aufnehmen wollten, – jene Legaten, die sich in den Bischofspfalzen häuslich niederlassen wollten, um von dort aus das Reichsregiment des Kaisers in
Italien wiederaufzurichten. Als Papst Hadrian sich zum Sprecher der Bischöfe machte,
erklärte der Kaiser zunächst, die Regalien verpflichteten die Bischöfe zum *hominium*, auf
das er gern verzichte, wenn die Bischöfe die Regalien zurückgäben, und fuhr fort: *Nuncios
nostros non esse recipiendos in palatiis episcoporum asserit* (sc. *papa*). *Concedo, si forte
aliquis episcoporum habet in suo proprio solo et non in nostro palatium. Si autem in nostro*

103) H. W. KLEWITZ, Königtum, Hofkapelle und Domkapitel im 10. und 11. Jahrhundert (Archiv
für Urkundenforschung 16, 1939).
104) KLEWITZ S. 130–134, bisher nur für die Zeit Konrads II. Weitere Untersuchungen sind von J.
FLECKENSTEIN zu erwarten. [Sie liegen inzwischen vor: DERS., Die Hofkapelle der deutschen Könige,
2. Teil: Die Hofkapelle im Rahmen der ottonisch-salischen Reichskirche (Schriften der MGH 16/2)
1966, S. 203 ff. u. 223 ff.].
105) DH IV 466 S. 631 von 1101: *Hoc quoque addimus, ut nullus in alicius fratris curte, ubi ipse
habitat, eo nolente hospitetur, nisi imperatore vel rege ibi curiam habente: caminata et non stabulum
neque coquina a camerario imperatoris vel regis alicui episcopo vel abbati et ipso fratre permittente ibi
concedatur.*
106) Vgl. P. CLASSEN, Gerhoch von Reichersberg, 1960, S. 42 ff., 178 f.

*solo et allodio sunt palatia episcoporum, cum profecto omne quod inedificatur solo cedat* (cf. Dig. 41, 1, 7, 10), *nostra sunt et palatia. Iniuria ergo esset, si quis nuncios nostros a regiis palatiis prohiberet.*[107] Mit Hilfe einer juristischen Konstruktion, die in einer für die Barbarossazeit sehr bezeichnenden Weise das römische Recht ausnutzt, wird hier in Bausch und Bogen jedes bischöfliche *palatium* zu einem *palatium regium* gemacht, denn daß die Möglichkeit, eine Bischofspfalz sei auf bischöflichem Grund und Boden erbaut, nur rhetorisch und nicht wirklich eingeräumt wird, ist offenkundig. Wenige Monate vorher hatte der Kaiser auf den ronkalischen Feldern bei der Definition der Regalien auch die *palatia in civitatibus consuetis* nennen lassen.[108] Von dem dazugehörigen Ausführungsgesetz, das das Hoheitsrecht des Kaisers auf die *palatia* allgemein definiert habèn muß, so wie der Friedensvertrag mit Mailand vom gleichen Jahr es im Einzelfall festlegte, sind nur die Incipit-Worte *palatia et pretoria* erhalten.[108a]

Die lehnrechtliche Konstruktion des königlichen Gastungsrechtes gegenüber den Bischöfen ist erst seit dem Wormser Konkordat denkbar, seitdem aber so allgemein, daß man aus ihr nicht die Genesis der Rechtsverhältnisse einer bestimmten Pfalz erschließen kann. Wenn etwa Heinrich (VII.) die bischöfliche *curia* in Worms als königliches Lehen bezeichnet, so ist das nur ein Ausdruck dieser Rechtsauffassung und besagt nichts über ein altes königliches Eigentum an der Bischofspfalz.[108b]

---

107) Rahewini Gesta Friderici imperatoris (hg. von B. v. SIMSON) IV c. 35 S. 278. Die Stelle kann nicht mit M. MACCARRONE, Papato e Impero dalla elezione di Federico I alla morte di Adriano IV, 1959, S. 319 f. als »Stilübung« Rahewins betrachtet werden, sondern muß, wie W. FÖHL, Bischof Eberhard II. von Bamberg, ein Staatsmann Friedrichs I., als Verfasser von Briefen und Urkunden (MIÖG 50, 1936) S. 125 Anm. 2 und E. OTTO, Friedrich Barbarossa in seinen Briefen (DA 5, 1942) S. 100 annehmen, auf ein Aktenstück zurückgehen: darauf deutet schon die Tatsache, daß der Abschnitt zu den in der ältesten A-Rezension Rahewins fehlenden Aktenkapiteln gehört. Problematisch ist der Versuch OTTOS a. a. O., den persönlichen Anteil des Kaisers an den Worten herauszuarbeiten, überzeugender der Hinweis FÖHLS a. a. O. auf die Verwandtschaft mit dem Brief Eberhards von Bamberg bei Rahewin IV c. 34 S. 276 f.; in diesem steht der Ausdruck *regalia episcoporum palatia*. In jedem Fall ist festzuhalten, daß eine offizielle Äußerung des Kaiserhofes vorliegt.
108) MG. Const. 1 Nr. 175 S. 244 f.; beim entsprechenden Passus Rahewins (IV c. 7 S. 240) fehlen die *palatia*.
108a) Vgl. P. W. FINSTERWALDER, Die Gesetze des Reichstags von Roncaglia vom 11. November 1158 (ZSavRG Germ. Abt. 51, 1931) S. 16, 19 f., 28 f. und besonders 56–59, wo auf die römische Quelle Cod. Just. 1, 40, 15 hingewiesen ist; doch sind die *palatia* viel mehr als »eigene Amtslokale« der kaiserlichen Beamten (so FINSTERWALDER S. 57), nämlich zugleich Instrument und Zeichen der Herrschaft. – Friedensvertrag mit Mailand MG. Const. 1 Nr. 174 § 3 S. 242. Die Geschichte des Pfalzenregals in Italien bedürfte besonderer Untersuchung.
108b) BOOS, Quellen 1 Nr. 175 S. 127, von KRANZBÜHLER, Heldensage S. 36 f. für den königlichen Ursprung der Bischofspfalz herangezogen.

## VI. Forschungsaufgaben in Ingelheim

Das Nutzungsrecht des Königs an den bischöflichen Pfalzen hat uns auf die verfassungsge-
schichtlichen Fragen geführt. Ein Problem der Gerichts- und Sozialverfassung der Pfalzbe-
wohner, das wir wiederum nicht lösen, sondern nur formulieren können, möge den
Abschluß dieser Bemerkungen bilden. Aus einer Prümer Tauschurkunde des Jahres 835
erfahren wir einiges über die Bewohner der Ingelheimer Pfalz.[109] Partner des Abtes
Markward von Prüm ist der *venerabilis vir Agano, exactor palatii Ingilenheim*, er ver-
tauscht auf Befehl und mit Erlaubnis Kaiser Ludwigs des Frommen Fiscalgüter in
Ockenheim und erhält dafür Klostergüter in Ingelheim und Kreuznach: er unterzeichnet
die Urkunde *assensu liberorum hominum et fiscalinium* (!); die Signa der Zustimmenden
aus beiden Gruppen sind hinzugefügt, wobei unter den *liberi* zwei Priester auftauchen und
die *fiscalini* von einem *maior* angeführt werden. Der Fiscusverwalter mit dem Titel *exactor*
ist ein Mann, der anscheinend einer am Mittelrhein begüterten und auch sonst faßbaren
Familie entstammt.[110] Die Fiscalinen sind rechtlich dem Fiscus unterworfene Bewohner,
die wohl von dem Tausch betroffen waren. Unter den *liberi homines* hat man früher
»Gemeinfreie« verstanden, nach den Forschungen von Th. Mayer und H. Dannenbauer
muß es sich jedoch, da Grundbesitz von Freien in Ingelheim nicht bezeugt ist, um
Königsleute oder »Königsfreie« handeln, die bei persönlicher Freiheit königliches Gut
besiedelten und dafür dem König Abgaben und Dienst schuldeten.[110a]

Die schwierige Frage ist nun, wie sich diese Verfassung der Karolingerzeit zu der
Verfassung des »Ingelheimer Reiches« im späten Mittelalter verhält, die H. Loersch auf
Grund der Gerichtsbücher und anderer Quellen gezeichnet hat und auf geradem Weg aus
der karolingischen Verfassung ableiten zu können glaubte.[111] Das Wesentliche am Ingelheimer Reich ist zunächst, daß es zwei ständisch unterschiedene Gruppen, den Adel und
die Reichsleute gibt, die aber beide »frei« sind, obwohl das Grundeigentum und die
Zehnten in Ingelheim schon seit der karolingischen und ottonischen Zeit zum großen Teil
an geistliche und weltliche Herrschaften, wie das Bistum Würzburg, die Abtei Hersfeld,
die Frankfurter Pfalzkapelle und andere vergeben waren. Reichsleute und Adel stellen
gemeinsam die Schöffen für das »Reichsgericht«, dessen Name zunächst nichts anderes
bedeutet als Gericht des Ingelheimer Reichsgutes, das sich dann aber auch »Kaiserliches
Gericht« *(iudicium imperiale)* nennt.[112] Über seine Funktion als Gericht der Reichsleute

---

109) H. Beyer, Mittelrheinisches Urkundenbuch 1, 1860, Nr. 62 S. 70 aus dem Liber aureus von
Prüm.

110) Vgl. Metz (wie Anm. 3) S. 153 ff.

110a) S. K. Bosl, Pfalzen und Forsten, in: Deutsche Königspfalzen 1, Göttingen 1963, S. 13. Vgl.
auch K. Bosl, Franken um 800, (1959), bes. S. 22 ff., 95 ff., 99 f.

111) H. Loersch, Der Ingelheimer Oberhof, 1885, S. XLIX–CCXII, zusammenfassend Kraft (wie
Anm. 12a) S. 227–240.

112) Loersch S. LXXXII Anm. 2, CX mit Anm. 3.

hinaus gewinnt es seine besondere Bedeutung als Oberhof für viele Orte des alten Worms-
und Nahegaus und darüber hinaus anderer Gebiete am Mittelrhein. In beiden Funktionen
glaubte Loersch es auf ein königliches Gericht der Karolingerzeit zurückführen zu
können,[113] wobei er an parallele Erscheinungen bei den Oberhöfen von Aachen und
Dortmund erinnern und darauf verweisen konnte, daß der Einzugsbereich des Ingelheimer
Oberhofes besonders viele und namhafte Orte mit alten Königshöfen und Königsgut, wie
etwa Kreuznach, Oberwesel, Kostheim und viele andere umfaßte,[114] während die spätmittelalterliche Territorialgliederung in keinem Zusammenhang mit dem ursprünglichen
Einzugsbereich stand und nur negativ wirkte, indem einzelne Fürsten, wie die Mainzer
Erzbischöfe, ihre Untertanen hinderten, in Ingelheim Recht zu suchen.

Daß die Sonderstellung des Ingelheimer Reiches auf die Verfassung des Fiscalbezirkes
zurückgeht, unterliegt keinem Zweifel, und man wird bei der Deutung der altertümlichen
Züge der Ingelheimer Verfassung sicher weit zurückgreifen müssen. Ob aber etwa der
spätmittelalterliche Schulheiß einfach der Amtsnachfolger des *exactor* Agano ist und das
Gericht ein Königsgericht fortsetzt, bedarf eingehender und vorsichtiger Prüfung. Dabei
wird man auch der Frage nachzugehen haben, ob der Ministerialadel des Reiches mit den
Königsfreien, die hier jedenfalls auch auf den Kirchen geschenktem Boden keine Gottes-
hausleute wurden, etwas zu tun hat.[115] Angesichts der Quellenarmut in Ingelheim für das
frühe und hohe Mittelalter wird ein Vergleich mit den Verhältnissen im Kröver und
Niersteiner Reichsgutbereich vielleicht wertvolle Dienste tun.[116] Die zunächst überraschend anmutende These von den karolingischen Wurzeln des Gerichtes und seiner
Oberhoffunktion, wohl eher in einem Immunitätsgericht der Königsleute als in einem
Gericht des Königs selbst, dürfte sich vielleicht als gut begründet erweisen;[117] auf jeden
Fall aber wird man unseren veränderten Auffassungen von der Sozial- und Gerichtsverfas-
sung der Karolingerzeit Rechnung tragen müssen.

Die andere große Aufgabe der Pfalzenforschung in Ingelheim, neben einer neuen
Verfassungsgeschichte des Ingelheimer Reiches, ist im Herbst 1960 nach fast fünfzigjähri-
ger Pause erstmalig wieder in Angriff genommen worden: die archäologische Untersu-
chung der Reste der Pfalz unter dem Boden des Dorfes. Was Chr. Rauch 1908 mutig in
Angriff genommen hat, bedarf der Vollendung durch die verfeinerten Methoden moderner
Grabungstechnik, und es ist zu hoffen, daß schon die nächsten Jahre hier neue Ergebnisse

113) LOERSCH S. CXXV–CXXXIV, CLXLII–CCXII.
114) LOERSCH S. CCIII ff.; die Liste der in Ingelheim Recht suchenden Orte ist jetzt nach den
Publikationen von A. ERLER zu erweitern, ebenso die Liste der Orte mit Reichsgut nach den
Forschungen von KRAFT.
115) Zum Problem vgl. H. DANNENBAUER, Königsfreie und Ministerialen (DANNENBAUER, Grundlagen der mittelalterlichen Welt, 1958).
116) Über Nierstein KRAFT S. 181 ff. mit weiterer Literatur.
117) Vgl. auch H. DANNENBAUER, Freigrafschaften und Freigerichte (DANNENBAUER, Grundlagen).

ans Licht bringen, die uns ein anschauliches Bild der Baugeschichte von Ingelheim vermitteln.[118]

Die Anwendung des eingangs genannten Arbeitsplanes auf die rheinischen Pfalzen ruft weit mehr Fragen hervor, als sich zunächst beantworten lassen. Intensive Forschung am einzelnen Objekt und der Versuch, allen Fragen zugleich nachzugehen und durch die Kombination der verschiedenen Quellen und Methoden weiterzukommen, wird manche Lösung bringen, aber in vielen Fällen nur an die Grenze führen, wo man einen status quaestionis formulieren kann und abwarten muß, ob die vergleichende Methode, wenn erst die Ergebnisse für alle behandelten Pfalzen vorliegen, das Ziel erreichen läßt. Gerade für die dann notwendigen vergleichenden Arbeiten wird ein nach einheitlichem Plan ausgearbeitetes Sammelwerk unschätzbare Dienste leisten. Die Frage aber, ob der Arbeitsplan sich auch für den rheinischen Bereich anwenden läßt, scheint mir insofern eine positive Antwort zu erlauben, als die Unterschiede zu den bisher vorliegenden Pröbearbeiten mehr quantitativer als qualitativer Art sind.

---

118) Zwei Einzelheiten zur Itinerarforschung von Ingelheim seien hier angemerkt. Man hat wiederholt darauf aufmerksam gemacht, daß nach der Festnahme Heinrichs IV. durch seinen Sohn in Ingelheim der Ort von den Herrschern gemieden wird, als sei er ein *locus nefastus*; obwohl Barbarossa die Pfalz neu zur Reichsburg ausbauen ließ, hat er sie selbst nicht aufgesucht, erst Friedrich II. ist dort wieder nachweisbar. Dies scheint eine unbeachtete Parallele in Trebur zu haben: nachdem sich dort die Fürsten gegen Heinrich IV. verschworen hatten, ist kein König mehr dorthin zurückgekehrt. – Ferner ist in der lokalen Forschung – so noch in der übersichtlichen Zusammenstellung von CHR. RAUCH, Die Geschichte der Ingelheimer Königs- und Kaiserpfalz, 1960 – durchweg vermutet worden, zwischen Ludwig dem Kind und der neuen Glanzperiode Ingelheims unter Otto dem Großen sei die Pfalz nicht von den Königen in Anspruch genommen worden. Indessen melden die von E. KLEBEL entdeckten Salzburger Annalen (MG. SS. 30 S. 742) zum Jahr 928 ein *colloquium ad Ingelheim*, an dem anscheinend auch Herzog Arnulf von Bayern teilnahm, vgl. R. HOLTZMANN, Geschichte der sächsischen Kaiserzeit, ²1943, S. 84 f. und bes. K. REINDEL, Herzog Arnulf und das *Regnum Bavariae* (Zeitschrift für bayerische Landesgeschichte 17, 1954) S. 242 und 246. Für die Aufnahme fränkischen Königsrechts und fränkischer Königstradition durch Heinrich I. ist die Wahl des Ortes – wie die des Wormser Hoftages von 926 – sehr bezeichnend. Über die neuen Grabungen in Ingelheim vgl. jetzt W. SAGE, Vorbericht über neue Ausgrabungen im Gelände der Pfalz zu Ingelheim am Rhein (Germania 40, 1962), S. 105–116.

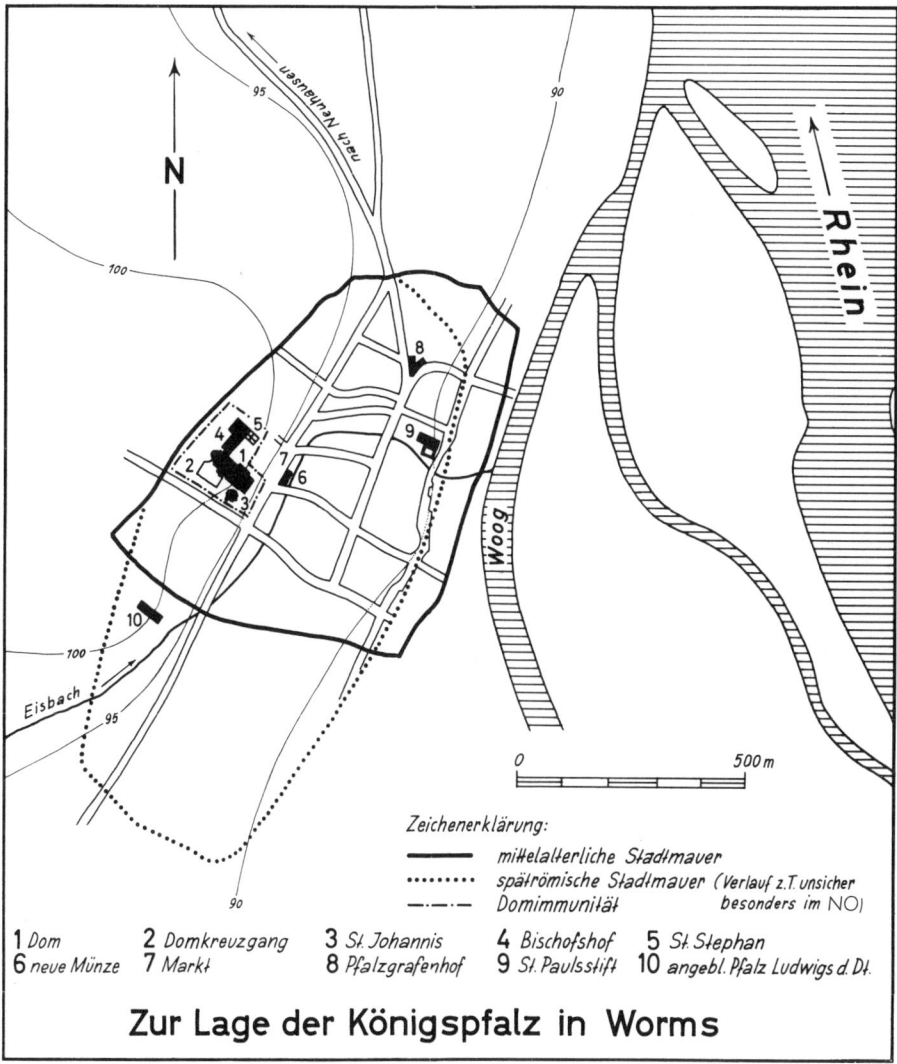

Zeichenerklärung:

——————— mittelalterliche Stadtmauer
·········· spätrömische Stadtmauer (Verlauf z.T. unsicher
—·—·— Domimmunität                besonders im NO)

1 *Dom*          2 *Domkreuzgang*     3 *St. Johannis*      4 *Bischofshof*      5 *St. Stephan*
6 *neue Münze*   7 *Markt*            8 *Pfalzgrafenhof*    9 *St. Paulsstift*   10 *angebl. Pfalz Ludwigs d. Dt.*

## Zur Lage der Königspfalz in Worms

Der Skizze liegen zugrunde die Karten bei G. ILLERT, Skizze der Entwicklung der Stadt Worms von der vorgeschichtlichen Zeit bis zum Hochmittelalter (Der Wormsgau 3 H. 4, 1954/55) S. 232, 241, Einzelheiten ergänzt nach dem historischen Plan bei Boos, Quellen 3, Beilage, nach dem Plan des Dombezirks und des Marktes bei KRANZBÜHLER, Heldensage, Tafel 3, und nach dem Stadtplan von 1770 bei KRANZBÜHLER Verschw. Bauten (nach S. VIII). Der genaue Verlauf der römischen Mauer im Osten der Stadt (bes. im Bereich des Paulsstiftes) ist archäologisch nicht nachgewiesen; die Karte bei Boos verlegt ihn etwas weiter nach Westen unmittelbar auf den durch die 90 m Schichtlinie bezeichneten Hang; wir geben ihn nach der Skizze von ILLERT, die der von KOEHL bei KAUTZSCH, Der Dom zu Worms, Tafel III, folgt. Die Grenze der Domimmunität (Mundat) gegenüber dem Bereich der Stadtgemeinde (Almend), besonders auf der Seite des Marktes, war vom 13. bis zum 18. Jh. oft umstritten, vgl. Boos, Quellen 1 Nr. 175, S. 127 f., KRANZBÜHLER, Verschw. Bauten S. 118 f. und 207 Anm. 36, DERS., Heldensage S. 96–99.

# Corona Imperii

*Die Krone als Inbegriff des römisch-deutschen Reiches im 12. Jahrhundert*

In einer Reihe großer Forschungen, denen ein guter Teil seiner Lebensarbeit galt und gilt, hat Percy Ernst Schramm uns gelehrt, was die Zeichen der Herrschaft und ihr feierlicher Gebrauch über das Wesen des mittelalterlichen Königtums – und damit des mittelalterlichen Staates überhaupt – auszusagen vermögen, an der Spitze die im echten Sinne des Wortes »bedeutungsreichsten« unter den Zeichen, die Kronen, und der bedeutungsvollste Brauch, die Krönungen. Möge der Lehrer und Forscher den unvollkommenen Versuch, eine von ihm hierbei gestellte Frage aufzugreifen und wenigstens teilweise zu beantworten, als ein bescheidenes Zeichen vielfältigen Dankes nachsichtig aufnehmen.

Schon im 5. Jahrhundert wird eine Krone zuweilen mit dem Worte dessen, was sie bedeutet, *regnum* genannt,[1] und auch umgekehrt findet man – gelegentlich schon in karolingischer Zeit – *corona* als Metapher für die Herrschaft.[2] Ein Sammelband unter dem Titel »Corona regni« vereinte vor wenigen Jahren wichtige Untersuchungen über die Ausbildung dieses Begriffes im späteren Mittelalter, der unter »Krone« nicht mehr den konkreten Gegenstand, das Zeichen der königlichen Würde, versteht, sondern einen abstrakten Begriff, das Königtum und schließlich das Staatswesen selbst, insbesondere in seiner Eigenschaft als Rechts- und Besitzträger neben oder gar über der Person des einzelnen Königs.[3] Die Untersuchungen beschäftigten sich vor allem mit England, Frankreich, Ungarn, Böhmen und Polen; denn Fritz Hartung hatte festgestellt, daß im römisch-deutschen Imperium der Gedanke von einer höheren Macht, die über der Person des einzelnen Herrschers steht und sein Leben überdauert, an den Begriff des »Reiches«, nicht

---

1) P. E. SCHRAMM, Herrschaftszeichen und Staatssymbolik 1 (1954) S. 55 f., 137, vgl. Bd. 2 (1955) S. 379 und 386.

2) SCHRAMM, Herrschaftszeichen 2 S. 386 verweist auf Alkuin, Ep. 132 (MG. Epp. 4 S. 199): *(Deus) coronas vestras multiplicet, tueatur, obumbret.* Ähnlich Wipo, Gesta Chuonradi cap. 23 (ed. BRESSLAU S. 42): *Nam dum in superioribus annis duas coronas, id est patris et matris suae, mundus veneraretur, nunc tertia addita: Spes pacis crevit, quam rex cum caesare fecit.* (Über die Krönung Heinrichs III. 1028).

3) Corona Regni. Studien über die Krone als Symbol des Staates im späteren Mittelalter. Ausgewählt, mit einem Nachwort versehen und herausgegeben von M. HELLMANN (Wege der Forschung, Band 3) 1961. Zum Problem vgl. auch E. H. KANTOROWICZ, The King's Two Bodies. A Study in Mediaeval Political Theology, Princeton 1957.

der Krone anknüpft.[4] Indessen konnte P. E. Schramm auf ein Aktenstück Kaiser Friedrichs II. hinweisen, in dem das Wort Krone gleich dreimal metonymisch für das Reich erscheint: gegen diejenigen, die der »Krone Abbruch tun wollen«, ruft der Kaiser seine Getreuen auf, »zum Schutze der Krone« herbeizueilen und »die Feinde der Krone« zu vernichten.[5] Schramm forderte weitere Untersuchungen; einstweilen aber fand Hartung, diese Stelle stehe so isoliert unter unseren Quellen, daß er daraus noch keine Schlüsse ziehen wolle.[6]

Wir wollen versuchen, die Stelle aus ihrer Isolierung zu befreien, indem wir, der Anregung Schramms folgend, weitere Zeugnisse, vor allem aus dem 12. Jahrhundert, zusammenstellen. Dabei können wir nicht hoffen, Vollständigkeit der Belege zu erreichen, da die Kaiserurkunden des 12. Jahrhunderts bekanntlich mit Ausnahme derer Kaiser Lothars noch nicht erschienen sind und auch die anderen Quellen nicht vollständig durchgesehen werden konnten.

Zunächst sei an zwei Voraussetzungen erinnert. Der metonymische Gebrauch des Wortes *corona* = Kranz, »Krone« ist der Bibel in den verschiedensten Zusammenhängen geläufig. Das Alte Testament bietet Wortprägungen wie *corona sapientiae* (Eccli. 1, 22), *corona dignitatis* (Prov. 16, 31) und vor allem das vieldeutige *corona gloriae*, das den Herrn der Heerscharen (Is. 28, 5), das Gottesvolk (Is. 62, 3) – dementsprechend neutestamentlich die Gemeinde ( 2. Thess. 2, 18) –, aber auch ein Herrschaftszeichen des Königs von Juda (Ier. 13, 18; cf. Thren. 5, 16, Ez. 16, 12) meinen kann. Wichtiger noch wurde der neutestamentliche Gedanke, die ewige Seligkeit durch Kranzesbilder anzudeuten *illi corruptibilem coronam accipiant, nos autem incorruptam* (1. Cor. 9, 25). *Percipietis immarescibilem gloriae coronam* (1. Petr. 5, 4). *Dabo tibi coronam vitae* (Apoc. 2, 10). *Ut nemo accipiat coronam tuam* (Apoc. 3, 11).[7] Was immer die Verfasser der biblischen Bücher beim Bilde des »Kranzes« ursprünglich im Sinne gehabt haben, dem mittelalterlichen Menschen ergab sich eine Fülle der Anknüpfungsmöglichkeiten, die erlaubten, Wortverbindungen wie *corona gloriae* oder *corona dignitatis* mit neuem Gehalt zu füllen oder biblische Gedanken in neuer Form auszudrücken. Zum anderen ist zu beachten, daß schon

---

4) F. HARTUNG, Die Krone als Symbol der monarchischen Herrschaft im ausgehenden Mittelalter (Abhandlungen der Preußischen Akademie der Wissenschaften, 1940, Phil.-hist. Kl. Nr. 13) S. 34, verändert in: Wege der Forschung 3 S. 50 f. Vgl. auch die wichtige Rezension von H. MITTEIS, Hist. Zeitschr. 166 (1942) S. 129 ff.

5) P. E. SCHRAMM, Kaiser Friedrichs II. Herrschaftszeichen (Abh. d. Akademie d. Wiss. in Göttingen, Phil.-hist. Kl. 3. Folge Nr. 36, 1955) S. 141: *Verum quia credunt frivola, qui coronam detrahere concupiscunt, mittimus sub pena sententie capitis, quod paratis armis in corone subsidium veniatis. Nam virtute armorum et sapientia qua vigemus, corone hostes de levi poterimus grandinare* (vgl. dazu unten Anm. 56). Die Beziehung des ungedruckten Schriftstückes auf die Schlacht bei Cortenuova ist, wie H. M. SCHALLER mir mitteilt, ungewiß. – Vgl. auch P. E. SCHRAMM, Herrschaftszeichen und Staatssymbolik 3 (1956) S. 750, 1038 ff., 912 f.

6) HARTUNG, Wege der Forschung 3 S. 51.

7) Vgl. ferner Is. 28, 5, Prov. 12, 4; 2. Tim. 4, 8 *(corona iustitiae)*, Jac. 1, 12 etc.

das römische Altertum die Abzeichen einer Herrschaft nennen kann, um die Herrschaft selbst zu bezeichnen. *Fasces* kann für *magistratus* oder *consulatus* stehen.[8] In der späten Kaiserzeit sagt man gern *sceptrum* oder lieber *sceptra*, und diesen Ausdruck übernimmt das Mittelalter sehr früh und behält ihn stets bei.[9] Ähnlich wird oft *solium* verwendet, besonders beim Regierungsantritt des deutschen Königs, der sich in der Thronsetzung zu Aachen vollzog.[10] Wie die Fürsten zuweilen *membra imperii* heißen, so können sie auch sagen: *Tronus imperialis, cui velut capiti membra coniungimur.*[11]

Unter diesen Voraussetzungen muß man geradezu erwarten, daß *corona* auch für *regnum* oder *imperium* gesetzt wird, wenn erst einmal die Krone zum wichtigsten Herrschaftszeichen geworden ist. Schon die ältesten, von Hinkmar von Reims entworfenen Krönungsordines nehmen die neutestamentlichen Hinweise auf die unvergängliche Krone auf, um die irdische Krone auf die himmlische zu beziehen;[12] und diesen Gedanken finden wir seit Heinrich II. auch in den Arengen einiger Urkunden,[13] nachdem die ottonische Kaiserkrone einer Vielfalt symbolischer Bezüge auf die Bibel, insbesondere auf das himmlische Jerusalem, sichtbare Gestalt gegeben hatte.[14] Erst Heinrich III. geht einen Schritt weiter, indem er vom *coronae nostrae status* spricht, wo man seit der Merowingerzeit gewohnt war, *status regni* zu sagen. Ähnlich heißt es bei Lothar: *non aliter vitam nostram sed neque coronam regni nostri stabiliri credimus nisi in obsequiis mandatorum Dei.*[15] Dieser Sprachgebrauch, der sich nicht wesentlich von der älteren Gewohnheit, unter den Worten *sceptra* oder *solium* die Herrschaft selbst zu begreifen, unterscheidet, aber noch keine Konsequenzen für das Recht zieht, gewinnt im 12. Jahrhundert an Boden und läßt die »Krone« auch zum Träger von Rechten werden.

Niemals wird die Krone so deutlich zum Zeichen und Inbegriff der kaiserlichen und königlichen Macht und Würde wie bei dem »großartigsten Schauspiel, das sich der

---

8) Vgl. Thesaurus Linguae Latinae VI/1 col. 306.

9) Vgl. z. B. Cod. Theod. 15, 5, 2; A. GAUERT bei SCHRAMM, Herrschaftszeichen 1 S. 263. Beispiele des 8. Jh. bei P. CLASSEN, Deutsches Archiv 9 (1952) S. 118 Anm. 73 = o. S. 199 und H. BEUMANN, Festschrift E. E. Stengel (1952) S. 168 Anm. 1, weiteres bei H. FICHTENAU, Arenga (MIÖG. Erg.-Bd. 18, 1957) S. 37, 77, 117, 139. Die Beispiele ließen sich leicht vermehren und bis ins Spätmittelalter fortführen.

10) SCHRAMM, Herrschaftszeichen 1 S. 336 f.; H. BEUMANN in: Das Königtum (Vorträge und Forschungen, hg. v. TH. MAYER, 3, 1956) S. 205 ff., 210 ff.; weitere Beispiele bei FICHTENAU, Arenga S. 64 u. ö.

11) MG. Const. 2 S. 210 Nr. 170 von 1232.

12) Zuerst MG. Capit. 2 S. 457 Nr. 302 von 869, vgl. SCHRAMM, Herrschaftszeichen 2 S. 385; DERS. in Vorträge der Bibliothek Warburg 1922/23 S. 222 ff.

13) D H II 307, wiederholt in D H III 9, zitiert von DABROWSKI, Wege der Forschung 3 S. 424 Anm. 29. Vgl. auch D H II 486 und D H II 111. – Nicht hierher gehört D O III 324, zu dieser Urkunde vgl. P. E. SCHRAMM, Kaiser Rom und Renovatio 1 (1929) S. 129 f.

14) H. DECKER-HAUFF bei SCHRAMM, Herrschaftszeichen 2, bes. S. 617 ff.

15) D H III 142, zitiert von DABROWSKI a. a. O. Die Echtheit ist nicht unumstritten, der Text gehört aber sicher dem 11. Jh. an. – D L III 20.

mittelalterlichen Christenheit bot«,[16] der Kaiserkrönung durch den Papst – bei jenem Akt
also, da das Aufsetzen der Krone Recht begründete. In dem erpreßten »Pravileg« von 1111
spricht Papst Paschalis II. anläßlich der Krönung Heinrichs V. von der »Würde der Krone
und des Reiches«: *Praedecessores vestri... Romanae urbis coronam et imperium consecuti
sunt. Ad cuius videlicet coronae et imperii dignitatem tuam quoque personam... maiestas
divina provexit.*[17] Hier ist *corona et imperium* schon fast ein Pleonasmus, der den Inhalt
der *dignitas* umschreibt. So kann man auf das Wort *imperium* auch verzichten. Hatte
Innozenz II. 1130 Lothar eingeladen: *venias... imperialis dignitatis plenitudinem suscep-
turus,*[18] so versprach Eugen III. im Konstanzer Vertrag von 1153: *venientem pro corone
sue plenitudine imperatorem coronabit*[19] und im Pathos eines Briefes kurz vor der
Krönung von 1155 sagt Barbarossa: *victrices aquilas ad recipiendam corone nostre plenitudinem direximus.*[20] Man fühlt sich an das Wort Bernhards von Clairvaux von der *plenitudo
potestatis* erinnert. Nach der Kaiserkrönung heißt es: *cum divina largiente gratia urbis et
orbis corona et dignitate percepta ab Ytalia redeuntes Wirzeburc venissemus.*[21] Keines der
genannten Beispiele gebraucht das Wort rein metonymisch, unabhängig von der konkreten
Krone, aber die Ausdrücke *dignitas coronae, plenitudo coronae, dignitas et corona* lösen
sich doch von dem konkreten Herrschaftszeichen ab und meinen mehr die ihm innewoh-
nenden Qualitäten als das Zeichen selbst.

Die Kaiserkrönung von 1155 wurde Gegenstand des berühmten Streites, der in Besançon ausbrach.[22] Kein Zweifel, dort ging es allein um die konkrete Krone, die Hadrian IV.
auf das Haupt Friedrichs I. gesetzt hatte; aber weil das Zeichen das Kaisertum selbst
bedeutete, war mit der Frage, ob die Krone göttliches oder päpstliches *beneficium* – oder
gar *feudum* – sei, die Frage nach dem Wesen des Kaisertums selbst gestellt. Mochte die
Bedeutung mancher Worte strittig sein, hierüber waren sich beide Seiten im klaren. *Cum
per electionem principum a solo Deo regnum et imperium nostrum sit..., quicumque nos
imperialem coronam pro beneficio a domno papa suscepisse dixerit... reus erit,*[23] schrieb

---

16) P. E. SCHRAMM, Deutsches Archiv 1 (1937) S. 389.

17) MG. Const. 1 S. 145 Nr. 96. Von der *dignitas coronae* spricht in anderer Weise Otto von Freising:
*cuius virtute et industria corona imperii ad pristinam dignitatem reduceretur* (Chron. VII 20 S. 339 ed.
HOFMEISTER).

18) PH. JAFFÉ, Bibliotheca rerum Germanicarum 5 (1869) S. 429 Nr. 247 aus dem Codex Udalrici, in
der Echtheit angefochten von F. J. SCHMALE, Zeitschrift f. Kirchengeschichte 65 (1953/4) S. 250 ff.

19) MG. Const. 1 S. 201 u. 203 Nr. 144 § 4 und 145 § 4.

20) Collectio Reinheresbrunnensis, MG. Epp. sel. 5, S. 8 Nr. 8.

21) MG. Const. 1 S. 225 Nr. 162. Arengen Konrads III. und Friedrichs I. nennen die Krone gelegentlich *corona dignitatis* oder *corona gloriae*, so STUMPF 3396 = 3873, 3838 A (= Deutsches Archiv 8,
1950, S. 452); erst etwas später scheint man umgekehrt vom »Ruhm der Krone« (*gloria coronae*)
gesprochen zu haben: Const. 1 Nr. 170 (von 1158), 205 § 1, STUMPF 4177; die Beispiele z. T. nach
FICHTENAU, Arenga S. 52, 64, 88.

22) Dazu zuletzt M. MACCARRONE, Papato e impero dalla elezione di Federico I alla morte di
Adriano IV (1960), bes. S. 173 ff., und P. CLASSEN, HZ 195 (1962) S. 380 f.

23) MG. Const. 1 S. 231 Nr. 165.

der Kaiser, und an anderer Stelle *liberam imperii nostri coronam divino tantum beneficio asscribimus.*[24] Die Krone wird metonymisch zum Träger des Rechtes, der »Freiheit« des Kaisertums.

Schon früher hatte eine andere Krone Anlaß zu politischem Kampf gegeben, in dessen Verlauf der Kronbegriff sich von dem Insigne ablöste. Als Papst Anaklet II. 1130 den Herzog Roger von Apulien zum König erhob, gipfelte seine Urkunde in dem Satz: *concedimus igitur et donamus et auctorizamus tibi et filio tuo ... coronam regni Siciliae et Calabriae et Apuliae ... et ipsum regnum habendum et universam regiam dignitatem et iura regalia ...*[25]

Ganz unzweifelhaft ist hier von der konkreten Krone die Rede, die der Papst dem neuen König schenkte und mit der Roger Weihnachten 1130 in Palermo gekrönt wurde.[26] Aber die Art und Weise, wie sie am Anfang der Reihe *corona – regnum – regia dignitas – iura regalia* steht, deutet schon darauf, daß unter dem Zeichen das Königtum selbst begriffen wird. Roger hatte ja kein neues Reich, wohl aber eine neue Würde errungen. Und so ist es nicht verwunderlich, daß Bernhard von Clairvaux eben die Krone angreift, damit aber auf dies neue Königtum selbst zielt: *ducem Apuliae ... usurpatae coronae mercede ridicula comparatum*[27] – der für den lächerlichen Preis einer usurpierten Krone gekaufte Herzog! Die Genuesen ermahnte Bernhard, den Krieg mit Pisa abzubrechen, *cum magis Ecclesiae inimicos expugnare deceret, sed et regni vestri invasam a Siculis defensare coronam.*[28] An Kaiser Lothar schrieb Bernhard um dieselbe Zeit: *est Caesaris propriam vindicare coronam ab usurpatore Siculo. Ut enim constat Judaicam subolem sedem Petri in Christi occupasse iniuriam, sic procul dubio omnis qui in Sicilia regem se facit, contradicit Caesari.*[29]

So ist der Übergang von der »falschen« Krone Siziliens zur echten Reichskrone, zugleich aber zum rein metonymischen Wortgebrauch vollzogen. Von dem Insigne Lothars ist nicht die Rede, vielmehr ist hier die Krone Inbegriff des Reiches und Kaisertums, wie die *sedes Petri* Inbegriff des Papsttums. Rogers Königskrone ist Eigentum des Kaisers, – nicht als ob dieser einer besonderen Krone für Sizilien bedürfe, dies gehört vielmehr zur »Krone« Lothars; »die eigene Krone« soll Lothar wieder an sich nehmen, d. h. das usurpierte Königtum niederwerfen und seine eigene Herrschaft wiederherstellen. Noch einen Schritt weiter geht Bernhard elf Jahre später in einem Brief an Konrad III., der zur Hilfe für Papst Eugen im Kampf um die Stadt Rom auffordert. Nach anderen Sätzen

---

24) Ebenda S. 233 Nr. 167.
25) P. F. KEHR, Italia pontificia 8 (1935) S. 37 Nr. 137.
26) Über die Krone vgl. J. DEÉR, Der Kaiserornat Friedrichs II. (1952) S. 57; zur Krönung R. ELZE, Festschrift PERCY ERNST SCHRAMM (1964) S. 105 ff.
27) MIGNE, PL 182 col. 282 A ep. 127.
28) Ebenda col. 285 A ep. 129. Vgl. *invasor regni* = Thronräuber bei JAFFÉ, Bibl. 5 S. 419 und den häufigen Gebrauch von *invasor ecclesiae* oder ähnlichen Ausdrücken für Gegenpäpste.
29) MIGNE, PL 182 col. 294 AB ep. 139.

über die Zusammenarbeit von Kaiser und Papst heißt es: *Utrumque interesse Caesaris constat, et propriam tueri coronam et ecclesiam defensare. Alterum regi, alterum convenit ecclesiae advocato.*[30] Hier sind *corona* und *ecclesia* wie sonst *imperium* (oder *regnum*) und *ecclesia* nebeneinandergestellt, wo von den Rechtspflichten des Herrschers die Rede ist.

Der Zusammenhang ist in allen genannten Briefstellen der gleiche. *Coronam invadere* einerseits, *coronam defensare, vindicare, tueri* anderseits, das will sagen, die Integrität des Reiches und Kaisertums angreifen oder sie schützen und verteidigen. Unter dem Begriff der »Krone« wird die Fülle der Herrschaftsrechte und -pflichten des Kaisers verstanden, ohne daß das Zeichen selbst dabei eine Rolle spielt.

Der gleiche Sprachgebrauch liegt zwei oft mißverstandenen Quellenstellen zugrunde. Im Kampf Barbarossas mit Alexander III. suchte Kaiser Manuel von Byzanz seine eigene Anerkennung als einziger Kaiser seitens des Papstes durchzusetzen. Kardinal Boso berichtet über eine Legation des Byzantiners, die gefordert habe, *ut ... Romani corona imperii a sede apostolica sibi* (dem Kaiser Manuel) *redderetur, quoniam non ad Frederici Alamanni, set ad suum ius asserit pertinere. Ad quod opus perficiendum tantas auri argentique opes et fortium virorum potentiam se largiturum firmiter spopondebat, quod non solum Romam set totam Ytaliam ad ecclesie servitium et restituendam sibi coronam habere absque dubio poterit;*[31] und fast wörtlich ebenso über eine andere Legation: *quatinus predicte ecclesie (sc. Romane) adversario imperii Romani corona privato, eam sibi prout ratio et iustitia exigit restituatis.*[32]

Man hat aus diesen Worten geschlossen, daß Manuel eine Krönung durch den Papst in Rom anstrebte.[33] Aber selbst wenn man davon absieht, daß es höchst bedenklich wäre, eine solche, allen Traditionen und allen Staatsideen der Byzantiner ins Gesicht schlagende Intention allein aus einer lateinischen Quelle, zu der es kein griechisches Gegenstück gibt, zu entnehmen, – selbst wenn man von diesen methodischen Bedenken absieht, zeigt der Vergleich mit den genannten Bernhard-Stellen eindeutig, daß auch Boso den Gesandten Manuels einen solchen Antrag nicht in den Mund legt. So wenig Bernhards Worte an

---

30) Ebenda col. 442 A ep. 244.

31) Liber Pontificalis, ed. L. DUCHESNE, 2 (1892) S. 415.

32) Ebenda S. 420. Für »krönen« sagt Boso *coronare* oder *coronam imponere; coronam restituere* bedeutet S. 436 allerdings »das (erbeutete) Insigne zurückgeben«. – Bei Ivo von Chartres ep. 46 (ed. J. LECLERCQ, 1949, S. 188) bedeutet *coronam restituere* »das Recht zum Tragen der Krone wiederherstellen«, vgl. JL 5774 und P. E. SCHRAMM, Der König von Frankreich 1² (1957) S. 123.

33) So W. OHNSORGE, Die Legaten Alexanders III. im ersten Jahrzehnt seines Pontifikates (1928) und DERS., Das Zweikaiserproblem im frühen Mittelalter (1947) S. 106 ff.; dagegen habe ich mich in dem Vortrag »Manuel Komnenos und das staufische Imperium« vor dem Historikertag in Duisburg gewandt, vgl. vorläufig »25. Versammlung deutscher Historiker in Duisburg 1962« (Beiheft zu Geschichte in Wissenschaft u. Unterricht, 1963) S. 76 f., zustimmend W. GOEZ ebenda S. 77; vgl. oben S. 505 mit Anm. 14. Die byzantinische Auffassung der römischen Krönung formuliert Kinnamos V 7 S. 220 (Bonn). Mißverständlich allerdings schon die Chronica regia Coloniensis (ed. G. WAITZ, SS. rer. Germ. 1880) a. 1172 S. 121 *quod coronam Romani imperii Greco imponere vellent.*

Lothar »*propriam vindicare coronam ab usurpatore Siculo*« etwa auf eine besondere Krönung Lothars für Sizilien zielen, so wenig meint hier »*coronam reddere*« oder »*restituere*« eine Krönung Manuels durch den Papst. Was Boso die Gesandten sagen läßt, ist nur dies: der Papst soll das Reich wieder herstellen, indem er Manuel als den einzigen rechtmäßigen Kaiser, auch und gerade in Italien und Rom, anerkennt. Von einer Krönung ist nicht die Rede.

Indessen finden wir den Kronbegriff auch in einem viel ausgeprägteren rechtlichen Zusammenhang, nämlich als Gegenstand der Treuepflicht. Eine erste Andeutung begegnet schon bei Heinrich V. Eine Urkunde, die der gebannte Kaiser kurz vor Abschluß des Wormser Konkordates für das Hochstift Utrecht ausstellte, bestätigte die Rechte des Empfängers – ohne in irgend einer Weise auf die Krönung anzuspielen – unter der Bedingung: *ut unanimes nostre insistant fidelitati, nostreque dignitati ac coronę detrahentes et adversantes pro possibilitate opprimere studeant.*[34]

Hier zuerst sind *dignitas et corona* miteinander verbunden; sie stehen zwischen den Gegnern, die »der Krone Abbruch tun«, und den Getreuen. Die *fidelitas* wird damit – zunächst noch indirekt – auf die Krone bezogen, der Begriff Krone scheint einen unmittelbar rechtlichen Gehalt anzunehmen, aber nicht losgelöst von der Person ihres Trägers, sondern auf das Engste an ihn – dessen Recht infolge der Exkommunikation angefochten ist – gebunden.

Welch politisches Gewicht und welch rechtlichen Gehalt dieser Kronbegriff aufnehmen konnte, zeigte sich in der lombardischen Politik Barbarossas. Jener Treueid, der zum wichtigsten Kampfmittel des Kaisers in Italien wurde, weil er geeignet war, den kommunalen Schwureinungen die gefährliche Spitze abzubrechen, nannte regelmäßig die Krone. Das 1158 entworfene Formular, nach dem die Bürger aller Städte schwören sollten, enthielt den Satz: *et adiuvabo eum retinere coronam imperii et omnem honorem eius in Italia, nominatim et specialiter civitatem N. et quicquid in ea iuris habere debet.*[35]

Nach diesem Formular sind die Eide gebildet, die in zahlreichen Verträgen des Kaisers mit einzelnen Kommunen wiederkehren, wenn auch der Wortlaut im einzelnen schwankt. Zuweilen taucht die *corona* doppelt auf: nicht nur in der positiven Verpflichtung *(adiuvabo retinere)*, sondern auch in dem negativen Glied: *non ero in facto vel in consilio sive auxilio*

---

34) STUMPF Nr. 3178, Faksimile des Originals bei F. HAUSMANN, Reichskanzlei und Hofkapelle unter Heinrich V. und Konrad III. (1956) Tafel 4, über den Verfasser ebenda S. 73. Auf diese Urkunde verwies schon G. WAITZ, Deutsche Verfassungsgeschichte 6² (1896) S. 285 Anm. 3 mit der Bemerkung »Die Krone steht für die Würde, die Herrschaft selbst«. Er zitiert weiter Sigebert von Gembloux (jetzt) MG. Lib. de Lite 2 S. 460 Zeile 18: *levavit sacerdotalem lanceam contra diadema regni* und weist auf Eide und Befehle des Königs *per coronam imperii* hin (a. a. O. S. 293). Vgl. auch KARPAT, Wege der Forschung 3 S. 230 Anm. 13. Wenig älter als die angeführte Urkunde Heinrichs V. ist die Formulierung Wilhelms von Champeaux bei Hesso, MG. Lib. de lite 3 s. 25: *statum imperii aut coronam regni... imminuere.*
35) MG. Const. 1 S. 237 Nr. 171 (aus Rahewin III 20), vgl. das ältere Formular aus der Zeit Heinrichs V., das die Krone noch nicht nennt: JAFFÉ, Bibliotheca 5 S. 284 Nr. 159.

*quod perdat vitam vel membra sua vel coronam vel imperium seu honorem suum vel in captione aliqua contra voluntatem suam teneatur.*[36)]

Die Pisaner, die Genuesen, die Lucchesen, die Placentiner und die Römer schwören derartige Eide, bis im Frieden von Konstanz 1183 die Gesandten der Lombarden den Eid ablegen, in dem es heißt: *nec ero in consilio vel facto quod ipsi perdant vitam vel membrum aut mentem seu coronam imperii vel regni . . . Et eum adiuvabo honorem corone tenere, et si perdiderit recuperare bona fide in episcopatu et comitatu adiuvabo.*[37)]

Alle diese Eidesformeln entsprechen den berühmten Prinzipien Fulberts von Chartres über den Fidelitätseid.[38)] Die *corona* steht dabei an der Stelle des *honestum* Fulberts, das definiert wird, *ne sit ei in damnum de sua iustitia vel de aliis causis, quae ad honestatem eius pertinere videntur.* Die Vasalleneide der Normannen und die Sicherheitseide der Kaiser für die Päpste, an die unsere Formeln z. T. wörtlich anklingen, nennen den *papatus Romanus* und die *regalia S. Petri* an entsprechender Stelle.[39)] Der Treueid wird nicht einer überpersönlichen Macht, sondern dem Kaiser ganz persönlich geschworen; aber er erkennt an, daß eben diese Person Träger des Reiches ist und alle einzelnen Rechte des Reiches innehat, indem er die *fidelitas* auch auf die »Krone« bezieht, wie es schon in der oben genannten Urkunde Heinrichs V. angedeutet worden war.

Dem entspricht es, wenn die Stadt Pisa belobt wird, die *ad sublimationem coronae nostrae . . . omnimoda fidelitate semper studuit laborare,*[40)] oder ein Privileg die Stadt Ravenna preist *circa exaltationem imperialis coronae fide, meritis et preclara operum exibicione prepotentem et ferventiorem.*[41)] In der Arenga einer Urkunde für Siena heißt es schon 1158 *fidelitas ipsa ad exaltandam nostre imperialis corone gloriam amplius est operibus comprobata.*[42)] Im Zusammenhang betrachtet erweisen diese Formeln deutlich, daß »*coronam retinere*« oder »*quod non perdat coronam*« mehr meint, als das Herrschaftszeichen, das in des Kaisers Schatz verwahrt wird; es geht um das in der Krone verkörperte Herrschaftsrecht des Kaisers.

---

36) Die letztgenannte Formel MG. Const. 1 S. 302 Nr. 214 § 2 (Lucca, 1162), einfache Nennung der Krone in MG. Const. 1 S. 285 Nr. 205 § 10 (Pisa, 1162); S. 295 Nr. 211 § 18 (Genua, 1162); S. 324 f. Nr. 229 § 1 (Rom, 1167); bemerkenswert die Variante S. 287 Nr. 206 § 3 (Piacenza, 1162): *Et adiuvabunt eum retinere coronam suam et imperium et Italiam et Lombardiam.*

37) MG. Const. 1 S. 419 Nr. 294. Vgl. unten S. 511.

38) Vgl. H. MITTEIS, Lehnrecht und Staatsgewalt (1933) S. 312 ff.

39) Vgl. z. B. den Eid Richards von Capua, Register Gregors VII. I 21a (ed. CASPAR S. 35); Vertrag von 1111 MG. Const. 1 Nr. 83 S. 137; Eid Lothars, ebenda Nr. 115 S. 168. Verwandte Quellenstellen führt KANTOROWICZ, The King's Two Bodies S. 349 f. Anm. 126 ff. an.

40) STUMPF 4084a, vgl. den Brief der Pisaner, Chron. reg. Col. a. 1172 (ed. WAITZ S. 122): *quia in fide et dilectione circa imperiale diadema perseveravimus et honorem imperii semper pre oculis habemus.*

41) MG. Const. 1 S. 300 Nr. 213 § 2 von 1162; ähnliche Formeln im Privileg für Genua Const. 1 S. 292 Nr. 211 § 1.

42) STUMPF 3830.

Das ergibt sich insbesondere, wenn wir dem Begriff *honor coronae* nachgehen. Er ist so schillernd und vieldeutig wie der häufiger gebrauchte *honor imperii* oder *honor regni*. Schon 1164 hatte der Kaiser seine *fideles* um Rat und Hilfe ersucht, um der Schwierigkeiten Herr zu werden, *quae contra honorem coronae nostrae emergant*.[43] In der Gelnhäuser Urkunde wurde Philipp von Köln 1180 belohnt, weil er sich verdient gemacht hatte *ob honorem imperialis coronae promovendum et manutenendum*.[44] Schärfer umschrieben erscheint der Inhalt in dem Treueid der Bürger von Tortona: *iuvabo eos tenere regnum Italiae et honorem coronae et nominatim civitatem Terdonae*.[45] Auf diese Weise zwischen das *regnum* im allgemeinen und die Stadt im besonderen gestellt, kann der *honor coronae* nur die Gesamtheit der Herrschaftsrechte, die dem Kaiser und König zukommen, meinen. Noch deutlicher wird dies an dem vorhin angeführten Eid von Konstanz. Die Bürger verpflichten sich, dem Kaiser bei der Wahrung des *honor coronae* zu helfen. Aber ihre Pflicht, zum Wiedergewinn des etwa verlorenen *honor coronae* beizutragen, ist für jeden einzelnen auf die Grafschaft und das Bistum begrenzt, dem er zugehört. Diese Einschränkung wäre sinnlos, wenn *honor coronae* das Kaisertum schlechthin bedeutete. Dieser Begriff kann demnach nur die Anerkennung des Kaisertums, und aller aus ihm fließenden Besitz- und Hoheitsrechte, wie sie die Vertragsurkunde im einzelnen aufzählt und abgrenzt, zum Inhalt haben.

In dem Fidelitätseid, der zunächst die Wahrung der Krone und dann genauer der »Kronrechte«, wie wir *honor coronae* wohl übersetzen dürfen, einschließt, gewinnt der Kronbegriff einen klaren Rechtsinhalt. Dem entspricht es, wenn umgekehrt die Feinde des Kaisers durch die Reichsacht zu *hostes coronae* erklärt werden.[46] Dieses Wort wendet allerdings nur der Mailänder Annalist an, während die Urkunden *hostes imperii* oder *hostes publici* zu sagen pflegen.[47]

In der Tradition jener Formeln, die Barbarossa geprägt hatte, bezieht noch der Eid, mit dem die Lombarden sich dem jungen Heinrich VII. gegen Friedrich II. verbanden, die *fidelitas* auf die *corona*.[48] Ganz abgelöst von dem sichtbaren Zeichen wie auch von der Person des einzelnen Herrschers erscheint indessen das *diadema imperiale* als Träger des

43) MG. Const. 1 S. 312 Nr. 220; vgl. ebenda S. 346 Nr. 246 und 1175: *ad coronae nostrae detrimentum ... invitaret.*

44) Ebenda S. 385 Nr. 279.

45) Ebenda S. 394 Nr. 285.

46) Gesta Federici imperatoris in Lombardia (ed. O. HOLDER-EGGER, SS. rer. Germ., 1892) S. 36 zu 1159: *(Imperator) Mediolanenses bannivit et eos hostes corone iudicavit, licet eos non requisierit.* Vgl. auch das Dictamen auf den Namen Friedrichs II. bei W. WATTENBACH, Archiv f. d. Kunde österr. Geschichtsquellen 14 (1855) S. 52: *Gaietani imperialis coronae contumaces.*

47) Z. B. MG. Const. 1 S. 109, 263, 315, 432, 433, Nr. 60, 189, 223, 304, 305.

48) MG. Const. 2 S. 437 Nr. 328. – Im 14. Jh. muß ein Notar in Florenz dem Grafen, der ihn investiert, einen Treueid leisten, der genannt wird *pro Romano imperio et ipsius corona et pro se ipso* (d. Grafen) *purae fidelitatis debitum iuramentum.* (J. FICKER, Forschungen zur Reichs- und Rechtsgeschichte Italiens 4, 1874, S. 509 Nr. 501).

Kaiserrechts bei der Papstwahl in dem Schreiben, das die deutschen Fürsten 1202 an Papst Innozenz III. richteten und das die berühmte Dekretale »Venerabilem« auslöste: *In Romanorum enim electione pontificum hoc erat imperiali diademati reservatum, ut eam Romanorum imperatoris auctoritate non accommodata ullatenus fieri non liceret.*[49]

Heinrich Mitteis hat daran erinnert, daß auch Walther von der Vogelweide, ausgehend von dem sichtbaren Diadem, die Krone zum überpersönlichen Träger des Reiches mache.[50] Weiter als in den bekannten Versen, vor allem über König Philipp und den »Waisen«, geht er in der Schelte gegen den *nidern unbescheiden man:*

> *die selben brechent uns diu reht und stoerent unser ê*
>
> *nû sehet wie diu krône lige und wie diu kirche stê* (83, 25 f.).[51]

Wie einst Bernhard von Clairvaux stellt Walther Krone und Kirche gegenüber, ohne daß noch eine Beziehung zum Insigne besteht; vielmehr ist es die Verwirrung des Rechtes, die die Krone, d. h. Königtum, Kaisertum und Reich, zugrunde richtet.

Ganz vereinzelt finden wir in anderem Zusammenhang die Krone an Stelle des Reiches genannt. Auf eine Urkunde Friedrichs II., die von den »Kronfürsten« spricht, hat schon Fritz Hartung hingewiesen. Es handelt sich um die vielumstrittene Berner Handfeste von 1218, die in der Narratio von der Stadtgründung durch Berthold V. von Zähringen berichtet: *Heinrico imperatore confirmante et cunctis principibus corone Romani imperii qui aderant consentientibus.* Die Zeugenreihe wird wiederum eingeleitet: *presentibus et annuentibus corone nostris principibus.*[52] Der Ausdruck – anstelle des üblichen *principes imperii* oder *principes nostri*[53] – ist nur eines unter vielen Indizien für den jüngst erbrachten Nachweis, daß die Urkunde nicht in der Kanzlei Friedrichs II. entstanden sein kann;[53a] denn Parallelen in den Königsurkunden finden sich nicht. Ob man die Handfeste nun als

49) Regestum super negotio Romani Imperii, ed. F. KEMPF (1947) Nr. 61 S. 164. Vgl. die Verleihung der Königskrone *(corona)* an Österreich MG. Const. 2 S. 359 Nr. 261: *ut ... nichil honori et iuri nostri diadematis aut imperii subtrahatur.*

50) H. MITTEIS, HZ 166 (1942) S. 132. Die einschränkenden Bemerkungen von HARTUNG, Wege der Forschung 3 S. 51 dürften durch die oben zitierte Stelle widerlegt sein.

51) F. MAURER, Die politischen Lieder Walthers von der Vogelweide (1954), faßt die Strophen jeweils eines Tones zu einem Lied zusammen und setzt dementsprechend unsere Strophen mit den anderen des Leopoldstones um 1208 an (a. a. O. S. 52 ff. und in seiner Ausgabe, 1960², S. 37 ff.). Andere beziehen die Strophe auf König Heinrich (VII.), so zuletzt H. BÖHM in seiner zweisprachigen Ausgabe (1955²) S. 242 ff. Stehen die Worte *reht – krône* einerseits und *ê – Kirche* andererseits in Beziehung oder sind *lige* und *stê* (wie es meist geschieht) als Gegensätze aufzufassen?

52) Hinweis von HARTUNG S. 37 Anm. 97; Text zuletzt bei H. STRAHM, Die Berner Handfeste (1953) S. 152 und 180.

53) Vgl. J. FICKER, Vom Reichsfürstenstande 1 (1861) S. 42 ff., 53 ff., 144 ff.

53a) So überzeugend P. ZINSMAIER, Zur Kritik der Berner Handfeste (Zeitschrift f. d. Gesch. d. Oberrheins 111, 1963, S. 95–119, der die Urkunde als Fälschung um 1250/70 deutet; über die *principes coronae* dort S. 107. Übrigens fällt es auch auf, daß unter den »Kronfürsten« der Zeugenreihe nur zwei – tatsächlich im Beurkundungszeitpunkt abwesende – Mitglieder des Reichsfürstenstandes genannt sind.

Empfängerausfertigung oder – was wahrscheinlicher ist – als Fälschung der Mitte des 13. Jahrhunderts deutet, man wird die bisher ungeklärte Herkunft des auffallenden Begriffes »Kronfürsten« im Auge behalten müssen.

Vergleichbar ist der Form nach – ohne daß sich eine Beziehung zur Handfeste vermuten ließe – die Unterschrift eines Notars in Padua von 1158: *Ego Ugizio sanctissime imperatoris Federici corone notarius... scripsi*[54] – statt des üblichen *notarius sacri palatii, notarius domni imperatoris, notarius imperialis aulae* oder ähnlicher Formeln. Kaiser Ludwig d. B. spricht gelegentlich von den *fideles coronae*.[55]

Mit den letzten Zeugnissen haben wir den historischen Anschluß an den von Schramm genannten Aufruf Friedrichs II. erreicht. Wir brechen darum ab. Schramms Auffassung, daß seine Stelle nur ein Beispiel sei, hat sich voll bestätigt. Für alle darin vorkommenden Einzelausdrücke – *hostes coronae, coronae detrahere,*[56] *subsidium coronae* – ließen sich gleich oder ähnlich lautende ältere Parallelen beibringen; darüber hinaus fand sich eine ganze Reihe weiterer Wendungen, in denen *corona* für das Kaisertum und das Reich selbst, über die Person des einzelnen Herrschers hinaus, gebraucht wurde. Aber wenn der Ausdruck auch, insbesondere indem die *fidelitas* auf ihn bezogen wird, in die Rechtssphäre dringt und zum Rechtsträger wird, so löst er sich doch nicht von dem jeweiligen Träger der Krone, sondern meint gerade die ihm zukommenden Rechte; und wenn man die Fülle der Quellen betrachtet, ist die Zahl der gefundenen Belege klein. Zum juristischen terminus technicus wird das Wort nicht; neben *corona* werden weiterhin *sceptrum* und *solium* als Metaphern der Herrschaft gebraucht, und vor allem steht – auch das hat Schramm schon betont – der Begriff *imperium* (samt Ableitungen wie *imperialis dignitas, imperatoria maiestas* usw.) zur Verfügung.

Wir haben gesehen, daß das Wort *corona* während des 12. Jahrhunderts in Deutschland nicht seltener als in denjenigen Ländern, die Fritz Hartung, Josef Karpat, Ernst Kantorowicz u. a. untersucht haben, im übertragenen Sinne verwendet wird.[57] Die ältesten

---

54) FICKER, Forschungen 4 S. 168 Nr. 125.

55) E. WINKELMANN, Acta imperii inedita 2 (1885) Nr. 489 S. 305 von 1325. Dies ist der einzige einschlägige Beleg im Wörterverzeichnis dieser Sammlung. Eine kursorische Durchsicht der beiden Bände ergab keine weiteren. In der Goldenen Bulle von 1356 cap. 8 heißt es »regno Boemie eiusdemque regni corone olim concessum fuerit«; bezeichnenderweise ist aber nur von der böhmischen Krone, nicht von der Reichskrone in diesem Sinne die Rede. Zum böhmischen Kronbegriff vgl. J. KARPAT, in: Wege der Forschung 3 S. 232–237, F. HARTUNG ebenda S. 62 f., J. PROCHNO ebenda S. 198–224.

56) Der oben bei Anm. 34 genannte Text sagt *coronae detrahere*, mit dem im mittelalterlichen Latein häufigen Dativ: »der Krone Abbruch tun«. Ist der schlecht überlieferte Text oben Anm. 5 dementsprechend zu ändern?

57) Zum Folgenden vgl. HARTUNG (wie oben Anm. 4), J. KARPAT, Zur Geschichte des Begriffs Corona Regni in Frankreich und England, in: Wege der Forschung 3 S. 70–155, und DERS., Corona regni Hungariae im Zeitalter der Arpaden, ebenda S. 225–348, sowie KANTOROWICZ, The King's Two Bodies, bes. S. 340 ff.

Beispiele aus England sind für die Zeit um 1130, aus Frankreich um 1150, aus Böhmen (vereinzelt) um 1158 nachgewiesen worden, während die ungarischen Quellen erst um 1200 einsetzen. Überall ist der Kronbegriff zunächst sachlich und rechtlich unpräzise und gewinnt erst im 13. und 14., zum Teil im 15. Jahrhundert schärfere Konturen. In Frankreich bezieht zuerst Suger von Saint-Denis die *fidelitas* auf die Krone, unter Philipp II. August läßt sich die Wendung *coronam regni defendere* belegen; in England taucht unter Johann Ohneland die Wortverbindung *dignitas et corona* auf. Die Mehrzahl der in Ungarn seit 1197 begegnenden Ausdrücke, wie *fidelitas coronae exhibita* (oder *debita*), *honor coronae, detrimentum coronae, dimicare pro corona, libertas coronae*, ist gleich oder ähnlich zu früherer Zeit im Imperium nachweisbar. Man wird also hier schwerlich ein Symptom dafür sehen können, daß die Staatwerdung in Deutschland hinter der in anderen Ländern herhinkte.[58] Freilich sind die Belege auch nicht zahlreich und eindeutig genug, als daß man etwa behaupten dürfte, es sei umgekehrt vom Imperium ein Anstoß auf die anderen Länder ausgegangen; allenfalls ließe sich für Ungarn fragen, ob es Einwirkungen aus Italien, wohin die meisten unserer Nachweise führten, erfahren hat. Wie dem auch sei, nicht nur England und Frankreich, sondern auch Ungarn und die anderen ost-mitteleuropäischen Länder haben den Kronbegriff vielfältig und unabhängig vom Imperium weiterentwickelt.

Einen Ansatzpunkt dazu bot vor allem die Bezeichnung der Krone als Eigentümerin des königlichen Gutes, die sich in Frankreich vereinzelt unter Philipp August, öfter seit dem 14. Jahrhundert, in England hingegen schon seit Heinrich II. häufiger findet, gelegentlich auch in Böhmen schon um 1158 auftaucht. Darüber hinaus spielen für den englischen Kronbegriff die schon seit 1130 nachweisbaren »Krongerichte« *(placita coronae)* eine besondere Rolle. Für alles dies gibt es im Imperium keine Parallele; nur das »Reich«, nicht die Krone ist Herr über Güter und Gerichte. Dennoch glauben wir sagen zu dürfen, daß das erste Auftreten des übertragenen Kronbegriffes im 12. Jahrhundert eine allgemeineuropäische Erscheinung ist und erst im 13. Jahrhundert die Entwicklung einsetzt, die ihm in den verschiedenen Ländern verschiedenen Inhalt verleiht, in Deutschland aber eine Lücke spüren läßt. Wenn auch vielleicht noch der eine oder andere Beleg aus dem 13. und 14. Jahrhundert in Deutschland zu finden sein mag, die Einsicht Fritz Hartungs, daß sich in Deutschland keine rechtliche Fortentwicklung und Verselbständigung des Kronbegriffes vollzogen hat, dürfte sich schwerlich erschüttern lassen.

*Nachtrag:* Leider wurde mir der wichtige Aufsatz von HARTMUT HOFFMANN, Die Krone im hochmittelalterlichen Staatsdenken, in der Festschrift für Harald Keller (1963) S. 71–85, erst nach Abschluß der Korrekturen bekannt. Seine Nachweise decken sich zum Teil mit den hier vorgelegten, zum andern Teil ergänzen sich die beiden Arbeiten wechselseitig. In einigen Einzelheiten weicht meine Auffassung ein wenig von der HOFFMANNS ab, doch kann das hier nicht mehr dargelegt werden.

58) In diesem Punkte weicht unser Ergebnis von SCHRAMM, Friedrichs II. Herrschaftszeichen S. 141, ab.

# BIBLIOGRAPHIE

## I. Selbständig erschienene Arbeiten

1. Gerhoch von Reichersberg. Eine Biographie mit einem Anhang über die Quellen, ihre handschriftliche Überlieferung und ihre Chronologie. F. Steiner Verlag Wiesbaden 1960. XII und 485 S.
2. Karl der Große, das Papsttum und Byzanz. Die Begründung des karolingischen Kaisertums. Verlag L. Schwann Düsseldorf 1968. 80 S. (Erweiterte Sonderausgabe von III 17).
3. Burgundio von Pisa. Richter – Gesandter – Übersetzer. Sitzungsberichte der Heidelberger Akademie der Wissenschaften, Phil.-hist. Klasse, Jahrgang 1974, 4. Abh. C. Winter Verlag Heidelberg 1974. 106 S. 4 Tafeln.
4. Kaiserreskript und Königsurkunde. Diplomatische Studien zum Problem der Kontinuität zwischen Altertum und Mittelalter. Byzantina Keimena kai Meletai 15. Kentron Byzantinon Ereunon Thessaloniki 1977. XXVII und 254 S. 2 Tafeln (Neubearbeitung von III 3).
5. Studium und Gesellschaft im Mittelalter. Gesammelte Aufsätze und Studien aus dem Nachlaß, hrsg. v. J. Fried. Schriftenreihe der Monumenta Germaniae Historica 29, Verlag A. Hiersemann Stuttgart 1983.
6. Ausgewählte Aufsätze. Unter Mitwirkung von C. J. Classen und J. Fried hrsg. v. J. Fleckenstein, Vorträge und Forschungen, hrsg. vom Konstanzer Arbeitskreis für mittelalterliche Geschichte 28. J. Thorbecke Verlag Sigmaringen 1983.
7. Kleine Geschichte der Universität Heidelberg. P. C. und E. Wolgast. Springer-Verlag Heidelberg 1983. VII und 119 S.

## II. Texteditionen, herausgegebene und mitherausgegebene Werke und Sammlungen

1. Rom und Byzanz von Diokletian bis zu Karl dem Großen. Quellen- und Arbeitshefte für den Geschichtsunterricht. E. Klett Verlag Stuttgart 1954; 2. Aufl. 1959; 3. verbesserte Aufl. 1967; 4. Aufl. 1977. 56 S.
2. Gerhohi Reichersbergensis epistolae tres, ed. P. C. In: Gerhohi praepositi Reichersbergensis Opera Inedita, edd. D. Van den Eynde et al., vol. I. Pontificium Athenaeum

Antonianum Rom 1955. 351–377 (zugleich Mitarbeit an der Edition des Libellus de ordine donorum Sancti Spiritus, ebenda 90–165).

3. Friedrich Meinecke. Ausgewählter Briefwechsel, hrsg. v. L. Dehio und P. C. Friedrich Meinecke Werke Band VI. K. F. Koehler Verlag Stuttgart 1962. XVI und 664 S.

4. Festschrift Percy Ernst Schramm zu seinem siebzigsten Geburtstag von Schülern und Freunden zugeeignet, hrsg. v. P. C. und P. Scheibert I–II. F. Steiner Verlag Wiesbaden 1964.

5. Politische Verträge des frühen Mittelalters. Eingeleitet und zusammengestellt v. P. C. Historische Texte – Mittelalter 3. S. Stahlmann Verlag Germering 1966. 84 S.

6. Josef Deér, Byzanz und das abendländische Herrschertum. Ausgewählte Aufsätze, hrsg. v. P. C. Vorträge und Forschungen, hrsg. vom Konstanzer Arbeitskreis für mittelalterliche Geschichte 21. J. Thorbecke Verlag Sigmaringen 1977. 519 S. 64 Tafeln (7–10: Vorwort v. P. C.).

7. Recht und Schrift im Mittelalter. Hrsg. v. P. C. Vorträge und Forschungen, hrsg. vom Konstanzer Arbeitskreis für mittelalterliche Geschichte 23. J. Thorbecke Verlag Sigmaringen 1977. 518 S. (7–12: Zur Einführung v. P. C.).

8. Die Gründungsurkunden der Reichenau. Hrsg. v. P. C. Vorträge und Forschungen, hrsg. vom Konstanzer Arbeitskreis für mittelalterliche Geschichte 24. J. Thorbecke Verlag Sigmaringen 1977. 88 S. (7: Vorwort v. P. C.).

9.. Die Admonter Briefsammlung nebst ergänzenden Briefen. Hrsg. v. G. Hödl und P. C. MGH Die Briefe der Deutschen Kaiserzeit. 6, München 1983

## III. Aufsätze in Zeitschriften und Sammelwerken

1. Romanum gubernans imperium. Zur Vorgeschichte der Kaisertitulatur Karls des Großen. Deutsches Archiv 9 (Böhlau Verlag Münster Köln 1951/1952) 103–121. Neudruck mit Nachtrag in: Zum Kaisertum Karls des Großen, hrsg. v. G. Wolf. Wege der Forschung 38 (Wissenschaftliche Buchgesellschaft Darmstadt 1972) 4–29. S. o. S. 187–204.

2. Causa Imperii. Probleme Roms in Spätantike und Mittelalter. In: Das Hauptstadtproblem in der Geschichte. Festgabe zum 90. Geburtstag Friedrich Meineckes. Jahrbuch für Geschichte des Deutschen Ostens 1 (M. Niemeyer Verlag Tübingen 1952) 225–248. S. o. S. 45–66.

3. Kaiserreskript und Königsurkunde. Diplomatische Studien zum römisch-germanischen Kontinuitätsproblem. Archiv für Diplomatik 1 (Böhlau Verlag Münster Köln 1955) 1–87 und 2 (1956) 1–115 (Überarbeitete Fassung der maschinenschriftlichen Dissertation, Göttingen 1950). Vgl. I 4.

4. Das Konzil von Konstantinopel 1166 und die Lateiner. Byzantinische Zeitschrift 48 (C. H. Beck'sche Verlagsbuchhandlung München 1955) 339–368. S. o. S. 117–146.

5. Zur Geschichte der Frühscholastik in Österreich und Bayern. Mitteilungen des

Instituts für Österreichische Geschichtsforschung 67 (H. Böhlaus Nachf. Graz Köln 1959) 249–277. S. o. S. 279–306.

6. Der verkannte Johannes Damascenus. Byzantinische Zeitschrift 52 (C. H. Beck'sche Verlagsbuchhandlung München 1959) 297–303.

7. Mailands Treueid für Manuel Komnenos. In: Akten des XI. Internationalen Byzantinisten-Kongresses 1958 (C. H. Beck'sche Verlagsbuchhandlung München 1960) 79–85. S. o. S. 147–153.

8. Der Prozeß um Münsteuer (1154–1176) und die Regalienlehre Gerhochs von Reichersberg. Zeitschrift der Savigny-Stiftung für Rechtsgeschichte, Germanistische Abteilung 77 (Verlag H. Böhlaus Nachfolger Weimar 1960) 324–345.

9. Codex latinus monacensis 14355 und die Revision der Eucharistielehre Ruperts von Deutz. Studi Medievali 3 a Serie 1 (Centro italiano di studi sull'alto medioevo Spoleto 1960) 99–106.

10. Gerhoch von Reichersberg und die Regularkanoniker in Bayern und Oesterreich. In: La vita comune del clero nei secoli XI e XII. Atti della Settimana di studio: Mendola settembre 1959. Miscellanea del Centro di Studi Medioevali III, vol. I. Pubblicazioni dell'Università Cattolica del Sacro Cuore ser. 3, sc. stor. 2 (Vita e Pensiero Mailand 1962) 304–340. S. o. S. 431–460.

11. Die Verträge von Verdun und von Coulaines 843 als politische Grundlagen des Westfränkischen Reiches. Historische Zeitschrift 196 (R. Oldenbourg Verlag München 1963) 1–35. S. o. S. 249–277.

12. Bemerkungen zur Pfalzenforschung am Mittelrhein. In: Deutsche Königspfalzen 1. Veröffentlichungen des Max-Planck-Instituts für Geschichte 11/1 (Vandenhoeck und Ruprecht Göttingen 1963) 75–96. S. o. S. 475–501.

13. Die Geschichte der Königspfalz Ingelheim bis zur Verpfändung an Kurpfalz 1375. In: Ingelheim am Rhein, hrsg. v. J. Autenrieth (C. H. Boehringer Sohn Ingelheim am Rhein 1964) 87–146.

14. Corona Imperii. Die Krone als Inbegriff des römisch-deutschen Reiches im 12. Jahrhundert. In: Festschrift P. E. Schramm (vgl. II 4) I 90–101. S. o. S. 503–514.

15. Heinrichs IV. Briefe im Codex Udalrici. Deutsches Archiv 20 (Böhlau Verlag Köln Graz 1964) 115–129.

16. Die hohen Schulen und die Gesellschaft im 12. Jahrhundert. Nachrichten der Gießener Hochschulgesellschaft 33 (W. Schmitz Verlag Gießen 1964) 145–157. Erweiterte Fassung: Archiv für Kulturgeschichte 48 (Böhlau Verlag Köln Graz 1966) 155–180. Vgl. I 5.

17. Karl der Große, das Papsttum und Byzanz. Die Begründung des karolingischen Kaisertums. In: Karl der Große – Lebenswerk und Nachleben, hrsg. v. W. Braunfels. Band 1 Persönlichkeit und Geschichte, hrsg. v. H. Beumann (Verlag L. Schwann Düsseldorf 1965; 2. Aufl. 1966; 3. durchges. Aufl. 1967) 537–608. Vgl. I 2.

18. Aus der Werkstatt Gerhochs von Reichersberg. Studien zur Entstehung und Überlie-

ferung von Briefen, Briefsammlungen und Widmungen. Deutsches Archiv 23 (Böhlau Verlag Köln Graz 1967) 31–92. S. o. S. 379–430.

19. Zur Geschichte Papst Anastasius' IV. Quellen und Forschungen aus italienischen Archiven und Bibliotheken 48 (M. Niemeyer Verlag Tübingen 1968) 36–63.

20. Die ältesten Universitätsreformen und Universitätsgründungen des Mittelalters. Heidelberger Jahrbücher 12 (Springer Verlag Berlin Heidelberg New York 1968) 72–92. Vgl. I 5.

21. Eschatologische Ideen und Armutsbewegungen im 11. und 12. Jahrhundert. In: Povertà e ricchezza nella spiritualità dei secoli XI e XII. Convegni del Centro di studi sulla spiritualità medievale VIII (L'Accademia Tudertina Todi 1969) 127–162. S. o. S. 307–326.

22. La politica di Manuele Comneno tra Federico Barbarossa e le città italiane. In: Popolo e stato in Italia nell' età di Federico Barbarossa. Relazioni e communicazioni al XXXIII Congresso storico subalpino (Deputazione subalpina di storia patria Turin 1970) 263–279. S. o. S. 155–170.

23. Zur kritischen Edition der Schriften Ruperts von Deutz. Deutsches Archiv 26 (Böhlau Verlag Köln Wien 1970) 513–527.

24. Antrittsrede. Jahrbuch der Heidelberger Akademie der Wissenschaften für 1970 (C. Winter Verlag Heidelberg 1971) 87–90.

25. Karl der Große und die Thronfolge im Frankenreich. In: Festschrift für Hermann Heimpel zum 70. Geburtstag am 19. September 1971, hrsg. von den Mitarbeitern des Max-Planck-Instituts für Geschichte (Vandenhoeck und Ruprecht Göttingen 1972) III 109–134 mit 6 Karten. S. o. S. 205–229.

26. Das Wormser Konkordat in der deutschen Verfassungsgeschichte. In: Investiturstreit und Reichsverfassung, hrsg. v. J. Fleckenstein. Vorträge und Forschungen, hrsg. vom Konstanzer Arbeitskreis für mittelalterliche Geschichte 17 (J. Thorbecke Verlag Sigmaringen 1973) 411–460.

27. Das Konzil von Toulouse 1160: eine Fiktion. Deutsches Archiv 29 (Böhlau Verlag Köln Wien 1973) 220–223.

28. Des Königreichs hohe Schule. Zum 750. Jubiläum der Universität Neapel. Ruperto Carola 26 (Vereinigung der Freunde der Studentenschaft der Universität Heidelberg e. V. 1974) 17–20.

29. Burgundio von Pisa (gest. 1193) als Politiker, Gelehrter und Übersetzer. Jahrbuch der Heidelberger Akademie der Wissenschaften für 1973 (C. Winter Verlag Heidelberg 1974) 46–48.

30. La curia Romana e le scuole di Francia nel secolo XII. In: Le Istituzione ecclesiastiche della »Societas Christiana« dei secoli XI–XII. Papato, cardinalato ed episcopato. Atti della quinta Settimana internazionale di studio Mendola, 26–31 agosto 1971. Miscellanea del Centro di Studi Medioevali VII. Pubblicazioni dell'Università Cattolica del Sacro Cuore (Vita e Pensiero Mailand 1974) 432–436. Vgl. I 5.

31. Der erste Römerzug in der Weltgeschichte. Zur Geschichte des Kaisertums im Westen und der Kaiserkrönung in Rom zwischen Theodosius d. Gr. und Karl d. Gr. In: Historische Forschungen für Walter Schlesinger, hrsg. v. H. Beumann (Böhlau Verlag Köln Wien 1974) 325–347. S. o. S. 23–43.

32. Der Häresie-Begriff bei Gerhoch von Reichersberg und in seinem Umkreis. In: The Concept of Heresy in the Middle Ages (11th–13th C.). Mediaevalia Lovaniensia ser. 1 stud. 4 (Leuven University Press 1976) 27–41. S. o. S. 461–473.

33. Fortleben und Wandel spätrömischen Urkundenwesens im frühen Mittelalter. In: Recht und Schrift im Mittelalter (vgl. II 7) 13–54.

34. Kodifikation im 12. Jahrhundert: Die Constituta usus et legis von Pisa. In: Recht und Schrift im Mittelalter (vgl. II 7) 311–317.

35. Die Komnenen und die Kaiserkrone des Westens. Journal of Medieval History 3 (North-Holland Publishing Company Amsterdam London 1977) 207–224. S. o. S. 171–185.

36. Bayern und die politischen Mächte im Zeitalter Karls des Großen und Tassilos III. In: Die Anfänge des Klosters Kremsmünster. Symposion 15.–18. Mai 1977, redigiert v. S. Haider. Ergänzungsband 2 zu den Mitteilungen des Oberösterreichischen Landesarchivs (Oberösterreichisches Landesarchiv Linz 1978) 169–187. S. o. S. 231–248.

37. Das Decretum Gratiani wurde nicht in Ferentino approbiert. Bulletin of Medieval Canon Law n. s. 8 (Institute of Medieval Canon Law Berkeley 1978) 38–40.

38. Genossenschaften der Lehrenden und Lernenden. Das mittelalterliche Selbstverständnis der Universität. Deutsche Universitätszeitung 13 (Verlag J. Raabe Bonn 1980) 392–394. Mit geringfügigen Erweiterungen und Literaturangaben nachgedruckt: Zur Bedeutung der mittelalterlichen Universitäten. Ruperto Carola 33 (Vereinigung der Freunde der Studentenschaft der Universität Heidelberg e. V. 1981) 37–41, und in: Mittelalterforschung, hrsg. v. R. Kurzrock. Forschung und Information 29 (Colloquium Verlag Berlin 1981) 115–123. Vgl. I 5.

39. Zur Geschichte der »akademischen Freiheit«, vornehmlich im Mittelalter. Jahrbuch der Heidelberger Akademie der Wissenschaften für 1980 (C. Winter Verlag Heidelberg 1981) 51–65. Erweitert und durch Literaturangaben ergänzt: Historische Zeitschrift 232 (R. Oldenbourg Verlag München 1981) 529–553. Vgl. I 5.

40. Die geistesgeschichtliche Lage. Anstöße und Möglichkeiten. In: Die Renaissance der Wissenschaften im 12. Jahrhundert, hrsg. v. P. Weimar. Zürcher Hochschulforum 2 (Artemis Verlag Zürich 1981) 11–32. S. o. S. 327–346.

41. Italien zwischen Byzanz und dem Frankenreich. In: Nascita dell'Europa ed Europa Carolingia: un'equazione da verificare. Settimane di studio del Centro italiano di studi sull'alto medioevo 27, I–II (Centro italiano di studi sull'alto medioevo Spoleto 1981) II 919–971. S. o. S. 85–115.

42. Res gestae, Universal History, Apocalypse: Visions of Past and Future. In: Renaissance and Renewal in the Twelfth Century, edd. by R. L. Benson and G. Constable

(Harvard University Press Cambridge Massachusetts 1982) 387–417. S. o. S. 347–378.

43. Spätrömische Grundlagen mittelalterlicher Kanzleien. (Vortrag, 4. Internationaler Diplomatiker-Kongreß Budapest 1973; ungedruckt). S. o. S. 67–84.

44. Italienische Rechtsschulen außerhalb Bolognas. Zum Druck vorgesehen für: Proceedings of the Sixth International Congress of Medieval Canon Law Berkeley 28 July– 2 August 1980. Vgl. I 5.

## IV. Beiträge zu Lexika und Nachschlagewerken

1. Neue Deutsche Biographie I–X, Berlin:

| | |
|---|---|
| Alberich, Bischof von Utrecht | I (1953) 124 |
| Brunichild, fränkische Königin | II (1955) 679 |
| Chlodwig I., Frankenkönig | III (1957) 208–209 |
| Chlothar I., Frankenkönig | III (1957) 209 |
| Dagobert I., König der Franken | III (1957) 474–475 |
| Folmar von Triefenstein | V (1961) 287–288 |
| Fredegar | V (1961) 385–386 |
| Fredegund | V (1961) 386 |
| Gerhoch von Reichersberg | VI (1964) 288–289 |
| Goar | VI (1964) 490 |
| Gottfried, Abt von Admont | VI (1964) 669–670 |
| Gregor, Bischof von Tours | VII (1966) 20– 21 |
| Gregor, Abt von Utrecht | VII (1966) 21 |
| Hugo von Honau | X (1974) 17 |

2. Religion in Geschichte und Gegenwart, 3. Aufl. hrsg. von K. Galling I–VI, Tübingen 1957–1962:

| | |
|---|---|
| Haimo | III (1959) 30 |
| Hildebert von Lavardin | III (1959) 317–318 |
| Hinkmar von Laon | III (1959) 354–355 |
| Hinkmar von Reims | III (1959) 355 |
| Hrabanus Maurus | III (1959) 461–462 |
| Johannes Sarracenus | III (1959) 820 |
| Jonas von Orléans | III (1959) 856 |
| Karl der Große | III (1959) 1148–1151 |
| Korvey | IV (1960) 25 |
| Langobarden | IV (1960) 229–230 |
| Paulinus von Aquileja | IV (1960) 164 |

| | |
|---|---|
| Roscel(l)in | IV (1960) 1182 |
| Servatus Lupus | IV (1960) 1713–1714 |
| Thietmar von Merseburg | V (1961)  853 |

3. Geschichte in Gestalten, hrsg. von H. Herzfeld I–IV, Frankfurt 1963, ²1981:

| | |
|---|---|
| Alexios I. Komnenos | I  59– 60 |
| Basileios I. | I 126–127 |
| Basileios II. | I 127–128 |
| Dandolo | I 291–292 |
| Dioskoros | I 316 |
| Herakleios | II 193–194 |
| Irene | II 231–232 |
| Johannes VI. Kantakuzenos | II 267–268 |
| Justinian und Theodora | II 279–281 |
| Konstantin IV. | II 351 |
| Konstantin XII. (XI.) Palaiologos | II 351–352 |
| Leon III. | III  32– 33 |
| Manuel I. Komnenos | III 116–117 |
| Manuel II. Palaiologos | III 117 |
| Michael VIII. Palaiologos | III 162–163 |
| Photios | III 312–313 |
| Psellos | III 342–343 |
| Zenon | IV 307 |

4. Dictionnaire de la Spiritualitè ascétique et mystique Paris:

| | |
|---|---|
| Gerhoch de Reichersberg | VI (1967) 304–308 |

5. Encyclopedia Britannica, 15th edition, Chicago:

| | |
|---|---|
| Charlemagne, Emperor | IV (1974)  44– 47 |

6. Lexikon des Mittelalters, München und Zürich:

| | |
|---|---|
| Anonymus, normannischer | I (1980) 673–674 |

7. Dahlmann Waitz. Quellenkunde der Deutschen Geschichte, 10. Aufl. hrsg. v. H. Heimpel und H. Geuss 5, Stuttgart 1980:
163 1–134 (Bearbeitungsschluß 1960)
164 1– 70; 198–423 (Bearbeitungsschluß 1961)

## V. Rezensionen und Anzeigen folgender Werke:

A. J. Fridh, Terminologie et formules dans le Variae de Cassiodore, Stockholm 1956. In: Gnomon 29 (1957) 140–143.

S. Gammersbach, Gilbert von Poitiers und seine Prozesse im Urteil der Zeitgenossen, Münster 1959. In: Mitteilungen des Instituts für Österreichische Geschichtsforschung 67 (1959) 408–410.

E. Meuthen, Kirche und Heilsgeschehen bei Gerhoh von Reichersberg, Leiden Köln 1959. In: Deutsches Archiv 16 (1960) 644–645.

H. Dannenbauer, Grundlagen der mittelalterlichen Welt, Stuttgart 1958. In: Gnomon 32 (1960) 483–485.

F.-L. Ganshof, La Belgique Carolingienne, Brüssel 1958. In: Historische Zeitschrift 190 (1960) 190.

Ekkehard IV., Die Geschichten des Klosters St. Gallen, übersetzt und erläutert von H. Helbing, Köln 1958. In: Historische Zeitschrift 190 (1960) 193–194.

E. Schwartz, Gesammelte Schriften III: Zur Geschichte des Athanasius, Berlin 1959. In: Historische Zeitschrift 191 (1960) 425.

Lambertus de Legia, De vita, translatione, inventione ac miraculis sancti Matthiae apostoli libri quinque, hrsg. v. R. M. Kloos, Trier 1958. In: Historische Zeitschrift 191 (1960) 691–692.

H.-G. Beck, Kirche und theologische Literatur im Byzantinischen Reich, München 1959. In: Historische Zeitschrift 192 (1961) 383–386.

H. Dannenbauer, Die Entstehung Europas. Von der Spätantike zum Mittelalter I, Stuttgart 1959. In: Historische Zeitschrift 192 (1961) 639–642.

Il monachesimo nell'alto medioevo e la formazione della civiltà occidentale. Settimane di studio del centro italiano di studi sull'alto medioevo IV, Spoleto 1957. In: Historische Zeitschrift 193 (1961) 107–111.

The Fourth Book of the Chronicle of Fredegar with its continuations. Ed. and transl. by J. M. Wallace Hadrill, London 1960. In: Historische Zeitschrift 193 (1961) 111–113.

E. Seckel †, Die erste Zeile Pseudoisidors, die Hadriansrezension »In nomine Domini incipit praefatio libri huius« und die Geschichte der Invokation in den Rechtsquellen hrsg. v. H. Fuhrmann, Berlin 1959. In: Historische Zeitschrift 193 (1961) 206–207.

H. Steinacker, »Traditio cartae« und »Traditio per cartam«, ein Kontinuitätsproblem (aus Archiv für Diplomatik 5/6) 1959/60. In: Mitteilungen des Instituts für Österreichische Geschichtsforschung 69 (1961) 376–377.

F. Haensler, Byzanz und Byzantiner, Diss. phil. Bern 1960. In: Deutsches Archiv 18 (1962) 280–281.

A. Wachtel, Beiträge zur Geschichtstheologie des Aurelius Augustinus, Bonn 1960. In: Historische Zeitschrift 195 (1962) 193–194.

Die Urkunden des Klosters St. Veit 1121–1450, bearbeitet v. H. Hör u. a., München 1960. In: Historische Zeitschrift 195 (1962) 201–202.

Ch. Dawson, Die Revolution der Weltgeschichte, München 1960. In: Historische Zeitschrift 195 (1962) 363–365.

M. Maccarrone, Papato e impero dalla elezione di Federico I alla morte die Adriano IV (1152–1159), Rom 1960. In: Historische Zeitschrift 195 (1962) 377–384.

L. Génicot, Les lignes de faîte du Moyen Age, 3. éd. rev. Tournai 1961. In: Mitteilungen des Instituts für Österreichische Geschichtsforschung 70 (1962) 120–121.

R. Haubst (Hrsg.), Mitteilungen und Forschungsbeiträge der Cusanus-Gesellschaft I, Mainz 1961. In: Zeitschrift für Kirchengeschichte 73 (1962) 387–388.

Aus Geschichte und Landeskunde. Forschungen und Darstellungen Franz Steinbach zum 65. Geburtstag gewidmet, Bonn 1960. In: Historische Zeitschrift 196 (1963) 128–132.

Hermannus quondam Iudaeus. Opusculum de conversione sua, ed. G. Niemeyer, Weimar 1963. In: Zeitschrift für Kirchengeschichte 74 (1963) 380–381.

H. Dannenbauer, Die Entstehung Europas. Von der Spätantike zum Mittelalter II, Stuttgart 1962. In: Historische Zeitschrift 198 (1964) 376–378.

F. Meinecke, Aforismi e schizzi sulla storia, a cura di G. Cassandro, Neapel 1962. In: Historische Zeitschrift 199 (1964) 193–194.

W. Metz, Staufische Güterverzeichnisse, Berlin 1964. In: Hessisches Jahrbuch für Landesgeschichte 16 (1966) 319–321.

Hildegard von Bingen, Briefwechsel, übersetzt und erläutert v. A. Führkötter, Salzburg 1965. In: Hessisches Jahrbuch für Landesgeschichte 16 (1966) 347–348.

O. Meyer, Bischof Eberhard II. von Bamberg (1146–1170), Würzburg 1964. In: Zeitschrift für Bayerische Landesgeschichte 28 (1965) 823.

F. Meinecke, Erlebtes 1862–1919, Stuttgart 1964. In: Historische Zeitschrift 202 (1966) 197–198.

R. Folz, Le Couronnement impérial de Charlemagne – 25 Déc. 800, Paris 1964. In: Historische Zeitschrift 202 (1966) 374–376.

R. Schneider, Brüdergemeine und Schwurfreundschaft, Lübeck und Hamburg 1964. In: Historische Zeitschrift 202 (1966) 631–633.

F. Grat J. Vielliard S. Clémencet (edd.), Annales de Saint-Bertin, avec une introduction et des notes par L. Levillain, Paris 1964. In: Historische Zeitschrift 204 (1967) 342–343.

R. Haubst (Hrsg.), Mitteilungen und Forschungen der Cusanus-Gesellschaft III, Mainz 1963 und

R. Haubst (Hrsg.), Das Cusanus-Jubiläum in Bernkastel-Kues 1964, Mainz 1964. In: Zeitschrift für Kirchengeschichte 78 (1967) 179–180.

W. von den Steinen, Homo caelestis I/II, Bern 1965. In: Zeitschrift für Kirchengeschichte 80 (1969) 108–110.

A. R. Natale, Ricerche paleografiche in carte lombarde dalla seconda metà del mille al millecento, Mailand 1961. In: Deutsches Archiv 26 (1970) 277–278.

R. L. Benson, The Bishop-Elect, Princeton 1968. In: Zeitschrift für Kirchengeschichte 81 (1970) 407–409.

M. Schalles-Fischer, Pfalz und Fiskus Frankfurt. In: Hessisches Jahrbuch für Landesgeschichte 21 (1971) 258–260.

W. Ullmann, The Carolingian Renaissance and the Idea of Kingship, London 1969. In: Historische Zeitschrift 212 (1971) 406–408.

Z. Zafarana, Studi Gregoriani per la storia della »Libertas Ecclesiae« VIII: Indici dei volumi I–VI, Rom 1970. In: Rivista di Storia della Chiesa in Italia 26 (1971) 237–238.

F. Hausmann (ed.), Die Urkunden Konrads III. und seines Sohnes Heinrich, MGH Die Urkunden der deutschen Könige und Kaiser IX, Wien Köln Graz 1969. In: Zeitschrift für Geschichte des Oberrheins 120 (1972) 513–516.

R. M. Herkenrath, Regnum und Imperium, Wien 1969. In: Zeitschrift für Geschichte des Oberrheins 120 (1972) 517.

P. Acht (ed.), Mainzer Urkundenbuch II: Die Urkunden seit dem Tode Erzbischof Adalberts I. (1137) bis zum Tode Erzbischof Konrads (1200), Teil 1: 1137–1175, Darmstadt 1968. In: Zeitschrift für Geschichte des Oberrheins 120 (1972) 517–521.

J. G. Plante, Catalogue of Manuscripts in the Library of Stift Reichersberg, Paris 1973. In: Deutsches Archiv 30 (1974) 546.

M. Maccarrone, Studi su Innocenzo III, Padova 1972. In: Deutsches Archiv 30 (1974) 593.

G. Constable B. Smith (edd.), Libellus de diversis ordinibus et professionibus qui sunt in aecclesia, Oxford 1972. In: Historische Zeitschrift 218 (1974) 394–395.

H. Rüthing, Die mittelalterliche Universität, Göttingen 1973. In: Historische Zeitschrift 219 (1974) 652–653.

P. Acht (ed.), Mainzer Urkundenbuch II: Die Urkunden vom Tode Adalberts I (1137) bis zum Tode Erzbischof Konrads (1200), Teil 2: 1176–1200, Darmstadt 1968. In: Zeitschrift für die Geschichte des Oberrheins 122 (1974) 361–362.

E. Werner, Zwischen Canossa und Worms, Berlin 1973. In: Historische Zeitschrift 220 (1975) 691–692.

N. M. Häring (ed.), Gerhoch of Reichersberg, Letter to Pope Hadrian about the Novelties of the Day, Toronto 1974. In: Historische Zeitschrift 220 (1975) 694–695.

A. Lazzarino del Grosso, Armut und Reichtum im Denken Gerhohs von Reichersberg, München 1973. In: Historische Zeitschrift 220 (1975) 695–696.

P. von Moos, Mittelalterforschung und Ideologiekritik, München 1974. In: Historische Zeitschrift 221 (1975) 426–427.

A. B. Cobban, The Medieval Universities, their Development and Organization. In: Historische Zeitschrift 224 (1977) 440–441.

H. Appelt et al. (edd.), Die Urkunden Kaiser Friedrichs I. 1152–1158, MGH Die Urkunden der deutschen Könige und Kaiser X 1, Hannover 1975. In: Zeitschrift für die Geschichte des Oberrheins 125 (1977) 412–414.

E. Schnitzler, Die Gründung der Universität Rostock 1419, Köln Wien 1974. In: Zeitschrift für Historische Forschung 4 (1977) 360–361.

P. Colliva (ed.), Acta Germanica I: Statuta Nationis Germanicae Universitatis Bononiae (1292–1750), Bologna 1975. In: Historische Zeitschrift 227 (1978) 161–163.

St. Weinfurter, Salzburger Bischofsreform und Bischofspolitik im 12. Jahrhundert, Köln 1975. In: Zeitschrift für Kirchengeschichte 89 (1978) 187–188.

A. Gawlik (ed.), Die Urkunden Heinrichs IV. Dritter Teil, MGH Die Urkunden der deutschen Könige und Kaiser VI, Hannover 1978. In: Zeitschrift für die Geschichte des Oberrheins 127 (1979) 429–480.

U. G. Leinsle, Vivianus von Prémontré, Averbode 1978. In: Deutsches Archiv 36 (1980) 248.

J. Durkan J. Kirk, The University of Glasgow 1451 to 1577, Glasgow 1977. In: Historische Zeitschrift 230 (1980) 171–172.

D. Berg, Armut und Wissenschaft, Düsseldorf 1977. In: Hist. Zeitschr. 230 (1980) 419–420.

Le Scuole degli Ordini Mendicanti (sec. XIII–XIV). Convegni del Centro di Studi sulla Spiritualità Medievale XVII, Todi 1978. In: Savigny Zeitschrift für Rechtsgeschichte 97, Kanon. Abt. (1980) 551.

U. Schwarz, Amalfi im frühen Mittelalter (9.–11. Jahrhundert), Tübingen 1978. In: Byzantinische Zeitschrift 74, 1981, 87–88.

K. Jordan, Heinrich der Löwe, München 1979. In: Hist. Zeitschr. 232 (1981) 398–399.

K. Guth, Johannes von Salisbury (1115/20–1180), St. Ottilien 1978. In: Historische Zeitschrift 232 (1981) 409.

A. Frhr. v. Taube K. J. Paulsen, Erinnerungen des Revaler Stadthauptes Thomas Wilhelm Greiffenhagen, Hannover 1977. In: Ruperto Carola 33 (1981) 227–228.

## VI. Tagungsbericht

Der Konstanzer Arbeitskreis für mittelalterliche Geschichte. Herbsttagung auf der Reichenau 1961. In: Studi Medievali 3a Serie 2 (1961) 751–755.

## VII. Vorwort, Nachrufe

Vorwort zu: Schwaben und Schweiz im frühen und hohen Mittelalter. Gesammelte Aufsätze von Heinrich Büttner, hrsg. v. H. Patze. Vorträge und Forschungen, hrsg. vom Konstanzer Arbeitskreis für mittelalterl. Geschichte 15, Sigmaringen 1972, 7–8.

Wilhelm Berges. In: Historische Zeitschrift 229 (1979) 779–782.

Ahasver von Brandt. In: Jahrbuch der Heidelberger Akademie der Wissenschaften für 1978 (1979) 71–73.

Ahasver von Brandt. In: Deutsches Archiv 35 (1979) 712–713.

Hans Liebeschütz. In: Deutsches Archiv 35 (1979) 711–712.

# REGISTER

*Personen:*

Abaelard   125; 134; 140; 279–280; 283–289;
   300; 330–332; 337–338; 342–345; 367; 370;
   461; 469; 471–472
Abbo, A. v. Fleury   312–313; 316
Adalbero, EB. v. Trier   281
Adalbert I., EB. v. Mainz   486
Adalbert II., EB. v. Mainz   281
Adalbert, Pr. v. Bischofsheim   453
Adalbert, Gf. v. Bogen   451
Adalbold   485
Adalgis (Adelchis)   108; 241
Adalhard, A. v. Corbie   225
Adam, A. v. Ebrach   125; 281; 384–385; 388;
   399; 401; 406; 408–409; 411; 420–421
Adelberga, Herzogin v. Benevent   236
Adhemar   476
Adrevald v. Fleury   422
Adso, A. v. Moutier-en-Der   309–311; 321
Aethelbald, Kg. v. Mercia   204
Aëtius   52
Afiarta, Paulus   96
Agano   498–499
Agathias   107; 195
Agathon, P.   90 A.; 99; 120
Agilulf, Kg. d. Langobarden   85; 112; 234
Agnellus, EB. v. Ravenna   82; 95; 114
Agnes, Kaiserin   448
Agnes, Königin v. Ungarn   123
Ahmed ben Sirin   119
Aistulf, Kg. der Langobarden   92; 95; 98; 113
Alanus v. Lille   293
Alarich, Kg. der Westgoten   26–27; 47–49
Alberich, Mkgf. v. Spoleto   62
Albert v. Aachen   317 A
Alberto (Konsul in Pisa)   163 A; 165 A
Albertus Magnus   302

Albertus Saxo   294
Alboin, Kg. d. Langobarden   113–114
Albrecht I., Kg.   490 A
Aldhelm, B. v. Sherborne   199; 204
Alexander d. Große   360; 376
Alexander II., P.   433; 448; 463–464
Alexander III., P.   122–123; 125; 131–132; 140;
   158; 164 A; 168–169; 176–177; 181; 286; 343;
   382; 386; 397; 401–402; 407–408; 410–411;
   415; 418; 420; 429–430; 457; 469; 508–509
Alexander v. Roes   279
Alexios I. Komnenos, Ks.   151;   159 A;
   171–176; 316 A
Alger v. Lüttich   299 A; 370
Alkuin (= Alchvine)   188; 199; 207; 209; 226
Altmann, B. v. Passau   433–434; 448–449
Altmann, B. v. Trient   435–436; 452–453
Amalrich v. Bena   325
Ambrosius, B. v. Mailand   47; 53; 121; 359;
   370; 413; 416; 464–465
Ammianus Marcellinus   24; 50; 204
Anakleth II., Gegenp.   319 A; 321; 469; 507
Anastasia, Kaiserin   193
Anastasios I., Ks.   39 A; 193 A
Anastasios II., Ks.   90
Anastasios, Patr. v. Konstantinopel   100 A; 114
Anastasios   121 A
Anastasius IV., P.   428
Anastasius Bibliothecarius   197 A
Andreas, Metrop. v. Kreta   128 A
Andronikos I., Ks.   119 A; 134; 182
Angilbert   208
Anno, B. v. Worms   492
Anselm, B. v. Havelberg   128; 287; 301;
   319–320; 366; 368–370; 373–374; 423–424;
   442; 447; 472–473

Anselm v. Laon 280; 283 A; 330–331; 363
Anthemius, Ks. 27
M. Antonius 46
Appian 194
Arbogast 47
Arcadius, Ks. 25; 47–48; 195 A
Archipoeta 339
Arichis II., Hzg. v. Benevent 93; 236–240
Aristoteles 120; 279; 296; 301; 305; 332 A; 337; 339–340; 344
Arius 139 A; 304
Arlotti, Jacobo di 63
Arn, B. v. Salzburg 239; 246
Arno, Pr. v. Reichersberg 127; 130–132; 136 A; 140; 288; 292; 296; 301; 382–383; 385; 387; 410; 412; 414; 420–423; 427; 430; 439; 441; 447; 471 A
Arnold, EB. v. Köln 400
Arnold, Gf. v. Greifenstein 453
Arnold v. Brescia 59; 344; 441; 468
Arnulf v. Kärnten, Kg. 478
Arnulf, Hzg. v. Bayern 500 A
Arnulf, B. v. Metz 209
Arnulf, B. v. Orléans 310
Arnulf v. Mailand 353 A
Artavasdos, Gegenks. 196
Arthur, Kg. 353
Arthur, Hzg. d. Bretagne 353
Athalarich, Kg. d. Ostgoten 190
Athanasius, B. v. Alexandria 121 A; 135; 137–140; 294; 297; 340 A
Attalus, Gegenks. 26
Atzuppius 107 A
Augustin 53; 58; 98; 121; 297; 299 A; 308–310; 360–361; 363; 365; 370; 376; 383 A; 390; 417; 435; 439–440; 445; 450; 452; 454–457; 462; 466
Augustus, Ks. 28; 46; 352 A
Aurelian, Ks. 48–50; 57
Ausonius 74
Authar, Hzg. 226
Authari, Kg. d. Langobarden 113
Avitus, Ks. 27

Balderich, B. v. Dol 317 A
Balderich 263 A
Balsamon 181

Bartholomäus 126
Basileios I., Ks. 110; 156
Basileios II., Ks. 147
Basilius d. Große 121 A; 134; 295; 404
Beatrix, Kaiserin 149
Beda 294; 349–350; 353; 363; 376; 457
Belisar 33; 36–38
Benedikt II., P. 90 A
Benedikt v. Aniana 432
Benedikt v. Nursia 374; 445
Benzo, B. v. Alba 310
Beraldus, A. v. Farfa 173
Berengar, Gf. v. Sulzbach 449
Berengar v. Tours 280; 330; 351; 363
Bernhar, B. v. Worms 485
Bernhard, Kg. v. Italien 209 A; 225; 227–228; 246
Bernhard, Mkgf. v. Septimanien 255–256; 268
Bernhard, B. v. Hildesheim 385; 427
Bernhard, A. v. Clairveaux 287–288; 291; 298; 315; 319 A; 331; 337; 339–340; 344; 365 A; 373; 382–383; 388–389; 400; 404; 427–428; 442–443; 461; 467–469; 471–472; 506–508; 512
Bernhard, A. v. St. Quentin 210 A; 224
Bernhard, Pr. v. Vorau 288; 291
Bernhard v. Chartres 345–346
Bernhard d. Sachse 465
Bernold d. Schwabe 465
Bertha v. Sulzbach (Kaiserin Irene) 156
Bertha 208
Berthar 224 A
Berthold V., Hzg. v. Zähringen 512
Berthrada, Königin d. Franken 225; 236
Boethius 53; 284; 289–290; 294–296; 303; 305–306; 340 A; 345 A
Bohemund, F. v. Antiochia 151 A; 156; 172
Bonifatius V., P. 98
Bonifatius VIII., P. 62
Bonifatius II., Mkgf. v. Monferrat 170
Bonizo, B. v. Sutri 465
Boso, Kd. 176; 508–509
Boso, Kg. v. Niederburgund 277
Boto v. Prüfening 301; 319 A
Bracton, Heinrich v. 340
Brancaleone, Senator 57; 63
Brunichild, Königin d. Franken 193; 488; 490
Bruno II., EB. v. Köln 281

Bruno v. Bamberg (B. v. Straßburg)   406; 429
Bruno, A. v. Monte Cassino   173
Bulgarus   149
Buoncompagno   151; 165
Burgundio v. Pisa   128; 163 A; 342; 357
Burkhard I., B. v. Worms   491; 494

Cadalus, Peter (= Honorius II., Gegenp.)   468–469
Caesar   46; 251; 316 A; 362
Caesarius v. Neapel   98
Caffaro   357–358
Cagapisto, Girardo   335; 354
Calixt II., P.   358; 439; 450
Capocci, Angelo   63
Capocci, Rainer   55
Caracalla, Ks.   46
Cassiodorus   53; 74; 79; 376
Cathwulf   226
Cencius, Kd.   140; 382; 385; 407
Cerbanus   128 A; 404
Chalpaida   223 A
Charibert I., Kg. d. Franken   222
Charibert II., Kg. d. Franken   223
Childebert I., Kg. d. Franken   222
Childebert II., Kg. d. Franken   193
Childebrand   101–103
Chilperich I., Kg. d. Franken   222
Chlodomer, Kg. d. Franken   222
Chlodwig I., Kg. d. Franken   39 A; 214;
    222–223; 238
Chlothar I., Kg. d. Franken   214; 222
Chlothar II., Kg. d. Franken   223
Chosrau II., Kg. v. Persien   196
Chrestien de Troyes   328
Christian v. Buch, EB. v. Mainz   160
Chrodegang, EB. v. Mainz   455
Cicero   337; 351; 376
Claudian   26; 48; 50
Clemens II., P.   463
Clemens III., P.   59
Clemens v. Alexandria   194
Coelestin II., P.   384
Coelestin III., P. (= Hyacinth, Kd.)   59;
    388–389; 395–396; 407
Colonna, Sciarra   63
Commodus, Ks.   76 A

Cotani   241
Cunicpert, Kg. d. Langobarden   112

Dagobert I., Kg. d. Franken   213; 223 A;
    484–485; 487–488; 495
Damasus I., P.   53
Daniel, EB. v. Prag   281
Dante   328
Demetrios v. Lampe   118–119; 121–123; 127;
    129–130; 133–134; 136–142
Desiderius, Kg. d. Langobarden   93; 98; 113;
    208 A; 226; 236–238
Deusdit, P.   23
Diethalm, Pr. v. Bischofshofen   453
Dietram v. Tegernsee   449
Diokletian, Ks.   24; 50
Drogo, EB. v. Metz   209
Drogo, Hzg. v. d. Champagne   223

Eadmer   350; 352
Eberhard I., EB. v. Salzburg   125; 140 A; 281;
    297; 386; 388–390; 400–401; 405–412;
    417–421; 428–429; 447; 450–451
Eberhard II., EB. v. Salzburg   297 A
Eberhard II., B. v. Bamberg   125; 128 A; 135;
    289; 296; 297 A; 381–383; 386; 389 A;
    399–402; 406; 408–421; 427–430; 451; 470;
    497 A
Eberwin, Pr. v. Berchtesgaden   449
Edgar, Kg. v. England   350
Einhart   207–208; 215; 228 A; 232; 477
Eirene, Kaiserin   34; 41; 104 A; 108–109;
    179 A; 196–197
Ekbert, A. v. Huysburg   423
Ekkehard, A. v. Aura   360 A
Ekkehard v. Passau   140 A
Eleagabal, Ks.   50
Eleutherius, Exarch v. Ravenna   23; 28; 33;
    37–42
Ellenhard, B. v. Freising   456
Elpidius, Usurpator   34; 41; 109
Emicho, Gf. v. Leiningen   318
Eon v. Stella   314; 472
Epiphanius, B. auf Zypern   300 A
Eppo   457
Erbo I., A. v. Prüfening   407; 429

Erchanbert, B. v. Freising 263 A
Erchenbold v. Reichersberg 131
Erlembald v. Mailand 468
Ervig, Kg. d. Westgoten 99 A
Eugen III., P. 127; 157; 381; 385; 389; 392–398; 400; 428; 441–443; 447; 469; 506–508
Eugenius, Ks. 26; 47; 51; 74
Eumenius 74
Eusebius 194; 349; 359; 376
Eustathios, Metrop. v. Thessaloniki 118; 122
Eustratios, Metrop. v. Nikaia 137–138
Euthymios, Metrop. v. Neai Patrai 119; 134 A
Eutrop 74
Eutychius, Exarch v. Ravenna 34; 192

Fastrada, Königin d. Franken 215
Festus 74
Fiamma, Galvaneo 148–150; 153 A
Firminus, B. v. Istrien 192
Flavius Theofanes, Comes Thebaidos 78–79; 83
Folcwich, B. v. Worms 485 A
Folmar, Pr. v. Triefenstein 125; 132 A; 289; 296; 298; 383; 385; 387; 409–412; 420–422; 427; 429; 470; 471
Franz v. Assisi 308; 314–315; 325
Fredegar 476
Friedrich I. Barbarossa, Ks. 60; 122–124; 126; 132 A; 147–151; 155–170; 176–177; 182–183; 281; 343; 348 A; 353–354; 358; 364; 395 A; 397; 429; 453; 487 A; 490; 496–497; 500 A; 506; 508–509; 511; 513
Friedrich II., Ks. 56; 60; 63–64; 348 A; 500 A; 504; 507; 511–513
Friedrich II., Hzg. v. Schwaben 486
Fritilo, Pfgf. 263 A
Frutolf v. Bamberg (Michelsberg) 360–362; 364
Fulbert, B. v. Chartres 510
Fulko v. Neuilly 318

Galbert v. Brügge 353
Galla Placidia, Kaiserin 27; 52; 71
Gallienus, Ks. 50
Garibald I., Hzg. v. Bayern 234
Gebhard III., B. v. Konstanz 457

Gebhard, B. v. Würzburg 281
Gebhard, A. v. Windberg 399–402; 406; 418–419
Gebhard, Pr. v. St. Mang 452–453
Gelasius I., P. 190 A
Gelasius II., P. 445
Geoffrey v. Monmouth 352
Georgios Monachos 100 A; 101 A; 114
Gerberga, Königin d. Franken 211; 226; 236
Gerberga, Königin v. Frankreich 309
Gerbert s. Silvester II., P.
Gerentius, Kg. v. Devon 199
Gerhard, Gf. v. Paris 268
Gerhoch, Pr. v. Reichersberg 124–142; 283–284; 287–288; 292–296; 299–306; 319–325; 344 A; 366; 370–373; 379–430; 431; 439–447; 490 A; 496
Germana 191
Gerold, Präfekt in Bayern 246
Gerolt v. Worms 493 A
Gerwin 481
Gibertus 119
Gilbert Porreta, B. v. Poitiers 125–126; 134–135; 137; 279–280; 283; 289–306; 330; 332; 337; 340–343; 345; 370; 383 A; 405; 424; 470; 472
Giraldus Cambrensis 342–343
Girardus, A. v. Monte Cassino 172–174
Gisela 214; 237
Giselbert v. Maasgau 354
Glaber, Rudolf 313
Goar, Hlg. 215
Gordian, Ks. 76 A
Gottfried, A. v. Admont 301; 382–383; 386; 389–390; 405; 422 A; 428–429
Gottfried v. Viterbo 348 A
Gottschalk, A. v. Seelau 281
Gottschalk 389
Gratian, Ks. 25
Gratianus 284; 299 A; 338; 344; 370
Gratianus 191
Gregor I. d. Große, P. 89; 98; 104; 191; 194; 202; 291; 298; 308; 322; 405; 414; 416; 454; 457; 463
Gregor II., P. 33; 40; 89–92; 99–101; 105; 108; 114
Gregor III., P. 89–90; 99–105; 115
Gregor IV., P. 262

Gregor VI., P.  352

Gregor VII., P.  310; 321; 322; 336; 343; 361–362; 433; 436; 440–442; 463–466; 468

Gregor IX., P.  55–56; 62–63

Gregor v. Nazianz, B. v. Konstantinopel  120; 320 A; 369

Gregor, B. v. Nyssa  121 A

Gregor, B. v. Tours  88

Gregor, Exarch v. Karthago  33; 39–40

Gregorius v. Neapel  98

Grifo  214; 224–225; 235

Grimoald II.  223

Grimuald, Hzg. v. Benevent  93; 241

Guibert, A. v. Nogent  316

Guido v. Monte Cassino  172; 175

Gundobad  52


Hadrian I., P.  92–93; 96; 100 A; 106; 108; 113–114; 207; 211; 216; 226; 236–239; 245

Hadrian II., P.  262–263

Hadrian IV., P.  128 A; 157; 295; 385; 388–389; 394; 396–397; 400; 406; 411; 425; 429; 443; 447; 468–469; 496; 506

Hartmann, B. v. Brixen  125; 388; 412; 429; 442; 447; 451; 452

Hartmann, A. v. Göttweig  434; 448–449

Hartwig I., B. v. Regensburg  450

Heimo v. Klosterneuburg  296; 429

Heinrich I., Kg.  500 A

Heinrich II., Ks.  491; 494–495; 505

Heinrich III., Ks.  450; 503 A; 505

Heinrich IV., Ks.  321; 361; 363 A; 364; 371; 434; 438; 448; 465; 490–491; 495–496; 500 A

Heinrich V., Ks.  171–173; 437; 439; 484; 486–487; 490; 500 A; 506; 509–510

Heinrich (VII.), Kg.  491; 497; 511; 512 A

Heinrich I., Kg. v. England  333–334; 351–352

Heinrich II., Kg. v. England  155; 334; 343; 352–353; 514

Heinrich IV., Kg. v. England  349

Heinrich, EB. v. Benevent  158 A

Heinrich I., EB. v. Mainz  487

Heinrich II., B. v. Freising  438

Heinrich, B. v. Regensburg  449; 451–453

Heinrich Zdik, B. v. Olmütz  437 A

Heinrich v. St. Nereus, Kd.  389; 392; 395–398; 407; 411; 422; 429

Heinrich X., Hzg. v. Bayern  450

Heinrich d. Löwe, Hzg. v. Bayern; v. Sachsen  382; 386; 407; 429–430

Heinrich II., Hzg. v. Österreich  123; 126 A; 127; 132 A; 139; 147

Heinrich, A. v. Biburg  401–402; 418–419

Heinrich v. Huntingdon  352

Heinrich v. Lausanne  314; 315 A

Helion  27

Herakleios I., Ks.  23; 31; 33–34; 36–40; 175–176; 179; 195; 198

Herakleios II. (Heraklonas), Ks.  31–32

Herluca  435; 440; 450

Hermann v. Rein  301

Hermann  286

Hieronymus, Hlg.  195 A; 202; 298; 309; 349; 362; 376; 383 A; 390

Hieronymus  224

Hilarius  v.  Poitiers  134–135;  291–292; 297–299; 304–305; 340 A; 370; 383 A

Hildebert v. Lavardin  352

Hildegard, Königin d. Franken  206; 209; 214 A

Hildegard v. Bingen  320; 324

Hildibald, Kg. d. Goten  33; 36

Hilduin  493 A

Hillin, EB. v. Trier  281

Hiltebold, B. v. Gurk  450

Hiltrud, Herzogin v. Bayern  235

Himiltrud  206; 208 A; 210; 214

Hinkmar, EB. v. Reims  211; 255; 259; 263; 266 A; 272; 273; 505

Honorius, Ks.  25–27; 47–52; 74

Honorius I., P.  38

Honorius II., P.  440; 445

Honorius III., P.  62

Honorius Augustodunensis  300–301; 319 A

Hormisdas, P.  190 A

Hrabanus Maurus, EB. v. Mainz  312; 493

Hugo Etherianus, Kd.  119–125; 130–133; 135; 137–146; 164 A; 180 A; 292; 294–295; 332

Hugo, A. v. St. Quentin  209; 254

Hugo, Pr. v. Salzburg  406; 408–409; 419

Hugo v. Honau  125–126; 129; 132; 135 A; 141; 295

Hugo v. St. Viktor  280; 283–284; 288–291; 319 A; 344; 365; 367–368; 374; 383 A; 466

Humbert v. Silva Candida, Kd.  181; 440
Hyacinth, Kd. s. Coelestin III.

Innozenz I., P.  54
Innozenz II., P.  59; 283; 381; 384; 388;
    427–428; 443; 449–452; 462; 469–472; 506
Innozenz III., P.  62–63; 318; 343; 512
Innozenz IV., P.  65
Irene v. Ungarn, Kaiserin  156
Irimbert, A. v. Admont  405
Irmintrud, Königin  268
Isaak II. Angelos, Ks.  182–183
Isaak, Exarch  33; 38
Isidor, B. v. Sevilla  114; 271; 349
Ivo, B. v. Chartres  299 A; 370

Jakob v. Venedig  128
Joachim, A. v. Fiore  307–308; 310; 319 A;
    322–323; 325; 365; 372–375
Johann v. Cornwall  140 A
Johannes, Ks.  74
Johannes II. Komnenos, Ks.  171
Johannes VIII., P.  262
Johannes XV., P.  310
Johannes XXII., P.  57; 65
Johannes, KB. v. Ostia  427
Johannes, KP. v. St. Silvester  128
Johannes Chrysostomus, Patriarch v. Konstan-
    tinopel  120
Johannes IV., EB. v. Ravenna  38
Johannes v. Salisbury, B. v. Chartres  281; 329;
    344; 346
Johannes Ohneland, Kg. v. England  514
Johannes v. Antiochien  25; 36
Johannes Damascenus  120; 127; 134; 135 A;
    295–296; 404
Johannes Scotus Eriugena  300–301
Johannes Italos  137–138
Johannes der Schotte  449
Johannicis  114
Jordanes  112; 114; 349
Judith, Kaiserin  268
Julia Domna, Kaiserin  189 A
Julian, Ks.  47
Justin I., Ks.  69; 193 A
Justin II., Ks.  191 A
Justinian I., Ks.  23; 30; 37; 68; 70; 74; 75 A;
    80; 82; 90; 111–112; 168; 175–177; 182;
    189–191; 193; 195; 198 A; 200–201; 337; 338;
    344
Justinian II., Ks.  39 A; 82; 93–94; 107 A; 114;
    197–198

Karl d. Große, Ks.  24; 34; 40–43; 86; 93–94;
    96–97; 103; 108–110; 113; 172; 175; 187–188;
    191; 198–204; 205–229; 231–246; 250–251;
    253 A; 262–265; 271; 277; 360; 476–480; 483;
    489–492
Karl II., der Kahle, Ks.  210–211; 233; 243;
    246; 249–250; 252–257; 259; 261–265;
    268–274; 276; 487
Karl III., der Dicke, Ks.  277; 489
Karl der Jüngere, Kg. d. Franken  205–228;
    238; 262 A
Karl, Kg. d. Provence  271
Karl I., Kg. v. Neapel  64
Karl d. Gute, Gf. v. Flandern  353
Karl Martell  91; 100–101; 103–104; 210 A;
    214; 223–224; 235
Karlmann, Kg. d. Franken  187; 209–214;
    219–221; 225–226; 236–237; 242–243
Karlmann = Pippin, Kg. v. Italien
Karlmann, Kg. in Ostfranken  210; 483; 489
Karlmann, Kg. in Westfranken  273; 277
Karlmann, A. v. Echternach  210
Karlmann, Hausmeier  224;    476
Kedrenos, Georgios  100 A
Kinnamos, Johannes  118; 121–122; 130;
    133–134; 148; 161; 168–169; 176; 181
Konrad I., Kg.  490 A
Konrad II., Ks.  233; 444; 496
Konrad III., Ks.  60; 147; 157; 165–166; 361;
    363; 506–508
Konrad, EB. v. Mainz  281
Konrad I., EB. v. Salzburg  382; 384; 390;
    427–428; 437–442; 447; 449–453; 461–462
Konrad II., EB. v. Salzburg  127 A; 132; 382;
    410; 429; 436 A
Konrad I., Hzg. v. Kärnten  191
Konstans II. (Herakleios), Ks.  32–34; 39–40;
    82; 107–108; 172
Konstantin I., der Große  24; 26; 29; 34; 42;
    50–51; 72–73; 75 A; 80; 169; 174; 178–182;
    361–362; 395

Konstantin III., Ks. (Usurpator) 48–49
Konstantin III., Ks. 31; 198
Konstantin IV., Ks. 32–33; 82; 99; 195–197; 218 A
Konstantin V., Ks. 100 A; 104–105; 108–109; 113; 192; 193; 196–197
Konstantin VI., Ks. 93; 108–109; 197; 208
Konstantin VII., Porphyrogennetos 40; 104; 180–181
Konstantin I., P. 39 A
Konstantin II., Gegenpapst 106
Konstantinos, B. v. Kerkyra 136 A
Konstantius II., Ks. 24–26; 51; 298
Konstantius III., Ks. 27 A
Kosmas, Usurpator 33–34
Kosmas Vestitor 128 A
Kuno I., B. v. Regensburg 450–451; 461
Kuno, Pr. v. Chiemsee 389; 428
Kyrill, Patr. v. Alexandria 120; 417

Ladislaus, Kg. v. Böhmen 167 A
Ladislaus, Kg. v. Neapel 64
Lampadius 49
Lampert v. Hersfeld 491
Landulf d. Ä. v. Mailand 314; 336 A; 353 A
Landulf d. J. v. Mailand 353 A
Leo I., P. 120
Leo II., P. 99
Leo III., P. 34; 40; 42; 90; 106–110; 207
Leo IV., P. 57; 89
Leo VIII., P. 204
Leo IX., P. 440
Leo, KB. v. Ostia 174–175
Leo, EB. v. Ravenna 96
Leo Tuscus 119–124; 127 A; 130–133; 138; 141; 168; 176–177; 294
Leon I., Ks. 27–28; 30; 69; 75 A; 83; 189–190
Leon II., Ks. 30
Leon III., Ks. 33; 99–100; 108; 111; 114; 192; 196; 197 A; 199
Leon IV., Ks. 41; 108; 109 A; 193; 196
Leon V., Ks. 196
Leon VI., Ks. 198
Leontios, Ks. 30; 195
Leopold, Hzg. v. Bayern 428
Liberius, P. 469
Liudprand v. Cremona 252

Liutbirg, Herzogin v. Bayern 236–237; 241; 245
Liutprand, Kg. d. Langobarden 91–94; 98; 104–105; 187
Livius 203
Longinus, Praefekt in Ravenna 114
Lothar I., Ks. 210 A; 228; 243; 249–250; 252; 254; 257; 259; 262–266; 271; 274; 276; 478; 483 A
Lothar II., Kg. 261; 271; 478
Lothar III., Ks. 505–507; 509–510
Lothar 209; 212 A
Lucius II., P. (Kd. Gerhard) 315; 384; 385; 427–428; 443; 446
Lucius III., P. 120
Ludolf, EB. v. Magdeburg 281
Ludwig I., der Fromme, Ks. 97; 103; 175 A; 200–201; 205–228; 237–238; 246; 249–250; 253–255; 259; 266 A; 270–271; 476–483; 489; 493; 498
Ludwig II., der Deutsche, Kg. 90; 110; 210; 228; 233; 243; 246; 249–250; 254; 256–265; 271; 274; 276; 478; 483; 489; 491
Ludwig II., Ks. 271
Ludwig III., der Jüngere, Kg. 478; 489
Ludwig IV., das Kind, Kg. 490 A; 500 A
Ludwig IV., der Bayer, Ks. 63; 513
Ludwig II., der Stammler, Kg. in Westfranken 273; 276–277
Ludwig III., Kg. in Westfranken 277
Ludwig III., der Blinde 277
Ludwig VII., Kg. v. Frankreich 158; 165–166; 318
Ludwig, A. v. St. Denis 210 A
Lukan 376
Lukas, Patr. v. Konstantinopel 119; 122; 133

Macrobius 284
Magnus v. Reichersberg 131–132; 139–140; 382; 385
Maiorian, Ks. 57 A
Malabranca, Angelo 56
Malalas 30
Malaspina, Opicius 161
Manegold v. Lautenbach, Pr. v. Marbach 280; 330; 363; 434; 458; 468

Manfred, Kg. v. Sizilien  63–64
Manuel I. Komnenos, Ks.  117–124; 130–134; 138–142; 147–153; 155–170; 176–183; 508–509
Maragone, Bernardo  356
Maragone, Salem  356–357
Mark Aurel  179 A
Markward, A. v. Prüm  498
Marquard, Pr. v. Klosterneuburg  281
Martin I., P.  39; 40
Martin V., P.  65
Martina, Kaiserin  31–32; 34
Mauricius  38–39
Maurikios, Ks.  33–34; 88; 175–176; 191 A; 193; 196
Maurus, B. v. Amalfi  173
Maximilian I., Ks.  484
Maximos Confessor, A. v. Chrysopolis  39
Maximus, Ks.  25
Melchiades, P.  395
Mesimerus (Basileios Mesemeres)  173
Michael I. Rangabe, Ks.  34; 266 A
Michael, EB. v. Ravenna  96
Michael Kerullarios, Patr. v. Konstantinopel  181
Mizizios (Usurpator)  33
Morena, Acerbo  354–355
Morena, Otto  354–355
Moyses v. Bergamo  128

Narses  86; 105 A; 112
Nepos, Ks.  28
Nestorius, Patr. v. Konstantinopel  417
Nibelung  102 A
Nicomachus Flavianus  47; 49; 51; 74
Niketas, EB. v. Nikomedia  128
Niketas Choniates  117; 120 A; 122; 141; 148; 150; 164–165; 167; 182
Nikephoros I., Ks.  94; 109
Nikephoros III., Ks.  197
Nikephoros, Patr. v. Konstantinopel  107; 109; 114
Nikolaos, B. v. Methone  124 A; 137 A
Nikolaus I., P.  383 A; 397 A
Nikolaus II., P.  463–464
Nikolaus III., P.  65
Nithard, A. v. St. Riquier  258; 261; 268

Norbert v. Xanten, EB. v. Magdeburg  281; 314–315; 397 A; 445

Oberto v. Genua  358
Odilo, Hzg. v. Bayern  235; 243
Odo, A. v. Cluny  312
Odo, Gf. v. Paris  273
Odofredus  150
Odowakar, Kg. v. Italien  33; 35–36; 52–53; 113
Offa, Kg. v. Mercia  208
Oktavian, Kd. s. Victor IV.
Olybrius, Ks.  28
Olympios, Exarch v. Ravenna  33; 40; 42; 86 A; 113
Optatus  482 A
Ordericus Vitalis  348–350
Orestes  35
Origenes  194
Orosius  361; 363; 376
Orsini, Matteo Rosso  64
da Orto, Anselmo  354
da Orto, Oberto  335; 354
Otakar III., Mkgf. v. Steier  291; 453
Otakar v. Fischau  291
Otto I., Ks.  360; 492 A; 495; 500 A
Otto II., Ks.  489 A
Otto III., Ks.  58; 204; 489 A
Otto, KB. v. Ostia s. Urban II.
Otto I., B. v. Bamberg  436; 450–451
Otto I., B. v. Freising  127 A; 142 A; 279–283; 287; 289; 292; 296–297; 319; 320 A; 330; 348 A; 360–364; 370–371; 383 A; 384; 389–390; 395–396; 407; 425; 428–429; 436 A; 438; 451–452; 472–473; 486–487; 506
Otto, Hzg. v. Kärnten  494–495
Otto I., Hzg. v. Bayern  123; 132 A; 160
Otto IV., Pfgf. v. Bayern  450
Otto, Gf. v. Scheyern  450
Otto, Pr. v. Rottenbuch  453
Otto v. Machland  453
Ovid  376

Pacatus  25
Paschalis I., P.  89
Paschalis II., P.  171–176; 463; 506

Paul I., P.   89; 96–97; 102; 105–108; 236–237
Paul v. Bernried   436; 440; 452; 468
Paulinus v. Mailand   422
Paulus   290; 295–297; 374; 470
Paulus Diaconus   88; 113–114; 214 A; 349
Paulus   193
Pausanias   194
Pelagius I., P.   466
Persius v. Würzburg   420; 430
Peter v. Blois   318
Peter v. Bruis   314–315; 324
Peter der Eremit   314; 317; 318 A
Petronius Maximus, Ks.   27
Petrus Damiani, KB. v. Ostia   284; 309; 465
Petrus Lombardus, B. v. Paris   124; 135; 281;
    283; 296; 299 A; 300; 332; 338; 344; 364; 367;
    370; 466
Pertus de Honestis, A. v. St. Maria in
    Porto   446
Petrus   74
Petrus Diaconus   171–172; 174–175; 237
Petrus Pictaviensis   293
Petrus v. Wien   125–127; 132; 139; 141–142;
    164 A; 283; 292–295; 299; 302–303; 383–384;
    424–425; 428–429; 470; 472
Philipp v. Schwaben, Kg.   512
Philipp II. August, Kg. v. Frankreich   514
Philipp, EB. v. Köln   511
Philippikos, Ks.   107 A
Philippus Arabs, Ks.   50
Phokas, Ks.   31; 33; 40; 194
Pierleoni, Giordano   63
Pillius Medicinensis   343 A
Pippin der Jüngere, Kg.   90; 95–96; 101; 103;
    104; 106; 108; 187; 208–209; 211; 214;
    224–226; 233; 235–237; 240; 242–244; 246;
    250; 265; 476–477; 479; 483; 490; 495
Pippin (= Karlmann), Kg. v. Italien   94; 205;
    207–221; 224 A; 227; 237–238; 262 A
Pippin I., Kg. v. Aquitanien   210 A; 228; 263;
    478
Pippin II., Kg. v. Aquitanien   249–250; 255;
    271; 478
Pippin der Mittlere   223; 224 A
Pippin, S. Karlmanns   211; 222; 226 A;
    236–237
Pippin der Bucklige   206; 209–216; 224; 226;
    245

Platon   305; 360
Plektrud   223
Plinius d. J.   189
Pompeius   46
Poppo v. Neunkirchen   291
Porphyrios   289
Porphyrios v. Gaza   73
Possidius   435
Priscian   289; 295; 305
Prokop   26; 36; 107; 195
Prosper Aquitanus   113
Prudentius   53
Psellos, Michael   137
Pulcheria, Kaiserin   78
Pyrrhos, Patr. v. Konstantinopel   32
Pythagoras   360

Radagais, Kg. d. Ostgoten   48
Radulf   318
Radulf v. Laon   331
Rahewin   296–297; 348 A
Raimund v. Aguilers   317
Raimund de Monte Catano   294 A
Rainald v. Dassel, EB. v. Köln   160; 281
Rainer, B. v. Florenz   313 A
Rainer, Mkgf. v. Monferrat   167
Ramihrdus   468
Ramon Berenguer III., Graf v. Barce-
    lona   150 A
Ramon Berenguer IV., Graf v. Barce-
    lona   150 A
Ranilo   191
Ratchis, Kg. d. Langobarden   187
Reginbert, B. v. Passau   380; 384
Reginmar, B. v. Passau   449; 453
Remigius, B. v. Rouen   224
Richard FitzNigel, B. v. London   340
Richard, A. v. Fleury   313 A
Richard, Hzg. v. Burgund   277
Richard, F. v. Capua   510 A
Richer v. Reims   251
Rienzo, Cola di   57; 60; 63
Rikimer   27–28; 52
Robert Guiscard, Hzg. v. Apulien   156; 349
Robert II., Hzg. d. Normandie   352
Robert, Gf. v. Flandern   316 A
Robert, Earl of Gloucester   352

Robert, A. v. St. Evroul 349
Robert v. Arbrissel 314; 317
Roger II., Kg. v. Sizilien 157; 334; 507
Roger Borsa, Hzg. v. Apulien 172
Roger v. Hoveden 352
Roger v. Wendover 55
Roman, B. v. Gurk 384; 442; 447; 450; 452
Romanos II., Ks. 180
Romuald II., Hzg. v. Benevent 93
Romulus 28
Romulus Augustulus, Ks. 24; 28
Rorico, Gf. 210 A
Rosamunda, Königin 114
Rothrud 109 A; 208; 210 A
Rudolf, Hzg. v. Schwaben (Gegenk.) 448
Rudiger 119 A; 126
Rüdiger, Pr. v. Klosterneuburg 125 A; 127;
    128 A; 135 A; 296; 384; 429; 451
Rufinus 376
Rupert, A. v. Deutz 135 A; 284; 297; 301; 311;
    319; 321; 325; 344; 365–367; 368; 371–372;
    423; 464
Rutilius Namatianus 50; 112


Sabellius 304
Sallust 355; 376
Samuel, B. v. Worms 484; 485
Savelli, Luca 55; 58; 62–63
Scholastikios, Exarch 90
Septimius Severus, Ks. 50
Sergius I., P. 197 A
Sergius, Patr. v. Konstantinopel 31; 33
Sergius, EB. v. Ravenna 95–96
Sergius v. Sizilien 33; 41; 90
Severus Alexander, Ks. 195 A
Sidonius Apollinaris 27–28
Sigboto, Gf. v. Weyarn-Falkenstein 451
Sigboto, Pr. v. Bernried 450
Sigebert v. Gembloux 359–360; 364; 368
Sigibert I., Kg. d. Franken 222
Sigibert III., Kg. d. Franken 213; 223
Silvester I., P. 294; 395
Silvester II., P. (Gerbert) 352
Simeon v. Durham 352
Simon v. Tournai 466
Siricius, P. 53
Sisinnius, P. 90 A

Sisivera 191
Smaragdus, Exarch 193
Sokrates 360
Sokrates 25
Sophia, Kaiserin 191 A
Sophronios, Patr. v. Jerusalem 121 A
Stephan II., P. 90; 96–97; 100–105; 108; 113;
    207; 211
Stephan III., P. 96; 106; 214 A; 236–237
Stephan III., Kg. v. Ungarn 123
Stephan, Metrop. v. Kyzikos 31
Stephan, B. v. Neapel 97
Stephanus, Patricius 105
Stilicho 26 A; 48; 49
Sturmi, A. v. Fulda 236
Sueton 189; 376
Suger, A. v. St. Denis 514
Sulla 46
Sunigilda 36
Swanahild 224 A
Symmachus 47; 49; 51–52


Tacitus 189
Tanchelm v. Antwerpen 314–315
Tassilo III., Hzg. v. Bayern 231–246; 479
Thegan, B. v. Trier 228 A
Thela (Okla) 33; 35–36
Theodahad, Kg. d. Ostgoten 190 A
Theoderich I., Kg. d. Ostgoten 35–37; 82;
    95 A; 112; 189–190; 199; 204
Theodo II., Hzg. v. Bayern 91 A; 237
Theodo 237–238; 240–241; 245
Theodor I., P. 39
Theodor, Exarch v. Ravenna 86 A; 113
Theodora, Kaiserin 191 A
Theodora, Herzogin v. Österreich 123; 127
Theodosios 191 A
Theodosius I., Ks. 25–26; 34; 47–48; 68; 70;
    74; 113; 195 A; 360–361
Theodosius II., Ks. 27; 72; 74; 78; 81
Theodulf, B. v. Orléans 204; 208; 218 A
Theophanes Homologetes 25; 30; 32; 34; 107;
    114; 198
Theophylakt, Gf. v. Tuskulum (= Benedikt
    VIII.) 62
Theuderich I., Kg. d. Franken 222
Theuderich III., Kg. d. Franken 224

Theuderich   210 A
Theuderich   209–210
Theudoald   223
Thilmann   457 A
Thomas Becket, EB. v. Canterbury   281; 334; 343
Thomas, A.   39
Thomas v. Aquino   299 A; 370
Tiberios I. Konstantinos, Ks.   88 A; 175–176
Tiberios, Ks. (= David)   31–32
Tiberios, Usurpator (= Basileios)   33; 41; 90
Tiberius Petasius   34
Totila – Baduela   36; 86
Tribonian   74
Tychonius   309–310

Udalrich II., B. v. Passau   434; 436; 448–450
Udalrich, Pr. v. Chiemsee   406; 408–409; 419
Udalrich, Pr. v. Rottenbuch   458
Udo, B. v. Hildesheim   465
Ugizio   513
Urban II., P. (= Otto, KB. v. Ostia)   316–317; 322; 434; 457–459; 463; 465

Valdes   314
Valentinian I., Ks.   74; 81
Valentinian II., Ks.   25; 47; 113
Valentinian III., Ks.   27; 35; 52; 72; 78
Valentinos Arsakidos   32
Valentinus, P.   175 A
Venantius, Patricius   193
Venantius Fortunatus   103 A; 298
Vergil   351; 376
Verina, Kaiserin   30
Victor IV., Gegenp. (= Oktavian, Kd.)   395; 406; 469
Vitalian, P.   98
Vizelin, B. v. Oldenburg   281

Wala, A. v. Corbie   225
Walter, EB. v. Ravenna   440; 446; 461
Walter, B. v. Klausenburg   391
Walter, Kardinallegat   127 A
Walter v. d. Vogelweide   328; 512
Wandelbert v. Prüm   215
Warin, Gf. v. Mâcon   257; 268
Wenilo, EB. v. Sens   263
Wezel   395 A
Wibald, A. v. Stablo   281
Wibert, EB. v. Ravenna (= Clemens III., Gegenp.)   468–469
Wido (v. Arezzo?)   463
Widukind   234; 236; 239
Widukind v. Corvey   251; 349
Wigbald   482 A
Wilfried, B. v. York   99
Wilhelm I., Kg. v. England   333–334; 347–350
Wilhelm II., Kg. v. England   349
Wilhelm v. Champeaux, B. v. Châlons   280; 283; 509 A
Wilhelm, A. v. Hirsau   464–465
Wilhelm, Mkgf. v. Monferrat   167 A
Wilhelm, Pfgf. v. Tuskien   55
Wilhelm v. Jumiège   349
Wilhelm v. Malmesbury   349–353
Wilhelm v. Newburgh   352
Wipo   233
Witigis, Kg. d. Ostgoten   36
Wladislaw II., Kg. v. Böhmen   179 A
Wolfger v. Prüfening   280; 284–285; 290; 297
Wolfram v. Eschenbach   328
Wolfram   482

Zacharias, P.   100–105
Zenon, Ks.   30; 35; 53
Zonaras, Johannes   100 A
Zosimus   25–26

## Ortsnamen:

Aachen   94; 109–110; 199; 222; 228; 257; 259; 268; 477–479; 499; 505

Admont   288–289; 294; 297; 300; 383–385; 387; 389; 402–415; 426–427

Aldersbach   444 A; 450

Amalfi   87

Anagni   55

Ancona   151–152; 157; 160; 162–165; 167

Antiochien   352

Aquileja   86

Attigny   477; 479

Au am Inn   450

Auxerre   222

Augsburg   288; 396–397; 436; 439; 451

Avignon (einschl. St. Rufus)   65; 434–435; 446; 456


Bamberg   301;   360;   380–381;   401–402; 408–411; 419

Bari   87; 110; 160; 172

Baumburg   438; 449

Baumgartenberg   288; 291; 436 A

Beiharting   452

Benediktbeuren   287–289

Benevent   87; 91–93; 97–98; 111; 157; 233

Berchtesgaden   436; 438; 449

Bernried   436, 450

Besançon   506

Beuerberg   436; 450

Biburg   149–150; 419

Bischofshofen   453

Bologna   149–150; 199; 281; 331; 333; 338; 341; 345; 354

Bourges   246; 479

Brandenburg   437

Braunschweig   335

Brindisi   87; 157

Brixen   389; 447


Cambrai   336

Canterbury   334

Chalon-sur-Sâone   223

Cham   440

Chartres   279–281; 328–331

Chiemsee   390; 419; 438; 451; 453

Clichy   488

Cluny   348; 397

Comacchio   87

Compiègne   222; 243; 273; 478

Corbény   477

Corbie   222

Corneto   55; 60

Coulaines   265–277

Cremona   147–148; 150; 161; 164


Diedenhofen   477–479

Diessen   436; 450; 455

Dietramszell   449

Dortmund   499

Doué   476

Düren   477–478

Durazzo   171–175


Eberndorf   453

Ebrach   384; 408–409; 427; 450

Eichstätt   288

Einsiedeln   288

Emona   86

Engelberg   284; 288


Feistritz   452

Fontenay   396–397

Frankfurt   245; 477–479; 498

Freising   231; 283; 288; 292; 300; 390; 439; 453


Gaeta   87; 108

Gars   438; 451

Gentilly   477

Genua   59–60; 152–153; 156; 160–166; 357–358; 507; 510

Göttweig   434; 449

Grado   87; 94

Gries   453

Gurk   437; 447; 450

Haberskirchen  449
Hagenau  382
Halberstadt  432
Hamersleben  423; 447
Hautmont  284
Havelberg  288; 437
Heiligenkreuz  288; 297; 300; 381; 425
Heilsbronn  284; 288; 297; 384; 411; 457
Heraclea  87; 94
Hersfeld  498
Herstal  477–479
Herstelle (= Neu-Herstal)  246; 480
Herzogenburg  436; 450
Hildesheim  439
Hirsau  435; 457
Högelwörth  451


Indersdorf  287; 291; 436; 446; 450; 456
Ingelheim  241; 475; 477–479; 489; 498–500
Innichen  452
Isen  452
Ivrea  483


Jesolo  87
Jerusalem  316–317; 352


Kaisheim  297
Kaltenborn  445
Karthago  31; 33–34; 39–40
Klosterneuburg  284; 288–291; 294–300; 303;
    383; 387; 436 A; 438; 451
Klosterrath  432; 435; 437; 446
Koblenz  260; 287–288
Köln  222; 494
Konstantinopel  (einschl.  Byzanz)  25–34;
    38–42; 48; 50–53; 70–71; 82; 85–111; 117;
    120–146; 147; 149; 151; 155–170; 171–183;
    195; 201; 233; 240–241; 332; 352; 368;
    472–473
Konstanz  288; 297
Kostheim  478; 489; 499
Kremsmünster  231; 239; 300
Kreuznach  499
Kröv  499

Ladenburg  481
Laon  279–281; 328–329; 333; 334; 345; 365
Leopolis  106
Lodi  354; 358
Longlier  477
Lorsch  222; 245
Lucca  435; 437; 510
Lüttich  359–360; 477; 482
Lyon  61; 65


Mailand  26; 48; 50; 52; 59; 93; 147–153;
    160–165; 335; 354; 358–359
Mainz  477–478; 481–483; 499
Malamocco  87; 94
Marbach  432; 434–435; 446; 450
Maria Saal  450
Maria Wörth  453
Meaux  272–273
Meersen  260–262; 264
Melun  280
Metz  222; 368; 478; 483
Messina  87
Michelsberg  290
Mondsee  231; 387
Montalto  55–56
Monte Cassino  111; 171–175


Neapel  23; 87; 92; 97–98; 108; 111; 204; 233;
    286
Nepi  106
Neuhausen  483–489
Neustift  432; 438; 452
Nierstein  499
Nikomedien  50
Nimwegen  477–478
Nöchlingen  436 A


Oberwesel  499
Ockenheim  498
Olmütz  437 A
Oppenheim  475; 486
Orléans  222; 368; 483
Ostia  60
Otranto  87; 108
Ottobeuren  387
Oxford  331; 342

Padua 148; 161; 164; 513
Palermo 334; 355
Paring 453
Paris 126; 222; 279–281; 302; 329; 331–333; 344–345; 368; 397; 408; 483
Passau (einschl. St. Nikolaus) 231; 283; 288; 297; 381; 389; 433–434; 437; 448
Pavia (Ticinum) 36; 92; 95; 148; 161 A; 226; 236; 480; 483
Perugia 55; 63
Piacenza 510
Pisa 60; 124; 141; 148; 152–153; 156; 160; 162–165; 173 A; 332; 341; 355–359; 507; 510
Poitiers 478; 483
Polling 439; 451
Porto 60
Prüfening 286; 288–289; 297; 301; 399–402; 419
Prüm 222

Quierzy 254; 276; 477–479

Ranshofen 382; 438; 450; 454
Ratzeburg 437
Ravenna (einschl. St. Maria in Porto) 23; 27; 33–36; 38; 40–42; 48–49; 52–53; 71; 74; 81; 83; 88–90; 92; 94–98; 104–105; 108–109; 111; 156; 160; 164; 191–192; 199; 233; 237; 446; 452; 510
Regensburg (einschl. St. Emmeram) 241; 245–246; 283; 285; 288; 436; 440; 442; 451; 461; 477–479; 483
Reichenhall 452
Reichersberg 141; 288; 300; 379–430; 441–444; 449; 462; 468
Reims 222; 280–281; 331
Rein 297; 384
Rieti 55–56
Rohr 451
Rom 23–28; 33–34; 38; 40–43; 45–66; 87–92; 94; 96–111; 141; 150; 153; 156; 158; 171–177; 233; 236–239; 246; 355–356; 384–385; 439; 477; 480; 510
Rottenbuch 434–435; 437; 439; 445; 449; 457; 460; 462
Rouen 477

Salzburg (einschl. St. Peter) 129; 231; 283–284; 288–290; 295–297; 300–301; 382; 389–390; 401–402; 408–411; 419; 427; 437–438; 441; 447; 450; 454; 456
St. Andrae am Traisen 453
St. Blasien 435
St. Denis 222; 238
St. Evroul 348–349
St. Florian 288; 291; 297; 300; 447–448; 454
St. Gallen 288; 297
St. Georgen 450; 453
St. Lambrecht 288–289; 297
St. Mang-Stadtamhof 452
St. Maria in Au 453
St. Maurice d'Agaune 443
St. Michael an der Etsch 453
St. Pölten 449
Schäftlarn 456
Schaffhausen 457–458; 464
Schamhaupten 452
Schlehdorf 436; 452
Schliersee 452
Schönthal 297
Seckau 288; 297; 452
Seitenstetten 436; 449
Sens 328
Siena 56; 59; 510
Sirmium 50; 86
Soissons 222; 368
Speyer 475; 491; 493; 495–496
Spoleto 91–93; 98
Springiersbach 432; 446; 455
Straßburg 256; 260–261; 263; 481; 483
Suben 435 A; 452
Sutri 55
Syrakus 33–34; 40

Tarent 87; 157
Tegernsee 285–286; 290–292; 295; 297; 300; 449
Terracina 87; 97; 106
Tivoli 59; 188; 192–193
Tortona 161; 511
Toscanella 55
Tours 222; 280; 331; 458
Trani 87
Tribur 491

Trier   50; 288; 493
Troyes   222
Tuskulum   59


Utrecht   509


Valenciennes   478
Velletri   55
Venedig   111; 147–148; 156; 160–164; 166;
   169–170; 260
Verdun   249–264; 269; 271; 276–277
Verona   59; 147; 161; 226
Vezelay   395
Vicenza   483
Viterbo   55; 56; 59; 63
Vorau   291; 300; 447; 453

Waldhausen-Saebenich   453
Weißenburg   481
Weltenburg   435 A; 450
Wessobrunn   291
Weyarn   451
Wien   125–127; 141; 335
Wilhering   444 A
Windberg   297;   387;   399–402;   408–410;
   418–419; 426; 444; 451
Worms   222; 239–240; 477–496; 501
Würzburg   420; 477 A; 498


Yütz bei Diedenhofen   264


Zell am See   451
Zwettl   290; 297–298; 300

## Begriffe:

Adel   253–256; 265–269; 274–276
adnotationes   69
adnuntiatio   261–262; 265; 274
affinitas   258
Akklamation   40
amicitia   165–167; 262; 268
Antichrist   309–311;   314–316;   320–323;
   370–371; 396; 442
Aquitani   251–252
archivalische Überlieferung   426
Arianer   467; 470
Armutsbewegungen   307–326; 336
Augustiner-Chorherren   431–447
Augustus (Titel)   28; 31; 35
Azymen   128; 473


Bankwesen   61; 65
Basileus   36–37; 150–153; 188; 195–198; 201;
   203
Baukunst   328
Bayern   231–246
benevolentia   269

Bibliotheken   282–300
Bischofspfalz   495–497
Briefsammlungen   379–430


Caesar (Titel)   35–36
Chiliasmus   323–324
Christologie   117–146; 293; 399; 405; 420; 442;
   469–470
civitas publica   478; 480–483; 490; 492
complevi   76; 78–80
congruentia   258
consolatio   103
consultum   102–103
corona (s. auch Herrschaftszeichen)   176; 181;
   503–514


Domschulen   279–281


edicta   71
Eschatologie   307–326
exceptor   69

*fideles* 256; 260; 265–267; 269–271; 274–277; 509; 511; 513; 514

Frankenreich 85–111; 205–229; 232–233; 236; 249–277

Freiheit (im 12. Jh.) 343–344

Frühscholastik 125; 134–138; 279–306; 332; 337–340

Geschichtsdeutung 330; 347–376

*gubernare* 187; 190–193; 199; 201; 203–204

Häresie (Häretiker) 134; 324–325; 441; 461–473

harisliz 242; 244

Hauptstadt 47–66

Herrschaftszeichen 24; 26–27; 29; 31–32; 36; 180–183; 503–514

Herrschertitel 187–204

*Hesperia* 114–115

*Hispani / Hispania* 114; 252

Historiographie 235; 347–378

*hominium* 164; 463; 496

*honor coronae* 511

*imperator* 37; 188–195; 198; 200–204

*imperium* 45–46; 218; 221; 505–508; 513

*Italia* / Italien 85–115

*iustitia* 243

Kaisertitulatur 178–183; 187–204

Kanzleien 67–84

Katharer 325; 343; 461

Ketzer 324–325; 337; 343; 461

Kluniazenser 336

Königsitinerare 475–480

Königsnamen 209–210

Königspfalzen 489–495; 496

Königsstadt 482–483

Kreuzzüge 315–317; 324; 326–327; 330; 332; 336; 357; 376

Krönung 23–43; 63; 65; 159; 171–177; 205–207; 210–213; 216; 228; 506

Langobarden 85–87; 90–96; 98–100; 107–108

*leges* 71

Lehnswesen 328

literarische Überlieferung 426

*litterae caelestes* 81; 83

*magister epistularum* 69; 74

*magister libellorum* 69; 80

*magister memoriae* 69; 74

*magister officiorum* 69–70; 74

*melloproximus* 69–70

*memoriales* 69; 72

Monophysitismus 133–134; 138

Namensunterschrift 77; 84

Natur Gottes 117–146

Nestorianer 133; 138; 470

Nikolaiten 440; 463–464; 466–467

*notarii* 70

Novatianer 461

*palatium* 491–497

Papsttum / Päpste 38–43; 53–66; 89–111; 122–125; 131–132; 139–140; 155–159; 168–177; 181; 207; 210–211; 216; 225–226; 236–239; 245; 397; 442–443; 447; 463; 466; 468–469; 506–508; 512

*pares* 275

Pataria 314; 335–336; 441; 468

*pauperes Christi* (s. auch Armutsbewegungen) 435; 442

*pax* 269

Personennamen (latein.) 88 A

Pfalzen 475–501

Pilgerverkehr 61–62; 65

Porretaner 125–126; 136–137; 141; 283; 289–290; 292–295; 425

Prämonstratenser 445; 456; 462

*praetorium* 493; 494

*preces* 69; 71

*primicerius* 70; 74

*princeps* / Prinzipat 190; 194; 204

*promissio* 273–274

*proximus* 69–70

*publice* 480–482
Purpurtinte 82–83

*quaestor sacri palatii* 69–71; 74; 80

Rechtswissenschaft 338; 340–341; 344
*referendarii* 70–71
*regnum* 23 A; 38–39; 206–207; 211–212; 218; 220–222; 233; 505; 507–508
Regularkanoniker 321; 431–460; 462; 468; 471
Reichsgedanke 50–51
Reichtsteilungen 205; 214; 216–229; 236; 249–277
Reichsversammlungen 478
Renaissance des 12. Jh. 329; 343
Reskripte 71–72; 77–83; 102
Residenz 24; 26–27; 38; 42; 52–53; 233
*rex* 37
Römerzug 23–43
*Romani* 175

Salbung 205–207; 210–216; 225–226; 237–238; 246
Sabellianer 304; 467; 470
*sancire* 81–82; 102
*sceptrum* 505; 513
Schismatiker 468–469
scholastische Methode 299–301; 471
*scrinia* 68–74; 80–81
Seehandel 60–61

Simonie 177; 313; 321–322; 336; 372; 440–441; 443; 463–464; 466–469
*solium* 505; 513
Städtewesen 54
Subskriptionen (Urkunden) 74–83

Taufe 237–238; 246
Thronfolge 205–229
Treueid 150–153; 238–240; 242–244; 509–511

Universitäten 279; 331; 333; 342
Urkunden 67–84; 102; 199; 380–382; 426; 480–483
Usurpation / Usurpatoren 23; 28; 30; 32–34; 36–37; 39–42; 109; 182

Vasall 151; 165; 240; 243–244
*vita apostolica* 435; 439; 441; 462
*vita communis* 432–437; 443–444; 462
volkssprachliche Literatur 328–329
Wanderprediger 314–315; 319; 336–337; 343; 438
Weltchroniken 359
Widmung 379–430
Winterpfalz 241; 475–480
Wissenschaftsaufschwung 329–330; 337; 341

Zisterzienser 336

VON PETER CLASSEN HERAUSGEGEBENE BÄNDE
IN DER REIHE »VORTRÄGE UND FORSCHUNGEN«

# Recht und Schrift im Mittelalter

1977. 520 Seiten mit 6 Abbildungen

P. Classen: Zur Einführung. *I. Die Funktion urkundlicher Aufzeichnung im Rechts-leben insbesondere des frühen Mittelalters.* P. Classen: Fortleben und Wandel spät-römischen Urkundenwesens im frühen Mittelalter; R. Schmidt-Wiegand: Eid und Gelöbnis, Formel und Formular im mittelalterlichen Recht; G. Spreckelmeyer: Zur rechtlichen Funktion frühmittelalterlicher Testamente; H. Wolfram: Die Notitia Arnonis und ähnliche Formen der Rechtssicherung im nachagilolfingischen Bayern; P. Johanek: Zur rechtlichen Funktion von Traditionsnotiz, Traditionsbuch und früher Siegelurkunde; H. Patze: Stadtgründung und Stadtrecht; W. Trusen: Zur Ur-kundenlehre der mittelalterlichen Jurisprudenz; P.-J. Schuler: Die »armen lüt« und das Gericht: Eine Straßburger Schrift über die Reform des geistlichen Gerichts. *II. Entstehung, Geltungsgrund und Funktion normativer Rechtsaufzeichnungen.* H. Mordek: Kirchenrechtliche Autoritäten im Frühmittelalter; R. Schneider: Schrift-lichkeit und Mündlichkeit im Bereich der Kapitularien; B. Diestelkamp: Reichsweis-tümer als normative Quellen? P. Classen: Kodifikation im 12. Jahrhundert: Die Con-stituta usus et legis von Pisa; O. Hageneder: Papstregister und Dekretalenrecht; K. Kroeschell: Rechtsaufzeichnung und Rechtswirklichkeit: Das Beispiel des Sach-senspiegels; M. Weltin: Das österreichische Landrecht des 13. Jahrhunderts im Spiegel der Verfassungsentwicklung; H. Feigl: Von der mündlichen Rechtsweisung zur Auf-zeichnung: Die Entstehung der Weistümer und verwandter Quellen; H. Nehlsen: Aktualität und Effektivität der ältesten germanischen Rechtsaufzeichnungen; E. Wad-le: Über Entstehung, Funktion und Geltungsgrund normativer Rechtsaufzeichnun-gen im Mittelalter: Notizen zu einem Durchblick.

 Jan Thorbecke Verlag Sigmaringen

VON PETER CLASSEN HERAUSGEGEBENE BÄNDE
IN DER REIHE »VORTRÄGE UND FORSCHUNGEN«


## Die Gründungsurkunden der Reichenau

1977. 88 Seiten mit zwei faksimilierten Urkunden aus dem 12. Jahrhundert in Tasche

P. Classen: Vorwort; H. Schwarzmaier: Die »Gründungsurkunden« der Reichenau. Das äußere Bild; I. Heidrich: Die urkundliche Grundausstattung der elsässischen Klöster, St. Gallens und der Reichenau in der ersten Hälfte des 8. Jahrhunderts; E. Ewig: Bemerkungen zu den Immunitätsbestimmungen und den Schenkunginserten der Reichenauer Fälschungen; I. Heidrich (Hrsg.): Der Text der Reichenauer »Gründungsurkunden«; Facsimilia der Urkunden.


## Byzanz und das abendländische Herrschertum

*Ausgewählte Aufsätze von Josef Deér*

1977. 584 Seiten, darunter 64 Seiten Abbildungen

P. Classen: Vorwort; Der Ursprung der Kaiserkrone; Byzanz und die Herrschaftszeichen des Abendlandes; Der Globus des spätrömischen und des byzantinischen Kaisers. Symbol oder Insigne?; Das Kaiserbild im Kreuz; Kaiser Otto der Große und die Reichskrone; Die Siegel Kaiser Friedrichs I. Barbarossa und Heinrichs VI. in der Kunst und Politik ihrer Zeit; Die byzantinisierenden Zellenschmelze der Linköping-Mitra und ihr Denkmalkreis; Die Pala d'Oro in neuer Sicht; Karl der Große und der Untergang des Awarenreiches; Aachen und die Herrschersitze der Arpaden; Zur Praxis der Verleihung des auswärtigen Patriziats durch den byzantinischen Kaiser; Der Anspruch der Herrscher des 12. Jahrhunderts auf die apostolische Legation; Dante in seiner Zeit; Verzeichnis der Schriften von Josef Deér.

Jan Thorbecke Verlag Sigmaringen